PRISMA WOORDENBOEK

NEDERLANDS
SPAANS

de belangrijkste Prisma Woordenboeken:

Miniwoordenboeken
- voor cursus en vakantie
- veel informatie in klein formaat
- beide delen in één band
- in 24 talen, waaronder Turks, Fries, Afrikaans en Fins

Basiswoordenboeken
- voor beginnende taalleerders, bv. op de lagere school en in de brugklas
- beide delen in één band
- glasheldere uitleg en voorbeelden
- met illustraties
- Nederlands (verklarend), Frans en Engels

Pocketwoordenboeken
- het meest gebruikte woordenboek
- actueel: elk jaar bijgewerkt
- overzichtelijk: trefwoorden en tabs in kleur
- het pocketwoordenboek met de meeste trefwoorden
- Nederlands (verklarend), Engels, Frans, Duits, Spaans en Italiaans

Handwoordenboeken
- voor tweede fase onderwijs, studie en beroep
- groot formaat, duurzame uitvoering
- veel ruimte voor voorbeeldzinnen en uitdrukkingen
- Nederlands (verklarend), Engels, Frans en Duits

PRISMA WOORDENBOEK

Nederlands
Spaans

prof. dr. S.A. Vosters

Uitgeverij Het Spectrum B.V.
Postbus 2073
3500 GB Utrecht

Bewerking: drs. Janneke W. Boone
Omslagontwerp: Kees Hoeve
Druk: Bercker, Kevelaer

ISBN 978 90 274 9335 4
ISBN met cd-rom 978 90 274 9787 1
NUR 627

www.prisma.nl

This edition © 2008 by Het Spectrum B.V.
Alle rechten voorbehouden. Niets uit deze uitgave mag worden verveelvoudigd, opgeslagen in een geautomatiseerd gegevensbestand, of openbaar gemaakt, in enige vorm of op enige wijze, hetzij elektronisch, mechanisch, door fotokopieën, opnamen, of enige andere manier, zonder voorafgaande schriftelijke toestemming van de uitgever.

Voor zover het maken van kopieën uit deze uitgave is toegestaan op grond van artikelen 16h t/m 16m Auteurswet 1912 jo. Besluit van 27 november 2002, Stb. 575, dient men de daarvoor wettelijk verschuldigde vergoeding te voldoen aan de Stichting Reprorecht te Hoofddorp (Postbus 3060, 2130 KB) of contact op te nemen met de uitgever voor het treffen van een rechtstreekse regeling in de zin van art. 16l, vijfde lid, Auteurswet 1912.
Voor het overnemen van gedeelte(n) uit deze uitgave in bloemlezingen, readers en andere compilatiewerken kan men zich wenden tot de Stichting PRO (Stichting Publicatie- en Reproductierechten Organisatie, Postbus 3060, 2130 KB Hoofddorp, www.cedar.nl/pro).

Opneming van een woord in dit woordenboek prejudiceert niet ten aanzien van het al of niet bestaan van merkenrechten op dat woord. De uitgever heeft er naar gestreefd alle merknamen die in de Prisma Woordenboeken voorkomen te voorzien van een handelsmerksymbool ®.

All rights reserved. No part of this book may be reproduced, stored in a database or retrieval system, or published, in any form or in any way, electronically, mechanically, by print, photoprint, microfilm or any other means without prior written permission from the publisher.

Ondanks al de aan de samenstelling van de tekst bestede zorg, kan noch de redactie noch de uitgever aansprakelijkheid aanvaarden voor eventuele schade die zou kunnen voortvloeien uit enige fout die in deze uitgave zou kunnen voorkomen.

Welkom bij de Prisma Pockets

Al meer dan 50 jaar zijn Prisma pockets **de meest gekochte en gebruikte woordenboeken** op school en daarbuiten. Dat is niet alleen vanwege de voordelige prijs.

In geen ander pocketwoordenboek vind je zo veel **betrouwbare informatie** als in de Prisma pockets.
De Prisma pockets hebben een uitstekende reputatie onder de leraren, die deze woordenboeken al ruim een halve eeuw aanbevelen. Natuurlijk is in alle Prisma pockets de nieuwe spelling volgens de regels van de Nederlandse Taalunie toegepast.

Tienduizenden trefwoorden op alle gebieden, met duizenden voorbeeldzinnen om ze op de juiste manier te gebruiken: **compleet** en toegespitst op gebruik op middelbare scholen, op het werk, thuis en op reis.
Achterin hebben we een handige beknopte grammatica over de vreemde taal opgenomen.

We houden de Prisma's doorlopend **up-to-date**: verouderde woorden maken plaats voor nieuwe, alle informatie controleren we en stellen we bij, waar nodig. En met de Prisma pockets online ben je nog actueler: we updaten elk kwartaal!

Deze pocket is erg **helder** en **gebruiksvriendelijk** door de overzichtelijke indeling van betekenissen, voorbeeldzinnen en idiomen. De extra kleur en de letterliniaal zijn belangrijke hulpmiddelen waarmee je snel vindt wat je zoekt. Waar het nodig is, geven we extra informatie waarmee je de juiste vertaling kunt kiezen.

Prisma maakt ook gebruik van de nieuwste technologische ontwikkelingen. Met de inlogcode (op de donkere pagina in het midden) krijg je **een jaar gratis toegang tot de online versie** van dit woordenboek. Zo kun je steeds de meest recente updates raadplegen op je computerscherm. Kijk op:
        www.prisma.nl
        www.prismawoordenboeken.be

Voor op- en aanmerkingen staan we altijd open. Mail ze naar: *redactie@prisma.nl*. Alvast bedankt!

de Prisma redactie
Utrecht, februari 2008

Aanwijzingen voor het gebruik

Nederlandstalig gedeelte
Informatie over de trefwoorden, betekenissen, voorbeeldzinnen en idiomen is zo beperkt mogelijk gehouden. Voor zover deze informatie wordt gegeven, dient deze om de vertaling(en) te verduidelijken. Er wordt van uitgegaan dat de Prisma Woordenboeken door Nederlandstaligen worden geraadpleegd, van wie wordt verondersteld dat zij weten hoe de trefwoorden enz. op de juiste wijze worden gebruikt. Om deze reden en om ruimte te sparen is bij het Nederlands niet aangegeven wanneer sprake is van formeel, informeel of ander bijzonder taalgebruik. Om dezelfde redenen is spaarzaam met grammaticale informatie omgesprongen.

Trefwoorden
Woorden die op dezelfde wijze worden geschreven, maar verschillend worden uitgesproken, komen twee keer als trefwoord voor, met een 1 of 2 hoog achter het trefwoord. De uitspraak wordt toegevoegd, waar deze ter onderscheiding nodig is:
  rap¹ snel [...]
  rap² (zeg: rep) [...]
Ook als trefwoorden in klemtoon verschillen, komen ze twee keer als trefwoord voor, met de klemtoon onderstreept:
  voorkomen [...]
  voorkomen [...]

Voorbeeldzinnen en idiomen
In dit Prisma woordenboek is onderscheid gemaakt tussen voorbeeldzinnen en idiomen.
Voorbeeldzinnen demonstreren het gebruik van een trefwoord in een bepaalde betekenis. Zo staat onder het trefwoord 'brand' in de betekenis 'vuur' de voorbeeldzin 'in brand staan'. Voorbeeldzinnen worden voorafgegaan door een sterretje (∗).
Idiomen zijn woordcombinaties waarin het trefwoord weliswaar voorkomt, maar waarin dat niet wordt gebruikt in een van de gegeven betekenissen. Zo staat onder het trefwoord 'brand' bv. het idioom 'iemand uit de brand helpen'. In deze zin betekent brand iets als 'moeilijkheden', maar dat komt niet voor als betekenis. Idiomen worden voorafgegaan door een driehoekje (▾)

De vreemde taal
Van zelfstandige naamwoorden wordt altijd het geslacht vermeld. Als de vertaling in het meervoud staat, wordt dit aangegeven met mv. Verder worden onregelmatige meervoudsvormen gegeven en wordt vermeld of meervouden mannelijk of vrouwelijk zijn. Zie voor de vorming van de vrouwelijke meervouden ook het grammaticaal compendium achter in het boek.
De vrouwelijke vorm van een zelfstandig naamwoord wordt alleen gegeven wanneer deze onregelmatig is.

Beknopte grammatica
Achter in dit woordenboek is een beknopte grammatica van de vreemde taal toegevoegd.

Bijzondere tekens

Voorbeelden van het gebruik van onderstaande tekens worden gegeven op pagina 9.

Trefwoorden (met eventuele varianten en aanvullingen daarop) zijn vet gedrukt. De vertaling in het Spaans van betekenissen en voorbeeldzinnen is cursief gezet. Alle informatie die romein (niet cursief) gezet is, heeft betrekking op het Nederlands, tenzij het tussen geknikte haken achter de vertaling staat.

I, II enz.	Als een trefwoord meerdere woordsoorten heeft (bv. overgankelijk én onovergankelijk werkwoord), worden deze voorafgegaan door blauw gedrukte romeinse cijfers.
•	Als een trefwoord meerdere betekenissen heeft, worden deze voorafgegaan door een blauw bolletje. Ook vaste combinaties van het trefwoord met een voorzetsel worden gezien als een aparte betekenis.
★	Na een blauwe ster volgt een voorbeeldzin.
▼	Na een blauw driehoekje volgt een idiomatische uitdrukking.
(...)	Tussen ronde haken staat uitspraakinformatie.
[...] [ie]	Tussen rechte haken staat extra grammaticale informatie. Ook klinkerwisseling bij werkwoorden wordt tussen rechte haken geplaatst.
‹...›	Tussen geknikte haken staat extra uitleg over de betekenis of de vertaling daarvan.
~	Een tilde vervangt vaak het trefwoord in voorbeeldzinnen en zegswijzen.
/	Een schuine streep scheidt woorden die onderling verwisselbaar zijn.
≈	Een equivalentieteken geeft aan dat de vertaling een benadering is van het vertaalde. Een exactere vertaling is in dat geval niet te geven.
→	Een pijl verwijst voor meer informatie naar het erop volgende trefwoord.

Lijst van gebruikte afkortingen

aanspr. w.	aansprekende wijs
aant. w.	aantonende wijs
AANW VNW	aanwijzend voornaamwoord
AARDK.	aardrijkskunde
ADMIN.	administratie
AFK	afkorting
AGRAR.	agrarisch, landbouw
alg.	alguien
ANAT.	menselijke anatomie
ARCH.	architectuur
A-V	audiovisueel
BETR VNW	betrekkelijk voornaamwoord
BEZ VNW	bezittelijk voornaamwoord
BIJW	bijwoord
BIOL.	biologie, milieu
BNW	bijvoeglijk naamwoord
BOUWK.	bouwkunde
C-A	in Centraal-Amerika
CHEM.	chemie
COMM.	communicatie, voorlichting
COMP.	computer
CUL.	culinaria, voeding
deelw.	deelwoord
DIAL.	dialect
DIERK.	dierkunde
DRUKK.	drukkerij en uitgeverij
ECON.	economie
ELEK.	elektronica
EUF.	eufemistisch
ev	enkelvoud
FIG.	figuurlijk
FILOS.	filosofie
FORM.	formeel
geb. w.	gebiedende wijs
GEO.	geografie
ger.	gerundio
GESCH.	geschiedenis
HUMOR.	humoristisch
HWW	hulpwerkwoord
id.	(verbuiging) identiek
iem.	iemand
ind.	indicatief (aantonende wijs)
infin.	infinitief
INFORM.	informeel
IRON.	ironisch
JEUGDT.	jeugdtaal
JUR.	juridisch, recht
KUNST	beeldende kunst
KWW	koppelwerkwoord
L-A	in Latijns-Amerika
LANDB.	landbouw
LETT.	letterlijk
LIT.	literatuur, letterkunde
LUCHTV.	luchtvaart
LW	lidwoord
m	mannelijk
MED.	medisch, geneeskunde
MEDIA	media: tv, radio, pers
MIL.	militair
MIN.	minachtend
MUZ.	muziek
mv	meervoud
NATK.	natuurkunde
OMSCHR.	omschrijvend
ONB TELW	onbepaald telwoord
ONB VNW	onbepaald voornaamwoord
ONOV	onovergankelijk (zonder object)
ONP	onpersoonlijk
onr.	onregelmatig
ONV	onvervoegbaar
onvert.	onvertaald
OUD.	ouderwets
OV	overgankelijk (met object)
p.	persoon
PERS VNW	persoonlijk voornaamwoord
PLANTK.	plantkunde
PLAT	plat, ordinair
POL.	politiek
PSYCH.	psychologie
REG.	regionaal
REL.	religie
samentr.	samentrekking
SCHEEPV.	scheepvaart
SCHEIK.	scheikunde
SP.	Spaans, Spanje
SPORT	sport, lichamelijke oefening
STERRENK.	sterrenkunde
subj.	subjunctief (aanvoegende wijs)
TAALK.	taalkunde
TAUR.	taurologie, stierenvechten
TECHN.	techniek, mechanica
teg.	tegenwoordig
TELW	telwoord
tk.t.	toekomende tijd
TON.	toneel, theater
t.t.	tegenwoordige tijd
TW	tussenwerpsel
TYP.	typografie
u.c.	una cosa
ud.	usted
UITR VNW	uitroepend voornaamwoord
u.p.	una persona
v	vrouwelijk
VISS.	visserij
VOETB.	voetbal
volt.	voltooid
VOORV.	voorvoegsel
VR VNW	vragend voornaamwoord
VULG.	vulgair
VW	voegwoord
VZ	voorzetsel
WISK.	wiskunde
WKD VNW	wederkerend voornaamwoord
WKD	wederkerend
WKG VNW	wederkerig voornaamwoord
WW	werkwoord
WWW	internet
Z-A	in Zuid-Amerika
ZN	zelfstandig naamwoord

aan BIJW • in werking *en marcha*; *puesto*; *encendido* ★ de radio staat aan *la radio está en marcha* ★ het vuur is aan *el fuego está encendido* • aan het lichaam ★ trek je schoenen aan! *¡ponte los zapatos!* • op zekere wijze ★ kalmpjes/rustig aan *(con) calma/tranquilidad* ▼ hij reed af en aan *iba y venía* ▼ er is niets aan *es fácil/aburrido* ▼ ervan op aan kunnen *poder confiar en algo* **II** VZ • [meewerkend voorwerp] *a* ★ iets aan iem. geven *dar algo a alguien* • op een (vaste) plaats *en* ★ aan het strand *en la playa* ★ aan dek *en cubierta* ★ aan de muur *en la pared* ★ aan de gracht / kade *en el canal/muelle* • naar iets toe *a* ★ aan land komen *llegar a tierra* • als gevolg van *por*; *de* ★ aan koorts lijden/sterven *padecer fiebre* ★ aan koorts sterven *morir [ue, u] de fiebre* • wat betreft *de* ★ een gebrek aan vitaminen *una escasez de vitaminas* • na/naast elkaar ★ rij aan rij *en fila* ▼ de beurt is aan mij *es a mí a quien le toca* ▼ van nu af aan *desde ahora en adelante* ▼ het is niet aan mij om dat te zeggen *no es a mí a quien le corresponde decirlo*
aanbinden • vastbinden *atar*; ‹v. schip› *amarrar* • beginnen *empezar [ie]* ★ de strijd ~ met *entablar la lucha con*
aanblazen • MUZ. *soplar* • TAALK. *aspirar*
aanblijven *seguir [i] desempeñando un cargo*
aanblik • het zien *vista* ★ bij de eerste ~ *a primera vista* • wat gezien wordt *vista* v; *aspecto* m ★ een nare ~ *un aspecto desagradable*
aandachtspunt *punto m de interés*
aandachtsveld → **aandachtsgebied**
aandeel • portie *parte* v; ‹in de winst› *participación* v • bijdrage *aportación* v ★ ~ hebben in *tener parte en*; *participar en* • ECON. *acción* v ★ ~ aan toonder *acción al portador*
aandeelhouder *accionista* m
aanjagen • aandoen *infundir* ★ iem. angst ~ *infundir miedo a una persona* ★ iem. schrik ~ *asustar/espantar a una persona* • TECHN. *acelerar*
aanjager *soplete* m *de cilindro*
aankaarten *plantear*; *poner sobre el tapete*
aankijken • kijken naar *mirar* ★ elkaar ~ *mirarse* • overdenken *considerar* • ~ op *sospechar* ★ iem. ergens op ~ *sospechar algo de alguien*
aanklacht *acusación* v; *denuncia* v; *querella* v ★ een ~ indienen *presentar denuncia*
aanklagen • *acusar*; *denunciar*; ‹beschuldigen› *inculpar*
aanklager *acusador* m; *querellante* m/v; *denunciante* m/v
aanklampen • aanspreken *abordar* • enteren *abordar*
aankleden • kleren aantrekken *vestir [i]* ★ kleed je netjes aan *vístete bien* • inrichten *decorar*
aankleding *decoración* v
alvorens *antes de* [+ inf.]; *antes de que* [+ subj.]

A

a • letter *a* v [mv: *aes*] ★ van a tot z *de cabo a rabo* ★ de a van Anton *la a de Antonio* • muzieknoot *a* v
aai *caricia* v
aaien *acariciar*
aak *gabarra* v; *barcaza* v
aal *anguila* v ▼ zo glad als een aal *astuto como el zorro*
aalbes *grosella* v ★ zwarte ~sen *casis* v
aalglad OOK FIG. *escurridizo; muy astuto*
aalmoes *limosna* v • aalmoezen geven *dar limosna* ★ om een ~ vragen *pedir* [i] *limosna*
aalmoezenier *limosnero* m; ⟨in het leger⟩ *cura* m *castrense*
aalscholver *cormorán* m
aambeeld *yunque* m ▼ steeds op hetzelfde ~ slaan *volver* [ue] *siempre a lo mismo*
aambeien *hemorroides* v mv; *almorranas* v mv
aan I VZ • *a* ★ iets aan iem. geven *dar algo a alguien* • naar een plaats toe *a* ★ aan land gaan *llegar a tierra* • bij, op, in een plaats *en* ★ aan de kade *en el muelle* ★ aan de muur *en la pared* ★ aan het strand *en la playa* • als gevolg van, door *por; de* ★ aan koorts sterven *morir* [ue, u] *de fiebre* • wat betreft *de* ★ een gebrek aan vitaminen *una escasez de vitaminas* • bezig met ★ aan het eten zijn *estar comiendo* ▼ het is niet aan mij om dat te zeggen *no es a mí a quien le corresponde decirlo* II BIJW in werking *en marcha; puesto; encendido* ★ het vuur is aan *el fuego está encendido* ★ er is niets aan ⟨het is makkelijk⟩ *es fácil* ▼ er is niets aan ⟨het is saai⟩ *es aburrido*
aanbakken *pegarse*
aanbellen *tocar el timbre; llamar a la puerta*
aanbesteden *subastar; sacar a concurso*
aanbesteding *subasta* v; *concurso* m
aanbetalen *dar una entrada*; ⟨laag bedrag⟩ *dejar una señal*
aanbetaling *entrada* v; ⟨laag bedrag⟩ *pago* m *a cuenta*
aanbevelen *recomendar* [ie]; *encomendar* [ie] ★ zich ~ *encomendarse*
aanbevelenswaardig *aconsejable; recomendable*
aanbeveling *recomendación* v ★ op ~ van *por recomendación de*
aanbiddelijk *adorable*
aanbidden *adorar*
aanbidder *admirador* m; *adorador* m
aanbidding *adoración* v
aanbieden *ofrecer*
aanbieder *oferente* m
aanbieding • aanbod *ofrecimiento* m; ⟨v. verzoekschrift⟩ *presentación* v ★ koopje *oferta* v ★ dat artikel is in de ~ *ese artículo está de oferta*
aanbinden *atar*
aanblazen • MUZ. *soplar* • TAALK. *aspirar*
aanblijven *seguir* [i] *desempeñando un cargo*
aanblik • het zien *vista* v ★ bij de eerste ~ *a primera vista* • wat gezien wordt *vista* v; *aspecto* m ★ een nare ~ *un aspecto desagradable*
aanbod *oferta* v; *envite* m • een ~ aannemen *aceptar una oferta* • een ~ afslaan *rechazar una oferta* • een ~ doen *hacer una oferta*
aanboren • borend openen *alumbrar* • aanbreken *abrir* • FIG. beginnen met *abordar* • een onderwerp ~ *abordar un tema*
aanbouw • het (aan)bouwen *construcción* v ★ in ~ *en construcción* • aangebouwd deel *anejo* m
aanbouwen *ampliar* [í]
aanbraden *precocinar la carne*
aanbranden *quemarse; requemarse; achicharrarse* ★ aangebrand ruiken *oler* [ue] *a quemado; oler* [ue] *a churruscado* ★ laten ~ *requemar; achicharrar* ★ aangebrand smaken *saber a quemado*
aanbreken I OV WW beginnen te gebruiken *empezar* [ie]; ⟨v. fles⟩ *abrir* II ON WW beginnen *comenzar* [ie] ★ de dag breekt aan *alborea; amanece*
aanbrengen • plaatsen *colocar; instalar*; ⟨v. verflaag, kompres⟩ *aplicar* ★ veranderingen ~ *introducir modificaciones* • meebrengen *aportar* • veroorzaken *causar* ★ verklikken *denunciar* • werven *aportar; traer* ★ iem. als lid ~ *traer a alguien para que se haga miembro*
aandacht *atención* v ★ dat heeft mijn volle ~ *tirará toda mi atención* ★ de ~ richten op *poner atención en* ★ ~ schenken aan *prestar atención a* ★ geen ~ schenken aan *despreocuparse de* ★ de ~ trekken / opeisen *absorber toda la atención* ★ de ~ vasthouden *cautivar la atención* ★ de ~ op zich vestigen *distinguirse* ★ de ~ doen verslappen *hacer flojear la atención* ★ een en al ~ zijn *ser todo oídos* ★ met gespannen ~ *con mucha atención*
aandachtig I BNW *atento* II BIJW *con atención*
aandachtsgebied *campo* m *de interés*
aandachtspunt *punto* m *de interés*
aandeel • portie *parte* v; ⟨in de winst⟩ *participación* v • bijdrage *aportación* v ★ een ~ hebben in iets *tener parte en u.c.; participar en u.c.* • ECON. *acción* v ★ ~ aan toonder *acción al portador*
aandeelhouder *accionista* m
aandelenkapitaal *capital* m *en acciones*
aandelenkoers *cotización* v *de las acciones*
aandelenmarkt *mercado* m *de acciones*
aandelenpakket *paquete* m *de acciones*
aandenken • souvenir *recuerdo* m • nagedachtenis *recuerdo* m
aandienen I OV WW de komst melden van *anunciar* II WKD WW [zich ~] *presentarse*
aandikken • dikker maken *inflar* • overdrijven *exagerar; inflar*
aandoen • aantrekken *poner; ponerse* ★ zijn schoenen ~ *ponerse los zapatos; calzarse* • aansteken *encender* [ie] • bezoeken *visitar* ★ een haven ~ *tocar puerto* • berokkenen *causar* ★ een proces ~ *entablar juicio* ★ zich geweld ~ *violentarse* ★ geweld ~ aan *violentar; atropellar* • een indruk geven ★ ~ als *dar la sensación de* ★ dat doet modern aan

tiene pinta de moderno
aandoening • kwaal *afección* v • ontroering *emoción* v; *conmoción* v
aandoenlijk *conmovedor*; *enternecedor*
aandraaien *apretar* [ie]
aandragen *traer*
aandrang • aansporing *ahínco* m; *insistencia* v ★ op~ van mijn broer *a instancias de mi hermano* • toevloed/opdringen *necesidad* v; *impulso* m
aandrift *impulso* m
aandrijfas *eje* m *de impulsión*; *eje* m *motor*
aandrijfriem *correa* v *motriz*
aandrijven I OV WW • TECHN. *impulsar* • aansporen *incitar* (tot *à*); *provocar* **II** ON WW drijvend aankomen *llegar flotando*
aandrijving *impulsión* v; *propulsión* v; ⟨v. wielen⟩ *tracción* v
aandringen *ahincar*; *insistir* (op *en*) ★ op iets~ *insistir en algo*
aandrukken *apretar* [ie] ★ zich tegen de muur ~ *apoyarse contra la pared*
aanduiden • aanwijzen *apuntar*; *indicar* • betekenen *denotar*; *significar*
aanduiding *indicación* v ★ een nadere~ geven *precisar*
aandurven *atreverse*; *arriesgar* ★ hij durft mij niet aan *no se atreve conmigo*
aanduwen • aandrukken *apretar* [ie] • door duwen starten *empujar*
aaneen *consecutivo*; *seguido* ★ twee dagen~ *dos días consecutivos*
aaneengesloten *cerrado*; *compacto*
aaneenschakeling *encadenamiento* m; *serie* v; *retahíla* v
aaneensluiten (zich ~) *unirse*; *asociarse*
aanfluiting *afrenta* v
aangaan I OV WW • betreffen *concernir* ★ wat ... aangaat *en cuanto a*; *por lo que atañe a* • beginnen *contraer* ★ een huwelijk~ *contraer matrimonio* ★ een lening~ *contraer un préstamo* **II** ON WW • heengaan *seguir* [i] ★ achter iem.~ *seguir a u.p.* • beginnen ⟨v. licht en vuur⟩ *encenderse* [ie] ★ de school gaat aan *empiezan las clases* • langsgaan (bij) *visitar*; *hacer una visita* • behoren *convenir* [ie, i] ★ het gaat niet aan hem te beschuldigen *no deberías de culparle*
aangaande *en cuanto a*; *respecto a/de*
aangapen *mirar boquiabierto*
aangebonden v kort~ zijn *tener malas pulgas*
aangeboren *ingénito*; *innato*
aangebrand v gauw~ zijn *ofenderse enseguida*; *mosquearse con nada*
aangedaan *conmovido*
aangelegd ★ kunstzinnig~ zijn *tener vena de artista*
aangelegenheid *asunto* m; *cuestión* v
aangenaam *agradable*; *grato*; *placentero* ★ het is hier~ *se está bien aquí* v ★ kennis te maken! *¡mucho gusto!*; *¡encantado!*; *¡encantada!*
aangenomen • verworven *aceptado* ★ een~ naam *un nombre adaptado* ★ ~ werk *trabajo aceptado* • geadopteerd *adoptado*
aangeschoten *achispado*; *alegre*
aangeslagen *desconcertado*

aangetrouwd *emparentado*
aangeven • aanreiken *pasar*; *alargar* • aanduiden *indicar*; *designar* ★ aangegeven waarde *valor declarado* • officieel melden *declarar* • bij de politie aanbrengen *denunciar* ★ zich~ bij de politie *entregarse a la policía*
aangever *serio*
aangewezen *indicada* ★ de~ persoon *la persona indicada* v ★ ~ zijn op iets *depender de u.c.* v ★ ~ zijn op iem. *depender de u.p.*
aangezicht *rostro* m; *semblante* m; *faz* v; *haz* v
aangezichtspijn *neuralgia* v *facial*
aangezien *visto que*; *como*; *pues*; *ya que*; ⟨alleen in bijzin⟩ *porque*
aangifte • officiële aanmelding *declaración* v ★ ~ doen *declarar*; *denunciar* • ⟨bij politie⟩ *denuncia* v • ⟨bij douane⟩ ★ ⟨opschrift⟩~ goederen *declaración*
aangiftebiljet *impreso* m *de declaración*
aangrenzend *adyacente* (a); ⟨v. kamer⟩ *contiguo* (a); ⟨v. land⟩ *limítrofe* (a); *inmediato* (a); OOK FIG. *afín*; *lindante* ★ ~e gebieden *aledaños* m mv
aangrijpen • vastpakken *asir*; *coger* • ontroeren *conmover* [ue]
aangrijpend *conmovedor*; *emocionante*
aangrijpingspunt *punto* m *de aplicación*
aangroei *crecimiento* m; *aumento* m
aangroeien *crecer*; *aumentar*
aanhaken *enganchar*
aanhalen • vaster trekken *apretar* [ie] ★ het touw strakker~ *apretar la cuerda* • liefkozen *acariciar* • citeren *citar*; *alegar* • gaan doen ★ wat heeft hij nu weer aangehaald? *¿en qué rollo se ha metido esta vez?* • in beslag nemen *secuestrar*; *confiscar*
aanhalig *zalamero*; *mimoso*
aanhaling *cita* v
aanhalingsteken *comillas* v mv ★ ~s openen / sluiten *abrir/cerrar comillas*
aanhang *partidarios* m mv; *seguidores* m mv; *séquito* m; ⟨familie⟩ *familia* v; ⟨familie⟩ *parientes* m mv
aanhangen I OV WW steunen *ser partidario de* **II** ON WW vastkleven *adherir* [ie, i]
aanhanger • volgeling *partidario* m • aanhangwagen *remolque* m
aanhangig *pendiente* ★ een zaak~ maken bij de rechtbank *entablar un proceso*
aanhangsel • aanhangend deel *apéndice* m • bijlage *apéndice* m; *suplemento* m
aanhangwagen *remolque* m
aanhankelijk *afecto*; *afectuoso*; *cariñoso*
aanhechten *unir*; *juntar*
aanhechting *unión* v
aanhechtingspunt *punto* m *de unión*
aanhef *comienzo* m; ⟨v. lied⟩ *entonación* v; ⟨v. brief⟩ *encabezamiento* m; ⟨v. rede⟩ *exordio* m
aanheffen *empezar* [ie]; *comenzar* [ie]; ⟨v. lied⟩ *entonar*
aanhikken tegen *hacerse cuesta arriba*
aanhoren • luisteren naar *escuchar* ★ ten~ van *en presencia de*; *ante* • merken *notar* ★ de verkoudheid is je aan te horen *se nota el catarro*

aanhouden I OV WW • arresteren *detener* [ie]; *arrestar* • tegenhouden *detener* [ie] • niet uittrekken *no quitarse* ★ zijn jas ~ *no quitarse el abrigo* • uitstellen *aplazar* • laten voortduren *dejar; dejar puesto*; ⟨niet laten uitgaan⟩ *dejar encendido* II ON WW • volhouden *persistir; resistir* • voortduren *continuar; seguir* [i] • gaan naar ★ links ~ *torcer* [ue] *a la izquierda*

aanhoudend I BNW zonder ophouden *continuo; pertinaz* II BIJW *continuamente; sin parar*

aanhouder *porfiado* m ▼ de ~ wint *porfía mata la caza; el éxito nace de la perseverancia*

aanhouding *detención* v; *aprehensión* v

aanhoudingsmandaat *orden* v *de arresto*

aanjagen • aandoen *infundir* ★ iem. angst ~ *infundir miedo a u.p.* • iem. schrik ~ *asustar/espantar a u.p.* • TECHN. *acelerar*

aanjager *soplete* m *de cilindro*

aankaarten *plantear; poner sobre el tapete*

aankijken • kijken naar *mirar* ★ elkaar ~ *mirarse* • overdenken *considerar* • ~ **op** *sospechar de* ★ iem. ergens op ~ *sospechar algo de alguien*

aanklacht *acusación* v; *denuncia* v; *querella* v ★ een ~ indienen *presentar denuncia*

aanklagen *acusar; denunciar*; ⟨beschuldigen⟩ *inculpar*

aanklager *acusador* m; *querellante* m/v; *denunciante* m/v

aanklampen *abordar*

aankleden • kleren aantrekken *vestir* [i] ★ kleed je netjes aan *vístete bien* • inrichten *decorar*

aankleding *decoración* v

aankloppen • op deur kloppen *llamar a la puerta* • ~ **bij** ★ bij iem. om hulp ~ *llamar a la puerta de alguien*

aanknopen I OV WW beginnen *entablar* ★ een briefwisseling ~ met *entrar en correspondencia con* II ON WW ~ **bij** *enlazar con*

aanknopingspunt *punto* m *de referencia*

aankoeken *apelmazarse*

aankomen • arriveren *llegar* • naderen *aproximarse* ★ ik kom eraan *ahora voy* • langsgaan (bij) *pasar por casa* ★ bij iem. ~ *pasar por casa de u.p.* • aanraken *tocar* ★ doel treffen ★ de klap kwam hard aan *fue un golpe duro* • zwaarder worden *engordar* • ~ **op** ★ nu komt het er op aan om ... *ahora se trata de ...* ★ als het er op aankomt *a la hora de* ★ waar het op aankomt is ... *lo importante es ...* ★ het komt er niet op aan *es lo de menos* ★ het erop laten ~ *dejar llegar las cosas* ▼ dat kwam hard aan *fue un golpe duro* ▼ iets zien ~ *ver venir u.c.*

aankomend • aanstaand *futuro; próximo* • beginnend *principiante*

aankomst *llegada* v ★ direct bij ~ *a la llegada; al llegar*

aankondigen *anunciar; notificar; proclamar*

aankondiging *anuncio* m; *aviso* m; ⟨officieel⟩ *proclamación* v; ⟨officieel⟩ *notificación* v

aankoop *compra* v; *adquisición* v

aankoopsom *precio* m *de adquisición; precio* m *de compra*

aankopen *comprar; adquirir* [ie]

aankruisen *marcar*

aankunnen • opgewassen zijn tegen *poder* [ue] *con* • berekend zijn voor ★ een taak ~ *poder* [ue] *con una tarea*

aankweken *cultivar*

aanlanden • aan land komen *arribar* • terechtkomen *venir* [ie, i] *a parar* ★ ik weet niet waar hij is aangeland *no sé dónde ha ido a parar*

aanlandig ★ de wind is ~ *el viento sopla del mar*

aanleg • constructie ⟨v. wegen e.d.⟩ *construcción* v; ⟨v. elektriciteit e.d.⟩ *instalación* v ★ in ~ zijn *estar en construcción* • talent *talento* m ★ ~ voor talen *talento para estudiar idiomas* ★ dichterlijke ~ hebben *tener talento de poeta* • vatbaarheid *predisposición* v

aanleggen I OV WW • construeren *construir*; ⟨v. elektriciteit e.d.⟩ *instalar* • regelen *arreglar* ★ het handig ~ om te *darse maña para* ★ het zo ~ dat... *hacerlo de modo que ...* • van schietwapen *apuntar* II ON WW aan de wal gaan liggen *abordar*

aanlegplaats *desembarcadero* m; *amarradero* m

aanleiding *motivo* m ★ naar ~ van uw advertentie *refiriéndome a su anuncio* ★ naar ~ van *con motivo de* ★ ~ geven tot *dar lugar a; dar motivo para; motivar; engendrar* ★ naar ~ daarvan *con ese motivo* ★ ~ geven tot geklets *dar que decir a la gente*

aanlengen *diluir; desleír* [i]; ⟨met water⟩ *mezclar con agua* ★ de wijn ~ *bautizar el vino*

aanleren • onderwijzen *enseñar* • eigen maken *aprender*

aanleunen tegen *apoyarse en* ▼ dat laten we ons niet ~ *no dejamos que se nos atribuya esto; no aceptamos ese cumplimiento*

aanleunwoning *vivienda* v *con asistencia optativa*

aanlijnen ⟨v. hond⟩ *atar*

aanlokkelijk *atractivo; encantador; deseable*

aanlokken *atraer*

aanloop • SPORT *carrera* v; *impulso* m ★ een ~ nemen *tomar impulso/carrera* • bezoek *visitas* v mv ★ veel ~ hebben *tener muchas visitas* • inleiding *introducción* v; *preámbulo* m

aanloophaven *puerto* m *de escala*

aanloopkosten *gastos* m mv *iniciales*

aanloopperiode *fase* v *inicial*

aanlopen I OV WW een haven aandoen *arribar* II ON WW • naderen *acercarse; venir* [ie, i]; *acudir* • even langsgaan (bij) *ir a ver una persona* • tegen iets aan schuren *rozar en* • duren *durar* • een kleur krijgen ★ rood ~ *ponerse rojo* • ~ **tegen** LETT. *tropezar* [ie] *con; chocar con*

aanmaak *fabricación* v; *producción* v; *confección* v ★ in ~ zijn *estar en curso de fabricación*

aanmaakblokje *bloque* v *inflamable*

aanmaakhout *leña* v *para encender el fuego*

aanmaken • aansteken *encender* [ie] • toebereiden *preparar* • fabriceren *fabricar; confeccionar*

aanmanen • aansporen *exhortar* • sommeren ★ iem. ~ tot betaling *requerir* [ie, i] *el pago*

aanmaning • aansporing *exhortación* v • sommering *requerimiento* m *de pago*
aanmatigen [zich ~] *arrogarse; atribuirse*
aanmatigend *presuntuoso; arrogante; altanero*
aanmelden • presenteren *anunciar* ★ zich ~ *presentarse* • opgeven *inscribir;* ⟨voor school⟩ *matricular*
aanmelding • inschrijving *inscripción* v • aankondiging *anuncio* m
aanmeldingsformulier *hoja* v *de inscripción;* ⟨op school⟩ *hoja* v *de matrícula*
aanmeldingstermijn *plazo* m *de inscripción*
aanmeren *amarrar*
aanmerkelijk *considerable; notable*
aanmerken • beschouwen (als) *considerar* ★ hij wordt als lastig aangemerkt *se le considera bastante pesado* • afkeurend opmerken *criticar; censurar; poner reparos*
aanmerking • beschouwing ★ in ~ komen *entrar en cuenta* ★ iets in ~ nemen *tomar en consideración u.c.* ★ in ~ genomen dat *habida cuenta de que* • kritiek *crítica* v; *reparo* m; *censura* v ★ veel ~en maken *poner muchos reparos*
aanmeten I OV WW de maat nemen *tomar la medida para* II WKD WW [zich ~] ★ zich een houding ~ *adoptar una actitud*
aanmodderen ★ hij moddert maar wat aan met zijn werk *hace el trabajo a su aire*
aanmoedigen • aansporen *alentar* [ie]; *envalentonar; animar* • bevorderen *estimular*
aanmoediging *aliento* m; *estímulo* m
aanmonsteren *enrolarse*
aannaaien *coser* ★ een knoop ~ *coser un botón* ▼ ik laat me niets ~ *no dejo que me tomen el pelo* ▼ iem. een oor ~ *tomarle el pelo a u.p.*
aanname *suposición* v
aannemelijk • redelijk *aceptable; razonable* • geloofwaardig *verosímil; fidedigno*
aannemen • in ontvangst nemen *recibir* • accepteren *aceptar* • geloven *creer* • veronderstellen *suponer* • eigen maken *aprobar* [ue] • voor een bepaalde prijs uitvoeren *contratar*
aannemer *contratista* m/v
aanpak *planteamiento* m
aanpakken I OV WW • vastpakken *coger; tomar* • gaan behandelen *tratar* ★ iets flink ~ *tomar a pecho u.c.* II ON WW ★ hij weet van ~ *sabe poner manos a la obra*
aanpalend *limítrofe; colindante*
aanpappen ★ ~ met iem. *enrollarse con alguien*
aanpassen I OV WW • passen *probar* [ue] • geschikt maken *adaptar* II WKD WW [zich ~] *adaptarse; acomodarse* ★ je moet je weten aan te passen *hay que saber adaptarse*
aanpassing *adaptación* v; *adecuación* v; ⟨v. salaris⟩ *reajuste* m
aanpassingsvermogen *adaptación* v
aanplakbiljet *cartel* m
aanplakken *pegar; fijar*
aanplant • het aanplanten *plantación* v • het aangeplante *plantío* m
aanplanten *plantar; cultivar*
aanpoten • flink doorwerken *darle duro; trabajar de firme;* INFORM. *currar*
• voortmaken *darse prisa*
aanpraten *encajar;* *meter por los ojos* ★ iem. iets ~ *comerle el coco a alguien*
aanprijzen *recomendar* [ie]; *alabar; preconizar*
aanraden *aconsejar; recomendar* [ie] ★ op ~ van *por consejo de*
aanraken *tocar;* ⟨met vingers⟩ *palpar;* ⟨zacht⟩ *acariciar*
aanraking • het aanraken *contacto* m; *toque* m ★ zachte ~ *roce* m • contact *contacto* m ★ hen met elkaar in ~ brengen *ponerles en contacto* ★ in ~ komen met *ponerse en contacto con*
aanranden *agredir;* ⟨seksueel⟩ *agredir con intención de abuso sexual* ★ iem. in zijn goede naam ~ *vulnerar el honor/el buen nombre de u.p.*
aanrander *agresor* m
aanranding • geweld *agresión* v • dwang tot seks *agresión* v *sexual*
aanrecht *aparador* m *de cocina*
aanreiken *pasar; entregar; alcanzar; alargar*
aanrekenen • beschouwen als *considerar como* ★ zich iets als een eer ~ *vanagloriarse de u.c.* • verwijten *imputar; atribuir*
aanrichten • veroorzaken *causar* ★ schade ~ *causar daño; perjudicar* • voorbereiden ★ een feestmaal ~ *ofrecer un banquete*
aanrijden I OV WW in botsing komen met *atropellar; chocar con* ★ zij werd aangereden *la atropellaron; fue atropellada* II ON WW rijdend naderen *acercarse*
aanrijding ⟨v. persoon⟩ *atropello* m; ⟨met voertuig⟩ *choque* m
aanroepen • roepen naar *llamar* • hulp vragen *invocar*
aanroeren • aanraken *tocar* ★ de lekkernijen werden niet aangeroerd *las golosinas quedaron intactas* • ter sprake brengen *mencionar; aludir* ★ een teer punt ~ *mencionar un punto delicado*
aanrukken *avanzar; acercarse; aproximarse* ▼ laten ~ *mandar traer*
aanschaf *compra* v; *adquisición* v
aanschaffen *comprar; adquirir* [ie]
aanscherpen *agudizar; agravar*
aanschieten I OV WW • licht verwonden *herir* [ie] *ligeramente* • gauw aantrekken *ponerse de prisa* • aanspreken *abordar* II ON WW toesnellen ★ komen ~ op *lanzerse sobre*
aanschouwelijk *ilustrativo* ★ ~ onderwijs *enseñanza* v *visual*
aanschouwen *ver; contemplar* ★ ten ~ van *en presencia de; ante*
aanschrijven *oficiar; notificar;* FORM. *informar (por escrito)* ▼ bij iem. goed aangeschreven staan *gozar de la confianza de u.p.*
aanschrijving *aviso* m; *notificación* v
aanschuiven *arrimar* ★ een stoel ~ *arrimar una silla*
aanslaan I OV WW • kort raken *tocar (levemente)* ★ een akkoord ~ *tocar un acorde* ★ een toets ~ *tocar una tecla* • waarderen *valorar* ★ iem. hoog ~ *tener a alguien en gran estimación* [ie] • belasting opleggen aan *gravar; imponer* II ON WW • starten van motor *arrancar* ★ de motor slaat niet aan *no arranca el motor*

- succes hebben *tener éxito* • blaffen *ponerse a ladrar*
aanslag • aanval *atentado* m ★ een ~ op iem. plegen *atentar contra la vida de u.p.* • belastingaanslag *cuota* v *tributaria; imposición* v • afzetting *adherencia* v • schietklare stand ★ het geweer in de ~ brengen *asestar el fusil* • MUZ. *toque* m
aanslagbiljet *declaración* v *de la renta*
aanslibben *formarse aluviones* ★ aangeslibde grond *aluvión* v
aansluiten I OV WW verbinden *conectar* II ON WW verbonden zijn *relacionarse con*; ⟨v. treinen⟩ *corresponder*; ⟨v. treinen⟩ *empalmar con* III WKD WW [zich ~] • meedoen (met) *asociarse con* • lid worden (van) *afiliarse a* ★ zich ~ bij een partij *afiliarse a un partido* • het eens zijn (met) *sumarse a* ★ zich bij iemands mening ~ *sumarse a la opinión de alguien*
aansluiting *conexión* v; ⟨v. treinen⟩ *correspondencia* v; ⟨v. treinen⟩ *empalme* m; ⟨v. telefoon⟩ *línea* v ★ in ~ op *a continuación de*
aansluitkosten *costes* m mv *de instalación*
aansmeren • dichtsmeren *untar* • aanpraten ★ iem. iets ~ *meter algo por los ojos a alguien*; *embaucar algo a alguien*
aansnellen *venir* [ie, i] *rápidamente*
aansnijden • afsnijden *empezar* [ie] • aankaarten *abordar* ★ een onderwerp ~ *abordar un tema*
aanspannen • JUR. beginnen *incoar*; *promover* [ue] ★ een rechtszaak ~ *incoar un pleito* • vastmaken *enganchar*
aanspelen *pasar*
aanspoelen *ser arrojado a la playa* ★ er is een lijk aangespoeld *el río ha traído un cadáver*; *el mar/las aguas ha(n) arrojado un cadáver a la playa*
aansporen ⟨v. paard⟩ *espolear*; ⟨v. persoon⟩ *estimular*; ⟨v. persoon⟩ *animar*; ⟨v. persoon⟩ *incitar*
aansporing *incitación* v; *estímulo* m ★ op ~ van *a instigación de*
aanspraak • sociaal contact *compañía* v ★ geen ~ hebben *no tener persona con quien hablar* • recht *pretensión* v; *derecho* m ★ ~ maken op *reclamar*
aansprakelijk *responsable* ★ ~ zijn voor *ser responsable de*; *asumir la responsabilidad de* ★ zich niet ~ stellen voor *declinar toda responsabilidad de* ★ ~ stellen voor *hacer responsable de*
aansprakelijkheid *responsabilidad* v
aansprakelijkheidsverzekering *seguro* m *de responsabilidad civil*
aanspreekbaar *tratable*; *accesible*
aanspreektitel *título* m *de tratamiento*; *forma* v *de tratamiento*
aanspreekvorm *forma* v *de tratamiento*
aanspreken • het woord richten tot *dirigirse a* ★ iem. met 'jij' ~ *tutear u.p.* ★ iem. met 'u' ~ *tratar de usted u.p.* ★ gaan gebruiken *empezar* [ie] *a gastar* • in de smaak vallen bij *gustar* ★ het spreekt mij niet aan *no me dice/gusta nada*

aanstaan • bevallen *agradar*; *convenir* [ie, i]; *gustar* • in werking zijn *estar en marcha* ★ de radio staat aan *la radio está en marcha* • op een kier staan *estar entornado*; *estar entreabierto*
aanstaande I ZN [de] verloofde *prometido* m II BNW • eerstkomend *próximo*; *que viene* ★ ~ vrijdag *el viernes próximo*; *el viernes que viene* • toekomstig *futuro* ★ mijn ~ echtgenoot *mi futuro esposo*
aanstalten ★ ~ maken (om/voor) *prepararse para*; *hacer los preparativos para*; *disponerse a* ★ ~ maken om weg te gaan *prepararse para marchar*
aanstampen *apisonar*
aanstaren *mirar fijamente*; *fijar la vista en*
aanstekelijk *contagioso*; *pegadizo*
aansteken • doen branden *encender* [ie] • besmetten *contagiar*; *inficionar*
aansteker *encendedor* m; *mechero* m
aanstellen I OV WW *nombrar*; *colocar* II WKD WW [zich ~] *remilgarse*; *hacer melindres* ★ hij stelde zich dwaas aan *se hizo el tonto* ★ zich ~ als *portarse como* ★ stel je niet (zo) aan! *¡no te pongas así!*
aansteller *farsante* m; *comediante* m/v
aanstellerig *remilgado*; *afectado*
aanstellerij *melindres* m mv; *remilgos* m mv; *afectación* v
aanstelling *nombramiento* m; *contratación* v ★ vaste ~ *empleo fijo*; *colocación fija*
aansterken *recobrar fuerzas*
aanstichten *instigar*
aanstichter *instigador* m
aanstichting ★ op ~ van *a instigación de*
aanstippen • even aanraken *tocar* • even noemen *mencionar*
aanstoken • aanwakkeren *atizar* • opruien (tot) *hurgar*; *instigar*
aanstonds *en seguida*; *luego*; *al punto*
aanstoot *escándalo* m ★ ~ geven *escandalizar*
aanstootgevend *escandaloso*; *repelente*
aanstoten *dar con el codo*
aanstrepen *marcar*; *señalar*
aanstrijken • MUZ. *rozar*; *tocar* • doen ontbranden *frotar*; ⟨v. lucifer⟩ *encender* [ie] *(frotando)*
aansturen • ~ op sturen naar *dirigir hacia*; SCHEEPV. *hacer rumbo a* • ~ op streven naar *aspirar a*; *poner la mira en*
aantal *número* m
aantasten • langzaam vernietigen *corroer* • FIG. aanvallen *atacar*
aantasting ⟨v. metaal⟩ *corrosión* v; *ataque* m; ⟨v. eer⟩ *agravio* m
aantekenboek *libro* m *de notas*
aantekenen I OV WW opschrijven *apuntar*; *anotar* ★ hoger beroep ~ *apelar* ★ een brief laten ~ *certificar una carta* II ON WW in ondertrouw gaan *tomarse los dichos*
aantekening *nota* v; *apunte* m; ⟨annotatie⟩ *anotación* v ★ ~-en maken *sacar apuntes*; *tomar notas* ★ van ~-en voorzien *anotar*
aantijging *imputación* v; *acusación* v; *inculpación* v
aantikken I OV WW even aanraken *tocar*

aantocht–aanwinst

brevemente con la mano **‖** ON WW oplopen ★ dat tikt aan *eso hace rascarse el bolsillo*
aantocht ‖ in~ zijn *aproximarse; acercarse; estar para llegar*
aantonen • laten zien *mostrar* [ue]; *indicar* • bewijzen *probar* [ue]; *demostrar* [ue] • TAALK. **•** →**wijs**
aantoonbaar *demostrable*
aantreden *formar*
aantreffen • tegenkomen *encontrarse* [ue] *con; topar con* • vinden *hallar; encontrar* [ue]
aantrekkelijk *atractivo* ★ ~ zijn *ser atractivo; tener gancho; tener tilín*
aantrekken I OV WW **•** aandoen ⟨v. kleren⟩ *vestirse;* [i] ⟨v. kleren⟩ *ponerse;* ⟨v. schoenen⟩ *calzarse* ★ trek je schoenen aan! *¡ponte los zapatos!* • vasttrekken *apretar* [ie]; *estrechar* • naar zich toe halen *atraer* • aanlokken *atraer* • werven *contratar* **‖** WKD WW [zich ~]
★ zich iets~ van iets *tomarse u.c. en serio*
★ zich niets~ van *hacer caso omiso de* ★ trek je van hem maar niets aan! *¡no le hagas caso!*
aantrekkingskracht • NATK. *fuerza* v *de atracción; gravitación* v *universal*
• aantrekkelijkheid *atracción* v
aanvaardbaar *aceptable*
aanvaarden • op zich nemen *aceptar; admitir; encargarse de;* ⟨v. bezit⟩ *tomar posesión de;* ⟨v. verantwoordelijkheid⟩ *asumir* • beginnen ★ een reis~ *emprender un viaje*
aanvaarding *aceptación* v
aanval • offensief *ataque* m; *acometida* v; ⟨plotseling⟩ *antuvión* v • uitbarsting *ataque* m; *acceso* m; ⟨v. woede⟩ *furia* v; ⟨v. woede⟩ *berrinche* m • SPORT *ataque* m ▼ ~ is de beste verdediging *la mejor defensa es el ataque*
aanvallen I OV WW een aanval doen *atacar; agredir; acometer;* ⟨heftig⟩ *arremeter* ★ iem. ~ *atacar a u.p.* **‖** ON WW afstormen op *atacar; lanzarse sobre* ★ ~! *¡al ataque!*
aanvallend *ofensivo*
aanvaller • persoon, groep die aanvalt *agresor* m; *asaltante* m/v • SPORT *atacante* m/v
aanvalsoorlog *guerra* v *ofensiva*
aanvalsspits *delantero* m *de ataque*
aanvalswapen *arma* v *ofensiva*
aanvang *principio* m; *comienzo* m ★ van de~ af *desde el principio* ★ bij de~ *en un principio*
★ een~ maken met *dar comienzo a*
aanvangen *comenzar* [ie]; *empezar* [ie]
aanvangssalaris *sueldo* m *inicial (mínimo)*
aanvangstijd *hora* v *de comienzo*
aanvankelijk I BNW *inicial* **‖** BIJW *al principio*
aanvaring *abordaje* m; *colisión* v ★ OOK FIG. in~ komen met *colisionar con; chocar con*
aanvechtbaar *impugnable; criticable*
aanvechten *atacar; impugnar*
aanvechting *impulso* m; *tentación* v ★ ~ voelen om *sentir (ie,i) la tentación de*
aanvegen *barrer*
aanverwant I ZN [de] *afín* m **‖** BNW
• aangetrouwd *emparentado* • nauw betrokken bij *afín*
aanvliegen I OV WW *atacar* **‖** ON WW vliegend naderen *acercarse volando*
aanvliegroute *ruta* v *de vuelo*

aanvoegend • →**wijs**
aanvoelen I OV WW begrijpen *intuir;* ⟨v. persoon⟩ *entender* [ie] ★ iem.~ *entender a u.p.*
★ de stemming~ *coger el ambiente* **‖** ON WW bepaald gevoel geven ★ het voelt koud aan *está frío al tacto* ★ het voelt zacht aan *está suave* ★ het voelt vreemd aan *da una sensación extraña*
aanvoelingsvermogen *intuición* v
aanvoer • het aanvoeren *transporte* m • het aangevoerde *abastecimiento* m
• aanvoerleiding *tubo* m *de conducción*
aanvoerder *jefe* m; *adalid* m; MIL. *comandante* m; SPORT *capitán* m; ⟨v. bende⟩ *cabecilla* m
★ een~ kiezen *escoger un jefe*
aanvoeren • leiden *capitanear* • ergens heen brengen *transportar; acarrear;* ⟨door buizen⟩ *conducir* • naar voren brengen *alegar; aducir*
★ bewijzen~ *alegar pruebas*
aanvoering *mando* m ★ onder~ van *bajo el mando de*
aanvraag *solicitud* v; *petición* v ★ op~ *a petición*
aanvraagformulier *hoja* v *de solicitud*
aanvragen *solicitar; pedir* [i] ★ ontslag~ *presentar su dimisión; presentar renuncia de su cargo*
aanvreten *corroer* ★ aangevreten sla *lechuga descompuesta/podrida* ★ aangevreten longen *pulmones corroídos*
aanvullen • volledig maken *complementar;* ⟨v. tekort⟩ *suplir* ★ het tekort~ *suplir el déficit*
• vol maken *completar*
aanvulling *suplemento* m; *adición* v
aanvuren *animar; incitar; avivar; pinchar*
aanwaaien ★ het komt je niet~ *no te va a caer del cielo*
aanwakkeren I OV WW • LETT. ⟨vuur⟩ *atizar*
• FIG. *animar* **‖** ON WW heviger worden *intensificarse*
aanwas *aumento* m; *acrecencia* v; ⟨v. water⟩ *crecida* v
aanwenden *emplear; usar; utilizar; aplicar*
★ pogingen~ *esforzarse* [ue]; *hacer esfuerzos*
★ te eigen bate~ *hacer uso de u.c. por interés propio; usar para su propio interés* ★ tot zijn voordeel~ *convertir* [ie] *en provecho suyo*
aanwennen [zich ~] *acostumbrarse; habituarse* [ú]
aanwensel *mala costumbre* v; *vicio* m
aanwerven *contratar;* ⟨v. soldaten⟩ *reclutar;* ⟨v. soldaten⟩ *enrolar*
aanwezig *presente* ★ indien niet~ *si no está presente* ★ ~ zijn op *asistir a; presenciar* ★ erg overvloedig~ zijn *ser una bendición de Dios*
aanwezigheid *presencia* v; *asistencia* v ★ in~ van *ante; en presencia de*
aanwezigheidslijst *lista* v *de asistencia* ★ de~ laten rondgaan *pasar la lista*
aanwijsbaar *demostrable; comprobable*
aanwijzen • laten zien *indicar; mostrar* [ue]; *señalar; apuntar;* ⟨op klok⟩ *marcar;* ⟨op klok⟩ *indicar* • bestemmen *designar*
aanwijzing • het aanwijzen *indicación* v
• inlichting *instrucción* v • indicatie *indicio* m
aanwinst *adquisición* v ★ een~ voor een museum *una adquisición para un museo*

aanwippen * even bij iem. ~ *pasar por casa de u.p.*
aanwonende *vecino* m
aanwrijven *achacar; imputar* * iem. iets~ *cargarle u.c. a u.p.*
aanzeggen *comunicar; anunciar* * iem. de wacht~ *comunicarle a alguien que tiene que atenerse y lo sucesivo*
aanzet *comienzo* m
aanzetten I OV WW • in werking zetten ⟨v. motor⟩ *arrancar;* ⟨v. radio⟩ *poner;* ⟨v. radio⟩ *enchufar* • vastmaken *sujetar* • aansporen *estimular; incitar a* * iem. tot iets~ *incitar a u.p. a hacer algo* • slijpen *afilar* * een mes~ *afilar un cuchillo* **II** ON WW • vastkoeken *pegarse* • komen * te laat komen~ *llegar tarde* * hij kwam met een cadeau~ *nos sorprendió con un regalo*
aanzicht *vista* v
aanzien I ZN [het] • uiterlijk *aspecto* m; *apariencia* v; ⟨v. een zaak⟩ *cariz* m • achting *respeto* m; *prestigio* m; *estimación* v; *estima* v; *distinción* v ▼ ten~ van *con respecto a; respecto a/de* * zonder~ *des personos indistintamente, sin acepción de personas* **II** OV WW • kijken naar *mirar; fijarse en* • door het uiterlijk zien *notar* * men kan het hem~ *se le nota* * het is niet om aan te zien *da pena verlo* • ~ **op** *culpar* • ~ **voor** *tomar por* * iem. voor een ander~ *confundir a u.p. con otra* ▼ naar het zich laat~ *a juzgar por las apariencias*
aanzienlijk • groot *considerable* * een~ verlies *una pérdida notable* • voornaam *distinguido; ilustre*
aanzitten *estar a la mesa; estar sentado a la mesa*
aanzoek *solicitación* v; *petición* v; *ruego* m; ⟨om te trouwen⟩ *petición* v *de mano*
aanzuiveren *saldar;* ⟨v. tekort⟩ *enjugar;* ⟨v. tekort⟩ *suplir*
aanzwellen *crecer*
aanzwengelen • op gang brengen *poner en marcha* • FIG. ter sprake brengen *sacar a relucir*
aap *mono* m; *simio* m ▼ we zijn in de aap gelogeerd! *¡apañados estamos!* ▼ voor aap staan *quedar en ridículo; hacer el ridículo* ▼ iem. voor aap zetten *poner en ridículo u.p.* ▼ BELG. iem. voor de aap houden *tomarle el pelo a u.p.* ▼ zich een aap lachen *desternillarse de risa* ▼ toen kwam de aap uit de mouw *se le vio el plumero*
aar *espiga* v
aard • gesteldheid *carácter* m; *naturaleza* v; *índole* v * zijn ware aard tonen *descubrir la hilaza* • soort * niets van dien aard *nada de eso* * of iets van dien aard *o otra cosa por el estilo* ▼ hij werkt dat het een aard heeft *trabaja de lo lindo*
aardappel *patata* v * gebakken~en *patatas fritas*
aardappelmeel *fécula* v *de patata*
aardappelmesje *cuchillo* m *de pelar patatas*
aardappelmoeheid *enfermedad* v *del suelo causada por gusanillos*
aardappelpuree *puré* m *de patatas*

aardas *eje* m *terrestre*
aardbaan *órbita* v *terrestre*
aardbei *fresa* v
aardbeving *terremoto* m; *temblor* m *de tierra; seísmo* m
aardbodem *superficie* m *de la tierra; tierra* v
aardbol *globo* m *terrestre; esfera* v *terrestre*
aarde • grond *tierra* v * zich ter~ werpen *tirarse al suelo* • aardbol *orbe* m * hier op~ del cielo para abajo • TECHN. *tierra* v * ~ maken *estar conectada a tierra* ▼ BELG. dat zet geen~ aan de dijk *con eso no se gana nada* ▼ ter~ bestellen *inhumar*
aardedonker *muy oscuro*
aarden I BNW *de barro* **II** OV WW TECHN. *conectar a tierra* * een apparaat~ *conectar a tierra un aparato* **III** ON WW • wennen *echar raíces* • ~ **naar** *parecerse a*
aardewerk *cerámica* v; *loza* v
aardgas *gas* m *natural*
aardig I BNW • vriendelijk *amable; simpático; majo* * ik vind hem wel~ *me cae bastante bien* * dat is erg~ van u *es usted muy amable* * wij hebben een~e lerares *tenemos una profesora muy simpática/maja* • nogal groot *bastante grande; buen(a)* * een~ optrekje *una buena casa* **II** BIJW behoorlijk *bastante*
aardigheid • plezier *gracia* v * er~ in hebben *gustarle u.c. a u.p.* * de~ is eraf *ya no tiene ninguna gracia* * grap * voor de~ *por gusto*
aardigheidje *regalo; detalle* m
aarding *toma* v *de tierra*
aardkorst *corteza* v *terrestre*
aardleiding *toma* v *de tierra*
aardlekschakelaar *interruptor* m *automático*
aardolie *petróleo* m
aardrijkskunde *geografía* v
aardrijkskundig *geográfico*
aards • van de aarde *terrestre; terrenal* • wereldlijk *terrestre; terrenal* * ~e goederen *bienes* m mv *seculares*
aardschok *sacudida* v *de tierra; temblor* m *de tierra*
aardverschuiving *corrimiento* m *de tierras; deslizamiento* m *de tierras*
aardwetenschappen *ciencias* v mv *de la tierra*
aardworm *lombriz* v
aars *ano* m; INFORM. *ojo* m *de culo*
aartsbisdom *arzobispado* m
aartsbisschop *arzobispo* m
aartsengel *arcángel* m
aartshertog *archiduque* m
aartslui *perezoso; haragán; holgazán; poltrón*
aartsvader *patriarca* m
aartsvijand *enemigo* m *mortal*
aarzelen *vacilar; balancear* * zonder~ *sin balancear* * hij aarzelt of hij het moet doen *duda en hacerlo o no*
aarzeling *titubeo* m; *vacilación* v
aas I ZN [de] • speelkaart *as* m • uitblinker *as* m **II** ZN [het] • lokaas *cebo* m • dood dier *carroña* v
aaseter *necrófago* m
aasgier OOK FIG. *buitre* m
abattoir *matadero* m; *degolladero* m
abc • alfabet *abecedario* m • eerste beginselen

abecé m
abces *absceso* m
ABC-wapens *armas* v mv *atómicas, bacteriológicas y químicas*
abdiceren *abdicar*
abdij *abadía* v
abdis *abadesa* v
abdomen *abdomen* m
abituriënt *bachiller* m
abject *abyecto; mezquino*
ablutie *ablución* v
abnormaal *anormal; anómalo*
abolitionisme *abolicionismo* m
abominabel *pésimo; malísimo*
abonnee *abonado* m; ⟨v. krant e.d.⟩ *suscriptor* m
abonneenummer *número* m *de abonado*
abonneetelevisie *televisión* v *por suscripción*
abonnement *abono* m; ⟨v. krant e.d.⟩ *suscripción* v
abonneren [zich ~] *abonarse;* ⟨op krant, tijdschrift⟩ *suscribirse*
aborteren *abortar*
abortus *aborto* m ★ ~ *provocatus aborto* m *provocado*
abortuskliniek *clínica* v *de abortos*
abracadabra *abracadabra* m
Abraham ▼ ~ zien *haber pasado ya los cincuenta años* ▼ weten waar ~ de mosterd haalt *estar al corriente de todo*
abri *marquesina* v
abrikoos *albaricoque* m
abrupt *brusco; súbito*
ABS *dispositivo* m *antibloqueo*
abscis *abscisa* v
abseilen *hacer rappel/rapel* m; *practicar el rappel/rapel*
absent • *afwezig ausente* • *verstrooid distraído*
absentie • *afwezigheid ausencia* v; *falta* v ★ de ~ opnemen *pasar lista* • *verstrooidheid distracción* v
absentielijst *lista* v *de ausentes*
absolutie *absolución* v ★ ~ verlenen *absolver*
absoluut I BNW *absoluto* II BIJW *absolutamente; en absoluto*
absorberen *absorber*
absorptie *absorción* v
abstract *abstracto*
abstractie *abstracción* v
abstraheren *abstraer*
absurd *absurdo*
abt *abad* m
abuis I ZN [het] *error* m; *equivocación* v ★ per ~ *por error;* erróneamente II BNW *equivado* ★ ~ zijn *estar equivocado*
abusievelijk *por error; equivocadamente*
acacia *acacia* v
academicus *titulado* m *universitario*
academie • hogeschool *academia* v; *escuela* v *universitaria* ★ pedagogische ~ *escuela* v *universitaria de profesorado de EGB; magisterio* m • geleerd genootschap *academia* v ★ lid van een ~ *académico* m
academisch *académico; universitario*
a capella *a capella*
acceleratie *aceleración* v

accelereren *acelerar*
accent[1] ⟨zeg: aksent⟩ • TAALK. *klemtoon acento* m ★ het ~ leggen op *poner el acento en* • *manier van spreken acento* m; *deje* m ★ een zwaar Nederlands ~ hebben *tener un acento/deje holandés fuerte*
accentueren *acentuar* [ú]
acceptabel *aceptable*
acceptant *aceptante* m/v
acceptatie *aceptación* v
accepteren *aceptar; tolerar; admitir*
acceptgiro *tarjeta* v *para el cobro por giro*
accessoire *accesorio* m
accidenteel *casual; ocasional; imprevisto; inesperado*
accijns *impuestos* m mv *de consumo*
acclamatie *aclamación* v ★ bij ~ *por aclamación*
acclimatiseren • *aclimatarse* • FIG. zich aanpassen *ambientarse*
accolade *llave* v
accommodatie • inrichting *alojamiento* m ★ een huisje met ~ voor 6 personen *una casa con capacidad para 6 personas* • aanpassing *adaptación* v ★ de voortdurende ~ van het oog *la adaptación constante del ojo*
accordeon *acordeón* m
accountancy *auditoría* v
accountant *censor* m *de cuentas; auditor* m
accountantsverklaring *informe* m *del censor jurado de cuentas*
accrediteren *acreditar*
accu *batería* v
accuklem *borne* m
accumulatie *acumulación* v
accuraat *exacto; preciso; puntual*
accuratesse *exactitud* v; *precisión* v; *puntualidad* v
ace *punto* m *de saque*
acetaat *acetato* m
aceton *acetona* v
acetyleen *acetileno* m
acetylsalicylzuur *ácido* m *acetilsalicílico*
ach *iah!;* ⟨bij pijn⟩ *iay!;* ⟨bij verbazing⟩ *ivaya!* ★ ach en wee roepen *quejarse*
achilleshiel *talón* m *de Aquiles*
achillespees *tendón* m *de Aquiles*
acht I TELW *ocho* ★ in achten *en ocho pedazos* ★ we zijn met ons achten *somos ocho* ★ het is acht uur *van a ser las ocho; son las ocho* ★ om acht uur *a las ocho* ★ het is half acht *son las siete y media* ★ wij maken plezier voor acht *lo estamos pasando muy bien* ★ het is kwart voor acht *son las ocho menos cuarto* ★ het is kwart over acht *son las ocho y cuarto* ★ acht jaar zijn *tener* [ie] *ocho años* ★ vandaag over acht dagen *de hoy en ocho días* ★ een dag of acht *unos ocho días* ★ om de acht dagen *cada ocho días* ★ na achten *después de las ocho* II ZN [de] • getal *ocho* m • aandacht *atención* v; *cuidado* m ★ in acht nemen *atender* [ie] ★ acht slaan op *prestar atención a* ★ roeiteam *ocho* m ▼ geef acht! *iatención!*
achtbaan *montaña* v *rusa*
achtbaar *respetable; estimable*
achteloos • onoplettend *descuidado* • onverschillig *indiferente*

achten • beschouwen als, menen *creer*; *tomar por* • waarderen *estimar*; *tener en estima*
achter I VZ • na ⟨bij plaats⟩ *detrás de* ★ ~ het bureau *al escritorio* ★ ~ het stuur *al volante/escritorio* • na ⟨bij tijd⟩ *detrás de* ★ ~ elkaar *detrás de sí* ▼ ~ iem. om *a espaldas de alguien* **II** BIJW • aan de achterkant *detrás* ★ hij woont ~ *vive detrás* • in achterstand *(por) detrás* ★ hij is ~ bij de anderen *va (por) detrás de los otros* ▼ van ~ naar voren kennen *conocer de los pies a la cabeza*
achteraan *detrás*; *a la zaga* ★ ~ lopen *ir a la cola*
achteraanzicht *vista* v *trasera*
achteraf • naderhand *después* ★ ~ beschouwd / bezien *a fin de cuentas*; *después de todo* • afgelegen *apartado*
achterbak *maletero* m
achterbaks I BNW *disimulado*; *solapado* ★ ~ zijn *andar con tapujos*; *solapar* **II** BIJW *disimuladamente*; *a escondidas*
achterban *base* v
achterband *rueda* v *trasera*
achterbank *asiento* m *trasero*
achterblijven *quedarse atrás* ★ hij bleef ver bij mij achter *se quedó muy atrasado* ★ een achtergebleven gebied *una zona retrasada*
achterblijver • *rechazado* m • kind *rechazado* m
achterbuurt *barrio* m *bajo*
achterdeur *puerta* v *trasera* ▼ FIG. ~tje *puerta* v *de escape*
achterdocht *suspicacia* v; *sospecha* v; *recelo* m
achterdochtig *suspicaz*; *receloso*; *desconfiado*
achtereen *seguido*; *de seguida* ★ vele uren ~ *muchas horas seguidas*
achtereenvolgens *sucesivamente*; *de seguida*; *consecutivamente*
achtereind *extremidad* v *posterior*; ⟨v. mens⟩ *trasero* m ▼ zo stom als het ~ van een varken *más tonto que hecho de encargo*; *más tonto que una mona*
achteren ★ naar ~ *hacia atrás* ★ van ~ *por detrás* ★ van ~ aanvallen *atacar por la espalda*
achtergrond • achterkant *fondo* m ★ op de ~ *al fondo* ★ met een rode ~ *sobre fondo rojo* • iemands verleden *fondo* m • FIG. onwaarneembare plaats ★ zich op de ~ houden *mantenerse en segundo plano* m • oorzaak *fondo* m ★ tegen die ~ beschouwd *considerándolo desde ese ángulo* ★ de ~ van de staking *el fondo de la huelga*
achtergrondinformatie *información* v *de fondo*
achtergrondmuziek *música* v *de fondo*
achterhaald *trasnochado*; *anticuado*
achterhalen • te pakken krijgen *atrapar*; *alcanzar* ★ iem. ~ *alcanzar a u.p.* • terugvinden *recuperar* • te weten komen *sacar en claro* ★ een achterhaalde opvatting *ideas retrasadas*
achterheen ▼ ergens ~ zitten *encargarse de un asunto*
achterhoede • MIL. *retaguardia* v ★ in de ~ *a la retaguardia* • SPORT *defensa* m/v
achterhoofd *occipucio* m ▼ zij is niet op haar ~ gevallen *no es ninguna tonta* ▼ iets in het ~ hebben *tener algo pendiente*
achterhouden • bij zich houden *retener* [ie]
• geheimhouden *ocultar*; *disimular*
achterhuis ▼ Het ~ - Dagboekbrieven van Anne Frank *Diario - Cartas a una amiga imaginaria*
achterin *al fondo*; *detrás*
achterkant *parte* v *de atrás*; *revés* m; ⟨v. papier, boek⟩ *dorso* m; ⟨v. munt⟩ *reverso* m
achterklap *comadreo* m; *chismorreo* m
achterkleinkind *biznieto* m
achterklep *tapa* v *del maletero*
achterland • gebied erachter *interior* m • ECON. *hinterland* m
achterlaten • verlaten *abandonar* • laten achterblijven *dejar* ★ een boodschap voor iem. ~ *dejar un recado para alguien*
achterlicht *luz* v *trasera*; ⟨v. auto⟩ *faro* m *trasero*
achterliggen *quedarse atrás*; *tener un atraso*
achterlijf *cuarto* m *trasero*; ⟨v. insect⟩ *abdomen* m
achterlijk *retrasado (mental)*; *atrasado (mental)*; *imbécil*
achterlopen *estar atrasado*
achterna *detrás*
achternaam *apellido* m ★ de ~ dragen *apellidarse*
achternagaan • volgen *seguir* [i] • gaan lijken op *seguir los pasos de una persona* ★ zij gaat haar moeder achterna *sigue los pasos de su madre*
achternalopen *seguir* [i]
achternamiddag *final* m *de la tarde*
achternazitten *perseguir* [i]; *ir detrás de*
achterneef • zoon van neef/nicht *primo* m *segundo* ★ zoon van oom-/tantezegger *sobrino* m *segundo*
achternicht • dochter van neef/nicht *prima* v *segunda* • dochter van oom-/tantezegger *sobrina* v *segunda*
achterom *por detrás*
achterop *detrás* ★ ~ de fiets *en el portaequipaje de la bici*
achterover *hacia atrás*
achteroverdrukken *malversar*; *desfalcar*
achteroverslaan I OV WW snel drinken *beber de un trago* ▼ steil ~ *llevarse una buena sorpresa*; *llevarse un buen susto* **II** ON WW vallen *caer de espaldas*
achterpand *espalda* v
achterplecht *castillo* m *de popa*
achterpoortje *puerta* v *de escape*
achterpoot *pata* v *trasera*
achterruit *luneta* v *trasera*
achterruitverwarming *luneta* v *trasera térmica*
achterspeler *defensa* m/v
achterstaan *ir detrás* ★ Nederland staat met 2-0 achter *Holanda va 2-0 detrás* ★ het team staat achter *el equipo está por detrás*
achterstallig *atrasado*; ⟨v. betaling⟩ *moroso en el pago*
achterstand *atraso* m; *retraso* m
achterste *trasero* m ★ op zijn ~ vallen *caerse de culo*
achterstellen *posponer (bij a)*; *postergar (bij a)*
achterstelling *postergación* v
achterstevoren *al revés*
achtertuin *jardín* m *(detrás de la casa)*
achteruit I ZN [de] *marcha* v *atrás* **II** BIJW *hacia*

atrás ★ volle kracht~! *¡atrás a toda máquina!*
achteruitgaan • naar achteren gaan *retroceder; ir hacia atrás* • verslechteren *empeorar; disminuir* ★ hard~ *dar un gran bajón*
achteruitgang ≈ *puerta* v *trasera*
achteruitgang *empeoramiento* m; *deterioro* m; *desmejoramiento* m
achteruitkijkspiegel *espejo* m *retrovisor; retrovisor* m
achtervoegsel *sufijo* m
achtervolgen *perseguir* [i]
achtervolging *persecución* v; *seguimiento* m
achtervolgingswaan *manía* v *persecutoria*
achterwaarts *hacia atrás; atrás*
achterwege ★ ~ blijven *no tener lugar* ★ iets~ laten *dejar; no hacer*
achterwerk *trasero* m; *nalgas* v mv
achterwiel *rueda* v *trasera*
achterwielaandrijving *tracción* v *trasera*
achterzijde *lado* m *posterior; parte* v *trasera; revés* m; *espalda* v; ⟨v. munten⟩ *reverso* m; ⟨v. papier, boek⟩ *dorso* m
achthoekig *octogonal; octaédrico*
achting *estima* v; *respeto* m ★ ~ genieten *gozar respeto* ★ ~ hebben voor *tener en estima*
achtste *octavo* ★ ten~ en *octavo lugar* ★ de~ maart *el ocho de marzo* ★ op zijn~ *cuando tenía ocho años* ★ in de~ eeuw *en el siglo ocho* ★ Hendrik de Achtste *Enrique Octavo; Enrique ocho* ★ op de~ plaats eindigen *salir octavo* ★ voor de~ keer *por octava vez* ★ een~ ⟨deel⟩ *una octava parte; un octavo* ★ drie~ ⟨deel⟩ *tres octavas partes; tres octavos*
achttien • *dieciocho* • →**acht**
achttiende • *decimoctavo; dieciochavo* • →**achtste**
acid *ácido* m
acid jazz *música* v *acid*
acne *acné* v
acquireren *adquirir*
acquisitie *adquisición* v
acquit *arranque* m
acrobaat *acróbata* m/v
acrobatiek *acrobatismo* m
acrobatisch *acrobático*
acroniem *acrónimo* m
acryl *acril* m ★ een trui van~ *un jersey acrílico*
acrylverf *pintura* v *acrílica*
act *número* m ★ een act opvoeren *actuar*
acteren • toneelspelen *actuar* [ú] • doen alsof *actuar* [ú]; *fingir; hacer la comedia*
acteur *actor* m [v: *actriz*] [v mv: *actrices*]
actie • handeling *acción* v ★ tot~ overgaan *pasar a la acción* • protestactie *manifestación* v ★ ~ voeren *manifestarse* [ie]
actiecomité *comité* m *de acción*
actief I BNW bezig *activo* II ZN [het] • totale bezit *activo* m • TAALK. *voz* v *activa*|
actiegroep *grupo* m *de acción*
actieradius *radio* m *de acción*
actievoerder *activista* m/v
activa *activo* m
activeren *activar*
activist *activista* m/v
activiteit *actividad* v [i]
actrice *actriz* v

actualiseren *actualizar*
actualiteit *actualidad* v
actualiteitenprogramma *programa* m *de actualidades*
actueel *actual*
acupunctuur *acupuntura* v
acuut *inminente*; ⟨v. ziekte⟩ *fulminante*; ⟨v. ziekte⟩ *agudo* ★ in~ gevaar verkeren *encontrarse* [ue] *en una situación de peligro inminente* ★ dat is niet~ *no es urgente*
adagio I ZN [het] *adagio* m II BIJW *lentamente*
Adam *Adán* m
adamsappel *nuez* v *de Adán; bocado* m *de Adán*
adapter *adaptador* m
addendum ★ *addenda* ; *adenda*
adder *víbora* v; *áspid* m ▼ een~ aan zijn borst koesteren *abrigar una serpiente en el seno* ▼ er schuilt een~tje onder het gras *hay gato encerrado*
additief *aditivo* m
additioneel *adicional*
adel *nobleza* v; *hidalguía* v ★ van adel *noble*
adelaar *águila* v
adelborst *guardia* m/v *marina*
adelen *ennoblecer*
adellijk • van adel *noble* • bijna bedorven *manido*
adelstand *nobleza* v; *casta* v *nobiliaria* ★ in de~ verheffen *ennoblecer*
adem *aliento* m; *respiración* v ★ buiten adem *sin aliento; sin respiración* ★ buiten adem raken *quedarse sin aliento* ★ naar adem snakken/happen *jadear* ★ op adem komen *recuperarse* ★ een slechte adem hebben *tener mal (el) aliento* ▼ in één adem *sin respirar* ▼ de laatste adem uitblazen *exhalar el último respiro* ▼ een lange adem hebben *tener mucho aguante*
adembenemend *grandioso; vertiginoso; soberbio*
ademen *respirar*
ademhalen *respirar* ★ ruimer~ *respirar con más desahogo*
ademhaling *respiración* v
ademhalingswegen *vías* v mv *respiratorias*
ademloos • buiten adem *sin aliento* • heel stil *silencioso*
ademnood *ahogo* m; *sofoco* m
adempauze *respiro* m
ademtocht *respiro* m; *suspiro* m; *hálito* m; *soplo* m
adequaat *adecuado*
ader • bloedvat *vena* v • bodemlaag *vena* v
aderlaten *sangrar*
aderlating *sangría* v
aderverkalking *arteriosclerosis* v
ADHD *TDAH* m; *Trastorno* m *por Déficit de Atención con Hiperactividad*
adhesie • NATK. *adhesión* v; *adherencia* v • instemming *adhesión* v
ad hoc *ad hoc; facticio*
adieu *adiós*
ad interim *interino*
adjectief I ZN [het] *adjetivo* m II BNW *adjetivo*
adjudant • toegevoegd officier *ayudante* m *de campo* • adjudant-onderofficier *ayudante* m/v

adjunct *director* m *adjunto*
adjunct-directeur *director* m/v *adjunto*
administrateur *administrador* m
administratie • beheer *administración* v • BELG. overheidsdienst *servicio* m *público*
administratief *administrativo*
administratiekantoor *administración* v
administratiekosten *gastos* m mv *de administración*
administreren *administrar*
admiraal *almirante* m
adolescent *adolescente* m/v
adolescentie *adolescencia* v
adonis *adonis* m; *Apolo* m
adopteren *adoptar*
adoptie *adopción* v
adoptiefkind *niño* m *adoptivo*
adoptiefouder *padre* m *adoptivo*
adoreren *adorar*
ad rem *agudo* ★ ~ *antwoorden responder con agudeza*
adrenaline *adrenalina* v
adres *dirección* v; *domicilio* m; *señas* v mv ★ per ~ *al cuidado de* ▼ je bent bij mij aan het verkeerde~ *te equivocas conmigo*
adresboek *directorio* m; *libro* m *de direcciones*
adresseren *dirigir*
adreswijziging *cambio* m *de domicilio*
Adriatische Zee *mar* m *Adriático*
adv *reducción* v *de la duración del trabajo*
advent *adviento* m
adverteerder *anunciante* m/v
advertentie *anuncio* m ★ kleine~ *anuncio* m *por palabras*
advertentiecampagne *campaña* v *publicitaria*
adverteren *anunciar*
advies *consejo* m ★ van~ *dienen aconsejar*
adviesbureau *agencia* v *consultiva*
adviesorgaan *organismo* m *asesor*
adviesprijs *precio* m *orientativo*
adviseren *aconsejar*
adviseur *consejero* m
advocaat • raadsman *abogado* m; *letrado* m • drank *licor* m *de huevos*
advocaat-generaal *abogado* m *general*
advocatencollectief *agrupación* m *de abogados*
advocatuur *abogacía* v
aerobiccen *practicar aerobic*
aerobics *aerobic* m
aerodynamica *aerodinámica* v
aerodynamisch *aerodinámico* ★ ~ e *vormgeving diseño aerodinámico*
af I BNW voltooid *terminado* ★ het werk is af *el trabajo está terminado* **II** BIJW • vandaan/weg *lejos* ★ ver van de weg af *lejos de la carretera* • naar beneden ★ hij viel van het dak af *se cayó del tejado abajo* • bevrijd/verlost van ★ daar ben ik van af! *¡ya me lo he quitado de encima!* ▼ hij reed af en aan *iba y venía* ▼ van nu af aan *desde ahora en adelante* ▼ af en toe *de vez en cuando* ▼ FIG. daar wil ik van af zijn *quiero quitármelo de encima*
afasie *afasia* v
afbakenen *demarcar; delimitar*
afbeelden *representar; pintar*
afbeelding • het afbeelden *representación* v

• beeld *retrato* m; *efigie* v
afbekken *gruñir* ★ iem.~ *poner a alguien como un trapo; dar una somanta a alguien*
afbellen *cancelar (una cita) por teléfono*
afbestellen *anular; cancelar; interrumpir un pedido*
afbetalen • deels betalen *pagar a plazos* • helemaal betalen *saldar; amortizar*
afbetaling *pago* m *a plazos* ★ op~ *a plazos* ★ maandelijkse~ *pago* m *mensual*
afbetalingstermijn *plazo* m
afbeulen *derrengar*; INFORM. *reventarse* [ie] ★ zich~ *derrengarse; trabajar como un negro*
afbijten • bijtend wegnemen *morder* [ue] • verf wegnemen *corroer*
afbijtmiddel *líquido* m *corrosivo*
afbinden • MED. *ligar; estrangular* • losmaken *desatar*
afbladderen *desconcharse; descascarillarse*
afblaffen ▼ iem.~ *gritarle a alguien*
afblazen *silbar*
afblijven *dejar en paz; no tocar*
afbluffen *cantarle a una persona las cuarenta*
afboeken *amortizar*
afborstelen *cepillar*
afbouwen • afmaken *terminar de construir* • geleidelijk opheffen *ir reduciendo; ir desmantelando*
afbraak *demolición* v; *derribo* m
afbraakprijs *precio* m *de saldo*
afbraakproduct *producto* m *de descomposición*
afbranden I OV WW door brand vernietigen *quemar* **II** ON WW door brand vernietigd worden *quemarse; reducirse a cenizas*
afbreekbaar *degradable* ★ biologisch~ *biodegradable*
afbreken I OV WW • eraf-/kapotbreken *romper; arrancar* • slopen *demoler* [ue] • afkraken *increpar* • beëindigen *interrumpir; truncar*; ⟨schaken, enz.⟩ *cortar*; SCHEIK. *descomponer* **II** ON WW *losgaan romperse*
afbrengen *disuadir* ⟨van de⟩; *torcer* ⟨van de⟩ [ue] ▼ het er goed van~ *salir bien* ▼ het er slecht van~ *salir mal* ▼ het er levend van~ *salir con vida* ▼ iem. van de goede weg~ *apartar a u.p. del buen camino*
afbreuk ★ ~ *doen aan perjudicar a u.c.; ser perjudical para u.c.; causar perjuicios a*
afbrokkelen *desmoronarse*
afbuigen *torcer* [ue]; *doblar*
afdak *marquesina* v; *cobertizo* m; *alpende* m
afdalen *bajar; descender* [ie]
afdaling *descenso* m; *bajada* v
afdammen *cerrar* [ie] *con un dique*
afdanken • wegdoen *desechar* • wegsturen *despedir* [i]
afdankertje *ropa* v *arrinconada*
afdekken *cubrir*
afdeling *sección* v; ⟨v. kantoor⟩ *sección* v; ⟨v. kantoor⟩ *departamento* m
afdelingschef *jefe* m *de sección*
afdichten *sellar*
afdingen *regatear*
afdoen • afnemen *quitar* ★ wat van de prijs~ *rebajar el precio* • afhandelen *despachar* ★ een afgedane zaak *un asunto cerrado* ★ een

afdoend–afhouden 22

af

schuld ~ *finiquitar una deuda* ★ die zaak is voor mij afgedaan *el asunto ya no existe para mí* • schoonmaken *limpiar* ▾ hij heeft voor mij afgedaan *para mí ya no cuenta; ya no cuento con él*
afdoend • doeltreffend *eficaz* • beslissend *decisivo*
afdracht *entrega* v; ⟨v. belasting⟩ *pago* m
afdragen • afgeven *entregar* • verslijten *desgastar; gastar*
afdrijven I OV WW MED. *abortar* **II** ON WW wegdrijven *derivar*; ⟨v. wolken⟩ *alejarse*; ⟨v. storm⟩ *pasar*
afdrogen • droog maken *secar*; *enjugar* • een pak slaag geven ▾ iem. ~ *pegarle a alguien*
afdronk *boca* v; *embocadura* v
afdruipen • druipend vallen *gotear*; *escurrir* • weglopen *esquivarse*; *salvarse* ★ met de staart tussen de benen ~ *retirarse con las orejas gachas*
afdruiprek *escurreplatos* m
afdruk *impresión* v; ⟨v. negatief⟩ *foto* v; ⟨met stempel⟩ *sello* m
afdrukken • een afdruk maken *imprimir* • foto maken *copiar*
afdruksnelheid *velocidad* v *de impresión*
afduwen *empujar*
afdwalen • LETT. *desviarse* [í] • FIG. *divagar*
afdwingen • gedaan krijgen *arrancar*; *sacar por fuerza* • inboezemen *infundir*; *imponer*
affabriekprijs *precio* m *al pie de la fábrica*; *precio* m *de fábrica*
affaire • kwestie *asunto* m • verhouding *enredo* m
affect *afecciones* v mv *anímicas*
affectie *afecto* m
affiche *cartel* m; *anuncio* m
afficheren *mostrar* [ue]
affiniteit *afinidad* v
affix *afijo* m
affreus *horroroso*
affront *afrenta* v
afgaan • naar beneden gaan *bajar* • weggaan ⟨van⟩ *dejar*; *abandonar* ★ van school ~ *abandonar el colegio* • het toneel verlaten *hacer mutis* • langsgaan *recorrer* ★ de rij ~ *recorrer la fila* • afgeschoten worden, in werking treden *dispararse* • blunderen *fracasar* • op bepaalde manier gedaan worden ★ het gaat hem gemakkelijk af *no le resulta nada difícil* • ~ **op** benaderen *ir a*; *dirigirse a* • ~ **op** vertrouwen op *dejarse guiar por*
afgang *fracaso* m
afgedaan • → afdoen
afgeladen *a tope*; *repleto*
afgelasten *cancelar*
afgelasting *cancelación* v; *anulación* v; *suspensión* v
afgeleefd *decrépito*; *gastado*; *caduco* ★ een ~e man *un vejarrón*; *un vejete*
afgelegen • ver weg gelegen *apartado* • eenzaam *solitario*
afgelopen I BNW verleden *pasado* ★ de ~ nacht *anoche*; *la noche pasada* ★ ~ jaar *el año pasado* **II** TW *basta ya*; *punto*

afgemat *agotado*; INFORM. *hecho polvo*
afgemeten • afgepast *ajustado* • kortaf *seco* • stijf *reservado*
afgepeigerd *rendido*; *molido*; INFORM. *hecho polvo*
afgestompt • niet puntig *embotado* • stomp van geest *embotado*
afgetraind *en forma*; *bien entrenado*
afgevaardigde *diputado* m; *delegado* m; *representante* m/v
afgeven I OV WW • overhandigen *entregar*; ⟨v. bagage⟩ *consignar*; ⟨v. documenten⟩ *extender* [ie] ★ iets bij de garderobe ~ *dejar algo en el guardarropa* • verspreiden *despedir* [i] ★ stank ~ *apestar* ★ SPORT *pasar* ★ de bal ~ *pasar la pelota* **II** ON WW • kleurstof loslaten *desteñir* [i] • ~ **op** kritiek geven *criticar* ▾ zich met iem. ~ *tener trato con u.p.*
afgezaagd *sobado*; *manoseado* ★ ~ zijn *caer en lo tópico*
afgezant *enviado* m; *mensajero* m
afgezien ★ ~ van *aparte de*; *prescindiendo de* ★ ~ daarvan *eso aparte*
afgezonderd *aislado*; *retirado*
Afghanistan *Afganistán* m
afgieten • vocht weggieten *escurrir* • door gieten maken *moldear*; *amoldar*
afgietsel *vaciado* m *en molde*; *vaciado* m
afgifte *entrega* v; ⟨v. documenten⟩ *expedición* v; ⟨v. warmte⟩ *emisión* v
afglijden *deslizarse* ⟨naar *por*⟩; *resbalar*; *escurrirse*
afgod *ídolo* m
afgooien *tirar*; *arrojar*
afgraven ⟨v. terrein⟩ *excavar*; ⟨v. grond⟩ *desmontar* ★ afgegraven aarde *desmonte* m
afgrendelen *echar el cerrojo*
afgrijselijk *horrendo*; *horrible*; *atroz*; *nefando*
afgrijzen *horror* m; *espanto* m; *execración* v
afgrond *abismo* m; *precipicio* m
afgunst *envidia* v; *celos* m mv
afgunstig *envidioso*; *celoso* ★ ~ zijn *ser envidioso* ★ ~ maken *causar envidia*
afhaaldienst *servicio* m *de recogida*
afhaalrestaurant *restaurante* m *de comidas para llevar*
afhaken I OV WW losmaken *retractarse* **II** ON WW niet meer meedoen *desengancharse*; *descolgar* [ue]
afhakken *cortar (a hachazos)*
afhalen • van iets ontdoen *quitar* ★ een bed ~ *quitar la ropa de cama* • meenemen ⟨v. personen⟩ *venir por*; ⟨v. personen⟩ *ir a buscar*; ⟨v. goederen⟩ *recoger*; ⟨v. goederen⟩ *retirar*
afhandelen *despachar*; *llevar a cabo*; *terminar*
afhandig ★ iem. iets ~ maken *arrancarle a u.p. u.c.*
afhangen • naar beneden hangen *colgar* [ue] • ~ **van** *depender de*
afhankelijk • niet-zelfstandig *dependiente* • ~ **van** *dependiente de* ★ ~ zijn van *depender de*
afhelpen van *librar de*
afhouden • inhouden *descontar* [ue]; *retener* ★ de huur ~ *descontar el alquiler* • weghouden *apartar de*; *mantener* [ie] *a*

distancia ⋆ hij kan zijn ogen niet van haar ~ *la está comiendo con la vista* ⋆ iem. van zijn werk ~ *distraer a alguien* ⋆ hij is daar niet van af te houden *no se le puede disuadir*
afhuren *alquilar; arrendar* [ie]; ⟨v. schip⟩ *fletar*
afjakkeren • afraffelen *terminar rápidamente* • uitputten *agotar; extenuar* [ú] ⋆ hij jakkerde zijn paard af *agotó a su caballo*
afkalven *desmoronarse*
afkammen *criticar severamente; denigrar* ⋆ iem. ~ *poner verde a alguien*
afkappen *cortar*
afkatten *soltarle* [ue] *un bufido a una persona*
afkeer *aversión* v; *asco* m; *repulsión* v; *tedio* m
afkeren *desviar* [i]; *apartar* ⋆ zich ~ van *no querer* [ie] *saber nada más de u.c.*
afkerig *desafecto* a ⋆ ~ zijn van *tener aversión a*
afketsen I OV WW *verwerpen rechazar* II ON WW • terugstuiten (op) *rebotar* • verworpen worden ⋆ het is afgeketst *fue rehusado; fue rechazado*
afkeuren *rechazar; desaprobar* [ue]; MIL. *declarar inútil*
afkeuring *desaprobación* v; *censura* v
afkickcentrum *centro* m *de rehabilitación*
afkicken *desengancharse*
afkickverschijnselen *signos* m mv *de desintoxicación*
afkijken I OV WW leren door te kijken *copiar; imitar* II ON WW spieken (bij) *copiar*
afkleden *adelgazar*
afkloppen • schoonkloppen *sacudir* • onheil bezweren *tocar madera*
afkluiven *roer*
afknappen • knappend breken *romperse* • mentaal instorten *quedarse desilusionado*
afknapper *chasco* m; *desilusión* v
afkoelen I OV WW FIG. rustiger maken *enfriar* [i] II ON WW koeler worden *enfriarse* [i]
afkoeling *enfriamiento* m
afkoelingsperiode *período* m *de enfriamiento*
afkoker *patata* v *harinosa*
afkomen • voltooid worden *acabarse* • naar beneden komen *bajar; descender* [ie] ⋆ kom van die tafel af! *¡bájate inmediatamente de la mesa!* • aan iets ontsnappen ⋆ ergens goed van ~ *salir librado* ⋆ ergens slecht van ~ *salir malparado* • ~ **van** kwijtraken *deshacerse de* ⋆ niet van iem. kunnen ~ *no poder desembarazarse de u.p.; no poder quitarse de encima a u.p.* • ~ **op** *acercarse a*
afkomst *origen* m
afkomstig van/uit *originario de*
afkondigen *proclamar;* ⟨v. wet⟩ *promulgar*
afkondiging *proclamación* v
afkoopsom *rescate* m
afkopen *redimir; rescatar*
afkoppelen *soltar* [ue]
afkorten *abreviar*
afkorting *abreviación* v
afkraken *criticar duramente*
afkrijgen *terminar; acabar*
afkunnen ⋆ het ~ *poder* [ue] *acabar*
aflaat *indulgencia* v
aflandig ⋆ ~e wind *viento que sopla de la tierra hacia el mar*

aflaten *dejar (de)* ⋆ niet ~ *no cejar en*
afleesfout *error* m *de lectura*
afleggen • afdoen *quitarse* • zich ontdoen van ⋆ de rouw ~ *dejar el luto* • volbrengen, doen *hacer* ⋆ een afstand ~ *recorrer una distancia* ⋆ een bezoek ~ *hacer una visita* ⋆ een eed ~ *prestar juramento* ⋆ een examen ~ *hacer un examen; examinarse* • verzorgen van dode *amortajar* ⋆ een lijk ~ *amortajar un cadáver* ▼ het tegen iem. ~ *ser inferior a u.p.*
afleiden • laten weggaan *desviar* [i] • ~ **uit** concluderen *concluir de; inducir de* • gedachten wegleiden *distraer* • oorsprong aanwijzen *deducir* • TAALK. *derivar*
afleiding • verstrooiing *distracción* v • TAALK. *derivación* v
afleidingsmanoeuvre *maniobra* v *de diversión*
afleren • verleren *desacostumbrar;* *quitar la costumbre* ⋆ ik zal je dat wel ~ *te quitaré la costumbre* • doen ontwennen *desacostumbrarse de*
afleveren *entregar; despachar; suministrar*
aflevering • het afleveren *entrega* v • deel van een reeks ⟨v. serie publicaties⟩ *número* m; ⟨v. serie uitzendingen⟩ *entrega* v
afleveringstermijn *plazo* m *de entrega*
aflezen *leer;* leer en voz alta; ⟨v. protocol⟩ *dar lectura a* ⋆ de namen ~ *pasar lista*
aflikken *lamer*
afloop • eindpunt *fin* m; *término* m; ⟨v. een termijn⟩ *expiración* v ⋆ na ~ van *después de; una vez terminado* ⋆ na ~ van de vergadering *al expirar la reunión* • resultaat *desenlace* m; *resultado* m
aflopen I OV WW helemaal langslopen *recorrer* II ON WW • naar beneden lopen *bajar* • eindigen *acabar; terminar; concluir;* ⟨v. termijn⟩ *expirar* ⋆ het is slecht met hem afgelopen *ha acabado mal; ha salido mal parado* ⋆ goed ~ *salir bien* • hellen *inclinarse* • rinkelen *sonar* [ue] • ~ **op** *precipitarse a* ⋆ op iem. ~ *encaminarse hacia alguien*
aflossen • afbetalen *amortizar* • vervangen *relevar; sustituir* ⋆ elkaar ~ *relevarse; alternar*
aflossing • afbetaling *amortización* v • vervanging *relevo* m
aflossingstermijn *plazo* m *de amortización*
afluisterapparatuur *equipo* m *monitor*
afluisteren *escuchar;* ⟨telefonisch⟩ *interceptar*
afmaken I OV WW • beëindigen *terminar; acabar; concluir;* ⟨v. zaken⟩ *despachar* • doden *matar; acabar con* • afkraken *apabullar* II WKD WW [zich ~] **van** *zafarse de; desembarazarse de* ⋆ zich van iem. ~ *quitar de en medio a alguien* ⋆ zich van iets ~ *desembarazarse de u.c.*
afmatten *rendir* [i]; *cansar* ⋆ zich ~ *cansarse; rendirse* [i]; *quebrantarse*
afmelden *dar de baja* ⋆ zich ~ *darse de baja*
afmeren *amarrar*
afmeten *meten medir* [i] • beoordelen *medir* [i]
afmeting *medida* v ⋆ ~en *tamaño* m; *dimensiones* v mv
afmonsteren I OV WW ontslaan *desenrolar; licenciar* II ON WW ontslag nemen *pedir* [i]

licencia
afname • vermindering *disminución* v • aankoop *compra* v • afzet *venta* v
afneembaar *que se puede quitar*
afnemen I ov ww• wegnemen *quitar*• kopen *comprar*• laten afleggen ⟨v. eed⟩ *conjurar*; ⟨v. examen⟩ *examinar*; ⟨v. verhoor⟩ *interrogar* • schoonpoetsen *limpiar*★ stof~ *quitar el polvo*★ de tafel~ *recoger la mesa* II ON WW (ver)minderen *disminuir*; ⟨v. wind⟩ *ablandar*; ⟨v. wind⟩ *calmar*★ de koorts neemt af *está bajando la fiebre*
afnemer *comprador* m; *cliente* m/v
afnokken *pirarse*
aforisme *aforismo* m
afpakken *arrebatar*; *quitar*; *llevarse*
afpalen *amojonar*
afpassen *medir* [i]
afpeigeren *agotar*; *rendir* [i]; *moler* [ue]
afperken *delimitar*; ⟨v. terrein⟩ *acotar*
afpersen *extorsionar*; ⟨v. verklaring⟩ *arrancar*
afperser *chantajista* m/v
afpersing *extorsión* v; *chantaje* m
afpijnigen *romperse la cabeza*
afpikken *quitar*; *pelar*
afpoeieren *despedir* [i]
afpraten ★ heel wat~ *hablar mucho*
afprijzen *rebajar*
afraden *desaconsejar*; *disuadir*
afraffelen *atrabancar*
aframmelen *zurrar*★ iem.~ *zurrar (la badana) a alguien*
aframmeling *paliza* v
afranselen *zurrar*; *vapulear*; *azotar*; ⟨met een stok⟩ *apalear*; ⟨met een stok⟩ *aporrear*
afrasteren *enrejar*
afrastering *enrejado* m
afreageren *descargar*
afreizen I ov ww bereizen *recorrer*; *viajar por* ★ de hele wereld~ *viajar mucho* II ON WW vertrekken *partir*
afrekenen • betalen *pagar*• aansprakelijk stellen★ iem.~ op iets *juzgar a u.p. por u.c.* ▼ met iem.~ *ajustar/saldar cuentas con alguien*
afrekening *liquidación* v *de cuentas*
afremmen • remmen *frenar*• matigen *refrenar*
africhten *adiestrar*; *entrenar*; *ejercitar*
afrijden I ov ww langsrijden *recorrer* II ON WW • naar beneden rijden *bajar*• rijexamen doen *hacer el examen de conducir*
Afrika *Africa* v
Afrikaan *africano* m
Afrikaander *africáner* m/v; *bóer* m/v
Afrikaans *africano*
afrikaantje *tagetes* m mv
afrit ⟨v. snelweg⟩ *salida* v
afroep ★ hij is op~ *beschikbaar está disponible cuando le llaman* ★ op~ *a demanda*; *a requerimiento*
afroepen ★ namen~ *pasar lista*
afrokapsel *peinado* m *afro*
afrollen • naar beneden rollen *bajar rodando* • uitrollen *desenrollar*
afromen *desnatar*
afronden • rond maken *redondear* • beëindigen *terminar*• WISK. *redondear*

afrossen *cascar*
afruimen ★ de tafel~ *recoger la mesa*
afrukken • met ruk aftrekken *arrancar* • masturberen *hacerse una paja*
afschaffen • opheffen *abolir*• wegdoen *deshacerse de*
afschampen *rozar*
afscheid *despedida* v★ ~ nemen (van) *despedirse* [i] *(de)*
afscheiden *separar*★ zich~ van *separarse de*
afscheiding • afzondering *pared* v *divisora* • het afsplitsen van *separación* v• substantie *secreción* v
afscheidingsbeweging *movimiento* m *separatista*
afscheidsfeest *fiesta* v *de despedida*
afscheidsgroet *saludo* m *de despedida*
afschepen *desembarazarse de*
afschermen • voorzien van scherm *tapar*; *blindar*• beschermen (tegen) *proteger*
afscheuren *arrancar*
afschieten I ov ww• doen afgaan *lanzar*; *disparar*; *descargar*• doodschieten *matar a tiros*• ruimte afscheiden *tabicar* II ON WW ~ **op** ★ op iem.~ *lanzarse sobre u.p.*
afschilderen *pintar*; *describir*
afschilferen *desconcharse*
afschminken *desmaquillar*
afschrift *copia* v
afschrijven • afzeggen *desconvocar*• afboeken *amortizar*• niet meer rekenen op *no contar* [ue] *con*★ je moet dat maar~ *no cuentes con eso*
afschrijving ⟨v. rekening⟩ *adeudo* v; ⟨v. kapitaal⟩ *amortización* v
afschrikken *asustar*
afschrikwekkend *horroroso*
afschroeven *destornillar*
afschudden • ontdoen van *sacudir*• kwijt zien te raken *sacudirse*★ iem. van zich~ *sacudirse a u.p.*
afschuimen • schuim afscheppen *espumar* • afzoeken *ir en busca de*★ een gebied~ *peinar una zona*
afschuiven • wegschuiven *alejar*• afwentelen *descargarse en*★ iets op een ander~ *cargar a otro con algo*
afschuw *horror* m; *repugnancia* v; *aversión* v; *aborrecimiento* m; *abominación* v
afschuwelijk *asqueroso*; *horrendo*; *abominable*; *espantoso*★ ~e dingen *horrores* m mv
afserveren ★ iem.~ *rechazar a u.p.*
afslaan I ov ww• wegslaan *arrancar*★ van zich~ *oponer resistencia*; *defenderse* [ie] • tegenhouden *rechazar*• weigeren *rechazar*; *rehusar* II ON WW• van richting veranderen *torcer* [ue]★ links~ *torcer a la izquierda*• niet meer werken *parar*★ de motor slaat af *falla el motor*
afslachten *masacrar*
afslag • afrit *salida* v• veiling *venta* v *pública* ★ bij~ verkopen *vender a la baja* • prijsvermindering *reducción* v; *rebaja* v • het afbrokkelen *erosión* v
afslanken • slanker worden *adelgazar*• kleiner worden *reducir plantilla*

afslankingsoperatie *operación* v *de reducción de la plantilla*
afsluiten • ontoegankelijk maken *cerrar* [ie]; *cortar*; ⟨v. wegen⟩ *cerrar* [ie] ★ het gas ~ *cortar el gas* • op slot doen *cerrar* [ie] *con llave* • een eind maken aan *terminar; finalizar* • overeenkomst sluiten *concertar* [ie]; ⟨v. contract⟩ *celebrar*
afsluiting *cierre* m
afsluitpremie *comisión* v
afsluitprovisie *comisión* v
afsmeken *implorar* ★ iem. iets ~ *conseguir* [i] *con ruegos u.c. de u.p.* ★ Gods zegen over iem. ~ *implorar la bendición de Dios para u.p.*
afsnauwen *reñir* [i]
afsnijden • korter maken *atajar* • wegsnijden *cortar* ★ schuin ~ *achaflanar* • versperren, afsluiten *interceptar*
afsnoepen ★ iemands klanten ~ *apoderarse de los clientes de otro*
afspeelapparatuur *aparatos* m mv *de reproducción*
afspelen I OV WW • SPORT *pasar* ★ de bal ~ *pasar la pelota* • afdraaien *escuchar* ★ een cd ~ *escuchar un cd* II WKD WW [zich ~] *ocurrir; desarrollarse*
afspiegelen *reflejar*
afspiegeling *reflexión* v
afsplitsen *separar*
afsplitsing *separación* v
afspoelen *lavar; aclarar*
afspraak • overeenkomst *acuerdo* m; *convenio* m ★ volgens ⟨de⟩ ~ *según lo convenido* • ontmoeting *cita* v; ⟨bij dokter⟩ *hora* v ★ een ~ maken voor volgende week *pedir* [i] *hora para la semana que viene* ★ een ~ met iem. maken *quedar con u.p.; hacer una cita con alguien*
afspreken *convenir* [ie, i] ★ afgesproken! *¡de acuerdo!*; INFORM. *¡vale!* ★ dag en uur ~ *quedar en un día a una hora* ★ afgesproken werk *habas* v mv *contadas*
afspringen • naar beneden springen *saltar* • FIG. afketsen *frustrarse; no verificarse* • ~ **op** naderen ★ op iem. ~ *lanzarse sobre alguien*
afstaan *ceder*
afstammeling *descendiente* m/v
afstammen • ~ **van** m.b.t. personen *descender de* [ie] • ~ **van** m.b.t. woorden, ideeën *derivar de*
afstamming *procedencia* v; *descendencia* v
afstand • lengte tussen twee punten *distancia* v ★ een grote ~ afleggen *hacer un gran recorrido* ★ op korte ~ *a poca distancia* v ★ grote ~ *a gran distancia* v ★ op een veilige ~ *a una distancia prudente* • het afstaan *cesión* v; *renuncia* v; ⟨v.d. troon⟩ *abdicación* v ★ ~ doen van *desapropiarse de* ★ iem. op een ~ houden *mantener* [ie] *a distancia a alguien*
afstandelijk *distante*
afstandsbediening *mando* m *a distancia*; ⟨voor televisie ook⟩ *telemando* m
afstandsonderwijs *enseñanza* v *a distancia*
afstandsrit *carrera* v *de larga distancia*
afstapje *escalón* m ★ denk om het ~ *cuidado con el escalón*

afstappen • naar beneden stappen *bajarse* ⟨van de⟩ • ~ **op** *dirigirse a* [i] ★ op iem. ~ *acercarse a u.p.* • ~ **van** FIG. *dejar* ★ van dit onderwerp ~ *no hablar más de este tema*
afsteken I OV WW • aansteken *encender* [ie] • uitspreken *pronunciar* ★ een toespraak ~ *pronunciar un discurso* II ON WW ~ **bij, tegen** duidelijk uitkomen *contrastar con*
afstellen *ajustar*
afstemmen • aanpassen *adaptar* ⟨op a⟩ *a* • instellen *sintonizar* • verwerpen *rechazar; votar en contra*
afstempelen *sellar*
afsterven *morir* [ue, u]
afstevenen op *acercarse a; dirigirse hacia*
afstijgen *desmontar*
afstoffen *quitar el polvo; sacudir el polvo de*
afstompen I OV WW stomp maken *embotar* II ON WW stomp worden *embotarse*
afstoppen • dichtmaken *rellenar* • SPORT *detener* [ie]
afstotelijk *repelente*
afstoten • wegstoten *rechazar* • afkerig maken *repugnar* ★ iem. van zich ~ *repugnar a u.p.*
afstotend *repelente*
afstoting *rechazo* m
afstraffen *castigar*
afstraffing *castigo* m
afstralen I OV WW afgeven *irradiar* II ON WW ★ het straalde van zijn gezicht af *irradiaba de su cara*
afstrepen *tachar; borrar*
afstrijken • aansteken *rascar; frotar* • door strijken verwijderen *quitar; rasar* ★ een afgestreken eetlepel zout *una cucharada rasa de sal*
afstropen • *desollar* [ue] • plunderen *saquear; pillar*
afstudeerproject *proyecto* m *de fin de curso*
afstuderen *acabar la carrera/los estudios; licenciarse*
afstuiten • afketsen *rebotar* • ~ **op** ★ ieder plan stuit op hem af *cada proyecto naufraga con él*
aft *afta* v
aftaaien *pirarse*
aftakelen *envejecer; ajarse*
aftakeling *deterioro* m ★ seniele ~ *debilidad* v *senil*
aftakking *ramificación* v; ⟨v. (spoor)weg⟩ *bifurcación* v
aftands *decrépito* ★ ~ worden *ir decayendo*
aftapkraan *grifo* m *de drenaje*
aftappen • laten uitstromen *vaciar* [í]; *sacar*; ⟨v. rubber⟩ *sangrar* • MED. ⟨v. bloed⟩ *extraer*
aftasten *tentar* [ie]
aftekenen I OV WW • voor gezien tekenen *visar* • nauwkeurig aangeven *describir; pintar* II WKD WW [zich ~] *destacarse* ★ zich ~ tegen *destacarse contra; contrastar con*
aftellen *contar* [ue]
aftershave *loción* v *para después del afeitado*
aftersun *aftersun* m
aftiteling *colaboradores* m mv
aftocht *retirada* v ★ de ~ blazen *sonar la retreta*
aftoppen • PLANTK. top afhalen van *podar* • FIG. verminderen *recortar*

aftrap *saque* m
aftrappen *dar el saque*; *dar el primer puntapié*
aftreden *dimitir*; *presentar su dimisión*
aftrek • vraag *demanda* v • korting *deducción* v ★ na ~ van de onkosten *deducidos los gastos*; *previa deducción de los gastos*
aftrekbaar *deducible*; *desgravable*
aftrekken • in mindering brengen (van) *substraer*; *restar* • wegtrekken *arrancar* • seksueel bevredigen *hacerse una paja*; *masturbarse*
aftrekpost *carga* v *deducible*
aftreksel *infusión* v; *decocción* v
aftreksom *resta* v; *sustracción* v
aftroeven • winnen met troefkaart *sacar el triunfo* • te slim af zijn *ganar en*
aftroggelen *socaliñar*
aftuigen • afranselen *zurrar*; *pegar*; *cascar* • het tuig afhalen ⟨v. schip⟩ *desaparejar*; ⟨v. paard⟩ *desenjaezar*
afvaardigen *diputar*
afvaardiging *diputación* v
afvaart *salida* v
afval *desechos* m mv; *basura* v; *desperdicios* m mv; ⟨v. slacht⟩ *despojos* m mv
afvalemmer *cubo* m *de la basura*
afvallen I ON WW • vermageren *adelgazar* • naar beneden vallen *caer* • niet meer meetellen *ser eliminado* II OV WW ontrouw worden aan *apostatar*
afvallig *infiel*
afvallige *renegado* m; REL. ~] *apóstata* m/v
afvalproduct *residuo* m
afvalstof *residuos* m mv; *desperdicios* m mv
afvalverwerking *reciclaje* m *de basuras*
afvalwater *aguas* v mv *residuales*
afvalwedstrijd (*prueba* v) *eliminatoria* v
afvegen • schoonmaken *limpiar* ★ je handen ~ *limpiarse las manos* • weghalen *enjugar*; *secar* ★ je tranen ~ *secarse las lágrimas*
afvijlen *limar*
afvloeien I OV WW droogmaken *secar* II ON WW • wegstromen *correr* • ontslagen worden *ser despedido*
afvloeiingsregeling *plan* m *de bajas*
afvoer • het afvoeren *transporte* m • afvoerleiding *desagüe* m
afvoeren • wegvoeren *transportar* • schrappen *borrar*
afvoerkanaal *alcantarilla* v
afvragen [zich ~] *preguntarse*
afvuren *disparar*; *descargar*
afwachten *esperar* ★ zij konden het ogenblik niet ~ om te *no pudieron esperar el momento de* ★ dat zullen we maar eens ~ *tendremos que verlo*
afwachting ★ in ~ van uw antwoord *en espera de su grata contestación*
afwas • het afwassen ★ de ~ doen *fregar los platos* • vuil serviesgoed *platos* m mv *sucios*
afwasbaar *lavable*
afwasborstel *cepillo* m *para fregar los platos*
afwasmachine *lavavajillas* m
afwasmiddel *detergente* m
afwassen • afwas doen *fregar* • schoonwassen *lavar*

afwatering *desagüe* m
afweer *defensa* m/v
afweergeschut *artillería* v *antiaérea*
afweermechanisme *mecanismo* m *de defensa*
afweerstof *anticuerpos* m mv
afweersysteem *sistema* m *de defensa*
afwegen • wegen *pesar* • overdenken *ponderar*
afwenden • wegdraaien *desviar* [í] • tegenhouden *conjurar*
afwennen *desacostumbrar* ★ iem. een slechte gewoonte ~ *quitarle a alguien una mala costumbre*
afwentelen • wegrollen *rodar* [ue] • afschuiven *cargar (op sobre)*
afweren *repeler*
afwerken *acabar*; *terminar*
afwerking *acabado* m
afwerpen *arrojar*
afweten ★ het laten ~ *fallar*
afwezig • absent *ausente* ★ hij is ~ *está ausente* • verstrooid *distraído* ★ hij is ~ *está en Babia*
afwezigheid • absentie *falta* v; *ausencia* v • verstrooidheid *distracción* v
afwijken • verschillen *diferir* [ie, i] • een andere richting nemen *apartarse* ★ ~ van de regel *salirse de la regla*
afwijking • verschil *desviación* v • andere richting *divergencia* v; *diferencia* v • MED. *anomalía* v
afwijzen • niet toelaten *rechazar* • niet laten slagen *suspender* ★ afgewezen worden *ser suspendido* • afslaan *rechazar*; *declinar*; ⟨v. verzoek⟩ *desestimar*; ⟨v. verzoek⟩ *denegar* [ie]
afwijzing *rechazo* m; *repulsa* v; *negativa* v; *repulsión* v
afwikkelen • afwinden *desenrollar* • afhandelen *despachar*; *terminar*
afwikkeling *tramitación* v; *gestión* v
afwimpelen ⟨voorstel⟩ *rechazar*; ⟨voorstel⟩ *declinar*; ⟨verzoek⟩ *denegar*; [ie] ⟨verzoek⟩ *desestimar*
afwinden *desenrollar*
afwisselen I OV WW beurtelings vervangen *alternar*; *turnar* II ON WW telkens anders worden *alternar*
afwisselend I BNW gevarieerd *variado* II BIJW beurtelings *alternativo*; *alterno*
afwisseling • variatie *variación* v; *alternancia* v ★ voor de ~ *por variar* • beurtwisseling *alternativa* v
afzakken • naar beneden zakken *bajar*; ⟨v. kleren⟩ *caerse* • stroomafwaarts / zuidwaarts gaan *bajar* ★ een rivier ~ *navegar río abajo*
afzakkertje *penúltima* v
afzeggen *anular*
afzegging *anulación*
afzender *remitente* m/v; *expedidor* m ★ retour ~ *devolver al remitente*
afzet • verkoop *venta* v; *salida* v • SPORT *impulso* m
afzetgebied *mercado* m *de consumo*
afzetmarkt *mercado* m
afzetten • afdoen *quitar* • buiten werking stellen *parar* • amputeren *amputar* • verkopen *vender* • oplichten *estafar* • laten uitstappen *dejar* • ontslaan *destituir*; ⟨v.

koning) *destronar* • **afsluiten** *cerrar* [ie]; ⟨met omheining⟩ *acotar* • **omboorden** *adornar* ★ met bont ~ *guarnecer de pieles* • doen bezinken *depositar* • **afduwen** *tomar carrera* ▼ iets van zich ~ *desechar u.c.*
afzetter *estafador* m; *timador* m
afzetterij *timo* m; *estafa* v
afzetting • **afsluiting** *barrera* v • **ontslag** *destitución* v • **amputatie** *amputación* v • **vorming van neerslag** *depósito* m
afzichtelijk *horroroso*; *horrible*
afzien • **lijden** *sufrir* • ~ **van** *renunciar a*; *desistir de*; *sobreseer de* ★ van een voornemen ~ *echarse atrás* ★ van een plan ~ *abandonar un proyecto*
afzienbaar ▼ binnen afzienbare tijd *en un futuro no muy lejano*
afzijdig *neutro* ★ zich ~ **houden** *inhibirse*
afzoeken *buscar*; *explorar*
afzonderen I OV WW afzonderlijk plaatsen *apartar* **II** WKD WW [zich ~] *aislarse*
afzondering *aislamiento* m
afzonderlijk *separado* ★ op een ~e plaats *aparte* ★ elk ~ *de por sí*
afzuigen • door zuigen verwijderen *aspirar* • seksueel bevredigen *chupar*
afzuigkap *campana* v *purificadora*; *extractor* m
afzwaaien *salir de la mili*
afzwakken I OV WW zwakker maken *debilitar* **II** ON WW zwakker worden *debilitarse*
afzwemmen *hacer el examen de natación*
afzweren *abjurar*
agaat *ágata* v
agenda • **boekje** *agenda* v • **bezigheden** *orden* m *del día*
agenderen *agendar*
agens I ZN [de] werkzame kracht/stof *persona* v *principal en un oficio eclesiástico* **II** ZN [het] *agente* m/v
agent *agente* m/v ▼ ~ van politie *agente* m/v; *guardia* m/v
agentschap *agencia* v
ageren *actuar* [ú]
agglomeratie *aglomeración* v ★ stedelijke ~ *aglomeración urbana*
aggregaat *agregado* m
agio *agio* m
agitatie *agitación* v; *convulsión* v
agnost *agnóstico* m
agrariër *agrario* m
agrarisch *agrícola*; *agrario*
agressie *agresión* v
agressief *agresivo*
agressiviteit *agresividad* v
agressor *agresor* m
agrobiologie *agrobiología* v
agronomie *agronomía* v
agronoom *agrónomo* m
aha-erlebnis *vivencia* v *del ajá*
ahorn *arce* m
aids *SIDA* m; *Síndrome* m *de Inmunodeficiencia Adquirida*
aidspatiënt *paciente* m/v *de SIDA*
aidsremmer *medicamento* m *anti-SIDA*
aidstest *test* m *del SIDA*; INFORM. *prueba* v *del SIDA*

air *ínfulas* v mv; *traza* v ★ zich een air aanmeten *darse tono*
airbag *bolsa* v *de aire*; *airbag* m
airconditioning *aire* m *acondicionado*; *climatización* v
ajuin *cebolla* v
A-kant *cara* v *A*
akela *monitora* m *de un grupo de boy scouts*
akelig *desagradable* ★ ik word ~ *me pongo mal*
akkefietje *faena* v ★ ~s opknappen *hacer un trabajo desagradable*
akker *campo* m; ⟨niet bevloeid⟩ *secano* m
akkerbouw *agricultura* v
akkerland *tierra* v *de labranza*
akkoord I ZN [het] • **overeenkomst** *acuerdo* m; *convenio* m; *arreglo* m; *ajuste* m ★ het op een ~je gooien (met) *ponerse de acuerdo* • MUZ. *acorde* m **II** BNW *de acuerdo* ★ ~ zijn *estar de acuerdo* **III** TW ~! *ide acuerdo!*; *¡vale!*
akoestiek *acústica* v; *condiciones* v mv *acústicas*
akoestisch *acústico*
akte • officieel document *acta* v ★ akte van oprichting *escritura* v *de constitución* ★ akte van overdracht *escritura de transmisión* ★ akte van overlijden *partida de defunción* ★ notariële akte *acta* v *notarial* ★ een akte opmaken / passeren *levantar acta* • **getuigschrift** *diploma* m ★ akte van bekwaamheid *diploma* • **deel van toneelstuk** *acto* m ▼ akte nemen van *tomar (buena) nota de*
aktetas *cartera* v; *carpeta* v
al I ONB VNW *todo* ★ alle mensen *todas las gentes* ★ alle landen *todos los países* ★ alle vier *los cuatro* ★ alle plezier was er af *toda la diversión se perdió* ★ niets van dat al *nada de eso* ▼ al met al *al fin y al cabo*; *bien mirado* **II** BIJW • **reeds** *ya* ★ heb je het al gekocht? *¿ya lo has comprado?*; *¿lo has comprado ya?* • **zeer** ★ al te *demasiado* • **wel** ★ als ik al ga *si es que voy* ★ wie komen er zo al? *¿quiénes vendrán?* ★ al of niet *sí o no* **III** VW ⟨tegenstellend⟩ *aunque* ★ al weet hij er ook veel van *por mucho que sepa* ★ al is hij nog zo dom *por más tonto que sea*
à la carte *a la carta* ★ ~ eten *comer a la carta*
alarm *alarma* v ★ loos ~ *falsa alarma* ★ ~ slaan *dar la alarma*
alarmcentrale *central* v *de alarma*
alarmeren • **waarschuwen** *alarmar* • **ongerust maken** ★ ~de berichten *noticias alarmantes*
alarminstallatie *instalación* v *de alarma*
alarmklok *timbre* m *de alarma*; *rebato* m ★ de ~ luiden *dar señal de alarma*
alarmnummer *número* m *de urgencias*
alarmtoestand *estado* m *de alerta*
Albanees I ZN [de] bewoner *albanés* m [v: *albanesa*] **II** ZN [het] taal *albanés* m **III** BNW m.b.t. Albanië *albanés* [v: *albanesa*]
Albanië *Albania* v
albast *alabastro* m
albatros *albatros* m
albino *albino* m
album *álbum* m; *cuaderno* m
alchemie *alquimia* v
alcohol *alcohol* m

alcoholcontrole *control* m *de alcoholemía*
alcoholica I ZN [de] drinkster *alcohólica* v II DE MV drank *bebidas* v mv *alcohólicas*
alcoholisch, alcoholhoudend *alcohólico* ★ ~e dranken *bebidas alcohólicas*
alcoholisme *alcoholismo* m
alcoholist, alcoholicus *alcohólico* m
alcoholpromillage *alcoholemía* v
alcoholvrij *sin alcohol*
aldaar *allí; allá* ★ de burgemeester ~ *el alcalde de aquel lugar*
aldoor *continuamente; constantemente*
aldus *así; de esta manera*
alert *atento* ★ ~ op iets zijn *estar atento a u.c.*
alfa ● Griekse letter *alfa* ● talenafdeling *departamento* m *de letras* ● persoon *estudiante* m/v *de letras*
alfabet *alfabeto* m
alfabetisch *alfabético* ★ in ~e volgorde *en/por orden alfabético*
alfabetiseren *alfabetizar*
alfadeeltje *partícula* v *alfa*
alfanumeriek *alfanumérico*
alfastraling *radiación* v *alfa*
alfawetenschap ★ ~pen *ciencias* v mv *humanas*
alg *alga* v
algebra *álgebra* v
algeheel *total; completo*
algemeen I ZN [het] ★ in het ~ *en general; generalmente* II BNW ● van/voor iedereen of alles *general* ★ met algemene stemmen *por unanimidad* ★ een algemene regel *una regla general* ★ het ~ belang *el interés público* ● vaag, niet concreet *poco concreto*
algemeenheid ● het algemeen zijn *generalidad* v ● gemeenplaats *lugar* m *común; tópico* m
Algerije *Argelia* v
Algerijn *argelino* m
Algerijns *argelino*
algoritme *algoritmo* m
alhier *aquí* ★ de school ~ *la escuela de aquí*
alhoewel *aunque*
alias I ZN [de] *alias* m II BIJW *alias*
alibi *coartada* v
alikruik *bígaro* m *enano*
alimentatie *alimentos* m mv; *pensión* v *alimenticia*
alinea *párrafo* m
alkali *álcali* m
alkalisch *alcalino*
alkaloïde *alcaloide* m
alkoof *alcoba* v
Allah *Alá* m
allang *desde hace mucho; desde hace mucho tiempo*
alle ● → al
allebei *los dos* [v: *las dos*]; *ambos* [v: *ambas*]
alledaags ● van elke dag *de cada día; cotidiano* ● heel gewoon *común; ordinario; corriente*
alledag *de todos los días; diario* ★ het leven van ~ *la vida cotidiana*
allee I ZN [de] *avenida* v II TW *¡bueno!*
alleen I BNW zonder andere(n) *solo* ★ ~ zijn *estar solo* ★ ~ achterblijven *quedarse solo* II BIJW ● enkel *sólo; solamente* ★ niet ~ ... maar ook... *no sólo ... sino también...* ★ de herinnering ~ al *el mero recuerdo* ● echter ★ ik ga mee, ~, jij betaalt *voy, pero pagas tú*
alleenheerschappij *poder* m *absoluto; dictadura* v; ECON. *monopolio* m
alleenrecht *derecho* m *exclusivo; monopolio* m
alleenstaand ● zonder levenspartner *soltero; que vive solo* ● losstaand *aislado; único* ★ een ~ geval *un caso aislado; un caso único*
allegaartje *mescolanza* v
allegorie *alegoría* v
allegro *alegro* m
allemaal ● alle(n) *todos* m mv [v mv: *todas*] ★ wij ~ *todos nosotros* ★ we weten ~ ... *todos sabemos* ... ● alles *todo* m ● INFORM. klinkklaar *todo* ★ ~ leugens! *¡todo mentira!*
allemachtig *¡Dios mío!;* INFORM. *¡hostias!*
allemansvriend *amigo* m *de todos*
allen *todos* ★ met zijn ~ *todos juntos* ★ wij ~ weten ... *todos sabemos* ...
allengs *poco a poco; paulatinamente*
allereerst I BNW *primero;* ⟨vóór mannelijk zelfstandig naamwoord enkelvoud⟩ *primer* ★ jij bent de ~e *eres el primero en llegar* ★ voor de ~e keer *por primera vez* II BIJW *primero; en primer lugar*
allergeen *alérgeno* m
allergie *alergia* v
allergisch *alérgico*
allerhande *toda clase de; todo tipo de*
Allerheiligen *Todos los Santos*
allerheiligste *Santísimo* m *Sacramento*
allerijl v in ~ *a toda prisa*
allerlaatst *último*
allerlei *toda clase de; todo tipo de*
allermeest *más*
allerminst I BNW *minst menos* II BIJW helemaal niet *de ninguna manera* ★ dat bevalt me ~ *no me gusta para nada*
allerwegen *en todas partes*
Allerzielen *Día* m *de Difuntos*
alles *todo* v ★ ~ wat *todo lo que* ★ van ~ *de todo* ★ van ~ (en nog wat) *toda clase de cosas* ★ ~ op ~ zetten om *hacer lo imposible para* ★ ~ op ~ zetten *hacer todo lo posible*
allesbehalve *nada* ★ ze is ~ dom *no es nada tonta*
allesbrander *fogón* m
alleseter *omnívoro* m
allesomvattend *que todo lo incluye; universal*
allesreiniger *detergente* m *de uso múltiple*
alleszins ● *perfectamente; absolutamente* ● in elk geval *en todo caso; en cualquier caso*
alliantie *alianza* v
allicht *claro (que); por supuesto (que)*
alligator *caimán* m
all-in I BNW *total* II BIJW *todo incluido*
all-inprijs *precio* m *total*
alliteratie *aliteración* v
allochtoon I ZN [de] *miembro* m *de una minoría étnica* II BNW *alóctono*
allooi ● goud-/zilvergehalte *ley* v ● FIG. waarde/soort ★ van laag ~ *abyecto*
allopaat *alópata* m
allopathie *alopatía* v
allrisk *a todo riesgo*
allriskverzekering *seguro* m *a todo riesgo*

allround *completo*
allterrainbike *bici* v *todo terreno*
allure *estilo* m ★ ~ hebben *tener estilo*
almaar • → **alsmaar**
almacht *omnipotencia* v
almachtig *todopoderoso*; *omnipotente*
almanak *almanaque* m; *calendario* m
aloë *aloe* m; *áloe* m
alom *en todas partes*
alomtegenwoordig *ubicuo*; *omnipresente*
alomvattend *omnímodo*
aloud *muy antiguo*; *tradicional*
alp *montaña* v *en los Alpes*
alpaca *alpaca* v
Alpen *los Alpes* m mv
alpenweide *prado* m *de los Alpes*
alpien *alpino*
alpineskiën *esquiar*
alpinisme *alpinismo* m
alpinist *alpinista* m/v
alpino *boina* v
als • *zoals*, *gelijk como*; *que* ★ *evenveel als tanto como* ★ *even ... als tan ... como •* indien *si* ★ als het regent, ga ik niet *si llueve, no voy* ★ als het had geregend, was ik niet gegaan *si hubiera llovido, no habría/hubiera ido* ★ als het zo was *si fuera así*; *de ser así •* (telkens) wanneer *cuando •* alsof *como si* [+ subj.] ★ in de hoedanigheid van *como* ▼ rijk als hij was *como era muy rico*; *aunque era muy rico* ▼ als het ware *por decirlo así*
alsdan *en ese caso*
alsjeblieft • bij verzoek *por favor •* bij overhandigen *toma*
alsmaar *continuamente*; *sin cesar*
alsmede *así como*
alsnog *todavía*; *aún*
alsof *como si* [+ subj.] ★ doen~ *simular*; *fingir* ★ hij doet~ *hace como si* ★ hij doet alsof hij de krant leest *hace como si leyera el periódico* ★ ~ je niet beter wist *como si no supieses mejor*
alsook *así como*
alstublieft • bij overhandigen *tenga (Usted)*; *tome (Usted)*; *aquí tiene (Usted) •* bij verzoek *por favor*
alt • stem *alto* m/v *•* zanger *alto* m/v
altaar *altar* m
altaarstuk *obra* v *sobre el altar*
alternatief I ZN [het] *alternativa* v **II** BNW *•* de keus latend *alternativo •* afwijkend *alternativo*; *progre*
alterneren *alternar*
althans *es decir*; *al menos*
altijd *siempre* ★ voor~ *para siempre*
altijddurend *ininterrumpido*; *perpetuo*
altruïsme *altruísmo* m
altsaxofoon *saxófono* m *contralto*
altviool *viola* v
aluminium I ZN [het] *aluminio* m **II** BNW *de aluminio*
aluminiumfolie *papel* m *de aluminio*; *aluminio* m *doméstico*
alvast *por de pronto*; *ya* ★ hier heb je~ honderd euro *toma por de pronto cien euro* ★ we zijn~ begonnen *ya hemos empezado*
alvleesklier *páncreas* m

alvorens *antes de* [+ inf.]; *antes de que* [+ subj.]
alweer *de nuevo*; *otra vez*
alwetend *omnisciente*
alzheimer *enfermedad* v *de Alzheimer*
a.m. *a.m.*
amalgaam *amalgama* v
amandel • vrucht *almendra* v *•* boom *almendro* m *•* klier *amígdala* v
amandelontsteking *amigdalitis* v
amanuensis *preparador* m
amarant *amaranto* m
amaril *esmeril* m
amaryllis *amarilis* v
amateur *aficionado* m; *diletante* m/v; *amateur* m
amateurisme *amateurismo* m
amateuristisch *poco profesional* ★ dat is ~ gemaakt *está hecho de forma poco profesional*
amateurvoetbal *fútbol* m *de aficionados*
amazone *amazona* v
amazonezit ★ in~ *a la mujeriega*; *a mujeriegas*
ambacht *artesanía* v; *oficio* m ▼ bij hem is het twaalf~en en dertien ongelukken *es hombre de muchos oficios y de ninguno*
ambachtelijk *artesanal*
ambachtsman *artesano* m
ambassade *embajada* v
ambassadeur *embajador* m
ambassadrice *embajadora* v
amber *ámbar* m
ambiance *ambiente* m
ambiëren *ambicionar*; *aspirar a*
ambigu *ambiguo*
ambitie *ambición* v
ambitieus • eerzuchtig *ambicioso •* ijverig *afanoso*
ambivalent *ambivalente*
ambt *cargo* m ★ een ambt bekleden *desempeñar un cargo*
ambtelijk *oficial*
ambteloos *sin cargo*
ambtenaar *funcionario* m
ambtenarenapparaat *aparato* m *administrativo*
ambtenarij • bureaucratie *burocracia* v *•* de ambtenaren *funcionarios* m mv
ambtgenoot *homólogo* m
ambtsaanvaarding *entrada* v *en funciones*
ambtseed *juramento* m *profesional* ★ de~ afleggen *jurar el cargo*
ambtsgeheim *secreto* m *profesional*
ambtshalve *de oficio*
ambtsketen *cadena* v *de oficio*
ambtskledij *vestiduras* v mv
ambtstermijn *plazo* m *de duración del cargo*
ambtswege ★ van~ *de oficio*
ambtswoning *residencia* v *oficial*
ambulance *ambulancia* v
ambulant *ambulante*
amechtig *sin aliento*; *jadeante*
amen *amén*
amendement *enmienda* v
amenderen *enmendar* [ie]
Amerika *América* v
Amerikaan *americano* m
Amerikaans *americano*
amethist *amatista* v

ameublement *moblaje* m; *muebles* m mv; *mobiliario* m
amfetamine *anfetamina* v
amfibie *anfibio* m
amfibievoertuig *vehículo* m *anfibio*
amfitheater *anfiteatro* m
amfoor *ánfora* v
amicaal *amistoso*; *amigable*
aminozuur *aminoácido* m
ammonia *amoniaco* m; FORM. *hidróxido* m *amónico*
ammoniak *amoníaco* m
ammunitie *munición* v
amnesie *amnesia* v
amnestie *amnistía* v ★ ~ verlenen aan *amnistiar*; *conceder amnistía a*
amoebe *ameba* v
amok ▾ amok maken *armar bronca*
amoreel *amoral*
amorf *amorfo*
amortisatie *amortización* v
amoureus *amoroso*
ampel *amplio* ★ na ~ overleg *previa consulta de*
amper *apenas*
ampère *amperio* m
amplitude *amplitud* v
ampul *ampolla* v; *ampolla* v *inyectable*
amputatie *amputación* v
amputeren *amputar*
Amsterdam *Amsterdam* m
amsterdammertje *jarra* v
amulet *amuleto* m; *talismán* m
amusant *divertido*
amusement *diversión* v; *diversiones* v mv
amuseren *divertir* [ie, i] ★ zich ~ *divertirse* ★ amuseer je je? *¿te diviertas?; ¿lo estás pasando bien?*
anaal *anal*
anabool *anabólico* ★ anabole steroïden *esteroides* m mv *anabolizantes*
anachronisme *anacronismo* m
anachronistisch *anacrónico*
anagram *anagrama* m
analfabeet *analfabeto* m
analfabetisme *analfabetismo* m
analist *analista* m
analogie *analogía* v
analoog • overeenkomstig *análogo* • niet-digitaal *analógico*
analyse *análisis* m
analyseren *analizar*
analytisch *analítico*
ananas • vrucht *piña* v • plant *ananá* m; *ananás* m
anarchie *anarquía* v
anarchisme *anarquismo* m
anarchist *anarquista* m/v
anarchistisch *anárquico*
anatomie *anatomía* v
anatomisch *anatómico*
anciënniteit *antigüedad* v ★ naar ~ *por orden de antigüedad; por antigüedad*
Andalusië *Andalucía* v
Andalusisch *andaluz* [v: *andaluza*]
andante *andante* m
ander • verschillend *otro* • een ~ land *otro país* ★ de ~e tien *los otros diez* ★ een ~(e) *otro* ★ als geen ~ *como ninguno* ★ van een ~ *ajeno* ★ meer ★ al het ~e *todo lo demás* ★ onder ~e(n) *entre otras (cosas)* ★ onder ~en *entre otros* • volgend ★ om de ~e dag *cada dos días; un día sí y otro no*
anderhalf *uno y medio* ★ ~ uur *hora y media*
andermaal *otra vez*
andermans *ajeno*
anders I BNW *diferente; distinto* ★ dat is wat ~ *es otra cosa* ★ iem. ~ *otra persona; otro* ★ ergens ~ *en otra parte* ★ ~ worden *cambiar* II BIJW • op andere wijze (dan) *de otro modo; de otra manera* • gewoonlijk *normalmente* • zo niet, dan *si no; de otro modo; en otro caso*
andersdenkend *disidente;* ⟨v. geloof⟩ *heterodoxo*
andersom *al revés*
andersoortig *de otra clase*
anderstalig *de otra lengua*
anderszins *de otro modo*
anderzijds *por otro lado*
Andes *Andes* m mv ★ van de ~ *andino*
andijvie *escarola* v
Andorra *Andorra* v
androgyn *andrógino*
anekdote *anécdota* v
anemie *anemia* v
anemoon *anémona* v
anesthesie *anestesia* v
anesthesist *anestesista* m/v
angel • BIOL. *aguijón* m • vishaak *anzuelo* m
Angelsaksisch *anglosajón* [v: *anglosajona*]
angina *angina* v ★ ~ pectoris *angina* v *de pecho*
angiografie *angiografía* v
angiogram *angiograma* m
anglicaans *anglicano*
anglicisme *anglicismo* m
anglist *anglicista* m/v
anglofiel *anglófilo* m
Angola *Angola* v
angora *angora* v
angst *miedo* m; *temor* m; ⟨hevig⟩ *terror* m
angstaanjagend *terrorífico; amedrentador*
angsthaas *miedoso* m
angstig *temeroso; miedoso; lleno de miedo*
angstvallig I BNW • bang *temeroso* • zorgvuldig *cuidadoso* II BIJW • angstig *gestemd con timidez* • zorgvuldig *cuidadosamente*
angstwekkend *inquietante;* ⟨sterker⟩ *aterrador*; ⟨sterker⟩ *terrorífico*
angstzweet *sudor* m *de la angustia*
anijs *anís* m
animaal *animal*
animatie *animación* v
animatiefilm *dibujos* m mv *animados*
animeren *animar*
animo • zin om iets te doen *entusiasmo* m; *ánimo* m ★ zij werkte vol ~ *trabajaba entusiasmadamente* • levendige stemming *ánimo* m
animositeit *animosidad* v; *animadversión* v
anjer *clavel* m
anker *ancla* v; *áncora* v ★ voor ~ gaan *fondear; echar el ancla; echar las anclas; anclar* ★ voor ~ liggen *estar anclado* ★ het ~ lichten

zarpar/alzar el ancla
ankeren *anclar; fondear*
ankerplaats *ancladero* m
annalen *anales* m mv; *crónicas* v mv
annex I ZN [de] *anejo* m; *anexo* m **II** BNW *anejo* **III** VW *y a la vez*
annexatie *anexión* v
annexeren *anexionar; anexar*
anno *en el año* ★ anno Domini *en el año de gracia de*
annotatie *anotación* v
annoteren *anotar*
annuïteit *anualidad* v
annuleren *anular; cancelar*
annulering *anulación* v; *cancelación* v
annuleringsverzekering *seguro* m *de anulación*
anode *ánodo* m
anomalie *anomalía* v
anoniem *anónimo*
anonimiteit *anónimo* m; *anonimato* m
anorak *anorak* m
anorectisch *que tiene anorexia*
anorexia nervosa, anorexie *anorexia* v *nerviosa*
anorganisch *inorgánico*
ansichtkaart *(tarjeta* v*) postal* v
ansjovis *boquerón* m; ⟨gepekeld⟩ *anchoa* v
antagonist • tegenstander *antagonista* m/v • spier *músculo* m *antagonista*
Antarctica *Antártida* v; *Antártico* m
Antarctisch *antártico*
antecedent • voorafgaand feit *antecedente* m • TAALK. *antecedente* m
antedateren *antedatar; fechar con antedata*
antenne • TECHN. *antena* v • BIOL. *antena* v
antiaanbaklaag *antiadherente* m
antibioticum *antibiótico* m
antiblokkeersysteem *dispositivo* m *antibloqueo*
anticiperen *anticiparse* ★ ~ op de ontwikkelingen *anticiparse a los acontecimientos*
anticlimax *anticlímax* m
anticoagulantia *anticoagulantes* m mv
anticonceptie *anticoncepción* v
anticonceptiepil *píldora* v *anticonceptiva*
antidateren • → **antedateren**
antidepressivum *antidepresivo* m
antidrugseenheid *unidad* v *que lucha contra la droga*
antiek I ZN [het] *antigüedades* v mv ★ een fraai stuk ~ *una bonita antigüedad* ▾ de Antieken *los antiguos* **II** BNW • oud *antiguo* ★ een ~e vaas *un jarrón antiguo* • uit de oudheid *antiguo; clásico*
antiekbeurs *feria* v *de antigüedades*
antiekwinkel *tienda* v *de antigüedades*
antigeen I ZN [het] *antígeno* m **II** BNW *antígeno*
antiglobalisme *antiglobalismo* m
antiglobalist ★ de ~en *los antiglobalización*
antiheld *antihéroe* m
antihistamine *antihistamínico* m
antilichaam *anticuerpo* m
Antillen *Antillas* v mv
Antilliaan *antillano* m
antilope *antílope* m
antimaterie *antimateria* v

antioxidant *antioxidante* m
antipathie *antipatía* v
antipode *antípoda* m/v
antiquair *anticuario* m
antiquariaat *tienda* v *de antigüedades*; ⟨v. boeken⟩ *librería* v *de libros antiguos*
antiquarisch *antiguo; de segunda mano*
antiquiteit *antigüedad* v
antireclame *mala publicidad* v
antirookcampagne *campaña* v *antitabaco*
antisemiet *antisemita* m/v
antisemitisch *antisemítico; antisemita*
antisemitisme *antisemitismo* m
antiseptisch *antiséptico*
antislip *antideslizante* m
antistatisch *antiestático*
antistof *anticuerpo* m
antiterreureenheid *unidad* v *antiterrorista*
antithese *antítesis* v
antivries *anticongelante* m
antoniem *antónimo* m
antraciet *antracita* v
antropologie *antropología* v
antropoloog *antropólogo* m
antroposofie *antroposofía* v
Antwerpen *Amberes* m
antwoord *respuesta* v ★ in ~ op *en contestación a*
antwoordapparaat *contestador* m *automático*
antwoorden *contestar; responder; replicar* ★ ~ op *contestar a*
antwoordenvelop *sobre* m *de respuesta*
antwoordformulier *formulario* m *de respuesta*
antwoordnummer *apartado* m *de correos que indica que el destinatario paga el porto*
anus *ano* m; INFORM. *ojete* m; VULG. *culo* m
aorta *aorta* v
AOW • wet *Ley* v *General de Vejez* • uitkering *pensión* v *del Seguro Obligatorio de Vejez*
AOW'er *jubilado* m *con pensión estatal de vejez*
Apache *apache* m
apart I BNW • afzonderlijk *distinto* • bijzonder *especial* ★ iets ~s *algo especial* **II** BIJW *aparte* ★ ~ leggen *poner aparte*
apartheid *apartheid* m
apartheidswet *ley* v *de segregación racial*
apathie *apatía* v; *indiferencia* v
apathisch *apático*
apegapen ▾ op ~ liggen *estar dando las últimas boqueadas*; INFORM. *estar hecho polvo*
apenstaartje *arroba* v
aperitief *aperitivo* m
apert *evidente*
apetrots *orgullosísimo*
apezuur ▾ zich het ~ werken *trabajar como un negro* ▾ zich het ~ schrikken *pegarse un susto de aúpa*
apk, apk-keuring *inspección* v *general periódica (de automóviles)* ★ de auto is door de apk *el coche ha pasado la revisión*
aplomb *aplomo* m; *seguridad* v
apneu *apnea* v
apocalyps *apocalipsis* m
apocrief *apócrifo*
apologie *apología* v
apostel *apóstol* m

a posteriori *a posteriori*
apostolisch *apostólico*
apostrof *apóstrofo* m
apotheek *farmacia* v
apotheker *farmacéutico* m; INFORM. *boticario* m
apotheose *apoteosis* v
apparaat *aparato* m; *artefacto* m
apparatuur *aparatos* m mv; *instrumentos* m mv
appartement *apartamento* m; *piso* m
appel *manzana* v ★ een ~ schillen *pelar una manzana* ▼ een ~tje met iem. te schillen hebben *tener que ajustar cuentas con u.p.*
appel • verzameling van alle aanwezigen *llamada* v ★ ~ houden *tocar llamada* • JUR. beroep *apelación* v; *recurso* m ★ ~ aantekenen tegen *apelar/recurrir contra*
appelboom *manzano* m
appelflap ≈ *buñuelo* m *de manzana*
appelflauwte *desmayo* m *fingido*
appelleren • JUR. *apelar* • ~ aan *apelar a*; *invocar*
appelmoes *compota* v *de manzana*
appelsap *zumo* m *de manzana*
appelsien *naranja* v
appelstroop *melaza* v *de manzana*
appeltaart *pastel* m *de manzana*
appendix *apéndice* m
appetijtelijk *apetitoso*; ⟨eetlust opwekkend⟩ *sabroso*
applaudisseren *aplaudir*
applaus *aplauso* m
applicatie • het toepassen *aplicación* v • versiersel *aplicación* v • COMP. *programma aplicación* v
applicatiecursus *curso* m *de aplicación*
appliqueren *aplicar*
apporteren *portar*
appreciëren *apreciar*
après-ski *alterne* v *après-ski*
april *abril* m ★ iem. met 1 ~ voor de gek houden *dar una inocentada a u.p.*
aprilgrap ≈ *inocentada* v
a priori *a priori*
à propos *por cierto*
aquaduct *acueducto* m
aquaplaning *derrape* m *causado por el agua*
aquarel *acuarela* v
aquarelleren *pintar con acuarela*
aquarium *acuario* m
ar *trineo* m
ara *cacatúa* v; *loro* m
Arabië *Arabia* v
Arabier *árabe* m/v
Arabisch I ZN [het] taal *árabe* m **II** BNW m.b.t. Arabië *árabe*
Aragon *Aragón* m
Aragonees *aragonés* [v: *aragonesa*]
arak *arac* m
arbeid *trabajo* m ▼ lichamelijke ~ *trabajo físico*
arbeiden *trabajar*
arbeider *obrero* m; *trabajador* m
arbeidersbeweging *movimiento* m *obrero*
arbeidersbuurt *barrio* m *obrero*
arbeidsaanbod *oferta* v *de trabajo*
arbeidsbemiddeling *mediación* v *de colocación*
arbeidsbesparend *que economiza mano de obra*
arbeidsbureau *oficina* v *de trabajo*
arbeidsconflict *conflicto* m *laboral*
arbeidscontract *contrato* m *laboral*
arbeidsduurverkorting *reducción* v *de la duración del trabajo*
arbeidsinspectie *inspección* v *del trabajo*
arbeidsintensief *de un elevado índice laboral*
arbeidskracht *mano* m *de obra*
arbeidsloon *sueldo* m; *paga* v
arbeidsmarkt *mercado* m *de trabajo*
arbeidsomstandigheden *condiciones* v mv *laborales*
arbeidsongeschikt *incapacitado para el trabajo*
arbeidsongeschiktheidsuitkering *prestación* v *de incapacidad laboral*
arbeidsovereenkomst *contrato* m *laboral* ★ collectieve ~ *convenio* m *colectivo*
arbeidsplaats *puesto* m *de trabajo*
arbeidsproces *proceso* m *laboral*
arbeidsrecht *derecho* m *laboral*
arbeidsreserve *mano* v *de obra potencial*
arbeidstherapie *terapia* v *laboral*; *laborterapia* v
arbeidstijdverkorting *reducción* v *de la jornada laboral*
arbeidsverleden *pasado* m *laboral*
arbeidsvermogen • mate waarin arbeid verricht kan worden *capacidad* v *de trabajo* • NATK. *energía* v
arbeidsvoorwaarden *condiciones* v mv *de trabajo*
arbeidzaam *trabajador*
arbiter • SPORT *árbitro* m • JUR. *árbitro* m
arbitrage *arbitraje* m
arbitragecommissie *comisión* v *de arbitraje*
arbitrair *arbitrario*
Arbowet *ley* v *sobre las condiciones laborales*
arcade *arcada* v
arceren *sombrear*
archaïsch *arcaico*
archaïsme *arcaísmo* m
archeologie *arqueología* v
archeoloog *arqueólogo* m
archetype *arquetipo* m
archipel *archipiélago* m
architect *arquitecto* m
architectonisch *arquitectónico*
architectuur *arquitectura* v
architraaf *arquitrabe* m
archivaris *archivador* m
archiveren *archivar; clasificar en un archivo*
arctisch *ártico*
Ardennen *las Ardenas* v mv
are *área* v
areaal *superficie* v; *área* v
arena *arena* v; ⟨v. circus⟩ *pista* v; ⟨v. stierenvechten⟩ *plaza* v
arend *águila* v
arendsblik *mirada* v *de águila*
argeloos • niets vermoedend *ingenuo* • onopzettelijk *inocente*
Argentijn *argentino* m
Argentijns *argentino*
Argentinië *Argentina* v
arglistig *taimado*; *insidioso*
argument *argumento* m
argumentatie *argumentación* v

argumenteren *alegar; argumentar; argüir*
argusogen ▼ met ~ toekijken *mirar con recelo*
argwaan *recelo* m; *desconfianza* v ★ ~ wekken *inspirar recelo*
argwanend *receloso* ★ ~ bekijken *mirar con recelo*
aria *aria* v
ariër *ario* m
arisch *ario*
aristocraat *aristócrata* m/v
aristocratie *aristocracia* v
aristocratisch *aristocrático*
aritmetica *aritmética* v
ark *arca* v ★ de ark van Noach *el arca de Noé*
arm I ZN [de] lichaamsdeel *brazo* m ★ met de armen over elkaar *con los brazos cruzados* ★ arm in arm *cogidos del brazo* ★ iem. een arm geven *ofrecer el brazo a u.p.* ▼ iem. in de arm nemen *consultar a u.p.* **II** BNW • weinig bezittend *pobre* ★ arm worden *empobrecerse* • niet vruchtbaar ★ arme grond *tierra pobre* ★ arm aan *pobre en*
armatuur *armazón* m/v
armband *pulsera* v
arme ▼ zalig zijn de armen van geest *bienaventurados los pobres de espíritu*
armelijk *miserable; pobre;* ⟨sterker⟩ *mísero*
Armenië *Armenia* v
armetierig *mísero; mezquino;* ⟨zwak⟩ *canijo;* ⟨zwak⟩ *esmirriado*
armlastig *indigente*
armlengte *longitud* v *del brazo* ★ op ~ *al alcance de la mano*
armleuning *brazo* m *del sillón*
armoede, armoe *pobreza* v; *miseria* v ▼ het is er armoe troef *viven en la miseria*
armoedig *miserable; pobre*
armoedzaaier *pobre* m *diablo; pobretón* m
armsgat *sisa* v; *escote* m
armslag *libertad* v *de acción*
armzalig *miserable; pobre*
aroma *aroma* m
aromatisch *aromático*
aromatiseren *aromatizar; dar aroma*
arrangement • MUZ. *arreglo* m *musical* • regeling *arreglo* m
arrangeren • regelen *arreglar* • MUZ. *adaptar*
arrenslee *trineo* m
arrest • hechtenis *detención* v; *arresto* m ★ in ~ nemen *arrestar* • beslaglegging *embargo* m • gerechtelijke uitspraak *sentencia* v ★ ~ wijzen *fallar; pronunciar una sentencia*
arrestant *detenido* m
arrestatie *detención* v; *arresto* m
arrestatiebevel *orden* v *de arresto*
arrestatieteam *brigada* v *especial de investigación criminal*
arresteren *detener* [ie]; *arrestar*
arriveren *llegar*
arrogant *presumido; arrogante*
arrogantie *arrogancia* v; *presunción* v
arrondissement *distrito* m
arrondissementsrechtbank *tribunal* m *de distrito;* ⟨in Spanje⟩ *Juzgado* m *de primera instancia y de instrucción*
arsenaal • wapenopslagplaats *arsenal* m • flinke hoeveelheid *arsenal* m
arsenicum *arsénico* m
artdirector *director* m *artístico*
arteriosclerose *arteriosclerosis* v
articulatie *articulación* v
articuleren *articular*
artiest *artista* m/v
artikel • voorwerp *artículo* m • geschreven stuk *artículo* m • wetsbepaling *artículo* m; *párrafo* m
artillerie *artillería* v
artisjok *alcachofa* v
artistiek *artístico*
artritis *artritis* v
artrose *artrosis* v
arts *médico* m
arts-assistent *médico* m *asistente*
artsenbezoeker *visitador* m *médico*
artsenij *medicamento* m
artwork *material* m *gráfico*
as • verbrandingsresten *ceniza* v ★ vol as/met as bedekt *cenizoso* • spil *eje* m ▼ in de as leggen *reducir a cenizas*
ASA *ASA*
asbak *cenicero* m
asbest *asbesto* m
asblond *rubio ceniza*
asceet *asceta* m/v
ascendant • dierenriemteken *ascendiente* m • overwicht *ascendiente* m
ascese *ascetismo* m
ascetisch *ascético*
ascorbinezuur *ácido* m *antiescorbútico*
aselect *sin seleccionar*
aseptisch *aséptico*
asfalt *asfalto* m; *betún* m
asfalteren *asfaltar*
asgrauw *ceniciento*
asiel • toevluchtsoord *refugio* m; *asilo* m • dierenverblijf *asilo* m
asielzoeker *solicitante* m *de asilo*
asjeblieft • → **alsjeblieft**
asjemenou *jolines*
asociaal *antisocial*
aspect *aspecto* m
asperge *espárrago* m
aspirant • kandidaat *aspirante* m; *candidato* m • iem. in opleiding *aspirante* • jonge sporter *juvenil* m/v
aspiratie • aanblazing *aspiración* v • eerzucht *aspiraciones* v mv
aspirine *aspirina* v
assemblage *ensamblaje* m; *montaje* m
assemblee *asamblea* v
assembleren *ensamblar; montar*
assenkruis *eje* m *de coordenadas*
Assepoester *Cenicienta* v
assertief *asertivo*
assimilatie *asimilación* v
assimileren *asimilar*
assistent *asistente* m [v: *asistenta*]
assistentie *asistencia* v; *ayuda* v ★ ~ verlenen *prestar ayuda*
assisteren *ayudar*
associatie *asociación* v
associatief *asociativo*

associëren *asociar*
assortiment *surtido* m
assuradeur *asegurador* m
assurantie *seguro* m
aster *áster* m
asterisk *asterisco* m
astma *asma* m/v
astmaticus *asmático* m
astmatisch *asmático*
astraal *astral*
astrologie *astrología* v
astroloog *astrólogo* m
astronaut *astronauta* m/v
astronomie *astronomía* v
astronomisch • STERRENK. *astronómico* • enorm groot *astronómico*
astronoom *astrónomo* m
Aswoensdag *miércoles* m *de ceniza*
asymmetrisch *asimétrico*
asymptoot *asíntota* v
asynchroon *asincrónico*
ATB • alterrainbike *bicicleta* v *todo terreno* • automatische treinbeïnvloeding *mando* m *automático de los trenes*
atelier *estudio* m; *taller* m
atheïsme *ateísmo* m
atheïst *ateo* m
Athene *Atenas* m
atheneum *escuela* v *de enseñanza secundaria preuniversitaria*
atjar *verduras* v mv *en escabeche*
Atlantisch *atlántico*
Atlantische Oceaan *Atlántico* m; *Océano* m *Atlántico*
atlas I ZN [de] • boek met kaarten *atlas* m • halswervel *atlas* m II ZN [het] stof *raso* m; *satén* m
atleet *atleta* m/v
atletiek *atletismo* m ★ aan ~ doen *practicar el atletismo*
atletisch *atlético*
atmosfeer • dampkring/lucht *atmósfera* v • sfeer *ambiente* m; *atmósfera* v • NATK. *atmósfera* v
atmosferisch *atmosférico*
atol *atolón* m
atomair *atómico*
atonaal *atonal*
atoom *átomo* m
atoombom *bomba* v *atómica*; *bomba* v *nuclear*
atoomgeleerde *físico* m *nuclear*
atoomgewicht *masa* v *atómica*
atoomtijdperk *era* v *atómica*
atoomwapen *arma* v *nuclear*
atrofie *atrofia* v
attaché *agregado* m ★ de cultureel ~ *el agregado cultural*
attachékoffer *maletín* m
attachment *fichero* m *(adjunto)*; *documento* m *adjunto*; *attachment* m
attaque *ataque* m
at-teken *signo* m *arroba*
attenderen op *llamar la atención a*
attent *atento*; *amable* ★ iem. op iets ~ maken *llamar la atención de u.p. sobre u.c.*
attentie • aandacht *atención* v ★ ter ~ van X *a la atención de X* • blijk van vriendelijkheid *atención* v
attest *certificado* m ★ een ~ geven van iets *certificar u.c.*
attitude *actitud* v
attractie *atracción* v
attractief *atractivo*
attractiepark *parque* m *de atracciones*
attractiviteit *atractividad* v
attributief *atributivo*
attribuut *atributo* m
atv *reducción* v *de la duración del trabajo*
au *¡ay!*
a.u.b. *por favor*
aubade *alborada* v
au bain-marie *al baño maría* ★ iets ~ verwarmen *calentar algo al baño maría*
aubergine *berenjena* v
audiëntie *audiencia* v
audioapparatuur *equipo* m *de audio*
audiorack *cadena* v *de alta fidelidad*
audiovisueel *audiovisual*
auditeur *auditor* m
auditeur-militair *auditor* m *de guerra*
auditie *audición* v
auditief *auditivo*
auditorium *auditorio* m; *anfiteatro* m
augurk *pepinillo* m
augustus *agosto* m
aula *aula* v
au pair I ZN [de] *au pair* m/v II BIJW ★ ~ werken *irse de au pair*
aura *aura* v
aureool *aureola* v; *auréola* v
auspiciën ★ onder ~ van *bajo los auspicios de*
ausputzer *líbero* m
Australië *Australia* v
Australiër *australiano* m
Australisch *australiano*
autarkie *autarquía* v
auteur *autor* m; *escritor* m
auteursrecht *derechos* m mv *de autor*
authenticiteit *autenticidad* v
authentiek *auténtico*; *genuino*
autisme *autismo* m
autistisch *autista*
auto *coche* m; *automóvil* m; *carro* m ★ met de auto (gaan) *(ir) en coche*
autobiografie *autobiografía* v
autobom *coche* m *bomba*
autobus *autobús* m; ⟨voor langere afstanden⟩ *autocar* m
autochtoon *nativo*; *autóctono*; *indígena*
autocoureur *corredor* m *automovilista*
autodidact *autodidacto* m
autogordel *cinturón* m *de seguridad*
auto-immuunziekte *enfermedad* v *autoinmune*
auto-industrie *industria* v *del automóvil*
autokerkhof *cementerio* m *de coches*
autokostenvergoeding *compensación* v *de gastos de coche*
autoluw ★ ~e zone *zona* v *reservada*
automaat • uit zichzelf functionerend apparaat *autómata* v • distributieapparaat *máquina* v • auto *automóvil* m *con marcha automática*

automatiek *local* m *donde venden comida por medio de máquinas*
automatisch *automático*
automatiseren *automatizar*
automatisering *automatización* v
automatisme *automatismo* m
automobilist *automovilista* m/v; *conductor* m *de coche*
automonteur *mecánico* m
autonomie *autonomía* v
autonoom *autónomo*
auto-ongeluk *accidente* m *de coche*
autopapieren *papeles* m mv *del coche*
autopark *parque* m *automovilístico*
autopech *avería* v
autoped *patinete* m
autopsie *autopsia* v
autoradio *radio* v *del coche*
autorijden *conducir*
autorijschool *autoescuela* v
autoriseren *autorizar*
autoritair *autoritario*
autoriteit *autoridad* v
autoslaaptrein *auto* m *expreso con coches cama*
autosleutel *llave* v *del coche*
autosloperij *desguace* m *de automóviles*
autosnelweg *autopista* v
autosport *automovilismo* m
autostop ⋆ ~ doen *hacer autostop*
autostrade *autopista* v
autoverhuur *agencia* v *de coches de alquiler*
autovrij *sin coches*
autoweg *carretera* v
avance *aproximación* v ⋆ ~s maken naar/jegens *dar los primeros pasos a*
avant-garde *vanguardia* v
avenue *avenida* v
averechts • andersom ingestoken ⋆ twee rechts twee ~ breien *hacer dos puntos del derecho y dos puntos del revés* • verkeerd *equivocado; erróneo*
averij *avería* v ⋆ ~ oplopen *averiarse; sufrir avería*
A-verpleging *enfermería* v *general*
aversie *aversión* v ⋆ een ~ tegen iets hebben *tener aversión a u.c.*
A-viertje *DIN A-4* v; *cuartilla* v
avifauna *fauna* v *avícola*
avocado *aguacate* m
avond *noche* v; ⟨nog voor zonsondergang⟩ *tarde* v ⋆ 's ~s *por la noche* ⋆ om zeven uur 's ~s *a las siete de la tarde* ⋆ om elf uur 's ~s *a las once de la noche* ⋆ op een ~ *una noche* ⋆ tegen de ~ *al anochecer*
avondeten *cena* v ⋆ het ~ nuttigen *cenar*
avondjurk *vestido* m *de noche*
avondkleding *traje* m *de noche*
avondklok *toque* m *de queda*
avondkrant *periódico* m *de la tarde*
Avondland *Occidente* m
avondmaal • avondeten *cena* v • REL. *comunión* v ▾ het Laatste Avondmaal *la Ultima Cena*
avondmens *noctámbulo* m
avondrood *arrebolada* v
avondschool *escuela* v *nocturna*
avondspits *hora* v *punta de la tarde*

Avondster *estrella* v *de Venus*
avondtoilet *traje* m *de noche*
avondverkoop *venta* v *nocturna*
avondvullend *que ocupa toda la noche* ⋆ een ~ programma *un programa que ocupa toda la noche*
avondwinkel *tienda* v *nocturna*
avonturenroman *novela* v *de aventuras*
avonturier *aventurero* m
avontuur • *aventura* v ⋆ avonturen beleven *correr aventuras* ⋆ op ~ uitgaan *ir en busca de aventuras* • → **avontuurtje**
avontuurlijk • vol avonturen *lleno de aventura* • gewaagd *aventurado*
avontuurtje *lío* m
axioma *axioma* m
ayatollah *ayatolá* m
azalea *azalea* v
azen *echar el ojo a; aspirar a*
Azerbaidzjan *Azerbaiyán* m
Aziaat *asiático* m
Aziatisch *asiático*
Azië *Asia* v
azijn *vinagre* m
azijnzuur *ácido* m *acético*
Azoren *las Azores* v mv
Azteken *aztecas* m mv
azuren *celeste; azul*
azuur *azur* m

B

b • letter *b* v ★ de b van Bernard *la b de Barcelona* • muzieknoot *si* m
B2B *B2B* m
baai *bahía* v
baak *baliza* v; *boya* v
baal *bulto* m; *fardo* m; ⟨papier/katoen⟩ *bala* v
baaldag *día* m *de hastío*
baan • betrekking *empleo* m; *puesto* m • strook stof, behang *ancho* m • rijstrook *camino* m • route ⟨v. raket⟩ *trayectoria* v ★ baan rond de aarde *órbita* v • SPORT *pista* v ▼ ruim baan maken *abrirse paso* ▼ iets op de lange baan schuiven *dar largas a un asunto* ▼ dat is van de baan *ha pasado a la historia*
baanbrekend *que hace/marca época*
baanrecord *récord* m *en pista*
baansport *deporte* m *sobre pista*
baanvak *sección* v *de vía*
baanwachter *guardavías* m
baar I ZN [de] • staaf edelmetaal *lingote* m ★ een baar goud *un lingote de oro* • draagbaar *camilla* v; *andas* v mv • golf *ola* v II BNW contant *puro*
baard • haargroei *barba* v ★ zijn ~ laten staan *dejarse crecer la barba* • deel van sleutel *paletón* m ▼ de ~ in de keel krijgen *cambiar de voz*
baardgroei *barba* v ★ zware ~ hebben *tener mucha barba*
baarmoeder *útero* m; *matriz* v
baarmoederhalskanker *cáncer* m *del cuello uterino*
baarmoederslijmvlies *membrana* v *caduca*
baars *perca* v
baas *amo* m; *jefe* m; ⟨v. huisdieren⟩ *amo* m; ⟨v. zaak/onderneming⟩ *dueño* m ★ ergens de baas zijn *mandar* ★ zijn eigen baas zijn *trabajar por su cuenta* ★ zij is de baas *es ella quien manda* ▼ iem. de baas zijn *ser superior* a u.p. ▼ de baas spelen *hacer de jefe* ▼ altijd baas boven baas *icada uno encuentra quien lo supere!; a todo hay quien gane* ▼ iets de baas worden *hacerse dueño de u.c.*
baat • voordeel *beneficio* m; *provecho* m ★ baat vinden bij *sacar provecho de* ★ de gelegenheid te baat nemen *aprovechar la ocasión*; *servirse* [i] *de la ocasión* ★ ten bate van *a beneficio de* • opbrengst *lucro* m
baatzuchtig *egoísta*
babbel *charla* v ▼ een vlotte ~ hebben *tener mucha labia*
babbelaar • kletskous *charlatán* m [v: *charlatana*]; *parlanchín* m [v: *parlanchina*]; *charlador* m • snoep *caramelo* m
babbelen *darle al pico*; *estar de cháchara*
babbelkous *parlanchín* m [v: *parlanchina*]
baby *bebé* m
babyboom *boom* m *de natalidad*
babyfoon *bebéfono* m
babykleding *ropas* v mv *de bebé*
babysitten *cuidar a los niños*; *hacer de canguro*
babysitter *canguro* m
babyuitzet *canastilla* v
babyvoeding *alimento* m *para bebés*
baccalaureaat *grado* m *de licenciado*
bacil *bacilo* m
back *defensa* m; *zaguero* m
backhand *revés* m
backspacetoets ⟨tecla v de⟩ *retroceso* m; *barra* v *inversa*
back-upbestand *copia* v *de seguridad*
bacon *bacon* m
bacterie *bacteria* v
bacteriedodend *bactericida*
bacterieel *bacteriano*
bacteriologie *bacteriología* v
bacteriologisch *bacteriológico*
bad *baño* m ★ een bad nemen *tomarse un baño*
badcel *caseta* v *del baño*
badderen *bañarse*
baden I OV WW in bad doen *bañar* II ON WW • een bad nemen *tomarse un baño*; *bañarse* • ~ in ★ in het licht ~ *bañarse de sol* ★ in weelde ~ *nadar en opulencia* ★ in het zweet ~ *estar bañado de/en sudor*
badgast *bañista* m/v
badge *chapa* v
badgoed *ropa* v *de baño*
badhanddoek *toalla* v
badhuis *baño* m *público*
badineren *mofarse de*
badjas *bata* v; *albornoz* m
badkamer *cuarto* m *de baño*
badkuip *bañera* v
badlaken *toalla* v *grande de baño*
badmeester *bañero* m; *vigilante* m/v
badminton *bádminton* m; *juego* m *del volante*
badmuts *gorro* m ⟨*de baño*⟩
badpak *traje* m *de baño*; *bañador* m
badplaats *balneario* m
badschuim *espuma* v *de baño*
badstof *tela* v *de toalla*
badwater *agua* m *de baño*
badzout *sales* v mv *de baño*
bagage • LETT. *equipaje* m • FIG. persoonlijke eigenschap, kwaliteit *bagaje* m
bagagedepot *consigna* v
bagagedrager *portaequipajes* m
bagagekluis *consigna* v *automática*
bagagerek • bagagenet *rejilla* v *para el equipaje* • imperiaal *baca* v
bagageruimte *compartimento* m *de equipajes*; ⟨in auto⟩ *maletero* m
bagatel *bagatela* v; *friolera* v
bagatelliseren *dar poca importancia a*; *quitar importancia a*; *minimizar*
bagger *lodo* m; *cieno* m
baggeren *dragar* ★ door de modder ~ *patullar por el fango*
baggermolen *draga* v
bah *¡bah!*
Bahama's *las Bahamas* v mv
bahco *llave* v *inglesa*
baisse ★ speculeren à la ~ *especular a la baja*
bajes *chirona* v
bajesklant *entalegado* m; *enchironado* m
bajonet *bayoneta* v
bajonetsluiting *enchufe* m *de bayoneta*

bak • omhulsel *recipiente* m; *caja* v; ⟨voor meel/cement⟩ *artesa* v; ⟨waskom⟩ *palangana* v; ⟨trog⟩ *comedero* m; ⟨schaal⟩ *fuente* v; ⟨eetbak hond⟩ *plato* m • kopje ★ een bak koffie *un cafecito* • bajes *cárcel* v; *chirona* v ★ in de bak zitten *estar en la cárcel* • mop *chiste* m ★ vaartuig *batea* v ▼ een bakje troost *una taza de café* ▼ aan de bak komen *conseguir trabajo*
bakbeest *monstruo* m; *coloso* m
bakboord *babor* m ★ aan ~ *a babor*
bakboter *manteca* v
bakelite® *baquelita*® v
baken *baliza* v; *boya* v ▼ de ~s verzetten *tomar otro rumbo*
bakermat *cuna* v
bakerpraatje *habladurías* v mv
bakfiets *triciclo* m *de reparto*
bakkebaarden *patilla* v
bakkeleien *discutir*; *reñir* [i]
bakken I OV WW (v. brood) *cocer*; [ue] ⟨v. aardappelen/vis⟩ *freír*; [i] ⟨v. aardewerk⟩ *cocer* [ue] II ON WW • zonnebaden *tostarse al sol* • zakken voor examen *cargar*; *suspender*
bakker *panadero* m
bakkerij *panadería* v
bakkes *jeta* v ★ hou je ~! *¡cállate la boca!*; *¡cierra el pico!*
bakkie • zendapparatuur *aparatos* m mv *de radioaficionado* • kopje (koffie/thee) ★ ~ leut FORM. *taza* v *de café*
bakmeel *harina* v
bakpoeder *levadura* v *en polvo*
baksteen *ladrillo* m ▼ zakken als een ~ *cargar* ▼ iem. als een ~ laten vallen *dejar plantada a u.p.*
bakvet *grasa* v *para freír*
bakvis *colegiala* v
bakzeil ★ ~ halen *bracear las velas* ▼ ~ halen *retractarse*; *dar marcha atrás*
bal I ZN [de] • bolvormig voorwerp *pelota* v; ⟨biljart/ kegelspel⟩ *bola* v; ⟨voetbal⟩ *balón* m • testikel *cojón* m • deel van voet *pulpejo* m • bekakte jongen *pijo* m ▼ wie kaatst, moet de bal verwachten *donde las dan las toman* ▼ geen bal ervan snappen *no entender un huevo de algo* II ZN [het] dansfeest *baile* m ★ gemaskerd bal *baile de máscaras/disfraces*
balanceren *mantenerse* [ie] *en equilibrio*
balans • ECON. *balance* m ★ de ~ opmaken *hacer el balance*; *hacer el inventario* • evenwicht *equilibrio* m • weegschaal *balanza* v
balansopruiming *liquidación* v *por balance*; *venta* v *posbalance*
balanswaarde *valor* m *en balance*
baldadig *rebelde*; *travieso*; ⟨speels⟩ *juguetón*
baldadigheid *comportamiento* m *rebelde*; *actitud* v *rebelde*
Balearen *Islas Baleares* v mv; *las Baleares* ★ op de ~ *balear*
balein I ZN [de] stok, staafje *varilla* v II ZN [het] materiaal *ballena* v
balen *estar harto* ★ ~ als een stekker *estar hasta las narices*
balie • toonbank *recepción* v; *información* v • leuning *parapeto* m • advocaten *abogacía* v
baljurk *vestido* m *para el baile*
balk • stuk hout/metaal *viga* v • notenbalk *pentagrama* m
Balkan *Balcanes* m mv
Balkanstaten *estados* m mv *balcánicos*
balken *rebuznar*
balkon • uitbouw *balcón* m • ruimte in trein *plataforma* v
ballade *balada* v; *romance* m
ballast *lastre* m
ballen ★ de vuist ~ *apretar* [ie] *el puño*
ballenjongen *chico* m *que recoge las pelotas*
ballerina *bailarina* v
ballet *ballet* m
balletdanser *bailarín* m ★ ~es *bailarina* v
balletgezelschap *compañía* v *de ballet*
balling *exiliado* m; *desterrado* m
ballingschap *exilio* m; *destierro* m
ballon *globo* m ▼ een ~netje oplaten *lanzar una idea*
ballonvaren *viajar en globo*
ballotage *votación* v *con balotas*
ballpoint *bolígrafo* m; INFORM. *boli* m
ballroomdansen *baile* m *de salón*
bal masqué *baile* m *de disfraces*
balorig *malhumorado*; *recalcitrante*
balpen *bolígrafo* m; INFORM. *boli* m
balsahout *madera* v *de balsa*
balsem *bálsamo* m
balsemen *embalsamar*
balspel *juego* m *de pelota*
balsport *deporte* m *de pelota*
balsturig *obstinado*
Baltisch *báltico*
balts *apareamiento* m
balustrade *balaustrada* v; *barandilla* v
balzaal *salón* m *de baile*
balzak • scrotum *escroto* m; *saco* m *muscular* • biljartzak *tronera* v
bamboe *bambú* m
bami *espagueti* m *chino*
ban • betovering ★ in de ban van *cautivado/hechizado por* • excommunicatie ⟨door de staat⟩ *destierro* m; ⟨kerkelijk⟩ *anatema* m; ⟨kerkelijk⟩ *excomunión* v ★ in de ban doen *desterrar* ★ in de ban doen *excomulgar*
banaal *banal*; *trivial*; *vulgar*
banaan • vrucht *plátano* m; Z-A *banana* v ★ een tros bananen *un racino de plátanos* • boom *plátano* m; Z-A *banano* m
banaliteit *banalidad* v; *trivialidad* v
bananenrepubliek *república* v *bananera*
band[1] • strook textiel *cinta* v • luchtband *neumático* m ▼ een band plakken *arreglar un pinchazo* ★ een lekke band *un pinchazo* • transportband *cinta* v *transportadora* • boekomslag *encuadernación* v ★ linnen band *encuadernación en tela* • boekdeel *tomo* m • verbondenheid *lazo* m; *vínculo* m ★ banden aanknopen *entrar en relaciones* ★ banden (van vriendschap) aanhalen *estrechar los lazos* ★ banden onderhouden *mantener las relaciones* ★ de banden verbreken *romper el contacto* ★ nauwe banden *vínculos estrechos* • rand van biljart

banda v • → **bandje** ▼ FIG. aan de lopende band *en serie; en cadena; continuamente* ▼ aan banden leggen *restringir; limitar* ▼ uit de band springen *ir a la juerga*
band² (zeg: bend) *grupo* m
bandage *vendaje* m
bandbreedte ⟨frequentie⟩ *amplitud* v *de la banda*
bandeloos *libertino*
bandenlichter *desmontador* m *de neumáticos*
bandenpech *pinchazo* m
bandenspanning *presión* v *de los neumáticos*
banderol • beschreven band *filacteria* v • vaan *banderola* v • sigarenbandje *vitola* v
bandiet *bandido* m
bandje • cassettebandje *cinta* v • schouderbandje *tirante* m
bandopname *grabación* v
bandplooibroek *pantalón* m *de pinzas*
bandrecorder *grabadora* v; *magnetófono* m
bandstoten *jugar [ue] por banda*
banen ★ zich een weg ~ *abrirse camino/paso*
banenplan *plan* m *de empleo*
bang • angstig *asustado* ★ bang maken *asustar* ★ bang zijn van/voor *tener [ie] miedo de; temer* ★ ik ben bang voor hem *le tengo miedo* ★ het is om bang van te worden *es para tener miedo* ★ wees maar niet bang! *¡no tengas miedo!* • bezorgd ★ ik ben bang dat het niet gaat *me temo que no funcione* • snel angstig *miedoso*
bangelijk *temeroso*
bangerd, bangerik *miedoso* m; *cobarde* m/v
Bangladesh *Bangladesh* m
bangmakerij *intimidación* v
banier *bandera* v; *pendón* m
banjeren *vagar*
banjo *banjo* m
bank • zitmeubel *banco* m; ⟨in woonkamer⟩ *sofá* m; ⟨in bus/trein⟩ *asiento* m • geldinstelling *banco* m ★ bank van lening *monte* m *de piedad* • inzet *banca* v
bankafschrift *extracto* m *de cuenta*
bankbiljet *billete* m *de banco*
bankbreuk *bancarrota* v ★ bedrieglijke ~ *bancarrota* v *fraudulenta*
bankcheque *cheque* m *bancario*
banket • feestmaal *banquete* m • gebak *pasteles* m mv
banketbakker *pastelero* m
banketbakkerij *pastelería* v; *repostería* v
banketletter *pastel* m *de hojaldre rellena de pasta de almendras en forma de letra*
bankgarantie *garantía* v *bancaria; aval* m *bancario*
bankgeheim *secreto* m *bancario*
bankier *banquero* m
bankkaart *tarjeta* v *personal*
bankoverval *atraco* m *a un banco*
bankpas *tarjeta* v *bancaria*
bankrekening *cuenta* v *bancaria*
bankrekeningnummer *número* m *de la cuenta bancaria/corriente*
bankroet I ZN [het] *bancarrota* v II BNW *en quiebra* ★ ~ gaan *quebrar; hundirse* ★ ~ zijn *estar en quiebra*

bankroof *atraco* m *bancario*
banksaldo *saldo* m *bancario*
bankschroef *torno* m
bankstel *tresillo* m
bankwerker *ajustador* m; *montador* m
bankwezen *banca* v
banneling *exiliado* m; *desterrado* m
bannen *expulsar;* ⟨door de kerk⟩ *excomunicar*
banner *bandera* v; *pancarta* v
banvloek *anatema* m
baptist *baptista* m/v
bar¹ I ZN [de] • café *bar* m • tapkast *mostrador* m; *barra* v II BNW • dor *desolado* • koud *desapacible* ▼ bar en boos *terrible; malísimo* III BIJW *terriblemente* ★ het al te bar maken *pasarse mucho; pasarse de la raya*
barak *barraca* v
barbaar *bárbaro* m
barbaars *salvaje; bárbaro*
barbarisme *barbarismo* m
barbecue • maaltijd *barbacoa* v • toestel *parrilla* v; *asado* m; *barbacoa* v
barbecueën *asar a la parrilla/brasa*
barbeel *barbo* m
Barbertje ▼ ~ moet hangen *alguien se la tiene que cargar*
barbiepop *muñeca* v *Barbie*
Barcelonees *barcelonés* [v: *barcelonesa*]
barcode *código* m *de barras*
bard *bardo* m
baren • ter wereld brengen *dar a luz; parir* • veroorzaken ★ opzien ~ *producir sensación* ★ iem. zorg ~ *preocupar/inquietar a u.p.*
barensweeë *dolores* m mv *de parto*
baret *boina* v
Bargoens *jerga* v; *argot* m
bariton *barítono* m
barium *bario* m
bark *barca* v
barkeeper *camarero* m; *barman* m
barkruk *taburete* m
barmhartig *compasivo*
barmhartigheid *compasión* v; *misericordia* v
barnsteen *ámbar* m
barok I ZN [de] *barroco* m II BNW *barroco*
barometer *barómetro* m
barometerstand *nivel* m *del barómetro*
baron *barón* m
barones *baronesa* v
baroscoop *baroscopio* m
barrage • dam *barrera* v • SPORT *desempate* m
barrel (zeg: berrul) *barril* m
barrevoets I BNW *descalzo* II BIJW *descalzo*
barricade *barricada* v
barricaderen *levantar barricadas en* ★ de deur ~ *atrancar la puerta*
barrière *barrera* v
bars *brusco; rudo;* ⟨v. stem⟩ *ronco*
barst I ZN [de] *grieta* v; *raja* v; *hendedura* v ▼ geen ~ *nada; ni jota / papa* II TW *vete al cuerno*
barsten • barsten krijgen *henderse [ie]; rajarse; resquebrajarse* • uit elkaar springen *estallar; reventar [ie]* ▼ ~ van het lachen *morirse [ue, u] de risa*
barstensvol *a tope*

bas *bajo* m
basaal • van de basis *basilar* • fundamenteel *básico*
basalt *basalto* m
base *base* v
baseball *béisbol* m
baseline *línea* v *de fondo*
baseren op *fundar en*; *basar en* ★ zich ~ op *fundarse en*
basgitaar *bajo* m
basilicum *albahaca*
basiliek *basílica* v
basilisk *basilisco* m
basis • grondslag, fundament *base* v; *fundamento* m • WISK. *base* v • MIL. *base* v
basisch *básico*
basisinkomen *ingresos* m mv *básicos*
basisloon *sueldo* m *base*
basisonderwijs *enseñanza* v *primaria*; ⟨in Spanje⟩ *educación* v *general básica*; ⟨in Spanje⟩ *E.G.B.* v
basisschool *escuela* v *de enseñanza básica*; ⟨in Spanje⟩ *escuela* v *de educación general básica*; ⟨in Spanje⟩ *E.G.B.* v
Bask *vasco* m
Baskenland *País* m *Vasco*; *Euskadi* m
basketbal I ZN [de] bal *balón* m *de baloncesto* II ZN [het] spel *baloncesto* m
Baskisch I ZN [het] taal *vasco* m; *euskera* m; *eusquera* m II BNW m.b.t. Baskenland *vasco*; *euskera*; *eusquera*
bas-reliëf *bajo relieve* m
bassin • bekken *pila* v; *cuenco* m; ⟨vijver⟩ *estanque* m • zwembad *piscina* v
bassist *bajo* m
bassleutel *clave* v *de fa*
bast *corteza* v
basta *¡basta!*
bastaard • onwettig kind *hijo* m *bastardo* • BIOL. plant *híbrido* v
bastaardwoord *préstamo* m
bastersuiker *azúcar* m *terciado*; ⟨bruin⟩ *azúcar* m *moreno/negro*
bastion *baluarte* m; *fortificación* v
bat ⟨tafeltennis⟩ *raqueta* v; ⟨cricket⟩ *bate* m; ⟨cricket⟩ *pala* v
bataljon *batallón* m
Batavier *bátavo* m
batch *lote* m
bate • → **baat**
baten *ser útil*; *servir* [i] ★ het baat hem niet *de nada le vale* ▼ baat het niet, dan schaadt het niet *ponte un redaño, que si no te hará provecho, no te hará daño*
batig *a favor* ★ ~ saldo *saldo* m *a favor*
batikken *hacer batik*
batist *batista* v
batterij • energiebron *pila* v • MIL. *batería* v • hoeveelheid *pila* v; *montón* m ★ een ~ machines *una pila de máquinas*
baud *baudio*
bauxiet *bauxita* v
bavarois *pudín* m *bavarois*
baviaan *mandril* m
baxter *infusión* v
bazaar *bazar* m

Bazel *Basilea* v
bazelen *decir /i/ chorradas*
bazig *autoritario*; *mandón*
bazin *jefa* v; *ama* v
bazooka *bazuca* m; *lanzagranadas* m
bazuin *trombón* m
beachvolleybal *voleibol-playa* m
beademen *hacer la respiración artificial*
beagle *sabueso* m
beambte *funcionario* m
beamen *confirmar*; *afirmar*
beamer *proyector* m; *beamer* m
beangstigen *asustar*; *inquietar*
beantwoorden I OV WW reageren op *contestar a*; *responder* II ON WW ~ aan *estar conforme con*; *corresponder a*
bearnaisesaus *salsa* v *bearnesa*
beat *música* v *beat*
beatbox *beatbox* m
beatboxen *hacer beatbox*
beautycase *neceser* m *de tocador*
beautyfarm *salón* m *de belleza*
bebloed *sangriento*
beboeten *multar*; *imponer una multa a*
bebop *be-bop* m
bebossen *poblar* [ue] *de árboles*
bebouwen • gebouwen neerzetten op *edificar en* • gewassen kweken op *cultivar*; *labrar*
bebouwing • het bouwen *edificación* m mv • gebouwen *edificios* m mv • akkerbouw *cultivo* m
bechamelsaus ⟨salsa v⟩ *bechamel*; *besamel* v
becijferen *calcular*
becommentariëren *hacer comentarios sobre*
beconcurreren *competir* [i]; *hacer(se) la competencia*
bed • slaapplaats *cama* v ★ naar bed gaan *acostarse* [ue] ★ uit bed springen *saltar de la cama* • bloembed *cuadro* m ▼ aan bed gekluisterd zijn *estar postrado en cama* ▼ met iem. naar bed gaan *acostarse* [ue] *con u.p.* ▼ iem. van zijn bed lichten *sorprender a alguien en la cama*
bedaagd *de edad avanzada*
bedaard *tranquilo*; *quieto*
bedacht ★ ~ zijn op *estar preparado para*
bedachtzaam *prudente*
bedankbrief *carta* v *de agradecimiento*
bedanken I OV WW dank betuigen *dar las gracias*; *agradecer* ★ iem. voor iets ~ *dar las gracias a u.p. por u.c.* II ON WW • afslaan *rechazar* ★ daar bedank ik (feestelijk) voor! *¡líbreme Dios!* • opzeggen *darse de baja*; ⟨v. abonnement⟩ *anular*
bedankje • dankwoord *palabras* v mv *de agradecimiento* ★ er kan geen ~ af *ni siquiera me ha/han dado las gracias* • opzegging *anulación* v
bedankt *gracias*
bedaren *calmarse* ★ tot ~ brengen *calmar*; *tranquilizar*
bedbank *sofá-cama* m
beddengoed *ropa* v *de cama*
bedding • onderlaag *capa* v • geul *cauce* m
bede *súplica* v
bedeesd *tímido*; *cohibido*

bedehuis *lugar* m *de oración*
bedekken *cubrir; tapar*
bedekking *cobertura* v
bedekt • *afgedekt cubierto* • *niet openlijk encubierto*
bedektzadigen *angiosperma* v
bedelaar *mendigo* m
bedelarij *mendicidad* v
bedelarmband *pulsera* v *de colgantes*
bedelen *mendigar*
bedelstaf ★ *tot de ~ brengen reducir a la miseria*
bedeltje *pulsera* v *de fetiches*
bedelven *enterrar* [ie] ★ *onder het puin bedolven worden quedar sepultado por los escombros*
bedenkelijk • *twijfel uitdrukkend dudoso* • *zorgelijk peligroso* ★ *het ziet er ~ voor je uit la cosa se pone seria para tí*
bedenken • *overwegen pensar* [ie]; *considerar* ★ *en dan te ~ dat y eso que* • *verzinnen inventar*
bedenking • *overweging consideración* v • *bezwaar objeción* v; *reparo* m; ⟨twijfel⟩ *duda* v ★ *~en opperen hacer objeciones*
bedenktijd *plazo* m *para reflexionar* ★ *~ vragen pedir* [i] *tiempo para pensarlo* ★ *een dag ~ un día para pensarlo*
bederf • *rotting putrefacción* v ★ *aan ~ onderhevig zijn echarse a perder fácilmente* • *verslechtering deterioro* m
bederfelijk *que se echa a perder fácilmente* ★ *~e levensmiddelen alimentos perecederos*
bederfwerend *que evita la putrefacción*
bederven I OV WW • *slechter maken estropear* • *verwennen mimar* **II** ON WW *slecht, zuur of rot worden descomponerse; echarse a perder;* ⟨rotten⟩ *podrirse* [u]
bedevaart *peregrinación* v ★ *op ~ gaan peregrinar*
bedevaartganger *peregrino* m
bedevaartplaats *lugar* m *de peregrinación; santuario* m
bediende ⟨in huis⟩ *criado* m; ⟨in huis⟩ *sirviente* m [v: *sirvienta*] ⟨in winkel⟩ *empleado* m; ⟨in winkel⟩ *dependiente* m [v: *dependienta*] ⟨op kantoor⟩ *empleado* m
bedienen I OV WW • *helpen servir* [i]; ⟨klant⟩ *atender* [ie] • *laten functioneren manejar* • REL. *administrar la extremaunción* **II** WKD WW [**zich ~**] *servirse* [i] *de; valerse de*
bediening • *het helpen servicio* m • *het laten functioneren manejo* m
bedieningspaneel *panel* m *de control*
bedillen • *zich bemoeien met meterse en* • *vitten op criticar*
bedilzucht *afán* m *de criticar*
beding *condición* v ★ *onder geen ~ de ninguna manera*
bedingen *convenir* [ie, i]; *pactar*
bedisselen *arreglar*
bedlegerig *que tiene que guardar cama*
bedoeïen *beduino* m
bedoelen • *aanduiden querer* [ie] *decir; referirse (ie,i) a* ★ *de bedoelde persoon la persona aludida* ★ *de door u bedoelde brief la carta a la que usted se refiere* ★ *als bedoeld in artikel 10 como se indica en el artículo diez* ★ *het is niet serieus bedoeld no va en serio* • *beogen tener* [ie] *por objeto; proponerse*
bedoeling *intención* v; *objeto* m ★ *met de ~ om con la intención de* ★ *het ligt in mijn ~ om tengo la intención de*
bedoening • *gedoe jaleo* m • *toestand bulla* v; *bullicio* m • *spullen chismes* m mv
bedompt *maloliente*
bedonderd • *gek loco; zumbado; chiflado* ★ *ben je helemaal ~? ¿estás loco?* • *beroerd fatal* ★ *er ~ uitzien tener mala pinta* ★ *ergens te ~ voor zijn estar hasta las narices de hacer algo*
bedonderen *engañar;* ⟨oplichten⟩ *estafar*
bedorven • *slecht, zuur of rot podrido;* ⟨v. etenswaar⟩ *pasado* • *verwend consentido; mimado*
bedotten *engañar;* ⟨oplichten⟩ *estafar*
bedplassen *incontinencia* v *nocturna*
bedrading *alambrado* m
bedrag *suma* v; ⟨te betalen bedrag⟩ *importe* m ★ *tot een ~ van hasta un total de*
bedragen *ascender* [ie] *a; ser de; sumar*
bedreigen *amenazar* ★ *met de dood ~ amenazar a muerte*
bedreiging *amenaza* v
bedremmeld *tímido*
bedreven *hábil; diestro* ★ *heel ~ zijn in ser muy hábil para*
bedriegen *engañar;* ⟨oplichten⟩ *estafar* ★ *ze kwam bedrogen uit se llevó un desengaño*
bedrieger *tramposo* m; ⟨oplichter⟩ *estafador* m
bedrieglijk *engañoso; traidor*
bedrijf • *onderneming empresa* v • *deel van toneelstuk acto* m • *werking* ★ *in ~ no funciona!* ▼ *tussen de bedrijven door de paso*
bedrijfsadministratie *administración* v *de empresas*
bedrijfsarts *médico* m *de empresa*
bedrijfschap *unión* v *sindicalista*
bedrijfseconomie *economía* v *de empresa*
bedrijfsgeheim *secreto* m *empresarial*
bedrijfskapitaal *capital* m *de explotación*
bedrijfsklaar *listo para funcionar*
bedrijfskunde *ciencias* v mv *empresariales*
bedrijfsleider *gerente* m/v
bedrijfsleiding *dirección* v *(de la empresa); gerencia* v
bedrijfsleven • *de bedrijven empresariado* m • *industrie en handel industria* v
bedrijfsongeval *accidente* m *laboral*
bedrijfstak *ramo* m *industrial*
bedrijfsvereniging *asociación* v *profesional*
bedrijfsvoering *gestión* v
bedrijfszeker *seguro en el funcionamiento*
bedrijven *ejercer* ★ *de liefde ~ hacer el amor*
bedrijvenpark *parque* m *industrial*
bedrijvig • *levendig animado; vivo* • *ijverig activo; enérgico; dinámico;* INFORM. *marchoso*
bedrijvigheid • *levendigheid movimiento* m; *actividad* v; ECON. *actividad* v *comercial* ★ *grote ~ actividad intensa* • *ijver actividad* v
bedrinken [**zich ~**] *emborracharse;* INFORM. *empinar el codo*
bedroefd *triste; afligido*

bedroeven *entristecer; afligir*
bedroevend • treurig *triste; desolador* • ergerlijk ★ ~ slecht *malísimo; de pésima calidad*
bedrog *engaño* m; ⟨oplichterij⟩ *estafa* v; ⟨in het spel⟩ *trampa* v
bedruipen [zich ~] *mantenerse*
bedrukken *estampar; imprimir*
bedrukt • met inkt bewerkt *impreso; estampado* • neerslachtig *abatido; deprimido*
bedtijd *hora* v *de acostarse*
beducht *temeroso* ★ ~ zijn voor *tener* [ie] *miedo de; temer*
beduiden *significar*
beduidend I BNW *considerable* II BIJW *considerablemente* ★ het gaat ~ beter *va mucho mejor*
beduimelen *manosear; sobar*
beduusd *confundido* ★ ~ kijken *mirar confundido*
beduvelen *tomar el pelo* ★ ben je beduveld?! *¡te has vuelto loco!*
bedwang ▼ in ~ houden *controlar; dominar* ▼ zich in ~ houden *contenerse* [ie]
bedwateren *orinarse en la cama*
bedwelmen *aturdir;* ⟨door alcohol⟩ *embriagar* ★ ~de middelen *narcóticos; estupefacientes*
bedwingen • in bedwang houden *dominar* ★ zich ~ *contenerse* [ie]; *aguantarse* • onderwerpen *subyugar*
beëdigen • eed laten afleggen *tomar juramento a; juramentar* • bekrachtigen *autenticar*
beëindigen *concluir; terminar*
beëindiging *conclusión* v; *terminación* v
beek *arroyo* m
beeld • afbeelding, voorstelling *representación* v ★ in ~ brengen *representar* • beeldhouwwerk *escultura* v; ⟨standbeeld⟩ *estatua* v; ⟨v. gips, hout⟩ *figura* v • indruk, idee *idea* v; *impresión* v; *concepto* m; *imagen* v ★ een ~ geven van *reflejar* • stijlfiguur *metáfora* v; *imagen* v
beeldband *cinta* v *de vídeo*
beeldbuis • TECHN. *tubo* m *de imagen* • televisie *pantalla* v *pequeña; tele* v
beelddrager *portaimágenes* m
beeldend *expresivo* ★ ~e kunsten *artes plásticas*
Beeldenstorm *movimiento* m *iconoclasta*
beeldenstorm *destrucción* v *de imágenes*
beeldhouwen *esculpir*
beeldhouwer *escultor* m
beeldhouwkunst *escultura* v
beeldhouwwerk *escultura* v
beeldig (muy) *bonito;* (muy) *mono*
beeldmerk *emblema* m
beeldplaat *videodisco* m
beeldpunt *punto* m *de imagen*
beeldscherm *pantalla* v
beeldschoon *bellísimo; muy hermoso*
beeldspraak *metáfora* v; *imagen* v
beeldtelefoon *videoteléfono* m
beeldverhaal *historieta* v *en viñetas*
beeltenis *retrato* m; ⟨op munten⟩ *efigie* v
been I ZN [het] • ledemaat *pierna* v ★ iem. beentje lichten *echarle la zancadilla a u.p.*
★ met gekruiste benen *con las piernas cruzadas* ★ slecht ter been zijn *andar mal* • bot *hueso* m ▼ zich de benen uit zijn lijf lopen om *hacer todo lo posible para* ▼ de benen nemen *largarse* ▼ ergens geen been in zien *no vacilar para hacer u.c.* ▼ met het verkeerde been uit bed stappen *levantarse de mal humor* ▼ met beide benen op de grond staan *tener* [ie] *los pies en el suelo* ▼ met één been in 't graf staan *estar con un pie en el hoyo* ▼ op zijn laatste benen lopen *estar hecho polvo* ▼ op eigen benen staan *volar* [ue] *con sus propias alas* II ZN [de] ▼ op de been brengen *reunir*
beenbreuk *rotura* v *ósea*
beendergestel *esqueleto* m *óseo*
beenhouwer *carnicero* m
beenhouwerij *carnicería* v
beenmerg *médula* v *ósea*
beenmergtransplantatie *transplante* m *de la médula ósea*
beenvlies *periostio* m
beenwarmer *calientapiernas* m
beer • roofdier *oso* m • varken *marrano* m; *cerdo* m • drek *excremento* m; ⟨als mest⟩ *estiércol* m
beerput *pozo* m *negro*
beest I ZN [het] *dier animal* m; *bestia* v; ⟨ongedierte⟩ *bicho* m ▼ dat is bij de ~en af *es bestial* II ZN [de] ▼ de ~ uithangen *portarse como un sinvergüenza*
beestachtig I BNW wreed *bestial; salvaje* II BIJW • ruw *bestialmente* • in hoge mate *terriblemente* ★ het was ~ koud *hacía un frío de demonios*
beestenboel *porquería* v
beestenweer *tiempo* m *de perros*
beet • het bijten *mordisco* m • wond *mordedura* v; ⟨v. insect⟩ *picadura* v
beethebben • vast hebben *agarrar* ★ ik heb beet *picó el pez* • bedotten *tomar el pelo a*
beetje *poco* m; *poquito* m ★ een klein ~ *un poquito* ★ een ~ lezen *leer un poco/poquito* ★ bij stukjes en ~s *poco a poco* ★ alle ~s helpen *muchos pocos hacen un mucho*
beetnemen *tomar el pelo a*
beetpakken *agarrar; coger*
beetwortel *remolacha* v
bef • vlek bij dier *pecho* m • kledingstuk *alzacuello* m; *collarín* m; *sobrecuello* m
befaamd *famoso; célebre* ★ ~ zijn om *ser famoso por; tener fama de*
beffen *lamer el coño*
begaafd *dotado*
begaafdheid *talento* m
begaan I BNW ★ ~ zijn met *compadecerse de* II OV WW • uitvoeren *cometer* ★ een fout/misdaad ~ *cometer un error/crimen* • betreden *pisar* III ON WW zijn gang gaan ★ iem. laten ~ *dejar hacer u.p.*
begaanbaar *transitable; practicable*
begeerlijk *deseable*
begeerte *deseo* m; ⟨hebzucht⟩ *codicia* v
begeesteren *entusiasmar*
begeleiden *acompañar*
begeleider *acompañante* m/v

begeleiding • het vergezellen *acompañamiento* m • het ondersteunen *tutoría* v ★ onder ~ van *bajo la tutoría de* • MUZ. *acompañamiento* m
begenadigd *dotado* ★ een ~dichter *un poeta inspirado* ★ ~met *dotado de*
begenadigen *indultar*
begeren *desear; anhelar; aspirar*
begerenswaardig *apetecible; deseable*
begerig *ávido*
begeven I OV WW het begeven ~ het ~ derrumbarse; romperse II WKD WW [zich ~] dirigirse (naar a) ★ zich op weg ~ponerse en camino
begieten *regar* [ie]
begiftigen *dotar* ★ begiftigd met *dotado de*
begijn *beguina* v
begijnhof *beaterio* m
begin *comienzo* m; *principio* m ★ in het ~al principio ★ ~april *a principios de abril* ★ in het ~van de zomer van 1993 *a comienzos del verano de 1993* ★ van het ~af *desde el principio* ★ ~alle ~is moeilijk *todo es empezar; el principio siempre es difícil*
beginkapitaal *capital* m *inicial*
beginneling, beginner *principiante* v; (onervaren) *novato* m; (onervaren) *inexperto* m ★ cursus voor ~en *curso básico*
beginnen I OV WW • begin maken met *empezar* [ie]; *comenzar* [ie] • gaan doen ★ wat moet ik ~ *no sé qué hacer* II ON WW • aanvangen *empezar* [ie] *con*; *comenzar* [ie] *con* ★ ~te lachen *echarse a reír* ★ de les begint *la clase empieza* • ~ over *empezar* [ie] *a hablar de* ★ hij begint er altijd weer over *siempre vuelve a la misma canción* • ~ aan ★ begin er niet aan *no lo hagas* ★ was ik er maar op tijd aan begonnen *ojalá lo hubiese iniciado a tiempo*
beginnersfout *error* m *de principiante*
beginrijm *aliteración* v
beginsel *principio* m ★ de (eerste) ~en *los rudimentos* ▾ in ~ *en principio*
beginselverklaring *declaración* v *de principios*
beglazing *vidriera* v ★ dubbele ~ *cristalera doble*
begluren *espiar* [í]
begonia *begonia* v
begoochelen *engañar; deslumbrar*
begraafplaats *camposanto* m; *cementerio* m
begrafenis *entierro* m
begrafenisonderneming *funeraria* v
begrafenisstoet *cortejo* m *fúnebre*
begraven *enterrar* [ie] ★ hier ligt ~ *aquí yace*
begrenzen • de grens vaststellen van *limitar* • de grens zijn van *limitar; delimitar* ★ begrensd *limitado* ★ begrensd worden door *lindar con* • FIG. afbakenen, beperken *deslindar*
begrenzing *restricción* v; *limitación* v
begrijpelijk *comprensible; inteligible*
begrijpen *entender* [ie]; *comprender* ★ verkeerd ~ *no entender* ★ begrijpt u? *¿entiende?* ★ ik begrijp al waar je naartoe wilt *ya te entiendo* ★ begrepen? *¿entendido?* ▾ daar heeft hij het niet op begrepen *no le gusta nada*
begrip • het begrijpen *comprensión* v ★ snel van ~ *despierto; espabilado* • denkbeeld *concepto* m; *idea* v; *noción* v
begripsbepaling *definición* v
begripsverwarring *confusión* v *de ideas*
begroeien *crecer por* ★ begroeid met *cubierto de*
begroeiing *vegetación* v
begroeten *saludar*
begroeting *saludo* m; (ontvangst) *acogida* v
begrotelijk *demasiado caro; no rentable*
begroten *calcular* ★ ~op *calcular en*
begroting *cálculo* m; *cálculos* m mv; *presupuesto* m ★ een gat in/een tekort op de ~ *un déficit* m *presupuestario* ★ een ~(op)maken *hacer un presupuesto* ★ een ~overschrijden *pasar del presupuesto* ★ een ~sluitend maken *equilibrar/sanear un presupuesto* ★ een ~ opstellen *hacer/elaborar un presupuesto*
begrotingsjaar *año* m *presupuestario*
begrotingstekort *déficit* m *presupuestario*
begunstigde *agraciado* m; *afortunado* m
begunstigen *favorecer; proteger* ★ de begunstigde *el favorecido*
begunstiger *favorecedor* m; *protector* m; KUNST *mecenas* m/v
beha *sujetador* m; *sostén* m
behaaglijk *agradable; grato*
behaagziek *coqueto; coquetón*
behaard *cubierto de pelo; velludo*
behagen I ZN [het] *placer* m ★ ~scheppen in *complacerse en* II ON WW *agradar; complacer; placer* ★ het heeft Hare Majesteit behaagd *Su Majestad se ha dignado*
behalen *conseguir* [i]; *obtener* [ie]; (v. prijs) *ganar*
behalve • uitgezonderd *excepto; menos; salvo* ★ iedereen ~ Bart *todos menos Bart* • niet alleen *además de; aparte de* ★ ~dat *aparte de que*
behandelen • omgaan met (v. persoon) *tratar*; (v. voorwerp) *tratar*; (v. voorwerp) *manejar* ★ iets voorzichtig ~ *tratar/manejar u.c. con cuidado* • ambtelijk afhandelen *tramitar*; (v. klacht) *atender* [ie] • bespreken *tratar de* ★ wat wordt in dit boek behandeld? *¿de qué trata este libro?* • MED. *atender* [ie]; *tratar*
behandeling • het omgaan met iets *trato* m ★ in ~nemen *tramitar* • MED. verzorging *tratamiento* m ★ zich onder ~stellen *someterse a tratamiento (médico)*
behandelkamer *sala* v *de consulta*
behang *papel* m; *empapelado* m
behangen • behang aanbrengen *empapelar* • hangen aan *cubrir de*
behanger *empapelador* m
behappen ★ iets kunnen ~ *captar algo*
behartigen ★ de belangen ~van *defender* [ie] *los intereses de*
behaviorisme *behaviorismo* m
beheer *cuidado* m; *gerencia* v ★ in eigen ~ *independientemente* ★ iets onder ~hebben *llevar la administración de u.c.* ★ onder ~ staan van *(estar) bajo la custodia/gerencia de alguien*
beheerder *gerente* m/v; (administratief) *administrador* m
beheersen I OV WW • heersen over *dominar*;

controlar • kennis hebben van *dominar* ⋆ een taal ~*dominar un idioma* ‖ WKD WW [zich ~] *aguantarse; contenerse* [ie]
beheerst *sereno; dueño de sí mismo*
beheksen *hechizar; encantar; embrujar*
behelpen [zich ~] *arreglárselas* ▾ het is ~*hay que arreglárselas; hay que inventar algo*
behelzen *consistir en*
behendig *diestro; hábil; ágil*
behendigheid *habilidad* v; *destreza* v
behendigheidsspel *juego* m *de habilidad*
behept met ⋆ ~ zijn met *padecer de*
beheren • besturen *administrar* • exploiteren *explotar*
behoeden *proteger; guardar* ⋆ ~ voor *proteger de*
behoedzaam I BNW *prudente; cauteloso* ‖ BIJW *con cuidado*
behoefte *necesidad* v ⋆ de ~ aan/om *la necesidad de* ⋆ ~ hebben aan iets *necesitar u.c.* ⋆ in de eigen ~n voorzien *ganarse la vida* ⋆ in een ~ voorzien *atender* [ie] *a una necesidad* ⋆ de ~ voelen om *sentir* [ie, i] *la necesidad de* ▾ zijn ~ doen *hacer sus necesidades*
behoeftig *necesitado; pobre*
behoeve ten ~ van *en favor de; a favor de*
behoeven *necesitar* ▾ hij behoeft slechts te vragen *no tiene más que preguntar*
behoorlijk I BNW • zoals het hoort *conveniente* • vrij groot *considerable* ‖ BIJW naar behoren *bastante*
behoren • betamen *deber; convenir* [ie]; *ser conveniente* ⋆ naar ~ *como es debido* ⋆ men behoort *conviene* • ~ **aan** *pertenecer a* • ~ **tot** *pertenecer a; formar parte de*
behoud • het in stand houden *conservación* v ⋆ met ~ van ... *sin perder* ...; *guardando* ... ⋆ met ~ van salaris *manteniendo el sueldo; conservando el sueldo* • redding *salvación* v
behouden I BNW ⟨v. personen⟩ *ileso*; ⟨v. zaken⟩ *intacto*; ⟨v. personen⟩ *sano y salvo* ⋆ ~ aankomst *feliz llegada* ‖ OV WW • blijven houden *quedarse con* ⋆ een baan ~ *seguir* [i] *en un empleo* • niet kwijtraken *conservar*
behoudend *conservador*
behoudens • behalve, op ... na *excepto; salvo* • onder voorbehoud van *a condición de* ⋆ ~ goedkeuring van de leiding *a condición de que el dirección está de acuerdo*
behoudzucht afán m *de conservación; conservadurismo* m
behuisd ⋆ klein ~ zijn *vivir estrechamente*
behuizing • woning *vivienda* v; *casa* v • huisvesting *alojamiento* m
behulp ⋆ met ~ van *con la ayuda de; sirviéndose de*
behulpzaam *útil; atento* ⋆ ~ zijn *ofrecer/prestar ayuda a*
beiaardier *campanólogo* m
beide *ambos*; ⟨allebei⟩ *los dos* ⋆ ons ~r vriend *un amigo de nosotros dos* ⋆ wij met ons ~n *nosotros dos juntos* ⋆ ~n hebben gelijk *ambos tienen razón*
beiderlei ⋆ van ~ kunne *de ambos sexos*
Beieren *Baviera* v
beieren *hacer sonar*

beige *beige; ocre; amarillento*
beignet *buñuelo* m
beijveren [zich ~] *esforzarse* (om, voor *por*) [ue]
beïnvloeden *influir en; afectar*
beïnvloeding *influencia* v *(en, sobre)*
beitel *cincel* m; *escoplo* m
beitelen *cincelar*
beits *nogalina* v
beitsen *aplicar nogalina*
bejaard *jubilado; anciano*
bejaarde *anciano* m; *persona* v *de edad avanzada*
bejaardentehuis *residencia* v *de ancianos*
bejaardenverzorgster *asistenta* v *de ancianos*
bejaardenwoning *vivienda* v *para ancianos*
bejegenen *tratar; portarse con*
bejubelen *aclamar; aplaudir*
bek • mond van dier *boca* v; *hocico* m • snavel *pico* m • mond *pico* m ▾ houd je bek! *¡cierra el pico!*
bekaaid ▾ er ~ afkomen *salir mal*
bekabelen *instalar cables*
bekaf *hecho polvo* ⋆ ze was ~ *estaba hecha polvo*
bekakt FORM. *afectado*; INFORM. *pijo* ⋆ wat een ~e vent! *¡qué tío más pijo!* ⋆ ~ praten *hablar como un pijo*
bekeerling *converso* m
bekend • gekend *conocido* ⋆ het is ~ dat *es sabido que* ⋆ goed/slecht ~ staan *tener buena/mala fama* ⋆ ~ worden *hacerse conocer* ⋆ ~ staan als *tener* [ie] *fama de* ⋆ ~ staan om iets *ser conocido por algo* ⋆ voor zover mij ~ *que yo sepa* • befaamd *famoso* ⋆ ~ worden *hacerse famoso* • ervan wetend ⋆ ~ zijn met *tener algunos conocimientos de* ⋆ bent u hier ~? *¿es (usted) de aquí?*
bekende *conocido* m
bekendheid • het bekend zijn (met) *conocimientos* m mv *de* ⋆ zijn ~ met de wetten *sus conocimientos jurídicos* • faam *fama* v
bekendmaken • gekend maken *notificar* • aankondigen *anunciar*
bekendmaking • het bekendmaken *publicación* v; *proclamación* v; *anuncio* m • mededeling *aviso* m; *notificación* v • publicatie *publicación* v
bekendstaan *ser conocido como*
bekennen I ON WW JUR. zich schuldig verklaren *confesar* ‖ OV WW • toegeven *reconocer; admitir* ⋆ zijn ongelijk ~ *reconocer alguien que no tiene razón* • bemerken *divisar* ⋆ er is geen mens te ~ *no hay nadie*
bekentenis *confesión* v
beker • mok *vaso* m; *taza* v; ⟨in dobbelspel⟩ *cubilete* m • trofee *copa* v
bekeren *convertir* (tot *a*) [ie, i] ⋆ zich ~ *convertirse*
bekerfinale *final* v *de la copa*
bekerwedstrijd *partido* m *de copa*
bekeuren *dar una multa; multar*
bekeuring *multa* v ⋆ een ~ krijgen *tener una multa*
bekijken • kijken naar *examinar; mirar* • overdenken *examinar* ⋆ alles wel bekeken *después de todo*

bekijks ★ veel~ hebben *llamar mucho la atención*
bekisting *encofrado* m
bekken I ZN [het] • ANAT. *pelvis* v • kom *fuente* v • slaginstrument ★ ~s *címbalos* m mv; platillos m mv • stroomgebied *cuenca* v II ON WW ▼ die tekst bekt goed *ese texto suena bien*
beklaagde *acusado* m; *reo* m
beklaagdenbank *banquillo* m
bekladden *manchar*; *pintarrajear* ★ de muren~ *pintar las paredes*
beklag *queja* v; *protesta* v ★ zijn~ doen over *quejarse de*
beklagen I OV WW medelijden tonen *compadecer* II WKD WW [zich ~] *quejarse* ★ zich ~ over *quejarse de*
beklagenswaardig *deplorable*
beklant ★ druk~ *muy frecuentado*; *bien concurrido*
bekleden • bedekken *revestir* [i]; ⟨v. meubels⟩ *tapizar* • vervullen ★ een functie~ *desempeñar un cargo*
bekleding • bedekking *revestimiento* m; ⟨v. meubels⟩ *tapizado* m • uitoefening *desempeño* m
beklemmen *dar angustia*; *agobiar*
beklemtonen *acentuar* [ú]
beklijven *durar*
beklimmen *subir a*; ⟨v. berg⟩ *escalar*
beklinken ★ de zaak is beklonken *todo está arreglado*; *ya no hay problema* ★ de zaak werd beklonken met *sellaron el negocio con*
beknellen *apretar* [ie] ★ bekneld raken *ser apretado*
beknibbelen ★ ~ op *recortar en*; *escatimar en*
beknopt *conciso*; *breve*
beknotten *cercenar*; *recortar*
bekocht ★ zich~ voelen *sentirse* [ie, i] *engañado*
bekoelen *enfriarse* [i]
bekogelen *tirar a*; ⟨met stenen⟩ *apedrear* ★ iem. met eieren~ *tirar huevos a alguien*
bekokstoven *tramar*; *urdir*
bekomen • uitwerking hebben (op) ★ goed/slecht~ *sentar* [ie] *bien/mal* • bijkomen (van) ★ ~ van de schrik *reponerse (del susto)*
bekommerd *preocupado*
bekommeren [zich ~] om/over *preocuparse de*
bekomst ★ zijn~ hebben van *estar hasta las narices de*
bekonkelen *tramar*; *urdir*
bekoorlijk *lleno de gracia*; *encantador*
bekopen *pagar* ★ het met de dood~ *pagarlo con la vida*
bekoren • verrukken *embelesar*; *encantar* [ie] • verleiden ⟨tot zonde⟩ *tentar*
bekoring • aantrekkingskracht *encanto* m; ⟨tot zonde⟩ *tentación* v • verleiding ★ leid ons niet in~ *no nos dejes caer en la tentación*
bekorten *abreviar*; *acortar*
bekorting • *abreviación* v; *acortamiento* m • vermindering *reducción* v
bekostigen *costear*; *pagar*
bekrachtigen • bevestigen *confirmar* • ratificeren ⟨wet⟩ *aprobar*; [ue] ⟨verdrag⟩ *ratificar*

bekrachtiging *ratificación* v; *confirmación* v
bekritiseren *criticar*
bekrompen *intolerante*; *burgués*; *mezquino*
bekronen • *coronar*; *premiar* ★ met succes bekroond *coronado por el éxito* • bedekken *coronar*
bekroning *coronación* v
bekruipen *entrar* ★ de lust bekruipt me om *me entran ganas de*
bekvechten *pelotear*; *reñir*
bekwaam *capaz*; *competente*; *hábil*
bekwaamheid *habilidad* v
bekwamen *adiestrar* ★ zich~ (in) *perfeccionar sus conocimientos (de)*
bel • kleine klok *campanilla* v; ⟨bij vee⟩ *cascabel* m • deurbel *timbre* m ★ op de bel drukken *tocar el timbre* • luchtbel *burbuja* v ★ bellen blazen *hacer pompas de jabón*
belabberd *miserable*; *lamentable*
belachelijk *ridículo*; *absurdo*
beladen I BNW *cargado* II OV WW *cargar (met de)*
belagen *asediar*; *acosar*
belager *hostigador* m
belanden *(ir a) parar*; *acabar*; *terminar*
belang • aandacht *interés* m ★ ~ stellen in *interesarse por* • betekenis *importancia* v ★ een kwestie van~ *un asunto de importancia* ★ het is van geen~ (om...) *carece de interés*; *no interesa* ▼ een lawaai van~ *un ruido ensordecedor*
belangeloos *desinteresado*
belangenbehartiger www.belangenbehartiger.nl
belangenorganisatie *organización* v *para la defensa de intereses*
belanghebbend *interesado*
belangrijk *importante* ★ zeer~ *trascendental* ★ het~ste *lo principal* ★ een zeer~ onderwerp *un tema clave* ★ ~ doen *darse importancia*
belangstellen in *mostrar [ue] interés en*
belangstellend I BNW *interesado* II BIJW *con interés*
belangstelling *interés* m ★ ~ voor *interés por*
belangwekkend *importante*
belast *cargado* ▼ erfelijk~ zijn *tener defectos hereditarios*
belastbaar *imponible*; *tributable*; *susceptible de impuestos* ★ belastbare som *suma sometida a impuestos* ★ belastbare waarde *valor imponible*
belasten • last leggen op *cargar* • belasting heffen op ⟨v. persoon⟩ *imponer*; ⟨v. zaak⟩ *gravar* • ~ met *encargar*
belasteren *difamar*
belasting • last, druk *carga* v ★ maximale~ *carga máxima* • verplichte bijdrage *impuesto* m; *contribución* v; GESCH. *tributo* m
belastingaangifte *declaración* v *fiscal*
belastingaanslag ⟨kennisgeving⟩ *notificación* v *de cuota tributaria*; ⟨bedrag van aanslag⟩ *cuota* v *tributaria*
belastingadviseur *asesor* m *fiscal*
belastingaftrek *deducción* v *fiscal*
belastingbiljet *impreso* m *para la declaración*
belastingconsulent *asesor* m *fiscal*

belastingdienst *fisco* m; ⟨in Spanje⟩ *Hacienda* v
belastingdruk *presión* v *fiscal*
belastingjaar *año* m *fiscal*
belastingparadijs *paraíso* m *fiscal*
belastingvrij *libre de impuestos*
belastingvrijheid *franquicia* v; *exención* v *fiscal*
belazerd ★ ben je ~? *¿estás loco?*; *¿te has vuelto loco?*
belazeren *engañar*
belcanto *belcanto* m
beledigen *ofender*; ⟨met woorden⟩ *insultar*
belediging *ofensa* v; ⟨met woorden⟩ *insulto* m
beleefd *cortés*; *bien educado*
beleefdheid *cortesía* v
beleg • CUL. *broodbeleg relleno* m *para el bocadillo* ★ wat heb je voor ~? *¿qué tienes para poner en el pan?* • *belegering sitio* m; *cerco* m ★ staat van ~ *estado de sitio*
belegen *añejo*
belegeren *sitiar*; *cercar*
beleggen • *bedekken cubrir* ★ een belegd broodje *un bocadillo*; *un bocata* • *investeren colocar*; *invertir* [ie, i] • *bijeenroepen convocar*
belegging *inversión* v
beleggingsfonds *fondo* m *de inversión*
beleggingsmarkt *mercado* m *de inversiones*
beleggingsobject *objeto* m *de inversión*
beleggingspand *inmueble* m *de inversión*
beleid • *gedragslijn política* v • *tact prudencia* v
beleidslijn *directriz* v
beleidsmaker *político* m; *gestor* m
beleidsnota *nota* v *de política*
belemmeren *dificultar*; *impedir* [i] ★ het zicht ~ *impedir la vista*
belemmering *obstáculo* m; *dificultad* v; *inconveniente* m
belendend ⟨gebouw⟩ *contiguo*; ⟨terrein⟩ *lindante*
belenen *hipotecar*; *empeñar*
belerend I BNW *pedante*; *sabihondo* **II** BIJW *con pedantería*
belet *impedimento* m ★ ~ vragen *pedir* [i] *ser recibido* ★ ~ geven *no recibir a alguien*
beletsel *impedimento* m
beletselteken *signo* m *de suspensión*
beletten *impedir* [i] ★ iem. de toegang ~ *prohibir el paso a alguien*
beleven *vivir*; *experimentar* ★ daar zal hij veel plezier van ~ *le dará mucha satisfacción*
belevenis *experiencia* v; ⟨avontuur⟩ *aventura* v
belevingswereld *mundo* m *de vivencias*
belezen *culto*
Belg *belga* m/v
belgicisme *belgismo* m
België *Bélgica* v
Belgisch *belga*
belhamel *pícaro* m; *golfo* m; *sinvergüenza* m/v
belichamen *encarnar*
belichaming *encarnación* v
belichten • *licht laten schijnen op iluminar* • *verhelderen exponer* • A-V *exponer*
belichting • *het belichten iluminación* v • A-V *exposición* v
believen *agradar* ★ wat belieft u? *¿qué dice usted?*; *¿qué se le ofrece?* ★ naar ~ *cuánto quiera(n)*

belijden • *bekennen confesar* [ie] • *aanhangen profesar*
belijdenis *confesión* v
bellen I OV WW *telefoneren llamar (por teléfono)* **II** ON WW *aanbellen llamar (a la puerta)*; *tocar el timbre* ★ er wordt gebeld *están llamando*
belofte *promesa* v ▼ ~ maakt schuld *lo prometido es deuda*
belonen *recompensar* ★ ~ voor *recompensar por*
beloning *recompensa* v
beloop ★ iets op zijn ~ laten *no intervenir* [ie, i] *en algo*
belopen *ascender* [ie] *a*; *ser de*
beloven *prometer* ★ het beloofde land *la tierra prometida* ▼ ~ en doen zijn twee *del dicho al hecho hay gran trecho*
beltegoed *recarga* v ★ zijn ~ opwaarderen *recargar el móvil*
beltoon *tono* m *(de llamada)*
beluisteren *escuchar*
belust op *fascinado de*
bemachtigen • *te pakken krijgen obtener* [ie] • *buitmaken apoderarse de*
bemalen *drenar*; *avenar*; *desecar*; *desaguar*
bemannen *dotar del personal necesario*
bemanning *tripulación* v
bemanningslid *miembro* m *de la tripulación*; *tripulante* m/v
bemerken *descubrir*; *darse cuenta de*
bemesten *abonar*; *fertilizar*
bemesting *abono* m; *fertilización* v
bemeten ▼ ruim ~ *venir ancho*
bemiddelaar *mediador* m; *intermediario* m
bemiddeld *acomodado*
bemiddelen *intervenir* [ie, i]; *mediar*
bemiddeling *mediación* v; *intervención* v ★ door ~ van *por mediación de*
bemind *querido*; *amado* ★ zich ~ maken bij *ganarse la simpatía de*
beminnelijk *amable*
beminnen *amar*; *querer* [ie]
bemoederen *cuidar como una madre*
bemoedigen *animar*; *alentar* [ie]
bemoeial *entrometido* m
bemoeien [zich ~] • ~ met zich bezighouden *meterse con*; *intervenir en* ★ bemoei je er niet mee! *¡no te metas!* • ~ met zich bekommeren om *tratar*
bemoeienis *intervención* v ★ haar ~sen *sus esfuerzos*
bemoeilijken *dificultar*
bemoeiziek *entrometido*; *oficioso*
bemoeizucht *intromisión* v
benadelen *perjudicar*
benaderen • *dichter komen tot acercarse a*; *aproximarse a* • *aanpakken tratar*; ⟨v. problemen⟩ *plantear* • *ongeveer berekenen calcular aproximadamente* • *polsen dirigirse a*
benadering • *het naderbij komen acercamiento* m • *aanpak planteamiento* m ▼ bij ~ *aproximadamente*
benadrukken *acentuar* [ú]; *dar énfasis a*
benaming *nombre* m; *denominación* v
benard *difícil*; *apurado* ★ ~e tijden *tiempos difíciles* ★ ~e situatie *lío* m ★ in een ~e situatie *terechtkomen meterse en un lío* ★ zich uit een

~e situatie redden *salir de un lío*
benauwd • moeilijk ademend *sofocado* ★ het ~ hebben *ahogarse* • een ~ gevoel *una sensación de ahogo* • drukkend *sofocante; asfixiante*; ⟨v. weer⟩ *bochornoso* ★ het is ~ *hace bochorno* • angstig *angustioso* ★ ~ zijn voor tener [ie] *miedo de*
benauwen *ahogar; agobiar*
bende • groep *pandilla* v; ⟨misdadigers⟩ *banda* v • (hele)boel *montón* m • wanorde *desorden* m; *caos* m
beneden I VZ onder *bajo* II BIJW onder, omlaag *abajo* ★ naar ~ brengen *bajar; llevar abajo* ★ naar ~ gaan *ir abajo* ★ ze woont ~ *vive abajo*
benedenhuis *piso* m *de abajo*
benedenloop *cauce* m *inferior del río*
benedenverdieping *planta* v *baja; piso* m *bajo*
benedictijn *benedictino* m
benefietwedstrijd *partido* m *de beneficio*
Benelux *Benelux* m
benemen *quitar* ★ zich het leven ~ *quitarse la vida* ★ het uitzicht ~ *quitar la vista*
benen I BNW *de hueso* II ON WW *apresurarse*
benenwagen ▾ met de ~ gaan *ir en el coche de San Fernando*
benepen *mezquino*
beneveld • met nevel *nebuloso* • dronken *bebido*
benevens *además de*
Bengaals *bengalí*
bengel *travieso* m; *golfo* m
bengelen *colgar* [ue] *de; estar colgado de*; ⟨slingeren⟩ *balancearse*
benieuwd *curioso*
benieuwen ★ het zal mij ~ *estoy curioso por saber*
benig *huesudo*
benijden *envidiar* ★ beter benijd dan beklaagd *más vale ser envidiado que envidioso*
benijdenswaardig *envidiable*
benjamin *benjamín* m
benodigd *necesario*
benodigdheden *artículos* m mv *necesarios*
benoemen • naam geven *denominar; designar* • aanstellen (als) *nombrar; designar* ★ ~ tot *designar para; nombrar*
benoeming *nombramiento* m; *designación* v
benul *noción* v; *idea* v ★ geen flauw ~ van iets hebben *no tener ni la más mínima noción de algo*
benutten *aprovechar*
benzedrine *bencedrina* v
benzeen *benceno* m
benzine *gasolina* v
benzinepomp • toestel *bomba* v *de gasolina* • station *gasolinera* v
benzinestation *estación* v *de servicio; gasolinera* v
benzinetank *depósito* m *de gasolina*
beo *mina* v
beoefenaar *practicante* m/v; *aficionado* m
beoefenen ⟨v. sport⟩ *practicar*; ⟨v. wetenschap⟩ *cultivar*; ⟨v. kunst/ambacht⟩ *dedicarse a*
beogen *proponerse; intentar*
beoordelen *juzgar*

beoordeling *juicio* m
bepaald I BNW • vastgesteld *fijo*; *determinado* • omschreven *indicado* II BIJW zeker ★ ze is niet ~ knap *no es nada guapa*
bepakking *carga* v; *equipaje* m
bepalen I OV WW vaststellen *determinar; fijar* ★ de wet bepaalt *la ley dispone* II WKD WW [zich ~] ★ zich ~ tot *limitarse a*
bepaling • vaststelling *determinación* v • omschrijving *definición* v • voorschrift *disposición* v; ⟨in document⟩ *cláusula* v • beding *condición* v ★ onder ~ dat *a condición de que* [+ subj.] • TAALK. *complemento* m ★ bijvoeglijke ~ *complemento adjetival* ★ bijwoordelijke ~ *complemento circunstancial* ★ ~ van plaats *complemento circunstancial de lugar* ★ ~ van tijd *complemento circunstancial de tiempo*
beperken I OV WW • begrenzen *limitar* • inkrimpen *reducir* II WKD WW [zich ~] ★ zich ~ tot *limitarse a*
beperking *limitación* v
beperkt *limitado*
beplanten *plantar (met de); sembrar (met de)* [ie]; ⟨met bomen⟩ *poblar (met de)* [ue]
beplanting *vegetación* v
bepleiten *defender* [ie]; *abogar por*
bepraten • bespreken *hablar de* • overhalen *persuadir; convencer*
beproefd *probado* ★ een ~ middel *un remedio probado*
beproeven • proberen *probar* [ue]; *ensayar* • op de proef stellen *poner a prueba; probar* [ue] ★ ze is zwaar beproefd *ha sufrido mucho*
beproeving • tegenspoed *tentación* v • proef *prueba* v
beraad *deliberación* v; *consulta* v; *reflexión* v ★ in ~ houden *tener en deliberación* ★ na rijp ~ *después de madura reflexión* ★ in ~ nemen *tomar en consideración*
beraadslagen *deliberar (over sobre)*
beraadslaging *deliberación* v
beraden [zich ~] *deliberar; reflexionar*
beramen *tramar; urdir; maquinar*
berde ▾ iets te ~ brengen *mencionar algo; alegar algo*
berechten *enjuiciar; procesar; someter a juicio*
beredderen *arreglar*
bereden ★ de ~ politie *la policía montada*
beredeneren *razonar*
beregoed *buenísimo*; INFORM. *a tope*
bereid *dispuesto* ★ ~ zijn om *estar dispuesto a*
bereiden *preparar* ★ een maaltijd ~ *preparar la comida*
bereidheid *disposición* v; *buena voluntad* v
bereiding *preparación* v
bereidverklaring *declaración* v *de voluntad*
bereidwillig *dispuesto a ayudar*
bereik *alcance* m ★ binnen mijn ~ *a mi alcance* ★ binnen het ~ van *al alcance de* ★ buiten het ~ van *fuera del alcance de* ★ buiten ~ *fuera del alcance; no estar al alcance*
bereikbaar *alcanzable*
bereiken • aankomen te/komen tot *llegar a* • komen tot iets *conseguir* [i]; *lograr*
bereisd *que ha viajado mucho* ★ een ~ man *un*

trotamundos
berekend op ★ ~ zijn op *poder* [ue] *hacer frente a*
berekenen *calcular*
berekenend *calculador*
berekening *cálculo* m
berenklauw *acanto* m
berenmuts *gorro* m *de piel de oso*
beresterk *fuerte como un oso*
berg *montaña* v ● de berg op *cuesta arriba* ★ de berg af *cuesta abajo* ▼ gouden bergen beloven *prometer el oro y el moro* ▼ ergens als een berg tegenop zien *hacerse algo una montaña*
bergachtig *montañoso*
bergafwaarts ● LETT. *cuesta abajo*; *bajando* ● FIG. ★ het gaat ~ *la situación se empeora*
bergbeklimmen *practicar el montañismo*
bergbeklimmer *alpinista* m/v; *escalador* m; Z-A *andinista* m/v
bergen ● *opbergen almacenar*; *guardar* ● in veiligheid brengen *salvar*
bergetappe *etapa* v *de montaña*
berggeit *cabra* v *montés*
berghelling *cuesta* v; *vertiente* v; *pendiente* v; *falda* v; ⟨heel steil⟩ *escarpa* v
berghok ⟨losstaand⟩ *cobertizo* m; ⟨in een flat⟩ *cuarto/rincón* m *de los trastos*
berging ● het bergen *salvamento* m ● berghok *trastero* m
bergingsoperatie *operación* v *de rescate*
bergkam *cresta* v
bergkast ⟨voor kleding⟩ *armario* m *ropero*; ⟨ingebouwd⟩ *armario* m *empotrado*
bergketen *cordillera* v
bergkristal *cristal* m *de roca*
bergmeubel *armario* m
bergopwaarts *cuesta arriba*; *subiendo*
bergpas *paso* m; ⟨op een route⟩ *puerto* m; ⟨heel nauw⟩ *desfiladero* m
bergplaats *almacén* m
Bergrede *Sermón* m *de la Montaña*
bergrug *cresta* v
bergruimte ⟨voor rommel⟩ *trastero* m; ⟨bij keuken⟩ *despensa* v
bergschoen *bota* v *de montañismo*
bergsport *alpinismo* m; *montañismo* m; Z-A *andinismo* m
bergtop *cumbre* v
beriberi *beriberi* m
bericht *noticia* v; *aviso* m ★ u krijgt ~ *le avisaremos*
berichten *informar*; *comunicar*; *dar parte a* ★ ~ over *informar sobre* ★ iem. iets ~ *comunicarle algo a alguien*; *informar alguien sobre algo*
berichtgeving *información* v; *reportaje* m
berijden ● rijden op *montar a*; ⟨v. paard⟩ *cabalgar* ● rijden over *transitar por*; *recorrer*
berijpt *escarchado*
berin *osa* v
berispen *reprender*; *corregir* [i]
berisping *reprimenda* v; *represión* v
berk *abedul* m
Berlijn *Berlín* m
berm *borde* m *de la carretera*; *borde* m *del camino*

bermtoerisme *turismo* m *al borde de la carretera*
bermuda *bermudas* m mv
beroemd *famoso*; *célebre*
beroemdheid ● het beroemd zijn *celebridad* v; *fama* v ● beroemd persoon *celebridad* v
beroemen [zich ~] op *vanagloriarse de*; *ufanarse de*; *jactarse de*
beroep ● vak *profesión* v; *oficio* m ★ vrije ~en *profesiones liberales* ★ als ~ uitoefenen *tener* [ie] *por oficio* ● oproep ★ een ~ doen op *pedir* [i] *ayuda a*; *invocar* ★ JUR. *apelación* v ★ in hoger ~ gaan tegen *apelar de* ★ in hoger ~ veroordeeld worden *ser condenado en última instancia*
beroepen [zich ~] op *invocar*; *alegar* ★ zich ~ op artikel ... *invocar el artículo ...*
beroepengids *guía* v *profesional*
beroeps *profesional*
beroepsbevolking *población* v *activa*
beroepsdeformatie *deformación* v *profesional*
beroepsethiek *ética* v *profesional*
beroepsgeheim *secreto* m *profesional*
beroepsgroep *categoría* v
beroepshalve *a título profesional*
beroepskeuze *orientación* v *profesional* ★ bureau voor ~ *oficina* v *de orientación profesional*
beroepsleger *ejército* m *profesional*
beroepsmilitair *militar* m *profesional*
beroepsonderwijs *enseñanza* v *profesional*
beroepsopleiding *formación* v *profesional*
beroepsschool *escuela* v / *centro* m *de formación profesional*
beroepssport *deporte* m *profesional*
beroepssporter *profesional* m
beroepsverbod *inhabilitación* v *profesional*
beroepsziekte *enfermedad* v *del trabajo*
beroerd I BNW *muy malo* II BIJW *muy mal*; *fatal* ★ er ~ aan toe zijn *estar fatal/muy mal*; INFORM. *estar hecho una mierda* ★ zich ~ voelen *estar/sentirse fatal* ★ ik word er helemaal ~ van *me da mal rollo*; *lo estoy pasando fatal*
beroeren ● even aanraken *rozar* ● verontrusten *mover* [ue]
beroering *agitación* v; *excitación* v ★ de gemoederen in ~ brengen *producir sensación*
beroerte *apoplejía* v ● een ~ krijgen *sufrir un ataque* ▼ ik kreeg bijna een ~ ⟨van schrik⟩ *casi me muero del susto*
berokkenen *causar* ★ leed ~ *causar sufrimiento* ★ schade ~ aan *perjudicar a*
berooid *sin un céntimo* ★ ~ zijn *estar en la miseria*
berouw *arrepentimiento* m ★ ~ hebben *arrepentirse* [ie, i]
berouwen ★ dat zal je ~ *te arrepentirás*
berouwvol *arrepentido*
beroven ● bestelen ⟨met geweld⟩ *asaltar*; *robar* ★ een bank ~ *asaltar un banco* ★ ik ben beroofd *me han robado* ● ~ van *ontdoen* *privar de*; *despojar de*; *quitar de* ★ zich van het leven ~ *quitarse la vida* ★ iem. van zijn vrijheid ~ *privar a alguien de su libertad*
beroving *robo* m; *hurto* m

berucht *de mala fama*; *temido* **(om** *por)* ★ ~ zijn *tener mala fama*
berusten • ~ **in** *zich schikken resignarse a* ★ in zijn lot ~ *resignarse* ● ~ **op** *fundarse en*; *basarse en*; *apoyarse en*
berusting *resignación* v
bes • vrucht *baya* v ★ zwarte bessen *casis* v mv ★ rode bessen *grosellas* v mv *coloradas* ● MUZ. muzieknoot *si* m *bemol* ● oude vrouw *vieja* v; *viejecita* v
beschaafd • niet barbaars *civilizado* ● goed opgevoed *bien educado*; *correcto* ★ ~e manieren *buena educación* v
beschaamd *avergonzado* ★ ~ zijn *avergonzarse*; *sentirse* [ie, i] *avergonzado*
beschadigen *dañar*; *estropear*
beschadiging *daño* m; *avería* v
beschamen *dar vergüenza* ★ iemands vertrouwen ~ *defraudar la confianza de alguien*
beschamend *vergonzante*; *humillante*
beschaving • cultuur *civilización* v; *cultura* v ● goede manieren *buena educación* v
beschavingsziekte *enfermedad* v *de la civilización*
bescheiden I DE MV *documentos* m mv II BNW ● niet opdringerig *modesto*; *sencillo* ★ naar mijn ~ mening *a mi parecer* ● matig *modesto*
bescheidenheid *modestia* v
beschermeling *protegido* m
beschermen *proteger*
beschermengel *ángel* m *custodio*; *ángel* m *de la guarda*
beschermheer *protector* m; *patrocinador* m
beschermheilige *patrono* m; *santo patrón* m
bescherming *protección* v
beschermingsfactor *factor* m *de protección*
beschermvrouwe *protectora* v; *patrona* v
bescheuren [zich ~] *partirse de risa*; *troncharse de risa*
beschieten • schieten op *tirar a*; *disparar a* ● betimmeren *enmaderar*
beschieting • militaire aanval *ametrallamiento* m ● met bommen *bombardeo* m ● met kogels *disparo* m
beschijnen *alumbrar*; *iluminar*
beschikbaar *disponible* ★ ~ stellen *poner a disposición*
beschikken I OV WW beslissen *disponer*; *establecer* ★ afwijzend ~ over iets *rechazar algo* II ON WW ~ **over** *disponer de*
beschikking *decreto* m; *decisión* v ★ ter ~ stellen *poner a disposición* ★ de ~ hebben over *tener a su disposición*
beschilderen *pintar*
beschimmelen ★ beschimmeld *enmohecido*
beschimpen *insultar*; *injuriar*
beschoeiing *encofrado* m
beschonken *ebrio*; *embriagado*; *borracho*
beschoren ★ hem was geen lang leven ~ *no se le concedió una larga vida* ★ het ons ~ lot *nuestro destino*
beschot • bekleding *enmaderado* m ● afscheiding *tabique* m
beschouwen *considerar* ★ alles wel beschouwd *bien considerado*; *pensándolo bien* ★ op zichzelf beschouwd *en sí*
beschouwend *contemplativo*
beschouwing • overdenking *contemplación* v ● bespreking *exposición* v ★ buiten ~ laten *no tomar en cuenta*
beschrijven • schrijven op *escribir sobre* ● omschrijven *describir* ● volgen *describir* ★ een cirkel ~ *describir un círculo*
beschrijving *descripción* v
beschroomd *tímido*; *encogido*
beschuit *pan* m *tostado*; *bizcocho* m
beschuldigde *acusado* m
beschuldigen *acusar* **(van** *de)*
beschuldiging *acusación* v; *denuncia* v ★ ~en uiten tegen *hacer acusaciones contra*
beschut *abrigado*; *protegido*
beschutten *proteger*
beschutting *protección* v ★ onder de ~ van *al amparo de* ★ ~ zoeken *buscar protección*; *buscar la sombra* ★ ~ geven *dar protección*
besef *idea* v; *noción* v; *conciencia* v; *conocimiento* m; *sentido* m ★ geen ~ hebben van *no tener idea de*
beseffen *comprender*; *darse cuenta de*
besje • → **bes**
beslaan I OV WW ● innemen *ocupar* ● bekleden met metaal *guarnecer* **(met** *de)* ● van hoefijzers voorzien *herrar* [ie] II ON WW vochtig worden *empañarse* ★ de ruiten zijn beslagen *los cristales están empañados*
beslag • deeg *masa* v; *pasta* v ● metalen bekleedsel *herraje* m ● hoefijzers *herradura* v ● het in bezit nemen *embargo* m ★ in ~ nemen *embargar*; *confiscar*; *ocupar* ★ ~ leggen op JUR. *embargar*; *adueñarse de*; *abusar de*
beslagen • MED. ★ een ~ tong *una lengua sucia* ● → **beslaan**
beslaglegging *embargo* m
beslapen *dormir* (ue,u) *en*
beslechten ★ een zaak ~ *hacer las paces*; *reconciliarse*
besliskunde *ciencia* v *de tomar decisiones*
beslissen *decidir*
beslissend *decisivo*
beslissing *decisión* v ★ een ~ nemen *tomar una decisión*
beslissingswedstrijd *partido* m *de desempate*; *final* m
beslist I BNW ● zeker *absoluto* ● vastberaden *resuelto*; *decidido* II BIJW ● zeker *seguramente* ★ ~ niet *en absoluto* ● vastberaden *decididamente*
beslommering *preocupación* v; *quehacer* m ★ de dagelijkse ~en *los quehaceres cotidianos*
besloten *privado* ★ een ~ vergadering *una sesión a puertas cerradas* ★ een ~ voorstelling *una sesión privada*
besluipen *acercarse sin hacer ruido a*
besluit • beslissing *decisión* v ★ bij Koninklijk Besluit *por decreto real* ★ bij ministerieel ~ *por decreto ministerial* ★ een ~ nemen *tomar una resolución* ● einde *final* m ★ tot ~ *por último*; *al final* ★ tot ~ zei hij *terminó diciendo*
besluiteloos *indeciso*; *irresoluto*
besluiten • het besluit nemen te *decidir*;

determinar ★ doen ~ *determinar*
• concluderen *concluir* • ~ **met** beëindigen *terminar con*
besluitvaardig *decisivo*
besluitvorming *toma* v *de decisiones*
besmeren *untar* (**met** *con*)
besmettelijk *contagioso*
besmetten *contaminar*
besmettingsgevaar *peligro* m *de infección*
besmettingshaard *foco* m *de infección*
besmeuren *ensuciar*; *manchar*
besmuikt *disimulado*
besneeuwd *nevado*
besnijden *circuncidar*
besnijdenis *circuncisión* v
besnoeien • snoeien *podar* • beperken *reducir*
besodemieterd *chiflado*; *loco*; *chalado* ★ ben je ~? *¿te has vuelto loco?*
besodemieteren *joder*; *engañar*
besogne *asunto* m ★ veel ~s hebben *tener muchas ocupaciones*
bespannen • trekdieren spannen voor *enganchar (los) caballos a* • iets spannen op *encordar* [ue]; *poner cuerdas a*
besparen *economizar*; *ahorrar*
besparing *ahorro* m; *economía* v
bespelen • muziek maken op *tocar* • spelen in/op (zaal) *dar representaciones en* • beïnvloeden *manipular*
bespeuren *notar*
bespieden *acechar*; *espiar* [í]
bespiegelen *contemplar*
bespiegeling *especulación* v; *reflexión* v
bespioneren *espiar* [í]
bespoedigen *acelerar*
bespottelijk *ridículo*
bespotten *ridiculizar*
bespraakt *elocuente*
bespreekbaar *discutible*
bespreken • spreken over *hablar de*; *tratar* • reserveren *reservar* • recenseren *reseñar*
bespreking • gesprek *discusión* v • in ~ zijn *estar ocupado* • onderhandeling *negociación* v • recensie *reseña* v
besprenkelen *regar* (**met** *con/de*) [ie] ★ een plant met water ~ *annaffiare* [4] *una pianta*
bespringen • springen op *saltar sobre* • aanvallen *atacar* • dekken *montar*; *cubrir*
besproeien *regar* [ie]
bessensap *zumo* m *de grosella*
bessenstruik *grosellero* m
best I BNW • overtreffende trap van goed *mejor* • (als aanspreekvorm) *querido* ★ beste Bart *querido Bart* • goed ★ ik vind het best *me parece muy bien* ▼ het beste ermee *muchas felicidades*; *que te mejores* **II** BIJW • overtreffende trap van goed *mejor* • uitstekend *muy bien* ★ ik vermaak me best *lo estoy pasando muy bien* • tamelijk *bastante* ★ best grappig *bastante divertido* ★ het is best een leuke jongen *ya verás que es un chico simpático* • vast *sin duda* ★ het is best mogelijk *es muy posible* ★ je kunt het best *ya verás que sabes hacerlo* **III** TW *bien* ★ mij best, hoor *me da igual* **IV** ZN [het] ★ zijn best doen *esforzarse* [ue] ▼ ten beste geven *mostrar* [ue]

bestaan I ON WW • zijn *existir* • mogelijk zijn ★ dat bestaat niet! *es imposible!* • ~ **uit** *componerse de* ★ ~de uit *integrado por*; *compuesto por* ▼ het ~ om *atreverse a* **II** ZN [het] • er zijn *existencia* v; *vida* v • overleven FIG. ★ vechten voor het ~ *luchar para sobrevivir*
bestaansminimum *el mínimo* m *para vivir*
bestaansrecht *derecho* m *de existir/vivir*
bestaanszekerheid *seguridad* v *social*
bestand I ZN [het] • verzameling gegevens *archivo* m; (in computer) *fichero* m • wapenstilstand *armisticio* m **II** BNW ★ ~ tegen *a prueba de*; *resistente a* ★ ik ben niet ~ tegen *no soporto*
bestanddeel *componente* m; (in medicijn/recept) *ingrediente* m
bestandsbeheer *administrador* m *de programas*
besteden • uitgeven *gastar* (**aan** *en*); *emplear* • gebruiken, aanwenden (v. tijd) *aprovechar*; (v. zorg/aandacht) *prestar*; (v. zorg/aandacht) *dedicar* ★ zijn tijd nuttig ~ *aprovechar el tiempo* ★ aandacht ~ aan *prestar atención a* ★ zorg ~ aan *poner cuidado/esmero en* ▼ dat is aan hem niet besteed *no se lo merece*
besteding *gasto* m; *inversión* v
bestedingsbeperking *reducción* v *de gastos*
bestedingspatroon *patrón* m *de gastos*
besteedbaar *disponible* ★ ~ inkomen *el ingreso disponible*
bestek • eetgerei *cubierto* m • kader *espacio* m ★ in kort ~ *en breve* • bouwplan *plan* m *detallado* • SCHEEPV. ★ ~ opmaken *abalizarse*
bestekbak *portacubiertos* m
bestel *configuración* v; *sistema* m
bestelauto *furgoneta* v
bestelbon *nota* v *de pedidos*; *hoja* v *de pedidos*
bestelen *robar*
bestelformulier *hoja* v *de pedidos*
bestellen • iets laten komen *pedir* [i]; *encargar* • thuis bezorgen *llevar a domicilio*; (post) *repartir*
besteller *repartidor* m; (v. brieven) *cartero* m
bestelling • order *encargo* m; *pedido* m ★ een ~ doen *hacer un pedido* • bestelde goederen *encargo* m; *pedido* m • bezorging *reparto* m
bestelwagen *furgoneta* v
bestemmen *destinar* (**voor** *para/a*)
bestemming • doel *destino* m ★ plaats van ~ *destino* ★ met (als) ~ *con destino a* • lot *destino* m
bestemmingsverkeer *tráfico* m *de destinación*
bestempelen • een stempel drukken op *sellar* • aanduiden als *calificar* ★ hij wordt als lastig bestempeld *lo califican de molesto*
bestendig • niet veranderlijk *estable* • duurzaam *duradero*
bestendigen *estabilizar*; *hacer más estable*
besterven ▼ dat woord ligt hem in de mond bestorven *siempre tiene esa palabra en la boca*
bestijgen *subir a*; (v. rijdier) *montar a* ★ de troon ~ *subir al trono*
bestoken • aanvallen *acosar*; *hostigar* • FIG. lastigvallen ★ iem. met vragen ~ *acosar u.p. a preguntas*
bestormen *asaltar*; *tomar por asalto*

bestorming *asalto* m; *ataque* m
bestraffen *castigar*; *punir*
bestraffing *castigación* v; *castigo* m; *pena* v
bestralen *radiar*
bestraling *radiación* v
bestralingstherapie *radioterapia* v; *radiumterapia* v
bestraten *pavimentar*
bestrating • het bestraten *pavimentación* v • wegdek *pavimento* m
bestrijden • vechten tegen *luchar contra*; *combatir* • aanvechten *impugnar*; *refutar* • onkosten dekken ★ de onkosten ~ *pagar los gastos*
bestrijdingsmiddel *plaguicida* m; *pesticida* m
bestrijken • besmeren *untar con*; *cubrir de* • kunnen bereiken *abarcar*
bestrooien *esparcir sobre*; ⟨met bloemen⟩ *sembrar [ie] (met de) de*; ⟨met suiker⟩ *espolvorear* ★ met peper en zout ~ *salpimentar*
bestseller *best seller* m; *éxito* m *de venta*
bestuderen • studie maken van *estudiar* • onderzoeken *investigar* • goed bekijken *examinar*; *mirar*
bestuiven *empolvar*; BIOL. *polinizar*
besturen • sturen, bedienen *conducir* • leiding geven aan *dirigir*; *regir* • regeren *gobernar [ie]*
besturing *dirección* v
besturingssysteem, besturingsprogramma *sistema* m *operativo*; *sistema* m *de control*
bestuur • het leiding geven *dirección* v; ⟨v. land⟩ *administración* v; ⟨v. land⟩ *gobierno* m • groep bestuurders *administración* v; ⟨v. vereniging⟩ *junta* v *directiva* ★ stedelijk ~ *ayuntamiento* m
bestuurder • leidinggevende ⟨v. vereniging⟩ *administrador* m; ⟨v. partij⟩ *dirigente* m/v; ⟨v. zaak⟩ *director* m; ⟨v. zaak⟩ *gerente* m/v; ⟨v. zaak⟩ *ejecutivo* m • voertuigbestuurder *conductor* m/v; *chófer* m/v; *piloto* m
bestuurlijk *administrativo*
bestuursapparaat *aparato* m *administrativo*
bestuurscollege *consejo* m *de administración*
bestuurskunde *ciencias* v mv *administrativas*
bestuurslid *miembro* m *de la junta directiva*
bestuursrecht *derecho* m *administrativo*
bestwil ★ het is voor je eigen ~ *es por tu bien*
bèta • Griekse letter *beta* v • persoon *estudiante* m *de ciencias*
betaalautomaat *cajero* m *automático*
betaalbaar *de precio razonable* ★ voor een betaalbare prijs *por un precio razonable*
betaald • beroeps *profesional* ★ ~ voetbal *fútbol profesional* • gehuurd *pagado* ★ -e liefde *amor pagado*
betaalmiddel *medio* m *de pago*
betaalpas, BELG. **betaalkaart** *tarjeta* v *de pago*
betaaltelevisie *televisión* v *de pago*
betaal-tv *televisión* v *de pago*
bètablokker *betabloqueador* m
betalen I OV WW de kosten voldoen *pagar*; FORM. *abonar* ★ voor iets ~ *pagar u.c.* ★ tien euro voor iets ~ *pagar diez euros por u.c.* ★ betaald krijgen *cobrar* ★ kan ik ~? *¿puedo pagar?*; *¿me cobra, por favor?* ▾ dat zet ik haar betaald *ya me las pagará* II ON WW opleveren ★ dat betaalt slecht *(alli) pagan muy mal*
betaling *pago* m ★ ~ in termijnen *pago a plazos*
betalingsachterstand *atrasos* m mv
betalingsbalans *balanza* v *de pagos* ★ een overschot/tekort op de ~ *un excedente/déficit en la balanza de pagos*
betalingstermijn *plazo* m
betalingsverkeer *operaciones* v mv *de pago*
betamelijk *decente*; *conveniente*
betamen *convenir [ie, i]*
betasten *tocar*; *palpar*; ⟨handtastelijk⟩ *sobar*
bètastraling *radiación* v *beta*
bètawetenschap ★ ~pen *ciencias* v mv *naturales*
betekenen *significar*; *querer [ie] decir* ★ dat heeft niets te ~ *no es nada* ★ wat betekent dat? *¿qué significa esto?* ▾ wat moet dat ~? *¿qué quiere decir todo esto?*
betekenis • inhoud, bedoeling *sentido* m; ⟨v. woord⟩ *significación* v • belang, strekking *importancia* v ★ een man van ~ *un hombre de importancia* ★ dat is van geen ~ *no tiene importancia*
betekenisleer *semántica* v
beter I BNW • vergrootte trap van goed *mejor* ★ iets(je) ~ *mejorcito* ★ het weer wordt ~ *el tiempo está mejorando* • gezond ★ er ~ uitzien *tener mejor aspecto* II BIJW ★ het zou ~ zijn als *sería mejor que* ★ er ~ op worden *mejorarse* ★ Carmen werkt ~ dan jij *Carmen trabaja mejor que tú* ★ ze is er nu ~ aan toe *ahora está mejor* ★ ~ worden *mejorar*; *mejorarse*, *recuperarse* ★ ze is weer ~ *se ha recuperado*
beteren *corregirse [i]*; *enmendarse [ie]* ★ zijn leven ~ *enmendarse*
beterschap ★ ~ beloven *prometer corregirse* • lichamelijk herstel ★ ~ gewenst! *¡que te mejores!*; *¡que se mejore!*
beteugelen *refrenar*
beteuterd *confundido*; *perplejo*
betichten *acusar (van) de*
betijen ★ iem. laten ~ *dejar hacer/obrar*
betimmeren *enmaderar*
betitelen ⟨iets⟩ *calificar (als de)*; ⟨iem.⟩ *tratar (als de)*
betoeterd *loco*; *chiflado* ★ ben je ~? *¿estás loco?*
betogen I OV WW beredeneren *sostener [ie]*; *afirmar* II ON WW demonstreren *manifestar [ie]*
betoger *manifestante* m/v
betoging *manifestación* v ★ een ~ houden tegen *manifestar contra*
beton *hormigón* m ★ gewapend ~ *hormigón armado*
betonen [zich ~] *mostrarse [ue]* ★ zich dankbaar ~ *mostrarse agradecido*
betonijzer *barras* v mv *de armadura*
betonmolen *hormigonera* v
betonrot *corrosión* m *del cemento*
betonvlechter *ferralista* m/v
betoog *exposición* v; *discurso* m
betoogtrant *estilo* m *de exposición*
betoveren • beheksen *hechizar*; *embrujar* • bekoren *cautivar*; *encantar*

betovergrootmoeder *tatarabuela* v
betovergrootvader *tatarabuelo* m
betovering • beheksing *hechizo* m;
  embrujamiento m • bekoring *encanto* m
betrachten ★ zijn plicht ~ *cumplir con su deber*
betrappen *sorprender*; *coger*; INFORM. *pillar*
  ★ op heterdaad ~ *coger en flagrante*; *coger con las manos en la masa*
betreden • stappen op *pisar* • binnengaan *entrar en*
betreffen *concernir* [ie] *a* ★ het betreft *se trata de* ★ wat betreft en cuanto a; *respecto a*
betreffende *en cuanto a*; *respecto de*; *referente a*
betrekkelijk *relativo* ★ ~e bijzin *oración subordinada relativa* ★ ~ voornaamwoord *pronombre relativo*
betrekken I OV WW • laten meedoen (met) ⟨iemand⟩ *complicar (in en)*; ⟨iemand⟩ *comprometer (in en)*; ⟨iets⟩ *involucrar (in en)*
  • gaan bewonen *tomar posesión de*
  • koopwaar afnemen *comprar*; ⟨uit buitenland⟩ *importar* II ON WW • somber worden *ensombrecerse*; *nublarse* ★ zijn gezicht betrok *se le ensombreció la cara* • bewolkt worden *oscurecerse*; *nublarse*
betrekking • band, verband *relación* v ★ met ~ tot *con respecto a*; *en cuanto a* ★ ~en onderhouden met *mantener* [ie] *relaciones con* ★ de hierop ~hebbende gegevens *los datos relativos*; *los datos correspondientes*; *los datos concernientes* • baan *empleo* m
  • familie, nabestaanden *sobrevivientes* m mv
betreuren *lamentar*; *sentir* [ie, i]
betreurenswaardig *lamentable*
betrokken • bij iets gemoeid *implicado* ★ de ~ partij *la parte interesada* • bewolkt *nublado*; *cubierto*
betrokkenheid *implicación* v
betrouwbaar *digno de confianza*; *de fiar*; *fiable*
betrouwbaarheid *credibilidad* v; *fiabilidad* v
betten *humedecer*; *mojar ligeramente*
betuigen *expresar* ★ zijn instemming ~ met *adherirse* [ie, i] *a* ★ zijn dank ~ *mostrar* [ue] *su agradecimiento*
betuiging *testimonio* m
betuttelen *poner peros*
betweter *pedante* v; *sabelotodo* m/v
betwijfelen *dudar*; *poner en duda*
betwistbaar • aan te vechten *disputable*
  • betwijfelbaar *discutible*
betwisten *cuestionar*
beu ▼ het beu zijn *estar harto*; *estar hasta las narices* ▼ iets beu zijn *estar harto de u.c.*; *estar hasta las narices de u.c.* ▼ het beu worden *cansarse*
beugel *aparato* m *ortopédico para la dentadura* ▼ dat kan niet door de ~ *eso no se puede tolerar*
beugel-bh *sujetador* m *con refuerzo*
beugelfles *botella* v *con cierre de presión*
beuk • boom *haya* v • ARCH. *nave* v
beuken I BNW *de haya* II OV WW hard slaan *batir*; *golpear*
beukenhout *madera* v *de haya*
beukennootje *hayuco* m
beul *verdugo* m

beulen *reventarse* [ie] *trabajando*
beunhaas *chapucero* m
beunhazerij *intrusismo* m *(profesional)*
beuren • tillen *levantar* • verdienen *cobrar*
beurs I ZN [de] • portemonnee *cartera* v; *monedero* m ★ met gesloten ~ *betalen arreglar las cuentas sin dinero* • toelage *beca* v
  • ECON. *bolsa* v II BNW te zacht *pasado*; *demasiado maduro* ★ ~worden *pasarse*
beursbericht *boletín* m *de bolsa*
beursgang *sacar una emisión a bolsa*
beursgenoteerd *cotizado de bolsa*
beursindex *índice* m *bursátil*
beurskoers *cotización* v *en bolsa*
beurskrach *crac* m *de la bolsa*
beursnotering *cotización* v
beursstudent *becario* m
beurswaarde *valor* m *bursátil*
beurt • gelegenheid dat iets gebeurt *turno* m
  ★ jij bent aan de ~ *te toca a tí*; *es tu turno* ★ de ~ is aan mij *es a mí a quien le toca* ★ om ~en *alternándose* ★ om de ~ *por turnos* ★ ieder op zijn ~ *cada uno a su vez* ★ zijn ~ afwachten *aguardar su turno* ★ O&W ondervraging
  ★ iem. een ~ geven *interrogar u.p.*
  • schoonmaak ★ iets een grote ~ geven *limpiar a fondo qco.* • revisie *revisión* m ▼ aan iem. te ~vallen *tocar a u.p.*
beurtelings *alternativamente*
beuzelarij • wissewasje *bagatela* v; *nimiedad* v
  • kletspraat *tontería* v
bevaarbaar *navegable*
bevallen • in de smaak vallen (bij) *gustar* ★ het is me goed ~ *me ha gustado mucho*; *lo he pasado muy bien* ★ dat bevalt me wel *me gusta* • baren *parir*; *dar a luz*
bevallig *gracioso*; *elegante*
bevalling *parto* m
bevallingsverlof *permiso* m *de maternidad*; *permiso* m *por parto*
bevangen *invadir*
bevaren *navegar*
bevattelijk • duidelijk *inteligible* • vlug van begrip *agudo*
bevatten • in zich houden *contener* [ie]
  • begrijpen *comprender*; *entender* [ie]
bevattingsvermogen *comprensión* v; *inteligencia* v
bevechten • vechten tegen *combatir*; *luchar contra* • vechtend verkrijgen *luchar por*
beveiligen *proteger* ★ zich ~ tegen *protegerse de*
beveiliging • het beveiligen *protección* v
  • middel *seguro* m
beveiligingsdienst *servicio* m *de protección*
beveiligingssysteem *sistema* m *protector*
bevel • opdracht *orden* m/v ★ ~ geven om/tot *mandar*; *ordenar* • bevelvoering *mandato* m
  ★ het ~voeren (over) *mandar*
bevelen *mandar*; *ordenar*
bevelhebber *comandante* m
bevelschrift *mandato* m
bevelvoering *mando* m
beven *temblar* [ie]; *estremecerse*
bever *castor* m
beverig *tembloroso*
bevestigen • vastmaken *atar* • bekrachtigen

bevestigend–bewerking 52

bevestigend *confirmar* • beamen ★ de ontvangst~ van *acusar recibo de*
bevestigend I BNW *afirmativo* II BIJW *afirmativamente*
bevestiging *confirmación* v ★ ter~ van *en confirmación*
bevind ★ naar~ van zaken *según se crea conveniente*
bevinden I OV WW vaststellen *declarar* ★ akkoord~ *estar conforme* II WKD WW [zich ~] *encontrarse* [ue]; *hallarse*; ⟨v. gebouw⟩ *situarse*
bevinding • uitkomst *resultado* m; *conclusión* v • ervaring *experiencia* v
beving *temblor* m; *vibración* v
bevlieging *capricho* m
bevloeien *regar* [ie]; *irrigar*
bevlogen *inspirado* ★ een~ kunstenaar *un artista con mucha inspiración*
bevochtigen *humedecer*; *mojar*
bevoegd • gerechtigd *competente*; *autorizado* ★ bij de~e instantie *en el lugar competente* • competent *calificado*; ⟨universitair⟩ *titulado*
bevoegdheid • recht *competencia* v • competentie *calificación* v; ⟨universitair⟩ *título* m
bevoelen *palpar*; *tocar*
bevolken *poblar* [ue]
bevolking *población* v; *pueblo* m
bevolkingscijfer *número* m *de habitantes*
bevolkingsdichtheid *densidad* v *de población*
bevolkingsexplosie *explosión* v *demográfica*
bevolkingsgroei *crecimiento* m *demográfico*; *aumento* m *de población*
bevolkingsgroep *grupo* m *de población*
bevolkingsoverschot *excedente* m *demográfico*
bevolkingsregister *registro* m *civil*
bevoogden *tratar con paternalismo*
bevoordelen *favorecer* ★ zichzelf~ (met) *sacar provecho (de)*
bevooroordeeld *parcial* ★ ~ zijn *tener prejuicios*
bevoorraden *abastecer* (met *de*)
bevoorrechten *privilegiar*; *favorecer*
bevorderen • begunstigen *promover* [ue]; *activar*; *fomentar* • promoveren *ascender* [ie]; *promover* [ue]
bevordering *promoción* v
bevorderlijk *beneficioso* (voor *para*) ★ ~ voor de gezondheid *saludable*; *bueno para la salud*
bevrachten *cargar* (met *con/de*)
bevragen ★ te~ bij *dirijanse a*
bevredigen I OV WW *satisfacer*; ⟨seksueel⟩ *provocar un orgasmo a* II WKD WW [zich ~] *masturbarse*
bevrediging *satisfacción* v; ⟨seksueel⟩ *orgasmo* m
bevreemden *extrañar* ★ dat bevreemdt mij *me extraña*
bevreemding *asombro* m
bevreesd *temeroso*; *asustado* ★ ~ zijn voor *temer*
bevriend *amigo* ★ van~e zijde *de parte de un amigo* ★ we zijn dik~ *es muy amigo mío*; *es muy amiga mía* ★ ~ raken *hacerse amigos*
bevriezen I OV WW • zeer koud maken *congelar*; *helar* [ie]• FIG. blokkeren *congelar* II ON WW zeer koud worden *congelarse*

bevrijden *liberar*
bevrijding *liberación* v
Bevrijdingsdag *día* m *de la liberación*
bevroeden *imaginar*
bevruchten *fecundar*; ⟨v. dier⟩ *preñar*
bevruchting *fecundación* v
bevuilen *manchar*; *ensuciar* ★ ~ met *manchar de*
bewaarder *guardia* m/v
bewaarheiden *confirmar* ★ vermoedens~ *confirmar presentimientos*
bewaken *vigilar*; *guardar*
bewaker *guardia* m/v; *vigilante* m/v; ⟨in gevangenis⟩ *celador* m
bewaking *vigilancia* v ★ onder~ *bajo custodia*; *escoltado*
bewakingsdienst *servicio* m *de vigilancia*
bewandelen v andere/nieuwe wegen~ *cambiar de rumbo* v de officiële weg~ *seguir* [i] *la vía oficial*
bewapenen *armar* ★ zich~ *armarse*
bewapening *armamento* m
bewapeningswedloop *carrera* v *de armamentista*
bewaren • bij zich houden *guardar*; *conservar* • in stand houden *conservar* ★ afstand~ *guardar distancia*; *guardar las distancias* ★ de schijn~ *guardar las apariencias* ★ een geheim ~ *guardar un secreto* ★ deze handschriften zijn goed bewaard gebleven *estos manuscritos se han conservado bien* • behoeden *librar de* ★ God bewaar me! *¡válgame Dios!*
bewaring • het bewaren *conservación* v ★ in~ geven *entregar en depósito* • opsluiting ★ verzekerde~ *detención preventiva*
beweegbaar *movible*
beweeglijk *movedizo*; *ágil*
beweegreden *motivo* m; *móvil* m
bewegen I ON WW in beweging komen *moverse* [ue] II OV WW • in beweging brengen *mover* [ue]• overhalen (tot) *persuadir a* ★ wat bewoog hem daartoe? *¿qué motivos tenía para ello?* III WKD WW [zich ~] ★ zij beweegt zich in hoge kringen *se mueve en altas esferas*
beweging *movimiento* m ★ in~ komen *empezar* [ie] *a moverse* ★ in~ brengen *poner en movimiento* ★ in~ zijn *moverse* [ue] v uit eigen~ *voluntariamente*
bewegingloos *inmóvil*
bewegingsruimte *campo* m *de acción*
bewegingstherapie *kinesiterapia* v
bewegingsvrijheid *libertad* v *de acción*
bewegwijzering *señalización* v
beweren *afirmar*; *sostener* [ie]
bewering *afirmación* v; *aserción* v
bewerkelijk *complicado*; ⟨v. stijl⟩ *elaborado*
bewerken • behandeling laten ondergaan ⟨v. land⟩ *trabajar*; ⟨v. land⟩ *labrar*; ⟨v. grondstof⟩ *elaborar*; ⟨v. geschrift⟩ *revisar* • beïnvloeden *influir*; *persuadir* • teweegbrengen *realizar*
bewerking • het bewerken ⟨v. land⟩ *cultivo* m; ⟨v. product⟩ *elaboración* v • herziening *revisión* v • resultaat *adaptación* v • WISK. *operación* v

bewerkstelligen *efectuar* [ú]; *realizar*
bewijs • iets wat overtuigt *prueba* v ★ het ~ leveren *presentar la prueba* • document *certificado* m ★ ~ van goed gedrag *certificado de buena conducta* ★ ~ van ontvangst *recibo* m • blijk *signo* m; *indicio* m ★ een ~ van belangstelling *una muestra de interés*
bewijsgrond *argumento* m
bewijskracht *fuerza* v *probatoria* ★ ~ ontlenen aan *inferir* [ie, i] *fuerza probatoria de*
bewijslast *carga* v *probatoria*
bewijsmateriaal *justificantes* m mv; *comprobantes* m mv
bewijsvoering *argumentación* v
bewijzen • aantonen *probar* [ue]; *demostrar* [ue] ★ het is bewezen *está probado* • betuigen ★ een dienst ~ *prestar un servicio*
bewind *régimen* m; *gobierno* m ★ aan het ~ komen *llegar al poder* ★ het ~ voeren over *gobernar* [ie]
bewindsman • minister *ministro* m • staatssecretaris *secretario* m *de Estado*
bewindspersoon *dirigente* m/v; *ministro/-a* m/v
bewindvoerder *director* m
bewogen • ontroerd *conmovido* • veelbewogen *movido*; *agitado* ★ ~ tijden *épocas turbulentas*
bewolking *nubes* v mv
bewonderaar *admirador* m
bewonderen *admirar*
bewonderenswaardig *admirativo*
bewondering *admiración* v ★ ~ oogsten *despertar* [ie] *admiración* ★ ~ koesteren voor *sentir* [ie, i] *admiración por*
bewonen *vivir en*; *ocupar*
bewoner *habitante* m/v
bewoning *habitación* v; *ocupación* v
bewoonbaar *habitable*
bewoordingen *expresión* v ★ in duidelijke ~ te verstaan geven *dar a entender claramente*
bewust • wetend *consciente* ★ zich ~ worden van iets *tomar conciencia de u.c.*; *darse cuenta de u.c.* ★ zich ~ zijn van *ser consciente de*; *darse cuenta de* ★ ik ben me van geen schuld ~ *no tengo de qué arrepentirme* • betreffende ★ de ~ e persoon *la persona en cuestión*
bewusteloos *inconsciente* ★ ~ raken *perder* [ie] *el conocimiento*
bewustmaking *concienciación* v
bewustwording *concienciación* v; *toma* v *de conciencia*
bewustzijn *conciencia* v ★ het ~ verliezen *perder* [ie] *el conocimiento*
bewustzijnsvernauwing *limitación* v *de la conciencia*
bezaaien ★ ~ met *sembrar* [ie] *de*
bezadigd *sosegado*; *maduro* ★ op ~ e leeftijd *en la madurez*
bezatten [zich ~] *emborracharse*
bezegelen *sellar* ★ de overeenkomst ~ met *sellar el convenio con*
bezeilen • zeilen over *navegar por* • door zeilen bereiken *llegar navegando* ★ er valt geen land mee te ~ *está insoportable*
bezem *escoba* v ★ ergens de ~ doorheen halen *hacer tabla rasa*
bezemwagen *barredera* v
bezeren I OV WW *hacer daño* II WKD WW [zich ~] *hacerse daño* ★ heb je je bezeerd? *¿te duele algo?*
bezet • gevuld met mensen *ocupado*; *completo* ★ ~! *¡ocupado!* • gevuld met activiteiten *ocupado*; *agobiado* ★ ik ben ~ *estoy ocupado* ★ een druk ~ te week *una semana atareada* • MIL. ingenomen *ocupado* • bedekt *guarnecido*
bezeten • krankzinnig *poseso*; *endemoniado* • ~ **van** *obsesionado por*
bezetten • innemen *ocupar* • bedekken *engastar*
bezetter *ocupante* m/v; MIL. *invasor* m
bezetting • het bezetten *ocupación* v • spelers *reparto* m
bezettingsgraad *grado* m *de ocupación*
bezettoon *señal* v *de ocupado*
bezichtigen *visitar*
bezichtiging *visita* v
bezield *inspirado*
bezielen *inspirar* ★ wat bezielt hem toch? *¿qué tiene?*; *¿qué le pasa?*
bezieling *inspiración* v
bezien ★ het staat nog te ~ *está por ver*
bezienswaardig *digno de ver*; *digno de visitar*
bezienswaardigheid *curiosidad* v
bezig *ocupado* ★ hij was ~ met lezen *estaba leyendo*
bezigen *usar*
bezigheid *ocupación* v; *actividad* v ★ huiselijke bezigheden *quehaceres domésticos*
bezigheidstherapie *terapia* v *ocupacional*
bezighouden I OV OV WW • aandacht eisen *ocupar* • amuseren *entretener* [ie] II WKD WW [zich ~] *dedicarse a*; *ocuparse con/de/en*
bezijden *al lado de*
bezinken • naar bodem zakken *asentarse* [ie]; *sedimentarse*; *depositarse* • tot rust komen ★ iets laten ~ *reflexionar sobre algo*
bezinking *sedimentación* v
bezinksel • SCHEIK. *residuo* m • AARDK. *sedimento* m
bezinnen I ON WW nadenken *reflexionar* ★ bezint, eer gij begint *mira lo que haces* II WKD WW [zich ~] *reflexionar*
bezinning • het nadenken *reflexión* v • besef ★ tot ~ komen *calmarse*
bezit • het bezitten *posesión* v; *propiedad* v ★ iets in ~ nemen *tomar posesión de algo* ★ ~ nemen van iets *tomar posesión de u.c.* ★ in het ~ zijn van *disponer de*; *poseer* ★ in het volle ~ van *en plena posesión de* • bezitting *propiedad* v; *posesión* v ★ mijn hele ~ *todo lo que poseo*
bezitloos *sin posesión* v ★ ~ pand *prenda* v *sin desplazamiento de posesión*
bezittelijk v ★ ~ voornaamwoord *pronombre posesivo* m
bezitten *poseer*
bezitter *posesor* m; *propietario* m
bezitterig *posesivo*
bezitting *propiedad* v; *posesión* v
bezoedelen *manchar*
bezoek • het bezoeken *visita* v ★ een ~

afleggen *hacer una visita* ★ een ~brengen aan iem. *ir a ver a u.p.* • personen *visita* v; *visitas* v mv ★ hij ontvangt geen ~ *no recibe a nadie*
bezoeken ⟨iem.⟩ *ir a ver a*; ⟨iets⟩ *visitar*
bezoeker *visitante* m/v ★ een trouwe ~ zijn van *frecuentar*
bezoeking *desgracia* v
bezoekrecht *derecho* m *de visitas*
bezoekregeling *régimen* m *de visitas*
bezoekuur *hora* v *de visita*
bezoldigen *remunerar*; *pagar*
bezoldiging *remuneración* v; *salario* m
bezondigen [zich ~] **aan** *pecar de*
bezonken ★ ~oordeel *juicio acrisolado*
bezonnenheid *circunspección* v; *prudencia* v
bezopen • dronken *pedo* ★ ~ zijn *estar como una cuba* • idioot *ridículo*
bezorgd *inquieto*; *preocupado* ★ zich ~maken over *preocuparse por*; *inquietarse por* ★ ~ zijn over *estar preocupado por*
bezorgdheid *preocupación* v; *inquietud* v
bezorgdienst *servicio* m *de distribución*
bezorgen • afleveren *entregar*; ⟨v. brieven⟩ *repartir* • verschaffen *proporcionar*; *procurar* ★ iem. verdriet ~ *causar pena a alguien*
bezorger *repartidor* m
bezorging *entrega* v; *reparto* m
bezuinigen *economizar*; *reducir los gastos*; *ahorrar*
bezuiniging *economía* v; *ahorro* m
bezuinigingsmaatregel *medida* v *de ahorro*
bezuren ★ dat zal hem ~ *ya lo pagará*
bezwaar • beletsel *inconveniente* m ★ dat is geen ~ *no hay inconveniente* • bedenking *objeción* v ★ geen ~ maken tegen *no hacer una objeción contra* ★ bezwaren indienen tegen *oponerse a*; *objetar*
bezwaard *afligido*; *oprimido* ★ zich ~voelen over iets *sentirse* [ie, i] *afligido por u.c.*
bezwaarlijk *difícil*; *penoso*
bezwaarschrift *reclamación* v; *queja* v
bezwaren • ECON. belasten *cargar*; *pesar*; *gravar* ★ met een hypotheek ~ *hipotecar*; *gravar con hipoteca* • PSYCH. belasten *gravar* ★ zijn geweten ~ *gravar su conciencia*
bezweet *sudoroso*
bezweren • plechtig/onder ede verklaren *jurar* • smeken *suplicar* ★ hij bezwoer me niets te zeggen *me suplicó no decir nada* • in zijn macht brengen ⟨v. slangen⟩ ~ *encantar serpientes* • afwenden *exorcizar*; *conjurar* ★ het gevaar ~ *conjurar el peligro*
bezwering JUR. het onder eed verklaren *juramento* m • het verdrijven van geesten *exorcismo* m • magische formule *conjuro* m
bezwijken • het begeven (onder) *hundirse* ★ de dijk is bezweken *se ha quebrado el dique* • zwichten (voor) *ceder*; *no resistir* ★ voor de verleiding ~ *ceder ante/a la tentación* • sterven *morir* [ue, u] ★ aan een ziekte ~ *morir de una enfermedad*
bezwijmen *desmayarse*
B-film *película* v *de segunda categoría*
b.g.g. *en caso de no responder*
bh *sostén* m; *sujetador* m

Bhoetan *Bhutan* m
bi *bisexual*
biaisband *bies* m
biatlon *biatlón* m
bibberen *tiritar*; *temblar* [ie]
bibliografie *bibliografía* v
bibliothecaris *bibliotecario* m
bibliotheek *biblioteca* v
bicarbonaat *bicarbonato* m
biceps *bíceps* m
bidden • gebed doen *orar*; *rezar* • smeken *suplicar*; *rogar* [ue]; *pedir* [i] ★ na lang ~ en smeken *a fuerza de ruegos*
bidet *bidet* m
bidon *cantimplora* v
bidprentje • prentje ter nagedachtenis *recordatorio* m • heiligenprentje *estampa* v *religiosa*
bieb *biblioteca* v
biecht *confesión* v ★ te ~e gaan *ir a confesarse* ★ ~ horen *confesar* [ie]
biechten *confesar(se)* [ie]
biechtgeheim *secreto* m *de confesión*
biechtstoel *confesionario* m
bieden • aanbieden, geven *ofrecer* • een bod doen *hacer postura*; ⟨v. kaartspel⟩ *declarar* ★ hoger ~ *pujar*
biedkoers *cambio* m *de compra*
biedprijs *precio* m *de compra*
biefstuk *bistec* m
biels *traviesa* v; *durmiente* m/v
bier • CUL. *cerveza* v • → **biertje**
bierbrouwerij *cervecería* v
bierbuik *barrigón* m
bierkaai v dat is vechten tegen de ~ *eso son penas perdidas*
biertje *cerveza* v
bierviltje *posavasos* m
bies • oeverplant *junco* m • boordsel *orla* v; *ribete* m; ⟨op een broek⟩ *filete* m; ⟨op een broek⟩ *pestaña* m ▾ zijn biezen pakken *liar (i) los bártulos*
bieslook *cebolleta* v
biest *calostro* m *de vaca*
biet *remolacha* v; *betarraga* v ▾ het kan me geen biet schelen! *¡me importa un pepino!*
bietsen *gorrear* ★ een appel bij iem. ~ *gorrear una manzana a u.p.*
biezen I BNW *de junco* II OV WW *ribetear*
bifocaal *bifocal*
big *cochinillo* m; *lechón* m
bigamie *bigamia* v
biggelen *correr* ★ tranen biggelden over zijn wangen *las lágrimas le corrían por las mejillas*
biggen *parir cochinillos*
bij I VZ • in de omgeving van *cerca de* ★ bij het station *cerca de la estación* ★ bij de muur *cerca de la pared* • in / op de plaats zelf ★ logeren bij familie *dormir* [ue, u] *en casa de familiares* • aan, op *de*; *por* ★ zij nam hem bij de hand *le llevaba de la mano* ★ iem. bij de schouders pakken *coger u.p. de/por los hombros* ★ iets bij zich hebben *llevar (consigo) u.c.* ★ heb je het bij je? *¿lo tienes?*; *¿lo llevas?* • gelijktijdig met ★ bij het ontbijt *con/en el desayuno* • omstreeks *alrededor de*; *hacia*

• maal *por* ★ zes bij zes meter *seis por seis metros* • met ⟨een hoeveelheid⟩ ★ bij honderden *a cientos a la vez* **II** BIJW • schrander *listo* ★ hij is goed bij *es muy listo* • zonder achterstand ★ ik ben bij *voy al día* ▼ bij het belachelijke af zijn *diferenciarse muy poco de lo ridículo* **III** ZN [de] insect *abeja* v
bíjbaan *empleo* m *suplementario*
bijbal *epidídimo* m
bijbedoeling *segunda* v *intención*
bijbehorend *accesorio*
Bijbel *Biblia* v
bijbel *Biblia* v
Bijbelkring *círculo* m *que se reúne para leer y comentar la biblia*
Bijbels *bíblico*
Bijbeltekst *pasaje* m *bíblico*
Bijbelvast *versado en la Biblia*
Bijbelvertaling *traducción* v *de la Biblia*
bijbenen *seguir* [i] ★ iem. ~ *seguir el paso de alguien*
bijbetalen *pagar un suplemento*
bijbetekenis *significado* m *adicional*
bijbeunen *practicar el pluriempleo*
bijblijven • niet achter raken *quedarse atrás* • in herinnering blijven *quedar en la memoria* ★ dat is me bijgebleven *no lo olvidaré nunca*
bijbrengen • leren *enseñar* • tot bewustzijn brengen *reanimar*
bijdehand *listo; avispado; despierto*
bijdetijds *al día; moderno*
bijdraaien • toegeven *ceder* • SCHEEPV. *estar al pairo*
bijdrage *contribución* v ★ verplichte ~ *cuota* v *obligatoria*
bijdragen *contribuir (a)*
bijeen *juntos; reunidos*
bijeenblijven *quedarse juntos*
bijeenbrengen *reunir* [ú] ★ mensen ~ *reunir a la gente*
bijeenkomen *reunirse* [ú]
bijeenkomst *reunión* v; *asamblea* v
bijeenrapen *recoger*
bijeenroepen *convocar*
bijeenzijn **I** ON WW *reunirse* **II** ZN [het] *reunión* v
bijeenzoeken *juntar*
bijenhouder *colmenero* m; FORM. *apicultor* m
bijenkast *colmena* v *de madera*
bijenkoningin *abeja* v *reina*
bijenkorf *colmena* v
bijensteek *picadura* v *de abeja*
bijgaand *adjunto; anexo*
bijgebouw *anexo* m
bijgedachte • een ~ hebben *tener* [ie] *doble intención*
bijgeloof *superstición* v
bijgelovig *supersticioso*
bijgenaamd *apodado*
bijgerecht *guarnición* v
bijgeval *por acaso; ocasionalmente*
bijgevolg *por consiguiente*
bijholte *seno* m
bijholteontsteking *sinusitis* v
bijhouden • bijbenen *seguir* [i] ★ iem. ~ *seguir al mismo paso de u.p.* • blijven werken aan

mantener [ie] ★ de boeken ~ *llevar los libros* ★ de tuin ~ *mantener en buen estado el jardín*
bijkans *casi*
bijkantoor *sucursal* v
bijkeuken *antecocina* v
bijklussen *practicar el pluriempleo*
bijkomen • bij bewustzijn komen *recobrar el conocimiento* ★ zij kwam weer bij *volvió en sí* • weer beter worden *recobrarse; reponerse* • komen bij *agregar* ★ daar komt nog bij dat *hay que añadir que* ▼ dat moest er nog ~! *ino faltaba más!*
bijkomend *suplementario; adicional*
bijkomstig *accesorio; secundario*
bijkomstigheid *elemento* m *secundario*
bijl *hacha* v
bijlage *anexo* m; ⟨bij krant/tijdschrift⟩ *suplemento* m
bijleggen • bijbetalen *añadir* ★ ergens geld moeten ~ *perder* [ie] *en un asunto* • beslechten *conciliar*
bijles *clases* v mv *particulares*
bijlichten *alumbrar; ilustrar*
bijltjesdag *día* m *de las represalias*
bijna *casi* ★ ik zou ~ zeggen dat *estoy por decir que*
bijnaam *mote* m; *apodo* m; *sobrenombre* m
bijna-doodervaring *experiencia* v *de estar casi muerto*
bijnier *glándula* v *suprarrenal*
bijou FORM. *joya* v
bijpassen *pagar la diferencia*
bijpassend *apropiado* ★ een groene japon met een ~ tasje *un vestido verde con un bolso a juego*
bijpraten *contarse* [ue] *los últimos acontecimientos*
bijproduct *subproducto* m
bijrijder *conductor* m *auxiliar; copiloto* m
bijrol *papel* m *secundario*
bijschaven • glad maken *acepillar* • beter maken *pulir*
bijscholen *hacer un cursillo de reciclaje; reciclar*
bijscholing *reciclaje* m; *perfeccionamiento* m
bijschrift *nota* v *aclaratoria*; ⟨bij afbeelding⟩ *leyenda* v
bijschrijven *añadir; registrar* ★ rente ~ *añadir los intereses*
bijslaap • coïtus *concúbito* m; *coito* m • vrijer *concubino* m
bijsluiter *prospecto* m
bijsmaak *resabio* m
bijspijkeren • bijwerken *mejorar* ★ zijn kennis ~ *poner al día sus conocimientos* • bijspringen *apoyar económicamente* ★ iem. ~ *ayudar económicamente a alguien*
bijspringen *ayudar; echar una mano*
bijstaan *asistir*
bijstand • hulp *asistencia* v ★ ~ verlenen *prestar ayuda* ★ financiële ~ *necesitar asistencia económica* • uitkering *auxilio* m *social* ★ ~ trekken *vivir del auxilio social*
bijstandsmoeder *madre* v *soltera o divorciada beneficiaria del auxilio social*
bijstandsuitkering *subsidio* m *de auxilio social*
bijstandtrekker *beneficiario* m *de la ayuda*

social
bijstellen *ajustar; reajustar*
bijstelling • het bijstellen *reajuste* m; *ajuste* m • aposición v
bijster I BNW ★ het spoor~ zijn *despistarse* **II** BIJW *muy* ★ niet~ veel verdienen *no ganar mucho que digamos*
bijsturen • de juiste richting geven ⟨v. schip/voertuig⟩ *corregir* [i] *el rumbo* • licht wijzigen *corregir* [i]; *ajustar*
bijt *agujero* m *en el hielo*
bijtanken • brandstof bijvullen *echar combustible* • energie opdoen *reponerse*
bijtekenen *reenganchar*
bijten I OV WW tanden zetten in *morder* [ue] ★ op zijn nagels~ *morderse/roerse las uñas* ★ in iets~ *morder en u.c.* ▼ om in te~ *muy apetitoso* ▼ van zich af~ *saber defenderse* **II** ON WW inbijten (in) *morder* [ue] ▼ het zuur bijt in de stof *el ácido muerde la tela*
bijtend • vinnig *mordaz; mordedor* ★ een~ antwoord *una respuesta mordaz* • corroderend *cáustico*
bijtgaar *al dente*
bijtijds • op tijd *a tiempo* • vroeg *temprano*
bijtrekken • beter worden *arreglarse* • PSYCH. je isolement opgeven ★ ze trekt wel weer bij *ya se le pasará (el enfado)*
bijtring *anillo* m *de dentición*
bijvak *asignatura* v *secundaria*
bijval • instemming *respaldo* m; *adhesión* v ★ onder luide~ *con fuerte respaldo* ★ ~ betuigen *manifestar adhesión* • applaus *aplauso* m
bijvallen *respaldar*
bijverdienste *ganancias* v mv *suplementarias*
bijverschijnsel *efecto* m *secundario*
bijverzekeren *contratar un seguro complementario*
bijvoeding *alimentación* v *suplementaria*
bijvoegen *añadir; adjuntar*
bijvoeglijk *adjetivo* ★ ~ naamwoord *adjetivo* m
bijvoegsel *suplemento* m
bijvoorbeeld *por ejemplo*
bijvullen *rellenar*
bijwerken ⟨v. boeken⟩ *poner al día*; ⟨v. foto/schilderij⟩ *retocar*
bijwerking *efecto* m *secundario*
bijwonen *asistir a; presenciar*
bijwoord *adverbio*
bijwoordelijk *adverbial*
bijzaak *algo* m *secundario* ★ dat is maar~ *es de menor importancia*; *es sólo un detalle*
bijzettafel *mesa* v *auxiliar*
bijzetten • erbij zetten *acercar* • begraven *sepultar*
bijziend *miope; corto de vista*
bijzijn *presencia* v ★ in het~ van anderen *en presencia de otros*
bijzin *oración* v *subordinada* ★ voorwaardelijke ~ *oración* v *condicional*
bijzonder • ongewoon *particular* ★ niet van de overheid *particular* ★ ~ onderwijs *enseñanza* v *privada*
bijzonderheid • detail *detalle* m; *pormenor* m ★ in bijzonderheden treden *entrar en detalles*; *explicar algo con todos los detalles* • iets bijzonders *particularidad* v
bikini *bikini* m
bikkelhard • ⟨v. materie⟩ erg hard *duro como la piedra* • onvermurwbaar *desalmado*
bikken • afhakken *escodar* • eten *tragar; zampar*
bil • *nalga* v • Z-N dij *muslo* m
bilateraal *bilateral*
biljard *mil billones* m mv
biljart *billar* m
biljartbal *bola* v *de billar*
biljarten *jugar* [ue] *al billar*
biljet *billete* m
biljoen *billón* m
billboard *cartelera* v; *valla* v *publicitaria*
billijk *justo*; ⟨redelijk⟩ *razonable*
billijken *aprobar* [ue]
bimetaal *bimetal* m
binair *binario*
binden • LETT. vastmaken *atar*; *sujetar*; *fijar* • FIG. doen samenhangen *atar* ★ zich~ aan iem. *comprometerse con u.p.* • ⟨boek⟩ inbinden *encuadernar* • →**gebonden**
bindend *obligatorio* ★ een~e overeenkomst *un acuerdo vinculante*
binding *lazo* m; *vínculo* m
bindmiddel *aglutinante* m
bindvlies *conjuntiva* v
bindvliesontsteking *conjuntivitis* v
bindweefsel *tejido* m *conjuntivo*
bingo *bingo* m
bink *chulo* m ★ de bink uithangen *hacerse el chulo*
binnen I VZ • in *dentro de* ★ ~ de muren van het kasteel *en/dentro de los muros del castillo* ★ ~ de grenzen van de stad *en/dentro de las fronteras de la ciudad* • in minder dan *dentro de*; *en* **II** BIJW *dentro* ★ hij liep naar~ *se mete dentro* ★ van~ naar buiten *de dentro a fuera* ★ de deur van~ sluiten *cerrar* [ie] *la puerta por dentro* ★ is nummer 8 al~? *¿ya ha entrado el número 8?* ★ ze is nog~ *todavía está dentro* ▼ ~! *¡adelante!* ▼ ~ zonder kloppen *pase sin llamar* ▼ FIG. hij is~ ⟨gefortuneerd⟩ *tiene la vida resuelta*
binnenbaan • binnenste baan *pista* v *interior* • overdekte baan *pista* v *cubierta*
binnenbad *piscina* v *cubierta*
binnenband *cámara* m/v
binnenblijven *quedarse dentro*
binnenbocht *curva* v *interior*
binnenbrand *incendio* m *dentro de la casa*
binnenbrengen *llevar adentro*
binnendoor ★ ~ gaan *ir por un atajo*
binnendringen *penetrar en*; *invadir*
binnendruppelen *entrar uno a uno*
binnengaan *entrar en* ★ hij ging naar binnen *entró en la casa*
binnenhaven *dársena* v
binnenhuisarchitect *decorador* m *de interiores*
binnenin *dentro*
binnenkant *parte* v *interior*; *lado* m *interior*
binnenkomen *entrar en*; *pasar* ★ kom binnen! *¡pase(n)!* ★ binnengekomen bestellingen *los pedidos recibidos* ★ er zijn klachten

binnengekomen *se han presentado quejas*
binnenkomer *introducción* v ★ dat is een leuke ~ *eso es una introducción divertida*
binnenkort *dentro de poco; pronto*
binnenkrijgen • ontvangen *recibir* • inslikken *tragar*
binnenland *interior* m ★ de ~en van Afrika *el interior de África*
binnenlands *interior*
binnenlaten *dejar entrar/pasar*
binnenloodsen • in de haven brengen *pilotar* • iets met moeite binnenkrijgen *colar* [ue]
binnenlopen *entrar* ★ een haven ~ *arribar*
binnenplaats *patio* m
binnenpretje ★ een ~ hebben *divertirse* [ie, i] *para sus adentros*
binnenrijm *rima* v *interna*
binnenroepen *llamar adentro*
binnenschipper *navegante* m *fluvial*
binnenshuis *en casa*
binnenskamers *a puerta cerrada*
binnensmonds *entre dientes*
binnenspiegel *retrovisor* m *interior*
binnensport *deporte* m *de sala*
binnenstad *centro* m *de la ciudad*
binnenste *interior* m ★ in zijn ~ gaf hij mij gelijk *en sus adentros me dió la razón*
binnenstebuiten *al revés* ★ ~ keren *dar la vuelta* ★ ~ zitten *estar al revés*
binnenvaart *navegación* v *fluvial*; *navegación* v *interior*
binnenvallen • binnenkomen *entrar de sopetón* • binnendringen *invadir* ★ de vijand viel het land binnen *el enemigo invadió el país*
binnenvetter *introvertido* m; *persona* v *reservada*
binnenwaarts *hacia adentro*
binnenwater *aguas* v mv *interiores*
binnenweg *carretera* v *comarcal*
binnenwerk *obra* v *interior*
binnenwippen *entrar un momento*
binnenzak *bolsillo* m *interior*; *faltriquera* v
binnenzee *mar* m *interior*
bint *travesaño* m
bintje *patata* v *bintje*
bioafval *basura* v *biodegradable*
biobak *cubo* m *de basura biodegradable*
biochemie *bioquímica* v
biodynamisch *biodinámico*
bio-energie *bioenergía* v
biofysica *biofísica* v
biogas *biogás* m
biograaf *biógrafo* m
biografie *biografía* v
biografisch *biográfico*
bio-industrie *industria* v *biodinámica*
biologie *biología* v
biologisch *biológico*
biologisch-dynamisch *biodinámico*
bioloog *biólogo* m
biomassa *biomasa* v
biopsie *biopsia* v
bioritme *biorritmo* m
bioscoop *cine* m ★ naar de ~ gaan *ir al cine*
biosfeer *biosfera* v
biotechnologie *biotecnología* v
biotoop *biotopo* m
bips *nalgas* v mv
Birma *Birmania* v
Birmaan *birmano* m
Birmees *birmano*
bis I ZN [de] MUZ. muzieknoot *si* m *sostenido* II BIJW • toegevoegd *bis* ★ artikel 8 bis *artículo 8 bis* • nog eens *otra* III TW *¡otra!*
bisamrat *ratón* m *almizclero*
biscuitje *galleta* v
bisdom *obispado* m; *diócesis* v
biseksualiteit *bisexualidad* v
biseksueel *bisexual*
bisschop *obispo* m
bisschoppelijk *obispal*
bissectrice *bisectriz* v
bistro *restaurante* m *de estilo francés*
bit I ZN [de] COMP. *bit* m II ZN [het] mondstuk *bocado* m
bits *áspero; brusco*
bitter I BNW • scherp van smaak *amargo* • smartelijk *amargo* ★ een ~ lot *una amarga fortuna* • verbitterd *amargo* ★ ~e woorden *palabras mordaces* II BIJW in hoge mate *muy* ★ ~ weinig *muy poco*
bitterbal *croqueta* v *redonda*
bittergarnituur *aperitivos* m mv *variados*
bitterzoet *agridulce*
bitumen *hidrocarburo* m
bivak *vivaque* m; *vivac* m
bivakkeren *vivaquear*; *hacer vivac*
bivakmuts *pasamontañas* m
bizar *raro*; *extraño*; *extravagante*
bizon *bisonte* m
B-kant *cara* v *B*
blaadje • → *blad*
blaag *crío* m
blaam *culpa* v ★ hem treft geen ~ *no tiene la culpa*
blaar • zwelling *ampolla* v; *vejiga* v ★ blaren krijgen *salirle ampollas a u.p.* • bles *lucero* m
blaarkop *vaca* v *con lucero*
blaas • orgaan *vejiga* v • luchtbel *burbuja* v
blaasaandoening *enfermedad* v *de la vejiga*
blaasbalg *fuelle* m
blaasinstrument *instrumento* m *de viento*
blaaskaak *fanfarrón* m; *fanfarrona* v
blaaskapel *fanfarria* v
blaasontsteking *cistitis* v
blaaspijpje *alcoholímetro* m
blabla *palabrería* v
black-out *pérdida* v *del conocimiento*
blad • deel van plant/boom *hoja* v • deel van bloem *pétalo* m • vel papier *hoja* v; *folio* m • tijdschrift *revista* v • dienblad *bandeja* v • plat en breed voorwerp *hoja* v; *tabla* v; ⟨v. roeispaan⟩ *pala* v; ⟨v. anker⟩ *uña* v; ⟨v. schroef⟩ *aleta* v ▼ hij is omgedraaid als een blad aan de boom *ha cambiado bruscamente de opinión* ▼ bij iem. in een goed blaadje staan *tener gran cabida con u.p.* ▼ geen blad voor de mond nemen *no tener pelos en la lengua*
bladderen *desconcharse*
bladerdeeg *masa* v *de hojaldre*
bladeren *hojear*

bladgoud *pan* m *de oro*
bladgroen *clorofila* v
bladgroente *verduras* v mv *verdes*
bladluis *pulgón* m
bladmuziek *partitura* v
bladspiegel *formato* m *de la página*
bladstil ★ het was ~ *ni una hoja se movía*
bladverliezend *de hoja caduca*
bladvulling *relleno* m ★ deze tekening is slechts ~ *este dibujo sólo sirve de relleno*
bladwijzer • boekenlegger *marcador* m • inhoudsopgave *índice* m
bladzijde *página* v
blaffen *ladrar*
blaken • branden *arder* ★ ~de zon *sol ardiente* • vol zijn van *rebosar de/en* ★ ~ van *rebosar de*
blaker *palmatoria* v
blakeren *chamuscar*; *socarrar*
blamage *vergüenza* v
blameren *desacreditar*; *deshonrar*
blancheren *escaldar*
blanco *en blanco* ★ ~ stemmen *votar en blanco*
blancokrediet *crédito* m *en blanco*
blancovolmacht *carta* v *blanca*
blank • licht van kleur *blanco* • onder water ★ ~ staan *estar inundado de agua* • onbedekt *blanco*; *limpio*
blanke *blanco* m
blasé *hastiado*
blasfemie *blasfemia* v
blaten *balar*; *dar balidos*
blauw *azul* ★ ~ staat je goed *el color azul te queda bien* ★ ~ oog *ojo morado*; *ojo a la virulé* ★ ~e plek *moradura* v; *moretón* m
blauwbaard *bárbaro* m
blauwbekken *tiritar*; *morirse (ue,u) de frío* ★ staan te ~ *estar tiritando*
blauwboek *libro* m *con informes (del Gobierno) sobre un tema determinado*
blauwdruk • afdruk van ontwerp *cianotipo* m • schets *esbozo* m
blauweregen *glicina* v *de China*
blauwgrijs *gris azulado*
blauwhelm *casco* m *azul*
blauwkous *marisabidilla* v
blauwtje ▼ hij heeft een ~ gelopen *le han dado calabazas*
blauwzuur *cianuro* m
blauwzwart *negro azulado*
blazen I ON WW • met kracht uitademen *soplar*; ⟨krachtig⟩ *resoplar* • ⟨v. kat⟩ sissen *bufar* **II** OV WW bespelen *tocar* ★ de trompet ~ *tocar la trompeta* ▼ het is wachten ge-~ *hay que esperar*
blazer ⟨zeg: blezer⟩ *americana* v
blazoen *blasón* m
bleek I ZN [de] het bleken *blanqueo* m **II** BNW *pálido*; *lívido* ★ ~ om de neus worden *ponerse lívido*
bleekgezicht *rostro* m *pálido*
bleekmiddel *descolorante* m
bleekneus *panadizo* m; *persona* v *paliducha*
bleekselderij *apio* m
bleekwater *lejía* v
bleekzucht *clorosis* v
bleken *blanquear*
blèren • blaten *balar* • luid huilen *berrear*

bles • witte plek *estrella* v; *lucero* m • paard *caballo* m *careto*
blesseren *lesionar*
blessure *lesión* v
blessuretijd *tiempo* m *de lesiones*
bleu • blauw *azul claro* • bedeesd *tímido*
bliep *bip*
blieven *desear* ★ wat blieft u? *¿qué desea?*
blij *alegre*; *contento* ★ blij zijn over iets *estar contento de u.c.* ★ ik ben blij dat het klaar is *me alegro de que esté listo* ★ blij als een kind zijn *estar tan contento como un niño* ★ blij toe! *¡menos mal!*
blijdschap *alegría* v; *contento* m
blijf-van-mijn-lijfhuis *casa* v *refugio para mujeres o niños maltratados*
blijheid *alegría* v
blijk *prueba* v; *muestra* v ★ als ~ van *como muestra de* ★ ~ geven van *dar prueba/muestras de*
blijkbaar I BNW *evidente* **II** BIJW *kennelijk por lo visto*; *evidentemente*
blijken *resultar* ★ het blijkt dat *resulta que* ★ de dieven bleken al het geld meegenomen te hebben *resultó que los ladrones se habían llevado todo el dinero* ★ zijn vreugde laten ~ *mostrar [ue] su alegría*; *manifestar [ie] su alegría*
blijkens *según*; *según y conforme*
blijmoedig *alegre*
blijspel *comedia* v
blijven I ON WW • voortduren *quedar(se)*; *seguir* [i] ★ ik blijf liggen *me quedo acostado* ★ ~ aankijken *seguir mirando a u.p.*; *mirar de hito en hito a u.p.* ★ ~ staan *quedarse de pie* ★ ~ zitten *quedarse sentado*; *tener que repetir el curso* ★ ik blijf hier staan *aquí me quedo* • niet weg- of doorgaan *quedar(se)* ★ er is een visgraat in zijn keel ~ steken *una espina le atragantó* ★ zijn horloge is stil ~ staan *se quedó parado su reloj* ★ onderweg ~ steken *atascarse* ★ waar blijft hij? *¿por dónde se habrá metido* • sterven *morir* [ue, u] ★ hij is erin gebleven *quedó tieso*; *no salió con vida* • ~ **bij** insistir en ★ ik blijf erbij dat *insisto en que* ▼ waar waren we gebleven? *¿por dónde íbamos?* **II** KWW *seguir* [+ ger.] [i] ★ het blijft warm *sigue haciendo calor*
blijvend *duradero*; *permanente*; *persistente*
blik I ZN [de] • oogopslag *mirada* v; *vistazo* m ★ een blik werpen op *echar un vistazo a* ★ de blik afwenden *apartar la vista* ★ in één blik *de un vistazo* • manier van kijken *mirada* v ★ een doordringende blik *una mirada penetrante* ★ een blik van verstandhouding *una mirada de entendimiento* • kijk op iets ★ zijn blik verruimen *ampliar los horizontes* **II** ZN [het] • metaal *hojalata* v • bus *lata* v; *bidón* m • stofblik *recogedor* m
blikgroente *verduras* v mv *enlatadas*; *legumbres* v mv *en lata*
blikje • → *blik*
blikken I BNW *de lata* **II** ON WW *mirar* ▼ zonder ~ of blozen *sin pestañear*
blikkeren *brillar*; *resplandecer*
blikopener *abrelatas* m

blikschade *daño* m *de carrocería*
bliksem • *rayo* m; *relámpago* m ★ de ~ sloeg in *fulminó un rayo* • persoon ★ arme ▾ *pobre diablo* ▾ luie ~ *un holgazán* ▾ loop naar de ~! *imal rayo te parta!; ¡vete a tomar por el culo!* ▾ alles is naar de ~ *todo está perdido* ▾ als door de ~ getroffen *como petrificado*
bliksemactie *acción* v *relámpago*
bliksemafleider *pararrayos* m
bliksemcarrière *carrera* v *meteórica* ★ een ~ maken *hacer una carrera meteórica*
bliksemen *relampaguear*
bliksemflits *rayo* m; *relámpago* m
bliksemiinslag *fulminación* v
bliksemoorlog *guerra* v *relámpago*
bliksems I BNW *malo* ★ een ~e jongen *ese chico es más malo que el demonio* II TW *¡demonio!*
bliksemschicht *rayo* m; *relámpago* m
bliksemsnel I BNW *rapidísimo* II BIJW *como un rayo*
bliksemstraal • flikkering *rayo* m • ellendeling *miserable* m
blikvanger *cebo* m
blikveld *campo* m *visual*
blikvoer *conserva* v
blind I BNW • zonder zicht *ciego* ★ aan één oog ~ zijn *ser tuerto* ★ ~ geboren *ciego de nacimiento* ★ ~ worden *quedarse ciego; cegar* [ie] • zonder opening/loos ★ ~ venster *ventana falsa* ▾ ~e steeg *callejón sin salida* ★ een ~e kaart *un mapa mudo* ★ FIG. zonder inzicht *ciego; a ciegas* ★ niet ~ zijn voor de werkelijkheid *no cerrar* [ie] *los ojos a la verdad* ▾ in den ~e *a ciegas; a tientas* II BIJW ★ ~ typen *escribir a máquina al tacto; escribir a máquina sin mirar* III ZN [het] vensterluik *contraventana* v
blind date *cita* v *a ciegas*
blinddoek *venda* v
blinddoeken *vendar los ojos*
blinde *ciego* m
blindedarm *apéndice* m
blindedarmontsteking *apendicitis* v
blindelings *a ciegas*
blindemannetje ★ ~ spelen *jugar* [ue] *a la gallina ciega*
blindengeleidehond *perro* m *lazarillo; perro* m *guía*
blindenschrift *braille* m; *cecografía* v
blinderen *blindar*
blindganger *obús* m *no estallado*
blindheid *ceguera* v
blindstaren [zich ~] op *encastillarse en*
blindvaren op *dejarse guiar por* ★ hij vaart blind op de woorden van zijn docente *se deja guiar por las palabras de su profesor*
blinken *brillar*
blisterverpakking *embalaje* m *de cartón plastificado*
blits I ZN [de] ▾ de ~ met iets maken *montar un número con algo* II BNW *guay*
blocnote *bloc* m *de notas*
bloed • *sangre* v ★ van gemengd ~ *de sangre mixta; mestizo* ★ ~ geven *donar sangre* ★ het ~ steeg naar zijn hoofd *se le subió la sangre a la cabeza* ★ FIG. ~ vergieten *derramar la sangre*

• → **bloedje** ▾ blauw ~ *sangre azul* ▾ iem. het ~ onder de nagels vandaan halen *freír la sangre a alguien* ▾ mijn ~ kookt *se me altera la sangre* ▾ het ~ kruipt waar het niet gaan kan *la buena sangre nunca miente* ▾ kwaad ~ zetten bij *criar mala sangre; encender* [ie] *la sangre a alguien* ▾ in koelen ~e *a sangre fría*
bloedalcoholgehalte *alcoholemia* v
bloedarmoede *anemia* v
bloedbaan *corriente* v *sanguínea*
bloedbad *matanza* v
bloedbank *banco* m *de sangre*
bloedbeeld *hemograma* m
bloedbezinking *sedimento* m *de la sangre*
bloedcel *célula* v *de la sangre*
bloeddonor *donante* m/v *de sangre*
bloeddoorlopen *inyectado de sangre; equimosado* ★ ~ ogen *ojos inyectados de sangre; ojos veteados de sangre*
bloeddoping *doping* m *de sangre*
bloeddorstig *sanguinario*
bloeddruk *tensión* v *arterial* ★ hoge ~ *hipertensión* v ★ lage ~ *hipotensión* v ★ ik heb hoge/lage ~ *tengo la tensión alta/baja*
bloeddrukmeter *tensiómetro* m
bloedeigen *propio* ★ zijn ~ kinderen *sus propios hijos*
bloedeloos *exangüe*
bloeden • bloed verliezen *sangrar* ★ iem. tot ~s toe slaan *pegar a alguien hasta que sangre* ★ ~ als een rund *sangrar mucho* • boeten voor *pagar* • PLANTK. *sangrar*
bloederig *sangriento*
bloederziekte *hemofilia* v
bloedgang ★ met een ~ *a toda velocidad; a toda pastilla*
bloedgeld • loon voor misdaad *precio* m *de sangre/traición* • hongerloon *salario* m *mísero*
bloedgroep *grupo* m *sanguíneo*
bloedheet *ardiente*
bloedhekel *odio* m *mortal*
bloedhond • hond *dogo* m • wreedaard *bárbaro* m
bloedig I BNW bloederig *sangriento* ★ een ~e veldslag *una batalla sangrienta* II BIJW in hoge mate *duramente*
bloeding *hemorragia* v
bloedje ▾ zeven ~s van kinderen *siete pobrecitos*
bloedkanker *leucemia* v
bloedkleurstof *hemoglobina* v
bloedkoraal *coral* m *rojo*
bloedlichaampje *glóbulo* m
bloedlink • riskant *arriesgadísimo* • boos *furioso*
bloedmooi *muy guapo; bello; hermoso*
bloedneus *hemorragia* v *nasal* ★ iem. een ~ slaan *azotar a u.p. hasta que sangre por la nariz* ★ een ~ hebben *sangrar por la nariz*
bloedonderzoek *análisis* m *de sangre*
bloedplaatje *trombocito* m
bloedplasma *plasma* m *sanguíneo*
bloedproef *análisis* m *de sangre*
bloedschande *incesto* m
bloedserieus *muy serio*
bloedserum *suero* m *sanguíneo*
bloedsomloop *circulación* v *de la sangre*
bloedspiegel *concentración* v *de una sustancia*

en la sangre
bloedstollend *espeluznante*
bloedstolling *coagulación* v
bloedstolsel *coágulo* m
bloedstroom *corriente* v *de sangre*
bloedsuikerspiegel *nivel* m *del azúcar sanguíneo*
bloedtransfusie *transfusión* v *de sangre*
bloeduitstorting *hematoma* m
bloedvat *vaso* m *sanguíneo*
bloedverdunnend *diluyente sanguíneo*
bloedvergieten *derramamiento* m *de sangre*
bloedvergiftiging *intoxicación* v *de la sangre*
bloedverlies *pérdida* v *de sangre*
bloedverwant *consanguíneo* m; *pariente* m/v
bloedverwantschap *consanguinidad* v
bloedworst *morcilla* v
bloedwraak *vendetta* m
bloedzuiger *sanguijuela* v
bloedzuiverend *depurativo*
bloei • PLANTK. *flor* v ★ in ~ *en floración* ★ in ~ staan *estar en flor* ★ in volle ~ *en plena flor* • FIG. ontplooiing *florecimiento* m ★ in de ~ van zijn jaren *en la flor de la vida*
bloeien • PLANTK. *florecer* • FIG. *florear*; *prosperar*
bloeiperiode *floración* v
bloeiwijze *inflorescencia* v
bloem • PLANTK. *flor* v • meel *harina* v • → **bloemetje** ▼ de ~ der natie *la flor y nata de la sociedad* ▼ de ~etjes buiten zetten *echar una cana al aire*; *ir de juerga*
bloembed *arriate* m
bloembol *bulbo* m
bloembollenteelt *cultivo* m *de bulbos de flor*
bloemencorso *desfile* m *de flores*
bloemenwinkel *floristería* v; *florería* v
bloemetje • bos bloemen *ramo* m *de flores* • → **bloem**
bloemig *harinoso*
bloemist • kweker *floricultor* m • verkoper *florista* m; *florería* v
bloemisterij • winkel *floristería* v; *florería* v • bedrijf *floricultura* v
bloemknop *botón* m; *capullo* m
bloemkool *coliflor* v
bloemlezing *florilegio* m; *antología* v
bloemperk *arriate* m
bloempot *tiesto* m; *maceta* v
bloemrijk *florido*
bloemschikken *hacer un arreglo floral*
bloemstuk *ramo* m *de flores*
bloes *blusa* v
bloesem *flor* v
blog *blog* m
blok • recht stuk *bloque* m; ⟨v. hout⟩ *zoquete* m • hijsblok *garrucha* v • huizenblok *manzana* v; *bloque* m • een blokje om lopen *dar una vueltecita* • samenwerkende groep *bloque* m ★ een politiek blok *un bloque político* • periode *curso* m ★ in het derde blok *en el tercer curso* ▼ slapen als een blok *dormir* [ue, u] *como un tronco* ▼ voor het blok zitten *estar entre la espada y la pared* ▼ een blok aan het been zijn *ser un estorbo*
blokfluit *flauta* v *dulce*

blokhut *cabaña* v *de troncos*
blokkade *bloqueo* m ★ de ~ afkondigen *declarar el bloqueo*
blokken *quemarse las cejas*; *empollar*
blokkendoos *caja* v *de construcciones*
blokkeren *bloquear*; ⟨v. stad/haven⟩ *incomunicar*
blokletter *letra* m *de imprenta*
blokuur *clase* v *de dos horas seguidas*
blond *rubio*
blonderen *enrubiar*
blondine *rubia* v
bloot • onbedekt *desnudo*; *descubierto* ★ met blote benen *con las piernas al aire* ★ op blote voeten *descalzo* ★ jurk met blote hals *vestido escotado* • louter *mero* ★ ~ toeval *pura casualidad* ★ het blote feit *el mero hecho* • zonder hulpmiddel ★ uit het blote hoofd *de cabeza*
blootblad *revista* v *pornográfica*
blootgeven [**zich** ~] *mostrar* [ue] *sus debilidades*
blootje • in zijn ~ *en pelotas*
blootleggen • van bedekking ontdoen *poner al descubierto* • onthullen *poner al descubierto*
blootshoofds *con la cabeza descubierta*
blootstaan aan *estar expuesto a*
blootstellen aan *exponer a*
blootsvoets *descalzo*
blos *rubor* m; ⟨v. schaamte⟩ *rubor* m; ⟨v. schaamte⟩ *bochorno* m ★ een blos van schaamte krijgen *sufrir un bochorno*
blotebillengezicht *cara* v *de pan redondo*
blowen *fumar un porro*
blozen *ruborizarse*; *sonrojarse* ★ ~ als een pioen *ponerse como un tomate* ★ iem. doen ~ *ruborizar/sonrojar a u.p.*
blubber *barro* m
blues *blues* m
bluf *bluff* m
blufpoker *alarde* m
blunder *metedura* v *de pata* ★ een ~ begaan *meter la pata*; *hacer/tirarse una plancha* ★ wat een ~ *menuda plancha me tiré*
blunderen *cometer una patochada*
blusapparaat *aparato* m *extintor*; *extintor* m
blussen • doven *extinguir* • afkoelen *apagar* ★ gebluste kalk *cal apagada*
blut ★ blut zijn *estar sin un duro*
blutsen *mellar*; *abollar*
BMI *IMC* m; *Índice de Masa Corporal*
bmr-prik *vacunación* v *contra paperas, sarampión y rubeola*
bnp *PNB* m; *Producto* m *Nacional Bruto*
boa • slang *boa* m • halskraag *boa* v
board *tablero* m *de fibras* ★ hard~ *cartón prensado*
bobbel • bultje *bulto* m • blaasje *ampolla* v
bobbelen *formar bollos*
bobslee *trineo* m
bobsleeën *ir en trineo*
bochel • hoge rug *joroba* v; *giba* v • gebochelde *jorobado* m
bocht I ZN [de] buiging *curva* v; ⟨v. buis⟩ *codo* m ★ een scherpe ~ *una curva cerrada* ★ uit de ~ vliegen *derrapar* ★ een ~ afsnijden *coger una curva demasiado cerrada* ★ een ~ nemen

tomar una curva ▾ Roeland in de ~! *iya sale Roeland con las suyas!* ▾ zich in (allerlei)~en wringen *intentar de todo* ‖ ZN [het] troep *brebaje* m ★ die wijn is ~ *es un vino peleón*
bochtig *sinuoso; tortuoso*
bockbier *cerveza* v *negra; Bock* m
bod ● ECON. *prijsvoorstel oferta* v ★ een bod doen op *hacer una oferta por* ★ zijn bod verhogen *pujar* ● beurt *turno* m ★ aan bod zijn *tocarle a u.p.* ★ jij bent aan bod *te toca a ti* ★ aan bod komen *llegar el turno*
bode ● boodschapper *mensajero* m ★ per bode verzonden *enviado por mensajero* ● bediende ⟨op kantoor⟩ *ordenanza* m; ⟨bij gerechtshof⟩ *ujier* m
bodega *bodega* v
bodem ● grondvlak *fondo* m ★ op de ~ van de zee *en el fondo del mar* ● grond *suelo* m; *tierra* v ★ van eigen ~ *de nuestra tierra* ▾ dubbele ~ *doble fondo* ▾ iets tot de ~ uitzoeken *escudriñar u.c.; examinar u.c. a fondo*
bodembescherming *protección* v *del terreno*
bodemgesteldheid *condición* v *del suelo*
bodemkunde *edafología* v; *pedología* v
bodemloos *sin fondo*
bodemmonster *muestra* v *del suelo*
bodemonderzoek *investigación* v *del terreno*
bodemprijs *precio* m *mínimo; precio* m *por los suelos*
bodemprocedure *proceso* m *de fondo*
bodemsanering *saneamiento* m *del suelo*
bodemverontreiniging *contaminación* v *del suelo*
bodybuilden *hacer culturismo*
bodybuilding *culturismo* m ★ aan ~ doen *practicar el culturismo*
bodylotion *loción* v *corporal*
body mass index *índice* m *de masa corporal*
bodystocking *body* m; *bodi* m
bodysuit *body* m; *bodi* m
bodywarmer *chaleco* m *acolchado*
boe ▾ boe noch ba zeggen *no decir ni pío*
Boedapest *Budapest* m
boeddhisme *budismo* m
boeddhist *budista* m/v
boedel ● bezit *bienes* m mv; ⟨bij faillissement⟩ *masa* v *de la quiebra* ● nalatenschap *herencia* v
boedelscheiding *separación* v *de bienes*
boef *golfo* m; *pícaro* m; *bellaco* m
boeg *proa* v ★ over een andere boeg gaan *cambiar de rumbo* ▾ het over een andere boeg gooien *enfocarlo de otra manera* ▾ nog veel werk voor de boeg hebben *quedar mucho por hacer* ▾ nog een grote afstand voor de boeg hebben *quedar una gran distancia por recorrer*
boegbeeld *mascarón* m *de proa*
boegeroep *abucheo* m
boegspriet *bauprés* m
boei ● kluister *esposa* v ★ iem. in de boeien slaan *esposar a u.p.* ● baken *boya* v; *baliza* v ● reddingsgordel *salvavidas* m ★ een kleur als een boei krijgen *ponerse como un tomate*
boeien ● in de boeien slaan *esposar* ● fascineren *fascinar*

boeiend *fascinante; cautivador* ★ een ~ verhaal *una historia fascinante*
boek ● bundel bijeengebonden bedrukt papier *libro* m ★ altijd in de boeken zitten *pasarse las horas estudiando* ● notatieregister *libro* m ★ te boek stellen *asentar* [ie] ★ de boeken afsluiten *cerrar los libros* [ie] ▾ te boek staan als *tener la reputación de*
Boekarest *Bucarest* m
boekbespreking *recensión* v; *reseña* v
boekbinden *encuadernar*
boekbinder *encuadernador* m
boekdeel *tomo* m; *volumen* m
boekdrukkunst *imprenta* v
boeken ● in-/opschrijven *consignar; asentar* [ie] ★ een post ~ *hacer un asiento* ● behalen *conseguir* [i] ★ succes ~ *tener éxito* ● reserveren *reservar* ★ een reis ~ *reservar un viaje*
boekenbeurs *feria* v *del libro*
boekenbon *bono-regalo* m *para libros*
boekenclub *club* m *de libros*
boekenkast *librería* v
boekenlegger *marcador* m
boekenlijst *lista* v *de libros*
boekenplank *estante* m
boekenrek *estantería* v
boekensteun *soportalibros* m
Boekenweek *semana* v *del libro*
boekenwijsheid *sabiduría* v *libresca*
boekenwurm *ratón* m *de biblioteca*
boeket *ramo* m; ⟨klein⟩ *ramillete* m
boekhandel *librería* v
boekhouden *llevar los libros; llevar las cuentas*
boekhouder *tenedor* m *de libros; contable* m
boekhouding *contabilidad* v
boeking ● ADMIN. *asiento* m; *entrada* v ● bespreking *reserva* v
boekjaar *año* m *contable*
boekomslag *cubierta* v
boekstaven *consignar; poner por escrito*
boekwaarde *valor* m *nominal*
boekweit *alforfón* m
boekwerk *libro* m *voluminoso*
boekwinkel *librería* v
boekwinst *beneficio* m *contable*
boel ● grote hoeveelheid *montón* v mv ★ een boel mensen *un mogollón de gente* ● toestand *cosas* v mv ★ een dooie boel *un muermo* ★ de boel de boel laten *dejar las cosas como están* ▾ de boel op stelten zetten *armar un follón* ▾ zijn boeltje pakken *coger sus cosas*
boem *¡cataplum!*
boeman *coco* m; *bu* m
boemel ▾ aan de ~ zijn *estar de juerga*
boemelen ● treinreis maken *ir en tren ómnibus* ● pret maken *ir de juerga*
boemeltje *omnibús* m
boemerang *bumerang* m
boender *cepillo* m *de fregar*
boenen *fregar; estregar;* ⟨met was⟩ *encerar*
boenwas *cera* v
boer ● agrariër *campesino* m; *agricultor* m ● speelkaart *sota* v ● oprisping *regüeldo* m; *eructo* m ★ een boer(tje) laten *eructar; regoldar* ● lomperik *paleto* m *(del pueblo)*

bo

boerderij–bombast

▼ lachen als een boer die kiespijn heeft *reírse* [i] *de mala gana*; *tener* [ie] *risa de conejo* ▼ de boer opgaan *buscarse la vida*
boerderij • woning *finca* v • boerenbedrijf *granja* v; ⟨in Andalusië⟩ *cortijo* m
boeren • boer zijn *dedicarse a la agricultura* • een boer laten *regoldar* [ue]; *eructar* ▼ hij heeft goed geboerd *ha tenido éxito*; *le ha salido bien el negocio*
boerenbedrijf *empresa* v *agrícola*
boerenbedrog *burdas* v mv *mentiras*
boerenbont • stof *tela* v *a cuadros* • aardewerk *cerámica* v *con un dibujo rústico*
boerenbruiloft *boda* v *de campesinos*
boerenjongens *aguardiente* m *con pasas*
boerenkaas *queso* m *de granja*
boerenkinkel *paleto* m *(del pueblo)*; *palurdo* m
boerenkool *col* v *rizada*
boerenslimheid *sabiduría* m *de los campesinos*
boerenverstand *lerdez* v ★ daar kan ik met mijn ~ niet bij *no puedo entenderlo con mi cerrilidad*
boerin • vrouwelijke boer *campesina* v • vrouw van de boer *campesina* v
boerka *burka* v
Boeroendi *Burundi* m
boers • plattelands *rústico*; *campestre*; *campesino* • lomp *grosero*; *burdo*
boete • straf *penitencia* v ★ ~ doen *hacer penitencia* • geldstraf *multa* v ★ een ~ betalen *pagar una multa* ★ je zult een ~ oplopen *te pondrán una multa* ★ iem. een ~ opleggen *imponer una multa a u.p.*
boetebeding *cláusula* v *penal*
boetedoening *penitencia* v
boetekleed *cilicio* m ▼ het ~ aantrekken *confesar* [ie] *su culpabilidad*
boeten *expiar*; *pagar* ★ voor een zonde ~ *expiar la culpa*
boetiek *boutique* v
boetseren *modelar*
boetvaardig *penitente*
boevenbende *banda* v; *cuadrilla* v
boezem • borst(en) *seno* m; *pecho* m ★ iem. aan de ~ drukken *abrazar a u.p.* • hartholte *aurícula* v • gemoed *entrañas* v mv ★ zijn ~ luchten *abrir su pecho*; *desahogarse*
boezemfibrilleren *fibrilación* v *auricular*
boezemvriend *amigo* m *íntimo*; *amigo* m *de carne y uña*
bof • ziekte *paperas* v mv • gelukje *suerte* v
boffen *tener* [ie] *mucha suerte*
bofkont *chiripero* m
bogen op *preciarse de* ★ hij kan op veel ervaring ~ *puede preciarse de mucha experiencia*
bohemien *bohemio* m
boiler *calentador* m
bok • mannetjesdier *cabra* v *macho*; *cabrón* m • gymnastiektoestel *potro* m • hijstoestel *cabria* v • zitplaats van koetsier *pescante* m ▼ een bok schieten *cometer una pifia*; *meter la pata*
bokaal • beker *cáliz* m • glazen kom *copa* v
bokjespringen *jugar* [ue] *a la pídola*
bokken • springen als een bok *corcovear*

• tochtig zijn *estar en celo* • nors zijn *estar cabreado*
bokkenpoot • koekje ≈ *galleta* v *con chocolate* • teerkwast *pincel* m
bokkenpruik ▼ de ~ op hebben *estar de mal humor*
bokkensprong *cabriola* v
bokkig *cabezón*; *terco*
bokking *arenque* m *ahumado*
boksbeugel *llave* v *americana*
boksen *boxear*
bokser *boxeador* m; *púgil* m
bokshandschoen *guante* m *de boxeo*
bokspartij *combate* m *de boxeo*
bokspringen • → **bokjespringen**
bokswedstrijd *combate* m *de boxeo*
bol I ZN [de] • bolvormig voorwerp *bola* v; WISK. *esfera* v • broodje *bollo* m; *panecillo* m • hoofd *coco* m ★ hij heeft het hoog in de bol *se cree mucho* ★ het is hem in de bol geslagen *está chiflado* ★ een kind over zijn bolletje aaien *acariciarle a un niño la cabeza* • bloembol *bulbo* m ▼ uit zijn bol gaan *volverse* [ue] *loco* **II** BNW • bolvormig *abombado* ★ een bolle lens *una lente convexa* ★ bol gaan staan *abombarse* • opgezwollen *hinchado*; *redondo* ★ met bolle wangen *mofletudo* ▼ bol staan van iets *estar repleto de*
bolbliksem *relámpago* m *con forma de bola de fuego*
bolderkar ≈ *carreta* v
boleet *boleto* m
bolero • dans *bolero* m • jasje *bolero* m
bolgewas *planta* v *bulbosa*
bolhoed *hongo* m
bolide *bólido* m
Bolivia *Bolivia* v
Boliviaan *boliviano* m
Boliviaans *boliviano*
bolleboos *as* m; *águila* m
bollen *abombarse*
bollenveld *campo* m *de bulbos*
bolletje • → **bol**
bolrond *redondo*; *esférico*
bolsjewiek *bolchevique* m
bolster ⟨v. noten⟩ *cáscara* v; ⟨v. peulvruchten⟩ *vaina* v; ⟨v. graan⟩ *cascarilla* v ▼ ruwe ~, blanke pit *por dentro es un pedazo de pan*
bolvormig *abombado*; *esférico*
bolwerk *bastión* m; *baluarte* m
bolwerken ★ het (kunnen) ~ *arreglárselas*
bom • explosief *bomba* v • grote hoeveelheid *montón* m ★ een bom duiten *un dineral* • → **bommetje** ▼ als een bom inslaan *caer algo como una bomba* ▼ de bom is gebarsten *ha estallado la bomba* ▼ zure bom *pepinillo avinagrado*
bomaanslag *atentado* m *de bomba*
bomalarm *alarma* v *de bomba*
bombardement *bombardeo* m
bombarderen • MIL. bestoken *bombardear* • ~ tot benoemen tot *ascender a* [ie] ★ iem. tot voorzitter ~ *ascender a alguien a presidente*
bombarie *alboroto* m ★ met veel ~ *a bombo y platillos*
bombast *ampulosidad* v

bombastisch *ampuloso*
bombrief *carta* v *bomba*
bomen *echar una parrafada*
bomexplosie *explosión* v *de bomba*
bomma *abuela* v
bommelding *aviso* m *de bomba*
bommen ▼ het kan me niet ~ *me importa un comino*
bommentapijt *bombardeo* m *intenso*
bommenwerper *bombardero* m; *avión* m *de bombardeo*
bommoeder *madre* v *soltera por convicción*
bompa *abuelo* m
bomtrechter *cráter* m *de bomba*
bomvol *hasta los topes* ★ het café was ~ *el bar estaba de bote en bote*
bon • betalingsbewijs *recibo* m; *vale* m • waardebon *bono* m • bekeuring *multa* v ★ hij heeft een bon gekregen *le han puesto una multa*
bonafide *de buena fe*
Bonaire *Bonaire* m
bonbon *bombón* m
bond • vereniging ⟨v. personen⟩ *asociación* v; ⟨v. personen⟩ *sociedad* v; ⟨v. staten⟩ *confederación* v; ⟨vakvereniging⟩ *sindicato* m • verbond *liga* v; *alianza* v
bondgenoot *aliado* m
bondgenootschap *alianza* v ★ een ~ sluiten *hacer una alianza*
bondig *sucinto; conciso*
bondscoach *entrenador* m *del equipo nacional*
bondsdag *asamblea* v *federal alemana*
bondskanselier *canciller* m *federal*
bondsrepubliek *república* v *federal*
bondsstaat *estado* m *federal*
bonenkruid *ajedrea* v
bonenstaak • stok *rodrigón* m • mager mens *fideo* m
bongo *bongo* m
bonje *bulla* v ★ ~ met iem. hebben *estar a malas con u.p.*
bonk • brok *buen pedazo* m • lomperik *zoquete* m ▼ één bonk zenuwen *todo nervios; un manojo de nervios*
bonken *golpear*
bon mot *donaire* m; *agudeza* v
bonnefooi ▼ op de ~ *a la ventura*
bons • klap *golpe* m • baas ⟨politiek⟩ *dirigente* m/v; ⟨maffia⟩ *capo* m ▼ iem. de bons geven *dejar plantado a u.p.* ▼ de bons krijgen *ser plantado*
bonsai *bonsai* m
bont I ZN [het] • pels *piel* v • boerenbont ≈ *tela* v *a cuadros* **II** BNW • veelkleurig *abigarrado; multicolor* ★ een bonte koe *una vaca con manchas* • afwisselend *variado* ★ een bonte menigte *una muchedumbre variopinta* ▼ iem. bont en blauw slaan *poner a u.p. como un pulpo* ▼ het te bont maken *pasarse (de la raya)*
bontjas *abrigo* m *de piel*
bontwerker *peletero* m
bonus *bonificación* v; ECON. *dividendo* m *extraordinario*
bonusaandeel *acción* v *con cargo a reservas*
bonus-malusregeling *sistema* m *bonus/malus*

bonze ≈ *cacique* m
bonzen *golpear; chocar;* ⟨v. hart⟩ *palpitar*
boodschap • bericht *recado* m; *mensaje* m ★ een ~ aannemen *coger un recado* ★ een ~ overbrengen *pasar un recado* • het inkopen *compra* v ★ ~pen doen *ir de compras;* *hacer las compras* • stoelgang ★ een grote / kleine ~ doen *hacer aguas mayores/menores* ▼ daar heb ik geen ~ aan *¿y a mí que más me da?* ▼ hem kun je wel om een ~ sturen *es un tío competente*
boodschappendienst *mensajería* v
boodschappenkarretje *carrito* v *de la compra*
boodschappenlijstje *lista* v *de las compras*
boodschappenmandje *cesta* v *de la compra*
boodschapper *mensajero* m
boog • kromme lijn *curva* v • wapen *arco* m • bouwwerk *arco* m ▼ de boog kan niet altijd gespannen zijn *no se puede estar siempre al pie del cañón* ▼ met een boog om iets heen lopen *evitar u.c.*
boogbrug *puente* m *de arcos*
boogiewoogie *bugui-bugui* m
booglamp *lámpara* v *de arco voltaico*
boogschieten *tirar con arco*
Boogschutter *Sagitario* m
boogschutter *arquero* m; ⟨met kruisboog⟩ *ballestero* m
bookmaker *apostador* m *profesional; corredor* m *de apuestas*
bookmark *marcapáginas* m; *marca* v *de página*
bookmarken *marcar páginas*
boom[1] • gewas *árbol* m ★ met bomen beplant *arbolado; poblado de árboles* • slagboom *barrera* v • vaarboom *pértiga* v; *bichero* m ▼ een boom opzetten *echar una parrafada* ▼ hoge bomen vangen veel wind *en lo más alto cae el rayo; los más altos montes son combatidos con vientos mayores* ▼ je ziet door de bomen het bos niet meer *los árboles no dejan ver el bosque*
boomdiagram *diagrama* m *de árbol*
boomgaard *huerto* m; *vergel* m
boomgrens *límite* m *de vegetación arbórea*
boomklever *trepador* m
boomkweker *arboricultor* m
boomkwekerij *arboricultura* v
boomschors *corteza* v ⟨*de árbol*⟩
boomstam *tronco* m
boomstronk *leño* m
boon *alubia* v; *judía* v; *haba* v ★ witte boon *judía/alubia blanca* ★ bruine boon *judía (de color marrón)* ▼ ik ben een boon als ik het weet *que me muera ahora mismo si lo sé* ▼ in de bonen zijn *estar totalmente confundido*
boontje ▼ een heilig ~ *un santo* ▼ ~ komt om zijn loontje *quien mal intenta pagará la cuenta* ▼ ieder moet zijn eigen ~s maar doppen *coles no has de comer, déjalos cocer*
boor • boortoestel *taladro* m • boorijzer *barrena* v
boord I ZN [de] • rand *ribete* m • oever *ribera* v **II** ZN [het] • halskraag *cuello* m • opstaande ~ *cuello recto* ★ dubbele ~ *cuello doble* • SCHEEPV. *bordo* m ★ aan ~ gaan *ir a bordo; embarcar* ★ van ~ gaan *desembarcar*

boordcomputer *ordenador* m *de a bordo*
boordevol *a tope*; *lleno hasta el borde*
boordwerktuigkundige *mecánico* m *de a bordo*
booreiland *plataforma* v *de perforación*
boorkop *portabrocas* m
boormachine *taladro* m
boorplatform *plataforma* v *petrolífera*
boortoren *torre* v *de perforación*
boos *enojado*; *enfadado*; *cabreado* ★ boos zijn op iem. *estar enfadado/enojado con* ★ iem. boos maken *enfadar/enojar a u.p.* ★ boos worden *enfadarse*; *enojarse*; *agarrarse un cabreo*
boosaardig • gemeen *malicioso*; *maligno* ★ een ~e opmerking *una observación maliciosa* • gevaarlijk ★ een ~e ziekte *una enfermedad perniciosa*
boosdoener *malhechor* m
boosheid *enfado* m; *cabreo* m
boot ⟨zeewaardig⟩ *buque* m; *barco* m; ⟨voor kust/riviervaart⟩ *barca* v ★ met de boot gaan *ir en barco* ▼ de boot missen *perder* [ie] *el tren* ▼ toen was de boot aan *se armó la de Dios es Cristo* ▼ de boot afhouden *no querer* [ie] *cooperar* ▼ de boot ingaan *salir perdiendo* ▼ iem. in de boot nemen *tomarle el pelo a u.p.* ▼ uit de boot vallen *quedarse al margen*
booten *arrancar*; *cebar*; *inicializar*
boothals *escote* m *ovalado*
boothuis *cobertizo* m *para botes*
bootsman *contramaestre* m
boottocht *paseo* m *en barco*; *excursión* v *en barco*
boottrein *tren* m *que conecta con un transbordador*
bootvluchteling *refugiado* m *que huye de un país en barco*
bootwerker *descargador* m
bop *bop* m
bord • etensbord *plato* m ★ plat bord *plato llano/hondo* • speelbord *tablero* m • schoolbord *encerado* m; *pizarra* v • uithangbord *señal* v • naambord *placa* v • mededelingenbord *cartelera* v ▼ een bord voor zijn kop hebben *tener una venda delante de los ojos* ▼ de bordjes zijn verhangen *se ha vuelto la tortilla*
bordeaux *vino* m *de Burdeos*; *burdeos* m
bordeel *burdel* m; *casa* v *de citas*; *lupanar* m
border *arriate* m
borderline ★ ~ persoonlijkheid *personalidad* v *dudosa*
bordes *escalinata* v
bordspel *juego* m *de tablero*
borduren *bordar*; ⟨met gouddraad⟩ *recamar*
borduursel *bordadura* v
boren I OV WW met boor maken *taladrar*; *perforar* ★ een gat in de muur~ *hacer un agujero en la pared* **II** ON WW • met boor werken ★ ~ naar olie *sondear* • gaan door *traspasar*
borg • onderpand *fianza* v ★ een borg stellen *prestar fianza* • persoon *fiador* m; *garante* m/v ★ borg voor iem. staan *salir fiador por u.p.*
borgpen *pestillo* m *de seguridad*
borgsom *fianza* v

borgstelling *fianza* v
borgtocht • waarborgsom *fianza* v ★ iem. op ~ vrijlaten *dejar en libertad a alguien bajo fianza* • overeenkomst *afianzamiento* m
boring *taladrado* m
borium *boro* m
borrel • drankje *copa* v; *aperitivo* m ★ een ~ drinken *tomarse un aperitivo* • het samen drinken *aperitivo* m ★ een ~ geven *dar un aperitivo*
borrelen • bubbelen *borbotear*; *burbujear* • borrels drinken *tomar el aperitivo*
borrelgarnituur *tapas* v mv
borrelhapje *pincho* m; *tapa* v
borrelpraat *cháchara* v; *parloteo* m; INFORM. *palique* m
borst • lichaamsdeel *pecho* m ★ met blote ~ *despechugado* • vrouwenborst *pecho* m; *teta* v ★ de ~ geven *dar el pecho*; *amamantar* ▼ uit volle ~ *a voz en cuello* ▼ zich op de ~ kloppen *estar orgulloso* ▼ maak je ~ maar nat! *iya verás la que te espera!* ▼ een hoge ~ opzetten *ensoberbecerse*; *ufanarse*
borstbeeld *busto* m
borstbeen *esternón* m
borstcrawl *crol* m
borstel *cepillo* m
borstelen *cepillar*
borstelig *tieso*; *hirsuto*
borstholte *cavidad* v *torácica*
borstkanker *cáncer* m *de mama*; *cáncer* m *de pecho*
borstkas *tórax* m
borstplaat • snoepgoed *caramelo* m • deel van harnas *peto* m
borstprothese *protésis* m *de pecho*
borstslag *braza* v *de pecho*
borststem *voz* v *de pecho*
borststuk *coselete* m
borstvlies *pleura* v
borstvliesontsteking *pleuresía* v
borstvoeding *lactancia* v
borstwering *parapeto* m
borstzak *bolsillo* m *interior*
bos I ZN [de] bundel *ramo* m ★ bos (bloemen) *ramo* m *de flores* ★ bos (haar) *mata* v ★ bos (hout) *haz* m ★ bos (sleutels) *manojo* m **II** ZN [het] *bosque* m
bosachtig *boscoso*; *cubierto de bosques*
bosbeheer *explotación* v *forestal*
bosbes *arándano* m
bosbouw *industria* v *forestal*; *silvicultura* v
bosbrand *incendio* m *forestal*
bosje • bundeltje *manojo* m; *ramillete* m; ⟨v. hout/hooi/stro⟩ *haz* m • struiken *matorral* m
Bosjesman *bosquimano* m; *bosquimán* m
bosneger *negro* m *cimarrón*
Bosnië-Herzegovina *Bosnia-Herzegovina* v
Bosniër *bosnio* m; *bosníaco* m
Bosnisch *bosnio*; *bosníaco*
bosrand *linde* m *del bosque*
bosrijk *boscoso*
bosschage *boscaje* m
bosuil *autillo* m
bosviooltje *violeta* v *de bosque*
boswachter *guardabosque* m

bot I BNW • stomp *desafilado; romo* • lomp *bruto* ★ een bot antwoord *una respuesta ruda* II ZN [het] been *hueso* m III ZN [de] • vis *platija* v • PLANTK. *brote* m ▼ bot vangen *encontrar* [ue] *la puerta cerrada*
botanicus *botánico* m
botanie *botánica* v
botanisch *botánico*
botbreuk *fractura* v *de hueso*
boter *mantequilla* v ▼ ~ bij de vis *dinero contante y sonante* ▼ dat is ~ aan de galg gesmeerd *es una pérdida de tiempo*
boterbloem *botón* m *de oro*
boterbriefje ▼ samenwonen zonder ~ *convivir sin la bendición* ▼ een ~ halen *pasar por la vicaría*
boteren ▼ het botert niet tussen hen *no hacen buenas migas; no lo llevan bien*
boterham • CUL. snee brood *rebanada* v *de pan* ★ dubbele ~ *emparedado* m; *sandwich* m ★ belegde ~ *bocadillo* m • levensonderhoud ★ daar zit een dik belegde ~ in *con eso se puede ganar la vida*
boterkoek ≈ *mantecada* m
boterletter *pastel* m *de hojaldre rellena de pasta de almendras en forma de letra*
botervloot *mantequera* v
boterzacht *blando como la mantequilla*
botheid • het stomp zijn *embotamiento* m • domheid *torpeza* v; *estupidez* v • lompheid *grosería* v; *falta* v *de educación*
Botnische Golf *golfo* m *de Botnia*
botontkalking *osteoporosis* v
botsautootje *cochecito* m *de choque*
botsen *chocar; dar con* ★ ze botsten tegen elkaar *chocaron el uno contra el otro*
botsing • het botsen *choque* m; *colisión* v • strijd *enfrentamiento* m; *encontronazo* m ★ in ~ komen met *chocar con; enfrentarse con*
Botswana *Botsuana* v; *Botswana* v
bottelen *embotellar*
bottenkraker FORM. *quiropractor* m
botter *barco* m *de pesca*
botterik • lomperd *palurdo* m • domoor *torpe* m/v; *bruto* m
bottleneck *gollete* m
botulisme *botulismo* m
botvieren *dar rienda suelta a*
botweg *rotundamente; francamente*
boud *osado; atrevido*
bougie *bujía* v
bougiekabel *cable* m *de bujía*
bougiesleutel *llave* v *de bujía*
bouillon *caldo* m
bouillonblokje *pastilla* v *de caldo*
boulevard (in de stad) *avenida* v; *bulevar* m; (in de stad) *alameda* v; (langs zee) *paseo* m *marítimo*
boulevardblad *revista* v *amarilla*
boulevardpers *prensa* v *sensacionalista*
boulimia, boulimie *bulimia* v
bourgeois I ZN [de] *burgués* m [v: *burguesa*] II BNW *burgués*
bourgeoisie *burguesía* v
bourgogne *borgoña* m
Bourgondiër *borgoñón* m [v: *borgoñona*]
Bourgondisch *borgoñón* [v: *borgoñona*]; *exuberante*
bout • staaf, pin *tornillo* m; *perno* m • stuk vlees *pierna* v; *muslo* m • strijkbout *plancha* v
boutade *boutade* m; *salida* m
bouvier *bouvier* m
bouw • het bouwen *construcción* v ★ in de bouw werken *trabajar en la construcción* • opbouw *construcción* v; *arquitectura* v • lichaamsbouw *estatura* v ★ zwaar van bouw *de tipo pesado*
bouwbedrijf • bouwvak *ramo* m *de construcción* • onderneming *empresa* v *constructora*
bouwdoos *caja* v *de construcciones*
bouwen • construeren *construir*; ⟨v. gebouwen⟩ *edificar* ★ een huis ~ *construir/edificar una casa* ★ daar wordt gebouwd *allí están en obras* • ~ op vertrouwen *confiar (í) en* ★ op hem kun je ~ *puedes confiar en él*
bouwgrond • bouwterrein *terreno* m *de construcción*; *terreno* m *edificable* • akkerland *parcela* v
bouwjaar • jaar van bouwen *año* m *de construcción*; ⟨auto⟩ *año* m *de fabricación* • jaar van productie *año* m *de fabricación*
bouwkeet *barraca* v
bouwkunde *arquitectura* v *técnica*
bouwkundig *arquitectónico; de la construcción*
bouwkunst *arquitectura* v
bouwland *tierra* v *de cultivo*
bouwmateriaal [vaak mv] *material* m *de construcción*
bouwnijverheid *industria* v *de la construcción*
bouwpakket *paquete* m *con piezas para montar*
bouwplaat *maqueta* v
bouwplan *proyecto* m *arquitectónico*
bouwput *zanja* v
bouwrijp *edificable* ★ de grond ~ maken *hacer edificable el terreno*
bouwsteen • steen *ladrillo* m • FIG. *elemento* m
bouwstijl *estilo* m *arquitectónico*
bouwstof *material* m *de construcción*
bouwtekening *proyecto* m *arquitectónico*
bouwvak *construcción* v
bouwvakker *obrero* m *de la construcción*
bouwval *ruina* v
bouwvallig *ruinoso*
bouwvergunning *licencia* v *de construcción*
bouwwerk *edificio* m
boven I VZ • hoger dan *encima de* ★ ~ het huis *encima de la casa* ★ ~ het dal *sobre el valle* • meer dan ★ toegang ~ de twaalf jaar *entrada para mayores de doce años* ★ een prijs ~ de 100 euro *un premio de más de ciento euro* • ten noorden van ★ net ~ Utrecht *justo al norte de Utrecht* II BIJW hoger, hoogst *arriba* ★ naar ~ brengen *subir* ★ van ~ naar beneden *de arriba abajo* ★ hij woont ~ *viva arriba*
bovenaan en *cabeza de* ★ ~ de ranglijst *en cabeza de la clasificación* ★ zijn naam staat ~ de lijst *su nombre encabeza la lista*
bovenaanzicht *vista* v *superior*
bovenaards • bovengronds *supraterrenal* • hemels *celestial; sobrenatural*
bovenal *sobre todo; ante todo; más que nada*

bovenarm *brazo* m *superior*
bovenbeen *muslo* m
bovenbouw • hogere klassen op school *segundo* m *ciclo escolar* ★ ARCH. *superestructura* v
bovenbuur *vecino* m *de arriba*
bovendien *además*
bovendrijven • aan oppervlakte drijven *flotar*; *sobrenadar* • overhand hebben/krijgen *llegar a dominar* ★ komen ~ *salir a la superficie*
bovengenoemd *antedicho*; *arriba mencionado*
bovengrens *límite* m *superior*
bovengronds *aéreo* ★ ~e kabel *cable* m *aéreo*
bovenhand v de ~ krijgen *llegar a predominar*
bovenhands ★ ~ gooien *tirar a volea*
bovenhuis *piso* m *superior*
bovenin *arriba*
bovenkaak *mandíbula* v *superior*
bovenkamer *cuarto* m *alto* v het mankeert hem in zijn ~ *está chiflado*; *le falta un tornillo*
bovenkant *lado* m *superior*; *cara* v *superior*
bovenkomen • naar hogere verdieping komen *subir*; *llegar arriba* • aan oppervlakte komen *emerger* • opwellen *surgir*
bovenlaag • bovenste laag *capa* v *superior* • sociale klasse *clase* v *superior*
bovenlangs *por arriba*
bovenleiding *línea* v *de contacto aérea*
bovenlichaam *torso* m; *busto* m
bovenlicht *tragaluz* m
bovenlijf *torso* m; *busto* m
bovenlip *labio* m *superior*
bovenloop *curso* m *superior* ★ de ~ van de Rijn *el alto Rin*
bovenmate *extremadamente*; *excesivamente*
bovenmatig *excesivo*; *desmedido*; *desmesurado*
bovenmenselijk *sobrehumano*
bovennatuurlijk *sobrenatural*
bovenop • op de bovenkant *encima*; *arriba* ★ ~ de tafel staan *estar encima de la mesa* ★ ~ liggen *estar encima* • hersteld ★ iem. er (weer) ~ helpen *ayudar a alguien a levantar la cabeza* ★ er weer ~ komen *recuperarse*; *reponerse* v het ligt er dik ~ *no puede ser más claro*; *está clarísimo*
bovenst *superior*; *más alto*; *último* ★ de ~e verdieping *el último piso* v je bent een ~e beste *eres un tesoro*
bovenstaand *arriba mencionado* ★ het ~e *lo susodicho*; *lo precitado*
boventallig *extra*; *además de*
boventoon *dominante* v v de ~ voeren *llevar la voz cantante*
bovenuit *por encima*
bovenverdieping *piso* m *de arriba*; *ático* m
bovenzijde *lado* m *superior*
bowl *zumo* m *de frutas con o sin alcohol*
bowlen *jugar* [ue] *a los bolos*
bowling I ZN [het] het bowlen *juego* m *de bolos* II ZN [de] hal *bolera* v
box • kinderbox *parque* m • luidspreker *altavoz* m; *caja* v *acústica* • afgescheiden ruimte ⟨voor auto⟩ *cabina* v; ⟨voor paard⟩ *cuadra* v; ⟨als berghok⟩ *cuarto* m *trastero*
boxershort *calzoncillos* m mv *deportivos*
boycot *boicot* m [mv: *boicots*]; *boicoteo* m
boycotten *boicotear*
boze v dat is uit den boze *eso es muy malo*
braadpan *cacerola* v
braadslee ≈ *fuente* v *de horno*
braadspit *asador* m
braadworst *salchicha* v *asada*; *salchichón* m
braaf • deugdzaam *honesto* • gehoorzaam *bueno*; *obediente* ★ een ~ kind *un niño obediente*
braak I ZN [de] *fractura* v II BNW • onbebouwd *sin cultivar*; *en barbecho* ★ ~ liggen *estar sin cultivar/en barbecho* • onbewerkt m.b.t. kennis *por explorar* ★ ~ liggen *estar/quedar por explorar*
braakbal *bolo* m *alimenticio*
braakmiddel *vomitivo* m
braaksel *vómito* m
braam • vrucht *zarzamora* v • struik *zarza* v • ruwe rand *rebaba* v
brabbelen *farfullar*; *chapurrar*
braden I OV WW *bakken asar* II ON WW zonnebaden *tostarse* [ue]; *abrasarse*
braderie *mercadillo* m
brahmaan *brahmán* m
braille *braille* m
brainstormen *plantear ideas*
brainwave *inspiración* v; *idea* v *genial*
brak *salobre* ★ brakke grond *suelo* m *salobre*
braken *vomitar*; *devolver* [ue]
brallen *jactarse*; *fanfarronear*
brancard *camilla* v; *andas* v mv
branche *ramo* m
brancheorganisatie *organización* m *de un ramo*
branchevreemd *ajeno al ramo*
brand *incendio* m; *fuego* m ★ in ~ staan *arder*; *estar en llamas* ★ in ~ steken *incendiar*; *prender fuego a* ★ ~! *¡fuego!* ★ waar is de ~? *¿dónde está el fuego?* v iem. uit de ~ helpen *sacar de apuros a u.p.*
brandalarm *alarma* v *de incendios*
brandbaar *inflamable*
brandbeveiligingssysteem *sistema* m *de protección incendiaria*
brandblaar *ampolla* v
brandblusser *extintor* m *de incendios*
brandbom *bomba* v *incendiaria*
brandbrief *carta* v *apremiante*
branden I ON WW • in brand staan *arder*; *estar ardiendo* ★ het huis brandt *la casa está ardiendo* • gloeien *abrasar*; *arder*; *quemar* ★ de zon brandt *el sol quema* ★ een ~de hitte *un calor abrasador* • licht/warmte uitstralen *estar encendido/funcionando* ★ het licht brandt *la luz está encendida* ★ de verwarming brandt niet *la calefacción no funciona* v ~ van verlangen *arder en deseos* II OV WW • met vuur bewerken *tostar* [ue]; *quemar* ★ koffie ~ *tostar* [ue] *café* ★ pinda's ~ *tostar* [ue] *cacahuetes* • verwonden *quemar*
brander *quemador* m; *mechero* m; *boquilla* v
branderig a *quemado* ★ ~ ruiken *oler* [ue] *a quemado* ★ een ~ gevoel *un quemazón*
brandewijn *aguardiente* m
brandgang *cortafuego* m
brandglas *lupa* v
brandhaard *foco* m *de incendio*

brandhout *leña* v
branding *resaca* v
brandkast *caja* v *fuerte*
brandkraan *boca* v *de incendio*
brandladder *escalera* v *de incendios*
brandlucht *olor* m *a quemado*
brandmeester *oficial* m *de bomberos*
brandmelder *indicador* m *de incendios*
brandmerk • ingebrand merk *marca* v; *hierro* m • FIG. blijvende schande *estigma* m
brandmerken • een brandmerk geven *herrar* [ie]; *marcar con hierro* • FIG. stigmatiseren *estigmatizar*
brandnetel *ortiga* v
brandpreventie *prevención* v *de incendios*
brandpunt • *foco* m • middelpunt *centro* m
brandschade *daños* m mv *por incendio*
brandschilderen *tallar con un instrumento incandescente* ⋆ gebrandschilderd raam *vitral* m
brandschoon • helemaal schoon *inmaculado*; *impoluto* • onschuldig *inmaculado*; *impecable*
brandsingel *cortafuegos* m
brandslang *manguera* v *de incendios*
brandspuit *bomba* v *de incendios*
brandstapel *hoguera* v
brandstichten *provocar un incendio*
brandstichter *incendiario* m
brandstof *combustible* m
brandtrap *escalera* v *de emergencia/de incendios*
brandveilig *seguro contra el fuego*
brandverzekering *seguro* m *de incendios*
brandvrij *a prueba de incendios*
brandweer *cuerpo* m *de bomberos*; *bomberos* m mv
brandweerkorps *cuerpo* m *de bomberos*
brandweerman *bombero* m
brandwerend *a prueba de fuego*; *incombustible*
brandwond *quemadura* v
brandwondencentrum *centro* m *para tratamiento de quemaduras*
brandy *brandy* m
brandzalf *pomada* v *contra las quemaduras*
branie *atrevimiento* m ⋆ ~ schoppen *fanfarronear*; *bravear*
branieschopper *fanfarrón* m
brasem *besugo* m
brassen *hartarse*; *saciarse*
bravo *¡bravo!*; *¡muy bueno!*
bravoure *bravura* v
Braziliaan *brasileño* m
Braziliaans *brasileño*
Brazilië *Brasil* m
break *pausa* v
break-evenpunt *umbral* m *de la rentibilidad*; ECON. *punto* m *de indiferencia*
breed I BNW • *ancho*; *amplio* ⋆ het is 5 meter ~ *tiene 5 metros de ancho* • ruim *amplio*; *holgado* ⋆ het niet zo ~ hebben *vivir en la estrechez* • uitgebreid *amplio* ⋆ in de meest brede betekenis *en el sentido más amplio de la palabra* • er ~ van leven *vivir holgadamente* ▾ het ~ zien *ver el conjunto*; *verlo ampliamente* ▾ wie het ~ heeft, laat het ~ hangen *el que tiene, puede gastar* II BIJW *a lo ancho* ▾ in den brede *detalladamente*

breedbandverbinding *enlace* m *banda ancha*
breedbeeldtelevisie *televisor* m *de pantalla panorámica/ancha*
breedgeschouderd *ancho de hombros*
breedsprakig *prolijo*
breedte • afmeting *anchura* v; *ancho* m ⋆ in de ~ *a lo ancho* ⋆ over de hele ~ *a todo lo ancho* • AARDK. *latitud* v
breedtecirkel *paralelo* m
breedtegraad *grado* m *de latitud*
breeduit • voluit *abiertamente* ⋆ ~ lachen *reírse* [i] *a carcajadas* • in volle breedte *en toda su amplitud*
breedvoerig *prolijo*; *detallado*; *amplio*
breekbaar *frágil*
breekijzer *palanca* v; *palanqueta* v
breien *tejer*; *hacer punto* ⋆ een trui ~ *hacer un jersey de punto*
brein • *cerebro* m ⋆ elektronisch ~ *cerebro* m *electrónico* • verstand *cerebro* m ⋆ het ~ achter de organisatie *el cerebro de la organización*
breinaald *aguja* v *de punto*
breiwerk *labor* m *de punto*
brekebeen *chapucero* m
breken I OV WW • stuk maken *romper*; *quebrar* [ie]; ⟨v. bot⟩ *fracturar* • schenden *quebrantar*; *faltar a* ⋆ een belofte ~ *faltar a una promesa* • opvangen *amortiguar* ⋆ de val ~ *amortiguar la caída* II ON WW • stuk gaan *romperse*; *quebrarse* [ie] • NATK. *refractar* ⋆ het licht breekt *refracta la luz* • ~ met *romper con* ⋆ ~ met het verleden *romper con el pasado*
breker *cachón* m
breking *refracción* v
brekingsindex *índice* m *de refracción*
brem *retama* v
brengen • vervoeren ⟨v. spreker weg⟩ *llevar*; ⟨naar spreker toe⟩ *traer* ⋆ iem. naar huis ~ *llevar/acompañar a casa a u.p.* ⋆ wil je mij de krant ~? *¿quieres traerme el periódico?* ⋆ met zich ~ *traer consigo*; *implicar* • doen geraken ⋆ iem. ertoe ~ iets te doen *llevar a u.p. a hacer algo* ⋆ het tot minister ~ *llegar a ser ministro* ⋆ wat brengt u hier? *¿qué le trae por aquí?* ▾ iets naar voren ~ *exponer u.c.*; *plantear u.c.* ▾ het ver ~ *llegar lejos*; *ir muy lejos* ▾ het gesprek op iets ~ *llevar la conversación sobre u.c.* ▾ breng me niet tot het uiterste! *¡no me lleves a la desesperación!*
bres *brecha* v ▾ voor iem. in de bres springen *salir en defensa de u.p.*
Bretagne *Bretaña* v
bretel *tirante* m
breuk • scheur *ruptura* v; *rotura* v; *hendedura* v; *quebradura* v • FIG. verwijdering ⋆ de ~ tussen hen was definitief *la ruptura entre ellos era para siempre* • MED. botbreuk *fractura* v ⋆ gecompliceerde ~ *fractura* v *complicada* • MED. hernia *hernia* v • WISK. *quebrado* m; *fracción* v ⋆ tiendelige ~ *fracción* v *decimal*
breukvlak *falla* v
brevet *diploma* m; *certificado* m
brevier *breviario* m
bridge *bridge* m
bridgen *jugar* [ue] *al bridge*

brie *queso* m *tipo brie*
brief • *carta* v ★ aangetekende ~ *carta* v *certificada* ★ ingezonden ~ *carta* v *al director* • → **briefje**
briefgeheim *secreto* m *postal/epistolar*
briefhoofd *membrete* m
briefing *instrucciones* v mv
briefje • berichtje *esquela* v; *nota* v; ⟨v. de dokter⟩ *volante* ★ bankbiljet *billete* m ★ een ~ van honderd *un billete de cien* v dat geef ik je op een ~ *te lo aseguro*
briefkaart *tarjeta* v *postal*
briefopener *abrecartas* m
briefpapier *papel* m *de carta*
briefwisseling *correspondencia* v ★ met iem. een ~ voeren *mantener correspondencia con u.p.*
bries *brisa* v
briesen *bufar* v • van woede *estar que bufa*
brievenbus *buzón* m
brigade *brigada* v
brigadier *cabo* m
brij *papilla* v; *papas* v mv
brik I ZN [de] • rijtuig *break* m • schip *bergantín* m II ZN [de/het] baksteen *ladrillo* m
briket *briqueta* v
bril • glazen in montuur *gafas* v mv; *lentes* m mv • wc-bril *asiento* m
brildrager *portador* m *de gafas*
briljant I ZN [de] diamant *brillante* m II BNW *brillante*
brillenkoker *funda* v *de las gafas*
brilmontuur *montura* v *de las gafas*
brilslang *serpiente* v *de anteojos*
brink *plaza* v
brisantbom *bomba* v *explosiva*
Brit *británico* m
Brits *británico*; *britano*
brits *catre* m
broccoli *brécol* m; *bróculi* m
broche *broche* m; *prendedor* m
brochure *folleto* m
broddelwerk *chapucería* v; *chapuza* v
brodeloos *sin pan*; *sin recursos* ★ iem. ~ maken *dejar en la calle a u.p.*
broeden • ei doen uitkomen *empollar*; *incubar* • ~ **op** FIG. *tramar*; *incubar* ★ ~ op een plan *estar tramando un proyecto*
broeder • broer *hermano* m • verpleger *enfermero* m
broederlijk *fraternal*
broedermoord *fratricidio* m
broederschap • het broer-zijn *hermandad* v; *fraternidad* v • vereniging *gremio* m; *colegio* m • genootschap *cofradía* v; *congregación* v
broedgebied *zona* m *de anidación ornitológica*
broedmachine *incubadora* v
broedplaats *criadero* m; *vivero* m
broeds *clueca*; *llueca*
broedsel *nidada* v; *cría* v
broei *recalentamiento* m
broeien • drukkend warm zijn *hacer un calor sofocante* • heet worden *calentarse* [ie]; *fermentar* • dreigen *tramarse* ★ er broeit wat *algo se está tramando*
broeierig *bochornoso*; *sofocante*

broeikas *invernadero* m
broeikaseffect *efecto* m *invernadero*
broeinest *nido* m; *vivero* m
broek *pantalón* m; *pantalones* m mv ★ korte ~ *pantalón* m *corto* ★ zijn ~ aantrekken *ponerse los pantalones* v het in zijn ~ doen *acojonarse*; *mearse* v zij heeft de ~ aan *ella lleva los pantalones*
broekje • ondergoed *bragas* m mv; *calzoncillos* m mv • onervaren persoon *mocoso* m
broekpak *traje* m *pantalón*
broekriem *cinturón* m v de ~ aanhalen *apretarse* [ie] *el cinturón*
broekrok *falda* v *pantalón*
broekzak *bolsillo* m *del pantalón* ★ als zijn ~ kennen *conocer como la palma de su mano*
broer *hermano* m ★ ~tje *hermanito* m v daar heb ik een ~tje dood aan *lo aborrezco de muerte*
brok *pedazo* m; *trozo* m ★ brokken maken *causar daño* v een brok in de keel hebben *tener un nudo en la garganta*
brokaat *brocado* m
brokkelen *desmenuzar*; ⟨v. brood⟩ *desmigajar*
brokkelig *desmenuzable*
brokkenmaker *destrozón* m
brokstuk *fragmento* m; *retazo* m ★ de ~ken van een tekst *los fragmentos/retazos de un texto*
brombeer *gruñón* m
bromelia *bromelia* v
bromfiets *ciclomotor* m
bromfietser *motociclista* m/v
bromium *bromo* m
brommen • geluid maken ⟨v. insect⟩ *zumbar* • mopperen *gruñir*; *refunfuñar* • gevangen zitten *estar a la sombra*; *estar en chirona* • bromfietsen *ir en motocicleta*
brommer *ciclomotor* m
brompot *regañón* m [v: *regañona*]
bromtol *trompa* v
bromvlieg *moscardón* m
bron • opwellend water *fuente* v; *manantial* m • FIG. oorsprong *fuente* v; *origen* m ★ bron van inkomsten *fuente* v *de ingresos* • informatiebron *fuente* v ★ uit betrouwbare/welingelichte bron *de buena fuente*
bronbelasting *retención* v *fiscal en la fuente*
bronchitis *bronquitis* v
broncode *código* m *fuente*
brons *bronce* m
bronst *celo* m
bronstig *en celo*
bronstijd *edad* v *del Bronce*
bronsttijd *brama* v
brontosaurus *brontosaurio* m
bronvermelding *referencia* v *de la fuente*
bronwater *agua* v *de manantial*; *agua* v *viva*
bronzen I BNW van brons *de bronce* II OV WW *broncear*
brood • CUL. gebakken deegwaar *pan* m ★ een snee ~ *una rebanada de pan* ★ volkoren ~ *pan* m *integral* ★ wit ~ *pan* m *blanco* ★ oud ~ *pan* m *duro* • levensonderhoud ★ zijn ~ verdienen *ganarse el pan* v daar is geen droog ~ mee te verdienen *con eso no se gana nada* • → **broodje** v iem. het ~ uit de mond

stoten *quitarle a uno el pan de la boca*
broodbeleg *relleno* m *para el bocadillo*
brooddronken *atiborrado*; *sacio*
broodheer *patrón* m
broodje *bollo* m; *panecillo* m ★ belegd ~ *bocadillo* m; *bocata* v ▼ zoete ~s bakken *andarse con paños calientes*
broodjeszaak *snack bar* m; INFORM. *chiringuito* v
broodkorst *corteza* v
broodmaaltijd *comida* v *de bocadillos*
broodmager *muy flaco*; *enjuto* ★ ~ zijn *estar en los huesos*
broodmes *cuchillo* m *del pan*
broodnijd *envidia* v *profesional*
broodnodig *indispensable*; *imprescindible*
broodnuchter *muy sobrio*
broodplank *tabla* v *del pan*
broodroof ▼ ~ aan iem. plegen *robarle el pan a alguien*
broodrooster *tostadora* v
broodschrijver *escritorzuelo* m
broodtrommel *caja* v *para el pan*
broodwinning *profesión* v; *trabajo* m ★ een ~ hebben *ganarse la vida*
broom • broomkali *bromuro* m *potásico* • bromium *bromo* m
broos *frágil*; *quebradizo*
bros *crujiente*
brouilleren *emberrincharse*
brouwen *fabricar* ★ bier ~ *fabricar cerveza*
brouwer *fabricante* m *de cerveza*
brouwerij *cervecería* v
brouwsel *potingue* m; *brebaje* m
browsen *navegar por Internet/la Red*
browser *navegador* m
brr *¡tate!*; *¡humm!*
brug • verbinding OOK MED. *puente* m • gymnastiektoestel *barras* v mv *paralelas* ▼ over de brug komen *soltar* [ue] *la mosca*
Brugge *Brujas* v
bruggenhoofd *cabeza* v *de puente*
brugklas *curso* m *puente*
brugleuning *pretil* m
brugpieper OMSCHR. *alumno* m *de la clase puente*
brugwachter *guardapuentes* m
brui ▼ de brui aan iets geven *mandar a la porra u.c.*
bruid *novia* v; ⟨op trouwdag⟩ *recién* v *casada*
bruidegom *novio* m; ⟨op trouwdag⟩ *recién* m *casado*
bruidsboeket *ramo* m *de novia*
bruidsdagen *noviazgo* m
bruidsjapon *vestido* m *de novia*
bruidsjonker *padrino* m *de boda*
bruidsmeisje *doncella* v *de honor*
bruidspaar *novios* m mv
bruidsschat *dote* m/v
bruidssluier *velo* m *nupcial*
bruidssuiker *peladilla* v
bruikbaar *útil*; *servible*; *aprovechable* ★ voor niets ~ zijn *no servir* [i] *para nada*
bruikbaarheid *utilidad* v
bruikleen *préstamo* m *de uso* ★ in ~ *prestado* ★ in ~ geven *dar en préstamo de uso*

bruiloft *boda(s)* v (mv) ★ de zilveren ~ *las bodas de plata* ★ de gouden ~ *las bodas de oro* ★ een ~ vieren *celebrar una boda*
bruin I BNW • bruin van kleur *marrón*; *castaño* ★ ~ haar *pelo castaño* • zongebruind *moreno* ★ ~ worden *broncearse*; *ponerse moreno* ★ ~ braden *dorar* II ZN [het] kleur *color* m *marrón*; *color* m *café*
bruinbrood *pan* m *integral*
bruinen I OV WW bruin maken *dorar*; *tostar* [ue]; ⟨door zon⟩ *broncear* II ON WW bruin worden *broncearse*; *ponerse moreno*
bruinkool *lignito* m
bruinvis *marsopa* v; *marsopla* v
bruisen *espumar*; *burbujear* ▼ een ~de stad *una ciudad marchosa*
bruistablet *tableta* v *efervescente*
brulaap • aap *mono* m *aullador* • schreeuwlelijk *gritón* m
brulboei *boya* v *sonora*
brullen ⟨v. leeuw/tijger⟩ *rugir*; ⟨v. stier⟩ *bramar*; ⟨v. mens⟩ *aullar*; [ú] ⟨v. mens⟩ *vociferar*
brunch *desayuno* m *tardío*
brunette *morena* v
Brussel *Bruselas* v
brutaal • onbeschaamd *impertinente*; *insolente*; *fresco* ★ ~ zijn tegen *insolentarse con* • stoutmoedig *atrevido*
brutaliteit *impertinencia* v; *insolencia* v; *frescura* v
bruto *bruto* ★ ~ loon *sueldo* m *bruto*
brutoloon *sueldo* m *bruto*
bruusk *brusco*; *repentino*
bruut I ZN [de] *bruto* m II BNW *bruto*; *brutal*
btw *IVA* m; *Impuesto* m *sobre el Valor Añadido*
bubbelbad *turbellino* m; *baño* m *de burbujas*
buddy *compañero* m *de un enfermo de SIDA*
budget *presupuesto* m ★ binnen het ~ *dentro del presupuesto*
budgetbewaking *control* m *presupuestario*
budgetoverschrijding *exceso* m *presupuestario*
budgettair *presupuestario*
budgetteren *hacer el presupuesto*
buffel *búfalo* m
buffer *tope* m; *parachoques* m
bufferstaat *estado* m *tapón*
buffervoorraad *reserva* v; ⟨voedsel⟩ *provisiones* v mv
bufferzone *zona* v *tope*
buffet • meubel *aparador* m • tapkast *mostrador* m; *barra* v • maaltijd *buffet* m ★ koud ~ *buffet frío* ★ lopend ~ *buffet libre*; *buffet libre*
bug *error* m; *gazapo* m
buggy • kinderwagen *cochecito* m *para niños* • rijtuigje *calesa* v • sportwagen *buggy* m
bühne *teatro* v
bui • regenbui *chubasco* m; *aguacero* m ★ af en toe een bui *chubascos ocasionales* • humeur *humor* m ★ een goede / kwade bui hebben *estar de buenas/de malas* ★ hij heeft soms van die buien *¡a veces tiene unos humores!* ▼ bij buien *de vez en cuando*
buidel *bolsa* v
buideldier *marsupial* m
buigbaar *flexible*

bu

buigen I OV WW krom maken *doblar; inclinar* ★ zijn arm ~ *doblar el brazo* ★ het hoofd ~ *inclinar la cabeza; someterse* ▼ zich over een probleem ~ *estudiar un problema* **II** ON WW • afbuigen *doblarse;* ⟨v. weg⟩ *torcer* [ue] ★ de weg buigt naar links *el camino tuerce a la izquierda* • buiging maken *inclinarse* • **~ voor** *someterse a; ceder a/ante* ▼ het is ~ of barsten *antes doblar que quebrar*

buiging • het buigen *inclinación* v; *reverencia* v ★ een ~ maken *inclinarse* • stembuiging *modulación* v

buigingsuitgang *desinencia* v *gramatical*

buigzaam • buigbaar *flexible* • meegaand *dócil; flexible;* • *dúctil*

buiig *lluvioso*

buik • lichaamsdeel *vientre* m; *barriga* v ★ een dikke buik *una panza* ★ ik heb pijn in mijn buik *me duele la barriga* ★ zijn buik vullen *llenarse la panza/barriga* ★ op zijn buik liggen *estar boca abajo* ★ zijn buik vasthouden van het lachen *desternillarse de risa* • bol gedeelte ★ de buik van een fles *el vientre/la panza de una botella* • → **buikje** ▼ schrijf dat maar op je buik *¡olvídate!* ▼ ik heb er mijn buik van vol *estoy hasta el cuerno*

buikdansen *bailar moviendo el vientre*

buikdanseres *bailarina* v *árabe*

buikgriep *gastroenteritis* v

buikholte *cavidad* v *abdominal*

buikje *barriga* v ★ een ~ krijgen *echar barriga/panza*

buiklanding *aterrizaje* m *sin ruedas*

buikloop *diarrea* v

buikpijn *dolor* m *de vientre*

buikriem ▼ de ~ aanhalen *apretarse* [ie] *el cinturón*

buikspieroefening *ejercicio* m *abdominal*

buikspreken *ser ventrílocuo*

buikspreker *ventrílocuo* m

buikvlies *peritoneo* m

buikvliesontsteking *peritonitis* v

buikwand *pared* v *abdominal*

buil *chichón* m; *bulto* m ▼ daar kun je je geen buil aan vallen *¡no tiene pérdida!*

buis • pijp *tubo* m ★ buis van Eustachius *trompa de Eustaquio* • televisie *pequeña pantalla* v; *tele* v ★ Z–N onvoldoende *calabaza* v ★ Pieter heeft twee buizen: een voor natuurkunde en een voor scheikunde *a Pedro le han dado dos calabazas: una para física y una para química*

buiswater *rociada* v

buit *botín* m ★ iets buit maken *apresar u.c.; apoderarse de u.c.*

buitelen *dar tumbos/volteretas*

buiteling *tumbo* m; *voltereta* v

buiten I VZ • niet binnen ⟨een plaats⟩ *fuera de* ★ ~ de stad *fuera de la ciudad* • niet betrokken bij ★ laat mij daar ~ *¡no me metas!* ★ er ~ staan *no tener nada que ver* • zonder *sin* ★ ik kan niet ~ mijn fiets *no puedo arreglárselas sin mi bici* • behalve *excepto* ★ ~ haar vriendin wist niemand ervan *excepto su amiga nadie sabía nada* ▼ ~ zichzelf zijn *estar fuera de sí* **II** BIJW niet binnen *fuera* ★ ~ op straat *fuera en la calle* ★ van ~ naar binnen *de fuera a dentro.* ▼ zich te ~ gaan aan iets *excederse a* **III** [het] *casa* v *de campo*

buitenaards *extraterrestre*

buitenbaarmoederlijk ★ ~e zwangerschap *embarazo* m *ectópico*

buitenbad *piscina* v *al aire libre*

buitenband *neumático* m; *cubierta* v

buitenbeentje *tipo* m *raro*

buitenboordmotor *(motor)* m *fuera borda*

buitendeur *puerta* v *de la calle*

buitendienst *servicio* m *exterior*

buitenechtelijk *extramatrimonial*

buitengaats *en alta mar*

buitengewoon *extraordinario; excepcional* ★ ~ mooi *de una belleza extraordinaria*

buitenhuis *casa* v *de campo*

buitenissig *excéntrico; extravagante*

buitenkans *golpe* m *de suerte; ganga* v; *breva* v

buitenkant *exterior* m

buitenlamp *farola* v

buitenland *extranjero* m

buitenlander *extranjero* m

buitenlands *del extranjero; extranjero* ★ ~e producten *productos del extranjero* ★ ~e schuld *deuda exterior* ★ ~ nieuws *noticias del exterior*

buitenleven *vida* v *del campo*

buitenlucht *aire* m *libre*

buitenmens *persona* v *que le gusta el campo*

buitenmodel *especial; diferente de lo corriente* ★ een ~ pak *un traje de modelo especial*

buitenom *por fuera* ★ ~ gaan *ir por fuera*

buitenparlementair *extraparlamentario*

buitenplaats *casa* v *de campo*

buitenshuis *fuera de casa*

buitenspel *fuera de juego*

buitenspeler *extremo* m; *ala* m

buitenspiegel *espejo* m *retrovisor exterior*

buitensporig *excesivo; exorbitante; desmedido*

buitensport *deporte* m *al aire libre*

buitenstaander *profano* m; *persona* v *ajena al asunto*

buitenverblijf *casa* v *de campo*

buitenwacht *personas* v mv *no implicadas en el asunto* ★ hij heeft het van de ~ *lo sabe por boca ajena*

buitenwereld *mundo* m *exterior* ★ voor de ~ *de puertas afuera* ★ afgesneden van de ~ *totalmente aislado*

buitenwijk *barrio* m *periférico; arrabal* m ★ de ~en van de stad *las afueras de la ciudad*

buitenzijde *exterior* m; *lado* m *exterior*

buitmaken *conquistar; apoderarse de*

buizerd *ratonero* m *común*

bukken *acurrucarse; agacharse*

buks *escopeta* v

bul • stier *toro* m • oorkonde *diploma* m • pauselijke brief *bula* v

bulderen • dreunen ⟨v. geschut⟩ *tronar;* [ue] ⟨v. storm⟩ *rugir* • brullen *bramar* ★ ~ van het lachen *reírse* [i] *a carcajadas*

buldog *buldog* m

Bulgaar *búlgaro* m

Bulgaars I ZN [het] taal *búlgaro* m **II** BNW m.b.t. Bulgarije *búlgaro*

Bulgarije *Bulgaria* v
bulk *granel* m ★ graan in bulk *trigo* m *a granel*
bulken van *nadar en* ★ ~ van het geld *nadar en la riqueza*
bulkgoederen *mercancías* v mv *a granel*
bulldozer *buldozer* m; *niveladora* v
bullebak *cascarrabias* m
bulletin *boletín* m
bult • buil *chichón* m; *bulto* m • bochel *joroba* v ▼ zich een bult lachen *retorcerse* [ue] *de risa*
bultenaar *jorobado* m
bumper *parachoques* m
bundel • pak *paquete* m; ⟨v. kleren e.d.⟩ *lío* m; ⟨v. papieren⟩ *legajo* m; ⟨v. takken e.d.⟩ *haz* m; ⟨v. bankbiljetten⟩ *fajo* m • boekje *colección* v; *volumen* m ★ een ~ gedichten *una colección de poemas*
bundelen *unir*; *concentrar*; ⟨v. teksten⟩ *reunir* [ú] ★ liederen ~ *reunir canciones en un volumen* ★ krachten ~ *unir fuerzas*
bungalow *bungalow* m
bungalowpark *parque* m *de bungalows*
bungalowtent *tienda-bungalow* v [mv: *tiendas-bungalow*]
bungeejumpen I ZN [het] *banyi* m **II** ON WW *hacer banyi / bungee / puenting / puentismo*
bungelen *balancear*
bunker • verdedigingswerk *búnker* m; *casamata* v • brandstofruim *carbonera* v
bunkeren • brandstof innemen *tomar combustible* • veel eten *hartarse*; *atiborrarse*
bunsenbrander ⟨bij papiervervaardiging⟩ *quemador* m *bunsen*; ⟨bij chemisch laboratorium⟩ *mechero* m *bunsen*
bunzing *turón* m
bups *follón* m ★ de hele bups *todo el asunto*
burcht *castillo* m
bureau • schrijftafel *escritorio* m • afdeling *oficina* v; *despacho* m • politiebureau *comisaría* v
bureaucratie *burocracia* v
bureaucratisch *burocrático*
bureaulamp *lámpara* v *de escritorio*
bureaustoel ⟨met armen⟩ *sillón* m *de escritorio*; ⟨zonder armen⟩ *silla* v *de escritorio*
buren • → **buur**
burengerucht *alboroto* m
burgemeester *alcalde* m
burger ⟨inwoner⟩ *ciudadano* m; ⟨niet militair⟩ *civil* m; ⟨burgerman⟩ *burgués* m ▼ in ~ *de paisano* ▼ dat geeft de ~ moed *levanta la moral*
burgerbevolking *población* v *civil*
burgerij • bevolking *ciudadanos* m mv • stand *burguesía* v; *clase* v *media* ★ de gegoede ~ *la burguesía acomodada* ★ de kleine ~ *la pequeña burguesía*
burgerkleding *traje* m *de paisano*
burgerlijk • van de burgerstand *burgués* • van de staatsburger *civil* • kleinburgerlijk *cursi*; *hortera*
burgerluchtvaart *aviación* v *civil*
burgerman *burgués* m ★ de kleine ~ *el pequeño burgués*
burgeroorlog *guerra* v *civil*
burgerplicht *deber* m *cívico*
burgerrecht *derecho* m *civil*
burgerslachtoffer *víctima* v *civil*
burgervader *alcalde* m
burgerwacht *guardia* v *cívica*; *comité* m *de vigilancia*
bus • trommel *caja* v; *lata* v • autobus *autobús* m ★ met de bus gaan *ir en autobús* ★ de bus missen *perder* [ie] *el autobús* • brievenbus *buzón* m ★ een brief op de bus doen *echar una carta al buzón* ▼ uit de bus komen *resultar* ▼ dat klopt als een bus! *¡eso es!*; *cuadra perfectamente*
busbaan *carril* m *para autobuses*
buschauffeur *conductor* m *de autobús*; INFORM. *autobusero* m
busdienst *servicio* m *de autobuses*
bushalte *parada* v *de autobús*
businessclass *clase* v *ejecutiva*; *clase* v *preferente*; *primera clase* v
buskaart *bonobús* m ★ bus- en metrokaart *metrobús* m
buskruit *pólvora* v ▼ hij heeft het ~ niet uitgevonden *no ha inventado la pólvora*
buslichting *recogida* v *de cartas*
busstation *estación* v *de autobuses*
buste • boezem *busto* m • borstbeeld *busto* m
bustehouder *sostén* m
butagas *gas* m *butano*
buts *abolladura* v
button *chapa* v
buur *vecino* m
buurjongen *chico* m *de al lado*
buurland *país* m *vecino*
buurman *vecino* m ▼ al te goed is ~s gek *la oveja mansa, cada cordero la mama*
buurmeisje *vecina* v
buurt • omgeving *cercanía* v ★ hier in de ~ *cerca de aquí* ★ ergens hier in de ~ *por aquí* ★ uit de ~ blijven van *no acercarse a* • wijk *barrio* m ★ de rosse ~ *el barrio chino* ★ hij is iem. uit de ~ *es un vecino*
buurtbewoner *habitante* m *del barrio*; *vecino* m
buurtcafé *bar* m *de barrio*
buurten *charlar con los vecinos*
buurthuis *casa* v *de barrio*
buurtwerk *trabajo* m *socio-cultural de barrio*
buurtwinkel *tienda* v *de barrio*
buurvrouw *vecina* v
buzzer *busca* m
bv. *por ejemplo*
B-verpleging *enfermería* v *de cuidados mentales*; *cuidado* m *de enfermos psiquiatricos*
B-weg *carretera* v *de tercer orden*; *carretera* v *secundaria*
bypassoperatie *operación* v *de by-pass*
byte *byte* m
Byzantijns *bizantino*

C

c • letter *c* v ⋆ de c van Cornelis *la c de Carmen* • muzieknoot *do* m; *C* v
cabaret *cabaré* m
cabaretier *humorista* m/v; *satírico* m
cabine *cabina* v
cabriolet *cabriolé* m
cacao *cacao* m
cacaoboter *manteca* v *de cacao*
cachet *cachet* m
cachot *calabozo* m; *cárcel* v
cactus *cacto* m
CAD *Consultorio* m *para Alcohol y Drogas*
cadans *cadencia* v
caddie *caddie* m/v
cadeau *regalo* m ⋆ iem. iets ~ geven *regalar u.c. a u.p.* ⋆ iets ~ krijgen *recibir un regalo*
cadeaubon *bono-regalo* m
cadet *cadete* m
cadmium *cadmio* m
café *café* m; *bar* m ⋆ naar het café gaan *ir al bar*
caféhouder *cafetero* m; *dueño* m *de un café*
cafeïne *cafeína* v
cafeïnevrij *descafeinado*; *sin cafeína*
café-restaurant *bar-restaurante* m
cafetaria *cafetería* v
caissière *cajera* v
caisson *campana* v *sumergible*
caissonziekte *enfermedad* v *de los buzos*
cake *bizcocho* m
calamiteit *calamidad* v
calcium *calcio* m
calculatie *cálculo* m
calculator • rekenmachine *calculadora* v • beroep *calculador* m
calculeren *calcular*
caleidoscoop *calidoscopio* m
callcenter *centro* m *de llamadas*
callgirl *call-girl* v
calloptie *opción* v *de compra*
calorie *caloría* v
caloriearm *bajo en calorías*
calorierijk *de muchas calorías*
calvinisme *calvinismo* m
calvinistisch *calvinista*
Cambodja *Camboya* v
camcorder *video-cámara* v
camee *camafeo* m
camera *cámara* m/v
cameraman *operador* m *de cámara*; *cámara* m/v
camion *camión* m
camioneur *camionero* m
camouflage *camuflaje* m
camoufleren *camuflar*
campagne • propaganda-actie *campaña* v • veldtocht *cruzada* v
camper *autocaravana* v
camping *camping* m
campingwinkel *tienda* v *del camping*
campus *ciudad* v *universitaria*; *campus* m
Canada *Canadá* m
Canadees I ZN [de] bewoner *canadiense* m/v II BNW m.b.t. Canada *canadiense*
canapé *canapé* m; *sofá* m
Canarische Eilanden *Canarias* v mv; *Islas Canarias* mv ⋆ van de ~ *canario*
canon *canon* m [mv: *cánones*]
canoniek *canónico*
Cantabrië *Cantabria* v
Cantabrisch *cantábrico*; *cántabro*
cantate *cantata* v
cantharel *mízcalo* m; *rebollón* m
cantorij *cantoría* v
canvas *cañamazo* m; *lona* v
canyoning *canyoning* m
cao *Convenio* m *Colectivo (de trabajo)*
capabel *capaz*
capaciteit • vermogen *cabida* v; *capacidad* v; ⟨v. accu/motor⟩ *potencia* v; ⟨v. een accu/motor⟩ *potencial* m; ⟨v. zaal⟩ *aforo* m • bekwaamheid *capacidad* v; *aptitud* v
cape *capa* v; ⟨v. stierenvechter⟩ *capote* m
capitulatie *capitulación* v
capituleren *capitular*
cappuccino *capuchino* m
capriool *cabriola* v
capsule *cápsula* v
captain *capitán* m
capuchon *capucha* v; REL. *capa* v *de coro*; ⟨v. boetelingen⟩ *capirote* m
cara *enfermedades* v mv *crónicas y atípicas de las vías respiratorias*
Caraïbisch ⋆ ~e Eilanden *las Islas del Caribe*
carambole *carambola* v
caravan *caravana* v
carbol *fenol* m; *carbol* m
carbolineum *carbolíneo* m
carbonaat *carbonato* m
carbonpapier *papel* m *de calcar*; *papel* m *carbón*
carburateur, carburator *carburador* m
carcinogeen *cancerígeno*; *carcinógeno*
carcinoom *carcinoma* m
cardiogram *cardiograma* m
cardiologie *cardiología* v
cardioloog *cardiólogo* m
cargadoor *corredor* m *marítimo*
cargo *carga* v
cariës *caries* v
carillon *carillón* m
carkit *kit* m *manos libres (de coche)*
carnaval *carnaval* m
carnet *carnet* m; *carné* m
carnivoor *carnívoro*; *carnicero*
carpoolen *compartir el coche para ir de casa al trabajo*
carport *cobertizo* m *para coches*
carré *cuadro* m
carrière *carrera* v ⋆ een schitterende ~ *una carrera luminosa* ⋆ ~ maken *hacer carrera*
carrièreplanning *planificación* v *del futuro profesional*
carrosserie *carrocería* v
carte blanche *carta* v *blanca* ⋆ ~ krijgen *tener carta blanca*
carter *cárter* m
cartografie *cartografía* v
cartoon *dibujo* m *cómico*
cartridge *cartucho* m *(de tinta)*

cascade *cascada* v
casco *casco* m
cascoverzekering *seguro* m *de cascos*
cash *dinero* m *efectivo*; *dinero* m *contante y sonante*
cashewnoot *anacardo* m
casino *casino* m
cassatie *casación* v ★ in ~ gaan *interponer recurso de casación* ★ ~ aantekenen *apelar de/contra una sentencia*
casselerrib *chuleta* v *de cerdo salada*
cassette • doos *estuche* m; (voor juwelen) *joyero* m • cassettebandje *casete* m
cassettebandje *cinta* v
cassettedeck *casete* m
cassetterecorder *casete* m
cassis *refresco* m *de grosellas negras*
castagnetten *castañuelas* v mv
Castiliaans *castellano*
Castilië *Castilla* v
castratie *castración* v
castreren *castrar*
catacombe *catacumbas* v mv
Cataalaans *catalán* [v: *catalana*]
catalogiseren *catalogar*
catalogus *catálogo* m
Catalonië *Cataluña* v
catamaran *catamarán* m
cataract *catarata* v
catastrofaal *catastrófico*
catastrofe *catástrofe* v
catechese *catequesis* v
catechisatie *catequización* v; *catequesis* v
catechismus *catecismo* m
categorie *categoría* v
categorisch I BNW *categórico* **II** BIJW *categóricamente*
categoriseren *clasificar en categorías*
catering *catering* m
catharsis *catarsis* v
causaal *causal*
cavalerie *caballería* v
cavia *conejillo* m *de Indias*
cayennepeper *guindillo* m *de Indias*
cc I ZN [de] copie conform *copia* v *complementaria* **II** AFK • copie conform *cc*; *copia conforme* • inhoudsmaat *centímetro* m *cúbico*
c-cedille *'c' cedilla* v
cd *cd* m
cd-bon *bono* m *de CD*
cd-brander *quemador* m
cd-r *CD-R* m
cd-rom *CD-ROM* m
cd-romspeler *unidad* v *de CD-ROM*
cd-speler *reproductor* m *de CD*; *compact* m *disc*
cd-winkel *tienda* v *de discos compactos*
ceder *cedro* m
cederhout *(madera* v *de) cedro*
cedille *cedilla* v
ceintuur *cinturón* m
cel • hokje *celda* v • ANAT. onderdeel van organisme *célula* v • BIOL. kamer in honingraat *celda* v; *cedilla* v
celdeling *división* v *celular*
celebreren *celebrar*

celgenoot *compañero* m *de celda*
celibaat *celibato* m
cellist *violoncelista* m/v
cello *violoncelo* m
cellofaan *celofán* m
cellulitis *celulitis* v
celluloid *celuloide* m
cellulose *celulosa* v
Celsius *Celsio* m ★ 20 graden ~ *veinte centígrados*; *veinte grados*
celstof *celulosa* v
celtherapie *terapia* v *celular*
cement *cemento* m
cementmolen *hormigonera* v
censureren *censurar*
censuur *censura* v
cent *céntimo* m ▼ geen cent waard zijn *no valer un comino* ▼ geen rooie cent hebben/geen cent te makken hebben *estar sin un cuarto*; *no tener ni una perra* ▼ centen hebben *tener muchos cuartos* ▼ iedere cent omkeren *ser avaro* ▼ een aardige cent verdienen *ganarse un buen dinero*
centaur *centauro* m
centercourt *pista* v *central*; *pista* v *principal*
centimeter *centímetro* m
centraal *central*; *céntrico*
Centraal-Afrikaanse Republiek *República* v *Centroafricana*
centrale *central* v ★ elektrische ~ *central* v
centralisatie *centralización* v
centraliseren *centralizar*
centreren *centrar*
centrifugaal *centrífugo*
centrifuge *centrifugadora* v
centrifugeren *centrifugar*
centripetaal *centrípeto*
centrum • middelpunt *centro* m ★ ~ van de stad *centro* m *de la ciudad* • instelling *centro* m ★ cultureel ~ *centro cultural*
ceramiek *cerámica* v
ceremonie *ceremonia* v
ceremonieel I ZN [het] *ceremonial* m; *protocolo* m **II** BNW *ceremonial*
ceremoniemeester *maestro* m *de ceremonias*
certificaat • getuigschrift *certificado* m ★ ~ van oorsprong *certificado de origen* • waardepapier *certificado* m ★ ~ van aandeel *certificado* m *de acciones*
cervelaatworst ≈ *salchichón* m
cessie *cesión* v
cesuur *cesura* v
cfk *CFC* m; *clorofluorocarbono* m
chador *chador* m
chagrijn *malhumor* m
chagrijnig *malhumorado*
chalet *chalet* m [mv: *chalets*]
champagne *champán* m; *champaña* v; (Spaanse) *cava* v
champignon *champiñón* m
chanson *canción* v
chantage *chantaje* m ★ ~ plegen *hacer chantaje*
chanteren *chantajear*
chaoot *calamidad* v; *caótico* m; *desastre* m
chaos *caos* m; *confusión* v
chaotisch *caótico*; *desordenado*

charge I ZN [de] aanval *carga* v; *agresión* v ★ een ~ uitvoeren op betogers *cargar contra los manifestantes* II BIJW • → **getuige**
charisma *carisma* m
charlatan *charlatán* m
charmant *encantador*
charme *encanto* m
charmeren *encantar*; *embelesar* ★ gecharmeerd zijn van *estar encantado / prendado de*
charmeur *seductor* m
chartaal ★ ~ geld *dinero* m *en efectivo*
charter *vuelo* m *chárter*; ⟨met vracht⟩ *vuelo* m *fletado*
charteren • afhuren *fletar* • hulp inroepen *enganchar*
chartermaatschappij *compañía* v *de vuelos chárter*
chartervliegtuig *avión* m *chárter*; ⟨met vracht⟩ *avión* m *fletado*
chartervlucht *vuelo* m *chárter*
chassis *chasis* m
chatbox *zona* v *de chat*
chatten *chatear*
chauffage *calefacción* v *central*
chaufferen *conducir*
chauffeur *chófer* m/v; *conductor* m
chauvinisme *patriotismo* m; *patriotería* v
checken *controlar*; *verificar*
checklist *lista* v *de comprobación*
chef *jefe* m ★ cheffin *jefa* v
chef-kok *cocinero-jefe* m
chef-staf *jefe* m *del Estado Mayor*
chemicaliën *productos* m mv *químicos*
chemicus *químico* m
chemie *química* v
chemisch *químico*
chemokar *servicio* m *de recogida de los desperdicios químicos*
chemotherapie *quimioterapia* v
cheque *cheque* m
cherubijn *querubín* m
chic I BNW *elegant chic* ★ de chique mensen *gente refinada*; INFORM. *gente guapa* II ZN [de] elegantie *elegancia* v
Chileen *chileno* m
Chileens *chileno*
Chili *Chile* m
chili *chile* m ★ ~ con carne *chile* m *con carne*
chimpansee *chimpancé* m
China *China* v
Chinees I ZN [de] bewoner *chino* m II ZN [het] TAALK. taal *chino* m III BNW m.b.t. China *chino*; *chinesco*
chinees ⟨restaurante⟩ m *chino*
chinezen *esnifar heroína evaporada*
chip • COMP. *chip* m • → **chips**
chipkaart *tarjeta* v *de chip*
chipolatapudding *pudín* m *de frutas y licor*
chips *patatas* v mv *fritas* ★ een zakje ~ *una bolsita de patatas fritas*
chiropracticus *fisioterapeuta* m *para los dolores de espalda*
chirurg *cirujano* m
chirurgie *cirugía* v
chirurgisch *quirúrgico*
chlamydia *clamidia* v

chloor *cloro* m
chloride *sal* v *del ácido clorhídrico*; *cloruro* m
chloroform *cloroformo* m
chlorofyl *clorofila* v
chocolaatje *chocolatina* v
chocolade, chocola *chocolate* m
chocoladeletter *letra* v *de chocolate*
chocolademelk *leche* v *chocolatada*
chocolaterie *chocolatería* v
chocopasta *pasta* v *de chocolate*
choke *estrangulador* m; *aire* m ★ de ~ gebruiken *usar el aire*
cholera *cólera* m
cholesterol *colesterol* m
cholesterolgehalte *índice* m *de colesterol*
choqueren *chocar*
choreograaf *coreógrafo* m
choreografie *coreografía* v
chorizo *chorizo* m
christelijk *cristiano*
christen *cristiano* m
christendemocraat *democristiano* m
christendemocratisch *democristiano*; *democratacristiano*
christendom *cristianismo* m
Christus *Cristo* m ★ na ~ *después de Jesucristo* ★ voor ~ *antes de Jesucristo*
chromosoom *cromosoma* m
chronisch *crónico*
chronologie *cronología* v
chronologisch *cronológico*
chronometer *cronómetro* m
chroom *cromo* m
chrysant *crisantemo* m
cichorei *achicoria* v
cider *sidra* v
cijfer • teken *cifra* v; *número* m ★ ronde ~s *cifras redondas* • beoordeling *nota* v ▼ in de rode ~s staan *tener un saldo negativo*
cijfercode *clave* v
cijferen *calcular*; *hacer números*
cijferlijst *lista* v *de calificaciones/notas*
cijfermateriaal *cifras* v mv
cijferslot *cerradura* v *de combinación*
cilinder *cilindro* m
cilinderslot *cerradura* v *cilíndrica*
cineast *cineasta* m/v
cinefiel *cinéfilo* m
cinema *cine* m
cipier *carcelero* m; *guardián* m
cipres *ciprés* m
circa *cerca de*; *aproximadamente* ★ er zijn ~ duizend mensen *hay cerca de mil personas*
circuit *circuito* m
circulaire *circular* v
circulatie *circulación* v ★ in ~ brengen *poner en circulación*
circuleren *circular*
circus *circo* m
circusnummer *número* m *de circo*
cirkel *círculo* m; ⟨cirkelomtrek⟩ *circunferencia* v ▼ de ~ is (weer) rond *se cierra el círculo*
cirkelen *voltear*
cirkelredenering *razonamiento* m *circular*
cirkelzaag *sierra* v *circular*
cis *do* m *sostenido*

ciseleren cincelar; ⟨v. goud/zilver⟩ repujar
citaat cita v
citadel ciudadela v; alcazaba v
citer cítara v
citeren citar
citroen limón m
citroengeel amarillo limón
citroenmelisse melisa v; toronjil m
citroensap zumo m de limón
citroenvlinder mariposa v del limón
citroenzuur ácido m cítrico
citruspers exprimidor m
citrusvrucht cítrico m
civiel civil ★ een ~e zaak un pleito civil ★ in ~ de paisano
civielrechtelijk según el derecho civil
civilisatie civilización v
civiliseren civilizar
claim • aanspraak reclamación v; pretensión v; ⟨recht op iets⟩ derecho m • voorkeursrecht título m legal
claimen reclamar
clan clan m
clandestien I BNW clandestino; furtivo II BIJW en secreto
classicisme clasicismo m
classicistisch clasicista
classicus clásico m; clasicista m
classificatie clasificación v
classificeren clasificar
claustrofobie claustrofobia v
clausule cláusula v
claxon bocina v; claxon m [mv: claxons]
claxonneren tocar el claxon
clean • zuiver aséptico • zakelijk frío • afgekickt limpio
clematis clemátide v
clementie clemencia v
clerus clero m; clerecía v
cliché • drukplaat clisé m; cliché m • gemeenplaats cliché m; estereotipo m
clichématig tópico
client cliente m
cliënt cliente m/v
clientèle clientela v
cliffhanger momento m de suspense en una película o serie de televisión
climax clímax m
clinch ▾ in de ~ gaan llegar a las manos
clip clip m
clitoris clítoris m
closet lavabo m; retrete m; wáter m
closetpapier papel m higiénico
closetrol rollo m de papel higiénico
close-up primer m plano
clou quid m; detalle m
clown payaso m ★ de ~ uithangen hacer el payaso
clownesk clownesco; de payaso
club • vereniging club m • groep vrienden pandilla v; basca v; peña v • golfstick palo m de golf
clubhuis sede v de un club
clubverband club m
cluster agrupación v
clusterbom bomba v de racimo

clusteren agrupar
coach entrenador m; preparador m; ⟨v. nationaal team⟩ seleccionador m
coachen entrenar; preparar
coalitie coalición v
coalitiepartner partido m de la coalición
coassistent estudiante m de medicina en prácticas
coaster buque m de cabotaje
coating capa v protectora
coauteur coautor m
coaxkabel cable m coaxial
cobra cobra v
cocaïne cocaína v
cockpit cabina v del piloto
cocktail cóctel m
cocktailbar bar m cóctel
cocktailjurk vestido m para un cóctel
cocktailprikker palillo m de cóctel
cocon capullo m
cocoonen hacer vida casera
code • tekensysteem código m • geheimschrift clave v • set gedragsregels código m
codeïne codeína v
codenaam nombre m en clave
coderen codificar; poner en código/clave
codex códice m
codicil codicilo m
codificeren codificar
coëfficiënt coeficiente m
co-existentie coexistencia v
co-existeren coexistir
coffeeshop cafetería v
cognac coñac m
cognitief cognoscitivo
coherent coherente
coherentie coherencia v
cohesie cohesión v
coiffure peinado m
coïtus coito m; cópula v
coke • cocaïne coca v • cola cocacola v
cokes cok m; coque m
col • rolkraag cuello m vuelto • bergpas collado m
cola cocacola v
cola-tic cubalibre m
colbert americana v; chaqueta v
collaborateur colaboracionista m/v
collaboratie colaboración v
collaboreren colaborar
collage collage m
collectant postulante m/v; postulador m
collect call llamada v a cobro revertido
collecte colecta v
collectebus hucha v; alcancía v
collecteren hacer una colecta; ⟨op straat⟩ postular
collectie colección v
collectief I ZN [het] groep colectivo m II BNW colectivo ★ de collectieve sector el sector m colectivo
collectivisme colectivismo m
collector's item pieza v de colección
collega colega m/v; compañero m; INFORM. compinche m
college • les clase v ★ ~ geven dar clases ★ ~

lopen/volgen *seguir* [i] *clases* • bestuurslichaam *consejo* m ★ medisch ~ *colegio de médicos* ★ rechterlijk ~ *tribunal colegiado* ★ ~ van burgemeester en wethouders *el alcalde y los tenientes de alcalde* • school *colegio* m
collegedictaat *apuntes* m mv
collegegeld *matrícula* v
collegekaart *carnet* m *de estudiante*
collegezaal *aula* v
collegiaal *de buen colega*
collegialiteit *compañerismo* m
collier *collar* m; *gargantilla* v
colloïde *coloide* m
colofon *colofón* m; *pie* m *de imprenta*
Colombia *Colombia* v
Colombiaan *colombiano* m
Colombiaans *colombiano*
colonne *columna* v
coloradokever *escarabajo* m *de la patata*
colportage *venta* v *a domicilio*
colporteren *vender de puerta en puerta*
colporteur *vendedor* m *de puerta en puerta*
coltrui *jersey* m *de cuello vuelto*
column *columna* v
columnist *columnista* m/v; *articulista* m/v
coma *coma* v
comapatiënt *paciente* m/v *en estado de coma*
comateus *comatoso*
combi *coche* m *para el transporte de personas y de mercancías*
combinatie *combinación* v
combinatietang *alicates* m mv *universales*
combine¹ (zeg: kombien) *asociación* v
combine² (zeg: kombaajn) *cosechadora* v
combineren *combinar*
combo *combo* m
comeback *reaparición* v
comedy *serie* v *cómica*
comfort *comodidad* v; *confort* m ★ van alle ~ voorzien *provisto de todo confort*; *provisto de todas las comodidades*
comfortabel *cómodo*; *confortable*
comité *comité* m; *comisión* v
commandant *comandante* m
commanderen • bevelen *ordenar*; *mandar* • het bevel voeren *comandar*
commando I ZN [het] • bevel *mandato* m; *mando* m • bevelvoering *comando* m II ZN M soldaat *comando* m
commandotroepen *tropas* v mv *especiales*
commentaar *comentario* m ★ ~ leveren op *hacer comentarios sobre*; *comentar*
commentaarstem *voz* v *en off*
commentariëren *comentar*
commentator *comentarista* m/v
commercial *anuncio* m *comercial*
commercialiseren *comercializar*
commercialisering *comercialización* v
commercie *comercio* m
commercieel *comercial*; *mercantil*
commies *administrativo* m
commissariaat • ambt *comisaría* v • bureau *comisaría* v
commissaris • gemachtigde ★ ~ van politie *comisario* m *de policía* ★ ~ der Koningin *Comisario* m *de la Reina* • lid raad v. commissarissen *consejero* m
commissie *comisión* v; *comité* m
commissionair *comisionista* m/v; *agente* m/v ★ ~ in effecten *corredor* m *de efectos*
commode *cómoda* v
commotie *conmoción* v ★ die benoeming gaf veel ~ *ese nombramiento produjo una fuerte conmoción* ★ ~ maken *causar conmoción*
communautair *comunitario*
commune *comuna* v
communicant *comulgante* m
communicatie *comunicación* v
communicatief *comunicativo* ★ communicatieve vaardigheden *aptitudes* v mv *comunicativas*
communicatiemiddel *medio* m *de comunicación*
communicatiesatelliet *satélite* m *de comunicación*
communicatiestoornis *malentendido* m
communicatiewetenschap *ciencia* v *de la comunicación*
communiceren • in verbinding staan *comunicar* • ter communie gaan *comulgar*
communie *comunión* v ★ zijn eerste ~ doen *hacer la primera comunión* ★ ter ~ gaan *comulgar*
communiqué *comunicado* m
communisme *comunismo* m
communist *comunista* m/v
communistisch *comunista*
Comoren *las Comores* v mv
compact *compacto*
compact disc *compact* m *disc*
compagnie *compañía* v
compagnon • vennoot *socio* m; *consocio* m; *asociado* m • makker *colega* m/v
compareren *comparecer*
compartiment *compartimento* m; *compartimiento* m
compatibel *compatible*
compatibiliteit *compatibilidad* v
compendium *compendio* m ★ grammaticaal ~ *compendio gramatical*
compensatie *compensación* v
compenseren *compensar*
competent *competente*
competentie *competencia* v
competitie *competición* v
competitief *competitivo* ★ ~ ingesteld zijn *tener un espíritu competitivo*
compilatie *compilación* v
compiler *compilador* m
compileren *compilar*
compleet *completo*; *entero*
complement • aanvullend deel *complemento* m ★ zij vormen elkaars ~ *se complementan* • WISK. *ángulo* m *complementario*
complementair *complementario*
completeren *completar*
complex I ZN [het] • geheel *complejo* m • PSYCH. *complejo* m II BNW ingewikkeld *complejo*
complicatie *complicación* v
compliceren *complicar*
compliment • prijzende opmerking *cumplido*

m; *piropo* m ★ iem. een ~ maken *hacerle un cumplido/piropo a alguien* • groet *saludos* m mv; *recuerdos* m mv ★ doe hem de ~en *dale recuerdos*
complimenteren *felicitar* (**met** *por*); *cumplimentar* (**met** *por*)
complimenteus *halagador*
complot *complot* m; *trama* v
complottheorie *teoría* v *de complot*
component *componente* m
componentenlijm *pegamento* m *en componentes*
componeren *componer*
componist *compositor* m
composiet • SCHEIK. *compuesto* m • PLANTK. (flor) v *compuesta*
compositie *composición* v
compositiefoto *montaje* m *fotográfico*
compost *abono* m *compuesto*; *mantillo* m; *fertilizante* m
compote *compota* v
compressie *compresión* v
compressor *compresor* m
comprimeren *comprimir*
compromis *compromiso* m
compromitteren *comprometer* ★ zich ~ *comprometerse*
compromitterend *comprometedor*
computer *ordenador* m; *computador* m; *computadora* v
computerbestand *fichero* m *de ordenador*
computeren *computerizar*; *jugar /ue/ con el ordenador*
computerfraude *fraude* m *informático*
computergestuurd *dirigido por ordenador*
computerkraak *piratería* v *informática*
computernetwerk *red* v *informática*
computerprogramma *programa* m *de ordenador*
computerspel *juego* m *de ordenador*; *video* m *juego*
computerstoring *interferencia* v *del ordenador*
computertaal *lenguaje* m *de ordenador*
concaaf *cóncavo*
concentraat *concentrado* m
concentratie *concentración* v
concentratiekamp *campo* m *de concentración*
concentreren I OV WW *concentrar* II WKD WW [**zich ~**] *concentrarse* (**op en**) ★ zich op een onderwerp ~ *concentrarse en un asunto*
concentrisch *concéntrico*
concept *proyecto* m; (in ruwe vorm) *borrador* m
conceptie • bevruchting *concepción* v • denkbeeld *concepción* v
conceptovereenkomst *proyecto* m *de contrato*
concern *grupo* m *de empresas*
concert *concierto* m
concerteren *dar un concierto*
concertganger *asistente* m *a un concierto*
concertgebouw *auditorio* m
concertmeester *primer violinista* m
concessie • het toegeven *concesión* v • vergunning *concesión* v ★ ~ aanvragen *solicitar una concesión*
conciërge *conserje* m/v; *portero* m
concilie *concilio* m

concipiëren *concebir* [i]
conclaaf *cónclave* m ★ in ~ gaan *reunirse (ú) en cónclave*
concluderen *concluir*; *inferir* [ie, i]
conclusie *conclusión* v
concours *concurso* m; *certamen* m ★ ~ hippique *concurso hípico*
concreet *concreto*
concretiseren *concretar*
concurrent *competidor* m
concurrentie *competencia* v
concurrentiebeding *cláusula* v *de limitación de competencia*
concurrentieslag *batalla* v *comercial*
concurreren *competir* [i] ★ met iem. ~ *hacer competencia a alguien*
condens *vaho* m; *condensación* v
condensatie *condensación* v
condensator *condensador* m
condenseren *condensar*
conditie • toestand *estado* m; *condiciones* v mv • BIOL. fitheid *forma* v *física* ★ een goede ~ hebben *estar en forma* ★ een slechte ~ hebben *estar en baja forma* • voorwaarde *condición* v ★ gunstige ~s *condiciones favorables*
conditietraining *entrenamiento* m *para estar en forma*
conditioneren *condicionar*
condoleance *pésame* m
condoleanceregister *registro* m *del pésame*
condoleren *dar el pésame*
condoom *condón* m; *preservativo* m
condor *cóndor* m
conducteur ⟨v. tram⟩ *cobrador* m; ⟨v. trein⟩ *revisor* m
confectie *confección* v
confederatie *confederación* v
conference • lezing *conferencia* v • voordracht *espectáculo* m *humorístico que presenta un artista*
conferencier *humorista* m/v
conferentie *conferencia* v ★ een ~ houden *celebrar una conferencia*; *dar una conferencia*
confereren *conferenciar*; *abocarse*
confessioneel *confesional*
confetti *confeti* m
confidentieel *confidencial*
configuratie *configuración* v
confisqueren *confiscar*
confituur *mermelada* v; *confitura* v
conflict *conflicto* m ★ in ~ komen met *entrar en conflicto con*
conflictstof *materia* v *de conflicto*
conflictueus *conflictivo*
conform I VZ *conforme a* ★ ~ de eis *conforme a la petición* II BNW *conforme* ★ een ~e beslissing *una decisión conforme*
conformeren *conformar*
conformisme *conformismo* m
conformistisch *conformista*
confrontatie *confrontación* v; *enfrentamiento* m
confronteren *confrontar*
confuus *confuso*
conga *conga* v
congé *despido* m ★ iem. zijn ~ geven *despedir* [i]

a u.p. ★ hij kreeg zijn ~ *le despidieron*
congenitaal *congénito*
conglomeraat *conglomerado* m; *conglomeración* v
Congo *Congo* m
Congolees *congolés* m
congregatie *congregación* v
congres *congreso* m
congresgebouw *palacio* m *de congresos*
congruent *congruente*
congruentie *congruencia* v
conifeer *conífera* v
conjunctie *conjunción* v
conjunctuur *coyuntura* v ★ dalende ~ *coyuntura en descenso* ★ opgaande ~ *coyuntura en ascenso* ★ hoge ~ *coyuntura favorable; alta coyuntura*
connaisseur *conocedor* m
connectie • verband, aansluiting *conexión* v; *relación* v • verbonden persoon *contactos* m mv; *enchufe* m ★ hij heeft uitstekende ~s *tiene muy buenas relaciones; está muy bien relacionado*
connotatie *connotación* v
conrector *vicerrector* m
consciëntieus *concienzudo; escrupuloso*
consecratie *consagración* v
consensus *consenso* m
consequent *consecuente*
consequentie *consecuencia* v
conservatief *conservador*
conservator *conservador* m
conservatorium *conservatorio* m
conserven *conservas* v mv
conserveren *conservar* ★ geconserveerde groenten *verduras en conserva*
conserveringsmiddel, conserveermiddel *conservante* m
consideratie *consideración* v
considereren • in overweging nemen *considerar* • hoogachten *tener respeto*
consignatie *consignación* v
consigne • opdracht *consigna* v • wachtwoord *consigna* v
consistent • coherent *coherente* • stevig *consistente*
consistentie • coherentie *coherencia* v • stevigheid *consistencia* v
consolidatie *consolidación* v
consolideren *consolidar*
consonant *consonante* v
consorten *socios* m mv; ⟨medeschuldigen⟩ *cómplices* m mv
consortium *consorcio* m
constant *constante*
constante *constante* v
constateren *comprobar* [ue]; *constatar; confirmar* ★ ik constateer tot mijn genoegen *compruebo/confirmo/constato con satisfacción*
constatering *comprobación* v
constellatie • STERRENK. *constelación* v • toestand *configuración* v
consternatie *consternación* v; *desconsuelo* m
constipatie *estreñimiento* m
constituent *constituyente* m
constitutie *constitución* v

constitutioneel *constitucional*
constructeur *constructor* m
constructie • het construeren *construcción* v • het geconstrueerde *construcción* v; *estructura* v
constructief *constructivo*
constructiefout *defecto* m *en la construcción*
construeren *construir*
consul *cónsul* m/v [v: *consulesa*]
consulaat *consulado* m
consulent *consultor* m; *asesor* m
consult *consulta* v
consultancy *asesoría* v
consultatie *consulta* v
consultatiebureau *consultorio* m; ⟨tbc⟩ *preventorio* m
consulteren *consultar* ★ een dokter ~ *consultar con/a un médico*
consument *consumidor* m
consumentenbond *Organización* v *de Consumidores y Usuarios (OCU)*
consumeren *consumir*
consumptie • verbruik *consumo* m • eten/drinken *consumición* v
consumptiebon *bono* m *de consumición*
consumptie-ijs *helado* m
consumptiemaatschappij *sociedad* v *de consumo*
contact • verbinding *contacto* m ★ in ~ komen met *entrar en contacto con* ★ ~ opnemen met *tomar contacto con* • persoon *contacto* m • elektrische verbinding *contacto* m
contactadres *dirección* v *de un intermediario*
contactadvertentie *anuncio* m *para establecer un contacto personal*
contactdoos *enchufe* m
contacteren *contactar*
contactgestoord *insociable*
contactlens *lentilla* v; *lente* v *de contacto*
contactlensvloeistof ⟨om te bewaren⟩ *líquido* m *para proteger las lentillas*; ⟨om te reinigen⟩ *líquido* m *para limpiar las lentillas*
contactlijm *cola* v *de contacto*
contactpersoon *contacto* m
contactsleutel *llave* v *de contacto*
contactueel *de contacto* ★ met goede contactuele eigenschappen *con don de gente*
container *contenedor* m
contaminatie *contaminación* v
contant I BNW *contante* **II** BIJW *al contado; en efectivo*
contanten *dinero* m *contante/en efectivo*
contemplatie *contemplación* v
content *contento* ★ ~ met iets zijn *estar contento con algo*
context *contexto* m
continent *continente* m
continentaal *continental*
contingent *contingente* m
continu *continuo*
continubedrijf *industria* m *de régimen continuo*
continudienst *régimen* m *continuo*
continueren *continuar* [ú]
continuïteit *continuidad* v
continuüm *continuum* m
conto *cuenta* v

contour *contorno* m
contra I VZ *contra* **II** ZN [het] • → **pro**
contra-alt *contralto* m
contrabande *contrabando* m
contrabas *contrabajo* m
contrabeweging *movimiento* m *contra*
contraceptie *contracepción* v
contract *contrato* m
contractbreuk *incumplimiento* m *del contrato*
contracteren *contratar*
contractueel *contractual*
contradictie *contradicción* v
contra-expertise *segunda comprobación* v
contramine *especulación* v *a la baja* ▼ in de ~ zijn *llevar la contraria*
contraproductief *contraproducente*
contrapunt *contrapunto* m
contrareformatie *contrarreforma* v
contraspionage *contraespionaje* m
contrast *contraste* m ★ een ~ vormen met *hacer contraste con*
contrasteren *contrastar; formar contraste*
contrastwerking *efecto* m *de contraste*
contreien *alrededores* m mv
contributie *contribución* v
controle • beheersing *control* m • toezicht *control* m
controleerbaar *controlable*
controleren • nagaan *inspeccionar; verificar* • toezien *controlar* • beheersen *controlar; dominar*
controlestrookje *banda* v *de control*
controleur *inspector* m; ⟨in trein⟩ *revisor* m; ⟨in trein⟩ INFORM. *picabilletes* m
controverse *controversia* v
controversieel *controvertido*
conveniëren *convenir* [ie, i]
conventie • verdrag *convenio* m; *convención* v • afspraak *convención* v
conventioneel *convencional*
convergent *convergente*
convergeren *converger; convergir*
conversatie *conversación* v; ⟨praatje⟩ *plática* v; ⟨praatje⟩ *charla* v
converseren *conversar; charlar*
conversie *conversión* v
converteren *convertir* [ie, i]
convertibel *convertible*
convex *convexo*
convocatie *convocación* v
cool *demasié*
coöperatie • samenwerking *cooperación* v • vereniging *cooperativa* v
coöperatief • bereid samen te werken *cooperativo* • samenwerkend *cooperativo*
coöptatie *cooptación* v
coöpteren *cooptar*
coördinaat *coordenada* v ★ coördinaten uitzetten *dibujar las coordenadas*
coördinatenstelsel *sistema* m *de coordenadas*
coördinatie *coordinación* v
coördinator *coordinador* m
coördineren *coordinar*
co-ouder *copaterno* m
copieus *copioso*
coproductie *coproducción* v
copuleren *copular*
copyright *copyright* m; *propiedad* v *intelectual*
copywriter *escritor* m *de material publicitario*
cordon bleu *cordon* m *blu*
corduroy *pana* v
coreferent ≈ *coautor* m
cornedbeef *carne* m *de vaca enlatada*
corner *saque* m *de esquina; córner* m
cornflakes *cereales* m mv; *cornflaques* m mv
corporatie *corporación* v
corps *cuerpo* m ★ ~ diplomatique *cuerpo diplomático*
corpsbal ≈ *estudiante* m *pijo*
corpulent *corpulento*
corpus *corpus* m
correct *correcto*
correctie *corrección* v
correctielak *líquido* m *corrector*
corrector *corrector* m [v: *correctora*]
correlaat *correlato* m
correlatie *correlación* v
correleren *guardar correlación (con)*
correspondentie *correspondencia* v ★ ~ voeren met *mantener* [ie] *correspondencia con* ★ de ~ voeren *llevar la correspondencia*
correspondentieadres *dirección* v *postal*
corresponderen • schrijven *corresponderse (met con); cartearse (met con); mantener* [ie] *correspondencia (met con)* • overeenstemmen *corresponder (met con)*
corrigeren • verbeteren *corregir* [i] • berispen *enmendar* [ie]
corrosie *corrosión* v
corrupt • omkoopbaar *corruptible; sobornable; comprable* • bedorven *corrupto*
corruptie *corrupción* v; ⟨v. ambtenaar/rechter⟩ *cohecho* m
corsage *flor* v *que se lleva en el ojal de la solapa*
Corsica *Córcega* v
corso *desfile* m *(de carrozas)*
corvee *faenas* v mv ★ wie heeft er ~? *¿a quién le toca hacer las faenas?*
coryfee *(gran)* v *figura; personalidad* v
coschap *periodo* m *de prácticas* ★ ~pen lopen *hacer prácticas como asistente*
cosinus *coseno* m
cosmetica *productos* m mv *de belleza*
cosmetisch *cosmético*
Costa Rica *Costa Rica* v
Costa Ricaan *costarricense* m/v; *costarriqueño* m
Costa Ricaans *costarricense; costarriqueño*
couchette *litera* v
coulant *condescendiente; complaciente*
coulisse *bastidor* m ▼ achter de ~n *entre bastidores*
counselen *asesorar*
counteren *contestar a*
countertenor *contratenor* m
country *música* v *country*
coup *golpe* m *(de Estado)* ★ een coup plegen *perpetrar un golpe de Estado*
coupe • haardracht *corte* m ★ ~ soleil *mechas* v mv • beker *copa* v
coupé *departamento* m; *compartim(i)ento* m
couperen • ⟨oren, staart⟩ af-, bijsnijden *amputar; cortar* • ⟨een dier⟩ snijdend

bewerken *destajar; cortar*
couperose *acné* v *roséola*
couplet *estrofa* v; (in volksliedjes) *copla* v
coupon *retal* m
couponboekje *talonario* m
coupure • deelwaarde *valor* m *nominal*; (m.b.t bankbiljet) *billete* m • weglating in film *corte* m
courant *corriente*
coureur *corredor* m ⋆ auto~ *corredor* m *de coches; piloto* m
courgette *calabacín* m
courtage *corretaje* m
couscous *cuscús* m; *cous-cous* m
couturier *diseñador* m *de modas*
couvert • eetgerei *cubierto* m • envelop *sobre* m
couveuse *incubadora* v
cover • MUZ. *versión* v *adaptada* • omslag *portada* v
coverartikel *artículo* m *de portada*
coveren *adaptar una antigua versión*
cowboy *vaquero* m
cowboyfilm *película* v *de vaqueros*
crack • uitblinker *campeón* m • drug *crack* m; *basuco* m
cracker *cracker* m
cranberry *arándano* m *agrio*
crank *biela* v
crash *accidente* m
crashen *quebrar; chocar;* LUCHTV. *estrellarse*
crawl *crol* m; *estilo* m *libre*
crawlen *nadar a crol*
creatie *creación* v
creatief *creativo*
creativiteit *creatividad* v; *espíritu* m *creador*
creatuur *individuo* m; *criatura* v
crèche *guardería* v *(infantil)*
credit *crédito* m; (op een balans) *haber* m
creditcard *tarjeta* v *de crédito*
crediteren • bijschrijven *acreditar* • als schuld boeken *poner en el haber*
crediteur *acreedor* m
creditnota *nota* v *de crédito/de abono*
creditrente *intereses* m mv *devengados por créditos*
credo *credo* m
creëren *crear*
crematie *cremación* v; *incineración* v
crematorium *crematorio* m
crème *crema* v
cremeren *incinerar*
creool *criollo* m
creools I ZN [het] *criollo* m **II** BNW *criollo*
crêpe • materiaal *crepé* m; *crespón* m • flensje *crep* m
crêpepapier *papel* m *crepé*
creperen *reventar* ⋆ ~ van de honger *morirse* [ue, u] *de hambre*
cricket *críquet* m
cricketen *jugar* [ue] *críquet*
crime ⋆ het is een ~ *es un desastre*
criminaliseren *criminalizar*
criminaliteit *criminalidad* v
crimineel I ZN [de] misdadiger *criminal* v; *delincuente* m/v **II** BNW • misdadig *criminal* • strafrechtelijk *criminal* **III** BIJW in hoge mate *demasiado* ⋆ ~ goed *la mar de bien*
criminologie *criminología* v
crisis *crisis* v
crisiscentrum • opvangcentrum *centro* m *de urgencias* • coördinatiecentrum *centro* m *de coordinación*
crisisteam *equipo* m *de expertos que actúa en situaciones de crisis agudas o casos de urgencia*
criterium *criterio* m
criticus *crítico* m
croissant *croissant* m; *cruasán* m
croque-monsieur *tostada* v; *bikini* m
croquet *croquet* m
cross *cross* m
crossen • aan cross meedoen *hacer (moto)cross* • racen *ir a toda pastilla*
crossfiets *bici-cross* v
croupier *crupier* m
cru *crudo; duro*
cruciaal *crucial; decisivo*
crucifix *crucifijo* m
cruise *crucero* m
cruisen *hacer un crucero*
crypte *cripta* v
cryptisch *críptico*
cryptogram *criptograma* m
c-sleutel *clave* v *de do*
Cuba *Cuba* v
Cubaan *cubano* m
Cubaans *cubano*
culinair *culinario*
culmineren *culminar*
cultfilm *película* v *de culto*
cultiveren *cultivar*
cultureel *cultural*
cultus *culto* m
cultuur • beschaving *civilización* v; *cultura* v • bebouwing met gewas *cultivo* m
cultuurbarbaar *palurdo* m
cultuurdrager *contribuyente* m *a la cultura*
cultuurgeschiedenis *historia* v *de la civilización*
cultuurgewas *planta* v *cultivada*
cultuurlandschap *paisaje* m *de cultivo*
cultuurpessimist *pesimista* m *sobre el futuro de la cultura*
cultuurschok *choque* m *cultural*
cultuurvolk *pueblo* m *civilizado*
cum laude *cum laude*
cumulatief *cumulativo* ⋆ ~ preferent aandeel *acción cumulativa preferente*
cup *copa* v
cupwedstrijd *partido* m *de copa; encuentro* m *para la copa*
Curaçao *Curasao* m
curatele *tutela* v ⋆ onder ~ stellen *someter a tutela* ⋆ onder ~ staan *sujeto a tutela*
curator *curador* m; *tutor* m; (in een faillissement) *síndico* m
curettage *legrado* m
curetteren *legrar*
curie *curia* v
curieus *curioso; peculiar*
curiositeit *curiosidad* v
curiositeitenkabinet *gabinete* m *de curiosidades*
curriculum vitae *currículum* m *vitae*
curry • gerecht *curry* m • saus *salsa* v *curry*

cursief I ZN [de] *cursiva* v; *letra* v *cursiva* II BNW *en cursiva* ★ cursieve letter *cursiva* v; *letra* v *cursiva*
cursiefje *comentario* m
cursist *alumno* m; *cursillista* m/v
cursiveren *imprimir en cursiva*
cursor *cursor* m
cursus *curso* m ● een ~ geven *dar un curso* ★ een ~ volgen *seguir* [i] *un curso*
curve *curva* v
custard *polvo* m *para hacer natillas o flanes*
cutter ● snijgereedschap *máquina* v *cortadora* ● filmmonteerder *jefe* m *de montaje*
cv *cv* m
cv-ketel *caldera* v
CVS *síndrome* m *de cansancio crónico*
cyaankali *cianuro* m *de potasio*
cyanide *cianuro* m
cybercafé *cibercafé* m
cyclaam *ciclamen* m
cyclisch *cíclico*
cycloon *huracán* m; *ciclón* m
cycloop *cíclope* m
cyclus *ciclo* m
cynicus *cínico* m
cynisch *cínico*
cynisme *cinismo* m
Cyprioot *chipriota* m/v
Cypriotisch *chipriota*
Cyprus *Chipre* m
cyste *quiste* m

D

d ● letter *d* v ★ de d van Dirk *la d de Dolores* ● muzieknoot *re* m
daad *acción* v; *hecho* m; ⟨grootse daad⟩ *hazaña* v; ⟨grootse daad⟩ *proeza* v ▼ de daad bij het woord voegen *unir la acción a la palabra*
daadkracht *energía* v; *dinamismo* m
daadwerkelijk *efectivo*
daags ● per dag ★ tweemaal ~ *dos veces al día* ★ driemaal ~ in te nemen *tomar tres veces al día* ● op de dag ★ ~ tevoren *el día anterior*
daar I BIJW ⟨daar bij hem⟩ *allí*; ⟨daar bij hem⟩ *allá*; ⟨daar bij jou⟩ *ahí* ★ daar zijn ze *ahí vienen* II VW *ya que; puesto que; como*
daaraan ★ wat heb ik ~! *eso no me sirve para nada; ¡qué adelanto con eso!* ★ ~ heb ik genoeg *con eso me llega*
daarachter *detrás* ★ wat steekt ~? *¿qué hay detrás de eso?*
daarbij ● bij dat *allí cerca* ● tevens *además*
daarbinnen *ahí dentro*
daarbuiten *ahí fuera*
daardoor ● daar doorheen *por ahí* ● door die oorzaak *por eso*
daardoorheen *por ahí*
daarenboven *además*
daarentegen *en cambio; al contrario*
daarginds *allí*
daarheen *allí*
daarin ● in iets *ahí dentro* ● wat dat betreft *en esto; en eso* ★ ~ heeft u gelijk *en eso tiene usted razón*
daarlangs *por allí; por ahí*
daarlaten *dejar aparte* ★ dit daargelaten *esto aparte* ★ daargelaten dat *sin tomar en consideración que; sin tomar en cuenta que; sin contar que*
daarmee *con eso*
daarna *después*
daarnaast ● naast iets *al lado* ● daarenboven *además*
daarnet *hace un momento*
daarom ● om die reden *por lo tanto; por eso* ★ waarom? ~! *¿por qué? ¡porque sí!* ● desondanks *no obstante*
daaromheen *alrededor; en torno* ★ en ~ zat een elastiekje *y alrededor había una goma elástica*
daaromtrent ● betreffende iets *al respeto* ● ongeveer *más o menos* ★ dertig jaar of ~ *unos treinta años* ● in die omgeving *en los alrededores*
daaronder ● onder iets *debajo de eso* ● onder meer *entre ellos*
daarop ● op dat *encima de eso* ● daarna *después* ★ onmiddellijk ~ *a continuación; enseguida* ★ kort ~ *poco después*
daaropvolgend *siguiente*
daarover ● over dat (heen) *por encima* ● daaromtrent *de eso; sobre eso*
daaroverheen *sobre eso*
daartegen *contra eso*
daartegenover ● tegenover iets *enfrente* ● daarentegen *en cambio; por otra parte*

daartoe *para eso*
daartussen *entre ellos*
daaruit *de ello* ★ ~ volgt... *de ello se deduce...*
daarvan *de eso; de allí* ★ wat weet jij ~? *¿qué sabes de eso?*
daarvandaan *de allí; de aquel lugar*
daarvoor • geplaatst vóór dat *delante de eso* • eerder dan dat *antes de eso* • vanwege dat *para eso* ★ voor die zaak ★ ~ moet hij maar zorgen *¡que se encargue él!*
daarzo *allí*
daas I ZN [de] steekvlieg *tábano* m II BNW verward *tonto*
dadel *dátil* m
dadelijk *enseguida; al momento*
dadelpalm *(palmera v) datilera* v
dadendrang *espíritu* m *emprendedor*
dader *autor* m
dag I ZN [de] *día* m ★ dag des oordeels *el día del Juicio Final* ★ de dag des Heren *el día del Señor* ★ de hele dag *todo el día*; *el día entero* ★ de volgende dag *al día siguiente* ★ dagen achtereen *durante días y días* ★ twee dagen lang *durante dos días* ★ de dag daarna *al día siguiente; al otro día* ★ de dag tevoren *el día anterior* ★ bij dag *de día* ★ in de loop van de dag *andando el día*; *durante el día* ★ op de afgesproken dag *el día convenido* ★ op een (zekere/goede) dag *un (buen) día*; *un día* ★ op klaarlichte dag *en pleno día* ★ per dag *por día* ★ wanneer zal de dag aanbreken waarop ...? *¿cuándo será el día en que ...?* ★ zo iets gebeurt niet iedere dag *un día es un día* ★ halve dagen werken *trabajar medios días*; *trabajar media jornada* ★ het is dag *es de día* ★ het wordt dag *amanece* ★ een dezer dagen *un día de éstos* ★ de oude dag *la vejez* ▼ ouden van dagen *ancianos; viejos* ▼ aan de dag brengen *poner al descubierto*; *sacar a la luz* ▼ aan de dag leggen *manifestar; desplegar* [ie] ▼ bij de dag leven *vivir al día* ▼ in vroeger dagen *antaño* ▼ met de dag erger worden *empeorarse cada día* ▼ op een goede dag *un buen día* ▼ el mejor día ▼ van dag tot dag *diariamente*; *madrugar* ▼ voor dag en dauw *al rayar el alba*; *al despuntar la mañana* ▼ voor de dag halen *sacar* ▼ voor de dag komen *mostrarse*; [ue] *presentarse* ▼ voor de dag komen met *sacar a relucir u.c.* ▼ zo kan je toch niet voor de dag komen! *¡así no estás presentable!*; *¡no puedes presentarte así!* ▼ voor de dag ermee! *¡habla sin rodeos!*; INFORM. *¡desembucha!* ▼ voor de dag komen met iets *sacar a relucir u.c.* ▼ een dezer dagen *un día de éstos* ▼ hij heeft betere dagen gekend *ha conocido tiempos mejores* ▼ morgen komt er weer een dag *mañana será otro día* ▼ prijs de dag niet voor het avond is *antes que acabes no te alabes*; *nadie se alabe hasta que acabe* ▼ ik heb mijn dag niet *no es mi día*; *tengo un mal día* ▼ pluk de dag! *¡aprovecha el día presente*, *disfruta del momento!* ▼ zijn dagen zijn geteld *sus días están contados* ▼ dag in, dag uit *día tras día*; *un día y otro* II TW • hallo *hola* • tot ziens *adiós*
dagafschrift *extracto* m *de cuenta*

dagbehandeling *asistencia* v *diurna*; *tratamiento* m *diurno*
dagblad *diario* m; *periódico* m
dagboek *diario* m
dagdeel *media jornada* v
dagdienst *servicio* m *diurno*
dagdromen *soñar* [ue] *despierto*
dagelijks I BNW • daags *diario*; *cotidiano* • gewoon *cotidiano; habitual* II BIJW *diariamente*
dagen I OV WW dagvaarden *citar* II ONP WW dag worden *amanecer* ▼ het begint hem te ~ *ya cae en la cuenta*
dagenlang *días y días*
dageraad *alba* v; *aurora* v; *alborada* v
dagindeling *horario* m *del día*; *programa* m; *plan* m *(del día)*
dagjesmensen *excursionistas* m mv
daglicht *luz* v *del día* ★ in het volle ~ *a plena luz del día* ▼ in een kwaad ~ staan *tener mala fama*; *quedar feo* ▼ in een kwaad ~ stellen *desdibujar*
dagloner *jornalero* m
dagloon *jornal* m
dagmars *marcha* v *de un día*
dagmenu *menú* m *del día*
dagpauwoog *mariposa* v *de ojo de pavo real*
dagretour *billete* m *de ida y vuelta*
dagschotel *plato* m *del día*
dagtarief *tarifa* v *diurna*
dagtekening *fecha* v
dagtocht *excursión* v *de un día*
dagvaarden *emplazar*; ⟨op vastgesteld tijdstip⟩ *citar*
dagvaarding *emplazamiento* m; ⟨op vastgesteld tijdstip⟩ *citación* v
dagverblijf ⟨in ziekenhuis⟩ *sala* v *para pacientes externos*; ⟨voor kinderen⟩ *jardín* m *de infancia*
dagwaarde *valor* m *en venta*
dagwerk • dagelijks werk *trabajo* m *diario* • hoeveelheid werk *tarea* v *para un día*
dahlia *dalia* v
dak *techo* m; *tejado* m ★ plat dak *azotea* v ▼ onder dak *bajo techo* ▼ iem. onder dak brengen *alojar u.p.*; *hospedar u.p.* ▼ onder dak zijn *estar al abrigo*; *estar a salvo* ▼ iem. iets op zijn dak schuiven *pasar la carga a otra persona* ▼ van de daken schreeuwen *pregonar a los cuatro vientos*
dakgoot *canal* m
dakje *(acento* m*) circunflejo* m
dakkapel *buhardilla* v; *guardilla* v
dakloos *sin vivienda*
dakloze *persona* v *que no tiene vivienda*
dakpan *teja* v
dakraam *tragaluz* m; *claraboya* v
dakterras *azotea* v; *terraza* v
daktuin *terraza* v *ajardinada*
dal *valle* m
dalai lama *dalai lama* m
dalen • omlaag gaan *bajar*; *descender* [ie] • verminderen *bajar*
daling • het omlaag gaan *bajada* v; *descenso* m • vermindering *descenso* m; *disminución* v; *baja* v
dalmatiër *dálmata* m

daltononderwijs *método* m *de enseñanza primaria individual*
daluren *tiempo* m *fuera de las horas punta*
dam • waterkering ≈ *presa* v • dubbele damschijf *dama* v ★ een dam halen *coronar*
damast *damasco* m
dambord *tablero* m *de damas*
dame • vrouw *señora* v ★ schaakstuk *dama* v
damesachtig *de/para señoras*
damesblad *revista* v *para señoras*
damesfiets *bici(cleta)* v *de señora*
dameskapper *peluquería* v *de señoras*
dameskleding *ropa* v *de señora*
damesmode *moda* v *de señoras*
damestoilet *servicios* m mv *de señoras*
damesverband *compresa* v; *compresa* v *higiénica*
damhert *gamo* m; *paleto* m
dammen *jugar* [ue] *a las damas*
damp • wasem *vaho* m; *exhalación* v • rook *humo* m
dampen • damp afgeven *humear*; *vahear* • roken *echar humo*
dampkring *atmósfera* v
damschijf *pieza* v *de damas*
damspel *juego* m *de damas*; *damas* v mv
dan I BIJW • op die tijd *entonces* • in dat geval *en tal caso* • toch ★ ga dan! *venga, vete!* ★ waarom dan? *y ¿por qué?* II VW • ⟨bij vergelijking⟩ *que* ★ groter/langer dan *más grande/largo que* • of o • ⟨na ontkenning⟩ ★ ik weet niet beter dan dat ze al weg is *que yo sepa, ya ha salido* • ⟨na 'anders'⟩ ★ anders dan hij heeft gezegd *diferente a lo que ha dicho* ▼ al dan niet gaan *ir o no ir* III ZN [de] SPORT *dan* m
dancing *dancing* m; *sala* v *de baile*
dandy *dandi* m/v; *petimetre* m/v; MIN. *figurín*
danig I BNW *grande*; *enorme* II BIJW *mucho*; *enormemente*
dank *gracias* v mv; *gratitud* v; *agradecimiento* m ★ dank betuigen *dar las gracias* ▼ geen dank! *ide nada!*
dankbaar *agradecido*; *reconocido*
dankbaarheid *agradecimiento* m
dankbetuiging *acción* v *de gracias*; *manifestación* v *de agradecimiento* ★ onder/met ~ *con gratitud*; *con las más expresivas gracias*
danken I OV WW • bedanken *agradecer* ★ dank je/u *muchas gracias* ★ dank u zeer *muchísimas gracias*; *mil gracias* ★ nee, dank je/u *no, gracias* ★ niets te ~ *de nada* • verschuldigd zijn *ser gracias (a aan)*; *deber a (a aan)* ★ hij heeft die baan aan zijn zus te ~ *tiene el empleo gracias a su hermana* ★ hij heeft het aan zichzelf te ~ *es su propia culpa* ★ dit heb ik aan mijn vader te ~ *esto le debo a mi padre* ▼ dank je feestelijk! *¡ni soñarlo!* II ON WW bidden *rezar*; ⟨voor het eten⟩ *bendecir la mesa*
dankwoord *palabras* v mv *de agradecimiento*
dankzeggen *dar las gracias por*
dankzij *gracias a*
dans *baile* m; *danza* v ★ de dans openen *abrir el baile* ★ ten dans vragen *sacar a bailar* ▼ de dans ontspringen *salvarse*; *escaparse*
dansen *bailar*; *danzar* ★ vanavond wordt er gedanst *esta noche hay baile*
danser *bailarín* m
danseres *bailarina* v
dansles *clase* v *de baile*
dansorkest *orquesta* v *de baile*
dansschool *escuela* v *de baile*
dansvloer *pista* v *de baile*
danszaal *salón* m *de baile*
dapper *valiente*; *bravo*
dapperheid *bravura* v; *valentía* v; *valor* m
dar *zángano* m; *abejón* m
darm *intestino* m; ⟨v. worst⟩ *tripa* v ★ dikke darm *intestino* m *grueso* ★ dunne darm *intestino* m *delgado* ★ darmen *tripas* v
darmflora *flora* v *intestinal*
darmkanaal *conducto* m *intestinal*
darmklachten *dolores* m mv *intestinales*
dartel *juguetón*; *retozón*
dartelen *juguetear*; *retozar*
darts *juego* m *de dardos*
das • dier *tejón* m; *tasugo* m • stropdas *corbata* v • sjaal *bufanda* v
dashboard *tablero* m *de mandos*
dashboardkastje *guantera* v
dashond *teckel* m *de pelo corto*; *(perro) pachón* m
dasspeld *alfiler* m *de corbata*
dat I AANW VNW ⟨dat bij u/jou⟩ *ese* m [v: *esa*] ⟨dat bij hem⟩ *aquel* m [v: *aquella*] ⟨zelfstandig gebruikt⟩ *eso*; ⟨zelfstandig gebruikt⟩ *aquello*; ⟨zelfstandig gebruikt⟩ *ello*; ⟨zelfstandig gebruikt⟩ *ése* [v: *ésa*] ⟨zelfstandig gebruikt⟩ *aquél* [v: *aquélla*] II BETR VNW *que* ★ dat wat *lo que* III VW *que*
data ★ data invoeren *entrar datos* ★ data opslaan *almacenar datos* ★ data oproepen/opvragen *encontrar datos*
databank *banco* m *de datos*
datacommunicatie *comunicación* v *de datos*
datatransmissie *transmisión* v *de datos*
datatypist *persona* v *que introduce información en el ordenador*
dateren I OV WW van datum voorzien *datar*; *fechar* II ON WW ~ van stammen *remontar a*; *datar de*
datgene *lo que*
datief I ZN [de] *dativo* m II BNW JUR. *dativo* ★ datieve voogdij *tutela* v *dativa*
dato ▼ na dato *fecha*; *a partir de la fecha* ▼ twee maanden na dato *a dos meses fecha*; *a dos meses a partir de la fecha* ▼ tien dagen na dato *a diez días fecha*
datum *fecha* v
datumgrens *fecha* m *límite*
datumstempel *fechador* m
datzelfde *eso mismo* ★ ~ liedje *esa misma canción* ★ ~ hoedje *ese mismo sombrero*
dauw *rocío* m; *rociada* v
dauwtrappen *salir al campo muy temprano*
daveren *retumbar*; *rimbombar*
daverend *clamoroso* ★ een ~ succes *un éxito clamoroso* ★ ~ applaus *ovación* m
davidster *estrella* v *de David*
DDR *R.D.A.* v; *República* v *Democrática Alemana*

de *el* [m mv: *los*] [v: *la*] [v mv: *las*] [onr.: *lo*]
deadline *fecha* v *límite*
deal *trato* m; *acuerdo* m ⋆ een deal sluiten *hacer un trato*
dealen *traficar* ⋆ ~ in harddrugs *ser traficante de drogas duras*
dealer • vertegenwoordiger *comerciante* m/v; *distribuidor* m • handelaar in drugs *traficante* m/v *(de drogas)*; PLAT *camello* m; PLAT *díler* m
debacle *desastre* m
debat *debate* m; *discusión* v
debatteren *debatir*; *discutir*
debet *débito* m; ⟨op de balans⟩ *debe* m ⋆ ~ en credit *debe y haber* ⋆ het is in uw ~ geboekt *lo han pasado al debe de su cuenta*
debetnota *aviso* m *de débito*
debetrente *interés* m *negativo*
debetzijde *debe* m
debiel I ZN [de] *débil* m *mental* II BNW *atrasado*; MIN. *imbécil*
debiteren • vertellen ⋆ een grap ~ *contar* [ue] *un chiste* • ECON. als debet boeken *adeudar*; *debitar* ⋆ wij zullen u voor het bedrag ~ *le adeudaremos el importe*
debiteur *deudor* m
debutant *debutante* m/v
debuteren *estrenarse*; *debutar*
debuut *estreno* m; *debut* m [mv: *debuts*]
debuutroman *libro* m *debut*
deca- *deca-*
decaan • faculteitsvoorzitter *decano* m • studieadviseur *asesor* m *de estudios*
decadent *decadente*
decadentie *decadencia* v
decanteren *decantar*
december *diciembre* m
decennium *decenio* m; *década* v
decent *decente*
decentraliseren *descentralizar*
deceptie *decepción* v; *desencanto* m
decharge • → **getuige**
decibel *decibelio* m; *decibel* m
deciliter *decilitro* m
decimaal *decimal*
decimeren *diezmar*
decimeter *decímetro* m
declamatie *declamación* v
declameren *declamar*
declarant *declarante* m
declaratie • onkostennota *nota* v *por gastos*; *declaración* v ⋆ ~s indienen *pasar nota por gastos* • aangifte *declaración* v
declareren *declarar*
declasseren • in lagere klasse zetten *declasificar*; *degradar* • overklassen *aventajar*
declinatie *declinación* v
decoder *descodificador* m
decoderen *descifrar*
decolleté *escote* m
decompressie *descompresión* v
deconfiture • mislukking *fracaso* m • bankroet *quiebra* v
deconstructivisme *deconstructivismo* m
decor • TON. bouwsel op toneel *decoración* v; *decorado* m • omgeving *fondo* m; *ambiente* m
decoratie • versiering *decoración* v • onderscheiding *condecoración* v
decoratief *decorativo*
decoreren *decorar*
decorstukken *adornos* m mv
decorum *decoro* m
decoupeerzaag *sierra* v *de vaivén*
decreet *decreto* m
decrescendo *decrescendo* m
dedain *desdén* m; *desprecio* m
deduceren *deducir*
deductie *deducción* v
deeg *masa* v; *amasijo* m; ⟨voor gebak⟩ *pasta* v
deegroller *rodillo* m
deegwaren *pasta* v *alimenticia*
deejay *disc-jockey* m; *pinchadiscos* m; *pincha* m
deel I ZN [het] • gedeelte *parte* v; *porción* v ⋆ deeltje *partícula* v ⋆ deel uitmaken van *formar parte de* ⋆ voor het grootste deel *en mayor parte* ⋆ ten dele *en parte* • boekdeel *tomo* m; *volumen* m ▾ iem. ten deel vallen *caer en suerte a u.p.* II ZN [de] dorsvloer *era* v
deelachtig ⋆ ~ zijn *tener parte en* ⋆ iem. iets ~ maken *comunicar u.c. a u.p.*
deelbaar *divisible*
deelgebied *sector* m
deelgemeente *división* v *administrativa de una municipalidad*
deelgenoot *consocio* m
deelhebben aan *tener parte en*; *tomar parte en*
deellijn *bisectriz* v
deelnemen • meedoen *participar (aan en)*; *tomar parte (aan en)* • ~ in meevoelen *compartir en*; *participar de*
deelnemer *participante* m; ⟨wedstrijd⟩ *concursante* m; ⟨wedstrijd⟩ *competidor* m; ⟨aan een congres⟩ *miembro* m
deelneming • het meedoen *participación* v • medeleven *simpatía* v; *condolencia* v ⋆ iem. zijn ~ betuigen *dar el pésame a u.p.*
deels *en parte*
deelstaat *estado* m *(perteneciente a un estado federal)*
deelstreep *raya* v *de una división*
deeltal *dividendo* m
deelteken *signo* m *de división*
deeltijd *tiempo* m *parcial* ⋆ in ~ werken *trabajar a tiempo parcial*
deeltijdarbeid *trabajo* m *a tiempo parcial*
deeltijdbaan *empleo* m *a tiempo parcial*
deeltijder, **deeltijdwerker** *empleado* m *a tiempo parcial*
deeltjesversneller *ciclotrón* m
deelverzameling *subconjunto* m
deelwoord *participio* m
deemoed *humildad* v
deemoedig *humilde*
Deen *danés* m; *dinamarqués* m
Deens I ZN [het] taal *danés* m; *dinamarqués* m II BNW m.b.t. Denemarken *danés*; *dinamarqués*
Deense *danesa* v; *dinamarquesa* v
deerlijk • jammerlijk *lastimoso* • zeer groot *terrible*
deernis *lástima* v; *compasión* v
deerniswekkend *lastimoso*
defaitisme *derrotismo* m

defect I ZN [het] *defecto* m II BNW *averiado; deteriorado*
defensie *defensa* m/v
defensief *defensivo*
defibrilleren *defiberar*
deficiëntie *deficiencia* v
defilé *desfile* m
defileren *desfilar*
definiëren *definir*
definitie *definición* v
definitief *definitivo*
deflatie *deflación* v
deformeren *deformar*
deftig *elegante* ★ de jurk staat je ~ *el vestido te queda elegante*
degelijk • stevig *sólido* • betrouwbaar *respetable; serio*
degen *espada* v; ⟨schermdegen⟩ *florete* m ▾ de ~s kruisen *cruzar las armas*
degene ★ ~ die *el* m *que* [v: *la que*] *quien* ★ ~n die *los* m *que* [v mv: *las que*] *quienes*
degeneratie *degeneración* v
dégénéré *degenerado* m
degenereren *degenerar*
degenslikker *tragasables* m
degradatie *degradación* v
degradatiewedstrijd *partido* m *de descenso*
degraderen *degradar*
dehydratie *deshidratación* v
deinen ⟨v. zee⟩ *agitarse;* ⟨v. schip⟩ *balancearse;* ⟨v. schip⟩ *bambolearse*
deining • golfbeweging *marejada* v; *oleaje* m • opschudding *alboroto* m; *tumulto* m; *conmoción* v
dek • bedekking *cubierta* v; ⟨v. dieren⟩ *cobertura* v • scheepsvloer *cubierta* v ★ aan dek *en cubierta*
dekbed *edredón* m
dekbedovertrek *funda* v *de edredón*
deken • textielen bedekking *manta* v • overste *decano* m; ⟨v. kerk⟩ *deán* m
dekhengst *caballo* m *semental*
dekken • bedekken *cubrir* ★ de tafel ~ *poner la mesa; poner los manteles* ★ er was gedekt voor 8 personen *la mesa estaba puesta para ocho personas* ★ aan een goed gedekte tafel eten *comer a manteles* • vergoeden *cubrir;* ⟨v. verzekering⟩ *asegurar;* ⟨v. verzekering⟩ *cubrir* ★ gedekt zijn tegen diefstal *asegurado contra robos* ★ de kosten ~ *cubrir los gastos* • beschutten *cubrir* • paren met *saltar* ★ de merrie ~ *saltar/acaballar la yegua* • SPORT *marcar* ▾ hou je gedekt *quédate aparte*
dekking • beschutting *refugio* m ★ ~ zoeken voor *ponerse al abrigo de* • bevruchting *cubrición* v • (geld)middelen *gastos* m mv • SPORT *marcaje* m
deklaag *capa* v *de recubrimiento*
dekmantel *pretexto* m ★ onder de ~ van *bajo pretexto de; so capa de*
deksel *tapa* v; *tapadera* v
dekzeil *toldo* m
del *puerca* v
delegatie *delegación* v
delegeren *delegar*
delen I OV WW • splitsen *dividir; partir* ★ ~ door 2 *dividir por 2* • samen hebben *compartir* ★ ik deel je mening niet *no comparto tu opinión* II ON WW ~ in *participar de/en; tener parte en*
deler *divisor* m ★ grootste gemene ~ *máximo común divisor*
deleten *borrar*
delfstof *mineral* m
delgen *amortizar; pagar*
delibereren *deliberar*
delicaat • teer *delicado* • CUL. *exquisito; rico*
delicatesse • lekkernij *golosina* v; *manjar* m/*plato* m *exquisito* • tact *delicadeza* v
delicatessenwinkel *tienda* v *de comestibles finos*
delict *delito* m
deling • het (ver)delen *división* v; *partición* v • WISK. *división* v
delinquent *delincuente* m/v
delirium *delirio* m
delta • Griekse letter *delta* v • riviermonding *delta* m
deltavliegen *volar* [ue] *en ala delta*
Deltawerken *Obras* v mv *del Plan Delta*
delven ⟨v. graf⟩ *cavar;* ⟨v. graf⟩ *excavar;* ⟨v. delfstof⟩ *extraer*
demagogie *demagogia* v
demagogisch *demagógico*
demagoog *demagogo* m
demarcatielijn *línea* v *de demarcación*
demarche *gestión* v; *diligencia* v
demarreren *escapar*
dement *demente*
dementeren *chochear* ★ aan het ~ zijn *ir chocheando*
dementie *demencia* v
demilitariseren *desmilitarizar*
demissionair *dimisionario* ★ het ~e kabinet *el gabinete cesante/saliente*
demo *modelo* m *de demostración*
demobiliseren *desmovilizar*
democraat *demócrata* m/v
democratie *democracia* v
democratisch *democrático; demócrata*
democratiseren *democratizar*
demografie *demografía* v
demografisch *demográfico*
demon *demonio* m
demonisch *demoníaco*
demonstrant *manifestante* m/v
demonstratie • het tonen *demostración* v • betoging *manifestación* v
demonstratief *demostrativo*
demonstreren I OV WW aantonen *demostrar* [ue] II ON WW betoging houden *manifestarse* [ie]
demontabel *desmontable*
demontage *desmontaje* m
demonteren *desmontar;* ⟨v. bom/mijn⟩ *desarmar*
demoraliseren *desmoralizar*
demotiveren *desalentar* [ie]
dempen • dichtgooien *terraplenar; cegar* [ie] • onderdrukken ⟨v. opstand⟩ *reprimir;* ⟨v. geluid⟩ *apagar;* ⟨v. licht⟩ *amortiguar*
demper • knalpot *silenciador* m • schokdemper *amortiguador* m • MUZ. *sordina* v
den *pino* m

denappel *piña* v
Den Bosch *Bolduque* m
denderen *retumbar*
denderend *clamoroso* ★ een ~ applaus *un aplauso clamoroso* ★ ik vind die film niet ~ *esa película no me parece nada del otro mundo*
Denemarken *Dinamarca* v
Den Haag *La Haya* v
denigrerend *denigrante*
denim *dril* m
denkbaar *imaginable*; *concebible*
denkbeeld *idea* v; *noción* v ★ zich een ~ vormen van *formarse una idea de*
denkbeeldig *imaginario*; *ficticio*
denkelijk *concebible*; *posible*
denken I ON WW • nadenken *pensar* [ie]; *reflexionar* ★ te ~ geven *dar que pensar* ★ ~ over iets *reflexionar sobre u.c.*; *meditar sobre u.c.* • van plan zijn *pensar* [ie] *en* • niet vergeten *acordarse de* [ue]; *pensar en* [ie] ★ daar heb ik niet aan gedacht *se me ha pasado*; *se me ha ido de la memoria* ★ denk erom! *¡acuérdate!* ▼ geen ~ aan! *¡ni pensar!* II OV WW • van mening zijn *creer* • vermoeden *creer*; *pensar* [ie] ★ zou je ~? *¿lo crees de veras?*; *¿lo dices en serio?* ★ ik denk van niet *creo que no* ★ dat dacht ik al! *¡ya me lo suponía!* • zich voorstellen *pensar* [ie]; *imaginarse* ▼ wat denk je wel? *¿qué te crees?*; *¿qué te has figurado?* ▼ dat had je gedacht! *¡ni pensarlo!*
denker *pensador* m
denkfout *error* m *de apreciación*
denkpatroon *patrón* m *de pensamiento*; *modo* m *de pensar*
denksport *hobby* v *de hacer crucigramas y pasatiempos*
denktank *grupo* m *de científicos asesores*
denkvermogen *capacidad* v *mental/intelectual*
denkwereld *mundo* m *intelectual*
denkwijze *forma* v *de pensar*
dennenappel *piña* v
dennenboom *pino* m
dennennaald *pinocha* v
denotatie *denotación* v
deodorant *desodorante* m
departement *departamento* m
dependance *anexo* m
depersonalisatie *despersonalización* v
deponeren • neerleggen *depositar* • in bewaring geven *depositar*; ⟨v. bagage⟩ *consignar* • indienen ★ gedeponeerd handelsmerk *marca* v *registrada*
deportatie *deportación* v
deporteren *deportar*
deposito *depósito* m
depositorekening *cuenta* v *de depósito*
depot • bewaarplaats *depósito* m • wat bewaard wordt *depósito* m
deppen *humedecer*
depressie *depresión* v
depressief *depresivo*
depri *depre*; *deprimido*
deprimeren *deprimir*
deputatie *diputación* v
der I LIDW *van de*; *del*; *de la*; *de los*; *de las* II BIJW daar • → **her**
derailleren *descarrilar*
derailleur *cambio* m *de marchas*
derby *derby* m
derde • *tercero* • ⟨vóór mannelijk zelfstandig naamwoord⟩ *tercer* ★ voor de ~ keer *por tercera vez* ★ tot de ~ macht verheffen *cubicar* • → **achtste**
derdegraads *de tercer grado*
derdegraadsverbranding *quemadura* v *de tercer grado*
derdegraadsverhoor *interrogatorio* m *bajo coacción*
derderangs *de mala calidad*
derdewereldland *país* m *del Tercer Mundo*
dereguleren *delegar poderes*
deren • schaden *perjudicar* • verdriet doen *doler* [ue]
dergelijk *semejante*; *tal*; *parecido* ★ iets ~s *algo por el estilo*
derhalve *por eso*; *por consiguiente*
derivaat *derivado* m
dermate *de tal manera*; *hasta tal punto*
dermatologie *dermatología* v
dermatoloog *dermatólogo* m
derrie • viezigheid *porquería* v • laagveen *mezcla* v *de turba y lodo*
derrière *trasero* m
dertien • *trece* • → **acht**
dertiende • *decimotercero*; *treceavo* • → **achtste**
dertig *treinta*
dertiger *treintañero* m ★ een goede ~ *un treintañero para arriba*
dertigste *trigésimo*; *treintavo*
derven *estar privado de* ★ inkomsten ~ *perder* [ie] *ingresos*
des I BIJW ★ des te beter *tanto mejor* ★ des te erger *tanto peor* ★ des te meer *tanto más* II LIDW • → **de**
desalniettemin *no obstante*; *a pesar de*
desastreus *desastroso*
desavoueren *repudiar*
desbetreffend *correspondiente*; *pertinente*; *en cuestión*
descendant *descendente* m
descriptief *descriptivo*
desem *levadura* v
deserteren *desertar*
deserteur *desertor* m
desertie *deserción* v
desgevraagd *si lo preguntan*; *si lo piden*
desgewenst *si se desea*; *a petición*
design I ZN [de/het] • het ontwerpen *diseño* m • object *diseño* m II BNW *de diseño* ★ ~ meubels *muebles de diseño*
desillusie *desilusión* v
desinfectans *desinfectante* m
desinfecteermiddel *desinfectante* m
desinfecteren *desinfectar*
desinteresse *desinterés* m
desktoppublishing *autoedición* v
deskundig *perito*; *experto*
deskundige *perito* m; *experto* m
desnoods *si hace falta*; *si fuera necesario*
desolaat *desolado*; *deplorable*
desondanks *no obstante*; *a pesar de ello*

desoriëntatie *desorientación* v
despoot *déspota* m
dessert *postre* m ★ als ~ *de postre*
dessertwijn *vino* m *dulce*
dessin *dibujo* m
destabiliseren *desestabilizar*
destijds *en aquel entonces*; FORM. *a la sazón*
destilleren • → **distilleren**
destructie *destrucción* v
destructief *destructivo*
detachement *destacamento* m
detacheren *destinar a*; MIL. *destacar*
detacheringsbureau *agencia* v *de colocaciones temporales*
detail *detalle* m
detailhandel *comercio* m *al por menor*
detailleren *detallar*
detaillist *detallista* m; *minorista* m
detailopname *toma* v *de un detalle*
detecteren *detectar*
detectie *detección* v
detective • persoon *detective* m/v • roman *novela* v *policíaca*
detector *detector* m
detentie *detención* v
determinant *determinante* m
determineren *determinar*
determinisme *determinismo* m
detineren *detener* [ie]; *arrestar*
detoneren *desentonar*
deuce *cuarenta* m *iguales*
deugd *virtud* v
deugdelijk *sólido*; *válido*
deugdzaam *virtuoso*
deugen • geschikt zijn *servir* [i]; *valer* ★ hij deugt nergens voor *no sirve para nada* • braaf zijn *servir* [i]
deugniet *pillo* m; *pícaro* m
deuk *abolladura* v; *mella* v
deuken *abollar*
deun *musiquilla* v
deuntje • een ~ zitten huilen *lloriquear un poco*
deur *puerta* v ★ blinde deur *puerta falsa*; *puerta excusada* ★ glazen deur *puerta vidriera*; *puerta de cristales* ★ van deur tot deur *de puerta en puerta* ★ voor de deur *en la puerta* ★ de deur uitgaan *salir a la calle* ▾ met gesloten deuren *a puerta cerrada* ▾ met de deur in huis vallen *ir directamente al grano*; *dejarse de rodeos* ▾ de winter staat voor de deur *el invierno está a la vuelta de la esquina* ▾ een open deur intrappen *decir* [i] *verdades de Perogrullo*; *decir* [i] *perogrulladas* ▾ iem. de deur wijzen *enseñar la puerta a u.p.* ▾ iem. de deur uitzetten *echar a la calle a u.p.* ▾ dat doet de deur dicht *¡esto es el colmo!* ▾ iem. de deur voor zijn neus dichtslaan *dar a u.p. con la puerta en los hocicos*
deurdranger *cierrapuertas* m
deurknop *picaporte* m
deurpost *jamba* v
deurwaarder *agente* m *judicial*
deuvel *espiga* v
deux-chevaux *dos* m *caballos*
deux-pièces *conjunto* m *de falda y chaqueta*
devaluatie *devaluación* v

devalueren I OV WW *minder waard maken devaluar* [ú] II ON WW *minder waard worden desvalorizarse*; *devaluarse (u)*
deviatie *desviación* v
devies • stelregel *divisa* v; *lema* m; *mote* m • betaalmiddel *divisa* v
deviezenhandel *comercio* m *de divisas*
deviezenreserve *reserva* v *de divisas*
devoon *Devónico* m
devoot *devoto*
devotie *devoción* v
dextrose *dextrosa* v
deze *este* [m mv: *estos*] [v: *esta*] [v mv: *estas*] ★ bij dezen *por la presente*; *por la presente* ▾ in dezen *en esto* ▾ deze en gene *alguno que otro* ▾ deze of gene ⟨persoon⟩ *alguno*; *alguien*
dezelfde *el mismo* [m mv: *los mismos*] [v: *la misma*] [v mv: *las mismas*] ★ van ~ kleur *del mismo color* ★ in ~ mate *igualmente*; *de igual modo*
dia *diapositiva* v
diabetes *diabetes* v
diabeticus *diabético* m
diabolo *diábolo* m
diacones *diaconisa* v
diadeem *diadema* m
diafilm *película* v *para diapositivas*
diafragma *diafragma* m
diagnose *diagnóstico* m
diagnosticeren *diagnosticar*
diagnostisch *diagnóstico*
diagonaal I BNW *diagonal* II ZN [de] *diagonal* v
diagram *diagrama* m
diaken *diácono* m
diakritisch *diacrítico* ★ ~e tekens *símbolos diacríticos*
dialect *dialecto* m
dialoog *diálogo* m
dialyse *diálisis* v ★ nier~ *diálisis de riñones*
diamant I ZN [de] *diamante* m II ZN [het] *diamante* m
diamantair *diamantista* m
diamanten *diamantino*
diameter *diámetro* m
diametraal *diametral*
diapositief *diapositiva* v
diaprojector *proyector* m *para diapositivas*
diaraampje *marco* m *de diapositivas*
diarree *diarrea* v; INFORM. *correntía* v
dicht I BNW • gesloten *cerrado*; *compacto*; ⟨niet-doorlatend⟩ *impermeable*; *hermético* • opeen *cercano*; *denso*; *espeso*; ⟨v. personen⟩ *apretado*; ⟨v. weefsel⟩ *tupido* II BIJW • dichtbij *cerca de* ★ ~ bij huis *cerca de casa* • gesloten ★ het wil niet ~ *no cierra*
dichtbegroeid *de densa vegetación*
dichtbevolkt *densamente poblado*
dichtbij *cerca* ★ van ~ *a bocajarro* ★ ~ zijn doel *próximo a su fin* ★ ~ komen *acercarse*
dichtbinden *ligar*; *atar*
dichtbundel *poemario* m
dichtdoen *cerrar* [ie]
dichtdraaien *cerrar* [ie]
dichten • in dichtvorm schrijven *hacer versos* • dichtmaken *tapar*; ⟨v. een lek⟩ *cegar* [ie]
dichter *poeta* m; *vate* m

dichterbij *más cerca*; *próximo*
dichterlijk *poético* ★ ~e vrijheid *licencia* v *poética*
dichtgaan *cerrarse* [ie]
dichtgooien *cerrar* [ie] *bruscamente*
dichtheid *densidad* v; *espesor* m
dichtklappen I OV WW hard dichtdoen *cerrar* [ie] *de un portazo* ★ hij klapte de deur dicht *cerró la puerta dando un portazo* II ON WW • hard dichtgaan *cerrarse* [ie] ★ de deur klapte dicht *la puerta se cerró* • zich niet uiten *quedarse en blanco*
dichtknijpen *apretar* [ie] ▼ een oogje ~ *hacer la vista gorda*
dichtkunst *poesía* v
dichtmaken *cerrar* [ie]; ⟨v. gat⟩ *tapar*
dichtnaaien *coser*
dichtplakken *pegar*
dichtregel *verso* m
dichtslaan *cerrar* [ie] *de golpe*
dichtslibben *encenagarse*
dichtspijkeren *clavar*; *cerrar* [ie] *con tachas*
dichtstbijzijnd *más cercano* ★ de ~e supermarkt *el supermercado más cercano*
dichtstoppen *tapar*
dichttimmeren *tabicar*
dichttrekken *cerrar* [ie]
dichtvriezen *helarse* [ie]
dichtwerk • groot gedicht *poema* m • gedichten *obra* v *poética*
dichtzitten • afgesloten zijn *estar cerrado* ★ de ramen zitten dicht *las ventanas están cerradas* • niet zichtbaar zijn door mist *estar aneblado*
dictaat • aantekeningen *apuntes* m mv • het dicteren *dictado* m
dictafoon *dictáfono* m
dictator *dictador* m
dictatoriaal *dictatorial*
dictatuur *dictadura* v
dictee *dictado* m
dicteerapparaat *dictáfono* m
dicteren *dictar*
dictie *dicción* v
didactiek *didáctica* v
didactisch *didáctico*
didgeridoo *didgeridoo* m
die I AANW VNW *ese* m [mv: *esos*] [v: *esa*] [v mv: *esas*] ⟨verder weg (in tijd en plaats)⟩ *aquel* m [mv: *aquellos*] [v: *aquella*] [v mv: *aquellas*] ★ die en die *fulano* m; *zutano* m II BETR VNW *que*
dieet *dieta* v; *régimen* m ★ op ~ zijn *estar a régimen* ★ iem. op ~ stellen *poner a régimen a u.p.* ★ een streng ~ houden *observar un régimen severo*
dieetmaaltijd *comida* v *de régimen*
dief *ladrón* m ★ houdt de dief! *¡al ladrón!*
diefstal *hurto* m; *robo* m ★ ~ met inbraak *robo* m *con fractura*; *robo* m *con escalo*
diegene *el* [v: *la que*]; *quien* ★ ~n die *los que* m [v mv: *las que*] *quienes*
diehard *incondicional* m
dienaangaande *en cuanto a eso*
dienaar *servidor* m
dienblad *bandeja* v
diender *polizonte* m

dienen I OV WW • in dienst zijn van *servir* [i] • van dienst zijn *servir* [i] ★ om u te ~ *para servirle a usted*; *servidor de usted*; *a su servicio* ★ waarmee kan ik u ~? *¿en qué puedo servirle a usted?* • ~ **van** ★ van advies ~ *aconsejar* ▼ daarvan ben ik niet gediend! *¡eso no me gusta nada!* II ON WW • moeten *deber* ★ dat diende je te weten *deberías saberlo* • als functie hebben *servir de* [i]; *hacer de* ★ tot waarschuwing ~ *servir de advertencia* ★ dit vertrek dient als keuken *esta habitación hace de cocina* ★ deze brief dient om u te berichten *la presente tiene el objeto de informarle* • geschikt/bruikbaar zijn *servir* [i] ★ dat dient nergens toe *eso no sirve para nada* ★ daarmee ben ik niet gediend *no me sirve para nada* • soldaat zijn *servir* [i] ★ het vaderland ~ *servir a la patria* [i]; *hacer de* ~ *entrar al servicio* ★ bij de marine ~ *estar sirviendo en la marina* • JUR. *celebrarse* • eten opdienen *servir* [i]
dienovereenkomstig *de acuerdo con*
dienst • het dienen *servicio* m ★ ten ~e van *al servicio de* ★ ~ doen als *hacer las veces de*; *servir* [i] *de* ★ waarmee kan ik u van ~ zijn? *¿en qué puedo servirle? ¿qué va a ser?* ★ ten ~e staan van *estar a la disposición de* ★ tot uw ~ *¡servidor de usted!*; *ide nada!* • werkzaamheden *servicio* m ★ een ~ draaien *estar de servicio* • nacht~ *turno de noche* • werking *servicio* m • buiten ~ stellen *poner fuera de servicio* ★ zijn benen weigerden hun ~ *le fallaban las piernas* • behulpzame daad *servicio* m ★ een ~ bewijzen *prestar un servicio* • betrekking *empleo* m ★ de ~ opzeggen *presentar la dimisión de su cargo* ★ iem. uit zijn ~ ontslaan *remover* [ue] *a u.p. del cargo* ★ in ~ nemen *emplear* • godsdienstoefening *oficio* m; *culto* m • het soldaat zijn *servicio* m ★ onder ~ gaan *sentar* [ie] *plaza*; *alistarse* ★ onder ~ zijn *estar sobre las armas*; *ser soldado* ★ ~ weigeren *objetar de conciencia* ★ in ~ *en estado de servicio* ▼ de ene ~ is de andere waard *una mano lava otra*
dienstauto *coche* m *de servicio*
dienstbaar *al servicio de*
dienstbetrekking • het in dienst zijn *relación* v *laboral* • functie *empleo* m
dienstbevel *orden* m/v
dienstbode *criada* v; *muchacha* v
dienstdoend *de turno*
dienstencentrum *centro* m *cívico municipal*
dienstensector *sector* m *de servicios*
dienster *camarera* v
dienstgeheim *secreto* m *oficial*
dienstig *conveniente*
dienstijver *celo* m *en el servicio*
dienstjaar *año* m *de servicio*
dienstklopper *ordenancista* m/v
dienstmededeling *nota* v *de servicio*
dienstmeisje *sirvienta* v; *muchacha* v
dienstplicht *servicio* m *militar* ★ zijn ~ vervullen *cumplir el servicio militar*
dienstplichtig *en edad militar*
dienstplichtige *mozo* m; ⟨vrijwilliger⟩ *recluta* m

dienstregeling *horario* m
dienstreis *viaje* m *oficial/de negocios*
diensttijd • MIL. *servicio* m *militar* • **werktijd** *horas* v mv *de servicio*
dienstvaardig *servicial; oficioso*
dienstverband *relación* v *laboral/de trabajo*
dienstverlening *servicio* m; *prestación* v *de servicios*
dienstweigeraar *objetor* m *de conciencia*
dienstweigering *objeción* v *de conciencia*
dienstwoning *residencia* v *oficial*
dientengevolge *en consecuencia; por consiguiente*
diep I BNW • ⟨v. plaats⟩ *laag, achter profundo; hondo* • FIG. *intenso* ★ diepe minachting *profundo* m *desprecio* **II** BIJW FIG. ★ diep in het hartje van Afrika *en lo más profundo del Africa interior; en el mismo riñón de Africa* ★ diep in mijn ziel *del fondo de mi alma* ★ diep in de vijftig *frisando en los sesenta* ★ tot diep in de nacht *hasta muy entrada la noche*
diep- ★ diepblauw *azul oscuro* ★ dieptreurig *lamentable*
diepdruk *huecograbado* m
diepgaand *profundo; exhaustivo* ★ ~ onderzoek *examen profundo*
diepgang • LETT. *calado* m; *calazón* m • FIG. *profundidad* v ★ met weinig ~ *con poca profundidad; superficial*
diepgeworteld *muy arraigado* ★ een ~ wantrouwen *una desconfianza muy arraigada*
dieplader *camión* m *plataforma*
diepliggend *hundido* ★ ~-e ogen *ojos hundidos*
diepte *profundidad* v
dieptebom *bomba* v *de profundidad*
diepte-interview *entrevista* v *a fondo*
diepte-investering *inversión* v *productiva*
dieptepsychologie *psicología* v *del inconsciente*
dieptepunt • laagste punt *mínimo* m • slechtste toestand *bajón* m
diepvries • het diepvriezen *congelación* v *rápida* • vriezer *congelador* m
diepvriesmaaltijd *comida* v *congelada*
diepvriesproduct *producto* m *congelado*
diepvriezen *congelar*
diepvriezer *congelador* m
diepzinnig • diep denkend *profundo* • grondig doordacht *profundo*
dier *animal* m ★ wild dier *fiera* v
dierbaar *querido; amado; caro*
dierenarts *veterinario* m
dierenasiel *asilo* m *de animales*
Dierenbescherming ANPBA v; *Asociación* v *Nacional para la Protección y el Bienestar de los Animales*
dierenbeul *persona* v *que maltrata a los animales*
dierendag *día* m *de San Antón*
dierenriem *zodíaco* m
dierenrijk *reino* m *animal*
dierentemmer *domador* m
dierentuin *parque* m *zoológico*
dierenvriend *amigo* m *de los animales*
dierenwinkel *tienda* v *de productos para animales*

diergeneeskunde *veterinaria* v
dierkunde *zoología* v
dierlijk • ⟨als⟩ van dieren *animal* • *bestiaal bestial*
diersoort *especie* v *animal*
dies[1] v en wat dies meer zij *y otras cosas por el estilo*
diesel • olie *gasóleo* m • voertuig *tren* m *diesel*
dieselmotor *motor* m *diesel*
dieselolie *gasoil* m; *gasóleo* m
diëtetiek *dietética* v
diëtist *dietista* m/v
dievegge *ladrona* v
dievenklauw *cierre* m *de seguridad*
dievenpoortje *barrera* v *electrónica*
differentiaal *diferencial* v
differentiaalrekening *cálculo* m *diferencial*
differentiatie *diferenciación* v
differentiëren *diferenciar*
diffuus *difuso*
difterie *difteria* v
digestief *digestivo*
diggelen v aan ~ vallen *hacer añicos*
digitaal *digital*
digitaliseren *digitalizar*
dij *muslo* m
dijbeen *fémur* m
dijenkletser *chirigota* v
dijk *dique* m ▼ iem. aan de dijk zetten *poner a alguien de patitas en la calle*
dijkdoorbraak *rotura* v *de un dique*
dijkgraaf *superintendente* m/v *de los diques*
dik I BNW • omvangrijk *grueso; voluminoso* • gezet *gordo* • opgezwollen *hinchado* • dikvloeibaar *espeso; denso* • ruim ★ een dikke duizend euro *mil euros bien contados* ★ een dik uur *una hora bien contada; una buena hora* • innig *íntimo* ★ dikke vrienden *íntimos amigos* • dicht op elkaar *espeso* ▼ maak je niet dik *no te preocupes* **II** BIJW zeer ★ het er dik bovenop leggen *recargar las tintas* ★ het ligt er dik (boven)op *las tintas están recargadas* ★ het zit er dik in dat hij komt *es muy probable que venga* ▼ dik doen *darse tono* **III** ZN [het] bezinksel *poso* m ▼ door dik en dun *en las buenas y en las malas*
dikdoenerij *jactancia* v; *fanfarronería* v
dikhuidig • ANAT. *paquidermo* • PSYCH. *insensible*
dikkerd *gordo* m
dikkop • DIERK. kikkervisje *renacuajo* m • stijfkop *cabezudo* m
dikte • het dik zijn *gordura* v; *corpulencia* v • afmeting *grosor* m • dichtheid *densidad* v; *espesor* m
dikwijls *a menudo; con frecuencia; muchas veces*
dikzak *barrigón* m [v: *barrigona*]; *panzón* m [v: *panzona*]
dildo *consolador* m
dilemma *dilema* m; *disyuntiva* v
dilettant *aficionado* m; *diletante* m/v
diligence *diligencia* v
dille *hinojo* m *hediondo*
dimensie *dimensión* v
dimlicht *luz* v *de cruce*
dimmen *bajar las luces*

diner • maaltijd ⟨'s avonds⟩ *cena* v; ⟨'s middags⟩ *comida* v • feestmaal *banquete* m
dineren *cenar*
ding • zaak/voorwerp *cosa* v; *objeto* m; INFORM. *chisme* m • feit *cosa* v; *asunto* m • jong meisje *criatura* v ▼ de dingen bij hun naam noemen *llamar las cosas por su nombre*; *llamar al pan pan y al vino vino*
dingen naar *aspirar a*
dinges *fulano* m; *zutano* m; *mengano* m
dinosaurus *dinosaurio* m
dinsdag *martes* m ★ 's ~s *los martes*
dinsdagavond *martes* m *tarde*
dinsdagmiddag *martes* m *por la tarde*
dinsdagmorgen, dinsdagochtend *martes* m *por la mañana*
dinsdagnacht *martes* m *noche*
dinsdags *los martes*
diocees *diócesis* v
dioxine *dioxina* v
dip ★ in een dip zitten *estar depre*
diploma *diploma* m
diplomaat *diplomático* m
diplomatenkoffertje *valija* v *diplomática*
diplomatie *diplomacia* v
diplomatiek *diplomático*
diplomeren *diplomar*
dippen *remojar*
dipsaus *salsa* v
direct *directo*; *inmediato* ★ ~e levering *entrega* v *inmediata* ★ TAALK. ~e rede *estilo* m *directo* ★ ~e uitzending *(re)transmisión* v *en directo*
directeur *director* m [v: *directriz*]; *gerente* m/v
directeur-generaal *director* m *general*
directie *dirección* v; *gerencia* v
directielid *directivo* m; *miembro* m *del consejo de dirección*
directiesecretaresse *secretaria* v *de dirección*
direct mail *correo* m *directo*
direct marketing *márketing* m *directo*
dirigeerstok *batuta* v
dirigent *director* m *de orquesta*
dirigeren *dirigir*
dis¹ • (tafel met) eten *mesa* v • maaltijd *comida* v
dis² (zeg: dies) *re* m *sostenido*
discipel *discípulo* m
disciplinair *disciplinario*
discipline *disciplina* v
disclaimer *descargo* m *de responsibilidad*; *disclaimer* m
discman *discman* m
disco • discotheek *discoteca* v • muziek *música* v *disco*
disconteren *descontar* [ue]
disconto *descuento* m
discotheek *discoteca* v
discount *descuento* m; *rebaja* v
discountzaak *tienda* v *de descuento*
discreet *discreto*
discrepantie *discrepancia* v
discretie *discreción* v
discriminatie *discriminación* v
discrimineren *discriminar*
discus *disco* m
discussie *discusión* v

discussieleider *persona* v *que dirige una discusión*
discussiepunt *punto* m *de discusión*
discussiëren *discutir*
discussiestuk *pieza* v *de discusión*
discuswerpen *lanzar el disco*
discutabel *discutible*
discuteren *discutir*; *deliberar*
disgenoot *comensal* m/v
disharmonie *disonancia* v
disk *disco* m
diskdrive *disquetera* v
diskette *diskette/disquete* m
diskjockey *disc-jockey* m; *pinchadiscos* m
diskrediet *descrédito* m; *desabono* m
diskwalificatie *descalificación* v
diskwalificeren *descalificar*
dispensatie *dispensación* v
dispersie *dispersión* v
display • beeldscherm *pantalla* v • uitstalkast e.d. *pantalla* v
disputeren *disputar*
dispuut *disputa* v; *debate* m
dissel • trekbalk *enganche* m • disselboom *lanza* v *de tiro*
dissertatie • proefschrift *tesis* v *doctoral* • verhandeling *disertación* v
dissident *disidente* v
dissonant *disonancia* v; *disonante* m; *dísono* m
distantie *distancia* v
distantiëren [zich ~] van *distanciarse de*
distel *cardo* m; *abrojo* m
distillatie *destilación* v
distilleerderij *destilería* v
distilleren *destilar*; *alambicar*; *alquitarar*
distinctie *distinción* v
distribueren *distribuir*; *repartir*
distributie • verdeling *distribución* v • rantsoenering *racionamiento* m
distributiekanaal *canal* m *de distribución*
district *distrito* m; *demarcación* v
dit (zelfstandig gebruikt) *esto*; (bijvoeglijk gebruikt) *este* m [mv: *estos*] [v: *esta*] [v mv: *estas*] ★ dit is *esto es*
ditmaal *esta vez*
dito I BNW *igual* II BIJW *lo mismo*; *también*
diva *diva* v
divan *diván* m
divergent *divergente*
divergentie *divergencia* v
divergeren *divergir*
divers *diverso*; *diferente*
diversen *miscelánea* v; *artículos* m mv *diversos*
diversificatie *diversificación* v
diversifiëren *diversificar*
diversiteit *diversidad* v
dividend *dividendo* m ★ voorlopig ~ *dividendo provisional* ★ tussentijds ~ *dividendo a cuenta*
dividenduitkering *reparto* m *de dividendos*
divisie • afdeling *división* v • SPORT *división* v • MIL. *división* v • WISK. *división* v
dixieland *música* v *dixie*
dizzy *mareado*
dj *dj*
DNA *ADN* m; *ácido* m *desoxirribonucleico*
DNA-profiel *perfil* m *de ADN*

do *do* m
dobbelbeker *cubilete* m
dobbelen *jugar* [ue] *a los dados*
dobbelsteen *dado* m ★ de dobbelstenen gooien *echar los dados*
dobber *veleta* v ▼ een harde ~ hebben aan *costar lo suyo*; *ser duro de roer*
dobberen *flotar*
docent *profesor* m [v: *profesora*]; *docente* m/v
docentenkamer *sala* v *de profesores*
doceren *enseñar*; *instruir*
doch *pero*; *mas*; *empero*
dochter *hija* v
dochteronderneming *filial* v
dociel *dócil*; *disciplinado*
doctor *doctor* m ★ ~ honoris causa *doctor honoris causa* ★ ~ in de godgeleerdheid *doctor en teología*
doctoraal ★ ~ examen *examen* m *de licenciatura*
doctoraalstudent ≈ *estudiante* m *universitario de segundo ciclo*
doctoraat *doctorado* m
doctorandus *licenciado* m
doctrine *doctrina* v
docudrama *docudrama* m
document *documento* m; *papel* m
documentaire *documental* m
documentalist *documentalista* m/v
documentatie *documentación* v
documenteren *documentar*
dode *muerto* m; *difunto* m ★ over de doden niets dan goeds *hay que dejar a los muertos en paz*
dodelijk • dood veroorzakend *mortal*; *mortífero*; *letal* • hevig *mortal*
doden *matar*; *dar muerte a*
dodencel *celda* v *para presos condenados a muerte*
dodendans *danza* v *macabra*
dodenherdenking *conmemoración* v *de los caídos en la guerra*
dodenlijst *lista* v *de víctimas*
dodenmasker *mascarilla* v *mortuoria*
dodenmis *misa* v *de difuntos*
dodenrijk *reino* m *de los muertos*
dodenrit *carrera* v *suicida*
dodensprong *salto* m *mortal*
dodenstad *necrópolis* v
dodental *número* m *de víctimas*
dodenwake *velatorio* m
doedelzak *gaita* v; *cornamusa* v
doe-het-zelfzaak *tienda* v *de bricolaje*
doe-het-zelver *bricolagista* m/v
doei *chao*; *chau*
doek I ZN [de] lap stof *paño* m ★ zijn arm in een doek dragen *llevar su brazo en un cabestrillo* ▼ zo wit als een doek *pálido como el papel* **II** ZN [het] • stof *tela* v • schilderslinnen *lienzo* m • schilderij *lienzo* m • projectiescherm *pantalla* v • toneelgordijn *telón* m ★ het doek laten zakken *bajar el telón*
doekoe *pasta* v; *pelas* v mv
doel • doelwit *blanco* m; *hito* m • bedoeling *fin* m ★ met welk doel? *¿a qué fin?* ★ zich ten doel stellen om *proponerse a* ★ SPORT *goal portería* v; *puerta* v; *meta* v

doelbewust *decidido*; *resuelto*; *premeditado*
doeleinde • oogmerk *fin* m; *objeto* m • bestemming *finalidad* v
doelen op *aludir a*; *hacer alusión a*
doelgebied *área* m *de gol*
doelgemiddelde *promedio* m *de aciertos*
doelgericht *directo* ★ een ~e vraag *una pregunta directa*
doelgroep *grupo* m *destinatario*
doellijn *línea* v *de gol*
doelloos • zonder doel *sin objeto* • nutteloos *inútil*
doelman *portero* m; *(guarda)meta* m
doelmatig *eficaz*
doelpunt *gol* m; *tanto* m ★ een ~ maken *meter un gol*; *marcar un tanto*
doelsaldo *saldo* m *de goles*
doelstelling *objetivo* m; *finalidad* v
doeltreffend *eficaz*
doelwit *blanco* m
doemdenken *ser derrotista*; *ser catastrofista*
doemdenker *derrotista* m/v; *catastrofista* m
doemen *condenar* (*tot a*) ★ gedoemd te sterven *condenado a desaparecer* ★ tot mislukken gedoemd *abocado al fracaso*
doen I OV WW • verrichten *hacer* ★ al doende *haciéndolo*; *en la práctica* ★ wat kan ik daaraan doen? *¿qué culpa tengo yo?* ★ hij doet het niet met opzet *no lo hace a propósito*; *lo hace sin querer* ★ zijn best doen *hacer todo lo posible*; *esforzarse* [ue] ★ ertoe doen *importar* ★ niets doen *no hacer nada* • functioneren *funcionar* ★ het toestel doet het *el aparato funciona* • plaatsen *poner* ★ zout in de soep doen *echar sal a la sopa*; *salar la sopa* • schoonmaken *limpiar* • berokkenen ★ het doet me goed *me hace bien* ▼ je doet er goed aan te *haces bien en* ▼ ik heb met je te doen *me das pena* ▼ dat doet er niet toe *eso no importa* ▼ al doende leert men *el ejercicio hace el maestro* **II** ON WW • zich gedragen *actuar* [ú]; *hacer*; *hacerse* ★ doen alsof *fingir* ★ doen alsof men niets heeft gezien *hacer la vista gorda* ★ doen alsof men doof is *hacerse el sordo* ★ doen alsof men van de prins geen kwaad weet *hacerse el sueco* ★ doe alsof u thuis bent *está usted en su casa* ★ ~ aan *hacer*; *practicar* ★ veel aan sport doen *hacer mucho deporte* ★ ~ in *comerciar en* • ~ over *tardar en* ★ hoelang doe je over één bladzijde? *¿cuánto tardas en leer una página?* **III** ZN [het] ★ zijn doen en laten *su manera de ser* ▼ in goeden doen zijn *tener el riñón cubierto* ▼ niet in zijn (gewone) doen zijn *salirse de su cauce* ▼ voor zijn doen niet slecht *no está mal en comparación con sus facultades*; *nada malo en comparación con sus facultades*
doenlijk *factible*
doetje *Juan* m *Lanas*; *papanatas* m/v
doezelen *dormitar*
doezelig *soñoliento*
dof • niet helder *mate*; *apagado* • gedempt ⟨v. geluid⟩ *sordo*
doffer *palomo* m; *paloma* m *macho*
dog *dogo* m ★ grote dog *alano* m
dogma *dogma* m

dogmatisch *dogmático*
dogmatiseren *dogmatizar*
dok *dársena* v ★ drijvend dok *dique* m *flotante*
doka *cámara* v *obscura*
dokken • betalen *aflojar la bolsa* • in dok brengen *meter en dique*
dokter *médico* m ★ onder ~s handen zijn *estar bajo tratamiento médico* ★ naar de ~ gaan *ir al médico*
dokteren • als dokter optreden *ejercer la medicina* • rommelen *apañar*
doktersadvies *consejo* m *del médico*
doktersassistente *auxiliar* v *de médico*
doktersroman *novela* v *rosa*
doktersverklaring *declaración* v *médica*; *certificado* m *médico*
dokwerker *estibador* m
dol I BNW • gek *loco* ★ het is om dol te worden *es para volverse loco* • ~ **op** verzot *loco por* ★ dol zijn op kersen *estar loco por las cerezas* ▼ door het dolle heen zijn *estar fuera de sí* II ZN [de] roeipen *escálamo* m; *tolete* m
dolblij *loco de alegría*; *alborozado*
dolby *sistema* m *dolby*
doldraaien • controle verliezen *volverse* [ue] *loco*; INFORM. *faltar un tornillo* ★ de directeur is dolgedraaid *el director se ha trastornado* • niet pakken van schroeven *atascarse* ▼ een dolgedraaide maatschappij *una sociedad que no funciona*
doldriest *fogoso*
dolen *errar*
dolfijn *delfín* m
dolfinarium *delfinario* m
dolgelukkig *muy feliz*; *muy contento*
dolgraag *con mucho gusto*
dolk *puñal* m; *daga* v
dolkstoot *puñalada* v
dollar *dólar* m
dollarcent *céntimo* m *de dólar*
dolleman *energúmeno* m ★ als een ~ tekeergaan *arrebatarse como un rabioso loco*
dollemansrit *carrera* v *loca*
dollen *retozar*; *juguetear*; *chancear* ▼ zonder ~ *en serio*
Dolomieten *los Dolomitas* m mv
dom I BNW niet slim *tonto* ▼ zich van de domme houden *hacerse el sueco*; *no darse por aludido*; *no darse por entendido* II ZN [de] kerk *catedral* v
domein *dominio* m
domeinnaam *nombre* m *de dominio*
domesticeren • *aclimatar* • tot huisdier maken *domesticar*
domheid *estupidez* v; *ignorancia* v
domicilie *domicilio* m ★ ~ kiezen *domiciliarse*
dominant *dominante*
dominee *pastor* m *protestante* ▼ daar gaat een ~ voorbij *pasa un ángel*
domineren *dominar*
Dominicaan *dominicano* m
dominicaan *dominico* m
Dominicaanse Republiek *República Dominicana* v
domino *dominó* m ★ ~ spelen *jugar* [ue] *al dominó*

dominosteen *ficha* v *de dominó*
dommekracht • werktuig *gato* m; *cric* m • persoon *forzudo* m
dommelen *dormitar*
domoor, domkop, dommerik *bobo* m; *tonto* m; *imbécil* v
dompelaar • verwarmingsstaaf *calentador* m *de inmersión* • zuiger *pistón* m
dompelen • onder laten gaan *sumergir* • doen verzinken *sumir*; *hundir* ★ zich in diepe rouw ~ *sumirse en una profunda tristeza*
domper • LETT. kapje *apagador* m; *apagavelas* m • FIG. iets dat de stemming bederft *desilusión* v ★ dat zet een ~ op de vreugde *eso estropea la alegría*
dompteur *domador* m
domweg *simplemente*; *sencillamente*
donateur *donador* m
donatie *donación* v
donder • gerommel bij onweer *trueno* m • persoon ★ arme ~ *pobre diablo* m ▼ iem. op zijn ~ geven *cantar las cuarenta a u.p.* ▼ daar kun je ~ op zeggen *sin duda alguna*; *sin falta* ▼ om de ~ niet! *ini pensarlo!*; *ide ninguna manera!* ▼ op zijn ~ krijgen *recibir un rapapolvo* ▼ hij geeft er geen ~ om *no le importa un bledo*
donderbui *tronada* v
donderdag *jueves* m ★ 's ~s *los jueves* ★ Witte Donderdag *Jueves Santo*
donderdagavond *jueves* m *tarde*
donderdagmiddag *jueves* m *por la tarde*
donderdagmorgen, donderdagochtend *jueves* m *por la mañana*
donderdagnacht *jueves* m *noche*
donderdags *los jueves*
donderen I OV WW gooien ★ iem. van de trap ~ *tirar a u.p. por la escalera* II ON WW • vallen ★ van de trap ~ *caerse de la escalera* • tekeergaan *echar rayos*; *echar pestes* III ONP WW onweren *tronar* [ue] ★ het dondert *truena*
donderjagen *armar un follón/jaleo*
donderpreek *reprimenda* v; IRON. *sermón* m
donders *icaray!*
donderslag *trueno* m
dondersteen *granuja* m/v; *sinvergüenza* m/v
donderwolk *nube* v *de tormenta*
donker I BNW duister *oscuro*; *obscuro* ★ ~ maken *oscurecer* ★ het wordt ~ *oscurece* II ZN [het] ★ vóór het ~ *antes del anochecer* ★ in het ~ zijn alle katten grauw *de noche todos los gatos son pardos*
donker- ★ donkerrood *rojo oscuro*
donor *donante* m/v
donorcodicil *carné* m *de donante*
dons • fijne veertjes *plumón* m • fijne haartjes *vello* m
donut *buñuelo* m
donzen *de plumón*
dood I ZN [de] *muerte* v ★ ter dood veroordelen *condenar a muerte* ▼ het is er de dood in de pot *allí uno se muere de aburrimiento* ▼ als de dood voor iets zijn *temer u.c. como la muerte* ▼ ten dode opgeschreven zijn *estar condenado a morir* ▼ dat wordt nog eens zijn dood *eso*

acabará con él ▾ duizend doden sterven *morirse* [ue, u] *de miedo* ▾ de dood vinden *fallecer* II BNW • niet levend *muerto* ★ meer dood dan levend *más muerto que vivo* • saai *aburrido* ★ INFORM. een dooie boel *un muermo*
doodbloeden *desangrarse*
dooddoener *tapaboca* m
doodeenvoudig *sencillísimo* ★ om de ~e reden dat *por la muy sencilla razón de que*
doodeng *escalofriante*
doodergeren [zich ~] *reventar de rabia*
doodgaan *morir* [ue, u]; INFORM. *palmarla* ▾ ik ga liever gewoon dood *no me atrae en absoluto*
doodgeboren *muerto al nacer; nacido muerto*
doodgewoon *corriente y moliente; de lo más normal*
doodgooien *inundar* (met de) ★ iem. ~ met geschenken *recargar a u.p. de regalos*
doodgraver • grafdelver *enterrador* m • kever *necróforo*
doodkalm *estoico; impasible*
doodkist *ataúd* m; *féretro* m
doodleuk *como si nada*
doodlopen ⟨v. straat⟩ *no tener salida*; ⟨v. zaak⟩ *estancarse* ★ ~de straat *calle sin salida*
doodmoe *hecho polvo*
doodop *agotado*; INFORM. *hecho polvo*
doodrijden I OV WW *atropellar* II WKD WW [zich ~] *atropellarse*
doods *de muerte; sombrío* ★ ~e stilte *silencio* m *profundo*
doodsangst *miedo* m *mortal; miedo* m *cerval* ★ in ~ zitten *estar con el alma en un hilo*
doodsbang *muerto de miedo* ★ ~ zijn voor *temer u.c. como la muerte*
doodsbed *lecho* m *de muerte*
doodsbenauwd *muerto de miedo*
doodsbleek *de una palidez mortal; lívido; cadavérico*
doodschieten *matar de un tiro; matar a tiros* ★ zichzelf ~ *pegarse un tiro*
doodseskader *escuadrón* m *de la muerte*
doodsgevaar *peligro* m *de muerte*
doodshoofd *calavera* v
doodskist *ataúd* m; *féretro* m
doodslaan *matar a golpes*
doodslag *homicidio* m
doodsmak *porrazo* m
doodsnood • stervensnood *agonía* v • hevige nood *apuro* m
doodsschrik *susto* m *mortal*
doodsstrijd *agonía* v
doodsteek *golpe* m *mortal*
doodsteken *acuchillar*
doodstil ⟨v. beweging⟩ *inmóvil* ★ het was ~ *reinaba un silencio de muerte*
doodstraf *pena* v *capital*
doodsverachting *desprecio* m *de la muerte*
doodsvijand *enemigo* m *mortal*
doodtij *marea* v *muerta*
doodvallen *caerse muerto*
doodvervelen [zich ~] *aburrirse como una ostra; aburrirse soberanamente*
doodvonnis *sentencia* v *de muerte*

doodziek *enfermo de gravedad*
doodzonde *pecado* m *mortal*
doodzwijgen *callar; echar tierra a*
doof *sordo* ★ doof aan één oor *sordo de un oído* ▾ Oost-Indisch doof zijn *hacer oídos de mercader* ▾ doof zijn voor *hacer caso omiso de*
doofheid *sordera* v; *ensordecimiento* m
doofpot ▾ iets in de ~ stoppen *echar tierra a u.c.*
doofstom *sordomudo*
dooi *deshielo* m ★ de dooi valt in *comienza el deshielo*
dooien *deshelar* [ie]
dooier *yema* v
doolhof *dédalo* m; *laberinto* m
doop • REL. *bautismo* m; *bautizo* m ★ een kind ten doop houden *bautizar a un niño; sacar a pila a un niño* • inwijding *bautismo* m
doopceel ▾ iemands ~ lichten *revelar el pasado de alguien*
doopjurk *traje* m *de bautismo*
doopnaam *nombre* m *de pila*
doopsel *bautismo* m ★ het ~ toedienen *administrar el bautismo*
doopsgezind *menonita*
doopvont *fuente* v *bautismal; pila* v *bautismal*
door I VZ • van a naar b *por* ★ de straat door *toda la calle* • door ... heen *por* ★ ergens niet door kunnen *no poder pasar por un sitio* • gedurende ★ door de week *entre semana* ★ het hele jaar door *todo el año* • dankzij *por* • vanwege *por* • door middel van ★ door te trainen word je sterk *entrenándote te haces fuerte* • in ★ wat doe jij door de sla? *¿qué pones en la ensalada?* ▾ dat kan ermee door *eso puede pasar* II BIJW versleten ★ die broek is door *ese pantalón está desgastado* ▾ door en door koud *frío completamente* ▾ iem. door en door kennen *conocer a fondo a alguien*
dooraderd *venoso*
doorbakken *muy hecho*
doorbellen *llamar por teléfono* ★ de correspondent belde een bericht door *el corresponsal transmitió una noticia por teléfono*
doorberekenen *hacer repercutir* (in en)
doorbetalen *seguir* [i] *pagando*
doorbijten I OV WW door iets heen bijten *morder* [ue] II ON WW doorzetten *perseverar*
doorbladeren *hojear*
doorbloed *sangriento*
doorborduren *extenderse* (op en) [ie]
doorboren *perforar*
doorbraak • het doordringen *ruptura* v; ⟨v. dijk⟩ *rotura* v • ommekeer *ruptura* v
doorbranden • stukgaan *quemarse*; ⟨v. een lamp⟩ *fundirse* ★ een doorgebrande lamp *una bombilla fundida* • doorgaan met branden *seguir* [i] *ardiendo*
doorbreken I OV WW stukbreken *romper* II ON WW • stukgaan *romperse* • aan de top komen *encumbrarse*
doorbreken *romper*
doorbrengen *pasar*
doordacht *bien pensado*
doordat *porque*
doordenken *reflexionar profundamente*

doordenkertje *enunciado* m *que hace pensar*
doordeweeks ★ ~e kleren *ropa* v *de entre semana*
doordouwen I OV WW doordrukken *imponer* ★ plannen ~ *imponer planes* II ON WW doorzetten ★ ~ in het verkeer *no respetar las reglas de preferencia*
doordraaien I OV WW • ECON. uit de verkoop halen *retirar del mercado* • verkwisten *derrochar; despilfarrar* II ON WW • verder draaien *seguir* [i] *dando vueltas* • doldraaien *pasarse de rosca* ★ de schroef is doorgedraaid *el tornillo está pasado de rosca* • PSYCH. overspannen raken *sufrir de estrés*
doordrammen *machacar; dar la lata* ★ hij weet altijd zijn zin door te drammen *machacando consigue siempre lo que quiere*
doordraven • verder draven *seguir* [i] *trotando* • wild redeneren *exagerar*
doordrenken *impregnar; empapar (de)*
doordrijven *obstinarse en* ★ zijn zin / wil ~ *salir con la suya*
doordringen • binnendringen *penetrar* • ~ tot zich kenbaar maken ★ het dringt niet tot jou door dat ... *no te das cuenta de que ...*
doordringen *convencer de* ★ doordrongen van *convencido de*
doordringend *penetrante*
doordrukken I OV WW dwingend opleggen *imponer* ★ een voorstel er ~ *imponer una propuesta* II ON WW een doordruk maken *sacar una copia al carbón*
doordrukstrip *blíster* m
dooreen *mezclado; todo mezclado*
dooreten *seguir* [i] *comiendo*
doorgaan • blijven doen *seguir* [i]; *continuar* [ú] ★ ~ met lezen *seguir leyendo* • voortduren *seguir* [i]; *continuar* [ú] • doorgang vinden *tener* [ie] *lugar* ★ de wedstrijd ging door *el partido tuvo lugar* ★ de wedstrijd ging niet door *se suspendió el partido* • gaan door iets *atravesar; pasar por* ★ het park ~ *atravesar el parque* ★ ~ **voor** beschouwd worden *pasar por* ★ voor een genie ~ *pasar por un genio*
doorgaand *en tránsito* ★ ~e reizigers *viajeros en tránsito*
doorgaans *comúnmente; por lo general; generalmente*
doorgang *paso* m
doorgangshuis *casa* v *donde sólo se pasan temporadas*
doorgeefluik *ventanilla* v *de servicio*
doorgeven • verder geven *pasar; hacer circular* ★ geef het zout eens door *pásame el sal* • overbrengen *transmitir* ★ een bericht ~ *transmitir una noticia* ★ een boodschap ~ *pasar un recado*
doorgewinterd *experimentado; ducho*
doorgronden *penetrar; profundizar en*
doorhalen • erdoor trekken *pasar* • schrappen *rayar; borrar*
doorhaling *borradura* v
doorhebben *entender* [ie]; *caer* v iem. ~ *verle el juego a alguien* ★ ik denk dat hij het doorheeft *creo que ya cae*
doorheen *a través de* ▼ zich er ~ slaan *superar todas las dificultades*
doorkiesnummer *número* m *directo*
doorkijk *abertura* v
doorkijken I OV WW vluchtig inzien *echar un vistazo a* II ON WW door iets kijken *mirar por/entre*
doorkneed *experimentado* ★ ~ in ... *versado en ...*
doorknippen *cortar en dos*
doorkomen • door iets heen komen *salir* ★ zijn tanden komen door *le están saliendo los dientes* ★ de zon komt door *sale el sol* ★ er is geen ~ aan *no hay forma de pasar* • erdoor komen *pasar* • waarneembaar worden *aparecer* • het eind halen van *pasar* ★ er is geen ~ aan *no hay manera de acabarlo*
doorkrassen *tachar; rayar*
doorkruisen *tachar*
doorkruisen • rondtrekken (v. zee) *cruzar*; (v. land) *recorrer* • dwarsbomen *estorbar*
doorlaatpost *puesto* m *de control*
doorlaten *dejar pasar*
doorleefd *gastado*
doorleren *seguir* [i] *estudiando*
doorleven *vivir; experimentar*
doorlezen I OV WW doornemen *leer; repasar*; (vluchtig) *hojear* II ON WW verder lezen *seguir* [i] *leyendo*
doorlichten • met röntgenstralen onderzoeken *radiografiar* [í] • onderzoeken *examinar*
doorliggen *decentarse*
doorlopen I OV WW • stuklopen *gastar* • doorkijken *repasar* II ON WW • verder lopen *seguir* [i] *andando* • niet onderbroken worden *continuar* [ú]; *seguir* [i]
doorlopen • lopend gaan door *recorrer; atravesar* [ie] • afleggen *seguir* [i]; *cursar*
doorlopend *continuo; ininterrumpido*
doorloper • puzzel *crucigrama* m *blanco* • schaats *patín* m *antiguo*
doormaken *pasar por* • moeilijke tijden ~ *pasar por épocas difíciles* ★ ik heb in mijn leven heel wat doorgemaakt *he sufrido bastante en mi vida*
doormidden *por mitad; por la mitad*
doormodderen *chapucear*
doorn *espina* v
doornat *mojado hasta los huesos* ★ ~ zijn *estar hecho una sopa*; INFORM. *estar empapado*
doornemen • doorkijken *repasar; recorrer* • bespreken *discutir*
doornig *espinoso*
Doornroosje *Bella* v *durmiente del bosque*
doornummeren *numerar*
doorploeteren *chapucear*
doorpraten I OV WW bespreken *discutir* II ON WW verder praten *seguir* [i] *hablando*
doorprikken *pinchar* ★ een blaar ~ *reventar* [ie] *una ampolla*
doorregen *entreverado*
doorreis *paso* m ★ op ~ zijn *estar de paso*
doorrijden • verder rijden *seguir* [i] • sneller rijden *acelerar* ★ rijd een beetje door *acelera*
doorrijhoogte *altura* v *de paso*
doorrookt *ennegrecido de humo*
doorschakelen *contactar con*
doorschemeren *traslucirse* ★ laten ~ *dejar*

traslucir; *insinuar* [ú]
doorschijnend *transparente*; *traslúcido*
doorschuiven *endosar*; *endilgar*
doorseinen *dar señales* ⋆ een telegram ~ *telegrafiar* [í]
doorslaan I OV WW stukslaan *romper* **II** ON WW • verder slaan *seguir* [i] *pegando* • overhellen *inclinarse* ⋆ de balans doen ~ *inclinar la fiel de la balanza* • kortsluiten *fundirse*; *quemarse* ⋆ de stoppen zijn doorgeslagen *se han quemado los fusibles* • zwammen *decir* [i] *disparates* • bekennen *cantar* ⋆ de verdachte sloeg door *el acusado cantó*
doorslaand *convincente* ⋆ een ~ succes *un éxito resonante*
doorslag *copia* v *al carbón* ▼ de ~ geven *ser decisivo*
doorslaggevend *decisivo* ⋆ een ~ bewijs *una prueba evidente*
doorslagpapier *papel* m *transparente (de copiar)*
doorslikken *tragar*
doorsmeren *engrasar*
doorsnede • diameter *diámetro* m • tekening *sección* v
doorsnee I ZN [de] gemiddelde ⋆ in ~ *en término medio* **II** BNW ⋆ de ~ Nederlander *el holandés medio*
doorsnijden *cortar*
doorsnijden *cruzar*; *surcar*
doorspekken *entreverar (met de)*; *salpicar (met de)*
doorspelen I OV WW doorgeven ⋆ de vraag aan een ander ~ *pasarle la pregunta a otro* **II** ON WW verder spelen *seguir* [i] *jugando*; ⟨v. instrument⟩ *seguir* [i] *tocando*
doorspoelen • reinigen *lavar*; ⟨v. wc⟩ *tirar de la cadena* • doordraaien *dejar correr*; *bobinar*
doorspreken *hablar*; *discutir* ⋆ iets ~ *tratar u.c.*
doorstaan *resistir a*
doorsteken I OV WW erdoor steken *atravesar* [ie] ⋆ de dijken ~ *romper los diques* **II** ON WW kortere weg nemen *atajar*; *tomar un atajo*
doorsteken *perforar*; ⟨v. iem.⟩ *apuñalar*; ⟨v. iem.⟩ *matar a puñaladas*
doorstrepen *rayar*; *borrar*; *tachar*
doorstromen *ascender*; *pasar* ⋆ ~ naar een duurder huis *pasar a una vivienda de alquiler más alto*
doorstromen *fluir por*; *pasar por*
doorstuderen *seguir* [i] *estudiando*
doortastend *enérgico*; *expeditivo*
doortimmerd *sólido* ⋆ een hecht ~ verhaal *una historia bien estructurada*
doortocht • het doortrekken *paso* m; *travesía* v • doorgang *paso* m ⋆ de ~ versperren *obstruir el paso*
doortrapt *taimado*
doortrekken I OV WW • wc doorspoelen *tirar de la cadena* • verlengen *prolongar* **II** ON WW gaan door *recorrer*
doortrokken *empapado*; *imbuido*
doorvaart *paso* m
doorverbinden *poner con* ⋆ kunt u mij ~ met mevrouw Boone? *me puede poner con la señora Boone?*
doorverkopen *revender*

doorvertellen *recontar [ue]*
doorverwijzen *enviar* [í] ⋆ ~ naar *enviar a*
doorvoed *bien nutrido*
doorvoer *tránsito* m
doorvoeren • ten uitvoer brengen *poner en práctica*; *llevar a cabo* • transporteren *llevar por*
doorvoerhaven *puerto* m *de tránsito*
doorvoerrecht *derecho* m *de tránsito*
doorvragen *seguir* [i] *preguntando*
doorwaadbaar *vadeable*
doorweekt *muy mojado*; INFORM. *empapado*; INFORM. *hecho una sopa*
doorwerken I OV WW geheel bestuderen *estudiar a fondo* **II** ON WW • verder werken *seguir* [i] *trabajando* • invloed hebben *influir (op en)*
doorworstelen ⋆ hij worstelde het boek door *se tragó el libro*
doorwrocht *elaborado*; *muy trabajado*
doorzagen I OV WW • in tweeën zagen *serrar* [ie] • ondervragen ⋆ iem. ~ over iets *machacar a alguien por algo* **II** ON WW doorzeuren *machacar*
doorzakken • verzakken *hundirse* • lang/veel drinken *coger una trompa*
doorzetten I OV WW laten doorgaan *llevar adelante* ⋆ zijn plannen ~ *llevar adelante sus planes* **II** ON WW • volhouden *perseverar* ⋆ nog even ~! *¡ánimos!* • krachtiger worden *aumentar*; *intensificarse*
doorzetter *voluntarista* m/v
doorzettingsvermogen *perseverancia* v
doorzeven *acribillar*
doorzichtig • doorschijnend *transparente*; *traslúcido* • FIG. te doorgronden *obvio*
doorzien *echar una ojeada*
doorzien ⟨v. persoon⟩ *calar*; ⟨v. persoon⟩ *verle el juego a*; ⟨v. iets⟩ *comprender*
doorzitten *gastarse*
doorzoeken *registrar*
doorzonwoning *casa* v *luminosa*
doos *caja* v; *estuche* m ▼ uit de oude doos *chapado a la antigua* ▼ de doos van Pandora *la caja de Pandora*
dop • dekseltje ⟨v. fles/pot⟩ *tapón* m; ⟨v. fles/pot⟩ *cápsula* v; ⟨v. pen⟩ *capuchón* m • omhulsel ⟨v. noot/ei⟩ *cáscara* v; ⟨v. peul⟩ *vaina* v • oog ⋆ kijk uit je doppen! *¡mira por donde vas!* ▼ een kunstenaar in de dop *un artista en capullo*
dopamine *dopamina* v
dope *narcóticos* m mv; *estimulante* m; *droga* v
dopen • de doop toedienen *bautizar* • indompelen *mojar*
doperwt *guisante* m
dopheide *brezo* m
doping *doping* m
dopingcontrole *control* m *antidoping*
doppen *desvainar*
dopplereffect *efecto* m *Doppler*
dopsleutel *llave* v *tubular*
dor • verdroogd *seco*; *árido* • saai *aburrido*; *insulso*
dorp *pueblo* m; ⟨klein dorp⟩ *aldea* v; ⟨klein dorp⟩ *lugar* m

dorpel *umbral* m
dorpeling *aldeano* m
dorps *de pueblo*; *lugareño*; MIN. *pueblerino*
dorpsbewoner *habitante* m/v *de un pueblo*
dorpsgek *loco* m *del pueblo*
dorpsgenoot *paisano* m
dorpshuis *centro* m *cultural*
dorsen *trillar*
dorsmachine *trilladora* v
dorst *sed* v ▾ de ~ naar goud *la fiebre del oro*
dorsten naar ★ ~ naar *tener sed de*
dorstig *sediento*
dorsvlegel *mayal* m
dorsvloer *era* v
doseren *dosificar*
dosis *dosis* v; *toma* v
dossier *legajo* m; *expediente* m; ⟨in rechtszaak⟩ *autos* m mv
dot • plukje ⟨v. haar⟩ *mechón* m; ⟨watten⟩ *tapón* m • iets kleins, schattigs ⟨v. persoon⟩ *angelito* m; ⟨v. ding⟩ *monada* v ▾ een dot gas geven *pisar el acelerador*
dotterbloem *calta* v
douane • grenspost *aduana* v • beambte *aduanero* m
douanebeambte *aduanero* m
douanier *aduanero* m
doublé I ZN [het] *dublé* m II BNW *sobredorado*
doubleren • verdubbelen *doblar* • blijven zitten *repetir* [i] *el curso*
douceurtje *suplemento* m
douche *ducha* v ▾ een koude ~ *un jarro de agua fría*
douchecel *cabina* v *de ducha*
douchegordijn *cortina* v *de baño*
douchen *duchar(se)*; *tomar una ducha*
douw • → **duw**
douwen • → **duwen**
dove *sordo* m
dovemansoren ▾ voor ~ spreken *hablar para sordos / la pared*
doven *apagar*; *extinguir*
dovenetel *ortiga* v *muerta*
down *postrado*; *deprimido*
download *descarga* v; *download* m
downloaden *bajar*; *descargar*; *telecargar*
downsyndroom *mongolismo* m
dozijn *docena* v • per ~ *por docena* ★ twaalf in een ~ *doce en una docena*
draad • lang en dun geheel *hilo* m; ⟨v. metaal⟩ *alambre* m • vezel *fibra* v; ⟨v. hout/vlees⟩ *veta* v • schroefdraad *filete* m • samenhang *hilo* m; *hebra* v ★ de ~ van het verhaal kwijtraken *perder* [ie] *el hilo del relato* ★ de ~ weer opvatten *retomar el hilo* ▾ tot op de ~ versleten *raído*; *deshilachado*; *ralo* ★ tot op de ~ versleten worden *mostrar* [ue] *el hilo*; *clarearse* ▾ met iets voor de ~ komen *revelar*
draadloos *inalámbrico*; *sin hilos*
draadnagel *clavo* m *de cabeza redonda*
draagbaar I ZN [de] *camilla* v; *andas* v mv II BNW *portátil*
draagberrie *camilla* v; *parihuelas* v mv
draagkarton *paquete* m *de cartón con asa*
draagkracht *capacidad* v *financiera*
draagkrachtig *adinerado*

draaglijk *soportable*
draagmoeder *madre* v *de alquiler*
draagraket *lanzador* m
draagstoel *silla* v *de manos*
draagtijd *gestación* v
draagvermogen *capacidad* v *de carga* ★ een boot met een groot ~ *un buque de gran porte*
draagvlak *base* v
draagwijdte *alcance* m
draai • draaiing *giro* m; *rotación* v • klap ★ een ~ om de oren *una bofetada* v ▾ ergens een ~ aan geven *dar un giro a u.c.* ▾ hij kan zijn ~ niet vinden *no está en su elemento*
draaibaar *giratorio*
draaibank *torno* m
draaiboek *guión* m
draaicirkel *diámetro* m *de giro*
draaideur *puerta* v *giratoria*
draaideurcrimineel *delincuente* m *habitual*; *reincidente* m
draaien I OV WW • in het rond doen gaan *girar*; *dar vueltas a* • keren/wenden *girar*; *virar*; *volver* [ue] • draaiend maken *tornear* ★ een telefoonnummer ~ *marcar un número* • afspelen ⟨v. lp⟩ *poner*; ⟨v. film⟩ *rodar* [ue] ★ welke film draait er? *¿qué película echan?* II ON WW • in het rond gaan *rodar* [ue]; *dar vueltas* • wenden *girar*; *volver* [ue] • functioneren *funcionar*; *marchar* • belangrijk zijn *girar en torno a* ★ zeggen waar het om draait *ir al grano* • uitvluchten zoeken *buscar pretextos* ★ eromheen ~ *andar con rodeos* ▾ het draait me (voor de ogen) *se me va la vista*
draaierig *mareado*
draaiing *rotación* v; *vuelta* v; *giro* m
draaikolk *remolino* m
draaikont *hipócrita* m/v
draaimolen *tiovivo* m
draaiorgel *organillo* m
draaipunt *centro* m *de rotación*; FIG. *pivote* m
draaischijf • kiesschijf *disco* m; *marcador* m • pottenbakkersschijf *torno* m
draaitafel *plato* m *giratorio*
draaitol *peón* m
draak • beest *dragón* m • akelig mens *monstruo* m • voorwerp *horror* m ★ wat een ~ van een jas! *¡qué abrigo más horroroso!* • melodrama *comedión* m; TON. *dramón* m
drab *sedimento* m; *depósito* m; ⟨v. olie⟩ *borra* v; ⟨v. wijn⟩ *hez* v
dracht • drachtig zijn *preñez* v • kleding *traje* m
drachtig *preñada*
draconisch *draconiano*
draf *trote* m ★ het op een draf zetten *echarse a correr* ★ in volle draf *a pleno trote* ★ in draf rijden *ir al trote*; *trotar*
drafsport *deporte* m *del trote*
dragee *gragea* v
dragen I OV WW • opgetild houden *llevar* • ⟨kleding enz.⟩ aan-/omhebben *llevar* • ondersteunen *llevar*; *sostener* [ie] • FIG. • op zich nemen *cargar con*; *asumir*; *llevar* ★ de gevolgen ~ *cargar con las consecuencias* • voortbrengen *llevar*; *producir* ★ fruit ~ *llevar*

fruta • verdragen *soportar* **II** ON WW klinken *alcanzar* ★ zijn stem draagt ver *tiene una voz de gran alcance*

drager • iem. die iets draagt ⟨v. bagage⟩ *porteador* m; ⟨v. bagage⟩ *portador* m • MED. ⟨v. ziekte e.d.⟩ *portador* m • voorwerp *soporte* m

dragline *excavadora* v

dragon *estragón* m

dragonder *dragón* m ▼ vloeken als een ~ *jurar como un carretero*

drain *tubo* m *de drenaje*

draineren • *avenar* • vocht aftappen *drenar; desaguar*

dralen *tardar* ★ zonder ~ *sin tardar*

drama *drama* m

dramatiek *dramática* v

dramatisch *dramático*

dramatiseren *dramatizar*

dramaturg *dramaturgo* m

drammen *machacar*

drammerig *latoso*

drang • druk *presión* v • aandrang *deseo* m ★ de ~ tot stelen *la inclinación hacia el robo*

dranger *cierre* m *automático*

dranghek *valla* v *de contención*

drank • vocht *bebida* v • alcoholische drank *bebida* v *alcohólica* ▼ aan de ~ raken *darse a la bebida*

drankje • glaasje drank *copita* v • geneesmiddel *poción* v

drankmisbruik *abuso* m *de bebidas alcohólicas*

drankorgel *borrachín* m [v: *borrachina*]

drankvergunning *licencia* v *para la venta alcohólica*

draperen *cubrir con paños; drapear*

draperie *paño* m

drassig *pantanoso*

drastisch *drástico; radical; enérgico*

draven ⟨v. dieren⟩ *trotar;* ⟨v. mensen⟩ *correr*

draver *caballo* m *trotador*

draverij *carrera* v *de caballos*

dreadlocks *pelo* m *rasta*

dreef *avenida* v ▼ op ~ zijn *estar en vena* ▼ op ~ komen *animarse*

dreg *rastra* v

dreggen *rastrear*

dreigbrief *carta* v *conminatoria*

dreigement *amenaza* v

dreigen I OV WW bedreigen *amenazar* **II** ON WW staan te gebeuren *amenazar*

dreigend *amenazador*

dreiging *amenaza* v

dreinen *lloriquear* (om por); *gimotear* (om por)

drek *excremento* m; *mierda* v; *inmundicia* v; FIG. *porquería* v

drempel *umbral* m

drempelvrees *temor* m *inicial*

drempelwaarde *valor* m *umbral*

drenkeling ⟨verdronken⟩ *ahogado* m; ⟨in het water gevallen⟩ *náufrago* m

drenken • drinken geven *abrevar* • nat maken *impregnar; mojar*

drentelen *corretear; callejear*

drenzen *lloriquear; gimotear*

dresseren *adiestrar*

dressing *aliño* m; *aderezo* m

dressoir *aparador* m

dressuur *adiestramiento* m

dreumes *chiquitín* m [v: *chiquitina*]; *pequeñuelo* m

dreun • het dreunen *retumbo* m • eentonig geluid *sonsonete* m • klap *bofetón* m

dreunen *retumbar*

drevel *punzón* m

dribbel *regate* m

dribbelen *regatear; driblar*

drie I TELW *tres* ▼ alle goede dingen bestaan in drieën *a la tercera va la vencida* ▼ niet tot drie kunnen tellen *no saber cuántas son cinco* • → **acht** II ZN [de] getal *tres* m

driebaansweg *carretera* v *de tres carriles*

driedaags *de tres días*

driedelig *de tres partes*

driedimensionaal *tridimensional*

driedubbel *triple*

drie-eenheid *trinidad* v

driehoek *triángulo* m

driehoekig *triangular*

driehoeksruil *cambio* m *triangular*

driehoeksverhouding *triángulo* m

driekamerflat *apartamento* m *de tres habitaciones*

drieklank *triptongo* m

driekleur *bandera* v *tricolor*

Driekoningen *día* m *de Reyes; Epifanía* v

driekwart *de tres cuartos*

driekwartsmaat *compás* m *de tres por cuarto*

drieledig *ternario*

drieletterwoord *taco* m *de tres letras*

drieling • één kind *trillizo* m • drie kinderen *trillizos* m mv

drieluik *tríptico* m

driemaal *tres veces*

driemaandelijks I BNW *trimestral* **II** BIJW *cada tres meses*

driemanschap *triunvirato* m

driemaster *nave* v/*velero* m *de tres palos*

driepoot *trípode* v

driespan *tiro* m *de tres caballos*

driesprong *trivio* m

driestemmig *de tres voces*

driesterrenhotel *hotel* m *de tres estrellas*

drietal *terno* m; *trinca* v

drietand *tridente* m

drietonner *camión* m *de tres toneladas*

drietrapsraket *cohete* m *triple*

drievoud *triple* m ★ in ~ *en triplo*

drievoudig *triple*

driewegstekker *enchufe* m *triple*

driewieler *triciclo* m

driezitsbank *sofá* m *de tres asientos*

drift • woede *ataque* m *de rabia; arrebato* m *de cólera* • aandrang *inclinación* v • het afdrijven *deriva* v ★ op ~ raken *ir a la deriva*

driftbui *ataque* m *de rabia*

driftig I BNW • opvliegend *colérico; furioso* • kwaad ★ zich ~ maken *encolerizarse; irritarse* **II** BIJW *heftig vehemente*

driftkop *mal genio* m; *rabietas* m/v

drijfgas *gas* m *propulsor*

drijfhout *madera* v *flotante; madera* v *de deriva*

drijfjacht *batida* v
drijfkracht *fuerza* v *motriz*
drijfnat *muy mojado*; INFORM. *empapado*; INFORM. *hecho una sopa*
drijfnet *red* v *flotante*
drijfveer *motivo* m
drijfzand *arenas* v mv *movedizas*
drijven I OV WW • voortdrijven *llevar* ★ vee~ *ahuyentar el ganado* • aandrijven *llevar a* ★ iem. tot wanhoop~ *llevar a alguien a la desesperación* ★ door afgunst gedreven *movido por la envidia* • uitoefenen *explotar* ★ een zaak~ *llevar un negocio* ▼ iem. in het nauw~ *meter a uno en una calza* II ON WW • niet zinken *flotar* ★ er drijft een vlieg in mijn soep *hay una mosca en la sopa* • stromen *flotar* ★ er~ wolkjes in de lucht *hay nubes en el cielo* ★ kletsnat zijn *estar empapado* ★ de tafel dreef van de melk *la mesa estaba remojada de leche*
drijver • opjager *batidor* m • herder *arriero* m • voorwerp dat drijft *flotador* m
drilboor *taladro* m
drillen *adiestrar*
dringen I OV WW duwen *apretar* [ie]; *empujar* ★ zich op de voorgrond~ *pasar al primer término*; *pasar al primer plano* ★ de tijd dringt *urge el tiempo* II ON WW krachtig voortgaan *empujar* ★ door de menigte~ *abrirse paso*
dringend *urgente* ★ in~e gevallen *en casos de urgencia*
drinkbaar *potable*
drinken I OV + ON WW *beber* ▼ wil je iets~? *¿quieres tomar algo?* ★ ~ uit *beber en* II ZN [het] *la bebida* v
drinkgelag *bacanal* m; *orgía* v
drinklied *canción* v *que se canta cuando se bebe*
drinkwater *agua* v *potable*
drinkyoghurt *yogur* m *para beber*
drive *drive* m
drive-inwoning ≈ *dúplex* m *con garaje*
droef *triste*; *afligido*
droefenis *tristeza* v
droefgeestig *melancólico*
droesem *sedimento* m; *poso* m; *hez* v; *zurrapas* v mv
droevig • verdrietig *triste* • bedroevend *lamentable*
drogen I OV WW droog maken *secar* ★ zijn handen~ *secarse las manos* ★ het~ *secado* m II ON WW droog worden *secarse*
drogeren *drogar*
drogist ⟨persoon⟩ *droguero* m; ⟨winkel⟩ *droguería* v
drogisterij *droguería* v
drogreden *sofisma* m
drol *caca* v; INFORM. *zurullo* m
drom *muchedumbre* v ★ in dichte drommen *en masa*; *en tropel*
dromedaris *dromedario* m
dromen I OV WW droom hebben *soñar* [ue] ▼ dat had ik nooit kunnen~ *nunca lo hubiera imaginado* II ON WW droom hebben *soñar* ⟨van con⟩ [ue] ★ ik heb van jou gedroomd *he soñado contigo*
dromenland *país* m *de los sueños*

dromer *ensoñador* m
dromerig *ensoñador*
drommel • arme~ *pobre diablo* m ▼ om de~ niet *ni pensarlo*
drommels I BNW *maldito* ★ die~e jongen *¡el demonio del muchacho!* II BIJW ★ hij wist het~ goed *lo sabía requetebién* III TW *¡diantre!*
drommen *pulular*
dronkaard, dronkenman *borracho* m
dronken • bedwelmd *borracho* ★ ~ zijn *estar como una cuba*; *estar hecho una cuba*; *estar como una merluza* • ~ van *borracho de*; *embriagado de* ★ ~ van vreugde *embriagado de alegría*
dronkenlap *borracho* m
dronkenschap *borrachera* v
droog • niet nat *seco* • niet zoet *seco* • saai *seco*
droogbloem *flor* v *seca*
droogdoek *paño* v *de cocina*
droogdok *dique* m *seco*
droogje ▼ op een~ zitten *estar en seco*; *no tener nada de beber*
droogkap *secador* m
droogkloot *soso* m
droogkuis *lavandería* v; *tintorería* v
droogkuisen *limpiar a seco*
drooglegen • droogmaken *desecar* • alcoholverkoop verbieden *aplicar la ley seca*
drooglijn *tendedero* m
droogmaken *secar*
droogmolen *tendedero* m
droogpruim *tipo* m *soso*
droogrek *tendedero* m; *enjugador* m
droogstaan • zonder water zijn *estar seco* • geen alcohol meer drinken *estar sin una gota de alcohol*
droogstoppel *tío* m *soso*
droogte • het droog zijn *sequedad* v; ⟨v. land⟩ *aridez* v • periode *sequía* v
droogtrommel *secadora* v
droogvallen *quedar seco*
droogzwemmen • LETT. leren zwemmen *aprender a nadar en seco* • FIG. oefenen *aprendar en seco*
droom *sueño* m ▼ dromen zijn bedrog *(y) los sueños, sueños son*
droombeeld *imagen* m *onírica*; *ensueño* m
droomreis *viaje* m *de ensueño*
droomwereld *mundo* m *de ensueño*
drop I ZN [de/het] snoep *regaliz* m II ZN [de] druppel *gota* v
dropje *pastilla* v *de regaliz*
drop-out *marginado* m; *fracasado* m
droppen • neerlaten *lanzar desde un avión* • afzetten *dejar*
dropping ⟨v. militairen⟩ *lanzamiento* m *de paracaidistas*; ⟨v. voorwerpen⟩ *lanzamiento* m *de objetos en paracaídas*
drug *droga* v; *narcótico* m
druggebruiker *drogadicto* m/v
drugshandelaar *narcotraficante* m
drugsscene *mundillo* m *de los narcotraficantes*
drugsverslaafde *drogadicto* m/v
druïde *druida* m
druif *uva* v
druilen I ON WW zeuren *estar apático/abatido*

II ONP WW motregenen ⋆ het druilt *está lloviznando*
druilerig • regenachtig *lluvioso* • lusteloos *indolente*; *apático*
druiloor *remolón* m [v: *remolona*]
druipen • druppelen *gotear* • nat zijn *chorrear* ⋆ je kleren ~ van de regen *tu ropa está chorreando*
druiper *gonorrea* m
druipnat *calado*
druipneus *nariz* v *mocosa*
druipsteen (hangend) *estalactita* v; (staand) *estalagmita* v
druivensap *mosto* m; *jugo* m *de uva*
druivensuiker *glucosa* v
druiventros *racimo* m *de uvas*
druk I ZN [de] • het duwen *presión* v • NATK. drukkracht *presión* v • PSYCH. *presión* v ⋆ onder hoge druk *bajo alta presión* ⋆ onder de druk van de omstandigheden *bajo la presión de las circunstancias* ⋆ druk uitoefenen op iem. *ejercer presión sobre u.p.* • het boekdrukken *imprenta* v • oplage *edición* v **II** BNW • actief *ocupado*; *atareado* • vol met mensen *frecuentado* ⋆ een drukke kroeg *un bar muy frecuentado* ⋆ een drukke straat *una calle con mucho tráfico* • opgewonden *agitado* ⋆ maak je niet druk! *¡no te preocupes!* • bedrijvig (v. handel) *concurrido* **III** BNW met *animación* ⋆ druk bezig zijn *estar muy ocupado* ⋆ een druk bezochte vergadering *una reunión frecuentada* ▾ het druk hebben *estar ocupado*
drukdoenerij *agitación* v; *acaloramiento* m
drukfout *errata* v
drukinkt *tinta* v *de imprenta*
drukken I OV WW • duwen *apretar* [ie] • afdrukken *imprimir* • doen dalen *disminuir* • FIG. bezwaren *oprimir*; *afligir* **II** ON WW • kracht uitoefenen *pulsar* ⋆ op een knop ~ *pulsar una tecla* • poepen *hacer caca* **III** WKD WW [zich ~] *hurtar el hombro*
drukkend • bezwarend *opresivo*; *agobiador* • drukkend warm *pesado*
drukker • boekdrukker *impresor* m; *tipógrafo* m • drukknop *botón* m
drukkerij *imprenta* v
drukknoop *broche* m; *clec* m *(automático)*
drukkunst *imprenta* v; *tipografía* v
drukletter *letra* v *de molde*
drukmiddel *elemento* m *de presión*
drukpers *prensa* v *tipográfica* ▾ vrijheid van ~ *libertad de imprenta* v
drukproef *prueba* v
drukte • veel werk *ajetreo* m • leven, bedrijvigheid *animación* v; *bullicio* m • ophef *jaleo* m ⋆ veel ~ maken *armar follón* ▾ veel ~ van iets maken *hacer bombo sobre u.c.* ⋆ u hoeft voor ons geen ~ te maken *¡no se moleste!* ▾ kouwe ~ *alharacas* v mv; *fachenda* v
druktechniek *técnica* v *de imprenta*
druktemaker *fanfarrón* m [v: *fanfarrona*]
druktoets *tecla* v *de presión*
drukverband *vendaje* m *de compresión*
drukwerk *impresos* m mv
drum • instrument *batería* v • vat *bidón* m

drumband *banda* v *de música*
drummen *tocar la batería*
drummer *batería* m
drumstel *batería* v
drumstick *muslo* m *de pollo*
drup *gota* v
druppel *gota* v ▾ dat is een ~ op een gloeiende plaat *es una gota de agua en el mar*
druppelen I OV WW in druppels laten vallen *gotear* **II** ON WW druipen *gotear*; *chorrear*
druppelflesje *cuentagotas* m
druppelsgewijs *gota a gota*; *con cuentagotas*
druppen *gotear*
dtp'er *autoeditor* m
D-trein *tren* m *directo*
dualistisch *dualista*
dubbel I BNW • tweevoudig *doble*; *dúplice* • tweeslachtig *ambivalente* **II** ZN [het] • → **dubbeltje**
dubbel-cd *CD* m *doble*
dubbeldekker • bus *autobús* m *de dos pisos* • trein *tren* m *de dos pisos* • vliegtuig *biplano* m
dubbeldeks *de dos pisos*
dubbelganger *doble* m/v
dubbelhartig *doble*; *doblado*
dubbelop ⋆ dat is ~ *eso sobra*
dubbelparkeren *aparcar en doble fila*
dubbelrol *papel* m *doble*
dubbelspel SPORT *partido* m *de dobles* • FIG. verraad *doble juego* m
dubbelspion *espía* m/v *doble*
dubbelspoor (v. rails) *vía* v *doble*
dubbelster *estrella* v *doble/binaria*
dubbeltje *moneda* v *de diez céntimos* ▾ op de ~s letten *mirar por el dinero* ▾ je weet nooit hoe een ~ rollen kan *no se sabe nunca*; *todo es posible* ▾ het is een ~ op zijn kant *es muy dudoso*; *es de resultado difícil*
dubbelvouwen *doblar*
dubbelzijdig *de dos lados*; *de dos partes*; *bilateral*
dubbelzinnig *ambiguo*; *equívoco* ⋆ ~ praten *hablar con segunda*
dubbelzout *extra salado*
dubben I OV WW kopiëren *doblar* **II** ON WW weifelen *vacilar*
dubieus *dudoso*
dubio ▾ in ~ staan *estar en duda*
duchten *temer*; *tener* [ie] *miedo a*
duchtig *fuerte* ⋆ een ~ standje *una buena reprensión*
duel *duelo* m; *desafío* m
duelleren *batirse en duelo* ⋆ op de sabel ~ *batirse a sable*
duet *dueto* m; *dúo* m
duf • muf *mohoso* • saai *pesado*
dug-out *banquillo* m
duidelijk *claro*; *evidente*; *obvio*; *manifiesto*; (helder) *distinto*
duidelijkheid *claridad* v
duiden I OV WW verklaren *aclarar*; *interpretar* **II** ON WW ~ **op** een aanwijzing zijn *indicar* ⋆ dat duidt op hem *eso se refiere a él* ⋆ dat alles duidt erop dat *todo eso indica que*
duif *paloma* v ▾ onder iemands duiven schieten

hacer competencia desleal a u.p.
duig *duela* v ▼ in duigen vallen *malograrse*
duik *zambullida* v; *chapuzón* m ★ een duik nemen *zambullirse; darse un chapuzón*
duikboot *submarino* m; *sumergible*
duikbril *gafas* v mv *de submarinismo*
duikelaar *dominguillo* m ▼ slome ~ *pasmón* m
duikelen *dar volteretas*
duiken • duik maken *tirarse de cabeza*; ⟨in het water⟩ *zambullirse* • duiksport beoefenen *bucear* • zich verdiepen (in) *sumergirse en*
duiker • persoon *buceador* m; *buzo* m • watergang *albañal* m
duikerklok *reloj* m *sumergible*
duikersziekte *aeroembolismo* m
duikplank *trampolín* m
duiksport *submarinismo* m
duikuitrusting *equipo* m *de buzo*
duikvlucht *vuelo* m *en picado*
duim *pulgar* m; *dedo* m *gordo* ▼ Klein Duimpje *pulgarcito* m ▼ iets op zijn duim kennen *saber algo de memoria*
duimbreed ▼ geen ~ wijken *no ceder un ápice*
duimen • geluk afdwingen *cruzar los dedos* • duimzuigen *chuparse el dedo*
duimendik ▼ het ligt er ~ bovenop *se le ve el plumero*
duimendraaien *aburrirse*
duimschroef *empulguera* v ▼ iem. de duimschroeven aandraaien *apretar* [ie] *las clavijas a alguien*
duimstok *metro* m *plegable*
duimzuigen • zuigen *chuparse el dedo* • fantaseren *inventarse*
duin I ZN [de] *duna* v mv; *médano* m II ZN [het] *dunas* v mv
duindoorn *gatuña* v
duinlandschap *paisaje* m *de dunas*
duinpan *valle* m *encajonado en las dunas*
duister I ZN [het] *obscuridad* v; *oscuridad* v ▼ in het ~ tasten *andar a tientas* II BNW • donker *obscuro; oscuro* • onduidelijk *obscuro; oscuro* ★ het is mij ~ *no me es claro* • onguur *sospechoso*
duisternis *oscuridad* v; *tinieblas* v mv
duit *cuartos* m mv
duitendief *tacaño* m
Duits I ZN [het] taal *alemán* m ★ in het ~ *en alemán* II BNW m.b.t. Duitsland *alemán*
Duitser *alemán* m
Duitsland *Alemania* v
Duitstalig *de habla alemana*
duivel *diablo* m ▼ *demonio* m ▼ des ~s zijn *estar furioso* ▼ loop naar de ~! *ivete al diablo!* ▼ de ~ mag het weten *el diablo que lo entienda* ▼ het is alsof de ~ ermee speelt *el diablo anda en el juego* ▼ te dom zijn om voor de ~ te dansen *tener serrín en la cabeza* ▼ als een ~tje uit een doosje *como viento que lleva el diablo* ▼ bij de ~ te biecht gaan *aconsejarse con su enemigo* ▼ de ~ is in hem gevaren *está poseído del diablo*
duivelin *diablesa* v
duivels • van een/de duivel *diabólico* • boosaardig *malvado* • woedend *furioso*
duivelskunstenaar • tovenaar *mago* m; *brujo* m • alleskunner *manitas* m/v *genial*
duivenmelker *colombófilo* m
duiventil *palomar* m
duizelen *marearse* ★ mijn hoofd duizelt *me da vueltas la cabeza*
duizelig *mareado* ★ ik word ~ *me da vueltas la cabeza; me marea* ★ ~ maken *marear* ★ gemakkelijk ~ worden *marearse fácilmente*
duizeling *vértigo* m
duizelingwekkend *vertiginoso*
duizend *mil* ★ ~en mensen *miles de personas* ★ bij ~en *a millares* ▼ hij is er een uit ~en *no hay otro igual*
duizendkunstenaar ≈ *persona* v *polifacética*
duizendmaal *mil veces*
duizendpoot *ciempiés* m; FORM. *miriápodo* m
duizendschoon *minutisa* v
duizendste • *milésimo* • → **achtste**
duizendtal *millar* m
dukaat *ducado* m
dukdalf *cuerpo* m *muerto*
dulden • verdragen *soportar; sufrir* • toelaten *tolerar* ★ dat duldt geen tegenspraak *eso no admite contradicción*
dummy *maqueta* v
dump • handel *comercio* m *de remanentes* • opslagplaats *depósito* m *de municiones*
dumpen • verkopen *vender a bajo precio* • storten *verter* [ie]
dumpprijs *precio* m *de choque* ★ goederen tegen dumpprijzen verkopen *vender productos a precios de choque*
dun • niet dik *delgado; tenue* • niet dicht opeen *fino; ralo* • zeer vloeibaar *muy líquido* • kleinzielig ★ dat is dun van hem *es mezquino de su parte*
dunbevolkt *poco poblado*
dundruk *edición* v *en papel biblia*
dunk *opinión* v; *parecer* m; *concepto* m; *idea* v ★ een hoge dunk hebben van *tener buena opinión de* ★ een lage/geringe dunk hebben van *no tener buena opinión de*
dunken *parecer*; *opinar* ★ mij dunkt dat ... *me parece que ...* ★ naar mij dunkt *en mi opinión*
dunnetjes ▼ het nog eens ~ overdoen *repetir* [i] *la juerga*
duo *dúo* m
duobaan *empleo* m *compartido por dos personas*
duopassagier *pasajero* m *de detrás*
dupe *víctima* v ★ ik ben er de dupe van *yo tengo que pagar el pato; yo tengo que pagar los vidrios rotos*
duperen *perjudicar*
duplicaat *duplicado* m
dupliceren *duplicar*
duplo ★ in ~ *por duplicado*
duren *durar* ★ lang ~ *demorar* ★ het duurt lang voor hij komt *tarda mucho en venir*
durf *audacia* v; *atrevimiento* m; *osadía* v
durfal *atrevido* m
durven *atreverse a; osar* ★ hij durft niet tegen mij op *no se atreve conmigo* ★ ik durf er niet in *no me atrevo a entrar*
dus I BIJW *así; de esta manera* II VW *por lo tanto; entonces; de modo que* [+ subj.]
dusdanig *semejante; tal*

duster *bata* v
dusver ▼ tot ~ *hasta aquí*; *hasta el momento*
dutje *siestecita* v ★ een ~ doen *dar una cabezada*; *echarse una siesta*
dutten *dormitar*; *dormir* [ue, u] *ligeramente*
duur I ZN [de] tijdsruimte *duración* v ★ op den duur *a la larga* ★ van korte duur *de breve duración* II BNW • niet goedkoop *caro*
• gewichtig ★ duur doen *darse importancia*
III BIJW ▼ duur komen te staan *costar* [ue] *caro*
duursport *deporte* m *de resistencia*
duurte *carestía* v
duurzaam • lang goed blijvend *duradero*; *estable* • lang durend *permanente*
duvel • → **duivel**
duw *empujón* m; *empellón* m
duwen *empujar*; *empellar*; *empeller*
dvd *dvd* m
dvd-speler *lector* m *de DVD*
dwaalleer *doctrina* v *errónea*
dwaallicht *fuego* m *fatuo*
dwaalspoor ▼ iem. op een ~ brengen *desorientar a u.p.* ▼ op een ~ zitten *estar equivocado*
dwaas I ZN [de] *tonto* m; *bobo* m II BNW *tonto*; *estúpido*
dwaasheid *tontería* v; *necedad* v
dwalen • dolen *deambular*; *pasear*; *vagar* • zich vergissen *errar*; *equivocarse*
dwaling *error* m ★ op een ~ berusten *deberse a un error*
dwang *apremio* m; *coacción* v
dwangarbeid *trabajos* m mv *forzados*
dwangbevel *cédula* v *de apremio*; *apremio* m
dwangbuis *camisa* v *de fuerza*
dwangmatig *compulsivo*
dwangneurose *neurosis* v *compulsiva*
dwangsom *sanción* v *pecuniaria*
dwangvoorstelling *obsesión* v; *idea* v *fija*
dwarrelen *revolotear*
dwars I BNW • haaks erop *transversal* • scheef *torcido* • onwillig *terco*; *obstinado*; *testarudo*
II BIJW • haaks *a través de* • scheef *a través de*
★ ~door een land trekken *atravesar* [ie] *un país*
dwarsbalk *travesaño* m
dwarsbomen *contrariar* [í]; *estorbar*
dwarsdoorsnede • LETT. *sección* v/*corte* m *transversal* • FIG. *promedio* m
dwarsfluit *flauta* v *travesera*
dwarskijker *fisgón* m [v: *fisgona*]; *espía* m/v
dwarskop *cabezudo* m; *testarudo* m
dwarslaesie *lesión* v *de la médula espinal*
dwarsliggen *llevar la contraria*
dwarsligger • biels *durmiente* m/v
• dwarsdrijver *obstructor* m
dwarsligging *presentación* v *atravesada*
dwarsstraat *travesía* v
dwarsverband *armadura* v *transversal*
dwarszitten *molestar*
dweepziek *fanático*
dweil *bayeta* v; *trapo* m
dweilen *fregar* [ie] *el suelo*; *limpiar con la bayeta*; *limpiar con un trapo*
dwepen met *estar loco de*; *idolatrar*
dwerg • klein mens MIN. *pigmeo* m

• sprookjesfiguur *gnomo* m; *enano* m
dwergachtig *enano*
dwergvolk *pueblo* m *de pigmeos*
dwingeland *tirano* m; *déspota* m
dwingelandij *tiranía* v
dwingen *forzar* [ue]; *obligar* ★ zich gedwongen zien te *verse obligado a*
dynamica *dinámica* v
dynamiek *dinámica* v
dynamiet *dinamita* v
dynamisch *dinámico*
dynamo *dinamo* v
dynastie *dinastía* v
dysenterie *disentería* v
dyslectisch *disléxico*
dyslexie *dislexia* v
dystrofie *distrofia* v

E

e • letter *e* v ⋆ de e van Eduard *la e de España* • muzieknoot *mi* m
e.a. • en andere *y otras cosas* • en anderen *y otros*; *y otras personas*
eau de cologne *agua* v *de colonia*
eb *marea* v *baja*; *bajamar* v ⋆ eb en vloed *pleamar y bajamar*; *flujo y reflujo*; *marea baja y marea alta*
ebbenhout *ébano* m
ebola *ébola* m
ECB *BCE* m; *Banco* m *Central Europeo*
ecg *ECG* m; *electrocardiograma* m
echec *fracaso* m ⋆ een~ lijden *llevar un fracaso*; *fracasar*
echelon *escalón* m ⋆ het hoogste~ *el escalón más alto*
echo OOK FIG. *eco* m
echoën *hacer eco*; *resonar* [ue]; *retumbar*
echografie *ecografía* v
echolood *ecosonda* v
echoscopie *ecografía* v
echt I BNW • onvervalst *genuino*; *auténtico*; *verdadero* ⋆ echte parels *perlas naturales* ⋆ een echte winter *un invierno de verdad* ⋆ een echte Spanjaard *un español de pura cepa* ⋆ een echte kunstenaar *un verdadero artista* • wettig *legal*; *legítimo* ⋆ echte kinderen *hijos legítimos* **II** BIJW *de veras*; *de verdad*; *realmente* ⋆ ik weet dat echt niet *de veras que no lo sé* ⋆ iets echt doms *una verdadera tontería* ⋆ echt niet kunnen besluiten *no poder* [ue] *decidirse en absoluto* **III** ZN [de] *casamiento* m ⋆ in de echt verbinden *casar*
echtbreuk *adulterio* m ⋆ ~ plegen *cometer adulterio*
echtelijk *conyugal*; *matrimonial* ⋆ ~e plicht *débito* m *conyugal*
echten *legalizar*
echter *sin embargo*; *no obstante*
echtgenoot *esposo* m; *marido* m; *cónyuge* m/v
echtgenote *esposa* v
echtheid *autenticidad* v
echtpaar *matrimonio* m
echtscheiding *divorcio* m
eclatant *sensacional*; *espectacular*
eclips *eclipse* m
ecologie *ecología* v
ecologisch *ecológico*
e-commerce *comercio* m *electrónico*
econometrie *econometría* v
economie *economía* v
economisch *económico*
econoom *economista* m/v
ecosysteem *ecosistema* m
ecotaks *ecotasa* v
ecotoerisme *ecoturismo* m
ecru *color crudo*
ecstasy *éxtasis* m; *metanfetamina* v
Ecuador *Ecuador* m
Ecuadoriaan *ecuatoriano* m
Ecuadoriaans *ecuatoriano*
eczeem *eczema* m
e.d. *y cosas similares*
ede • →**eed**
edel *noble*
edelachtbaar *honorable* ⋆ edelachtbare heer *muy señor mío*
edele *noble* m
edelhert *ciervo* m *común*
edelman *noble* m; *hidalgo* m
edelmetaal *metal* m *noble*
edelmoedig *generoso*
edelmoedigheid *generosidad* v
edelsmid *orfebre* m/v
edelsteen *piedra* v *preciosa*; *piedra* v *fina*
editen • COMP. *editar* • redigeren *redactar*
editie *edición* v
editor COMP. *editor* m
educatie *educación* v
educatief *educativo*
eed *juramento* m ⋆ de eed op de vlag *la jura de la bandera* ⋆ ik heb de eed afgelegd *estoy bajo juramento* ⋆ iem. de eed afnemen *tomar juramento a u.p.*
EEG *CEE* v; *Comunidad* v *Económica Europea*
eeg *EEG* m; *electroencefalograma* m
eega *esposo* m; *esposa* v; *cónyuge* m/v
eekhoorn *ardilla* v
eekhoorntjesbrood *calabaza* v
eelt *callo* m ⋆ eelt op je ziel hebben *criar (í) callos*
een[1] (zeg: één) **I** TELW *uno*; *un* ⋆ het is een uur *es la una* ⋆ er nog eentje nemen *tomar otra copa* ⋆ die ene man *aquel hombre* ⋆ één en dag *ni un solo día* ⋆ in een en hetzelfde jaar *en el mismo año* ⋆ met een en hetzelfde doel *con idénticos fines* ⋆ nog zo een *otro igual* ⋆ een maken *unificar* ⋆ een zijn *estar unido* ⋆ een voor een *uno por uno* ▾ een of ander(e) ... *alguno ...* ▾ op de een of andere manier *de una u otra manera* ▾ een en al ... *todo ...* • → **acht, ene II** ZN [de] • getal *uno* ⋆ een van de ... *uno de los ...* • entiteit ⋆ de een of ander *uno u otro* ⋆ de een na de ander *uno tras otro* ⋆ een voor een *uno a uno* ⋆ de een nog beter dan de ander *el uno mejor que el otro* ⋆ een uit velen *uno de muchos*
een[2] (zeg: un) **I** ONB VNW *uno* [v: *una*]; ⟨persoon⟩ *alguno* [v: *alguna*] ⟨persoon⟩ *alguien* m/v **II** LW *un* [v: *una*] ⋆ een platte neus hebben *tener la nariz chata* ⋆ een man of twintig *unas veinte personas* ⋆ hij is een goede vriend van mij *es muy amigo mío*
eenakter *pieza* v *en un acto*
eend • watervogel *pato* m ⋆ wilde eend *ánade* m/v *silvestre* • auto *dos caballos* m
eendagsvlieg • insect *cachipolla* v • iets tijdelijks *cosa* v *efímera*; *cosa* v *pasajera*
eendelig *de una pieza*; ⟨v. boek⟩ *de un solo volumen*
eendenkroos *lenteja* v *de agua*
eender I BNW *igual*; *idéntico* **II** BIJW *igualmente*
eendracht *concordia* v; *armonía* v ▾ ~ maakt macht *la unión hace la fuerza*
eendrachtig I BNW *unido*; *unánime* **II** BIJW *en armonía*
eenduidig *unívoco*

eeneiig *univitelino; monocigoto*
eenentwintig • → **acht**
eenentwintigen *jugar* [ue] *a la veintiuna*
eenentwintigste • → **achtste**
eengezinswoning *vivienda* v *unifamiliar*
eenheid *unidad* v
eenheidsprijs • gelijke prijs *precio* m *uniforme* • prijs per artikel *precio* m *unitario*
eenheidsworst *masa* v *uniforme*
eenhoorn *unicornio* m
eenieder *cada uno*
eenjarig *de un año*
eenkennig *huraño*
eenling *individuo* m
eenmaal *una vez* ★ ~, andermaal, verkocht! *ia la una, a las dos, vendido!* ▼ dat is nu~ zo *es que es así* ▼ ik ben nu~ zo *es que soy así* ▼ als hij~ begint *una vez que empieza ...*
eenmalig ★ ~ gebruik *de un solo uso* ★ ~e uitkering *pago único*
eenmanszaak *negocio* m *individual*
eenoudergezin *familia* v *monoparental*
eenpansmaaltijd ≈ *puchero* m
eenparig • gelijkmatig *uniforme* • eenstemmig *unánime* ★ met~e stemmen *por unanimidad; unánime*
eenpersoons- *individual; para una persona* ★ eenpersoonsbed *cama* v *individual* ★ eenpersoonskamer *(habitación* v*) individual* v
eenrichtingsverkeer *tráfico* m *de dirección única;* ⟨op verkeersbord⟩ *dirección* v *única* ★ straat met~ *calle de dirección única*
eens I BNW akkoord ★ het eens zijn *estar de acuerdo* ★ het eens worden *ponerse de acuerdo* ★ het met zichzelf niet eens zijn *estar indeciso* **II** BIJW • als versterking ★ hij kan niet eens lezen *ni siquiera sabe leer* ▼ hij is nog niet eens zo slecht *no es del todo malo* ▼ hoor eens *óigame u.c.* • één keer *una vez* ★ voor eens en voor altijd *de una vez para siempre* ★ eens zoveel *dos veces más* ★ eens zo groot *el doble* • ooit *alguna vez;* ⟨in de toekomst⟩ *algún tiempo;* ⟨vroeger⟩ *en otros tiempos;* ⟨vroeger⟩ *antaño* ▼ er was eens *érase que se era; érase una vez*
eensgezind *unánime*
eensgezindheid *concordia* v
eensklaps *de repente*
eenslachtig *unisexual*
eensluidend *conforme* ★ ~ afschrift *copia* v *conforme*
eenstemmig • MUZ. *unísono* • unaniem *unánime*
eentalig *monolingüe*
eentje *uno* ▼ er~ nemen *tomar una copita*
eentonig *monótono*
eentonigheid *monotonía* v
een-tweetje • SPORT *pase* m *corto* • onderonsje *escuchita* v
eenvormig *uniforme*
eenvoud *sencillez* v
eenvoudig I BNW • ongecompliceerd *sencillo* • bescheiden *modesto* **II** BIJW *simplemente* ★ dat is~ belachelijk *eso es simplemente ridículo*

eenvoudigweg *sencillamente; simplemente*
eenwieler *monociclo* m
eenwording *integración* v; *unificación* v
eenzaam • alleen *solitario; solo* • afgezonderd *solitario; aislado*
eenzaamheid *soledad* v
eenzelvig *introvertido*
eenzijdig • van/aan één zijde *unilateral* • partijdig *parcial* • beperkt *limitado*
eer I ZN [de] *honor* m; *honra* v ★ iem. in zijn eer aantasten *manchar la reputación de uno* ★ iets in ere houden *conservar u.c.* ▼ ter ere van ... *en honor a/de ...* ★ iem. tot eer strekken *honrar; hacer honor a u.p.* ★ eer stellen in iets *tener a mucho honor u.c.* ▼ in alle eer en deugd *honestamente* ▼ iem. de laatste eer bewijzen *tributar las honras fúnebres* ▼ ere wie ere toekomt *a tal señor, tal honor* ▼ dat is mijn eer te na *mi honor no me lo permite* **II** vw *antes de* [+ inf.]; *antes de que* [+ subj.] ★ eer dat *antes de que*
eerbaar *honesto; decente*
eerbetoon *homenaje* m
eerbewijs *homenaje* m
eerbied *respeto* m; *veneración* v ★ ~ voor de wet *respeto a la ley*
eerbiedig *respetuoso* ★ op~e afstand *a distancia prudente*
eerbiedigen *respetar*
eerbiedwaardig *respetable; venerable*
eerdaags *dentro de poco; en breve*
eerder • vroeger *antes* ★ al eens~ *en alguna otra ocasión* ▼ hoe~ hoe beter *cuanto antes mejor* • liever *antes* ★ dat zou ik~ doen *preferiría hacer eso* • waarschijnlijker *más bien* ★ dat lijkt me~ *me parece más probable*
eergevoel *sentimiento* m *del honor; dignidad* v ★ op iemands~ werken *apelar al pundonor de u.p.*
eergisteren *anteayer*
eerherstel *rehabilitación* v; *reparación* v *del honor*
eerlijk I BNW oprecht *honrado; sincero* ★ ~ spel *juego* m *limpio* ★ dat is het~st *es lo más íntegro* **II** BIJW • het~ menen *ser sincero* ★ ~ gezegd *a decir verdad; francamente dicho* ★ ~ waar *de verdad; es cierto* ★ het is~ waar *te lo aseguro; es la pura verdad* ★ ~ zijn mening zeggen *ser sincero con u.p.; hablar abiertamente a u.p.*
eerlijkheid *honradez* v ★ de~ gebied me te zeggen dat... *hay que decir que...*
eerlijkheidshalve *por sinceridad*
eerloos *infame; sin honor*
eerst I BIJW • eerder dan wie of wat ook *primero* ★ ~ ben jij aan de beurt, dan zij *primero te toca a ti, después a ella* • in het begin *al principio* ★ ~ ging alles goed *en el principio todo iba bien* **II** ZN [het] ★ het~ aankomen *llegar primero* ▼ het~ *por primera vez* ▼ wie het~ komt, het~ maalt *quien antes nace, antes pace* ▼ wie het~ boven is! *iel que primero llegue arriba!*
eerstdaags *dentro de poco*
eerste *primero* ★ ten~ *en primer lugar* ▼ hij is niet de~ de beste *no es un cualquiera* ▼ de~

de beste *el primero que pase* • → **achtste**
eerstegraads • ~verbranding *quemadura* v *de primer grado* ★ ~lesbevoegdheid ≈ *licenciatura* v *con CAP*
eerstehulppost *puesto* m *de socorro*
eerstejaars I ZN [de] O&W *estudiante* m/v *de primer curso* II BNW O&W *de primer año de carrera*
eersteklas *de primera categoría* ★ van ~ kwaliteit *de calidad inmejorable* ★ ~hotel *hotel* m *de primera categoría* ★ ~reizen *viajar en primera*
eerstelijns *del primer escalón*
eersterangs *de primer orden*
eerstkomend *próximo*
eerstvolgend *próximo*; *que viene*
eervol *honroso*
eerwaard *reverendo* ★ aan de ~e heer *muy señor mío* ★ ~e vader *reverendo padre* ★ ~e moeder *reverenda madre*
eerwraak *venganza* v *de honor*
eerzaam *decente*
eerzucht *ambición* v
eerzuchtig *ambicioso*
eetbaar *comestible*
eetcafé ≈ *bar-restaurante* m
eetgerei *utensilios* m mv *de mesa*
eethoek • plaats *comedor* m • meubels *juego* m *de comedor*
eethuis *comedor* m; *fonda* v; *casa* v *de comidas*
eetkamer *comedor* m
eetlepel *cuchara* v
eetlust *apetito*; *ganas* v mv *de comer*
eetstokje *palillo* m
eetstoornis *trastorno* m *alimentario*
eettent INFORM. *chiringuito* m
eetzaal *comedor* m
eeuw • periode van 100 jaar *siglo* m • tijdperk *siglo* m • lange tijd ★ ik heb je in geen eeuwen gezien *hace siglos que no te veo*
eeuwenoud *secular*; *multisecular*
eeuwfeest *centenario* m
eeuwig *eterno* ★ voor ~ *para siempre*; *perpetuamente* ★ ~en altijd *siempre*; *sin cesar*
eeuwigdurend *perpetuo*
eeuwigheid *eternidad* v ★ tot in de ~ *por los siglos de los siglos* ★ de ~ingaan *pasar a la eternidad* ▼ ik heb je in geen ~gezien *hace siglos que no te veo*
eeuwigheidswaarde *valor* m *eterno*
eeuwwisseling *fin* m *de siglo*
effect • uitwerking *efecto* m ★ ~hebben *tener efecto* ★ ~sorteren *surtir efecto* ★ ECON. *valores* m mv; *títulos* m mv • SPORT *efecto* m ★ de bal met ~spelen *dar efecto a la bola*
effectbal *pelota* v *con efecto*
effectenbeurs *bolsa* v *de valores*
effectenmakelaar *corredor* m *de bolsa*
effectenmarkt *mercado* m *de valores*
effectief • doeltreffend *eficaz* • werkelijk *efectivo*
effen • vlak *llano*; *igual* ★ ~terrein *terreno* m *llano* • eenkleurig *liso* ★ ~kleuren *colores simples* • zonder uitdrukking *inexpresivo* ★ met een ~gezicht *sin la menor expresión*
effenen *allanar*

efficiënt *eficiente*
efficiëntie *eficiencia* v
EG *CE* v; *Comunidad* v *Europea*
eg *grada* v; *rastra* v; *rastrillo* m
egaal • vlak *igual*; *llano* • eenkleurig *liso*
egaliseren *igualar*; *nivelar*
egalitair *igualitario*
egard *consideración* v ★ iem. met ~s behandelen *tratar a alguien con consideración*
Egeïsche Zee *Mar* m *Egeo*
egel *erizo* m
eggen *gradar*; *rastrear*
ego *ego* m ▼ alter ego *alter ego* v ▼ iemands ego strelen *halagar a u.p.*
egocentrisch *egocéntrico*
egoïsme *egoísmo* m
egoïst *egoísta* v
egoïstisch *egoísta*
egotrip *egotrip* m
egotrippen *mostrar* [ue] *una actitud ególatra*
egotripper *ególatra* m/v
Egypte *Egipto* m
EHBO *primeros auxilios* m mv
EHBO-doos *botiquín* m
ei • BIOL. *huevo* m ★ geklutst ei *huevo batido* ★ gepocheerd ei *huevo escalfado* ★ gebakken ei *huevo frito* ★ gekookt ei *huevo cocido* • doetje *papanatas* m/v ▼ eieren voor zijn geld kiezen *moderar sus pretensiones* ▼ beter een half ei dan een lege dop *más vale poco que nada*
eicel *óvulo* m
eidereend *pato* m *de flojel*
eierdooier *yema* v
eierdop • schaal *cáscara* v *de huevo*; *cascarón* m • napje *huevera* v
eierkoek *bizcocho* m
eierschaal *cáscara* v *de huevo*
eierstok *ovario* m
eigeel *yema* v *(de huevo)*
eigen • van iem. of iets *propio* ★ de ~cultuur *la cultura aborigen*; *la cultura autóctona* ★ ~weg *camino* m *particular* • vertrouwd *familiar* ★ ergens ~zijn *estar como en su casa* ★ ~met iem. zijn *estar en intimidad con u.p.* ★ zich iets ~maken *familiarizarse con u.c.* • ~ **aan** kenmerkend *propio de*
eigenaar *propietario* m; *dueño* m
eigenaardig • kenmerkend *característico*; *peculiar* • zonderling *peculiar*; *singular*
eigenaardigheid *peculiaridad* v
eigenbaat *egoísmo* m
eigenbelang *interés* m *propio*
eigendom *propiedad* v
eigendunk *presunción* v
eigengebakken *casero*
eigengemaakt *hecho en casa*
eigengereid *voluntarioso* ★ ~zijn *ir a lo suyo*
eigenhandig *con sus propias manos* ★ ~ geschreven brief *carta* v *autógrafa* ★ dat heb ik ~gemaakt *lo he hecho yo mismo*
eigenliefde *amor* m *propio*
eigenlijk I BNW *verdadero*; *propio* ★ het ~e Holland *la verdadera Holanda* II BIJW *en el fondo* ★ ~heeft hij gelijk *en el fondo tiene razón* ★ ~weet ik het niet *es que no lo sé*

eigenmachtig *arbitrario*
eigennaam *nombre* m *propio*
eigenschap ⟨v. persoon⟩ *cualidad* v; ⟨v. persoon⟩ *característica* v; ⟨v. iets⟩ *característica* v; ⟨v. iets⟩ *propiedad* v
eigentijds *contemporáneo*
eigenwaan *presunción* v
eigenwaarde *amor* m *propio* ★ gevoel van ~ *dignidad* v
eigenwijs • betweterig *testarudo* • opvallend *gracioso*
eigenwoningforfait *importe* m *equivalente al valor de alquiler*
eigenzinnig *voluntarioso*
eik *roble* m; ⟨steeneik⟩ *encina* v
eikel • vrucht *bellota* v • deel van penis *bálano* m; *glande* m • kluns *capullo* m
eiken *de roble*
eikenhout *madera* v *de roble*
eiland *isla* v
eilandengroep *archipiélago* m
eileider *trompa* v *de Falopio*; ⟨bij dieren⟩ *oviducto* m
eind • ⟨in tijd⟩ laatste deel *fin* m; *final* m ★ aan het eind van de week *a fines de semana* ★ aan het eind van de 18e eeuw *a finales del siglo XVIII* ★ aan zijn einde komen *morir* [ue, u] ★ ten einde brengen *llevar a cabo* ★ ten einde lopen *acabarse; terminar* ★ mijn geduld is ten einde *se me acaba la paciencia* ★ tot een goed einde brengen *llevar a término* ★ voor het eind van het jaar *antes de terminar el año* ★ een eind maken aan *acabar con; poner término a* ★ een eind aan zijn leven maken *suicidarse; matarse* ★ er komt geen einde aan *es cosa de nunca acabar* • ⟨in plaats⟩ laatste stuk *cabo* m; *final* m ★ aan het andere eind van de stad *al otro extremo de la ciudad* ★ van het ene naar het andere eind *de un extremo a otro* ★ aan het eind van de straat *al final de la calle* • korte afstand ★ een eindje gaan wandelen *ir a pasear* ★ een eindje omlopen *dar una vuelta* • stuk van beperkte lengte *trecho* m; *trozo* m ▼ eind touw *cabo* m ▼ dat is het einde! INFORM. *¡qué guay!; ¡de puta madre!* ▼ het eind van het liedje was dat *resultó que* ▼ het bij het rechte eind hebben *tener razón* ▼ het bij het verkeerde eind hebben *no tener razón; estar equivocado* ▼ eind goed, al goed *todo acaba bien* ▼ dan is het einde zoek! INFORM. *¡será el colmo!* ▼ ten einde raad zijn *ser desesperado; no saber a qué santo encomendarse* ▼ de eindjes nauwelijks aan elkaar kunnen knopen *apenas llegar con el dinero*
eindbedrag *cantidad* v *definitiva*
eindbestemming *destino* m *final*
eindcijfer • uitkomst *total* m • beoordeling *nota* v *final*
einddiploma *diploma* m *de fin de estudios*
einddoel *objetivo final*
einde • → **eind**
eindejaarsuitkering *prestación* v *a fin de año*
eindelijk *finalmente; por fin; al fin* ★ ~ kwam hij het te weten *finalmente lo averiguó*
eindeloos *sin fin; infinito*

einder *horizonte* m
eindexamen *examen* m *final*
eindfase *fase* v *final*
eindig • beperkt *limitado* ★ het leven is ~ *la vida es pasajera/fugaz* • WISK. *finito* ★ een ~ getal *un número finito*
eindigen I OV WW een eind maken aan *terminar; acabar* II ON WW ophouden *acabar; terminar* ★ op een klinker ~ *acabar en vocal*
eindje • → **eind**
eindklassement *clasificación* v *final*
eindproduct *producto* m *acabado*
eindpunt *punto* m *final; final* m; *término* m; ⟨v. trein/bus⟩ *terminal* v
eindrapport *informe* m *definitivo*
eindredactie *redacción* v *final* ★ onder ~ van *bajo la redacción final de*
eindsprint *aceleración* v *final*
eindstadium *fase* v *final*
eindstand *resultado* m *final*
eindstation *estación* v *terminal; término* m
eindstreep *meta* v
eindstrijd *final* v
eis • het dwingend verlangde *exigencia* v; *reivindicación* v ★ hoge eisen stellen *ser muy exigente; exigir mucho* ★ naar de eisen van de tijd *según las exigencias del tiempo; conforme a la época* • vordering *pretensión* v; ⟨juridisch⟩ *demanda* v ★ eis tot echtscheiding *demanda de divorcio* ★ eis tot echtscheiding indienen *entablar la acción para el divorcio* ★ eis van het Openbaar Ministerie *acusación* v *del fiscal* ★ eis tot schadevergoeding indienen *exigir indemnización*
eisen • dwingend verlangen *reclamar; exigir* • vergen *requerir* [ie, i] ★ de ramp eiste negen levens *la catástrofe costó la vida a nueve víctimas* • JUR. *demandar* ★ een straf ~ *pedir* [i] *un castigo* ★ ~de partij *demandante* m
eisenpakket *paquete* m *de reivindicaciones*
eiser *demandante* m/v
eisprong *ovulación* v
eivol *repleto*
eiwit • wit van ei *clara* v *(del huevo)* • proteïne *albúmina* v
ejaculatie *eyaculación* v
EK *campeonato* m *europeo*
ekster *urraca* v
eksteroog *ojo* m *de gallo; callo* m
el *vara* v
elan *ímpetu* m
eland *alce* m; *ante* m; *anta* m
elasticiteit *elasticidad* v
elastiek I ZN [het] rubber bandje *elástico* m II BNW *elástico*
elastisch *elástico*
elders *en otra parte; en otro lado* ★ naar ~ *a otra parte* ★ van ~ *de otra parte* ★ bezoekers van ~ *visitantes forasteros*
eldorado *el dorado* m
electoraal *electoral*
electoraat *electorado* m
elegant *elegante*
elegie *elegía* v
elektra • stroom *electricidad* v • apparaten *electrodomésticos* m mv

elektricien *electricista* m/v
elektriciteit *electricidad* v
elektriciteitsbedrijf *compañía* v *eléctrica*
elektriciteitscentrale *central* v *eléctrica*
elektriciteitsmast *antena* v *eléctrica*
elektrisch *eléctrico*
elektrocardiogram *electrocardiograma* m
elektrocuteren *electrocutar*
elektrocutie *electrocución* v
elektrode *electrodo* m
elektro-encefalogram *electroencefalograma* m
elektrolyse *electrólisis* v
elektromagneet *electroimán* m
elektromonteur *mecánico* m *electricista*
elektromotor *motor* m *eléctrico*
elektron *electrón* m
elektronica *electrónica* v
elektronisch *electrónico*
elektroshock *electrochoque* m
elektrotechniek *electrotecnia* v
element • SCHEIK. hoofdstof *elemento* m
• bestanddeel *elemento* m ▾ in zijn~ zijn *estar en su elemento*
elementair *elemental* ★ ~ onderwijs *enseñanza* v *primaria*
elf I TELW • *once* • →**acht II** ZN [de] sprookjesfiguur *elfo* m
elfde • *undécimo*; *onceno*; *onceavo*; *onzano* • → **achtste**
elfendertigst ▾ op zijn~ *a paso de tortuga*; *muy sosegadamente*
elftal *equipo* m
eliminatie *eliminación* v
elimineren *eliminar*
elitair *elitista*
elite *élite* v
elixer *elixir* m
elk ⟨bijvoeglijk⟩ *cada*; ⟨bijvoeglijk⟩ *todos los* mv [v mv: *todas las*] ⟨zelfstandig⟩ *cada uno* [v: *cada una*] ★ ze komt elke dag *viene todos los días*
elkaar *se*; *el uno al otro*; *recíprocamente* ★ zij zijn~s vrienden *son amigos* ★ we schrijven~ *nos escribimos* ★ aan~ grenzend *contiguo*; *colindante* ★ we waren niet aan~ voorgesteld *no habíamos sido presentados* ★ bij~ komen *juntarse* ★ in~ zakken *venirse abajo*; *hundirse* ★ dat zit slecht in~ *está mal hecho*; *no tiene pies ni cabeza* ★ dat zit goed in~ *está bien hecho* ★ met~ *juntos* ★ onder~ *entre sí* ★ ze houden van~ *se quieren* ▾ het is voor~ *ya está*
elleboog *codo* m ▾ het achter de ellebogen hebben *tener muchas camándulas*
ellende *miseria* v ★ een diepe bron van~ *la más profunda miseria*
ellendeling *miserable* v
ellendig *miserable*
ellenlang *larguísimo*
ellepijp *cúbito* m
ellips *elipse* v
elliptisch *elíptico*
elpee *elepé* m
els *aliso* m
El Salvador *El Salvador* m
Elzas *Alsacia* v ★ ~-Lotharingen *Alsacia-Lorena*
Elzasser *alsaciano* m

Elzassisch *alsaciano*
email *esmalte* m
e-mail *correo* m *electrónico*; *e-mail* m
e-mailadres *dirección* v *de e-mail*
e-mailbericht *mensaje* m *electrónico*
e-mailen *enviar mensajes por correo electrónico*; *enviar e-mail*
emailleren *esmaltar*
emancipatie *emancipación* v
emancipatorisch *de emancipación*
emanciperen *emancipar*
emballage *embalaje* m
embargo *embargo* m
embleem *emblema* m
embolie *embolia* v
embouchure *embocadura* v
embryo *embrión* m
embryonaal *embrionario* ★ in embryonale toestand *en estado embrionario*
emeritaat *jubilación* v
emeritus *jubilado*; *emérito*
emfyseem *enfisema* m
emigrant *emigrante* m/v
emigratie *emigración* v
emigreren *emigrar*
eminent *eminente*
eminentie *eminencia* v
emir *emir* m
emiraat *emirato* m ★ Verenigde Arabische Emiraten *Emiratos* m mv *Árabes Unidos*; *Unión* v *de Emiratos Árabes*
emissie *emisión* v
emissiekoers *precio* m *de emisión*
emitteren *emitir*
emmer *cubo* m
emmeren *dar la lata*
emoe *emú* m
emolumenten *emolumentos* m mv; *gajes* m mv
emotie *emoción* v ★ ~s oproepen/losmaken *despertar emociones*
emotionaliteit *emotividad* v
emotioneel *emocional*
empathie *empatía* v
empirisch *empírico*
emplacement *terreno* m *de maniobras*
emplooi • bezigheid *empleo* m ★ zonder~ *sin empleo* ★ ~ vinden *encontrar* [ue] *empleo*
• gebruik *uso* m
employé *empleado* m; *dependiente* m
EMU *UME* v; *Unión* v *Monetaria y Económica*
emulgator *emulsor* m
en *y*; ⟨voor i- of hi-⟩ *e* ★ vader en zoon *padre e hijo* ★ hij spreekt én Engels én Duits *habla tanto inglés como alemán* ★ minder en minder *cada vez menos*
en bloc *en montón*
encefalogram *encefalograma* m
enclave *enclave* m
encycliek *encíclica* v
encyclopedie *enciclopedia* v
encyclopedisch *enciclopédico*
endeldarm *recto* m
endemisch *endémico*
endocrinologie *endocrinología* v
endogeen *endógeno*
endossement *endoso* m

ene *un tal;* *una tal* ★ ene meneer Jansen *un tal Jansen*
enenmale ★ ten~ *absolutamente*
energetisch *energético*
energie *energía* v
energiebedrijf *compañía* v *eléctrica*
energiebesparend *que ahorra energía*
energiebesparing *ahorro* m *de energía*
energiebron *fuente* v *de energía*
energiek *enérgico*
enerverend *movido*
enerzijds *de un lado; por una parte; por un lado*
enfant terrible *niño* m *malcriado; persona* v *indisciplinada*
enfin *en fin*
eng • nauw *estrecho; angosto* • griezelig *espantoso*
engagement • betrokkenheid *compromiso* m; *ajuste* m • ECON. contract *contrato* m
engageren *ajustar; contratar*
engel *ángel* m
Engeland *Inglaterra* v
engelbewaarder *ángel* m *custodio* ★ aan mijn~ *al ángel de mi guarda*
engelengeduld *santa* v *paciencia*
engelenhaar *cabello* m *de ángel*
Engels I ZN [het] taal *inglés* m II BNW m.b.t. Engeland *inglés*
Engelsman *inglés* m
Engelstalig *de habla inglesa; anglófono*
engerd *tío* m *espantoso*
engineering *ingeniería* v
en gros *al por mayor*
engte *estrechura* v; *estrecho* m
engtevrees *claustrofobia* v
enig I BNW • enkel *único; solo; exclusivo* ★ enige zoon *hijo único* ★ enig in zijn soort *único en su género* • leuk *mono; gracioso; guay* ★ wat enig! *¡qué mono!; ¡qué guay!* II ONB VNW *alguno* [v: *alguna*]; *algo de;* ⟨vóór mannelijk zelfstandig naamwoord⟩ *algún* ★ enige tijd geleden *hace poco; hace algún tiempo* ★ zonder enige reden *sin motivo alguno; sin ningún motivo*
enigerlei *cualquier* ★ op~ wijze *de cualquier manera* ★ in~ vorm *en/de cualquier forma*
enigermate *algo; un poco*
enigma *enigma* m
enigszins *algo; un poco;* ⟨hoe dan ook⟩ *de cualquier manera* ★ zodra ik maar~ kan *en cuanto me sea posible*
enkel I ZN [de] *tobillo* m II BIJW *sólo; únicamente; solamente* ★ ~ en alleen *única y exclusivamente; (tan) sólo* III TELW ★ ~e *alguno* ★ een~e keer *alguna que otra vez* ★ geen~e keer *ninguna vez* ★ de~en die *los pocos que*
enkeling *individuo* m
enkelspel *partido* m *individual*
enkeltje *billete* m *de ida* ★ een~ Tilburg alstublieft *un billete de ida a Tilburg por favor*
enkelvoud *singular* m ★ in het~ *en singular*
enkelvoudig • ⟨niet samengesteld⟩ *simple;* ⟨in het enkelvoud⟩ *singular* • niet samengesteld *simple; sencillo*
en masse *en masa*
enorm *enorme*

enormiteit *enormidad* v
en passant *de paso*
en plein public *en pleno público*
en profil *de perfil*
enquête *encuesta* v ★ een~ houden *realizar una encuesta*
enquêteren • enquête houden *hacer encuestas* • ondervragen *sacar una encuesta*
enquêteur *encuestador* m
ensceneren *poner en escena*
enscenering *escenificación* v
ensemble • groep *conjunto* m; ⟨bij toneel⟩ *compañía* v • dameskostuum *conjunto* m
ent *injerto* m; *enjerto* m
enten *injertar*
enteren *abordar*
entertainen *entretener*
entertainment *entretenimiento* m
entertoets *tecla* v *de entrada*
enthousiasme *entusiasmo* m
enthousiasmeren *entusiasmar*
enthousiast *entusiasta*
entiteit *entidad* v
entomologie *entomología* v
entourage *entorno* m
entr'acte *entreacto* m; *intermedio* m
entrecote *entrecot* m
entree • het binnentreden ★ zijn~ doen als vennoot *ingresar como socio* • ingang *entrada* v ★ voorgerecht *entrada* v; *entremés* m
entreegeld *entrada* v
entreeprijs *precio* m *de entrada*
entrepot *depósito* m *franco* ★ goederen in~ opslaan *almacenar los géneros* ★ algemeen~ *depósito* m *público* ★ goederen in~ *mercancías* v mv *en depósito*
entstof *vacuna* v
envelop *sobre* m ★ een brief in een~ stoppen *meter una carta en un sobre*
enzovoort, enzovoorts *etcétera*
enzym *enzima* v
epaulet *charretera* v
epicentrum *epicentro* m
epidemie *epidemia* v
epidemisch *epidémico*
epiek *poesía* v *épica; épica* v
epigoon *epígono* m
epigram *epigrama* m
epilepsie *epilepsia* v
epilepticus *epiléptico* m
epileren *depilar*
epiloog *epílogo* m
episch *épico* ★ ~ dichter *épico* m
episcopaat *episcopado* m
episode *episodio* m
epistel *epístola* v
epitaaf *epitafio* m
epitheel *epitelio* m
epos *epopeya* v; *poema* m *épico*
epoxyhars *resina* v *sintética*
equator *ecuador* m
equatoriaal *ecuatorial*
Equatoriaal Guinee *Guinea* v *Ecuatorial*
equipe *equipo* m
equiperen *equipar*
equivalent *equivalente* m

er I BIJW ★ daar *allí* ★ zeg hem dat hij er om drie uur moet zijn *dile que venga a las tres* ★ hij was er *estuvo presente* ★ is er iemand? *¿hay gente?*; *¿hay alguien?* ★ is hij er? *¿está en casa?* ★ er niet zijn *no estar* ★ er is / er zijn *hay* ★ er was/er waren *había* ★ zonder betekenis ★ er wordt aan de deur geklopt *llaman a la puerta* ★ wie komt er vanavond? *¿quién viene esta noche?* ★ hij ziet er moe uit *parece cansado*; *tiene cara de cansado* ★ er goed uitzien *tener buen aspecto* ★ er komt regen *va a llover* ★ wat is er? *¿qué hay?*; *¿qué pasa?* ★ er is nog niets vastgesteld *todavía no han decidido nada* ★ wat is er gebeurd? *¿qué ha pasado?* ★ er was eens ... *érase que se era*; *érase una vez* II PERS VNW ★ ik heb er nog twee *me quedan dos*
eraan ★ ik zal ~ denken *no me olvidaré* ★ we komen ~ *ahora vamos*
erachter *detrás* ▼ ~ zijn *haberse enterado*
eraf ★ dat gaat er niet af *eso no se quita* ★ de lol is eraf *ya no tiene gracia*
erbarmelijk • slecht *deplorable* • meelijwekkend *lastimero*; *lastimoso*
erbarmen I ZN [het] *compasión* v II WKD WW [zich ~] *over compadecer*
erbij ★ ~ zijn *estar presente* ★ ik stond ~ en ik keek ernaar *yo estaba presente y lo vi* ★ zit de gebruiksaanwijzing ~? *¿viene con el prospecto?* ★ water ~ doen *echar agua* ▼ dat hoort er nu eenmaal bij *¿qué se le va a hacer?* ▼ nu ben je er bij! ⟨betrapt⟩ *¡ahora ya te he pillado!*
erboven *arriba*
erdoor ★ iets ~ krijgen *conseguir* [i] *que se apruebe u.c.*
ere • → **eer**
erectie *erección* v
eredienst *culto* m
eredivisie *división* v *de honor*
eredoctoraat *doctorado* m *honoris causa*
erekwestie *cuestión* v *de honor*
erelid *miembro* m *de honor*
eremetaal *medalla* v *de honor*
eren *honrar*; *respetar*
ereplaats *sitio* m *de honor*
erepodium *estrado* m *de honor*
ereprijs • prijs *premio* m *honorífico/de honor* • plant *verónica* v
ereschuld *deuda* v *de honor*
eretitel *título* m *honorífico*
eretribune *tribuna* v *de honor*
erewacht *guardia* v *de honor*
erewoord *palabra* v *de honor*
erf *solar* m
erfdeel *porción* v *de la herencia* ★ wettelijk ~ *legítima* v
erfelijk *hereditario*
erfelijkheid *herencia* v
erfelijkheidsleer *genética* v
erfenis *herencia* v
erfgenaam *heredero* m ★ iem. tot universeel ~ benoemen *nombrar legatario universal a u.p.*
erfgoed *herencia* v; *patrimonio* m
erflater *testador* m
erfopvolger *heredero* m
erfopvolging *sucesión* v
erfpacht *enfiteusis* v
erfrecht • erfelijk recht *derecho* m *de sucesiones* • recht om te erven *derecho* m *hereditario*
erfstuk *herencia* v *familiar*
erfzonde *pecado* m *original*
erg I BNW • zeer vervelend ★ het is niet (zo) erg *no es para tanto* • schandelijk ★ dit wordt al te erg *esto pasa los límites* ★ dat is al erg genoeg *¡tanto peor!* • intens *malo*; *grave* ★ een erge vergissing *una grave equivocación* II BIJW ⟨vóór zelfstandig naamwoord⟩ *mucho*; ⟨vóór bijvoeglijk naamwoord⟩ *muy* ★ het is erg koud *hace mucho frío* ★ hij is erg ziek *está muy enfermo* III ZN [het] ▼ zonder erg *sin intención* ▼ ergens geen erg in hebben *no darse cuenta de u.c.*
ergens • op een plaats *en alguna parte* ★ ~ heen *a alguna parte* • in enig opzicht *de alguna manera* ★ het is ~ wel begrijpelijk *por una parte se entiende* • iets ★ ~ naar zoeken *buscar algo*
ergeren I OV WW *irritar* II WKD WW [zich ~] *irritarse* (aan de); *enojarse* (aan con)
ergerlijk *irritante*; *fastidioso*
ergernis *irritación* v; *disgusto* m; *enojo* m
ergonomie *ergonomía* v
ergotherapie *ergoterapia* v
erheen *(hacia) allí*
erin *dentro*
erkend • algemeen bekend *reconocido* ★ een ~ gegeven *un hecho reconocido* • officieel toegestaan *autorizado* ★ de ~e godsdienst *la religión autorizada*
erkennen • inzien, toegeven *reconocer*; *confesar* [ie] ★ zijn dwalingen ~ *admitir sus errores* • als wettig aanvaarden *reconocer*
erkenning *reconocimiento* m ★ tot de ~ komen dat *reconocer que*
erkentelijk *reconocido*; *agradecido*
erkentelijkheid *reconocimiento* m; *agradecimiento* m
erker *mirador* m; *camón* m
erlangs ★ ~ komen/gaan *pasar por allí* ★ de weg loopt ~ *la carretera pasa al lado* ★ ik wil ~ *quiero pasar*
ermee ★ zij pakte haar fiets en reed ~ weg *cogió su bici y se fue* ★ wat wil je ~ bereiken? *¿qué quieres conseguir con ello?* ▼ het kan ~ door *puede pasar*
erna *después*
ernaar ★ hij maakt het ~ *lo merece*
ernaast *al lado* ▼ de keeper greep ~ *el portero falló*
ernst • serieusheid *seriedad* v; *gravedad* v • zwaarte *gravedad* v
ernstig I BNW gemeend *serio*; *grave*; *formal* II BIJW zeer *muy* ★ ~ ziek *enfermo de gravedad*
erogeen *erógeno*
eromheen ★ ~ draaien *andarse con rodeos* ▼ zonder ~ te draaien *sin darle vueltas*
erop ★ het jaar erop *al año siguiente* ★ het zit erop *se acabó* ★ sta erop! *¡insisto!*
eropaan ★ nu komt het ~ *es la hora de la verdad* ★ u kunt ~ *le aseguro que*; *puede contar con*
eropaf ★ ~ gaan *acercarse a ello*

eropna ★ ~houden *tener*
eropuit ★ ~zijn *empeñarse en algo*
erosie *erosión* v
erotiek *erotismo* m
erotisch *erótico*
erratum *errata* m *(de imprenta)*
ertegen ★ ik kan er niet meer tegen *ya no lo aguanto más* ★ ik ben ~*estoy en contra*
ertegenin ★ ~gaan *ir en contra*
ertegenop ★ ~zien *verlo difícil*
ertegenover ★ hoe staat hij ~? *¿qué opina?; ¿cómo lo ve?* ★ de winkel ~*la tienda de enfrente*
ertoe ★ wat doet het ~? *¿qué más da?* ★ hoe komt men ~? *¿cómo se le ocurre a uno?*
erts *mineral* m
ertussen ★ hij probeert ~te komen *está intentando intervenir/meterse* ★ iem. ~nemen *tomar el pelo a u.p.*
ertussenuit ★ ~knijpen *poner pies en polvorosa; tomar las de Villadiego*
erudiet *erudito*
eruit ★ ~! *¡fuera!* ★ ~komen *levantarse; encontrar* [ue] *la solución* ★ de kosten ~halen *cubrir los gastos*
eruitzien • voorkomen hebben *parecer* ★ ~als tener aspecto de ★ er slecht uitzien *tener mal aspecto* ★ er gezond uitzien *tener buen aspecto; tener buena pinta* ★ wat zie jij eruit! *¡qué facha tienes!; ¡como te has puesto!* ★ hij ziet er jonger uit dan hij is *aparenta menos* ★ zo ziet hij er niet uit *no lo parece* • de indruk wekken te ★ het ziet ernaar uit dat het gaat regenen *parece que va a llover* ★ het ziet er slecht voor ons uit *estamos apañados*
eruptie *erupción* v
ervandaan ★ ik kom ~*soy de allí*
ervandoor ★ ~gaan *largarse; marcharse*
ervaren I BNW *experto* II OV WW *ondervinden experimentar*
ervaring *experiencia* v ★ uit ~weten *saber por experiencia*
ervaringsdeskundige *experto* m *por experiencia*
erven I OV WW door erfenis verkrijgen *heredar* II ZN [de] *herederos* m mv ★ de ~ Jansen *los sucesores de Jansen*
ervoor *delante*
erwt *guisante* m; *pésol* m
erwtensoep ≈ *crema* v *de guisantes*
es • boom *fresno* m • muzieknoot *mi* m *bemol*
escalatie *escalada* v
escaleren *escalar*
escapade *escapada* v
escapetoets *tecla* v *de escape*
escort *señorita* v *de compañía*
escorte *escolta* v
escorteren *escoltar*
esculaap *esculapio* m
esdoorn *arce* m; *ácere* m; *moscón* m
eskader *escuadra* v
eskadron *escuadrón* m
Eskimo *esquimal* m
esoterie *esoterismo* m
esoterisch *esotérico*
esp *álamo* m *temblón*
espadrille *alpargata* v

Esperanto *esperanto* m
esplanade *explanada* v
espresso *café* m *sólo*; *espresso* m
espressoapparaat *cafetera* v *exprés*
esprit *espíritu* m
essay *ensayo* m
essayist *ensayista* m
essence *esencia* v
essenhout *madera* v *de fresno*
essentie *esencia* v
essentieel *esencial*
establishment *establishment* m
estafette *relevos* m mv
estafetteploeg *equipo* m *de relevos*
ester *éster* m
estheet *esteta* m/v
esthetica *estética* v
esthetisch *estético*
Estland *Estonia* v
Estlander *estonio* m; *estoniano* m
Estlands *estonio*; *estoniano*
etablissement *establecimiento* m; *local* m
etage *piso* m ★ op de tweede ~ *en el segundo piso*
etalage *escaparate* m; *aparador* m
etalagepop *maniquí* m
etaleren *exponer*; *exhibir*
etaleur *escaparatista* m/v
etappe *etapa* v ★ in ~s *por etapas*
et cetera *etcétera*
eten I OV WW *voedsel nuttigen comer*; *tomar* ★ niets te eten hebben *no tener nada de comer* II ON WW de maaltijd gebruiken ⟨middageten⟩ *comer*; ⟨avondeten⟩ *cenar* ★ te eten vragen *invitar a comer/cenar* ★ uit eten gaan *comer/cenar fuera* III ZN [het] • voedsel *comida* v • maaltijd ⟨middagmaal⟩ *comida* v; ⟨avondmaal⟩ *cena* v
etensresten *sobras* v mv
etenstijd *hora* v *de comer*
etenswaar *comestible* m
etentje *comida* v
eter • iem. die (veel) eet *comilón* m [v: *comilona*] ★ een flinke eter zijn *tener [ie] buen saque* • gast *invitado* m ★ vanavond hebben we eters *esta noche tenemos invitados*
ethaan *etano* m
ethanol *alcohol* m *etílico*
ether *éter* m
etherreclame ⟨via radio⟩ *publicidad* v *radiofónica*; ⟨via televisie⟩ *publicidad* v *televisada*
ethiek *ética* v
Ethiopië *Etiopía* v
Ethiopiër *etíope* m
Ethiopisch *etíope*
ethisch *ético*
ethologie *etología* v
ethyl *etilo* m
etiket *etiqueta* v; *rótulo* m; ⟨zelfklevend⟩ *marbete*
etiketteren *etiquetar*; *poner etiqueta(s)*
etiquette *etiqueta* v
etmaal *veinticuatro horas* v mv; SCHEEPV. *singladura* v
etnisch *étnico*

ets *aguafuerte* m; *grabado* m *al agua fuerte*
etsen *grabar al agua fuerte*
ettelijke *varios*; *bastantes*
etter • *pus* m; *podre* v • *naarling gilipollas* m/v
etterbuil • *gezwel absceso* m • *rotzak gilipollas* m/v
etteren • *etter afscheiden formar pus*; *supurar* • *klieren fastidiar*
etude *estudio* m
etui *estuche* m
etymologie *etimología* v
EU *UE*; *Unión* v *Europea*
eucalyptus *eucalipto* m
eucharistie *eucaristía* v
eufemisme *eufemismo* m
eufemistisch *eufemístico*
euforie *euforia* v
euforisch *eufórico*
eugenetica, eugenese *eugenesia* v
EU-ingezetene *residente* m/v *UE*
eunuch *eunuco* m
Euratom *Euratom* m; *Comisión* v *Europea de Energía Atómica*
euro *euro* m [mv: *euros*]
eurocent *céntimo* m
eurocheque *eurocheque* m
euromarkt *Mercado* m *Común Europeo*
euromunt *moneda* v *euro*
Europa *Europa* v
Europeaan *europeo* m
Europees *europeo*
eurovignet *euroviñeta* v
eustachiusbuis *trompa* v *de Eustaquio*
euthanasie *eutanasia* v
euvel I ZN [het] *mal* m ★ *aan hetzelfde~ mank gaan cojear del mismo pie* II BNW • *de~ e moed hebben om tener el descaro de* ★ *iets~ duiden llevar a mal u.c.*
Eva *Eva* v
evacuatie *evacuación* v
evacué *evacuado* m
evacueren *evacuar* [ú]
evaluatie *evaluación* v
evalueren *evaluar* [ú]
evangelie *evangelio* m
evangelisatie *evangelización* v
evangelisch *evangélico*
evangelist • *schrijver evangelista* m/v • *prediker evangelizador* m
even I BNW • *deelbaar door twee par* ★ *even getallen números pares*▼ *het is mij om het even me da igual* II BIJW • *net zo tanto*; *tan* ★ *hij spreekt beide talen even vloeiend habla ambas lenguas con igual soltura* ★ *wij zijn even oud somos de la misma edad* ★ *hij is even oud als ik tiene la misma edad que yo* • *een korte tijd un instante*; *un momento* ★ *we blijven maar even sólo nos quedamos un rato* • *versterkend* ★ *is je broer even een boffer! ¡vaya ganguero de tu hermano!* ★ *hoor eens even ¡óigame!*
evenaar *ecuador* m
evenals *así como*
evenaren *igualar con*
evenbeeld ⟨v. zaken⟩ *réplica* v; ⟨v. persoon⟩ *imagen* v
eveneens *también*; *asimismo*
evenement *evento* m
evengoed • *evenzeer igualmente*; *tan*; *también* ★ *dat is~ mogelijk también es posible* ★ *hij is~ schuldig als zij es tan culpable como ella* • *toch no obstante*
evenknie *igual* m/v ★ *iemands~ zijn ser el igual de u.p.*
evenmin *tampoco*
evenredig *proporcional*
evenredigheid • WISK. *proporción* v • *proporcionalidade* v
eventjes *un momento*
eventualiteit *eventualidad* v
eventueel *eventual*
evenveel *tanto*
evenwel *sin embargo*
evenwicht *equilibrio* m ★ *het~ bewaren guardar el equilibrio* ★ *het~ verliezen perder* [ie] *el equilibrio*
evenwichtig *equilibrado*
evenwichtsbalk *barra* v *de equilibrio*
evenwichtsleer *teoría* v *del equilibrio*
evenwichtsorgaan *órgano* m *del equilibrio*
evenwichtsstoornis *perturbación* v *del equilibrio*
evenwijdig *paralelo* ★ ~e *lijn paralela* v ★ ~ *met paralelo a*
evenzeer *igualmente*; ⟨met bijvoeglijk naamwoord⟩ *tan*; ⟨met werkwoord⟩ *tanto* ★ *jij bent~ schuldig als hij eres tan culpable como él*; *tienes tanta culpa como él* ★ *ik haat haar~ als ik hem haat odio tanto a ella como a él*
evenzo *de la misma manera*
evergreen *canción* v / *libro* m *de popularidad perenne*
everzwijn *jabalí* m
evident *evidente*
evolueren *evolucionar*
evolutie *evolución* v
evolutieleer *evolucionismo* m
ex *ex* m/v
ex- *ex-*
exact *exacto*; *puntual* ★ ~e *wetenschappen ciencias exactas*
examen *examen* m ★ *een~ afleggen/doen hacer un examen*; *examinarse* ★ *voor een~ slagen aprobar un examen* ★ *voor een~ zakken suspender un examen*
examenvrees *temor* m *a un examen*
examinator *examinador* m
examineren *examinar*
excellent *excelente*
excellentie *excelencia* m
excelleren *destacarse*
excentriek *excéntrico*; *extravagante*
excentrisch *excéntrico*
exceptie *excepción* v
exceptioneel *excepcional*
exces *exceso* m
excessief *excesivo*
exclusief I BNW • *niet inbegrepen exclusivo* • *chic selecto*; *distinguido* II BIJW *exclusive*
excommunicatie *excomunión* v; *excomulgación*

v
excommuniceren *excomulgar; descomulgar*
excursie *excursión* v ★ op~ gaan *ir de excursión*
excuseren *excusar; disculpar*
excuus • verontschuldiging *disculpa* v ★ zijn excuses maken *disculparse* • reden *excusa* v
executeren • terechtstellen *ejecutar* • JUR. *ejecutar*
executeur *ejecutor* m ★ ~-testamentair *ejecutor testamentario; albacea* m
executeur-testamentair *ejecutor* m *testamentario*
executie • terechtstelling *ejecución* v ★ JUR. *ejecución* v ★ bij~ verkopen *vender en pública subasta*
executiewaarde *valor* m *estimado para una subasta judicial*
exegese *exégesis* v
exemplaar *ejemplar* m
exemplarisch *ejemplar*
exerceren I OV WW uitoefenen *ejercitar* II ON WW uitvoeren *hacer ejercicios*
exercitie *ejercicios* m mv
exhaleren *exhalar*
exhibitionisme *exhibicionismo* m
exhibitionist *exhibicionista* m
existentialisme *existencialismo* m
existentie *existencia* v
exit *salida* v
exodus *éxodo* m
exogeen *exógeno*
exorbitant *exorbitante*
exotisch *exótico*
expanderen I OV WW uitbreiden *ampliar* [í] II ON WW zich uitbreiden *extenderse* [ie]
expansie *expansión* v
expansiedrang *afán* m *de expansión*
expansievat *depósito* m *de expansión*
expat *expatriado* m
expatriëren I OV WW *expatriar(se)* II ON WW *expatriarse*
expediteur *expedidor* m
expeditie *expedición* v
experiment *experimento* m
experimenteel *experimental*
experimenteren *experimentar*
expert *perito* m; *experto* m
expertise *peritación* v; *peritaje* m
explicatie *explicación* v
expliciet *explícito*
expliciteren *expresar explícitamente*
exploderen *hacer explosión; explosionar; explotar; estallar*
exploitabel *explotable*
exploitant *explotador* m
exploitatie *explotación* v
exploiteren *explotar*
exploot *notificación* v
exploratie *exploración* v; ⟨in mijnwezen⟩ *prospección* v
exploreren *explorar*; ⟨in mijnwezen⟩ *prospectar*
explosie *explosión* v
explosief *explosivo* ★ explosieve stof *materia* v *explosiva; explosivo* m
exponent • vertegenwoordiger *exponente* m/v • WISK. *exponente* m/v

exponentieel *exponencial*
export *exportación* v
exporteren *exportar*
exporteur *exportador* m
exportvolume *volumen* m *de exportación*
exposant *expositor* m
exposé *exposición* v
exposeren *exponer*
expositie *exposición* v
expres I BIJW • met opzet *de intento; de propósito* • speciaal *expresamente* II ZN [de] *expreso* m; *exprés* m
expresbrief *carta* v *urgente*
expresse *correo* m *urgente*
expressie *expresión* v
expressief *expresivo*
expressionisme *expresionismo* m
expressionistisch *expresionista*
exprestrein *tren* m *exprés*
exquis *exquisito*
extase *éxtasis* m [mv: *éxtasis*] ★ in~ *en éxtasis*
extatisch *extático*
extensie *extensión* v
extensief *extensivo* ★ extensieve landbouw *agricultura extensiva*
exterieur *exterior*
extern • van buiten komend *externo* • uitwonend *externo*
extra I BNW *extra* II BIJW *extra* ★ ~ berekenen *cargar aparte* ★ niet~ berekenen *no cargar gastos extraordinarios*
extraatje *extra* m
extract • aftreksel *esencia* v; *extracto* m • uittreksel *extracto* m; *resumen* m
extramuraal ★ extramurale gezondheidszorg *sanidad* v *extrahospitalaria*
extraneus *estudiante* m/v *libre*
extrapoleren *extrapolar*
extravagant *extravagante*
extravert *extravertido; extrovertido*
extreem *extremo*
extreemlinks *de extrema izquierda*
extreemrechts *de extrema derecha*
extremist *extremista* m/v
extremiteit • uiterste *extremidad* v • ledematen *extremidad* v ★ de~en *las extremidades*
extrovert • →**extravert**
eyeliner *lápiz* m *de ojos*
ezel • dier *asno* m; *burro* m; *borrico* m • domoor *asno; burro; borrico* • schildersezel *caballete* m ▼ een ezel stoot zich geen tweemaal aan dezelfde steen *el hombre es el único animal que tropieza dos veces con la misma piedra*
ezelsbruggetje *ayuda* v *mnemotécnica; truco* m *para recordar una cosa*
ezelsoor • oor van een ezel *oreja* v *de asno* • omgekrulde hoek *oreja* v; FIG. *doblez* m

F

f • letter *f* v ★ de f van Ferdinand *la f de Francia* • muzieknoot *fa* m
fa *fa* m
faalangst *temor* m *al fracaso*
faam • goede naam *reputación* v; *fama* v • vermaardheid *fama* v; *renombre* m
fabel • vertelling *fábula* v • verzinsel *cuento* m ★ ~tjes vertellen *inventar cuentos* • beknopte inhoud *argumento* m
fabelachtig • als in fabels *fabuloso* • ongelofelijk *fabuloso*; *fantástico*; *buenísimo*
fabricaat • product *producto* m • makelij *fabricación* v ★ eigen ~ *fabricación propia*
fabricage *fabricación* v
fabriceren *fabricar*; *producir*; *manufacturar*
fabriek *fábrica* v
fabrieksfout *defecto* m *de fabricación*
fabrieksgeheim *secreto* m *de fabricación*
fabrieksprijs *precio* m *de fábrica*
fabrikant *fabricante* m/v
fabuleus *fabuloso*
façade *fachada* v
facelift • chirurgische ingreep *estiramiento* m *de la piel* • verfraaiing *modernización* v
facet • geslepen vlak *faceta* v • aspect *faceta* v; *aspecto* m ★ alle ~ten van een zaak belichten *mirar todos los aspectos de un asunto*
facetoog *ojo* m *compuesto*
facilitair *de utilidad pública*
faciliteit • voorziening *facilidades* v mv ★ ~en verlenen *dar facilidades* • ECON. tegemoetkoming *facilidad* v
faciliteren *aliviar*; *facilitar*
facsimile *facsímile* m
factie *facción* v
factor • medeoorzaak *factor* m; *causa* v • WISK. *factor* m
factoranalyse *análisis* m *factorial*
factotum *factótum* m/v
factureren *facturar*
factuur *factura* v
facultair *de la facultad*
facultatief *facultativo*; *discrecional*
faculteit • deel universiteit *facultad* v • WISK. *factorial* v
fade-out *fundido* m *de cierre*
Faeröer *Islas* v mv *Feroes*
fagot *fagot* m [mv: *fagots*]
Fahrenheit *Fahrenheit* ★ 20 graden ~ *20 grados Fahrenheit*
failliet I ZN [het] ECON. *quiebra* v; *ruina* m II BNW *quebrado*; *en quiebra* ★ ~e boedel *masa* v *de la quiebra* ★ ~gaan *quebrar* [ie] ★ iem. ~ verklaren *declarar en quiebra a u.p.*
faillissement • *quiebra* v; *bancarrota* v ★ ~ aanvragen *solicitar la quiebra* ★ iemands ~ uitspreken *declarar en quiebra a u.p.* ★ het ~ beëindigen *revocar la quiebra* ★ in staat van ~ verkeren *encontrarse* [ue] *en estado de quiebra*; *ser insolvente*
faillissementsaanvraag *solicitud* v *de quiebra*
fair *justo* ★ fair play *juego* m *limpio*
faken *fingir*
fakir *faquir* m
fakkel *antorcha* v; *hacha* v; *tea* v
falen • niet slagen *fallar*; *fracasar* ★ de poging faalde *el intento fracasó* • fouten maken *errar*
falie ▼ iem. op zijn ~ geven *darle un par de tortas a alguien* ▼ op zijn ~ krijgen *sufrir una reprimenda*; *recibir un cachete*; *recibir una paliza*
faliekant *totalmente*; *por completo* ★ het is ~ verkeerd *eso es completamente erróneo*
fallisch *fálico*
fallus *falo* m
falset *falsete* m
falsificatie *falsificación* v
falsificeren *falsificar*
fameus • befaamd *famoso*; *célebre* • verbazend *fabuloso*; *enorme*
familiaal *familiar*
familiair • ongedwongen *familiar*; *informal* ★ ~ met iem. zijn *tratar a u.p. con familiaridad* • vrijpostig *confianzudo* ★ een ~e toon aanslaan *hablarle a u.p. con (demasiada) familiaridad*
familie • gezin *familia* v ★ de ~ Jansen *los Jansen* • alle verwanten *familia* v; *pariente* m/v ★ naaste ~ *familia más cercana* ★ ~ worden van *emparentarse* [ie] *con* ★ hij is ~ van me *es pariente mío* • BIOL. *familia* v
familiebedrijf *empresa* v *familiar*
familiegraf *sepulcro* m *familiar*
familiehotel *hotel* m *familiar*
familiekring *círculo* m *familiar* ★ in ~ *en familia*
familielid *pariente* m/v
familienaam *apellido* m
familiestuk *herencia* v *familiar*
familieziek *muy pegado a su familia* ★ hij is erg ~ *está muy pegado a su familia*; *está muy unido a la familia*
fan • liefhebber *fan* m; *hincha* m; INF. *forofo* • ventilator *ventilador* m
fanaat *fanático* m
fanaticus *fanático* m
fanatiek *fanático*
fanatiekeling *fanático* m
fanatisme *fanatismo* m
fanclub *club* m *de fans*
fancy fair *bazar* m
fanfare • muziekkorps *charanga* v; *banda* v • FIG. grote ophef *bombo* m
fanmail *correo* m *de los fans*
fantaseren I OV WW verbeelden *imaginar*; *fantasear*; *inventar*; MED. *desvariar* II ON WW zich aan fantasie overgeven *divagar*; *disparatar*
fantasie • verbeeldingskracht *fantasía* v; *imaginación* v • verzinsel *fantasía* v • MUZ. *fantasía* v
fantasieloos *sin imaginación*
fantasievol *lleno de imaginación*
fantast *iluso* m; *fantasmón* m [v: *fantasmona*]
fantastisch • verzonnen *fantástico*; *quimérico* • schitterend *fantástico*; *fabuloso*
fantoom *fantasma* v
fantoompijn *dolor* m *fantasma*
farao *faraón* m

farce *farsa* v
farceren *rellenar*
farizeeër *fariseo* m; *hipócrita* m/v
farmaceutisch *farmacéutico*
farmacie *farmacia* v
farmacologie *farmacología* v
fascinatie *fascinación* v
fascineren *fascinar*
fascinerend *fascinante*; *fascinador*
fascisme *fascismo* m
fascist *fascista* m/v; INFORM. *facha* m/v
fascistisch *fascista*; INF. *facha*
fase *fase* v
faseren *distribuir en fases*; *hacer por etapas*
fataal *fatal*; *funesto*
fatalisme *fatalismo* m
fatalistisch *fatalista*
fata morgana *espejismo* m
fatsoen • goede manieren *buenos modales* m mv; *decencia* v; *decoro* m ⋆ zijn ~ houden *guardar el decoro*; *tener formalidad* ⋆ met goed ~ *con decoro*; *con dignidad* ⋆ voor zijn ~ *por el qué dirán* • vorm *forma* v ⋆ in ~ brengen *arreglar*
fatsoeneren *dar forma a*; *arreglar*; *adecentar*
fatsoenlijk • behoorlijk *decente* • welgemanierd *decente*; *honesto*
fatsoensrakker *puritano* m
faun *fauno* m
fauna *fauna* v
fauteuil *butaca* v; *sillón* m
favoriet I ZN [de] *favorito* m II BNW *favorito*
fax *fax* m
faxen *enviar (i) por fax*; *faxear*
faxnummer *número* m *de fax*
fazant *faisán* m
februari *febrero* m
federaal *federal*
federalisme *federalismo* m
federatie *federación* v
fee *hada* v
feedback *retroacción* v; *realimentación* v
feeëriek *maravilloso*
feeks *arpía* v; *bruja* v
feeling *intuición* v ⋆ ergens ~ voor hebben *tener intuición para u.c.*
feest *fiesta* v; ⟨plechtig⟩ *festividad* v
feestavond *noche* v *de fiesta*
feestdag *día* m *de fiesta*; *día* m *festivo* ⋆ zon- en ~en *los domingos y días festivos*
feestelijk *de fiesta*; *festivo* ▾ dank je ~! *ini pensarlo!*; *ini hablar!*
feesten *festejar*; *celebrar una fiesta*
feestganger *persona* v *que asiste a una fiesta*
feestmaal *festín* m; *banquete* m
feestneus • masker *nariz* v *postiza* • persoon *juerguista* m/v
feestnummer • gangmaker *juerguista* m/v • hoofdpersoon van een feest *agasajado* m; *festejado* m • blad *edición* v *especial*
feestvarken *obsequiado* m
feestvieren *celebrar una fiesta*
feilbaar *falible*
feilen *fallar*
feilloos *infalible*
feit *hecho* m ⋆ strafbaar feit *hecho delictivo*

⋆ voldongen feit *hecho* m *consumado* ▾ in feite *de hecho*
feitelijk I BNW *real* II BIJW *de hecho*
fel • sterk van licht of kleur ⟨v. kleuren⟩ *estridente*; ⟨v. licht⟩ *deslumbrante*; ⟨v. kleuren⟩ *vivo*; ⟨v. kleuren⟩ *chillón* ⋆ in de felle zon *en pleno sol* • onaangenaam aanvoelend ⋆ een felle wind *un viento cortante* ⋆ een felle winter *un invierno riguroso* • intens *intenso*; *vehemente*; ⟨v. emotie⟩ *intenso*; ⟨v. persoon⟩ *apasionado* ⋆ felle haat *odio* m *intenso* ⋆ fel protest *protesta* v *fervorosa*
felbegeerd *muy solicitado*
felicitatie *enhorabuena* v; *felicitación* v
feliciteren • *felicitar* (**met** *por*); *dar la enhorabuena* (**met** *por*) • → **gefeliciteerd**
feminisme *feminismo* m
feministe *feminista* v
feministisch *feminista*
feniks *fénix* m [mv: *fénices*]
fenomeen *fenómeno* m
fenomenaal *fenomenal*
feodaal *feudal*
feodalisme *feudalismo* m
ferm *firme*; *enérgico*
fermenteren *fermentar*
fervent *ferviente*; *fervoroso*
festijn *festín* m
festival *festival* m
festiviteit *festividad* v
feston *festón* m
fêteren *agasajar*; *festejar*
fetisjisme *fetichismo* m
fetisjist *fetichista* m/v
feuilleton ⟨lectuur⟩ *folletín* m; ⟨op de televisie⟩ *telenovela* v
feut *novato* m
fez *fez* m
fiasco *fiasco* m ⋆ het feest werd een ~ *la fiesta fue un fiasco*; *la fiesta fracasó*
fiat *fiat* m; *consentimiento* m ⋆ zijn fiat geven *dar su consentimiento*; *dar el visto bueno*
fiatteren *dar el consentimiento a*
fiber *fibra* v
fiberglas *fibra* v *de vidrio*
fiche *ficha* v
fictie *ficción* v
fictief *ficticio* ⋆ fictieve winst *ganancia* v *ficticia*; *beneficio* m *ficticio*
ficus *ficus* m
fideel • sympathiek *jovial*; *alegre* • trouwhartig *fiel*
fiducie *fe* v; *confianza* v
fielt *sinvergüenza* m/v
fier *orgulloso*
fiets *bicicleta* v; INFORM. *bici* v ⋆ met de ~ en *bicicleta*
fietsen *ir en bicicleta*; *andar en bicicleta*
fietsenmaker *reparador* m *de bicicletas*
fietsenrek *portabicicletas* m; *soporte* m *para bicicletas*
fietsenstalling *aparcamiento* m *para bicicletas*
fietser *ciclista* m/v
fietspad *carril* m *de bicicletas*; *carril* m *bici*
fietspomp *bombín* m *(de bicicleta)*
fietstocht *excursión* v *en bicicleta*

fietsvakantie *vacaciones* v mv *en bicicleta*
fiftyfifty ★ ~ delen met iem. *ir a medias*
figurant • acteur *comparsa* m/v; *figurante* m/v; ⟨v. film⟩ *extra* v • onbetekenend persoon *figurante* m/v
figuratief • beeldend *figurativo* ★ figuratieve kunst *arte* m *figurativo* • versierend *decorativo* ★ figuratieve letters *letras decorativas*
figureren *figurar*
figuur *figura* v▼ een goed/slecht~ slaan *quedar bien/mal*
figuurlijk *figurado*
figuurzaag *sierra* v *de marquetería*; *segueta* v
figuurzagen *serrar* [ie] *figuras de marquetería*
Fiji-eilanden *las islas* v mv *Fiyi*
fijn • prettig *agradable*; *bueno* ★ ik vind het hier fijn *me gusta aquí* • in kleine deeltjes *fino* • niet grof *delicado*; *fino* ★ zeer goed, precies *delicado*; *fino* ★ een fijne neus voor iets hebben *tener un fino olfato para u.c.* • subtiel *sutil* • zuiver *puro*▼ het fijne van de zaak *los detalles del asunto*
fijnbesnaard *sensible*; *delicado*
fijngebouwd *de constitución fina*
fijngevoelig *delicado*; *sensible*
fijnhakken *picar*
fijnkauwen *masticar (bien)*
fijnknijpen *estrujar*
fijnmaken *pulverizar*; *majar*
fijnmalen *triturar*; *moler* [ue]
fijnproever *gastrónomo* m
fijnschrijver *rotulador* m *de punta fina*
fijntjes I BNW nogal fijn *fino*; *delicado* **II** BIJW • op fijne wijze *finamente* • op slimme wijze *sutilmente*
fijnwasmiddel *detergente* m *para ropa delicada*
fijnzinnig *sútil*
fijt *panadizo* m; *uñero* m
fik • brand *fuego* m; *incendio* m ★ in de fik steken *pegar fuego a* • hond *(perro)* m *lulú* ★ geef mijn portie maar aan fikkie *no cuentes conmigo*
fikken I ZN [de] vingers *manazas* v **II** ON WW *arder*; *quemarse*
fiks *robusto*
fiksen *arreglárselas*
filantroop *filántropo* m
filatelie *filatelia* v
file[1] (zeg: fiele) *caravana* v; *atasco* m ★ in de file staan *estar en la caravana*
file[2] (zeg: fajl) *fichero* m; *archivo* m
fileren *filetear*
filet *filete* m
filevorming *formación* v *de retenciones*; *formación* v *de caravana*
filharmonisch *filarmónico*
filiaal *sucursal* v; *filial* v
filiaalhouder *gerente* m/v
filigraan *filigrana* m
Filippijnen *las Filipinas* v mv; *Islas Filipinas* v mv
film *película* v ★ stomme film *película muda* ★ naar de film gaan *ir al cine* ★ de film draait in de bioscoop *dan la película en el cine*
filmcamera *cámara* v *de filmación*

filmen *filmar*; *rodar una película*
filmer *cineasta* m/v
filmhuis *filmoteca* v
filmkeuring *censura* v *de películas*
filmkritiek *crítica* v *de una película*
filmmaker *cineasta* m/v
filmopname *toma* v; *rodaje* m
filmploeg *equipo* m *de cine*
filmregisseur *director* m *de cine*; *realizador* m
filmrol • band *rollo* m *de película* • rol in een film *papel* m *en una película*
filmster *estrella* v *de cine*
filmstudio *estudio* m *de cine*
filologie *filología* v
filosoferen *filosofar*
filosofie *filosofía* v
filosofisch *filosófico*
filosoof *filósofo* m
filter *filtro* m ★ ⟨v. sigaretten⟩ met~ *con filtro*
filteren *colar*; *filtrar*
filterkoffie *café* m *filtrado*
filtersigaret *cigarrillo* m *con filtro*
filterzakje *filtro* m *(de papel)*
filtratie *filtración* v
filtreren *colar* [ue]; *filtrar*; *destilar*
Fin *finlandés* m; *finés* m
finaal • uiteindelijk *final* • algeheel *completo*; *total*
finale *final* v ★ halve~ *semifinal* v
finaleplaats *puesto* m *final*
finalist *finalista* m/v
financieel *financiero* ★ financiële politiek *política* v *financiera*
financiën *finanzas* v mv ★ openbare~ *hacienda* v *pública*
financier *financiero* m
financieren *financiar*
financiering *financiación* v
financieringstekort *déficit* m *de financiación*
fineer *chapa* v *de madera*; *enchapado* m
fineliner *rotulador* m *de punta fina*
fineren *chapear*; *enchapar*
finesse *pormenor* m; *detalle* m ★ iets in de~ s kennen *conocer todos los pormenores de u.c.*
fingeren *fingir*; *simular*
fingerspitzengefühl *tacto* m; *tiento* m
finish *meta* v
finishen *cruzar la meta*
finishing touch *toque* m *final* ★ de broche gaf de~ aan haar bloes *el broche dió el último toque a su blusa*
Finland *Finlandia* v
Fins I ZN [het] taal *finlandés* m **II** BNW m.b.t. Finland *finlandés*
Finse *finlandesa* v; *finesa* v
FIOD *Servicio* m *de Investigación Fiscal*
firewire *firewire* m
firma *firma* v; *empresa* v; *casa* v
firmament *firmamento* m
firmant *socio* m
fis *fa* m *sostenido*
fiscaal *fiscal*
fiscalisering *financiación* v *con fondos tributarios*
fiscus *administración* v *fiscal*
fistel *fístula* v

fit *sano; en (buena) forma* ★ fit zijn *estar en buena forma*
fitnesscentrum *gimnasio* m
fitting • deel van gloeilamp *rosca* v
• lamphouder *portalámparas* m
• verbindingsstuk *empalme* m
fixatie • het vastleggen *fijación* v • PSYCH. *fijación* v ★ ~ op het verleden *fijación en el pasado*
fixeerbad *baño* m *fijador*
fixeren • vastmaken/-stellen *fijar* • strak aankijken *mirar fijamente; fijar la mirada* • A-V *fijar*
fjord *fiordo* m
flacon *frasco* m
fladderen *revolotear*
flageolet *caramillo* m; *jijallo* m
flagrant *flagrante*
flair *mundología* v; *soltura* v
flakkeren *temblar* [ie]
flamberen *flamear*
flambouw *antorcha* v
flamboyant *resplandeciente*
flamingo *flamenco* m
flanel *franela* v
flaneren *callejear; barzonear*
flank *flanco* m; *costado* m; MIL. *flanco* m; MIL. *ala* v
flankeren *flanquear*
flansen ▼ in elkaar~ *hacer u.c. de cualquier manera*
flap • omgeslagen deel ⟨v. boek⟩ *solapa* v; ⟨v. textiel⟩ *solapa* v • bankbiljet *billete* m
flapdrol *baldragas* m; *papanatas* m/v ★ hij is een enorme~ *es un cero a la izquierda*
flapoor *oreja* v *de soplillo*
flappen ▼ alles eruit~ *soltarlo* [ue] *todo sin pensar*
flaptekst *texto* m *en la solapa de un libro*
flapuit *bocazas* m/v
flard *jirón* m ★ aan~en scheuren *hacer jirones*
flashback ⟨film⟩ *escena* v *retrospectiva*; ⟨roman⟩ *narración* v *retrospectiva*
flat • flatgebouw *edificio* m *de apartamentos* • etagewoning *piso* m; *apartamento* m
flater *metedura* v *de pata*; INFORM. *pifia* v ★ een ~ slaan *cometer una pifia; meter la pata*
flatgebouw *edificio* m *de pisos*
flatteren *favorecer* ★ een geflatteerd portret *un retrato favorecido* ★ zich geflatteerd voelen *sentirse* [ie, i] *adulado*
flatteus *favorecedor*
flauw I BNW • met weinig smaak *soso*; *insípido* • kinderachtig *infantil*; *poco gracioso* • niet geestig *insípido; soso* ★ ~ geklets *tonterías* • zwak *débil*; ⟨v. licht⟩ *tenue* ★ de wind werd ~er *aflojó el viento* • licht gebogen *suave* ★ een~e bocht *una curva suave* • ECON. *flojo* ★ ~e stemming aan de beurs *tendencia floja en la bolsa* **II** BIJW kinderachtig~ *doen comportarse como un niño; aniñarse*
flauwekul *bobadas* v mv; *tonterías* v mv
flauwerd *gallina* v; *pusilánime* m/v
flauwiteit *bobada* v; *chorrada* v; *tontería* v
flauwte *desmayo* m
flauwtjes *vagamente; ligeramente*

flauwvallen *desmayarse; desvanecerse*
flegma *flema* v
flegmatiek *flemático*
flemen *engatusar*
flensje *crepe* m
fles • verpakking *botella* v • ⟨voor babymelk⟩ zuigfles *biberón* m ▼ op de fles gaan *arruinarse*
flesopener *abrebotellas* m; *abridor* m
flessen *timar* ★ iem.~ *timar a u.p.*
flessentrekker *estafador* m; *sablista* m/v
flessentrekkerij *sablazo* m; *estafa* v
flesvoeding *lactancia* v *artificial* ★ ~ geven *dar el biberón*
flets • dof *desteñido; descolorido* • ongezond *pálido*
fleur *flor* v ▼ de fine~ *la flor y nata*
fleurig • bloeiend *floreciente* • fris/vrolijk *alegre*
flexibel • buigbaar *flexible* ★ ~ plastic *plástico* m *flexible* • PSYCH. meegaand *flexible*; *dúctil* ★ mijn baas is erg~ *mi jefe es muy flexible* • variabel *elástico* ★ ~e werktijden *horario* m *de trabajo variable*
flexibiliteit • buigzaamheid *flexibilidad* v • meegaandheid *flexibilidad* v
flexie *flexión* v
flexwerk *trabajo* m *flexible*
flexwerker *trabajador* m *con jornada laboral flexible*
flierefluiten *hacer el gandul; no dar golpe*
flierefluiter *ablandabrevas* m/v
flik *polí*
flikflooien • vleien *lisonjear; gitanear* • liefkozen *acaramelarse*
flikken • klaarspelen *conseguir* [i] • streek leveren *apañárselas* ★ dat heeft hij aardig geflikt *¡se las ha compuesto maravillosamente!*
flikker • homo *marica* m; *maricón* m • falie ★ iem. op zijn~ geven *dar una paliza a u.p.* ▼ er geen~ van begrijpen *no entender ni puñeta*
flikkeren ⟨v. licht⟩ *destellar*; ⟨v. ogen⟩ *brillar*; ⟨v. licht⟩ *centellear*
flikkering *destello* m
flikkerlicht *destello* m; ⟨v. overweg⟩ *luz* v *intermitente*; ⟨v. overweg⟩ *señal* v *a destellos*
flink I BNW • stevig *robusto* • behoorlijk *notable*; *considerable* ★ een~ eind *un buen trecho* ★ een~e som geld *una suma considerable* • moedig *enérgico*; *firme*; *valiente* ★ een~e meid *una buena moza* **II** BIJW *mucho*; *bien* ★ het regent~ *llueve mucho* ★ het is~ koud *hace mucho frío* ★ ~ zijn best doen *esforzarse* [ue] *mucho (por); esmerarse (en)*
flinter *loncha* v *fina*
flinterdun *muy fino*
flip-over *caballete* m *de hojas intercambiables*
flippen *fliparse*
flipperen *jugar* [ue] *al flipper*
flipperkast *flipper* m; *máquina* v *del millón*
flirt • het flirten *flirteo* m • persoon flirt m/v; *ligue* m
flirten *coquetear; flirtear*
flits • licht *relámpago* m; *rayo* m • A-V flitslicht *flash* m
flitsen I OV WW fotografisch bekeuren *sacar*

fotos a los coches ‖ ON WW • oplichten *destellar* • A-V flitser gebruiken *disparar el flash* • snel bewegen *pasar volando*
flitsend *genial; despampanante*
flitser *flash* m
flitslamp *flash* m
flitslicht *flash* m
flodder ★ losse ~ *cartucho* m *de fogueo*
flodderen • slordig werken *chapucear* • slordig zitten *quedar muy suelto*
flodderig • knoeierig *descuidado; chapucero* • slordig *suelto*
floep *¡zas!* ▼ ~uit! *¡listo!*
floepen ★ het glas floepte uit zijn handen *el vaso se le escapó de las manos*
floers • waas *velo* m • stof *crespón* m *negro*
flonkeren *centellear*
floorshow *programa* m *de espectáculos (en un club nocturno)*
flop *chasco* m
floppen *irse al traste*
floppydisk, floppy *disco* m *flexible; disquete* m
floppydrive *disquetera* v
flora *flora* v
Florence *Florencia* v
floreren *florecer*
floret *florete* m
florissant *floreciente; próspero*
flossen *utilizar el hilo dental para limpiarse los dientes*
flowerpower *filosofía* v *de la flor*
fluctueren *fluctuar* [ú]
fluim • speeksel *gargajo* m ★ ~en opgeven *escupir* • vent van niks *drope* m
fluimen *esputar; escupir*
fluistercampagne *campaña* v *de murmuración*
fluisteren *susurrar;* ⟨stiekem⟩ *cuchichear*
fluistertoon *susurro* m
fluit • muziekinstrument *flauta* v • signaalfluit *pito* m
fluitconcert • concert *concierto* m *para flauta* • afkeurend gefluit *silba* v
fluiten I OV WW • fluitend spelen *silbar* • roepen *silbar* ★ de hond ~ *silbar al perro* • SPORT *pitar* ‖ ON WW • fluitgeluid maken *silbar;* ⟨op fluitje⟩ *pitar;* ⟨v. vogel⟩ *trinar* • op fluit spelen *tocar la flauta* ▼ daar kun je naar ~ *¡olvídalo!*
fluitenkruid *perifollo* m *silvestre*
fluitist *flautista* m/v
fluitje • signaal *pito* m; *silbido* m ★ men wachtte op het ~ van de scheidsrechter *se esperaba que el árbitro pitara* • → **fluit** ▼ dat is een ~ van een cent *está chupado; es pan comido*
fluitketel *hervidor* m *de silbato*
fluor *flúor* m
fluoresceren *mostrar* [ue] *fluorescencias*
fluorescerend *fluorescente*
fluoride *fluoruro* m
fluortablet *tableta* v *de flúor*
flut- *de poca calidad* ★ flutboek *libro* m *insignificante*
flutboek *libro* m *insignificante*
fluweel *terciopelo* m
fluweelzacht *aterciopelado*

fluwelen *de terciopelo; aterciopelado*
fluwelig *aterciopelado*
flyer *prospecto* m; *folleto* m
FM *frecuencia* v *modulada; FM* v
fnuikend *funesto; fatal*
fobie *fobia* v
focaliseren *enfocar*
focus *foco* m
focussen • ~ op A-V scherp stellen *enfocar* • aandacht richten *centrar la atención*
foedraal *funda* v; *estuche* m
foefje *truco* m
foei *¡qué horror!; ¡oye!*
foeilelijk *feísimo*
foerageren *forrajear*
foeteren *refunfuñar*
foetsie ★ ~ zijn *haberse volado; haberse esfumado*
foetus *feto* m
föhn • haardroger *secador* m *(de mano)* • wind *viento* m *caliente y seco*
föhnen *secar con secador (de mano)*
fok *foque* m
fokken *criar* [í]
fokkenmaat *marinero* m *que maneja un trinquete*
fokkenmast *palo* m *trinquete*
fokker *criador* m
fokkerij • het fokken *cría* v • fokbedrijf *criadero* m
folder *folleto* m
folie *lámina* v; *hoja* v
folio *folio* m
foliumzuur *ácido* m *fólico*
folk *música* v *folk*
folklore *folklore* m
folkloristisch *folklórico*
follikel *folículo* m
follow-up *continuación* v; *seguimiento* m
folteraar *torturador* m
folteren • pijnigen *torturar* • FIG. *atormentar*
foltering • pijniging *tormento* m; *suplicio* m • FIG. *tormento* m
folterwerktuig *instrumento* m *de tortura*
fond *fondo* m
fondant *fondant* m
fonds • kapitaal *fondo* m; *capital* m • waardepapier *valor* m • stichting *fundación* v; *fondo* m
fondsenwerving *recolección* v *de fondos*
fondspatiënt *paciente* m *asegurado por la seguridad social*
fondue *fondue* m
fonduen *comer una fondue*
fonduestel *juego* m *de fondue*
foneem *fonema* m
fonetiek *fonética* v
fonetisch *fonético*
fonkelen *brillar; destellar*
fonkelnieuw *flamante*
fonologie *fonología* v
fonotheek *fonoteca* v
font *tipo* m *de letra; fundición* v
fontanel *fontanela* v
fontein *fuente* v
foodprocessor *picadora* v *multiuso*

fooi *propina* v
fooienpot *bote* m *(de las propinas)*
fopartikel *artículo* m *para gastar bromas*
foppen *gastar una broma; tomar el pelo (a)*
fopspeen *chupete* m
forceren *forzar* [ue]
forel *trucha* v
forens *viajero* m *(que hace diariamente el mismo trayecto)*
forensisch *forense*
forenzen *viajar a diario de ida y vuelta*
forfait *cantidad* v *fija*
formaat *tamaño* m; *formato* m
formaliseren *formalizar*
formalisme *formalismo* m
formaliteit *formalidad* v; *trámite* m ★ aan de ~en voldoen *llenar los trámites*
formateur *encargado* m *de formar gobierno*
formatie *formación* v
formatteren *inicializar*
formeel *formal*
formeren *formar*
formica *fórmica* v
formidabel *formidable*
formule *fórmula* v
formuleren *formular; expresar*
formulering *formulación* v; *manera* v *de formular*
formulier *formulario* m
fornuis *cocina* v
fors *robusto*
forsgebouwd *fornido; robusto*
forsythia *forsitia* v
fort¹ *fortaleza* v; ⟨klein⟩ *fortín* m
fortificatie *fortificación* v
fortuin I ZN [de] (nood)lot *fortuna* v ▼ de ~ lacht hem toe *le sonríe la fortuna* II ZN [het] vermogen *fortuna* v ★ ~ maken *hacer fortuna*
fortuinlijk *afortunado* ★ ~ zijn *tener fortuna; tener suerte*
fortuinzoeker *buscador* m *de la fortuna*
forum • plaats/plein *foro* m
• discussiebijeenkomst *mesa* v *redonda*
• deskundigen *panel* m *de expertos*
forumdiscussie *foro* m *de discusión*
forwarden *reenviar*
fosfaat *fosfato* m
fosfaatvrij *sin fosfatos* ★ ~ wasmiddel *detergente sin fosfatos*
fosfor *fósforo* m
fosforesceren *fosforecer*
fosforhoudend *fosforado*
fossiel I ZN [het] *fósil* m II BNW *fósil*
foto *foto* v; *fotografía* v ★ een foto nemen van *sacar una foto de*
fotoalbum *álbum* m *para fotos*
foto-elektrisch *fotoeléctrico*
fotofinish *foto-finish* v
fotogeniek *fotogénico*
fotograaf *fotógrafo* m
fotograferen *fotografiar* [i]
fotografie *fotografía* v
fotografisch *fotográfico*
fotohandelaar *comerciante* m/v *de accesorios de fotografía*
fotojournalist *fotógrafo* m *de prensa*

fotokopie *fotocopia* v
fotokopieerapparaat *fotocopiadora* v
fotokopiëren *fotocopiar*
fotomodel *fotomodelo* m/v
fotomontage *fotomontaje* m
foton *fotón* m
fotoreportage *reportaje* m *fotográfico*
fotorolletje *carrete* m *de fotos*
fotosynthese *fotosíntesis* v
fototoestel *cámara* m/v; *cámara* v *fotográfica*
fotozaak *tienda* v *de fotografía*
fouilleren *registrar;* ⟨op wapens⟩ *cachear*
foulard *fular* m
foundation *maquillaje* m *de fondo*
fourneren • verschaffen *proveer;* ⟨v. stukken⟩ *presentar* • geld storten *aprontar fondos*
fournituren *mercería* v
fout I ZN [de] • onjuistheid *equivocación* v; *error* m; *falta* v; ⟨met schrijven⟩ *falta* v ★ je dictee zit vol met fouten *tu dictado está lleno de faltas* • gebrek *defecto* m; *fallo* m; *falta* v ★ weer in de oude fout vervallen *volver* [ue] *a las andadas* • misslag *error* m ★ een fout begaan *cometer un error* II BNW *erróneo; equivocado* III BIJW *mal*
foutief *erróneo*
foutloos *sin error; correcto*
foutparkeren ★ het ~ *estacionamento* m *en lugares prohibidos*
foxtrot *fox-trot* m
foyer *foyer* m; *sala* v *de descanso*
fraai *bello; hermoso*
fractie • POL. *fracción* v; *grupo* m *parlamentario*
• onderdeel *fracción* v ★ in een ~ van een seconde *en una fracción de segundo*
fractieleider *jefe* m/v *de la fracción parlamentaria*
fractievoorzitter *presidente* m/v *de un grupo parlamentario*
fractuur *fractura* v
fragiel *frágil*
fragment *fragmento* m
fragmentarisch *fragmentario*
fragmentatiebom *bomba* v *de fragmentación*
fragmenteren *fragmentar*
framboos • vrucht *frambuesa* v • struik *frambueso* m
frame *armazón* m; *bastidor* m; ⟨v. een fiets⟩ *cuadro* m
Française *francesa* v
franchise *franquicia* v
franchisegever *persona* v *que concede la franquicia*
franchisenemer *persona* v *que toma en franquicia*
franciscaan *franciscano* m
franciscaner *franciscano* m
franco *franco; libre de porte*
francofiel I ZN [de] *francófilo* m II BNW *francófilo*
francofoon *francófono*
franje • versiering *fleco* m • bijzaken *follaje* m ★ ontdaan van alle ~ *sin adornos*
frank I ZN [de] munt *franco* m II BNW ▼ ~ en vrij *francamente*
frankeermachine *máquina* v *franqueadora*
frankeren *franquear*

frankering *franqueo* m
Frankrijk *Francia* v
Frans I ZN [het] taal *francés* m **II** BNW m.b.t. Frankrijk *francés*
frans ▾ vrolijke~ *vivalavirgen* m ▾ wat een vrolijke~! *¡qué gracioso!*
Fransman *francés* m
Franstalig *francófono*
frappant *sorprendente*
frapperen *impresionar; llamar la atención*
frase *frase* v ▾ holle~n *frases huecas*
fraseren *frasear*
frater *hermano* m *lego*
frats *mueca* v; *payasada* ∗ ~en uithalen *hacer muecas*
fraude *fraude* m ∗ ~ plegen *cometer fraude*
fraudebestendig *resistente al fraude*
frauderen *cometer fraude*
fraudeteam *comité* m *contra el fraude*
fraudeur *defraudador* m
frauduleus *fraudulento*
freak ● fanatiekeling *fanático* v ∗ auto~ *forofo* m *de los coches* ● zonderling persoon *tipo* m *raro*
freelance *freelance; independiente; libre*
freelancen *trabajar por cuenta propia*
freelancer *trabajador* m *freelance/sin contrato*
frees *fresa* v; *fresadora* v
freewheelen ● het kalm aan doen *no calentarse* [ie] *mucho la cabeza* ● in vrijloop fietsen *ir/andar a rueda libre*
fregat *fragata* v
frêle *frágil; delicado*
frequent *frecuente*
frequenteren *frecuentar*
frequentie *frecuencia* v
fresco *fresco* m; *pintura* v *al fresco*
fresia *fresia* v
fret I ZN [de] boor *taladro* m **II** ZN [het] dier *hurón* m
freudiaans *freudiano* ∗ ~e verspreking *un lapsus freudiano*
freule *dama* v
frezen *fresar*
fricandeau *lomo* m *de cerdo*
frictie *fricción* v
friemelen *hurgar*
Fries I ZN [de] bewoner *frisón* m **II** ZN [het] taal *frisón* m **III** BNW m.b.t. Friesland *frisón*
fries *friso* m
Friesland *Frisia* v
friet *patatas* v mv *fritas*
frietkraam, friettent *puesto* m *de patatas fritas; freiduría* v *de patatas*
frietsaus *salsa* v *para patatas fritas*
frigide *frígido*
frigo *frigorífico* m; *nevera* v
frik *pedante* v
frikadel *salchicha* v *de carne picada*
fris *fresco*
frisbee *plato* m; *disco* m
frisbeeën *jugar [ue] al disco volador*
frisdrank *refresco* m
frisheid *frescura* v
frisjes *fresquito*
frites ● →friet

friteuse *freidora* v *eléctrica*
frituren *freír* [i]
frituur ● BELG. gefrituurd voedsel *alimento* m *frito* ● BELG. patatkraam *puesto* m *de patatas (fritas)*
frituurpan *freidora* v
frituurvet *aceite* m *para freír*
frivoliteit *frivolidad* v
frivool *frívolo*
fröbelen *entretenerse;* ⟨prutsen⟩ *hacer chapuzas*
frommelen *arrugar*
frons *arruga* v
fronsen *fruncir*
front ● voorste linie *frente* m ∗ ~ maken tegen *hacer frente a* ● één~ vormen tegen *opponerse a* ● verschijnsel m.b.t. weer *frente*
frontaal *frontal* ∗ frontale botsing *colisión* v/*choque* m *frontal*
frontlijn *frente* m *de batalla*
frontlinie *frente* v *de batalla*
frontsoldaat *soldado* m *del frente*
fructose *fructosa* v
fruit *fruta* v; *frutos* m mv
fruitautomaat *máquina* v *tragaperras*
fruitboom *árbol* m *frutal*
fruiten *sofreír* [i] ∗ een uitje~ *freír* [i] *una cebolla ligeramente*
fruitig *afrutado*
fruitmes *cuchillo* m *para fruta*
fruitsalade *macedonia* v *de frutas*
fruitschaal *frutero* m
frustratie *frustración* v
frustreren *frustrar* ∗ gefrustreerd zijn *estar frustrado*
frutselen *manosear*
f-sleutel *clave* v *de fa*
fuchsia *fucsia* v
fuga *fuga* v
fuif *guateque* m
fuifnummer *juerguista* m/v
fuik *garlito* m; *nasa* v; *buitrón* m
fuiven *ir de juerga; ir de jarana*
full speed *a toda velocidad*
fulltime *a jornada completa*
fulmineren *enfurecerse; fulminar*
functie ● werking *función* v ● betrekking *función* v; *cargo* m; *puesto* m ∗ in~ aanblijven *seguir* [i] *en el ejercicio de sus funciones* ∗ de~ van voorzitter waarnemen *hacer las veces de presidente* ● WISK. *función* v
functieomschrijving *descripción* v *de un cargo*
functietoets *tecla* v *programable*
functionaris *funcionario* m
functioneel *funcional*
functioneren *funcionar*
fundament ● fundering *cimiento* m; *fundamento* m ● grondslag *fundamento* m; *base* v
fundamentalisme *fundamentalismo* m
fundamentalist *fundamentalista* m/v
fundamentalistisch *fundamentalista*
fundamenteel *fundamental*
funderen ● fundering aanbrengen *fundar; cimentar* [ie] ● baseren *basar; fundar;* OOK FIG. *fundamentar*
fundering ● het funderen *cimentación* v

- fundament *cimientos* m mv; *fundamento* m
- grondslag *fundamento* m; *base* v

fundraising *recolección* v *de fondos*
funest *funesto*
fungeren • in functie zijn *estar en funciones de*
  • dienst doen (als) *hacer las veces de*; *actuar (de)*
funk *música* v *funkie*
furie *furia* v
furieus *furioso*; *enfurecido*
furore ★ ~ maken *hacer furor*
fuseren *fusionar(se)*
fusie *fusión* v ★ een~ aangaan met *fusionarse con*
fusilleren *fusilar*
fust *barril* m; *tonel* m; ⟨voor wijn/olijfolie⟩ *pipa* v
fut *energía* v
futiel *fútil*; *poco fundado*
futiliteit *futilidad* v
futloos *sin energía*; *sin ganas*; ⟨v. haar⟩ *laso*
futurisme *futurismo* m
futuristisch *futurista*
fuut *zaramagullón* m; *somorgujo* m
fysica *física* v
fysicus *físico* m
fysiek I BNW lichamelijk *físico* II ZN [het] *físico* m
fysiologie *fisiología* v
fysiotherapeut *fisioterapeuta* m
fysiotherapie *fisioterapia* v
fysisch *físico* ★ ~e chemie *físico-química*

G

g • letter *g* v ★ de g van Gerard *la g de Gerona*
  • muzieknoot *sol* m
gaaf • ongeschonden *intacto*; *perfecto*; ⟨v. fruit⟩ *sano* • prachtig *fenomenal*; *cojonudo*
gaai *arrendajo* m
gaan I ON WW • in beweging zijn *ir* • weggaan *marcharse*; *irse* • beginnen met *ir a* ★ gaan slapen *ir a dormir* ★ gaan vissen *ir a pescar* ★ gaan wandelen *salir de paseo* ★ gaan liggen *acostarse* [ue] ★ gaan staan *levantarse* ★ gaan zitten *sentarse* ★ sneller gaan lopen *acelerar el paso* • functioneren ★ de bel gaat *suena el timbre* • ~ **met** *salir con* • ~ **over** als onderwerp hebben *tratar de* ★ over wie gaat het? *¿de quién se trata?* ★ het boek gaat over Napoleon *el libro trata de Napoleón* • ~ **voor** voorrang hebben ★ zaken gaan voor het meisje *primero es la obligación que la devoción* ▾ daar gaat niets boven *no hay nada mejor* II ONP WW • gesteld zijn *estar* ★ het gaat regular ★ het ga je goed! *¡que te vaya bien!* ★ het gaat niet langer zo *así no se puede seguir* ★ hoe gaat het met u? *¿cómo está usted?* ★ hoe gaat het met je? *¿cómo estás?* ★ het zou me anders zijn gegaan als ... *otro gallo me cantara si ...* • gebeuren ★ zo gaat het in het leven *el mundo es así* • ~ **om** *tratarse de* ★ het gaat om het volgende: ... *se trata de lo siguiente: ...* ★ daar gaat het (niet) om *(no) es eso lo que me importa*
gaande • in beweging *en movimiento* ★ een gesprek~ houden *mantener* [ie] *viva una conversación* • aan de gang ★ wat is er~? *¿qué ocurre?*; *¿qué pasa?* ▾ de~ en de komende man *los yentes y vinientes*
gaandeweg *gradualmente*; *poco a poco*
gaap *bostezo* m
gaar • voldoende toebereid *cocido*; *hecho* ★ te gaar *pasado* ★ goed gaar *bien hecho* • duf *hecho polvo*
gaarkeuken *cocina* v *económica*
gaarne *con mucho gusto*; *de buena gana* ★ ~ zien wij uw bericht tegemoet *en espera de sus gratas noticias*
gaas • weefsel *gasa* v • vlechtwerk van metaal *tela* v *metálica*
gaasje *gasa* v *hidrófila*
gaatje • gat in tand *caries* v • →**gat**
gabber • vent *tío* m • makker *colega* m/v
Gabon *Gabón* m
gade *esposo* m
gadeslaan *observar*; *contemplar*
gadget *chisme* m; *artilugio* m
gading *gusto* m ★ er is niets van mijn~ bij *no hay nada de mi gusto*
gadverdamme *me cachis*
gaffel • gereedschap *horquilla* v • SCHEEPV. *cangrejo* m
gage *paga* v; *sueldo* m; ⟨v. scheepsvolk⟩ *soldada* v
gajes *chusma* v; *gentuza* v
gal *bilis* v; *hiel* v ▾ zijn gal spuwen *soltar* [ue]

por la boca sapos y culebras
gala • feest *gala* v • kleding ★ in gala zijn *estar de gala*
galabal *baile* m *de gala*
galakostuum *traje* m *de gala*
galant *galante*
galappel *agalla* v
galapremière *estreno* m *de gala*
galavoorstelling *función* v *de gala*
galblaas *vesícula* v *biliar*
galei *galera* v
galerie *galería* v *de arte*
galeriehouder *propietario* m *de una galería*
galerij *galería* v
galerijflat *edificio* m *de pisos con galería exterior*
galg *horca* v; *patíbulo* m
galgenhumor *humor* m *negro/macabro*
galgenmaal *comida* v *de condenado*; *comida* v *de despedida*
galgje • → **galg**
Galicië *Galicia* v
Galiciër *gallego*
Galicisch *gallego*
galjoen *galeón* m
gallicisme *galicismo* m
gallisch v ~ van iets worden *subirse el humo a las narices por algo*
galm • klank *resonancia* v • echo *resonancia* v; *eco* m
galmen I OV WW zingen *cantar a toda voz* II ON WW • luid klinken *resonar [ue]*; *retumbar* • weerkaatsen *resonar [ue]*
galon *galón* m ★ gevlochten ~ *trencilla* v
galop *galope* m ★ in (gestrekte) ~ *a galope (tendido)*
galopperen *ir al galope*; *galopar*
galsteen *cálculo* m *biliar*
galvanisch *galvánico*
galvaniseren *galvanizar*
galzuur *ácido* m *biliar*
gamba *gamba* v
Gambia *Gambia* v
game *juego* m
gamen *jugar*
gamer *jugador* m
gamma • letter *gamma* v • reeks *gama* v
gammastraling *radiación* v *gama*
gammel • niet stevig *ruinoso*; *desvencijado* • slap, lusteloos *rendido*
gang • doorloop *corredor* m; *pasillo* m; ⟨ondergronds⟩ *galería* v • manier van gaan *paso* m • verloop *marcha* v ★ de normale gang van zaken *la marcha normal de las cosas* • deel van menu *plato* m ★ de eerste gang *el primer plato* • beweging *acción* v ★ aan de gang blijven *no acabar nunca*; *continuar* [ú] ★ aan de gang gaan *meter manos a la obra* ★ aan de gang houden *mantener* [ie] *en marcha* ★ iets aan de gang krijgen *poner u.c. en marcha*; *poner u.c. en movimiento* ★ aan de gang zijn *estar trabajando* ★ hij is weer aan de gang *está haciendo de las suyas* ★ in volle gang zijn *estar en plena marcha* ★ op gang komen *coger la marcha* ★ goed op gang zijn *estar en su elemento* • m.b.t. gedrag, handelen ★ ga je gang *haz lo que quieras* ★ iem. zijn gang laten gaan *dejar hacer algo a u.p.* ★ alles gaat gewoon zijn gang *todo sigue su marcha normal* • → **gangetje**
gangbaar • gebruikelijk *usual* • ECON. in omloop *corriente*; *válido*; *en circulación* ★ deze munt is niet meer ~ *esta moneda está fuera de circulación*; *esta moneda ha sido retirada de la circulación* • ECON. veel gekocht *usual*; *en boga*; *corriente*
gangboord *pasamano* m; *pasillo* m
gangenstelsel *conjunto* m *de pasillos*
gangetje • snelheid ★ er een aardig ~ in hebben *llevar un buen paso* • voortgang ★ het gaat zo zijn ~ *no me puedo quejar*; *la cosa marcha regular*
gangkast *armario* m *del pasillo*
gangmaker • SPORT *el* m *que marca el paso* • ijveraar *iniciador* m
gangpad *pasillo* m
gangreen *gangrena* v
gangstarap *gangsta rap* m
gangster *gángster* m
gangsterfilm *película* v *de gángsters*
gans I ZN [de] • vogel *ganso* m; *ánsar* m; *oca* v ★ wilde gans *ganso bravo* • persoon ★ zich als een domme gans gedragen *hacer el ganso* II BNW *íntegro*; *entero*
ganzenbord *juego* m *de la oca*
ganzenlever *hígado* m *de ganso*
ganzenmars *fila* v *india* ★ in ~ *en fila india*
ganzenpas *fila* v *india* ★ in de ~ lopen *ir en fila india*
ganzenveer *pluma* v *de ganso*
ganzerik • PLANTK. *tormentilla* v; *argentina* v • mannetjesgans *ganso* m *macho*
gapen • geeuwen *bostezar* • dom toekijken *quedarse boquiabierto* • dreigend geopend zijn ★ een ~de kloof *un abismo*
gappen *mangar*; *afanar*
garage • autostalling *garaje* m; *cochera* v • werkplaats *taller* m
garagehouder *garajista* m/v
garanderen *garantizar*
garant *garante* m/v; *fiador* m ★ ~ staan voor *salir garante/fiador por*
garantie *garantía* v; *fianza* v ★ ~ op iets geven *garantizar u.c.*; *afianzar u.c.* ★ een artikel met één jaar schriftelijke ~ *un artículo con un año de garantía por escrito*
garantiebewijs *certificado* m *de garantía*
garantiefonds *fondo* m *de garantía*
garde • keukengerei *batidor* m • lijfwacht *guardia* m/v ★ de keizerlijke ~ *la guardia imperial*
garderobe • klerenbewaarplaats *guardarropa* v • kleren *vestuario* m; FORM. *indumentaria* v
gareel *collera* v ★ in het ~ lopen *entrar en vereda*
garen I ZN [het] *hilo* m; *hebra* v ★ getwijnd ~ *hilo torzal* v goed ~ spinnen bij iets *beneficiarse de u.c.* II BNW *de hilo*
garenklos *bobina* v *de hilo*
garnaal ⟨als gerecht⟩ *gamba* v; ⟨klein⟩ *camarón* m
garnalencocktail *cóctel* m *de gambas*
garneren ⟨v. kleding⟩ *adornar*; ⟨v. spijzen⟩ *guarnecer*; ⟨v. spijzen⟩ *aderezar*

garnering *guarnición* v; *adorno* m
garnituur • garneersel *adorno* m; ⟨v. eten⟩ *guarnición* v ★ set voorwerpen ⟨om te naaien⟩ *accesorios* m mv; ⟨manicure⟩ *juego* m
garnizoen *guarnición* v ★ in ~ liggen *estar de guarnición*
gas *gas* m ★ vloeibaar gas *gas líquido* ★ op gas koken *cocinar a gas* ▼ gas geven *acelerar* ▼ gas op de plank geven *ir a todo gas*; *pisar a fondo el acelerador* ▼ gas terugnemen / minderen *soltar* [ue] *el acelerador*; *tranquilizarse*
gasaansteker *encendedor* m *de gas*
gasbedrijf *compañía* v *de gas*
gasbel *bolsa* v *de gas*
gasbrander *quemador* m *(de gas)*; *encendedor* m *de gas*
gasexplosie *explosión* v *de gas*
gasfabriek *fábrica* v *de gas*
gasfitter *instalador* m *del gas*; *gasista* v
gasfles *bombona* v *de gas*
gasfornuis *cocina* v *de gas*
gaskachel *estufa* v *de gas*
gaskamer *cámara* v *de gas*
gaskraan *llave* v *del gas*
gaslek *escape* m *de gas*
gasmasker *máscara* v/careta v *antigás*
gasmeter *contador* m *del gas*
gasoven *horno* m *a gas*
gaspedaal *acelerador* m
gaspit *fuego* m
gasslang *goma* v *del gas*
gasstel *hornillo* m *de gas*; *fogón* m *de gas*
gast • bezoeker *huésped* m/v; *invitado* m; ⟨aan tafel⟩ *convidado* m; ⟨in hotel, restaurant⟩ *cliente* m/v ★ gasten hebben *tener invitados*
• gozer *tío* m ★ brutale gasten *tipos insolentes* ★ vreemde gast *tipo raro*
gastarbeider *trabajador* m *extranjero*
gastcollege *clase* v *de un profesor invitado*
gastdocent *profesor* m *invitado*
gastenboek ⟨in hotel⟩ *registro* m *de viajeros*; ⟨bij receptie⟩ *libro* m *de honor*
gastenverblijf *habitación* m *para invitados*
gastgezin *familia* v *anfitriona*
gastheer *huésped* m/v; FORM. *anfitrión* m
gasthuis *hospital* m
gastland ⟨bij sportevenementen e.d.⟩ *país* m *organizador*; ⟨voor vluchtelingen⟩ *país* m *de acogida*
gastmaal *comida* v *con invitados*
gastoevoer *distribución* v *del gas*
gastoptreden *actuación* v *de un artista invitado*
gastouder *padre* m *acogedor*
gastritis *gastritis* v
gastrol *papel* m *para actor invitado*
gastronomie *gastronomía* v
gastronomisch *gastronómico*
gastspreker *conferenciante* m *invitado*
gastvrij *hospitalario*
gastvrijheid *hospitalidad* v
gastvrouw *huéspeda* v; FORM. *anfitriona* v
gasvlam *llama* v *de gas*
gasvormig *gaseiforme*; *gaseoso*
gat • opening *agujero* m; *abertura* v; *hueco* m; ⟨in de weg⟩ *bache* m • gehucht *pueblo* m *de mala muerte* • achterwerk *culo* m • → **gaatje**

▼ ze heeft niets in de gaten *no se entera*; *no se da cuenta* ▼ in de gaten houden *no quitar la vista de*; *vigilar* ▼ in de gaten krijgen *descubrir*; *darse cuenta de*; *enterarse de* ▼ in de gaten lopen *saltar a la vista* ▼ het ene gat met het andere dichten *desnudar un santo para vestir a otro* ▼ een gat in de lucht springen *dar brincos de alegría* ▼ ze slaapt een gat in de dag *se le pegan las sábanas* ▼ niet voor één gat te vangen zijn *ser muy listo* ▼ er geen gat in zien *no ver salida*
gatenkaas *queso* m *con agujeros*
gatenplant *filodendro* m
gauw *rápido*; *pronto*; *en seguida* ★ te gauw oordelen *juzgar precipitadamente*; *juzgar con ligereza*
gauwdief *ratero* m; *ladrón* m
gauwigheid ★ in de ~ *rápido*; *enseguida*
gave • talent *don* m; *talento* m ★ de gave van het woord bezitten *tener el don de la palabra*
• geschenk *donación* v; ⟨plechtig⟩ *dádiva* v
gay *gay* m/v; *homosexual* m/v
gazelle *gacela* v
gazon *césped* m
ge • → **gij**
geaard • met aardleiding *conectado a la tierra*
• van aard *de índole*; *de carácter*
geaardheid *carácter* m; *índole* v ★ seksuele ~ *inclinación* v *sexual*
geaccidenteerd *accidentado*
geacht *distinguido* ★ ~e heer *distinguido señor*; *muy señor mío*
geadresseerde *destinatario* m; ⟨v. goederen⟩ *consignatario* m
geaffecteerd *afectado*
geagiteerd *agitado* ★ ~ doen *estar intranquilo* ★ ~ rondlopen *andar inquieto*
geallieerden *aliados* m mv
geamuseerd *entretenido*
geanimeerd *animado*
gearmd *del brazo* ★ ~ gaan *ir cogidos del brazo*
geavanceerd *avanzado*
gebaar *gesto* m; *ademán* m
gebak *pasteles* m mv; *dulces* m mv
gebakje *pastel* m
gebakstel *juego* m *de dulce*
gebaren *gesticular*
gebarentaal *lenguaje* m *de gestos*
gebed *oración* v; *rezo* m ★ zijn ~ opzeggen *rezar*; *orar*
gebedsgenezer *curandero* m
gebeente *esqueleto* m mv; *huesos* m mv; ⟨v. dieren⟩ *osamenta* v ▼ wee je ~! *¡cuidado porque te doy!*; *¡pobre de ti!*
gebeiteld ▼ ik zit ~ *estoy de perillas/de perlas*
gebekt *con pico*; ⟨grote bek⟩ *picudo* ▼ goed ~ zijn *tener buena labia*
gebelgd *ofendido*; *enfadado*
gebergte *sierra* v; *cordillera* v
gebeten ▼ op iem. ~ zijn *tenerle manía a u.p.*
gebeuren I ON WW • plaatsvinden *pasar*; *ocurrir*; *suceder*; *acontecer* ★ het is nu eenmaal gebeurd *ya no tiene remedio* ★ wat er ook gebeurt *pase lo que pase* ★ het kan ~ dat *podría suceder que* [+ subj.]; *puede que* [+ subj.] • overkómen *pasar* ★ dat zal me niet

meer~ *no me volverá a ocurrir* ★ er zal je niets~ *no te pasará nada* • gedaan worden hacer~? *wat moet er~?* *¿qué hay que hacer?* **II** ZN [het] *acontecimiento* m

gebeurtenis *acontecimiento* m; *suceso* m; *hecho* m ★ een blijde~ *un alegre acontecimiento*

gebied • streek *región* v; *terreno* m; *zona* v ★ ~ van hoge luchtdruk *anticiclón* m • grondgebied *territorio* m • kennisterrein *terreno* m; *campo* m; *dominio* m ★ op administratief~ *en el terreno de la administración*

gebieden • gelasten te *mandar*; *ordenar* • TAALK. → **wijs**

gebit *dentadura* v ★ vals~ *dentadura postiza*

gebitsverzorging *higiene* v *dental*

gebladerte *follaje* m; *fronda* v

geblesseerd *lesionado*

gebloemd *floreado*; *de flores* ★ ~e stoffen *telas floreadas/estampadas*

geblokt *a cuadros*

gebocheld *giboso*; *jorobado*; *corcovado*

gebod *orden* m/v; *mando* m ★ de tien~en *el decálogo*; *los diez mandamientos*

gebodsbord *señal* v *preceptiva*

gebogen • krom *curvo*; *acodado* • WISK. *encorvado*; *doblado*

gebonden • gehouden *sujetado*; *atareado* ★ aan een vaste prijs~ zijn *estar sujeto a un precio fijo* • ingebonden *encuadernado* • niet dun *espeso*

geboomte *arbolado* m

geboorte • het geboren worden *nacimiento* m ★ voortijdige~ *aborto* m ★ bij zijn~ *al nacer* • afkomst *origen* m

geboorteakte *partida* v *de nacimiento*

geboortebeperking *restricción* v *de la natalidad*

geboortecijfer *índice* m *de natalidad*; *natalidad* v

geboortedag *natalicio* m; *fecha* v *de nacimiento*

geboortedatum *fecha* v *de nacimiento*

geboortegolf *ola* v *de nacimientos*

geboortejaar *año* m *de nacimiento*

geboortekaartje *tarjeta* v *de nacimiento*

geboorteoverschot *excedente* m *de natalidad*

geboorteplaats *lugar* m *de nacimiento*

geboorteregeling *control* m *de la natalidad*

geboorteregister *registro* m *de nacimientos*

geboren *nacido* ★ ~ en getogen *nacido y criado* ★ ~ worden *nacer*

geborgen *protegido*

geborgenheid *protección* v; *seguridad* v

geborneerd *estrecho*; *rígido*

gebouw *edificio* m

gebraad *asado* m

gebrand op *ansioso por*

gebrek • gemis *falta* v ★ bij~ aan *a/por falta de* ★ bij~ aan beter *a falta de algo mejor* ★ hij heeft nergens~ aan *no le falta nada* • mankement *mal* m; *defecto* m

gebrekkig *defectuoso*; *imperfecto* ★ ~ Nederlands spreken *hablar un holandés deficiente*

gebroeders *hermanos* m mv ★ de~ Pérez *los hermanos Pérez*; *Pérez Hermanos/Hnos.*

gebroken • kapot *roto* • niet in een geheel quebrado ★ ~ getal *número quebrado* • gebrekkig *deficiente*; ⟨v. stem⟩ *cascado* • uitgeput *cascado*; INFORM. *hecho polvo* • niet zuiver ★ ~ wit *color hueso*

gebrouilleerd ★ ~ zijn met iem. *ser enemistado con u.p.*

gebruik • het benutten *uso* m; *empleo* m ★ buiten~ raken *caer en desuso* ★ buiten~ zijn *estar fuera de uso* ★ met~ van keuken en douche *con derecho a cocina y baño* ★ voor eigen~ *de uso personal* ★ ~ maken van *hacer uso de*; *utilizar*; *aprovechar*; *servirse de* • het consumeren *uso* m ★ voor uitwendig~ *para uso tópico* • gewoonte *costumbre* v ★ volgens plaatselijk~ *al uso local*

gebruikelijk *usual*; *acostumbrado*; *habitual* ★ algemeen~ *de uso común*; *corriente* ★ de~e naam hiervoor *el nombre popular de esto*

gebruiken • benutten *usar*; *emplear*; *utilizar* ★ je verstand~ *usar la cabeza* • consumeren *tomar*; ⟨v. drugs⟩ *drogarse* ★ een drankje~ *tomar algo* ▾ daarvoor laat ik mij niet~ *no me presto a eso*

gebruiker • benutter *usuario* m • consument *consumidor* m

gebruikersvriendelijk *fácil de usar*

gebruikmaking ★ met~ van *utilizando*

gebruiksaanwijzing *modo* m *de empleo*; *instrucciones* v mv *para el uso*

gebruiksklaar *listo para usar*

gebruiksvoorwerp *artículo* m/*objeto* m *de uso*

geciviliseerd *civilizado*

gecommitteerde • gevolmachtigde *comisionado* m • toeziener *delegado* m

gecompliceerd *complicado*; *complejo*

geconcentreerd • sterk *concentrado* ★ ~ appelsap *zumo de manzana concentrado* • aandachtig *concentrado* ★ ~ werken *trabajar concentrado*

gedaagde *demandado* m ★ vrijspraak van de~ partij *absolución* v *de la parte demandada*

gedaan *hecho*

gedaante • uiterlijk *figura* v; *forma* v; *aspecto* m ★ van~ veranderen *cambiar de aspecto* • verschijning *imagen* v; *aparición* v

gedaanteverandering *metamorfosis* v

gedachte • het denken *pensamiento* m; *reflexión* v ★ iets in~n houden *acordarse* [ue] *de u.c.* ★ iets in~n nemen *tomar/tener en consideración u.c.* ★ in~n verzonken *ensimismado* ★ zijn~n over iets laten gaan *reflexionar sobre u.c.* • wat gedacht wordt *opinión* v; *idea* v ★ ik kwam op de~ *se me ocurrió* ★ iem. tot andere~n brengen *hacer cambiar de idea a u.p.* ★ van~n veranderen *cambiar de opinión*

gedachtegang *orden* m *de ideas*; *curso* m *de pensamientos*

gedachtegoed *ideario* m

gedachtekronkel *ocurrencia* v; *idea* v *extraña*

gedachteloos *sin pensar*; *distraído*; *irreflexivo*; *inconsiderato*

gedachtenis *recuerdo* m ★ ter~ van *en memoria de*

gedachtesprong *salto* m *mental*

gedachtestreep *guión* m

gedachtewereld *mundo* m *de los pensamientos*
gedachtewisseling *(inter)cambio* m *de ideas/de impresiones*
gedachtig ★ ~ aan zijn woorden *recordando sus palabras*
gedag ★ iem.~ zeggen *saludar a u.p.*
gedateerd • met datum *fechado* • ouderwets *anticuado*; *pasado de moda*
gedecideerd *decidido*
gedeelte *parte* v; *porción* v ★ voor een~ *en parte*; *parcialmente* ★ in~n en partes ★ voor het grootste~ *por la mayor parte*
gedeeltelijk *parcial* ★ ~e betaling *pago parcial*
gedegen *concienzudo*
gedeisd ▼ zich~ houden *estarse quieto*
gedekt • niet fel *poco vivo*; *suave* • gevrijwaard tegen risico *cubierto*; *asegurado*
gedelegeerde *delegado* m
gedenkboek *libro* m *conmemorativo*
gedenkdag *día* m *conmemorativo*
gedenken *conmemorar*
gedenksteen *lápida* v *conmemorativa*
gedenkteken *monumento* m
gedenkwaardig *memorable*
gedeprimeerd *deprimido*
gedeputeerde *diputado* m
gedesillusioneerd *desilusionado*
gedesoriënteerd *desorientado* ★ ~ raken *desorientarse*
gedetailleerd *detallado*; *pormenorizado*
gedetineerde *detenido* m; *preso* m
gedicht *poesía* v; ⟨lang⟩ *poema* m
gedichtenbundel *antología* v *(poética)*
gedienstig *servicial*; *complaciente*
gedierte *animales* m mv
gedijen *florecer*; *crecer*; *prosperar*
geding • rechtszaak *causa* v; *proceso* m; *pleito* m ★ in kort~ *en juicio sumario* ★ kort~ *procedimiento* m *de urgencia*; *procedimiento* m *penal abreviado*; *aplicación* v *de un interdicto temporal* • geschil *tema* m ▼ in het~ komen *entrar en juego*
gediplomeerd *titulado*; *diplomado*
gedisciplineerd *disciplinado*
gedistilleerd *destilado*
gedistingeerd *distinguido*; *elegante*
gedoe *jaleo* m; *follón* m
gedoemd • →**doemd**
gedogen *consentir*; *tolerar*
gedonder • geluid *trueno* m mv • gedoe *disgustos* m mv; *enredo* m ★ daar had je het~ *se armó la de Dios es Cristo*
gedoodverfd ★ de~e winnaar *el favorito*
gedrag *conducta* v; *comportamiento* m ★ van onbesproken~ *de conducta irreprochable*; JUR. *sin antecedentes penales*
gedragen [zich ~] *comportarse* v ★ zich~ naar *actuar (ú) conforme a* ★ zich goed weten te~ *observar buena conducta* ★ zich rustig~ *quedarse/estarse quieto*
gedragsgestoord *perturbado en la conducta*
gedragslijn *línea* v *de conducta*
gedragspatroon *modelo* m *de comportamiento*
gedrang • het dringen *apretura* v; *agolpamiento* m • mensenmassa *apreturas* v mv ★ het~ in de metro *las apreturas del metro*

▼ in het~ komen *estar en un aprieto*
gedreven *inspirado* ★ een~ wetenschapper *un científico inspirado*
gedrocht *monstruo* m
gedrongen • kort en breed *rechoncho* • summier *conciso*
geducht • gevreesd *temible* • een~e tegenstander *un adversario temible* • flink *formidable*
geduld *paciencia* v ★ zijn~ verliezen *impacientarse*
geduldig *paciente*; ⟨berustend⟩ *sufrido*
gedurende *durante*
gedurfd *atrevido*; *osado*
gedurig *continuo*; *incesante*
geduvel *tabarra* v; *fastidio* m ★ daar begint het ~ weer! *¡ya empieza otra vez esa lata!*
gedwee *dócil*; *sumiso* ★ ~ als een lam *manso como un cordero*
gedwongen *obligado* ★ ~ verkoping *venta* v *forzosa*
geef ▼ dat is te geef *está regalado*
geëigend *indicado*
geel I BNW *amarillo* II ZN [het] • kleur *amarillo* m • eigeel *yema* v
geelkoper *latón* m
geelzucht *ictericia* v; OUD. *aliacán* m
geëmancipeerd *emancipado*
geëmotioneerd *emocionado*
geen *ninguno* [v: *ninguna*]; *no*; ⟨vóór mannelijk zelfstandig naamwoord⟩ *ningún* ★ op geen enkele wijze *de ningún modo*; *de ninguna manera* ★ hij is geen Spanjaard *no es español* ★ er is geen andere redding *no hay otra salvación* ★ ik heb geen geld meer *ya no tengo dinero* ★ geen van beiden *ninguno de los dos* ★ het is geen gemakkelijke zaak *no es nada fácil* ★ geen enkele keer *ni una sola vez*
geëngageerd *comprometido*
geenszins *de ninguna manera*
geest • onstoffelijk wezen *espectro* m; *fantasma* m • ziel *espíritu* m • vermogen om te denken, voelen, willen *mente* v • denker *ingenio* m ▼ de~ geven *entregar el alma* ▼ zich iets voor de~ halen/roepen *evocar u.c.*
geestdodend *embrutecedor*, *aburrido*
geestdrift *entusiasmo* m ★ ~ opwekken *entusiasmar*
geestdriftig *entusiasta*
geestelijk • mentaal *mental* • kerkelijk *eclesiástico*; *clerical* • godsdienstig *espiritual*; *religioso*
geestelijke ⟨rooms-katholiek⟩ *clérigo* m; ⟨protestant⟩ *pastor* m
geestelijkheid *clerecía* v; *clero* m
geestesgesteldheid • stemming *estado* m *de ánimo* • wijze van denken *mentalidad* v
geesteskind *fruto* m *del espíritu*
geestesoog *visión* v *interior* ★ iets aan zijn~ zien voorbijtrekken *tener una visión interior*
geestesproduct *parto* m *del ingenio*
geesteswetenschappen *humanidades* v mv
geestesziek *enfermo mental*; *deficiente mental*
geestgrond ≈ *tierra* v *arenosa*
geestig *gracioso*; *chistoso*; *castizo*
geestigheid • het geestig zijn *gracia* v

- geestige opmerking *gracia* v; *chiste* m
geestkracht *fuerza* v *del espíritu; fuerza* v *mental; ánimo* m
geestrijk *rico de espíritu*
geestverruimend *psicodélico* ★ ~e middelen *alucinógenos*
geestverschijning *aparición* v
geestverwant *correligionario* m
geestverwantschap *congenialidad* v *espiritual*
geeuw *bostezo* m
geeuwen *bostezar*
geeuwhonger *hambre* v *canina*
gefeliciteerd *enhorabuena* ★ hartelijk ~ *muchas felicidades* ★ ~ met je verjaardag *feliz cumpleaños*
gefingeerd *fingido*
gefixeerd ★ ~ zijn op *estar enfocado en*
geflatteerd *favorecido*
geflikflooi *besuqueo* m
geforceerd *forzado*
gefortuneerd *adinerado; acaudalado*
gefrustreerd *frustrado* ★ ~e idealen *ideales frustrados*
gefundeerd *fundado*
gegadigde *candidato* m; *interesado* m
gegarandeerd I BNW *garantizado* ★ ~e kwaliteit *calidad garantizada* II BIJW *seguramente* ★ ik kom ~ *seguro que voy*
gegeven I ZN [het] *feit, geval dato* m II BNW *bepaald dado* ★ in de ~ omstandigheden *dadas las circunstancias* ★ op een ~ ogenblik *en un momento dado*
gegevensbank *banco* m *de datos*
gegijzelde *secuestrado* m
gegoed *acomodado; adinerado; acaudalado*
gegroefd ★ een ~ gelaat *un rostro estriado*
gegrond *fundado* ★ ~e redenen *razones fundadas* ★ ~ zijn op *fundarse en; estar basado en*
gehaaid *astuto; taimado* ★ ~ zijn *ser muy ducho/espabilado*
gehaast *apresurado; con prisas*
gehaat *odiado; aborrecido*
gehakt *carne* v *picada*
gehaktbal *albóndiga* v
gehaktmolen *picadora* v
gehalte • hoeveelheid *contenido* m; ⟨v. alcohol⟩ *graduación* v; ⟨v. metaal⟩ *quilate* m • hoedanigheid *calidad* v
gehandicapt *minusválido* ★ geestelijk ~ *deficiente mental*
gehandicapte *minusválido* m
gehandicaptenzorg *cuidado* m *para los minusválidos*
gehannes *torpeza* v
gehard ⟨v. zaken⟩ *endurecido;* ⟨v. mensen⟩ *encallecido*
geharrewar *miramientos* m mv; *remilgos* m mv
gehavend *dañado; averiado*
gehecht aan ★ ~ zijn aan *tomar apego a; apegarse a*
geheel I ZN [het] *conjunto* m; *todo* m ★ in het ~ *en total* ★ in zijn ~ *en su totalidad* ★ in het ~ niet *de ningún modo; en absoluto* ★ over het ~ *en general; en conjunto* II BNW *entero; todo; completo* ★ de gehele dag *todo el día* III BIJW *enteramente* ★ ~ en al *completamente*
geheelonthouder *abstemio* m
geheelonthouding *abstinencia* v
geheid *seguro*
geheim I ZN [het] *secreto* m ★ in het ~ *en secreto* ★ er geen ~ van maken *no ocultarlo* ★ publiek ~ *secreto a voces* II BNW verborgen *secreto; oculto* ★ ~e zender *emisora clandestina*
geheimhouden *guardar el secreto*
geheimhouding *secreto* m; *silencio* m ★ onder strikte ~ *bajo estricto silencio*
geheimhoudingsplicht *discreción* v *absoluta*
geheimschrift *escritura* v *secreta*
geheimtaal *lenguaje* m *secreto*
geheimzinnig *misterioso* ★ ~ gedoe *secreteo* ★ ~ doen *secretear*
geheimzinnigheid *misterio* m
gehemelte *paladar* m
geheugen *memoria* v ★ iets in het ~ prenten *grabarse u.c. en la memoria* ★ het ligt me nog vers in het ~ *aún lo tengo en la memoria*
geheugensteuntje *truco* m *mnemotécnico* ★ een ~ geven/hebben *dar/tener un truco mnemotécnico*
geheugenverlies *pérdida* v *de memoria; amnesia* v
gehoor • het horen *oído* m • geluid *sonido* m ★ een naar ~ *un sonido insoportable* ★ ik krijg geen ~! *¡no contestan!* ★ zintuig *oído* m ★ op het ~ spelen *tocar de oído* ★ fijn van ~ zijn *ser fino de oído* • aandacht *atención* v; *oídos* m mv ★ aan een verzoek ~ geven *prestar oídos/atención a una súplica* ★ om een ~ verzoeken *pedir* [i] *audiencia* ★ aan een bevel ~ geven *cumplir un mandato* • toehoorders *auditorio* m ★ een gretig ~ vinden *ser escuchado con avidez* ★ geen ~ vinden *no ser escuchado*
gehoorapparaat *audífono* m
gehoorbeentje *huesecillo* m *auditivo*
gehoorgestoord *mal del oído;* INFORM. *duro de oído*
gehoororgaan *órgano* m *auditivo*
gehoorsafstand *distancia* v *auditiva* ★ hij is binnen ~ *está al alcance del oído* ★ buiten ~ *fuera del alcance del oído*
gehoorzaal *aula* v; *auditorio* m
gehoorzaam *obediente*
gehoorzaamheid *obediencia* v
gehoorzamen *obedecer*
gehorig *ruidoso; mal insonorizado* ★ het is hier erg ~ *se oye todo aquí; está mal insonorizado aquí*
gehouden ★ ~ zijn tot iets *estar obligado a u.c.*
gehucht *aldea* v; *caserío* m
gehumeurd ★ goed/slecht ~ zijn *estar de buen/mal humor*
gehuwd *casado* ★ ~e staat *estado matrimonial/conyugal* ★ ~ zijn *estar casado*
geigerteller *contador* m *(de) Geiger(-Müller)*
geijkt • voorzien van ijkmerk *calibrado* • gebruikelijk *usual* ★ de ~e term *el término usual*
geil *lascivo; cachondo; lascivo; cachondo*
geilen op *pirrarse por*
geïllustreerd *ilustrado*

gein *cachondeo* m; *broma* v ★ voor de gein en/de broma
geinig *cachondo* ★ een ~ dingetje *u.c. cachonda*
geinponem *gracioso* m
geïnteresseerd *interesado*; *con interés* ★ ik ben erin ~ *estoy interesado en ello*
geintje *broma* v ★ ~s maken *gastar bromas*; *bromear*
geiser • warme bron *géiser* m • toestel *calentador* m
geisha *geisha* v
geit *cabra* v; ⟨klein⟩ *chiva* v; ⟨nog zogend⟩ *choto* m ▼ de kool en de geit willen sparen *encender una vela a San Miguel y otra al diablo*
geitenbok *chivo* m
geitenkaas *queso* m *de cabra*
gejaagd *agitado*
gejammer *lamentaciones* v mv
gejuich *gritos* m mv *de júbilo*
gek I ZN [de] • verstandelijk gehandicapte *loco* m • dwaas *tonto* m • de gek uithangen *hacer el tonto* ▼ de gekken krijgen de kaart *cuanto más bruto, más fruto* ▼ de gek steken met iem. *burlarse de u.p.* ★ iem. voor de gek houden *tomarle el pelo a u.p.* ▼ voor gek lopen *hacer el ridículo* II BNW • verstandelijk gehandicapt *loco*; *idiota* ★ het is om gek van te worden *es para volverse loco* • dwaas *tonto*; *bobo* ★ gekke praatjes verkopen *decir* [i] *tonterías/boberías* ★ dat is lang niet gek *no está nada mal* ★ dat wordt me te gek *eso es demasiado*; *eso pasa de castaño oscuro* • vreemd *raro*; *extraño* ★ ~ **op** verzot *loco por* ★ ik ben gek op ijs *me encanta el helado* ★ gek zijn op iem. *estar pirrado por alguien* III BIJW • tontamente; *locamente* ★ daar keek hij gek van op *se quedó pasmado*; *se quedó boquiabierto* ★ het al te gek maken *pasarse*; *desenfrenarse*
gekant ★ ~ zijn tegen *oponerse a*; *ser contrario a*
gekheid • dwaasheid *locura* v; *tontería* v • grapje *broma* v; *guasa* v ★ ~ maken *bromear* ▼ alle ~ op een stokje *bromas aparte* ▼ zonder ~ *en serio*
gekkenhuis *manicomio* m
gekkenwerk *locura* v
gekleed • met kleren aan *vestido* ★ goed/slecht ~ *bien/mal vestido* • keurig *de vestir* ★ gekleede jas *abrigo* m *de vestir* ★ hij gaat goed ~ *viste bien*
geklets *cháchara* v; *parloteo* m; *palique* m
geknipt ★ ~ voor *hecho para u.c.*; *creado para u.c.*
geknoei • gepruts *chapuza* v • bedrog *embrollo* m
gekonkel *intrigas* v mv; *manejos* m mv
gekostumeerd *disfrazado*
gekrakeel *discusión* v; *riña* v
gekruid *condimentado*; *sazonado*
gescheren *bromear*; *chancear*
gekte *locura* v; *chifladura* v
gekunsteld *amanerado*; *afectado*; *artificial*
gekwalificeerd • gerechtigd *cualificado* ★ een ~ advocaat *un abogado cualificado* • bekwaam *competente*
gel *gel* m

gelaagd *estratificado*; *con capas*
gelaarsd • → kat
gelaat *rostro* m; *cara* v
gelaatskleur *tez* v
gelaatstrekken *facciones* v mv
gelaatsuitdrukking *gesto* m; *expresión* v
gelach *risa* v ★ bulderend ~ *carcajada* v
geladen *cargado* ★ een ~ sfeer *un ambiente cargado*; *un ambiente tenso*
gelag ▼ het ~ betalen *pagar los vidrios rotos*
gelagkamer *sala* v
gelang ▼ naar ~ *según*; *conforme* ▼ naar ~ van *según* ▼ al naar ~ *según*
gelasten *ordenar*; *mandar*
gelaten *resignado*; *sufrido*
gelatenheid *resignación* v
gelatine *gelatina* v
gelazer *fastidio* m
geld *medios* m mv; *dinero* m; INFORM. *pasta* v; ⟨munt⟩ *moneda* v ★ los geld *dinero* m *suelto* ★ geld beschikbaar stellen *poner medios a disposición de* ★ voor half geld *a mitad de precio*; *por la mitad de precio* ★ dat is geen geld *está regalado* ★ op zak hebben *llevar dinero* ★ smijten met geld *tirar el dinero por la ventana* ★ te gelde maken *vender*; *liquidar* ★ je geld of je leven! *¡la bolsa o la vida!* ★ geld moet rollen *hay que gastar* ▼ voor geen geld van de wereld *por nada del mundo* ▼ geld als water verdienen *forrarse de dinero* ▼ het geld groeit me niet op de rug *no soy millonario*
geldautomaat *cajero* m *automático*
geldbelegging *inversión* v
geldboete *multa* v
geldcirculatie *circulación* v *monetaria*
geldelijk *económico*; *financiero* ★ iem. ~ steunen *apoyar económicamente a alguien*
gelden • van kracht/geldig zijn *ser válido*; *estar vigente* ★ die regel geldt hier niet *esa regla no es válida aquí* ★ zijn recht laten ~ *hacer valer su derecho* • aangaan *concernir* [ie]; *afectar* ★ dat geldt ook voor jou *esto también va por ti*
geldgebrek *falta* v *de dinero*
geldig *válido*; ⟨v. wet⟩ *vigente*; ⟨v. reden, excuus⟩ *fundado* ★ ~e redenen *razones fundadas*
geldigheid *validez* v
geldigheidsduur *período* m *de validez*
geldingsdrang *afán* m *de imponerse*
geldkoers • rentestand *tipo* m *de interés* • wisselkoers *cambio* m
geldkraan *chorro* m *del dinero* ★ de ~ dichtdraaien *hacer recorte de gastos*
geldmarkt *mercado* m *monetario*
geldmiddelen • financiële situatie *medios* m mv *económicos*; *recursos* m mv • inkomsten *recursos* m mv
geldnood *falta* v *de dinero*; *estrechez* v ★ in ~ zitten *estar mal de dinero*; *tener* [ie] *apuros de dinero*
geldomloop *dinero* m *en curso*
geldontwaarding *desvalorización* v *monetaria*
geldschieter *prestamista* m/v
geldsom *suma* v *de dinero*

geldsoort *clase* v *de dinero*
geldstroom *flujo* m *de dinero*
geldstuk *moneda* v
geldverkeer *circulación* v *de dinero*
geldwezen *sistema* m *monetario; finanzas* v mv; *circulación* v *monetaria*
geldwolf *pesetero* m
geldzorgen ★ ~ hebben *tener preocupaciones monetarias*
geldzucht *ansia* v *de dinero*
geleden ★ een maand ~ *hace un mes* ★ enige tijd ~ *hace algún tiempo* ★ niet lang ~ *no hace mucho*
gelederen • →**gelid**
geleding • gewricht *articulación* v • verbindingsplaats *juntura* v ▼ in alle ~en van de partij *en todos los estratos del partido*
geleed *articulado*
geleedpotig *artrópodo*
geleerd *docto; erudito*
geleerde *doctor* m; *erudito* m
geleerdheid *erudición* v
gelegen • liggend *situado* ★ aan zee ~ *situado en la costa* • geschikt *conveniente; oportuno* ★ het komt me niet ~ *no me conviene* ★ te ~er tijd *en tiempo oportuno* ▼ er is mij veel aan ~ *me importa mucho* [+ inf.]
gelegenheid • gunstige toestand *ocasión* v; *oportunidad* v ★ bij de eerste ~ *cuando sea oportuno; cuando se dé el caso; a la primera oportunidad/ocasión* ★ bij ~ van *con ocasión de; con motivo de* ★ de ~ aangrijpen *aprovechar la oportunidad* ★ je moet de ~ te baat nemen *la ocasión la pintan calva* • eet/slaapgelegenheid *local* m ▼ op eigen ~ *por su cuenta*
gelegenheidsdrinker *bebedor* m *ocasional*
gelegenheidskleding *traje* m *de etiqueta*
gelei *jalea* v
geleide *acompañamiento* m; ⟨gewapend⟩ *escolta* v; ⟨v. schepen⟩ *convoy* m ★ zonder ~ *geen toegang no se permite la entrada sin acompañamiento*
geleidehond *perro* m *lazarillo*
geleidelijk I BNW *progresivo; gradual* **II** BIJW *gradualmente; poco a poco*
geleidelijkheid ▼ langs lijnen van ~ *poco a poco; paso a paso; gradualmente*
geleiden • begeleiden *conducir; guiar* [i]; ⟨gewapend⟩ *escoltar*; ⟨v. schepen⟩ *convoyar* • NATK. *conducir* ▼ warmte ~ *conducir calor*
geleider • begeleider *guía* m/v; *cicerone* m/v • NATK. *conductor* m ★ koper is een goede ~ *el cobre es un buen conductor*
geleiding • het geleiden *conducción* v • NATK. *conducto* m
geletterd *letrado; erudito*
geleuter • onzin *tontería* v • geklets *cháchara* v; *parloteo* m
gelid • gewricht *articulación* v • rij *fila* v ★ de gelederen sluiten *cerrar* [ie] *las filas* ★ in het ~ staan *estar en fila* ★ uit het ~ treden *salir de la fila* ▼ in het voorste ~ staan *estar a vanguardia*
geliefd *querido; amado*
geliefde • beminde *querido* m • minnaar *querido* m

geliefkoosd *favorito; preferido; predilecto*
gelieven *servirse* [+ inf.] [i] *tener* [ie] *a bien* ★ gelieve ons te berichten *sírvase comunicarnos*
gelig *amarillento*
gelijk I ZN [het] *razón* v ★ ~ hebben *tener razón* ★ iem. ~ geven *dar la razón a u.p.* ★ de eisers werden in het ~ gesteld *la sentencia se decidió en favor de los demandantes* **II** BNW • hetzelfde *igual; idéntico* ★ het is mij ~ *me es igual* ★ ~ zijn aan *ser igual a* ★ onder ~e voorwaarden *bajo las mismas condiciones* • vlak *raso; llano* **III** BIJW • hetzelfde *igualmente* ★ met iem. ~ opwerken *ir al paso de u.p.* • nauwkeurig ★ het horloge loopt ~ *el reloj anda en punto* • tegelijkertijd *al mismo tiempo*
gelijkbenig *isósceles*
gelijke *igual* m/v ★ met iem. omgaan als zijn ~ *tratarle a alguien de igual a igual* ★ zijns ~ niet hebben *no tener par*
gelijkelijk *igualmente; por igual*
gelijken *asemejarse* ⟨op a⟩
gelijkenis • overeenkomst *semejanza* v; *similitud* v • parabel *parábola* v
gelijkgerechtigd *con los mismos derechos*
gelijkgericht *con el mismo objetivo*
gelijkgestemd *de la misma opinión* ★ ~ zijn *tener la misma opinión*
gelijkgezind *simpatisante*
gelijkheid *igualdad* v; *paridad* v
gelijklopen *ser/ir paralelo*; ⟨v. de klok⟩ *dar la hora exacta*; ⟨v. de klok⟩ *andar bien*
gelijkluidend • hetzelfde klinkend *homófono* • overeenstemmend *idéntico; conforme* ★ voor ~ afschrift *por copia conforme*
gelijkmaken *igualar*
gelijkmaker *tanto* m *del empate* ★ de ~ scoren *marcar el tanto del empate*
gelijkmatig *igual; uniforme*
gelijkmoedig *ecuánime*
gelijknamig *del mismo nombre; homónimo*
gelijkschakelen • TECHN. *conectar* • op dezelfde wijze behandelen *igualar*
gelijksoortig *homogéneo*
gelijkspel *empate* m
gelijkspelen *empatar* ★ zij speelden gelijk *empataron* ★ ~ tegen ... *empatar con ...*
gelijkstaan • overeenkomen met *equivaler (a)* • evenveel punten hebben *empatar*
gelijkstellen *equiparar* ⟨met *a*⟩; *igualar* ⟨met *a/con*⟩ ★ iem. met een ander ~ *equiparar u.p. a otra*
gelijkstroom *corriente* v *directa*
gelijktijdig I BNW *simultáneo* **II** BIJW *simultáneamente; al mismo tiempo*
gelijktrekken *nivelar* ★ salarissen ~ *nivelar los sueldos*
gelijkvloers ★ ~ wonen *vivir en un piso*
gelijkvormig *idéntico; conforme*
gelijkwaardig *equivalente*
gelijkzetten *poner en hora*
gelijkzijdig *equilátero*
gelinieerd *rayado*
geloei • geluid van runderen *mugido* m; *berrido* m; ⟨v. een stier⟩ *bramido* m • gierend, huilend geluid *rugido* m

gelofte *promesa* v; REL. *voto* m
geloof • overtuiging *crédito* m ★ ~ aan iets hechten *dar crédito a u.c.* • vertrouwen ★ geen~ vinden *no encontrar crédito* • REL. *creencia* v; *religión* v; *fe* v
geloofsartikel *artículo* m *de fe*
geloofsbrief *carta* v *credencial* ★ zijn geloofsbrieven aanbieden *presentar sus cartas credenciales*
geloofsleer *doctrina* v (*religiosa*)
geloofsovertuiging *convicción* v *religiosa*
geloofsvrijheid *libertad* v *de cultos*
geloofwaardig *creíble*; *verosímil*; *fidedigno*
geloven I OV WW • vertrouwen ★ zijn ogen niet kunnen~ *no poder dar crédito a sus ojos* • menen, aannemen *creer*; *pensar* [ie] ★ ik geloof van wel *creo que sí* ★ ik geloof dat het mijn plicht is *creo que es mi deber* ★ wie gelooft dat nou! *¡quién va a creer eso!* ★ doen ~ *hacer creer* ▼ dat zou ik~! *¡ya lo creo!* ▼ het is niet te~ *parece mentira*; *es increíble* II ON WW • gelovig zijn *creer* • ~ in *creer en* ▼ eraan moeten~ *sufrir las consecuencias*
gelovig *creyente*; *religioso*
geluid *ruido* m; *sonido* m
geluiddemper *silenciador* m
geluiddicht *insonorizado* ★ deze flat is absoluut ~ *la insonorización de este piso es perfecta*
geluidloos *silencioso*
geluidsbarrière *barrera* v *del sonido*
geluidseffect *efecto* m *acústico*
geluidsfilm *película* v *sonora*
geluidsgolf *ola* v *de ruido*
geluidsinstallatie *equipo* m *de música*
geluidsisolatie *insonorización* v
geluidskaart *tarjeta* v *de sonido*
geluidsoverlast *molestia* v *por el ruido*
geluidssnelheid *velocidad* v *del sonido*
geluidstechnicus *técnico* m *del sonido*
geluidswagen *coche* m *con altavoces*
geluidswal *pantalla* v *acústica*
geluimd ★ goed/slecht~ zijn *estar de buen/mal humor*
geluk • gunstig toeval, omstandigheid *buena suerte* v; *ventura* v ★ zijn~ beproeven *probar* [ue] *la fortuna* ★ veel~! *que tengas suerte* • blijheid *felicidad* v; *dicha* v ▼ je moet maar~ hebben *a quien Dios quiere la casa le sabe* ▼ een~ bij een on~ *caérsele a alguien el pan en la miel* ▼ dat is meer~ dan wijsheid *es más fortuna que cordura* ▼ op goed~ *a troche y moche*; *a trochemoche* ▼ hij mag van~ spreken *puede darse por contento*
gelukkig I BNW • intens tevreden *contento* ★ ~ zijn *ser feliz*; *tener suerte* ★ fortuinlijk *feliz*; *dichoso* • voorspoedig *próspero*; *afortunado* II BIJW *felizmente*; *afortunadamente* ★ ~ leven *vivir dichosamente/felizmente* ★ ~ niet *menos mal que no*
geluksdag *día* m *de suerte*
geluksgetal *número* m *de la suerte*
geluksgevoel *sentimiento* m *de felicidad*
gelukstelegram *telegrama* m *de felicitación*
gelukstreffer *golpe* m *de suerte*
geluksvogel *hombre* m *afortunado/de suerte*
gelukwens *felicitación* v; *enhorabuena* v ★ mijn ~en met uw naamdag! *¡felicidades por el día de su santo!*
gelukwensen *felicitar*; *dar la enhorabuena* ★ iem. met zijn verjaardag ~ *felicitar a u.p. por su cumpleaños*
gelukzalig *muy feliz*; *beato*
gelukzoeker *aventurero* m
gelul *estupidez* v; *chorrada* v
gemaakt • gekunsteld *afectado* • geveinsd *fingido*
gemaal I ZN [de] *esposo* m ★ prins~ *príncipe* m *consorte* II ZN [het] *instalación* v *de bombeo*
gemachtigde *apoderado* m
gemak • moeiteloosheid *facilidad* v ★ met het grootste ~ *con la mayor facilidad* • kalmte *tranquilidad* v; *calma* v ★ op zijn~ zijn *sentirse* [ie, i] *a gusto* ★ iem. op zijn~ stellen *tranquilizar a u.p.* ★ zich op zijn~ voelen *estar a sus anchas* • gerief *comodidad* v ▼ zijn ~ houden *estarse quieto* ▼ houd je~ *no te pongas así* ▼ er zijn~ van nemen *acomodarse* ▼ op zijn (dooie)~ *con tranquilidad*
gemakkelijk I BNW • niet moeilijk *fácil* ★ dat is een~ kind *es un crío fácil* • geriefelijk *cómodo* ★ een~ leventje leiden *llevar una vida fácil* II BIJW niet moeilijk ★ er~ van afkomen *salir bien librado*
gemakshalve *por/para mayor comodidad*
gemakzucht *pereza* v
gemakzuchtig *comodón*; *perezoso*
gemalin *esposa* v
gemanierd *afectado*
gemankeerd *fracasado*
gemaskerd *enmascarado*; *disfrazado* ★ ~ bal *baile de máscaras*; *baile de disfraces*
gematigd *moderado*
gember *jengibre* m
gemberkoek *galleta* v *de jengibre*
gemeen I BNW • laag, vals *malo*; *bajo*; *infame*; *vil* • gemeenschappelijk *común* ★ iets~ hebben met *tener algo en común con* II BIJW • slecht, vals ★ doe niet zo~ *no seas malo* • zeer ★ het is~ koud *hace un frío terrible*
gemeend I BNW *sincero* II BIJW *sinceramente* ★ in woorden klonken~ *sus palabras parecían sinceras*
gemeengoed ▼ die ideeën zijn~ geworden *esas ideas han pasado a ser de dominio general*
gemeenplaats *lugar* m *común*; *tópico* m
gemeenschap • het gemeenschappelijk hebben *comunidad* v ★ ~ van goederen *comunidad de bienes* • omgang *contacto* m *sexual* ★ ~ hebben *cohabitar* • groep, maatschappij *sociedad* v; *comunidad* v; REL. *comunidad* v
gemeenschappelijk • van meer dan 1 persoon *común*; *colectivo* • gezamenlijk *conjunto*
gemeenschapszin *civismo* m
gemeente • bestuurlijke eenheid *ayuntamiento* m; *municipio* m ★ de~ Utrecht *el municipio Utrecht* • gelovigen *comunidad* v; ⟨r.-k.⟩ *parroquia* v
gemeenteambtenaar *funcionario* m *municipal*
gemeentearchief *archivo* m *municipal*
gemeentebedrijf *empresa* v *municipal*
gemeentebestuur *ayuntamiento* m; *municipio*

m
gemeentehuis *ayuntamiento* m; *casa* v *consistorial*
gemeentelijk *municipal* ★ de ~e autoriteiten *las autoridades municipales* ★ ~ huisvestingsbureau *oficina municipal de la vivienda* ★ Gemeentelijke Geneeskundige Dienst *servicio municipal de sanidad*
gemeentepils *cerveza* v *municipal*
gemeenteraad *concejo* m *municipal*; *ayuntamiento* m
gemeentereiniging *servicio* m *municipal de limpieza*
gemeentesecretaris *secretario* m *municipal*
gemeenteverordening *ordenanza* v *municipal*
gemeentewerken *obras* v mv *públicas*
gemêleerd *mezclado*; *variado* ★ een ~ gezelschap *un grupo variopinto*
gemelijk *malhumorado*
gemenebest *mancomunidad* v
gemenerik *malvado* m
gemengd *mezclado*; *mixto*
gemiddeld *medio*; *mediano* ★ de ~e snelheid *la velocidad media*
gemiddelde *promedio* m; *media* v
gemier *lata* v; *soniquete* m
gemis *falta* v (*aan de*) ★ als een ~ ervaren *echar de menos*
gemoed *alma* v; *ánimo* m ★ met bezwaard ~ *con el corazón oprimido* ★ verhitte ~eren *ánimos caldeados* ▼ zijn ~ schoot vol *se conmovió mucho* ▼ werken op het ~ van emocionar; conmover [ue] ▼ de ~eren waren verdeeld *las opiniones estaban divididas*
gemoedelijk ⟨v. iem.⟩ *amable*; ⟨v. iem.⟩ *cordial*; ⟨v. iem.⟩ *bondadoso*; ⟨v. iets⟩ *acogedor*
gemoedsaandoening *emoción* v
gemoedsrust *paz* v *mental*; *tranquilidad* v *de ánimo*
gemoedstoestand *estado* m *de ánimo*
gemoeid ▼ daar is veel geld mee ~ *está en juego mucho dinero*
gemotoriseerd *motorizado*
gems *rebeco* m; *gamuza* v
gemunt ▼ het op iem. ~ hebben *tenerla tomada con u.p.*
gemutst ★ goed/slecht ~ zijn *estar de buen/mal humor*
gen *gen* m
genaamd *llamado*
genade *perdón* m; REL. *absolución* v; FORM. *clemencia* v ★ Gods ~ *la gracia de Dios* ▼ dat vond in haar ogen geen ~ *(ella) no lo miraba con buenos ojos* ▼ ~! *¡Dios mío!*
genadebrood ▼ ~ eten *vivir de la caridad*
genadeloos *despiadado*
genadeslag *golpe* m *de gracia* ▼ dat was de ~ voor haar *eso acabó con ella*
genadig *clemente*; *misericordioso*
gênant *embarazoso*; *violento*
gendarme *gendarme* m; *guardia* v *civil*
gender *género* m
gene *aquel* [m mv: *aquellos*] [v: *aquella*] [v mv: *aquellas*] ★ aan gene zijde *al otro lado*; *en el más allá*
gêne *empacho* m

genealogie *genealogía* v
geneesheer *médico* m
geneesheer-directeur *director* m *médico*
geneeskrachtig *medicinal* ★ ~e kruiden *hierbas medicinales*
geneeskunde *medicina* v
geneeskundig *médico* ★ ~e dienst *servicio* m *médico* ★ ~e verklaring *certificación* v *médica*; *certificado* m *médico*
geneesmiddel *medicina* v; *remedio* m; *medicamento* m
geneesmiddelenindustrie *industria* v *farmacéutica*
geneeswijze *tratamiento* m *terapéutico/médico* ★ alternatieve ~n *tratamiento médico alternativo*
genegen ★ ~ zijn om/tot *estar dispuesto a*
genegenheid *afecto* m; *cariño* m; *simpatía* v ★ ~ opvatten voor *tomar cariño a*
geneigd *inclinado*; *propenso* ★ ~ zijn om/tot *estar inclinado a*; *ser propenso a*
geneigdheid *afecto* m
generaal I ZN [de] *general* m **II** BNW *general*
generalisatie *generalización* v
generaliseren *generalizar*
generatie *generación* v
generatiekloof *brecha* v *generacional*
generator *generador* m
generen [*zich ~*] *avergonzarse* (**voor** *de/por*) [ue]; *sentir* [ie, i] (**voor** *de*) ★ daar geneert ze zich voor *le da vergüenza*
genereren *generar*
genereus *generoso* ★ een ~ gebaar *un gesto generoso*
generiek *genérico*
generlei *de ninguna clase*
genetica *genética* v
genetisch *genético* ★ ~e manipulatie *manipulación* v *genética*
geneugte *placer* m; *deleite* m
genezen I OV WW beter maken *curar* **II** ON WW beter worden *curarse*
genezing *curación* v; *convalecencia* v
geniaal *genial*
genialiteit *genio* m; *genialidad* v
genie I ZN [het] begaafdheid *genio* m **II** ZN [de] MIL. *ingeniería* v ★ korps van de ~ *cuerpo* m *de ingenieros*
geniep ★ in het ~ *en secreto*; *disimuladamente*
geniepig • gemeen *malo* • in het geniep *disimulado*
genieten I OV WW ontvangen *gozar de*; ⟨v. loon/pensioen/uitkering⟩ *percibir*; ⟨v. opvoeding/onderwijs⟩ *recibir* ★ onderwijs ~ *recibir enseñanza* ★ een goede gezondheid ~ *gozar de buena salud* ★ een goede reputatie ~ *gozar de una reputación excelente* **II** ON WW vreugde beleven *gozar* (**van** *de*); *disfrutar* (**van** *de*); ⟨v. gebeurtenis⟩ *pasarlo bien*
genitaliën *genitales* m mv
genocide *genocidio* m
genodigde *invitado* m; FORM. *convidado* m
genoeg *bastante*; *suficiente* ★ meer dan ~ krijgen van *hartarse de* ★ er maar niet ~ van kunnen krijgen *no cansarse de* [+ inf.] ★ dat vind ik ~ *con eso me basta* ▼ ik heb er schoon

~ van *estoy harto* ▼ zo is het ~! *¡basta (ya)!*
genoegdoening *satisfacción* v ★ ~ eisen *exigir/pedir satisfacción*
genoegen • plezier *placer* m; *gusto* m ★ met ~ *con placer*; *con gusto* ★ met veel ~ *con mucho gusto* ★ het doet me een ~ dat *me complace que* [+ subj.] ★ iem. een ~ doen *hacer un favor a u.p.* ★ met wie heb ik het ~? *¿con quién tengo el honor?* ★ ik heb het ~ u mede te delen *me es grato comunicarle* ★ het is mij een waar ~ *es un verdadero placer* [+ inf.] • voldoening *satisfacción* v ★ ~ nemen met *conformarse con*
genoeglijk *agradable*
genoegzaam *suficiente* ★ het is ~ bekend dat *es sabido (por todos) que*
genootschap *sociedad* v; *asociación* v; *círculo* m
genot • het genieten *placer* m ★ het is een ~ voor het oog *es un espectáculo impresionante* • genoegen *placer* m; *gusto* m; *goce* m; *gozo* m ★ onder het ~ van... *disfrutando de...* • vruchtgebruik *usufructo* m
genotmiddel *estimulante* m; *droga* v
genotzucht *hedonismo* m
genotzuchtig *hedonista*
genre *género* m
genrestuk *obra* v *de género*
Gent *Gante*
gentherapie *genoterapia* v
gentiaan *genciana* v
gentleman *caballero* m ★ hij is een echte ~ *es todo un caballero*
gentlemen's agreement *pacto* m *de caballeros*
genuanceerd *matizado* ★ ~ (over iets) denken *tener opiniones matizadas (sobre algo)*
genus *género* m
geodriehoek *transportador* m
geoefend *experimentado*; SPORT *entrenado*
geograaf *geógrafo* m
geografie *geografía* v
geografisch *geográfico*
geologie *geología* v
geologisch *geológico*
geoloog *geólogo* m
geometrie *geometría* v
geoorloofd *lícito*; *permitido* ★ het is (niet) ~ ... *(no) se permite ...*
Georgië *Georgia* v
geoutilleerd *equipado*
geouwehoer *rollo* m
gepaard *en parejas* ★ ~ gaan met *ir acompañado de*
gepassioneerd *apasionado* ★ een ~ voetballer *un futbolista apasionado*
gepast • afgepast *exacto* ★ ~ betalen a.u.b. *sírvase pagar con el importe exacto* • fatsoenlijk *decente*; *conveniente*; *apropiado*; *adecuado*
gepeins *cavilaciones* v mv; *reflexiones* v mv ★ in ~ verzonken zijn *estar/quedarse absorto*
gepensioneerd *jubilado*; *retirado*
gepeperd • CUL. *(muy) picante* • FIG. duur ★ een ~e rekening *una cuenta exorbitante*
gepeupel *populacho* m; *gentuza* v; *chusma* v
gepikeerd *mosqueado*; *ofendido*
geploeter *esfuerzos* m mv; *afanes* m mv; *penas*

v mv
geporteerd *partidario*; *simpatizante*
geprikkeld *irritado*
geprononceerd *pronunciado*; *acusado*; *marcado* ★ ~e gelaatstrekken *rasgos pronunciados*
geproportioneerd ★ goed ~ zijn *estar bien proporcionado/formado*
geraakt • ontroerd *conmovido* • gepikeerd *ofendido*; *herido* ★ zij is gauw ~ *es muy susceptible*
geraamte • skelet *esqueleto* m • constructie *armazón* m; *esqueleto* m
geraas *estrépito* m; *estruendo* m; *ruido* m
geradbraakt *derrengado* ★ na de lange reis was zij ~ *después del largo viaje estaba derrengada*
geraden ▼ dat is je ~ ook! *¡yo de ti lo haría!*
geraffineerd • verfijnd *refinado*; *sutil*; *muy fino* • gezuiverd *refinado* ★ ~e suiker *azúcar refinado*; *azúcar blanco* • doortrapt *astuto*
geraken *llegar a*
geranium *geranio* m
gerant *gerente* m/v
gerecht • eten *plato* m; *guiso* m • rechtbank *juzgado* m; *tribunal* m
gerechtelijk *judicial* ★ ~e uitspraak *sentencia judicial*
gerechtigd *autorizado*
gerechtigheid *justicia* v
gerechtsgebouw *palacio* m *de justicia*
gerechtshof *corte* v *de apelación*
gerechtvaardigd *justificado*; *legítimo*
gereed • klaar (met iets) ★ ~ zijn *estar listo* • klaar (voor iets) ★ ~ voor *listo para*
gereedheid ★ in ~ brengen *preparar*
gereedkomen *terminar(se)*
gereedmaken *apercibir*; *arreglar* ★ zich ~ om *disponerse a*
gereedschap *herramientas* v mv; *utensilios* m mv ★ een stuk ~ *una herramienta*; *un utensilio*
gereedschapskist *caja* v *de herramientas*
gereedstaan *estar listo*; *estar disponible* ★ ~ om *estar a punto de*; *estar para*
gereformeerd *reformado*
geregeld • regelmatig *regular* • ordelijk *ordenado* ★ een ~ leven *una vida regular*
gerei *útiles* m mv; *enseres* m mv
geremd *cohibido*
gerenommeerd *renombrado*; *de buena reputación*
gereserveerd • besproken *reservado* • terughoudend *reservado*; *distante*
geriatrie *geriatría* v
gericht I ZN [het] ▼ het jongste/laatste ~ *el Juicio Final* **II** BNW *orientado* (op *a)*; *tendente* (op *a)* ★ ~e informatie *información* v *específica* ★ een ~e vraag stellen *hacer una pregunta directa*
gerief *comodidad* v
gerieflijk *cómodo*; *confortable*
gerieven *complacer*; *servir* [i]
gering *poco* ★ van ~e waarde *de poco valor*
geringschatten *menospreciar*
Germaan *germano* m
Germaans I ZN [het] taal *germánico* m **II** BNW m.b.t. de Germanen *germánico* ★ de ~e talen *las lenguas germánicas*
germanisme *germanismo* m

geroezemoes *murmullo* m; *rumor* m *de voces*
geronnen v • bloed *sangre coagulada*
geroutineerd *experimentado*
gerst *cebada* v
gerstenat FORM. *cerveza* v
gerucht • praatje *rumor* m ★ het ~ gaat dat... *corre la voz de que...*; *se rumorea que...* • geluid *ruido* m
geruchtmakend *controvertido*
geruim ★ ~e tijd *un buen rato*
geruis *murmullo* m; *susurro* m
geruisloos • onhoorbaar *sin hacer ruido*; *silencioso* • zonder ophef *discreto*; *sin llamar la atención*
geruit *a cuadros*; ⟨v. textiel⟩ *escocés*
gerust I BNW *tranquilo* ★ ~ zijn *estar tranquilo* ★ je kunt ~ zijn *no te preocupes* **II** BIJW • zonder vrees *tranquilamente*; *con toda tranquilidad* ★ dat kun je ~ tegen haar zeggen *¿por qué no se lo dices?* • zonder haast *tranquilamente*; *con toda tranquilidad*
geruststellen *tranquilizar*
geruststelling *palabras* v mv *tranquilizadoras*; *alivio* m
geschenk *regalo* m; *obsequio* m
geschenkverpakking *envoltorio* m *de regalo*
geschieden • gebeuren *ocurrir*; *suceder* • overkomen *ocurrir*; *suceder* v wat gij niet wilt dat u geschiedt, doe dat ook een ander niet *no desearás al prójimo lo que no desees para ti mismo*
geschiedenis • historie *historia* v ★ de ~ leert ons *la historia nos enseña* ★ de ~ herhaalt zich *la historia se repite* • voorval *historia* v; *historia* m mv; *acontecimiento* m; *acontecimientos* m mv
geschiedkundig *histórico*
geschiedschrijver *historiador* m
geschiedvervalsing *falsificación* v *de la historia*
geschift *chiflado* ★ hij is ~ *es un chiflado*
geschikt • bruikbaar *adecuado*; *conveniente* ★ niet ~ zijn voor *no servir para* • aardig *simpático*
geschil *conflicto* m; *disputa* v; JUR. *litigio* m
geschilpunt *punto* m *litigioso*
geschoold *calificado*; *especializado* ★ ~e arbeiders *obreros calificados/especializados*
geschreeuw *gritos* m mv
geschrift *documento* m; *escrito* m
geschubd *escamoso*
geschut *artillería* v ★ met grof ~ *con mucha violencia*
gesel *azote* m
geselen *azotar*
geseling *azotes* m mv
gesetteld *bien situado*; *con buena posición*
gesitueerd *situado* ★ de beter ~en *la gente acomodada*
gesjochten *pobrete*; *desvalido*
geslaagd ⟨voor examen⟩ *aprobado*; ⟨v. personen⟩ *afortunado*; ⟨v. zaken⟩ *acertado*
geslacht • soort *especie* v • familie *estirpe* m; *linaje* m; *familia* v; *dinastía* v • generatie *generación* v • sekse *sexo* m • geslachtsorgaan *sexo* m • TAALK. *género* m; *género* m *gramatical*

geslachtelijk *sexual*
geslachtloos *asexuado*
geslachtsdaad *acto* m *sexual*; *coito* m; *cópula* v
geslachtsdeel ★ geslachtsdelen *genitales* m mv
geslachtsdrift *instinto* m *sexual*; *libido* v
geslachtsgemeenschap *contacto* m *sexual*; *coito* m; *cópula* v
geslachtshormoon *hormona* v *sexual*
geslachtsorgaan *órgano* m *sexual/genital*
geslachtsverkeer *contacto* m *sexual* ★ ~ hebben *tener contacto sexual*
geslachtsziekte *enfermedad* v *venérea*
geslepen *astuto*; *taimado*
gesloten • dicht *cerrado* ★ de winkel is ~ *la tienda está cerrada* • in zichzelf gekeerd *cerrado*; *reservado*
gesluierd *cubierto con un velo*
gesmeerd • probleemloos *perfectamente* ★ het liep ~ *salió bien* ★ het loopt ~ *la cosa va viento en popa* • geolied *engrasado*
gesodemieter *fastidio* m; *lata* v
gesoigneerd *bien cuidado*; *bien atendido*
gesorteerd • ruim voorzien *surtido* ★ goed/slecht ~ *bien/mal surtido* ★ ruim ~ zijn in *tener un buen surtido de* • in diverse soorten *surtido*
gesp *hebilla* v
gespannen *tenso*
gespeend van *desprovisto de* ★ zij was ~ van talent *estaba desprovista de talento*
gespen *cerrar* [ie] *con hebilla*
gespierd *musculoso*; *fornido*
gespikkeld *moteado*; con motas ★ zwart ~ *moteado de negro*; *con motas negras*
gespitst op *concentrado en* ★ hij was ~ op elk verdacht geluid *estaba atento a cualquier ruido sospechoso*
gespleten *hendido*; ⟨v. slangentong⟩ *bífido* v ★ ~ persoonlijkheid *esquizofrenia*
gesprek *conversación* v; *charla* v ★ in ~ zijn met *hablar con* ★ ⟨telefonisch⟩ in ~ *comunicando*
gespreksgroep *grupo* m *de diálogo*
gesprekskosten *gastos* m *de teléfono*
gespreksonderwerp *tema* m *de conversación*
gesprekspartner *interlocutor* m
gespreksstof *materia* v *de conversación*
gespuis *chusma* v
gestaag *constante*; *continuo*
gestalte • gedaante *figura* v • lichaamsbouw *estatura* ★ klein van ~ *de estatura pequeña*
gestand v zijn woord ~ doen *cumplir su palabra*
geste *gesto* m
gesteente *roca* v; *mineral* m
gestel *constitución* v
gesteld I BNW • toestand ★ hoe is het met de zieke ~? *¿cómo está el enfermo?* ★ het is er slecht mee ~ *la situación es muy triste* • aangewezen ★ binnen de ~e tijd *dentro del tiempo fijado* • ~ **op** *loco por* ★ ik ben heel erg op hem ~ *me cae muy bien*; *le tengo mucho cariño* ★ ik ben heel erg op dit huis ~ *esta casa me gusta mucho* ★ ik ben er helemaal niet op ~ dat *no me gusta nada que* [+ subj.] **II** BIJW ★ ~ dat *si acaso*
gesteldheid *estado* m; *situación* v; *condición* v ★ lichamelijke ~ *condición física*

gestemd ★ goed/slecht ~ zijn *estar de buen/mal humor*
gesternte • de sterren *estrellas* v mv • stand van de sterren *constelación* v ★ ze is onder een gelukkig ~ geboren *nació con estrella*
gesticht *manicomio* m
gesticuleren *gesticular*
gestoord *perturbado* ★ geestelijk ~ *perturbado mentalmente*
gestreept *a rayas; rayado* ★ ~ overhemd *camisa v a rayas*
gestrest *estresado*
gestroomlijnd *aerodinámico*
getaand *atezado* ★ een ~ gezicht *un rostro atezado*
getailleerd *entallado*
getal *número* m ★ ronde ~len *números redondos* ★ vijftien in ~ *en número de quince* ★ in groten ~e *en tropel; en gran número*
getalenteerd *de talento*
getalsterkte *fuerza* v *numérica*
getand *dentado*
getapt *muy popular*
geteisem *gentuza* v
getekend • gegroefd *marcado* • een bepaald patroon hebbend *moteado; jaspeado*
getijde, getij *marea* v
getikt *chiflado; loco* ★ hij is ~ *es un chiflado; está loco*
getimmerte *maderaje* m
getint ★ ~ glas *vidrio tintado*
getiteld *titulado*
getogen ★ geboren en ~ zijn in *ser vecino y natural de*
getourmenteerd *atormentado*
getralied *con rejas; enrejado*
getrapt *escalonado*
getroosten [zich ~] ★ zich moeite ~ om *esforzarse* [ue] *en/por; hacer esfuerzos* ★ zich offers ~ *no ahorrar sacrificios*
getrouw • trouw *fiel; leal* • nauwkeurig *fiel* ★ een ~e vertaling *una traducción fiel*
getrouwd *casado* ★ ~ zijn *estar casado* ▼ zo zijn we niet ~! *¡nada de eso!*
getto *ghetto* m; *gueto* m
gettoblaster FORM. *radio* v *casete portátil grande*
gettovorming *formación* v *en guetos*
getuige • aanwezige *testigo* m/v ★ ~ zijn van *presenciar* • JUR. *testigo* m ★ ~ à charge *testigo* m *de cargo* ★ ~ à décharge *testigo* m *de descargo* ★ iem. tot ~ roepen *llamar como testigo* • bij huwelijk *padrino* m [v: *madrina*]
getuigen I OV WW verklaren *declarar como testigo*; *atestiguar* II ON WW blijk geven *ser prueba (van de)* ★ dat getuigt van weinig smaak *es de muy mal gusto*
getuigenbank *banco* m *de los testigos*
getuigenis *testimonio* m; *declaración* v
getuigenverhoor *interrogatorio* m/*audición* v *de testigos*
getuigenverklaring *declaración* v *testimonial/ del testigo*
getuigschrift *certificado* m; *referencias* v mv ★ een ~ afgeven *expedir* [i] *un certificado*
getver • → *gadver*
getverderrie *¡qué asco!*

geul • gleuf *surco* m; *zanja* v • gootje *canal* m; ⟨voor bevloeiing⟩ *reguera* v • vaargeul *canal* m
geur *olor* m; ⟨aangenaam⟩ *perfume* m; ⟨aangenaam⟩ FORM. *fragancia* v ▼ in geuren en kleuren *con pelos y señales*
geuren • ruiken *oler* [ue] *bien* ★ ~ naar *oler a* • pronken *alardear de*; *hacer alarde de* ★ ~ met zijn kennis *hacer alarde de sus conocimientos*
geurig *oloroso*; FORM. *fragante*
geurstof *aromatizante* m
geurtje • reukwater *perfume* m ★ zij heeft een lekker ~ op *lleva un perfume agradable* • → **geur**
geurvreter *devorolor* m
geus *nombre* m *de los protestantes que se sublevaron contra Felipe II*; *gueux* m
geuzennaam *disfemismo* m
gevaar *peligro* m ★ er is geen ~ meer voor de zieke *el enfermo está fuera de peligro* ★ ~ lopen *correr peligro* ★ ~ af... *a riesgo de...* [+ inf.] ★ op het ~ af dat... *a riesgo de que...* [+ subj.] ★ ~ lopen *correr peligro*
gevaarlijk *peligroso*; *arriesgado*
gevaarte *coloso* m
geval • toestand *caso* m ★ in dat ~ *en ese caso* ★ in geen ~ *de ninguna manera* ★ in voorkomende ~len *llegado el caso* ★ in ~ van *en caso de* ★ in ~ van nood *en caso de urgencia* ★ in elk ~ *en todo caso; de todas maneras; de todos modos; de todas formas* ★ voor het ~ dat... *por si acaso...* • toeval ★ het ~ wil dat... *da la casualidad que...*
gevangen *preso*
gevangenbewaarder *carcelero* m
gevangene ⟨in gevangenis⟩ *preso* m; ⟨in gevangenis⟩ *recluso* m; ⟨in oorlog⟩ *prisionero* m
gevangenhouden *tener presa*
gevangenis *cárcel* v; *prisión* v
gevangenisstraf (*pena* v *de*) *prisión* v; *pena* v *de cárcel*; *encarcelamiento* m ★ een ~ uitzitten *cumplir su condena* ★ veroordelen tot een ~ *condenar a la prisión*
gevangeniswezen *organización* v *penitenciaria*
gevangennemen *apresar*; ⟨militair⟩ *hacer prisionero*
gevangenschap *prisión* v; *encarcelamiento* m
gevangenzitten *estar preso*; *estar en prisión*
gevarendriehoek *triángulo* m *reflectante*
gevarenzone *zona* v *de peligro*
gevarieerd *variado* ★ een ~ aanbod *una oferta variada*
gevat *agudo*
gevecht *combate* m; *pelea* v; *lucha* v ★ buiten ~ stellen *dejar fuera de combate* ★ een ~ van man tot man *un combate cuerpo a cuerpo*
gevechtsklaar *listo para la lucha*
gevechtslinie *línea* v *de batalla*
gevechtspak *traje* m *de combate*
gevechtsvliegtuig *avión* m *de combate*
gevechtszone *zona* v *de combate*
gevederd *plumoso* ★ onze ~e vrienden *nuestros amigos los pájaros*
geveinsd *fingido*
gevel *fachada* v; ⟨monumentaal⟩ *frontispicio* m

gevelsteen *ladrillo* m *de fachada*
geveltoerist *escalatorres* m
geven I OV WW • bieden *dar* ★ iets cadeau ~ *dar de regalo u.c.*; *regalar u.c.* ★ te eten ~ *dar de comer* • aanreiken *pasar* ★ kun je me het zout even ~? *pásame la sal por favor* • veroorzaken *causar* • toekennen *echar* ★ ik geef hem 40 jaar *le echo cuarenta años* • vertonen, bijbrengen *dar*; *poner* • opleveren *dar* ★ winst ~ *dar beneficio* ★ warmte ~ *dar calor* ▼ te verstaan ~ *dar a entender* ★ iets eraan ~ *renunciar a u.c.*; *dejar u.c.* II ON WW • hinderen *importar* ★ het geeft niets *no importa*; *es igual* • ~ **om** *querer* [ie]; *dar importancia a* ★ ik geef er niets om *me da igual*; *me da lo mismo* III WKD WW [**zich ~**] *entregarse*
gever *donante* m/v
gevestigd • vaststaand *establecido* • ~ **te/in** wonend *residente de*; *con domicilio en*
gevierd *célebre*
gevlamd ▼ • hout *madera veteada*
gevlekt *manchado*; ⟨met kleine vlekjes⟩ *moteado*
gevleugeld *alado*
gevlij *halagos* m mv; *lisonjas* v mv ▼ bij iem. in het ~ proberen te komen *adular a u.p.*; *hacer la pelota a u.p.*
gevoeglijk *conveniente*; *decente*
gevoel • gewaarwording *sensación* v ★ een plezierig ~ *una sensación agradable* • indruk *impresión* v ★ ik heb het ~ dat *tengo la impresión de que* • emotie *emoción* v; *sentimiento* m ★ gemengde ~ens *sentimientos* m mv *contrarios* ★ met ~ *con emoción* • gemoed *corazón* m ★ op iemands ~ werken *influir en los sentimientos de alguien* • zintuig *tacto* m ★ op het ~ *intuitivamente*; *a tientas* • begrip *sentido* m ★ ~ voor humor *sentido del humor*
gevoelig • ontvankelijk *susceptible* (**voor** *a*) • PSYCH. lichtgeraakt *sensible*; *susceptible* • pijnlijk *delicado* ★ een ~ verlies *una pérdida sensible*
gevoeligheid *sensibilidad* v
gevoelloos • fysiek ongevoelig *insensible* • hardvochtig *insensible*
gevoelloosheid • fysieke ongevoeligheid *insensibilidad* v • hardvochtigheid ⟨v. gedrag⟩ *impasibilidad* v
gevoelsarm *con poco sentimiento*
gevoelsleven *vida* v *interior*
gevoelsmatig *intuitivo*
gevoelsmens *persona* v *muy emocional*
gevoelswaarde *valor* m *afectivo*
gevogelte • vogels *pájaros* m mv; *aves* v mv ⟨de corral⟩ • eetbare vogels *aves* v mv
gevolg • resultaat *consecuencia* v; *efecto* m; *resultado* m ★ tot ~ hebben *tener como consecuencia* ★ ten ~e van *debido a* ★ ~en met zich meebrengen *traer/tener consecuencias* ★ met goed ~ *con éxito* ★ ~ geven aan *realizar* ★ ~ geven aan een uitnodiging *aceptar una invitación* • personen *séquito* m; *comitiva* v; ⟨hofhouding⟩ *corte* v
gevolgtrekking *conclusión* v ★ ~en maken uit *sacar conclusiones de*
gevolmachtigd *apoderado*
gevorderd *avanzado*
gevreesd *temido*
gevuld • met vulling *lleno*; *relleno* ★ ~ met *lleno de* • dik, mollig *gordo*; *grueso*
gewaad *vestidura* v
gewaagd *atrevido*; *arriesgado* ▼ zij zijn aan elkaar ~ *son iguales*; *hacen una buena pareja*
gewaarworden *notar*; *percibir*
gewaarwording *sensación* v
gewag mención v ★ ~ maken van iets *mencionar algo*; *hacer mención de algo*
gewapend • bewapend *armado* • versterkt *armado*
gewas *planta* v; ⟨gekweekt⟩ *cultivo* m
gewatteerd *enguatado*; *acolchado* ★ ~e deken *colcha* v *enguatada*
geweer *fusil* m; ⟨jacht⟩ *escopeta* v ★ presenteer ~! *¡presenten armas!* ▼ in het ~ komen (tegen) *movilizarse (contra)*
geweerschot *tiro* m *(de fusil)*
geweervuur *fuego* m *de fusilería*
gewei *cornamenta* v
geweld *violencia* v ★ zinloos ~ *violencia* v *inútil* ★ met ~ *por la fuerza*; *violentamente* ★ ~ plegen *usar violencia* ★ met alle ~ *a todo trance*; *a toda costa* ▼ met alle ~ iets willen hebben *obstinarse en tener u.c.*
gewelddaad *acto* m *de violencia*; *exceso* m; *abuso* m
gewelddadig *violento*
geweldenaar • sterk persoon *monstruo* m • dwingeland *tirano* m; *déspota* m
geweldig • hevig *muy fuerte*; *intenso*; *tremendo*; *terrible* • goed *estupendo*; *maravilloso*; *excelente*; INFORM. *de puta madre* • groot *enorme*; *colosal*; *gigantesco*; *inmenso*; *formidable*; *fenomenal*
geweldpleging *violencia* v; JUR. *perpetración* v *de violencia*
gewelf *bóveda* v
gewelfd *arqueado*
gewend *acostumbrado* (**aan** *a*) ★ ~ zijn aan *estar acostumbrado a* ★ ~ zijn om *soler* [ue] [+inf.]; *estar acostumbrado a* [+ inf.] ★ ~ raken aan *acostumbrarse a*
gewennen *acostumbrar*
gewenning *habituación* v
gewenst • wenselijk *deseable*; *conveniente* • verlangd *deseado*
gewerveld ★ ~e dieren *vertebrados* m mv
gewest • bestuursgebied *distrito* m • landstreek *región* v; ⟨kleiner⟩ *comarca* v
gewestelijk *regional*; *comarcal*; *provincial*
geweten *conciencia* v ★ een zuiver/gerust ~ hebben *tener la conciencia limpia* ★ een slecht ~ hebben *tener la conciencia sucia*; *tener mala conciencia*
gewetenloos *sin escrúpulos*
gewetensbezwaar *objeción* v *de conciencia*
gewetensnood *cargo* m *de conciencia* ★ in ~ zijn *estar con un cargo de conciencia*
gewetensvol *concienzudo*; *escrupuloso*
gewetensvraag *cuestión* v *moral*
gewetenswroeging *remordimiento* m ★ ~

hebben *tener remordimientos*
gewetenszaak *cuestión* v *moral*
gewettigd *legítimo*
gewezen *antiguo*
gewicht • zwaarte *peso* m • voorwerp *pesa* v • belang *importancia* v ★ veel ~ hechten aan *conceder/dar importancia a* ▼ ~ in de schaal leggen *influir mucho; pesar* ▼ zijn volle ~ in de schaal werpen *hacer valer toda su autoridad* ▼ zijn ~ in goud waard zijn *valer su peso en oro*
gewichtheffen *levantamiento* m *de pesos; halterofilia* v
gewichtig I BNW *importante; presumido* II BIJW ★ ~ doen *darse importancia/tono*
gewichtigdoenerij *presunción; alardes* m mv *de grandeza*
gewichtloos *ingrávido*
gewichtsklasse *peso* m; *categoría* v
gewichtsverlies *pérdida* v *de peso*
gewiekst *listo; astuto*
gewijd • geheiligd *sagrado* ★ ~ water *agua bendita* • met betrekking tot liturgie *sacro* ★ ~e muziek *música sacra*
gewild *solicitado* ★ erg ~ zijn *estar en boga*
gewillig *dócil*
gewin *lucro* m; *beneficios* m mv; *ganancias* v mv
gewis *seguro*
gewoel *bullicio* m; *confusión* v
gewond *herido* ★ ~ raken *resultar herido*
gewonde *herido* m
gewoon I BNW • gebruikelijk *acostumbrado* ★ op de gewone tijd *a la hora acostumbrada; a la hora de siempre* • alledaags *corriente; común; ordinario* ★ heel ~ *normal y corriente* ★ een gewone dag *un día cualquiera* • gewend *acostumbrado* ★ ~ zijn (om) te *soler* [ue]; *estar acostumbrado a* II BIJW gewoonweg *simplemente* [vaak onvertaald]
gewoonlijk *generalmente; de costumbre*
gewoonte • wat men gewoon is *costumbre* v; *hábito* m ★ de ~ hebben om *tener la costumbre de* [+ inf.]; *tener el hábito de* [+ inf.] ★ er een ~ van maken om *adquirir la costumbre de* [+ inf.] ★ slechte ~ *mala costumbre; vicio* m • gebruik *costumbre* v; *hábito* m; *uso* m
gewoontedier *animal* m *de costumbres*
gewoontedrinker *bebedor* m *habitual*
gewoontegetrouw *según la costumbre*
gewoonterecht *derecho* m *consuetudinario*
gewoontjes *sencillo*
gewoonweg • eenvoudigweg *sencillamente* • ronduit *francamente*
geworteld • met wortels *enraizado* • FIG. *arraigado*
gewraakt *controvertido* ★ de ~e uitspraak *las palabras controvertidas*
gewricht *articulación* v; *coyuntura* v
gewrongen • verdraaid *torcido* • onnatuurlijk *artificial; afectado*
gezag • macht *poder* m; *autoridad* v ★ op eigen ~ *por propia iniciativa* ★ het ~ voeren over *mandar* • autoriteit *autoridad* v
gezaghebbend *competente*

gezaghebber, gezagsdrager *autoridad* v
gezagsgetrouw *partidario del régimen*
gezagsverhoudingen *relaciones* v mv *de poder*
gezagvoerder • SCHEEPV. *capitán* m; *comandante* m/v • LUCHTV. *comandant*
gezamenlijk I BNW • van/met alle(n) samen *común; colectivo* ★ ~ belang *interés* m *común* ★ ~e arbeid *trabajo* m *colectivo* ★ voor ~e rekening *por cuenta común* • verenigd *unido; conjunto* ★ ~e inspanningen *esfuerzos* m mv *unidos* II BIJW *juntos*
gezang • het zingen *canto* m • lied *canto* m; ⟨religieus⟩ *himno* m; ⟨religieus⟩ *cántico* m
gezanik *machaconería* v; *rollo* m
gezant *enviado* m; ⟨diplomatiek⟩ *enviado* m *especial*
gezantschap *legación* v
gezapig *sosegado*
gezegde • zegswijze *proverbio* m • TAALK. *predicado* m ★ werkwoordelijk ~ *predicado verbal* ★ naamwoordelijk ~ *predicado nominal*
gezegend *bendito* ★ ~ zijn zij die *son bienaventurados los que*
gezeglijk *dócil*
gezel • makker *compañero* m • leerling-vakman *oficial* m
gezellig *agradable; ameno; íntimo;* ⟨v. persoon⟩ *sociable;* ⟨v. persoon⟩ *social;* ⟨v. plek⟩ *acogedor* ★ een ~ gesprek *tertulia* v ★ ik vond het ~ *lo he pasado muy bien; me ha gustado mucho*
gezelligheid *ambiente* m *acogedor; intimidad* v ★ voor de ~ *para tener compañía*
gezelligheidsdier *persona* v *muy sociable*
gezelligheidsvereniging ≈ *círculo* m *social*
gezellin *compañera* v
gezelschap • samenzijn *compañía* v ★ iem. ~ houden *hacerle compañía a u.p.* • groep *grupo* m
gezelschapsreis *viaje* m *de grupo*
gezelschapsspel *juego* m *familiar*
gezet • geregeld ★ op ~te tijden *cada equis tiempo; con regularidad* • dik *corpulento*
gezeten • met vaste woonplaats *sentado* • welgesteld ★ de ~ burgerij *la burguesía; la clase media*
gezeur *matraca* v
gezicht • gelaat *cara* v; *rostro* m ★ een lang ~ *cara de disgusto* ★ een vol ~ *una cara redonda* ★ een ~ van ouwe lappen *una cara de vinagre* ★ dat zie je aan je ~ *se te nota en la cara* ★ op zijn ~ vallen *darse de narices; caer de bruces* ★ ⟨rare⟩ ~en trekken *hacer muecas* ★ ik ken hem van ~ *lo conozco de vista* • zintuig *vista* v • aanblik *espectáculo* m; *vista* v ★ op het eerste ~ *a primera vista* ★ uit het ~ verliezen *perder* [ie] *de vista* ▼ het recht in zijn ~ zeggen *decirle* [i] *en la cara* ▼ zijn ware ~ tonen *quitarse la máscara/la careta*
gezichtsafstand • op ~ *al alcance de la vista*
gezichtsbedrog *ilusión* v *óptica*
gezichtshoek *punto* m *de vista*
gezichtspunt *punto* m *de vista; perspectiva* v; *aspecto* m
gezichtsuitdrukking *expresión* v *del rostro*
gezichtsveld *campo* m *visual*
gezichtsverlies • verlies van gezichtsvermogen

gezichtsvermogen–gipsverband

pérdida v *de la vista* • verlies van prestige *pérdida* v *de prestigio*
gezichtsvermogen *vista* v; *visión* v
gezien I BNW *apreciado; estimado* ★ zij is zeer ~ bij haar collega's *sus compañeros la aprecian mucho* **II** VZ *visto* ★ ~ zijn staat van dienst *visto su estado de servicio*
gezin *familia* v ★ een ~ stichten *formar/fundar una familia* ★ een groot ~ *una familia numerosa*
gezind ▾ iem. goed ~ zijn *sentir* [ie, i] *simpatía por u.p.* ▾ iem. slecht ~ zijn *tenerle antipatía a u.p.*
gezindheid • houding *disposición* v • overtuiging *convicción* v; *ideología* v
gezindte *confesión* v; *secta* v
gezinsauto *coche* m *familiar*
gezinsfles *botella* v *familiar*
gezinshoofd *cabeza* v *de familia*
gezinshulp *asistente* m/v *social*
gezinsleven *vida* v *familiar*
gezinsplanning *planificación* v *familiar*
gezinsuitbreiding *ampliación* v *de la familia*
gezinsverpakking *envase* m *(de tamaño) familiar* ★ dat is er ook in ~ *eso también está en envase familiar*
gezinsverzorgster *asistente* m/v *familiar*
gezinszorg *asistencia* v *familiar*
gezocht • gewild *buscado; solicitado* • gekunsteld *inverosímil* ★ een ~e beeldspraak *una metáfora forzada*
gezond • niet ziek *sano* ★ ~ en wel *sano y salvo* ★ ~ zijn *estar sano*; *tener buena salud* • heilzaam *sano; saludable* ★ een ~ klimaat *un clima sano/saludable*
gezondheid I ZN [de] *salud* v ★ op iemands ~ drinken *beber a la salud de u.p.* ★ voor zijn ~ *por razones de salud* **II** TW ⟨bij proosten⟩ *salud*; *jesús*
gezondheidscentrum *centro* m *para el cuidado de la salud*
gezondheidsredenen ★ om ~ *por razones de salud*
gezondheidszorg *sanidad* v *pública*
gezusters *hermanas* v mv ★ de ~ Jansen *las hermanas Jansen; Jansen Hermanas*
gezwel • zwelling *hinchazón* v • tumor *tumor* m ★ een goedaardig/kwaadaardig ~ *un tumor benigno/maligno* • ettergezwel *úlcera* v
gezwind *veloz; célere*
gezwollen *retórico; altisonante*
gezworen *jurado* ★ ~ vrienden *amigos inseparables* ★ ~ vijanden *enemigos jurados*
gezworene *miembro* m *jurado*
gft-afval *desperdicios* m mv *biológicos*
gft-bak *contenedor* m *para desperdicios biológicos*
Ghana *Ghana* v
ghostwriter *ghost-writer* m; *negro literario* m
Gibraltar *Gibraltar* m
gids • persoon *guía* m/v • ding *guía* m/v ★ de Gouden Gids *las páginas amarillas*
gidsen *guiar* [í]
giechelen *reírse* [i]
giek • roeiboot *esquife* m • dwarsmast *botavara* v

gier I ZN [de] [mv: +en] *buitre* m **II** ZN [de] [gmv] *estiércol* m
gieren • geluid maken ★ de wind giert door de bomen *el viento silba a través de los árboles* • lachen *partirse de risa* ★ we moesten ~ van het lachen *nos partimos de risa* • bemesten *abonar; estercolar*
gierig *tacaño; avaro*
gierigaard *avaro* m; INFORM. *judío* m
gierigheid *avaricia* v
gierst *mijo* m
gierzwaluw *vencejo* m
gietbui *aguacero* m; *chubasco* m; *chaparrón* m
gieten I OV WW • schenken *verter* [ie, i] • vormgeven *fundir* ▾ het zit je als gegoten *te está que ni pintado* **II** ONP WW *llover* [ue] *a cántaros*
gieter *regadera* v ▾ hij ging af als een ~ *se llevó un buen chasco*
gieterij *fundición* v
gietijzer *hierro* m *colado*
gif OOK FIG. *veneno* m; *ponzoña* v; *tóxico* m
gifbeker *copa* v *de veneno*
gifbelt *vertedero* m *de residuos tóxicos*
gifgas *gas* m *tóxico/asfixiante*
gifgroen *verde fluorescente*
gifgrond *suelo* m *(contaminado) con residuos tóxicos*
gifkikker *lengua* v *viperina*
gifklier *glándula* v *del veneno*
gifslang *serpiente* v *venenosa*
gifstof *sustancia* v *tóxica; toxina* v
gift *donación* v; *donativo* m; *ayuda* v
giftig • vergiftig *venenoso; ponzoñoso*; SCHEIK. *tóxico* • venijnig FIG. *mordaz* ★ ~ worden *cabrearse*
gifwolk *nube* v *de gas tóxico*
gigabyte *gigabyte* m
gigant *gigante* m ★ een ~ van een bedrijf *una empresa gigante* ★ een ~ in de wielersport *una figura destacada del ciclismo*
gigantisch *gigantesco; enorme; inmenso*
gigolo *gigoló* m
gij *su/vuestra merced*
gijzelaar *rehén* m/v
gijzelen *tomar como rehén*; ⟨bij ontvoering⟩ *secuestrar*
gijzeling *secuestro* m
gijzelnemer *secuestrador* m
gil *grito* m; *chillido* m; ⟨heviger⟩ *alarido* m ★ een gil geven *dar un grito*
gilde *gremio* m
gilet *chaleco* m
gillen I OV WW schreeuwen *gritar; chillar; dar gritos* **II** ON WW ▾ het is om te ~ *es para morirse de risa*
giller ★ wat een ~! *¡es la monda!*
gimmick *artefacto* m; *artilugio* m
gin *ginebra* v
ginds *por allí; por allá*
ginnegappen *reírse* [i]
gips *yeso* m ★ zijn been zit in het gips *tiene la pierna escayolada*
gipsen *de yeso*
gipsplaat *panel* m *de yeso*
gipsverband *escayola* v; *vendaje* m *enyesado*

giraal *por giro postal/bancario* ★ inter~betalingsverkeer *intercambio* m *monetario por giro postal*
giraffe, giraf *jirafa* v
gireren *girar; transferir* [ie, i]
giro • girorekening ≈ *cuenta* v *(corriente) de la Caja Postal* • overschrijving *giro* m; *transferencia* v *(por giro postal)*
girocheque *cheque* m *de la Caja Postal*
girodienst *servicio* m *giral de la Caja Postal*
girokantoor ≈ *oficina* v *de la Caja Postal*
giromaat *cajero* m *automático de la caja postal*
giromaatpas *tarjeta* v *del caja postal*
gironummer ≈ *número* m *de cuenta de la Caja Postal*
giropas *tarjeta* v *de garantía de la Caja Postal*
girorekening ≈ *cuenta* v *(corriente) de la Caja Postal*
giroverkeer ≈ *pagos* m mv *de la Caja Postal*
gis (zeg: gies) *sol* m *sostenido*
gissen naar *hacer conjeturas*
gissing *conjetura* v
gist ⟨bij brood, bier⟩ *levadura* v; ⟨bij wijn⟩ *fermento* m
gisten *fermentar* ★ laten ~ *hacer fermentar*
gisteravond *anoche*; *ayer por la noche*
gisteren *ayer* ▼ hij is niet van ~ *es muy listo*
gistermiddag *ayer por la tarde*
gistermorgen *ayer por la mañana*
gisternacht *ayer por la noche*
gisting *fermentación* v
git *azabache* m
gitaar *guitarra* v
gitarist *guitarrista* m/v
gitzwart *de azabache* ★ ~e ogen *ojos de azabache*
glaceren ⟨v. gebak⟩ *glasear*; ⟨v. tegels⟩ *vidriar*; ⟨v. tegels⟩ *barnizar*
glad I BNW • effen *liso*; ⟨vlak⟩ *plano*; ⟨gepolijst⟩ *pulido* ★ een gladde huid *una piel tersa* • glibberig *resbaladizo* • vlot, gemakkelijk *fácil* • sluw *vivo* ▼ dat is nogal glad *es lógico* II BIJW • makkelijk *fácilmente* • totaal *completamente* ▼ iets glad vergeten *olvidarse completamente de u.c.* ▼ alles gaat hem glad af *todo le resulta muy fácil*
gladgeschoren *bien afeitado*
gladharig *de pelo liso*
gladheid *lisura* v
gladiator *gladiador* m
gladiool *gladíolo* m; *gladiolo* m
gladjanus *zorro* m; *lince* m ★ hij is een ~ *es un zorro*
gladjes *resbaladizo*
gladstrijken *alisar; planchar*
gladweg *completamente*
glamour *esplendor* m
glans • (weer)schijn *brillo* m; *resplandor* m • luister *brillo* m; *esplendor* m ★ met ~ slagen *aprobar brillantemente*
glansmiddel *abrillantador* m
glanspapier *papel* m *cuché*
glansrijk *brillante; espléndido*
glansrol *papel* m *estelar*
glanzen *brillar; resplandecer; lucir*
glas I ZN [het] [gmv] *vidrio* m; *cristal* m ★ glas in lood *vitral* m; *vidriera* v II ZN [het] [mv: glazen] • drinkglas *vaso* m; ⟨met voet⟩ *copa* v • ruit *vidrio* m; *cristal* m ▼ zijn eigen glazen ingooien *perjudicarse*

glasbak *contenedor* m *para el vidrio*
glasblazen *soplar vidrio*
glasfiber *fibra* v *de vidrio*
glashard I BNW *férreo* II BIJW ▼ iets ~ ontkennen *negar* [ie] *algo rotundamente*
glashelder • doorzichtig *cristalino* • duidelijk *clarísimo; lúcido*
glas-in-loodraam *vidriera* v
glasplaat *plancha* v *de cristal*
glasschade *rotura* v *de cristales*
glastuinbouw *horticultura* v *de invernadero*
glasverzekering *seguro* m *de rotura de lunas y cristales*
glasvezel *fibra* v *de vidrio*
glaswerk • glazen *cristalería* v • ruiten *cristales* m mv
glaswol *lana* v *de vidrio*
glazen *de cristal/de vidrio; vítreo* ★ ~ dak *techo* m *de vidrio*
glazenwasser *limpiacristales* m/v
glazig *vidrioso* ★ ~e ogen *ojos* m mv *vidriosos* ▼ ~e aardappels *patatas cristalinas* v
glazuren *vidriar; esmaltar*
glazuur *esmalte* m
gletsjer *glaciar* m
gletsjerdal *valle* m *glacial*
gleuf • spleet *ranura* v; *hendidura* v • groef *ranura* v • vagina *coño* m
glibberen *resbalar; deslizarse*
glibberig *resbaladizo; escurridizo*
glijbaan • speeltuig *tobogán* m • baan van ijs *pista* v *de hielo; resbaladero* m; *deslizadero* m
glijden *deslizarse; resbalarse*
glijmiddel *lubricante* m
glijvlucht ⟨v. vogel⟩ *planeo* m; ⟨v. vliegtuig⟩ *planeo* m
glimlach *sonrisa* v
glimlachen *sonreír* [i]
glimmen *brillar; resplandecer*
glimp ▼ een ~ opvangen van *entrever; vislumbrar* ▼ een ~je hoop *un atisbo/asomo de esperanza*
glimworm *luciérnaga* v
glinsteren *relucir; brillar; resplandecer*
glinstering *brillo* m; *resplandor* m
glippen *deslizarse; escurrirse* ★ naar buiten ~ *escaparse* ★ iets uit zijn handen laten ~ *dejar escapar u.c.*
glitter • iets dat glinstert *centelleo* m • schone schijn *brillo y esplendor* ★ ~ en glamour *brillo y esplendor*
globaal *global*; ⟨v. berekening⟩ *aproximado*
globaliseren *globalizar*
globalisering *globalización* v
globe *globo* m
globetrotter *trotamundos* m/v
gloed • schijnsel *resplandor* m • warmte *calor* m • bezieling *ardor* m; *fervor* m
gloednieuw *flamante*
gloedvol *fervoroso; ardiente*
gloeien • branden zonder vlam *arder* • stralen van hitte *enrojecer; arder*
gloeiend I BNW • heet *ardiendo*

• hartstochtelijk *ardiente* ‖ BIJW heet ★ ~ heet zijn *estar ardiendo*; *estar al rojo vivo* ▼ hij was er ~ bij *le cogieron con las manos en la masa*; *le cogieron en flagrante*
gloeilamp *bombilla* v
glooien *estar en declive*
glooiing *declive* m
glorie *gloria* v; *esplendor* m
glorietijd *época* v *gloriosa*
glorieus *glorioso*
glossarium *glosario* m
glossy *elegante*
glucose *glucosa* v
glühwein *vino* m *caliente*
gluiperd *socarrón* m [v: *socarrona*]
gluiperig *socarrón*; *solapado*
glunder *radiante*; *jubiloso*
glunderen *sonreír* [i] ★ ~d *sonriente*
gluren *espiar* [i]
gluten *gluten* m
gluurder *mirón* m [v: *mirona*]
glycerine *glicerina* v
gniffelen *reírse* [i] *con disimulo*
gnoe *ñu* m
gnoom *gnomo* m
gnuiven *reírse* [i] *con disimulo*
goal • doel *portería* v; *meta* v • doelpunt *gol* m ★ een goal scoren *marcar un gol*
gobelin • wandtapijt *gobelino* m • meubelstof *gobelino* m
gocart *cart* m
God *Dios* m ★ God de Heer *Dios Nuestro Señor* ★ God beware me er voor *¡válgame Dios!* ★ God zij dank *gracias a Dios* ▼ Gods water over Gods akker laten lopen *dejarlo todo a la buena de Dios*; *dejar que ruede la bola* ▼ God noch gebod vrezen *pasar de todo* ▼ leven als God in Frankrijk *vivir como un rey*; *darse/pegarse la gran vida* ▼ het ligt in Gods hand *Dios dirá* ▼ mijn/goeie God! *¡Dios mío!*
god *dios* m
goddank *gracias a Dios*
goddelijk • van een god *divino* • verrukkelijk *divino*
goddeloos • atheïstisch *ateo*; *impío* • zondig *degenerado*; *perverso*; *inicuo*
goddomme *¡me cago en diez!*; *¡me cago en la virgen!*
godendom *las divinidades*
godgans *santo* ★ de ~e avond *toda la santa tarde* ★ de ~e dag *todo el santo día*
godgeklaagd ▼ het is ~ dat *es una vergüenza que* [+ subj.]
godgeleerdheid *teología* v
godheid *deidad* v
godin *diosa* v
godsdienst *religión* v
godsdienstig • religieus *religioso* • vroom *devoto*
godsdienstoefening *culto* m; ⟨rooms-katholiek⟩ *oficio* m
godsdienstoorlog *guerra* v *religiosa*
godsdienstvrijheid *libertad* v *de culto*
godsdienstwaanzin *manía* v *religiosa*
godsgeschenk *regalo* m *de dios*
godsgruwelijk I BNW *monstruoso* ‖ BIJW *monstruosamente*
godshuis *iglesia* v; *templo* m
godslastering *blasfemia* v
godslasterlijk *blasfemo*
godsnaam ▼ in ~ *por Dios*; *por favor*
godswonder *milagro* m *de dios* ★ het is een ~ dat ze nog kwam *es un milagro que haya venido*
godverdomme *¡me cago en Dios!*
godvergeten *maldito*
godvruchtig *devoto*
godzijdank *gracias a Dios*
goe • → **goed**
goed I BNW • kwalitatief hoog ⟨vóór mannelijk zelfstandig naamwoord⟩ *buen*; *bueno* ★ daar ben ik niet (zo) goed in *yo no sirvo para esas cosas* ★ goed zo! *¡muy bien!* ★ goed zijn in *ser muy hábil en* ★ ze is goed in wiskunde *se le dan muy bien las matemáticas* • zoals voorgeschreven *correcto* • geschikt *bueno* • gunstig ★ het is maar goed dat... *menos mal que...* • vriendelijk *bueno* ★ zo goed zijn om *tener la bondad de* ★ wees zo goed te wachten *haga el favor de esperar*; *sírvase esperar* • gezond *bueno* ★ hij voelt zich niet goed *no se encuentra bien* ★ hij maakt het weer goed *se ha recuperado* • ruim *más de*; *por lo menos* ★ een goede twintig meter *veinte metros por lo menos*; *más de veinte metros* • waard zijnde ★ dat is goed voor ... *esto vale ...* • bepaald ★ op een goede dag *un buen día* ▼ het weer goed maken *reconciliarse* ▼ zo goed als *casi* ‖ BIJW • kwalitatief hoog ★ zo goed hij kan *lo mejor que pueda* ★ zo goed mogelijk *lo mejor posible* ★ er goed uitzien *tener buen aspecto* • correct *bien* • gunstig, aangenaam ★ dat zal je goed doen *te sentará bien* ★ het goed hebben *vivir bien* ▼ alles goed en wel, maar *todo eso está bien*, *pero* ▼ zo goed en zo kwaad als het ging *lo mejor posible en circunstancias adversas* ▼ zich goed houden *contenerse*; [ie] *comportarse bien* ‖‖ ZN [het] • wat goed is *g* m ★ goed en kwaad *el bien y el mal* • bezit *bienes* m mv ★ onroerend goed *bienes inmuebles* v mv • kleren *ropa* v ▼ hoeveel heb je van mij te goed? *¿cuánto te debo?* ▼ gestolen goed gedijt niet *bienes mal adquiridos a nadie han enriquecido*
goedaardig • goedig *bueno*; *bondadoso* • MED. *benigno*
goeddoen *hacer bien*
goeddunken I ZN [het] • toestemming *permiso* m; *consentimiento* m • believen ★ naar eigen ~ *como quieras* ‖ ON WW *goed toeschijnen parecer bien* ★ het dunkt mij goed dat *me parece bien que*
goedemiddag *buenas tardes*
goedemorgen *buenos días*
goedenacht *buenas noches*
goedenavond *buenas noches*; ⟨tot acht uur⟩ *buenas tardes*
goedendag *buenos días*
goederen • bezittingen *bienes* m mv • koopwaar *productos* m mv; *mercancía* v
goederenlift *montacargas* m
goederentrein *tren* m *de mercancías*

goederenverkeer *tráfico m de mercancías*
goederenwagon *vagón v de mercancías*
goedgebekt *elocuente* ★ ~ *zijn tener un pico de oro*
goedgeefs *generoso*
goedgehumeurd *de buen humor*
goedgelovig *ingenuo*; *de buena fe*
goedgemutst *de buen humor*
goedgezind ★ iem. ~ *zijn sentir* [ie, i] *simpatía por u.p.*
goedgunstig *benévolo*
goedhartig *bueno*; *de buen corazón*
goedheid *bondad* v ▾ grote ~! *¡Dios santo!*
goedig *bonachón*
goedje *substancia* v
goedkeuren • in orde bevinden *declarar apto* ★ hij is goedgekeurd voor militaire dienst *le han declarado apto para la mili* • instemmen met *aprobar* [ue] • bekrachtigen ⟨v. verdrag⟩ *ratificar*
goedkeuring • instemming *aprobación* v ★ ter ~ voorleggen *presentar para su aprobación/ratificación* • de algemene ~ wegdragen *merecer la aprobación de todos* ★ zijn ~ geven *aprobar* [ue] • bekrachtiging FORM. *autorización* v; ⟨v. verdrag⟩ *ratificación* v
goedkoop • niet duur *barato* ▾ flauw, gemakkelijk *de mal gusto*; *fácil*; *cursi* ▾ ~ is duurkoop *lo barato es caro* ▾ hij is er ~ van afgekomen *ha tenido suerte*
goedlachs *reidor*; *alegre*
goedmaken *arreglar*; *compensar*; *reparar*; ⟨v. onrecht⟩ *desagraviar*
goedmakertje *compensación* v
goedmoedig *bondadoso*
goedpraten *justificar*
goedschiks ★ ~ of kwaadschiks *pos las buenas o por las malas*
goedvinden I OV WW • goedkeuren *aprobar* [ue] • nuttig vinden *consentir* [ie, i] II ZN [het] • goedkeuring *aprobación* v ★ met ~ van *con permiso de* ★ met onderling ~ *por mutuo acuerdo* • goeddunken *consentimiento* m
goedzak *bonachón* m [v: *bonachona*]; *pedazo* m *de pan*
goegemeente *gente* v *de la calle*; *gente* v
goeierd *bonachón* m
goeroe *gurú* m
goesting *gana(s)* v (mv); *hambre* v
gok • het gokken *apuesta* v mv • een gokje wagen *probar suerte* • risico *empresa* v *arriesgada* • grote neus *napias* v mv ▾ op de gok *al azar*
gokautomaat *(máquina)* v *tragaperras*
gokken • speculeren *especular* • een kans wagen *probar* [ue] *suerte* • om geld spelen *jugar* [ue]
goklust *deseo* m *de apostar*
goktent *garito* m
gokverslaafde *jugador* m *(de juegos al azar)*
gokverslaving *adicción* v *al juego*
golf[1] • waterbeweging *ola* v ▾ NATK. *onda* v ★ lange golf *onda larga* ★ korte golf *onda corta* • wat op een golf lijkt *onda* v ★ een golf van paniek *una oleada de pánico* ★ groene golf *onda* v *verde* • baai *golfo* m

golf[2] (zeg: 'golf' met de g van 'goal') *golf* m
golfbaan *campo* m *de golf*
golfbeweging *movimiento* m *ondulatorio*; *ondulación* v
golfbreker *rompeolas* m
golfclub • golfstok *palo* m *de golf* • vereniging *club* m *de golf*
golfen *jugar* [ue] *al golf*
golfer *golfista* m/v
golfkarton *cartón* m *ondulado*
golflengte *longitud* v *de onda*
golflijn *línea* v *ondulada*
golfplaat *chapa* v *ondulada*
golfslag *oleaje* m; *olas* v mv
golfslagbad *piscina* v *con olas*
golfstaat *estado* m *del golfo*
Golf van Biskaje *Golfo* m *de Vizcaya*; *(mar m) Cantábrico*
golven *ondear*; *ondularse*
gom • lijmstof *goma* v *adherente* • vlakgom *goma* v *de borrar*
gommen • met gom bedekken *engomar* • uitvlakken *borrar*
gondel *góndola* v
gondelier *gondolero* m
gong *gong* m; ⟨klein⟩ *batintín* m
gongslag *golpe* m *de gongo*
goniometrie *goniometría* v
gonorroe *gonorrea* v
gonzen *zumbar*
goochelaar *prestidigitador* m; *ilusionista* m/v
goochelen • toveren *hacer juego de manos*; *practicar el ilusionismo* • handig omspringen met *hacer malabarismos* (**met** *con*)
goocheltruc *truco* m *(de prestidigitador)*; *juego* m *de manos*
goochem *despierto*; *espabilado*; *vivo*
goodwill • goede naam *buena reputación* v; *crédito* m ★ ~ genieten *gozar de (una) buena reputación* • commerciële waarde *goodwill* m
gooi *tiro* m; *lanzamiento* m ▾ ergens een gooi naar doen *probar* [ue] *suerte con u.c.*
gooien *tirar*; *echar*; *lanzar* ▾ het op iets ~ *decir* [i] *que u.c. tiene la culpa* ▾ het op een akkoordje ~ *ponerse de acuerdo*
gooi-en-smijtwerk *escena* v *cómica*
goor • onsmakelijk *asqueroso* • vuil *sucio*; *guarro* • aanstootgevend ★ gore taal uitslaan *decir groserías*
goot • straatgoot *canal* m • dakgoot *canal* m; *desagüe* m
gootsteen *fregadero* m; *pila* v
gordel • riem *cinturón* m • kring *círculo* m; *cerco* m; *cinturón* m • AARDK. *zona* v
gordeldier *armadillo* m
gordelroos *herpe* m/v; MED. *herpes* m/v
gordijn *cortina* v; ⟨op toneel⟩ *telón* m ★ de ~en opentrekken *descorrer las cortinas* ★ de ~en dichtdoen *correr las cortinas* ▾ het ijzeren ~ *el telón de acero*
gordijnrail *riel* m *para cortinas*
gordijnroe *varilla* v *para las cortinas*
gorgelen *hacer gárgaras*
gorgonzola *gorgonzola* m
gorilla *gorila* m
gors *escribano* m *hortelano*

gort *cebada* v *mondada* ▼ aan gort slaan *hacer añicos*
gortdroog • droog *reseco* • saai *gris*
gortig ▼ het al te ~ maken *pasarse*
GOS *Comunidad* v *de Estados Independientes; C.E.I.* v
gospel *gospel* m
gospelmuziek *música* v *de espiritual negro*
gothic I ZN [de] • persoon *siniestro* m • muziek *música* v *siniestra* II BNW *siniestro*
gotiek *gótico* m
gotisch *gótico*
gotspe *descaro* m
gouache *acuarela* v
goud *oro* m ▼ het is niet alles goud wat er blinkt *no es oro todo lo que reluce* ▼ zo eerlijk als goud *muy sincero*
goudader *veta* v *de oro*
goudblond *dorado*
goudbruin *dorado; bronceado*
goudeerlijk *muy sincero*
gouden • van goud *de oro* • goudkleurig *dorado*
goudenregen • *lluvia* v *de oro* • PLANTK. *codeso* m; *cítiso* m
goudhaantje • vogel *reyezuelo* m • kever *escarabajo* m
goudkleurig *dorado*
goudkoorts *fiebre* v *del oro*
goudmijn • mijn *mina* v *de oro* • onuitputtelijke bron *filón* m; *mina* v *de oro*
goudprijs *precio* m *del oro*
goudrenet *manzana* v *reineta*
goudsbloem *caléndula* v; *maravilla* v
goudschaaltje • → *woord*
goudsmid *orfebre* m/v
goudstuk *moneda* v *de oro*
goudvink *camachuelo* m
goudvis *pez* m *de colores*
goudwinning *extracción* v *de oro*
goudzoeker *buscador* m *de oro*
goulash *guiso* m *húngaro; gulyas* m
gourmetstel *juego* m *de gourmet*
gouvernante *gobernadora* v
gouvernement *distrito* m; *provincia* v
gouverneur *gobernador* m
gozer *tío* m
gps *GPS* m
graad • meeteenheid *grado* m ★ het is vijf graden onder nul *cinco grados bajo cero* ★ het is twintig graden *hace veinte grados* ★ WISK. *grado* m ★ een hoek van 90 graden *un ángulo de 90 grados* ★ een vergelijking van de derde ~ *una ecuación de tercer grado* • rang, trap *grado* m ★ academische ~ *título* m *académico* • mate *grado* m ★ ~ van verwantschap *grado de parentesco*
graadmeter *indicador* m
graaf *conde* m
graafmachine *máquina* v *excavadora*
graafschap *condado* m
graag • met plezier *con mucho gusto* ★ dat doe ik ~ voor je *lo hago con mucho gusto* ★ ik lees ~ *me gusta leer* ★ dat geloof ik ~ *ya lo creo* • ⟨bij verzoek⟩ *con mucho gusto; de buena gana* ★ ik zou ~ *quisiera* [+ inf.]; *me gustaría* [+

inf.] ★ ik wil ~... *querría* [+ inf.]
graagte *ganas* v mv; FORM. *diligencia* v ★ met ~ iets aannemen *aceptar u.c. con gusto*
graaien *hurgar* ★ het kind graaide met zijn handjes in de soep *el niño metió los dedos en la sopa* ★ naar iets ~ *hurgar* [ue] *en busca de*
graal *grial* m ★ de Heilige Graal *el Santo Grial*
graan • gewas *cereal* m • koren *trigo* m
graanoogst • het oogsten *cosecha* v *de cereales* • opbrengst *cosecha* v *de cereales*
graanschuur *granero* m
graansilo *silo* m
graantje ▼ een ~ meepikken *sacar algún provecho; sacar tajada*
graat *espina* v ▼ hij is niet zuiver op de ~ *no es de fiar*
grabbel ▼ iets te ~ gooien *malgastar u.c.*
grabbelen *buscar revolviéndolo todo*
grabbelton *caja* v *de sorpresas*
gracht *canal* m; ⟨v. fort/kasteel⟩ *foso* m
grachtenpand *mansión* v *típica al lado de los canales*
gracieus *gracioso; elegante*
gradatie *gradación* v ★ een kleur in verschillende ~s *un color con sus diferentes gradaciones*
gradenboog *transportador* m
gradueel *gradual*
graf *tumba* v; *fosa* v; *sepulcro* m; *sepultura* v ★ ten grave dragen *sepultar; enterrar* [ie] ▼ zwijgen als het graf *ser una tumba*
graffiti *grafiti* m
graficus *grafista* m/v
grafiek • KUNST *arte* m *gráfico* • grafische voorstelling *gráfico* m; *diagrama* m
grafiet *grafito* m
grafisch *gráfico* ★ ~ ontwerper *grafista* v ★ ~ ontwerp *diseño* m *gráfico*
grafkelder *cripta* v
grafkist *ataúd* m
grafologie *grafología* v
grafrede *discurso* m *ante la tumba*
grafschennis *profanación* v *de tumbas*
grafschrift *epitafio* m
grafsteen *lápida* v
grafstem *voz* v *cavernosa*
graftombe *tumba* v; *sepulcro* m
grafzerk *losa* v; *lápida* v
gram I ZN [de] ▼ zijn gram halen *vengarse* II ZN [het] *gramo* m ★ vijftig gram suiker *cincuenta gramos de azúcar*
grammatica *gramática* v
grammaticaal *gramatical*
grammofoon *gramófono* m
grammofoonplaat *disco* m
granaat • projectiel *granada* v • edelsteen *granate* m • boom *granado* m
granaatappel *granada* v
grandioos *magnífico; maravilloso; fenomenal*
graniet *granito* m
granieten *de granito*
grap *broma* v; *chiste* m ★ een grapje van iets maken *tomar a broma u.c.* ★ (maak) geen grapjes! *¡déjate de bromas!* ★ grappen maken *gastar bromas* ★ grappen uithalen met iem. *gastar bromas a u.p.* ★ voor de grap *en broma*

grapefruit–grijpstuiver

▼ dat is een dure grap *cuesta un ojo de la cara*
▼ dat is ook een mooie grap! *¡vaya historia!*
grapefruit *pomelo* m
grapjas *bromista* m/v
grappenmaker *bromista* m/v; *burlón* m [v: *burlona*]; *chistoso* m
grappig ⟨v. iets⟩ *gracioso*; ⟨v. iets⟩ *divertido*; ⟨v. iets⟩ *cómico*; ⟨v. iem.⟩ *gracioso*; ⟨v. iem.⟩ *chistoso*
gras *hierba* v; ⟨als veevoer⟩ *pasto* m; ⟨grasveld⟩ *césped* m ▼ iem. het gras voor de voeten wegmaaien *adelantarse a alguien* ▼ er geen gras over laten groeien *no perder* [ie] *tiempo*
grasduinen *hojear*
grasland *prado* m; ⟨uitgestrekt⟩ *pradera* v
grasmaaien *segar* [ie] *el césped*
grasmaaier *cortacésped* m
grasmat *césped* m
grasperk *césped* m
graspol *trozo* m *de césped*
grasveld ⟨in tuin/park⟩ *césped* m; ⟨weiland⟩ *prado* m; ⟨uitgestrekt⟩ *pradera* v; ⟨voor voetballen⟩ *campo* m
grasvlakte *pradera* v; *herbazal* m
graszode *tepe* m
gratie • gunst *gracia* v; *favor* m ★ bij de ~ Gods *por la gracia de Dios* ★ in de ~ zijn bij iem. *disfrutar de la gracia de u.p.* ★ uit de ~ en desgracia ★ uit de ~ zijn bij iem. *caer en desgracia con u.p.* ★ JUR. genade *indulto* m ★ ~ verlenen *conceder el indulto*; *indultar* • sierlijkheid *gracia* v; *elegancia* v
gratieverzoek *solicitud* v *de indulto* ★ een ~ indienen *imponer una solicitud de indulto*
gratificatie *gratificación* v
gratineren *gratinar*
gratis I BNW *gratuito*; *gratis* ★ ~ bijlage *suplemento gratuito* ★ ~ toegang *entrada gratis* **II** BIJW *gratis*; *gratuitamente*
gratuit *infundado*
grauw *gris*
grauwen *refunfuñar*; *gruñir*
graveerkunst *arte* m *de grabar*
gravel *grava* v; *gravilla* v
graven *cavar*
graveren *grabar*
graveur *grabador* m
gravin *condesa* v
gravure *grabado* m; *estampa* v; *lámina* v
grazen *apacentar*; *pastar* ★ laten ~ *llevar a pastar* ▼ iem. te ~ nemen *tomar el pelo a u.p.*
grazig *herboso*; *pastoso*
greep • graai *asimiento* m; *agarro* m • houvast *control* (op de) ★ ~ hebben op *controlar* ★ zijn ~ op iets verliezen *perder* [ie] *el control de u.c.* • handvat *asidero* m; *asa* v; *mango* m • MUZ. *acorde* m
gregoriaans *gregoriano*
grein ★ geen ~tje respect *ni pizca de respeto* ★ geen ~tje verstand van iets hebben *no tener ni la más remota idea de algo*
Grenada *Grenada* v
grenadier *granadero* m
grenadine *granadina* v
grendel *cerrojo* m ★ de ~ op de deur doen *echar el cerrojo a la puerta*
grendelen *echar el cerrojo*
grenen *de pino*
grens • AARDK. scheidingslijn *frontera* v ★ over de ~ zetten *expulsar (del país)* • FIG. limiet *límite* m ★ binnen zekere grenzen blijven *ajustarse a ciertos límites* ★ de ~ overschrijden *traspasar el límite*
grensconflict *conflicto* m *fronterizo*
grensdocument *documento* m *necesario para pasar una frontera*
grensgebied *zona* v *fronteriza*
grensgeval *caso* m *dudoso*
grenskantoor *oficina* v *de la aduana*
grenslijn *límite* m; *frontera* v
grensovergang *paso* m *fronterizo*
grenspost *aduana* v
grensrechter *juez* m/v *de línea*
grensstreek *zona* v *fronteriza*
grensverleggend *abriendo nuevas perspectivas*
grenswisselkantoor *oficina* v *de cambio*
grenzeloos *inmenso*
grenzen • LETT. *limitar (aan con)*; ⟨v. klein terrein⟩ *lindar (aan con)* ★ Spanje grenst aan Frankrijk *España limita con Francia* • FIG. ★ dat grenst aan het onmogelijke *esto raya en lo imposible*
greppel *zanja* v; *acequia* v
gretig *ávido* ★ met ~e blik *con ojos ávidos*
gribus • buurt *barrio* m *bajo*; ⟨met krotten⟩ *barrio* m *de chabolas* • woning *tugurio* m
grief *queja* v ★ zijn grieven kenbaar maken *quejarse*
Griek *griego* m
Griekenland *Grecia* v
Grieks I ZN [het] taal *griego* m **II** BNW m.b.t. Griekenland *griego*
griend • bos van rijshout *mimbreral* m; *salceda* v • griendwaard *saucedal* m
grienen *lloriquear*; *gimotear*
griep *gripe* v
grieperig *griposo*
gries • kiezelzand *arena* v *gruesa* • griesmeel *sémola* v
griesmeel *sémola* v
griet • meid *chavala* v; *tía* v • vis *rodaballo* m
grieven *ofender*; *agraviar* ★ zich gegriefd voelen *sentirse herido*
griezel *esperpento* m
griezelen *estremecerse*; *espeluznarse*
griezelfilm *película* v *de horror*
griezelig *lúgubre*; *macabro*; ⟨sterker⟩ *horripilante*
griezelverhaal *cuento* m *de terror*
grif *sin vacilar*
griffen ★ dat staat in mijn geheugen gegrift *queda grabado en mi memoria*
griffie *secretaría* v *judicial*
griffier *secretario* m *judicial*
griffioen *grifo* m
grijns *mueca* v
grijnzen *hacer una mueca*; *hacer muecas*
grijpen **I** OV WW pakken *coger*; *agarrar* ★ voor het ~ liggen *abundar* **II** ON WW tastende beweging maken *coger*; *agarrar*
grijper *tenazas* v mv
grijpstuiver *perras* v mv

grijs • kleur *gris*; ⟨v. haar⟩ *cano* ★ grijze haren *canas* v ★ ~ worden *encanecer* • oud ★ in een ~ verleden *en un pasado lejano/remoto*
grijsaard *anciano* m
grijsblauw *azul gris*
grijsrijden *viajar haciendo sisa*
grijzen *encanecer*
gril *capricho* m; *antojo* m
grill *parrilla* v
grillen *asar (en la parrilla)*
grillig • onregelmatig *irregular* • wispelturig *caprichoso*
grilligheid • wispelturigheid *inconstancia* v • onregelmatigheid *irregularidad* v
grimas *mueca* v ★ ~sen maken *hacer muecas*
grime *maquillaje* m
grimeren *maquillar*
grimeur *maquillador* m
grimmig *amenazador*
grind *cascajo* m; ⟨fijn⟩ *grava* v
grinniken *reírse* [i]
grip • greep *adherencia* v • houvast *asidero* m
grissen *arrebatar*
groef • gleuf *surco* m; *ranura* v; ⟨v. grammofoonplaat⟩ *surco* m • rimpel *arruga* v
groei • het groeien ★ in de ~ zijn *estar en pleno crecimiento*; FIG. toename *crecimiento* m; *desarrollo* m
groeien *crecer*; ⟨v. zaken⟩ *aumentar* ★ hij is uit zijn kleren gegroeid *ha crecido tanto que la ropa le queda pequeña*
groeihormoon *hormona* v *de crecimiento*
groeikern *zona* v *de desarrollo concentrado*
groeimarkt *mercado* m *en expansión*
groeistuip *convulsión* v ▼ last hebben van ~en *tener problemas por un crecimiento precoz*
groeizaam • goed groeiend *fecundo*; *fértil* • goed voor de groei *fecundizante*; *fertilizante*
groen I BNW • kleur *verde* • milieuvriendelijk *verde* • onervaren *inexperto*; *inmaduro*; *ingenuo* **II** ZN [het] • kleur *verde* m • gebladerte *verde* m
groenblijvend *siempre verde*
groene ★ de Groenen *los Verdes*
Groenland *Groenlandia* v
groenstrook *zona* v *verde*; *franja* v *ajardinada*
groente *verdura* v; *hortaliza* v
groenteboer • persoon *verdulero* m • winkel *verdulería* v
groentesoep *sopa* v *de verduras*
groentetuin *huerto* m
groentijd *noviciado* m
groentje *novicio* m; INFORM. *novato* m; ⟨in het leger⟩ *bisoño* m; *verde* m
groenvoer *forraje* m
groenvoorziening *zona* v *verde*
groep • meerdere personen/dingen *grupo* m • leerjaar *curso* m ★ in ~ één zitten *estar en el primer año del parvulario* ★ in ~ drie zitten *estar en el primer curso*
groeperen *agrupar*
groepering • het groeperen *agrupamiento* m • groep *agrupación* v
groepsfoto *foto* v *de grupo*
groepsgeest *espíritu* m *de grupo*; *conciencia* v *de grupo*

groepsgesprek *conversación* v *en grupo*
groepspraktijk *consultorio* m *de un colectivo de médicos*
groepsreis *viaje* m *en grupo*
groepstaal *jerga* v *de grupo*
groepstherapie *terapia* v *de grupo*
groepsverband ★ in ~ *en grupo*; *en grupos*; *en equipo*
groet *saludo* m; *salutación* v ★ de ~en *un abrazo*; *abrazos*; *un beso*; *besos* ★ met hartelijke ~en *con un cordial saludo* ★ met vriendelijke ~ *muy atentamente* ★ de ~en aan je zuster! *¡saludos a tu hermana!* ★ ~en uit Utrecht *recuerdos de Utrecht* ★ doe hem de ~en van mij *salúdale de mi parte*
groeten *saludar*
groetjes • *saludos*; *chao*; *chau* • → **groet**
groeve • grafkuil *hoya* v; *hoyo* m • afgraving *cantera* v
groeven *grabar*; *acanalar*; *ranurar*
groezelig *mugriento*; *sucio*
grof • niet fijn *grueso*; *tosco*; *basto* • ernstig *grave* ★ een grove fout *un error grave* • ongemanierd *grosero* ★ grof worden *decir groserías* ▼ grof geld verdienen *forrarse de dinero*
grofgebouwd *fornido*
grofheid • het grof zijn *grosería* v; *brutalidad* v • lompheid *grosería* v
grofvuil *trastos* m mv *para la basura*
grofweg *aproximadamente*
grog *grog* m
grommen I OV WW morren *refunfuñar* **II** ON WW geluid maken *gruñir*
grond • aardbodem *tierra* v; *suelo* m; ⟨onder water⟩ *fondo* m ★ begane ~ *planta* v *baja* ★ op de ~ vallen *caer al suelo* • bouwland *tierra* v • stof, materie van het aardoppervlak *tierra* v • grondslag *base* v; *fundamento* m • reden *razón* v; *motivo* m ★ op deze ~ *por esta razón*; *con tal motivo* ★ op goede ~en *con razones fundadas* ★ op ~ van *en virtud de* ★ niet zonder ~ *con razón* ★ er is goede ~ om *hay razones fundadas para* ▼ in de ~ ⟨van de zaak⟩ *en el fondo* ▼ de ~ in boren *acabar con* ▼ met de ~ gelijkmaken *arrasar* ▼ te ~e gaan *perderse* [ie]; *perecer*; *arruinarse* ▼ uit de ~ van mijn hart *con toda mi alma*; *en el fondo del corazón* ▼ uit de ~ stampen *construir en poco tiempo*
grondbedrijf *empresa* v *de compraventa de terreno de construcción*
grondbeginsel *principio* m; ⟨v. kennis⟩ *fundamento* m
grondbegrip *concepto* m *básico*
grondbelasting *impuesto* m *territorial*
grondbetekenis *significado* m *original*
grondeigenaar *propietario* m *rural*
gronden • baseren op *fundar en*; *basar en* ★ gegrond zijn op *estar basado/fundado en* • grondverven *imprimar*
grondgebied *territorio* m
grondgedachte *idea* v *fundamental*
grondig *profundo*; *intenso*
grondlaag • onderste laag *capa* v *inferior* • eerste verflaag *imprimación* v

grondlegger *fundador* m
grondlegging *fundación* v
grondoffensief MIL. *ofensiva* v *de las tropas de tierra*
grondoorzaak *causa* v *primera*
grondpersoneel *personal* m *de tierra*
grondrecht *derecho* m *fundamental*
grondregel • *belangrijke regel regla* v *fundamental* • *principe principio* m
grondslag *fundamento* m; *base* v ★ *de ~ leggen voor fundar* ★ *X ligt ten ~ aan Y Y se basa en X*
grondstewardess *azafata* v *de tierra*
grondstof *materia* v *prima*
grondtal *cifra* v *base*
grondtoon *tónica* v; *nota* v *tónica*
grondverf *pintura* v *de primera mano*
grondvesten *fundar*
grondvlak *base* v
grondvorm *forma* v *originaria*
grondwater *aguas* v mv *subterráneas*
grondwet *constitución* v
grondwettelijk *constitucional*
grondwoord *raíz* v
grondzeil *tela* v *impermeable*
Groningen *Groningen* m; *Groninga* v
groot • *van zekere omvang grande;* ⟨*vóór mannelijk zelfstandig naamwoord*⟩ *gran;* ⟨*ruim*⟩ *extenso;* ⟨*lang*⟩ *alto* ★ *hoe ~ is hij? ¿qué estatura tiene?* ★ *even ~ del mismo tamaño; de la misma estatura* ★ *de jongens zijn even ~ los chicos son igual de altos* ★ *je bent ~ geworden has crecido* ★ *zijn schoenen zijn te ~ los zapatos le vienen grandes* ★ *hoe ~? ¿de qué tamaño?* ★ *hoe ~ is dit huis? ¿cuánto mide esta casa?* ★ *groter más grande* ★ *zeer ~ grandísimo* ★ *een ~ gezin una familia numerosa* • *belangrijk grande* ★ *een grote wijn un gran vino* ★ *een ~ man un gran hombre* ★ *oud(er) mayor; adulto* ★ *als je eenmaal ~ bent cuando seas mayor/grande* ★ *de grote mensen los mayores; los grandes* ★ *mijn grote zus mi hermana mayor*
▼ *Alexander de Grote Alejandro Magno*
▼ *Karel de Grote Carlomagno*
grootbeeld *pantalla* v *grande*
grootboek *libro* m *mayor*
grootbrengen *criar* [i]; *educar*
Groot-Brittannië *Gran Bretaña* v
grootdoenerij *fanfarronería* v
grootgrondbezit *latifundismo* m
grootgrondbezitter *latifundista* m
groothandel *comercio* m *al por mayor*
groothandelaar *mayorista* m/v
groothandelsprijs *precio* m *mayorista*
grootheid • *het groot zijn grandeza* v • WISK. *magnitud* v • *persoonlijkheid personaje* m *importante; gran* v *figura; valor* m
grootheidswaan *delirio* m *de grandeza*
groothertog *duque* m
groothertogdom *gran* m *ducado*
groothoeklens *objetivo* m *gran angular*
groothouden [zich ~] *aguantarse*
grootindustrieel *gran* m *industrial*
grootje *vieja* v ▼ *iets naar zijn ~ helpen romper u.c.*

grootkapitaal *gran* m *capital*
grootmeester *gran* m *maestro*
grootmoeder *abuela* v
grootmoedig *magnánimo; generoso*
grootouder ★ *~s abuelos* m mv
groots *grandioso; impresionante; magnífico*
grootschalig *a gran escala*
grootscheeps *amplio*
grootspraak *jactancia* v; *fanfarronadas* v mv
grootsteeds *de gran ciudad*
grootte *magnitud* v; *dimensiones* v mv; *tamaño* m; ⟨*dikte*⟩ *grosor* m ★ *op ware ~ de tamaño natural* ★ *ter ~ van del tamaño de*
grootvader *abuelo* m
grootverbruiker *gran* m *consumidor*
grootwinkelbedrijf *cadena* v *de establecimientos comerciales*
grootzeil *vela* v *mayor*
gros • 12 *dozijn gruesa* v ★ *tien gros diez gruesas* • *merendeel mayoría* v
grossier *mayorista* m/v
grossieren *vender al por mayor* ▼ *ze grossiert in ongelukkige liefdes acumula amores desdichados*
grot *cueva* v; *gruta* v; *caverna* v; ⟨*aangelegd*⟩ *cueva* v
grotendeels *en su mayor parte*
Grote Oceaan *el Pacífico* m; *el Océano* m *Pacífico*
grotesk *grotesco*
grotschildering *pintura* v *rupestre*
groupie *grupi* v
gruis *polvo* m; ⟨v. *kolen*⟩ *carbonilla* v
grut I ZN [de] ▼ *goeie grutten! ¡por Dios!* II ZN [het] *kinderen pequeños* m mv; *peques* m mv
grutter *mezquino* m
gruwel • *gruwelijke daad atrocidad* v • *afkeer horror* m ★ *dat is mij een ~ me da horror*
gruweldaad *atrocidad* v
gruwelen *horrorizarse* ★ *van iets ~ horrorizarse por algo*
gruwelijk *horrible; terrible; atroz*
gruwen *aborrecer; odiar; horrorizar*
gruzelementen ▼ *aan ~ slaan hacer añicos; romper*
g-sleutel *clave* v *de sol*
gsm® *móvil* m
gsm-toestel *teléfono* m *móvil*
g-snaar *cuerda* v *de sol*
Guatemala *Guatemala* v
Guatemalteek *guatemalteco* m
Guatemalteeks *guatemalteco*
guerrilla *guerrilla* v
guerrillabeweging *guerrilla* v
guerrillaoorlog *guerrilla* v; *guerra* v *de guerrilleros*
guerrillastrijder *guerrillero* m
guillotine *guillotina* v
Guinee *Guinea* v
Guinee-Bissau *Guinea-Bissau* v
guirlande *guirnalda* v
guit *pícaro* m
guitig *pícaro*
gul *generoso*
gulden *florín* m
gulheid *generosidad* v

gulp • sluiting *braqueta* v ★ zijn gulp openmaken *desbrocharse la braqueta* • straal *raudal* m
gulpen *salir a borbollones*
gulzig *voraz; glotón*
gulzigaard *glotón* m [v: *glotona*]; *comilón* m [v: *comilona*]
gum *goma* v
gummen *borrar*
gummi I ZN [het] *goma* v; *caucho* m II BNW *de goma; de caucho*
gummiknuppel *porra* v
gunnen • verlenen *conceder;* ⟨bij aanbesteding⟩ *adjudicar* • toewensen *conceder* ★ ze gunt het me niet *me tiene manía* ★ ik gun het je *lo mereces*
gunst • goede gezindheid *favor* m ★ in de~ komen bij *ganarse el favor de; ganarse la simpatía de* ★ uit de~ raken bij *perder* [ie] *el favor de* • weldaad *favor* m ★ iem. een~ bewijzen *hacer un favor a u.p.* ★ ten~e van *en favor de*
gunsteling *favorito* m
gunstig I BNW • goedgezind *favorable; propicio* ★ een~ onthaal vinden *encontrar* [ue] *buena acogida* ★ ~ bekendstaan *gozar de buena reputación; tener buena fama* • voordelig *ventajoso; apropiado; adecuado; conveniente* ★ een~ contract *un contrato ventajoso* ★ een~ moment *un momento oportuno* II BIJW • goedgezind ★ iem. ~ gezind zijn *favorecer u.p.* • voordelig ★ ~ gelegen *convenientemente situado*
guppy *gupi* m
guts • beitel *gubia* v • plens *chorro* m
gutsen I OV WW werken met een guts *excavar con gubia* II ON WW plenzen *chorrear*
guur *desabrido*
Guyana *Guayana* v
Guyanees *guayanés; guyanés*
gym I ZN [de] gymnastiek *gimnasia* v II ZN [het] gymnasium ≈ *liceo* m ★ hij zit op 't gym *está cursando el liceo*
gymmen *hacer gimnasia*
gymnasiast *alumno* m *de liceo*
gymnasium *liceo* m
gymnastiek *gimnasia* v
gymschoen *zapatilla* v *de deporte*
gymzaal *ginnasio* m
gynaecologie *ginecología* v
gynaecoloog *ginecólogo* m
gyros *gyros* m

H

h *h* v ★ de h van Hendrik *la h de Historia*
haag *seto* m
haai *tiburón* m ▾ naar de haaien gaan *irse a pique*
haaibaai *marimacho* m
haaienvinnensoep *sopa* v *de aletas de tiburón*
haak • gebogen voorwerp *percha* v ★ een jas aan de haak hangen *colgar* [ue] *un abrigo en la percha* • bevestigingshaak *gancho* m • vishaak *anzuelo* m • telefoonhaak *horquilla* v • leesteken *paréntesis* m ★ iets tussen haakjes zetten *poner u.c. entre paréntesis* ★ vierkante haakjes *corchetes* m mv • winkelhaak *escuadra* v; *escuadra* v *con espaldón* ▾ er zitten haken en ogen aan *tiene sus bemoles* ▾ iem. aan de haak slaan *enganchar a u.p.* ▾ schoon aan de haak *en canal* ▾ een man aan de haak slaan *pescar marido* ▾ er is iets niet in de haak *no es como debe ser; huele mal*
haaknaald *ganchillo* m
haakneus *nariz* v *aguileña*
haaks I BNW WISK. *perpendicular* II BIJW FIG. tegengesteld ★ ~ op elkaar staan *estar diametralmente opuesto* ▾ hou je ~! *¡que te vaya bien!*
haakwerk *labor* m *de ganchillo*
haal • het halen/trekken *tirón* m; ⟨aan een sigaar⟩ *chupada* v • streep *trazo* m ▾ aan de haal gaan *poner pies en polvorosa* ▾ aan de haal gaan met *largarse con*
haalbaar *alcanzable; factible*
haalbaarheid *viabilidad* v
haan • dier *gallo* m • weerhaan *veleta* v • pal in wapen *gatillo* m ▾ daar kraait geen haan naar *nadie se enterará* ▾ de gebraden haan uithangen *vivir a lo grande*
haar I ZN [de] *pelo* m ★ grijze haren *canas* v mv ▾ geen haar beter zijn *ser de la misma calaña* ▾ zijn wilde haren verliezen *sentar* [ie] *cabeza* ▾ elkaar in de haren vliegen *enzarzarse; tirarse los trastos a la cabeza* ▾ iets met de haren erbij slepen *traer u.c. por los pelos* ▾ niemand een haar krenken *no tocar un pelo de la ropa; no hacer mal a nadie* ▾ zich de haren uit het hoofd trekken *tirarse de los pelos* ▾ het scheelde geen haar *faltó un pelo* ▾ op een haar na *por poco; por un pelo* ▾ daar krijg ik heus geen grijze haren van *eso me tiene sin cuidado* ▾ geen haar op mijn hoofd die eraan denkt *¡ni soñarlo!* ▾ de haren rijzen mij te berge *los pelos se me ponen de punta* II ZN [het] *pelo* m; *cabello* m; ⟨op lichaam⟩ *vello* m ★ zijn haar kammen *peinarse* ★ lang haar hebben *tener el pelo largo; tener melenas* ★ grijs haar krijgen *encanecer; volverse* [ue] *cano* III PERS VNW ⟨als lijdend voorwerp⟩ *la*; ⟨als meewerkend voorwerp⟩ *le*; ⟨na voorzetsel⟩ *ella* IV BEZ VNW ⟨voor enkelvoud⟩ *su*; ⟨voor meervoud⟩ *sus*
haarband *cinta* v *para el pelo*
haard • stookplaats *estufa* v • open~ *chimenea*

v • middelpunt *foco* m; *centro* m
haardos *cabellera* v; *mata* v *de pelo*
haardracht *peinado* m; *tocado* m
haardroger *secador* m *de pelo*
haardvuur *fuego* m
haarfijn *minuciosamente*
haargroei *crecimiento* m *del pelo*
haarkloverij *sutilezas* v mv
haarlak *laca* v
haarlok *mechón* m
haarnetje *redecilla* v
haarscherp *muy preciso*; *muy nítido*
haarscheurtje *grieta* v *capilar*
haarspeld *horquilla* v
haarspeldbocht *curva* v *en herradura*
haarspray *spray* m *fijador*; *laca* v
haarstukje *postizo* m; *bisoñé* m
haaruitval *caída* v *del pelo/cabello*; *alopecia* v
haarvat *vaso* m *capilar*
haarversteviger *fijador* m *para el pelo*
haarverzorging *cuidado* m *del cabello*
haarwortel *raíz* v *capilar*
haarzakje FORM. *folículo* m *piloso*
haas • *dier liebre* v • *bangerik cobarde* m/v; *gallina* v • *lendenvlees solomillo* m
haasje-over ★ ~ *spelen saltar a pídola*
haaskarbonade *chuleta* v
haast I ZN [de] • *drang tot spoed prisa* v ★ ~ *hebben tener prisa* ★ *dat heeft geen* ~ *no corre prisa* ★ *snelheid prisa* v ★ *in alle* ~ *a toda prisa* ★ ~ *maken om darse prisa* **II** BIJW *bijna casi* ★ *het is* ~ *niet te geloven parece mentira* ★ *men zou* ~ *denken dat se diría que*
haasten I WKD WW [zich ~] *apresurarse*; *darse prisa* ★ *zich* ~ *om apresurarse a* **II** OV WW *apresurar*; *dar prisa*
haastig I BNW *gehaast apresurado*; *con prisa* **II** BIJW *de prisa* ★ ~ *lopen andar de prisa*
haastje-repje *a toda prisa*
haastklus *trabajo* m *urgente*
haastwerk • *urgent werk trabajo* m *hecho de prisa* • *haastig gedaan werk trabajo* m
haat *odio* m
haatdragend *rencoroso*
haat-liefdeverhouding *relación* v *de amor y odio*
habbekrats ★ *voor een* ~ *por dos reales*
habijt *hábito* m
habitat *hábitat* m
hachee *estofado* m
hachelijk *delicado*; *precario* ★ *de zaak wordt* ~ *el asunto se pone delicado*
hachje *pellejo* m ★ *bang zijn voor zijn* ~ *temer por su vida* ★ *het* ~ *erbij inschieten perder* [ie] *el pellejo* ★ *z'n* ~ *redden salvar el pellejo*
hacken *practicar piratería informática*
hacker *pirata* m *informático*
hagedis *lagarto* m
hagel • *neerslag granizo* m • *jachthagel perdigones* m mv
hagelbui *granizada* v
hagelen *granizar* ★ *het hagelt está granizando*; *cae granizo*
hagelslag *fideos* m mv *de chocolate*
hagelsteen *trozo* m *de granizo*
hagelstorm *granizada* v
hagelwit *blanco como la nieve*
haiku *haiku* m
Haïti *Haití* m
Haïtiaan *haitiano* m
Haïtiaans *haitiano*
hak • *hiel talón* m • *deel van schoen tacón* m ★ *hoge hakken tacones altos* • *gereedschap azada* v ▼ *iem. een hak zetten gastar una mala pasada a u.p.* ▼ *met de hakken over de sloot a duras penas* ▼ *van de hak op de tak springen saltar de un asunto a otro*
hakbijl *hacha* v *destral*
hakblok *tajo* m
haken I ON WW *vastzitten* ★ *blijven* ~ *aan engancharse en* **II** OV WW • *vastmaken enganchar* • *handwerken hacer ganchillo*
hakenkruis *cruz* v *gamada*; *esvástica* v
hakhout *leña* v *de corte*
hakkelen *tartajear*; *farfullar*
hakken I OV WW • *stuk/los hakken hachear*; 〈fijnhakken〉 *picar*; 〈fijnhakken〉 *cortar* • SPORT *taconear* **II** ON WW • *houwen dar hachazos* • *vitten criticar* ★ *altijd op iem. zitten te* ~ *siempre estar criticando a u.p.* ▼ *dat hakt erin cuesta un ojo de la cara*
hakkenbar *zapatero* m *para arreglos rápidos*
hakmes *tajadera* v; *machete* m
hal *hall* m; *vestíbulo* m; *zaguán* m
halen • *op-/afhalen ir por*; *venir* [ie, i] *por*; *buscar* ★ *laten* ~ *mandar buscar*; *mandar por* ★ *iets gaan* ~ *ir a buscar u.c.*; INFORM. *ir a por u.c.* ★ *ze komen me* ~ *vienen a buscarme*; INFORM. *vienen a por mí* • *naar zich toetrekken sacar* ★ *geld uit zijn tas* ~ *sacar dinero del bolso* • *bereiken alcanzar* ★ *de trein* ~ *alcanzar el tren* ★ *de trein niet* ~ *perder* [ie] *el tren* ★ *dat haal ik niet el tiempo no me alcanza* • *behalen obtener* [ie]; *sacar* ★ *een diploma* ~ *obtener un diploma* ★ *een onvoldoende* ~ *sacar un insuficiente* ▼ *alles door elkaar* ~ *confundirlo todo*; *mezclarlo todo* ▼ *iem. erbij* ~ *recurrir a u.p.*; *consultar a u.p.* ▼ *alles naar zich toe* ~ *acapararlo todo* ▼ *het niet* ~ *bij no poder ni compararse a/con*; *no tener comparación con* ▼ *alles eruit* ~ *aprovechar hasta el límite*
half I BNW • *de helft vormend medio* ★ *een halve liter un medio litro* ★ *baan voor halve dagen empleo para media jornada* • *halverwege* ★ *half een las doce y media* ★ *het is half drie son las dos y media* ★ *half mei a mediados de mayo* **II** BIJW *a medias*; *a medio* ★ *half aangekleed a medio vestir*; *medio vestido* ★ *half open entreabierto* ★ *half slapend medio dormido* ★ *half om half mitad y mitad* ★ *iets maar half doen hacer u.c. a medias* ★ *het is half klaar está a medio hacer/terminar* ★ *iets maar half horen entreoír u.c.*; *oír a medias u.c.* ★ *half zo groot la mitad de grande* ★ *hij heeft dat half en half gezegd lo dijo a medias*
halfbakken *inexperto*; *deficiente*
halfbloed • *mens mestizo* m • *paard caballo* m *de raza cruzada*
halfbroer *medio hermano* m
halfdonker I ZN [het] *penumbra* v ★ *in het* ~ *a*

media luz; entre dos luces **II** BNW *en penumbras; crepuscular*
halfdood *medio muerto*
halfedelsteen *piedra* v *semipreciosa*
halffabricaat *semiproducto* m; *producto* m *semiacabado*
halfgaar • niet helemaal gaar *medio hecho* • niet goed wijs *chiflado; chalado*
halfgeleider *semiconductor* m
halfgod *semidiós* m
halfhartig *poco entusiasmado*
halfjaar *medio año* m; *semestre* m
halfjaarlijks *semestral*
halfleeg *medio vacío*
halfpension *media pensión* v
halfpipe *halfpipe* m
halfrond **I** ZN [het] *hemisferio* m ★ zuidelijk ~ *hemisferio* m *sur/austral* ★ noordelijk ~ *hemisferio* m *septentrional* **II** BNW *semicircular; semirredondo*
halfslachtig *ambiguo; indeciso*
halfstok *a media asta*
halfuur *media hora* v
halfvol • half gevuld *a medio llenar* • half vet ★ ~le melk *leche semidesnatada*
halfwas *adolescente* m/v
halfweg *a mitad de camino*
halfzacht • tussen hard en zacht *blando* • verwijfd, slap *blandengue* • dwaas *chiflado; chalado*
halfzus *media hermana* v
halleluja *¡aleluya!*
hallo *¡hola!*; ⟨bij telefoon opnemen⟩ *¡diga!*; ⟨bij telefoon opnemen⟩ *¡dígame!*; ⟨bij opbellen⟩ *¡oiga!*
hallucinatie *alucinación* v
hallucineren *alucinar; tener alucinaciones*
halm *tallo* m
halo *halo* m
halogeen *halógeno* m
halogeenlamp *lámpara* v *halógena*
hals • lichaamsdeel *cuello* m • halsopening *escote* m ★ met een lage hals *escotado* • dun gedeelte ⟨v. instrument⟩ *mástil* m; ⟨v. fles⟩ *cuello* m • sukkel *bobo* m; *tonto* m ★ onnozele hals *bobalicón* m ▼ hals over kop *precipitadamente; atropelladamente* ▼ iem. om de hals vliegen *abrazar a u.p.* ▼ zich op de hals halen *incurrir en*
halsband *collar* m
halsbrekend *muy peligroso; muy arriesgado*
halsdoek *pañuelo* m
halsketting *collar* m
halsmisdaad *crimen* m *capital*
halsoverkop *precipitadamente*
halsslagader *arteria* v *cervical; carótida* v
halssnoer *collar* m; ⟨kort⟩ *gargantilla* v
halsstarrig *obstinado; porfiado; testarudo*
halster *cabestro* m
halswervel *vértebra* v *cervical*
halszaak *crimen* m *capital* ★ ergens geen ~ van maken *no darle demasiada importancia a u.c.*
halt **I** ZN [het] ★ een halt toeroepen *poner el freno (a)* ★ halt houden *hacer alto* **II** TW *¡alto!*
halte *parada* v
halter *haltera* v

haltertop *top* m *halter*
halvarine *margarina* v *semigrasa*
halvegare *chiflado* m
halvemaan *media luna* v
halveren • in tweeën delen *partir por la mitad; dividir en dos partes iguales* • tot de helft verminderen *reducir a la mitad*
halveringstijd *período* m *de semidesintegración*
halverwege **I** VZ op de helft van ★ ~ de trap *a mitad de la escalera* **II** BIJW op de helft van de weg *a mitad de*
ham *jamón* m; *pernil* m ★ rauwe ham *jamón serrano* ★ gekookte ham *jamón de York*
hamburger *hamburguesa* v
hamer *martillo* m ▼ onder de ~ komen *venderse en subasta pública* ▼ ~ en sikkel *el martillo y la hoz*
hameren **I** OV WW met hamer slaan *martillear* **II** ON WW • **op** *martillear; machacar* ★ hamer toch niet zo op deze zaak *no machaques tanto ese asunto*
hamerstuk *formalidad* v
hamerteen *dedo* m *en martillo*
hamlap *filete* m *de cerdo*
hamster *hámster* m
hamsteren *acaparar*
hamvraag *cuestión* v *fundamental*
hand • lichaamsdeel *mano* v ★ handen thuis! *¡no tocar!; ¡deja eso!* ★ de vlakke hand *la palma de la mano* ★ in de handen klappen *dar palmadas; palmotear* ★ zich in de handen wrijven *frotarse las manos* ★ met de hand gemaakt *hecho a mano* ★ met de hand geschreven *escrito a mano* ★ op handen en voeten *a cuatro pies; a gatas* ★ hou je hand voor je mond! *¡tápate la boca!* ★ iem. de hand drukken / geven *dar/estrechar la mano a alguien* ★ elkaar de hand drukken *estrecharse la mano* ★ met een vaste hand *con mano firme* • handschrift *letra* v • macht ★ iets in de hand hebben *tener u.c. en sus manos* ★ in andere handen overgaan *cambiar de manos* ★ in verkeerde handen raken *caer en malas manos* ★ in handen vallen van *caer en manos de* ★ in goede handen zijn *estar en buenas manos* ★ ter hand stellen *entregar; dar* ★ uit de hand lopen *salirse de madre; acabar en un desmadre* • manier ★ ergens een handje van hebben *tener manía de u.c.* ▼ aan de hand van *por medio de* ▼ wat is er aan de hand? *¿qué pasa?; ¿qué ocurre?* ▼ iem. aan handen en voeten binden *atar a u.p. de pies y manos* ▼ iets bij de hand hebben *tener a mano u.c.* ▼ hand in hand gaan met *ir de acuerdo con* ▼ iets in de hand werken *fomentar u.c.* ▼ naar de hand van een meisje dingen *aspirar la mano de una chica* ▼ met lege handen *con las manos vacías; manivacío* ▼ met de handen in de schoot *mano sobre mano* ▼ met de handen in het haar zitten *estar desesperado* ▼ niets om handen hebben *no tener nada que hacer* ▼ iets onder handen hebben *traer entre manos u.c.* ▼ iem. onder handen nemen *sentar [le] la mano a alguien* ▼ iem. op handen dragen *llevar en palmas a alguien* ▼ op handen zijn *avecinarse; aproximarse* ▼ iets ter hand

nemen *abordar u.c.* ▼ uit de eerste hand *de primera mano* ▼ van de hand doen *deshacerse de* ▼ van de hand wijzen *rehusar*; *rechazar*; *declinar* ▼ van de hand in de tand leven *vivir al día* ▼ voor de hand liggen *ser evidente* ▼ de laatste hand leggen aan iets *dar la última mano a u.c.* ▼ de hand aan zichzelf slaan *suicidarse* ▼ iem. de hand boven het hoofd houden *guardar las espaldas a alguien*; *proteger a alguien* ▼ ergens de hand in hebben *tener mano en un asunto* ▼ de handen in de schoot leggen *quedarse con las manos cruzadas*; *quedarse mano sobre mano* ▼ zijn handen in onschuld wassen *lavarse las manos* ▼ de handen ineenslaan *unir las fuerzas* ▼ iem. de helpende hand bieden *prestarle a u.p. su apoyo* ▼ de handen uit de mouwen steken *poner manos a la obra* ▼ geen hand voor ogen kunnen zien *no ver ni los dedos de la mano* ▼ iem. een handje helpen *echar una mano a u.p.* ▼ de ene hand wast de andere *una mano lava otra* ▼ iem. de vrije hand laten *dejar las manos libres a alguien* ▼ handen te kort komen *no tener tantas manos*
handappel *manzana* v
handarbeider *obrero* m
handbagage *equipaje* m *de mano*
handbal I ZN [de] bal *balón* m II ZN [het] balspel *balonmano* m
handballen *jugar* [ue] *al balonmano*
handbediening *control* m *manual*
handbereik ★ binnen/onder ~ *al alcance de la mano* ★ buiten ~ *fuera del alcance de la mano*
handbeweging *ademán* m
handboei *esposas* v mv ★ (iem.) ~en omdoen *esposar*
handboek *manual* m
handbreed *palmo* m ★ geen ~ wijken *no ceder un palmo*
handcrème *crema* v *para las manos*
handdoek *toalla* v
handdruk *apretón* m *de mano* ▼ gouden ~ *indemnización por despido* v
handel • in- en verkoop *comercio* m ★ buitenlandse ~ *comercio exterior* ★ zwarte ~ *estraperlo* m ★ ~ in granen *comercio de cereales* ★ in de ~ brengen *comercializar*; *poner en venta* ★ in de ~ komen *salir al mercado* ★ ~ drijven in *comerciar en* • zaak *tienda* v; *comercio* m; *negocio* m ▼ iemands ~ en wandel *la conducta de alguien*
handelaar *comerciante* m/v; *negociante* m/v
handelbaar • handzaam *manejable*; *tratable* • meegaand *dócil*
handelen • handel drijven *tratar* (in en); *negociar* (in en) ★ in tabak ~ *negociar en tabaco* • te werk gaan *proceder*; *actuar* [ú] ★ eigenmachtig ~ *proceder arbitrariamente* • ~ **over** *tratar de*
handeling *acto* m; *acción* v ★ ~en verrichten *actuar* [ú]
handelingsbekwaam *capaz*
handelsakkoord *acuerdo* m *comercial*
handelsbalans *balanza* v *comercial*
handelsbetrekkingen *relaciones* v mv *comerciales*

handelsboycot *boicot* m *comercial*
handelscentrum *centro* m *comercial*
handelscorrespondentie *correspondencia* v *comercial*
handelsembargo *embargo* m *comercial*
handelsgeest *espíritu* m *comercial*
handelskennis *conocimientos* m mv *comerciales*
handelsmerk *marca* v *comercial* ★ gedeponeerd ~ *marca registrada*
handelsmissie *misión* v *comercial*
handelsonderneming *empresa* v *comercial*
handelsoorlog *guerra* v *comercial*
handelsregister *registro* m *mercantil*
handelsreiziger *viajante* m/v
handelsverdrag *tratado* m *comercial*
handelsverkeer *comercio* m
handelsvloot *flota* v *mercantil*
handelswaar *mercancías* v mv
handeltje • handel op kleine schaal *negocio* m ★ hij heeft een ~ in antiek *tiene un negocio de antigüedades* • spullen *lote* m
handelwijze • gedrag *proceder* m; *procedimiento* m • wijze van handelen *manera* v *de actuar*
handenarbeid • werk met de handen *trabajos* m mv *manuales* • schoolvak *formación* v *manual*
hand-en-spandiensten *servicios* m mv *personales*
handenwringend *retorciéndose las manos*
handgebaar *gesto* m; *ademán* m
handgeklap *aplauso* m; *palmoteo* m
handgeld *arras* v mv; *señal* v
handgemaakt *hecho a mano*
handgemeen *agarrada* v; *reyerta* v ★ het kwam tot een ~ *llegaron a las manos*
handgeschreven *escrito a mano*
handgranaat *granada* v *de mano*
handgreep • handvat *manija* v; *tirador* m • handigheid *maniobra* v ★ handgrepen verrichten *hacer maniobras*
handhaven *mantener* [ie]; *conservar* ★ zich ~ *mantenerse*
handicap *handicap* m
handig • vaardig *hábil*; *diestro*; *mañoso* • gemakkelijk te hanteren *manejable*; *de fácil manejo* • gewiekst *listo*; *ducho*
handigheid • het handig zijn *maño* m; *habilidad* v ★ ergens ~ in krijgen *coger el tranquillo de u.c.* • foefje *maña* v; *truco* m
handigheidje *habilidad* v
handjeklap • kinderspel *juego* m *infantil de palmaditas* • gebaar *palmadita* v ▼ ~ spelen *estar en connivencia*
handjevol *puñado* m
handkar *carro* m *de mano*; *carreta* v
handkus *besamanos* m
handlanger *cómplice* m/v
handleiding *manual* m
handlezen *quiromancia* v
handomdraai ▼ in een ~ *en un dos por tres*; *en un abrir y cerrar de ojos*
handoplegging *imposición* v *de las manos*
handopsteken *levantar la mano*
handpalm *palma* v
handreiking *ayuda* v; *socorro* m; *asistencia* v

handrem freno m de mano
hands mano v ★ aangeschoten ~ mano involuntaria
handschoen guante m ▼ iem. de ~ toewerpen arrojar el guante a u.p. ▼ met de ~ trouwen casarse por poderes
handschrift • manier van schrijven letra v ★ een onleesbaar ~ una letra ilegible • tekst manuscrito m
handsfree con manos libres
handstand pino m
handtas bolso m
handtastelijk sobón ★ ~ worden sobar
handtekening firma v ★ zijn ~ onder een brief zetten poner su firma al pie de una carta; firmar una carta
handvaardigheid • bedrevenheid habilidad v mv • schoolvak manualidades v mv
handvat mango m; asidero m
handvest convenio m; pacto m ★ het ~ van de Verenigde Naties la Carta de las Naciones Unidas
handvol puñado m
handwas lavado m a mano
handwerk • wat met de hand gemaakt is trabajo m hecho a mano • ambacht trabajo m manual • naaldwerk labores v mv; labor v
handwerken hacer labores
handwoordenboek diccionario m manual
handzaam manejable
hanenbalk tirante m; viga v ★ onder de ~en en el desván
hanenkam • kam van haan cresta v • kapsel cresta v mohicana
hanenpoot garabato m ★ hanenpoten garabatos m mv; garrapatos m mv
hang inclinación v ★ een hang hebben tot tener tendencia a
hangar hangar m
hangborst pecho m caído
hangbrug puente m colgante
hangbuik panza v
hangen I OV WW bevestigen colgar [ue]; suspender ★ een schilderij aan de muur ~ colgar un cuadro en la pared **II** ON WW • af-/neerhangen colgar de [ue] ★ de boom hangt vol met sinaasappels el árbol está cargado de naranjas • vastzitten pegarse ★ er is niet veel blijven ~ se ha pegado muy poco ★ hij hangt erg aan haar se pega mucho a ella • niet afgedaan zijn pender ★ die zaak is nog ~de el caso está pendiente ▼ dat hangt nog in de lucht todavía está en el aire ▼ het hangt ervan af depende ▼ met ~ en wurgen a duras penas ▼ aan iemands lippen ~ estar pendiente de los labios de u.p.
hangende durante ★ ~ het onderzoek durante la investigación
hang-en-sluitwerk herrajes m mv
hanger • sieraad colgante m; pendiente m • kleerhaak percha v
hangerig apático; decaído
hangglider ala v delta
hangijzer ▼ dat is een heet ~ es un tema candente
hangjongere ≈ jóven m gamberro, holgazán y callejero
hangkast ropero m; armario m ropero
hangklok reloj m de pared
hangmap archivador m colgante
hangmat hamaca v
hangplant planta v colgante
hangslot candado m
hangsnor bigote m hacia abajo
hangtiet teta v caída
hangwang mejilla v caída
hanig peleón
hannes bobo m; papanatas m/v
hannesen chapucear; actuar con torpeza
hansop pijama m de una pieza
hansworst payaso m
hanteerbaar manejable
hanteren • met de handen gebruiken manejar • omgaan met manejar
hap • beet mordisco m; bocado m • afgehapt stuk bocado m ★ geen hap eten no probar [ue] bocado ★ ik kan geen hap door mijn keel krijgen no soy capaz de tragar la comida • FIG. gedeelte trozo m; pedazo m ★ boel mensen/dingen todo (el mundo) ★ de hele hap vertrekt vandaag todo el mundo sale hoy • → hapje
haperen • blijven steken ★ zonder ~ sin titubear; de corrida • mankeren fallar; no funcionar bien ★ er hapert iets aan hay algo que no anda bien ★ wat hapert eraan? ¿qué tienes?; ¿qué te pasa?
hapje bocado m ★ lekker ~ buen bocado m ★ ~ tussendoor tentempié m; refrigerio m ★ een ~ eten tomar un bocado
hapjespan sartén v con tapadera
hapklaar listo para comer ★ hapklare brokken trocitos listos para comer
happen • bijten morder [ue] • reageren darse por aludido; picar ▼ hij hapt altijd meteen enseguida se da por aludido
happening suceso m; acontecimiento m
happig op ávido de; deseoso de ★ ik ben er niet ~ op esto no me atrae
happy contento ★ ergens niet ~ mee zijn no estar contento con algo
happy end final m feliz
happy few élite v
happy hour hora v feliz; happy hour m
hapsnap ★ ~ beleid política v al buen tuntún
haptonomie haptonomía v
hard I BNW • niet week duro ★ hard worden solidificarse; endurecerse • luid alto; fuerte • ⟨v. kleur, licht⟩ fel ★ harde kleuren colores fuertes • hevig fuerte; duro; riguroso ★ een harde wind un viento fuerte • niet zachtmoedig ★ een harde strijd una dura lucha ★ streng, ruw duro ★ harde tijden tiempos difíciles; duros tiempos • vaststaand ★ harde feiten datos rigurosos **II** BIJW • hevig muy; mucho ★ hard werken trabajar duro ★ het regent hard llueve mucho • snel velozmente; rápidamente ★ hard lopen andar rápidamente/de prisa; correr ★ te hard rijden conducir a demasiada velocidad • luid alto; fuerte ★ hard praten hablar fuerte/alto ★ om het hardst por el más fuerte ▼ om het hardst a

cual más/mejor ▾ het gaat hard tegen hard *es una lucha a muerte*; *es una lucha sin cuartel*
hard- ★ hardblauw *azul chillón* ★ hardgeel *amarillo chillón* ★ hardgroen *verde chillón*
hardboard *cartón* m *prensado*
harddisk *disco* m *duro*; L-A *disco* m *rígido*
harddrug *droga* v *dura*
harden • hard maken *endurecer*; *templar* ★ staal~ *templar acero* • iem. sterk maken *curtir* ★ het leven heeft hem gehard *la vida le ha curtido* • uithouden *soportar*; *aguantar* ★ dit is niet te~ *es insoportable*
hardgekookt ⟨v. ei⟩ *duro*
hardhandig *violento*; *brusco*; *duro*
hardheid *dureza* v
hardhorend *duro/tardo de oído*
hardhout *madera* v *dura*
hardleers • eigenwijs *duro de mollera* • moeilijk lerend *torpe*
hardlopen *correr*
hardloper *corredor* m
hardmaken *corroborar*; *confirmar con pruebas*
hardnekkig • koppig *obstinado*; *porfiado*; *terco* ★ ~ zwijgen *callar obstinadamente* • aanhoudend *persistente* ★ een~e koorts *una fiebre persistente*
hardop *en voz alta*
hardrijden *correr*
hardrijder *corredor* m; ⟨op schaats⟩ *patinador* m *de velocidad*
hardrock *música* v *rock duro*
hardvochtig *duro*; *insensible*; *cruel*
hardware *hardware* m
harem *harén* m; *harem* m
harig *peludo*
haring • vis *arenque* m ★ groene~ *arenque fresco* ★ ~ kaken *salar arenques* • pin van tent *estaca* v; *estaquilla* v ▾ als~en in een ton zitten *estar como sardinas en lata* ▾ daar moet ik~ of kuit van hebben *quiero saber lo que pasa*
hark • gereedschap *rastrillo* m • stijf persoon ★ een stijve hark *un tío torpe*
harken *rastrillar*
harkerig *torpe*; *tieso*
harlekijn *arlequín* m
harmonica • trekharmonica *acordeón* m • mondharmonica *armónica* v
harmonicadeur *puerta* v *plegable*
harmonie *armonía* v
harmoniemodel *modelo* m *de armonía*
harmonieorkest *banda* v *de vientos*
harmoniëren *estar en armonía*; FIG. *congeniar*; ⟨v. kleuren⟩ *armonizar* (**met** *con*)
harmonieus *armónico*, FIG. *armonioso*
harmonisatie *armonización* v
harmonisch *armonioso*
harmoniseren I OV WW harmonisch maken *armonizar* **II** ON WW harmonisch zijn *armonizar*
harmonium *armonio* m
harnas *armadura* v; *coraza* v; *arnés* m ▾ iem. tegen zich in het~ jagen *malquistarse con alguien*
harp *arpa* v
harpist *arpista* m/v

harpoen *arpón* m
harpoeneren *arponear*; *arponar*
harpoengeweer *fusil* m *arpón*
harrewarren *disputar*; *reñir* [i]
hars *resina* v
harsen *untar con resina*
hart • orgaan *corazón* m ★ het aan zijn hart hebben *padecer del corazón* • wezen, karakter *corazón* m ★ het hart op de juiste plaats hebben *tener el corazón en su sitio*; *tener buen corazón* • gemoed *corazón* m ★ een gebroken hart *un corazón destrozado* ★ een week hart hebben *ser blando de corazón* ★ de smart knaagt aan zijn hart *la pena le consume* ★ met een gerust hart *con toda tranquilidad* ★ zijn hart luchten/uitstorten bij iem. *abrir su corazón/pecho con alguien* ★ zijn hart luchten/uitstorten *desahogarse* ★ waar het hart van vol is, loopt de mond van over *de la abundancia del corazón habla la boca* • moed *corazón* m; *valor* m ★ heb het hart eens! *ini se te ocurre!* • toewijding *corazón* m ★ zich met hart en ziel aan iets wijden *entregarse en cuerpo y alma a u.c.* ★ niet van harte *de mala gana* • kern *corazón* m; *centro* m ★ het hart van de stad *el corazón/centro de la ciudad* ▾ het ligt me na aan het hart *me llega al alma*; *lo siento en el alma* ▾ in hart en nieren *hasta los tuétanos*; *hasta la médula* ▾ op het hart drukken *encarecer* ▾ iets op het hart hebben *guardar algo en el buche* ▾ iets ter harte nemen *tomar a pecho u.c.* ▾ van harte *de corazón* ▾ van ganser harte *de todo corazón* ▾ van zijn hart geen moordkuil maken *no guardarse nada para sus adentros* ▾ het hart op de tong hebben *llevar el corazón en la mano* ▾ geen hart in zijn lijf hebben *no tener corazón* ▾ dit deed zijn hart ineenkrimpen *esto le hizo encoger el corazón*
hartaandoening *afección* v *cardíaca*
hartaanval *ataque* m *cardíaco*
hartbewaking *cuidado* m *coronario*
hartboezem *auricula* v
hartbrekend *doloroso*; *aflictivo*
hartchirurg *cirujano* m *cardiólogo*
hartelijk *cordial*; *efusivo*; *afectuoso*; *caluroso* ★ met~e groeten *un saludo cordial*; *un afectuoso saludo* ★ ~ dank *muchas gracias*
harteloos *sin corazón*; *despiadado*; *cruel*
harten *corazones* m mv; ⟨in Spaans kaartspel⟩ *copas* v mv
hartenaas *as* m *de corazones*; ⟨in Spaans kaartspel⟩ *as* m *de copas*
hartenboer *jota* v *de corazones*
hartenbreker *conquistador* m; *rompecorazones* m/v
hartendief *cielito* m; *tesoro* m *de mi alma*
hartenheer *rey* m *de corazones*
hartenjagen *cierto juego con la baraja francesa*
hartenkreet *grito* m *del corazón*
hartenlust ★ naar~ *a pedir de boca*; *a (su) gusto*
hart- en vaatziekten *enfermedades* v mv *cardiovasculares*
hartenvrouw *dama* v *de corazones*
hartenwens *deseo* m *más íntimo*
hartgrondig *sincero*; *hondo*; *profundo*

hartig • zout *salado* • krachtig ★ een ~ woordje met iem. spreken *decir* [i] *a uno cuántas son cinco*
hartinfarct *infarto m de corazón/de miocardio*
hartkamer *ventrículo m del corazón*
hartklachten *trastornos m mv cardíacos*
hartklep *válvula v cardíaca*
hartklopping *palpitación v*
hartkwaal *dolencia/enfermedad v del corazón*
hart-longmachine *máquina v cardio-pulmonar; corazón-pulmón m artificial*
hartmassage *masaje m cardíaco*
hartoperatie *operación v cardíaca*
hartpatiënt *enfermo m del corazón*
hartritmestoornis *perturbación v del ritmo del corazón*
hartroerend *conmovedor*
hartruis *murmullo m cardíaco*
hartsgeheim *secreto m íntimo*
hartslag *latido m del corazón*
hartspier *miocardio m*
hartstikke *totalmente; completamente; muy* ★ ~ donker *oscurísimo* ★ hij is ~ doof *es más sordo que una tapia* ★ ~ leuk *de buten*; INFORM. *de puta madre*
hartstilstand *paro m cardiaco*
hartstocht *pasión v; apasionamiento m*
hartstochtelijk *apasionado*
hartstoornis *trastorno m cardíaco*
hartstreek *región v cardíaca*
hartsvriend *amigo m del corazón*
harttransplantatie *transplante m de corazón*
hartvergroting *hipertrofia v del corazón*
hartverlamming *parálisis v cardíaca*
hartveroverend *encantador*
hartverscheurend *desgarrador*
hartversterking *tentempié m*
hartverwarmend *cordial*
hartzeer *pesadumbre v; dolor m; amargura v*
hasj *hachís m;* INFORM. *chocolate m*
hasjhond *perro m antidroga*
haspel *devanadera v; carrete m*
haspelen • met haspel winden *devanar; arrollar* • verwarren ★ alles door elkaar ~ *embrollar todo; enredarlo todo*
hatelijk *malévolo; odioso; malicioso*
hatelijkheid • het hatelijk zijn *odiosidad v; sarcasmo m* • opmerking *odiosidad v; malignidad v*
haten *odiar*
hausse *alza v; auge m*
hautain *altanero; arrogante*
haute couture *alta v costura*
have *bienes m mv; propiedad v* ★ levende have *bienes semovientes; ganado m* ★ have en goed verliezen *perder* [ie] *todos los bienes*
haveloos *andrajoso; harapuso*
haven *puerto m* ★ een ~ binnenlopen *tomar puerto* ▼ in veilige ~ zijn *estar en refugio*
havenarbeider *trabajador m portuario/del puerto*
havengeld *muellaje m; derechos m mv de puerto*
havenhoofd *malecón m*
havenkantoor *capitanía*
havenmeester *capitán m de puerto*
havenstad *puerto m; ciudad v portuaria*
havenstaking *huelga v de trabajadores portuarios*
havenwijk *barrio m del puerto*
haver *avena v* ▼ iem. van ~ tot gort kennen *conocer a u.p. palmo a palmo*
haverklap ▼ om de ~ *cada dos por tres*
havermout • haver *copos m mv de avena* • pap *papilla v de avena*
havik • vogel *halcón m* • oorlogshitser *halcón m*
haviksneus *nariz v aguileña*
haviksogen *mirada v de águila*
havo ≈ *B.U.P. m;* ≈ *Bachillerato m Unificado Polivalente*
hazelaar *avellano m*
hazelnoot *avellana v*
hazenhart *gallina v*
hazenlip *labio m leporino*
hazenpad ▼ het ~ kiezen *poner los pies en polvorosa*
hazenpeper *estofado m de liebre*
hazenrug *solomillo m de liebre*
hazenslaapje *cabezada v* ★ een ~ doen *echar una cabezadita*
hazewindhond, hazewind *lebrel m*
hbo ≈ *formación v profesional superior*
hé *¡eh!*
hè *¿eh?*
headhunter *cazador m de cabezas*
heao *formación v económica y administrativa superior*
heavy metal *(música v) heavy metal m*
hebbedingetje *baratija v; chuchería v*
hebbelijkheid *mala costumbre v; manía v*
hebben I OV WW • bezitten *tener* [ie] ★ een landgoed ~ *poseer/tener una finca* ★ ik heb geen handschoenen *no tengo guantes* ★ iets bij zich ~ *llevar consigo u.c.* ★ krijgen *obtener* [ie] ★ wat wil hij daarvoor ~? *¿cuánto pide por eso?* • ondervinden *tener* [ie] ★ ik heb het warm *tengo calor* ★ de mazelen ~ *tener sarampión* ★ ik heb het in mijn keel *me duele la garganta* • praten *hablar de* ▼ het ~ over *estar hablando de* • verdragen *aguantar; soportar* ★ hij kan het niet ~ dat *no soporta que* [+ subj.] ★ hij kan niet veel ~ *no tiene mucho aguante* • aantreffen ★ daar heb je hem! *¡allí viene!* ★ zo iets heb je hier niet *aquí no hay semejante cosa* • • ~ aan *sacar provecho de* ★ ik heb er veel aan *me sirve de mucho* ★ wat hebt u daar nou aan? *¿y qué provecho saca usted?; ¿para qué le sirve?* ★ een jongen waar je iets aan hebt *un chico que vale mucho* • • ~ te [+ inf.] *tener* [ie] *que* [+ inf.] *hay que* [+ inf.] ★ je hebt te gehoorzamen *tienes que obedecer; hay que obedecer* ▼ ik moet er niets van ~ *no quiero saber nada de eso* II HWW *haber* ★ ik heb geschreven *he escrito*
hebberd *acaparador m*
hebberig *codicioso; avaricioso*
hebbes *¡ya está!*
Hebreeuws I ZN [het] *hebreo m* II BNW m.b.t. de Hebreeërs *hebreo; hebraico*
Hebriden *Hébridas v mv*
hebzucht *codicia v; avaricia v*

hebzuchtig *codicioso; avaricioso*
hecht • solide, vast *firme; fuerte* • FIG. onverbrekelijk *sólido*
hechtdraad *hilo* m *quirúrgico; catgut* m
hechten I OV WW • vastmaken *sujetar;* ⟨v. wond⟩ *suturar* ★ een bepaalde betekenis ~ aan een woord *atribuir un sentido determinado a una palabra* ★ zijn goedkeuring ~ aan *dar su aprobación a* ★ geen waarde ~ aan *no dar importancia a* **II** ON WW • vastkleven *pegar* ★ het hecht niet *no pega* • ~ **aan** gesteld zijn op *tener* [ie] *apego a* **III** WKD WW [**zich ~**] **aan** *encariñarse con; tomar cariño a*
hechtenis *detención* v; *prisión* v ★ iem. in ~ nemen *detener* [ie] *a alguien*
hechting • het hechten *sutura* v • draad waarmee gehecht is *punto* m ★ de ~en verwijderen *quitar los puntos*
hechtpleister *tirita* v; *esparadrapo* m
hectare *hectárea* v
hectisch *agitado; inquieto*
hectogram *hectogramo* m
hectoliter *hectolitro* m
hectometer *hectómetro* m
heden I ZN [het] *presente* m; *hoy* m **II** BIJW *hoy; ahora* ★ ~ ten dage *hoy en día; hoy por hoy* ★ tot op ~ *hasta ahora; hasta la fecha* ★ vanaf ~ *desde hoy; a partir de hoy*
hedendaags *contemporáneo; de hoy*
heel I BNW • geheel *todo; total; completo; entero* ★ een heel jaar *un año entero* ★ heel Europa *toda Europa* ★ een hele wijk *todo un barrio* ★ de hele dag *todo el día* ★ niet kapot *intacto; íntegro; entero* ★ de ruit is nog heel *el cristal aún está entero* **II** BIJW • zeer, erg *muy* ★ heel goed *muy bien* ★ een heel klein beetje *muy poquito* • geheel en al *enteramente* ★ heel vaak doen *hacer muy a menudo* ★ dat is iets heel anders *eso es totalmente diferente*
heelal *universo* m
heelhuids *sano y salvo* ★ ergens ~ van afkomen *salir sano y salvo de un peligro*
heelkunde *cirugía* v
heelmeester *cirujano* m
heemkunde *conocimiento* m *de la propia región*
heen ★ door de jaren heen *a lo largo de los años* ★ heen en terug gaan *ir y venir; ir y volver* [ue] ★ heen en terug *ida y vuelta* ★ loop heen! *¡anda!* ★ waar ga je heen? *¿adónde vas?* ★ nergens heen *a ninguna parte* ★ heen en weer gaan *ir y venir* ★ heen en weer *de un lado a otro* ▾ waar moet dat heen? *¿cómo va a terminar eso?*
heen-en-weer ★ ~beweging *vaivén* m ▾ het ~ krijgen *ponerse nervioso* ▾ krijg het ~! *¡vete a la porra!*
heengaan • weggaan *marcharse; irse* • sterven *fallecer* • verstrijken *costar* [ue] ★ er ging veel tijd mee heen *costó mucho tiempo* ★ daar gaan drie dagen mee heen *tomará/costará tres días*
heenkomen ▾ een goed ~ zoeken *salvarse*
heenreis *viaje* m *de ida*
heenweg *camino* m *de ida* ★ op de ~ *en el camino de ida*

Heer *Señor* m
heer • FORM. man *señor* m; *caballero* m ★ Geachte heer ★ aan de weledele heer X *al señor don X; S.D. X* ★ de heer en mevrouw X *los señores de X* ★ ⟨opschrift toilet⟩ heren *caballeros* • meester ★ de heer des huizes *el dueño de la casa* ★ zijn eigen heer en meester zijn *ser su propio dueño y señor* • figuur in kaartspel *rey* m
heerlijk • lekker *delicioso* ★ het smaakt ~ *es delicioso* • prachtig, aangenaam *maravilloso; espléndido* ★ het ~ hebben *pasarlo de maravilla*
heerlijkheid • iets heerlijks *delicia* v • gelukzaligheid *gloria* v
heerschap *señorón* m; *tipo* m
heerschappij *señorío* m; *dominio* m; *supremacía* v ★ onder vreemde ~ staan *estar bajo el dominio extranjero*
heersen • regeren *reinar; gobernar* [ie] • aanwezig zijn ★ er heerst hongersnood *reina el hambre* ★ er heerst griep *hay gripe; reina la gripe*
heerser *soberano* m
heerszuchtig *ambicioso; imperioso*
hees *ronco; afónico*
heester *arbusto* m; *mata* v
heet • warm *(muy) caliente; caluroso;* FIG. *ardiente* ★ het is erg heet *hace mucho calor* ★ ik heb het erg heet *tengo mucho calor* ★ hete luchtstreek *zona tórrida* ★ heet maken *calentar* ★ heet worden *calentarse* ★ scherp *picante* • hitsig *caliente; cachondo* ★ heftig *duro* ★ het ging er heet aan toe *fue una lucha encarnizada*
heetgebakerd *irascible; de genio pronto*
heethoofd *cascarrabias* m; *botafuego* m
hefboom *palanca* v
hefbrug *puente* m *levadizo*
heffen • tillen *alzar; elevar; levantar* • opleggen *recaudar; imponer* ★ belasting ~ *recaudar/imponer impuestos*
heffing *recaudación* v; *imposición* v
heft *mango* m ▾ het heft in handen hebben *tener la sartén por el mango*
heftig *impetuoso; vehemente*
heftruck *carretilla* v *elevadora*
hefvermogen *capacidad* v *de levantamiento*
heg *seto* m ▾ heg noch steg weten *ser peregrino en Jerusalén; no conocer el camino*
hegemonie *hegemonía* v
heggenschaar *tijeras* v mv *podadoras*
hei • vlakte *brezal* m • plant *brezo* m • toestel *maza* v; *martinete* m
heibel • ruzie *jaleo* m; *bronca* v ★ ~ maken *armar bronca/follón* m • lawaai *follón* m
heiblok *maza* v; *martinete* m
heide • plant *brezo* m • gebied *brezal* m
heidebloem *flor* v *de brezo*
heiden *pagano* m
heidens *pagano*
heien *hincar pilotes*
heiig *nebuloso; calinoso*
heikel *delicado*
heikneuter • pummel *paleto* m • vogel *pájaro* m *cantor*

heil • welzijn *bien* m; *bienestar* m ★ daar zie ik geen heil in *no le veo la utilidad* • redding *salvación* v
Heiland *Salvador* m
heilbot *halibut* m
heildronk *brindis* m
heilig • zonder zonde *santo*; *sagrado* ★ iem. ~ verklaren *canonizar a u.p.* • gewijd *sagrado* • oprecht, onverbrekelijk *sagrado* ★ ~ beloven *prometer solemnemente* ★ zich ~ voornemen om *proponerse firmemente* ★ het ~e moeten *el santo deber*
heiligbeen *sacro* m
heiligdom • plaats *santuario* m • voorwerp *reliquia* v
heilige *santo* m
heiligen *santificar*; *consagrar*
heiligenleven *hagiografía* v
heiligschennis *sacrilegio* m; *profanación* v; *blasfemia* v
heiligverklaring *canonización* v; *santificación* v
heilloos I BNW verderfelijk *funesto*; *fatal* II BIJW *fatalmente*
heilsoldaat *soldado* m *del Ejército de Salvación*
heilstaat *Utopía* v
heilzaam • geneeskrachtig *saludable* • weldadig *benéfico*
heimelijk I BNW *secreto*; *clandestino*; *furtivo*; *disimulado* ★ een ~ genoegen *un placer secreto* II BIJW *a escondidas*; *en secreto*; *furtivamente*
heimlichmanoeuvre *maniobra* v *de Heimlich*
heimwee *nostalgia* v; *añoranza* v; *morriña* v ★ ~ hebben naar *añorar*
heinde ▾ van ~ en verre *de todas partes*; *de cerca y de lejos*
heipaal *pilote* m
heisa *follón* m
hek • omheining *valla* v; ⟨v. metaal⟩ *reja* v • deur *verja* v • → **hekje** ▾ het hek is van de dam *es un desmadre*
hekel ★ ik heb een ~ aan hem *no le puedo ver (a él)*; *le tengo manía (a él)*
hekeldicht *sátira* v
hekelen *satirizar*; *criticar*
hekje *signo* m *de número*
hekkensluiter *el* m *último*
heks *bruja* v
heksen *brujear*
heksenjacht *caza* v *de brujas*
heksenketel *pandemónium* m; *maremagno* m
heksenkring *corro* m *de brujas*
heksentoer *trabajo* m *ímprobo*; *trabajo* m *de locos*
hekwerk *enrejado* m
hel I ZN [de] *infierno* m ▾ de groene hel *la jungla*; *la selva* ▾ door een hel gaan *pasarlas moradas* ▾ loop naar de hel! *¡vete al infierno!* II BNW ⟨v. licht⟩ *vivo*; ⟨v. licht⟩ *fuerte*; ⟨v. kleur⟩ *chillón*
hela *¡chito!*; *¡mutis!*
helaas I BIJW *desgraciadamente*; *por desgracia* II TW *¡ay!*; *¡qué lástima!*
held • dapper man *héroe* m • hoofdpersoon *protagonista* m/v ★ een held op sokken *un(a) gallina*
heldendaad *hazaña* v; *acto* m *heroico*
heldendicht *epopeya* v; *poema* m *épico*
heldenmoed *heroísmo* m; *valor* m *heroico*
heldenrol *papel* m *de héroe*
helder • duidelijk *claro* • licht *brillante*; *claro* ★ ~e kleuren *colores vivos* • zuiver *limpio* • met volle klank *claro*; *sonoro* • scherpzinnig *claro*; *lúcido* ★ een ~ ogenblik *un momento lúcido*
helderheid • duidelijkheid *claridad* v • scherpzinnigheid *claridad* v; *lucidez* v • zindelijkheid *limpieza* v
helderziend *clarividente*
helderziende *clarividente* v
heldhaftig *heroico*
heldin *heroína* v
heleboel ★ een ~... *un montón de ...*; *muchísimos ...*
helemaal *enteramente*; *completamente*; *por completo* ★ ~ niet! *¡ni mucho menos!*; *¡en absoluto!* ★ ben je nu ~? *¿te has vuelto loco?* ★ ~ bovenin *arriba del todo* ★ ~ naar Spanje *hasta la misma España*
helen *encubrir*
heler *encubridor* m; *perista* v
helft • elk van twee gelijke delen *mitad* v • ieder voor de ~ betalen *ir a medias* ★ op de ~ zijn *estar por la mitad* ★ voor de ~ van de prijs *a mitad de precio* • grootste deel *gran* v *parte* ★ de ~ is gelogen *gran parte es mentira* ▾ mijn betere ~ *mi media naranja*; *mi cara mitad*
helikopter, heli *helicóptero* m
heling • genezing *curación* v • het genezen *encubrimiento* m; *receptación* v
helium *helio* m
hellebaard *alabarda* v
Helleens *heleno*; *helénico*
hellen • schuin aflopen *inclinarse* • overhangen *inclinarse*
hellenisme *helenismo* m
helleveeg *arpía* v
helling • het hellen *inclinación* v • glooiing *pendiente* v; *declive* m • SCHEEPV. *grada* v ▾ op de ~ zetten *poner en entredicho*
hellingproef *prueba* v *de la rampa*
hellingsgraad *grado* m *de inclinación*
helm • hoofddeksel *casco* m • duingras *barrón* m
helmgras *barrón* m
helmstok *barra* v *del timón*
help *¡socorro!* ▾ lieve help! *¡santo cielo!*
helpdesk *asistencia* v *telefónica*
helpen • bijstaan ⟨in nood⟩ *socorrer*; *ayudar*; *asistir* ★ iem. aan een baan ~ *procurarle un empleo a u.p.* ★ iem. erdoorheen ~ *ayudar a alguien a sobreponerse a u.c.* ★ iem. ~ met oversteken *ayudar a alguien a cruzar la calle* • bedienen *atender* [ie] ★ wordt u al geholpen? *¿le atienden ya?* • baten *servir* [i]; *valer* ★ het helpt niets *no vale para nada*; *de nada sirve* ★ alle beetjes ~ *todo sirve* ▾ ik help het je hopen *espero que sea así* ▾ ik kan het niet ~ *no es culpa mía*; *no puedo remediarlo*
helper *ayudante* m/v
helpscherm *pantalla* v *de ayuda*

hels • van, uit de hel *infernal; diabólico* • woedend *furioso; rabioso* ★ hels zijn *rabiar*
Helsinki *Helsinki* m
hem ⟨meewerkend voorwerp⟩ *le;* ⟨lijdend voorwerp⟩ *lo;* ⟨lijdend voorwerp⟩ *le;* ⟨na voorzetsel⟩ *él* ★ ik geef hem niets *no le doy nada* ★ ik geef het hem *se lo doy* ★ ik zie hem *lo veo* ★ dit is voor hem *esto es para él* ▾ hij is 'm *le toca (a él); él tiene la china* ▾ dat is het 'm *de eso se trata*
hemd • onderhemd *camiseta* v ★ nat tot op het hemd *calado hasta los huesos* • overhemd *camisa* v ▾ het hemd is nader dan de rok *más cerca tengo mis dientes que mis parientes* ▾ in zijn hemd staan *quedar en ridículo* ▾ ik heb geen hemd meer aan mijn lijf *no tengo donde caerse muerto* ▾ iem. het hemd van het lijf vragen *querer saberlo todo de uno*
hemdsmouw *manga* v *de camisa*
hemel • uitspansel *cielo* m ★ een heldere ~ *un cielo despejado* ★ onder de blote ~ *a cielo raso; a la intemperie; al cielo descubierto; a la intemperie* ★ de ~ betrekt *el cielo se nubla* • hiernamaals *cielo* m ★ naar de ~ gaan *ir al cielo* • God *cielo* m ★ als door de ~ gezonden *como llovido del cielo* ★ de ~ zij dank! *¡gracias a Dios!* ▾ lieve ~! *¡cielos!; ¡mi cielo!* ▾ in de zevende ~ zijn *estar en el séptimo cielo* ▾ ~ en aarde bewegen *remover [ue] el cielo y la tierra*
hemelbed *cama* v *de columnas*
hemelbestormer *revolucionario* m
hemelhoog *altísimo; muy alto*
hemellichaam *astro* m; *cuerpo* m *celeste*
hemelpoort *puerta* v *del cielo*
hemelrijk *reino* m *de los cielos*
hemels • van de hemel *celestial* • goddelijk *divino*
hemelsblauw *azul* m *celeste*
hemelsbreed I BNW • in rechte lijn *en línea recta* ★ ~ is het vlakbij *en línea recta queda muy cerca* • zeer groot • een ~ verschil *una diferencia tremenda* **II** BIJW enorm ★ ~ verschillen *ser polos opuestos*
hemelsnaam ▾ in 's ~! *¡por Dios!*
hemeltergend *que clama al cielo; infame*
Hemelvaartsdag *Día* m *de la Ascensión; Ascensión* v
hemisfeer *hemisferio* m
hemofilie *hemofilia* v
hen I ZN [de] *gallina* v **II** PERS VNW • meewerkend voorwerp *les* [v mv: *las*]; ⟨na voorzetsel⟩ *ellos* [v mv: *ellas*] • lijdend voorwerp ⟨v. zaken en personen⟩ *los* [v mv: *las*] ⟨v. personen⟩ *les* [v mv: *las*] ⟨na voorzetsel⟩ *ellos* [v mv: *ellas*]
hendel *palanca* v; *manivela* v
Hendrik ▾ een brave ~ *un Juan Lanas*
hengel *caña* v *de pescar*
hengelaar *pescador* m *de caña*
hengelen *pescar con caña*
hengsel • beugel *asa* v • scharnier *gozne* m; *bisagra* v ★ de deur uit de ~s lichten *desquiciar la puerta*
hengst • paard *caballo* m *(entero)* • harde klap *hostiazo* m; *torta* v
hengsten • hard slaan *hostiar; hinchar a hostias* • hard leren *quemarse las cejas*
henna *alheña* v
hennep *cáñamo* m
hens ▾ alle hens aan dek! *¡todos a la cubierta!*
hepatitis *hepatitis* v
her I ZN [het] herexamen *repesca* v **II** BIJW • geleden ★ van eeuwen her *desde hace siglos* • hier ★ ~ en der *aquí y allá*
herademen *respirar con alivio*
heraldiek *heráldica* v
heraldisch *heráldico*
heraut *heraldo* m
herbarium *herbario* m
herbebossen *reforestar*
herbenoemen *nombrar de nuevo; volver a nombrar*
herberg *posada* v; *venta* v
herbergen *alojar; hospedar*
herbergier *ventero* m; *posadero* m
herbewapenen *rearmar*
herbivoor *(animal)* m *herbívoro*
herboren *renacido*
herdenken *conmemorar*
herdenking *conmemoración* v ★ ter ~ van *en conmemoración de*
herdenkingsdag *día* m *conmemorativo*
herdenkingsdienst *ceremonia* v *de conmemoración*
herder • dierenhoeder *pastor* m • hond *perro* m *pastor* ▾ de Goede Herder *el Buen Pastor*
herderlijk *pastoral* ★ ~ schrijven *carta* v *pastoral*
herdershond *perro* m *pastor*
herderstasje *zurrón* m *de pastor*
herdruk *reimpresión* v; *reedición* v
herdrukken *reimprimir*
heremiet *ermitaño* m; *eremita* m/v
heremietkreeft *cangrejo* m *ermitaño*
herenakkoord *pacto* m *de caballeros*
herenboer *hacendado* m
herenfiets *bicicleta* v *de hombre*
herenhuis *casa* v *residencial; casa* v *señorial*
herenigen *reunificar* [ú]; *reconciliar*
hereniging *reconciliación* v; *reunificación* v
herenkapper *peluquería* v *de caballeros; barbería* v
herenkleding *ropa* v *de caballero*
herenmode *moda* v *masculina; moda* v *para caballero*
herentoilet *servicios* m mv *de caballeros*
herexamen *examen* m *de repesca; examen* m *de recuperación; segunda* v *convocatoria*
herformuleren *formular otra vez*
herfst *otoño* m ★ in de ~ van het leven *en el otoño de la vida*
herfstblad *hoja* v *de otoño*
herfstdag *día* m *de otoño*
herfstkleur *color* m *de otoño*
herfstmaand *mes* m *de otoño*
herfststorm *tormenta* v *de otoño*
herfsttint *tinte* m *otoñal; tono* m *otoñal*
herfstvakantie *vacaciones* v mv *de otoño*
hergebruik *reciclaje* m
hergebruiken *usar de nuevo*
hergroeperen *reagrupar*
herhaald *repetido; reiterado*
herhaaldelijk *repetidamente; repetidas veces;*

con frecuencia
herhalen I OV WW opnieuw doen *repetir* [i]; *reiterar*; *repasar* ⋆ iets uittentreuren ~ *repetir* [i] *u.c. hasta la saciedad* ⋆ je herhaalt jezelf *te repites* **II** WKD WW [+ zich] [i]
herhaling *repetición* v; *reiteración* v; *repaso* m ⋆ in ~en vervallen *repetirse*
herhalingsoefening *ejercicio* m *de repetición*
herhalingsrecept *repetición* v *de la receta*
herindelen *redistribuir*
herinneren I OV WW *recordar* [ue] ⋆ iem. aan iets ~ *recordar u.c. a u.p.* ⋆ dat herinnert me aan ... *eso me recuerda ...*; *eso me hace recordar ...* **II** WKD WW [zich ~] *acordarse* [ue] *de*; *recordar* [ue] ⋆ ik herinner me nog dat ... *aún recuerdo que ...* ⋆ ik kan me er niets van ~ *no me acuerdo de nada*
herinnering ● het herinneren *recuerdo* m ⋆ ter ~ aan *en recuerdo de* ● wat men herinnert *recuerdo* m ⋆ ~en oproepen *evocar recuerdos*; *traer recuerdos a la memoria* ● goede ~en bewaren aan *conservar buenos recuerdos de* ⋆ ~en ophalen *evocar recuerdos* ● souvenir *recuerdo* m ● geheugen *memoria* v ⋆ iets in ~ brengen *traer a la memoria algo*
herintreden *reingresar*
herintreder *reingresado* m
herkansing *segunda* v *convocatoria*; ⟨voor examen⟩ *repesca* v
herkauwen ● opnieuw kauwen *rumiar* ● herhalen *repetir* [i] *hasta la saciedad*
herkauwer *rumiante* m
herkenbaar *reconocible*
herkennen *reconocer (aan por)*
herkenning *reconocimiento* m
herkenningsmelodie *sintonía* v
herkeuring *reexamen* m
herkiesbaar *reelegible* ⋆ zich ~ stellen *presentarse a la reelección*
herkiezen *reelegir* [i]
herkomst *origen* m; *procedencia* v ⋆ plaats van ~ *lugar de origen* ⋆ van onbekende ~ *de procedencia desconocida*
herleidbaar *reducible*
herleiden *reducir a*
herleven *revivir*; *renacer* ⋆ doen ~ *revivificar*
herleving *renacimiento* m; *restablecimiento* m
hermafrodiet *hermafrodita* m
hermelijn *armiño* m
hermetisch *hermético*
hernemen ● terugnemen *volver a tomar* ● hervatten *reanudar*
hernia *hernia* v
hernieuwen *renovar* [ue]
heroïek *heroísmo* m
heroïne *heroína* v
heroïnehoer *prostituta* v *drogadicta*
heroïsch *heroico*
herontdekken *redescubrir*
heropenen *volver* [ue] *a abrir*; *reabrir*
heropvoeden *reeducar*
heropvoeding *reeducación* v
heroriëntatie *reorientación* v
heroriënteren *orientarse de nuevo*
heroveren *reconquistar*
heroverwegen *reconsiderar*

herpes *herpes* m/v
herrie *alboroto* m; *escándalo* m ⋆ ~ maken/schoppen *meter bulla*; *armar escándalo*
herrieschopper *gamberro* m
herrijzen *resucitar*; *resurgir*
herrijzenis *resurrección* v
herroepen *revocar*; *anular*
herscheppen *metamorfosear*; *recrear*
herschikken *reajustar*
herscholen *reescolarizar*; *readaptar profesionalmente*; *reeducar profesionalmente*
herscholing *reeducación* v *profesional*
herschrijven *volver* [ue] *a escribir*
hersenbeschadiging *daño* m *cerebral*
hersenbloeding *hemorragia* v *cerebral*; *derrame* m *cerebral*
hersendood *muerte* v *cerebral*
hersenen ● orgaan CUL. *sesos* m mv; *cerebro* m; *encéfalo* m ⋆ kleine ~ *cerebelo* m ● hersenpan *cráneo* m ⋆ iem. de ~ inslaan *romperle la crisma a alguien* ● verstand ⋆ hij heeft een goed stel hersens *es inteligente*; *tiene cabeza* ▼ zijn hersens pijnigen *torturarse el cerebro* ▼ hoe haal je het in je hersens *¿estás loco?*
hersengymnastiek *gimnasia* v *cerebral/del cerebro*
hersenhelft *hemisferio* m
hersenkronkel *idea* v *rara/extraña*
hersenloos *insensato*; *estúpido*
hersenpan *cráneo* m
hersens ● → **hersenen**
hersenschim *quimera* v
hersenschudding *conmoción* v *cerebral*
hersenspinsel *quimera* v
hersenspoelen *lavar el cerebro*
hersenspoeling *lavado* m *de cerebro*
hersentumor *tumor* m *cerebral*
hersenverweking *debilitación* v *cerebral*
hersenvlies *meninge* v
hersenvliesontsteking *meningitis* v
herstel ● beterschap *recuperación* v ⋆ economisch ~ *recuperación económica* ● reparatie *reparación* v ● het weer instellen *restablecimiento* m
herstelbetaling *indemnización* v; *reparación* v
herstellen I OV WW ● repareren *reparar* ⋆ kleding ~ *remendar* [ie] *la ropa* ● goedmaken *corregir* [i] ● in de oude staat brengen *reparar*; *restablecer*; *arreglar* **II** ON WW genezen *reponerse* ⋆ ~ van een ziekte *reponerse de una enfermedad* ⋆ ~de zijn *estar convaleciente* **III** WKD WW [zich ~] *recuperarse*; *restablecerse* ⋆ het evenwicht herstelt zich *se restablece el equilibrio* ⋆ de economie herstelt zich *se recupera la economía*
herstellingsoord *casa* v *de convalecencia*; *sanatorio* m
herstelwerkzaamheden *trabajos* m mv *de restauración*
herstructureren *restructurar*
herstructurering *reestructuración* v
hert *ciervo* m; *venado* m ⋆ jong hert *cervato* m ▼ vliegend hert *ciervo volante* m
hertenkamp *parque* m *de ciervos*
hertenleer *piel* v *de ciervo*
hertog *duque* m

hertogdom *ducado* m
hertrouwen *volver* [ue] *a casarse; casarse por segunda vez*
hertz *hercio* m; *hertz* m
heruitgave *reedición* v
hervatten *reanudar; reemprender* ★ de lessen worden hervat *se reanudan las clases*
herverdelen *repartir de nuevo*
herverkaveling *redistribución* v *de terrenos*
herverkiezing *reelección* v
herverzekeren *reasegurar*
hervormd *reformado*
hervormen *reformar*
hervorming *reforma* v
herwaarderen *revalorizar; revaluar* [ú]
herwinnen *recuperar; recobrar*
herzien *revisar*
herziening *revisión* v; *reajuste* m ★ ~ van de grondwet *reforma constitucional*
hes *blusa* v
hesp *jamón* m
het I PERS VNW *lo* [v: *la*] ★ ik zie het *lo veo* ★ ik weet het niet *no lo sé* **II** ONB VNW ⟨onderwerp⟩ *(niet vertaald)* ★ het is niet bekend of hij komt *no se sabe si vendrá* ★ het regent *llueve* **III** LIDW *el* [m mv: *los*] [v: *la*] [v mv: *las*] [onr.: *lo*] ★ van het *del* [m mv: *de los*] [v: *de la*] [v mv: *de las*] ★ hét moment *el momento supremo* ★ het mooist *lo más bonito*
heteluchtballon *globo* m *de aire caliente*
heteluchtkachel *estufa* v *de aire caliente; calefactor* m
heteluchtmotor *motor* m *térmico*
heteluchtoven *horno* m *de aire caliente*
heten • een naam dragen *llamarse* ★ hoe heet je? *¿cómo te llamas?* ★ hoe heet je van voren? *¿cuál es tu nombre?* ★ hoe heet je van achteren? *¿cuál es tu apellido?* • beweerd worden ★ wat heet! *¡qué va!* ★ naar het heet *según se dice; dicen* ▼ zo waar als ik ... heet *te lo digo yo*
heterdaad ▼ op ~ betrappen *coger en flagrante;* INFORM. *coger con las manos en la masa;* INFORM. *pillar con las manos en la masa*
hetero I ZN [de] *heterosexual* m **II** BNW *heterosexual*
heterogeen *heterogéneo*
heteroseksueel I ZN [de] *heterosexual* m **II** BNW *heterosexual*
hetgeen I AANW VNW *eso que* ~ ★ ~ je zegt is waar *eso que tú dices es verdad* **II** BETR VNW *lo cual* ★ het waait, ~ jammer is *hace viento, lo cual es una pena*
hetze *campaña* v *difamatoria*
hetzelfde *lo mismo; otro tanto* ★ ~ kun je zeggen van *otro tanto se puede decir de* ★ het is mij allemaal ~ *me da igual; a mí me da lo mismo* ★ dat komt op ~ neer *viene a ser lo mismo* ▼ van ~! *¡igualmente!* ▼ het is overal ~ en todas partes cuecen habas
hetzij *sea; ya; bien* ★ ~ ... ~ *sea ... sea; ya ... ya; bien ... bien*
heug ▼ tegen heug en meug *a regañadientes*
heugen ★ dat zal je ~ *¡ya te pesará!*
heuglijk • verheugend *feliz* • gedenkwaardig *memorable*

heulen met *colaborar con; conspirar con*
heup *cadera* v ▼ het op de heupen hebben *estar de mal humor; tener un momento de mal humor*
heupbroek *pantalón* m *de talle bajo*
heupfles *frasco* m *de bolsillo*
heupwiegen *contonearse*
heupwijdte *anchura* v *de caderas*
heupzwaai *llave* v *de caderas*
heus I BNW • echt *auténtico; verdadero* • beleefd *cortés* ▼ is 't heus? *¿es verdad?; ¡no me digas!* **II** BIJW echt *de verdad* ★ het is heus niet slecht *de verdad que no es malo*
heuvel *colina* v; *cerro* m
heuvelachtig *accidentado*
heuvelland *terreno* m *accidentado*
heuvelrug • rij heuvels *cadena* v *de colinas* • heuvelrand *colinas* v mv
hevel *sifón* m
hevig • intens *intenso; agudo* • heftig *violento; fuerte*
hiaat *laguna* v; *vacío* m
hiel *talón* m ▼ de hielen lichten *poner pies en polvorosa; escabullirse* ▼ iem. op de hielen zitten *pisar los talones a u.p.*
hielenlikker *pelotillero* m; *lameculos* m
hielprik *prueba* v *del talón*
hier I BIJW op deze plaats *aquí; acá* ★ hier ergens *por aquí; por acá* ★ jij hier? *¿tú por aquí?* ★ kom eens hier! *¡ven aquí!* ★ tot hier *hasta aquí* ▼ hier en daar *aquí y allá* **II** TW alsjeblieft ⟨jij-vorm⟩ *toma;* ⟨jij-vorm⟩ *ten;* ⟨beleefd⟩ *tome;* ⟨beleefd⟩ *tenga*
hieraan *a esto* ★ ~ heeft hij zijn benoeming te danken *a esto debe su nombramiento*
hierachter *detrás; detrás de esto*
hiërarchie *jerarquía* v
hiërarchisch *jerárquico*
hierbij *con ello; a esto* ★ ~ komt nog *a esto se añade* ★ ~ zend ik u *por la presente le mando* ★ de nodige stukken gaan ~ *se adjuntan los documentos precisos*
hierbinnen *aquí dentro*
hierboven *arriba* ★ zie ~ *véase arriba*
hierbuiten *aquí fuera*
hierdoor • om deze reden *por ello; por esto* ★ ~ kwam hij te laat *por ello llegó tarde* • hier doorheen *por aquí*
hierheen *acá; aquí*
hierin • in deze plaats *dentro; aquí dentro* • wat dit betreft *en esto* ★ ~ heeft hij gelijk *en esto tiene razón*
hierlangs *por aquí* ★ hij komt elke dag ~ *pasa diariamente por aquí*
hiermee *con esto* ★ wat moet ik ~? *¿qué hago con esto?*
hierna *después;* ⟨onmiddellijk in tijd erop volgend⟩ *a continuación*
hiernaast *aquí al lado; al lado*
hiernamaals *más* m *allá; vida* v *de ultratumba*
hiëroglief *jeroglífico* m
hierom • om deze reden *por este motivo; por eso/esto* • hier omheen *alrededor; alrededor de esto*
hieromheen *alrededor*
hieromtrent *sobre el particular; sobre este asunto*

hieronder • onder het genoemde *por ello*; *por eso* ★ ~ versta ik *por ello entiendo* • onder deze plaats *abajo* • verderop *más abajo* ★ zie ~ *véase más abajo* ★ zoals ~ staat aangegeven *como más abajo se indica* • erbij zijnd *entre ellos*
hierop • bovenop dit *encima* • hierna *luego*; *entonces* ★ ~ zei hij *entonces dijo*
hierover • hier overheen *por encima* • omtrent de ello; *sobre esto*
hiertegen *contra esto*; *en contra de esto*
hiertoe • tot dit doel *a esto*; *con este fin*; *para este fin* ★ tot hier toe *hasta aquí*
hiertussen *entre esto*
hieruit *de esto*; *de ello*
hiervan *de esto*; *de ello*
hiervandaan *de aquí*
hiervoor • vóór het genoemde *antes*; *antes de esto* • hiertoe *por/para esto*; *a este efecto*; *al efecto* ★ ~ hoeft u niet bang te zijn *no se preocupe por esto* ★ ~ zijn maatregelen getroffen *se han tomado medidas al efecto*
hifi *de alta fidelidad*
hifi-installatie *equipo* m *de alta fidelidad*; *equipo* m *de hi-fi*
high *colgado*; *colocado*
high society *alta sociedad* v; *mundo* m *elegante*
hij *él* ★ hijzelf *él mismo*
hijgen *jadear*
hijger OMSCHR. *tío* m *verde que molesta (a la mujeres) por teléfono*
hijs *izado* m; *izamiento* m ▼ dat was een hele hijs *fue una faena pesada*
hijsblok *polea* v
hijsen • omhoog trekken *encaramar*; ⟨met katrol⟩ *izar* • stevig drinken *empinar el codo*
hijskraan *grúa* v
hik *hipo* m ★ de hik hebben *tener hipo*
hikken *hipar*
hilarisch *hilarante*
hilariteit *hilaridad* v
hinde *cierva* v
hinder *molestia* v ★ heb je ~ van het lawaai? ¿*te molesta el ruido?*
hinderen • belemmeren *estorbar*; *obstaculizar*; *entorpecer* • bezwaarlijk zijn *importar* ★ dat hindert niet *no importa* • ergeren *molestar*; *fastidiar*; *importunar*
hinderlaag *emboscada* v ★ in een ~ liggen *estar emboscado* ★ iem. in een ~ lokken *tender [ie] una emboscada a u.p.*
hinderlijk *molesto*; *incómodo*
hindernis • LETT. *obstáculo* m; *traba* v; *estorbo* m ★ wedren met ~sen *carrera* v *de obstáculos* • FIG. *obstáculo* m ★ een ~ wegnemen *salvar un obstáculo*
hindernisbaan *pista* v *de obstáculos*
hindernisloop *carrera* v *de obstáculos*
hinderpaal *obstáculo* m
Hinderwet *ley* v *sobre actividades molestas*
hindoeïsme *hinduismo* m
hinkelen *saltar a la pata coja*
hinken • mank gaan *cojear*; *renquear* • hinkelen *saltar a la pata coja*
hink-stap-sprong *salto* m *triple*
hinniken *relinchar*

hint *pista* v
hip *progre*; *muy al día*; *de moda*
hiphop *(música* v*) hip-hop* m
hippen *ir a saltitos*
hippie *hippie* m/v; *hippy* m/v
historicus *historiador* m
historie *historia* v
historieschilder *pintor* m *histórico*
historiestuk *pieza* v *histórica*
historisch *histórico*
hit • succesvol nummer *éxito* m • paard *jaca* v
hitlijst *lista* v *de éxitos*
hitparade *lista* v *de éxitos*
hitsig • driftig *ardiente*; *fogoso* • geil *excitado*; *cachondo*
hitte *calor* m; *ardor* m ★ een moordende ~ *un calor agobiante* ★ door de ~ bevangen *sofocado de calor* ★ tegen de ~ bestand *resistente al calor*
hitteberoerte *insolación* v
hittebestendig *refractario*; *resistente al calor*
hittegolf *ola* v *de calor*
hitteschild *escudo* m *protector del calor*
hiv *vih* m; *virus* m *de inmunodeficiencia humana*
ho ¡*alto!* ★ ho maar! ¡*ni hablar!*
hoax *bulo* m *informático*; *hoax* m
hobbel ★ een ~ nemen *salvar un obstáculo*
hobbelen *dar tumbos*
hobbelig *desigual*; *con baches*
hobbelpaard *caballito* m *balancín*
hobbezak • kledingstuk *sayo* m • persoon *palurdo* m
hobby *hobby* m; *afición* v
hobo *oboe* m
hoboïst *oboísta* m/v
hockey *hockey* m; *hockey* m *sobre hierba*
hockeyen *jugar [ue] al hockey*
hockeystick *palo* m *de hockey*
hocus pocus I ZN [de] *abracadabra* m **II** TW *abracadabra*
hoe I BIJW • op welke wijze *cómo* ★ hoe gaat het? ¿*cómo estás?*; ¿*qué tal?* ★ hoe dan ook *como sea*; *de todas formas* ★ hoe het ook zij *sea como sea*; *sea lo que sea* • op welke grond *cómo* ★ hoe dat zo? ¿*y eso?* ★ hoe kom je daarbij? ¿*cómo se te ocurre?* • in welke mate *cuanto*; *por mucho que*; *por más que* ★ hoe graag hij ook rookt *por mucho que le gusta fumar* ★ hoe oud ben je? ¿*cuántos años tienes?* ★ hoe laat is het? ¿*qué hora es?* ★ hoe veel ik ook om je geef *por mucho que te quiera*; *por más que te quiera* ★ hoe duur is het? ¿*cuánto cuesta?* ★ ik weet hoe moeilijk het is *sé lo difícil que es* ★ welke, wat voor *cómo*; *qué* ★ hoe heet je? ¿*cómo te llamas?* ▼ hoe eerder hoe beter *cuanto antes mejor* **II** ZN [het] ★ het hoe en waarom *el cómo y el porqué*
hoed *sombrero* m ★ hoge hoed *sombrero* m *de copa* ★ de hoed van een paddenstoel *sombrerillo* m ▼ onder één hoedje spelen met iem. *estar conchabado con u.p.* ▼ met de hoed in de hand, komt men door het ganse land *cortesía de sombrero vale mucho y no cuesta dinero*
hoedanigheid • aard *calidad* v; *cualidad* v

• functie ∗ in mijn ~ van *en mi calidad de*
hoede *custodia* v; *cuidado* m ∗ aan de ~ toevertrouwen *confiar al cuidado de* ∗ iem. onder zijn ~ nemen *hacerse cargo de u.p.* ▾ op zijn ~ zijn *estar alerta*; *estar sobre aviso*; *estar alerta*
hoeden I ov ww *guardar*; *custodiar* ∗ het vee ~ *guardar el ganado* II wkd ww [zich ~] *guardarse* (voor de); *precaverse* (voor de)
hoedenplank *tablero* m *para sombreros*
hoef *casco* m
hoefdier *ungulado* m
hoefgetrappel *golpeo/chacoloteo* m *de cascos*
hoefijzer *herradura* v
hoefsmid *herrador* m
hoegenaamd *absolutamente* ∗ ~ niet *en absoluto* ∗ ~ niets *absolutamente nada*
hoek • ruimte ⟨binnen⟩ *rincón* m; ⟨buiten⟩ *esquina* v ∗ om de hoek *a la vuelta de la esquina* ∗ de hoek omslaan *doblar la esquina* ∗ een verloren hoek *rincón* m *perdido* ∗ op de hoek van de straat *en la esquina de la calle* • wisk. *ángulo* m ∗ dode hoek *ángulo* m *muerto* • hoekstoot *gancho* m ▾ iem. in de hoek drijven *arrinconar a u.p.* ▾ in alle hoeken en gaten *por todos los rincones* ▾ het hoekje omgaan *despichar*; *irse al otro barrio* ▾ iem. alle hoeken van de kamer laten zien *moler a palos a alguien*
hoekhuis *casa* v *que hace esquina*
hoekig • met hoeken *anguloso* • stuntelig *torpe*
hoekkast *rinconera* v
hoekpunt *vértice* m
hoekschop *saque* m *de esquina*; *córner* m
hoeksteen • steen op de hoek *piedra* v *angular* • fig. fundament *fundamento* m
hoektand *diente* m *canino*; *colmillo* m
hoekwoning *casa* v *que hace esquina*
hoelang *cuánto tiempo* ∗ tot ~? *¿hasta cuándo?* ∗ voor ~? *¿por cuánto tiempo?*
hoen *gallina* v ▾ zo fris als een hoentje *como una rosa*
hoenderhok *gallinero* m
hoepel *aro* m; *cerco* m
hoepelen *jugar* [ue] *al aro*
hoepelrok *guardainfante* m; *miriñaque* m
hoepla *¡upa!*
hoer *puta* v; *ramera* v; *zorra* v ∗ naar de hoeren gaan *ir de putas*
hoera *¡hurra!*
hoerenbuurt *barrio* m *de putas*
hoerenjong *hijo* m *de puta*
hoerenkast *casa* v *de putas*; *burdel* m
hoerenloper *putero* m
hoerenmadam *madama* v
hoerig *vulgar*; *ordinario* ∗ ~e laarzen *botas vulgares*
hoes *funda* v
hoeslaken *sábana* v *ajustable*
hoest *tos* v
hoestbui *acceso* m *de tos*
hoestdrank *jarabe* m *para la tos*
hoesten *toser*
hoestpastille *pastilla* v *para la tos*
hoeve *granja* v; *finca* v
hoeveel *cuánto* ∗ met ~ zijn we? *¿cuántos somos?*
hoeveelheid *cantidad* v
hoeveelste • rangorde *cuánto* ∗ de ~ is het vandaag? *¿a cuántos estamos?* • welk deel *qué parte* ∗ het ~ deel van een liter is dat? *¿qué parte de un litro es?*
hoeven I ov ww moeten *tener que*; *hacer falta* ∗ ik hoef niet te gaan *no tengo que ir* ∗ dat had je niet ~ doen *no hacía falta que lo hicieras* II on ww nodig zijn *hacer falta* ∗ voor mij hoeft het niet *por mí no hace falta*
hoewel *aunque*; *si bien*; *a pesar de que*
hoezeer *cuánto* ∗ ~ het mij ook spijt *por mucho que lo sienta*; *por más que lo sienta*
hoezo *¿cómo?* ∗ ~ moeilijk? *¿cómo que difícil?*
hof I zn [het] • verblijf van vorst *corte* v ∗ aan het hof *en la corte* • gerechtshof *corte* v *de apelación*; *corte* v ∗ hof van cassatie *tribunal* m *de casación* ▾ iem. het hof maken *hacer la corte a u.p.*; *cortejar a u.p.* II zn [de] tuin *jardín* m ∗ de hof van Eden *jardín* m *de Edén*
hofdame *dama* v *de honor*
hoffelijk *cortés*; *galante*
hoffelijkheid *cortesía* v
hofhouding *corte* v
hofje ≈ *beaterio* m
hofleverancier *proveedor* m *de la corte*
hofmaarschalk *mayordomo* m *mayor de S.M. (Su Majestad)*
hofmeester *mayordomo* m; ⟨in vliegtuig⟩ *auxiliar* m *de vuelo*; ⟨in boot⟩ *camarero* m
hofnar *bufón* m
hoge • duikplank *trampolín* m • persoon *persona* v *que está entre los de arriba*
hogedrukgebied *anticiclón* m
hogedrukpan *olla* v *a presión*
hogedrukreiniger *aparato* m *para la limpieza a alta presión*
hogedrukspuit *pistola* v *a alta presión*
hogepriester *sumo* m *sacerdote*
hogerhand ▾ van ~ *desde arriba*; *por parte de las autoridades*
hogerop *más arriba* ∗ ~ willen *querer ascender*
hogeschool *escuela* v *superior*
hogesnelheidslijn *línea* v *ferroviaria de alta velocidad*
hoi *hola*
hok • bergplaats *trastero* m • dierenhok ⟨v. hond⟩ *caseta* v *del perro*; ⟨v. hond⟩ *caseta* v; ⟨v. varken⟩ *pocilga* v; ⟨v. vogel⟩ *jaula* v
hokje • vakje *casilla* v; *recuadro* m • klein hok *caseta* v ▾ iem. in een ~ stoppen *encasillar a u.p.*
hokjesgeest *estrechez* v *mental*
hokken *vivir juntos*; *convivir* ∗ zij ~ bij elkaar *viven juntos*
hol I zn [de] ▾ op hol slaan *desbocarse* II zn [het] • schuilplaats *madriguera* v; *escondrijo* m • verblijf van dier *cubil* m; *guarida* v • grot *cueva* v; *caverna* v ∗ kont *ojo* m ▾ in het hol van de leeuw *en la boca del lobo* III bnw • leeg *hueco* • niet bol *cóncavo* ▾ in het holst van de nacht *a altas horas de la noche*
holbewoner • dier *cavernícola* m/v • mens *troglodita* m/v

holding *holding* m
Holland • de provincies *Holanda* v • Nederland *Holanda* v; *Países* m mv *Bajos*
Hollander *holandés* m; *neerlandés* m
Hollands *holandés*; *neerlandés*
Hollandse *holandesa* v; *neerlandesa* v
hollen *correr* ▾ het is met hem ~ of stilstaan *pasa de un extremo a otro*
holletje • → **hol** ▾ op een ~ *de una corrida; corriendo; de una corrida; corriendo*
holocaust *holocausto* m
hologram *holograma* m
holrond *cóncavo*
holster *pistolera* v
holte *cavidad* v; *hueco* m
hom *lechaza* v
homecomputer *ordenador* m *doméstico*
homeopaat *homeópata* m/v
homeopathie *homeopatía* v
homeopathisch *homeopático*
homerisch *homérico* ★ een ~e vergelijking *una comparación exhaustiva* ★ ~ gelach *risa homérica*
homerun *home run* m; L-A *jonrón* m
hometrainer *hometrainer* m
hommage *homenaje* m
hommel *abejorro* m; *abejón* m
hommeles ▾ het is ~ *hay jaleo; no está el horno para bollos*
homo *homosexual* m
homobar *bar* m *para homosexuales*
homobeweging *movimiento* m *homosexual*
homo-erotisch *erótico-homosexual*
homofilie *homosexualidad* v
homofoob *homófobo* m
homogeen *homogéneo*
homohuwelijk *matrimonio* m *entre homosexuales*
homoniem I ZN [het] *homónimo* m II BNW *homónimo*
homonymie *homonimia* v
homoscene *ambiente* m *homosexual*
homoseksualiteit *homosexualidad* v
homoseksueel I ZN [de] *homosexual* m II BNW *homosexual*
homp *pedazo* m; *trozo* m
hond *perro* m ▾ geen hond *ni un alma; nadie* ▾ blaffende honden bijten niet *perro ladrador poco mordedor* ▾ je moet geen slapende honden wakker maken *al perro que duerme no le despiertes* ▾ de hond in de pot vinden *quedarse sin comer* ▾ zo ziek als een hond zijn *estar para morirse*
hondenasiel *perrera* m
hondenbaan *trabajo* m *de perros*
hondenbelasting *impuesto* m *por tener perro*
hondenbrokken *alimentación* v *seca para perros*
hondenhok *caseta* v *del perro*
hondenleven *vida* v *de perros*
hondenpenning *registro* m *del perro*
hondenpoep *mierda* v *de perro*
hondentrimmer *peluquero* m *de perros*
hondenweer *tiempo* m *de perros*
honderd I TELW *ciento; cien* ★ ~twintig *ciento veinte* II ZN [het] ★ enige ~en *unos cientos; unas centenas* ★ bij ~en *a/por centenares*
▾ alles loopt in het ~ *todo va mal*
honderdduizend *cien mil* ★ ~en mensen *cientos de miles de personas* ▾ als ik de ~ win *cuando me toque el gordo*
honderdduizendste • *cienmilésimo* • → **achtste**
honderdje *billete* m *de cien euros*
honderdste • *centésimo* • → **achtste**
honderduit ▾ ~ praten *hablar por los codos*
hondje • → **hond**
honds *insolente; grosero*
hondsberoerd *miserable; fatal*
hondsbrutaal *insolente*
hondsdagen *canícula* v
hondsdolheid *rabia* v
hondsdraf *hiedra* v *terrestre*
hondsmoe *cansadísimo*
Honduras *Honduras* m
Hondurees I ZN [de] *hondureño* m II BNW *hondureño*
honen *burlarse de; mofarse de*
honend *insultante; ultrajante*
Hongaar *húngaro* m
Hongaars I ZN [het] taal *húngaro* m II BNW m.b.t. Hongarije *húngaro*
Hongarije *Hungría* v
honger • behoefte aan eten *hambre* v ★ rammelen van de ~ *morirse* [ue, u] *de hambre* ★ ~ hebben *tener hambre* • begeerte *gazuza* v; *hambre* v ▾ ~ maakt rauwe bonen zoet INFORM. *a buena hambre no hay pan duro* ▾ scheel zien van de ~ *tener un hambre canina*
hongerdood *muerte* v *de hambre*
hongeren • honger lijden *pasar hambre* • verlangen *ansiar; anhelar*
hongerig • honger hebbend *famélico; hambriento* • begerig *ansioso; anhelante*
hongerlijder *hambriento* m
hongerloon *salario* m *de miseria; sueldo* m *mísero*
hongeroedeem *edema* m *de hambre*
hongersnood *hambre* v
hongerstaking *huelga* v *de hambre*
hongerwinter *invierno* m *del hambre*
Hongkong *Hong Kong* m
honing *miel* v ▾ iem. ~ om de mond smeren *engatusar a u.p.*
honingblond *rubio ambarino*
honingraat *panal* m; *bresca* v
honingzoet *melifluo; meloso*
honk • thuis *casa* v ★ van honk gaan *salir de casa* • SPORT *base* v *de meta*
honkbal *béisbol* m
honkbalknuppel *bate* m
honkballen *jugar* [ue] *al béisbol*
honkvast *casero; muy de casa*
honnepon *cielito* m *lindo*
honneurs *honores* m mv ★ de ~ waarnemen *hacer los honores*
honorair *honorario*
honorarium *honorarios* m mv
honoreren • belonen *remunerar; retribuir* • gestand doen *reconocer oficialmente* ★ een wissel ~ *aceptar una letra*
hoofd • lichaamsdeel *cabeza* v ★ met hangend ~ *cabizbajo* ★ met opgeheven ~ *con la cabeza alta/levantada* ★ op zijn ~ vallen *darse de*

cabeza ★ zich voor het ~ schieten *pegarse un tiro en la cabeza* ★ het ~ ontbloten *descubrirse la cabeza* ★ hij is een ~ groter dan ik *me lleva una cabeza* • verstand *cabeza* v; *razón* v ★ niet goed bij het ~ zijn *estar mal de la cabeza* ★ door het ~ gaan *olvidarse* ★ het schoot hem door het ~ dat *le pasó por la cabeza que* ★ zich iets in het ~ halen *meterse u.c. en la cabeza* ★ hij heeft het in zijn ~ gehaald om *se le ocurrió; le dio por* ★ haal het niet in je ~! *ino se te ocurra!* ★ uit het ~ *de memoria* ★ uit het ~ opzeggen *recitar de memoria* ★ je praat het me niet uit het ~ *no me lo quitas de la cabeza* ★ zich iets uit het ~ zetten *quitarse u.c. de la cabeza* ★ iets uit het ~ zetten *quitarse u.c. de la cabeza* • bestuur(der) *jefe* m; *director* m ★ ~ van het gezin *cabeza* v *de familia* ★ ~ verkoop *jefe* de *ventas*; *director* m *de ventas* ★ aan het ~ staan van *encabezar; estar al frente de* • persoon *persona* v; *cabeza* v ★ per ~ *por persona/cabeza* ★ van de bevolking *por cabeza de la población* ★ zoveel ~en, zoveel zinnen *tantas cabezas tantos pareceres* • voorste/bovenste gedeelte *cabecera* v ★ het ~ van de tafel *la cabecera de la mesa* • briefhoofd *encabezamiento* m ▼ dat is hem boven het ~ gegroeid *eso sobrepasa sus fuerzas; eso es superior a sus fuerzas* ▼ boven het ~ hangen *venir encima* ▼ over het ~ zien *no fijarse en* ▼ uit ~e van *por razón de; por concepto de* ▼ iem. voor het ~ stoten *ofender mucho a u.p.* ▼ iem. het ~ op hol brengen *volver loca a u.p.* ▼ het ~ op hol brengen *hacer perder la cabeza* ▼ er een zwaar ~ in hebben *verlo muy negro/difícil* ▼ een hard ~ hebben *tener la cabeza dura*

hoofdagent *agente* m *superior de policía; cabo* m
hoofdartikel *editorial* m; *artículo* m *de fondo*
hoofdberoep *ocupación* v *principal*
hoofdbestuur *junta* v *directiva; dirección* v *general*
hoofdbewoner *inquilino* m *principal*
hoofdbrekens ▼ het kost me veel ~ *da muchos quebraderos de cabeza*
hoofdbureau *oficina* v *principal/central* ★ het ~ van politie *jefatura* v *de policía; comisaría* v
hoofdcommissaris *comisario* m *en jefe*
hoofdconducteur *jefe* m *del tren*
hoofddeksel *tocado* m
hoofddocent *director* m *de escuela*
hoofddoek *pañuelo* m
hoofdeinde *cabecera* v
hoofdelijk *por cabeza; solidario* ★ ~ aansprakelijk zijn voor *responder solidariamente de*
hoofdfilm *película* v *principal*
hoofdgebouw *edificio* m *principal/central*
hoofdgerecht *plato* m *principal*
hoofdhaar *cabello* m
hoofdhuid *cuero* m *cabelludo*
hoofdingang *entrada* v *principal*
hoofdinspecteur *inspector* m *general*
hoofdkantoor *casa* v *matriz; oficina* v *principal/central; sede* v *principal*
hoofdkraan *llave* v *de paso*

hoofdkussen *almohada* v
hoofdkwartier *cuartel* m *general*
hoofdleiding *conducción* v *principal*
hoofdletter *letra* v *mayúscula; mayúscula* v ★ met ~s schrijven *escribir con mayúsculas*
hoofdlijn *línea* v *principal* ★ in ~en *en líneas generales*
hoofdmacht *grueso* m *del ejército*
hoofdmoot *parte* v *más importante*
hoofdofficier *oficial* m *superior*
hoofdpersoon *protagonista* m/v; *personaje* m *principal*
hoofdpijn *dolor* m *de cabeza* ★ schele ~ *jaqueca* v ★ ik heb ~ *me duele la cabeza*
hoofdprijs *primer* m *premio; gordo* m
hoofdredacteur *redactor* m *jefe*
hoofdrekenen *cálculo* m *mental*
hoofdrol *papel* m *principal* ★ de ~ spelen *interpretar el papel principal*
hoofdrolspeler *protagonista* m/v
hoofdschotel • CUL. voornaamste gerecht *plato* m *fuerte* • het belangrijkste *atracción* v *principal*
hoofdschuddend *moviendo la cabeza*
hoofdstad *capital* v
hoofdstedelijk *metropolitano*
hoofdstel *brida* v; *cabezada* v
hoofdsteun *reposacabezas* m
hoofdstraat *calle* v *mayor/principal*
hoofdstuk *capítulo* m
hoofdtelefoon *auriculares* m mv
hoofdtelwoord *número* m *cardinal*
hoofdvak *asignatura* v *principal; materia* v *principal*
hoofdwond *descalabradura* v
hoofdzaak *punto* m *principal/esencial; asunto* m *esencial* ★ in ~ *en substancia; en esencia*
hoofdzakelijk *principalmente; especialmente; esencialmente*
hoofdzin *oración* v *principal*
hoofs *cortesano; cortés*
hoog I BNW • in getal *alto; elevado;* (v. toon) *agudo* ★ hoge prijzen *precios altos/elevados* ★ hoger *mas alto* • van plaats *alto* ★ ik woon twee hoog *vivo en el segundo piso* ★ hoog in de bergen *en lo alto de la montaña* • aanzienlijk *destacado; superior; alto* ★ een hoge functie *un alto cargo* ▼ bij hoog en laag volhouden *mantenerse* [ie] *en sus trece* **II** BIJW ▼ dat gaat mij te hoog *no me entra en la cabeza* ▼ hoog en droog zitten *estar a salvo*
hoogachten *estimar; respetar*
hoogachtend *atentamente*
hoogachting *estima* v; *estimación* v; *consideración* v; *respeto* m ★ met de meeste ~ *muy atentamente; con el mayor de los respetos*
hoogbejaard *anciano; de edad muy avanzada*
hoogblond *rubio dorado*
hoogbouw *edificios* m mv *altos*
hoogconjunctuur *coyuntura* v *alta; boom* m
hoogdravend *ampuloso; pomposo; rimbombante*
hooggeacht *muy estimado; distinguido*
hooggebergte *alta montaña* v
hooggeëerd *muy estimado; muy distinguido* ★ ~ publiek *respetable público*

hooggeleerd *instruido; erudito; docto*
hooggeplaatst *de alto rango; de categoría; de alta categoría* ★ ~e persoonlijkheden *personajes de categoría*
hooggerechtshof *Tribunal* m *Supremo*
hooggespannen ★ ~ verwachtingen *grandes expectaciones*
hooggewaardeerd *respetable*
hoogglanslak *esmalte* m *brillante*
hooghartig *altivo; altanero*
hoogheid *alteza* v; *majestad* v ★ Uwe Hoogheid *Vuestra Alteza*; *Su Majestad* ★ Zijne/Hare Koninklijke Hoogheid *Su Alteza Real*
hooghouden *mantener* [ie]
hoogland *tierras* v mv *altas*; *altiplanicie* v
hoogleraar *catedrático* m
Hooglied *Cantar* m *de los Cantares*
hooglijk *altamente*
hooglopend *vehemente; violento*
hoogmis *misa* v *mayor*; *misa* v *solemne*
hoogmoed *altanería* v; *soberbia* v; *altivez* v ▼ ~ komt voor de val *cuanto mayor es la subida tanto mayor la descendida*; *aunque la garza vuela muy alta, el halcón la mata*
hoogmoedig *altanero; soberbio; altivo*
hoogmoedswaanzin *megalomanía* v
hoognodig *urgente; indispensable* ★ het ~e *lo imprescindible*
hoogoplopend *apasionado*
hoogoven *alto* m *horno*
hoogrood *rojo subido*
hoogschatten *tener en gran estima*
hoogseizoen *temporada* v *alta*
hoogslaper *cama* v *en alto*
hoogspanning *alta* v *tensión*
hoogspanningskabel *cable* m *de alta tensión*
hoogspanningsmast *poste* m *de alta tensión*
hoogst I BNW • ⟨in getal⟩ *máximo; supremo* • aanzienlijkst ★ de ~e chef *el jefe supremo*; *el dirigente máximo* II BIJW in hoge mate *sumamente; extremadamente* ★ ~ onwaarschijnlijk *sumamente improbable* III ZN [het] ★ op het ~ *a lo más; a lo sumo; a todo tirar* ★ ten ~e *como mucho; como máximo*
hoogstaand *noble; de elevados principios*
hoogstandje *proeza* v; *hazaña* v ★ een intellectueel ~ *una proeza/hazaña intelectual*
hoogsteigen ▼ in ~ persoon *mismísimo*
hoogstens *a lo más; a lo sumo; a todo tirar*
hoogstwaarschijnlijk *casi seguro; muy/sumamente probable*
hoogte • peil, niveau *altura* v; *altitud* v ★ tot grote ~ reiken *hasta alcanzar gran altitud* ★ uit de ~ op iem. neerzien *mirar a uno por encima del hombro* • klank *altura* v • AARDK. *altitud* v ★ ter ~ van Utrecht *a la altura de Utrecht* • verheffing *elevación* v ▼ de prijzen schieten in de ~ *los precios suben* ▼ op de ~ blijven *quedar al corriente* ▼ op de ~ houden *tener al tanto* ▼ op de ~ stellen *informar* ▼ zich op de ~ stellen van iets *enterarse de u.c.* ▼ op de ~ zijn *estar al corriente* ▼ tot op zekere ~ *hasta cierto punto*; *en cierta medida* ▼ hij kan daar geen ~ van krijgen *no lo comprende*; *no saca nada en claro*
hoogtelijn • WISK. *altura* v • AARDK. *curva* v *de nivel*
hoogtepunt • WISK. *cúspide* v; *vértice* m • climax OOK FIG. *punto* m *culminante*; *momento* m *culminante*; *clímax* m; *culminación* v; *apogeo* m; *colmo* m ★ het ~ bereiken *llegar al colmo* ★ op het ~ van zijn roem zijn *estar en el apogeo de su fama*
hoogteverschil *desnivel* m
hoogtevrees *vértigo* m *de las alturas*; *acrofobia* v
hoogtezon *lámpara* v *de rayos ultravioleta*
hoogtij *auge* m; *apogeo* m ▼ ~ vieren *florecer; prosperar*
hooguit *como mucho; como máximo*
hoogverraad *alta* v *traición*
hoogvlakte *meseta* v; *altiplanicie* v; *altiplano* m
hoogvlieger ▼ hij is geen ~ *no es ninguna lumbrera*
hoogwaardig *de alta calidad*
hoogwaardigheidsbekleder *alto* m *dignatario*
hoogwater • vloed *pleamar* v • hoge waterstand in rivier enz. *crecida* v
hoogwerker *elevador* m *para hacer reparaciones a gran altura*
hoogzwanger *en los últimos meses del embarazo*
hooi *heno* m ▼ te veel hooi op zijn vork nemen *abarcar demasiado* ▼ je moet niet te veel hooi op je vork nemen *quien mucho abarca, poco aprieta* ▼ te hooi en te gras *sin orden ni concierto; de tarde en tarde*
hooiberg *almiar* m; *pajar* m
hooien *segar* [ie] *heno; henificar*
hooikoorts *fiebre* v *del heno*
hooimijt *almiar* m
hooivork *horca* v; *bieldo* m
hooiwagen • kar *carro* m *de heno* • spinachtig dier *segador* m
hooizolder *henil* m
hooligan *gamberro* m
hoon *escarnio* m; *mofa* v
hoongelach *risa* v *escarnecedora*
hoop • verwachting *esperanza* v ★ op hoop van *con/en la esperanza de* ★ de hoop opgeven *perder* [ie] *la esperanza*; *abandonar la esperanza* ★ in de hoop dat *esperando que* ★ hoop geven aan *esperanzar* ★ tussen hoop en vrees leven *vivir con el alma en vilo* • stapel *montón* m; *pila* v ★ alles op één hoop gooien *meterlo todo en el mismo saco* • grote hoeveelheid *montón* m; INFORM. *mogollón* ★ met hopen *a montones* • een hoop geld *muchísimo dinero*; *un montón de dinero* ★ een hoop mensen *una multitud de personas*; *un mogollón de gente* • drol *boñigo* m; *heces* v mv; *caca* v ▼ hoop doet leven *con la esperanza se vive* ▼ te hoop lopen *apiñarse* ▼ op hoop van zegen *a la buena de Dios*
hoopgevend *esperanzador*
hoopvol *esperanzador*; *prometedor*
hoor I ZN [de] ▼ hoor en wederhoor *principio* m *de contradicción* II TW ▼ niks hoor! *ide eso nada!* ★ ja hoor! *¡que sí!*
hoorapparaat *audífono* m
hoorbaar *oíble; audible*
hoorcollege *clase* v *(en la universidad)*

hoorn • uitsteeksel aan kop *cuerno* m; *asta* v ★ op de ~s nemen *cornear* • blaasinstrument *corno* m; *trompa* v • telefoonhoorn *auricular* m ▾ de~ op de haak leggen *colgar* [ue]; *colgar* [ue] *el auricular/el teléfono* ▾ de~ van overvloed *el cuerno de la abundancia* ▾ iem. ~s opzetten *poner los cuernos a u.p.*; *encornudar a u.p.*
hoorndol *loco de atar*; *loco* ★ ik word er ~ van! *ime vuelve loco!*
hoornen *de cuerno*
hoornlaag *epidermis* v
hoornvlies *córnea* v
hoornvliesontsteking *inflamación* v *de la córnea*
hoorspel *radioteatro* m; *comedia* v *radiofónica*
hoorzitting *audiencia* v
hoos *tromba* v
hoosbui *chaparrón* m
hop I ZN [de] • vogel *abubilla* v • plant *lúpulo* m II TW *¡arriba!*; *¡arre!*
hopelijk *según se espera*; *según esperamos*; *ojalá*
hopeloos *desesperado* ★ een hopeloze situatie *una situación desesperada* ★ het is ~ *es desesperante*
hopen *esperar* ★ laten we het ~ *ojalá* ★ ik hoop dat hij komt *espero que venga* ★ het is te ~ dat *es de esperar que* ★ ik hoop van wel *espero que sí*
hopman *jefe* m *explorador*
hor *mosquitero* m
horde • bende *banda* v; *horda* v • SPORT *valla* v
hordeloop *carrera* v *de vallas*
horeca *hostelería* v
horen I OV WW • met gehoor waarnemen *oír* ★ goed ~ *tener buen oído* • luisteren *oír*; *escuchar* ★ hoor eens! *¡oye!* ★ moet je ~! *¡escucha!*; *¡oiga!* ★ laat eens ~! *¡a ver!* • verhoren *oír*; *tomar declaración a* • vernemen *aprender*; *saber*; *oír* ★ ik heb ervan gehoord *he oído hablar de ello*; *lo oí decir* ★ van ~ zeggen *de oídas* ▾ zo mag ik het ~ *así se habla* II ON WW • betamen *deber de ser*; *ser debido* ★ zo hoort het *así debe de ser* ★ zoals het hoort *como es debido* • zijn plaats hebben ★ bij elkaar ~ *hacer juego* ▾ wie niet ~ wil, moet maar voelen *a fuerza de palos anda el borrico* ▾ ~, zien en zwijgen *oír, ver y callar*
horige *siervo* m *de la gleba*
horizon • AARDK. *horizonte* m ★ aan de ~ *en el horizonte* • FIG. ★ zijn ~ verbreden *ampliar sus horizontes*
horizontaal *horizontal*
horloge *reloj* m
horlogebandje *correa* v *(de reloj)*
hormonaal *hormonal*
hormoon *hormona* v
hormoonpreparaat *preparado* m *hormonal*
horoscoop *horóscopo* m
horrelvoet *pie* m *torcido*
horror *terror* m
horrorfilm *película* v *de terror*
hors-d'oeuvre *entremeses* m mv
hort *golpe* m ▾ met horten en stoten *a trompicones* ▾ de hort opgaan *irse de juerga/de parranda*

horten *tropezar* [ie] ★ ~d en stotend *a topetazos*; *a trompicones*
hortensia *hortensia* v
hortus botanicus *jardín* m *botánico*
horzel *tábano* m
hospes • kamerverhuurder *dueño* m *de la casa* • gastheer *huésped* m/v
hospita *dueña* v *de la casa*
hospitaal *hospital* m
hospitant *estudiante* m/v *de magisterio en prácticas*
hospiteren *hacer prácticas de magisterio*
hossen *bailotear*
host *ordenador* m *anfitrión*; *servidor* m *anfitrión*
hosten *albergar*; *hospedar*
hostess • gastvrouw *anfitriona* v • stewardess *azafata* v
hostie *hostia* v
hot I BNW ★ hot issue / item *tema* m *candente* II BIJW ▾ van hot naar haar *de acá para allá*
hotdog *perrito* m *caliente*; *hot-dog* m
hotel *hotel* m
hotelaccommodatie *acomodación* v *hotelera*
hoteldebotel • verliefd *chalado* ★ stapelgek *chiflado*; *loco*
hotelgast *huésped* m *de hotel*
hotelhouder *hotelero* m
hôtelier • → **hotelhouder**
hotelkamer *habitación* v
hotelketen *cadena* v *hotelera*
hotel-restaurant *hotel* m *restaurante*
hotelschakelaar *interruptor* m *de dos direcciones*
hotelschool *escuela* v *hostelera*
hotemetoot *pez* m *gordo*
hotline *línea* v *de emergencia*
hotpants *shorts* m mv; *pantalones* m mv *cortos*
houdbaar • te bewaren *no perecedero*; *conservable* • verdedigbaar *sostenible*; *sustentable*
houden I OV WW • vast-, tegenhouden *sostener* [ie]; *retener* [ie]; *contener* [ie] ★ hij kon zijn lachen niet ~ *no podía contener la risa* • behouden *quedarse con*; *conservar*; *guardar* ★ je mag het boek ~ *puedes quedarse con el libro* • erop na houden *tener* [ie] ▾ vee ~ *tener ganado* • handhaven *cumplir* ★ een belofte ~ *cumplir con una promesa* • in toestand laten blijven ★ rechts ~ *circular por la derecha* • doen plaatsvinden *celebrar*; *dar* ★ een vergadering ~ *celebrar una reunión* ★ een lezing ~ *pronunciar/dar una conferencia* • uithouden *soportar*; *aguantar* ★ ik houd het niet meer! *ya no aguanto más* ★ ~ **aan** *cumplir*; *cumplir con*; *observar*; *respetar* ★ zich niet aan zijn woord ~ *no cumplir su palabra* ★ zich aan de bevelen ~ *observar las instrucciones* ★ iem. aan zijn woord ~ *cogerle la palabra a u.p.* ★ zich niet aan de wet ~ *no cumplir con la ley* ★ ~ **voor** *tener por*; *tomar por*; *considerar como* ★ ik houd het voor onmogelijk *lo considero imposible*; *lo juzgo imposible* [+ inf.] ★ het voor raadzaam ~ dat *tener por bien que* [+ subj.] ★ waar houdt u mij voor? *¿por quién me toma usted?* ▾ er was geen ~ meer aan *no hubo manera de detenerle* ▾ uit elkaar ~ *distinguir* II ON WW • ~ **van**

liefhebben *amar* ★ veel van iem. ~ *querer mucho a u.p.* ★ ik hou van je *te quiero; te amo* ● ~ **van** graag willen hebben *querer* [ie]; *gustar* ★ van grapjes ~ *ser amigo de bromas* ★ ik houd er niet van *no me gusta nada* ★ meer ~ van *preferir* [ie,i] ★ ik houd meer van wijn *prefiero el vino* **III** WKD WW [**zich** ~]
● blijven *mantenerse* [ie] ★ zich goed ~ *mantenerse firme; dominarse* ● schijn aannemen *hacerse pasar por*

houder ● klem *soporte* m ● beheerder *portador* m; *tenedor* m; *titular* m/v

houdgreep *presa* v; *llave* v

houding ● lichaamshouding *postura* v; *posición* v ★ in de ~ gaan staan *cuadrarse* ● gedragslijn *actitud* v; *postura* v ★ een afwachtende ~ *una actitud de espera* ★ zich een ~ geven *ocultar su embarazo*

houdoe *chau; chao*

house *música* v *house*

houseparty *fiesta* v *con música house*

housewarming *fiesta* v *de estreno de una casa*

hout ● materiaal *madera* v; (voor kachel) *leña* v ★ hard hout *madera seca* ● houtgewas *bosque* m ● stuk hout *palo* m ▼ uit het goede hout gesneden zijn *tener buena madera* ▼ van dik hout zaagt men planken *pega que te pega* ▼ geen hout snijden *no surtir efecto* ▼ uit hetzelfde hout gesneden *de tal palo tal astilla*

houtduif *paloma* v *torcaz*

houten *de madera*

houterig *torpe; desgarbado*

houtgravure *grabado* m *en madera*

houthakken *cortar leña*

houthakker *leñador* m

houthandel ● winkel *comercio* m *de maderas* ● bedrijfstak *comercio* m *maderero*

houthoudend *que contiene madera*

houtje *pedacito* m *de madera* ▼ op een ~ bijten *no tener nada que comer* ▼ op eigen ~ *por propia iniciativa; completamente solo*

houtje-touwtjejas *trenca* v

houtlijm *cola* v *fuerte; cola* v *para madera*

houtskool *carbón* m

houtskooltekening *dibujo* m *al carbón*

houtsnijwerk *xilografía* v; *talla* v *en madera*

houtsnip *chocha* v *perdiz*

houtvester *guarda* m *forestal; guardabosque* m

houtvesterij *administración* v *forestal*

houtvrij *sin pasta de madera*

houtwal *seto* m

houtwerk ● houten delen *maderaje* m; *maderamen* m ● constructie *enmaderado* m

houtwol *virutas* v mv

houtworm *carcoma* v

houtzagerij *aserradero* m; *serrería* v

houvast *agarradero* m; *asidero* m ★ ~ hebben *tener asidero*

houw ● slag *corte* m ● snee *cortadura* v

houwdegen ● wapen *espadón* m ● vechtjas *matón* m; *espadachín* m; *bravucón* m

houweel *pico* m; *piqueta* v

houwen *cortar*

houwitser *obús* m

hovaardig *orgulloso; soberbio*

hoveling *cortesano* m

hovenier *jardinero* m

hovercraft *aerodeslizador* m

hozen **I** OV WW *achicar* **II** ONP WW ★ het hoost *llueve a cántaros*

hufter *bruto* m; *patán* m

huichelaar *hipócrita* m/v

huichelachtig *hipócrita*

huichelarij *hipocresía* v

huichelen *fingir; disimular*

huid ● vel *piel* v; (v. gezicht) *cutis* m; (v. gezicht) *tez* v ● pels *piel* m; *pellejo* m ▼ een dikke huid hebben *tener piel de elefante; ser duro de pellejo* ▼ tot op de huid toe nat zijn *estar empapado hasta los huesos* ▼ iem. op zijn huid geven *zurrar la badana a u.p.*

huidarts *dermatólogo* m

huidcrème *crema* v *cutánea*

huidig *actual; de hoy* ★ tot op de ~e dag *hasta el día de hoy* ★ de ~e president *el presidente actual; el hoy presidente*

huidkanker *cáncer* m *cutáneo*

huidmondje *poro* m

huidskleur, huidkleur *color* m *de piel*

huidtransplantatie *injerto* m *de la piel*

huiduitslag *erupción* v (*cutánea*); *exantema* m

huidverzorging *cuidado* m *de la piel*

huidziekte *enfermedad* v *de la piel*; MED. *dermatosis* v

huif *toldo* m

huifkar *carro* m *con toldo*

huig *úvula* v; *campanilla* v

huilbui *ataque* m *de llanto; llorera* v

huilebalk *llorón* m [v: *llorona*]

huilen ● wenen *llorar* ★ het op een ~ zetten *soltar* [ue] *el trapo* ★ tranen met tuiten ~ *llorar a lágrima viva* ★ gauw ~ *tener el llanto fácil* ● janken *lloriquear; gemir*; (v. wind) *bramar*; (v. dieren) *aullar* [ú] ▼ het is om te ~ *es para llorar*

huilerig *lloroso; llorón*

huis ● woning *casa* v; *vivienda* v ★ huisje *casita* v ★ naar huis gaan *ir a casa* ★ het huis uitgaan *salir de casa* ★ een huis inrichten *amueblar una casa* ● geslacht *casa* v ● handelshuis *casa* v; *firma* v; *empresa* v ● behuizing *caja* v; *cuerpo* m ▼ het is niet om over naar huis te schrijven *no es nada del otro mundo* ▼ van goeden huize *de buena familia* ▼ van huis uit *de origen; originalmente*

huis-aan-huisblad *periódico* m *local gratuito que se reparte a domicilio*

huisadres *dirección* v *privada*

huisapotheek *botiquín* m

huisarrest *arresto* m *domiciliario; prisión* v *doméstica*

huisarts *médico* m *de cabecera*

huisbaas *propietario* m; *dueño* m

huisbezoek *visita* v *a domicilio*

huisdier *animal* m *doméstico*

huiseigenaar *propietario/dueño* m *de una casa*

huiselijk ● het huis betreffend *doméstico* ★ ~ gebruik *uso doméstico* ● graag thuis zijnd *hogareño; casero* ★ een ~ man *un hombre casero* ● gezellig *hogareño* ★ in ~e kring *en el ambiente hogareño*

huisgenoot *habitante* m *de la misma casa* ★ hij

is onze ~ *vive con nosotros*
huisgezin *familia* v
huishoudbeurs *Feria* v *del Hogar*
huishoudboekje *librito* m *con los gastos domésticos*
huishoudelijk *doméstico* ★ ~e apparaten *aparatos electrodomésticos* ★ ~e artikelen *artículos para el hogar*
huishouden I ZN [het] • huishouding *gobierno* m *de la casa* • gezin *familia* v **II** ON WW • de huishouding doen *llevar la casa* • tekeergaan *causar estragos*
huishoudgeld *dinero* m *para los gastos domésticos*
huishouding *gobierno* m *de la casa* ★ de ~ doen *llevar la casa*
huishoudkunde *economía* v *doméstica*
huishoudschool *escuela* v *de hogar*
huishoudster *ama* v *de llaves*
huisjesmelker *persona* v *que arrienda casas por precios exorbitantes*
huiskamer *cuarto* m *de estar*; *living* m
huisknecht *criado* m
huisman *amo* m *de casa*
huismeester *conserje* m/v
huismerk *marca* v *de la casa*
huismiddel *remedio* m *casero*
huismijt *ácaro* m
huismoeder *madre* v *de familia*
huismus • vogel *gorrión* m • persoon *tipo* m *casero*
huisnummer *número* m *de la casa*
huisraad *ajuar* m; *menaje* m; *enseres* m mv; *mobiliario* m
huisregel *regla* v *de la casa* ★ de ~s el *reglamento interno*
huisschilder *pintor* m *de brocha gorda*
huissleutel *llave* v *de (la) casa*
huisstijl *presentación* v *visual de una empresa*
hulstelefoon *teléfono* m *interno*
huisvader *padre* m *de familia*
huisvesten *alojar* v; *hospedar* ★ gehuisvest zijn *hospedarse*; *estar alojado*
huisvesting • het huisvesten *alojamiento* m • verblijf *alojamiento* m
huisvlijt *artesanía* v *doméstica*
huisvredebreuk *allanamiento* m *de morada*
huisvriend *amigo* m *de la casa*
huisvrouw *ama* v *de casa*
huisvuil *basura* v *doméstica*
huiswaarts *a casa*; *hacia casa* ★ ~ keren *volver* [ue] *a casa*
huiswerk • schoolwerk *deberes* m mv • huishoudelijk werk *trabajo* m *doméstico*
huiswijn *vino* m *de la casa*
huiszoeking *registro* m *domiciliario* ★ ~ doen *registrar la casa*
huiszwaluw *golondrina* v *común*
huiveren • rillen *estremecerse*; *sentir* [ie, i] *un escalofrío* • terugschrikken *estremecerse*; *atemorizarse*
huiverig *rillerig tembloroso*; *escalofriado* • angstig *vacilante*; *temeroso* ★ ~ zijn *tener cierto temor*
huivering • rilling *escalofrío* m; *estremecimiento* m ★ er ging een ~ door mij heen *sentí un escalofrío* • aarzeling *vacilación* v
huiveringwekkend *escalofriante*; *espeluznante*
huizen *vivir*; *residir*
huizenblok *bloque* m *de casas*; L-A *cuadra* v
huizenhoog *muy alto*
huizenmarkt *mercado* m *de viviendas*
hulde *homenaje* m ★ iem. ~ bewijzen *rendir* [i] *homenaje a u.p.*
huldebetoon *homenaje* m
huldeblijk *muestra* v *de respeto*
huldigen • eren *rendir* [i] *homenaje a* • aanhangen *adoptar*; *tener* ★ een standpunt ~ *adoptar una posición*
hullen in *envolver en* [ue]
hulp • het helpen *ayuda* v; *asistencia* v; 〈in nood〉 *auxilio* m; 〈in nood〉 *socorro* m ★ eerste hulp *primeros auxilios* m mv ★ eerste hulp verlenen *prestar los primeros auxilios* ★ medische hulp *asistencia médica* ★ iem. te hulp komen *acudir en ayuda de u.p.* ★ hulp inroepen *buscar ayuda/auxilio/socorro* ★ iem. hulp verlenen *prestar ayuda/auxilio a u.p.* • persoon *ayudante* m/v ★ hulp in de huishouding *asistenta* v
hulpbehoevend *necesitado*
hulpbron *recurso* m ★ natuurlijke ~nen *recursos naturales*
hulpdienst *servicio* m *de asistencia*
hulpeloos *desamparado*; *indefenso*
hulpmiddel • middel *medio* m *auxiliar*; *recursos* m mv ★ financiële ~en *recursos financieros/económicos* • bron *recurso* m • uitkomst *remedio* m; *expediente* m
hulporganisatie *organización* v *de ayuda humanitaria*
hulppost *puesto* m *de socorro*
hulpstuk *accesorio* m
hulptransport *transporte* m *de material de socorro*
hulpvaardig *servicial*
hulpverlener *asistente* m/v *social*
hulpverlening *prestación* v *de ayuda*; *asistencia* v
hulpwerkwoord *verbo* m *auxiliar*; *auxiliar* m
huls • omhulsel *buje* m; *casquillo* m • patroonhuls *cápsula* v • peul *vaina* v
hulst *acebo* m
hum ★ uit zijn hum zijn *estar de mal talante/humor* ★ mijnheer is uit zijn hum *gracia no está en casa*
humaan *humano*; *humanitario*
humaniora *escuela* v *secundaria*
humanisme *humanismo* m
humanist *humanista* m/v
humanistisch *humanista*
humanitair *humanitario*
humbug *farsa* v; *patraña* v ★ dat is toch allemaal ~! *¡no son más que embustes!*
humeur *humor* m ★ in een goed ~ zijn *estar de buen humor* ★ uit zijn ~ zijn *estar de mal humor* ★ in een slecht ~ brengen *poner de mal humor*
humeurig *caprichoso*; 〈boos〉 *malhumorado* ★ ~ zijn *estar de mal humor*
hummel *criatura* v; *chiquillo* m
humor *humor* m; *humorismo* m

humorist *humorista* m/v
humoristisch *humorístico; humorista*
humus *humus* m; *tierra* v *vegetal*
humuslaag *capa* v *de humus*
hun I PERS VNW *les*; ⟨na voorzetsel⟩ *a ellos*; ⟨na voorzetsel⟩ *a ellas* II BEZ VNW ⟨voor enkelvoud⟩ *su*; ⟨voor meervoud⟩ *sus*
hunebed *dolmen* m
hunkeren *ansiar; anhelar; suspirar por* ★ ~ naar roem *anhelar honor* ★ ~ naar liefde *suspirar por amor*
huppeldepup *fulano* m *de tal*
huppelen *brincar; dar brincos*
huren *alquilar; tomar en alquiler*
hurken I ZN [de] ★ op zijn ~ zitten *estar acurrucado; estar en cuclillas* II ON WW *ponerse en cuclillas; acurrucarse*
hurktoilet *lavabo* m *a la turca*
hurkzit *asiento* m *en cuclillas*
husselen *mezclar*
hut • huisje *choza* v; *casucha* v; *barraca* v • cabine op schip *camarote* m
hutkoffer *baúl* m
hutspot • stamppot *puchero* m; *cocido* m • mengelmoes *mescolanza* v
huur • het huren *alquiler* m ★ huis te huur *se alquila esta casa* ★ huur en verhuur *alquiler activo y pasivo* ★ huursom *alquiler* m ★ de huur verhogen *subir el alquiler*
huurachterstand *atrasos* m mv *en el pago del alquiler*
huurauto *coche* m *de alquiler*
huurbescherming *protección* v *de los alquileres*
huurcommissie *comisión* v *del alquiler*
huurcontract *contrato* m *de alquiler*
huurder *inquilino* m; *arrendatario* m
huurhuis *casa* v *de alquiler*
huurkamer *habitación* v *de alquiler*
huurkoop *locación-venta* v
huurleger *ejército* m *mercenario*
huurling *mercenario* m
huurmoordenaar *asesino* m *a sueldo; sicario* m
huurovereenkomst *contrato* m *de alquiler/inquilinato*
huurprijs *alquiler* m
huursubsidie *subsidio* m *individual de alquiler*
huurverhoging *aumento* m *del alquiler*
huurwaardeforfait *importe* m *equivalente al valor de alquiler*
huurwoning *casa* v *de alquiler; piso* m *de alquiler*
huwbaar *casadero*
huwelijk • verbintenis *matrimonio* m; *casamiento* m ★ burgerlijk ~ *matrimonio civil* ★ kerkelijk ~ *matrimonio canónico* ★ gemengd ~ *matrimonio mixto* ★ in het ~ treden *casarse; contraer matrimonio* • huwelijksvoltrekking ★ een burgerlijk ~ sluiten *casarse por lo civil*
huwelijks ★ ~e voorwaarden *capitulaciones* v mv *matrimoniales*
huwelijksaankondiging *parte* v *de boda*
huwelijksaanzoek *petición* v *de mano*
huwelijksadvertentie *anuncio* m *matrimonial*
huwelijksbootje v in het ~ stappen *casarse*
huwelijksbureau *agencia* v *matrimonial*

huwelijksfeest *boda* v
huwelijksgeschenk *regalo* m *de boda*
huwelijksnacht *noche* v *de bodas; noche* v *nupcial*
huwelijksreis *viaje* m *de novios*
huwelijksvoltrekking *celebración* v *matrimonial*
huwen *casarse; contraer matrimonio*
huzaar *húsar* m
huzarensalade *ensaladilla* v
huzarenstukje *hazaña* v
hyacint *jacinto* m
hybride *híbrido* m
hydrateren *hidratar*
hydraulisch *hidráulico*
hydrocultuur *hidrocultivo* m
hyena *hiena* v
hygiëne *higiene* v
hygiënisch *higiénico*
hymne *himno* m
hype *bombo* m *publicitario*
hypen *dar bombo publicitario a*
hyperbool • WISK. *hipérbola* v • TAALK. *hipérbole* v
hyperlink *hiperenlace* m; *hipervínculo* m
hypermarkt *hipermercado* m
hypermodern *ultramoderno; hipermoderno*
hypertensie *hipertensión* v
hyperventilatie *hiperventilación* v
hyperventileren *hiperventilar*
hypnose *hipnosis* v
hypnotiseren *hipnotizar*
hypnotiseur *hipnotizador* m
hypochonder *hipocondríaco* m
hypocriet I ZN [de] *hipócrita* v II BNW *hipócrita*
hypocrisie *hipocresía* v
hypotenusa *hipotenusa* v
hypothecair *hipotecario* ★ ~e schuld *deuda hipotecaria*
hypotheek *hipoteca* v ★ een ~ aflossen *amortizar una hipoteca* ★ belast met ~ *gravado con hipoteca* ★ een ~ nemen op een huis *tomar hipoteca sobre una casa* ★ met een ~ bezwaren *hipotecar* ★ tweede ~ *subhipoteca* v
hypotheekbank *banco* m *hipotecario*
hypotheekrente *interés* m *hipotecario*
hypothese *hipótesis* v
hypothetisch *hipotético*
hystericus *histérico* m
hysterie *histerismo* m; *histeria* v
hysterisch *histérico*

I

i *i* v [mv: *íes*] ★ de i van Isaak *la i de Inés*
Iberisch *ibérico; ibero*
iconografie *iconografía* v
icoon *icono* m
ICT *TIC* v mv; *Tecnologías* v *de la Información y las Comunicaciones*
ideaal I ZN [het] *ideal* m **II** BNW *ideal*
ideaalbeeld *imagen* v *idealizada*
idealiseren *idealizar*
idealisme *idealismo* m
idealist *idealista* m/v
idealistisch *idealista*
idealiter *idealmente*
idee • inval, plan *idea* v; *ocurrencia* v ★ hij kwam op het idee om *le dió la ocurrencia de* • voorstelling, inschatting *idea* v; *concepto* m ★ alleen al bij het idee dat *ya sólo pensar que* ★ een idee hebben van *tener una idea sobre* ★ geen idee hebben van iets *no tener noción de u.c.* ★ daar hebt u geen idee van *Usted no tiene ni idea de ello* ★ ik heb geen flauw idee! *¡ni idea!; ¡ni la menor idea!* • mening ★ naar mijn idee *en mi opinión*
ideëel *ideológico*
ideeënbus *buzón* m *de/para ideas*
idee-fixe *idea* v *fija*
idem *ídem; lo mismo*
identiek *idéntico*
identificatie *identificación* v
identificatieplicht *obligación* v *de identificarse*
identificeren • identiteit vaststellen *identificar* • vereenzelvigen *identificar con* ★ zich ~ met *identificarse con*
identiteit *identidad* v
identiteitsbewijs *carné* m *de identidad*
identiteitscrisis *crisis* v *de identidad*
identiteitskaart *carné* m *de identidad*
identiteitsplaatje *medalla* v *de identidad*
ideologie *ideología* v
ideologisch *ideológico*
idiomatisch *idiomático*
idioom *modismo* m
idioot I ZN [de] *idiota* v **II** BNW • zwakzinnig *idiota* • onzinnig *ridículo*
idioterie *idiotez* v; *estupidez* v
ID-kaart *tarjeta* v *de identidad*
idolaat *idólatra*
idool *ídolo* m
idylle *idilio* m
idyllisch *idílico*
ieder I ONB VNW *iedereen cada uno* [v: *cada una*]; *cada cual* m/v; *todos* mv [v mv: *todas*] ★ ~ van ons *cada uno de nosotros* ★ ~ die *todo el que* **II** BNW *cada; todo* ★ op ~ moment *en cualquier momento* ★ ~ jaar *todos los años* ★ ~e dag *cada día*
iedereen *todo el mundo* ★ mijn vader is niet ~ *mi padre no es un cualquiera*
iel *delgado; delgaducho*
iemand *alguien* m/v; *una persona*; ‹uit een groep› *alguno* ★ ~ van ons zal het doen *alguno de nosotros lo hará* ★ ~ anders *otra persona; otro* ★ is daar ~? *¿hay alguien?; ¿hay gente?* ★ een zeker ~ *un fulano* ★ er klopt ~ aan de deur *llaman a la puerta* ★ zonder ~ te zien *sin ver a nadie* ★ zonder dat er ~ is die *sin que haya nadie que*
iep *olmo* m
ier *irlandés* m
Ierland *Irlanda* v
Iers *irlandés*
iets I BIJW *algo; un poco; un tanto* ★ iets meer *algo más; un poco más* **II** ONB VNW *algo; alguna cosa; una cosa* ★ iets anders *algo distinto* ★ iets dergelijks *algo por el estilo* ★ zonder iets te eten *sin comer nada* ★ zonder dat er iets is *sin que haya nada* ▼ iets is beter dan niets *más vale algo que nada*
ietsje *poquito* m
ietwat *algo; un poco*
iglo *iglú* m
i-grec *i* v *griega*
ijdel • pronkzuchtig *vano; vanidoso* ★ ~ vertoon *ostentación* v • vergeefs *inútil; vano* ★ ~e hoop *esperanza* v *vana*
ijdelheid *vanidad* v ★ iemands ~ kietelen *halagar la vanidad de u.p.*
ijdeltuit *vanidoso* m
ijken *contrastar*
ijkpunt *punto* m *de contraste*
ijkwezen *instituto* m *de pesos y medidas*
ijl I BNW dun ‹v. gas› *enrarecido*; ‹v. gas› *raro*; ‹v. lucht› *ralo* **II** ZN [de] ▼ in aller ijl *a toda prisa*
ijlbode *estafeta* m; *expreso* m
ijlen • onzin uitkramen *delirar; desvariar* [i]; ‹in koorts› *delirar* • haasten *darse prisa; apresurarse; correr*
ijlings *deprisa*
ijltempo *ritmo* m *acelerado*
ijs • bevroren water *hielo* m ★ cola met ijs *coca cola con hielo* ★ koud als ijs *frío como el hielo* • lekkernij *helado* m ★ ijs met slagroom *helado con nata* ▼ zich op glad ijs wagen *aventurarse en situaciones peligrosas* ▼ beslagen ten ijs komen *venir bien preparado* ▼ het ijs breken *romper el hielo* ▼ ijs en weder dienende *si el tiempo lo permite*
ijsafzetting *acumulación* v *de hielo*
ijsbaan *patinadero* m; *pista* v *de patinaje*
ijsbeer *oso* m *blanco*; *oso* m *polar*
ijsberen *andar como un león enjaulado*
ijsberg *iceberg* m; *témpano* m *de hielo (flotante)*
ijsbergsla *lechuga* v
ijsbloemen *flores* v mv *de escarcha*
ijsblokje *cubito* m *de hielo*
ijsbreker *rompehielos* m
ijscoman *heladero* m
ijscoupe *copa* v *de helado*
ijselijk *horroroso; horrible*
ijsgang *hielo* m *flotante*
ijshockey *hockey* m *sobre hielo*
ijshockeyen *hockey* m *sobre hielo*
ijsje *helado* m
ijskap *capa* v *de hielo*
ijskar *carrito* m *de helados*
ijskast *nevera* v; *frigorífico* m
ijsklomp *bloque* m *de hielo*
ijsklontje *cubito* m *de hielo*

ijskoud • zeer koud *glacial*; *helado*; *gélido* • emotieloos *glacial*
ijskristal *hielo* m *cristalizado*
IJsland *Islandia* v
IJslander *islandés* m
IJslands I ZN [het] taal *islandés* m **II** BNW m.b.t. IJsland *islandés*
IJslandse *islandesa* v
ijslolly *polo* m
ijspegel *carámbano* m
ijssalon *heladería* v
ijsschots *témpano* m
IJsselmeer *lago* m *Yssel*
ijstaart *tarta* v *helada*
ijsthee *nestea* m
ijstijd *época* v *glacial*; *glaciación* v
ijsvogel *martín* m *pescador*; *alción* m
ijsvrij ★ ~ krijgen *tener libre para poder patinar*
ijswater • gesmolten ijs (el) v *agua del deshielo* • water met ijs *agua* v *con hielo*
ijszeilen *practicar la vela sobre hielo*
ijver • vlijt *diligencia* v; *afán* m; *celo* m • geestdrift *empeño* m
ijveraar *fanático* m
ijveren *luchar por*
ijverig *aplicado*; *diligente*
ijzel *escarcha* v
ijzelen *escarchar*
ijzen *estremecerse*
ijzer *hierro* m ★ met~ beslaan *herrar* [ie] ★ het ~ smeden *batir el hierro* ★ ruw~ *hierro bruto* ★ gegolfd~ *hierro ondulado* ★ de~s onderbinden *calzarse los patines* ▼ men moet het ~ smeden als het heet is *al hierro caliente, batir de repente* ▼ meerdere~s in het vuur hebben *encender una vela a Dios y otra al diablo*
ijzerdraad *alambre* m *de hierro*
ijzeren • van ijzer *de hierro* • erg sterk *férreo* ★ een ~ wil *una voluntad férrea*
ijzererts *mineral* m *de hierro*
ijzerhandel *ferretería* v
ijzerhoudend *ferruginoso* ★ ~e pillen *pastillas* v mv *con contenido en hierro*
ijzersterk *de acero*
ijzertijd *era* v *de hierro*
ijzervijlsel *limaduras* v mv *de hierro*
ijzervreter *matón* m
ijzerwaren *ferretería* v; *quincalla* v
ijzerzaag *sierra* v *para hierro*
ijzig • ijskoud *glacial*; *helado*; *gélido* • ongevoelig *glacial*
ijzingwekkend *espeluznante*; *horrible*
ik I PERS VNW *yo* ★ ik voor mij *lo que es yo*; *en cuanto a mí* ★ ik ben het *soy yo*; *lo soy* ★ hier ben ik *aquí estoy* **II** ZN [het] *yo* m; *ego* m
ik-figuur *figura* v *del yo*
illegaal *ilegal*
illegaliteit *ilegalidad* v
illusie *ilusión* v ★ zich ~s maken *hacerse ilusiones*
illusionist *ilusionista* m/v
illusoir *ilusorio*
illuster *ilustre*
illustratie *ilustración* v
illustratief *ilustrativo* ★ een~ voorbeeld *un ejemplo ilustrativo*
illustrator *ilustrador* m
illustreren *ilustrar*
image *imagen* v
imagebuilding *crearse una reputación*
imaginair *imaginario*
imago *imagen* v
imam *imán* m
imbeciel I ZN [de] dom persoon *imbécil* v **II** BNW zwakzinnig *imbécil*
IMF *FMI* m; *Fondo* m *Monetario Internacional*
imitatie *imitación* v
imitatieleer *piel* v *de imitación*
imitator *imitador* m
imiteren *imitar*
imker *apicultor* m; *colmenero* m
immanent *inmanente*
immaterieel *inmaterial*
immatuur *inmaduro*
immens *enorme*; *inmenso*
immer *siempre*
immers • toch *después de todo*; *pero si* ★ hij wil het~ niet! *¡pero si no lo quiere!* • want *ya que*; *pues que*
immigrant *inmigrante* m/v
immigratie *inmigración* v
immigratiebeleid *política* m *de inmigración*
immigreren *inmigrar*
immoreel *inmoral*
immuniseren *inmunizar (contra)*
immuniteit *inmunidad* v
immuun *inmune* ★ ~ maken tegen *inmunizar contra*
immuunsysteem *sistema* m *de defensa*
impact *impacto* m
impasse *callejón* m *sin salida*; *estancamiento* m
imperatief I ZN [de] *imperativo* m **II** BNW *imperativo*
imperfectum *imperfecto* m
imperiaal *baca* v
imperialisme *imperialismo* m
imperialist *imperialista* m
imperialistisch *imperialista*
imperium *imperio* m
impertinent *impertinente*
implantaat *implante* m
implanteren *implantar*
implementatie *implementación* v
implementeren *implementar*; *ejecutar*
implicatie *implicación* v
impliceren *implicar*
impliciet *implícito*
imploderen *implodar*
implosie *implosión* v
imponeren *impresionar*; *imponer*; *infundir respeto*
impopulair *impopular*
import *importación* v
importantie *importancia* v
importeren *importar*
importeur *importador* m; ⟨bedrijf⟩ *importadora* v
imposant *imponente*
impotent *impotente*
impotentie *impotencia* v
impregneren *impregnar*

impresariaat *empresariado* m
impresario *empresario* m
impressie *impresión* v
impressionisme *impresionismo* m
impressionist *impresionista* m
impressionistisch *impresionista*
improductief *improductivo*
improvisatie *improvisación* v
improviseren *improvisar*
impuls *impulso* m
impulsaankoop *compra* v *impulsiva*
impulsief *impulsivo*
impulsiviteit *impulsividad* v
in I VZ • op een bepaalde plaats en ★ in bed *en la cama* ★ in huis *en casa* ★ in Utrecht *en Utrecht* ★ ik woon in de Dorpsstraat *vivo en la Dorpsstraat* • in de richting van ★ zij loopt het huis in *entra en casa* • op/binnen een bepaalde tijd *en*; *dentro de* ★ in de zomer *en verano* ★ in de zomer van 2050 *en el verano de 2050* ★ in 2050 *en 2050* ★ in het begin *al principio* ★ in een week of twee *en una semana o dos*; *dentro de una semana o dos* • (gelijk aan of) meer dan ★ in de veertig *en los cuarenta* **II** BIJW • binnen *dentro* ★ er zit niets in *no hay nada dentro* • populair *de moda* ★ die kleur is in *ese color está de moda*
inachtneming *observación* v ★ met ~ van *observando*; *de acuerdo con*
inactief *inactivo*
inademen *inspirar* ★ in- en uitademen *inspirar y espirar*
inadequaat *inadecuado*
inauguratie *inauguración* v
inaugureel *inaugural* ★ inaugurele rede *discurso* m *inaugural*
inaugureren *inaugurar*; FIG. *iniciar (en)*
inbaar *cobrable*
inbedden *empotrar*; *encajar*
inbeelden [zich ~] • verkeerde voorstelling maken *imaginarse*; *creerse* • hoge dunk hebben van *creerse*
inbeelding • hersenschim *imaginación* v; *quimera* v • verwaandheid *presunción* v
inbegrepen *inclusive*; *comprendido* ★ alles ~ *todo comprendido* ★ bediening niet ~ *el servicio no está incluido*
inbegrip ★ met ~ van *incluso*; *inclusive*
inbeslagneming *requisa* v; *confiscación* v
inbewaringstelling *consignación* v *judicial*
inbinden I OV WW in band binden *encuadernar* **II** ON WW zich matigen *moderarse*; *reportarse*
inblazen *inspirar*
inblikken *enlatar*
inboedel *efectos* m mv *mobiliarios*; JUR. *ajuar* m
inboedelverzekering *seguro* m *combinado de incendio-robo*
inboeten aan *perder* [ie] ★ aan betekenis ~ *perder significación*
inboezemen *inspirar*; *infundir*; ⟨v. angst⟩ *imponer*
inboorling *indígena* v; *aborigen* m [mv: *aborígenes*]
inborst *índole* v; *condición* v; *calidad* v
inbouwapparatuur *aparatos* m mv *para empotrar*

inbouwen • in iets anders bouwen *empotrar* ★ ingebouwde kast *armario* m *empotrado*; *alacena* v • FIG. erbij opnemen *insertar*; *incluir*
inbouwkeuken *cocina* v *empotrada*
inbraak *robo* m *con allanamiento de morada*; *robo* m *con fractura*
inbraakpreventie *medidas* v mv *antirrobo*
inbranden *herrar* [ie]
inbreken bij/in *cometer un robo con fractura*; *cometer robo y allanamiento de morada*
inbreker *caco* m; *ladrón* m; *escalador* m
inbreng *aportación* v; *contribución* v
inbrengen • naar binnen brengen *introducir* • bijdragen *aportar* • argumenteren *alegar*, *aducir* ★ wat heb je hiertegen in te brengen? *¿qué tienes en contra de esto?*; *¿tienes algo de objetar?* ★ niets in te brengen hebben *no tener voz ni voto*
inbreuk op *infracción* v *a*; *violación* v *de* ★ ~ maken op *violar*
inburgeren *aclimatarse*
inburgering *integración* v *social*
inburgeringscursus *curso* m *de integración social*
Inca *inca* m/v
incalculeren • in de berekening opnemen *incluir* • in overweging opnemen *tener en cuenta* ★ alles ~ *tenerlo todo en cuenta*
incapabel *incapaz*; *incompetente*
incasseren • geld innen *cobrar*; *percibir* • moeten verduren *encajar* ★ een slag ~ *encajar un golpe*
incasseringsvermogen *aguante* v
incasso *cobranza* v
incassobureau *oficina* v *para el cobro de impagos*
incassokosten *gastos* m mv *de cobro*
incest *incesto* m
incestueus *incestuoso*
inch *pulgada* v
incheckbalie *mostrador* m *de facturación*
inchecken *facturar*
incident *incidente* m; *incidencia* v
incidenteel *incidental*
incluis *inclusive*; *incluso*
inclusief *inclusive*; *con inclusión de* ★ ~ btw *I.V.A. incluido*
incognito I BIJW *de incógnito* **II** ZN [het] *incógnito* m
incoherent *incoherente*
incompatibel *incompatible*
incompatibiliteit *incompatibilidad* v
incompetent *incompetente*
incompleet *incompleto*; *descabalado*
in concreto *en concreto*; *concretamente*
incongruent *incongruente*
inconsequent *inconsecuente*
inconsistent *inconsistente*; *fútil*
incontinent *incontinente*
incorporeren *incorporar*
incorrect • onjuist *erróneo* • ongepast *incorrecto*
incourant *poco corriente* ★ ~e artikelen *artículos* m mv *poco corrientes*
incrowd *mundillo* m
incubatietijd *período* m *de incubación*

indachtig *pensando en* ★ iets ~ zijn *acordarse* [ue] *de u.c.; pensar* [ie] *en u.c.*
indammen • met dam insluiten *cerrar* [ie] *con un dique* • inperken *restringir*
indekken [zich ~] *asegurarse; protegerse*
indelen • onderbrengen *incorporar* ★ ~ bij *incorporar en* • rangschikken *dividir;* ⟨in klassen⟩ *clasificar;* ⟨v. tijd⟩ *distribuir*
indeling • rangschikking *clasificación* v; ⟨v. een huis⟩ *distribución* v; ⟨v. een huis⟩ *disposición* v • (het) onderbrengen (bij) *incorporación* v
indenken [zich ~] *imaginarse; figurarse* ★ denk je eens in! *¡imagínate!*
inderdaad *en efecto; efectivamente; de hecho*
inderhaast *de prisa; con las prisas; a escape*
indertijd *en aquel entonces; en aquel tiempo;* FORM. *a la sazón*
indeuken *abollarse*
index *índice* m
indexcijfer *índice* m
indexeren *hacer un índice*
India *India* v
indiaan *indio* m; *indígena* v
indicatie *indicación* v ★ op medische ~ *por prescripción médica*
indicatief *indicativo* m
indicator *indicador* m
indien *si*
indienen *presentar; someter; interponer* ★ zijn ontslag ~ *dimitir* ★ een klacht ~ *presentar una queja*
indiensttreding *entrada* v *en servicio*
Indiër *indio* m
indigestie *indigestión* v
indigo *índigo* m; *añil* m
indijken *cerrar* [ie] *con un dique*
indikken • dik worden *concentrarse; espesarse* • dik maken *espesar*
indirect *indirecto*
Indisch *indio*
Indische Oceaan *Océano* m *Índico*
indiscreet *indiscreto; imprudente*
indiscretie *indiscreción* v
individu *individuo* m
individualiseren *individualizar*
individualisme *individualismo* m
individualist *individualista* m/v
individualistisch *individualista*
individueel *individual*
indoctrinatie *adoctrinamiento* m
indoctrineren *adoctrinar*
indommelen *adormilarse; amodorrarse*
Indonesië *Indonesia* v
Indonesiër *indonesio* m
Indonesisch *indonesio*
indoor- *en pista cubierta*
indraaien I OV WW in iets draaien ⟨v. schroeven⟩ *atornillar* II ON WW ingaan *entrar en* ★ de auto draaide de straat in *el coche entró en la calle* ▼ de bak ~ *acabar en la cárcel*
indringen I OV WW erin duwen *empujar* II ON WW binnendringen *penetrar* ★ de kamer ~ *penetrar en el cuarto* III WKD WW [zich ~] *encajarse; entremeterse; insinuarse* [ú]
indringend *penetrante*
indringer *intruso* m

indruisen *ser contrario a; ir en contra de; atentar (contra)* ★ ~ tegen de waarheid *ser contrario a la verdad* ★ dit druist tegen de goede zeden in *esto va en contra de la etiqueta*
indruk • inwerking *impresión* v; *efecto* m ★ de ~ hebben dat *tener la impresión de que* ★ een slechte ~ hebben van *tener una mala impresión de* ★ onder de ~ zijn *estar impresionado* ★ diepe ~ maken op *impresionar; hacer mella a* ★ spoor *huella* v
indrukken • drukken op *apretar* [ie] ★ een knop ~ *apretar* [ie] *un botón* • kapotdrukken *romper*
indrukwekkend *imponente; impresionante*
induceren *inducir*
inductie *inducción* v
inductiemotor *motor* m *de inducción*
inductiestroom *corriente* v *inducida*
industrialisatie *industrialización* v
industrialiseren *industrializar*
industrie *industria* v
industrieel I ZN [de] *industrial* v II BNW *industrial*
industrieland *país* m *industrializado*
industrieterrein *terreno* m *industrial*
indutten *adormilarse; amodorrarse*
ineen *el uno en el otro; juntos*
ineenduiken *acurrucarse; acogerse*
ineengedoken *acurrucado*
ineenkrimpen *encogerse; retorcerse* [ue]; *acurrucarse*
ineens • opeens *de repente; de pronto* • in één keer *de una vez*
ineenschrompelen *encogerse*
ineenschuiven *encajar; juntar*
ineenstorten *hundirse; venirse abajo; derrumbarse*
ineenzakken *derrumbarse*
ineffectief *ineficaz*
inefficiënt *ineficiente*
inenten *vacunar; inocular* ★ zich laten ~ *vacunarse*
inenting *vacunación* v
inentingsbewijs *certificado* m *de vacunación*
inert *inerte*
infaam *infame*
infaden *hacer aparecer gradualmente*
infanterie *infantería* v
infanterist *infante* m; *peón* m
infantiel *infantil; pueril*
infarct *infarto* m
infecteren *infectar; inficionar; contagiar*
infectie *infección* v
infectiehaard *foco* m *de infección; foco* m *infeccioso*
infectieus *infeccioso; contagioso*
inferieur *inferior*
infernaal *infernal*
infiltrant *infiltrante* m/v
infiltratie *infiltración* v
infiltreren *infiltrarse*
infinitesimaalrekening *cuenta* v *infinitesimal*
infinitief *infinitivo* m
inflatie *inflación* v
inflatiecorrectie *corrección* v *de la depreciación monetaria*

inflexibel *inflexible*
influenza *gripe* v; *influenza* v; *trancazo* m
influisteren • fluisterend zeggen *decir* [i] *al oído* • suggereren *insinuar* [ú]; *inspirar*
infomercial *infomercial* m
informant *informante* m/v; *confidente* m/v
informateur *persona* v *que prepara la formación de un nuevo gobierno*
informatica *informática* v
informaticus *especialista* m/v *en informática*; *informático* m
informatie *informaciones* v mv; ⟨over personen⟩ *informe* m ★ ~ over iem. inwinnen *pedir* [i] *informes sobre u.p.* ★ ~ geven *dar informaciones*
informatiebalie *mostrador* m *de información*
informatiedrager *soporte* m *de datos*
informatief *informativo*
informatiestroom *corriente* v *de información*
informatisering *informatización* v
informeel *informal*; ⟨niet officieel⟩ *oficioso*
informeren I ov ww inlichten *informar de* ★ zich ~ over iets *informarse de u.c.* II ON WW inlichtingen inwinnen *informarse de* ★ ~ naar iem. *preguntar por u.p.*
infrarood *infrarrojo*
infrastructuur *infraestructura* v
infuus *infusión* v
ingaan • binnengaan *entrar en* • beginnen *empezar* [ie]; *entrar en vigor* ★ de huur gaat 1 mei in *el alquiler entra en vigor el primero de mayo* • ~ **op** reageren *entrar en* ★ dieper op iets ~ *entrar en detalles*; *profundizar* • toestemmen *acceder a* ★ ~ op een voorstel *aprobar* [ue] *una propuesta* • ~ **tegen** *reaccionar en contra de*; *ir en contra de* ★ er dwars tegen ~ *oponerse radicalmente a* ★ tegen zijn principes ~ *ir en contra de sus principios*
ingang • toegang *entrada* v • begin *principio* m ★ met ~ van *a partir de* ★ met ~ van vandaag *desde hoy*; *de hoy en adelante* ★ met ~ van 1 april *a partir del primero abril* ▼ ~ vinden *tener aceptación*
ingebakken *arraigado*
ingebeeld • denkbeeldig *imaginario* • verwaand *presuntuoso*; *fatuo*
ingebonden *encuadernado*
ingebrekestelling *puesta en mora*
ingebruikneming *estreno* m; *utilización* v
ingenieur *ingeniero* m ★ mijnbouwkundig ~ *ingeniero de minas* ★ werktuigbouwkundig ~ *ingeniero mecánico* ★ weg- en waterbouwkundig ~ *ingeniero de caminos, canales y puertos*
ingenieus *ingenioso*
ingenomen ★ ~ zijn met *estar contento con* ★ met zichzelf ~ zijn *estar pagado de sí mismo* ★ een ~wicht *una presumida*
ingesleten *inveterado*
ingespannen I BNW • met inspanning *intensivo* • geconcentreerd *concentrado*; *intensivo* II BIJW geconcentreerd *con mucha atención* ★ ~ werken *trabajar concentradamente*
ingesprektoon *señal* m *de ocupado*
ingetogen *modesto*; *recogido*

ingeval *en caso de que* [+ subj.]; *en caso de* [+ inf.]
ingeven • doen innemen *administrar* • in gedachten geven *inspirar*
ingeving *inspiración* v
ingevoerd ▼ goed ~ zijn *estar bien introducido*
ingevolge *conforme a*; *en virtud de*; *con motivo de*
ingewanden *entrañas* v mv; *intestinos* m mv; *tripas* v mv
ingewijde *iniciado* m; *adepto* m
ingewikkeld *complicado*
ingeworteld *arraigado*; *inveterado*
ingezetene *habitante* m/v; ⟨v. gemeente⟩ *vecino* m
ingooi *lanzamiento* m
ingooien • erin gooien *echar en*; SPORT *poner en juego* • kapotgooien *romper*
ingraven *enterrar* [ie] ★ zich ~ *atrincherarse*
ingrediënt *ingrediente* m; *componente* m
ingreep *intervención* v
ingrijpen *intervenir*; *mezclarse*
ingrijpend *drástico*; *radical*
ingroeien *crecer hacia adentro* ★ een ingegroeide nagel *una uña encarnada*
inhaalmanoeuvre *maniobra* v *de adelantamiento*
inhaalstrook *carril* m *de adelantamientos*
inhaalverbod *prohibición* v *de adelantamiento*
inhaken • een arm geven *dar el brazo* • ~ **op** reageren *enlazar con*
inhakken *romper a hachazos* ★ ~ op *agredir a* ▼ dat hakt er aardig in *cuesta un dineral*; *cuesta un ojo de la cara*
inhalen • naar binnen halen *recoger* ★ de oogst ~ *recoger la cosecha* • verwelkomen *acoger*; *recibir solemnemente* • gelijk komen met *alcanzar*; *dar alcance a* ★ ik kan ze niet meer ~ *ya no puedo alcanzarlos* • voorbijgaan *adelantar*; *pasar* ★ een vrachtwagen ~ *adelantar un camión* • goedmaken *recuperar* ★ de achterstand ~ *recuperar el atraso*
inhaleren *inhalar*
inhalig *ávido*; *codicioso*; ⟨gierig⟩ *avariento*; ⟨gierig⟩ *avaro*
inham *ensenada* v; *bahía* v; ⟨klein⟩ *caleta* v
inhechtenisneming *detención* v; *encarcelación* v
inheems *indígena*; *autóctono*; *aborigen*
inherent *inherente*
inhoud • wat erin zit *contenido* m • wat erin kan zitten *volumen* m; *capacidad* v ★ een kofferbak met grote ~ *un maletero de gran capacidad* • inhoudsopgave *índice* m • strekking *argumento* m; *contenido* m
inhoudelijk *relativo al contenido* ★ ~e werkzaamheden *actividades* v mv *relativas al contenido*
inhouden I OV WW • bevatten *contener* [ie] • betekenen *implicar* • bedwingen *retener* [ie]; *refrenar*; *contener* [ie] ★ de adem ~ *retener el aliento* ★ met ingehouden stem *con voz contenida* II WKD WW [zich ~] *reportarse*; *aguantarse*
inhouding *retención* v
inhoudsmaat *medida* v *de capacidad*
inhoudsopgave *índice* m; *índice* m *de materias*

inhuldigen *inaugurar*
inhuldiging *inauguración* v
inhuren *alquilar*
initiaal *inicial* v
initiatie *iniciación* v
initiatief *iniciativa* v ★ op ~ van *por iniciativa de* ★ het ~ nemen *tomar la iniciativa*
initiatiefnemer *persona* v *que toma la iniciativa*
initiatierite *iniciación* v
initieel *inicial* ★ initiële kosten *gastos* m mv *iniciales*
initiëren • inwijden *iniciar; inaugurar* • invoeren *introducir*
injecteren *inyectar*
injectie *inyección* v
injectiemotor *motor* m *de inyección*
injectienaald *aguja* v *(de jeringa)*
inkapselen *envolver* [ue]
inkeer *arrepentimiento* m ★ tot ~ komen *arrepentirse* [ie, i]
inkeping *escopleadura* v; *mella* v
inkijk *mirada* v
inkijken *echar una mirada a*
inkjetprinter *impresora* v *de chorro de tinta*
inklappen I OV WW naar binnen vouwen *plegar* [ie] II ON WW in(een)storten *derrumbarse*
inklaren *despachar*
inklaring *despacho* m
inkleden *presentar; redactar*
inkleuren *colorear*
inkoken *reducir*
inkom *precio* m *de (la) entrada*
inkomen I ZN [het] *ingresos* m mv; *renta* v ★ een goed ~ hebben *ganar un buen sueldo* ★ belastbaar ~ *base* v *imponible* II ON WW *entrar; llegar;* ⟨v. geld⟩ *ingresar* ★ inkomen stukken *correspondencia* v *recibida* ▼ daar kan ik ~ *me lo puedo imaginar bien* ▼ daar komt niets van in *de eso ni hablar*
inkomensafhankelijk *dependiente del ingreso*
inkomensgrens *límite* m *salarial*
inkomensgroep *categoría* v *salarial*
inkomsten *ingresos* m mv
inkomstenbelasting *impuesto* m *sobre la renta*
inkomstenbron *fuente* v *de ingreso*
inkomstenderving *pérdida* v *de ingresos*
inkoop *compra* v ★ in- en verkoop *compra* v *y venta* ★ inkopen doen *hacer compras*
inkoopprijs *precio* m *de coste*
inkopen • kopen ⟨voor zichzelf⟩ *comprar*; ⟨voor zichzelf⟩ *hacer compras*; ⟨om door te verkopen⟩ *comprar*; ⟨om door te verkopen⟩ *adquirir* [ie] • rechthebbende worden op *comprar* ★ zich ~ in een bedrijf *comprar una participación*
inkoper *comprador* m
inkorten *acortar*
inkrimpen I OV WW geringer maken *reducir* ★ de uitgaven ~ *reducir los gastos* II ON WW geringer worden *contraerse; encogerse; reducirse*
inkrimping *encogimiento* m; FIG. *disminución* v; FIG. *reducción* v
inkt *tinta* v ★ Oost-Indische inkt *tinta china*
inktlint *cinta* v *entintada*
inktpatroon *cartucho* m *de tinta*

inktpot *tintero* m
inktvis ⟨octopus⟩ *pulpo* m; ⟨pijlinktvis⟩ *calamar* m
inktvlek *borrón* m
inktzwart *negro como un tizón*
inkuilen *almacenar en fosos*
inkwartieren *alojar; acantonar; acuartelar*
inkwartiering *alojamiento* m; *acuartelamiento* m
inladen *cargar;* ⟨v. schip⟩ *embarcar*
inlander *indígena* v
inlands *indígena; del país*
inlassen *insertar; intercalar*
inlaten I OV WW binnenlaten *admitir; dar entrada a* II WKD WW [zich ~] *met ocuparse en*
inleg • ingelegd geld ⟨in spel⟩ *puesta* v; ⟨in weddenschap⟩ *apuesta* v; ⟨in bank⟩ *depósito* m ★ zoom *dobladillo* m
inleggen • invoegen *poner dentro; meter* • versieren *taracear* • geld inbrengen *depositar* ▼ eer ~ met iets *sacar gloria de u.c.*
inlegkruisje *protegeslip* m
inlegvel *hoja* v *suplementaria*
inleiden • *introducir* • bevalling opwekken bij ★ iem. ~ *inducir el parto con u.p.*
inleiding *introducción* v; *preámbulo* m
inleven [zich ~] ★ zich ~ in een persoon *identificarse con u.p.* ★ zich ~ in een verhaal *meterse en una historia*
inleveren *entregar*
inlevingsvermogen *facultad* v *de adaptación*
inlezen I OV WW *leer* II WKD WW [zich ~] *familiarizarse con un tema leyendo*
inlichten *informar; dar informe* ★ je bent slecht ingelicht *estás mal informado*
inlichting *información* v; *informe* m ★ iem. ~en verstrekken over iets *dar informes a u.p. de u.c.* ★ ~en inwinnen *pedir* [i] *informes* ★ voor ~en kunt u zich richten tot *para toda clase de información dirigirse a*
inlichtingendienst • informatiedienst *servicio* m *de información* • geheime dienst *servicio* m *secreto*
inlijsten *encuadrar; enmarcar*
inlijven *incorporar; anexar; anexionar*
inlikken [zich ~] *lavar la cara a alguien*
inloggen *acceder; entrar*
inloopspreekuur *hora* v *de consulta sin cita previa*
inlopen I OV WW • inhalen *alcanzar* ★ een achterstand ~ *recuperar un atraso* • binnenlopen *entrar en* ★ een straat ~ *entrar en una calle* II ON WW ▼ hij loopt er niet in *no cae en la trampa; no se deja engañar* ▼ iem. erin laten lopen *engañar a u.p.*
inlossen • aflossen *amortizar; desempeñar* • nakomen *cumplir* ★ een belofte ~ *cumplir una promesa*
inloten *sortear* ★ ingeloot zijn voor een studie *ser admitido por sorteo para una carrera*
inluiden *anunciar; abrir*
inmaken • inleggen *conservar;* ⟨vruchten⟩ *confitar;* ⟨in azijn⟩ *encurtir;* ⟨met zout⟩ *salar* • SPORT *derrotar; vencer*
in memoriam *in memóriam*
inmengen [zich ~] in *mezclarse en; intervenir*

en; *entremeterse en*
inmenging *intervención* v
inmiddels *entretanto*; *mientras tanto*
innaaien *encuadernar*
innemen • binnenhalen *recoger*; *tomar*• tot zich nemen *tomar*• beslaan, bezetten *ocupar* ★ de plaats~ van *hacer las veces de*★ de plaats van de voorman~ *ocupar el lugar del delantero*• veroveren *tomar*; *expugnar*; *ocupar*• ⟨kleren⟩ kleiner maken ⟨in lengte⟩ *acortar*; ⟨in breedte⟩ *estrechar*▼ iem. voor zich~ *ganar el favor de u.p.*▼ iem. tegen zich ~ *poner a u.p. en su contra*
innemend *afable*; *amable*; *simpático*
innen *cobrar*; *percibir*
innerlijk I BNW van binnen *interior*; *interno*
II ZN [het] *interior* m; *fuero* m *interno*
innig • diep gevoeld *cariñoso*; *profundo* ★ een ~e wens *un deseo profundo*★ ~e groeten *saludos* m mv *cariñosos*• intiem *íntimo* ★ een ~e vriendschap *una amistad íntima*
inning • het innen *cobro* m; *cobranza* v; *percepción* v • SPORT *jugada* v
innovatie *innovación* v
innovatief *innovador*
innoveren *innovar*
in optima forma ★ ~ zijn *estar en excelente forma*
inpakken • verpakken *empaquetar*; *envolver* [ue]; ⟨in doos/kist⟩ *embalar*• warm kleden *abrigar*; *arrebujar*★ zich~ *arrebujarse* • inpalmen *engatusar*
inpakpapier *papel* m *de envolver*
inpalmen • zich toe-eigenen *apropiarse*• voor zich winnen *engatusar*
inpandig *en el edificio*★ een~e garage *un garaje en el edificio*
inparkeren *aparcar hacia atrás*
inpassen *ajustar*; *encajar*
inpeperen ★ ik zal het je wel~! *¡ya me las pagarás!*
inperken *limitar*; *reducir*
in petto ▼ iets~ hebben *tener reservada u.c.*; *tener algo en reserva*
inpikken *birlar*
inplakken *pegar*
inplannen *tener en cuenta al planificar*
inplanten • planten *plantar*• MED. aanbrengen *trasplantar*; *implantar*
inpolderen *cerrar* [ie] *con diques*; *hacer pólderes*; *hacer un polder*
inpoldering *construcción* v *de polders*
inpompen *inculcar*; *machacar*
inpraten op *persuadir a*
inprenten *inculcar*★ zich iets~ *grabar u.c. en la memoria*
inproppen *atestar*; *atiborrar*
input *entrada* v; *input* m
inquisitie *inquisición* v
inregenen ★ het regent in *está entrando la lluvia*
inrekenen *detener* [ie]; *arrestar*
inrichten *regelen organizar*; *arreglar* • toerusten *amueblar*; *instalar*★ zich~ *instalarse*
inrichting • aankleding *instalación* v

• instelling *instituto* m; *centro* m; ⟨voor geesteszieken⟩ *hospital* m *psiquiátrico*
inrijden • naar binnen rijden *meter*★ de auto de garage~ *meter el coche en el garaje* • geschikt maken *rodar* [ue]
inrit *entrada* v★ verboden~ *prohibida la entrada*
inroepen *pedir* [i]; *invocar*; *llamar*★ iemands hulp~ *pedir la ayuda de u.p.*; *pedir auxilio*
inroesten *arraigar*• ingeroeste gewoonten *costumbres* v mv *arraigadas*
inroosteren *incluir en un horario*
inruil *cambio* m; ⟨terugname⟩ *recogida* v
inruilen *cambiar*★ ~ voor/tegen *trocar por*; *entregar en cambio de*
inruilwaarde *valor* m *de cambio*
inruimen *arreglar*; *hacer sitio a*★ zijn plaats~ voor *ceder el sitio a*★ tijd~ voor *tomar el tiempo para*
inrukken • afmarcheren *retirarse*★ ingerukt, mars! *¡rompan filas!*• binnentreden *penetrar* ★ de stad~ *penetrar en la ciudad*
inschakelen • in werking stellen *conectar*; *enchufar*• doen meewerken *recurrir*; *contratar*★ hulp~ *pedir* [i] *ayuda*
inschalen *incluir en una escala salarial*
inschatten *valorar*
inschatting *estimación* v
inschattingsfout *error* m *de apreciación*
inschenken *servir* [i]; *verter* [ie]; ⟨v. wijn⟩ *escanciar*
inschepen *embarcar*★ zich~ naar *embarcarse para*
inscheuren *desgarrarse*; *rasgar*
inschieten • schietend kapotmaken★ een ruit ~ *romper un cristal*• SPORT *marcar*• verliezen *perder*; *perderse*★ zijn leven erbij~ *perder la vida*★ mijn vakantie is erbij ingeschoten *mis vacaciones se han perdido*• met vaart binnengaan *entrar rápidamente*
inschikkelijk *indulgente*; *complaciente*
inschikkelijkheid *contemporización* v
inschikken • inschuiven *correrse*; *arrimarse* • toegeven *ceder*
inschoppen *meter a patadas*
inschrijfformulier *formulario* m *de inscripción*
inschrijfgeld *gastos* m mv *de inscripción*; ⟨bij onderwijsinstelling⟩ *matrícula* v
inschrijven I OV WW• optekenen *apuntar* • aanmelden *inscribir*; *registrar*★ zich~ *inscribirse*; *matricularse***II** ON WW• intekenen op iets *suscribirse (voor a)*• prijsopgave doen *hacer una oferta*
inschrijving • intekening *subscripción* v; ⟨voor aanbesteding⟩ *licitación* v• registratie *inscripción* v; ⟨voor een cursus⟩ *matrícula* v
inschuiven I OV WW naar binnen schuiven *empujar hacia dentro*★ de la~ *empujar el cajón hacia dentro*★ de tafel~ *cerrar* [ie] *la mesa***II** ON WW• naar binnen schuiven *entrar silenciosamente*; *entrar inadvertidamente* • inschikken *estrecharse*; *apretarse* [ie]
inscriptie *inscripción* v; ⟨op munt⟩ *leyenda* v
insect *insecto* m
insectenbeet *picadura* v *de insecto*
insectendodend *insecticida*

insecticide *insecticida* m
inseinen *poner al tanto*
inseminatie *inseminación* v ★ kunstmatige ~ *inseminación* v *artificial*
insemineren *inseminar*
ins en outs *recovecos* m; *todos los detalles*
insgelijks *igualmente*; *lo mismo*
insider *iniciado* m
insigne *insignia* v
insinuatie *insinuación* v; *indirecta* v
insinueren *insinuar* [ú]
inslaan I OV WW ● erin slaan *clavar* ● stukslaan *romper*; *quebrar* [ie] ★ de deur wordt ingeslagen *están tirando la puerta a golpes* ● in voorraad nemen *abastecer* ● ingaan *torcer* [ue] **II** ON WW ● met kracht doordringen *caer* ★ de bliksem sloeg in *cayó el rayo* ● indruk maken *impresionar* ★ ~ als een bom *caer como una bomba*
inslag ● het inslaan ⟨v. bliksem⟩ *fulminación* v ● karakter(trek) *tendencia* v ● dwarsdraad *trama* v ● zoom *dobladillo* m
inslapen ● in slaap vallen *dormirse* [ue, u]; *adormecerse*; *coger el sueño* ● sterven *fallecer* ★ laten ~ *hacer dormir*
inslikken ● doorslikken *tragar* ● verbijten *reprimir*; *contener* [ie] ★ zijn trots ~ *reprimirse el orgullo* ● slecht uitspreken *comerse las palabras*
insluimeren *adormilarse* ★ doen ~ *adormecer*
insluipen *introducirse*; *colarse* [ue]
insluiper *caco* m
insluiten ● opsluiten *encerrar* [ie]; ⟨in gevangenis⟩ *encarcelar* ● omgeven *circundar* ● bijsluiten *incluir*; *adjuntar* ● inhouden *implicar* ★ dit sluit niet in *esto no supone*; *esto no implica*
insmeren *untar*; *ungir*; ⟨met vet⟩ *engrasar*; ⟨met zeep⟩ *enjabonar*
insneeuwen ● ingesneeuwd zijn *estar incomunicado por la nieve*
insnijden *entallar*; *tajar*
insnoeren *apretar* [ie]; *estrechar*
insolvent *insolvente*
inspannen I OV WW ● aanspannen ⟨trekdier⟩ *uncir*; ⟨voertuig⟩ *enganchar* ● moeite geven *forzar* [ue] ★ al zijn krachten ~ *hacer todo lo posible* **II** WKD WW [zich ~] *esforzarse* [ue]
inspannend *cansado*; *fatigoso*
inspanning *esfuerzo* m
inspecteren *inspeccionar*; *examinar*; MIL. *pasar revista a*
inspecteur *inspector* m
inspecteur-generaal *inspector* m *general*
inspectie *inspección* v; MIL. *revista* v
inspelen I OV WW ● een piano ~ *tocar un piano recién comprado* **II** ON WW ● vooraf oefenen *ensayar* ★ ingespeeld zijn op elkaar *formar una buena pareja* ● ~ **op** reageren *responder a* ★ ~ op een behoefte *responder a una necesidad*
inspiratie *inspiración* v
inspirator *inspirador* m
inspireren *inspirar*
inspraak *cogestión* v; *participación* v ★ ~ hebben bij *tener voz y voto en*

inspraakprocedure *procedimiento* m *de participación*
inspreken ● tekst inspreken *grabar* ● inboezemen *infundir* ★ moed ~ *levantar el ánimo*; *animar*
inspringen ● erin springen *echarse en* ● invallen *sustituir* ★ voor iem. ~ *sustituir a u.p.* ● terugwijken *adoptar* ★ ~de regel *sangrar*
inspuiten *inyectar*
instaan voor ★ ~ voor *responder de*; *garantizar*
instabiel *inestable*
instabiliteit *inestabilidad* v
installateur *instalador* m
installatie *instalación* v
installatiekosten *costes* m mv *de instalación*
installeren ● inrichten *montar* ● monteren *instalar*; *montar* ● vestigen *establecer*; *instalar* ★ zich ~ in een stoel *acomodarse en una silla* ● in een ambt bevestigen *investir* [i]; *inaugurar*
instampen ● erin stampen *apisonar* ● kapotmaken *aplastar* ● inprenten *inculcar*
instandhouding *conservación* v; *mantenimiento* m
instantie *instancia* v ★ in laatste ~ *en último caso*
instantkoffie *café* m *instantáneo*
instapkaart *tarjeta* v *de embarque*
instappen *subir a*; *montar*
insteken *meter*; *introducir* ★ de draad in de naald steken *enhebrar la aguja*
instellen ● beginnen *iniciar* ★ een onderzoek ~ *abrir una investigación* ★ een vervolging ~ *entablar una demanda* ● afstellen *ajustar* ★ camera ~ *enfocar* ● oprichten *establecer*; *instituir*; *crear*
instelling ● mentaliteit *mentalidad* v ● instituut *instituto* m; *establecimiento* m; *institución* v; *organismo* m; *entidad* v
instemmen *aprobar* [ue]; *estar de acuerdo con*; *consentir* [ie, i]
instemmend *aprobatorio*
instemming *aprobación* v; *adhesión* v; *asentimiento* m
instigatie *instigación* v ★ op ~ van *por instigación de*
instinct *instinto* m
instinctief *instintivo*
instinken ★ iem. erin laten stinken *engañar a u.p.* ★ hij is er ingestonken *ha picado* ★ hij stinkt er niet in *no cae en la trampa*; *no se deja engañar*
instinker *trampa* v
institutionaliseren *institucionalizar*
institutioneel *institucional*
instituut *instituto* m
instoppen *arrebujar*
instorten ● in elkaar vallen *hundirse*; *venirse abajo*; *derrumbarse*; *desplomarse* ● MED. terugvallen *hundirse* ★ weer ~ *sufrir una recaída*
instorting ● het in elkaar vallen *hundimiento* m; *derrumbamiento* m ● MED. terugval *colapso* m ● ECON. *quiebra* v
instroom *afluencia* v

instructeur *instructor* m
instructie • onderricht *instrucción* v • JUR.
  ★ rechter van ~ *juez* m/v *de instrucción*
instructiebad *piscina* v *de instrucción*
instructief *instructivo*
instrueren *instruir*
instrument • verfijnd werktuig *instrumento* m
  ★ ~en van een chirurg *instrumentos* m mv
  quirúrgicos • muziekinstrument *instrumento*
  m ★ een ~ bespelen *tocar un instrumento*
instrumentaal *instrumental*
instrumentalist *instrumentalista* m/v
instrumentarium *instrumental* m
instrumentenpaneel *panel* m *de mandos*
instrumentmaker *instrumentista* m/v
instuderen *estudiar*
instuif *guateque* m
insturen *enviar* [í] ★ iem. de stad ~ *enviar a u.p. a la ciudad*
insubordinatie *insubordinación* v
insuline *insulina* v
intact *intacto*; *íntegro*
intakegesprek *entrevista* v *preliminar*
intapen *vendar*
inteelt *endogamia* v
integendeel *al contrario*; *en cambio*
integer *íntegro*
integraal *integral*
integraalhelm *casco* m *de una pieza*
integraalrekening *cálculo* m *integral*
integratie *integración* v
integreren I ON WW in geheel opgaan
  integrarse II OV WW compleet maken *integrar*
integriteit *integridad* v
intekenen I OV WW inschrijven *inscribir* II ON
  WW zich verplichten *suscribirse* ★ ~ voor een
  bedrag van vijf euro *suscribirse por una suma
  de cinco euros* ★ ~ op een boek *suscribirse a un
  libro*
intekenlijst *lista* v *de suscripción*
intekenprijs *precio* m *de suscripción*
intellect *intelecto* m
intellectualistisch *intelectual*
intellectueel I ZN [de] *intelectual* v II BNW
  intelectual
intelligent *inteligente*
intelligentie *inteligencia* v
intelligentiequotiënt *coeficiente* m *intelectual*
intelligentietest *test* m *de inteligencia*
intelligentsia *intelectualidad* v
intendant *intendente* m
intens *intenso*
intensief *intensivo*; *intenso*
intensiteit *intensidad* v
intensive care *unidad* v *de vigilancia intensiva*;
  UVI v
intensiveren *intensificar*
intentie *intención* v
intentieverklaring *declaración* v *de intenciones*
intentioneel *intencional*
interactie *interacción* v
interactief *interactivo*
interbancair *interbancario*
interbellum *período* m *de entreguerras*
intercedent *intermediario* m
intercity *intercity* m

intercom *intercomunicación* v; *interfono* m
intercontinentaal *intercontinental*
intercultureel *intercultural*
interdependentie *interdependencia* v
interdisciplinair *interdisciplinario*
interen *consumarse*
interessant *interesante*
interesse *interés* m
interesseren I OV WW *interesar* ★ het
  interesseert me niet *no me interesa* II WKD
  WW [zich ~] **voor/in** *interesarse en / por*
interest *interés* m
interface *interfaz* v
interfaculteit *cuerpo* m *de enseñanza formado
  por diversas facultades*
interferentie *interferencia* v
interfereren • tussenbeide komen *intervenir*
  • op elkaar inwerken *interferir* [ie, i] ★ golven
  die met elkaar ~ *la interferencia de diferentes
  ondas*
interieur *interior* m
interim *ínterin* m ★ ad ~ *interino*
interim- ★ ~manager *manager* m *interino*;
  manager m *provisional*
interkerkelijk *intereclesiástico*
interland *partido* m *internacional*
interlinie *interlineado* m
interlokaal *interurbano*
intermediair I ZN [de] bemiddelaar
  intermediario m; *mediador* m II BNW
  bemiddelend *intermediario*
intermenselijk *interhumano*
intermezzo *intermedio* m
intern *interno*
internaat *internado* m; *colegio* m *de internos*
internationaal *internacional*
international *internacional* m
interneren *confinar*; *internar*
interneringskamp *campo* m *de internación*
internet *Internet* v
internetcafé *cibercafé* m; *bar* m *de internet*
internetprovider *proveedor* m *en línea*
internetten *navegar por Internet/la Red*;
  internetear
internist *internista* m/v
interpellatie *interpelación* v
interpelleren *interpelar*
interpretatie *interpretación* v
interpreteren *interpretar*
interpunctie *puntuación* v
interrumperen *interrumpir*
interruptie *interrupción* v
interval *intervalo* m
intervaltraining *entrenamiento* m *a intervalos*
interveniëren *intervenir* [ie, i]
interventie *intervención* v
interventiemacht *poder* m *de intervención*
interventietroepen *fuerzas* v mv *de
  intervención*
interview *entrevista* v; *interviú* m
interviewen *entrevistar*; *hacer una entrevista*
interviewer *entrevistador* m
intiem *íntimo*
intimidatie *intimidación* v
intimideren *intimidar*
intimiteit • het intiem zijn *intimidad* v

- vertrouwelijkheid *intimidades* v mv
- vrijpostigheid ★ *ongewenste~ en acoso* m *sexual*

intocht *entrada* v
intolerant *intolerante*
intolerantie *intolerancia* v
intomen *refrenar*
intonatie *entonación* v
intranet *intranet* v
intransitief *intransitivo*
intrappen *echar abajo* ★ *de deur~ echar abajo la puerta*
intraveneus *intravenoso*
intrede • ambtsaanvaarding *toma* v *de posesión*
- begin *entrada* v; *ingreso* m
intreden • beginnen *comenzar* [ie]• non/monnik worden *entrar en una orden*
intrek ★ zijn~ nemen *instalarse; ir a vivir*
intrekken I OV WW• naar binnen trekken *recoger; retraer*• terugnemen *retirar; abogar;* ⟨v. bevel⟩ *contramandar* II ON WW
- binnentrekken *entrar en*• gaan inwonen *ir a vivir con*
intrigant *intrigante* m/v
intrige • slinks plan *intriga* v; *trama* v• plot *trama* v; *enredo* m
intrigeren *intrigar*
introducé *acompañante* m/v; *invitado* m
introduceren • voorstellen *introducir; presentar*
- in omloop brengen *introducir; lanzar*
introductie *introducción* v; ⟨v. producten⟩ *lanzamiento* m
introductiedag *día* m *de introducción*
introductieweek *semana* v *de introducción*
introspectie *introspección* v
introvert *introvertido*
intuïnen *caer en la trampa* ★ *hij is er ingetuind ha picado*
intuïtie *intuición* v
intuïtief *intuitivo*
intussen *entretanto; mientras; mientras tanto*
intypen *teclear*
inval • het binnenvallen *invasión* v; *irrupción* v; ⟨v. leger⟩ *incursión* v• idee *idea* v; *ocurrencia* v ★ geniale~ len hebben *tener ideas geniales*
invalide *inválido; minusválido; impedido* ★ ~ worden *quedarse inválido*
invalidenwagen *carrito* m *de inválido*
invaliditeit *invalidez* v
invalkracht *sustituto* m; *auxiliar* m
invallen • binnenvallen *invadir*• instorten *desplomarse; derrumbarse*• in gedachte komen *ocurrir*• beginnen *sobrevenir* [ie, i]
- MUZ. *entrar*• vervangen *hacer de sustituto*
★ voor iem.~ *hacer las veces de u.p.; sustituir a u.p.*
invaller *sustituto* m
invalshoek • gezichtshoek *ángulo* m; perspectiva v• NATK. *ángulo* m *de incidencia*
invalsweg *vía* v *de acceso*
invasie *invasión* v; *irrupción* v
inventaris *inventario* m ★ de~ opmaken *hacer inventario; inventariar; hacer el balance*
inventarisatie *inventario* m
inventariseren *hacer el inventario; inventariar*
inventief *inventivo*

invers *inverso*
inversie *inversión* v
investeerder *inversor* m
investeren *invertir* [ie, i]
investering *inversión* v
investeringsbank *banco* m *de inversiones*
invetten *engrasar; untar*
invitatie *invitación* v
inviteren *invitar; convidar*
in-vitrofertilisatie *fertilización* v *in vitro*
invloed *influencia* v ★ ~ uitoefenen op *ejercer influencia sobre; influir en*
invloedrijk *influyente*
invloedssfeer *círculo* m *de influencia*
invoegen I OV WW *inlassen intercalar; insertar* II ON WW tussenvoegen bij verkeer *entrar por el carril de acceso*
invoegstrook *carril* m *de acceso*
invoer • import *importación* v ★ ~ en doorvoer *entrada y tránsito*• COMP. *input entrada* v
invoerbelasting *derecho* m *de entrada*
invoeren • erin brengen *introducir;* ⟨v. computergegevens⟩ *entrar en*• introduceren *introducir; implantar; establecer* ★ een wet~ *introducir una ley*• importeren *importar*• → **ingevoerd**
invoerrecht *derechos* m mv *de importación*
invoerverbod *prohibición* v *de importación*
invorderen *cobrar;* ⟨v. belasting⟩ *recaudar*
invreten *corroer*
invriezen *congelar*
invrijheidstelling *liberación* v; *puesta* v *en libertad* ★ voorwaardelijke~ *libertad* v *condicional*
invullen ⟨v. formulieren⟩ *llenar;* ⟨v. formulieren⟩ *rellenar;* ⟨v. naam⟩ *poner*
invulling • het invullen *relleno* m
- interpretatie *interpretación* v ★ een eigen~ ergens aan geven *dar una interpretación personal a u.c.*
inwaarts *hacia adentro*
inweken *poner a remojo*
inwendig *interno; interior*
inwerken I OV WW vertrouwd maken *iniciar; orientar; familiarizar* ★ zich~ in *familiarizarse con; iniciarse en* II ON WW invloed hebben *influir en; actuar sobre* [ú]
inwerkingtreding *entrada* v *en vigor*
inwerktijd *período* m *de prueba en el trabajo*
inwijden • initiëren *iniciar* ★ iem. in een geheim~ *iniciar a u.p. en un secreto*• in gebruik nemen *inaugurar;* REL. *consagrar*
inwijding • initiatie *iniciación* v
- ingebruikneming *inauguración* v; *bendición* v; REL. *consagración* v
inwilligen *acceder a; acordar* [ue]; *conceder; consentir en* [ie, i] ★ een verzoek~ *acceder a una solicitud*
inwilliging *consentimiento* m; *aprobación* v
inwinnen *pedir* [i] ★ inlichtingen~ *pedir informaciones*
inwisselbaar *cambiable;* ⟨v. cheques⟩ *convertible*
inwisselen *cambiar* ★ ~ tegen geld *cambiar por dinero*
inwonen *vivir en casa de*

inwonend *interno*
inwoner *habitante* m/v; ⟨v. dorp⟩ *vecino* m
inwonertal *número* m *de habitantes*
inwoning • →**kost**
inworp *saque* m
inwrijven • insmeren *untar*; *ungir* • verwijten *reprochar*
inzaaien *sembrar* [ie]
inzage *examen* m ★ ter~ zenden *mandar para su examen* ★ ter~ liggen *poder examinarse*
inzake *concerniente a*; *relativo a*
inzakken • in elkaar zakken *venirse abajo*; *hundirse* • lager worden *hundirse*
inzamelen *colectar*; *recoger*; *reunir* [ú]
inzameling *colecta* v
inzamelingsactie *colecta* v
inzegenen *bendecir*; *consagrar*
inzegening ⟨inwijding⟩ *consagración* v; ⟨v. priester⟩ *ordenación* v
inzenden *enviar* [í] ★ ingezonden brieven *cartas* v mv *al director* ★ ingezonden mededeling *remitido* m
inzending *envío* m; ⟨op tentoonstelling⟩ *aportación* v
inzepen *enjabonar*; *jabonar*
inzet • inspanning *dedicación* v • bod *precio* m *inicial* • inleg bij spel *puesta* v ★ de~ verdubbelen *doblar la puesta* • kleine foto/tekening *inserción* v • MUZ. *comienzo* m; ⟨v. lied⟩ *entonación* v
inzetbaar *disponible*; *utilizable*
inzetten I OV WW • erin zetten *poner*; ⟨v. juweel⟩ *engastar* • in actie brengen *hacer entrar en*; ⟨v. troepen⟩ *echar al combate* • beginnen *empezar* [ie]; *comenzar* [ie] • bod doen *fijar el precio* • wedden *apostar* [ue] • MUZ. *entonar* ‖ WKD WW [zich ~] *esforzarse* [ue]
inzicht • begrip *conciencia* v; *criterio* m ★ tot~ komen *arrepentirse* [ie] ★ een duidelijk~ hebben *ver las cosas claras* • mening *opinión* v; *juicio* m ★ verschil van~ *diferencia* v *de opinión*
inzichtelijk *comprensible*
inzien I ZN [het] ▼ mijns~ *s a mi juicio* ‖ OV WW • inkijken *hojear*; *dar un vistazo a* • beseffen *comprender*; *entender* • beoordelen *ver*; *considerar*
inzinken • lager komen te liggen *hundirse* • minder worden *hundirse* • geestelijk instorten *desanimarse*
inzinking *depresión* v
inzitten over *preocuparse por* ★ over iets~ *preocuparse por u.c.*; *no saber qué hacer con* ★ ik zit erg over die zaak in *ese asunto me preocupa mucho* ★ u hoeft er niet over in te zitten *no se preocupe usted*; *descuide usted* ▼ daar zit wat in *tiene sentido*
inzittende *ocupante* m/v
inzoomen *aumentar la imagen con el zoom* ★ op iets~ *dirigir la atención hacia algo*
inzwachtelen *vendar*
ion *ión* m
Ionische Zee *Mar* m *Jónico*
ioniseren *ionizar*
IQ *CI* m

Iraaks *iraquí*
Iraans *iraní*
Irak *Irak* m; *Iraq* m
Irakees I ZN [de] *iraquí* m ‖ BNW *iraquí*
Iran *Irán* m
Iraniër *iraní* m
iris • bloem *lirio* m • deel van oog *iris* m
iriscopie *iriscopía* v
irisscan *escán* m *de iris*
ironie *ironía* v
ironisch *irónico*
ironiseren *ironizar*
irrationeel *irracional*
irreëel *irreal*
irrelevant *irrelevante*
irrigatie *irrigación* v; *riego* m
irrigator *irrigador* m
irrigeren *irrigar*; *regar* [ie]
irritant *exasperante*
irritatie *irritación* v
irriteren *irritar*
ischias *ciática* v
ISDN *Red* v *Digital de Servicios Integrados (RSDI)*
isgelijkteken *símbolo* m *de igualdad*
islam *islam* m
islamiet *islamita* m/v
islamitisch *islamita*
ISO *Organización* v *Internacional de Normalización (OIN)*
ISO-gecertificeerd *certificado por la OIN*
isolatie • het isoleren *aislamiento* m • het geïsoleerd-zijn *aislamiento* m
isolatieband *cinta* v *aislante*; *cinta* v *aisladora*
isolatielaag *capa* v *aislante*
isolatiemateriaal *material* m *aislante*
isoleercel *celda* v *de aislamiento*
isoleerkan *jarra-termo* v
isolement *aislamiento* m
isoleren *aislar*
Israël *Israel* m
Israëliër *israelí* m
Israëlisch *israelí*
issue *tema* m
IT *informática* v
Italiaan *italiano* m
Italiaans I ZN [het] taal *italiano* m ‖ BNW m.b.t. Italië *italiano*
Italië *Italia* v
item *tema* m
IT'er *trabajador* m *en la informática*
ivoor *marfil* m
Ivoorkust *Costa* v *de Marfil*
ivoren *de marfil*
Ivriet *hebreo* m *moderno*

J

j *jota* v • de j van Johan *la j de José*
ja *sí* ★ ja zeggen *decir* [i] *que sí; asentir* [ie, i] ★ hij zei er ja op *contestó que sí* ★ ze knikte van ja *consintió con la cabeza* ★ een vraag met ja beantwoorden *contestar afirmativamente a una pregunta* ▼ op alles ja en amen zeggen *decir* [i] *amén a todo*
jaap *corte* m; *tajo* m
jaar *año* m ★ jaar in, jaar uit *año tras año* ★ anderhalf jaar *año y medio* ★ dertig jaar worden *cumplir treinta años* ★ veertig jaar oud zijn *tener cuarenta años de edad* ★ in de jaren tachtig *en la década de los ochenta* ★ met de jaren *con el paso de los años* ★ na een jaar *pasado un año* ★ na vele jaren *después de muchos años* ★ om de twee jaar *cada dos años* ★ over een jaar *de aquí a un año* ★ eenmaal per jaar *una vez al año* ★ van jaar tot jaar *de año en año* ▼ vette jaren *vacas gordas* ▼ de jaren des onderscheids *la edad del discernimiento* ▼ op jaren zijn *estar entrado en años* ▼ sinds jaar en dag *desde hace mucho tiempo* ▼ uit het jaar nul *del tiempo de Maricastaña*
jaarbeurs *feria* v *de muestras*
jaarboek *anuario* m
jaarcijfers *cifras* v mv *anuales*
jaarclub OMSCHR. *club* m *de estudiantes de primer curso*
jaarcontract *contrato* m *por un año*
jaargang *año* m
jaargenoot *compañero* m *de la misma promoción*
jaargetijde *estación* v; *estación* v *del año*
jaarkaart *abono* m *por un año*
jaarlijks *anual*
jaarmarkt *feria* v; *feria* v *anual*
jaaropgaaf *declaración* v *de los ingresos anuales; declaración* v *del coste anual*
jaarring *cerco* m *anual*
jaartal *año* m
jaartelling *era* v
jaarvergadering *reunión/asamblea* v *anual*
jaarverslag *memoria* v *anual; informe* m *anual*
jaarwisseling *cambio* m *del año*
jacht I ZN [de] • het jagen *caza* v ★ op ~ gaan *salir de caza* ★ ~ maken op *dar caza a; cazar* ★ ~ op grof wild *caza mayor* • het najagen *caza* v ★ de ~ op koopjes *la caza de gangas* • jachtterrein *coto* m II ZN [het] *yate* m
jachten *apresurarse; darse prisa*
jachtgebied *coto* m *de caza*
jachtgeweer *escopeta* v *de caza*
jachthaven *puerto* m *deportivo*
jachthond *perro* m *de caza*
jachtig *presuroso; apresurado*
jachtluipaard *guepardo* m
jachtopziener *guarda* m *de caza*
jachtschotel *plato* m *de guisado de carne, patatas y verduras*
jachtseizoen *temporada* v *de caza*
jack *cazadora* v
jacket *corona* v
jackpot *bote* m; *premio* m *gordo*
jackrussellterriër *jack russell terrier* m
jacquet *chaqué* m
jacuzzi *jacuzzi* m; *turbellino* m
jade *jade* m
jagen I OV WW • jacht maken op *cazar* ★ konijnen ~ *cazar conejos* • voortdrijven *ahuyentar; despachar; apremiar* ★ iem. op de vlucht ~ *ahuyentar a u.p.* ▼ zijn geld erdoor ~ *despilfarrar su dinero* ▼ een wet erdoor ~ *despachar una ley a toda máquina* II ON WW • op *cazar* ★ ~ op streven naar *perseguir* [i]; *ir detrás de* • snel bewegen *apresurarse; darse prisa*
jager • iem. die jaagt *cazador* m • jachtvliegtuig *caza* v • schip *cazatorpedero* m
jaguar *jaguar* m
jak *cazadora* v; *chaqueta* v
jakhals *chacal* m
jakkeren *precipitarse; darse prisa*
jakkes *ibah!; ¡pfff!; ¡qué asco!*
jakobsschelp *vieira* v; *concha* v *de Santiago*
jaloers ⟨door afgunst⟩ *envidioso*; ⟨door liefde⟩ *celoso* ★ ~ zijn op iem. *tener envidia a u.p.; estar envidioso de u.p.* ★ ~ maken *dar celos*
jaloezie • jaloersheid *envidia* v; ⟨in de liefde⟩ *celos* m mv • zonwering *persiana* v; *celosía* v
jam *mermelada* v; *confitura* v
Jamaica *Jamaica* v
Jamaicaan *jamaicano* m
Jamaicaans *jamaicano*
jambe *yambo* m
jamboree *jamboree* m
jammen *dar una sesión de improvisación de música*
jammer *lamentable; lástima* v *wat* ~! *¡qué lástima!* ★ ik vind het ~ voor haar *lo siento por ella*
jammeren *lamentarse; quejarse*
jammerklacht *lamentación* v; *queja* v
jammerlijk *calamitoso; desgraciado; deplorable*
jampot *compotera* v
jamsessie *sesión* v *de improvisación de música*
Jan *Juan* m ▼ Jan Lul *Juan Lanas* ▼ Jan en alleman *todo el mundo* ▼ boven Jan zijn *superar a Juan*
janboel *desbarajuste* m; *desorden* m
janboerenfluitjes ▼ op z'n ~ *de forma chapucera*
janken *aullar* [ú]; *ulular*
jantje-van-leiden ▼ zich er met een ~ van afmaken *zafarse de u.c.*
januari *enero* m
januskop *cabeza* v *con dos caras*
jan-van-gent *planga* v
Japan *Japón* m
Japanner *japonés* m
Japanse *japonesa* v
japon *vestido* m
jarenlang I BNW *de muchos años* II BIJW *durante años*
jargon *jerga* v
jarig ★ ~ zijn *cumplir años* ★ zij is vandaag ~ *hoy es su cumpleaños* ▼ dan ben je nog niet ~ *estarás bueno*

jarige *el/la que cumple años*
jarretelle *liga* v
jas • *kledingstuk abrigo* m • *colbert americana* v; *chaqueta* v
jasbeschermer *cubierta* v *de plástico para proteger la rueda trasera de la bicicleta*
jasmijn *jazmín* m
jassen *mondar* ★ *piepers ~ mondar papas* ▼ *zijn geld er doorheen ~ despilfarrar su dinero*
jasses *ibah!; ¡pfff!; ¡qué asco!*
jaszak *bolsillo* m
jatten *mangar; soplar*
jawoord *sí* m ★ *het ~ geven dar el sí*
jazz *jazz* m
jazzballet *ballet* m *de jazz*
jazzband *banda/orquesta* v *de jazz*
jazzclub *club* m *de jazz*
jazzfestival *festival* m *de jazz*
je I PERS VNW jij ⟨als onderwerp⟩ *tú;* ⟨als meewerkend/lijdend voorwerp⟩ *te;* ⟨na voorzetsel⟩ *ti* II WKD VNW *te* III BEZ VNW *tu* IV ONB VNW men *uno* ★ *je went eraan uno se acostumbra* ★ *zoiets doe je niet eso no se hace*
jeans *vaqueros* m mv; *tejanos* m mv
jee *¡Dios mío!*
jeep *jeep* m; *todoterreno* m
jegens *para con*
Jemen *Yemen* m
jenever *ginebra* v
jeneverbes *baya* v *de enebro*
jengelen *lloriquear*
jennen *chinchar* ★ *iem. ~ dar el tostón a alguien*
jeremiëren *quejarse; lamentarse*
jerrycan *bidón* m
jersey *jersey* m
jet I ZN [de] [mv: jets] *avión* m *de propulsión a chorro; jet* m II ZN [de] [mv: jetten] ★ *de jarige jet la cumpleañera* ▼ *hem van jetje geven echarle un rapapolvo a alguien*
jetlag *jetlag* m
jetset *jet-set* v
jetski *moto* v *acuática*
jeu *gracia* v ★ *voor de jeu para darle gracia* ★ *de jeu is eraf ya no tiene gracia*
jeugd • *jonge leeftijd juventud* v; ⟨kinderjaren⟩ *infancia* v; ⟨kinderjaren⟩ *niñez* v; *mocedad* v; ⟨oudere jeugd⟩ *adolescencia* v ★ *in mijn prille ~ en mi primera juventud; en mi más tierna infancia* • *jonge mensen juventud* v ★ *de ~ van tegenwoordig la juventud de hoy en día*
jeugdherberg *albergue* m *juvenil*
jeugdherinnering *recuerdo* m *de (la) infancia*
jeugdig *juvenil*
jeugdliefde *amor* m *de juventud*
jeugdsentiment *nostalgia* v *de juventud*
jeugdwerkloosheid *paro* m *juvenil*
jeugdzonde *pecado* m *de juventud*
jeuk *picor* m; *picazón* m
jeuken *picar; sentir /ie, i/ picor* ▼ *mijn handen ~ om te slaan se me van las manos* ▼ *mijn handen ~ om eraan te beginnen tengo muchas ganas de empezar*
jewelcase *jewel case* m
jezelf [meewerkend] *ti mismo; ti misma*
jezuïet *jesuita* m
Jezus *Jesús* m ★ *~ Christus Jesucristo*

jicht *gota* v
Jiddisch I ZN [het] *yiddish* m II BNW *del yiddish*
jij *tú* ★ *jij en jou zeggen tutear*
jijen *tutear*
jingle *sintonía* v
Job *Job* m ▼ *zo arm als Job más pobre que una rata* ▼ *zo geduldig zijn als Job tener más paciencia que el Santo Job*
job *curro* m
jobhoppen *cambiar de trabajo constantemente*
jobstijding *noticia* v *fatal*
joch, jochie *chico* m; *muchacho* m
jockey *jockey* m; *conductor* m
jodelen *gargantear*
Jodendom *judíos* m mv
jodendom *judaísmo* m
Jodenster *estrella* v *de David*
Jodenvervolging *persecución* v *de judíos*
Jodin *judía* v
jodin *judía* v
jodium *yodo* m
jodiumtinctuur *tintura* v *de yodo*
Joegoslavië *Yugoslavia* v
Joegoslavisch *yugoslavo*
joekel *cosa* v *enorme*
joelen *gritar; alborotar*
jofel I BNW *fenomenal* II BIJW *a tope de bien*
joggen *hacer footing*
jogger *corredor* m *de footing*
joggingpak *chandal* m
joint *porro* m; *canuto* m; *peta* m
joint venture *empresa* v *colectiva; joint-venture* v
jojo *yo-yo* m
jojoën *jugar /ue/ al yoyó*
joker *comodín* m ▼ *voor ~ staan hacer el ridículo*
jokkebrok *mentiroso* m; *trolero* m
jokken *mentir* [ie, i]
jol *yola* v
jolig *alegre; divertido; jacarandoso*
jong I ZN [het] *cría* v ★ *jongen krijgen parir* II BNW • *niet oud joven* ★ *jonge wijn vino joven* ★ *de jonge mensen los jóvenes; la gente joven* ★ *jonge kinderen niños de poca edad* ★ *jong en oud viejos y jóvenes* ★ *voor jong en oud para grandes y pequeños* • *recent joven; nuevo*
jongedame *señorita* v; *jovencita* v
jongeheer • *jongeman joven* m • *penis pene* m
jongelui *jóvenes* m mv; *gente* v *joven*
jongeman *joven* m
jongen I ZN [de] • *kind niño* m • *jongeman muchacho* m; *chico* m; *chaval* m ▼ *zware ~ criminal* m *de cuidado* II ON WW *parir; tener cría*
jongensachtig *amuchachado; de muchacho*
jongensboek *libro* m *para chicos*
jongensgek *coquetona* v
jongere *joven* v ★ *werkende ~n jóvenes trabajadores* ★ *oudere ~ joven carroza*
jongerejaars *estudiante* m *joven*
jongerencentrum *centro* m *sociocultural para jóvenes*
jongerentaal *lenguaje* m *de los jóvenes*
jongerenwerk *actividades* v mv *socioculturales para jóvenes*

jonggehuwd ★ ~en *los recién casados*
jonggestorven *que murió en una edad joven*
jongleren *hacer juegos malabares*
jongleur *malabarista* m
jongstleden *último*; *próximo pasado*; ⟨afkorting⟩ *ppdo.*
jonk *junco* m
jonker *hidalgo* m
jonkheer *hidalgo* m
jonkie • mens *cachorro* m• dier *cachorro* m
jonkvrouw *hidalga* v
Jood *judío* m
jood *judío* m
Joods *judío*
joods *judío*
Joost ▼ ~ mag het weten *sabe Dios*
Jordanië *Jordania* v
jota *jota* v▼ er geen jota van snappen *no entender ni jota*
jou ⟨meewerkend/lijdend voorwerp⟩ *te*; ⟨na voorzetsel⟩ *ti* ★ voor jou *para ti* ★ met jou *contigo* ★ als ik jou was *yo que tú; yo en tú*
joule *joule* m; *julio* m
journaal • nieuws ⟨in bioscoop⟩ *noticiario* m; ⟨op televisie⟩ *telediario* m• dagboek *diario* m
journalist *periodista* m/v
journalistiek *periodismo* m
jouw *tu*; *tus* ★ de jouwe *el tuyo*
jouwen *gritar*; *abuchear*
jouzelf ▼ →**jezelf**
joviaal *jovial*
jovialiteit *jovialidad* v
joyriden *conducir sin permiso del dueño del coche*
joystick *palanca* v *de control*; *joystick* m
jubelen *exultar*
jubelstemming *ambiente* m *de júbilo*; *humor* m *excelente*
jubeltenen *dedos* m mv *de los pies hacia arriba*
jubilaris *homenajeado* m
jubileren *celebrar una fiesta conmemorativa*
jubileum *homenaje* m; *aniversario* m ★ honderdjarig~ *centenario* m
juchtleer *piel* v *de Rusia*
judas *judas* m
judaskus *beso* m *de Judas*
judaspenning *hierba* v *de la plata*
judassen *atormentar*; *hostigar*
judasstreek *jugarreta* v; *traición* v
judo *judo* m
judoën *practicar judo*
judoka *judoka* m
juf *maestra* v
juffrouw • ongehuwde vrouw *señorita* v • onderwijzeres *maestra* v
jugendstil *art* m *nouveau*
juichen *dar gritos de alegría*; *vitorear*
juist I BNW • correct *preciso*; *correcto*; ⟨gunstig⟩ *oportuno* ★ op het~e ogenblik *en el momento oportuno* ★ op de~e wijze *debidamente* • waar *exacto*; *preciso*; *correcto* ★ de~e datum *la fecha exacta* ★ het~e bedrag *la cantidad correcta* • precies *preciso*; *justo* • geschikt *preciso*; *correcto*; *justo* ★ de~e man op de~e plaats *el hombre preciso en el lugar justo* • billijk *justo* **II** BIJW • correct *debidamente*; *correctamente* ★ ~ handelen *actuar correctamente* • precies *precisamente*; *justamente* ★ hij wilde~ weggaan *precisamente quería marcharse* ★ ~ daarom! *¡por eso mismo!; ¡justamente por eso!*
juistheid *exactitud* v
juk *yugo* m▼ onder het juk van de dictatuur *bajo el yugo de la dictadura*▼ het juk afwerpen *romper el yugo*
jukbeen *pómulo* m★ uitstekende~deren *pómulos pronunciados*
jukebox *máquina* v *de discos*
juli *julio* m
jullie I PERS VNW ⟨als onderwerp⟩ *vosotros* mv [v mv: *vosotras*] ⟨als meewerkend/lijdend voorwerp⟩ *os* **II** BEZ VNW *vuestro* [m mv: *vuestros*] [v: *vuestra*] [v mv: *vuestras*]
jumbojet *jumbo* m
jungle *jungla* v; *selva* v★ de wet van de~ *la ley de la selva*
juni *junio* m
junior I ZN [de] *júnior* m **II** BNW *júnior*; *hijo* ★ de heer García~ *el señor García hijo*
junk , **junkie** *yonqui* m/v
junkbond *bonos* m mv *basura*
junkfood *comida* v *basura*
junkmail *correo* m *basura*; *spam* m
junta *junta* v
jureren *ser miembro del jurado*
juridisch *jurídico* ★ de~e faculteit *la facultad de derecho*
jurisdictie *jurisdicción* v
jurisprudentie *jurisprudencia* v
jurist *jurista* v
jurk *vestido* m
jury • beoordelingscommissie *jurado* m• JUR. *jurado* m
jurylid *miembro* m *del jurado*
juryrapport *informe* m *del jurado*
jus • vleessaus *salsa* v• vruchtensap *jugo* m
jus d'orange *zumo* m *de naranja*
justitie • rechtswezen *justicia* v• rechterlijke macht *justicia* v
justitieel *judicial*
Jut ▼ Jut en Jul *una pareja extraña*
jute *yute* m
jutezak *saco* m *de yute*
jutten *raquear*
jutter *raquero* m
juweel • sieraad *joya* v; *alhaja* v • prachtexemplaar ★ zij is een~ van een vrouw *esa mujer es una joya*
juwelenkistje *joyero* m
juwelier • persoon *joyero* m• winkel *joyería* v
juxtapositie *yuxtaposición* v

K

k *k* v ★ de k van Karel *la k de kilo*
kaaiman *caimán* m; *aligátor* m
kaak *quijada* v; *mandíbula* v ▾ aan de kaak stellen *sacar a la vergüenza; denunciar*
kaakbeen *maxilar* m
kaakchirurg *cirujano* m *dentista*
kaakchirurgie *cirugía* v *dental*
kaakholte *cavidad* v *maxilar*
kaakje *galleta* v
kaakslag *bofetada* v
kaakstoot *golpe* m *en la mandíbula; bofetada* v
kaal • onbedekt *desnudo; descubierto;* ⟨zonder versiering⟩ *sin adornos* • zonder hoofdhaar *calvo; pelado;* ⟨kort afgeknipt⟩ *rapado* ★ een kale kruin *una calva* ★ kaal worden *pelarse; encalvecer* • zonder veren *sin plumas;* ⟨kaalgeplukt⟩ *desplumado* • zonder bladeren *deshojado* ★ de bomen worden kaal *los árboles están perdiendo las hojas* • zonder planten e.d. *calvo; raso* ★ een kale plek un *calvero; una calva* • afgesleten *calvo; raído; gastado* • armoedig *pelón; pobre; sobrio*
kaalheid • kaalhoofdigheid *calvicie* • onbedekt zijn FIG. *desnudez* v
kaalknippen *pelar al rape; rapar*
kaalkop *cabeza* v *calva*
kaalplukken *pelar*
kaalscheren *rapar; pelar; cortar al cero*
kaalslag *desmonte* m *total*
kaap *cabo* m
Kaapverdische eilanden *Islas* v mv *de Cabo Verde*
kaars *vela* v; *candela* v; *bujía* v
kaarslicht *luz* v *de vela*
kaarsrecht *derecho como una vela*
kaarsvet *cera* v; ⟨druipend⟩ *moco* m
kaart • stuk karton *tarjeta* v ★ de gele/rode~ krijgen *recibir la tarjeta amarilla/roja* • ansichtkaart *tarjeta* v *postal* • menukaart *carta* v • toegangsbewijs *entrada* v • speelkaart *naipe* m; *carta* v ★ een spel~ en *una baraja* ★ de~en schudden *barajar* • landkaart *mapa* m; SCHEEPV. *carta* v ★ in~ brengen *trazar el mapa de; levantar el plano de* • plattegrond *plano* m ▾ open~ spelen *mostrar* [ue] *las cartas; jugar* [ue] *a cartas vistas* ▾ alles op één~ zetten *jugar* [ue] *el todo por el todo; jugárselo todo a una carta* ▾ het is doorgestoken~ *ésas son habas contadas; eso es trama / componenda*
kaarten *jugar* [ue] *a los naipes*
kaartenbak *fichero* m
kaartenhuis *castillo* m *de naipes*
kaartje • plaatsbewijs *billete* m; *ticket* m ★ een ~ kopen *comprar un billete* ★ ~ enkele reis *billete* m *de ida* • toegangsbewijs *entrada* v; *billete* m; *ticket* m ★ ~s kopen *sacar entradas* • visitekaartje *tarjeta* v
kaartlezen *interpretar el mapa*
kaartspel • spel met speelkaarten *juego* m *de naipes* • stel speelkaarten *baraja* v
kaartsysteem *fichero* m

kaartverkoop *venta* v *de billetes / de localidades*
kaas *queso* m ★ geraspte kaas *queso rallado* ★ oude kaas *queso seco* ★ Edammer kaas *queso de bola* ★ Goudse kaas *queso de Gouda* ★ jonge kaas *queso joven* ▾ zich de kaas van het brood laten eten *ser un bragazas*
kaasboer *quesero* m
kaasbroodje *bocadillo* m *de queso*
kaasfondue *fondue* v *de queso*
kaaskop ≈ *holandés* m *cuadrado*
kaasschaaf *cuchillo* m *para cortar el queso en lonchas*
kaassoufflé *soufflé* m *de queso*
kaasstolp *quesera* v
kaatsen ≈ *jugar* [ue] *a la pelota*
kabaal *alboroto* m; *ruido* m; *jaleo* m
kabbelen *murmurar*
kabel *cable* m; SCHEEPV. *cabo* m
kabelaansluiting • ⟨techn.⟩ *conexión* v *de cables* • *conexión* v *de televisión por cable*
kabelbaan *funicular* m
kabelexploitant *distribuidor* m *de la televisión por cable*
kabeljauw *bacalao* m
kabelkrant *noticias* v mv *por cable*
kabelnet • elektriciteitsnet *red* v *de cables* • kabeltelevisienet *red* v *de televisión por cable*
kabelslot *cable* m *antirrobo*
kabeltelevisie *televisión* v *por cable*
kabeltouw *cable* m; *maroma* v
kabinet • regering *gabinete* m • meubel ≈ *armario* m
kabinetsberaad *consejo* m *de ministros*
kabinetsbesluit *decisión* v *del consejo de ministros*
kabinetscrisis *crisis* v *ministerial; crisis* v *de gobierno*
kabinetsformateur *encargado* m *de formar un nuevo gobierno*
kabinetsformatie *formación* v *de gabinete*
kabinetswijziging *reajuste* m *ministerial*
kabinetszitting *sesión* v *del consejo de ministros*
kabouter *enano* m
kachel I ZN [de] *estufa* v ★ elektrische~ *estufa* v *eléctrica* II BNW INFORM. *ebrio; borracho*
kadaster *catastro* m; *registro* m *de la propiedad territorial*
kadastraal *catastral*
kadastreren *hacer el catastro de; catastrar*
kadaver *cadáver* m
kade *muelle* m
kader • lijst *cuadro* m; *marco* m • verband *marco* m ★ in het~ van *en el marco de* ★ buiten het~ vallen *no entrar en el marco* • stafpersoneel *cuadro* m
kadetje *panecillo* m
kadreren *encuadrar*
kaduuk *descompuesto; roto*
kaf *cascabillo* m ▾ het kaf van het koren scheiden *separar la cizaña del buen grano; separar el grano de la paja*
kaffer *cafre* m; *zafio* m
kafkaiaans, **kafkaësk** *kafkiano*
kaft *cubierta* v
kaftan *caftán* m
kaften *forrar*

kaftpapier *papel* m *de forrar*
kajak *kayak* m
kajuit *cámara* m/v
kak • poep *caca* v; *mierda* v • kapsones ★ kale kak *fanfarronada* v ★ veel kale kak hebben darse aires; tener [ie] *el don sin el din*
kakelbont *abigarrado*
kakelen • geluid (als) van kip maken *cacarear* • kwebbelen *parlar*; *charlar*
kakelvers *muy fresco*
kaken ★ haringen ~ *destripar arenques*
kaki *caqui* m; *kaki* m
kakken *cagar* ★ te ~ zetten *sacarle a uno los colores*; *poner colorado a uno*
kakkerlak *cucaracha* v
kakofonie *cacofonía* v
kalend *que se está quedando calvo*
kalender *calendario* m
kalenderjaar *año* m *civil*; *año* m *calendario*
kalf *ternero* m; *becerro* m ▼ als het kalf verdronken is, dempt men de put *al asno muerto la cebada al rabo*
kalfshaas *filete* m *de ternera*
kalfslapje *filete* m *de ternera*
kalfsleer *cuero* m *de becerro*
kalfsmedaillon *solomillo* m *de ternera*
kalfsoester *escalope* m *de ternera*
kalfsvlees *ternera* v
kaliber • diameter *calibre* m • formaat, aard *calibre* m ★ van groot ~ *de grueso calibre*
kalief *califa* m
kalium *potasa* v
kalk • steensoort *calcio* m • bouwmateriaal ★ gebluste kalk *cal muerta* ★ ongebluste kalk *cal viva* ★ gebrande kalk *cal calcinada*
kalkaanslag *costra* v *de cal*
kalkafzetting • proces *calcificación* v • resultaat v. proces *sedimento* m *carbonatado*
kalken • pleisteren *encalar* • schrijven *garabatear*; *escribir*
kalkhoudend *calizo*; *calcáreo*
kalkoen • *pavo* m • CUL. ★ gebraden ~ *pavo asado*
kalkrijk *rico en caliza*
kalksteen *piedra* v *caliza*
kalligrafie *caligrafía* v
kalm I BNW *tranquilo*; *sosegado*; *quieto* ★ blijf kalm! *¡quédate tranquilo!* ★ houd je kalm! *¡estate quieto!* II BIJW ★ kalmpjes aan ⟨geleidelijk⟩ *(con) calma/tranquilidad* ★ kalm aan! ⟨v. weer⟩ *abonanzar*
kalmeren I OV WW kalm maken *sosegar* [ie]; *calmar* II ON WW kalm worden *sosegarse* [ie]; *calmarse*; ⟨v. weer⟩ *abonanzar*
kalmeringsmiddel *calmante* m
kalmpjes *tranquilamente*; *con quietud*
kalmte *tranquilidad* v; *calma* v; *serenidad* v; *sosiego* m
kalven • een kalf werpen *parir* • afbrokkelen *desmoronarse*
kalverliefde *amores* m mv *infantiles*
kam • haarkam *peine* m • TECHN. radtand *diente* m • DIERK. lob *cresta* v • MUZ. brug *puente* m • bergkam *cresta* v ▼ over één kam scheren *medir* [i] *por el mismo rasero*
kameel *camello* m

kameleon *camaleón* m
kameleontisch *camaleónico*; *tornadizo*
Kamer *cámara* m/v ★ Eerste ~ *Senado* m; *Cámara* v *Alta* ★ Tweede ~ *Congreso* m; *Cámara* v *Baja*; *Cámara* v *de los Diputados* ▼ ~ van Koophandel *Cámara* v *de Comercio e Industria*
kamer • vertrek *cuarto* m; *habitación* v; ⟨slaapkamer⟩ *dormitorio* v; ⟨werkkamer⟩ *estudio* m; ⟨werkkamer⟩ *despacho* m; ⟨zitkamer⟩ *sala* v; ⟨zitkamer⟩ *salón* m; ⟨huurkamer⟩ *habitación* v; ⟨huurkamer⟩ *piso* m ★ donkere ~ *cámara* v *obscura* ★ op ~s wonen *vivir en habitaciones* • holte in vuurwapen *recámara* v • hartholte *cámara* m/v
kameraad *camarada* m/v; *compañero* m
kameraadschappelijk *fraternal*
kamerbewoner ≈ *persona* v *que vive en una habitación*
kamerbreed ★ ~ tapijt *moqueta* v *de pared a pared*
Kamerdebat *discusión* v *parlamentaria*
Kamerfractie *grupo* m *parlamentario*
kamergeleerde *teorizante* m/v
kamergenoot *compañero* m *de habitación*
kamerheer *chambelán* m; *gentilhombre* m *de cámara*
kamerjas *bata* v
kamerkoor *coro* m *de cámara*
Kamerlid *parlamentario* m; ⟨v. Eerste Kamer⟩ *senador* m; ⟨v. Tweede Kamer⟩ *diputado* m
Kamermeerderheid *mayoría* v *parlamentária*
kamermeisje *camarera* v
kamermuziek *música* v *de cámara*
Kameroen *Camerón* m; *Camerún* m
kamerorkest *orquesta* v *de cámara*
kamerplant *planta* v *de interior*
Kamerreces *vacaciones* v mv *parlamentarias*
kamerscherm *biombo* m; *mampara* v
kamertemperatuur *temperatura* v *ambiente*
kamerverhuur *alquiler* m *de habitaciones*
Kamerverkiezing *elección* v *legislativa*
Kamerzetel *escaño* m
Kamerzitting *sesión* v *parlamentaria*
kamfer *alcanfor* m
kamgaren • garen *estambre* m • stof *lana* v *cardada*
kamikaze *kamikaze* m
kamikazeactie *acción* v *kamikaze*
kamille *manzanilla* v
kamillethee *manzanilla* v
kammen *peinar* ★ zijn haar glad ~ *alisarse el pelo*
kamp I ZN [de] strijd *combate* m II ZN [het] • tijdelijk verblijf *campamento* m; *campo* m • partij *partido* m
kampbeul *verdugo* m *de campo de concentración*
kampeerartikelen *equipo* m *de camping*
kampeerauto *autocaravana* v
kampeerboerderij *granja* v *donde se puede acampar*
kampeerbus *furgona* v *para acampar*
kampeerder *acampador* m
kampeerterrein *terreno* m *para acampar*

kampement *campamento* m
kampen *luchar; pugnar; lidiar*
kamperen *hacer camping; acampar;* MIL. *vivaquear*
kamperfoelie *madreselva* v
kampioen *campeón* m
kampioenschap • wedstrijd *campeonato* m • titel *título* m *de campeón*
kampleiding *dirección* v *de un campo*
kampvuur *fogata* v; *fuego* m *de campamento*
kampwinkel *tienda* v *de camping*
kan *jarro* m; *jarra* v ▼ de zaak is in kannen en kruiken *el asunto queda definitivamente arreglado*
Kanaal *el Canal de la Mancha*
kanaal • gegraven water *canal* m; ⟨bevloeiingskanaal⟩ *acequia* v • frequentieband *canal* m; *vía* v; COMM. *cadena* v
Kanaaleilanden *Islas* v mv *del Canal de la Mancha*
Kanaaltunnel *túnel* m *del Canal de la Mancha*
kanaliseren *canalizar*
kanarie, kanariepiet *canario* m
kanariegeel *amarillo canario*
kandelaar *candelero* m; ⟨armkandelaar⟩ *candelabro* m
kandidaat *candidato* m; *aspirante* m/v ★ iem. ~ stellen *presentar la candidatura de u.p.* ★ zich ~ stellen voor *presentarse como candidato a*
kandidaats *licenciatura* v
kandidatenlijst *lista* v *de candidatos; candidatura* v
kandidatuur *candidatura* v
kandij *azúcar* m *cande*
kandijkoek *bizcocho* m *cuadrado con azúcar cande*
kaneel *canela* v
kaneelpijp *palo* m *de canela*
kangoeroe *canguro* m
kanis ▼ houd je ~! *ia callar el pico!*
kanjer • groot exemplaar ★ een ~ van een vis *un pez enorme* • uitblinker *as* m
kanker *cáncer* m
kankeraar *regañón* m
kankerbestrijding *campaña* v *contra el cáncer*
kankeren *refunfuñar; rezongar*
kankergezwel *tumor* m *canceroso*
kankerpatiënt *enfermo* m *de cáncer; canceroso* m
kankerverwekkend *cancerígeno*
kannibaal *caníbal* m/v; FORM. *antropófago* m
kannibalisme *canibalismo* m; FORM. *antropofagia* v
kano *canoa* v
kanoën *ir en canoa*
kanon *cañón* m ▼ zo dronken als een ~ *más borracho que una espita*
kanonnade *cañoneo* m
kanonnenvlees *carne* v *de cañón*
kanonschot *cañonazo* m; *disparo* m *de cañón*
kanonskogel *bala* v *de cañón*
kanovaarder *piragüista* m/v
kanovaren *ir en canoa*
kans • waarschijnlijkheid *probabilidad* v; *posibilidad* v ★ daar is niet veel kans op *no hay mucha posibilidad* ★ geen kans van slagen hebben *no tener ninguna probabilidad de éxito* ★ wisselende kansen *vicisitudes de la fortuna* ★ de kansen zijn gekeerd *se han vuelto las tornas* ★ er bestaat een grote kans dat *es muy probable que* [+ subj.] • risico, gok ⟨gevaar⟩ *riesgo* m; ⟨gevaar⟩ *peligro* m; ⟨geluk⟩ *suerte* v; ⟨geluk⟩ *fortuna* v ★ je loopt kans te verliezen *corres el riesgo de perder* ★ de kans lopen om *exponerse a; correr el riesgo* ★ de kans om te verdrinken *el peligro de ahogarse* ★ een kans wagen *probar* [ue] *fortuna* • gelegenheid *oportunidad* v; *ocasión* v ★ geen kans voorbij laten gaan om *no omitir ocasión para* ★ hij heeft kans gezien te ontsnappen *ha logrado escapar; ha conseguido escapar* ★ de kans waarnemen *aprovechar la ocasión* ★ de kans is verkeken *ya no es posible* ★ iem. de kans geven om *ofrecer la ocasión a alguien para; dar margen a u.p. para* ▼ zijn kans schoon zien *ver la oportunidad de; ver el campo libre*
kansarm *marginado*
kansel *púlpito* m
kanselarij *cancillería* v
kanselier *canciller* m
kanshebber *favorito* m
kansloos *sin posibilidad de ganar*
kansrekening *cálculo* m *de probabilidades*
kansrijk • met kans op succes *favorable* • met kans op maatschappelijk succes *afortunado*
kansspel *juego* m *de azar*
kant I ZN [de] • zijde *lado* m; *margen* m/v ★ goede kant *derecho* m ★ verkeerde kant *envés* m • rand ★ aan de kant van de weg *al borde de la carretera* ★ richting *dirección* v; *lado* m; *parte* v ★ de kant van Utrecht op *en dirección de Utrecht* • aspect *lado* m ★ deze kant van de zaak *este aspecto del asunto* ★ aan de ene kant ..., aan de andere (kant) ... *por un lado .... por otro lado ...* ★ alles van de aangename kant bekijken *verlo todo color de rosa* ★ een zaak van alle kanten bekijken *dar vueltas a un asunto* • groep, partij ★ van moeders kant *por parte de la madre* ★ aan iemands kant staan *estar de parte de u.p.* ★ ik van mijn kant *yo por mi parte* ▼ kant noch wal raken *no tener pies ni cabeza; ser absurdo* ▼ de kamer aan kant maken *arreglar la habitación* ▼ op het kantje *por los pelos* ▼ op het kantje af ontsnappen *salvarse por un pelo* ▼ zich van kant maken *quitarse la vida* ▼ de kantjes eraf lopen *haraganear* II ZN [het] weefsel *encaje* m
kanteel *almena* v
kantelen I OV WW *volcar* [ue] ★ niet ~! *ino volcar!* II ON WW *omvallen volcar* [ue]
kantelraam *ventana* v *abatible*
kanten I BNW *de encaje* II WKD WW [zich ~] tegen *oponerse a*
kant-en-klaar *listo; hecho y derecho*
kant-en-klaarmaaltijd ⟨v. restaurant⟩ *comida* v *para llevar;* ⟨v. supermarkt⟩ *plato* m *preparado*
kantine *cantina* v
kantlijn *margen* m/v
kanton *cantón* m

kantongerecht *juzgado m de cantón*
kantonrechter *juez m/v de cantón*
kantoor *oficina v; despacho m;* ⟨v. een advocaat⟩ *bufete m*
kantoorbaan *trabajo m de oficina*
kantoorbehoeften *útiles m mv de escritorio*
kantoorboekhandel *papelería v*
kantoorgebouw *edificio m de oficinas*
kantoorpand *inmueble m de oficinas*
kantoortijd *horas v mv de oficina*
kantoortuin *jardín m de la oficina*
kanttekening • *opmerking comentario m*
★ ~en plaatsen *hacer comentarios*
• aantekening *nota v marginal; glosa v*
kantwerk *labor v de encaje; encaje m*
kanunnik *canónigo m*
kap • het kappen *tala v* • bedekking, bovenstuk *cobertizo m;* ⟨v. kar⟩ *toldo m;* ⟨v. lamp⟩ *pantalla v;* ⟨v. schoorsteen⟩ *caballete m;* ⟨v. auto⟩ *capota v;* ⟨motorkap⟩ *capot m*
• hoofdbedekking *capucha v;* ⟨v. vrouw⟩ *cofia v;* ⟨v. non⟩ *toca v;* ⟨v. monnik⟩ *cogulla v*
kapel • gebedshuis *capilla v* • muziekkorps *banda v; charanga v* • vlinder *mariposa v diurna*
kapelaan *vicario m; capellán m*
kapelmeester *director m de orquesta*
kapen • overmeesteren *secuestrar* • gappen *mangar*
kaper • zeerover *pirata m/v* • ontvoerder ⟨v. vliegtuig⟩ *pirata m aéreo* ▾ er zijn~s op de kust *hay moros en la costa*
kaping *secuestro m*
kapitaal I ZN [de] hoofdletter *capital v; mayúscula v* **II** ZN [het] ECON. *capital m*
★ geplaatst~ *capital suscrito* ★ in~ omzetten *capitalizar* ★ niet over~ beschikken *no disponer de fondos* **III** BNW zeer groot *enorme*
★ een~ huis *una casa enorme* ★ kapitale fout *error m vital*
kapitaalgoederen *bienes m mv de equipo*
kapitaalkrachtig *acaudalado*
kapitaalmarkt *mercado m de capitales*
kapitaalvlucht *fuga/evasión v de capital*
kapitalisme *capitalismo m*
kapitalist *capitalista m/v*
kapitalistisch *capitalista*
kapiteel *capitel m*
kapitein *capitán m*
kapitein-ter-zee *capitán m de marina*
kapittel • hoofdstuk *capítulo m* • vergadering *capítulo m; cabildo m*
kapittelen *cantarle la cartilla a una persona; reprender a una persona*
kapje • hoofddeksel *caperucita v;* ⟨v. verpleegster⟩ *cofia v* • uiteinde van brood *canto m*
kaplaars *bota v alta con vuelta*
kapmeeuw *gaviota v reidora*
kapmes *machete m*
kapok *capoc m*
kapot • stuk *quebrado; roto; destrozado;* FIG. *arruinado* ★ een~te schoen *un zapato roto*
• doodmoe *rendido* • ontzet *deshecho*
• verrukt *encantado*
kapotgaan • breken *romperse; estropearse* • FIG. sterven ★ ergens aan~ *irse al carajo por algo*
★ ~ van de dorst *morirse* [ue, u] *de sed*
kapotgooien *hacer pedazos*
kapotje *goma v (francesa)*
kapotlachen [zich ~] *desternillarse de risa*
kapotmaken *quebrar* [ie]; *romper; hacer pedazos de*
kapotslaan *romper a golpes; hacer pedazos de;* ⟨doodmaken⟩ *matar (a golpes)*
kappen I OV WW • hakken *cortar;* ⟨v. bomen⟩ *talar;* ⟨v. vlees⟩ *trinchar* • haar opmaken *peinar* **II** ON WW • **met** ophouden *cortar con*
kapper ⟨zaak⟩ *peluquería v;* ⟨persoon⟩ *peluquero m*
kappertje *alcaparra v*
kapsalon *peluquería v*
kapseizen *zozobrar*
kapsel *peinado m; tocado m*
kapsones ★ ~ hebben *darse tono/aires*
kapstok *perchero m*
kapucijner • monnik *capuchino m* • erwt *garbanzo m*
kar *carro m; carreta v*
karaat *quilate m*
karabijn *carabina v*
karaf *garrafa v*
karakter • aard *carácter m; índole v; estilo m; personalidad v* • letterteken *carácter m*
karakteriseren *caracterizar*
karakteristiek *característico*
karakterloos *sin carácter*
karakterrol *papel m característico*
karaktertrek *rasgo m característico*
karaktervast *de carácter fuerte*
karamel *caramelo m*
karameliseren *acaramelar*
karaoke *karaoke m*
karate *kárate m*
karavaan *caravana v*
karbonade *chuleta v*
kardinaal I ZN [de] *cardenal m; purpurado m* **II** BNW *cardinal*
karig • niet talrijk *escaso; pobre* • sober *pobre; parco;* ⟨v. eten⟩ *frugal* • een~ maal *una comida frugal* ★ een~ loon *un sueldo escaso*
• zuinig *mezquino; parco; avaro* ★ ~ zijn met *ser avaro en* ★ ~ met woorden *parco en palabras*
karikaturaal *caricaturesco*
karikaturiseren *caricaturizar*
karikatuur *caricatura v*
karkas • ANAT. geraamte *esqueleto m* • FIG. gestel *armazón m*
karma *karma m*
karmijn *carmín m*
karnemelk *suero m de manteca*
karnen *batir la leche; hacer mantequilla*
karos *carroza v*
Karpaten *los Cárpatos m mv*
karper *carpa v*
karpet *alfombra v*
karren • rijden FORM. *conducir* • fietsen FORM. *pedalear*
karrenvracht *carretada v*
kartel *muesca v*
kartel *cártel m; sindicato m*

kartelen *hacer muescas (en); escoplear*
kartelrand *borde* m *mellado*
kartelvorming *formación* v *de cártel*
karton *cartón* m ★ ~nen doos *caja* v *de cartón* ★ gegolfd~ *cartón ondulado*
kartonnen *de cartón*
karwats *látigo* m
karwei *faena* v; *tarea* v; *chapuz* m ★ dat is een heel~ *es mucho trabajo*
karwij *alcaravea* v
kas • broeikas *invernadero* m • holte ⟨v. oog⟩ *cuenca* v; ⟨v. tand⟩ *alvéolo* m
 • geld(bergplaats) ★ het totale bedrag in kas *dinero en caja; efectivo en caja* ★ de kas beheren *llevar la caja* ★ de kas opmaken *arquear la caja; hacer el arqueo de caja* ▾ goed bij kas zijn *andar bien de fondos* ▾ krap bij kas zitten *estar apurado de medios*
kasboek *libro* m *de caja*
kascheque *cheque* m *del giro postal*
kasgeld *efectivo* m *en caja*
kashba *alcazaba* v
kaskraker *éxito* m *de taquilla*
Kaspische Zee *Mar* m *Caspio*
kasplant *planta* v *de estufa*
kassa *caja* v
kassabon *tíquet* m
kassaldo *saldo* m *de caja*
kassier *cajero* m
kassucces *éxito* m *de taquilla*
kast • meubel *armario* m • omgebouwd omhulsel *caja* v • groot bouwsel ★ een kast van een huis een *caserón* m • →**kastje**
kastanje • vrucht *castaña* v ★ tamme~ *castaño cultivado* • boom *castaño* m
kastanjebruin *castaño; de color de castaño*
kaste *casta* v
kasteel *castillo* m
kastekort *déficit* m *de caja*
kastelein *ventero* m; *mesonero* m; ⟨caféhouder⟩ *dueño* m *de un bar*
kastijden *castigar*
kastje *armarito* m ▾ iem. van het~ naar de muur sturen *mandar a alguien de la Ceca a la Meca* ▾ van het~ naar de muur gestuurd worden *andar de la Ceca a la Meca*
kat • huisdier *gato* m ★ cyperse kat *gato* m *atigrado* ★ weg kat! *¡zape!* • snibbige vrouw *raspa* v • bitse opmerking *sofión* m; *bufido* m
 ▾ de kat de bel aanbinden *llevar el gato al agua* ▾ de kat uit de boom kijken *verlas venir* ▾ de kat in het donker knijpen *tirar la piedra y esconder la mano; hacer u.c. a hurtadillas* ▾ als een kat in een vreemd pakhuis *como gallina en corral ajeno* ▾ de kat op het spek binden *encomendar* [ie] *las ovejas al lobo* ▾ een kat in de zak kopen *comprar gato por liebre* ▾ als kat en hond leven *llevarse como perros y gatos* ▾ maak dat de kat wijs! *¡no me vengas con cuentos!* ▾ als de kat van huis is, dansen de muizen op tafel *cuando el gato no está, los ratones bailan* ▾ de gelaarsde kat *el gato con botas*
katachtig *felino; gateado*
katalysator *catalizador* m
katapult • kinderschiettuig *tiragomas* m;
tirachinas m • belegeringswapen *catapulta* v
katenspek *tocino* m *hervido y ahumado*
kater • mannetjeskat *gato* m; *minino* m
 • gevolg van drankgebruik *resaca* v ★ zijn~ uitslapen *dormir* [ue, u] *la mona*
 • teleurstelling *decepción* v; *ilusión* v
katern *cuaderno* m
katheder *cátedra* v
kathedraal I ZN [de] *catedral* v II BNW *catedral* ★ kathedrale kerk *iglesia* v *catedral*
katheter *catéter* m
kathode *cátodo* m
katholicisme *catolicismo* m
katholiek I ZN [de] *católico* m II BNW *católico*
katje • jonge kat *gatito* m • bloeiwijze *amento* m ▾ zij is geen~ om zonder handschoenen aan te pakken *es una mujer de armas tomar; hay que tratarla con guante de seda*
katoen *algodón* m ★ ruwe~ *algodón en rama*
katoenen *de algodón*
katrol *polea* v; *garrucha* v
kattebelletje *esquela* v
katten *hablar sarcásticamente* ★ gaan we~? *¿vamos a lanzar puyas?*
kattenbak • bak voor de kat *cubeta* v *de aseo del gato* • ruimte in auto *trasera* v *del coche*
kattenkop *raspa* v
kattenkwaad *travesura* v; *diablura* v ★ ~ uithalen *hacer diabluras*
kattenoog • oog van kat *ojo* m *de gato*
 • lichtreflector *clavo* m *reflectante* • siersteen *ojo* m *de gato*
kattenpis ▾ dat is geen~ *no es moco de pavo*
katterig • een kater hebbend *con resaca*
 • beroerd *pachucho*
kattig *desabrido*
katzwijm *soponcio* m ★ in~ liggen *estar desmayado* ★ in~ vallen *desmayarse*
kauw *grajilla* v
kauwen op *mascar; masticar*
kauwgom *goma* v *de mascar; chicle* m
kauwgombal *bola* v *de chicle*
kavel *lote* m
kavelen *hacer lotes; parcelar*
kaviaar *caviar* m
Kazachstan *Kazajstán* m
kazerne *cuartel* m
kazuifel *casulla* v; *planeta* v
kebab *pincho* m *moruno*
keel *garganta* v; *gorja* v ★ ik heb het in mijn keel *me duele la garganta* ★ zijn keel schrapen *carraspear* ▾ iem. de keel afsnijden *cortarle el cuello a u.p.* ▾ het hangt me de keel uit *estoy hasta la coronilla; estoy harto* ▾ een keel opzetten *berrear* ▾ het mes op de keel zetten *poner entre la espada y la pared*
keel-, neus- en oorarts *otorrinolaringólogo* m; INFORM. *otorrino* m/v
keelgat *garganta* v ▾ in het verkeerde~ schieten *sentar* [ie] *como un tiro; caer mal*
keelholte *faringe* v
keelklank *sonido* m *gutural; sonido* m *velar*
keelontsteking *inflamación* v *de garganta*
keelpastille *pastilla* v *para la garganta*
keelpijn *dolor* m *de garganta*
keep *incisión* v; *cortadura* v

keepen *jugar de portero / de guardameta*
keeper *guardameta* m; *portero* m
keer • *maal vez* v ★ keer op keer *repetidas veces*; *cada vez* ★ in één keer *de una vez* ★ op een keer *un día* ★ een enkele keer *alguna vez* ★ de eerste keer *la primera vez* ★ de laatste keer *la última vez* • wending *giro* m ★ een keer nemen *cambiar; tomar un giro*
keerkring *trópico* m
keerpunt *momento* m *crítico*
keerzijde • LETT. achterkant *revés* m; *reverso* m; *dorso* m ★ zoals op de ~ aangegeven *como indicado a la vuelta* • FIG. onaangename zijde *reverso* m
keeshond *lulú* m; *perro* m *de Pomerania*
keet • schuurtje *barraca* v • chaos *jaleo* m; *holgorio* m ★ keet schoppen *armar jaleo*
keffen *ladrar* ★ het ~ *ladrido* m
kegel • voorwerp *cono* m • WISK. *cono* m • figuur in kegelspel *bolo* m
kegelbaan *bolera* v
kegelen *jugar* [ue] *a los bolos*
kei • steen *canto* m *(rodado)*; *guijarro* m; ⟨straatsteen⟩ *adoquín* m • uitblinker *as* m ★ een kei zijn *ser un hacha* ▼ iem. op de keien zetten *plantar a* ; *echar a la calle*
keihard I BNW • hard *duro como el mármol*; *durísimo* • meedogenloos *duro* II BIJW • luid *fuerte*; *a voces* ★ ~ praten *dar fuertes voces* • snel *a toda velocidad*; *a tope*
keilbout *perno* m
keilen • gooien met steentjes *rebotar* • smijten *echar; tirar*
keizer *emperador* m
keizerlijk *imperial*
keizerrijk *imperio* m
keizersnede *operación* v *cesárea*
kelder *cueva* v; *sótano* m; ⟨grafkelder⟩ *cripta* v; ⟨wijnkelder⟩ *bodega* v ▼ naar de ~ gaan *irse a pique; arruinarse*
kelderen I OV WW doen zinken *hundir* II ON WW • vergaan *hundirse; irse a pique* • in waarde dalen *hundirse* ★ de prijzen zijn gekelderd *los precios se derrumbaron*
keldertrap *escalera* v *del sótano*
kelen *degollar* [ue]; INFORM. *cortar el pescuezo*
kelk • beker ⟨voor mis⟩ *cáliz* m; ⟨voor maaltijd⟩ *copa* v • PLANTK. *cáliz* m
kelner *camarero* m; *mozo* m
Kelt *celta* m/v
Keltisch I ZN [het] taal *celta* m/v II BNW m.b.t. de Kelten *celta; céltico*
kemphaan • vogel *combatiente* m/v • ruziezoeker *camorrista* m/v
kenau *marimacho* m; *sargenta* v
kenbaar • te herkennen *conocible* • bekend *conocido* ★ ~ maken *hacer saber; dar a conocer*
kengetal *prefijo* m
Kenia *Kenia* v; *Kenya* v
kenmerk *característica* v; *rasgo* m
kenmerken *caracterizar*
kenmerkend *característico*
kennel • hondenfokkerij *criadero* m *de perros* • hondenloophok *perrera* v
kennelijk I BNW *evidente; obvio* ★ met de ~e bedoeling *con la intención evidente* ▼ in ~e staat *en notorio estado de embriaguez* II BIJW *evidentemente*; *por lo visto* ★ het is ~ zijn bedoeling om *evidentemente su intención es de*
kennen • vertrouwd zijn met *conocer* ★ ja, dat ken ik! *¡entiendo!*; *¡esto ya lo sé!* ★ leren ~ *conocer* ★ elkaar leren ~ *llegar a conocerse* ★ het verheugt me u te leren ~ *tengo mucho gusto en conocerle* ★ ken jezelf! *¡conócete a ti mismo!* ★ iets niet ~ *desconocer u.c.* ★ iem. niet meer willen ~ *negar a u.p.* ★ zich doen ~ als *acreditarse de* ★ iem. van nabij ~ *conocer a fondo a u.p.* ★ ik ken niemand die het boek bezit *no sé de nadie que posea el libro*; *no conozco a nadie que tenga el libro* ★ zich niet laten ~ *no enseñar la oreja* ★ iem. oppervlakkig ~ *conocer a alguien de vista* • weten, beheersen *saber* ★ zijn les ~ *saber su lección* ★ zijn Nederlands ~ *saber su holandés* • herkennen *conocer; reconocer* ★ men kent hem niet terug *no se le conoce* ★ ik ken mezelf niet meer *no me reconozco a mí mismo* ★ iets niet hebben *conocer*; *saber* ★ geen vrees ~ *no saber lo que es el miedo*; *no conocer el miedo* ★ betere dagen gekend hebben *haber conocido mejores tiempos* ★ ~ in *informar* ★ iem. in iets ~ *informar a u.p. de u.c.* ★ zonder mij erin te ~ *sin consultarme* ▼ te ~ geven *dar a conocer/entender; expresar; manifestar*
kenner *conocedor* m; *perito* m
kennersblik *mirada* v *de conocedor*
kennis • bewustzijn *conocimiento* m ★ bij ~ komen *recobrar el conocimiento; volver* [ue] *en sí* ★ buiten ~ *sin conocimiento* ★ buiten ~ raken *perder* [ie] *el conocimiento* ★ buiten ~ zijn *estar sin conocimiento* • het weten *ciencia* v; *saber* m; *conocimiento* m ★ de menselijke ~ *el saber humano* ★ zijn veelomvattende ~ *su amplio saber*; *sus profundos conocimientos de la materia* ★ ~ van zaken *conocimiento* m • bekendheid met *conocimiento* m ★ ~ hebben aan een meisje *tener novia* ★ ~ geven van *anunciar*; *informar*; *comunicar* ★ ter ~ brengen *hacer saber; dar a conocer; participar; dar parte de* ★ ~ nemen van *ponerse al corriente de*; *enterarse de* ★ iem. in ~ stellen van *poner u.p. al corriente de; hacer saber a u.p. que* ★ buiten onze ~ *sin nuestro conocimiento* ★ met ~ van zaken *con conocimiento de causa* • bekende *conocido* m ★ hij is een goede ~ van me *es un buen conocido mío* ★ een ~ van mij *un conocido mío*
kenniseconomie *economía* v *del conocimiento*
kennisgeven ⟨officieel⟩ *notificar; avisar; circular*
kennisgeving *aviso* m; *comunicación* v; ⟨v. overlijden⟩ *esquela* v ★ iets voor ~ aannemen *enterarse de u.c. sin prestarle atención* ★ tot nadere ~ *hasta nuevo aviso; hasta nueva orden*
kennismaken *conocer a* ★ hebt u al met hem kennisgemaakt? *¿ya le conoce?* ★ ~ met de wetenschap *iniciar en la ciencia* ★ aangenaam kennis te maken! *¡encantado de conocerle!*
kennismaking *presentación* v

kennisneming *examen* m; *conocimiento* m ★ ter ~ *para su conocimiento*
kennisoverdracht *transmisión* v *de conocimientos*
kennissenkring *círculo* m *de amistades*
kenschetsen *caracterizar*
kenteken • kenmerk *distintivo* m • registratienummer *matrícula* v
kentekenbewijs (in Nederland) *certificado* m *de matrícula*; (in Spanje) *permiso* m *de circulación*
kentekenplaat *placa* v *de matrícula*; *matrícula* v
kenteren • GEO. draaien *cambiar* • kapseizen *volcar* [ue]
kentering *cambio* m
keper *sarga* v ▼ op de ~ beschouwd *bien mirado*
kepie *quepis* m
keppeltje *kipa* v
keramiek *cerámica* v
kerel *tío* m; *hombre* m ★ INFORM. arme ~ *pobre diablo*
keren I OV WW omdraaien *volver* [ue]; *dar vuelta* ★ per ~de post *a vuelta de correo* ★ u mag hier niet ~ *prohibido cambiar de sentido* ★ verboden te ~ *prohibido cambiar de sentido* ★ iets ondersteboven ~ *darle la vuelta a u.c.* II ON WW • omslaan, veranderen *cambiar* • omkeren *girar*; *cambiar* ▼ in zichzelf gekeerd *ensimismado* III WKD WW [zich ~]
• ~ **tot** *volverse* [ue] *hacia*; *dirigirse a*
• ~ **tegen** *oponerse a* ▼ zich ten goede ~ *tomar buen cariz*
kerf *escopleadura* v; *muesca* v
kerfstok *tarja* v ▼ hij heeft veel op zijn ~ *no tiene limpia la conciencia*
kerk • gebouw *iglesia* v ▼ naar de kerk gaan *ir a misa* • eredienst *culto* m *divino*; *servicio* m *divino*
kerkboek *devocionario* m
kerkdienst *culto* m *divino*
kerkelijk *eclesiástico*; *religioso*
kerkenraad *consistorio* m
kerker *calabozo* m; *cárcel* v
kerkganger *feligrés* m [v: *feligresa*]
kerkgenootschap *comunidad* v *religiosa*
kerkhof *cementerio* m; *camposanto* m
kerkklok • uurwerk *reloj* m *de la iglesia* • luiklok *campana* v
kerkkoor *coro* m
kerkmuziek *música* v *sacra*
kerkorgel *órgano* m *de iglesia*
kerkprovincie *provincia* v *eclesiástica*
kerkrat ▼ zo arm als een ~ zijn *ser más pobre que una rata*
kerkrecht *derecho* m *canónico*
kerks *devoto*
kerktoren *torre* v *de la iglesia*
kerkuil *lechuza* v *común*; *mochuelo* m
kerkvader *padre* m *de la Iglesia*
kermen *gemir* [i]; *quejarse*; *lamentarse*
kermis *feria* v; *verbena* v ▼ van een koude ~ thuiskomen *llevarse un chasco*
kermisattractie *atracción* v *de feria*
kermisvolk *feriantes* m mv
kern • binnenste *núcleo* m; (v. stad) *núcleo* m *de población* • essentie *meollo* m; *núcleo* m ★ tot de kern van de zaak doordringen *llegar al fondo del asunto*
kernachtig *conciso*; *aforístico*
kernafval *residuos* m mv *radiactivos*
kernbewapening *armamento* m *nuclear*
kernbom *bomba* v *atómica*
kerncentrale *central* v *nuclear*
kernenergie *energía* v *nuclear*
kernfusie *fusión* v *nuclear*
kernfysica *física* v *nuclear*
kerngezond *lleno de salud*
kernkop *ojiva* v *nuclear*; *cabeza* v *atómica*
kernmacht *potencia* v *nuclear*
kernoorlog *guerra* v *nuclear*
kernploeg *equipo* m *seleccionado*
kernproef *prueba* v *nuclear*
kernpunt *punto* m *principal/esencial*
kernraket *cohete* m *nuclear*
kernreactor *reactor* m *nuclear*
kernwapen *arma* v *nuclear*
kerosine *queroseno* m; *kerosén* m
kerrie *curry* m
kerriepoeder *curry* m *en polvo*
kers • vrucht *cereza* v • boom *cerezo* m ★ Oost-Indische kers *capuchina* v
kersenbonbon *bombón* m *de cereza*
kersenboom *cerezo* m
kersenhout *madera* v *de cerezo*
kersenjam *mermelada* v *de cereza*
kerst *Navidad* v ★ met de ~ *en Navidad* ★ een witte ~ *una Navidad blanca*
kerstavond *Nochebuena* v
kerstboom *árbol* m *de Navidad*
kerstdag *día* m *de Navidad* ★ ~en *Navidades* v mv
kerstdiner *cena* v *de Navidad*
kerstenen *cristianizar*; *cristianar*
kerstfeest *fiesta* v *de Navidad* ★ gelukkig ~! *¡feliz Navidad!*
kerstgratificatie *gratificación* v *navideña*
kerstkaart *tarjeta* v *de Navidad*
Kerstkind *niño* m *Jesús*
kerstkind *niño* m *nacido en Navidad*
kerstkransje *rollo* m *de Navidad*; OMSCHR. *galleta* v *típica de Navidad*
kerstlied *villancico* m
Kerstman *Papá* m *Noel*
Kerstmis *Navidad* v ★ zalig ~ *feliz Navidad*; *felices Pascuas de Navidad* ★ tegen ~ *para Navidad* ★ met ~ *por Navidad*
kerstnacht *Nochebuena* v
kerstpakket *paquete* m *de Navidad*
kerststroos *eléboro* m
kerststal *pesebre* m; *belén* m; *portal* m *de Belén*
kerstster • kerstversiering *estrella* v *de Navidad* • plant *flor* v *de Pascua*
kerststol *pan* m *de Navidad*
kerststukje *adorno* m *de Navidad*
kerstvakantie *vacaciones* v mv *de Navidad*
kersvers • zeer vers *muy fresco* • pas aan-/uitgekomen *fresco*; *reciente* ★ ~ nieuws *noticia* v *fresca*
kervel *cerafolio* m; *perifollo* m
kerven *entallar*; *grabar*
ketchup *ketchup* m; *salsa* v *de tomate*; *catsup* m

ketel • kookketel *hervidor* m; *perol* m; ⟨koffieketel⟩ *cafetera* v• stoomketel *caldera* v
ketelsteen *sarro* m
keten I ZN [de]• zware ketting *cadena* v★ ~en [mv] *esposas* v mv; *hierros* m mv• reeks *cadena* v**II** ON WW *armar jaleo*
ketenen • met ketens vastmaken *encadenar*; *aherrojar*• aan banden leggen *encadenar*; *restringir*
ketjap *salsa* v *de soja*
ketsen • afschampen *rebotar*• niet afgaan *fallar*
ketter *hereje* m/v▼ vloeken als een~ *jurar como un carretero*
ketteren *vociferar*; *renegar* [ie]; *echar venablos*
ketterij *herejía* v
ketters *herético*; *heterodoxo*
ketting *cadena* v; ⟨halsketting⟩ *collar* m★ aan de~ leggen *atar*; *embargar*
kettingbotsing *colisión* v *en cadena*
kettingbrief *cadena* v *de la buena suerte*
kettingkast *cubrecadena* m
kettingreactie SCHEIK. *reacción* v *en cadena*
kettingroker *fumador* m *empedernido*
kettingslot *cadena* v *de seguridad*; ⟨voor fiets⟩ *cadena* v *con candado*
kettingsteek *punto* m *de cadeneta*
kettingzaag *sierra* v *de cadena*
keu • biljartstok *taco* m• big *lechón* m
keuken *cocina* v★ open~ *cocina* v *americana*
keukenblok *cocina* v
keukengerei *utensilios* m mv *de cocina*; *batería* v *de cocina*
keukenkastje *armario* m *de cocina*
keukenmachine *procesadora* v *de alimentos*
keukenmeid *criada* v *de cocina*
keukenmeidenroman *novela* v *rosa*
keukenpapier *papel* m *de cocina*
keukenprinses *cocinera* v
keukenrol *rollo* m *de papel de cocina*
keukenzout *sal* v *común*; *sal* v *de cocina*
Keulen *Colonia* v▼ ~ en Aken zijn niet op één dag gebouwd *no se ganó Zamora en una hora* ▼ staan te kijken, of men het in~ hoort donderen *estar mudo de asombro*
keur • keuze *selección* v; *surtido* m★ een keur van gerechten *un selecto surtido de platos* • waarmerk *contraste* m
keuren *examinar*; *probar* [ue]; MED. *reconocer*; ⟨v. boeken⟩ *censurar*; ⟨v. goud/edelstenen⟩ *aquilatar*▼ iem. geen blik waardig~ *no dignarse mirar a u.p.*
keurig I BNW correct *correcto*; *decente*; ⟨verzorgd⟩ *impecable*; ⟨verzorgd⟩ *pulcro*★ ~ in zijn optreden *limpio en su porte***II** BIJW *impecablemente*; *correctamente*; *decentemente*; como Dios manda★ hij schrijft~ *netjes escribe impecablemente*★ altijd~ op tijd komen *siempre llegar puntual*
keuring *examen* m; MED. *reconocimiento* m *médico*; ⟨v. goud/edelstenen⟩ *aquilatamiento* m
keuringsarts *médico* m *encargado de efectuar reconocimientos médicos*
keuringsdienst ★ ~ van waren *servicio* m *de inspección alimenticia*

keurkorps *cuerpo* m *escogido*
keurmeester *inspector* m
keurmerk *marca* v *(selecta)*
keurslijf *corpiño* m★ in een~ dwingen *coaccionar*
keurstempel *sello* m *(de inspección)*
keurtroepen *tropas* v mv *escogidas*
keus • het kiezen *elección* v★ een keus doen *elegir* [i]; *optar por*• mogelijkheid tot kiezen *elección* v★ de keus hebben *poder elegir* ★ naar keuze *a elección*• wat gekozen is *selección* v; *surtido* m★ zijn keus laten vallen op *elegir*; [i] *escoger*
keutel *cagarruta* v; ⟨v. geit of schaap⟩ *sirle* m
keuterboer *campesino* m *modesto*
keuvelen *charlar*
keuze • →keus
keuzemenu *menú* m *de elección*
keuzemogelijkheid *posibilidad* v *de elegir*
keuzepakket *selección* v *de materias optativas*
keuzevak *asignatura* v *facultativa*
kever • insect *escarabajo* m; *coleóptero* m• auto *escarabajo* m
keyboard • COMP. *teclado* m *(electrónico)*• MUZ. *teclado* m
kg *kg* m; *kilogramo* m
kibbelen *reñir* [i]; *disputar*; *altercar*
kibbeling *trozos* m mv *de pescado fritos*
kibboets *kibutz* m [mv: *kibutzim*]
kick *excitación* v★ ergens een kick van krijgen *entusiasmarse por algo*
kickboksen *practicar kick boxing*
kidnappen *secuestrar*; *raptar*
kidnapper *secuestrador* m; *raptor* m
kidnapping *secuestro* m; *rapto* m
kiekeboe *¡cucú!*★ ~ spelen *jugar* [ue] *al escondite*
kiekendief *aguilucho* m
kiekje *foto* v
kiel • SCHEEPV. *quilla* v• kledingstuk *blusa* v
kielekiele ▼ het was~ *fue por un pelo*
kielhalen *pasar por debajo de la quilla*
kielzog *estela* v▼ in het~ varen van *seguir* [i] *las huellas de*; *seguir* [i] *los pasos de*
kiem • eerste begin van organisme *germen* m • spruit van zaad *brote* m• ziektekiem *germen* m▼ iets in de kiem smoren *sofocar u.c. en su origen*
kiemen • ontspruiten *brotar*• FIG. beginnen te groeien *germinar*
kien *espabilado*; *despierto*
kiep ★ vliegende kiep *guardameta/portero* m *volante*
kiepauto *volquete* m
kiepen I OV WW neergooien *volcar* [ue]★ iets op de grond~ *volcar u.c. en el suelo***II** ON WW vallen *volcarse* [ue]★ van tafel~ *caer de la mesa*
kieperen *volcarse* [ue]; *caerse*
kier *resquicio* m★ de deur staat op een kier *la puerta está entreabierta*★ de deur op een kier zetten *entornar la puerta*; *dejar la puerta a medio abrir*
kierewiet *tocado*; *loco*
kies I ZN [de] *muela* v**II** BNW• fijngevoelig *delicado*; *discreto*• kieskeurig *delicado*; *difícil*

de contentar
kiesdeler *cociente* m *electoral*
kiesdistrict *distrito* m *electoral*
kiesdrempel *umbral* m *electoral*
kieskauwen *comer con desgana*
kieskeurig *exigente*; *delicado* ★ niet ~ zijn *no exigir mucho*
kieskring *distrito* m *electoral*
kiespijn *dolor* m *de muelas* ▼ iem. kunnen missen als ~ *hacer tanta falta a alguien como los perros en misa*
kiesrecht *voto* m; *sufragio* m
kiesschijf *disco* m
kiestoon *señal* v *de marcar*
kietelen *cosquillear*; *hacer cosquillas*
kieuw *branquia* v; *agalla* v
Kiev *Kiev* m
kieviet *ave* v *fría*; *frailecillo* m
kiezel I ZN [de] steen *guijarro* m; *guija* v ‖ ZN [het] ● grind *cascajo* m ● silicium *silicio* m
kiezelpad *camino* m *de grava*
kiezelsteen *guijarro* m; *guija* v
kiezelstrand *playa* v *de grava*
kiezen I OV WW ● keus doen *escoger*; *elegir* [i] ● door keuze benoemen *elegir* [i]; *votar* ★ iem. tot president ~ *elegir presidente a u.p.* ‖ II ON WW keus maken ★ ~ uit *optar por*
kiezer *elector* m
kiften ★ dat is de kift *es pura envidia*
kijf ▼ buiten kijf *indiscutible*
kijk ● het kijken *mirar* m ● inzicht *visión* v; *punto* m *de vista* ★ een goede kijk op iets hebben *tener clara visión de un asunto* ★ wat is uw kijk op de zaak? *¿qué opina usted del asunto?* ★ geen kijk op iets hebben *no tener visión de u.c.*; *no entender nada de u.c.* ▼ te kijk staan *estar a la vista* ▼ tot kijk! *¡hasta la vista!*
kijkcijfers *índice* m *de audiencia*
kijkdag *día* m *de exposición*
kijkdichtheid *porcentaje* m *de audiencia*
kijkdoos *mundonuevo* m
kijken I OV WW bekijken *mirar*; *contemplar* ★ televisie ~ *ver la tele* ‖ II ON WW ● de ogen gebruiken *mirar* ★ op een horloge ~ *mirar un reloj* ★ laat eens ~ *vamos a ver* ★ gaan ~ *ir a ver* ★ kijk eens! *¡mira!* ● eruitzien *mirar* ★ bang ~ *tener cara de asustado* ★ onthutst staan te ~ *quedarse perplejo* ● ~ **op** raadplegen *consultar* ★ kijk op www.abelaar.nl *consulta www.abelaar.nl* ▼ daar komt heel wat bij ~ *no es nada fácil* ▼ niet op geld ~ *no dar importancia al dinero* ▼ ik sta ervan te ~ *me extraña mucho*; *estoy asombrado*
kijker ● verrekijker *catalejo* m; *anteojo* m ● persoon *espectador* m ● oog *ojo* m
kijkgeld *impuesto* m *por la posesión de un televisor*
kijkje *ojeada* v ★ een ~ gaan nemen *ir a ver lo que pasa*
kijkoperatie *operación* v *exploradora*
kijven *disputar*; *reñir* [i]
kik ★ geen kik geven *no chistar*; *coserse la boca* ★ zonder een kik te geven *sin decir oxte ni moxte*
kikken *chistar*
kikker *rana* v

kikkerbad *piscina* v *para niños*
kikkerbilletjes *ancas* v mv *de rana*
kikkerdril *freza* v *de rana*
kikkervisje *renacuajo* m
kikvorsman *hombre* m *rana*
kil ● fris *frío*; *fresco* ● onhartelijk *frío*
killer *asesino* m
killersinstinct *instinto* m *de asesino*
kilo *kilo* m
kilobyte *kilo-byte* m
kilocalorie *kilocaloría* v
kilogram *kilogramo* m
kilohertz *kilohertzio* m
kilojoule *kilojoule* m; *kilojulio* m
kilometer *kilómetro* m
kilometerpaal *mojón* m *kilométrico*; *cipo* m *kilométrico*
kilometerteller *cuentakilómetros* m
kilometervergoeding *abono* m *por kilómetro*
kilometervreter *tragaleguas* m
kilowatt *kilovatio* m
kilowattuur *kilovatio* m *hora*
kilt *kilt* m; *falda* v *escocesa*
kilte ● frisheid *frío* m *húmedo* ● onhartelijkheid *frialdad* v
kim *horizonte* m
kimono *kimono* m; *quimono* m
kin *barbilla* v; *barba* v; FORM. *mentón* m
kind ● jeugdig persoon *niño* m; ⟨klein kind⟩ *nene* m ★ van kind af aan *desde niño* ● nakomeling *hijo* m ★ natuurlijk kind *hijo natural* ▼ het kind van de rekening zijn *pagar el pato*; *pagar los vidrios rotos* ▼ je moet het kind niet met het badwater weggooien *hay que rescatar lo bueno* ▼ kind noch kraai hebben *no tener ni padre ni madre ni perro que le ladre* ▼ kinderen en dwazen vertellen de waarheid *los niños y los locos dicen la verdad*
kinderachtig *pueril*; *aniñado*; *infantil*
kinderarbeid *trabajo* m *de menores*; *trabajo* m *infantil*
kinderarts *pediatra* m/v
kinderbescherming *protección* v *de menores*
kinderbijbel *biblia* v *infantil*
kinderbijslag *plus* m *familiar*; *subsidio* m *familiar*
kinderboek *libro* m *infantil*
kinderboerderij *terreno* m *de juego instructivo para niños con animales domésticos*
kinderdagverblijf *guardería* v *infantil*; ⟨bij bedrijf⟩ *sala* v *cuna*
kinderhand ▼ een ~ is gauw gevuld *un niño se contenta con poca cosa*; *quien poco pide, pronto se contenta*
kinderjaren *infancia* v
kinderkaartje *entrada* v *para niños a precio reducido*
kinderkamer *cuarto* m *de los niños*
kinderkleding *ropa* v *de niño*; *ropa* v *infantil*
kinderkoor *coro* m *infantil*; *coro* m *de niños*
kinderlijk ● als (van) een kind *infantil*; *pueril*; *aniñado* ● naïef *cándido*; *ingenuo*; *sencillo*
kinderlokker *hombre* m *del saco*
kinderloos *sin hijos*; *sin sucesión*
kindermeisje *niñera* v

kindermenu menú m infantil
kinderopvang guardería v
kinderporno pornografía v infantil
kinderpostzegel sello m en beneficio de la infancia
kinderrechter juez m/v de menores
kinderschoen zapato m de niño ▼ nog in de ~en staan estar en pañales ▼ de ~en ontgroeid zijn dejar atrás la infancia
kinderslot cerradura v a prueba de niños
kinderspel ★ dat is ~ voor mij eso es un juego de niños para mí
kinderstoel silla v alta
kindertehuis hogar m de niños
kindertelefoon servicio m a donde pueden llamar los niños para conseguir informaciones y ayuda
kindertijd infancia v
kinderverlamming parálisis v infantil; poliomielitis v; polio v
kindervoeding alimentación v infantil
kindervriend amigo m de los niños
kinderwagen cochecito m de niño
kinderwens deseo m de infancia
kinderwerk juego m de niños; friolera v
kinderziekenhuis clínica v pediátrica; hospital m pediátrico
kinderziekte enfermedad v infantil
kinderzitje ⟨in auto⟩ silla-automóvil v; ⟨in auto⟩ auto-baby m; ⟨op fiets⟩ silla v en una bicicleta para llevar a un niño
kinds senil; chocho ★ ~ worden ir chocheando
kindsbeen ▼ van ~ af desde la más tierna infancia; desde niño
kindsdeel hijuela v
kindsheid chochez v
kindsoldaat niño m soldado
kindveilig ★ ~e sluiting cierre m/tapa v a prueba de niños
kindvrouwtje mujer v aniñada
kinesist fisioterapeuta m/v
kinesitherapie fisioterapia v
kinetisch cinético
kingsize super; extra-largo
kinine quinina v
kink coca v ▼ er is een kink in de kabel gekomen ha surgido una dificultad; hay un obstáculo
kinkel palurdo m; patán m
kinkhoest tos v ferina; coqueluche v ★ ~ krijgen enfermar de tos ferina
kinky algo pervertidillo
kinnebak quijada v inferior; mandíbula v inferior
kiosk quiosco m
kip ● dier gallina v ● CUL. pollo m ▼ er gaat geen kip naar toe no va nadie; no va un gato ▼ men ziet geen kip op straat no se ve un alma en la calle ▼ praten als een kip zonder kop desbarrar
kipfilet filete m de pollo
kiplekker ★ zich ~ voelen sentirse [ie, i] perfectamente bien
kippenborst ● vlees pechuga v ● misvorming tórax m en quilla
kippenbout pierna v de pollo; muslo m de pollo

kippeneindje ★ het is maar een ~ está a dos pasos de aquí
kippenfokkerij ● het fokken cría v de gallinas ● fokbedrijf granja v avícola
kippengaas tela v metálica
kippenhok gallinero m
kippenlever hígado m de pollo
kippensoep sopa v de pollo
kippenvel carne v de gallina ★ daar krijg ik ~ van eso me pone carne de gallina
kippig miope; corto de vista
Kirgizië Kirguizistán m
kirren ● geluid maken ⟨v. duiven⟩ arrullar; zurear ● giechelen ⟨v. mensen⟩ gorgoritear
kissebissen reñir
kist ● bak/doos caja v; ⟨bewerkt⟩ arca v ★ iets in een kist stoppen encajonar u.c. ● doodkist ataúd m; féretro m
kisten encajonar ▼ laat je niet ~ no te dejes acorralar
kistje cajita v; ⟨voor geld⟩ arqueta v
kistkalf ternero m cebón
kit cola v
kitchenette cocina v abierta pequeña; kitchenette v
kitesurfen practicar el kitesurfing
kits bueno ★ alles kits? ¿todo bien?
kitsch cursilería v
kitscherig cursi; kitsch
kittelaar clítoris m
kitten pegar; encolar
kittig vivaracho; vivo
kiwi kiwi m
klaagdicht elegía v
klaaglijk quejumbroso
klaagzang elegía v; lamentación v
klaar ● paraat ★ ~ om dispuesto a ★ ~ voor de start? af! ¿listos? ¡ya! ★ ~ zijn om te vertrekken estar preparado para salir ● afgewerkt pronto; listo ★ ik heb de helft ~ estoy en la mitad ★ ~ om te gebruiken pronto para el uso ★ de soep is ~ la sopa está a punto ★ nog niet ~ zijn no estar listo ★ met iets ~ zijn avoir fini (de faire) qc ● helder claro; limpio; puro ★ een klare hemel un cielo despejado ● duidelijk claro ★ klare richtlijnen líneas de conducta bien definidas
klaarblijkelijk evidente; manifiesto
klaarheid claridad v ★ tot ~ brengen aclarar
klaarkomen ● gereedkomen acabar; terminar ★ met het werk ~ acabar el trabajo ★ dat komt nooit klaar eso no se acaba nunca ● orgasme krijgen correrse
klaarleggen preparar; dejar preparado
klaarlicht ★ op ~e dag en pleno día
klaarliggen estar preparado
klaarmaken preparar; disponer; arreglar ★ het eten ~ hacer la comida
klaar-over voluntario m que ayuda a los escolares a pasar la calle
klaarspelen ★ het ~ om arreglárselas para; componérselas para
klaarstaan estar dispuesto; estar listo; estar preparado ★ ik stond klaar om uit te gaan toen ... iba a salir cuando ... ★ altijd voor anderen ~ estar siempre dispuesto a servir a

otros; *estar siempre a la disposición de otros*
klaarstomen *preparar con clases intensivas*
klaarwakker *despabilado*
klaarzetten *preparar*; *dejar preparado*
klaas ▼ een houten ~ *un tarugo*
Klaas Vaak ≈ *coco* m *benigno*
klacht • uiting van misnoegen *queja* v
• aanklacht *demanda* v; *querella* v ★ een ~ indienen tegen iem. *presentar una querella contra u.p.*; *entablar una querella contra u.p.* ★ een ~ aanhangig maken *interponer una demanda* ▼ ongemak, pijn *quejas* v mv ★ wat zijn de ~en? *¿qué le duele?*
klachtenlijn *línea* v *de reclamaciones*
klad I ZN [het] • *borrador* m • → **kladje** II ZN [de] ★ dat is de klad in het vak *es la perdición del oficio* ▼ iem. bij de kladden pakken *agarrar por el cuello a u.p.*; *agarrar por el pescuezo a u.p.*
kladblaadje *papel* m *de borrador*
kladblok *borrador* m
kladden I OV WW slordig doen ⟨schrijven⟩ *garabatear*; ⟨schilderen⟩ *pintarrajear*; ⟨schilderen⟩ *embadurnar* II ON WW kliederen *ensuciar*, *emborronar*; *manchar* ★ de inkt kladt *la tinta mancha*
kladderen *embadurnar*; *embarrar* ★ ~ met verf *pintarrajear*; MIN. *pintorrear*
kladje *borrador* m
kladpapier *papel* m *borrador*
kladschrijver *escritorzuelo* m; *mal escritor* m
klagen I OV WW als klacht uiten *quejarse de* ★ iem. zijn nood ~ *quejarse a u.p. de su desgracia*; *contar sus dificultades a u.p.* ★ zij klaagt dat zij geen tijd heeft *se queja de no tener tiempo* ★ hij klaagt dat ze te laat zijn *se queja de que llegan tarde* II ON WW • een klacht uiten *quejarse* ★ bij iem. over iets ~ *quejarse a u.p. de u.c.* ★ reden tot ~ geven *dar motivo de queja* ★ over iem. niet te ~ hebben *no tener queja de u.p.* • JUR. *reclamar*
klager • iem. die klaagt *hombre* m *que se queja* • JUR. *demandante* m/v; *querellante* m/v ★ als ~ optreden *formular la demanda judicial* ▼ ~s lijden geen nood *los que se quejan no son pobres*
klagerig *quejoso*; *quejumbroso*
klakkeloos I BNW *irreflexivo* II BIJW zonder nadenken *a ojos cerrados*; *sin pensar*
klakken *chasquear*
klam *húmedo*; *sudoroso* ★ klam van het zweet *sudoroso*
klamboe *mosquitero* m; *mosquitera* v
klamp *abrazadera* v
klandizie *clientela* v
klank • geluid *sonido* m ▼ gewijde ~en *música* v *sagrada* ▼ wijze van klinken *son* m; *sonido* m; ⟨v. stem⟩ *timbre* m; ⟨v. stem⟩ *tono* m
klankbodem *caja* v *de resonancia*
klankbord *tornavoz* m; *sombrero* m
klankkast *caja* v *de resonancia*
klankkleur *timbre* m
klant • koper *cliente* m/v; *parroquiano* m ★ ~en *clientela* v ★ vaste ~ *parroquiano* • kerel *tío* m; *tipo* m ★ een sluwe ~ *un tío muy listo*
klantenbinding *atracción* v *de clientes*

klantenkaart *carta* / *tarjeta* v *de cliente*
klantenkring *clientela* v
klantenservice *servicio* m *al cliente*
klantgericht *orientado hacia el cliente*
klantvriendelijk *amable para el cliente*
klap • slag *golpe* m; ⟨v. zweep⟩ *latigazo* m; ⟨in gezicht⟩ *bofetada* v ★ klappen krijgen *recibir una paliza* • tegenslag *golpe* m; INFORM. *palo* m ★ dat is een harde klap voor hen *es un golpe duro para ellos* • fel geluid *golpe* m; ⟨met deur⟩ *portazo* m ▼ geen klap *ni torta* ▼ in één klap *de un golpe* ▼ de klap op de vuurpijl *la apoteosis* ▼ dat was een klap in zijn gezicht *vaya palo que se llevó*; *eso sí que es escupirle en la cara* ▼ twee vliegen in één klap *dos pájaros de un tiro* ▼ een klap van de molen hebben *estar tocado de la cabeza*
klapband *reventón* m
klapdeur *puerta* v *batiente*
klaplong *colapso* m *pulmonar*
klaplopen *comer la sopa boba*; *vivir de gorra*
klaploper *gorrón* m; *parásito* m; *pegote* m
klappen • uiteenspringen *reventar* [ie]; *estallar* ★ in elkaar ~ *sufrir un colapso* • geluid maken ⟨op muziek⟩ *dar palmadas*; ⟨als applaus⟩ *aplaudir*
klapper • register *índice* m; *registro* m • opbergmap *carpeta* v • vuurwerk *petardo* m • uitschieter *culminación* v
klapperen *traquetear*; ⟨v. een deur⟩ *portear*; ⟨v. zeilen⟩ *flamear*
klapperpistool *pistola* v *de juguete*
klappertanden *castañetear*; *dentellar* ★ hij klappertandt van de kou *los dientes le castañetean del frío*
klappertje *fulminante* m
klaproos *amapola* v
klapschaats *patín* m *clap*
klapstoel *silla* v *de tijera*
klapstuk • vlees *costilla* v *de vaca* • FIG. hoogtepunt *apoteosis* m; *culminación* v
klaptafel *mesa* v *plegable*
klapwieken *aletear*; *alear*
klapzoen *beso* m *sonoro*
klare *ginebra* v *pura*
klaren • helder maken *clarificar* • in orde krijgen *arreglar*
klarinet *clarinete* m
klarinettist *clarinetista* m
klas • groep leerlingen *clase* v; *curso* m • lokaal *clase* v • leerjaar *clase* v; *curso* m; *grado* m ★ in de derde klas zitten *estar en el tercer curso* • rang, kwaliteit *clase* v
klasgenoot *compañero* m *de clase*
klaslokaal *clase* v; *sala* v *de clase*; *aula* v
klasseloos *sin clase* ★ een klasseloze samenleving *una sociedad sin clases*
klassement *clasificación* v
klassenavond *fiesta* v *de curso*
klassenjustitie *justicia* v *clasista*
klassenstrijd *lucha* v *de clases*
klassenverschil *oposición* v *de clases*
klassenvertegenwoordiger *representante* m *de una clase*
klasseren *clasificar*
klassiek *clásico*

klassieken *clásicos* m mv
klassieker • bekend werk *clásico* m • wedstrijd carrera v *clásica*
klassikaal *en clase* ★ ~ onderwijs *enseñanza* v *en clase*
klateren *gorgotear*
klatergoud *oropel* m
klauteren *trepar; encaramarse*
klauw • poot van roofdier *garra* v; *zarpa* v • hand *garra* v ★ iem. in zijn ~en krijgen *echarle a alguien la garra* ▼ uit de ~en lopen *desmadrarse*
klauwhamer *martillo* m *de carpintero*
klavecimbel *clavicémbalo* m
klaver • plant *trébol* m • figuur in kaartspel *trébol* m; ⟨in Spaans kaartspel⟩ *bastos* m mv
klaveraas *as* m *de trébol*
klaverblad • blad van klaver *hoja* v *de trébol* • wegkruising *cruce* m *en trébol*
klaverboer *jota/valet* m *de trébol*
klaverheer *rey* m *de trébol*
klaverjassen *juego de naipes holandés*
klavertjevier *trébol* m *de cuatro hojas*
klavervrouw *reina* v *de trébol*
klavichordium *clavicordio* m
klavier • toetsenbord *teclado* m • instrument *piano* m; ⟨vleugel⟩ *piano* m *de cola*
klavierinstrument *instrumento* m *de teclado*
kledder *mancha* v; *salpicón* m
kledderen *manchar* ★ ~ met water *mojarlo todo con agua*
kleddernat *empapado*
kleden *vestir* [i] ★ in het zwart gekleed *vestido de negro* ★ warm gekleed *bien abrigado* ★ zich ~ *vestirse; ponerse ropa*
klederdracht *traje* m *regional*
kledij *atavío* m
kleding *ropa* v; *vestidos* m mv; *traje* m; *indumentaria* v
kledingstuk *prenda* v *de vestir*
kledingzaak *tienda* v *de ropa*
kleed • bedekking ⟨tapijt⟩ *alfombra* v; ⟨tafelkleed⟩ *tapete* m • BELG. jurk *vestido* m; ⟨v. geestelijke⟩ *hábito* m
kleedgeld *dinero* m *para ropa*
kleedhokje *cabina* v
kleedkamer ⟨voor artiest⟩ *camerino* m; ⟨voor sporter⟩ *vestuario* m
kleedster *mujer* v *que ayuda a los actores a vestirse*
kleefpasta *pasta* v *adhesiva*
kleefpleister *emplasto* m *adhesivo*
kleerborstel *cepillo* m *para la ropa*
kleerhanger *percha* v
kleerkast *armario* m; *ropero* m; *guardarropa* m
kleermaker *sastre* m
kleermakerszit *forma* v *de sentarse con las piernas cruzadas*
kleerscheuren ▼ er zonder ~ afkomen *salir ileso; salir bien librado*
klef • kleverig *pastoso*; *pegajoso*; ⟨v. brood⟩ *mal cocido* • hinderlijk aanhalig *pegajoso; pegadizo*
klei • grond *arcilla* v; *greda* v • boetseerklei *arcilla* v; *barro* m
kleiachtig *arcilloso*

kleiduif *plato* m
kleiduivenschieten *tiro* m *al plato de arcilla*
kleien *modelar en arcilla*
kleigrond *arcilla* v; *tierra* v *arcillosa*
klein I BNW • niet groot *pequeño*; *diminuto*; ⟨v. gestalte⟩ *bajo* ★ een ~e man *un tipo bajo* ★ heel ~ *pequeñito*; *chiquito* ★ in het ~ *en pequeño* ★ tot in het ~ste detail *hasta el último detalle*; *con todos los pormenores* ★ ~er maken *hacer más pequeño* ★ ~er worden *hacerse más pequeño; reducirse* ★ in ~e stukjes hakken *hacer pedazos menudos* ★ dit pak is me te ~ geworden *este traje se me ha quedado pequeño* ★ deze schoenen zijn me te ~ *estos zapatos me quedan pequeños* ★ ~ maar fijn *pequeño pero rico* • jong *pequeño*; *menor* ★ mijn ~e zusje *mi hermana menor* • benepen, min *bajo*; *vil*; *mezquino* • niet geheel ★ een ~ uur *una hora escasa* ▼ in het ~ verkopen *vender al por menor* II BIJW ★ ~ beginnen *comenzar modestamente*
kleinbedrijf *pequeña empresa* v
kleinbeeldcamera *cámara* v *de imagen reducida*
kleinbehuisd ~ wonen *vivir estrecho*
kleinburgerlijk *burgués*; *pequeñoburgués*
kleindochter *nieta* v
kleineren *denigrar*; *detraer*
kleingeestig *estrecho de miras/espíritu*
kleingeld *cambio* m; *suelto* m; *moneda* v *menuda*
kleinhandel *comercio* m *al por menor*
kleinigheid • geschenk *fruslería* v • bagatel *bagatela* v; *futilidad* v ★ dat is geen ~! *¡no es para menos!*
kleinkind *nieto* m
kleinkrijgen *reducir a la obediencia* ★ ze zullen hem wel ~ *ya le meterán en cintura*
kleinkunst *artes* v mv *menores*
kleinmaken • iets klein maken *despedazar* • geld wisselen *cambiar* • vernederen *humillar(se)* ★ zich ~ *humillarse*
kleinood *joya* v; *alhaja* v; *presea* v
kleinschalig *a pequeña escala*
kleinsteeds *provinciano*
kleintje • klein mens of dier *pequeño* m • klein ding ★ een ~ koffie *un corto* ★ een ~ pils *un corto de cerveza* ▼ hij is voor geen ~ vervaard *es un hombre con muchas agallas* ▼ op de ~s passen *gastar poco* ★ voor geen ~ vervaard zijn *no pararse en pelillos* ▼ vele ~s maken één grote *muchos pocos hacen un mucho*
kleintjes *pequeñamente*; *de poco porte*
kleinvee *ganado* m *menor*
kleinzerig • bang voor pijn *delicado* • lichtgeraakt *irascible*
kleinzielig *mezquino*
kleinzoon *nieto* m
kleitablet *placa* v *de arcilla*
klem • klemmend voorwerp *abrazadera* v • benarde situatie *aprieto* m ★ in de klem zitten *estar en un aprieto*; *estar en calzas prietas* • nadruk *énfasis* m; *insistencia* v ★ met klem zeggen *decir* [i] *con énfasis*; *insistir en*
klemmen I OV WW drukken *apretar* [ie] II ON WW knellen *no encajar bien*
klemtoon *acento* m ★ de ~ op iets leggen

acentuar (ú) u.c.
klemvast • SPORT *agarrado al balón* • *zeer vast bien fijo*
klep • *sluitstuk* TECHN. *válvula* v; ⟨v. brievenbus⟩ *tapa* v; ⟨v. muziekinstrument⟩ *llave* v • *flap solapa* v • *deel van pet visera* v • *mond pico* m ★ *houd je klep! ¡cierra el pico!*
klepel *badajo* m
kleppen • *klepperen golpear*; ⟨v. klok⟩ *repicar*; ⟨v. klok⟩ *sonar* [ue] • *kletsen charlar*
klepper *castañuela* v; *palillo* m
klepperen *traquear*; ⟨met castagnetten⟩ *castañetear*; ⟨v. ooievaar⟩ *crotorar*
kleptomaan *cleptómano* m
klere- *de puta*
klerelijer *gilipollas* m/v; *hijo* m *de puta*
kleren *ropa* v ★ *haast geen* ~ *aan zijn lijf hebben no llevar casi nada* ▼ *dat gaat je niet in de koude* ~ *zitten eso te llega al alma* ▼ • *maken de man el hábito hace al monje*
klerenhanger *percha* v
klerenkast *armario* m; *ropero* m; *guardarropa* m
klerikaal *clerical*
klerk *escribiente* m/v; *empleado* m
klets • *geklets disparates* m mv • *klap golpe* m; *manotazo* m; ⟨op wang⟩ *bofetada* v
kletsen • *babbelen charlar; parlar*; ⟨onzinnig⟩ *hablar por hablar*; ⟨onzinnig⟩ *decir /i/ tonterías* • *roddelen cotillear* ★ *laat ze maar* ~ *déjalos que hablen* • *klinkend klappen* ⟨met zweep⟩ *chasquear*
kletskoek *disparates* m mv
kletskous *charlatán* m
kletsnat *mojado hasta los huesos* ★ ~ *zijn estar hecho una sopa*
kletspraat *cuento* m
kletspraatje *cotilleo* m
kleumen *aterirse*; *pasmarse de frío*
kleur • *wat het oog ziet color* m ★ *de primaire* ~*en los colores primarios* • *gelaatskleur tez* v; ⟨v. blozen⟩ *rubor* m; ⟨v. blozen⟩ *bochorno* m ★ *een* ~ *krijgen als een kalkoen subírsele a alguien el pavo* ★ *van* ~ *verschieten ponerse pálido* • *politieke tendens color* m; *tendencia* v • *kleurstof color* m • *nuancering color* m; *vida* v ★ *een verhaal* ~ *geven dar color a una historia* v ★ *figuur in kaartspel palo* m ★ ~ *bekennen seguir* [i] *el palo; servir* [i] *del palo; quitarse la máscara; tomar partido*
kleurboek *libro* m *para colorear*
kleurdoos *caja* v *de colores*
kleurecht *de color firme/sólido*
kleuren I OV WW • *kleur geven aan colorar; teñir* [i]; *colorear* ★ *de leerlingen kleurden de kaart van Europa los alumnos estaban coloreando el mapa de Europa* ▼ *het* ~ *coloración* v; *tinte* m • *overdrijven colorear* ★ *dat is een sterk gekleurde versie es una versión muy coloreada* ▼ *hij staat er gekleurd op le han cogido con las manos en la masa* II ON WW • *kleur krijgen colorear* • *blozen ruborizarse*; *sonrojarse* ▼ • ~ *bij armonizar con*
kleurenblind *daltoniano*
kleurendruk *impresión* v *en color*
kleurenfilm *película* v *en color*
kleurenfoto *foto* v *en color*
kleurenscala *escala* v *cromática*; *gama* v *de colores*
kleurentelevisie *televisión* v *en color*
kleurig *coloreado; de color vivo; vistoso*
kleurkrijt *tiza* v *de color*
kleurling *hombre* m *de color*; *persona* v *de color* ★ ~*en gente* v *de color*
kleurloos • *zonder kleur incoloro* • *neutraal* FIG. *insípido*
kleurplaat *lámina* v *para colorear*
kleurpotlood *lápiz* m *de color*; *pastel* m
kleurrijk • *met veel kleur lleno de color* • *afwisselend vivo; animado*
kleurschakering *matiz* m
kleurshampoo *champú* m *colorante*
kleurspoeling *tinte* m ★ *zijn haar een* ~ *geven teñirse* [i] *el pelo*
kleurstof *tinte* m; *colorante* m; ⟨in verf⟩ *pigmento* m
kleurtje • *potlood lápiz* m *de color* • *blos rubor* m
kleurversteviger *tinte* m
kleuter *párvulo* m; *niño* m *pequeño*
kleuterdagverblijf *parvulario* m
kleuterklas *clase* v *de párvulos*
kleuterleidster *profesora* m *de preescolar*; *maestra* m *de párvulos*
kleuterschool *escuela* v *de párvulos*; *jardín* m *de infancia*
kleutertijd *período* m *de párvulo*
kleven I OV WW *plakken op adherirse* [ie, i]; *pegarse* II ON WW • *blijven plakken pegar*; *encolar* ★ *blijven* ~ *aan adherirse a* • *verbonden zijn* ★ *er kleeft een bezwaar aan hay un inconveniente*
kleverig *pegajoso*; *pegadizo*
kliederboel *montón* m *de suciedad*
kliederen *ensuciarlo todo*
kliek • *etensrestjes sobras* v mv; *restos* m mv • *groep pandilla* v; *camarilla* v
klier • *orgaan glándula* v • *akelig persoon pelma* m/v
klieren *fastidiar*
klieven *cortar*; *surcar*
klif *acantilado* m
klik *clic* m; ⟨met tong⟩ *chasquido* m
klikken I ON WW • *geluid maken hacer clic* • *verklappen chivarse* II ONP WW *goed contact hebben llevarse bien*
klikspaan *chivato* m; *correveidile* m/v; *soplón* m
klim *trepa* v
klimaat *clima* m
klimaatverandering *cambio* m *climatológico*
klimatologie *climatología* v
klimatologisch *climatológico*
klimmen • *klauteren subir*; *trepar*; *encaramarse a* • *toenemen aumentar*; *subir* ★ *met het* ~ *der jaren al pasar los años*
klimmer *escalador* m; *alpinista* m/v; *montañero* m
klimop *hiedra* v; *cazuz* m
klimpartij *escalada* v
klimplant *planta* v *trepadora*
klimrek *aparato* m *para escalar*
kling *hoja* v; *cuchilla* v ▼ *over de* ~ *jagen pasar a*

cuchillo
klingelen *repicar*
kliniek *clínica* v
klinisch *clínico*
klink *picaporte* m
klinken I OV WW vastmaken *clavar* ★ iem. in de boeien ~ *encadenar a uno* II WW • geluid maken *sonar* [ue] • hol ~ *sonar a hueco* ★ goed ~ *sonar bien* • toosten *brindar por*; *chocar los vasos* ▾ dat klinkt me vreemd in de oren *eso no me suena* ▾ dat klinkt al heel anders *eso es otra cosa; eso es harina de otro costal*
klinker • TAALK. *vocal* v • baksteen *ladrillo* m
klinkklaar *puro* ★ klinkklare onzin! *¡puras tonterías!*
klinknagel *remache* m
klip *escollo* m ★ blinde klip *escollo* m *a flor de agua* ▾ hij liegt tegen de klippen op *miente más que habla* ▾ hij werkt tegen de klippen op *trabaja como un negro*
klipper *clíper* m
klis • klit *enredo* m • plant *lampazo* m; *bardana* v
klit • plant *lampazo* m • knoop *enredo* m
klitten • in de war zitten *enredar* • erg veel samen zijn *estar pegado* ★ die twee ~ erg aan elkaar *esos (esas) dos siempre están juntos (juntas)*
klittenband *cinta* v *velcro*
klodder *grumo* m
klodderen *pintarrajear; emborronar*
kloek I ZN [de] *gallina* v *clueca* II BNW • kordaat *gallardo; valiente; bravo* • fors, flink *robusto*
kloffie ▾ in z'n ouwe ~ *de trapillo*
klojo *imbécil* m; *estúpido* m
klok • uurwerk *reloj* m ★ klokke 12 uur *al dar las doce; a las doce en punto* ★ de klok heeft elf geslagen *el reloj ha dado las once* • bel *campana* v ★ de klokken luiden *tocar las campanas; doblar las campanas* ▾ hij is een man van de klok *es un hombre puntual* ▾ hij heeft de klok horen luiden, maar weet niet waar de klepel hangt *ha oído campanas sin saber dónde* ▾ iets aan de grote klok hangen *echar las campanas al vuelo* ▾ de klok rond *todo el reloj*
klokgelui *campaneo* m
klokhuis *corazón* m
klokken I OV WW tijd opnemen *cronometrar* II ON WW • geluid maken ⟨v. kalkoen⟩ *cloquear*; ⟨v. kalkoen⟩ *hacer gluglú*; ⟨v. water⟩ *hacer gluglú* • tijd vastleggen *fichar* • klokvormig zijn *tener* [ie] *figura de campana* ★ een ~de jurk *un vestido acampanado*
klokkenspel *carillón* m
klokkenstoel *campanario* m
klokkentoren *campanario* m; *espadaña* v
klokradio *radioreloj* m
klokslag *campanada* v ★ om ~ twaalf uur *a las doce en punto*
klomp • houten schoen *zueco* m; *zoclo* m; *chanclo* m; *almadreña* v • brok *pedazo* m ★ ~ goud *pepita* v *de oro* ▾ nu breekt me de ~ *como ahora llueven albardas; me he quedado perplejo*

klompvoet *pie* m *torcido*
klonen *clonar*
klont *terrón* m; ⟨in vloeistof⟩ *grumo* m
klonter *grumo* m; ⟨v. bloed⟩ *coágulo* m
klonteren *formar grumos*
klonterig *grumoso*
klontje • suikerklontje *terrón* m *de azúcar* • kleine klont *terrón* m ▾ zo klaar als een ~ *tan claro como el agua*
kloof • spleet *hendidura* v; *grieta* v; ⟨in huid⟩ *raja* v; ⟨in huid⟩ *grieta* v • verwijdering *abismo* m ★ de ~ overbruggen tussen A en B *echar un puente entre A y B*
klooien • stuntelen *chapucear* • luieren *no hacer nada* • donderjagen *fastidiar*
kloon *clon* m; *clono* m
klooster *convento* m; *monasterio* m
kloosterling *religioso* m; *fraile* m; *monje* m; *cenobita* m ★ ~ worden *ingresar en una orden; meterse monje*
kloostermop *ladrillo* m *grande*
kloosterorde *orden* v *monástica*
kloot *cojón* m ▾ naar de kloten gaan *ir a la mierda*
klootjesvolk *vulgo* m
klootzak *cabrón* m; *hijo* m *de puta*
klop *golpe* m ★ klop op de deur *llamada* v *en la puerta* ★ klop krijgen *recibir una tunda*
klopboor *barrena* v; ⟨voor harde steen⟩ *taladro* m
klopgeest *espíritu* m *golpeador; poltergeist* m
klopjacht *batida* v ★ een ~ houden op *dar una batida a*
kloppartij *pelea* v; *agarrada* v
kloppen I OV WW • slaan ⟨v. ei⟩ *batir*; ⟨v. kleed⟩ *sacudir*; ⟨v. kleed⟩ *quitar el polvo de*; ⟨v. slagroom⟩ *montar* • verslaan *batir* ▾ iem. geld uit de zak ~ *dar un sablazo a u.p.* II ON WW • een klop geven *golpear* ★ op de schouder ~ *dar palmaditas en la espalda* ★ op de deur ~ *llamar a la puerta* • slaan van hart *latir; palpitar* • overeenstemmen *cuadrar* ★ er klopt iets niet *hay algo que no cuadra* ★ de rekening klopt niet *está mal la cuenta*
klopper *aldaba* v; *llamador* m
klos • stukje hout *taco* m • spoel *carrete* m; ⟨voor spinnerij⟩ *huso* m; ⟨v. kantwerkster⟩ *bolillo* m; ⟨op naaimachine⟩ *canilla* v ★ klos garen *carrete* m *de hilo* ▾ je bent de klos *estás aviado*
klossen I OV WW op klos winden *embobinar; liar a bolillos; encanillar; devanar* ★ kant ~ *hacer encajes* II ON WW plomp lopen *ir pisando fuerte; pisar fuerte; llevar los pies a rastras*
klote *jodido; fatal*
klotsen *chapotear*
kloven *hendir* [ie]; *cortar; partir*
klucht • blijspel *farsa* v; *sainete* m • FIG. schertsvertoning *broma* v
kluchtig *cómico*
kluif • bot met vlees *hueso* m *para roer* • FIG. karwei ▾ ergens een hele ~ aan hebben *costarle* [ue] *a alguien lo suyo; un hueso duro de roer*
kluis ⟨in bank⟩ *cámara* v *acorazada; caja* v

fuerte; *arca* v *de caudales*; *arca* v
kluisteren *encadenar*
kluit *pella* v; ⟨v. aarde⟩ *terrón* m ★ een ~je boter *una pella de manteca* ▼ flink uit de ~en gewassen *robusto*
kluiven *roer* ★ op een bot ~ *roer un hueso*
kluizenaar *ermitaño* m; *eremita* m/v; *anacoreta* m/v
klungel *papanatas* m/v
klungelen *chapucear*
klungelig *chapucero*; *chambón*
kluns *torpe* m
klunzen *chapucear*
klunzig *chapucero*
klus *faena* v
klusjesman *chapucero* m
klussen • repareren *hacer arreglos en casa* • zwart bijverdienen *trabajar en el circuito negro*
kluts ▼ de ~ kwijtraken *perder* [ie] *la cabeza*
klutsen *batir*
kluwen *ovillo* m
klysma *lavativa* v
km *km* m; *kilómetro*; *kilómetro* m
knaagdier *roedor* m
knaap *muchacho* m; *chico* m
knaapje *percha* v
knabbelen *roer*; *mordisquear* ★ ~ aan *roer*; *mordisquear*
knagen • bijten *roer* • kwellen *carcomer*; *consumar*; *remorder* [ue] ★ zijn geweten knaagde *le remordió la conciencia* ★ een ~de pijn *un dolor sordo*
knak • geluid *chasquido* m • knik *quebradura* v • verzwakking *golpe* m ★ zijn gezondheid heeft een knak gekregen *su salud ha sufrido un golpe* ★ een lelijke knak krijgen *sufrir un gran bajón*
knakken I OV WW breken *quebrar* [ie] II ON WW • geluid maken *crujir* • een knak krijgen *quebrarse* [ie]
knakworst *salchicha* v *de Francfort*
knal *estallido* m; *detonación* v
knal- ★ knalgeel *amarillo chillón*
knallen • een knal geven *estallar*; *detonar*; ⟨v. zweep⟩ *chasquear* • botsen *estrellarse contra*
knaller *éxito* m *rotundo*
knalpot *silenciador* m
knap I ZN [de] *crujido* m II BNW • goed uitziend *guapo*; *majo* ★ een knappe jongen *un chico majo* • intelligent *inteligente*; *listo*; ⟨vaardig⟩ *hábil* III BIJW nogal *bastante* ★ knap lastig *bastante difícil*
knappen • breken *romperse*; *reventar* [ie] • geluid geven *chasquear*; ⟨v. vuur⟩ *crepitar*
knapperd • mooi mens *guapetón* m • schrander mens *hacha* m; *águila* m
knapperen *crepitar*; *chisporrotear*
knapperig *crujiente*
knapzak *mochila* v; *morral* m
knar ★ krasse knarren *ancianos vigorosos*
knarsen *rechinar*; *chillar*; *crujir*
knarsetanden *hacer rechinar los dientes*
knauw • harde beet *mordedura* v; *mordisco* m • knak *golpe* m ★ een lelijke ~ krijgen *sufrir un gran bajón*

knauwen • stevig kauwen *morder* [ue] • woorden afbijten *comerse las palabras*
knecht *criado* m; *mozo* m; ⟨bediende⟩ *sirviente* m
knechten *esclavizar*; *sujetar*
kneden *amoldar*; ⟨v. deeg⟩ *amasar*; ⟨v. deeg⟩ *heñir*
kneedbaar *moldeable*; *plástico*
kneedbom *bomba* v *plástica*
kneep • het knijpen *pellizco* m • handigheidje *truco* m; *artificio* m ★ daar zit hem de ~ *ahí está el busilis*; *ahí está el quid*
knel ★ in de knel zitten *estar en un apuro*
knellen I OV WW stevig drukken *apretar* [ie] ★ zijn vingers ~ *cogerse los dedos* II ON WW • klemmen *apretar* [ie] ★ de deur knelt *la puerta no encaja bien* ★ mijn schoen knelt *el zapato me aprieta* • FIG. beklemmen *oprimir*
knelpunt *escollo* m; *obstáculo* m; ⟨verkeer⟩ *embotellamiento* m
knerpen *chirriar*; *crujir*
knetteren *chisporrotear*; *crepitar*
knettergek *chiflado*; *chalado*
kneus • gekneusde plek *magulladura* v • mislukkeling *fracasado* m
kneuterig *pequeño burgués*
kneuzen *magullar*; *machucar*
kneuzing *magulladura* v; *magullamiento* m; *contusión* v
knevel *bigote* m; *mostacho* m
knevelen ⟨v. mond⟩ *amordazar*
knibbelen *regatear*
knickerbocker *bombachos* m mv
knie *rodilla* v ★ op zijn knieën vallen *hincarse de rodillas*; *ponerse de rodillas* ★ op zijn knieën zitten *estar de rodillas*; *estar de hinojos* ▼ iets onder de knie hebben *saber a fondo u.c.* ▼ over de knie leggen *dar una reprimenda*
knieband *ligamento* m
kniebeschermer *rodillera* v
knieblessure *lesión* v *de la rodilla*
kniebroek *pantalón* m *vermuda*
kniebuiging *genuflexión* v; ⟨oefening⟩ *flexión* v *de rodilla*
knieholte ⟨v. mens⟩ *corva* v; ⟨v. mens⟩ *jarrete* m; ⟨v. dier⟩ *corvejón* m
kniekous *media calcetín* v
knielen *arrodillarse*; *hincarse de rodillas*
kniereflex *reflejo* m *rotuliano*
knieschijf *rótula* v; *choquezuela* v
kniesoor *gruñón* m; *regañón* m ★ een ~ die daar op let! *no hay que andar en tiquismiquis*
kniestuk *codo* m
knietje *rodillazo* m
knieval *genuflexión* v
kniezen *estar de mal humor*
knijpen *apretar* [ie]; ⟨v. huid⟩ *pellizcar* ▼ er tussenuit ~ *tomar las de Villadiego*; *pirarse*
knijper *pinza* v
knijpkat *linterna* v *dinamoeléctrica*
knijptang *alicates* m mv
knik • breuk *quebradura* v • kromming *recodo* m • hoofdbuiging *inclinación* v *de la cabeza*
knikkebollen *dar cabezadas*
knikken I OV WW knakken *quebrar* [ie]; *romper* II ON WW • buigen *doblarse* • hoofdbeweging

maken *inclinar la cabeza* ★ ja ~ *asentir (ie,i) con la cabeza*; *inclinar la cabeza* ★ nee ~ *negar [ie] con la cabeza*
knikker • stuiter *canica* v • hoofd FORM. *cabeza* v ★ kale ~ *bola* v *de billar*
knikkeren *jugar* [ue] *a las canicas*
knip • knippend geluid ⟨met vingers⟩ *papirote* m; ⟨met vingers⟩ *papirotazo* m; ⟨met vingers⟩ *capirote* m • geknipte opening *corte* m • grendeltje *pestillo* m; *pasador* m ★ de knip op de deur doen *cerrar la puerta con pestillo* • sluiting *cierre* m • portemonnee *monedero* m; *bolsa* v ★ geen knip voor de neus waard zijn *no valer nada*
knipkaart *tarjeta* v *multiviaje*
knipmes *navaja* v *de muelles* ▾ buigen als een ~ *inclinarse profundamente*
knipogen *guiñar el ojo*
knipoog *guiño* m ★ iem. een ~ geven *guiñarle el ojo a u.p.*
knippen I OV WW in-/afknippen *cortar*; ⟨v. kaartjes⟩ *perforar*; ⟨v. kaartjes⟩ *picar* ★ kaartjes ~ *picar los billetes* ★ zijn haar heel kort laten ~ *cortarse el pelo al rape* ★ zijn nagels ~ *cortarse las uñas* **II** ON WW • snijden *cortar* • oogbeweging maken *parpadear* • geluid maken ⟨met vingers⟩ *chasquear* ★ met de vingers ~ *chasquear los dedos*
knipperen • aan- en uitgaan van licht *encenderse* [ie]; *intermitentemente* • knippen met ogen *parpadear*; *guiñar*
knipperlicht *luz* v *intermitente*
knipsel *recorte* m
knipseldienst *servicio* m *de recortes de prensa*
knipselkrant *periódico* m *con recortes de prensa*
knisperen ⟨v. papier/stof⟩ *crujir*; ⟨v. vuur⟩ *crepitar*
kno-arts *otorrino* m/v
knobbel *nudo* m; *protuberancia* v; *tubérculo* m
knobbelig *nudoso*
knock-out I ZN [de] *fuera* m *de combate* **II** BNW ★ ~ slaan *poner fuera de combate*
knoedel *ovillo* m
knoei ▾ in de ~ raken *meterse en un lío* ▾ in de ~ zitten *estar en un apuro* ▾ iem. uit de ~ helpen *sacar a u.p. de un apuro*
knoeiboel • smeerboel *porquería* v; ⟨slordig werk⟩ *chapucería* v • bedrog *chanchullo* m; *estafa* v
knoeien • morsen *ensuciar* • slordig bezig zijn *chapucear* • bedrog plegen *falsear*; ⟨met wijn⟩ *adulterar* ★ in de boeken ~ *falsear los libros*
knoeier • morsend persoon *chapucero* m; *frangollón* m; ⟨morser⟩ *puerco* m; ⟨morser⟩ *sucio* m • bedrieger *estafador* m
knoeipot *sucio* m; *puerco*
knoeiwerk *chapucería* v; *chafallo* m
knoert *cosa* v *enorme*
knoest *nudo* m
knoet • gesel *knut* m • haarknot *moño* m
knoflook *ajo* m
knoflookpers *utensilio* m *para prensar el ajo*
knoflooksaus *salsa* v *al ajo*
knokig *huesudo*
knokkel *artejo* m; *nudillo* m
knokken • LETT. vechten *batirse*; *pelear*; *reñir* [i]
• FIG. hard werken *pelear*
knokpartij *riña* v; *pelea* v
knokploeg *grupo* m *camorrista*
knol • worteldeel *tubérculo* m • raap *nabo* m • paard *rocín* m ▾ iem. knollen voor citroenen verkopen *darle a u.p. gato por liebre*
knolgewas *planta* v *tuberosa*
knollentuin ▾ in zijn ~ zijn *estar en sus glorias*
knolraap *colinabo* m
knolselderie *apio* m *nabo*
knoop • dichtgetrokken strik *nudo* m ★ in de ~ raken *anudarse* • sluiting *botón* m • moeilijkheid ★ daar zit hem de ~ *ahí está el quid* ★ in de ~ zitten *estar en un lío* • SCHEEPV. afstand *nudo* m; *milla* v ★ 18 knopen varen *navegar a dieciocho nudos*; *ir a dieciocho millas* ▾ de ~ doorhakken *cortar por lo sano*
knooppunt *empalme* m; ⟨v. spoorwegen⟩ *nudo* m *ferroviario*
knoopsgat *ojal* m
knop • schakelaar *botón* m ★ op de knop drukken *apretar* [ie] *el botón* • uitsteeksel *botón* m; *tirador* m; *pomo* m • PLANTK. *botón* m; ⟨v. plant⟩ *yema* v; ⟨v. bloem⟩ *capullo* m ★ knoppen krijgen *echar botones*
knopen • een knoop leggen *anudar*; ⟨vlechten⟩ *tejer* • een geknoopt tapijt *una alfombra hecha a mano*; *una alfombra de nudos* • dichtknopen *abotonar*
knorren • geluid maken *gruñir* • mopperen *gruñir*; *refunfuñar*; *verraquear*
knorrepot *gruñón* m; *regañón* m
knorrig *gruñón*; *refunfuñador*
knot • kluwen *ovillo* m; *madeja* v • haarknot *moño* m
knots *maza* v; *cachiporra* v; *clava* v
knotten • van top ontdoen *podar* • inperken *desmochar*; *truncar*
knotwilg *sauce* m *desmochado*
knowhow *pericia* v; *conocimientos* m mv
knudde ★ het is ~ *es malísimo*; *es un asco*
knuffel • liefkozing *achuchón* m • speelgoedbeest *muñeco* m *de peluche*
knuffelbeest *muñeco* m *de peluche*
knuffelen *acariciar*
knuist *puño* m
knul *chico* m; *chaval* m; *joven* m; *tío* m; *tipo* m ★ hij is een goede knul *es un buen chico*
knullig *torpe*
knuppel • korte stok *garrote* m • klungel *cretino* m; *majadero* m
knuppelen *dar garrotazos*
knus *íntimo*; *agradable*
knutselaar *manitas* m
knutselen I OV WW in elkaar zetten ★ iets in elkaar ~ *montar u.c. chapuceramente* **II** ON WW uit liefhebberij maken *bricolar*
knutselwerk *bricolaje* m
koala *koala* m
kobalt *cobalto* m
koddig *cómico*; *jocoso*
koe *vaca* v ▾ oude koeien uit de sloot halen *revolver* [ue] *caldos* ▾ de koe bij de hoorns vatten *tomar el toro por los cuernos* ▾ men noemt geen koe bont, of er zit een vlekje aan *cuando el río suena, agua lleva* ▾ je weet

nooit hoe een koe een haas vangt *donde menos se piensa salta la liebre*
koehandel *regateo* m *político*; *política* v *de toma y daca* ★ ~ drijven *hacer muchas concesiones*
koeienletter *letra* v *enorme / gigantesca*
koeioneren *intimidar*
koek • CUL. gebak *pastel* m → **koekje** / iets voor zoete koek slikken *tragarse algo* v / het is koek en ei tussen hen *son uña y carne* v / dat is gesneden koek voor jou *esto es coser y cantar para ti*
koekeloeren *atisbar; acechar*
koekenbakker *chapucero* m
koekenpan *sartén* v
koekhappen OMSCHR. *juego en el cual se intenta morder una galleta colgada de un hilo con los ojos vendados*
koekje *galleta* v
koekjestrommel *lata* v *de galletas*
koekoek *cuclillo* m; *cuco* m
koekoeksklok *reloj* m *de cuco*
koel • fris *fresco; fría* ★ koel worden *refrescar* ★ het wordt koeler *está refrescando* ★ het is koel *hace fresco* ★ koel bewaren *conservar en frío; guardar en sitio fresco* • bedaard *tranquilo* • niet hartelijk *frío* ★ een koele ontvangst *una acogida fría* ★ in koelen bloede *a sangre fría*
koelbloedig I BNW *flemático; pausado* II BIJW *a sangre fría*
koelbox *nevera* v *portátil*
koelcel *cámara* v *frigorífica*
koelelement *elemento* m *refrigerante*
koelen • koel maken *enfriar* [i]; *refrigerar; refrescar* • afreageren ★ zijn woede ~ op *descargar su rabia sobre*
koeler *enfriadera* v
koelhuis *almacén* m *frigorífico*
koelie *culí* m
koeling *refrigeración* v; *enfriamiento* m
koelkast *frigorífico* m; *nevera* v; L-A *heladera* v
koelte *frescura* v; *frescor* m
koeltjes *fríamente; con frialdad*
koelvitrine *vitrina* v *frigorífica*
koelvloeistof *líquido* m *refrigerante; refrigerante* m; ⟨v. auto⟩ *agua* v *del radiador*
koelwater *agua* v *de refrigeración*
koemest *estiércol* m *de vaca; boñiga* v
koen *osado; atrevido; intrépido;* FORM. *esforzado;* FORM. *denodado*
koepel *cúpula* v
koepelkerk *iglesia* v *con tejado de cúpula*
koepelorganisatie *organización* v *coordinadora*
koepeltent *tienda* v *iglú; canadiana*
koer *patio* m
Koerd *curdo* m
Koerdisch *curdo* m
koeren *arrullar*
koerier *mensajero* m; *correo* m
koeriersdienst *servicio* m *de mensajería*
koers • richting *rumbo* m; *ruta* v; *línea* v; SCHEEPV. *derrota* v; ⟨v. een rivier⟩ *curso* m ★ van ~ veranderen *cambiar de rumbo* ★ ~ zetten naar *hacer rumbo a* ★ uit de ~ raken *perder* [ie] *el rumbo; abatir* • wisselwaarde *cambio* m; *cotización* v ★ tegen de ~ van de dag *al cambio del día* • snelheidswedstrijd *carrera* v ▼ een harde ~ volgen *seguir* [i] *una línea dura*
koerscorrectie *corrección* v *del curso*
koersdaling *baja* v *en la cotización*
koersen ★ ~ naar *hacer rumbo a*
koersindex *índice* m *(de cotización)*
koersnotering *cotización* v
koersschommeling *balanceo* m *de las cotizaciones*
koersstijging *subida* v *en las cotizaciones*
koersval *caída* v *de las cotizaciones*
koest *quieto; tranquilo* ★ zich ~ houden *estarse quieto*
koesteren • behoeden *abrigar; acariciar; cuidar con ternura* ★ een kind ~ *mimar a un niño* ★ de vrijheid ~ *proteger la libertad* • verwarmen *calentar* [ie] ★ zich ~ in de zon *calentarse al sol* ★ zich ~ in luxe *cebarse en lujuria* • in zich hebben *sentir* [ie, i]; *abrigar; acariciar* ★ een idee ~ *acariciar una idea* ★ hoop ~ *abrigar esperanzas* ★ haat ~ jegens *sentir odio por* ★ wrok ~ *guardar rencor* ★ argwaan ~ *recelarse* ★ het voornemen ~ *intentar; tener la intención*
koeterwaals *jerigonza* v; *algarabía* v
koets *coche* m; ⟨versierd⟩ *carroza* v
koetshuis *cochera* v
koetsier *cochero* m
koevoet *pie* m *de cabra*
Koeweit *Kuwait* m
koffer • reistas *maleta* v ★ zijn ~s pakken *hacer la maleta* • bed *piltra* v ★ met iem. de ~ induiken *llevarse a alguien a la piltra*
kofferbak *maletero* m
koffie • drank *café* m ★ sterke ~ *café cargado* ★ zwarte ~ *café solo* ★ ~ met weinig melk *café cortado* ★ ~ verkeerd *café con leche* ★ ~ drinken *tomar café* • koffiebonen *café* m ★ ongebrande ~ *café verde* • het koffiedrinken ★ op de ~ komen *venir a tomar café* ▼ dat is geen zuivere ~ *hay gato encerrado*
koffieautomaat *máquina* v *de café*
koffieboon *grano* m *de café*
koffiebroodje ≈ *panecillo* m *con pasas*
koffieconcert *concierto* m *del domingo por la mañana*
koffiedik *poso* m *de café* ▼ zo helder als ~ *incomprensible*
koffiedikkijker *adivino* m
koffiefilter *filtro* m *de café*
koffiehuis *café* m
koffiejuffrouw *azafata* v *para servir el café*
koffiekamer *foyer* m
koffieleut *cafetero* m
koffiemelk *crema* v *para café*
koffiemolen *molinillo* m *de café*
koffiepauze *descanso* m *para tomar café*
koffiepot *cafetera* v
koffieshop *cafetería* v
koffietafel *almuerzo* m *frío con café*
koffiezetapparaat *cafetera* v *(eléctrica)*
kogel • metalen bol *bola* v • projectiel *bala* v ★ zich een ~ door het hoofd jagen *levantarse la tapa de los sesos; pegarse un tiro* • SPORT *peso*

kogellager cojinete m *de bolas*
kogelrond redondo como una bola; esférico
kogelstoten lanzamiento m *de pesos*
kogelvrij a prueba de balas ★ ~ vest chaleco m antibalas
kok cocinero m ▼ het zijn niet allen koks die lange messen dragen *no son hombres todos los que mean en pared*; *el hábito no hace al monje*
koken I OV WW • tot kookpunt verwarmen *hervir* [ie, i]; *cocer* [ue] • CUL. voedsel bereiden *guisar*; *cocinar* ★ gekookte vis *pescado cocido* ★ soep ~ *hacer sopa* **II** ON WW • op kookpunt zijn *hervir* [ie, i]; *bullir* ★ het water kookt *está hirviendo el agua* • CUL. voedsel bereiden *cocinar* ★ zij kan goed ~ *saber cocinar* • woest zijn *hervir* [ie, i] ★ zijn bloed kookt *está que le hierve la sangre*
kokendheet ardiendo; hirviendo
koker estuche m; ⟨voor sigaren⟩ petaca v ★ dat komt niet uit zijn ~ *no es de su cosecha*
koket coqueto
koketteren coquetear
kokhalzen • bijna gaan braken *sentir* [ie, i] *bascas* • walgen *sentir* [ie, i] *náuseas*
kokkerellen cocinar; guisar
kokkin cocinera v
kokmeeuw gaviota v *reidora*
kokos • vruchtvlees *coco* m • vezel *coco* m
kokosbrood fiambre m *de coco*
kokosmakroon ≈ galleta v *de coco*
kokosmat felpudo m *de fibra de coco*
kokosnoot coco m
koksmaat pinche m *de cocina*
koksmuts gorro m *de cocinero*
koksschool escuela v *de cocina*
kolder locura v; tontería v ▼ de ~ in de kop hebben *estar loco perdido*
kolenboer carbonero m
kolendamp tufo m *del carbón*
kolenmijn mina v *de carbón*
kolere • → **klere**
kolf • fles *cucúrbita* v • handvat van vuurwapen *culata* v • PLANTK. *espiga* v; ⟨v. maïs⟩ *panocha* v
kolibrie picaflor m; *colibrí* m
koliek cólico m
kolk • draaikolk *remolino* m • sluisruimte *cámara* v *de esclusa*
kolken remolinarse
kolom • pilaar *columna* v; *pilar* m • vak met tekst/cijfers *columna* v; ⟨leeg/open⟩ *casilla* v
kolonel coronel m
koloniaal I BNW *colonial* ★ handel in koloniale waren *comercio* m *de ultramarinos* **II** ZN [de] *soldado* m *colonial*
kolonialisme colonialismo m
kolonie colonia v
kolonisatie colonización v
koloniseren colonizar
kolonist colono m
kolos coloso m
kolossaal colosal; tremendo

kolven *sacar la leche*
kom • bak, schaal *tazón* m; *escudilla* v; *cuenco* m; ⟨waskom⟩ *lebrillo* m; ⟨waskom⟩ *jofaina* v • deel van gemeente *centro* m *urbano*; *casco* m
komaan *¡vamos!*; *¡anda!*
komaf ★ van goede ~ *de buena alcurnia*; *de buena familia* ★ van hoge ~ *de ilustre cuna* ★ van Brabantse ~ *de origen brabanzón* ★ van lage ~ *de condición humilde*
kombuis fogón m; *cocina* v
komediant comediante m/v; actor m [v: actriz] [v mv: actrices]
komedie • blijspel *comedia* v • schijnvertoning *comedia* v; *farsa* v ★ hij speelt altijd ~ *es un farsante* • schouwburg *teatro* m
komeet cometa m
komen • zich begeven ⟨naar de spreker toe⟩ *venir*; [ie, i] ⟨v. de spreker af⟩ *ir* ★ kom hier! *¡ven acá!* ★ hij kwam aan tafel zitten *vino a sentarse a la mesa* ★ naar huis ~ *volver a casa* ★ ~ aanlopen *venir corriendo* ★ ik kom de boeken afhalen *vengo a por los libros* • gebeuren, beginnen ★ er kwam onweer *se levantó una tormenta* • veroorzaakt zijn ★ hoe komt dat? *¿cómo es eso?*; *explícamelo* • ~ achter *llegar a saber* ★ achter de waarheid ~ *llegar a conocer la verdad*; *enterarse de la verdad* • ~ bij ★ daar komt nog bij dat *hay que añadir que ...* ★ hoe kom je erbij? *¿cómo se te ocurre?* • ~ op zich herinneren ★ ik kan er niet op ~ *no caigo* • ~ op bedenken *dar en una cosa*; *ocurrírsele algo a una persona* • ~ te [+ infin.] ★ ~ te sterven *morirse* [ue, u] ★ ~ te vallen *caerse* • ~ tot ★ hij komt niet tot een besluit *¡no ata ni desata!* ★ ik kom tot niets *no llego a hacer nada* ★ het kwam tot een gevecht *se produjo un conflicto* • ~ van als uitkomst hebben ★ dat komt ervan *ahí lo tienes*; *ahí lo ves* ★ dat komt ervan, als ... *así sucede, cuando ...* ★ het is er niet van ge~ *no hubo tiempo para ello*
komend próximo; que viene
komfoor hornillo m; *infiernillo* m
komiek I ZN [de] *cómico* m **II** BNW *cómico*; *jocoso*
komijn comino m
komijnekaas queso m *con cominos*
komijnzaad semilla v *de comino*
komisch cómico
komkommer pepino m
komkommersalade ensalada v *de pepino*
komkommertijd estación v *muerta*; *época* v *de estancamiento del comercio*; *época* v *de paralización veraniega*
komma coma v
kommer disgusto m; *miserias* v mv
kompas brújula v
kompasnaald aguja v *de la brújula*; *saetilla* v; *aguja* v *de marcar*
kompasrichting rumbo m
kompres compresa v; *cabezal* m
komst venida v; *llegada* v ★ op ~ *en puertas*; *a punto de llegar*
komvormig cóncavo
konfijten confitar
konijn conejo m; ⟨jong⟩ gazapo m; ⟨wild⟩ conejo

m *de monte*
konijnenhok *conejar* m
konijnenhol *conejera* v
koning *rey* m ★ de ~ en de ~in *los reyes* ★ iem. als een ~ behandelen *tratar a u.p. a cuerpo de rey* ▼ de Drie Koningen *los Reyes Magos*
koningin *reina* v
koningin-moeder *reina* v *madre*
Koninginnedag *día* m *de la reina*
koningschap *dignidad* v *real*; *realeza* v
koningsgezind *realista*; *monárquico*
koningshuis *dinastía* v; *casa* v *real*
koninklijk • van een vorstelijk persoon *real*; *regio* • FIG. *regio*; *majestuoso*; *espléndido*
koninkrijk *reino* m
konkelaar *intrigante* m; *enredador*
konkelen *intrigar*; *enredar*
konkelfoezen • smoezen *inventar patrañas* • samenzweren *intrigar*; *enredar*
kont *culo* m ▼ de kont tegen de krib gooien *ponerse tozudo* ▼ je kunt er je kont niet keren *estar de bote en bote* ▼ ergens zijn kont indraaien *conseguir* [i] *meter la nariz en un sitio* ▼ ergens zijn kont uitdraaien *lograr desembarazarse de algo* ▼ op zijn kont liggen *estar paralizado* ▼ iem. een kontje geven *darle un empujoncito en el trasero a u.p.*
kontlikker *lameculos* m [mv: *lameculos*]
kontzak *bolsillo* m *trasero*
konvooi *convoy* m ★ onder ~ varen *navegar en convoy*
kooi • dierenhok ⟨met tralies⟩ *jaula* v; ⟨v. schapen⟩ *redil* m ⟨v. slaapplaats⟩ *coy* m
kooien *enjaular*; ⟨v. vee⟩ *apriscar*
kook *hervor* m; *ebullición* v ★ aan de kook brengen *hervir* [ie, i] ★ aan de kook zijn *estar hirviendo* ▼ van de kook zijn *estar confuso*
kookboek *libro* m *de cocina*
kookcursus *curso* m *de cocina*
kookkunst *arte* m *culinario*
kookplaat *placa* v *eléctrica*
kookpunt *punto* m *de ebullición*
kookwekker *avisador* m *(de cocina)*
kool • groente *col* m ★ witte kool *repollo* m ★ rode kool *col* v *lombarda* ★ steenkool *carbón* m; *hulla* v ★ met kool zwartmaken *carbonar* ★ met kool tekenen *dibujar al carbón* ★ tot kool worden *carbonizar* ▼ iem. een kool stoven *jugar* [ue] *una mala partida a u.p.* ▼ groeien als kool *darse bien*; *desarrollarse bien* ▼ op hete kolen zitten *estar sobre ascuas*; *arder de impaciencia*
kooldioxide *dióxido* m *de carbono*
koolhydraat *hidrato* m *de carbono*
koolmees *paro* m *carbonero*
koolmonoxide *monóxido* m *de carbono*
koolmonoxidevergiftiging *intoxicación* v *por monóxido de carbono*
koolraap *colinabo* m
koolstof *carbono* m
koolstofverbinding *compuesto* m *carbónico*
koolwaterstof *hidrocarburo* m
koolwitje *mariposa* v *de la col*
koolzaad • plant *colza* v • zaad *colina* v
koolzuur *ácido* m *carbónico*
koolzuurhoudend *gaseoso*

koon *mejilla* v; *carrillo* m
koop *compra* v; *adquisición* v ★ te koop *se vende* ★ koop en verkoop *compraventa* v ★ te koop aanbieden *ofrecer en venta* ★ een goede koop doen *hacer buen negocio*; *hacer una ganga* ★ de koop werd gesloten op 7000 euro *la compra se ajustó en 7000 euros* ★ iets door koop verkrijgen *adquirir* [ie] *u.c.* ★ met iets te koop lopen *pregonar u.c.*; *ostentar u.c.* ▼ op de koop toe nemen *tomarlo todo tal cual es* ▼ weten wat er in de wereld te koop is *saber lo que pasa en el mundo*
koopakte *acta* v *de compraventa*
koopavond ★ het is vanavond ~ *hoy las tiendas no cierran hasta las 21.00 horas*
koopcontract *contrato* m *de compra*
koophandel *comercio* m
koophuis *vivienda* v *de compra*
koopje *ganga* v ★ daar heb ik een ~ aan gehad *ha sido regalado* ★ op ~s uit zijn *andar a la caza de gangas*
koopkracht *capacidad* v *adquisitiva*
kooplustig *deseoso de comprar* ★ weinig ~ *sin ganas de comprar*
koopman *negociante* m/v; *comerciante* m/v
koopmanschap *comercio* m
koopmansgeest *espíritu* m *comercial/mercantil*
koopovereenkomst *contrato* m *de compraventa*
koopsom *precio* m *de compra*
koopsompolis *póliza* v *de seguro con prima única*
koopvaardij *marina* v *mercante*
koopvaardijschip *buque/barco* m *mercante*
koopwaar *mercancía* v
koopziek *extremadamente aficionado a comprar* ★ haar zus is ~ *su hermana está loca por comprar*
koor *coro* m ★ in koor *a coro*
koord *cuerda* v; *cordón* m; *cordel* m ▼ dansen op het slappe ~ *andar en la cuerda floja*
koorddansen *bailar en la cuerda floja*
koorddanser *funámbulo* m; *equilibrista* m/v
koorde *subtensa* v
koorknaap • koorzanger *niño* m *de coro* • misdienaar *monaguillo* m; *acólito* m
koormuziek *música* v *coral*
koorts *fiebre* v; *calentura* v ★ ~ hebben *tener fiebre* ★ hoge ~ hebben *tener fiebre alta*
koortsachtig *febril*
koortsthermometer *termómetro* m *clínico*
koortsuitslag *calentura* v
koortsvrij *sin fiebre*
koorzang • het zingen *canto* m *coral* • lied *coro* m
koosjer *según los preceptos judíos* ★ niet ~ zijn *no estar en regla*
koosnaam *apodo* m *cariñoso*
kootje *falange* v
kop • bovenste deel *cabeza* v ★ de kop van een lucifer *la cabeza de una cerilla* ★ kop van een golf *cresta* v • voorste deel *cabeza* v ★ aan de kop van het peloton *a la cabeza del pelotón* ★ op kop liggen *llevar la delantera* • hoofd *cabeza* v; *testa* v; INFORM. *coco* m ★ een rooie kop krijgen *ruborizarse*; *ponerse colorado como una amapola* • aanwezige ★ de koppen

kopbal–kornuit

tellen *contar las cabezas* • verstand *cabeza* v; *intelecto* m ★ een knappe kop *una gran cabeza* ▼ koppie koppie hebben *tener mucha cabeza* • kom *taza* v ★ kop en schotel *taza y platillo* ★ een kopje thee *una taza de té* • opschrift *titular* m; *encabezamiento* m ★ een pakkende kop *un titular persuasivo* ▼ kop op! *¡cara al viento!* ▼ op de kop af *justamente; cabalmente; exactamente* ▼ het is op de kop af tien uur *son las diez en punto* ▼ iem. op zijn kop geven *zurrarle a u.p.; darle una paliza a uno; darle un jabón a alguien* ▼ op zijn kop krijgen *sufrir una reprimenda* ▼ op zijn kop staan *estar patas arriba* ▼ iets op de kop tikken *conseguir u.c.* ▼ alles op zijn kop zetten *dejarlo todo revuelto; revolverlo todo* ▼ iem. op zijn kop zitten *vejar a uno; atormentar a uno; tiranizar a uno* ▼ over de kop gaan *dar una vuelta de campana; quebrar* [ie]; *capotar* ▼ de koppen bij elkaar steken *juntar cabezas* ▼ houd je kop! *¡cállate!* ▼ iem. een kopje kleiner maken *cortarle el cuello/la cabeza a u.p.* ▼ de kop indrukken *reprimir; sofocar; suprimir; cortar las alas (a)* ▼ er zit kop noch staart aan *no tener pies ni cabeza; no tener ton ni son* ▼ zijn kop ophouden *no desanimarse; no perder* [ie] *su buen humor* ▼ kop of munt gooien *echar la cara o cruz*
kopbal *cabezazo* m; ⟨op doel⟩ *remate* m *de cabeza*
kopduel *duelo* m *en el aire*
kopen *comprar; adquirir* [ie] ★ iets van iem. ∼ *comprarle a u.p. u.c.*
Kopenhagen *Copenhague* m
koper I ZN [de] *comprador* m **II** ZN [het] • metaal *cobre* m ★ geel ∼ *latón* m; *cobre* m *amarillo* ★ rood ∼ *cobre* m *puro* • MUZ. *bronce* m
koperblazer *músico* m *que toca un instrumento de cobre* ★ de ∼s *el metal*
koperdraad *alambre* m *de cobre*
koperen *de cobre; cobreño*
kopergravure *grabado* m *en cobre*
kopermijn *mina* v *de cobre*
koperpoets *pulimento* m *de cobre*
koperslager *calderero* m *que trabaja el cobre*
kopgroep *pelotón* m *de cabeza*
kopie *copia* v
kopieerapparaat *copiadora* v
kopieermachine *(foto)copiadora* v
kopieerpapier *papel* m *de copia*
kopiëren *copiar*
kopij *original* m *de imprenta*
kopjduikelen • → **koppeltjeduikelen**
kopje-onder *con la cabeza bajo el agua* ★ hij ging ∼ *se hundió*
koplamp *faro* m
koploper *corredor* m *en cabeza*; ⟨bij paardenraces⟩ *caballo* m *de cabeza*
koppel I ZN [de] riem *cinturón* m **II** ZN [het] • paar *pareja* v ★ het jonge ∼ *los novios* • groep ⟨v. lastdieren⟩ *yunta* v; ⟨v. honden⟩ *traílla* v; ⟨v. vogels⟩ *bandada* v • NATK. *par* m
koppelaar *alcahuete* m
koppelbaas *reclutador* m *de mano de obra*
koppelen • vastmaken *acoplar; conectar*; ⟨v. wagons⟩ *enganchar* • samenbrengen *parear; embragar*
koppeling • het verbinden *acoplamiento* m; ⟨v. wagons⟩ *enganche* m • auto-onderdeel ⟨v. auto⟩ *embrague* m ★ de ∼ op laten komen *soltar* [ue] *el embrague*
koppelingsplaat *plato* m *de embrague*
koppelteken *guión* m
koppeltjeduikelen *dar la vuelta de campana*
koppelverkoop *venta* v *condicionada*
koppelwerkwoord *verbo* m *copulativo*
koppen *rematar de cabeza*
koppensnellen • onthoofden *caza* v *de cabezas* • verantwoordelijken zoeken *buscar cabezas de turco*
koppiekoppie I TW *muy listo* **II** ZN [het] ▼ ∼ hebben *tener coco*
koppig I BNW • halsstarrig *obstinado; testarudo; cabezudo* • sterk ⟨v. wijn⟩ *cabezudo* **II** BIJW *con obstinación; con empeño*
koppijn *dolor* m *de cabeza*
koppoter *cefalópodo* m
kopregel *línea* v *de encabezamiento*
koprol *voltereta* v
kopschuw ⟨schichtig⟩ *espantadizo*; ⟨argwanend⟩ *desconfiado*; ⟨argwanend⟩ *suspicaz*
kopspijker *tachuela* v; *broca* v
kopstation *estación* v *de cabeza*
kopstem *falsete* m
kopstoot *cabezazo* m
kopstuk *cabeza* v; *gerifalte* m; *líder* m ★ de ∼ken van de partij *los líderes del partido*
kopt *copto* m
koptelefoon *auriculares* m mv
Koptisch *copto* m
koptisch *copto; cóptico*
kop-van-jut • kermisattractie *cabeza* v *de turco* • FIG. zondebok ★ als ∼ dienen *servir de chivo expiatorio*
kopzorg *quebraderos* m mv *de cabeza* ★ zich ∼en over iets maken *cavilar sobre u.c.; romperse la cabeza sobre u.c.; descalabazarse sobre u.c.*
koraal • MUZ. *canto* v *coral* • BIOL. *coral* m
koraalrif *arrecife* m *de coral*
koralen *de coral*
Koran *corán* m
koran *corán* m
kordaat *resuelto; decidido*
kordon *cordón* m
Korea *Corea* v
Koreaan *coreano* m
Koreaans *coreano*
koren *grano* m; *trigo* m ▼ dat is ∼ op zijn molen *le viene de perillas; es agua para su molino*
korenaar *espiga* v
korenblauw *azul* m *aciano*
korenbloem *aciano* m
korenschuur *granero* m
korf *canasta* v
korfbal *tipo* m *de baloncesto*
Korfoe *Corfú* m
korhoen *gallo* m *lira*
koriander *culantro* m; *cilantro* m; *coriandro* m
kornet • MUZ. *corneta* v • MIL. *abanderado* m
kornuit *compañero* m

korporaal *cabo* m
korps *cuerpo* m
korpsbeheerder *director* m *general del cuerpo de policía*; *jefe* m/v *de policía*
korpscommandant *comandante* m/v *del cuerpo*
korrel *grano* m
korrelig *granular*
korset *corsé* m
korst *corteza* v; ⟨v. wond⟩ *costra* v
korstmos *liquen* m
kort I BNW • niet uitgestrekt van afmeting *corto* ★ kort en dik *regordete* ★ korter maken *acortar* ★ kort haar hebben *llevar el pelo corto* ★ zijn haar kort laten knippen *cortarse el pelo al rape* • niet lang durend *breve* ★ na korte tijd *al poco rato* ★ binnen de kortste tijd *lo más pronto posible* ★ we zullen het kort maken *seremos breves* ★ maak het kort! *¡acaba de una vez!*; *¡sé breve!* ★ sinds kort *desde hace poco* • beknopt *conciso*; *sucinto* ★ kort en bondig *conciso* ▼ iem. kort houden *atar corto a u.p.* **II** BIJW *poco* ★ om kort te gaan *para abreviar*; *en resumen* ★ kort voor *poco antes de* ★ kort daarop *poco después* ★ kort na zijn aankomst *a poco de su llegada* ★ kort geleden *hace poco* ★ tot voor kort *hasta hace poco* ★ sinds kort *desde hace poco* ★ in het kort *en resumidas cuentas* ▼ kort en bondig *sin rodeos*; *en pocas palabras*; *sucintamente*
kortaangebonden *irascible*
kortademig *asmático*; *disneico*
kortaf I BNW *seco*; *brusco* **II** BIJW *secamente* ★ ~ zeggen *decir* [i] *secamente*
kortebaanwedstrijd *carrera* v *de patinaje sobre distancias cortas*
kortegolfontvanger *receptor* m *de onda corta*
korten • korter maken *acortar* ★ de tijd ~ *pasar el tiempo*; *matar el tiempo* • inhouden *descontar* [ue]
kortetermijnplanning *financiación* v *con plazos cortos*
kortharig *de pelo corto*
korting *descuento* m; *rebaja* v
kortingkaart *tarjeta* v *de descuento*
kortingsbon *vale* m *de descuento*
kortlopend *a corto plazo* ★ ~ krediet *crédito a corto plazo*
kortom *en una palabra*
kortsluiten *desconectar por cortacircuito* ▼ het overleg ~ *solucionar la deliberación*
kortsluiting *cortocircuito* m
kortstondig *breve*; *de breve duración*
kortweg • kort gezegd *sin rodeos* • eenvoudigweg *simplemente*
kortwieken *alicortar* ▼ iem. ~ *cortar las alas a alguien*
kortzichtig *miope*; *de corta visión*
korzelig ⟨lichtgeraakt⟩ *irascible*; ⟨lichtgeraakt⟩ *irritable*; ⟨humeurig⟩ *malhumorado*
kosmisch *cósmico*
kosmologie *cosmología* v
kosmonaut *cosmonauta* m
kosmopoliet *cosmopolita* m/v
kosmopolitisch *cosmopolita*
kosmos *cosmos* m

Kosovo *Kosovo* m
kost • voedsel *alimentación* v ★ stevige kost *alimentación nutritiva* • dagelijkse voeding *sustento* m; *hospedarse en casa de u.p.*; *entrar de huésped en u.p.* ★ kost en inwoning *casa y comida*; *comida y alojamiento*
• levensonderhoud *sustento* m ★ de kost verdienen *ganarse la vida* • uitgaven [meestal mv] *coste* m; *costo* m ★ kosten, verzekering en vracht *coste, seguro y flete*; *CIF* ★ kosten koper *los gastos corren por cuenta del comprador* ★ de gemaakte kosten *los gastos hechos* ★ op eigen kosten *a propias expensas* ★ op gemeenschappelijke kosten *a cuenta común*; *a coste* ★ op iemands kosten leven *vivir a (las) expensas de u.p.* ★ tegen geringe kosten *a precio bajo* ★ ten koste van *a expensas de* ★ ten koste van een ander *a costa ajena* ★ de kosten begroten *hacer un presupuesto* ★ de kosten dragen *pagar los gastos* ★ ik draag de kosten *los gastos corren por mi cuenta* ★ de kosten eruithalen *cubrir los gastos* ▼ dat is andere kost *es harina de otro costal*
kostbaar • duur *caro* • veel waard *precioso* ★ ~ zijn *valer*
kostbaarheden *objetos* m mv *de valor*
kostelijk *precioso*; *delicioso*; ⟨grappig⟩ *divertido*
kosteloos *gratuito*
kosten I ON WW *costar* [ue]; *estar a* ★ wat kost dat? *¿cuánto cuesta?* ★ het kost me veel moeite *me cuesta mucho trabajo* ★ de aardappelen ~ 2 euro *las patatas están a dos euros* **II** DE MV • → **kost**
kostenbesparing *ahorro* m
kostendekkend *rentable*
kostenstijging *aumento* m *de coste*
koster *sacristán* m
kostganger *huésped* m/v
kostgeld *pensión* v; *pupilaje* m
kosthuis *casa* v *de huéspedes*; *pensión* v
kostprijs *precio* m *de costo*
kostschool *internado* m; *pensionado* m
kostuum *traje* m; ⟨voor dames⟩ *traje* m *(de chaqueta)* ★ zondags ~ *traje de fiesta* ★ een driedelig ~ *un traje de tres piezas*
kostuumfilm *película* v *cotidiana*; *filme* m *cotidiano*
kostwinner *sostén* m *de la familia*
kostwinning *sostén* m ★ een ~ hebben *ganarse la vida*
kot • hok ⟨voor hond⟩ *perrera* v; ⟨voor varkens⟩ *pocilga* v • krot *casucha* v
kotelet *chuleta* v
koter *crío* m
kots *vómito* m
kotsen • braken *vomitar* • walgen *sentir (ie,i) asco* ★ het is om van te ~ *da asco*; *da náuseas*
kotsmisselijk *muy mareado*
kotter *lancha* v
kou • koude *frío* m • verkoudheid *resfriado* m; *catarro* m; *constipado* m
koud • niet warm *frío* ★ het is koud *hace frío* ★ het koud hebben *tener frío* ★ zij heeft het erg koud *está helada* ★ ik krijg het koud *me entra frío* ★ koud worden *enfriarse* [i];

koudbloedig–krakkemikkig

refrescar ★ erg koud *helado* • zonder gevoel *frío*; *helado*; *indiferente*; *tieso* ★ dat laat me koud *me tiene sin cuidado*; *me deja frío*; *me es indiferente* • dood ★ iem. koud maken *dejar seco a u.p.*; *dejar tieso a u.p.* ★ koud maken *enfriar* ▼ ik word er koud van *me da escalofríos*
koudbloedig *de sangre fría*
koude • → **kou**
koudegolf *ola* v *fría*; *ola* v *de frío*
koudgeperst *prensado en frío*
koudvuur *gangrena* v
koudwatervrees *temor* m *exagerado al agua fría*
koufront *frente* m *frío*
koukleum *friolero* m
kous • kledingstuk *media* v; ⟨sok⟩ *calcetín* m • lampenpit *mechero* m; *mecha* v ▼ de kous op de kop krijgen *quedarse a la luna de Valencia* ▼ en daarmee is de kous af *y sanseacabó*
kousenband *jarretera* v; *liga* v
kousenvoet ★ op ~en lopen *andar descalzo* ▼ FIG. op ~en lopen *andar sin hacer ruido*
koutje *resfriado* m
kouvatten *constiparse*; *coger frío*; *resfriarse*
kouwelijk *friolento*; *friolero*
Kozak *cosaco* m
kozijn *bastidor* m; *marco* m
kraag *cuello* m; ⟨v. vogels⟩ *golilla* v ★ bont~ *cuello de visón* ★ de ~ van zijn jas opzetten *subir el cuello del abrigo* ▼ iem. in zijn ~ vatten *agarrar a alguien por el cuello*
kraai *corneja* v; *chova* v
kraaien *cacarear*; *cantar*
kraaiennest • nest van kraai *nido* m *de chova* • SCHEEPV. uitkijkpost *gavia* v
kraaienpootjes *patas* v mv *de gallo*
kraak • gekraak *crujido* m • inbraak *golpe* m ★ een ~ zetten *dar un golpe*
kraakactie *ocupación* v *de viviendas*
kraakbeen *ternilla* v; *cartílago* m
kraakbeweging *movimiento* m *de okupas*
kraakhelder *muy limpio*; LIT. *pulquérrimo*
kraakpand *edificio* m *ocupado*
kraal *abalorio* m; *cuentecilla* v
kraaloog ★ zij heeft zwarte ~jes *tiene los ojos negros, pequeños y relucientes*
kraam *barraca* v; *puesto* m ▼ omdat het in zijn ~ te pas komt *porque le conviene*
kraamafdeling *pabellón* m *de maternidad*
kraambed *lecho* m *de parto* ★ in het ~ liggen *estar de parto*
kraambezoek *visita* v *a la mujer que está de parto*
kraamhulp *asistencia* v *de sobreparto*
kraamkamer *sala* m *de partos*
kraamkliniek *clínica* v *de maternidad*
kraamverpleegster *enfermera* v *de maternidad*
kraamverzorgster *ayudante* v *por maternidad a domicilio*
kraamvisite ★ op ~ komen *ir a visitar a la madre y el recién nacido*
kraamvrouw *parturienta* v
kraamzorg *assistencia* v *en el sobreparto*
kraan • tap *grifo* m; ⟨klein⟩ *espita* v • hijskraan

grúa v • uitblinker *águila* m
kraandrijver *conductor* m *de una grúa*
kraanmachinist *maquinista* m/v *de grúa*
kraanvogel *grulla* v
kraanwagen *grúa* v
kraanwater *agua* v *del grifo*
krab • schaaldier *cangrejo* m • schram *arañazo* m
krabbel *garabato* m; *garambainas* v mv
krabbelen I OV WW slordig schrijven *garabatear* II ON WW • krabben *rascarse* • onbeholpen bewegen ★ overeind ~ *levantarse con dificultad*
krabben *rascar*; *arañar* ★ zich achter de oren ~ *rascarse el cogote*
krabber *raspador* m; *rascador* m; *raedera* v
krabcocktail *cóctel* m *de langosta*
krabpaal ≈ *palo* m *para que el gato se afile las uñas*
krach *crac* m ★ de beurs~ *el crac de la bolsa*
kracht • fysiek vermogen *fuerza* v; *vigor* m ★ met volle ~ *a toda fuerza*; *a todo vapor* ★ zijn ~en inspannen om *poner todo su empeño en* ★ ~en sparen *ahorrar energías* ★ met vereende ~en *de común esfuerzo* ★ weer op ~en komen *reponerse*; *recobrar sus fuerzas* ★ met alle ~ *a más no poder* • geldigheid *vigor* m ★ van ~ zijn *estar en vigor* ★ van ~ worden *entrar en vigor* ★ met terugwerkende ~ *con efecto retroactivo* • medewerker *empleado* m ★ een betaalde ~ *un empleado asalariado*
krachtbron *fuente* v *de energía*
krachtcentrale *planta* v *generadora*; *central* v *de fuerza*
krachtdadig *enérgico*; *eficaz*
krachteloos *débil*; *sin fuerza*
krachtens *en virtud de*
krachtig • kracht hebbend *fuerte*; *potente*; *vigoroso*; *enérgico* • werking hebbend *eficaz* ★ een ~ gif *veneno poderoso*
krachtmeting *contienda* v
krachtpatser *jayán* m
krachtproef *prueba* v *de fuerza*
krachtsinspanning *esfuerzo* m
krachtsport *levantamiento* m *de pesos*
krachtterm *palabrota* v
krachttoer *esfuerzo* m *extraordinario*
krachttraining *entrenamiento* m *de fuerza*
krachtveld *campo* m *de fuerza/de acción*
krachtvoer *pienso* m *compuesto concentrado*
krak *crujido* m • krak! *¡crac!*
krakelen *disputar*; *reñir* [i]
krakeling ≈ *rosquilla* v
kraken I OV WW • openbreken *forzar* [ue]; ⟨v. noot⟩ *cascar* • inbreken *forzar* [ue] ★ de brandkast ~ *forzar* [ue] *la caja fuerte* ★ een computer ~ *piratear un ordenador* ★ een pand ~ *ocupar (ilegalmente) una casa* • huis bezetten *ocupar*; INFORM. *okupar* II ON WW geluid maken *crujir*; ⟨bij eten⟩ *ronzar* ★ het bed kraakt *la cama cruje*
kraker • huisbezetter *ocupante* m *ilegal*; INFORM. *ocupa* m • inbreker *ladrón* m; *intruso* m; *ganzúa* v
krakkemikkig *destartalado*

kralengordijn *cortina* v *de cuentas*
kralensnoer *sarta* v / *collar* m *de cuentas*
kram *grapa* v; *laña* v
kramp *espasmo* m; *calambre* m
krampachtig I BNW ● LETT. in een kramp *espasmódico*; *convulsivo* ● FIG. *forzado* II BIJW FIG. *desesperadamente* ★ (zich) ~ vasthouden aan *agarrarse desesperadamente a*
kranig *valiente*; *gallardo*; *bravo* ★ ~e kerels zijn *ser gente de bronce*
krankjorum *loco de remate*; *pirado*
krankzinnig ● geestesziek *alienado*; *loco*; *demente* ● onzinnig *loco* ★ wat een ~ idee! *¡qué locura!*
krankzinnigengesticht *manicomio* m
krans ● gevlochten ring *corona* v ● vriendenkring *tertulia* v
kranslegging *ofrenda* v *de una corona*
kransslagader *arteria* v *coronaria*
krant *periódico* m; *diario* m ★ het staat in de ~ *viene en el periódico* ★ zij werkt bij de ~ *trabaja en la prensa*
krantenartikel *artículo* m *periodístico*; *artículo* m *de prensa*
krantenbericht *notícia* v *de prensa*
krantenjongen *chico* m *que reparte los periódicos*
krantenknipsel *recorte* m *(de periódico)*
krantenkop *titular* m
krantenwijk *barrio* m *de un repartidor de periódicos*
krap I BNW ● nauw *estrecho*; *apretado* ● karig *escaso* ★ zij hebben het krap *andan mal de dinero*; *tienen poco dinero* II BIJW ● met een tekort ★ krap zitten *tenerlo justo* ● amper *apenas*
kras I ZN [de] haal *rascadura* v; *arañazo* m; *rasguño* m II BNW ● vitaal *recio* ● drastisch *vigoroso* ★ een krasse maatregel *una medida vigorosa* ● opmerkelijk ★ dat is kras! *¡qué fuerte!*
kraslot *billete* m *(a raspar)*
krassen ● krassen maken *rayar* ● geluid maken *rechinar*; ⟨v. vogel⟩ *graznar*; ⟨op viool⟩ *rascar*
krat *caja* v
krater *cráter* m
krats ★ iets voor een (habbe)~ kopen *comprar algo por casi nada*
krediet *crédito* m ★ blanco ~ *crédito en blanco* ★ op ~ kopen *comprar a crédito*; *comprar al fiado*
kredietbank *banco* m *de crédito*
kredietwaardig *solvente*
Kreeft *Cáncer* m
kreeft *cangrejo* m; ⟨zeekreeft⟩ *langosta* v ▼ zo rood als een ~ *rojo como un cangrejo*
kreeftengang *marcha* v *del cangrejo*
Kreeftskeerkring *trópico* m *de Cáncer*
kreek *caleta* v; *ensenada* v
kreet *grito* m; *chillido* m; ⟨v. pijn, schrik, woede⟩ *alarido* m ★ luide kreten uitstoten *lanzar gritos*
krekel *grillo* m; *cigarra* v
Kremlin *Kremlin* m
kreng ● kadaver *carroña* v ● rotmens *arpía* v; *bruja* v

krengerig *malicioso*
krenken *herir* [ie, i]; *ofender*; *injuriar* ★ diep ~ *dar en lo vivo*
krenking *ofensa* v; *injuria* v; *agravio* m
krent *pasa* v *de Corinto*
krentenbol *bollo* m *con pasas*
krentenbrood *pan* m *de pasas*
krentenkakker *roñica* m
krenterig *avaro*; *cicatero*; *tacaño*
Kreta *Creta* v
kretologie *palabrería* v
kreukel *arruga* v ★ in de ~s destrozado
kreukelen *arrugar(se)*
kreukelig *arrugado*
kreukelzone *zona* v *de amortiguación del choque*
kreuken *arrugar(se)*
kreukherstellend *que se recupera de las arrugas*
kreukvrij *inarrugable*, ⟨op opschrift⟩ *que no se arruga*
kreunen *gemir* [i]
kreupel *cojo*; *claudicante* ★ ~ lopen *cojear* ★ ~ worden *encojarse*
kreupelhout *monte* m *bajo*
krib ● voederbak *pesebre* m ● bedje van Jezus *catre* m
kribbig *irascible*; *irritable*; *enojadizo* ★ ~ zijn *estar de punta*; *tener malas pulgas*
kriebel *cosquillas* v mv ★ de ~s krijgen *ponerse nervioso*
kriebelen I OV WW ● kietelen *hacer cosquillas* ● klein schrijven *garabatear* II ON WW jeuken *picar*; *dar comezón*; *cosquillear*
kriebelhoest *tos* v *de garganta*
kriebelig ● klein geschreven *apretado* ● kregel *irritable*
kriegel *quisquilloso*; *irritado*
kriek *guinda* v ▼ zich een ~ lachen *desternillarse de risa*
krieken *apuntar*; *despuntar* ★ bij het ~ van de dag *al despuntar el día*; *al ser de día*
kriel *enano* m
krielaardappel ≈ *patata* v *pequeña y redonda*
krielkip *gallina* v *pigmea*
krieltje ≈ *patata* v *pequeña y redonda*
krijgen ● ontvangen *recibir* ★ cadeau ~ *recibir de regalo* ★ hij heeft het van mij gekregen *se lo he regalado* ★ hij kreeg een brief *recibió una carta* ★ wat kan ik te eten ~? *¿qué hay de comer?* ● verkrijgen *adquirir* [ie]; *conseguir* [i] ★ ik krijg geen gehoor *no responde nadie* ★ er zijn geen plaatsbewijzen te ~ *están agotadas las entradas* ★ waar kan ik dat ~? *¿dónde puedo conseguirlo?* ★ gelijk ~ *tener razón* ★ iets onder de knie ~ *entender* [ie] *u.c.* ★ zij kreeg haar zin *lo consiguió* ● getroffen worden door ★ een ongeluk ~ *tener* [ie] *un accidente* ★ een ziekte ~ *coger una enfermedad* ● oplopen *coger* ● grijpen *pillar*; *agarrar*; *coger* ★ ik zal je wel ~! *¡no me escaparás!*; *¡ya me lo pagarás!* ● in toestand komen ★ het te kwaad ~ *no poder* [ue] *dominarse* ★ ik krijg honger *empiezo a tener hambre* ★ ik krijg slaap *me está entrando el sueño* ★ ik krijg het warm *empiezo a sentir calor* ★ een kleur ~ *sonrojarse* ★ spijt ~ *arrepentirse* [ie] ★ natte voeten ~

mojarse los pies • in toestand brengen *conseguir* [i] ★ iets voor elkaar ~ *conseguir algo* ★ verlof ~ *conseguir permiso* ★ iem. aan het praten ~ *conseguir que u.p. hable* ★ te pakken/spreken ~ *pillar*; *coger*; *agarrar*
krijger *guerrero* m
krijgertje ★ ~ spelen *jugar* [ue] *a pillapilla*
krijgsdienst *servicio* m *militar*
krijgsgevangene *prisionero* m *de guerra*
krijgsgevangenschap *cautiverio* m
krijgshaftig *guerrero*; *belicoso*
krijgsheer *guerrero* m
krijgslist *estratagema* v; *ardid* m
krijgsmacht *fuerzas* v mv *armadas*
krijgsraad • militaire rechtbank *tribunal* m *militar* • vergadering *consejo* m *de guerra*
krijgszuchtig *belicoso*
krijsen *gritar*; *vocear*; *chillar*
krijt • kalksteen *creta* v • periode *Cretáceo* m ▼ bij iem. in het ~ staan *estar en deuda con u.p.* ▼ in het ~ treden *saltar a la palestra*
krijtje *tiza* v
krijtstreep *raya* v *de tiza*
krijttekening *dibujo* m *al lápiz*
krijtwit *muy pálido*
krik *gato* m
krill *especie* v *de plancton*
krimi (film) *película* v *policíaca*; (roman) *novela* v *policíaca*
krimp *encogimiento* m ▼ geen ~ geven *no conceder nada*
krimpen • kleiner worden *encoger* • samentrekken ★ ~ van de kou *encogerse de frío*
krimpvrij *que no encoje*
kring • cirkel *círculo* m; *cerco* m; (v. mensen) *corro* m ★ in een ~ gaan staan *formar corro* • sociale groep *ambiente* m; *esfera* v ★ de hogere ~en *la alta sociedad* • omgeving *ambiente* m ★ iets voor brede ~en toegankelijk maken *poner u.c. al alcance de todos* ★ in brede ~en van de bevolking *entre vastos sectores de la población* • wal onder oog *ojeras* v mv
kringelen (v. rook) *hacer volutas*; (v. weg) *serpentear*
kringgesprek *mesa* v *redonda*
kringloop • het rondgaan *movimiento* m *circulatorio* • cyclus *ciclo* m
kringlooppapier *papel* m *reciclado*
kringloopwinkel *tienda* v *de artículos usados/de segunda mano*
kringspier *músculo* m *orbicular*
krinkelen *serpentear*
krioelen • door elkaar bewegen *hormiguear* • ~ van *hervir* [ie, i] *de*; *abundar en*
kris *cris* m
kriskras *en todas las direcciones*
kristal *cristal* m
kristalhelder *cristalino*; *límpido*
kristallen *de cristal*
kristallisatiepunt *punto* m *de cristalización*
kristalliseren *cristalizar*
kristalsuiker *azúcar* m *blanco*
kritiek I ZN [de] oordeel *crítica* v ★ beneden alle ~ *inferior a todas las críticas* ★ ~ uitoefenen *ejercer críticas (op sobre)* II BNW • beslissend *crítico* • hachelijk *crítico*; *delicado*
kritiekloos *sin crítica*
kritisch *crítico*
kritiseren *criticar*
Kroaat *croata* m/v
Kroatië *Croacia* v
Kroatisch *croata*
krocht *cripta* v; *gruta* v; *caverna* v
kroeg *tasca* v; *taberna* v; INFORM. *bareto* m
kroegbaas *tabernero* m
kroegentocht *bareo* m ★ op ~ gaan *ir de copeteo*; *ir de copas*
kroegloper *tumbacuartillos* m
kroelen *enrollarse*
kroep *crup* m; *garrotillo* m
kroepoek *krupuk* m mv
kroes I ZN [de] • mok *tazón* m • smeltkroes *crisol* m II BNW *crespo*; *encrespado*
kroeshaar *pelo* m *crespo*
kroeskop *pelo* m *crespo*
kroezen *rizarse*; *ondularse*
krokant *crujiente*
kroket *croqueta* v
krokodil *cocodrilo* m
krokodillentranen *lágrimas* v *de cocodrilo*
krokus *croco* m
krokusvakantie *vacaciones* v mv *por carnavales*
krols *en celo*
krom *corvo*; *torcido*; (v. mens) *encorvado*; (bochtig) *tortuoso*; (boogvormig) *arqueado*; (haakvormig) *ganchudo* ▼ zich krom lachen *retorcerse* [ue] *de risa*; *desternillarse de risa*
kromliggen *vivir austeramente (por falta de dinero)*
kromme *curva* v
krommen *torcer* [ue]; *encorvar*; *arquear*
kromming *curva* v; *revuelta* v; *sinuosidad* v
kromtrekken *torcerse* [ue]
kronen *coronar*
kroniek *crónica* v
kroning *coronación* v
kronkel *torcedura* v; (in rivier) *meandro* m
kronkelen (v. weg/rivier) *serpentear*; (v. weg/rivier) *culebrear*; (v. pijn) *retorcerse* [ue]
kronkelig *tortuoso*; *sinuoso*
kronkeling *torcedura* v
kronkelpad *camino* m *serpenteante*
kronkelweg *camino* m *torcido*
kroon • hoofdbedekking *corona* v • tandprothese *corona* v • munt *corona* v • bloemkroon *corola* v ★ de ~ spannen *llevarse la palma* ▼ naar de ~ steken *competir* [i]
kroonblad *pétalo* m
kroondomein *patrimonio* m *real*
kroongetuige *testigo* m *principal*
kroonjaar *lustro* m
kroonjuweel *joya* v *de la corona*
kroonkolonie *colonia* v *de la corona británica*
kroonkurk *cápsula* v
kroonluchter *araña* v; *lucera* v
kroonprins *príncipe* m *heredero*
kroonsteentje *clema* v
kroos *lenteja* v *de agua*
kroost *prole* m; *hijos* m mv; *descendientes* m mv
kroot *remolacha* v

krop • stronk groente *repollo* m; *cogollo* m • DIERK. wijde slokdarm *buche* m • ziekte *bocio* m; *papera* v
kropsla *lechuga* v
krot *choza* v; *chabola* v
krottenwijk *barrio* m de *chabolas*
kruid • plant *hierba* v • specerij *especia* v
kruiden *condimentar*; *sazonar*
kruidenazijn *vinagre* m de *hierbas*
kruidenbitter *bíter* m con *hierbas*
kruidenboter *mantequilla* v con *hierbas*
kruidendokter *curandero* m
kruidenier • winkelier *tendero* m • winkel *tienda* v de *comestibles* • gierig, benepen mens *cuentagarbanzos* m [mv: *cuentagarbanzos*]
kruidenierswaren *comestibles* m mv; *ultramarinos* m mv
kruidenierswinkel *tienda* v de *comestibles*
kruidenthee *tisana* v; *infusión* v de *hierbas*
kruidentuin *jardín* m de *hierbas medicinales*
kruidig *sazonado*
kruidje-roer-mij-niet • plantje *mimosa* v *púdica* • persoon *persona* v *muy quisquillosa*
kruidkoek *pan* m de *especias*
kruidnagel *clavo* m
kruien *acarrear*
kruier *mozo* m de *estación*; *maletero* m
kruik • kan *cántaro* m; *botijo* m • warmwaterzak *bolsa* v de *agua caliente*; (fles) *botella* v de *agua caliente* ▾de ~ gaat zo lang te water tot ze breekt *tanto va el cántaro a la fuente que deja el asa o la frente*
kruim • kruimel *miga* v • binnenste van brood *miga* v; *molledo* m
kruimel *miga* v; *migaja* v
kruimeldeeg *masa* v para tarta de poca consistencia
kruimeldief • persoon *sisador* m • handstofzuiger *aspirador* m *recogetodo*
kruimeldiefstal *robo* m de poca monta; *rapacería* v
kruimelen I OV WW tot kruimels maken *migar*; *desmigajar* II ON WW tot kruimels worden *desmigajarse*
kruimelvlaai *pastel* m de *frutas* con *migas*
kruimelwerk *trabajillos* m mv
kruimig *harinoso*
kruin • bovendeel hoofd *coronilla* v; *vértice* m • bovendeel anders ⟨v. berg⟩ *cima* v
kruipen ▾zich voortbewegen *arrastrarse*; *reptar* • onderdanig zijn *arrastrarse ante*; *rebajarse ante*
kruiper *persona* v *rastrera*
kruiperig *servil*; *rastrero*
kruipruimte *espacio* m entre el suelo y los cimientos de una casa
kruis • teken/bouwsel *cruz* v ★ aan het ~slaan *crucificar* ★ aan het ~sterven *morir crucificado* • gebaar *señal* v de la cruz ★ een ~ maken *santiguarse*; *persignarse* • MUZ. verhogingsteken *sostenido* m • lichaamsdeel *horcajadura* v; *entrepierna* v • deel van broek *bragadura* v; *entrepierna* v • zijde van munt *cara* v ★ ~of munt *cara o cruz* • beproeving *calvario* m ▾het Rode Kruis *la Cruz Roja*

kruisband *faja* v; *banda* v
kruisbeeld *crucifijo* m
kruisbes *grosella* v *espinosa*
kruisbestuiving *polinización* v *cruzada*; *alogamia* v
kruisboog • schietboog *ballesta* v • ARCH. *ojiva* v
kruiselings *entrecruzado*
kruisen I OV WW • dwars voorbijgaan *cruzar* ★ elkaar ~ *cruzarse* • BIOL. *cruzar* II ON WW laveren *barloventear*
kruiser *crucero* m
kruisigen *crucificar*; *clavar en la cruz*
kruisiging *crucifixión* v
kruising • kruispunt *cruce* m; *encrucijada* v • bevruchting *cruzamiento* m • resultaat van bevruchting *híbrido* m; *cruce* m
kruiskerk *iglesia* v *cruciforme*
kruiskopschroevendraaier *destornillador* m de *estrella*
kruispunt *cruce* m; *intersección* v; *encrucijada* v
kruisraket *misil* m *crucero*
kruisridder *(caballero)* m *cruzado*
kruissleutel *llave* v de *cuatro vías*
kruissnelheid *velocidad* v de *crucero*
kruisspin *araña* v de *jardín*
kruissteek *punto* m de *cruz*
kruisteken *señal* v de la *cruz*
kruistocht *cruzada* v ★ op ~ gaan *tomar la cruz*
kruisvaarder *cruzado* m
kruisvereniging *asociación* v para la asistencia domiciliaria a enfermos
kruisverhoor *contrainterrogatorio* m ★ iem. een ~afnemen *contrainterrogar u.p.*
kruisweg *vía* m *crucis*
kruiswoordpuzzel *crucigrama* m
kruit *pólvora* v ★ met los ~schieten *tirar con polvo* ▾zijn laatste ~verschieten *quemar el último cartucho*
kruitdamp *humo* m de *pólvora*
kruiwagen • kar *carretilla* v • nuttige relatie *enchufe* m
kruizemunt *menta* v
kruk • stoeltje *taburete* m; *escabel* m • klink *picaporte* m • steunstok *muleta* v • TECHN. *manivela* v
krukas *cigüeñal* m
krukkig • stumperig *torpe* • sukkelend *enfermizo*
krul • haarlok *rizo* m; *bucle* m • houtsnipper *viruta* v
krulandijvie *achicoria* v *cultivada*
krulhaar *pelo* m *rizado*
krullen I OV WW krullen vormen *rizar*; *ensortijar* II ON WW krullen hebben/krijgen *rizarse*; ⟨v. papier⟩ *enroscarse*
krullenbol *rizos* m/v ★ zij heeft een ~ *tiene el pelo rizado*
krulspeld *rulo* m
krultang *rizador* m *para el pelo*
krypton *criptón* m
kst *ipsss!*
kubiek *cúbico* ★ -e meter *metro* m *cúbico*
kubisme *cubismo* m
kubus *cubo* m; *hexaedro* m
kuch *tos* v *seca*

kuchen *toser; carraspear*
kudde • troep dieren *rebaño* m • FIG. menigte *masa* v
kuddedier *animal* m *gregario*
kuddegeest *espíritu* m *gregario; espíritu* m *de rebaño*
kuieren *dar un paseo*
kuif ⟨v. haar⟩ *tupé* m; ⟨v. haar⟩ *copete* m; ⟨v. veren⟩ *copete* m; ⟨v. veren⟩ *penacho* m
kuiken *pollita* v
kuil *hoyo* m; *pozo* m; ⟨in weg⟩ *bache* m ▾ wie een kuil graaft voor een ander, valt er zelf in *quien siembra cizaña más tarde le araña*
kuiltje *hoyuelo* m
kuip *cuba* v
kuiperij • het kuipen *tonelería* v • intrige *intriga* v; *enredo* m; *gatuperio* m
kuipje *barqueta* v; *pote* m *de PVC*
kuipstoel *asiento* m *en forma de concha*
kuis *casto; puro*
kuisen • Z-N schoonmaken *limpiar* • censureren *castigar* • zuiveren *depurar*
kuisheid *castidad* v; *pureza* v
kuisheidsgordel *cinturón* m *de castidad*
kuit • deel van onderbeen *pantorrilla* v • klomp viseitjes *freza* v; *hueva* v ★ kuit schieten *desovar; frezar*
kuitbeen *peroné* m
kuitschieten *desovar*
kuitspier *músculo* m *gemelo*
kukeleku *¡quiquiriquí!*
kukelen *caerse* ★ naar beneden ~ *caerse para abajo*
kul *tonterías* v mv; *pamplinas* v mv
kumquat *naranjita* v *china; kumquat* m; *quinoto* m
kunde *capacità* v [mv: id.]
kundig *experto; hábil; versado; perito*
kundigheid *habilidad* v
kungfu *kung fu* m
kunne *sexo* m ★ van beiderlei ~ *de ambos sexos*
kunnen I HWW mogelijk/wenselijk zijn *poder* [ue] ★ het kan fout lopen *puede salir mal* II OV WW [ook absoluut] *poder* [ue] ★ ik kan niet anders *no me queda más remedio* ★ hij liep wat hij kon *corría todo lo que podía* ★ zo goed ik kon *lo mejor que pude* ★ ik kan er niet bij *no llego; no alcanzo; no llego a entenderlo* ★ buiten iets ~ *poder prescindir de u.c.* ★ er niet over uit ~ *no salir del asombro* ★ ergens niet tegen ~ *no soportar u.c.* ★ niet verder ~ *no poder seguir más* III ON WW mogelijk zijn *ser posible* ★ het kan zijn *es posible; puede ser* ★ hoe kan dat? *¿cómo es posible?* ★ op iets van aan ~ *poder confiar en algo* ▾ hij kan me wat! *¡que le zurzan!* IV ZN [het] *facultad* v; *capacidad* v ★ zijn ~ meten aan *medir [i] sus fuerzas con/en*
kunst • creatieve activiteit *arte* m [mv: v: *las artes*] ★ de schone ~en *las bellas artes* ★ de beeldende ~en *las artes plásticas* ★ de vrije ~en *las artes liberales* ★ ~ met een grote K *arte con mayúscula* ★ ~ met een kleine k *artes menores* • vaardigheid *arte* m [mv: v: *las artes*]; *habilidad* v ★ de ~ van het vissen *el arte de la pesca* ★ zij verstaat de ~ om *tiene el arte para; sabe como* • foefje *truco* m; *juego* m; *artificio* m ★ dat is geen ~ *eso no tiene mérito; cualquiera lo hace* ▾ de zwarte ~ *la nigromancia*
kunstacademie *academia* v *de bellas artes*
kunstbeleid *política* v *en materia de arte*
kunstbezit *patrimonio* m *artístico*
kunstboek *libro* m *de arte*
kunstbont *piel* v *artificial/sintética*
kunstcollectie *colección* v *de arte*
kunstenaar *artista* m/v
kunst- en vliegwerk *tramoya* v ★ hij deed het met ~ *lo hizo por todos los medios y trucos*
kunstgebit *dentadura* v *postiza*
kunstgeschiedenis *historia* v *del arte*
kunstgreep *artificio* m; *truco* m
kunsthandel *comercio* m *de arte*
kunsthistoricus *historiador* m *del arte*
kunstig *ingenioso; hábil; artificioso*
kunstijsbaan *pista* v *de patinaje sobre hielo*
kunstje *artificio* m; *truco* m ★ een hond die ~s kan maken *un perro amaestrado* ▾ een koud ~ *está tirado; no tiene mérito*
kunstkenner *conocedor* m *de arte*
kunstleer *cuero* m *artificial*
kunstlicht *luz* v *artificial*
kunstlievend *aficionado al arte*
kunstmaan *satélite* m
kunstmarkt *mercado* m *de arte*
kunstmatig *artificial*
kunstmest *abono* m *químico; abono* m *artificial; fertilizante* m
kunstminnend *aficionado al arte; amante del arte*
kunstnijverheid *artes* v mv *industriales; artesanía* v
kunstrijden *patinaje* m *artístico*
kunstschaats *patín* m *especial para el patinaje artístico*
kunstschaatsen *patinaje* m *artístico (sobre hielo)*
kunstschilder *pintor* m *artista*
kunstsneeuw *nieve* v *artificial*
kunststof I ZN [de] *plástico* m II BNW *sintético*
kunststuk • KUNST *obra* v *de arte* • meesterwerk *obra* v *maestra*
kunstuitleen *préstamo* m *de obras de arte*
kunstverlichting *iluminación* v *artificial*
kunstverzameling *colección* v *de arte*
kunstvezel *fibra* v *sintética*
kunstwerk *obra* v *de arte*
kunstzinnig *artístico*
kunstzwemmen *natación* v *sincronizada*
kür *ejercicios* m mv *libres; programa* m *libre*
kuren *ponerse en cura; hacer una cura*
kurk I ZN [de] stop *corcho* m; *tapón* m II ZN [het] materie *corcho* m
kurkdroog *muy seco; reseco*
kurken I BNW *de corcho* II OV WW *encorchar; taponar*
kurkentrekker *sacacorchos* m; *tirabuzón* m
kurkuma *cúccuma* v; *azafrán* m *de las Indias*
kus *beso* m ★ hij drukte haar een kus op de mond *le estampó un beso en la boca*
kushand ★ iem. een ~ toewerpen *echar un beso a u.p.*
kussen I ZN [het] ⟨hoofdkussen⟩ *almohada* v;

⟨sierkussen⟩ *cojín* m; ⟨v. meubels⟩ *colchoneta* v ▼ op het ~ komen *llegar al poder* **II** OV WW *besar*; ⟨herhaaldelijk⟩ *besucar*
kussengevecht *pelea* v *de cojines*
kussensloop *funda* v *de almohada*
kust *costa* v; *ribera* v ★ onder de kust *cerca de la costa* ▼ te kust en te keur *a pedir de boca*
kustbewoner *costeño* m
kustgebied *zona* v *costera*
kustlijn *línea* v *de la costa*
kustprovincie *provincia* v *litoral*
kuststreek *litoral* m; *zona* v *costera*
kustvaarder *buque* m *de cabotaje*
kustvaart *navegación* v *costera*; *cabotaje* m
kustwacht *guardia* v *de la costa*
kustwateren *aguas* v mv *costeras*
kut *coño* m
kuub *metro* m *cúbico*
kuur • geneeswijze *cura* v • gril *capricho* m; *antojo* m
kuuroord • badplaats *balneario* m • herstellingsoord *sanatorio* m
kwaad I BNW • boos *enfadado*; *enojado* ★ iem. ~ maken *enojar a u.p.* ★ ~ op iem. zijn *estar disgustado con u.p.*; *andar reñido con u.p.* ★ zij zijn ~ op elkaar *están reñidos*; *están enfadados*; INFORM. *están mosqueadas* ★ ~ worden *enojarse*; INFORM. *subirse a la parra* • slecht *malo*; *maligno* ★ kwade naam *mala* v *fama* ★ kwade tijden *malos tiempos*; *tiempos difíciles* ★ een kwade ziekte *una enfermedad maligna* ★ van kwaad tot erger *de mal en peor* ★ hij is niet zo ~ als hij eruitziet *no es tan fiero el león como lo pintan* ★ niet ~! *¡no está mal!* **II** BIJW • *mal*; *malamente* ★ het was niet ~ bedoeld *no era mala intención* • slecht ★ er ~ aan toe zijn *estar en mala situación* **III** ZN [het] ~ *mal* m ▼ niemand ~ doen *no hacer daño a nadie* ★ er steekt geen ~ achter *no hay malicia* ▼ ~ met ~ vergelden *devolver* [ue] *mal por mal*
kwaadaardig • boosaardig *malicioso*; *maligno* • MED. *pernicioso*
kwaadheid *enojo* m; *cólera* v; *coraje* m
kwaadspreken *maldecir* [i]; *hablar mal*; *decir* [i] *pestes*
kwaadwillig *malévolo*; *malintencionado*
kwaal *mal* m; *padecimiento* m; *dolencia* v
kwab *carne* v *blandengue*
kwadraat *cuadrado* m
kwadrant *cuadrante* m
kwajongen *golfo* m; *galopín* m; *pillo* m
kwajongensstreek *pillada* v
kwak • klodder *grumo* m • geluid *¡plaf!* m • hoeveelheid *porción* v; *masa* v • vogel *garza* v *nocturna* • VULG. sperma *leche* v
kwaken • geluid (als) van eend maken *parpar*; *graznar* • geluid (als) van kikker maken *croar*
kwakkelen *ser enfermizo*
kwakkelweer *tiempo* m *variable*
kwakkelwinter *invierno* m *flojo*
kwakken I OV WW smijten *lanzar*; *arrojar*; *tirar* **II** ON WW vallen *darse un porrazo*; *darse un batacazo*
kwakzalver *charlatán* m; *curandero* m
kwakzalverij *curanderismo* m; *charlatanismo* m

kwal • dier *medusa* v; *aguamala* v • engerd *miserable* v ★ een kwal van een vent *un hombre antipático*; *un coñazo*
kwalificatie *calificación* v
kwalificatietoernooi *torneo* m *de clasificación*
kwalificatiewedstrijd *partido* m *de clasificación*
kwalificeren • benoemen *calificar* ★ iem. ~ als *calificar de* • geschikt maken *clasificar* ★ zich ~ voor de Olympische Spelen *clasificarse para los juegos olímpicos*
kwalijk *malo* ★ iem. iets ~ nemen *tomar a mal u.c. a u.p.*; *guardar rencor a u.p. por u.c.* ★ neem me niet ~/neemt u mij niet ~ *perdóname/perdóneme* ★ iem. ~ gezind zijn *tener mala voluntad a u.p.*; *guardar rencores a u.p.*
kwalitatief *cualitativo*
kwaliteit • eigenschap *cualidad* v • hoedanigheid *calidad* v ★ in mijn ~ van voorzitter *en mi calidad de presidente*
kwaliteitsbewaking *vigilancia* v/ *control* m *de calidad*
kwaliteitscontrole *control* m *de calidad*
kwaliteitsproduct *producto* m *de (primera) calidad*
kwallenbeet *picadura* v *de medusa*
kwantificeren *cuantificar*
kwantitatief *cuantitativo*
kwantiteit *cantidad* v
kwantum • hoeveelheid *cantidad* v • NATK. *cuanto* m
kwantumfysica *física* v *cuántica*
kwantumkorting *descuento* m *por la cuantía de la adquisición*
kwantummechanica *mecánica* v *cuántica*
kwantumtheorie *teoría* v *cuántica*
kwark *requesón* m; *cuajada* v
kwarktaart *pastel* m *de requesón*
kwart I ZN [het] • vierde deel *cuarto* m; *cuarta parte* ★ een ~ liter *un cuarto de litro* ★ drie ~ meter *tres cuartos de metro* • kwartier *cuarto* m *de hora* ★ ~ over twee *las dos y cuarto* ★ ~ voor drie *las tres menos cuarto* **II** ZN [de] kwartnoot *semínima* v; *negra* v
kwartaal *trimestre* m ★ per ~ betalen *pagar por trimestres*; *pagar trimestralmente*
kwartaalcijfers *cifras* v mv *trimestrales*
kwartel *codorniz* v
kwartet *cuarteto* m
kwartetspel *cartas* v mv *de familia*
kwartfinale *cuartos* m mv *de final*
kwartier • kwart uur *cuarto* m *de hora* • maanfase *cuarto* m *de luna* ★ eerste ~ *cuarto creciente* • wijk *barrio* m • huisvesting van militairen *cuartel* m ★ in ~ liggen *estar acuartelado*; *estar acantonado* ★ ~ maken *aposentar*
kwartje *cuarto* m *de florín*
kwarts *cuarzo* m; *cristal* m *de roca*
kwartshorloge *reloj* m *de cuarzo*
kwartsiet *cuarcita* v
kwartslag *giro* m *de noventa grados*
kwast • verfkwast *brocha* v; *pincel* m • franje *borla* v • aansteller *fanfarrón* m • noest *nudo* m
kwebbel • kletskous *charlador* m • mond *boca*

kwebbelen–kynologie

v; *pico* m ★ houd je ~! *icállate la boca!*; *icállate el pico!*
kwebbelen *darle al pico*
kweek • het gekweekte *cultivo* m • het kweken ⟨v. dieren⟩ *cría* v; ⟨v. gewassen⟩ *cultivo* m
kweekbak *semillero* m
kweekreactor *reactor* m *productor*; *reactor* m *generador*
kweekschool *magisterio* m; *escuela* v *normal*
kweekvijver *vivero* m
kwekeling *estudiante* m *de magisterio*
kweken • doen groeien *cultivar* • doen ontstaan *crear*; *fomentar*
kweker ⟨v. dieren⟩ *criador* m; ⟨v. planten⟩ *cultivador* m
kwekerij *criadero* m; *vivero* m
kwekken • kwebbelen *cotorrear*; *parlotear* • kwaken *croar*
kwelder *tierra* v *situada fuera del dique*; *tierra* v *de aluvión*
kwelen *gorjear*; *cantar*
kwelgeest *diablo* m *cojuelo*
kwellen *atormentar*; *molestar*; *aquejar* ★ zich ~ *atormentarse*
kwelling *suplicio* m; *vejamen* m
kwestie • vraagstuk *cuestión* v; *problema* m ★ dat is juist de ~ *esa es la cuestión* ★ dat is de ~ niet *no cabe duda* ★ een ~ opwerpen *plantear un problema* • aangelegenheid *cuestión* v ★ het is een ~ van tijd *es cuestión de tiempo* ★ de persoon in ~ *la persona en cuestión*; *la persona de que se trata* ▼ geen ~ van! *¡ni pensarlo!*; *¡ni hablar!*
kwetsbaar *vulnerable*
kwetsen • verwonden *herir* [ie, i] • grieven *herir* [ie, i]; *ofender*; *agraviar*
kwetsuur *herida* v; *llaga* v
kwetteren • kwebbelen *charlar*; *parlar* • geluid maken *trinar*
kwezel • REL. fanatiekeling *beato* m • sukkel *papanatas* m/v
kwibus *tipejo* m
kwiek *vivo*; *vivaracho*
kwijl *baba* v; *saliva* v
kwijlen *babear*
kwijnen *languidecer*; *consumirse*
kwijt • verloren *perdido* ★ iets ~ zijn *haber perdido u.c.*; *no encontrar u.c.* ★ het boek is ~ *se ha perdido el libro*; *no encuentro el libro* • verlost van *libre de* ★ hij is een paar van zijn problemen ~ *se ha librado de algunos de sus problemas*
kwijten I OV WW voldoen *pagar*; *satisfacer* II WKD WW [zich ~] van *cumplir con*; *desempeñar* ★ zich van zijn taak ~ *cumplir con su tarea*
kwijtraken *perder* [ie] ★ de weg ~ *perderse*
kwijtschelden *eximir*
kwik *mercurio* m; *azogue* m
kwikstaart *aguzanieves* m
kwikthermometer *termómetro* m *de mercúrio*
kwikzilver *mercurio* m
kwint *quinta* v
kwintet *quinteto* m
kwispelen *menear la cola*
kwistig *pródigo*

kwitantie *recibo* m; *cargareme* m; *quitanza* v
kynologie *cinología* v

L

l *l* v ★ de l van Lodewijk *la l de Lorenzo*
la • lade *cajón* m; ⟨v. bureau⟩ *gaveta* v
• muzieknoot *la* m
laadbak *caja* v
laadbrief *conocimiento* m *de embarque*
laadklep *trampilla* v *de carga*
laadruim *cala* v; *bodega* v
laadvermogen *capacidad* v *de carga*; *porte* m
laag I ZN [de] • uitgespreide hoeveelheid *capa* v
• sociale klasse *capa* v; *estrato* m *social* ★ de onderste lagen van de maatschappij *las capas bajas de la sociedad* ▼ iem. de volle laag geven *cantar las cuarenta a u.p.* II BNW • niet hoog *bajo*; ⟨v. stem⟩ *grave* ★ een lage stem *una voz grave* ★ een lage noot *una nota grave* ★ voor een lage prijs *a precio bajo* ★ laag water *marea* v *baja* • gering *inferior* ★ de lagere dieren en planten *la fauna y flora inferiores* • gemeen *bajo*; *mezquino*; *vil*
laag-bij-de-gronds *bajo*; *de mala calaña*; *vulgar*
laagbouw *edificios* m mv *bajos*
laaggeschoold *con educación baja*
laaghartig *vil*; *bajo*; *infame*
laagland *llanura* v
laagseizoen *temporada* v *baja*
laagspanning *baja tensión* v
laagte • het laag zijn *bajo* m *nivel* • laag terrein *depresión* v
laagvlakte *llanura* v
laagwater *bajamar* v; *marea* v *baja*
laaien *arder*; *llamear*
laaiend I BNW • woedend *furioso* ★ zijn moeder was ~ *su madre estaba furiosa* • hevig *acalorado* ★ ~e ruzie *una pelea acalorada* II BIJW hevig ★ ~enthousiast zijn *ser totalmente entusiasmado*
laakbaar *reprensible*
laan *avenida* v; *alameda* v ▼ iem. de laan uitsturen *poner a u.p. de patitas en la calle*
laars *bota* v ▼ hij lapt het aan zijn ~ *le importa un bledo*; *le trae sin cuidado*
laat I BNW • niet vroeg *tardío* ★ hoe laat is het? *¿qué hora es?* ★ late vruchten *frutos tardíos* ★ het wordt te laat voor mij *se me hace tarde* ★ ik ben wat laat *me he retrasado algo* ★ te laat komen *llegar tarde* • na bepaalde tijd *retrasado* II BIJW • niet vroeg *tarde* ★ hoe laat? *¿a qué hora?* ★ zo laat nog! *ia esa hora!* ★ te laat *demasiado tarde* ★ tot laat in de nacht *hasta muy entrada la noche* ★ laat komen *llegar tarde* ★ het wordt laat *se hace tarde* • na bepaalde tijd *con retraso* ★ hij kwam 3 dagen te laat *vino con tres días de retraso* ★ laat betalen *ser moroso en el pago* ▼ beter laat dan nooit *más vale tarde que nunca*
laatbloeier • plant *planta* v *de floración tardía*
• persoon *persona* v *que florece tardíamente*
laatdunkend *desdeñoso*
laatkomer *retrasado* m
laatst I BNW • achterste in tijd *último* ★ Piet komt altijd als ~e binnen *Piet siempre es el último en llegar* ★ de op een na ~e *el*

l–laden

penúltimo ★ tot het ~uitstellen *dejar para última hora* ★ voor het ~ *por última vez* ★ op zijn ~a ~ *a más tardar* ★ op het ~e ogenblik *a última hora* ★ een ~e poging *la última tentativa* • achterste in reeks *último* • recent *último* ★ ~e nieuws *noticias de última hora* II BIJW • onlangs *el otro día* • meest laat *últimamente* ★ ten ~e *finalmente*; *por último*
laatstejaars *estudiante* m *de último curso*
laatstgenoemde *último* m
label *marbete* m; *etiqueta* v
labiel *inestable*
laborant *técnico* m *de laboratorio*
laboratorium *laboratorio* m
labrador-retriever *labrador retriever* m; *cobrador* m *de labrador*
labyrint *laberinto* m
lach *risa* v ★ in de lach schieten *echarse a reír*; *soltar la risa*
lachbui *ataque* m *de risa* ★ hij kreeg een ~ *le dio un ataque de risa*
lachebek *reidor* m; FORM. *persona* v *muy risueña*
lachen I ON WW *reírse de*; *reír* [i] ★ hartelijk ~ *reírse con ganas*; *reírse a boca llena* ★ aan het ~maken *hacer reír* ★ in zichzelf ~ *reírse para adentro* ★ ~ om zijn grapjes *reírse de sus chistes* ★ er valt niets te ~ *no es cosa de risa* ★ huilen van het ~ *llorarse de risa* ★ ik moet ~ *me da la risa* ▼ zich dood (krom, slap, ziek, e.d.) ~ *morirse* [ue] *de risa* ▼ het is om je dood te ~ *es para desternillarse de risa*; *es para morirse de risa* ▼ wie het laatst lacht, lacht het best *el último que ríe, ríe mejor* ▼ laat me niet ~! *ino me hagas reír!* II ZN [het] *risa* v ▼ zijn ~ niet kunnen houden *morirse* [ue] *de risa*
lacher *reidor* m ▼ hij heeft de ~s op zijn hand *sus chistes hacen reír*
lacherig *alegre*
lachertje *ridiculez* v
lachfilm *película* v *de risa*
lachgas *gas* m *hilarante*
lachsalvo *carcajada* v
lachspiegel *espejo* m *deformador*
lachspieren ▼ het werkte hem op de ~ *le entraron ganas de reír*
lachstuip *risa* v *convulsiva*
lachwekkend *ridículo*; *hilarante*; *irrisorio*
laconiek *lacónico*
lactose *lactosa* v
lactovegetariër *lacto-vegetariano* m; *vegetariano* m *lacto*
lacune *laguna* v
ladder • klimtoestel *escalera* v • haal in kous *carrera* v ★ er zit een ~in je kous *tienes una carrera en las medias*
ladderen *soltarse* [ue] *los puntos* ★ deze kousen ~niet *estas medias son indesmallables*
ladderwagen *coche* v *escalera*
ladderzat *como una cuba*
lade *cajón* m; ⟨v. bureau⟩ *gaveta* v • ⟨v. geweer⟩ *caja* v *de escopeta* ▼ de lade lichten *llevarse la caja*
ladekast *cómoda* v
ladelichter *estafador* m
laden • bevrachten *cargar* ★ zwaar ge~ *cargado a tope* ★ iets op zich ~ *encargarse de u.c.* ★ het

lading • last *cargamento* m; *carga* v ★ losse ~ *carga a granel* • elektrische lading *carga* v *eléctrica*
lady *dama* v
ladykiller *Don* m *Juan; tenorio* m
ladyshave *maquinilla* v *depiladora; depiladora* v *eléctrica; ladyshave* m
laf • niet moedig *cobarde* ★ zich laf gedragen *comportarse como un cobarde; ser una gallina* • zonder zout *soso* • flauw *soso; tibio*
lafaard *cobarde* m/v; INFORM. *gallina* v
lafhartig *cobarde*
lafheid *cobardía* v
lagedrukgebied *zona* v *de bajas presiones*
lagelonenland *país* m *de salarios bajos*
lager *cojinete* m
Lagerhuis *Cámara* v *de los Comunes*
lagerwal *sotavento* m ▼ aan ~ raken *venir a menos; caer muy bajo*
lagune *laguna* v
lak • mengsel van hars *lacre* m • verf *charol* m ▼ ik heb er lak aan *me importa un bledo*
lakei *lacayo* m
laken I ZN [het] [mv: +s] *sábana* v • de ~s uitdelen *llevar la batuta; cortar el bacalao* **II** ZN [het] [gmv] *paño* m ▼ dat is van hetzelfde ~ een pak *son dos cuartos de lo mismo* **III** OV WW • berispen *vituperar* • afkeuren *censurar* ★ iemands gedrag ~ *reprochar el comportamiento de alguien*
lakken *laquear; barnizar; (v. nagels) esmaltar*
lakmoes *tornasol* m
lakmoesproef *prueba* v *de tornasol*
laks *indolente; moroso*
lakschoen *zapato* m *de charol*
laksheid *indolencia* v; *morosidad* v
lakverf *laca* v; *esmalte* m
lallen *farfullar; delirar*
lam I ZN [het] *cordero; borrego* ★ lammetje *corderito* m; *corderillo* m **II** BNW • verlamd *paralítico* • stukgedraaid *pasado de rosca* • stomdronken *borracho*
lama • dier *llama* v • priester *lama* m
lambrisering *enmaderado* m
lamel *lámina* v; *hoja* v
lamenteren *lamentarse*
lamheid *parálisis* v ▼ als met ~ geslagen *como petrificado*
laminaatparket *parquet* m *laminado*
lamleggen *paralizar* ★ het verkeer werd lamgelegd *paralizaron el tráfico*
lamlendig • lusteloos *apático* • beroerd *abatido*
lamme *paralítico* m ▼ de ~ leidt de blinde *son tal para cual*
lammeling *miserable* v
lamp • verlichtingstoestel *lámpara* v ★ staande lamp *lámpara de pie* • gloeilamp *bombilla* v ▼ tegen de lamp lopen *ser atrapado*
lampenkap *pantalla* v
lampetkan *aguamanil* m
lampion *farolillo* m *de papel*
lamsbout *pierna* v *de cordero*

lamsvlees *carne* v *de cordero*
lamswol *lana* v *de cordero; lambswool* m
lanceerbasis *rampa* v *de lanzamiento*
lanceren *lanzar* ★ grapjes ~ *gastar bromas*
lancet *lanceta* v; *bisturí* m
land • staat *país* m; ⟨vaderland⟩ *patria* v ★ overzeese landen *países de ultramar* ★ het Beloofde Land *la Tierra Prometida* • vaste grond *tierra* v ★ aan land gaan *bajar a tierra; desembarcar* ★ te land en ter zee *por tierra y por mar* • grond ★ stuk land *lote* m *de terreno* • platteland *campo* m ▼ het land hebben aan iets *detestar u.c.; tener manía a u.c.* ▼ het land hebben over iets *estar fastidiado de u.c.* ▼ in het land der blinden is eenoog koning *en tierra de los ciegos el tuerto es rey* ▼ 's lands wijs, 's lands eer *en cada tierra su uso y en cada casa su costumbre*
landaanwinning • land *tierra* v *desecado* • het aanwinnen *desecación* v *de tierras*
landaard *carácter* m *nacional*
landbouw *agricultura* v
landbouwbedrijf *empresa* v *agrícola*
landbouwbeleid *política* v *agraria*
landbouwer *agricultor* m; *labrador* m
landbouwkunde *agronomía* v
landbouwschool *escuela* v *de agronomía*
landbouwuniversiteit *escuela* v *superior de agronomía*
landbouwwerktuig *máquina* v *agrícola*
landdag *asamblea* v *nacional*
landdier *animal* m *terrestre*
landelijk • nationaal *nacional* • plattelands *rural*
landen ⟨v. schip⟩ *arribar*; ⟨v. een vliegtuig⟩ *aterrizar*; ⟨v. een vliegtuig⟩ *tomar tierra*
landengte *istmo* m
land- en volkenkunde *geografía* v y *etnología* v
landenwedstrijd *torneo* m *internacional*
landerig *desanimado; perezoso; apático*
landerijen *tierras* v mv; *fincas* v mv *rústicas*
landgenoot *compatriota* m/v; *paisano* m
landgoed *finca* v
landhuis *villa* v; *quinta* v; *casa* v *de campo; chalet* m
landijs *casquete* m *glaciar*
landing • het landen ⟨v. vliegtuig⟩ *toma* v *de tierra; aterrizaje* m • ontscheping *arribada* v
landingsbaan *pista* v *de aterrizaje*
landingsgestel *tren* m *de aterrizaje*
landingsstrip *banda* v *de aterrizaje*
landingstroepen *tropas* v mv *de desembarco*
landingsvaartuig *lancha* v *de desembarco*
landinwaarts *en el interior*
landkaart *mapa* m
landklimaat *clima* m *continental*
landloper *vagabundo* m
landloperij *vagancia* v
landmacht *ejército* m *de tierra*
landmeten *medir* [i] *tierras*
landmeter *agrimensor* m
landmijn *mina* v *terrestre*
landnummer *código* m/prefijo m (*indicativo*) *del país*
landoorlog *guerra* v *terrestre*
landrot FORM. *hombre* m *de tierra adentro*

landsbelang *intereses* m mv *nacionales*
landschap *paisaje* m
landschapsarchitectuur *arquitectura* v *paisajística*
landschapsschoon *belleza* v *paisajística*
landschildpad *tortuga* v *terrestre*
landsgrens *frontera* v *nacional*
landskampioen *campeón* m *nacional*
landstreek *región* v; *comarca* v
landtong *lengua* v *de tierra*
landverhuizer *emigrante* m/v
landverhuizing *emigración* v
landverraad *traición* v *a la patria*
landverrader *traidor* m *a la patria*
landweg *camino* m *vecinal*
landwijn *vino* m *del país*
landwind *viento* m *de tierra*
landwinning *desecación* m *de tierras*
lang I BNW • van bepaalde / grote lengte *largo*; ⟨v. personen⟩ *alto* • hoe lang is hij? *¿cuánto mide?* ★ twee meter lang zijn *tener dos metros de largo* • van bepaalde tijd *largo* • een uur lang wachten *esperar toda una hora* ★ lang geleden *hace mucho tiempo* ★ hoe lang nog? *¿cuánto tiempo falta?* ★ een vrij lange afwezigheid *una prolongada ausencia* ★ hoe lang duurt de reis? *¿cuánto dura el viaje?* ★ sinds lang *desde hace mucho* ★ bij lange na niet *ni con mucho* ▾ een lang gezicht zetten *poner una cara de asco* ★ 3 jaar lang *durante 3 años* ★ dagen lang *días enteros* ★ vele jaren lang *años y años* ★ nog lang niet *ni con mucho* ★ hij komt nog lang niet *tardará todavía en llegar* ★ lang tevoren *mucho antes* ★ niet lang daarna *al poco rato; poco después* ★ dan kan hij nog lang wachten! *¡ya puede esperar!* ★ lang duren *tardar mucho* ★ het duurde lang voor hij kwam *tardó mucho en venir* ★ zo lang als *mientras que* [+ subj.] ★ lang doen over *tardar en*
langdradig *prolijo*
langdurig I BNW *de larga duración* **II** BIJW *extendidamente*
langeafstandsraket *misil* m *de largo alcance*
langeafstandsvlucht *vuelo* m *de larga distancia*
langetermijnplanning *planificación* v *a largo plazo*
langgerekt • lang en smal *alargado* • lang aangehouden *muy prolongado*
langharig *de pelo largo; melenudo*
langlaufen *hacer esquí* m *de fondo*
langlopend *a largo plazo*; ⟨v. contract⟩ *de larga duración*
langoustine *langostino* m
langparkeerder *persona* v *que aparca el coche durante largo tiempo*
langs I VZ • in de lengte naast ★ ~ het huis *junto al* ★ (ga) die kerk ~ en dan rechts *pasando la iglesia a la derecha* • via, door *por* ★ ~ de regenpijp omhoog *por el canalón hacia arriba* **II** BIJW ▾ ervan ~ krijgen *recibir una buena paliza*
langsgaan *pasar por*
langskomen ★ kom jij langs de supermarkt? *¿pasas por allí?*

langslaper *dormilón* m [v: *dormilona*]
langspeelplaat *elepé* m
langsrijden • voorbij iets rijden *pasar por* ★ hij reed er met grote vaart langs *pasó por allí a gran velocidad* • toegaan naar *pasar en coche* ★ rijd je even bij hem langs? *¿pasas un momento por su casa?*
langst ⟨v. lengte⟩ *más largo*; ⟨v. tijd⟩ *más tiempo*
langszij *al costado*; *al costado del barco*
languit *tendido* ★ ~ liggen *estar tendido*
langverwacht *largamente esperado*
langwerpig *oblongo*; *prolongado* ★ een ~ gezicht *una cara alargada*
langzaam I BNW *lento*; *pausado* **II** BIJW *despacio*
langzaamaanactie *huelga* v *de celo*
langzamerhand *poco a poco*; *gradualmente*
lankmoedig *indulgente*
lans *lanza* v ▾ een lans breken voor iem. *romper una lanza por u.p.*
lantaarn *farol* m
lantaarnpaal *farola* v
lanterfanten *holgazanear*; *callejear*; *pendonear*; *vagar*
Laos *Laos* m
Lap *lapón* m
lap • stuk stof *retazo* m; *trapo* m; ⟨vod⟩ *harapo* m • plat stuk *pieza* v ★ een lap grond *un terreno; una finca; un solar* ★ een lap vlees *un trozo de carne*
lapje *retazo* m ▾ iem. voor het ~ houden *tomar el pelo a u.p.*
lapjeskat *gato* m *abigarrado*
Lapland *Laponia* v
Laplandse *lapona* v
lapmiddel *parche* m
lappen • klaarspelen *apañárselas*; *componérselas* ★ hij lapt het 'm *se las compone* • schoonmaken *limpiar* ★ de ramen ~ *limpiar los cristales* • herstellen *remendar* [ie] ▾ iem. erbij ~ *denunciar a u.p.* ▾ wie heeft me dat gelapt? *hacer una canallada a u.p.*
lappendeken *centón* m
lappenmand *cesto* m ▾ in de ~ zijn *andar de capa caída*
laptop ⟨ordenador m⟩ *portátil*; *laptop*
lapwerk • verstelwerk *remiendo* m • knoeiwerk *chapucería* v; *chapuza* v
lapzwans *memo* m
larderen *lardar*; *mechar*
larie *disparates* m mv
lariks *alerce* m; *lárice* m
larve *larva* v
laryngitis *laringitis* v
las *soldadura* v
lasagne *lasaña* v
lasbril *gafas* v mv *protectoras*
laser *láser* m
laserprinter *impresora* v *láser*
laserstraal *rayo* m *láser*
lassen *soldar* [ue] ★ autogeen ~ *soldadura* v *autógena*
lasser *soldador* m
lasso *lazo* m
last • vracht *carga* v • scheepslading *cargamento* m • hinder *molestia* v ★ last hebben van *sufrir de* ★ als u er geen last van

heeft *si no le molesta* ★ last bezorgen *molestar* •verplichting *impuesto* m; *gravamen* m ★ ten laste van *por cuenta de* ★ vrij van iedere last *libre de todo gravamen* •beschuldiging ★ iem. iets ten laste leggen *acusar a u.p. de u.c.* •bevel ★ op last van *por orden de*
lastdier *animal* m *de carga*
lastendruk *presión* v *de los gastos* ★ de ~neemt elk jaar toe *la presión de los gastos aumenta cada año*
lastenverlichting *reducción* v *de las cargas*
laster *calumnia* v
lasteraar *difamador* m; *calumniador* m
lastercampagne *campaña* v *difamatoria*
lasteren *calumniar* ★ God ~ *blasfemar*
lasterlijk *calumniador*
lasterpraat *calumnias* v mv; *difamaciones* v mv
lastgever *comitente* m/v; *mandante* m/v
lastig •moeilijk *difícil* •hinderlijk *molesto*; *pesado* ★ ~vallen *molestar*; *dar la lata*
last minute *de última hora*
lastpost *tío* m *pesado*; *pesado* m; *latoso* m
lat •stuk hout *listón* m •mager persoon *fideo* m ▼zo mager als een lat *delgado como un fideo*
laten I OV WW •toestaan *dejar* ★ de hond los ~ lopen *dejar suelto al perro* ★ laat me! *idéjame en paz!* ★ een idee ~varen *abandonar una idea* •ertoe brengen *hacer* ★ laat hem binnenkomen! *¡que pase!* ★ van zich ~horen *dar noticias suyas* ★ ~zien *dejar ver*; *mostrar* [ue] •opdragen *mandar* ★ ~maken *mandar hacer* ★ ~halen *mandar buscar* ★nalaten *dejar de* ★ het roken ~ *dejar de fumar* ★ doe wat je niet ~kunt *haz lo que te dé la gana* •in toestand laten *dejar* ★ waar moet ik die oude rommel ~? *¿dónde tengo que dejar esos trastos?* ★ zijn hoed in de garderobe ~*dejar el sombrero en el guardarropa* ★ waar heb je het boek ge~? *¿dónde has puesto/dejado el libro?* ★ alles bij het oude ~ *dejarlo todo como está* ★ we zullen het daar maar bij ~ *lo dejamos aquí* •niet inhouden ★ winden ~*tirar pedos* ★ een boer ~*eructar* II HWW ★ ~we gaan *vámonos*; *andiamo!* ★ laat eens kijken! *idéjame ver!*; *ia ver!*
latent *latente*
later I BNW *ulterior*; *posterior* II BIJW *después*; *más tarde*
lateraal *lateral*
latertje ▼dat wordt een ~ *se harán las tantas*
latexverf *pintura* v *plástica*
Latijn *latín* m ▼hij is aan het eind van zijn ~ *está agotado*
Latijns *latino*
Latijns-Amerika *la América* v *Latina*; *Latinoamérica* v; *Iberoamérica* v
Latijns-Amerikaans *latinoamericano*
latino *latino(americano)* m
latrelatie *pareja* v *con viviendas separadas*
latrine *letrina* v; *retrete* m
latwerk •hekwerk ⟨voor klimplanten⟩ *espaldar* m •raamwerk *enlistonado* m
laurier *laurel* m
laurierblad *hoja* v *de laurel*
lauw •halfwarm *tibio*; *templado* •FIG. mat *indiferente*
lauweren ▼op zijn ~rusten *dormir* [ue, u] *sobre sus laureles*
lauwerkrans *corona* v *de laureles*
lava *lava* v
lavabo *lavabo* m
lavastroom *colada* v *volcánica / de lava*
laveloos *como una cepa*
laven *refrescar* ★ zich ~aan *refrescarse con*
lavendel *espliego* m; *lavanda* v; *cantueso* m
laveren •SCHEEPV. *bordear*; *barloventear*; *navegar de bolina* •FIG. schipperen *buscar compromisos*
lawaai *ruido* m ★ ~maken *hacer ruido* ★ ~ schoppen *armar jaleo*; *meter ruido*
lawaaierig *ruidoso*
lawaaischopper *alborotador* m
lawine *avalancha* v; *alud* m
lawinegevaar *peligro* m *de alud*
laxeermiddel *laxante* m
laxeren *purgar*; *laxar*
lay-out *composición* v
lay-outen *componer*; *disponer*
lazaret *hospital* m *militar*; *lazareto* m
lazarus *ebrio*
lazer ▼iem. op zijn ~geven *partirle la jeta a u.p.* ▼op zijn ~krijgen *recibir una paliza*
lazeren I OV WW smijten *tirar* ★ alles door elkaar ~*revolverlo* [ue] *todo* II ON WW •vallen *pegarse un porrazo* ★ van de trap ~*caerse por la escalera* •donderjagen *armar follón*
lbo *formación* v *profesional primer grado*
leadzanger *cantante* m/v *principal*
leaseauto I, INFORM. *leasebak* *coche* m *de leasing*
leasen *tomar en leasing* ★ een auto ~*tomar un coche en leasing*
leaseovereenkomst *contrato* m *de leasing*
lebberen *sorber*
lector *lector* m/v
lectuur *lectura* v
ledematen [mv] •→ **lidmaat**
ledenadministratie *administración* v *de los socios*
ledenbestand *archivo* m *de socios*
ledenstop *límite* m *a la admisión de socios*
ledental *número* m *de socios*
ledenwerving *captación* v *de socios*
leder •→ **leer**
lederen •→ **leren**
lederwaren *artículos* m mv *de piel*; *marroquinería* v
ledigen *vaciar* [i]
ledigheid *pereza* v; *ociosidad* v ▼~is des duivels oorkussen *la pereza es la madre de todos los vicios*
ledikant *cama* v; *lecho* m
leed I ZN [het] *dolor* m; *pena* v ★ leed doen *doler* [ue] II BNW •→ **oog**
leedvermaak *satisfacción* v *por las desgracias ajenas*
leedwezen *pesar* m ★ tot ons ~ *con gran sentimiento de nuestra parte*
leefbaar *habitable*; *soportable*
leefbaarheid *habitabilidad* v
leefgemeenschap *comuna* v; *comunidad* v
leefklimaat *ambiente* m *de vida*

leefmilieu *entorno m vital*
leefomstandigheden *circunstancias v mv de vida*
leefregel *régimen m; dieta v*
leefruimte *espacio m vital*
leeftijd *edad v* ▾hij is op ~ *es un hombre entrado en años*
leeftijdsdiscriminatie *discriminación v de edad*
leeftijdsgrens *límite m de edad*
leeftijdsklasse *gente v de la misma edad*
leeftocht *provisiones v mv*
leefwijze *modo m de vida*
leeg •zonder inhoud *vacío* ★leeg maken *vaciar* [i] •onbezet *libre; vacante* •uitgeput *agotado*
leegdrinken *vaciar; apurar*
leeggieten *vaciar; verter*
leeggooien *vaciar; volcar*
leeghalen *vaciar* [i] ▾ze hebben alles leeggehaald *lo han dejado todo limpio*
leeghoofd *cabeza v hueca*
leegloop *éxodo m*
leeglopen *vaciarse* [i]; ‹v. band› *desinflarse*
leegloper *holgazán m* [v: *holgazana*]
leegstaan *estar vacío*; ‹v. huis› *estar desocupado*; ‹v. huis› *estar deshabitado*
leegstand *desocupación v; desalojo m*
leegte *vacío m; laguna v*
leek *laico m; seglar m; profano m* ★(als) van een leek *laico*
leem *barro m; arcilla v; greda v*
leemgroeve *cantera v de barro*
leemte *laguna v; vacío m; hueco m*
leen •het lenen ★te leen vragen *pedir* [i] *prestado* ★te leen geven *dejar; prestar* •GESCH. leengoed *feudo m*
leenauto ★kan ik een ~ krijgen? *¿me puede prestar un coche?*
leengeld *dinero m del préstamo*
leenheer *señor m feudal*
leenman *vasallo m*
leenstelsel *régimen m feudal; sistema m feudal*
leenwoord *extranjerismo m*
leep *astuto; sagaz*
leer I ZN [het] leder *cuero m* ▾van leer trekken tegen *arremeter contra* II ZN [de] •les ★in de leer gaan *entrar de aprendiz* ★in de leer zijn *estar de aprendiz* •doctrine *sistema m; doctrina v*
leerboek *libro m de texto*
leergang *curso m*
leergeld ▾~ betalen *escarmentar*
leergierig *estudioso*
leerjaar *año m escolar; curso m*
leerkracht *profesor m; docente m/v*
leerling *alumno m*; ‹in opleiding› *aprendiz m* [mv: *aprendices*]
leerlingenraad *consejo m de alumnos*
leerling-verpleegster *enfermera v en prácticas*
leerlooien *curtir*
leerlooier *curtidor m*
leermeester *profesor m; maestro m*
leermiddelen *material m escolar*
leerplan *plan m de estudios*
leerplicht *escolaridad v obligatoria*
leerplichtig *en la edad escolar* ★~e leeftijd *edad de escolaridad*
leerplichtwet *ley v de escolaridad obligatoria*
leerrijk *instructivo*
leerschool *escuela v* ★de harde ~ van de realiteit doorlopen *pasar por la dura escuela de la realidad*
leerstelling *doctrina v; dogma m*
leerstoel *cátedra v*
leerstof *temario m; temas m mv*
leertje *suela v; zapatilla v*
leervak *asignatura v; materia v*
leerzaam *instructivo*
leesbaar *legible*
leesblind *disléxico*
leesboek *libro m de lectura*
leesbril *gafas v mv para leer*
leeslamp *lámpara v de lectura*
leeslint *registro m fijo*
leesonderwijs *educación v de lectura; clases v mv de lectura*
leespen *lector m de barras*
leesportefeuille *carpeta v de revistas*
leest *horma v* ▾alles op dezelfde ~ schoeien *medirlo* [i] *todo con la misma vara*
leesteken *signo m de puntuación*
leesvaardigheid *comprensión v lectora*
leesvoer *lectura v barata*
leeszaal *salón m de lectura; sala v de lectura*
Leeuw *Leo m*
leeuw *león m* [v: *leona*]
leeuwenbek *becerra v*
leeuwendeel *parte v del león*
leeuwentemmer *domador m de leones*
leeuwerik *alondra v*
leeuwin *leona v*
lef *valor m* ★wat een lef! *¡qué cara!* ★een meid met lef *una chica con mucha cara* ★lef hebben *tener mucho valor; tener mucho tupé; tener agallas* ★het lef hebben om *atreverse a*
lefgozer *bravucón m* [v: *bravucona*]
leg *postura v* ★aan de leg zijn *poner*
legaal *legal*
legaat *legado m; manda v*
legaliseren *legalizar*
legbatterij *ponedero m en batería*
legen *vaciar* [i]
legenda *leyenda v*
legendarisch *legendario*
legende *leyenda v*
leger •MIL. *ejército m* •grote menigte *ejército m* •rustplaats van dier *madriguera v* ▾Leger des Heils *Ejército m de Salvación*
legerbasis *base v militar*
legercommandant *comandante m/v militar*
legeren •samensmelten *alear* •legateren *legar*
legergroen *verde militar*
legering *acampamento m*
legering *aleación v*
legerkamp *campamento m militar*
legerleider *jefatura v del ejército*
legerplaats *campamento m*
leges *derechos m mv*
leggen •plaatsen *poner; colocar* ★een kabel ~ *tender un cable* •eieren leggen *poner huevos* ▾iem. iets ten laste ~ *acusar a u.p. de u.c.*

legio *muchísimo* ★ er zijn ~ kansen *hay muchísimas posibilidades*
legioen *legión* v
legionair *legionario* m
legionella *legionella* v
legislatuur *legislatura* v
legitiem *legítimo*
legitimatie *legitimación* v
legitimatiebewijs *carnet* m *de identidad*
legitimatiepapieren *documentos* m *de identificación*
legitimatieplicht *documentación* v *obligatoria*
legitimeren I OV WW *wettig verklaren legitimar* II WKD WW [zich ~] *probar su identidad; identificarse*
legkast *armario* m
lego® *lego* m
legpuzzel *puzzle* m
leguaan *iguana* v
lei I ZN [de] *schrijfbordje pizarra* v ▼ met een schone lei beginnen *hacer borrón y cuenta nueva* II ZN [het] *leisteen esquisto* m; *pizarra* v
leiband *andadores* m mv ▼ aan de ~ lopen *dejarse llevar*
leiden I OV WW ● *doen gaan llevar; conducir; guiar* [í] ★ zich laten ~ door *dejarse guiar por; seguir las instrucciones de* ★ in een bepaalde richting ~ *encauzar* ★ het gesprek ~ naar *encarrilar la conversación sobre* ★ hij leidde haar bij de hand *la llevaba de la mano* ● aan het hoofd staan van *gobernar* [ie]; *dirigir* ★ ⟨v. vergadering⟩ *presidir* ★ een onderneming ~ *dirigir una empresa* ● *doorbrengen* ★ een jachtig leven ~ *llevar una vida apurada* ★ zijn eigen leven ~ *vivir su vida* ● *voorstaan* ★ Oranje leidt met 2-1 *el equipo de Oranje gana 2 a 1* II ON WW ● in een bepaalde richting gaan *llevar* ★ waar leidt dat heen? *¿adónde lleva/conduce eso?* ★ tot niets ~ *no conducir a nada; no tener objeto*
leider ● *leidinggevende jefe* m ● POL. *aanvoerder líder* m ● *koploper caudillo* m
leiderschap *liderazgo* m
leiderstrui *maillot* m *de líder*
leiding ● *het leiden/besturen* ★ de ~ nemen over *tomar la delantera; coger la delantera; encargarse de* ★ de ~ hebben *llevar la delantera* ● *bestuur dirección* v; *jefatura* v ● *buis, kabel cañería* v; *tubo* m; *tubería* v
leidinggevend *directivo; ejecutivo*
leidingwater *agua* v *corriente; agua* v *del grifo*
leidraad ● *richtsnoer hilo* m *conductor* ● *handleiding manual* m; *guía* m/v
leien *de pizarra* ▼ dat loopt van een ~ dakje *todo marcha de perillas; todo marcha como una seda*
leisteen *esquisto* m; *pizarra* v
leitmotiv OOK FIG. *leitmotiv* m; *motivo* m *central / principal*
lek I ZN [het] *gat fuga* v; *salida* v; ⟨in plafond⟩ *gotera* v; ⟨in een band⟩ *pinchazo* m; ⟨in een band⟩ *reventón* m ★ een lekke band krijgen *tener un pinchazo* ★ lek zijn *tener una fuga*; SCHEEPV. *hacer agua*
lekenbroeder *lego* m; *donado* m
lekkage *gotera* v

lekken *gotear*
lekker I BNW ● *smakelijk sabroso; rico* ★ heel ~ zijn *estar muy rico; saber muy rico* ● *aangenaam agradable; bueno* ★ het is ~ weer *hace buen tiempo* ● *lichamelijk gezond bien* ★ hij is niet ~ *no se encuentra bien; está chiflado* II BIJW *smakelijk* ★ het smaakt ~ *tiene buen gusto; es muy sabroso; sabe bien* ★ ik vind het ~ *me gusta* ▼ je krijgt het ~ niet *no te lo voy a dar* ▼ ik dank je ~! *¡ni hablar!; ¡ni soñarlo!* ▼ dat zit me niet ~ *me molesta*
lekkerbek *goloso* m
lekkerbekje *filete* m *empanado de pescado frito*
lekkernij *bocado* m *exquisito*; ⟨zoet⟩ *golosina* v
lekkers *golosinas* v mv; *dulces* m mv; *caramelos* m mv
lel ● *mep bofetada* v ● *vel* ⟨v. oor⟩ *lóbulo* m; ⟨v. haan⟩ *barba* v ▼ een lel van een boek *un libro enorme*
lelie *azucena* v
lelieblank *blanco como una azucena*
lelietje-van-dalen *muguete* m; *lirio* m *de los valles*
lelijk I BNW *niet aangenaam voor de zintuigen feo* ★ ~ mens *esperpento* m ★ ~ worden *afearse; ponerse feo* ★ zo ~ als de nacht *más feo que un mono*; *más feo que Picio* II BIJW *slecht* ▼ we zijn er ~ aan toe *estamos lucidos*
lelijkerd *esperpento* m
lellebel *puerca* v
lemen *de barro*; *de arcilla*
lemma *artículo* m
lemmet *hoja* v
lemming *léming* m
lende ⟨v. mensen⟩ *región* v *lumbar*; ⟨v. mensen⟩ *riñones* m mv; ⟨v. dieren⟩ *lomo* m
lendenbiefstuk *solomillo* m *de ternera*
lendendoek *taparrabo(s)* m
lenen I OV WW ● *uitlenen prestar; dejar* ★ ik leen je het boek *te dejo el libro* ● *te leen krijgen* ★ mag ik dat boek van je ~? *¿me dejas el libro?; ¿me dejas prestado el libro?* ★ te leen vragen *pedir* [i] *prestado* ▼ het oor ~ *prestar oídos* II WKD WW [zich ~] **voor** ★ zich voor iets ~ *prestarse a u.c.*
lengen ★ de dagen ~ *se hacen más largos los días*
lengte ● *afmeting longitud* m; *largor* m; ⟨v. personen⟩ *altura* v ● *langste kant largura* v ★ in de ~ *en sentido longitudinal* ● AARDK. *longitud* v ★ tot in ~ van dagen *por los siglos de los siglos*
lengteas *eje* m *longitudinal*
lengtecirkel *meridiano* m
lengtegraad *grado* m *de longitud*
lengtemaat *medida* v *de longitud*
lengterichting *sentido* m *longitudinal*
lenig *flexible*
lenigen *aliviar; mitigar*
lening *préstamo* m ★ een ~ afsluiten *contratar un préstamo*
lens I ZN [de] ● *voorwerp lente* v; *objetivo* m ★ de lens van een microscoop *la lente de un microscopio* ● *contactlens lentilla* v; *lente* v *de contacto* ● *ooglens cristalino* m II BNW ● *leeg vacío; seco* ★ lens pompen *achicar* ● *lam flojo*;

sin fuerza ★ zich lens trappen *matarse pedaleando* ★ iem. lens slaan *romperle la crisma a alguien*
lente *primavera* v ★ vroeg in de ~ *al principio de la primavera* ★ van 18 ~s *de 18 abriles*
lentedag *día* m *de primavera*
lentemaand *mes* m *de primavera*
lente-uitje *cebolleta* v
lentezon *sol* m *de primavera*
lenzenvloeistof *líquido* m *de lentillas de contacto*
lepel • stuk bestek *cuchara* v • hoeveelheid *cucharada* v
lepelen • eten, opscheppen *cucharetear* • SPORT *lanzar por los aires*
leperd *camastrón* m [v: *camastrona*]; *pillo* m
lepra *lepra* v
lepralijder *leproso* m
leraar *profesor* m
lerarenopleiding *formación* v *de profesorado*
leren I BNW *de cuero* II OV WW • kennis verwerven *aprender* ★ ~ lezen *aprender a leer* • onderrichten *enseñar; instruir* ★ iem. iets ~ *enseñar u.c. a u.p.* ★ dat zal de tijd ~ *el tiempo lo dirá* ★ ~ kennen *conocer* ▼ ik zal je ~ *ya te diré cuántas son tres y dos* III ON WW studeren *estudiar*
lering • onderricht *aleccionamiento* m; REL. *catequismo* m • wijsheid ★ ~ uit iets trekken *aprender de u.c.*
les • leerstof *de* les overhoren *tomar la lección* ★ de les opzeggen *recitar la lección* • onderricht *lección* v; *clase* v ★ les geven in *dar clases de* ★ les hebben bij *tomar clases de* ★ les krijgen *tener clase* ▼ iem. de les lezen *cantarle/leerle la cartilla a alguien*
lesauto *coche* m *de aprendizaje*
lesbevoegdheid *certificado* m *de aptitud profesional para la enseñanza*
lesbienne *lesbiana* v
lesbisch *lesbiana*
lesmateriaal *material* m *de clase*
Lesotho *Lesoto* m; *Lesotho* m
lesrooster *horario* m
lessen ★ zijn dorst ~ *apagar la sed; calmar la sed*
lessenaar *pupitre* m; (voor muziek) *atril* m
lest ▼ ten langen leste *por fin*
lesuur *hora* v *de clase*
lesvliegtuig *avión* m *de entrenamiento*
lethargie *letargo* m
Letland *Letonia* v; *Latvia* v
letsel *lesión* v; *daño* m ★ ~ oplopen *padecer lesiones* ★ geen ~ oplopen *resultar ileso* ★ iem. ~ toebrengen *herir* [ie, i]; *lesionar; lastimar a alguien* ★ zonder ~ *sano y salvo*
letselschade *lesiones* m mv *personales*
letten I OV WW beletten *impedir* [i] ★ wat let je te gaan? *¿por qué no te vas?* II ON WW • opmerkzaam zijn *fijarse en; reparar en* ★ let wel *fíjese bien; ojo* • passen op *cuidar de; atender a* [ie]
letter • teken *letra* v; *carácter* m [mv: *caracteres*] ★ grote ~ (letra v) *mayúscula* ★ kleine ~ (letra v) *minúscula* • letterlijke inhoud ★ naar de ~ *al pie de la letra*
letteren *filología* v; *letras* v mv

lettergreep *sílaba* v
letterkunde *literatura* v
letterkundig *literario*
letterkundige *literario* m
letterlijk I BNW *literal* II BIJW • in woordelijke zin *literalmente; al pie de la letra* ★ iets ~ vertalen *traducir algo al pie de la letra* • volkomen ★ met hem is ~ niets te beginnen *con él no se puede empezar absolutamente nada*
letterslot *candado* m *con código de letras*
lettertang *máquina* v *de rotular*
letterteken *carácter* m [mv: *caracteres*]
letterwoord *sigla* v
leugen *mentira* v; *embuste* m ★ een ~tje om bestwil *una mentira piadosa*
leugenaar *mentiroso* m; *embustero* m
leugenachtig *mentiroso* ★ ~ zijn *ser un mentiroso*
leugendetector *detector* m *de mentiras*
leuk • grappig *divertido; chusco* • aantrekkelijk *encantador; mono*
leukemie *leucemia* v
leukerd *bromista* m/v; *chistoso* m
leukoplast *esparadrapo* m
leukweg *sin pestañear*
leunen ~ tegen *apoyarse en/contra; reclinarse en* ★ ~ op *apoyarse en*
leuning (voor rug) *respaldo* m; (voor arm) *brazo* m; (voor arm) *descansabrazos* m; (v. brug) *antepecho* m; (v. trap) *barandilla* m; (v. trap) *pasamanos* m
leunstoel *poltrona* v; *sillón* m; *butaca* v
leuren *intentar vender*
leus *eslogan* m; *divisa* v
leut • pret *jaleo* m; *holgorio* m; *alegría* v • koffie *café* m ★ een bakkie leut *un cafecito*
leuteren *estar de cháchara*
leuterkous *parlanchín* m [v: *parlanchina*]; *charlatán* m [v: *charlatana*]
leven I ZN [het] • bestaan *vida* v ★ in ~ blijven *quedarse con vida; seguir viviendo; sobrevivir* ★ in ~ laten *dejar con vida* ★ iem. om het ~ brengen *quitar la vida a u.p.* ★ om het ~ komen *fallecer* ★ op ~ en dood *a vida o muerte* ★ zich van het ~ beroven *quitarse la vida* ★ het ~ schenken aan een kind *dar a luz a un niño* • werkelijkheid *vida* v ★ iets in het ~ roepen *dar vida a u.c.* • levensduur *vida* v ★ voor de rest van zijn ~ *de por vida* ★ de rest van mijn ~ *lo que me queda de vida; el resto de mi vida* ★ nog nooit van mijn ~ *en mi vida* ★ mijn ~ lang *toda mi vida* ★ bij / tijdens zijn ~ *durante toda su vida* • manier van leven *vida* v ★ een teruggetrokken ~ leiden *vivir retirado* ★ een ellendig ~ leiden *pasar la vida a tragos* ★ een losbandig ~ leiden *vivir holgadamente* • lawaai *alboroto* m; *bulla* v; INFORM. *follón* m ▼ bij ~ en welzijn *si Dios quiere* ★ iets in het ~ roepen *establecer; fundar* ▼ naar het ~ *al natural; al vivo* ▼ iem. naar het ~ staan *atentar contra la vida de u.p.* ▼ ~ in de brouwerij brengen *animar el ambiente* ▼ iem. het ~ zuur maken *amargarle la vida a u.p.* ▼ je bent er je ~ niet zeker *es muy peligroso ir por allí; allí uno no está seguro de su vida* II ON WW

levend–lichaam

• in leven zijn *vivir* ★ voor zijn werk ~ *vivir para trabajar* ★ tevreden ~ *vivir contento* • ~ met *vivir con* • ~ van *vivir de* ★ van zijn geld ~ *vivir de las rentas* ▼ naar de vakantie toe ~ *desear las vacaciones* ▼ erop los ~ *pegarse la gran vida; vivir la vida* ▼ ~ en laten ~ *vivir y dejar vivir* ▼ leve de koningin! *¡viva la reina!* ▼ zo waar als ik leef *que me muera si es mentira; por vida mía* ▼ stil gaan ~ *retirarse* ▼ lang zal hij ~! *¡cumpleaños feliz!*
levend *vivo* ★ ~ wezen *ser m viviente* ★ er is geen ~ wezen te bekennen *no hay ni un alma* ★ niet meer tot de ~ en behoren *ya no pertenecer al mundo de los vivos*
levendig I BNW vol leven *vivo; animado* ★ een ~e voordracht *una elocución viva* II BIJW ★ zich iets ~ herinneren *mantener* [ie] *vivo en el recuerdo u.c.* ★ het ging er bij het feest ~ aan toe *la fiesta estuvo muy animada*
levenloos *exánime; sin vida*
levensavond *otoño m de la vida*
levensbehoefte *necesidad v vital* ★ eerste ~n *artículos m mv de primera necesidad*
levensbelang *interés m vital* ★ het is van ~ *es de interés vital*
levensbeschouwing *ideología v*
levensbeschrijving *biografía v*
levensboom *árbol m de la vida*
levensduur *duración v de la vida;* ⟨v. apparaat⟩ *vida v útil*
levensecht *realista; natural*
levenseinde *fin m de la vida*
levenservaring *experiencia v de la vida*
levensfase *fase v de vida*
levensgenieter *hedonista v*
levensgevaar *peligro m de muerte* ★ met ~ *con riesgo de la vida*
levensgevaarlijk *muy peligroso; de peligro mortal*
levensgezel *compañero m de vida; esposo m*
levensgroot *en tamaño natural* ★ meer dan ~ *de tamaño sobrenatural*
levenshouding *actitud v ante la vida*
levenskunst *arte m de la vida*
levenskunstenaar *maestro m en el arte de vivir*
levenslang I BNW ★ ~e gevangenisstraf *cadena perpetua* II BIJW *de por vida* ★ ~ krijgen *ser condenado a cadena perpetua*
levenslicht ★ het ~ aanschouwen *ver la luz*
levenslied *canción v sentimental*
levensloop *curso m vital*
levenslust *goce m del vivir*
levenslustig *alegre; vivo*
levensmiddelen *víveres m mv; productos m mv alimenticios; comestibles m mv* ★ van ~ voorzien *abastecer*
levensmiddelenindustrie *industria v de productos alimenticios*
levensmoe *cansado de la vida; harto de vivir*
levensomstandigheden *circunstancias v mv de vida*
levensonderhoud *sustento m* ★ de kosten van het ~ *el coste de la vida* ★ in zijn ~ voorzien *ganarse la vida*
levenspad *sendero m de la vida*
levensstandaard *nivel m de vida*
levensteken *señal v de vida*
levensvatbaar *viable*
levensverhaal *relato m de la vida*
levensverwachting *esperanza v de vida; expectativa v de vida*
levensverzekering *seguro m de vida*
levensvreugde *goce m de vivir; alegría v de la vida*
levenswandel *conducta v*
levenswerk *trabajo m al que se dedica gran parte de la vida*
lever *hígado m*
leverancier *proveedor m; abastecedor m*
leverantie *suministro m*
leverbaar *suministrable* ★ direct ~ *con entrega inmediata*
levercirrose *cirrosis v hepática*
leveren • afleveren *proveer; suministrar* • bezorgen *entregar* ★ een bijdrage ~ *contribuir* ★ het bewijs ~ *suministrar la prueba* • klaarspelen *hacer* ★ dat heb je hem goed geleverd *buena la has hecho*
levering *entrega v*
leveringstermijn *plazo m de entrega*
leveringsvoorwaarde *condiciones v mv de entrega*
leverontsteking *hepatitis v*
leverpastei *pastel m de hígado*
levertijd *plazo m de entrega*
levertraan *aceite m de hígado de bacalao*
leverworst ≈ *butifarra v/embutido m de hígado*
lexicograaf *lexicógrafo m*
lexicografie *lexicografía v*
lexicon *léxico m*
lezen • tekst doornemen *leer* ★ de krant ~ *leer el periódico* ★ veel ge~ schrijver *autor muy popular; autor en boga* • interpreteren *leer* ★ angst in iemands ogen ~ *ver el miedo en los ojos de alguien*
lezer *lector m/v* ★ trouwe ~ *lector asiduo*
lezing • het lezen *lectura v* • interpretatie *versión v* ★ er een geheel andere ~ van geven *dar una versión completamente distinta* • verhandeling *conferencia v* ★ een ~ geven/houden *dar una conferencia*
liaan *liana v; bejuco m*
Libanon *Líbano m*
libel, libelle *caballito m del diablo; libélula v*
liberaal I ZN [de] *liberal m* II BNW *liberal*
liberaliseren *liberalizar*
liberalisering *liberalización v*
liberalisme *liberalismo m*
Liberia *Liberia v*
libero *(defensa) v libre*
libido *libido v*
Libië *Libia v*
libretto *libreto m*
librioso *librioso*
licentiaat I ZN [de] persoon *licenciado m* II ZN [het] graad *licenciado m*
licentie *licencia v*
licentiehouder *concesionario m*
lichaam • lijf *cuerpo m* • vereniging *corporación v; cuerpo m; entidad v* ▼ naar ~ en ziel *física y moralmente*

lichaamsbeweging *ejercicio* m *físico*
lichaamsbouw *constitución* v *física*
lichaamsdeel *parte* v *del cuerpo*
lichaamsholte *cavidad* v *corporal*
lichaamskracht *fuerza* v *física*
lichaamstaal *lenguaje* m *corporal*
lichaamsverzorging *higiene* v / *aseo* m *personal*
lichamelijk *corporal; físico; somático*
licht I ZN [het] •*schijnsel luz* v ★ zwak ~*luz tenue; luz mortecina* ★ iem. in het ~staan *quitar la luz a alguien* ★ tegen het ~houden *mirar al trasluz; mantener* [ie] *contra la luz* ★ tussen ~en donker *entre dos luces* ★ ze zitten zonder ~*les cortaron la luz* ★ ~geven *alumbrar; iluminar* ★ het ~schuwen *huir de la luz* •*lichtbron luz* v ★ het ~aandoen *encender* [ie] *la luz* ★ het ~uitdoen *apagar la luz* •*intelligent mens lumbrera* v ★ hij is geen ~*tiene pocas luces* •*openbaarheid* ★ iets aan het ~brengen *sacar a la luz u.c.* ★ aan het ~komen *descubrirse* •*opheldering, inzicht* ★ nu gaat me een ~je op! *¡ahora comprendo!; ¡ya caigo en la cuenta!* ★ ~ werpen op *arrojar una luz sobre* •*invalshoek* ★ in het ~van *a la luz de* ★ zijn ~laten schijnen over *dar su opinión sobre* ▾groen ~ geven *dar luz verde* **II** BNW •*niet donker claro* •*weinig wegend ligero; leve* •*makkelijk ligero* •*weinig belangrijk leve* ★ ~e verkoudheid *resfriado* m *leve* ★ iem. 1000 euro ~er maken *sacarle mil euro a alguien* ▾ ~ in het hoofd *mareado* **III** BIJW •*weinig wegend ligeramente* •*gemakkelijk a la ligera; fácilmente* ★ iets ~opnemen *tomar algo a la ligera* •*enigszins ligeramente* ★ ~gezouten *ligeramente salado* ★ op ~verwijtende toon *en tono de suave reproche*
lichtbak *caja* v *luminosa*
lichtblauw *azul claro*
lichtboei *boya* v *luminosa*
lichtbron *fuente* v *luminosa*
lichtbundel *haz* m *de luz*
lichtdruk *heliografía* v
lichtelijk *ligeramente; levemente*
lichten I OV WW •*optillen levantar* ★ een schip ~*sacar a flote a un buque* •*ledigen* ★ de brievenbus ~*recoger el buzón* **II** ON WW *licht geven; relucir; brillar*
lichterlaaie ★ in ~staan *estar ardiendo fuertemente*
lichtflits *destello* m *de luz*
lichtgelovig *crédulo*
lichtgeraakt *susceptible*
lichtgevend *luminoso*
lichtgevoelig *sensible*
lichtgewicht I ZN [de] SPORT *bokser peso* m *ligero* **II** ZN [het] SPORT *klasse pesos* m mv *ligeros; pesi* m mv *ligeri* **III** BNW *ligero*
lichting •*postlichting recogida* v •*opgeroepen soldaten leva* v
lichtinstallatie *instalación* v *de luz eléctrica*
lichtjaar *año* m *luz*
lichtjes *ligeramente*
lichtknop *interruptor* m
lichtkogel *bala* v *luminosa*
lichtkrant *noticiario* m *luminoso*

lichtmast *poste* m *de alumbrado*
lichtmatroos *grumete* m
lichtnet *red* v *de alumbrado eléctrico*
lichtpunt *punto* m *luminoso*
lichtreclame *publicidad* v *luminosa*
lichtschip *buque* m *faro*
lichtshow *espectáculo* m / *show* m *de luces*
lichtsignaal *señal* v *luminosa*
lichtsterkte *potencia* v *luminosa*
lichtstraal *rayo* m *luminoso*
lichtvaardig *ligero*
lichtval *ángulo* m *de luz*
lichtvoetig *ligero*
lichtzinnig •*los van zeden liviano* •*zonder ernst frívolo*
lid •*persoon miembro* m; *socio* m; ⟨v. vereniging⟩ *afiliado* m ★ lid van de Eerste Kamer *senador* m ★ lid van de Tweede Kamer *diputado* m ★ lid zijn van *pertenecer a* •*deel* ⟨v. samengesteld woord⟩ *elemento* m; ⟨v. algebraïsche vergelijking⟩ *miembro* m •*lichaamsdeel miembro* m ★ mannelijk lid *miembro* m *viril* •*gewricht articulación* v ★ uit het lid *dislocado* •*paragraaf* ⟨v. een geschrift⟩ *artículo* m; ⟨v. artikel⟩ *apartado* m
lidgeld *contribución* v
lidmaat • ANAT. ★ *ledematen extremidades* v mv; *miembros* m mv •*medelid miembro* m
lidmaatschap *calidad* v *de miembro* ★ voor het ~bedanken *darse de baja como miembro* ★ bewijs van ~*carnet* m *de socio*
lidstaat *estado* m *miembro*
lidwoord *artículo* m ★ bepaald ~*artículo definido* ★ onbepaald ~*artículo indefinido*
Liechtenstein *Liechtenstein* m
lied *canción* v ★ een lied spelen *tocar una canción* ★ een lied zingen *cantar una canción*
lieden *gente* v ★ er zijn ~die beweren *hay quien dice*
liederenbundel *colección* v *de canciones*
liederlijk *licencioso*
liedje *canción* v ▾het is weer het oude ~*otra vez la misma canción* ▾het oude ~*lo de siempre; la misma canción* ▾altijd hetzelfde ~ *siempre la misma canción* ▾het einde van het ~zal zijn *el resultado será*
lief I BNW •*aardig amable;* ⟨schattig⟩ *mono* ★ ik vind je lief *te tengo mucho cariño* ★ dat is lief van u *es usted muy amable* ★ laten we lief zijn voor elkaar *seamos cariñosos* •*dierbaar querido* ★ lieve mamma *querida mamá* ★ als je leven je lief is *si en algo estimas a tu vida* •*gewenst, graag* ★ iets voor lief nemen *contentarse con u.c.* **II** ZN [het] *geliefd persoon querido* m ▾in lief en leed *para bien y para mal*
liefdadig *benéfico; caritativo; filantrópico*
liefdadigheid *beneficencia* v; *caridad* v; *filantropía* v
liefdadigheidsinstelling *institución* v *de caridad*
liefde •*genegenheid amor* m ★ met ~ ⟨liefdevol⟩ *de mil amores; con amor* ★ uit ~tot *por amor a* ★ het beminnen ★ ~opvatten voor iem. *enamorarse de u.p.* ★ de ~bedrijven *hacer el amor* •*geliefde* ★ eerste ~*primer amor* •*belangstelling pasión* v ★ een grote ~

liefdeleven *vida* v *amorosa/sentimental* voor flamenco *una gran pasión por el flamenco* ★ ~ voor zijn vak hebben *tener pasión por su oficio* ▼ ~ is blind *el amor es ciego* ▼ oude ~ roest niet *los primeros amores nunca se olvidan*
liefdeleven *vida* v *amorosa/sentimental*
liefdeloos *indiferente; frío*
liefdesaffaire *relación* v *amorosa; amores* m mv
liefdesbrief *carta* v *de amor*
liefdesgeschiedenis *historia* v *de amor*
liefdeslied *canción* v *de amor*
liefdesscène *escena* v *de amor*
liefdesverdriet *mal* m *de amores*
liefdevol *afectuoso; cariñoso*
liefdewerk *obra* v *de beneficiencia*
liefelijk *ameno; dulce; suave*
liefhebben *querer* [ie]; *amar* ★ je ~de zuster *tu hermana que te quiere*
liefhebber *aficionado* m; *amante* m
liefhebberij *afición* v
liefje • geliefde *querido* m • aanspreekvorm *cariño* m; *amor* m *mío*
liefjes *con amabilidad fingida*
liefkozen *acariciar; dar mimos a*
liefkozing *caricia* v
lieflijk *ameno; dulce; suave*
liefst *preferiblemente*
liefste • geliefde *querido* m • aanspreekvorm *cariño* m
lieftallig *afable; amable*
liegbeest *mentiroso* m; *trolero* m
liegen *mentir* [ie, i] ★ dikwijls ~ *embustear* ★ dat lieg je *estás mintiendo* ★ het is gelogen *es una mentira* ★ schaamteloos ~ *mentir con descaro* ★ hij liegt of het gedrukt staat *miente con toda la barba*
lier • hijswerktuig *cabria* v • muziekinstrument *lira* v ▼ zijn lier aan de wilgen hangen *colgar* [ue] *la lira*
lies *ingle* v
liesbreuk *hernia* v *inguinal*
lieslaars *bota* v *de goma muy alta*
lieveheersbeestje *mariquita* v
lieveling • schat *querido* m • gunsteling ⟨gunsteling⟩ *favorito* m
lievelingseten *plato* m *favorito*
lievelingskleur *color* m *favorito*
liever *antes; más bien; mejor* ★ ~ sterven dan dat *más vale morir que eso; antes morir que eso* ★ ~ hebben/willen *preferir* [ie, i] ★ ~ wijn dan bier drinken *preferir el vino a la cerveza* ★ of ~ gezegd *o mejor dicho; o sea*
lieverd *querido* m; *cielo* m; *alma* v; *vida* v
lieverdje *favorito* m; IRON. *diablillo* m
lieverlede ★ van ~ *poco a poco; gradualmente*
lievig *zalamero*
liflafje *gollería* v
lift • hijstoestel *ascensor* m • het meerijden *autostop* m ★ iem. een lift geven *llevar a u.p. en coche*
liften *hacer autostop;* z-A *viajar a dedo*
lifter *autostopista* m/v
liftkoker *hueco* m *del ascensor*
liga *liga* v
ligbad *bañera* v
ligbank *sofá* m *para echarse*

ligfiets *bicicleta* v *reclinada*
liggeld *derechos* m mv *de puerto*
liggen • zich bevinden *estar; quedar* ★ waar ligt Utrecht? *¿dónde está Utrecht?* ★ Utrecht ligt niet ver van Houten *Utrecht no está a poca distancia de Houten; Utrecht no queda lejos de Houten* ★ de klemtoon ligt op de voorlaatste lettergreep *el acento cae en la penúltima sílaba* ★ aan zee ~ *estar en la costa* ★ in de haven ~ *estar fondeado en el puerto* ★ op een hoop ~ *estar amontonado* • uitgestrekt rusten *estar tendido; estar tumbado;* ⟨in bed⟩ *estar acostado* ★ in bed ~ *estar en la cama; estar acostado; guardar cama* ★ gaan ~ *tenderse; tumbarse; acostarse* [ue] • bedaren *amainar* ★ de wind gaat ~ *está amainando el viento* • ~ **aan** *depender de; ser culpa de; deberse a* ★ aan mij zal het niet ~ *por mí que no quede* ★ dat ligt eraan *según; depende* ★ het ligt aan hem *depende de él; es su culpa* ★ waaraan ligt het? *¿a qué se debe?* • zijn ★ dat ligt anders *hay que verlo de otra forma* • passen ★ dat ligt mij niet *no me conviene; no me gusta* ▼ er is me veel aan gelegen *me importa mucho; tengo interés en que* [+ subj.] ▼ links laten ~ *no hacer caso a*
ligging *situación* v; *ubicación* v
light *ligero; light; bajo en calorías* ★ ~product *producto de bajas/pocas calorías*
lightrail *tren* m *ligero; lightrail* m
ligplaats *amarradero* m
ligstoel *tumbona* v; ⟨strandstoel⟩ *hamaca* v
Ligurische Zee *Mar* m *de Liguria*
liguster *alheña* v; *aligustre* m
ligweide *prado* m *para tomar el sol*
lij *sotavento* m ★ aan lij *al socaire*
lijdelijk *pasivo*
lijden I ZN [het] *sufrimiento* m; *padecimiento* m ★ het ~ van Christus *la Pasión* **II** OV WW • ondervinden *sufrir* ★ schipbreuk ~ *naufragar* ★ honger ~ *pasar hambre* ★ schade ~ *sufrir daño* • verdragen *soportar; tolerar* ★ ik mag hem graag ~ *me cae bien* ★ ik mag ~ dat *espero que* **III** ON WW • last hebben *sufrir* ★ veel te ~ hebben *sufrir mucho* • ~ **aan** *padecer de*
lijdend ★ ~ voorwerp *objeto* m *directo* ★ ~e vorm *voz* v *pasiva*
lijdensweg • REL. *vía* v *crucis* • FIG. martelgang *vía* v *crucis*
lijder *paciente* v; *enfermo* m
lijdzaam *pacienzudo; resignado*
lijdzaamheid *paciencia* v; *resignación* v ▼ zijn ziel in ~ bezitten *soportar con paciencia*
lijf • lichaam *cuerpo* m ★ in levenden lijve *en carne y hueso* ★ het weg lijf redden *salvar la piel* • deel van kledingstuk *jubón* m ▼ blijf van mijn lijf! *¡déjame en paz!* ▼ iem. te lijf gaan *arremeter contra u.p.* ▼ dat heeft weinig om het lijf *no es gran cosa* ▼ iem. tegen het lijf lopen *encontrarse con uno* ▼ zich iem. van zijn lijf houden *distanciarse de alguien*
lijfarts *médico* m *de cámara*
lijfblad *revista* v *favorita*
lijfeigene *siervo* m
lijfelijk *físico; corporal*

lijfrente *renta* v *vitalicia*
lijfsbehoud ★ uit ~ *para salvar el pellejo*
lijfspreuk *divisa* v
lijfstraf *castigo* m *corporal*
lijfwacht *guardaespaldas* m; ⟨lijfgarde⟩ *guardia* m/v
lijk *muerto* m; *cadáver* m ▼ over mijn lijk! *¡en mi vida!*
lijkauto *coche* m *funerario*
lijkbleek *lívido*
lijken • overeenkomen *parecerse a*; *parecer* ★ de zoon lijkt sprekend op zijn vader *el hijo sale a su padre; el hijo es fiel retrato de su padre* ★ ze ~ helemaal niet op elkaar *no se parecen en nada* • schijnbaar zijn *parecer* ★ het lijkt wel of *parece que* ★ ouder/jonger ~ *aparentar más/menos* • dunken *parecer* ★ het lijkt me een goed idee *me parece buena idea* • aanstaan *gustar* ★ dat lijkt me wel wat *me gusta la idea* ▼ het lijkt nergens naar *no cuadra con nada*
lijkenhuis *depósito* m *de cadáveres*
lijkenpikker *buitre* m
lijkkist *ataúd* m; *féretro* m
lijkrede *oración* v *fúnebre*
lijkschennis *profanación* v *de cadáveres*
lijkschouwer *médico* m *forense*
lijkschouwing *autopsia* v
lijkstijfheid *rigidez* v *del cadáver*
lijkwade *mortaja* v
lijkwagen *coche* m *fúnebre*
lijm *cola* v
lijmen • LETT. plakken *pegar; encolar; engomar* • overhalen *engatusar* ★ zich door iem. laten ~ *dejarse engatusar*
lijmsnuiver *esnifador* m *de colas / de pegamentos; huelepega*
lijmtang *cárcel* v
lijn • touw *cuerda* v • streep *línea* v ★ gebogen lijn *una línea curva* ★ een lijn trekken *trazar una línea* • COMM. verbinding *línea* v ★ de lijn is bezet *está ocupada la línea* ★ aan de lijn blijven *no colgar* [ue] • beleidslijn *línea* v ★ op één lijn zitten *seguir* [i] *la misma línea* ★ zich op één lijn stellen met *ponerse de acuerdo con* • FIG. richting *línea* v ★ in grote lijnen *globalmente; en líneas generales* ★ in opgaande lijn *en línea ascendente* ▼ aan de (slanke) lijn doen *guardar la línea*
lijndienst *servicio* m *de línea*
lijnen *adelgazar; hacer régimen*
lijnolie *aceite* m *de linaza*
lijnrecht I BNW precies recht *recto* II BIJW volkomen *diametralmente* ★ ~ tegenover elkaar *diametralmente opuesto*
lijnrechter *juez* m/v *de línea*
lijntoestel *avión* m *de línea*
lijnverbinding *enlace* m *en línea*
lijnvlucht *vuelo* m *de línea*
lijnzaad *linaza* v
lijs • slome *remolón* m [v: *remolona*]; *haragán* m [v: *haragana*] • slungel *larguirucho* m
lijst • opsomming *lista* v ★ op de zwarte ~ staan *figurar en la lista negra* • rand *marco* m; ⟨voor sier⟩ *orla* v ★ iets in een ~ zetten *enmarcar algo*

lijstaanvoerder *cabeza* m/v *de lista*
lijstenmaker *marquista* m/v
lijster *tordo* m ★ zwarte ~ *mirlo* m
lijsterbes • vrucht *serba* v • boom *serbal* m
lijsttrekker *candidato* m *principal*
lijvig *corpulento*; ⟨v. boeken⟩ *voluminoso*
lijzig *tardo* ★ ~ spreken *hablar parsimoniosamente*
lijzijde *sotavento* m; *socaire* m
lik • het likken *lengüetazo* m • nor *chirona* v ▼ lik op stuk geven *devolver* [ue] *la pelota*
likdoorn *ojo* m *de pollo; callo* m
likdoornpleister *emplasto* m *para callos*
likeur *licor* m
likkebaarden *lamerse los labios*
likken *lamer* ★ ~ aan een ijsje *lamer/chupar un helado*
likmevestje • een kwaliteit van ~ *una calidad que no hay por donde cogerla*
lila *lila*
lilliputter *liliputiense* m/v
limerick *quintilla* v *de carácter cómico*
limiet *límite* m ★ een ~ stellen aan *fijar un límite a*
limiteren *limitar*
limoen ⟨zuur⟩ *limón* m; ⟨zoet⟩ *lima* v
limonade *limonada* v
limonadesiroop *jarabe* m
limousine *limusina* v
linde *tilo* m
lindebloesem *flor* v *de tilo*
lineair *lineal*
linea recta *directamente*
lingerie *lencería* v
lingeriewinkel *lencería* v
linguïst *lingüista* m/v
linguïstiek *lingüística* v
liniaal *regla* v
linie *línea* v ▼ over de hele ~ *en toda la línea*
liniëren *rayar*
link I ZN [de] • verband *eslabón* m ★ een link leggen *relacionar* ★ de missing link *el eslabón perdido* • COMP. *enlace* m; *liga* v II BNW riskant *arriesgado*
linkerhand *mano* v *izquierda; mano* v *zurda* ★ aan de ~ *a la izquierda*
linkerkant *parte* v *izquierda* ★ aan de ~ *a la izquierda*
linkerrijstrook *carril* v *de la izquierda; vía* v *izquierda*
linkervleugel *izquierda* v
links I BNW • aan de linkerkant *izquierdo* • linkshandig *zurdo; zoco* • POL. *de izquierdas* ★ de ~e partijen *los partidos de la izquierda* • onhandig *zopenco* II BIJW • aan de linkerkant *a la izquierda* ★ ~ rijden *circular por la izquierda* ★ ~ afslaan *torcer* [ue] *a la izquierda* ★ ~ (aan)houden *ir a la izquierda; circular por la izquierda* • POL. *de izquierdas* ★ ik stem ~ *voto por la izquierda* ★ ~ zijn *ser un izquierdista; ser de izquierdas* ▼ iem. ~ laten liggen *no hacer caso a u.p.*
linksaf ★ ~ gaan *torcer* [ue] *a la izquierda*
linksback *zaguero* m *izquierdo*
linksbuiten *extremo* m *izquierda*
links-extremistisch *extremista de izquierda*

linkshandig *zurdo*
linksom *por la izquierda*
linnen I ZN [het] *stof lienzo* m; *hilo* m II BNW *de lienzo*
linnengoed *ropa* v *blanca*
linnenkast *armario* m *para la ropa blanca*
linoleum *linóleo* m
linoleumsnede *grabado* m *en linóleo*
linolzuur *ácido* m *linoleico*
lint *cinta* v ▼door het lint gaan *pasarse de la raya*
lintje • ridderorde *condecoración* v • → **lint**
lintjesregen *lluvia* v *de condecoraciones en el cumpleaños de la reina*
lintworm *tenia* v; *solitaria* v
linze *lenteja* v
lip *labio* m ★ een lip trekken *hacer pucheros* ★ het woord op de lippen hebben *tener la palabra en la punta de la lengua* ★ met dikke lippen *befo*; *belfo* ★ gesprongen lippen *labios agrietados* ★ zijn lippen laten hangen *poner morro/hocico* ★ geen woord kwam over zijn lippen *no despegó los labios* ▼aan iemands lippen hangen *estar pendiente de los labios de u.p.* ▼zich op de lippen bijten *morderse* [ue] *los labios*
lipide *lípido* m
liplezen *leer los labios*
liposuctie *liposucción* v
lippencrème *crema* v *de labios*
lippendienst *ayuda* v *de palabra*
lippenpotlood *lápiz* m *de labios*
lippenstift *barra* v *de labios*; *pintalabios* m; *barra* v *de carmín*
liquidatie *liquidación* v
liquide *líquido*
liquideren *liquidar*
liquiditeit *liquidez* v
lire *lira* v
lis *lirio* m
lispelen I OV WW fluisteren *cuchichear* II ON WW slissen *cecear*
Lissabon *Lisboa* v
list *ardid* m; *treta* v
listig *taimado*
litanie *letanía* v
liter *litro* m
literair *literario*
literatuur *literatura* v
literatuurgeschiedenis *historia* v *de la literatura*
literatuurlijst • boeken *lista* v *de libros de lectura obligatoria* • lijst titels *bibliografía* v
literatuuronderzoek *investigación* v *bibliográfica*
literatuurwetenschap *ciencia* v *de la literatura*
literfles *botella* v *de litro* ★ een ~bier *una litrona*
literprijs *precio* m *a litro*
lithium *litio* m
lithografie *litografía* v
Litouwen *Lituania* v
Litouwer *lituano* m
Litouws *lituano*
lits-jumeaux *camas* m mv *gemelas*
litteken *cicatriz* v; ‹in het gezicht› *chirlo* m

littekenweefsel *tejido* m *cicatrizado*
liturgie *liturgia* v
live *en directo*
live- • gelijktijdig *en directo* ★ ~uitzending *transmisión* v *en directo/vivo* • met publiek *en vivo*
living *cuarto* m *de estar*; *salón*
livrei *librea* v
lobbes *bonachón* m
lobby • hal *vestíbulo* m • pressiegroep *camarilla* v
lobbyen *ejercer presión*; *cabildear*
lobelia *lobelia* v
locatie *lugar* m
locoburgemeester *teniente* m *de alcalde*
locomotief *locomotora* v; *máquina* v
lodderig *modorro*
loden *de plomo*
loedersinvergüenza m/v; *zorra* v
loef *barlovento* m ★ een schip de loef afsteken *ganar el barlovento a un barco* ▼iem. de loef afsteken *superar a u.p.*
loeien • koeiengeluid maken *mugir* • huilen *aullar* [ú]
loeihard • snel *a toda velocidad*; INFORM. *a toda pastilla*; INFORM. *a toda hostia* • oorverdovend *a todo volumen*; *ensordecedor*
loempia *rollo* m *de primavera*
loens *bizco*; *bisojo* ★ ~kijken *bizcar*
loensen *bizcar* ★ hij loenst *es bizco*
loep *lente* v; *lupa* v
loepzuiver *muy puro*
loer ▼op de loer liggen *estar al acecho* ▼iem. een loer draaien *dar un chasco a u.p.*
loeren • scherp uitkijken *acechar*; *espiar* [í] • ~ op *estar al/en acecho de*
lof I ZN [de] lofbetuiging *elogio* m; *alabanza* v ★ boven alle lof verheven *superior a todos los elogios* ★ met lof *con elogios* ★ alle lof verdienen *merecer todos los elogios* ★ iemands lof zingen *elogiar a u.p.* II ZN [het] witlof *endivia* v
loffelijk *digno de alabanza*
loflied *canto* m *de alabanza*
lofrede *panegírico* m
loftrompet ▼de ~over iem. steken *deshacerse en elogios con alguien*
loftuiting *alabanza* v; *elogio* m
log I BNW *pesado*; *torpe* II ZN [de] *barquilla* v; SCHEEPV. *corredera* v
logaritme *logaritmo* m
logboek *cuaderno* m *de bitácora*
loge • zitplaats *palco* m • portiershokje *portería* v
logé *huésped* m/v; *alojado* m
logeerbed *cama* v *de huéspedes*
logeerkamer *cuarto* m *de huéspedes*
logement *fonda* v
logen *tratar con lejía*
logenstraffen *desmentir* [ie, i]
logeren *hospedarse*; *alojarse*; *aposentarse* ★ uit ~ zijn bij iem. *estar de huésped en casa de u.p.*
logger *lugre* m
logheid • zwaar *pesadez* v • lomp *torpeza* v • traag *lentitud* v
logica *lógica* v

logies *hospedaje* m; *alojamiento* m ★ ~ en ontbijt *habitación* v *con desayuno*
logisch *lógico*
logischerwijs *lógicamente*; *por supuesto*
logistiek I ZN [de] bevoorrading *logística* v **II** BNW *logístico*
logo *logo* m; *distintivo* m
logopedie *logopedia* v
logopedist *logopeda* m/v
lok *mechón* m
lokaal I ZN [het] vertrek *local* m **II** BNW *local* ★ ~ gesprek *conferencia* v *urbana*
lokaas • aas *cebo* m; *carnada* v • FIG. lokmiddel *cebo* m
lokaliseren • plaats bepalen *localizar* • tot plaats beperken *localizar*
lokaliteit *localidad* v; *local* m
loket • informatie-/verkooppunt *taquilla* v; *ventanilla* v • opbergvakje *casilla* v
lokettist *taquillero* m
lokken • aanlokken *atraer* • bekoren *atraer*; *encantar*
lokkertje *cebo* m
lokroep *reclamo* m
lokvogel *reclamo* m
lol *jarana* v ★ lol trappen *andar de parranda* ★ voor de lol *por gusto* ★ ik doe dat ook niet voor de lol *no lo hago por gusto* ▼ doe me een lol *por favor* ▼ lang leve de lol *viva la Pepa*
lolbroek *gracioso* m; *chistoso* m
lolletje ▼ dat is geen ~ *no tiene ninguna gracia*
lollig *divertido*; *entretenido*
lolly *chupón* m; *pirulí* m; JEUGDT. *chupachup* m
lombok *pimiento* m
lommerd *monte* m *de piedad*
lommerrijk *sombreado*
lomp I BNW • plomp *burdo* • onhandig *zopenco* • onbehouwen *zafio*; *bruto* **II** ZN [de] *harapo* m; *trapo* m ★ in lompen gehuld *haraposo*; *trapajoso*
lomperd *palurdo* m
lomschool ≈ *escuela* v *para alumnos mal adaptados*
Londen *Londres* m
lonen *recompensar*; *pagar* ★ het loont de moeite niet *no vale la pena*
long *pulmón* m
longdrink *cubata* m
longemfyseem *enfisema* m *pulmonar*
longkanker *cáncer* m *pulmonar*; *cáncer* m *de pulmón*
longontsteking *pulmonía* v
lonken *echar ojeadas*
lont *mecha* v ▼ lont ruiken *descubrir el pastel*
loochenen *negar* [ie]
lood • metaal *plomo* m • ARCH. schietlood *plomada* v ★ het is lood om oud ijzer *es olivo y aceituno, todo es uno* ★ uit het lood geslagen *desplomado*; *aturdido*
loodgieter *fontanero* m; *plomero* m
loodgietersbedrijf *fontanería* v; *plomería* v
loodgrijs *plomizo*
loodje *sello* m *de plomo* ▼ het ~ leggen *desplomarse* ▼ de laatste ~s wegen het zwaarst *el final es lo peor*
loodlijn *línea* v *perpendicular*; *perpendicular* v

loodrecht *perpendicular*
loods • persoon *práctico* m; *piloto* m • keet *cobertizo* m; *tinglado* m
loodsboot *lancha* v *del práctico*
loodsen • SCHEEPV. *pilotear* • FIG. leiden *guiar* [i] ★ iem. de zaal uit ~ *guiar a alguien hacia fuera*
loodsmannetje *pez* m *piloto*
loodswezen *pilotaje* m
loodvergiftiging *saturnismo* m
loodvrij *sin plomo* ★ ~e benzine *gasolina* v *sin plomo*
loodzwaar OOK FIG. *plúmbeo*
loof *follaje* m
loofboom *árbol* m *frondoso*
loofbos *bosque* m *frondoso*
loofhout *madera* v *caducifolia*
loog *lejía* v
looien *curtir*; *adobar*
looier *curtidor* m
look¹ *ajo* m
lookalike *doble* m/v
loom *laso*; ⟨v. weer⟩ *sofocante*
loon • beloning *recompensa* v ★ als loon voor en recompensa de ★ salaris *sueldo* m; *salario* m ▼ dat is zijn verdiende loon! *tiene su merecido*
loonadministratie *oficina* v *de administración de las nóminas*
loonbelasting *impuesto* m *sobre el sueldo*; ⟨in Spanje⟩ *impuesto* m *sobre los rendimientos del trabajo*
loonconflict *conflicto* m *salarial*
loondienst *trabajo* m *asalariado* ★ in ~ zijn *tener un trabajo asalariado*
looneis *reivindicación* v *salarial*
loongrens *límite* m *salarial*
loonheffing *recaudación* v *salarial*
loonkosten *costes* m mv *salariales*
loonlijst *nómina* v; *escalafón* m ★ op de ~ staan *estar en nómina*
loonronde *aumento* m *salarial*
loonschaal *escalafón* m
loonspecificatie *especificación* v *del salario*
loonstop *bloqueo* m *de salarios*; *congelación* v *de salarios*
loonstrookje *hoja* v *de salario*
loonsverhoging *aumento* m *de salario*
loonsverlaging *reducción* v *de salarios*
loontrekker *asalariado* m
loonzakje *sobre* m *de pago*
loop¹ • het lopen *paso* m • voortgang *marcha* v; *curso* m; ⟨v. rivier⟩ *curso* m ★ in de loop van *en el curso de*; *con el paso de* ★ in de loop der eeuwen *a lo largo de los siglos* ★ iets de vrije loop laten *dar rienda suelta a*; *dar curso libre a* ★ de loop der zaken *la marcha de las cosas* ★ deel van wapen *cañón* m ▼ op de loop gaan *marcharse*; *escaparse*
loop² ⟨zeg: loep⟩ *loop* m; *bucle* m
loopafstand ★ het ligt op ~ *se puede ir andando* ★ op ~ van *a poca distancia de*
loopbaan *carrera* v *profesional*
loopbaanplanning *planificación* v *de la carrera*
loopbrug • brug *puente* m *peatonal* • loopplank *pasarela* v
loopgips *escayola* v *que permite andar*

loopgraaf *trinchera* v
loopgravenoorlog *guerra* v *de trincheras*
loopje *carrerilla* v ∗ een ~ met iem. nemen *tomarle el pelo a u.p.*
loopjongen *mozo* m; ⟨in hotel⟩ *botones* m
looplamp *lámpara* v *portátil*
loopneus *resfriado* m *nasal*
looppas *marcha* v ∗ in ~ *marchando*
loopplank *pasarela* v; *plancha* v
looprek *andador* m
loops *cachondo*; *en celo*
looptijd *plazo* m; *vigencia* v; *duración* v
loos • leeg *vacío* • onecht *falso* ∗ loze argumenten *argumentos sin fundamento* ▾ er is iets loos *pasa algo*
loot • PLANTK. scheut *retoño* m • FIG. telg *vástago* m
lopen • te voet gaan *ir*; *andar*; *marchar*; ⟨wandelen⟩ *pasear* ∗ een half uur ~ *media hora andando* ∗ heen en weer ~ *ir y venir*; *correr de un lado a otro* ∗ een dief laten ~ *dejar escapar a un ladrón* ∗ ~ door *atravesar*; *recorrer* • zich voortbewegen ∗ uit de rails ~ *descarrilar* • stromen *correr* ∗ een rilling liep over mijn rug *sentí un estremecimiento/escalofrío* • verlopen ∗ de zaak loopt gesmeerd *todo marcha como una seda* ∗ ten einde ~ *estar en las últimas* ∗ dat loopt in de miljoenen *asciende a millones*; *va a costar un dineral* ∗ hij loopt tegen de 50 *frisa en los 50* ∗ het loopt tegen vijven *son casi las cinco* ∗ die zin loopt niet *suena mal esa frase* • functioneren *funcionar* ∗ de motor loopt op benzine *el motor funciona con gasolina* ∗ 1 (liter) op 10 (km) ~ *consumir 1 litro cada 10 kilómetros* ∗ gevaar ~ *correr peligro* ▾ erin ~ *caer en la trampa* ▾ in de WW ~ *estar en el paro* ▾ ergens tegenaan ~ *encontrar u.c. por casualidad* ▾ het op een ~ zetten *echarse a correr*
lopend • te voet gaand *a pie* • voortbewegend *andando* • actueel *corriente* ∗ ~e zaken *asuntos* m mv *en trámite* ∗ het ~e jaar *este año*
loper • boodschapper *mozo* m • sleutel *llave* v *maestra*; *ganzúa* v • tapijt *alfombra* v; ⟨v. trap⟩ *alfombra* v *de escalera* • schaakstuk *alfil* m
lor *trapo* m; *harapo* m; *arambel* m ▾ het kan hem geen lor schelen *no le importa un pito*
lord *lord* m [mv: *lores*]
lorgnet *binóculo* m
lorrie *vagoneta* v
los • niet vast *suelto* • apart *aislado* • ongedwongen *libre* ▾ los daarvan *aparte de eso*
losbandig *licencioso*
losbarsten *estallar*
losbladig *de hojas sueltas*
losbol *calavera* m
losbranden *estallar*; *disparar*
losbreken • uitbarsten *estallar* • vrijkomen *evadirse*
los- en laadbedrijf *compañía* v *de carga y descarga*
losgaan *desatarse*
losgeld *rescate* m

losgeslagen *descontrolado*
losgooien *soltar* [ue]
losjes • niet vast *flojamente* • luchthartig *a la ligera* ∗ iets ~ opnemen *tomar algo a la ligera* ∗ een onderwerp ~ behandelen *tratar despreocupadamente u.c.*
loskomen • losraken *desligarse*; *soltarse* [ue]; ⟨v. vliegtuig⟩ *despegar* • vrijkomen *ser puesto en libertad* ∗ zich uiten *dejarse llevar*
loskopen *rescatar*
loskoppelen *desvincular*
loskrijgen • in bezit krijgen *conseguir* [i] ∗ een opdracht ~ *conseguir un encargo* • los/vrij weten te krijgen *lograr soltar*
loslaten I OV WW • vrijlaten *soltar* [ue] ∗ de hond op iem. ~ *soltarle el perro a alguien* • mededelen *soltar* [ue] ∗ niets ~ *no soltar prenda* II ON WW losgaan *soltarse* [ue]; *desprenderse*
loslippig *ligero de lengua* ∗ ~ zijn *ser ligero de lengua*
loslopen *andar libre* ▾ dat is te gek om los te lopen *esto pasa de la raya* ▾ het zal wel ~ *todo se arreglará*
losmaken • maken dat iets/iemand los wordt *soltar* [ue]; *desatar* ∗ zich van iets ~ *desasirse de u.c.* ∗ veters ~ *desatar los cordones* ∗ zijn jas ~ *desabrochar el abrigo* • oproepen ∗ hij heeft wel wat bij ons losgemaakt *ha despertado reacciones por nuestra parte*
losprijs *rescate* m
losraken *desprenderse*; *soltarse* [ue]; *desatarse*; ⟨v. schip⟩ *ponerse a flote*
losrukken *arrancar*
löss *loess* m
losscheuren *arrancar*
losschieten *soltarse* [ue]
losschroeven *destornillar*
lossen • uitladen *descargar* • afschieten *disparar*
los-vast • LETT. *variable* • FIG. ∗ een ~e relatie *una relación medio formal*
losweg *de paso*
losweken *despegar*
loswerken ∗ zich ~ *desasirse*
loszitten *estar suelto*
lot • lotsbestemming *suerte* v; *destino* m ∗ iem. aan zijn lot overlaten *abandonar a u.p. a su suerte* • loterijbriefje *billete* m *de lotería*
loten *sortear*
loterij *lotería* v ∗ de ~ winnen *tocarle a u.p. la lotería*
lotgenoot *compañero* m
lotgeval *aventura* v; *vicisitud* v
loting *sorteo* m; ⟨voor militaire dienst⟩ *quinta* v
lotion *loción* v
lotje ∗ van ~ getikt zijn *estar chiflado*; *estar loco como una cabra*
lotsbestemming *suerte* v; *destino* m
lotto *lotería* v *primitiva*
lottoformulier *impreso* m *de lotería*
lotus *loto* m
lotushouding *posición* v *del loto*
lotuszit *posición* v *del loto*
louche *sospechoso*; *turbio*
lounge ⟨in hotel⟩ *vestíbulo* m

louter I BNW enkel *puro*; *mero* II BIJW *sólo* ★ bij ~ toeval *por pura casualidad*
louteren *purificar*
loutering *purificación* v; *catarsis* v
lovegame *juego* m *de amor*
loven *alabar*; ⟨verheerlijken⟩ *glorificar*
lovenswaardig *loable*
lover *follaje* m
low budget *de presupuesto reducido*
loyaal *leal*; *sincero*; *franco*
loyalist *partidario* m *del régimen*; ⟨Spanje⟩ *republicano* m
loyaliteit *lealtad* v
lozen • ontdoen van *desembarazarse de* • afwateren *desaguar*; *verter* [ie, i] ★ afval op zee ~ *verter residuos en el mar*
lozing ⟨v. stoffen⟩ *vertido* m; ⟨v. stoffen⟩ *desagüe* m; ⟨v. sperma⟩ *eyaculación* v
lp *LP* m; *elepé* m
lpg *GLP* m mv; *Gases* m mv *Licuados de Petróleo*
lsd *LSD* v
lubberen *quedar holgado*
lucht • atmosferisch gas *aire* m • adem *aire* m ★ geen ~ krijgen *no respirar bien* ★ geur *olor* m ★ een vieze ~ *mal olor* • hemel *cielo* m ★ heldere ~ *cielo despejado* ★ in de open ~ *al descubierto* ▼ er hangt onweer in de ~ *hay un aire de tormenta* ▼ in de ~ vliegen *explotar*; *estallarse* ▼ het is helemaal uit de ~ gegrepen *es puro invento*; *carece de fundamento* ▼ uit de ~ komen vallen *llegar como llovido del cielo*
luchtaanval *ataque* m *aéreo*
luchtafweer *defensa* v *antiaérea*
luchtalarm *alarma* v *aérea*
luchtballon *globo* m
luchtband *neumático* m
luchtbed *colchón* m *neumático*
luchtbehandeling *aire* m *acondicionado*; *climatización* v
luchtbel *burbuja* v
luchtbrug *puente* m *aéreo*
luchtcirculatie *circulación* v *de aire*
luchtdicht *hermético*
luchtdoelgeschut *canon* m *antiaéreo*
luchtdoelraket *cohete* m *antiaéreo*
luchtdruk *presión* v *atmosférica*
luchten • ventileren *airear*; *ventilar*; ⟨v. kleren⟩ *orear* ★ uiten *airear* ▼ hij luchtte zijn kennis *hizo alarde de su sabiduría* ▼ iem. niet kunnen ~ of zien *no poder ver a alguien ni en pintura*; *tener hincha a u.p.*
luchter • kroonluchter *araña* v • kandelaar *candelabro* m
luchtfoto *foto* v *aérea*
luchtgekoeld *refrigerado por aire*
luchthartig *frívolo*
luchthaven *aeropuerto* m
luchthaventerminal *terminal* v *aérea*
luchtig I BNW • met veel lucht *aireado*; *ventilado* • licht *ligero* ★ ~ gebak *tarta ligera* II BIJW • licht ★ ~ gekleed *ligero de ropa* • luchthartig ★ ~ over iets heenstappen *pasar como sobre ascuas*
luchtje • parfum *perfume* m ★ zij heeft een lekker ~ op *lleva un perfume agradable* • → **lucht** ▼ een ~ happen / scheppen *tomar el fresco*; *ir a pasear*; *tomar aire*
luchtkasteel *castillo* m *en el aire* ★ luchtkastelen bouwen *construir castillos en el aire*
luchtkoeling *refrigeración* v *por aire*
luchtkoker *ventosa* v; *respiradero* m
luchtkussen *almohadilla* v *hinchable*
luchtlaag *capa* v *de aire*
luchtlandingstroepen *tropas* v mv *de paracaidistas*
luchtledig *vacío*
luchtmacht *fuerzas* v mv *aéreas*
luchtmachtbasis *base* v *de las fuerzas aéreas*
luchtmatras *colchón* m *neumático*
luchtoffensief *ataque* m *aéreo*
luchtpijp *tráquea* v
luchtpost *correo* m *aéreo* ★ per ~ *vía aérea*
luchtreclame *publicidad* v *aérea*
luchtreis *viaje* m *aéreo*
luchtruim *espacio* m *aéreo*
luchtschip *aeronave* v
luchtslag *combate* m *aéreo*
luchtspiegeling *espejismo* m
luchtsprong *brinco* m; *salto* m *en el aire*
luchtstreek *zona* v *climatológica*; *zona* v ★ koude ~ *zona* v *glacial* ★ warme ~ *zona* v *tórrida*
luchttoevoer *suministro* m *de aire*
luchttransport *transporte* m *aéreo*
luchtvaart *aeronáutica* v; *navegación* v *aérea*
luchtvaartindustrie *industria* v *aérea*
luchtvaartmaatschappij *compañía* v *aérea*
luchtverdediging *defensa* v *aérea*
luchtverfrisser *ambientador* m; *desodorante* m *ambiental / de ambientes*
luchtverkeer *tráfico* m *aéreo*
luchtverkeersleiding *control* m *aéreo*
luchtverontreiniging *contaminación* v *atmosférica*; *contaminación* v *del aire*
luchtversing *ventilación* v
luchtvochtigheid *humedad* v *del aire*
luchtvracht *carga* v *aérea*
luchtweerstand *resistencia* v *del aire*
luchtwortel *raíz* v *epigea/aérea*
luchtzak *bache* m *de aire*
luchtziek ★ ~ zijn *marearse en avión*
lucifer *cerilla* v; *fósforo* m
luciferdoosje *caja* v *de cerilla*; L-A *caja* v *de fósforos*
lucratief *lucrativo*; *remunerador*
ludiek *lúdico*
luguber *lúgubre*; *fúnebre*
lui I ZN [de] mensen *gente* v; *personas* v mv; *tíos* m mv ★ dat waren vriendelijke lui *eran unos tíos simpáticos* II BNW *perezoso*; *vago* ★ lui zijn *ser vago* ★ een lui meisje *una chica gandula* ▼ hij is liever lui dan moe *es un vago de aúpa*
luiaard • persoon *holgazán* m [v: *holgazana*]; *haragán* m [v: *haragana*] • dier *perezoso* m
luid *alto*; *fuerte*
luiden I OV WW doen klinken *tocar* II ON WW • klinken *sonar* [ue] • behelzen *decir* [i] ★ het antwoord luidt als volgt *la contestación es la siguiente* ★ hoe luidt de uitdrukking? *¿cómo se dice?* ★ hoe luidt de brief? *¿qué dice la carta?*

luidkeels *a voz en cuello*
luidop *en voz alta*
luidruchtig *ruidoso*
luidspreker *altavoz m*
luier *pañal m*
luieren *holgazanear; haraganear*
luieruitslag *erupción v del pañal*
luifel *sobradillo m; tejadillo m*
luik ⟨v. raam⟩ *contraventana v;* ⟨valluik⟩ *trampa v;* ⟨valluik⟩ SCHEEPV. *escotilla v*
luilak *vago m*
Luilekkerland *jauja v* ★ *waar ligt ~? ¿dónde está la tierra de jauja?*
luim • humeur *humor m* ★ *een kwade luim hebben estar de mal humor* • gril *capricho m*
luipaard *leopardo m*
luis *piojo m;* INFORM. *cáncano m;* ⟨bladluis⟩ *pulgón m*
luister *esplendor m* ★ *~ bijzetten dar lustre a*
luisteraar *oyente m/v;* ⟨v. radio⟩ *radioyente m/v*
luisterdichtheid *índice m de audiencia*
luisteren • toehoren *escuchar* ★ *naar het concert ~ escuchar el concierto* ★ *luister nu eens goed y atiende, escúchame bien* • gehoorzamen *escuchar* ★ *niet naar goede raad willen ~ no atender* [ie] *a buenos consejos* ★ *naar het roer ~ obedecer al timón* ★ *naar prestar oídos a* ★ *naar de naam Jan ~ atender por el nombre de Juan* ▼ *dat luistert nauw exige gran puntualidad*
luistergeld *impuesto m anual por tener radio*
luisterlied *canción v*
luisterrijk *espléndido; magnífico* ★ *een ~ feest una fiesta espléndida*
luistertoets *prueba v de comprensión oral*
luistervaardigheid *comprensión v oral*
luistervink *escuchón m*
luit *laúd m*
luitenant *teniente m* ★ *eerste ~ teniente m* ★ *tweede ~ subteniente m*
luitenant-generaal *teniente m general*
luitenant-kolonel *teniente m coronel*
luitenant-ter-zee *teniente m de navío*
luiwammes *gandul m; vago m*
luizen ▼ *iem. erin ~ dar un chasco a u.p.* ▼ *erin ~ caer en la trampa*
luizenbaan *chollo m*
luizenkam *peine m espeso / para piojos; lendrera v*
lukken *salir bien; lograr* ★ *dat zal wel ~ no habrá problema* ★ *het is me gelukt om he logrado* [+ inf.] ★ *het is me gelukt lo he conseguido*
lukraak *a la buena de Dios; a trochemoche*
lul • penis *polla v; pijo m; carajo m* • persoon *imbécil m; gilipollas m/v* ▼ *de lul zijn estar jodido* ▼ *voor lul staan hacer el ridículo*
lulkoek *chorradas v mv*
lullen *decir* [i] *chorradas*
lullig • klungelig *estúpido* ★ *een ~ gezicht una pinta estúpida* ★ *een ~e reden una razón estúpida* • onaangenaam *molesto* ★ *doe niet zo ~! ¡no seas pendejo!*
lumineus *luminoso*
lummel *torpe m; grosero m*
lummelen *vagar*

lummelig *bobalicón; simplón*
lumpsum *suma v global*
lunch *almuerzo m*
lunchconcert *concierto m que se da a mediodía*
lunchen *almorzar* [ue]
lunchpakket *bolsa v de comida; bocadillos m mv*
lunchpauze *pausa v del mediodía*
lunchroom *cafetería v*
luren ▼ *iem. in de ~ leggen embaucar a u.p.*
lurken *chupetear; chupar*
lurven ▼ *iem. bij de ~ pakken coger a u.p. por el cuello*
lus *lazo m; presilla v*
lust • zin *ganas v mv* ★ *lust hebben om tener ganas de* ★ *dat zal je de lust wel doen vergaan eso te quitará las ganas* • verlangen *deseo m; ganas v mv* • plezier *placer m; gusto m* ★ *het is een lust om da gusto* [+ inf.] ★ *hij werkt dat het een lust is trabaja que da gusto* ★ *een lust voor het oog un deleite para los ojos*
lusteloos *indolente*
lusten *gustar* ★ *ik lust geen melk no me gusta la leche* ★ *lust je nog wat? ¿quieres algo más?* ▼ *ik lust hem rauw! me cae gordo* ▼ *ik lust hem niet me cae fatal*
lusthof *paraíso m*
lustig • monter *alegre* • flink *fuerte*
lustmoord *asesinato m con estupro*
lustmoordenaar *asesino m por motivos sexuales*
lustobject *objeto m de deseo*
lustrum *lustro m; quinquenio m*
luthers, lutheraans *luterano*
luttel *poco*
luw • uit de wind *resguardado* • vrij warm *tibio*
luwen *calmarse; disminuir; amainar*
luwte *resguardo m* ★ *in de ~ al abrigo del viento*
luxaflex *persiana v*
luxe I ZN [de] *lujo* ★ *zich de luxe permitteren om permitirse el lujo de* **II** BNW *lujoso* ★ *een luxe leventje una vida de lujo*
luxeartikel *artículo m de lujo*
Luxemburg *Luxemburgo m*
Luxemburger *luxemburgués m*
Luxemburgs *luxemburgués*
Luxemburgse *luxemburguesa v*
luxueus *lujoso; suntuoso*
L-vormig *en forma de L*
lyceïst *alumno m de un liceo*
lyceum *liceo m*
lychee *lichi m; fruto m del nefelio*
lycra *lycra v*
lymfklier *ganglio m linfático*
lynchen *linchar*
lynx *lince m*
lyriek *lírica v*
lyrisch *lírico* ★ *~ dichter poeta m lírico*

M

m *m* v ★ de m van Marie *la m de Madrid*
ma *mamá* v
maag *estómago* m ★ een zwakke maag *un estómago delicado* ★ bedorven maag *indigestión* v ★ op de nuchtere maag *en ayunas* ▼ zwaar op de maag liggen *pesar en el estómago*; *ser indigesto* ▼ iem. iets in de maag splitsen *encajarle u.c. a u.p.*
maagaandoening *afección* v *gástrica*
maagbloeding *hemorragia* v *estomacal*
Maagd *Virgo* m
maagd *virgen* v ★ de Heilige Maagd *la Santísima Virgen*
maag-darmkanaal *tubo* m *digestivo*
maagdelijk • van een maagd *virgen* • FIG. ongerept *virgen* ★ ~ oerwoud *selva virgen*
maagdelijkheid *virginidad* v
maagdenvlies *himen* m
maagklachten *molestias* v mv *de estómago*
maagkramp *retortijón* m *de estómago*
maagkwaal *enfermedad* v *de estómago*
maagpatiënt *paciente* m *gástrico* ★ ~ zijn *padecer del estómago*
maagpijn *dolor* m *de estómago*
maagsap *jugo* m *gástrico*
maagwand *pared* v *estomacal*
maagzuur *ácido* m *gástrico*
maagzweer *úlcera* v *gástrica*; *úlcera* v *de estómago*
maaien *segar* [ie] ★ koren ~ *segar las mieses*
maaier *segador* m
maaimachine *segadora* v
maak • het producere ★ in de maak zijn *estarse preparando* • het herstellen ★ in de maak zijn *estarse arreglando*
maakbaar *factible* ★ de maakbare samenleving *la sociedad viable*
maakloon *gastos* m mv *de fabricación*
maaksel • product *artilugio* m • manier waarop iets gemaakt is *fabricación* v
maakwerk *fabricación* v *por encargo*
maal I ZN [de] keer *vez* v **II** ZN [het] maaltijd *comida* v
maalstroom *torbellino* m
maalteken *signo* m *de la multiplicación*
maaltijd (middagmaal) *comida* v; (avondmaal) *cena* v
maan *luna* v ★ wassende maan *luna creciente* ★ volle maan *luna llena* ★ afnemende maan *luna menguante* ★ halve maan *media luna* ★ de maan schijnt *la luna brilla*; *hace luna* ★ de maan wast *la luna crece* ★ de maan neemt af *la luna mengua* ▼ loop naar de maan! *¡vete a la porra!*
maand *mes* m ★ per ~ *por mes*; *mensualmente* ★ de lopende ~ *el corriente mes* ★ de volgende ~ *el mes que viene*
maandabonnement *suscripción* v *mensual*
maandag *lunes* m ★ 's ~s *los lunes* ▼ een blauwe ~ *poco tiempo*; *muy breve tiempo*
maandagavond *lunes* m *tarde*
maandagmiddag *lunes* m *por la tarde*
maandagmorgen, maandagochtend *lunes* m *por la mañana*
maandagnacht *lunes* m *noche*
maandags *los lunes*
maandblad *revista* v *mensual*
maandelijks *mensual*
maandenlang *durante meses*
maandgeld *mensualidad* v
maandkaart *abono* m *para un mes*
maandloon *sueldo* m / *salario* m *mensual*
maandsalaris *salario* m *mensual*
maandverband *compresa* v *higiénica*
maanlander *módulo* m *lunar*
maanlanding *alunizaje* m
maanlicht *luz* v *lunar*; *claro* m *de la luna*
maansikkel *medialuna* v
maansverduistering *eclipse* m *lunar*
maanzaad *granos* m mv *de adormidera*
maanzaadbrood *pan* m *con semillas de adormidera*
maar I VW echter, daarentegen *pero* ★ ⟨na ontkenning⟩ *sino* ★ hij ging niet naar Italië maar naar Spanje *no fue a Italia sino a España* ★ niet alleen..., maar ook... *no sólo..., sino también...* **II** BIJW • slechts, enkel *sólo*; *solamente* ★ maar één boek *solamente un libro* ★ het kost maar 3 dolar *solamente vale 3 dólares* ★ ik heb maar één sleutel *tengo una llave sólo* ★ dat zijn alleen maar woorden *no son más que palabras* ★ hij hoeft het maar te zeggen *basta con decirlo* ★ zonder ook maar een enkel voorbeeld *sin ningún ejemplo* • ⟨zonder duidelijke betekenis⟩ ★ maar geen beslissing kunnen nemen *no acabar de decidirse* ★ ik weet het maar al te goed *lo sé yo muy bien* ★ maar al te graag *con mucho gusto* ★ was het maar zo *ojalá fuera así* ★ kwam hij maar! *¡ojalá viniera!* ★ wist ik het maar! *¡ay, si lo supiera!* **III** ZN [het] *pero* m ★ er is één maar bij *hay un pero* ★ geen maren! *¡no hay pero que valga!*
maarschalk *mariscal* m
maart *marzo* m
maarts *de marzo*
Maas *Mosa* m
maat • meeteenheid *medida* v • afmeting *tamaño* m; *medida* v; ⟨v. schoen⟩ *número* m; ⟨v. kleding⟩ *talla* v ★ ⟨welke maat heeft u?⟩ wat voor (kleding)maat heeft u? *¿qué talla tiene?* ★ de maat nemen *tomar las(s) medidas* ★ ik heb (schoen)maat 43 *calzo el cuarenta y tres* ★ ik heb (kleding)maat 38 *tengo la talla treinta y ocho* ★ op maat *a medida* • hoeveelheid • in meerdere of mindere mate *en mayor o menor medida* ★ in die mate dat *hasta tal punto que* ★ in toenemende mate *crecientemente* ★ iets waarmee men meet *medida* v • gematigdheid *medida* v; *moderación* v ★ maat houden *guardar medida* ★ met maat *con moderación*; *sin exceso* • MUZ. teleenheid *compás* m ★ de maat houden *llevar el compás* ★ uit de maat *fuera del compás* ★ de maat slaan/aangeven *marcar el compás* • makker *compañero* m ★ zij zijn dikke maatjes *son uña y carne* ▼ met twee maten meten *aplicar criterios ambiguos/*

arbitrarios ▼ onder de maat zijn *no dar la talla*; *ser inferior*
maatbeker *vaso* m *graduado*
maatgevend *normativo*; *determinante*
maatgevoel *sentido* m *del ritmo*
maatglas *vaso* m *graduado*
maathouden • *llevar el compás* • zich niet te buiten gaan *pasarse de rosca*
maatje • → maat
maatjesharing *arenque* m *joven salado*
maatkleding *ropa* v *hecha a medida*
maatkostuum *traje* m *a medida*
maatregel *medida* v ★ ~en nemen/treffen *tomar medidas*
maatschap *sociedad* v
maatschappelijk *social* ★ ~ werker *asistente social*
maatschappij • samenleving *sociedad* v • genootschap *compañía* v
maatschappijkritisch *que critica la sociedad*
maatschappijleer ≈ *formación* v *social*
maatstaf *norma* v; *pauta* v; *criterio* m ★ als ~ dienen *servir* [i] *de pauta*
maatstok • meetlat *regla* v • dirigeerstok *batuta* v
maatstreep *línea* v *de graduación*
maatwerk *trabajo* m *hecho a medida* ★ het is ~ *está hecho a medida*
macaber *macabro*; *lúgubre*
macadam *macadam* m; *macadán* m
Macao *Macao* m
macaroni *macarrones* m mv
Macedonië *Macedonia* v
Macedoniër *macedonio* m
Macedonisch *macedonio*
mach *mach* m
machiavellisme *maquiavelismo* m
machinaal I BNW • met machines *mecánico* • werktuiglijk *mecánico* II BIJW met machines ★ ~ gemaakt *hecho a máquina*
machinatie *maquinación* v
machine *máquina* v
machinebankwerker *ajustador* m
machinegeweer *ametralladora* v
machinekamer *sala* v *de máquinas*; *cuarto* m *de máquinas*
machinepark *parque* m *de maquinaria*
machinepistool *pistola* v *automática*
machinerie *maquinaria* v
machinist *maquinista* m/v
macho I ZN [de] *machista* m II BNW *machista* ★ ~ gedrag *machismo* m
macht • capaciteit, vermogen *poder* m; *fuerza* v; *capacidad* v ★ bij ~e zijn *poder* [ue]; *ser capaz de* ★ dat ligt niet in mijn ~ *no está en mi poder*; *no depende de mí* ★ uit alle ~ *a más no poder* ★ uit alle ~ schreeuwen *gritar a más no poder* • heerschappij, controle *poder* m ★ de ~ van het noodlot *la fuerza del destino* ★ aan de ~ komen *llegar al poder* ★ ~ hebben over *dominar* • gezaghebbende instantie *poder* m ★ wetgevende ~ *poder legislativo* ★ uitvoerende ~ *poder ejecutivo* • troepen *fuerza* v ★ de gewapende ~ *la fuerza armada* • WISK. *potencia* v ★ tweede ~ *cuadrado* m ★ derde ~ *tercera potencia*; *cubo* m ▼ FIG.

boven zijn ~ werken (te veel) *hacer algo fuera de sus posibilidades*
machteloos • zonder capaciteit, vermogen *impotente*; *débil* • zonder heerschappij, controle ★ machteloze woede *rabia sorda*
machthebber • persoon met macht *gobernante* m/v; *dirigente* m/v • gevolmachtigde *mandatorio* m
machtig I BNW • veel macht hebbend *poderoso* • beheersend ★ ~ zijn *dominar* ★ een taal ~ zijn *dominar una lengua* • indrukwekkend *fantástico* • moeilijk te verteren *pesado* ▼ het werd me te ~ *fue demasiado para mí* II BIJW *muy*; *enormemente*
machtigen *autorizar*; *apoderar*
machtiging *autorización* v; *poder* m ★ ~ geven *conferir* [ie, i] *autorización*; *otorgar autorización*
machtsevenwicht *equilibrio* m *de fuerzas y poderes*
machtsmiddel *medio* m *coercitivo*
machtsmisbruik *abuso* m *de poder*
machtsovername *toma* v *del poder*
machtspositie *posición* v *de poder*
machtsstrijd *lucha* v *por el poder*
machtsverheffen *elevar a una potencia*
machtsverheffing *elevación* v *a potencias*
machtsverhouding *relación* v *de poder* ★ gewijzigde ~en *relaciones de poder modificadas*
machtsvertoon *demostración* v *de poder*; *ostentación* v *de fuerza*
machtswellust *ansia* v *de poder*
macramé *macramé* o
macro *macro* m
macro- *macro*
macrobiotiek *macrobiótica* v
macrobiotisch *macrobiótico*
macro-economie *macroeconomía* v
macrokosmos *macrocosmos* m
Madagaskar *Madagascar* m
madam • vrouw *señora* v ★ de ~ uithangen *dárselas de señora* • bordeelhoudster *madame* v
made *larva* v
Madeira *Madera* v
madeliefje *maya* v; *margarita* v
madera (*vino* m *de*) *Madeira*
madonna *Madona* v
Madrid *Madrid* m
madrigaal *madrigal* m
Madrileens *madrileño*
maf *chiflado*
maffen *sobar*
maffia *mafia* v
maffioso *mafioso* m
mafkees *chalado* m; *majareta* m
magazijn • opslagplaats *almacén* m • winkel *almacenes* m mv • patroonruimte van geweer *recámara* v
magazijnbediende *mozo* m *de almacén*
magazijnmeester *encargado* m *del almacén*; *almacenero* m; *guardalmacén* m
magazine • tijdschrift *revista* v • rubriek *programa* m *de actualidades*
mager • dun *flaco*; *delgado* ★ hij is ~ geworden

ha adelgazado; ha perdido las carnes • niet vet ⟨v. vlees⟩ *magro*; ⟨v. melkproducten⟩ *desnatado* • pover *pobre*; *magro*; *mezquino* ★ een ~ resultaat *un resultado magro*
magertjes • LETT. *delgaducho* • FIG. *pobre*; *magro*
maggiblokje *cubito* m *de caldo concentrado*
magie *magia* v
magiër *mago* m
magisch *mágico*
magistraal *magistral*
magistraat *magistrado* m
magistratuur *magistratura* v
magma *magma* m
magnaat *magnate* m
magneet *imán* m
magneetnaald *aguja* v *magnética*
magneetschijf *disco* m *magnético*
magneetstrip *cinta* v *magnética*
magnesium *magnesio* m
magnesiumcarbonaat *carbonato* m *de magnesio*
magnetisch *magnético*
magnetiseren *magnetizar*
magnetiseur *magnetizador* m
magnetisme *magnetismo* m
magnetron *microondas* m; *magnetrono* m
magnetronfolie *lámina* v *para microondas*
magnifiek *magnífico*; *espléndido*
magnolia *magnolia* v
mahonie I ZN [het] *caoba* v II BNW *de caoba*
mahoniehouten *de (madera) de caoba*
mail I ZN [de] [mv: +s] *e-mail* m II ZN [de] [gmv] *correo* m *electrónico*
mailbox *buzón* m *de correo electrónico*
mailen *enviar e-mail*
mailing *mailing* m
maillot *leotardos* m mv
mailtje *emilio*
maïs *maíz* m
maïskolf *mazorca* v; *panocha* v; *panoja* v
maïskorrel *grano* m *de maíz*
maisonnette *dúplex* m
maïsveld *campo* m *de maíz*
maîtresse *querida* v; *amante* v
maïzena *maicena* v
majesteit • persoon *majestad* v ★ Zijne/Hare Majesteit *Su Majestad* • waardigheid *majestad* v
majesteitsschennis *delito* m *de lesa majestad*
majestueus *majestuoso*; *mayestático*
majeur *modo* m *mayor* ★ in C ~ *en do mayor*
majoor *comandante* m; *mayor* m
majoraan *mejorana* v
majorette *majorette* v
mak • tam *domesticado* • meegaand *manso*
makelaar *corredor* m ★ ~ in effecten *agente de bolsa*
makelaardij • bedrijf *correduría* v • branche *oficio* m *de corredor*
makelaarskantoor *oficina* v *de correduría*
makelaarsloon *corretaje* m
makelij *fabricación* v; *hechura* v; *construcción* v
maken • doen ontstaan, tot stand brengen *hacer* ★ een sprong ~ *hacer una pirueta en el aire* • in toestand brengen *hacer* ★ zich gehaat ~ *hacerse odioso* ★ maakt u het zich gemakkelijk! *¡póngase a gusto!* ★ iem. aan het lachen ~ *hacerle reír a u.p.* ★ maak dat je weg komt! *¡lárgate!; ¡márchate!* ★ hij maakte dat men hem verkoos *consiguió que le eligiesen* ★ iem. tot voorzitter ~ *hacer presidente a u.p.* • herstellen *reparar*; *arreglar* ★ zijn horloge laten ~ *llevar a arreglar el reloj* ▼ maak het nou! *¡pero bueno* ▼ dat kun je niet ~! *¡eso no se hace!* ▼ ik weet het goed gemaakt *tengo una idea* ▼ het (helemaal) ~ *tener éxito* ▼ het goed ~ *estar bien* ▼ het slecht ~ *estar mal* ▼ hij zal het niet lang meer ~ *sus horas están contadas* ▼ wat heeft u daarmee te ~ *¿qué tiene usted que ver con todo esto?*; *y a usted ¿qué le importa?* ▼ niets te ~ hebben met *no tener nada que ver con* ▼ daar wil ik niets mee te ~ hebben *yo no quiero tener nada que ver con eso* ▼ hij heeft het ernaar gemaakt *se lo merece* ▼ wat moet ik hiervan ~? *¿y qué hago con ésto?*
maker *fabricante* m/v
make-up *maquillaje* m
makkelijk • → **gemakkelijk**
makken ▼ niets/geen cent te ~ hebben *no tener ni un céntimo*
makker *compañero* m; *camarada* m/v; *compinche* m
makkie *cosa* v *fácil* ★ vandaag heb ik een ~ *hoy lo tengo fácil*
makreel *caballa* v
mal I ZN [de] *model molde* m ▼ iem. voor de mal houden *tomar el pelo a u.p.* II BNW *dwaas tonto*; *bobo*; *necio* ★ ben je mal? *¿estás loco?*
malafide *sospechoso*
malaise *depresión* v
malaria *paludismo* m; *malaria* v; *fiebres* v *palúdicas*
malariamug *mosquito* m *anofeles*
Malawi *Malawi* m
Malediven *las Maldivas* v mv
Maleis *malasio*
Maleisië *Malaysia* v; *Malasia* v
malen I OV WW fijnmaken *moler* [ue] II ON WW • constant in de gedachten zijn *devanarse los sesos* • raaskallen *desvariar* [i] • ~ om ★ ik maal er niet om *me importa un bledo*
Mali *Malí* m
maliënkolder *cota* v *de malla*
maling *moledura* v ▼ iem. in de ~ nemen *tomar el pelo a u.p.*; *torear a u.p.*; *burlarse de alguien* ▼ ik heb er ~ aan *me importa un bledo*
mallemoer ▼ die fiets is naar zijn ~ *esa bici está escacharrada* ▼ het interesseert me geen ~ *me importa un pimiento*; *no me importa un bledo*
mallemolen *tiovivo* m
malligheid *tontería* v; *necedad* v; *bobería* v
malloot *mentecato* m; *bobo* m
Mallorca *Mallorca* v
Mallorcaans *mallorquín* [v: *mallorquina*]
mals *tierno*; *suave*
Malta *Malta* v
Maltees *maltés* [v: *maltesa*]
maltraiteren *maltratar*
malversatie *malversación* v
mama, mamma *mamá* v

mammoet *mamut* m
mammoettanker *superpetrolero* m
mammografie *mamografía* v
man • mannelijk persoon *hombre* m ★ een jonge man *(hombre) joven* m ★ oude man *(hombre) viejo* m ★ daar is hij de man niet naar *no es hombre para* ★ een man van de daad *un hombre de acción* ★ een man van eer *un hombre de honor* • echtgenoot *esposo* m; *marido* m ★ man en vrouw *marido y mujer* • mens *hombre* m; *persona* v ★ per man ... *por persona* ★ een gesprek van man tot man *una conversación a solas* ★ van man tegen man *cuerpo a cuerpo* ★ de juiste man op de juiste plaats *cada persona en el puesto que le corresponde* • → **mannetje** ▾ de gewone man *el hombre de la calle* ▾ aan de man brengen *vender* ▾ als één man *como un solo hombre* ▾ (recht) op de man af *sin rodeos*
management *gerencia* v; *dirección* v; *administración* v; *management* m
manager • (zakelijk) leider SPORT *mánager* m; MUZ. *empresario* m • (in horeca) bedrijfsleider *gerente* m/v; *director* m
manche *manga* v
manchet *puño* m ★ vast ~ *puño de camisa*
manchetknoop *gemelo* m
manco *falta* v
mand *cesto* m; *cesta* v; *canasta* v ▾ ze valt door de mand *se le ve el plumero* ▾ zo lek als een mandje zijn *tener más agujeros que un colador*
mandaat • volmacht *mandato* m • opdracht *mandato* m; *orden* m/v ★ zijn ~ neerleggen *dimitir*
mandaatgebied *territorio* m *bajo mandato*
Mandarijn *mandarín* m
mandarijn • vrucht *mandarina* v • Chinese ambtenaar *mandarín* m
mandekker *marcador* m
mandekking *marcaje* m
mandoline *mandolina* v
manege *escuela* v *de equitación*
manen I DE MV (v. paard) *crines* v mv; (v. leeuw) *melena* v II OV WW • aansporen *instigar* • herinneren *apremiar*
maneschijn *luz* v *de luna*
maneuver • → **manoeuvre**
manga *manga* m
mangaan *manganeso* m
mangat *orificio* m *de acceso*
mangel *escurridor* m
mangelen *calandrar*
mango *mango* m
mangrove *mangle* m
manhaftig *valiente*; *resuelto*
maniak *maníaco* m
maniakaal *maniaco*
manicure • handverzorging *manicura* v • handverzorger *manicuro* m
manicuren *hacer la manicura*
manie *manía* v
manier • wijze *modo* m; *manera* v; *forma* v ★ op deze ~ *de tal manera*; *así*; *de este modo* ★ op de een of andere ~ *de una forma u otra* ★ dat is zo zijn ~ *es su costumbre* ★ ieder op zijn ~ *cada cual a su manera*; *cada loco con su tema* • omgangsvormen *modales* m mv ★ dat is geen ~ (van doen) *eso no se hace* ★ iem. ~en leren *enseñar a alguien (buenos) modales* ★ geen ~en hebben *tener mala educación*; *no tener (buenos) modales*
maniërisme *manierismo* m
maniertje • foefje *truco* m • gekunsteldheid ★ ~s hebben *tener trucos*
manifest I ZN [het] *manifiesto* m II BNW *manifiesto*
manifestatie *manifestación* v
manifesteren I OV WW kenbaar maken *manifestar* [ie]; *evidenciar* ★ onvrede manifesteert zich in geweld *la insatisfacción se manifiesta en violencia* II ON WW betoging houden *celebrar una manifestación*
manipulatie *manipulación* v
manipulator *manipulador* m
manipuleren *manipular*
manisch *maníaco*
manisch-depressief *maníacodepresivo*
manjaar *años-hombre* m mv
mank *cojo* ★ mank lopen *cojear* ▾ mank gaan *no cuadrar*
mankement *defecto* m
manken *cojear*; *renquear*
mankeren • ontbreken *faltar* • schelen ★ wat mankeert je? *¿qué tienes?*; *¿qué te pasa?* ▾ zonder ~ *sin falta* ▾ dat mankeerde er nog maar aan! *¡no faltaba más!*
mankracht *mano* v *de obra*; *personal* m
manmoedig *intrépido*; *viril*
manna *maná* m
mannelijk • behorend tot een man *masculino* • als van mannen *viril*; INFORM. *macho*
mannengek *ninfómana* v
mannenkoor *coro* m *masculino*
mannenstem *voz* v *de hombre*
mannentaal *lenguaje* m *enérgico*
mannequin *maniquí* m
mannetje • kleine man *hombrecito* m • mannelijk dier *macho* m ▾ zijn ~ staan *obrar como un hombre*
mannetjesputter • man *hombre* m *de pelo en pecho* ★ een ~ zijn *llevar los calzones bien puestos* • manwijf *marimacha* v
manoeuvre *maniobra* v; MIL. *maniobras* v mv
manoeuvreerbaarheid *maniobrabilidad* v
manoeuvreren *maniobrar*
manometer *manómetro* m
mans *atrevido* ★ mans genoeg zijn om *ser suficiente hombre para* ★ zij is heel wat mans *es mujer de armas tomar*
manschappen *soldados* m mv
manshoog *a la altura de un hombre*
mantel *abrigo* m ▾ iem. de ~ uitvegen *poner a uno de vuelta y media* ▾ iets met de ~ der liefde bedekken *correr un tupido velo sobre* ▾ onder de ~ van *bajo el pretexto de*
mantelpak *traje* m *de chaqueta*
mantra *mantra* v
manueel *manual* ★ manuele therapie *terapia manual*
manufacturen *productos* m mv *textiles*
manuscript *manuscrito* m
manusje-van-alles *factótum* m/v

manuur *horas* v mv *hombre*
manwijf *marimacho* v
manziek *ninfómana*
maoïsme *maoísmo* m
map *carpeta* v
maquette *maqueta* v
maraboe *marabú* m
marathon *maratón* m
marathonloper *corredor* m *de maratón*
marathonzitting *sesión* v *maratoniana*
marchanderen *regatear*
marcheren *marchar*
marconist *radiotelegrafista* m/v
mare *rumor* m
marechaussee *cuerpo* m *de policía militar*
maren ★ altijd iets te ~ hebben *tener siempre algún pero*
maretak *muérdago* m
margarine *margarina* v
marge *margen* m/v
marginaal *marginal*
margriet *margarita* v
Maria *María*
Mariabeeld *imagen* v *de la Virgen (María)*
Maria-Hemelvaart *Asunción* v *(de la Virgen)*
marihuana *marihuana* v
marinade *adobo* m
marine *marina* v *de guerra*; *armada* v
marinebasis *base* v *naval*
marineblauw *azul* m *marino*
marineren *adobar*
marinier *soldado* m *de marina*
marionet *marioneta* v; *títere* m
marionettenspel *teatro* m *de marionetas*
maritiem *marítimo*
marjolein *mejorana* v
mark *marco* m
markant *destacado*; *notable*
markeerstift, marker *marcador* m; *evidenziatore* m
markeren *marcar*
marketing *márketing* m; *mercadotecnia* v
markies • edelman *marqués* m [v: *marquesa*]
• zonnescherm *toldo* m
markt • verkoopplaats *mercado* m ★ naar de ~ gaan *ir al mercado* ★ iets op de ~ kopen *comprar algo en la plaza* • handel *mercado* m ★ zwarte ~ *mercado* m *negro* ★ iets op de ~ brengen *lanzar u.c. al mercado* ★ van de ~ verdringen *suplantar del mercado* • vraag *potencial* m *de venta* ▼ van alle ~en thuis zijn *ser un estuche*
marktaandeel *participación* v *del mercado*; *parte* v *del mercado*
marktanalyse *análisis* m *de mercado*
markteconomie *economía* v *de mercado*
markten ★ gaan ~ *ir al mercado*
marktkoopman *comerciante* m/v
marktkraam *puesto* m *de mercado*
marktleider *líder* m *del mercado*
marktmechanisme *mecanismo* m *de mercado*
marktonderzoek *estudio/análisis* m *de mercado*
marktprijs *precio* m *de mercado*
marktstrategie *estrategia* v *de mercado*
marktverkenning *prospección* v *del mercado*
marktwaar *mercadería* v; *producto* m *de mercado*
marktwaarde *valor* m *de mercado*; *valor* m *comercial*
marmelade *mermelada* v
marmer *mármol* m
marmeren I BNW *de mármol* **II** OV WW *vetear*
marmot *marmota* v
Marokkaan *marroquí* m/v
Marokkaanse *marroquí* m/v; *marrueca* v
Marokko *Marruecos* m mv
Mars *Marte* m
mars I ZN [de] • voettocht *marcha* v • MUZ. *marcha* v ▼ veel in zijn mars hebben *tener mucho talento* **II** TW ★ voorwaarts mars! *ide frente!*
marsepein *mazapán* m
Marshalleilanden *Islas* v mv *Marshall*
marskramer *vendedor* m *ambulante*; *buhonero* m
marsmannetje *marciano* m
marsmuziek *música* v *militar / de marcha*
marsorder *hoja* v *de itinerario*
martelaar *mártir* m/v
martelaarschap *martirio* m
marteldood *martirio* m
martelen *torturar*; *martirizar*
martelgang *martirio* m
marteling *tortura* v; *martirio* m
marteltuig *instrumentos* m mv *de tortura*
marter *marta* v
martiaal *marcial*
martini *martini* m
Martinique *Martinica* v
marxisme *marxismo* m
marxist *marxista* m/v
marxistisch *marxista*
mascara *rímel* m
mascarpone *mascarpone* m
mascotte *mascota* v
masculien *masculino*; *varonil*
masker *máscara* v; *careta* v
maskerade *mascarada* v
maskeren *enmascarar*; *ocultar*
masochisme *masoquismo* m
masochist *masoquista* m/v
masochistisch *masoquista*
massa • NATK. *masa* v • grote hoeveelheid *montón* m; *cantidad* v ★ een ~ stenen *un montón de piedras* ★ bij ~'s en enormes *cantidades* • volk *pueblo* m; *masa* v ★ de grote ~ *las masas borreguiles*
massaal • een groot geheel vormend *masivo* • in massa *en masa*
massacommunicatie *comunicación* v *de masas*
massacultuur *cultura* v *de masas*
massage *masaje* m
massagraf *fosa* v *común*
massamedium *medio* m *de comunicación de masas*
massamoord *masacre* v; *matanza* v
massaontslag *despido* m *colectivo*
massaproductie *producción* v *en serie*
massaregie *dirección* v *de una escena de masas*
massatoerisme *turismo* m *de masas*
massavernietigingswapen *arma* v *de destrucción de masa*

masseren *dar masaje*
masseur *masajista* m/v
massief I ZN [het] *macizo* m II BNW • stevig *macizo*; *robusto* • niet hol *macizo*
mast • paal *poste* m; (zendmast) *antena* v; (elektriciteit) *poste* m *de electricidad* • scheepsmast *mástil* m; *palo* m
masterclass *clase* v *magistral*
masturbatie *masturbación* v
masturberen *masturbar(se)*
mat I ZN [de] • kleed *estera* v • →**matje** II BNW • dof *opaco*; (v. kleur) *mate* ★ mat worden *apagarse* • moe *desanimado*; *sin energía* • schaakmat *mate* ★ iem. mat zetten *dar mate a u.p.*
matador *torero* m; *matador* m
match *encuentro* m; *partido* m
matchpoint *punto* m *de match*
mate • →**maat**
mateloos *desmedido*
materiaal *material* m
materialisme *materialismo* m
materialist *materialista* m/v
materialistisch *materialista*
materie *materia* v
materieel I ZN [het] *material* m II BNW *material*
maternalistisch *maternalista*
matglas *cristal* m *esmerilado*
matheid • dofheid *color* m *mate* • vermoeidheid *desánimo* m
mathematicus *matemático* m
mathematisch *matemático*
matig *sobrio*; *moderado*
matigen *moderar*; *templar*
matiging *moderación* v
matinee *matinée* v; *función* v *de la tarde*
matineus *madrugador*; *mañanero*
matje • →**mat** ▼ iem. op het~ laten komen *llamar a u.p. a capítulo*
matras *colchón* m ★ veren~ *colchón de plumas*
matriarchaal *matriarcal*
matriarchaat *matriarcado* m
matrijs *matriz* v; *molde* m
matrix *matriz* v
matrone • deftige oudere dame *matrona* v • bazige vrouw *sargenta* v
matroos *marinero* m
matrozenpak *traje* m *de marinero*
matse *pan* m *ázimo*
matsen *echar un cable* ★ ik heb hem gematst *le he echado un cable*
matten *esterar*
mattenklopper *mano* v *de mimbre*
Mauretanië *Mauritania* v
Mauritius *Mauricio* m
mausoleum *mausoleo* m
mauwen *maullar*; *dar maullidos*
mavo *enseñanza* v *general secundaria de grado medio*
maximaal I BNW *máximo* II BIJW *como máximo*
maximaliseren *maximizar*
maximum *máximo* m
maximumsnelheid *velocidad* v *máxima*
maximumtemperatuur *temperatura* v *máxima*
mayonaise *mayonesa* v
mazelen *sarampión* m

mazen *zurcir*
mazout *fuel-oil* m
mazzel *suerte* v; *chiripa* v
mazzelen *tener buena suerte*; *tener chiripa*
MBA *MBA* m
mbo *formación* v *profesional de nivel intermedio*
MC *mc* m; *maestro* m *de ceremonías*
ME • Mobiele Eenheid *policía* v *antidisturbios* • middeleeuwen *E.M.* v; *Edad* v *Media*
me *me*; (na voorzetsel) *mí* ★ heb je wat voor me? *¿tienes algo para mí?* ★ wil je met me naar bed? *¿quieres acostarte conmigo?* ★ hij gaf me het boek *me dio el libro*
meander *meandro* m
meao *formación* v *económica y administrativa de grado medio*
mecanicien *mecánico* m
mecenaat *mecenazgo* m
mecenas *mecenas* m/v
mechanica *mecánica* v
mechaniek *mecánica* v
mechanisch *mecánico*
mechaniseren *mecanizar*
mechanisme *mecanismo* m
medaille *medalla* v
medaillon *medallón* m
mede *también*; *asimismo*
medeaansprakelijk *corresponsable*
medebeslissingsrecht *derecho* m *de codecisión*
medeburger *conciudadano* m
medeelzaam *comunicativo*
mededelen • →**meedelen**
mededeling *comunicación* v; *noticia* v; *informe* m
mededelingenbord *tablón* m *de anuncios*
mededinger *competidor* m
mededinging *competencia* v ★ buiten~ *fuera de concurso*
mededogen *compasión* v; *misericordia* v
medeklinker *consonante* v
medeleven *compasión* v; (bij overlijden) *condolencia* v ★ ~ betuigen met het overlijden van *dar el pésame por la muerte de* ★ ~ tonen met *acompañar en el sentimiento por* ★ ons~ gaat uit naar *compadecemos a*
medelijden *compasión* v; *lástima* v ★ ~ hebben met *tener lástima de*; *compadecer a* ★ ik heb~ met je *me das pena*; *te tengo compasión* ★ uit ~ *por lástima* ★ zonder~ *sin compasión* ★ ~ wekken *dar lástima*
medelijdend *compasivo*
medemens *prójimo* m; *semejante* v
medemenselijkheid *humanidad* v
medeplichtig ★ ~ aan *cómplice de*
medeplichtige *cómplice* m/v
medestander *partidario* m
medewerker *colaborador* m; (werknemer) *empleado* m
medewerking *colaboración* v; *cooperación* v ★ zijn~ verlenen *colaborar*
medeweten *conocimiento* m ★ buiten mijn~ *sin yo saberlo* ★ met mijn~ *sabiéndolo yo*
medezeggenschap *participación* v; *voto* m
media *medios* m mv *de comunicación*; *medios* m mv *de información*
mediatheek *mediateca* v

medicament *medicamento* m
medicatie *medicación* v
medicijn *medicina* v; *medicamento* m ⋆ doctor in de ~en *doctor en medicina*
medicijnflesje *botella* v *medicinal*
medicijnkastje *botiquín* m
medicijnman *médico* m *brujo*; *curandero* m
medicinaal *medicinal*
medicus *médico* m
mediëvistiek *estudio* m *del medievo*
medio *a mediados* ⋆ ~ april *a mediados de abril*
medisch *médico*; *facultativo* ⋆ ~ student *estudiante de medicina*
meditatie *meditación* v
mediteren *meditar*
mediterraan *mediterráneo*
medium I ZN [het] • communicatiemiddel *medio* m *de comunicación* • persoon *médium* m/v **II** BNW ⟨v. kleding⟩ *talla media*; ⟨v. sherry⟩ *medio seco*; ⟨v. vlees⟩ *medio pasado*
mee • (samen) met *con* ⋆ ga je met me mee? *¿me acompañas?* ▾ neem je het mee? *¿te lo llevas contigo?* • ten gunste ⋆ hij heeft zijn lengte mee *tiene la altura a su favor*
meebrengen • meenemen *traer*; *traer consigo* • inherent zijn aan *implicar*; *conllevar*
meedelen I OV WW laten weten *comunicar*; *notificar* **II** ON WW deel hebben *participar*
meedenken *pensar* [ie]
meedingen *competir por* [i]; *rivalizar*
meedoen *participar*; *tomar parte en*; *intervenir en*
meedogend *compasivo*
meedogenloos *despiadado*
meedraaien *participar* ⋆ hij draait al een tijd mee *ya hace bastante tiempo que trabaja aquí*
meedragen *llevar consigo* ⋆ hij droeg een geheim met zich mee *llevaba consigo un secreto*
mee-eter • iem. die mee-eet *convidado* m • ontstoken talgklier *espinilla* v; *comedón* m [mv: *comedones*]
meegaan • vergezellen *ir con*; *acompañar a* • instemmen (met) *estar de acuerdo*; *seguir* [i] ⋆ ~ in iemands mening *seguir la opinión de alguien* • bruikbaar blijven *durar* ⋆ dat pak van je gaat geen maand mee *ese traje no te durará un mes*
meegaand *dócil*; *fácil*; *como una seda*
meegeven I OV WW geven *dar*; *enviar (í) con* **II** ON WW geen weerstand bieden *ceder*
meehelpen *ayudar*; *colaborar en*
meekomen • bijblijven *seguir* [i] ⋆ niet~ op school *no seguir el ritmo de la escuela* • samen komen *venir con*; *acompañar* ⋆ komt u met mij mee *venga usted conmigo*; *acompáñeme*
meekrijgen • ontvangen *recibir* ⋆ overhalen *persuadir de ir/venir*; *embaucar*
meel *harina* v
meeldauw *mildiu* m; *añublo* m
meeldraad *estambre* m
meeleven *compartir sentimientos*
meelijwekkend *conmovedor*; *lastimoso*
meelokken *atraer*
meelopen • meegaan *acompañar* • FIG. meedoen *seguir* [i] ⋆ met de grote massa ~ *seguir* [i] *la corriente de la gran masa* • gunstig verlopen *marchar* ⋆ alles loopt mee *todo marcha bien*
meeloper *satélite* m
meemaken *vivir* ⋆ veel~ *experimentar mucho*; *tener mucho mundo*; *sufrir mucho* ⋆ ik heb toch iets meegemaakt! *¡lo que me ha pasado!*
meenemen ⟨iemand⟩ *llevar*; ⟨iets⟩ *traer* ⋆ neem je ons mee? *¿nos llevas?* ⋆ neem je frites voor ons mee? *¿nos traes patatas fritas?* ▾ dat is mooi meegenomen *qué bicoca*; *vaya suerte*
meepikken • stelen *echar el guante* • iets extra doen *hacer de paso*
meepraten *participar en la conversación* ▾ daar kan hij van~ *lo sabe por experiencia*
ME'er *policía* m/v *antidisturbios*
meer I ZN [het] *lago* m **II** ONB VNW in grotere hoeveelheid *más* ⋆ meer dan *más que* ⋆ hij heeft meer geld dan ik *tiene más dinero que mí* ⋆ meer niet *nada mas* ⋆ ik zeg niets meer *ya no digo nada más* ⋆ onder meer *entre otras cosas* ▾ zonder meer *así no más*; *sin más ni más*; *sin más* ▾ te meer omdat *tanto más porque* **III** BIJW • in hogere mate *más* ⋆ niet meer en niet minder *ni más ni menos* ⋆ meer dan een spel *más que un juego* ⋆ meer dan alle anderen *más que nadie* • veeleer *más bien* ⋆ meer rijk dan arm *más bien rico que pobre* • verder ⋆ niet meer *ya no* ⋆ niet meer zijn wat het was *ya no ser lo que era*
meerdaags *de varios días*
meerdelig *de más de una parte*
meerdere *superior* m ⋆ hij is mijn~ in kracht *me supera en fuerza* ⋆ mijn~ in talent *me supera en talento*
meerderen *aumentar*; ⟨in breiwerk⟩ *crecer*
meerderheid *mayoría* v ⋆ de vereiste~ *la mayoría calificada* ⋆ bij~ van stemmen *por mayoría de votos* ⋆ de~ van het dorp *la mayoría del pueblo*
meerderheidsbelang *participación* v *mayoritaria*
meerderjarig *mayor de edad* ⋆ ~ worden *ser mayor de edad*
meerijden *acompañar* ⋆ hij reed met me mee *me acompañó* ⋆ iem. laten~ *llevar a u.p.*
meerjarenplan *plan* m *para varios años*
meerjarig *de varios años* ⋆ ~e planten *plantas de varios años*
meerkeuzetoets *examen* m *tipo test*; *prueba* v *a elegir entre varias respuestas*
meerkeuzevraag *pregunta con varias respuestas/posibilidades*
meerkoet *fúlica* v
meermaals *repetidas veces*; *frecuentemente*
meeropbrengst *rendimiento* m *marginal*
meerpaal *noray* m
meerpartijensysteem *multipartidismo* m
meerstemmig *polífono*
meertalig *plurilingüe*
meerval *siluro* m
meervoud *plural* m ⋆ in het~ *en plural*
meervoudig *plural*
meerwaarde *plusvalía* v
mees *paro* m
meesjouwen *cargar con*

meeslepen • meenemen *arrastrar* • in vervoering brengen *arrebatar* ★ zich door zijn drift laten ~ *dejarse llevar por un arrebato de cólera*
meeslepend *cautivador; fascinante*
meesmuilen *reírse burlonamente*
meespelen • meedoen *tomar parte en el juego; jugar* [ue] *con otros* ★ niet meer willen ~ *retirarse del juego* • van belang zijn *intervenir en*
meespreken *tomar parte en la conversación*
meest I BIJW in hoogste mate *más* ★ wat ik het ~e mis *lo que más me hace falta* **II** ONB VNW de grootste hoeveelheid *más* ★ zij heeft het ~e geld *es ella que más dinero tiene* **III** TELW het grootste aantal *la mayoría de; la mayor parte de* ★ de ~e tijd *la mayor parte del tiempo* ★ in de ~e gevallen *en la mayoría de los casos; la mayoría de las veces* ★ de ~en in mayoría ★ de ~e mensen *la mayoría de la gente*
meestal *la mayoría de las veces; casi siempre*
meestbiedende *mejor postor* m; *mayor* m *postor*
meester • baas *amo* m; *dueño* m ★ zich van iets ~ maken *apoderarse de u.c.; hacerse dueño de u.c.* ★ een taal ~ zijn *dominar un idioma* ★ zichzelf niet meer ~ zijn *no ser dueño de sí* • onderwijzer *maestro* m • kundig persoon *maestro* m • afgestudeerd jurist *licenciado* m *en derecho* ★ gildelid *maestro* m *artesano*
meesterbrein *cerebro* m
meesteres • bazin *dueña* v • zeer kundige vrouw *perita* v
meesterhand *mano* v *maestra*
meester-kok *maestro* m *cocinero*
meesterlijk *superior; magistral*
meesterproef *prueba* v *maestra*
meesterschap *maestría* v
meesterstuk *obra* v *magistral; obra* v *principal; obra* v *maestra*
meesterwerk *obra* v *maestra*
meet ▼ van meet af aan *desde el principio*
meetapparatuur *aparatos* m mv *de medición*
meetbaar *mensurable*
meetellen I OV WW erbij rekenen *contar* [ue] **II** ON WW van belang zijn *contar* [ue]
meeting *mitin* m ★ een ~ houden *celebrar un mitin*
meetkunde *geometría* v ★ vlakke ~ *planimetría* v
meetkundig *geométrico*
meetlat *regla* v
meetlint *cinta* v *métrica*
meetronen *arrastrar*
meeuw *gaviota* v
meevallen *salir mejor de lo que se esperaba* ★ dat valt mee! *¡menos mal!; ¡no es para tanto!* ★ de prijs valt ons mee *era más barato de lo que pensábamos* ★ het werk is me meegevallen *el trabajo no fue tan difícil como esperaba* ★ het zal wel ~ *ya se arreglará; no será para tanto*
meevaller *suerte* v; *chiripa* v
meevoelen *simpatizar con*
meewarig *compasivo; piadoso; misericordioso*
meewerken • samenwerken *colaborar; cooperar; coadyuvar* • bijdragen *contribuir*
meezinger *melodía* v *pegadiza*
meezitten *ser favorable* ★ het zit ons mee *las circunstancias son favorables*
megabioscoop *megacine* m
megabyte *megabyte* m
megafoon *megáfono* m
megahertz *megahercio* m
megalomaan *megalómano*
megaster *mega estrella* v
mei *mayo* m
meid • meisje *chica* v; *moza* v; INFORM. *tía* • dienstbode *criada* v; *sirvienta* v
meidengek *mujeriego* m
meidengroep *grupo* m *de chicas*
meidoorn *espino* m
meikever *abejorro* m
meineed *perjurio* m ★ ~ plegen *jurar en falso; perjurar*
meisje • jonge vrouw *chica* v; *muchacha* v; INFORM. *tía;* ‹kind› *niña* v • verloofde *novia* v
meisjesachtig *de muchacha*
meisjesboek *libro* m *para jovencitas*
meisjesnaam • voornaam *nombre* m *de chica* • familienaam *apellido* m *de soltera*
mekaar • → **elkaar**
Mekka *Meca* v; *la Meca* v
mekkeren • blaten *balar* • zaniken *fastidiar; dar la lata*
melaats *leproso*
melaatsheid *lepra* v
melancholie *melancolía* v
melancholiek *melancólico*
melange *mezcla* v
melasse *melaza* v
melden I OV WW iets laten weten *anunciar; informar; comunicar* ★ de aankomst ~ van *anunciar la llegada de* ★ zich ziek ~ *darse de baja* **II** WKD WW [zich ~] *presentarse* ★ zich bij de politie ~ *presentarse en la comisaría*
melding *aviso* m; *mención* v ★ ~ maken van *hacer mención de*
meldingsplicht *obligación* v *de presentarse*
meldkamer *central* v *de avisos*
meldpunt *central* v *de avisos*
melig • meelachtig *harinoso* • flauw *insípido; infantil*
melisse *melisa* v
melk *leche* v ★ magere melk *leche* v *desnatada* ★ halfvolle melk *leche* v *semidesnatada* ★ volle melk *leche* v *entera* ★ zure melk *leche* v *cortada* ▼ veel in de melk te brokkelen hebben *tener mucha influencia*
melkachtig *lechoso; lácteo*
melkboer *lechero* m
melkbrood *pan* m *de leche*
melkchocolade, melkchocola *chocolate* m *con leche*
melken I OV WW • van melk ontdoen *ordeñar* • fokken *criar* [i] **II** ON WW zeuren *fastidiar*
melkfabriek *central* v *lechera*
melkfles *botella* v *de leche*
melkgebit *dientes* m mv *de leche*
melkglas *vaso* m *para la leche*
melkkoe • dier *vaca* v *lechera* • FIG. bron van voordeel *vaca* v *lechera*

melkmuil *boquirrubio* m
melkpoeder *leche* v *en polvo*
melkproduct *producto* m *lácteo*
melksuiker *lactosa* v
melktand *diente* m *de leche*
melkvee *ganado* m *lechero*
melkweg *Vía* v *Láctea*
melkzuur *ácido* m *láctico*
melodie *melodía* v
melodieus *melodioso*
melodisch *melódico*
melodrama *melodrama* m
melodramatisch *melodramático*
meloen *melón* m
membraan *membrana* v
memo • notitieblaadje *memorando* m • korte nota *apunte* m
memoires *memorias* v mv
memorandum • nota *memorándum* m • notitieboek *libro* m *de apuntes*
memoreren *recordar* [ue]; *rememorar*
memorie • geheugen *memoria* v • geschrift *memoria* v
memoriseren *memorizar*; *aprender de memoria*
men (in onpersoonlijke constructie) *se*; (spreker inbegrepen) *uno* ★ men zegt *se dice*; *dicen* ★ men heeft deze brug gebouwd *han construido este puente*; *este puente ha sido construido* ★ men moet *hay que* ★ als men ons hoorde *si alguien nos oyera* ★ men zou zeggen *uno diría* ★ men is niet altijd tevreden *no está uno siempre contento*
menagerie *exhibición* v *de fieras*
meneer *señor* m; *sr.* m; *caballero* m ★ ~ García *el señor García*
menen • denken *creer*; *pensar* [ie] ★ echt ~ *creer de veras* ★ men zou ~ dat *se diría que* • bedoelen *querer* [ie] *decir* ★ hoe meent u dat? *¿qué quiere usted decir con eso?* ★ het niet kwaad ~ *no tener malas intenciones* ★ ik meen het goed met je *sólo quiero tu bien* ★ meent u dat echt? *¿lo dice en serio?* ★ dat meent u niet *eso no lo dice en serio*
menens ★ het is ~ *va en serio*
mengeling *mezcla* v
mengelmoes *mescolanza* v; *miscelánea* v
mengen I ov ww door elkaar doen *mezclar* **II** wkd ww [zich ~] *mezclarse en*; *meterse en* ★ hij heeft zich in mijn zaken gemengd *se ha metido en mis asuntos*
mengkleur *color* m *mezclado*
mengkraan *grifo* m *mezclador*
mengpaneel *mezclador* m
mengsel *mezcla* v
mengsmering *lubricación* v *mezclada*
menhir *menhir* m
menie *minio* m
meniën *pintar con minio*
menig *muchos*; *más de uno* ★ ~ keer *muchas veces* ★ ~e ruit sneuvelde *más de un cristal quedó hecho polvo*
menigeen *muchos* m mv
menigmaal *muchas veces*
menigte *multitud* v; *muchedumbre* v
mening *opinión* v; *parecer* m ★ de gevestigde ~ *la opinión general* ★ de openbare ~ *la opinión pública* ★ naar mijn ~ *en mi opinión*; *a mi parecer* ★ van ~ verschillen met iem. *no estar de acuerdo con alguien*; *no compartir la opinión de alguien* ★ van ~ zijn dat *opinar que*
meningitis *meningitis* v
meningsuiting *expresión* v ★ vrijheid van ~ *libertad de expresión*
meningsverschil *desacuerdo* m
meniscus *menisco* m
mennen *guiar* [i]
menopauze *menopausia* v
mens I zn [de] *ser* m *humano*; *hombre* m ★ de mensen *la gente* ★ ieder mens *cada cual* ★ geen mens *nadie* ★ een oud mens *un anciano* ★ er zijn mensen die zeggen *hay quien dice* ★ onder de mensen *entre la gente* ▼ de grote mensen *las personas mayores* ▼ alle mensen! *¡Dios mío!* ▼ onder de mensen komen *estar en el mundo* ▼ ik voel me een ander mens *me siento otra persona* ▼ de mens wikt, God beschikt *el hombre propone y Dios dispone* ▼ de inwendige mens versterken *matar el gusano/hambre*; *restaurarse* **II** zn [het] vrouw *tía* v ★ dat mens van hiernaast *la tía que vive aquí al lado*
mensa *comedor* m *universitario*
mensaap *mono* m *antropomorfo*
mensdom *género* m *humano*
menselijk *humano*
menselijkerwijs *humanamente*
menselijkheid *humanidad* v
menseneter *caníbal* m/v; *antropófago* m
mensengedaante *forma* v *humana*
mensenhater *misántropo* m
mensenheugenis ★ sinds ~ *desde la memoria del hombre*
mensenkennis *experiencia* v *con la gente* ★ veel ~ hebben *tener mucho mundo*
mensenleven *vida* v *humana*
mensenmassa *multitud* v
mensenrechten *derechos* m mv *humanos*
mensenrechtenactivist *activista* m/v *de derechos humanos*
mensenschuw *huraño*
mensensmokkel *contrabando* m *de personas*
mensenwerk *obra* v *humana*
mensheid *humanidad* v
mensjaar *años* m mv *hombre*
menskunde *conocimiento* m *humano*
menslievend *filantrópico*
mensonterend *deshonroso*
mensonwaardig *inhumano*
menstruatie *menstruación* v; *regla* v
menstruatiecyclus *ciclo* m *menstrual*
menstruatiepijn *dolor* m *menstrual*
menstrueren *menstruar* [ú]
menswaardig *digno (de un ser humano)*
menswetenschappen *ciencias* v mv *del hombre*
mentaal *mental*
mentaliteit *mentalidad* v
menthol *mentol* m
mentor *tutor* m
menu • maaltijd *menú* m • menukaart *menú* m; *carta* v • comp. *menú* m
menuet *minuete* m; *minué* m
menukaart *carta* v

mep *golpe* m; *bofetada* v
meppen *abofetear*
merchandising *merchandising* m
Mercurius *Mercurio* m
merel *mirlo* m; *mirla* v
meren *amarrar*
merendeel *mayor* v *parte*
merendeels *en la mayor parte*; *en su mayoría*
merg • BIOL. *tuétano* m; *médula* v• PLANTK. *médula* v▼ door merg en been gaan *llegar hasta los tuétanos*▼ een kunstenaar in merg en been *un artista hasta los tuétanos*
mergel *marga* v
mergpijp *hueso* m *con tuétano*
meridiaan *meridiano* m
meringue *merengue* m
merk *marca* v
merkartikel *artículo* m *de marca*
merkbaar *sensible*; *visible*
merken • *bemerken notar*; *percibir*; *darse cuenta de*; *advertir* [ie, i]★ heeft u gemerkt dat ... *se ha dado cuenta que* ...★ zonder dat iem. het merkt *sin que nadie se entere*★ laten ~ *dejar traslucir*• van merk voorzien *marcar*
merkkleding *ropa* v *de marca*
merknaam *nombre* m *de marca*
merkteken *seña* v; *marca* v
merkwaardig *curioso*
merkwaardigerwijs *curiosamente*
merkwaardigheid *curiosidad* v
merrie *yegua* v
mes *cuchillo* m★ iem. met een mes neersteken *acuchillar u.p.*▼ het mes snijdt aan twee kanten *el asunto tiene doble ventaja*▼ iem. het mes op de keel zetten *poner el puñal al pecho de alguien*
mesjogge *tocado*; *majareta*
Mesopotamië *Mesopotamia* v
mespunt ★ een~je zout *una pizca de sal*
mess *cantina* v *militar*
messcherp *agudo*; *afilado*★ ~e kritiek *crítica mordaz*
messentrekker *pendenciero* m; *espadachín* m
Messias *Mesías* m
messing I ZN [de]★ ~-en-groefverbinding *machihembrado de ranuras y lengüetas* II ZN [het] *latón* m; *azófar* m
messteek *cuchillada* v; *puñalada* v; *navajazo* m ★ iem. een~ toebrengen *pegar un navajazo a alguien*
mest *estiércol* m; ⟨kunstmest⟩ *abono* m
mesten • *bemesten abonar*• *vetmesten cebar*
mesthoop *estercolero* m; *muladar* m
mestkever *escarabajo* m *pelotero*
mestvaalt *estercolero* m; *muladar* m
mestvee *ganado* m *de engorde*
mestvork *horquilla* v *de estiércol*
met • *voorzien van con*• *in gezelschap van con* ★ ik ga met hem op vakantie *me voy con él de vacaciones*• *door middel van con*★ schrijven met een pen *escribir con un bolígrafo*• *voor wat betreft*~ stoppen met roken *dejar de fumar* ⟨tijdstip⟩ *en*★ met kerst *en Navidad* • ⟨getal⟩★ met z'n vieren zijn *ser los cuatro (juntos)*★ winnen met 3-0 *ganar por 3 a 0*
metaal *metal* m

metaalachtig *metálico*
metaaldetector *detector* m *de metal*
metaaldraad I ZN [de] *filamento* m *metálico* II ZN [het] *alambre* m *(metálico)*; *hilo* m *metálico*
metaalindustrie, metaalnijverheid *industria* v *metalúrgica*
metaalmoeheid *desgaste* m *del metal*
metafoor *metáfora* v
metaforisch *metafórico*
metafysica *metafísica* v
metalen *metálico*
metallic *metálico*; *metalizado*
metamorfose *metamorfosis* v
meteen • *tegelijk al mismo tiempo*• *direct erna inmediatamente*; *en seguida*★ zo~ *ahora mismo*
meten I OV WW *afmeting bepalen medir* [i]★ de temperatuur~ *tomar la temperatura*▼ iem. met zijn blik~ *mirar detenidamente a alguien* ▼ zich~ met *medirse con* II ON WW *afmeting hebben medir* [i]
meteoor *meteoro* m
meteoriet *meteorito* m
meteorietinslag *impacto* m *de meteorito*
meteorologie *meteorología* v
meteorologisch *meteorológico*
meteoroloog *meteorologista* m/v
meter • *lengtemaat metro* m★ kubieke~ *metro* m *cúbico*★ drie~ lang *tres metros de largo* • *meettoestel contador* m• *peettante madrina* v
meterkast *caja* v *del contador*
meteropnemer *lector* m *de contador*
meterstand *lectura* v *del contador*
metgezel *camarada* m/v; *compañero* m
methaan *metano* m
methadon *metadona* v
methanol *metanol* m
methode *método* m
methodiek *metodología* v
methodisch *metódico*
methodologie *metodología* v
methodologisch *metodológico*
Methusalem ★ zo oud als~ *más viejo que Matusalén*
methyl *metilo* m
metier *oficio* m; *profesión* v
meting *medición* v
metonymie *metonimia* v
metriek *métrico*★ het~ stelsel *el sistema* m *métrico*
metrisch *métrico*
metro *metro* m
metronoom *metrónomo* m
metropool *metrópoli* v
metroseksueel *metrosexual* m
metrostation *estación* v *de metro*
metrum *metro* m
metselaar *albañil* m
metselen *construir*★ een muurtje~ *levantar un muro*
metselwerk *albañilería* v; ⟨met natuursteen⟩ *mampostería* v
metten ▼ korte~ maken met iem. *acabar con u.p.*▼ korte~ maken *cortar por lo sano*

metterdaad *en efecto; efectivamente*
mettertijd *con el tiempo*
metworst *longaniza* v
meubel *mueble* m
meubelboulevard *centro* m *comercial de muebles*
meubelmaker *mueblista* m/v; *ebanista* m/v
meubelplaat *madera* v *chapada para muebles*
meubilair *mobiliario* m; *mueblaje* m
meubileren *amueblar*
meug *gusto* m ★ *ieder zijn meug cada cual tiene sus gustos*
meute • *troep honden jauría* v • *troep mensen masa* v
mevrouw *señora* v; *Sra.* v
Mexicaan *mejicano* m; *mexicano* m
Mexicaans *mejicano; mexicano*
Mexico *Méjico* m; *México* m
mezelf • →**mijzelf**
mi • *Chinese vermicelli tallarines* m mv *chinos* • MUZ. *mi* v
miauw *¡miau!*
miauwen *maullar; mayar*
mica *mica* v
microbe *microbio* m
micro-economie *microeconomía* v
microfilm *microfilm* m
microfoon *micrófono* m
microgolfoven (*horno* m *de*) *microondas* m
microkosmos *microcosmo(s)* m
micro-organisme *microorganismo* m
microprocessor *microprocesador* m
microscoop *microscopio* m
middag • *namiddag tarde* v ★ *'s~ s por la tarde* ★ *laat op de~ a última hora de la tarde* • *midden van de dag mediodía* m ★ *tussen de ~ a mediodía*
middagdutje *siesta* v ★ *een~ doen dormir* [ue, u] *la siesta; sestear*
middageten *comida* v; *almuerzo* m
middagpauze *pausa* v *de mediodía*
middaguur *mediodía* m
middel • *taille cintura* v ★ *iem. om zijn~ pakken coger a alguien por la cintura* • *hulpmiddel medio* m; *recurso* m ★ *door~ van mediante; por medio de* ★ *geen~ onbeproefd laten agotar todos los recursos* • SCHEIK. *stof remedio* m ★ *verdovende~ en estupefacientes* v; *drogas* v ★ *het~ is uitgewerkt el remedio ya no tiene efecto* ★ ~ *tegen alle kwalen panacea* v • ECON. *geldmiddelen recursos* m mv ★ ~ *en van bestaan medios de subsistencia* ★ *over~ en beschikken om disponer de recursos para*
middelbaar *medio* ★ ~ *onderwijs enseñanza media/secundaria* ★ *van middelbare leeftijd de edad media; de edad madura*
middeleeuwen *edad* v *media* ★ *de late~ la baja Edad Media*
middeleeuws *medieval*
middelen I OV WW *gemiddelde berekenen calcular la media* II ON WW *bemiddelen mediar* III DE M v →**middel**
middelgroot *de tamaño mediano; mediano*
Middellandse Zee (*Mar* m) *Mediterráneo*
middellang *mediano*

middellijn *diámetro* m
middelmaat *medianía* v
middelmatig • *gemiddeld mediano* ★ ~ *groot de tamaño mediano* • *niet bijzonder mediocre* ★ ~ *e oogst cosecha regular*
middelmatigheid *mediocridad* v
Middelnederlands I ZN [het] *neerlandés* m *medieval* II BNW *del neerlandés medieval*
middelpunt *centro* m
middelpuntvliedend *centrífugo*
middels *por medio de*
middelst *del centro*
middelvinger *dedo* m *medio*
midden I ZN [het] *medio* m; *centro* m ★ *in het~ staan estar en medio* ★ *iem. uit ons~ uno de nosotros* ★ *in ons~ entre nosotros* ★ *uit het~ van het bestuur del seno de la junta directiva* ★ *te~ van entre* ▼ *in het~ laten dejar sin decidir* ▼ *in het~ brengen someter a discusión; poner sobre el tapete; aducir* II BIJW *en el medio; en el centro* ★ ~ *door het veld a través del campo* ★ ~ *onder de voorstelling en medio de la representación; en plena representación* ★ ~ *in de nacht en plena noche; a medianoche* ★ *het was~ in de zomer promediaba el verano* ★ ~ *april a mediados de abril*
Midden-Amerika *América* v *Central*
middenberm *franja* v *central*
middendoor *por el medio*
middengewicht *peso* m *medio*
middengolf *onda* v *media*
middenin *en el centro*
middenkader *cuadros* m mv *medios; mandos* m mv *intermedios*
middenklasse *categoría* v *media*
middenklasser ⟨auto⟩ *mediano* m
middenmoot *nivel* m *medio*
middenoor *oído* m *medio*
middenoorontsteking *otitis* v *media*
middenpad *pasillo* m *central*
middenrif *diafragma* m
middenschip *nave* v *central*
middenschool *escuela* v *de enseñanza general media*
middenstand *comerciantes* m mv
middenstander ⟨met winkel⟩ *comerciante* m/v; ⟨met werkplaats⟩ *trabajador* m *autónomo*
middenstandsdiploma *diploma* m *que autoriza a montar un establecimiento comercial*
middenstip *centro* m
middenstreep *línea central* m
middenveld • *deel van sportveld centro* m *del campo* • *spelers medios* m mv ▼ *het maatschappelijk~*
middenweg ▼ *de gulden~ el justo medio*
middernacht *medianoche* v ★ *om~ a medianoche*
middernachtelijk *nocturno*
midgetgolf *minigolf* m
midi *MIDI* m
midlifecrisis *crisis* v *de los cuarenta*
midscheeps *en la nave central*
midvoor *delantero* m *centro*
midweek *entre* v *semana*
midwinter *medio* m *del invierno*
midzomer *medio* m *del verano*

mier *hormiga* v
mieren • peuteren *hurgar* • zeuren *lloriquear*
miereneter *oso* m *hormiguero*
mierenhoop *hormiguero* m
mierenneuker *machacón* m [v: *machacona*]
mierikswortel *rábano* m *blanco*
mierzoet *empalagoso*
mieter ★ iem. op zijn ~ geven *propinarle una paliza a u.p.*
mieteren *tirar; echar*
mietje *marica* m; *maricón* m ▼ laten we elkaar geen ~ noemen *ilas cuentas claras y el chocolate espeso!*
miezeren *lloviznar*
miezerig • druilerig *de llovizna* ★ het is ~ weer *llovizna* • nietig *miserable*
migraine *jaqueca* v
migrant *emigrante* m/v
migrantenbeleid *política* v *migratoria*
migratie *migración* v
mihoen *fideos* m mv *chinos muy finos*
mij ⟨meewerkend/lijdend voorwerp⟩ *me*; ⟨na voorzetsel⟩ *mí* ★ is dit voor mij? *¿esto es para mí?* ★ dat is van mij *eso es mío*
mijden *evitar; huir de*
mijl ⟨zeemijl⟩ *milla* v; *legua* v
mijlenver *a gran distancia*
mijlpaal • markeerpaal *cipo* m • keerpunt *jalón* m
mijmeren *meditar*
mijmering *meditación* v
mijn I ZN [de] • winplaats *mina* v • bom *mina* v II BEZ VNW *mi*; ⟨voor mannelijk zelfstandig naamwoord meervoud⟩ *mis*; ⟨met nadruk⟩ *mío* [m mv: *míos*] [v: *mía*] [v mv: *mías*] ★ mijn boeken *mis libros* ★ dat is mijn boek *ese libro es mío* ★ mijn huis *mi casa*
mijnbouw *minería* v
mijnbouwkunde *minería* v
mijnenjager *cazaminas* m
mijnenlegger *lanzaminas* m
mijnenveger *dragaminas* m
mijnenveld *zona* v *de minas*
mijnerzijds *de/por mi parte*
mijnheer *señor* m; *Sr.* m
mijnschacht *pozo* m *de mina*
mijnstreek *región* v *minera*
mijnwerker *minero* m
mijt • insect *ácaro* m • stapel *almiar* m
mijter *mitra* v
mijzelf [meewerkend] *me*; *mí mismo* [v: *mí misma*]
mik *hogaza* v ▼ het is dikke mik tussen die twee *son carne y uña*
mikken I OV WW gooien *tirar* II ON WW • richten *apuntar* • streven naar *aspirar a*
mikmak ★ de hele ~ *todo el follón* ▼ zich het ~ werken *trabajar como un negro*
mikpunt *blanco* m
mild • zachtaardig *tolerante* ★ milde kritiek *crítica* v *benévola* • zacht *suave* • gul *generoso*
mildheid • welwillendheid *tolerancia* v • zachtheid *suavidad* v • gulheid *generosidad* v
milieu • leefklimaat *medio* m *ambiente* • sociale kring *medio* m *social*

milieuactivist *ecologista* m/v; *conservacionista* m/v; *ambientalista* m/v
milieubeheer *control* m *ambiental*
milieubelasting *impuesto* m *para la conservación del medio ambiente*
milieubescherming *protección* v *del medio ambiente*
milieubewust *ecologista*
milieugroep *grupo* m *ecologista*
milieuheffing *impuesto* m *para el medio ambiente*
milieuhygiëne *higiene* v *ambiental*
milieumaatregel *medida* v *nedioambiental*
milieuramp *catástrofe* v *ecológica*
milieuverontreiniging, milieuvervuiling *contaminación/polución* v *del medio ambiente*
milieuvriendelijk *ecológico*
militair I ZN [de] *militar* m II BNW *militar* ★ ~e dienst *servicio militar*
militant *militante*
militarisme *militarismo* m
militaristisch *militarista*
militie *milicia* v
miljard I TELW *mil millones* II ZN [het] *mil* m mv *millones*
miljardair *millonario* m
miljoen I TELW *millón* II ZN [het] *millón* m
miljoenennota *presupuestos* m mv *generales del Estado*
miljoenenschade *daños* m mv *de millones*; *daños* m mv *cuantiosos*
miljonair *millonario* m
milkshake *batido* m *de leche*
mille *mil* m
millennium *milenio* m
millibar *milibar* m
milligram *miligramo* m
milliliter *mililitro* m
millimeter *milímetro* m
millimeteren *cortar al milímetro* ★ zijn haar laten ~ *cortar el pelo al rape*
milt *bazo* m
mime *mimo* m
mimiek *mímica* v
mimosa *mimosa* v
min I BNW • onbeduidend *insignificante* • gemeen *despreciable* II BIJW onder nul *menos* III ZN [de] minteken *signo* m *menos*
minachten *menospreciar; desdeñar*
minachtend *desdeñoso; despreciativo*
minachting *menosprecio* m
minaret *minarete* m; *alminar* m
minder I BNW • geringer in aantal *menor* ★ in ~e mate *en menor medida* ★ ~ worden *disminuir* • slechter *inferior* ★ van ~e kwaliteit *de calidad inferior* II BIJW in geringere mate *menos* III ONB VNW een kleinere hoeveelheid *menos* ★ niet ~ dan 100 *nada menos que cien* ★ het is iets ~ *es un poco menos* ★ hij heeft ~ boeken dan wij *tiene menos libros que nosotros* ★ hij heeft ~ dan tien boeken *tiene menos de diez libros*
mindere ⟨in bekwaamheid⟩ *inferior* v; ⟨in rang⟩ *subordinado* m; ⟨in rang⟩ MIL. *inferior* m/v
minderen I OV WW *verminderen disminuir*; ⟨bij breien⟩ *menguar* II ON WW minder worden

disminuir
minderhedenbeleid *política* v *de minorías*
minderheid *minoría* v
minderheidsgroep *grupo* m *minoritario*
minderheidskabinet *gobierno* m *minoritario*
minderheidsstandpunt *punto* m *de vista minoritario*
mindering *disminución* v; ⟨bij breiwerk⟩ *menguado* m * in ~ brengen *descontar* [ue] * in ~ op zijn schuld *en disminución de su deuda*
minderjarig *menor de edad*
minderjarige *menor* m/v *(de edad)*
minderjarigheid *menor* v *edad*; *minoría* v *de edad*; *minoridad* v
mindervalide *discapacitado*; *minusválido*
minderwaardig *inferior*
minderwaardigheid *inferioridad* v
minderwaardigheidscomplex *complejo* m *de inferioridad*
minderwaardigheidsgevoel *sentimiento* m *de inferioridad*
mineraal I ZN [het] *mineral* m II BNW *mineral*
mineraalwater *agua* v *mineral*
mineur • MUZ. *menor* v * in ~ *en modo menor* • stemming * in ~ zijn *estar deprimido*
mini *minifalda* v
miniatuur *miniatura* v
miniatuurformaat *formato* m *en miniatura*
miniatuurtrein *tren* m *miniatura*
miniem *mínimo*; *nimio*
minigolf *minigolf* m
minima *perceptores* m *de un sueldo mínimo*
minimaal *mínimo*
minimaliseren *minimizar*
minimum *mínimo* m
minimumeis *demanda* v *mínima*
minimuminkomen *ingresos* m mv *mínimos*
minimumjeugdloon *salario* m *juvenil*
minimumleeftijd *edad* v *mínima*
minimumlijder *persona* v *que tiene que vivir del salario mínimo*
minimumloon *salario* m *mínimo interprofesional*
minirok *minifalda* v
miniseren *reducir al mínimo*
minister *ministro* m * eerste ~ *primer ministro* m; *presidente* m *del Gobierno*
ministerie *ministerio* m * ~ van algemene zaken *Ministerio de Asuntos Generales* * ~ van binnenlandse zaken *Ministerio del Interior* * ~ van buitenlandse zaken *Ministerio de Asuntos Exteriores* * ~ van defensie *Ministerio de Defensa* * ~ van economische zaken *Ministerio de Asuntos Económicos*; *Ministerio de Economía y Hacienda* * ~ van financiën *Ministerio de Hacienda* * ~ van justitie *Ministerio de Justicia* * ~ van landbouw, natuurbeheer en visserij *Ministerio de Agricultura, Conservación de la Naturaleza y Pesca*; *Ministerio de Agricultura, Pesca y Alimentación* * ~ van onderwijs, cultuur en wetenschappen *Ministerio de Educación y Ciencia* * ~ van ontwikkelingssamenwerking *Ministerio de Cooperación al Desarrollo* * ~ van verkeer en waterstaat *Ministerio de*

Circulación, Transporte y Dominio de Aguas; *Ministerio de Obras Públicas, Transportes y Telecomunicaciones* * ~ van volksgezondheid, welzijn en sport *Ministerio de Bienestar, Sanidad Pública y Cultura*; *Ministerio de Sanidad y Consumo*; *Ministerio de Cultura* * ~ van volkshuisvesting, ruimtelijke ordening en milieubeheer *Ministerio de Vivienda, Ordenación de Territorio y Medio Ambiente* ▼ JUR. openbaar ~ *el Ministerio Público*
ministerieel *ministerial*
minister-president *presidente* m *del Gobierno*; *primer* m *ministro*
ministerraad *consejo* m *de ministros*
ministerspost *cargo* m *ministerial*
mink I ZN [de] dier *visón* m II ZN [het] bont *visón* m
minnaar *amante* m
minne ▼ iets in der ~ schikken *arreglar amistosamente u.c.*
minnedicht *poema* m *de amor*
minnekozen *arrullarse*
minnen *amar*
minnetjes *débil*; *debilucho*
minpool *polo* m *negativo*
minpunt *punto* m *negativo*; *punto* m *desfavorable*
minst I BNW geringst *mínimo* * de ~e fout niet door de vingers zien *no dejar pasar el más mínimo error* * ten ~e *por lo menos*; *al menos* * zich niet in het ~ interesseren *no interesarse en absoluto* * niet in het ~ storen *no estorbar en lo más mínimo* * niet het ~e weten *no saber absolutamente nada* * niet in het ~e *ni en lo más mínimo*; *de ninguna manera*; *de ningún modo* * bij het ~e of geringste *por menos de nada* II BIJW in de kleinste mate *menos* * ik ben de ~ knappe van ons *soy el menos guapo de nosotros* III ONB VNW de kleinste hoeveelheid *menor* * bij het ~e geruis *al menor ruido* IV TELW het kleinste aantal *menos* * waar de ~e mensen zijn *donde hay menos gente*
minstens *por lo menos*; *siquiera*
minstreel *trovador* m; *ministril* m
minteken *signo* m *menos*
minuscuul *minúsculo*; *diminuto*
minutieus *minucioso*
minuut *minuto* m
minzaam *amable*; ⟨neerbuigend⟩ *condescendiente*
miraculeus *milagroso*
mirakel *milagro* m
mirre *mirra* v
mis I ZN [de] *misa* v * stille mis *misa rezada* * de mis dienen *ayudar en misa* * de mis lezen *decir* [i] *la misa*; *celebrar la misa* II BNW * niet raak *fallido* • onjuist *equivocado* * het mis hebben *estar equivocado*; *estar en un error* * u hebt het helemaal mis *está usted muy equivocado*
misantroop *misántropo* m
misbaar * ~ maken *poner el grito en el cielo*
misbaksel • wanproduct *engendro* m; *horror* m • naarling *pesado* m
misbruik *abuso* m * ~ maken van *abusar de*

misbruiken • oneerlijk gebruiken *abusar de* • verkrachten *violar*
miscommunicatie *malentendido* m
misdaad *crimen* m; *delito* m
misdaadbestrijding *lucha* v *contra la delincuencia*
misdaadroman *novela* v *policiaca*
misdadig *criminal*
misdadiger *criminal* m/v
misdeeld *desheredado*; *menesteroso*; *necesitado*; *indigente* ★ de maatschappelijk~ en *los desvalidos*
misdienaar *monaguillo* m; *acólito* m
misdoen *hacer mal*
misdragen [zich ~] *portarse mal*
misdrijf *delito* m
misdrijven *hacer mal*
misdruk *edición* v *fallida*
mise-en-scène *puesta* v *en escena*
miserabel *miserable*
misère *miseria* v
misgaan *malograrse* ★ ik zag het~ *veía que iba a salir mal*
misgreep *desacierto* m
misgrijpen *desacertar* [ie]
misgunnen *envidiar*
mishagen *disgustar*
mishandelen *maltratar*
mishandeling *maltrato* m
miskennen • niet erkennen *desconocer* ★ het valt niet te~ *no se puede negar* • onderwaarderen *juzgar mal*
miskenning *desconocimiento* m
miskleun *patinazo* m
miskleunen *meter la pata*; *dar un patinazo*; *patinar*
miskoop *mala compra* v ★ een~ doen *hacer una mala compra*
miskraam *aborto* m
misleiden *engañar*
misleiding *engaño* m
mislopen I OV WW • niet krijgen *perder* [ie] • niet treffen ★ zijn roeping~ *errar en su vocación* II ON WW mislukken *malograrse*
mislukkeling *fracasado* m
mislukken *fracasar*; *malograr*
mislukking *fracaso* m
mismaakt *deforme*
mismoedig *abatido*
misnoegd *disgustado*
misnoegen *disgusto* m
misoogst *mala cosecha* v
mispel • vrucht *níspola* v • boom *níspero* m
misplaatst *inoportuno*
misprijzen *vituperar*
mispunt *mal bicho* m
misrekenen [zich ~] *errar el cálculo*
misrekening • fout *mal cálculo* m • teleurstelling *desengaño* m
miss *miss* v
misschien *quizás*; *quizá*; *tal vez*; *acaso*; *a lo mejor*
misselijk • onpasselijk *mareado* ★ ik ben~ *tengo náuseas*; *estoy mareado* ★ hij is~ geworden *se le ha revuelto el estómago* • walgelijk *nauseabundo*; *repugnante* ★ wat een~ kereltje *vaya tío más asqueroso* ★ die mensen maken me~ *esa gente me revuelve el estómago*
misselijkheid *náuseas* v mv
missen I OV WW • niet treffen *errar*; *perder* [ie] ★ de trein~ *perder el tren* ★ elkaar~ *no encontrarse* [ue] ★ zijn roeping~ *perder* [ie] *la vocación* • ontberen *carecer de* ★ iets kunnen ~ *poder prescindir de u.c.* • gemis voelen *echar de menos* ★ iem.~ *echar de menos a alguien* ★ iets~ *echar de menos u.c.* ★ verder mis ik niets *eso es todo lo que me falta* ★ ik mis het erg *me hace mucha falta* II ON WW • ontbreken *faltar* • mislukken ★ dat kan niet ~ *eso no puede fallar*
misser • mislukte poging *fallo* m; *fracaso* m • SPORT *tiro* m *errado*
missie *misión* v
missiepost *misión* v
missionaris *misionero* m
misslag • niet-rake slag *golpe* m *errado*; *golpe en falso* • vergissing *error* m ★ een~ begaan *cometer una falta*
misstaan • niet goed staan *quedar mal*; *venir mal*; *caer mal* • niet betamen *ser indecoroso*; *ser impropio*; *ser indigno*
misstand *abuso* m
misstap • verkeerde stap *traspié* m ★ een~ begaan *dar un traspié*; *dar traspiés*
missverkiezing *concurso* m *de belleza*
mist *niebla* v; ⟨op zee⟩ *bruma* v; ⟨niet dicht⟩ *neblina* v
mistbank *banco* m *de niebla*
misten ★ het mist *hace niebla*
misthoorn *sirena* v *de niebla*
mistig *nebuloso*
mistlamp *faro* m *antiniebla*
mistletoe *muérdago* m
mistlicht *alumbrado* m *antiniebla*
mistroostig *triste*; *abatido*
misvatting *error* m
misverstaan *interpretar mal*
misverstand *malentendido* m
misvormd *deforme*
misvormen *deformar*
misvorming *deformación* v
miszeggen *maldecir* [i]
mitella *cabestrillo* m
mitrailleur *ametralladora* v
mits *siempre que* [+ subj.]; *a condición de que* [+ subj.]
mix *mezcla* v
mixen *mezclar*; *mixturar*
mixer *batidora* v
MKZ *fiebre* v *aftosa*
mmm *immm!*
mms *MMS* m
mms'en *enviar MMS*
mobiel I ZN [de] telefoon *teléfono* m *móvil*; *móvil* m II BNW *móvil* III BIJW ★ ~ bellen *llamar por teléfono móvil*
mobilisatie *movilización* v
mobiliseren *movilizar*
mobiliteit *movilidad* v
mobilofoon *radioteléfono* m
modaal *medio*

modaliteit *modalidad* v
modder *lodo* m; *barro* m; *fango* m ▾ zo vet als~ zijn *estar como una foca*
modderen • baggeren *pisotear en el fango* • knoeien *chapotear*
modderfiguur ▾ een~ slaan *quedar fatal*
modderig *fangoso*
modderpoel *cenagal* m ★ in een~ terechtkomen *abarrancarse*
modderstroom *flujo* m / *corriente* v *de lodo*
moddervet *seboso; grasoso*
mode • publieke smaak *moda* v ★ in de mode zijn *estar de moda; estar en boga* ★ in de mode komen *ponerse de moda* ★ uit de mode pasado *de moda; anticuado* ★ uit de mode raken *pasarse de moda* • kleding *moda* v
modeartikel *artículo* m *de moda; novedad* v
modebewust *consciente de la moda*
modeblad *revista* v *de modas*
modegril *capricho* m *de la moda*
modehuis *casa* v *de modas*
modekleur *color* m *de moda*
model • type product *modelo* m/v ★ voorbeeld *modelo* m/v ★ staan voor *ser el modelo para* • persoon *modelo* m/v • ontwerp *modelo* m/v
modelbouw *maqueta* v
modelleren *modelar*
modelvliegtuig *avión* m *en miniatura*
modelwoning • ideale woning *vivienda* v *ideal* • woning als voorbeeld *piso* m *piloto*
modem *módem* m
modeontwerper *diseñador* m *de modas*
modern *moderno*
moderniseren *modernizar*
modernisme *modernismo* m
modeshow *desfile* m *de modelos*
modeverschijnsel *moda* v *pasajera*
modewoord *palabra* v *de moda*
modezaak *almacén* m *de modas*
modieus *de moda*
modificatie *modificación* v
module *módulo* m
moduleren *modular*
modus *modo* m
moe I BNW vermoeid *cansado* ★ moe zijn *estar cansado* ▾ ik ben je moe *estoy harto de ti* **II** ZN [de] INFORM. moeder *madre* v
moed • dapperheid *valor* m; *ánimo* m; *coraje* m; *valentía* v ★ de moed hebben om *atreverse a* • goede hoop *ánimo* m ★ houd moed! *¡alma!; ¡ánimo!* ★ moed inspreken *alentar* [ie]; *animar; infundir ánimo* ★ de moed ontnemen *desalentar*; [ie] *desanimar* ★ moed vatten *cobrar valor* ★ de moed verliezen *desanimarse*
moedeloos *desanimado*
moeder *madre* v
moederbedrijf *sede* v *central*
Moederdag *día* m *de la madre*
moederen *hacer de madre* ★ over iem.~ *hacer las veces de madre; cuidar a u.p. como una madre*
moederinstinct *instinto* m *maternal*
moederkoek *placenta* v
moederlijk *maternal; materno*
moedermelk *leche* v *materna* ★ iets met de~ meekrijgen *acostumbrarse a algo desde los más tiernos años*
moeder-overste *madre* v *superiora*
moederschap *maternidad* v
moederschip *buque* m *nodriza*
moederskant ▾ van~ *del lado de la madre*
moederskind • lievelingskind van moeder *ojito* m *derecho* • kind dat veel aan moeder hangt *debilucho* m
moedertaal *lengua* v *materna*
moedervlek *lunar* m
moederziel ▾ ~ alleen *completamente solo*
moedig *valiente; animoso*
moedwil *premeditación* v ★ met~ *de intento*
moedwillig *intencionado; deliberado*
moeheid • het moe zijn *cansancio* m; *fatiga* v • materiaalmoeheid ⟨v. grond⟩ *agotamiento* m; ⟨v. metaal⟩ *fatiga* v
moeien ★ daar is veel geld mee gemoeid *ahí hay mucho dinero en medio* ▾ met iets gemoeid zijn *estar comprometido en algo*
moeilijk I BNW *difícil; arduo;* ⟨kind⟩ *aprensivo*; ⟨toestand⟩ *precaria* ★ ~ mens *cataplasma* m ★ ~ geval *asunto* m *difícil* ★ ~e taak *tarea* v *ardua* **II** BIJW ★ ~er worden *dificultarse* ★ ~ maken *dificultar; agravar*
moeilijkheid *dificultad* v ★ iem. in moeilijkheden brengen *causar problemas a u.p.*
moeite • inspanning *esfuerzo* m; *trabajo* m; *molestia* v; *pena* v ★ dat gaat in één~ door *es todo uno; es el mismo trabajo; lo mismo da* ★ met grote~ *con gran esfuerzo; a duras penas* ★ met weinig~ *con poco esfuerzo* ★ doet u geen~ *no se moleste* ★ zich~ geven *esforzarse* [ue] ★ de~ nemen *tomarse la molestia* ★ dat is de~ niet waard *esto no vale la pena; esto no merece la pena* • problemen *dificultades* v mv; *problemas* m mv ★ ~ hebben met iets *tener* [ie] *dificultades/problemas con u.c.*
moeiteloos *sin esfuerzo; sin trabajo*
moeizaam *dificultoso; laborioso*
moer *tuerca* v ▾ dat kan me geen moer schelen *no me importa un bledo*
moeras *pantano* m ★ blijven steken in een~ *atollarse en un pantano*
moerasgebied *área* v *pantanosa*
moerasschildpad *tortuga* v *de pantano*
moerassig *pantanoso*
moerbei • moerbes *mora* v • boom *morera* v
moeren *estropear*
moersleutel *llave* v *fija; llave* v *de tuercas*
moerstaal ▾ spreek je~ *habla en cristiano*
moes *puré* m; *pasta* v; ⟨v. vruchten⟩ *confitura* v; ⟨v. vruchten⟩ *compota* v
moesappel *manzana* v *para compota*
moesson *monzón* m
moestuin *huerto* m
moeten I OV ␣ WW INFORM. ★ ik moet hem niet *me cae mal* **II** HWW • noodzakelijk zijn *tener que; deber* ★ wat moet ik doen? *¿qué tengo que hacer?* ★ ik weet niet wat ik doen moet *no sé qué hacer* ★ wat moet ik daarmee aanvangen? *¿qué hago con ello?* ★ hij moest spoedig komen *tuvo que venir rápidamente* ★ hij moet komen *es preciso que venga* ★ ik

móet weten *me urge saber* ∗ dat moet nog gedaan worden *está por hacer* ∗ men moet geduld hebben *hay que tener paciencia* ∗ naar de wc ~ *tener que ir al servicio* ∗ wel ~ verse *obligado* ∗ moet ik het raam dichtdoen? *¿cierro la ventana?* ∗ moet ik me met hem verzoenen? *¿tengo que reconciliarme con él?* • verplicht zijn *tener que* ∗ hoeveel moet ik betalen? *¿cuánto tengo que pagar?* ∗ ik moet naar huis *tengo que ir a casa* ∗ ik moest lachen, toen *tenía que reírme, cuando* • behoren *haber de; deber de* ∗ je had het me ~ zeggen *tendrías que habérmelo dicho* ∗ je had ~ komen *debías de haber venido* ∗ het moet zo zijn dat *ha de ser así* • aannemelijk zijn *deber de* [+ inf.] ∗ hij moet wel erg ziek zijn *debe de estar muy enfermo* ∗ dat moet wel waar zijn *no cabe duda* ∗ er ~ doden en gewonden geweest zijn *parece que ha habido muertos y heridos* • willen *querer* [ie] ∗ moet je iets drinken? *¿qué tomas?*
moetje *casamiento* m *de penalty*
moezelwijn *mosela* m
mof • bonten huls *manguito* m • MIN. Duitser *alemán* m
mogelijk I BNW *posible; eventual* ∗ het is ~ dat *es posible que* [+ subj.] ∗ het is niet ~ *es imposible; no se puede* ∗ in alle ~e kleuren *en todos los colores imaginables* ∗ alle ~e dingen *toda clase de objetos* ∗ zo ~ *a ser posible; tal vez* ∗ ~ maken *posibilitar; hacer posible* **II** BIJW *quizás; posiblemente* ∗ zo vlug ~ *cuanto antes; con la mayor brevedad* ∗ zoveel ~ *todo lo posible; en cuanto sea posible* ∗ zo goed ~ *lo mejor posible* ∗ voor zover ~ *en la medida de lo posible; siempre que sea posible*
mogelijkerwijs *posiblemente; quizás*
mogelijkheid *posibilidad* v ∗ met geen ~ *de ningún modo*
mogen I OV WW waarderen *apreciar* ∗ ik mag hem *me cae bien* ∗ we ~ hem graag *le queremos mucho* **II** HWW • toestemming hebben *poder* [ue] ∗ hij mag het voor mijn part doen *por mí, que lo haga* ∗ mag ik binnenkomen? *¿puedo entrar?* ∗ dat mag je niet doen *esto no se hace* ∗ ik mag het niet doen *no tengo permiso para hacerlo; no me dejan hacerlo* ∗ hij mag niet roken van de dokter *el médico le prohibió fumar* ∗ hier mag niet gerookt worden *no se permite fumar* ∗ mag ik u iets vragen? *¿puedo hacerle una pregunta?* • wenselijk zijn *poder* [ue] • veronderstellen ∗ hoe rijk hij ook zijn mag *por rico que sea* ▼ wat mag het zijn? *¿qué se le ofrece?*
mogendheid *potencia* v
mohair *mohair* m
mohammedaan *mahometano* m
mohammedaans *mahometano*
Mohikaan ▼ de laatste der Mohikanen *el último de los mohicanos*
mok *vaso* m
moker *maza* v
mokerslag • LETT. *mazazo* m • FIG. *golpe* m
mokka *moca* v
mokkel *jamona* v

mokken *amorrarse*
mol *topo* m
Moldavië *Moldavia* v
moleculair *molecular*
molecule *molécula* v
molen *molino* m
molenaar *molinero* m
molensteen *muela* v; *piedra* v *de molino*
molenwiek *aspa* v *de molino*
molesteren *molestar*
molestverzekering *seguro* m *de guerra*
molière *zapato* m *bajo de cordón*
mollen • kapot maken *destrozar*; VULG. *joder* • doden *matar*
mollig *rollizo*
molm (v. hout) *carcoma* v
molotovcocktail *cóctel* m *molotov*
molshoop *topera* v
molton *muletón*
Molukken *Molucas* v mv
Molukker *moluqueño* m
Moluks *moluco*
mom *máscara* v; *careta* v ∗ onder het mom van *con el pretexto de; bajo capa de*
mombakkes *máscara* v; *careta* v
moment *momento* m; *instante* m ∗ op dit ~ *en este momento*
momenteel *por el momento*
momentopname • A-V *instantánea* v • FIG. *muestra* v *aleatoria*
moment suprême *momento* m *supremo*
mompelen *mascullar; murmurar*
Monaco *Mónaco* m
monarch *monarca* m
monarchie *monarquía* v
monarchist *monárquico* m
mond • orgaan *boca* v ∗ met open mond *boquiabierto* ∗ uit zijn mond ruiken *tener mal aliento* • riviermonding *desembocadura* v • opening *orificio* m ▼ zijn mond houden *callarse* ▼ mond houden! *¡a callar!* ▼ geen mond opendoen *no decir* [i] *ni esta boca es mía* ▼ een grote mond hebben *ser un contestón* ▼ iem. de mond snoeren *hacer callar a u.p.* ▼ zijn mond voorbijpraten *hablar más de la cuenta; irse de boca* ▼ het water loopt hem in de mond *se le hace agua la boca* ▼ iem. naar de mond praten *hablar al gusto de alguien* ▼ (als) uit één mond *todos a la vez* ▼ hij spaart het uit zijn mond *se lo quita de la boca* ▼ van mond tot mond *de boca en boca* ▼ mondje dicht! *¡punto en boca!* ▼ niet op zijn mondje gevallen zijn *saber replicar; tener mucha labia*
mondain *mundano*
monddood ▼ iem. ~ maken *amordazar a u.p.*
mondeling I BNW *oral; verbal* **II** ZN [het] *examen* m *oral*
mond-en-klauwzeer *fiebre* v *aftosa; glosopeda* v
mondharmonica *armónica* v *de boca*
mondhoek *comisura* v *de la boca*
mondholte *cavidad* v *bucal*
mondhygiëniste *higienista* m/v *dental*
mondiaal *mundial*
mondig • meerderjarig *mayor de edad* • zelfstandig *emancipado* ∗ iem. ~ verklaren

emancipar a u.p.
mondigheid *mayoría* v *de edad*
monding *desembocadura* v
mondjesmaat *a cuentagotas*
mond-op-mondbeademing *respiración* v *boca a boca*
mondstuk *boquilla* v; ⟨v. sigaret⟩ *emboquillado* m
mond-tot-mondreclame *publicidad* v *de boca en boca*
mondverzorging *higiene* v *bucal*
mondvol ⟨met voedsel⟩ *bocado* m; ⟨met rook/vocht⟩ *bocanada* v
mondvoorraad *provisiones* v mv; *víveres* m mv
Monegask *monegasco* m
monetair *monetario*
Mongolië *Mongolia* v
mongolisme *mongolismo* m
mongoloïde *mongoloide*
Mongool *mongol* m
mongool *mongólico* m
monitor *monitor* m
monnik *monje* m; *fraile* m ▾ gelijke ~en, gelijke kappen *a frailes tales, partes iguales*
monnikenwerk OOK FIG. *obra* v *de benedictinos*
mono *mono*
monochroom *monocromo*
monocle *monóculo* m
monofoon *monofónico*
monogaam *monógamo*
monogamie *monogamia* v
monogram *monograma* m
monokini *bikini* m *de una sola pieza*
monoliet *monolito* m
monolithisch *monolítico*
monoloog *monólogo* m
monomaan *monomaníaco*
monomanie *monomanía* v
monopolie *monopolio* m
monopoliepositie *posición* v *de monopolio*
monorail *carril* m *único*
monotoon *monótono*
monster • *gedrocht monstruo* m • *proefstuk muestra* v ★ ~s steken *sacar muestras*
monsterachtig *monstruoso*
monsterboekje *libro* m *de muestras*
monsteren • SCHEEPV. *alistar* • *keuren examinar*
monsterlijk *monstruoso*; *horroroso*
monstrans *custodia* v
monstrueus *monstruoso*
monstruositeit *monstruosidad* v
montage *montaje* m
montagefoto *fotomontaje* m; ⟨v. getuigenverklaring⟩ *retrato* m *robot*
Montenegrijn *montenegrino* m
Montenegrijns *montenegrino*
Montenegro *Montenegro* m
monter *alegre*
monteren *armar*; *montar*; ⟨v. film⟩ *montar*
montessorischool *colegio* m *Montessori*
monteur *mecánico* m
Montevideo *Montevideo* v
montuur *montura* v
monument *monumento* m
monumentaal *monumental*
monumentenwet ≈ *ley* v *de conversación de sitios y monumentos*
monumentenzorg *conservación* v *de monumentos*
mooi I BNW • *aangenaam voor de zintuigen bonito*; ⟨knap⟩ *guapo* ★ zich mooi maken *arreglarse* • IRON. ★ wel nu nog mooier! *¡hay que ver!* ★ dat is me wat moois! *¡vaya u.c.!* ▾ te mooi om waar te zijn *demasiado bonito para ser verdad* II BIJW • *aangenaam voor de zintuigen maravillosamente* • *goed* ★ dat heb je mooi gedaan *lo has hecho muy bien* • *flink* ★ dat is mooi meegenomen *¡vaya una ganga!*
mooipraten *hacer la pamplina*
moonboot *bota* v *acolchada*
Moor *moro* m
moord *asesinato* m; *homicidio* m ▾ ~ en brand schreeuwen *poner el grito en el cielo*
moordaanslag *atentado* m
moordbrigade *grupo* m *de homicidios*
moorddadig • *moordend asesino*; *mortífero* • *erg formidable* ★ een ~ dorst hebben *tener una sed bárbara*; *tener una sed de padre y muy señor mío* ★ ~ lawaai *ruido* m *infernal* ★ ~e honger *hambre* v *canina*
moorden *asesinar*; *matar*
moordenaar *asesino* m
moordend • *moorddadig asesino* • *slopend despiadado* ★ ~e concurrentie *competencia despiadada*
moordkuil • → **hart**
moordpartij *matanza* v; *masacre* v
moordwapen *arma* v *homicida*
moorkop *lionesa* v
moot *tajada* v; ⟨v. vis⟩ *rodaja* v
mop *chiste* m ★ een schuine mop *un chiste verde*
moppentapper *contador* m *chistes*
mopperaar *gruñón* m [v: *gruñona*]; *regañón* m [v: *regañona*]
mopperen *refunfuñar*
mopperkont *gruñón* [v: *gruñona*]
mopperpot *protestón* m [v: *protestona*]
mopsneus *nariz* v *chata*
moraal • *zedenleer moral* v • *wijze les moraleja* v
moraalridder *defensor* m *de la moral*
moraliseren *moralizar*
moralisme *moralismo* m
moralist *moralista* m/v
moratorium *moratoria* v
morbide *mórbido*; *morboso*
moreel I ZN [het] *moral* v II BNW *moral*
morel *cereza* v *de corazón negro*
mores ▾ iem. ~ leren *escarmentar* [ie] *a u.p.*
morfine *morfina* v
morfologie *morfología* v
morgen I ZN [de] *mañana* v ★ vroeg op de ~ *muy temprano*; *muy de madrugada* ★ het wordt ~ *amanece*; *empieza a despuntar el día* II BIJW *mañana* ★ ~ vroeg *mañana por la mañana* ★ ~ is het zaterdag *mañana es sábado*
morgenavond *mañana por la noche*
morgenland *Levante* m
morgenmiddag *mañana por la tarde*
morgenochtend *mañana por la mañana*
morgenrood *rosicler* m

morgenstond *madrugada* v ▼ de~ heeft goud in de mond *al que madruga, Dios le ayuda*
mormel *monstruo* m; *esperpento* m; *mastín* m
mormoon *mormón* m
morning-afterpil *píldora* v *abortiva*
morrelen *manosear*
morren *refunfuñar*
morsdood *más muerto que una piedra*; *muerto de remate*
morse *Morse* m ★ in~ seinen *telegrafiar en Morse*
morsen I OV WW laten vallen *verter* [ie, i]; *derramar*; *ensuciar*; *manchar* II ON WW knoeien *ensuciar*; *manchar*
morseteken *símbolo* m *de Morse*
morsig *mugriento*
mortel *argamasa* v; *mortero* m
mortier *mortero* m
mortiergranaat *granada* v *de mortero*
mortuarium *depósito* m *de cadáveres*
mos *musgo* m
mosgroen *verde musgo*
moskee *mezquita* v; *aljama* v
Moskou *Moscú* m
Moskoviet *moscovita* m/v
moslim *musulmán* m [v: *musulmana*]
moslima *musulmana* v
moslimextremisme *extremismo* m *musulmán / islámico*
mossel *mejillón* m
mosselbank *banco* m *de mejillones*; ⟨kwekerij⟩ *criadero* m *de mejillones*
most *mosto* m
mosterd *mostaza* v
mosterdgas *gas* m *mostaza*
mosterdzaad *grano* m *de mostazo*
mot I ZN [de] [mv: +ten] *polilla* v II ZN [de] [gmv] *camorra* v ★ mot zoeken *buscar pendencias*; *buscar camorra*; *buscar bronca* ★ mot hebben met iem. *tener camorra con alguien*
motel *motel* m
motie *moción* v ★ een~ indienen *presentar una moción*
motief • beweegreden *motivo* m • patroon *motivo* m
motivatie *motivación* v
motiveren • beredeneren *motivar* ★ een bewering~ *justificar un aserto* • stimuleren *motivar*
motivering *motivación* v
motor • machine *motor* m • motorfiets *moto* v
motoragent *policía* m *motorizado*
motorboot *motora* v
motorcross *motocross* m
motorfiets *moto* v; *motocicleta* v
motoriek *motricidad* v
motorisch *motor* ★ ~e kracht *fuerza motora*
motoriseren *motorizar*
motorkap *capó* m
motorpech *avería* v
motorrijder *motorista* m; *motociclista* m/v
motorrijtuig *vehículo* m *de motor*
motorrijtuigenbelasting *impuesto* m *sobre los vehículos a motor*
motorvoertuig *vehículo* m *a motor*
motregen *llovizna* v

motregenen *lloviznar*
mottenbal *bola* v *de naftalina* ▼ iets uit de~len halen *desapolillar u.c.*
mottig • door mot beschadigd *apolillado* • miezerig *de llovizna*
motto *epígrafe* m; *lema* m
mountainbike *mountainbike* v; *bici* v *de montaña*
mountainbiken *ir en bicicleta todo terreno*
mousse *mousse* m; *crema* v *batida*
mousseren *espumar*
mout *malta* v
mouw *manga* v ▼ iem. iets op de mouw spelden *hacer creer algo a alguien*; *tomarle el pelo a u.p.* ▼ iets uit de mouw schudden *sacarse algo de la manga*
mouwlengte *largo* m *de la manga*
moven ★ ~, joh! *¡vámonos con la música a otra parte!*
mozaïek *mosaico* m
Mozambique *Mozambique* m
mozzarella *mozzarella* v
mp3 I ZN [de] COMP. bestand *MP3* m II ZN [het] COMP. compressietechniek *MP3* m
mpeg *MPEG* m
msn *MSN* m
msn'en *chatear por MSN*
mts *escuela* v *técnica de grado medio*
mud *hectolitro* m
mudvol *atestado*
muesli *muesli* m
muf *viciado* ★ muffe lucht *aire viciado* ★ muf worden *enmohecerse* ★ muf ruiken *oler* [ue] *a moho*; *oler* [ue] *a cerrado* ★ het ruikt hier muf *huele a cerrado aquí*
mug *mosquito* m ▼ van een mug een olifant maken *hacer de una pulga un elefante*
muggenbeet *picadura* v *de mosquito*
muggenbult *roncha* v
muggenolie *aceite* m *contra los mosquitos*
muggenziften *pararse en quisquillas*
muggenzifter *quisquilloso* m; *meticuloso* m
muil • bek *boca* v; *fauces* v mv ★ houd je muil *cállate la boca* • schoen *chinela* v
muildier *mulo* m
muilezel *mulo* m; *burdégano* m
muilkorf *bozal* m
muilkorven • muilkorf aandoen *abozalar* • monddood maken *amordazar*
muilpeer *bofetada* v
muiltje • →**muil**
muis • dier *ratón* m • COMP. *ratón* m; *mouse* • deel van hand *pulpejo* m • →**muisjes** ▼ dat muisje zal nog wel een staartje hebben *el asunto traerá mucha cola*
muisarm *síndrome* m *del túnel carpiano*
muisgrijs *(de color) gris; pardo*
muismat *alfombrilla* v *de ratón*
muisstil *quietecito* ★ het is~ *no se oye el vuelo de una mosca*
muiten *sublevarse*
muiter *amotinado* m
muiterij *motín* m
muizenis *quebradero* m *de cabeza* ★ zich~sen in het hoofd halen *crearse un quebradero de cabeza*

muizenval *ratonera* v
mul I BNW *suelto* II ZN [de] zeevis *salmonete* m
mulat *mulato* m
multicultureel *multicultural*
multidisciplinair *multidisciplinario*
multifunctioneel *multifuncional*
multi-instrumentalist *multiinstrumentista* m/v
multimediaal *multimedial*
multimiljonair *multimillonario* m
multinational *(empresa)* v *multinacional*
multipel *múltiplo*
multiplechoicetest *examen* m *tipo test*
multiple sclerose *esclerosis* v *múltiple*
multiplex *contrachapado* m *múltiple*
multomap *carpeta* v *de anillas*
mum ▼ in een mum van tijd *en un abrir y cerrar de ojos*
mummelen *mascullar*
mummie *momia* v
mummificeren *momificar*
municipaal *municipal*
munitie *munición* v
munitiedepot *polvorín* m
munt • geldstuk *pieza* v; *moneda* v ★ munt slaan *acuñar* • penning *ficha* v
 • munteenheid *unidad* v *monetaria*
 • waardestempel *cruz* v ★ kop of munt *cara o cruz* • muntgebouw *casa* v *de la moneda*
 • CUL. plant *menta* v; *hierbabuena* v ▼ in klinkende munt *al contado*; *en metálico*; *en moneda efectiva*; *en moneda contante y sonante* ▼ munt slaan uit *sacar partido de*
munteenheid *unidad* v *monetária*; *moneda* v
munten *acuñar*; *monedar*
muntstuk *moneda* v; *pieza* v
murmelen *murmurar*; *susurrar*
murw • zacht, slap *tierno*; *blando* • FIG. krachteloos *abatido* ★ iem. murw slaan *moler [ue] a alguien a palos*
mus *gorrión* m; *pardal* m
musculatuur *musculatura* v
museum *museo* m
museumbezoek *asistencia* v *a museos*
museumstuk *pieza* v *de museo*
musical *comedia* v *musical*
musiceren *hacer música*
musicoloog *musicólogo* m
musicus *músico* m
muskaat • noot *nuez* v *moscada* • wijn *moscatel* m
muskaatdruif *uva* v *moscatel*
musket *mosquete* m
musketier *mosquetero* m
muskiet *mosquito* m
muskietennet *mosquitero* m
muskietenplaag *plaga* v *de mosquitos*
muskus *almizcle* m
muskushert *ciervo* m *almizclero*
muskusrat *ratón* m *almizclero*
must *cosa* v *imprescindible*; *necesidad* v
mutatie • verandering *cambio* m • BIOL. *mutación* v
muts *gorro* m; *bonete* m ▼ zijn muts staat verkeerd *está de mal humor*
muur ⟨v. vesting⟩ *muralla* v; *muro* m; *pared* v; ⟨v. vesting⟩ *muralla* v; ⟨v. tuin⟩ *tapia* v ▼ iem.
tegen de muur zetten *fusilar a alguien* ▼ de muren hebben oren *las paredes oyen*
muurbloempje ★ een~ zijn INFORM. *no comerse una rosca*
muurkrant *periódico* m *mural*
muurschildering *pintura* v *mural*; *fresco* m
muurvast *firme*
muurverf *pintura* v *de paredes*
muzak *música* v *ambiental*
muze *musa* v
muziek *música* v ★ lichte~ *música ligera* ★ gewijde~ *música sacra* ▼ dat klinkt als~ in de oren *eso suena a más*
muziekbibliotheek *biblioteca* v *musical*
muziekblad *revista* v *de música*
muziekcassette *casete* v; *cinta* v *musical*
muziekdoos *caja* v *de música*
muziekfestival *festival* m *de música*
muziekgezelschap *conjunto* m *musical*
muziekinstrument *instrumento* m *de música*
muziekkapel *banda* v *de música*
muziekkorps *banda* v *de música*
muziekminnend *aficionado a la música*; *amante de la música*
muzieknoot *nota* v *musical*
muziekpapier *papel* m *pautado*
muziekschool *escuela* v *de música*
muziekstandaard *atril* m
muziekstuk *pieza* v *de música*
muziektent *quiosco* m *de música*
muziektheater *teatro* m *musical*
muziekwetenschap *musicología* v
muzikaal *musical*
muzikant *músico* m
mysterie *misterio* m
mysterieus *misterioso*
mystiek I ZN [de] *mística* v II BNW *místico*
mythe *mito* m
mythisch *mítico*
mythologie *mitología* v
mythologisch *mitológico*
mytylschool *escuela* v *para niños minusválidos*
myxomatose *mixomatosis* v

N

n *n* v • de n van Nico *la n de Navarra*
na I vz • achter ⟨v. plaats⟩ *después de* ★ na u! *¡pase usted!* • aansluitend op ⟨v. tijd⟩ *después de* ★ na een jaar *pasado un año; después de un año* II BIJW ▼ (fruit) na ⟨als dessert⟩ *de postre (fruta)* ▼ iem. te na komen *molestar a alguien*
naad ⟨textiel⟩ *costura* v; ⟨textiel⟩ TECHN. *juntura* v ▼ het naadje van de kous weten *saber a la cosa con todos sus pelos y señales* ▼ zich uit de naad werken *trabajar como un negro*
naadloos *sin costura; inconsútil*
naaf *cubo* m
naaidoos *costurero* m
naaien • met draad vastmaken *coser* • VULG. neuken *follar; joder* • PLAT belazeren *joder*
naaigarnituur *neceser* m *de costura*
naaimachine *máquina* v *de coser*
naaister *costurera* v
naaiwerk *labor* v *de costura; cosido*
naakt *desnudo*
naaktfoto *foto* v *de desnudo*
naaktloper *nudista* m/v
naaktmodel *desnudo* m; *modelo* m *desnudo*
naaktstrand *playa* v *nudista*
naald *aguja* v ★ de draad in de ~ steken *enhebrar la aguja* ▼ een ~ in een hooiberg zoeken *buscar una aguja en un pajar*
naaldboom *conífera* v
naaldbos *bosque* m *de coníferas*
naaldenkussen *alfiletero* m; *acerico* m; *almohadilla* v
naaldenprik *pinchazo* m
naaldhak *tacón* m *de aguja*
naaldhout *madera* v *de pino*
naaldkunst *costura* v
naam • benaming ⟨achternaam⟩ *apellido* m; *nombre* m ★ mijn naam is X *me llamo X* ★ welke naam geven zij hem? *¿qué nombre le ponen?* ★ op naam staan van X *estar a nombre de X* • reputatie *reputación* v; *fama* v ★ een goede naam hebben *gozar de buena fama* ▼ zijn naam eer aandoen *hacer honor a su nombre* ▼ in naam der wet *en nombre de la justicia* ▼ met name *particularmente; especialmente; sobre todo* ▼ ten name van *a nombre de* ▼ uit naam van *de parte de*
naamdag *santo* m; *día* m *del santo* ★ mijn ~ *el día de mi santo*
naamgenoot *tocayo* m; *homónimo* m
naamkaartje *tarjeta* v
naamloos *anónimo; sin nombre*
naamsverandering *cambio* m *de nombre(s) y apellido*
naamsverwarring *confusión* v *de nombre*
naamsverwisseling *intercambio* m *de nombres*
naamval *caso* m ★ eerste ~ *nominativo* m ★ tweede ~ *genitivo* m ★ derde ~ *dativo* m ★ vierde ~ *acusativo* m
naamwoord ▼ bijvoeglijk ~ *adjetivo* m ★ zelfstandig ~ *substantivo* m
naamwoordelijk *nominal* ▼ het ~ deel van het gezegde *el predicado nominal*

na-apen *remedar; imitar*
naar I BNW • onsympathiek *desagradable* ★ wat een nare jongen *qué chico más desagradable* • onwel *malo* ★ ik werd er naar van *lo pasé muy mal* • akelig *desagradable* II vz in de richting van *a; para* ★ naar huis lopen *ir a casa andando* ★ naar Utrecht gaan *ir a Utrecht* ★ naar Frankrijk vertrekken *salir para Francia* ★ naar boven ⟨enz.⟩ • → **boven** ⟨enz.⟩ ▼ hij is er niet de man naar om ... *no es el hombre indicado para ...*
naargeestig *sombrío*
naarling *persona* v *latosa*
naarmate *a medida que; conforme*
naarstig *diligente*
naast I vz terzijde van *al lado de; junto a* ★ het huis ~ het park *la casa junto al parque* ★ ~ elkaar *juntos* II BNW • dichtst bij *próximo* • intiemst *cercano* ★ de ~e familieleden *los parientes próximos* ▼ ten ~e bij *aproximadamente*
naaste *prójimo* m
naastenliefde *amor* m *al prójimo*
naastgelegen *vecino; contiguo*
nababbelen *quedarse a charlar*
nabehandeling *tratamiento* m *suplementario*
nabeschouwing *comentario* m *posterior*
nabespreking *discusión* v *posterior*
nabestaande *pariente* m *próximo*
nabestellen *encargar; pedir* [i]; *hacer un pedido adicional*
nabezorging *entrega* v *posterior*
nabij I vz *cerca de* II BNW *cercano; próximo* ★ iem. van ~ kennen *conocer a alguien de cerca*
nabijgelegen *cercano;* ⟨aangrenzend⟩ *vecino*
nabijheid *proximidad* v ▼ in de ~ van *cerca de*
nablijven • achterblijven *quedarse atrás* • op school blijven *quedarse castigado* ★ laten ~ *retener* [ie] *en clase*
nablussen *extinguir*
nabootsen *imitar; remedar*
nabootsing *imitación* v
naburig *cercano*
nacht *noche* v ★ slapeloze ~en *noches de insomnio* v; *noches en vela* ★ slapeloze ~en hebben *pasar las noches sin pegar ojo; pasar las noches en blanco* ★ 's ~s *por la noche* ★ de ~ doorbrengen in *pasar la noche en; trasnochar en* ★ tot diep in de ~ *a altas horas de la noche; hasta muy entrada la noche* ▼ bij ~ en ontij *a deshora*
nachtblind *hemerálope*
nachtbraken *trasnochar*
nachtbraker *trasnochador* m
nachtbus *nocturno* m
nachtclub *boite* v; *cabaret* m
nachtcrème *crema* v *de noche*
nachtdienst *servicio* m *de noche*
nachtdier *animal* m *nocturno*
nachtegaal *ruiseñor* m
nachtelijk *nocturno*
nachtfilm *película* v *nocturna*
nachthemd *camisón* m
nachtjapon *camisón* m
nachtkaars ▼ zijn leven ging als een ~ uit *su*

prisma
woordenboek

Welkom bij de Prisma Online woordenboeken!

Gebruik Prisma Online woordenboeken bij het surfen of chatten op het internet, of bij het schrijven of vertalen van een tekst.
Met Prisma Online heb je altijd de meest actuele versie van het woordenboek op het scherm.

Met onderstaande code krijg je toegang tot dit woordenboek op het internet:

Nu met gratis online woordenboek

274978732212A380

Ga naar de website www.prisma.nl/mijnprisma en volg de instructies.

Graag wil Prisma inzicht krijgen in de gebruikers van de Prisma Pockets om zo de kwaliteit van de woordenboeken naar een nog hoger niveau te tillen. Daarom verzoeken wij u dit kaartje in te vullen en in een envelop op te sturen naar onderstaand adres (postzegel niet nodig). Onder de inzendingen verloten we een complete set Prisma Handwoordenboeken.

Prisma bedankt u voor uw medewerking.

Geslacht: .... M/V

Voornaam: ....

Achternaam: ....

Leeftijd: ....

Adres: ....

Postcode & plaats: ....

Land: ....

E-mail: ....

Opmerkingen: ....

Uitgeverij het Spectrum
T.a.v. Afdeling marketing
Antwoordnummer 1060
3500 VE Utrecht

Wij, Prisma en Uitgeverij het Spectrum, houden u graag op de hoogte van onze nieuwe producten. Wij zullen uw persoonsgegevens dan ook enkel gebruiken om u te informeren over dergelijke nieuwe producten. Uw gegevens zullen niet worden doorverkocht aan derden.

Kijk voor meer informatie op www.prisma.nl

vida se iba apagando como una vela
nachtkastje *mesilla* v *de noche*
nachtkijker *espectador* m *nocturno*
nachtkleding *ropa* v *de noche*
nachtlampje *lámpara* v *de noche*
nachtleven *vida* v *nocturna*
nachtmens *noctámbulo* m
nachtmerrie *pesadilla* v
nachtmis *misa* v *de gallo*
nachtploeg *equipo* m *nocturno*
nachtportier *portero* m *de noche*
nachtrust *descanso* m *nocturno*
nachtschade *solano* m
nachtslot *cerradura* v *doble* ★ ⟨de deur⟩ op het ~ doen *dar doble vuelta a la llave*
nachtstroom *corriente* v *nocturna*
nachttarief *tarifa* v *nocturna*
nachttrein *tren* m *nocturno*
nachtvlinder *falena* v; *mariposa* v *nocturna*
nachtvorst *helada* v *de noche*
nachtwaker *sereno* m
nachtzoen *beso* m *antes de dormir*
nachtzuster *enfermera* v *de noche*
nacompetitie *(partido* m *de) desempate*
nadat *después de que; después de*
nadeel *desventaja* v; ⟨bezwaar⟩ *inconveniente* m ★ ten nadele van *en perjuicio de* ★ in het ~ zijn *estar en desventaja* ★ te zijnen nadele *en detrimento suyo* ★ ik ondervind er geen ~ van *no pierdo en ello*
nadelig *desventajoso; desfavorable; perjudicial* ★ ~e gevolgen *consecuencias* v mv *perjudiciales*
nadenken *reflexionar; pensar* [ie] ★ hard over iets ~ *darle vueltas en la cabeza a u.c.*; INFORM. *comerse el coco*
nadenkend *pensativo*
nader I BNW • *dichterbij más cercano* • *preciezer más detallado* ★ ~e berichten *noticias ulteriores* ★ ~e bijzonderheden *más detalles*; *pormenores* m mv ★ ~e inlichtingen verstrekken *dar razón; informar más detalladamente* • bij ~ inzien *considerándolo más detenidamente* II BIJW • *dichterbij más cerca* ★ ~ komen *acercarse* • uitvoeriger *más detalladamente* ★ ~ met iem. kennismaken *conocer a u.p. más de cerca* ★ ~ ingaan op *entrar en detalles sobre* ★ ~ onderzoeken *examinar más detenidamente*
naderbij *más cerca* ★ ~ komen *acercarse*
naderen *acercarse (a); aproximarse (a)* • de verkiezingen ~ *se avecinan las elecciones*
naderhand *después*
nadien *después* ★ kort ~ *poco después*
nadoen *imitar*; ⟨v. gebaren, stem⟩ *remedar*; ⟨v. gebaren, stem⟩ *imitar*
nadorst *sed* v *de resaca*
nadruk *klemtoon acento* m ★ de ~ leggen op iets *acentuar u.c.; hacer hincapié en* • FIG. krachtige bevestiging *énfasis* v ★ de ~ leggen op iets *insistir en i.c.; hacer hincapié en* • herdruk ⟨legaal⟩ *reimpresión* v; ⟨illegaal⟩ *reproducción* v ★ ~ verboden *prohibida la reproducción*
nadrukkelijk *explícito; enfático*
nagaan • controleren *controlar* • overwegen *considerar* ★ als ik dat alles naga *considerándolo bien* ★ van tevoren ~ *premeditar* ★ nu kun je ~ wat hij geleden heeft *ahora puedes imaginarte lo que ha sufrido* ★ kun je ~! *¡figúrate!; ¡imagínate!*
nagalm *resonancia* v
nageboorte *secundinas* v mv; *placenta* v
nagedachtenis *memoria* v; *recuerdo* m ★ ter ~ van *en memoria de*
nagel • verhoornde huid *uña* v ★ op zijn ~s bijten *comerse las uñas* • spijker *clavo* m; ⟨houten⟩ *clavija* v ★ hij was de ~ aan haar doodkist *era su cruz*
nagelbed *carne* v *viva*
nagelbijten *morderse* [ue] *las uñas*
nagelkaas *queso* m *con clavo*
nagellak *esmalte* m *para las uñas; laca* v
nagelriem *repelo* m; *padrastro* m
nagelschaar *tijeras* v mv *de uñas*
nagelvijl *lima* v *de uñas*
nagenieten *disfrutar*
nagenoeg *casi*
nagerecht *postre* m
nageslacht *posteridad* v
nageven ★ hij is eerlijk, dat moet men hem ~ *es sincero, hay que reconocerlo*
nagloeien *permanecer incandescente*
naheffing *imposición* v *suplementaria; liquidación* v *complementaria*
naheffingsaanslag *rectificación* v *del impuesto*
naïef *ingenuo*
naïeveling *ingenuo* m
na-ijver *envidia* v
na-ijverig *celoso*
naïviteit *ingenuidad* v
najaar *otoño* m
najaarscollectie *colección* v *de otoño*
najaarsklassieker *clásico* m *de otoño*
najaarsmode *moda* v *de otoño*
najaarsstorm *tempestad* v *de otoño*; ⟨met onweer⟩ *tormenta* v *de otoño*
najaarszon *sol* m *de otoño*
najagen • vervolgen *perseguir* [i] • nastreven *aspirar a* ★ succes ~ *perseguir/buscar éxito*
nakaarten *seguir* [i] *charlando; charlar*
nakie ▼ in zijn ~ *en pelotas*
nakijken • kijken naar *seguir* [i] *con la vista* • controlerend nagaan *comprobar* [ue]; *averiguar; examinar; inspeccionar; controlar*; ⟨v. schoolwerk⟩ *corregir* [i]
naklinken *resonar* [ue]
nakomeling *descendiente* m/v
nakomen I OV WW naleven *cumplir con* ★ zijn verplichtingen ~ *cumplir con sus obligaciones* II ON WW later komen *seguir* [i]; *llegar después* ★ er kwamen nog twee kinderen na *todavía vinieron dos niños después*
nakomertje *benjamín* m
nalaten • achterlaten *dejar* ★ nagelaten werk *obra póstuma* • niet doen *dejar*
nalatenschap *sucesión* v; *herencia* v
nalatig *negligente*
nalatigheid *negligencia* v
naleven *cumplir; observar* ★ de bepalingen ~ *observar las disposiciones*
naleving *observancia* v; *cumplimiento* m

nalezen *releer*
nalopen • achternalopen *perseguir* [i]
• controleren *revisar*
namaak *imitación* v
namaken *imitar*
name • →**naam**
namelijk • te weten *es decir; o sea; a saber*
• immers *es que*★ er is~ iets gebeurd *es que ha pasado algo*
nameloos *imponente*
namens *en nombre de*★ ~ alle aanwezigen *en nombre de todos presente*
nameten *remedir* [i]; *comprobar /ue/ las medidas*
Namibië *Namibia* v
namiddag *tarde* v
naoorlogs *de la pos(t)guerra*
NAP *nivel* m *medio del agua en Amsterdam que se utiliza como norma*
napalm *napalm* m
Napels *Nápoles* m
napluizen *averiguar*
nappa I zn [het] *napa* v II bnw *de napa*
napraten I ov ww praten in navolging van *repetir* [i]★ iem. als een papegaai~ *hablar por boca de ganso* II on ww na afloop blijven praten *quedarse charlando*
napret *dejo* m
nar *bufón* m
narcis *narciso* m
narcisme *narcisismo* m
narcistisch *narcisista*
narcolepsie *narcolepsia* v
narcose *narcosis* v★ iem. onder~ brengen *anestesiar a u.p.*
narcoticabrigade *brigada* v *antidrogas*
narcoticum *narcótico* m
narcotiseur *narcotizador* m
narekenen *calcular*; (opnieuw) *verificar*
narigheid *miseria* v; *problemas* v mv; *dificultades* v mv★ allerlei~ *todo tipo de miseria*
naroepen *gritar*
narratief *narrativo*
narrig *gruñón*
nasaal *nasal*
nascholing *actualización* v *de conocimientos*
naschrift 〈v. brief〉 *posdata* v; 〈v. boek〉 *epílogo* m
naseizoen *entretiempo* m
nasi *arroz* m *frito*
nasibal ≈ *croqueta* v *de arroz*
naslaan *buscar; mirar*★ een boek~ *consultar un libro*
naslagwerk *libro* m *de consulta*
nasleep *consecuencias* v mv; *secuelas* v mv ★ als ~ hebben *llevar consigo*
nasmaak *resabio* m
naspel • stuk na afloop *epílogo* m • nasleep *consecuencias* v mv
naspelen *reproducir; repetir* [i]
nasporen *investigar*
nastaren *seguir* [i] *con la vista*
nastreven • streven naar *perseguir* [i]
• evenaren *emular*
nasukkelen *seguir sufriendo; seguir aquejado de problemas*

nasynchroniseren *doblar*
nat I bnw• niet droog *mojado*★ nat maken *mojar*★ nat worden *mojarse*★ door en door nat *empapado*★ 〈v. verf, opschrift〉 nat *recién pintado*• regenachtig *húmedo* II zn [het] *líquido* m
natafelen *estar de sobremesa*
natekenen *copiar*
natellen *contar* [ue]; *comprobar* [ue]
natheid *humedad* v
natie *nación* v
nationaal *nacional*
nationaalsocialisme *nacionalsocialismo* m; 〈in Duitsland〉 *nazismo* m; 〈in Duitsland〉 *nacionalsocialismo* m
nationalisatie *nacionalización* v
nationaliseren *nacionalizar*
nationalisme *nacionalismo* m
nationalist *nacionalista* m/v
nationalistisch *nacionalista*
nationaliteit *nacionalidad* v
nationaliteitsbeginsel *estatuto* m *de personalidad*; 〈in Spanje〉 *principio* m *de la nacionalidad*
natje v zijn~ en zijn droogje op tijd krijgen *tener a tiempo la comida y la bebida*
natmaken *mojar*
natrappen *dar un puntapié a*
natregenen *mojarse (por la lluvia)*
natrekken • nagaan *verificar; controlar*
• overtrekken *calcar*
natrium *sodio* m
natriumcarbonaat *bicarbonato* m *sódico*
nattevingerwerk *cosa* v *hecha a ojo de buen cubero*
nattig *húmedo*
nattigheid *humedad* v★ ~ voelen *sospechar algo*
natura ★ in~ *en especie*
naturalisatie *naturalización* v
naturaliseren *naturalizar*★ zich laten~ *adquirir la nacionalidad de; naturalizarse*
naturalisme *naturalismo* m
naturalistisch *naturista*
naturel *natural*
naturisme *naturismo* m
naturist *naturista* m/v
naturistenstrand *playa* v *naturista; playa* v *nudista*
naturistenvereniging *asociación* v *naturista*
natuur • natuurlijke omgeving *naturaleza* v ★ naar de~ geschilderd *pintado como el natural*• aard *carácter* m; *naturaleza* v; *índole* v ★ van nature *por naturaleza* • scheppende kracht★ tegen de~ *contrario a la naturaleza*
natuurbad *piscina* v *natural*
natuurbehoud *conservación* v *de la naturaleza*
natuurbescherming *protección* v *de la naturaleza*
natuurfilm *película* v *sobre la naturaleza*
natuurgebied *parque* m *natural*
natuurgeneeskunde *naturismo* m
natuurgeneeswijze *naturismo* m
natuurgenezer *médico* m *naturista*
natuurgetrouw *fiel*
natuurhistorisch *de la historia natural*
natuurkunde *física* v

natuurkundige *físico* m
natuurlijk I BNW• vanzelfsprekend *natural*
• van/volgens de natuur *natural*★ een~ e dood sterven *morir* [ue, u] *de muerte natural*
II BIJW• vanzelfsprekend *naturalmente; desde luego*• van/volgens zijn natuur *naturalmente*
III TW *claro*
natuurlijkerwijs *naturalmente*
natuurmens • mens in natuurstaat *hombre* m *primitivo*• natuurvriend *amante* m/v *de la naturaleza*
natuurmonument *monumento* m *de interés histórico natural*
natuurproduct *producto* m *natural*
natuurramp *catástrofe* v
natuurreservaat *parque* m *nacional; reserva* v *natural*
natuurschoon *belleza* v *natural*
natuursteen *piedra* v *natural*
natuurtalent *talento* m *innato*
natuurverschijnsel *fenómeno* m *natural*
natuurwetenschap *ciencia* v *de la naturaleza*
nautisch *náutico*
nauw I BNW• krap *estrecho; angosto*★ te nauw zijn *apretar* [ie]★ nauwer maken *estrechar*
★ nauwer worden *estrecharse*• innig *íntimo*
★ de vriendschapsbanden nauwer aanhalen *estrechar los lazos de la amistad*II BIJW• krap
★ deze jurk zit erg nauw *este vestido me queda muy estrecho*• innig★ nauw verbonden zijn *estar íntimamente ligado*
• precies★ het nauw nemen *hilar delgado*
★ het niet erg nauw nemen *no tomarlo muy en serio*III [het] zeestraat *estrecho* m★ het Nauw van Calais *el Paso de Calais*
nauwelijks • bijna niet/geen *casi no; apenas*
★ het is~ te geloven *parece mentira*★ net wel *apenas*★ ~ was hij binnen, of *apenas entró ...*
nauwgezet *concienzudo; meticuloso;* ⟨punctueel⟩ *puntual*
nauwkeurig I BNW *exacto; preciso*★ ~ e inlichtingen *informaciones detenidas*★ tot op de millimeter~ *con un margen de error de un milímetro*II BIJW *con precisión*★ ~ vertellen *contar con todos sus pelos y señales*
nauwlettend *cuidadoso; concienzudo*
nauwsluitend *ajustado; ceñido*
Navarra *Navarra* v
Navarrees *navarro*
navel *ombligo* m
navelsinaasappel *naranja* v *nável*
navelstaren FIG. *mirarse el ombligo*★ het~ *introversión* v; *narcisismo* m
navelstreng *cordón* m *umbilical*
naveltruitje *top* m *corto; camiseta* v *al ombligo*
navenant *a proporción*
navertellen *volver* [ue] *a contar*
navigatie *navegación* v
navigator *navegador* m
navigeren • besturen *pilotar*• schipperen *pilotar; navegar*
NAVO *OTAN* v; *Organización* v *del Tratado del Atlántico Norte*
navolgen *imitar; seguir* [i]
navolging *imitación* v★ in~ van *siguiendo el ejemplo de*

navordering *imposición* v *adicional*
navraag ★ ~ doen *informarse*
navragen *informarse*
navrant *penoso*
navullen *rellenar;* ⟨re⟩*cargar*
navulverpakking *envase* m *de recambio*
nawee • pijn achteraf★ ~ ën *entuertos* m mv
• vervelend gevolg★ ~ ën *secuelas* v mv
nawerken *repercutir*
nawerking *repercusión* v
nawijzen *señalar*
nawoord *epílogo* m
nazaat *descendiente* m/v
nazeggen *repetir* [i]
nazenden *reexpedir* [i]
nazi *nazi* m
nazien • volgen met de blik *seguir* [i] *con la vista*• controlerend nagaan *averiguar*
nazisme *nazismo* m
nazitten *perseguir* [i]; *acosar*
nazoeken • opzoeken *buscar*★ iets in een boek ~ *consultar un libro*• onderzoeken *buscar*
nazomer *final* m *del verano*
nazorg *asistencia* v *posthospitalaria*
neanderthaler *hombre* m *de Neandertal*
necrologie *necrología* v
necropolis *necrópolis* v
nectar *néctar* m
nectarine *nectarina* v
nederig *humilde*
nederigheid *humildad* v
nederlaag *derrota* v; ⟨mislukking⟩ *fracaso* m
Nederland (los) *Países* m mv *Bajos; Holanda* v
Nederlander *neerlandés* m; *holandés* m
Nederlands I ZN [het] taal *neerlandés* m; *holandés* mII BNW m.b.t. Nederland *neerlandés; holandés*
Nederlandse *holandesa* v; *neerlandesa* v
Nederlandse Antillen *Antillas* v mv *neerlandesas*
Nederlands-Indië *las Indias* v mv *neerlandesas; Indias* v mv *neerlandesas*
Nederlandstalig ★ een~ e *un neerlandófono*
nederwiet *yerba* v *holandesa; marihuana* v *holandesa*
nederzetting *establecimiento* m; *colonia* v
nee I ZN [het]▼ nee heb je, ja kun je krijgen *el no ya lo tienes, ahora a por el sí*II TW *no*★ wel nee! *¡qué va!*★ nee toch! *¡no me digas!*★ daar zeg ik geen nee tegen *no digo que no*★ nee verkopen *no tener algo en existencias*★ nee maar! *¡venga ya!*
neef • zoon van oom of tante *primo* m• zoon van broer of zus *sobrino* m
neer *hacia abajo*
neerbuigend *desdeñoso*
neerdalen *descender* [ie]; *bajar*
neergaan *bajar; descender* [ie]★ in~ de lijn *en línea descendente*
neergang *degradación* v; *decadencia* v
neergooien • naar beneden gooien *arrojar; tirar*• ophouden met★ de boel er bij~ *mandarlo todo a pasear*
neerhalen • naar beneden halen *bajar;* ⟨v. vlag, zeil⟩ *arriar* [i]• slopen *derribar*
• afkammen *denigrar*

neerkijken • naar beneden kijken *mirar hacia abajo* • ~ **op** *despreciar; desdeñar*
neerkomen • dalend terechtkomen *bajar;* (vallen) *caer* • tot last komen van *recaer sobre* ★ alles komt op haar neer *todo recae sobre ella* • betekenen *significar* ★ het komt op hetzelfde neer *viene a ser lo mismo*
neerlandicus *filólogo* m *del neerlandés*
neerlandistiek *filología* v *neerlandesa*
neerlaten *bajar* ▼ zich ~ langs een touw *deslizarse por un cable*
neerleggen • op iets leggen *poner sobre* • afstand doen van *dimitir* ★ het werk ~ *dejar el trabajo* ★ de wapens ~ *deponer las armas* • vastleggen *fijar* • neerschieten *tumbar; derribar* ▼ zich ~ bij *resignarse a* ▼ iets naast zich ~ *hacer caso omiso de; no hacer caso de*
neerploffen *dejarse caer*
neerschieten *abatir*
neerslaan I OV WW • tegen de grond slaan *dar en tierra con; derribar* • omlaag doen ★ de ogen ~ *bajar los ojos* ★ een opstand ~ *sofocar una revuelta* II ON WW • SCHEIK. *precipitar* • naar beneden vallen *abatirse*
neerslachtig *abatido*
neerslag • regen *precipitación* v • resultaat *resultado* m • bezinksel *sedimento* m
neerslaggebied *zona* v / *área* v *de precipitaciones*
neerslagmeter *pluviómetro* m
neersteken *apuñalar*
neerstorten *derrumbarse; caerse*; (v. vliegtuig) *estrellarse*
neerstrijken • neerdalen *posarse sobre* • zich vestigen *instalarse*
neertellen *pagar*
neervallen *caer;* (op de knieën) *caer de rodillas* ★ zich laten ~ op een stoel *dejarse caer en una silla*
neervlijen *acomodar* ★ zich ~ *arrellanarse*
neerwaarts *descendente; hacia abajo*
neerwerpen *tirar al suelo*
neerzetten • plaatsen *colocar* • uitbeelden *plasmar*
neerzien • naar beneden kijken *mirar hacia abajo* • ~ **op** *despreciar*
neet *liendre* v ▼ hij is zo arm als de neten *es más pobre que las ratas*
negatie *negación* v
negatief I BNW *negativo* II ZN [het] A-V *negativo* m
negen I TELW • *nueve* • → **acht** II ZN [de] getal *nueve* m
negende • *noveno* • → **achtste**
negentien • *diecinueve* • → **acht**
negentiende • *decimonoveno; diecinueveavo* • → **achtste**
negentig • *noventa* • → **acht**
negentigste • *nonagésimo; noventavo* • → **achtste**
neger *negro* m
negeren *fastidiar; jorobar*
negeren *no hacer caso a; ignorar*
negerzoen *lionesa* v
negligé *negligé* m
negroïde *negroide*

neigen • hellen *inclinarse* • tenderen *inclinarse; tender* [ie] • ik ben geneigd hem te geloven *me inclino a creerle* ★ geneigd tot verzoening *inclinado a reconciliarse* ★ ~ tot *tender a; inclinarse a*
neiging *tendencia* v; *inclinación* v; *propensión* v ★ vreemde ~en *inclinaciones extrañas*
nek *nuca* v ★ zijn nek breken *desnucarse* ★ stijve nek *tortícolis* v ★ iem. de nek omdraaien *retorcer* [ue] *el pescuezo de alguien* ▼ iem. met de nek aankijken *mirar con desprecio a u.p.*
nek-aan-nekrace *carrera* v *disputada*
nekken *desnucar* ▼ iem. ~ *arruinar a u.p.*
nekkramp *meningitis* v
nekslag • dodelijke slag *cogotazo* m • genadeslag *golpe* m *mortal; golpe* m *de gracia*
nekvel *pellejo* m *del pescuezo*
nekwervel *vértebra* v *del cuello*
nemen • pakken *coger; tomar* ★ iem. bij de hand ~ *coger a alguien de la mano* • zich aan-/verschaffen *tomar* • gebruiken *tomar* ★ wat neem jij? *¿qué tomas?* ★ de tram ~ *coger el tranvía* • aanvaarden *aceptar* ★ dat neem ik niet *no lo acepto* • iets op zich ~ *tomar u.c. a su cargo; encargarse de u.c.* ★ te veel tegelijk op zich ~ *abarcar mucho* • opvatten *considerar* • overwinnen *salvar* ★ een hindernis ~ *salvar un obstáculo* • beetnemen ★ iem. ertussen ~ *tomarle el pelo a alguien* ▼ God heeft hem tot zich genomen *está con Dios* ▼ alles bij elkaar genomen *en resumidas cuentas* ▼ het er (goed) van ~ *pasar la buena vida*
neoklassiek *neoclásico*
neologisme *neologismo* m
neon *neón* m
neonazi *neonazi* m
neonbuis *tubo* m *de neón*
neonlicht *luz* v *de neón*
neonreclame *anuncio* m *de neón*
nep *camelo* m; *engañifa* v; *cuento* m; *timo* m
Nepal *Nepal* m
nepotisme *nepotismo* m
neppen *timar*
Neptunus *Neptuno* m
nerf • PLANTK. *nervio* m • houtvezel *veta* v
nergens *en ninguna parte; por ningún lado* ★ dat dient ~ toe *no sirve para nada* ★ ~ anders *en ninguna otra parte* ▼ ze weten ~ iets van *no saben nada de nada*
nering • handel *comercio* m • klandizie *clientela* v
nerts I ZN [de] dier *visón* m II ZN [het] bont *visón* m
nerveus *nervioso*
nervositeit *nervosidad* v
nest • DIERK. broedplaats *nido* m • bed *camastro* m • worp *camada* v • familie *familia* v ★ uit een goed nest komen *ser de buena familia* • nuffig meisje *presumida* v • schuilhol *refugio* m ▼ zich in de nesten werken *meterse en líos*
nestblijver *ave* v *nidícola*
nestelen I ON WW *anidar* II WKD WW [zich ~] *arrellanarse*

nesthaar *vello* m
nestkuiken • *polluelo* m • jongste kind *benjamín*
nestor *decano* m; *mayor* m
nestplaats *lugar* m *de anidamiento*
nestvlieder *ave* v *nidífuga*
nestwarmte *calor* m *del hogar*
net I ZN [het] • weefsel met mazen *red* v
• netwerk *red* v • internet *Red* v
• televisiezender *cadena* v ★ op het eerste net *en la primera (cadena)* • nette versie ★ in het net schrijven *poner en limpio* ▼ achter het net vissen *quedarse con un palmo de narices; quedarse a la luna de Valencia* **II** BNW • proper *limpio; pulcro* • keurig *ordenado* ★ op een nette manier *en forma presentable*
• fatsoenlijk *honesto; educado* ★ nette man *hombre de bien* **III** BIJW • precies *como; igual que* ★ net zo groot als *tan grande como* ★ net zoveel als *tanto como* ★ net zo goed als *tan bueno como* ★ net passen *venir justo* ★ net het tegenovergestelde *todo lo contrario* ★ net op dát moment *mismo en ese momento* • zojuist *acabar de* [+ inf.] ★ hij is net weg *acaba de salir* ★ het schiet me net te binnen *se me ocurre ahora mismo*
netel *ortiga* v
netelig *espinoso; delicado* ★ ~e kwestie *asunto peliagudo* ★ ~e toestand *situación delicada*
netelroos *urticaria* v
netheid • ordelijkheid *pulcritud* v
• fatsoenlijkheid *decencia* v; *honradez* v
netjes • ordelijk *arreglado; ordenado*
• fatsoenlijk *decente*
netkous *media* v *calada/de rejilla*
netnummer *prefijo* m; *indicativo* m
netspanning *tensión* v *de red*
netto *neto* ★ honderd kilo ~ *cien kilos netos*
nettoloon *salario* m *neto*
netto-omzet *ventas* v mv *netas*
nettowinst *beneficio* m *líquido*
netvlies *retina* v
netvliesontsteking *retinitis* v; *inflamación* v *de la retina*
netwerk *red* v
neuken *echar un polvo; joder; follar; chingar*
neuriën *canturrear; tararear*
neurochirurgie *neurocirugía* v
neurologie *neurología* v
neuroloog *neurólogo* m
neuroot *neurótico* m
neuropsychologie *neuropsicología* v
neurose *neurosis* v
neurotisch *neurótico*
neus • reukorgaan *nariz* v ★ kromme neus *nariz aguileña* ★ lange neus *narigón* m
★ platte neus *nariz chata* ★ door je neus praten *ganguear* ★ zijn neus loopt *le caen los mocos* ★ reukzin *olfato* m • fijne neus *olfato fino* ★ een fijne neus hebben *tener narices de perro perdiguero* • punt *morro* m; *punta* v; ⟨v. schoen⟩ *puntera* v ★ iem. bij de neus nemen *tomar el pelo a u.p.* ▼ iem. iets onder de neus wrijven *restregarle* [ie] *u.c. por las narices a alguien* ▼ op zijn neus kijken *llevarse un chasco; quedarse con un palmo de narices* ▼ op zijn neus vallen *romperse las narices; darse de hocicos* ▼ tussen neus en lippen door *de paso* ▼ iets voor iemands neus wegkapen *quitarle u.c. a alguien delante de las narices* ▼ zijn neus voor iets ophalen/optrekken *creerse por encima de u.c.* ▼ zijn neus stoten tegen *darse de narices con* ▼ niet verder kijken dan zijn neus lang is *no ver más allá de sus narices*
neusademhaling *respiración* v *nasal*
neusamandel *amígdala* v *faríngea*
neusbeen *hueso* m *nasal*
neusbloeding *hemorragia* v *nasal*
neusdruppels *gotas* v mv *nasales*
neusgat *ventana* v *nasal*
neusholte *cavidad* v *nasal*
neushoorn *rinoceronte* m
neus-keelholte *rinofaringe* v
neusklank *sonido* m *nasal*
neuslengte *ventaja* v *pequeña* ★ met een ~ voorsprong winnen *ganar por los pelos*
neusspray *espray* m *nasal*
neusverkouden *resfriado de nariz*
neusverkoudheid *catarro* m *nasal*
neusvleugel *aleta* v *nasal*
neuswiel *rueda* v *delantera de guía*
neut *copa* v
neutraal *neutral*
neutraliseren *neutralizar*
neutraliteit *neutralidad* v
neutron *neutrón* m
neutronenbom *bomba* v *de neutrones*
neutrum *neutro* m
neuzen *husmear*
nevel *niebla* v; *neblina* v; *bruma* v
nevelig *nebuloso*
nevelvorming *formación* v *de niebla*
nevenactiviteit *actividad* v *secundaria*
neveneffect *efecto* m *secundario*
nevenfunctie *actividad* v *subordinada*
nevengeschikt *coordinado*
neveninkomsten *ingresos* m mv *adicionales*
nevenschikkend *copulativo; coordinante*
nevenwerkzaamheden *trabajos* m mv *adicionales*

new age *new age* m; *nueva era* v
newfoundlander ⟨perro⟩ *terranova* m
new wave *newwave* m
New York *Nueva York* v
New Yorks *neoyorquino*
Nicaragua *Nicaragua* v
Nicaraguaan *nicaragüense* m
Nicaraguaans *nicaragüense*
niche *niche* v
nicht • dochter van oom/tante *prima* v
• dochter van broer/zus *sobrina* v
• homoseksueel *maricón* m
nichterig *amariconado*
nicotine *nicotina* v
nicotinevergiftiging *intoxicación* v *tabáquica / de nicotina; tabaquismo* m; *nicotinismo*
nicotinevrij *sin nicotina*
niemand *nadie*; ⟨uit groep⟩ *ninguno* [v: *ninguna*]
niemandsland *tierra* v *de nadie*
niemendalletje • onbeduidend iets *cosa* v *trivial; cosa* v *anodina* • kledingstuk

(kledingstuk) *prenda* v *ligera*
nier *riñón* m
nierbekken *pelvis* v *renal*
nierbekkenontsteking *pielitis* v; (v. bekken én nier) *pielonefritis* v
nierdialyse *diálisis* v *renal*
niergruis *gravela* v *urinaria*
niersteen *cálculo* m *renal*
niertransplantatie *transplante* m *de riñón*
nierziekte *enfermedad* v *del riñón*
niesbui *estornudos* m mv
niesen *estornudar*
niespoeder *polvo* m *que hace estornudar*
niesziekte *moquillo* m
niet I BIJW *no*★ niet alleen, maar ... *no sólo ..., sino*★ niet waar? *¿no es así?*★ niet langer *no más*★ ook niet *tampoco*★ helemaal niet *de ningún modo*★ helemaal niet duur *nada caro*★ niet minder dan *nada menos que*★ niet helemaal *no del todo*★ niet eens *ni siquiera*★ hij is niet bepaald vlijtig *no es muy aplicado que digamos*★ hoezo niet? *¿cómo que no?*★ niet dat ik weet *que yo sepa, no* II ONB VNW ★ om niet *de balde* III ZN [de] lot *grapa* v IV ZN [het] ▼ in het niet vallen bij *palidecer al lado de*
niet-aanvalsverdrag *tratado* m *de no agresión*
nieten *grapar*
nietes *¡que no!*
niet-EU-land *país* m *no comunitario (de la UE)*
niet-gebonden ★ de~ landen *los países no alineados*
nietig ● onbeduidend *insignificante*● niet van kracht *nulo*★ ~ verklaren *anular; declarar nulo*
nietigverklaring *declaración* v *de nulidad*
niet-ingezetene *no residente* m/v
nietje *grapa* v
niet-lid *no miembro*
nietmachine *grapadora* v
niet-ontvankelijkverklaring *inadmisión* v *del escrito*
nietpistool *grapadora* v *(de aire)*
niet-roken- *no fumadores*★ niet-rokencoupé *compartimento* m *de no fumadores*
niet-roker *no* m *fumador*
niets I ONB VNW *nada*★ ~ te eten hebben *no tener nada que comer*★ hij heeft~ meer *ya no le queda nada*★ ~ te danken! *¡de nada!; ¡no hay de qué!*★ alsof het~ is *como si nada*★ daar komt~ van in! *¡nada de eso!*★ daar is ~ aan te doen *no hay remedio*★ zich boos maken om~ *enfadarse por una nadería*★ ~ goeds *nada bueno*★ ~ nieuws *nada de nuevo* II BIJW ▼ dat is niet voor~ *no por nada es así*
nietsbetekenend *insignificante*
nietsdoen *ociosidad* v
nietsnut *ablandabrevas* m/v; *inútil* v
nietsontziend *despiadado; cruel*
nietsvermoedend *desprevenido*
nietszeggend *intranscendente; sin sentido*
niettegenstaande *a pesar de*
niettemin *no obstante; aun así*
nietwaar *¿verdad?*
nieuw ● pas ontstaan *nuevo*; (laatste) *último*★ het~ ste boek van X *el último libro de X*★ de~ ste mode *la última moda*● volgend op iets/iemand *nuevo*★ het~ e jaar *el año nuevo*
nieuwbakken ● vers *nuevo*● pas geworden *flamante*★ onze~ directeur *nuestro flamante director*
nieuwbouw ● het bouwen *construcciones* v mv *nuevas*● nieuwe gebouwen★ in de~ wonen *vivir en un barrio nuevo*
nieuwbouwwijk *barrio* m *nuevo*
nieuwbouwwoning *vivienda* v *de nueva construcción*
nieuweling *nuevo* m
nieuwerwets *moderno*
Nieuwgrieks *griego* m *moderno*
Nieuw-Guinea *Nueva Guinea* v
nieuwigheid *innovación* v
Nieuwjaar *año* m *nuevo*★ gelukkig~ *feliz año nuevo*
nieuwjaarsdag *día* m *de año nuevo; año* m *nuevo*
nieuwjaarskaart *postal* v *de año nuevo*
nieuwjaarsreceptie *recepción* v *de nuevo año*
nieuwjaarswens *felicitación* v *de nuevo año*
nieuwkomer *nuevo* m; MIN. *novato* m
nieuwlichter *modernista* m/v
nieuwprijs *precio* m *de nuevo*
nieuws ● berichten *noticias* v mv★ gemengd~ *noticias variadas*★ het laatste~ *las noticias de última hora*● nieuwsuitzending (op radio) *noticias* v mv; (op tv) *telediario* m
nieuwsagentschap *agencia* v *de noticias; agencia* v *de prensa*
nieuwsbericht *noticia* v; (op radio) *boletín* m *informativo*
nieuwsblad *diario* m
nieuwsbrief *hoja* v *informativa*
nieuwsdienst *servicio* m *de noticias; noticias* v mv
nieuwsfeit *noticia* v
nieuwsgaring *recopilación* v *de noticias para la prensa*
nieuwsgierig *curioso*
nieuwsgierigheid *curiosidad* v
nieuwslezer *locutor* m *de telediario*
nieuwsmedium *medio* m *de noticias*
nieuwsoverzicht *resumen* m *de las noticias; avance* m *informativo*
nieuwsrubriek *programa* m *informativo; noticiero*
nieuwsuitzending *boletín* m *de noticias*
nieuwtje ● nieuwigheid *novedad* v● actueel bericht *noticia* v
nieuwwaarde *valor* m *de nuevo*
Nieuw-Zeeland *Nueva* v *Zelanda*
Nieuw-Zeelands *neozelandés*
niezen ● →*niesen*
Niger *Níger* m
Nigeria *Nigeria* v
nihil *nulo*★ vrijwel~ *casi nulo*
nihilisme *nihilismo* m
nihilistisch *nihilista*
nijd ● afgunst *envidia* v● woede *resentimiento* m
nijdas *gruñón* m [v: *gruñona*]
nijdig *amoscado; encolerizado*; INFORM. *cabreado*

* zich~ maken *enojarse*
nijgen *inclinarse*
nijging *inclinación* v; *tendencia* v
Nijl *Nilo* m
nijlpaard *hipopótamo* m
Nijmegen *Nimega* v
nijpend *agudo*; *intenso*
nijptang *tenazas* v mv
nijver *diligente*
nijverheid *industria* v
nikab *nikab* m
nikkel *níquel* m
niks *nada** alsof het niks is! *¡como si nada!*
* niks daarvan! *¡nada de eso!*
niksen *no dar golpe*; *hacer el vago*
niksnut *inútil* m; *gandul* m
nimf *ninfa* v
nimmer *jamás*; *nunca*
nippel *niple* m
nippen *catar*
nippertje ▼ op het~ *por los pelos*; *al último momento*
nipt *ajustado*
nirwana *nirvana* m
nis *nicho* m; *hornacina* v
nitraat *nitrato* m
nitriet *nitrito* m
nitwit *necio* m
niveau *nivel* m * op hoog~ *a alto nivel** van hoog~ *de alto nivel*
niveauverschil (hoogteverschil) *desnivel* m; (verschil in ontwikkeling) *diferencia* v *de nivel*
nivelleren *nivelar*
nobel *noble*; *generoso*
Nobelprijs *premio* m *Nobel** de~ voor de vrede gewonnen hebben *ser premio Nobel de la paz*
noch *ni*
nochtans *sin embargo*
no-claim *no siniestralidad*
no-claimkorting *bonificación* v *por no siniestralidad*
nocturne *nocturno* m
nodeloos *inútil*; *innecesario*
noden *invitar a*
nodig I BNW • *noodzakelijk preciso*; *necesario* * absoluut~ *imprescindible** indien/zo~ *si hace falta** iets~ hebben *necesitar algo** ik heb ...~ *me hace falta ...* * ~ *hacer falta* * het is dringend~ *dat je komt urge que vengas*• IRON. *gebruikelijk* * met de~e ophef *con el consabido jaleo* ‖ BIJW dringend * dat moet jij~ zeggen *¡mira quién habla!*
nodigen *invitar*; *convidar*
noedels *tallarines* m mv
noemen • een naam geven *llamar*; *nombrar* * de naam~ *decir* [i] *el nombre** dat noem ik dapper *¡eso sí que es valiente!** wat je noemt een koopje *lo que se dice una ganga*• met name vermelden *mencionar** het genoemde hoofdstuk *el consabido capítulo* ‖ om een voorbeeld te~ *para citar un ejemplo*
noemenswaardig *considerable** het verschil is niet~ *la diferencia es insignificante*
noemer *denominador* m ▼ onder één~ brengen *reducir al mismo denominador*

noest I ZN [de] *nudo* m ‖ BNW *diligente*
nog • tot nu *todavía*; *aún** nog niet *aún no* * tot nog toe *hasta ahora** het is nog steeds regenachtig weer *el tiempo sigue lluvioso* * nog maar weinig *ya muy poco** nog maar nauwelijks *apenas** dat ontbrak er nog maar aan! *¡no faltaba más!** weet je nog? *¿te acuerdas?*• vanaf nu *todavía*; *aún** nog lang niet *ni con mucho*• bovendien, meer *todavía*; *aún*; *más** nog net zo een *otro que tal** nog een *otro** nog eens *una vez más*; *otra vez* * nog twee bier *dos cervezas más*; *otras dos cervezas** nog iets *otra cosa*
noga ≈ *turrón* m
nogal *bastante*
nogmaals *otra vez*
no-iron *que no debe plancharse*
nok *caballete* m ▼ tot de nok toe gevuld *a tope*
nokkenas *árbol* m *de levas*
nomade *nómada* m/v
nominaal *nominal*
nominatie • benoeming *nombramiento* m • kandidatenlijst *lista* v *de candidatos*
nominatief *nominativo*; *nominal*
non *monja* v* non worden *hacerse monja*; *tomar el velo*; *profesar*
non-actief * op~ stellen *dejar cesante*
non-agressiepact *pacto* m *de no agresión*
non-alcoholisch *sin alcohol*; *no alcohólico*
nonchalance *negligencia* v
nonchalant *negligente*; *descuidado*
non-conformistisch *inconformista*
non-fictie *no ficción* v
nonkel *tío* m
nonnenklooster *convento* m *de monjas*
nonnenschool *colegio* m *de monjas*
non-profit *que no tiene fines lucrativos*
non-proliferatieverdrag *tratado* m *de no proliferación*
nonsens *disparates* m mv; *tonterías* v mv
non-stop *seguido** ~muziek *música continua* * ~vlucht *vuelo directo*
non-stopvlucht *vuelo* m *sin escalas*; *vuelo* m *ininterrumpido*
non-verbaal *no verbal*
nood • behoefte / noodzakelijkheid *necesidad* v * uit nood *por indigencia*• gevaar *peligro* m * in geval van nood *en caso de urgencia** in nood verkeren *correr peligro*; *estar en apuros* ▼ van de nood een deugd maken *hacer de la necesidad virtud*▼ in nood leert men zijn vrienden kennen *amigo en buen tiempo múdase con el viento*; *amigos y mulas fallecen en las duras*▼ nood breekt wet *la necesidad carece de ley*
noodaggregaat *generador* m *de emergencia*
noodbrug *puente* m *provisional*
noodgebied *zona* v *de emergencia*
noodgedwongen *por fuerza*
noodgeval *caso* m *de urgencia*
noodhulp *ayuda* v *de emergencia*
noodkerk *iglesia* v *provisional*
noodklok *rebato* m
noodkreet *grito* m *de socorro*; *grito* m *de auxilio*
noodlanding *aterrizaje* m *forzoso*
noodlijdend *indigente*

noodlot *destino* m; *sino* m
noodlottig *fatal*
noodplan *plan* m *de emergencia*
noodrantsoen *ración* v *de reserva*
noodrem *freno* m *de alarma*; *freno* m *de emergencia*
noodsprong *intento* m *desesperado*
noodstop *parada* v *de emergencia* ★ een ~ maken *hacer una parada de emergencia*
noodtoestand *estado* m *de emergencia* ★ de ~ afkondigen *proclamar el estado de emergencia*
nooduitgang *salida* v *de emergencia*
noodvaart ★ INFORM. met een ~ *a toda pastilla*
noodverband *vendaje* m *provisional*
noodverlichting *alumbrado* m *de emergencia*
noodvulling *empaste* m *provisional*
noodweer I ZN [de] *zelfverdediging legítima* v *defensa* II ZN [het] *onstuimig weer temporal* m
noodzaak *necesidad* v
noodzakelijk *necesario* ★ het is dringend ~ *es urgentísimo*
noodzakelijkerwijs *forzosamente*
noodzaken *forzar* [ue]; *obligar*
nooit *nunca*; *jamás* ★ ~ ofte nimmer *nunca jamás* ★ ~ van mijn leven! *¡en mi vida!*; *¡nunca en la vida!*
Noor *noruego* m
noor *patín* m *tipo noruego*
noord *norte* m
Noord-Amerika *América* v *del Norte*; *Norteamérica* v
Noord-Amerikaan *norteamericano* m
Noord-Amerikaans *norteamericano*
noordelijk *del norte*; ⟨geografie⟩ *septentrional* ★ ~e wind *viento* m *del norte*
noorden *norte* m ★ ten ~ van *al norte de*
noordenwind *viento* m *del norte*
noorderbuur *vecino* m *del norte*
noorderkeerkring *trópico* m *de Cáncer*
noorderlicht *aurora* v *boreal*
noorderling *nórdico* m
noorderzon ▼ met de ~ vertrekken *pirarse*; *tomar las de Villadiego*; *tocárselas*
Noord-Europa *Europa* v *del Norte*
Noord-Europees *de Europa del Norte*
Noord-Ierland *Irlanda* v *del Norte*
Noord-Korea *Corea* v *del Norte*
noordkust *costa* v *del norte*
noordoosten *nordeste* m
Noordpool *polo* m *norte*
noordpool *polo* m *norte*
noordpoolcirkel *círculo* m *polar ártico*
Noordpoolexpeditie *expedición* v *al polo norte*
noordpoolgebied *regiones* v mv *árticas*
noords *nórdico*
noordwaarts *hacia el norte*; *al norte*
noordwesten *noroeste* m
Noordzee *Mar* m *del Norte*
Noorman *normando* m
Noors I ZN [het] *taal noruego* m II BNW m.b.t. Noorwegen *noruego*
Noorse Zee *Mar* m *Noruego*
Noorwegen *Noruega* v
noot ● *nootvrucht nuez* v [mv: *nueces*] ★ noten kraken *cascar nueces* ● *muzieknoot nota* v ● *aantekening nota* v ▼ veel noten op zijn zang hebben *ser muy exigente*
nootmuskaat *nuez* v *moscada*
nop ⟨op stof⟩ *mota* v; ⟨onder schoen⟩ *taco* m
nopen *obligar*
nopjes ★ in zijn ~ zijn *estar muy contento*; *estar como unas pascuas*
noppes *nada* ★ voor ~ *de regalo*; *de mogollón*
nor *talego* m; *gayola* v ★ in de nor zitten *estar a la sombra*
norm *norma* v; *pauta* v
normaal I BNW *normal* ★ doe eens ~! *¡compórtate!* II ZN [de] *loodlijn normal* v ● normale waarde *valor* m *normal*
normalisatie *normalización* v
normaliseren *normalizar*
normaliter *normalmente*
Normandisch *normando*
normatief *normativo*
normbesef *sentido* m *de la norma*
normstelling *normalización* v
normvervaging *debilitación* v *de las normas*
nors *desabrido*; *áspero*; *hosco*
nostalgie *nostalgia* v
nostalgisch *nostálgico*
nota ● *geschrift nota* v ● *rekening cuenta* v ▼ nota nemen van *tomar nota de*
nota bene ● let wel *nota bene* ● warempel ★ hij is ~ weggegaan *y aún por encima se ha marchado*
notariaat ● *ambt notariado* m ● *praktijk notaría* v
notarieel *notarial*
notaris *notario* m
notariskantoor *notaría* v
notatie *anotación* v
notebook *bloc* m *de notas*; *agenda* v *electrónica*
noten ● van notenhout *de nuez* ● nootkleurig *castaño*
notenbalk *pentagrama* m
notenbar *tienda* v *de frutos secos*
notenboom *nogal* m; ⟨hazelaar⟩ *avellano* m
notenbrood *pan* m *de nueces*
notendop *cáscara* v *de nuez*
notenhout *madera* v *de nogal*
notenkraker *cascanueces* m [mv: *cascanueces*]
notenschrift *notación* v *musical*; *apuntación* v
noteren ● aantekenen *anotar*; *apuntar* ★ een order ~ *anotar un pedido* ● opgeven/vaststellen ⟨op de beurs⟩ *cotizar*
notering ● het noteren *anotación* v ● koers *cotización* v
notie *noción* v; *idea* v ★ geen flauwe ~ hebben *no tener ni la menor idea*
notificatie ⟨kennisgeving⟩ *notificación* v; ⟨registratie⟩ *acuse* m *de recibo*
notitie *nota* v; *apunte* m ▼ ~ nemen van *tomar nota de* ▼ geen ~ nemen van *no hacer caso de*
notitieboekje *libreta* v; *libreta* v *de apuntes*; *carnet* m
notoir *notorio*
notulen *acta* v; *actas* v mv ★ de ~ maken *redactar el acta* ★ iets in de ~ laten opnemen *hacer constar u.c. en actas*
notuleren I OV WW in notulen opnemen *consignar en el acta* II ON WW notulen maken *redactar el acta*

notulist *secretario* m

nou I BIJW ★ en nou wil ik het weten *y ahora quiero saberlo* II TW ★ nou, en toen *bueno, y entonces* ▾ nou en? *¿bueno, y qué?* ▾ nou en of! *¡por supuesto!*

nouveau riche *nuevo rico* m
nouvelle cuisine *nouvelle cuisine* v
novelle *novela* v *corta*
november *noviembre* m
novice *novicio* m
noviciaat *noviciado* m
noviteit *novedad* v
novum *hecho* m *nuevo*
nozem *gamberro* m

nu I BIJW op het ogenblik *ahora* ★ nu eens X, dan weer Y *ahora X, ahora Y* ★ tot nu toe *hasta ahora* ★ van nu af (aan) *de hoy en adelante* ▾ nu en dan *de vez en cuando* II VW *ahora que* ★ nu hij het gedaan heeft *ya que lo ha hecho* III TW ★ wat zeg je me nu! *¡qué me dices!*

nuance *matiz* m
nuanceren *matizar*

nuchter ● nog niet gegeten hebbend *en ayunas* ★ op de ~e maag *en ayunas; con el estómago vacío* ● niet dronken *sobrio* ● realistisch *desapasionado; realista; sensato*

nucleair *nuclear*
nudisme *nudismo* m
nudist *nudista* m/v
nuf *cursilona* v
nuffig *cursi; afectado* ★ ~ doen *hacer remilgos*
nuk *capricho* m; *antojo* m
nukkig *caprichoso*

nul I TELW ● *cero* ★ twee graden onder nul *dos grados bajo cero* ★ twee graden boven nul *dos grados sobre cero* ● → **acht** II ZN [de] ● cijfer *cero* m ● onbeduidend persoon *nulidad* v ★ een grote nul zijn *ser un cero a la izquierda*

nulmeridiaan *meridiano* m *cero*
nulnummer *número* m *de prueba*
nulpunt *cero* m; *punto* m *cero*
numeriek *numérico*
numero *número* m
numerus fixus *numerus* m *clausus*

nummer ● getal *número* m ● telefoonnummer *número* m ★ mobiel ~ *número* m *de teléfono móvil* ● persoon *ejemplar* m ● programmaonderdeel *número* m ● aflevering *número* m ★ los ~ *número suelto* ● liedje *canción* v ● → **nummertje** ▾ iem. op zijn ~ zetten *reprender a u.p.*

nummerbord *matrícula* v
nummeren *numerar*
nummerherhaling *repetición* v *del último número marcado*
nummering *numeración* v

nummertje ● volgnummer *número* m ★ een ~ trekken *coger número* ● geslachtsdaad *polvo* m ★ een ~ maken *echar un polvo* ● staaltje *número* m ★ een ~ hardlopen weggeven *mostrar* [ue] *su capacidad de correr*

nuntius *nuncio* m
nurks I ZN [de] *gruñón* m II BNW *gruñón; hosco; desabrido*

nut *utilidad* v; *ventaja* v; *provecho* m ★ zich iets ten nutte maken *sacar provecho de u.c.; aprovechar de u.c.* ★ tot algemeen nut *de utilidad común* ★ van nut zijn *ser de utilidad*

nutsbedrijf *empresa* v *de utilidad pública*
nutsvoorzieningen *servicios* m mv *públicos determinados*

nutteloos ● onbruikbaar *inútil* ● vergeefs *infructuoso*

nuttig *útil; provechoso*
nuttigen *consumir*

nylon I ZN [de] *media* v *de nailon* II ZN [het] *nailon* m; *nilón* m

nymfomaan *ninfómano*
nymfomane *ninfómana* v

o I ZN [de] *o* v [mv: *oes*]* de o van Otto *la o de Oviedo* **II** TW *¡oh!; ¡ah!; ¡ay!*
oase *oasis* m [mv: *oasis*]
obductie *autopsia* v
obelisk *obelisco* m
O-benen *piernas* v mv *estevadas** iem. met~ *zambo* m; *estevado* m
ober *camarero* m
obesitas *obesidad* v; *adiposis* v
object • voorwerp *objeto* m• TAALK. *objeto* m; complemento m* direct~ *complemento/objeto directo** indirect~ *complemento/objeto indirecto*
objectief I ZN [het] lenzenstelsel *objetivo* m **II** BNW *objetivo*
objectiveren *presentar objetivamente*
objectiviteit *objetividad* v
obligaat *de rigor; obligado*
obligatie *obligación* v* ~ op naam *obligación nominativa** een~ aflossen *amortizar una obligación*
obligatiedividend *dividendo* m *en acciones*
obligatiehouder *obligacionista* m/v
obligatiekoers *cotización* v *de obligación*
obligatielening *empréstito* m *en obligaciones*
obligatoir *obligatorio; de rigor*
oblong *oblongo*
obsceen *obsceno*
obsceniteit *obscenidad* v
obscuur *oscuro; obscuro; tenebroso*
obsederen *obsesionar*
obstipatie *estreñimiento* m
observatie *observación* v
observatiepost *puesto* m *de observación; observatorio* m
observatorium *observatorio* m
observeren *observar*
obsessie *obsesión* v
obstakel *obstáculo* m
obstinaat *obstinado*
obstructie *obstrucción* v* ~ voeren *hacer/practicar la obstrucción*
occasie • *oportunidad* v* bij/per~ *con oportunidad*• koopje *ganga* v
occasion *ocasión* v; *ganga* v
occidentaal *occidental*
occult *oculto*
oceaan *océano* m
Oceanië *Oceanía* v
oceanologie *oceanología* v
och *¡ah!; ¡ay!;* (verbazing) *¡vaya!*
ochtend *mañana* v* 's~s *por la mañana** de vroege~ *la madrugada*
ochtendblad *periódico* m *matutino*
ochtendeditie *edición* v *de la mañana*
ochtendgloren *alba* v; *aurora* v
ochtendgymnastiek *gimnasia* v *matutina*
ochtendhumeur *humor* m *mañanero de perros*
ochtendjas *bata* v; (kort) *batín* m
ochtendjournaal *boletín* m *de la mañana*
ochtendkrant *periódico* m *matutino*
ochtendmens *madrugador* m
ochtendploeg *turno* m *de mañana*
ochtendspits *hora* v *punta matutina*
octaaf *octava* v
octaan *octano* m
octaangehalte *contenido* m *de octano*
octet *octeto* m
octopus *pulpo* m
octrooi *patente* v* schending van een~ *violación* v *de una patente** op iets~ aanvragen *solicitar la patente de u.c.*
octrooigemachtigde *agente* m/v *de patentes*
octrooihouder *titular* m *de (una) patente*
oculair *ocular*
ode *oda* v
odyssee *odisea* v
oecumene *ecumenismo* m
oecumenisch *ecuménico*
oedeem *edema* m
oedipaal *de Edipo*
oedipuscomplex *complejo* m *de Edipo*
oef *¡uf!*
oefenen • vaardig maken *practicar;* MUZ. *ensayar;* (trainen) *ejercitar;* (trainen) *adiestrar** zich~ in *ejercitarse en** Spaans~ *practicar el español*• in praktijk brengen *poner en práctica** geduld~ *tener paciencia*
oefengranaat *granada* v *de prácticas*
oefening (lichamelijk) *ejercicio* m* militaire ~en *maniobras* v mv *militares*▼* ~ baart kunst *el ejercicio hace maestro*
oefenmateriaal *material* m *de prácticas*
oefenmeester *entrenador* m
oefenterrein * militair~ *terreno* m *militar*
oefenwedstrijd *partido* m *amistoso; partido* m *de entrenamiento*
Oeganda *Uganda* v
oehoe *búho* m
oei *¡uy!*
Oekraïne *Ucrania* v
oelewapper *tonto* m; *imbécil* m
oen *memo* m
oer- • oorspronkelijk * *oerbos selva* v *virgen* * oertaal *lengua* v *primitiva*• zeer * oersaai *aburridísimo** oer-Hollands *muy holandés*
Oeral • rivier *Ural* m• bergketen *Urales* m mv
oerknal *big* m *bang*
oermens *hombre* m *primitivo*
oeroud *viejísimo;* (v. tijd) *antiquísimo*
oertijd *tiempos* m mv *primitivos*
oerwoud *selva* v; *selva* v *virgen*
OESO *OCDE* v; *Organización* v *para la Cooperación y el Desarrollo Económico*
oester *ostra* v
oesterbank *banco* m *de ostras*
oesterkwekerij *pesca* v *de ostras*
oesterzaad *huevas* v mv *de ostras*
oesterzwam *tipo* m *de seta comestible*
oestrogeen *estrógeno* m
oeuvre *obra* v
oever *borde* m; *orilla* v* buiten zijn~s treden *desbordar*
oeverloos *interminable*
oeverplant *planta* v *de orilla*
oeververbinding *conexión* v *entre dos orillas*
Oezbekistan *Uzbekistán* m
of • ofwel *o;* (vóór o of ho) *u** zeven of acht

siete u ocho * het een of het ander *u.c. o la otra* * een dag of tien *unos diez días* * een dag of wat *unos días* * ongeacht *si* * of je wilt of niet *quieras o no* • of hij nu komt of niet *que venga o no* • bij twijfel *si* * niet weten of *no saber si* * eens kijken of *a ver si* * vragen of *preguntar si* • alsof *como si* [+ subj.]* doen of men er belang in stelt *fingir interés* * hij deed of hij er niets van verstond *actuaba como si no entendiera nada; se hizo el desentendido* ▼ bevestigend* nou en of! *¡por cierto!; ¡claro que sí!* * of ik dat lust! *¡claro que me gusta!*

offensief I ZN [het] *ofensiva* v* in het~ gaan *tomar la ofensiva* II BNW *ofensivo*

offer • gave *ofrenda* v; *sacrificio* m* FIG. opoffering *abnegación* v; *sacrificio* m* ~ s brengen *hacer sacrificios* ▼ ten~ vallen aan *ser víctima de*

offerande • offer *ofrenda* v• dankgebed *ofertorio* m

offeren • als offer aanbieden *sacrificar; inmolar; ofrecer* • FIG. opofferen *ofrecer*

offergave *ofrenda* v; *oblación* v; *sacrificio* m

offerte *oferta* v* een~ doen *hacer una oferta*

official *directivo* m

officieel *oficial*

officier *oficial* m* ~ van justitie *fiscal* m/v

officiersuniform *uniforme* m *de oficial*

officieus *oficioso; extraoficial*

offreren *ofrecer; presentar*

offset *offset* m

offshore *en alta mar*

offside *off side; fuera de juego*

ofschoon *bien que; aunque*

oftewel *o bien*

ogen * goed ogen *quedar bien; causar buena impresión*

ogenblik • korte tijd *momento* m; *instante* m; *rato* m* in een~ *en un instante;* en un santiamén* vreselijke~ ken beleven *pasar un mal rato* • tijdstip *momento* m* op het juiste ~ *en el momento oportuno* • juist op het~ toen *precisamente cuando* * hij kan ieder~ komen *llegará de un momento a otro; puede llegar en cualquier momento* * op het laatste~ *a última hora* ▼ op een ongelegen~ *a deshora* * op dit~ *de momento*

ogenblikkelijk I BNW onmiddellijk *inmediato* II BIJW *en seguida; inmediatamente*

ogenschijnlijk I BNW *aparente* II BIJW *en apariencia; aparentemente*

ogenschouw ▼ iets in~ nemen *inspeccionar u.c.*

ohm *ohm* m; *ohmio* m

oké *claro; de acuerdo*

oker *ocre* m

oksel *axila* v; *sobaco* m

okselhaar *bello* m *axilar*

oktober *octubre* m

Oktoberrevolutie *Revolución* v *de Octubre*

oldtimer *coche* m *antiguo*

oleander *adelfa* v

olie *aceite* m; (aardolie) *petróleo* m* ruwe olie *aceite* m *en crudo* ▼ olie op het vuur gooien *echar leña al fuego* ▼ hij is in de olie *ha cogido una mona*

oliebol ≈ *buñuelo* m

oliebollenkraam ≈ *puesto* m *de buñuelos*

oliebron *pozo* m *de petróleo*

olieconcern *grupo* m *de empresas petrolíferas*

oliecrisis *crisis* v *del petróleo*

oliedom *bobote*

olie-embargo *embargo* m *de petróleo*

olie-en-azijnstel *vinagreras* v mv

oliefilter *filtro* m *para aceite*

oliejas *impermeable* m

oliekachel *estufa* v *de aceite*

oliën *aceitar; lubrificar*

olieraffinaderij *refinería* v *de petróleo*

oliesel * heilig~ *extremaunción* v; *santos óleos* m mv* het heilige~ toedienen *administrar la extremaunción*

olieslagerij *fábrica* v *de aceite*

olieveld *yacimiento* m *de petróleo*

olieverf *pintura* v *al óleo* * met~ schilderen *pintar al óleo*

olievlek *mancha* v *de aceite* ▼ het breidde zich als een~ uit *se extendió como una mancha de aceite*

oliewinning *extracción* v *de petróleo*

olifant *elefante* m

olifantshuid *piel* v *de elefante* ▼ een~ hebben *no inmutarse*

oligarchie *oligarquía* v

olijf *aceituna* v; *oliva* v

olijfboom *olivo* m

olijfolie *aceite* m *de oliva*

olijftak *rama* v *de olivo*

olijk *travieso*

olm *olmo* m

olympiade *olimpiada* v

olympisch *olímpico* * de Olympische Spelen *los Juegos Olímpicos*

om I VZ* rond(om) *alrededor de; en torno a* * om de tafel *alrededor de la mesa* * om het huis heen *pasando la casa* * om de hoek en doble la esquina* • ~ **te** [+ infin.] *para* * dat doet hij om op te vallen *lo hace para llamar la atención* * ik heb geen tijd om je te helpen *no tengo tiempo para ayudarte* • vanwege *por* * om die reden *por esa razón* • ⟨v. tijd⟩ *a* * om vier uur *a las cuatro* • afwisselend * om de (andere) dag *un día sí y otro no; cada dos días* * om de week *cada quince días* ▼ hij is om en nabij de veertig *es rozando los cuarenta; es alrededor de los cuarenta* II BIJW • voorbij* de tijd is om *el tiempo ha terminado* * nog voor de week om is *antes de que termine la semana* • van mening veranderd* hij is om *ha cambiado de parecer* • langer* dat is zeker een uur om *seguro que cuesta una hora más* ▼ om en om *alternativamente*

oma *abuela* v; INFORM. *nana* v

Oman *Omán* m

omarmen *abrazar; estrechar entre los brazos*

omblazen *derribar de un soplo*

ombouw *armadura* v

ombouwen *transformar*

ombrengen *matar*

ombudsman *Defensor* m *del Pueblo*

ombuigen I OV WW• verbuigen *torcer* [ue];

ombuiging–omloop

doblar; *encorvar* ● veranderen *ajustar*; *adaptar* ★ een politiek ~ *ajustar una política* II ON WW buigen *doblarse*; *encorvarse*
ombuiging ● het ombuigen *flexión* v ● beleidswijziging *reajuste* m
omcirkelen *marcar con un círculo*
omdat *porque*; *ya que*; *como* ★ ~ hij ziek was geweest *porque había estado enfermo* ★ ~ het zo is *siendo así*
omdoen *ponerse*
omdopen *rebautizar*
omdraaien I OV WW van stand doen veranderen *volver* [ue]; *dar vueltas a*; *girar*; *invertir* [ie, i] ★ de sleutel ~ *dar vuelta a la llave* ★ de rollen ~ *invertir los papeles* ★ zich omkeren *volverse*; [ue] *darse la vuelta*; *revolverse* [ue] II ON WW omkeren *volver* [ue]; *dar la vuelta*
omduwen *volcar* [ue]
omega *omega* v
omelet *tortilla* v
omfloerst *opaco* ★ ~ zonlicht *luz* v *solar opaca* ★ een ~e stem *una voz opaca*
omgaan ● rondgaan *doblar* ★ de hoek ~ *doblar la esquina* ● zich afspelen *pasar* ★ dat gaat buiten mij om *no tengo nada que ver con eso* ★ wat gaat er in hem om? *¿qué pasará por su cabeza?* ● verhandeld worden ★ er gaat heel wat om in dit bedrijf *hay mucho negocio en esta empresa* ● van mening veranderen *cambiar de opinión* ● verstrijken *pasar*; *transcurrir* ★ een jaar gaat snel om *un año pasa rápido* ● ~ met ⟨humaan⟩ *tratar a*; ⟨v. mensen⟩ *tener trato con*; ⟨zakelijk⟩ *manejar* ★ goed met elkaar ~ *llevarse bien* ★ vriendschappelijk met iem. ~ *frecuentar la amistad de alguien* ★ hij weet met mensen om te gaan *tiene trato de gentes*; *se entiende bien con las personas* ★ goed met iets ~ *manejar bien u.c.*; *coger el tranquillo de u.c.*
omgaand ★ per ~e *a vuelta de correo*
omgang ● sociaal verkeer *trato* m; *relación* v ★ ~ hebben met *tener trato a*; *tener trato con* ★ de ~ verbreken *romper las relaciones* ★ seksuele ~ *relaciones* v mv *sexuales* ● processie *procesión* v
omgangsrecht *derecho* m *de visita, comunicación y compañía*
omgangsregeling *régimen* m *de visita, comunicación y compañía*
omgangstaal *lenguaje* m *coloquial*
omgangsvormen *modales* m
omgekeerd I BNW tegenovergesteld *inverso*; *contrario* ★ in ~e richting *en sentido inverso* ★ in het ~e geval *en el caso contrario* ● de ~e wereld *el mundo al revés* II BIJW tegenovergesteld *a la inversa*
omgeven *rodear*; *cercar* ★ zich ~ met *rodearse de*
omgeving ● omstreken *alrededores* m mv ★ in de naaste ~ *en los alrededores inmediatos* ● kring van mensen *ambiente* m
omgooien ● omvergooien *derribar* ● omdoen *ponerse* ● vlug draaien *girar* ● veranderen *cambiar* ★ het schema ~ *cambiar el esquema*
omhaal ● wijdlopigheid *prolijidad* v ★ met veel ~ van woorden *con ambages* m ★ zonder ~ *sin rodeos*; *sin preámbulos* ● nodeloze drukte *ceremonias* v mv ★ zonder veel ~ *sin ceremonias*
omhakken *cortar*; *talar*
omhalen *derribar*; *demoler* [ue]
omhangen *poner*
omhangen ~ met *cubrir de*
omheen *alrededor de*; *en torno de* ★ er~ draaien *dar rodeos* ★ je kunt er niet ~ *no lo puedes negar*
omheining *cerca* v; *valla* v; *empalizada* v
omhelzen *dar un abrazo*; *abrazar* ★ elkaar ~ *abrazarse*
omhelzing *abrazo* m
omhoog ● naar boven *hacia arriba*; *en alto* ★ handen ~! *¡manos arriba!* ● in de hoogte *arriba*
omhoogschieten *ascender /ie/ rápidamente* ★ de raket schoot omhoog *el cohete se disparó*
omhoogzitten *estar en apuros*; *estar con el agua al cuello*
omhullen *envolver* [ue]; *cubrir*
omhulsel *envoltura* v ▼ stoffelijk ~ *despojos* m [mv]; *restos mortales* m [mv]
omissie *omisión* v
omkeerbaar *reversible*
omkeren I OV WW omdraaien *volver* [ue]; *dar la vuelta a*; *invertir* [ie, i]; ⟨ondersteboven⟩ *poner boca arriba* ★ zich ~ *volverse*; *dar la vuelta* ★ zich in bed ~ *revolverse en la cama*; *dar vueltas en la cama* ★ de volgorde ~ *invertir el orden* II ON WW keren *volver* [ue]
omkijken ● achter zich kijken *mirar hacia atrás*; *volver* [ue] *la vista* ● zoeken *buscar* ★ ~ naar een baan *buscar empleo* ● ~ naar *ocuparse de*; *cuidarse de* ★ ik heb er helemaal geen ~ naar *no me exige ningún cuidado* ★ niet naar de kinderen ~ *no cuidarse de los niños*
omkleden *cambiar* ★ zich ~ *cambiarse*
omkleden ● FIG. *cubrir*; *revestir* [i] ● inkleden ★ met redenen ~ *motivar/apoyar con razones*
omklemmen *apretar* [ie]; *agarrar*
omkomen ● ergens omheen komen *doblar* ★ de hoek ~ *doblar la esquina* ● sterven *fallecer*; *morir* [ue, u]; *perecer*; *fenecer* ● traag verstrijken *pasar* ★ de dag kwam maar niet om *no quiso pasar el día*
omkoopbaar *sobornable*; *corruptible*
omkopen *sobornar*; *untar*; *corromper*
omkoperij *soborno* m; *cohecho* m; *corrupción* v
omlaag ● beneden *abajo* ★ van ~ *desde abajo* ● naar beneden *hacia abajo*
omlaaghalen ● neerhalen *bajar* ● in aanzien doen dalen *abaldonar*
omleggen *cambiar*; ⟨v. wegen⟩ *desviar* [í]
omlegging *desviación* v
omleiden *desviar* [í]
omleiding *desvío* m
omliggend *circunvecino*; *limítrofe*
omlijnen *definir* ★ scherp omlijnd *bien definido*
omlijsten *enmarcar*; *encuadrar*
omlijsting ● het omlijsten *encuadramiento* m ● kader *marco* m; *recuadro* m
omloop ● circulatie *circulación* v ★ in ~ zijn

circular; estar en circulación ★ in ~ brengen *poner en circulación* • omwenteling *revolución* v
omloopsnelheid *velocidad* v *de circulación*
omlopen I OV WW omverlopen *derribar* II ON WW • omweg maken *dar un rodeo* • rondlopen *dar una vuelta* ★ een eindje ~ *dar una vuelta*
ommekeer *cambio* m *(completo)*
ommetje *vuelta* v ★ een ~ maken *dar una vuelta*
ommezien ★ in een ~ *en un abrir y cerrar de ojos; en un santiamén*
ommezijde *vuelta* v ★ zie ~ *véase a la vuelta; véase al dorso* ★ aan ~ *a la vuelta*
ommezwaai *viraje* m
ommuren *amurallar*
omnibus *antología* v
omnivoor *omnívoro* m
omploegen *arar; surcar*
ompraten *persuadir; convencer*
omrastering *enrejado* m
omrekenen *reducir a; convertir en* [ie, i]
omrekening *conversión* v
omrekeningskoers *tasa* v *de conversión*
omrijden I OV WW omverrijden *atropellar; derribar* II ON WW • rondrijden *dar una vuelta; dar un paseo* ★ een blokje ~ *dar una vuelta* • omweg maken *dar un rodeo*
omringen *cercar; rodear; circundar*
omroep • omroepvereniging *sociedad* v *de radiodifusión y televisión* • het uitzenden *difusión* v
omroepbestel *organización* v *de la radiodifusión y televisión*
omroepen • oproepen *proclamar; pregonar* • uitzenden *emitir*
omroeper (op radio/tv) *locutor* m
omroepgids *guía* v *de radio y televisión*
omroeporganisatie *organización* v *que hace programas de radio y televisión*
omroepvereniging *asociación* v *de radiodifusión*
omroeren *revolver* [ue]
omruilen *trocar* [ue]; *cambiar; permutar*
omschakelen I OV WW • TECHN. *cambiar; invertir* [ie, i] • aanpassen *adaptar; readaptar* II ON WW aanpassen *adaptarse; readaptarse*
omschakeling TECHN. *reconversión* v; *cambio* m; *readaptación* v
omscholen *readaptar; reconvertir* [ie, i]
omscholing *readaptación* v *profesional; reconversión* v *profesional*
omschrijven • beschrijven *describir* • bepalen *definir; especificar*
omschrijving • beschrijving *descripción* v • definitie *definición* v; *especificación* v
omsingelen *encerrar* [ie]; *cercar*
omslaan I OV WW • omverslaan *derribar* • omdraaien *doblar;* ⟨v. bladzijde⟩ *volver;* [ue] ⟨v. bladzijde⟩ *doblar;* ⟨v. mouw⟩ *arremangar* ★ de hoek ~ *doblar la esquina* • omdoen (v. kleren *ponerse* ★ een das ~ *ponerse una bufanda* • verdelen *repartir* ★ hoofdelijk ~ *prorratear* II ON WW • om iets heen gaan *doblar* ★ de hoek ~ *doblar la esquina* • kantelen *volcar* [ue]; *caerse;* ⟨v. schip⟩

zozobrar • veranderen *cambiar* ★ het weer slaat om *el tiempo cambia* ★ de gevoelens zijn omgeslagen *han cambiado los sentimientos*
omslachtig *prolijo; difuso*
omslag I ZN [de] • verandering *cambio* v; *muda* • gedoe *ceremonias* v mv ★ zonder ~ *sin ceremonias* • verdeling van kosten *reparto* m ★ hoofdelijke ~ *prorrateo* m II ZN [de/het] • omgeslagen rand *vuelta* v; *doblez* v • kaft *cubierta* v; *cobertura* v
omslagartikel *artículo* m *de primera página*
omslagdoek *mantón* m; *chal* m
omslagontwerp *diseño* m *de cubierta*
omsluiten *contener* [ie]; *encerrar* [ie]; *cercar*
omsmelten *refundir*
omspannen *abarcar; englobar*
omspitten *cavar*
omspoelen • schoonspoelen *enjuagar* • op andere spoel zetten *rebobinar*
omspoelen *bañar*
omspringen met *tratar a* ★ goed kunnen ~ met mensen *tener trato de gentes* ★ goed met iets kunnen ~ *tener buena mano para u.c.*
omstander *espectador* m ★ de ~s *los circunstantes; los presentes*
omstandig *circunstanciado; detallado; detenido* ★ iets ~ uitleggen *explicar u.c. punto por punto*
omstandigheid • toestand *circunstancia* v ★ onvoorziene omstandigheden *circunstancias* v mv *imprevistas* ★ verzachtende omstandigheden *circunstancias* v mv *atenuantes* ★ naar omstandigheden *teniendo en cuenta las circunstancias* ★ onder de gegeven omstandigheden *dadas las circunstancias* ★ wegens omstandigheden *por circunstancias* • breedvoerigheid *minuciosidad* v
omstoten *derribar; volcar* [ue]
omstreden *controvertido; discutido*
omstreeks I VZ ongeveer op de tijd/plaats van *hacia* II BIJW ongeveer *aproximadamente; unos* ★ een kind van ~ tien jaar *un niño de unos diez años*
omstreken *afueras* v mv; *alrededores* m mv
omstrengelen • omhelzen *estrechar; abrazar* • omvatten *envolver* [ue]; *abrazar*
omtoveren *cambiar como por encanto; cambiar a través de magia*
omtrek • contour *contorno* m; *perfil* m • afmeting *perímetro* m; ⟨v. cirkel⟩ *circunferencia* v ★ een boom met een ~ van een meter *un árbol con un metro de diámetro* • omgeving *contornos* m mv; *alrededores* m mv ★ binnen een ~ van één kilometer *en un kilómetro a la redonda; dentro del radio de un kilómetro* ★ in de wijde ~ *en muchas leguas a la redonda*
omtrekken • omvertrekken *derribar* • natekenen *contornear*
omtrekkend v ★ -e beweging *un movimiento* m *envolvente*
omtrent • omstreeks *hacia* ★ ~ Pasen *hacia Pascua* • betreffende *sobre; acerca de*
omturnen *hacer chaquetear; hacer volver la casaca*

omvallen *caerse*▾ ~ van het lachen *morirse* [ue, u] *de risa*; *caerse muerto de risa*
omvang • omtrek *contorno* m; *circunferencia* v • grootte *tamaño* m; *volumen* m; *extensión* v; *alcance* m★ van grote~ *de gran extensión*
omvangrijk *extenso*; *voluminoso*
omvatten • inhouden *contener*; *abarcar*; *entrañar*• omsluiten *abrazar*
omver *abajo*
omverwerpen • omgooien *tirar*• een einde maken aan *derribar*★ een regering~ *derrocar un gobierno*
omvliegen • om iets heen vliegen *pasar volando por*★ de hoek~ *doblar la esquina volando*• snel verstrijken *pasar volando*★ de tijd is omgevlogen *el tiempo pasó volando*
omvormen *transformar*; *convertir* [ie, i]
omvouwen *plegar* [ie]; *doblar*
omweg • langere weg *rodeo* m★ een~ maken *dar un rodeo*• omslachtiger manier *rodeo* m ★ iets zonder~ en zeggen *decir u.c. sin rodeos* ★ langs een~ *con rodeos*
omwentelen *rodar* [ue]; *dar vueltas a*
omwenteling • ommekeer *revolución* v • draaiing *rotación* v; *vuelta* v
omwentelingstijd *tiempo/período* m *de rotación*
omwerken • herzien *rehacer*• omploegen *remover* [ue]; *arar*; *labrar*
omwerpen • verwoesten *derribar*• omgooien *tirar*
omwikkelen *envolver* [ue]
omwille ▾ ~ van ... *por* ...
omwisselen *cambiar por*
omwonend *vecino*
omzeilen *esquivar*★ de moeilijkheden~ *esquivar los problemas*
omzet *volumen* m *de ventas*; *cifra* v *de ventas* ★ zijn~ vergroten *aumentar el volumen de ventas*
omzetbelasting *impuesto* m *sobre el volumen de ventas*
omzetsnelheid *velocidad* v *de rotación*
omzetten I ov ww• veranderen *convertir en* [ie, i]★ iets in daden~ *llevar a efecto algo* • anders zetten *cambiar*; *cambiar de sitio* • verhandelen *vender*II on ww snel om iets gaan/lopen★ hij kwam de hoek~ *dobló la esquina*
omzichtig *cauteloso*; *recatado*
omzien • omkijken *volverse* [ue]; *mirar hacia atrás*• uitkijken naar *buscar*• zorgen voor *interesarse por*★ niet naar iem.~ *no interesarse por*
omzomen *dobladillar*
omzomen *bordear*
omzwaaien • van standpunt veranderen *cambiar de opinión*• van studie veranderen *cambiar de carrera*
omzwerving *peregrinación* v; *vagabundeo* m
onaandoenlijk *insensible*; *impávido*
onaangedaan *impasible*; *imperturbable*
onaangediend *sin comunicar*
onaangekondigd *sin comunicar*; *sin avisar*
onaangenaam *desagradable*; *desapacible*
onaangepast *sin adaptar*
onaangeroerd *intacto*★ iets~ laten *no tocar u.c.*
onaanvaardbaar *inaceptable*
onaanzienlijk *insignificante*
onaardig *poco amable*; *antipático*★ ~ tegen iem. zijn *portarse mal con u.p.*▾ dat is niet~ *no es nada mal*
onachtzaam *descuidado*; *desatento*
onaf *inacabado*
onafgebroken *ininterrumpido*
onafhankelijk *independiente*★ een~ bestaan leiden *llevar una vida independiente*★ zich~ maken *independizarse*★ ~ van de omstandigheden *independientemente de las circunstancias*
onafhankelijkheid *independencia* v
onafhankelijkheidsoorlog *guerra* v *de independencia*
onafhankelijkheidsverklaring *declaración* v *de independencia*
onafscheidelijk *inseparable*★ ~ zijn *ser inseparables*
onafwendbaar *inevitable*
onafzienbaar *inmenso*
onaneren *masturbarse*
onbaatzuchtig *desinteresado*; *desprendido*
onbarmhartig *despiadado*
onbeantwoord *sin responder*
onbedaarlijk *incontenible*
onbedachtzaam *irreflexivo*
onbedekt *descubierto*
onbedorven *cándido*; *inocente*
onbeduidend *insignificante*
onbegaanbaar *intransitable*
onbegonnen *imposible*; *irrealizable*★ het is~ werk *es imposible*
onbegrensd *ilimitado*
onbegrijpelijk • niet te begrijpen *incomprensible*• onvoorstelbaar *inconcebible*
onbegrip *incomprensión* v
onbehaaglijk • onaangenaam *desagradable* • niet op zijn gemak *incómodo*
onbehagen *desazón* m; *incomodidad* v★ ~ over iets voelen *sentir* [ie, i] *incomodidad por u.c.*
onbeheerd *sin dueño*; *abandonado*
onbeheerst *desapoderado*; *desenfrenado*
onbeholpen *torpe*
onbehoorlijk *indecente*; *deshonesto*
onbehouwen *grosero*; *tosco*
onbekend *desconocido*; *ignorado*★ de naam is me~ *el apellido no me suena*★ ik ben hier~ *no soy de aquí*★ ~ zijn met *desconocer*; *ignorar* ▾ ~ maakt onbemind *lo desconocido no satisface*
onbekende *desconocido* m
onbekendheid *desconocimiento* m; *ignorancia* v
onbekommerd *descuidado*; *despreocupado* ★ een~ bestaan *una vida regalada*
onbekookt *irreflexivo*; *impulsivo*
onbekwaam *incapaz*; *incompetente*
onbelangrijk *insignificante*; *sin importancia*
onbelast *exento de cargas*
onbeleefd *descortés*
onbeleefdheid *descortesía* v
onbelemmerd *expedito*; *desembarazado*
onbemand *sin tripulación*
onbemiddeld *desacomodado*; *sin recursos*

onbemind impopular
onbenul tonto m; nulidad v★ stuk~ ¡qué nulidad!
onbenullig • dom bobo; necio• onbeduidend insignificante
onbepaald • onbegrensd indeterminado; indefinido; ilimitado★ voor~ e tijd por tiempo indefinido• vaag indistinto; inconcreto • TAALK. indefinido★ ~ voornaamwoord pronombre m indefinido★ ~ lidwoord artículo m indefinido
onbeperkt ilimitado; absoluto
onbeproefd sin probar★ niets~ laten probarlo [ue] todo
onberaden irreflexivo
onbereikbaar inaccesible; inalcanzable
onberekenbaar • niet te berekenen incalculable• wisselvallig voluble
onberispelijk impecable★ zijn Spaans is~ habla un español impecable
onberoerd inafectado; impasible
onbeschaafd • zonder beschaving inculto; incivilizado• onbeleefd grosero; rudo
onbeschaamd descarado; desvergonzado; impertinente
onbescheiden indiscreto; ⟨vrijpostig⟩ impertinente★ een~ vraag una pregunta indiscreta
onbeschoft insolente; impertinente; descarado
onbeschreven sin definir
onbeschrijfelijk indescriptible
onbeslist indeciso; pendiente
onbespoten sin fumigar
onbesproken • niet behandeld no discutido • niet gereserveerd no reservado • onberispelijk irreprochable
onbestelbaar que no se puede entregar★ een onbestelbare brief una carta devuelta
onbestemd vago; indefinido
onbestendig variable; versátil; tornadizo★ ~ weer un tiempo inestable
onbesuisd atolondrado; precipitado
onbetaalbaar • niet te betalen impagable • kostelijk genial
onbetamelijk indecente
onbetekenend insignificante
onbetrouwbaar sospechoso; ⟨v. persoon⟩ de poco fiar; ⟨v. bericht⟩ no fidedigno
onbetuigd ▼ zich niet~ laten defenderse [ie] bien
onbetwist incontestado; indiscutido
onbetwistbaar indiscutible; innegable; incontestable
onbevangen • vrijmoedig ingenuo• zonder oordeel vooraf imparcial
onbevlekt inmaculado
onbevoegd incompetente; ⟨niet gerechtigd⟩ no autorizado
onbevooroordeeld imparcial
onbevredigd insatisfecho
onbewaakt no vigilado
onbeweeglijk inmóvil
onbewogen • onbeweeglijk inmóvil; tranquilo • onaangedaan impasible; indiferente★ ~ blijven bij permanecer impasible ante
onbewoonbaar inhabitable

onbewust • niet bewust inconsciente; instintivo • onwillekeurig involuntario
onbezoldigd no remunerado; sin honorario
onbezonnen atolondrado; irreflexivo; insensato
onbezorgd descuidado
onbillijk inicuo; injusto
onbreekbaar irrompible
onbruik desuso m★ in~ raken caer en desuso
onbruikbaar inservible; inútil★ ~ maken inutilizar
onbuigzaam inflexible; rígido
onchristelijk no cristiano
ondank ingratitud v★ ~ is 's werelds loon de los ingratos está lleno el infierno
ondankbaar ingrato; desagradecido
ondanks a pesar de★ ~ alles a pesar de todo
ondeelbaar • niet deelbaar indivisible; impartible• zeer klein ínfimo★ een~ ogenblik un momento ínfimo
ondefinieerbaar indefinible
ondenkbaar inconcebible; inimaginable; increíble
onder I vz• lager dan debajo de★ ~ het huis debajo de la casa★ ~ de brug door por debajo del puente• minder dan bajo★ kinderen~ de twaalf niños menores de doce años• ten zuiden van★ net~ Utrecht justo al sur de Utrecht• te midden van entre II BIJW abajo ★ van~ naar boven de abajo arriba★ van~ por abajo★ zij woont~ vive abajo★ de zon is ~ el sol se ha puesto▼ ten~ gaan hundirse ▼ helemaal~ zitten met ... ⟨bedekt⟩ estar completamente cubierto de...
onderaan abajo; en la parte inferior; al pie★ ~ de bladzijde al pie de la página
onderaannemer subcontratista m/v
onderaanzicht vista v desde abajo
onderaards subterráneo
onderaf ★ van~ desde abajo
onderarm antebrazo m
onderbeen parte v inferior de la pierna; pierna v
onderbelichten • A-V subexponer• FIG. ★ de kwestie is onderbelicht gebleven se ha prestado poca atención a la cuestión
onderbesteding gasto m insuficiente
onderbetalen pagar mal
onderbewust subconsciente
onderbewustzijn subsconsciencia v
onderbezet baja ocupación; ocupación escasa
onderbezetting falta v de personal
onderbinden ponerse★ de schaatsen~ ponerse los patines
onderbouw • lagere klassen op school los primeros cursos m mv• BOUWK. basis bouwwerk cimientos m mv; base v
onderbouwen fundamentar
onderbreken interrumpir
onderbreking interrupción v★ zonder~ sin interrupción; ininterrumpidamente
onderbrengen • onderdak verlenen alojar • indelen catalogar; clasificar
onderbroek slip m; ⟨voor mannen⟩ calzoncillos m mv; ⟨voor vrouwen⟩ bragas v mv
onderbroekenlol humor m chocarrero
onderbuik abdomen m
onderdaan • staatsburger súbdito m• been

pierna v
onderdak *alojamiento* m ★ iem. ~ verschaffen *alojar a alguien*
onderdanig *sumiso*; *dócil*; *obediente*
onderdeel • *deel van geheel parte* v • *afdeling subdivisión* v • TECHN. *pieza* v; *accesorio* m; ⟨ter vervanging⟩ *pieza* v *de recambio*
onderdeurtje *enano* m; *renacuajo* m
onderdirecteur *subdirector* m
onderdoen I OV WW aantrekken *ponerse* ★ de schaatsen ~ *ponerse los patines* II ON WW de mindere zijn ★ ~ voor *ser inferior a*
onderdompelen *sumergir*; *sumir*
onderdoor *por debajo* ★ er ~ gaan *pasar por debajo de* ▼ er ~ gaan *hundirse*
onderdoorgang *paso* m *subterráneo*
onderdrukken • ondergeschikt houden *oprimir* • bedwingen *contener*; *reprimir* ★ een gevoel ~ *reprimir una emoción*
onderdrukker *opresor* m
onderdrukking *represión* v; *opresión* v
onderduiken • duiken *sumergirse* • zich schuilhouden *esconderse*
onderduiker *emboscado* m
onderen *debajo* ▼ van ~ dichtdoen *cerrar* [ie] *por debajo* ▼ van ~! *¡qué va!*
ondergaan • zinken *hundirse*; *ponerse* • dalen ⟨van zon⟩ ★ de zon gaat onder *el sol se pone* • tenietgaan *hundirse*
ondergaan *sufrir*; *experimentar*
ondergang • het ondergaan ⟨V. ZON⟩ *puesta* v *del sol* • het tenietgaan *ruina* v; *decadencia* v; *perdición* v ★ de ~ van de wereld *el fin del mundo*
ondergeschikt • onderworpen aan *subordinado* ★ iets ~ maken aan *supeditar a*; *subordinar a* • van minder belang *secundario* ★ een ~e rol vervullen *cumplir un papel secundario*
ondergeschikte *subordinado* m
ondergeschoven • een ~ kindje *un niño sustituido por otro*
ondergetekende *infrascrito* m; *abajo* m/v *firmante*
ondergoed *ropa* v *interior*
ondergraven *minar*; *socavar*
ondergrens *límite* m *inferior*
ondergrond • onderliggende laag *subsuelo* m • grondslag *fondo* m; *base* v
ondergronds • onder de grond *subterráneo* • clandestien *clandestino* ★ het ~e verzet *la resistencia clandestina*
ondergrondse • metro *metropolitano*; *metro* m • verzetsbeweging *resistencia* v
onderhand *mientras tanto*; *entretanto*
onderhandelaar *negociador* m
onderhandelen *negociar*; *parlamentar*
onderhandeling *negociación* v ★ in ~ zijn *negociar* ★ ~en voeren *sostener negociaciones*
onderhandelingspositie *posición* v *de negociación*
onderhands *privado* ★ een ~e verkoop *una venta por contrato privado*
onderhavig *presente*; *en cuestión* ★ in het ~e geval *en el presente caso*
onderhemd *camiseta* v
onderhevig *expuesto a* ★ dat is niet aan twijfel ~ *está fuera de duda*
onderhorig • ondergeschikt *subordinado* • afhankelijk *dependiente*
onderhoud • verzorging *mantenimiento* m ★ achterstallig ~ verrichten *realizar el mantenimiento defectuoso* • levensonderhoud *subsistencia* v; *sustento* m ★ in zijn eigen ~ voorzien *ganarse la vida* • gesprek *conversación* v; *entrevista* v ★ een persoonlijk ~ *una entrevista personal* ★ een ~ hebben met iem. *tener una entrevista con u.p.*; *entrevistarse con u.p.*
onderhouden I OV WW • in stand houden *mantener* • in goede staat houden *conservar* • naleven *observar* • aangenaam bezighouden *entretener*; *divertir* ★ ernstig toespreken *amonestar* II WKD WW [zich ~] *entretenerse*
onderhoudend *divertido*; *entretenido*
onderhoudsbeurt *revisión* v
onderhoudscontract *contrato* m *de mantenimiento*
onderhoudsmonteur *mecánico* m
onderhoudswerkzaamheden *trabajos* m *de mantenimiento*
onderhuids • MED. *subcutáneo*; *hipodérmico* • FIG. verborgen *oculto*
onderhuren *subarrendar* [ie]
onderhuur *subarriendo* m ★ hij heeft een kamer in ~ *tiene una habitación realquilada*
onderhuurder *subinquilino* m; *subarrendatario* m
onderin *en el fondo*
onderjurk *combinación* v
onderkaak *mandíbula* v *inferior*
onderkant *lado* m *inferior*; *parte* v *de abajo*
onderkennen *distinguir*; *divisar*
onderkin *papada* v; *sotabarba* v
onderklasse *subclase* v
onderkoeld • MED. afgekoeld *hipotérmico* • FIG. zonder emoties *impasible*; *frío*
onderkomen *alojamiento* m; *hospedaje* m; *cobijo* m
onderkoning *virrey* m
onderkruiper ECON. *intruso* m; ⟨bij staking⟩ *esquirol* m/v; ⟨bij staking⟩ *rompehuelgas* m [mv: id.]
onderkruipsel *sietemesino* m
onderlaag • onderste laag *capa* v *inferior*; *base* v • steunlaag *substrato* m
onderlangs *por debajo*
onderlegd *versado* ★ in iets ~ zijn *estar versado en u.c.*
onderlegger • op tafel *mantel* m; *cartapacio* m • op bureau *carpeta* v
onderliggen • de mindere zijn *estar vencido* • liggen *estar debajo* ★ het boek ligt onder *el libro está debajo*
onderlijf *parte* v *inferior del cuerpo*
onderling I BNW *mutuo*; *recíproco* ★ ~e verdeeldheid *división* v *interna* ★ ~e afhankelijkheid *interdependencia* v ★ met ~ goedvinden *de común acuerdo* ★ volgens ~e overeenkomst *por mutuo convenio* II BIJW *entre sí*; *mutuamente*
onderlip *labio* m *inferior*

onderlopen *inundarse* ★ laten ~ *inundar*
ondermaans *sublunar*
ondermaats • te klein *de tamaño insuficiente* • van mindere kwaliteit *inferior*
ondermijnen *minar* ★ de gezondheid ~ *minar la salud*
ondernemen *emprender; acometer* ★ stappen ~ *hacer gestiones*
ondernemend *emprendedor*
ondernemer *empresario* m
onderneming *empresa* v
ondernemingsklimaat *clima* m *empresarial*
ondernemingsraad *comité* m *de empresa*
ondernemingsrecht *derecho* m *empresarial*
onderofficier *suboficial* m
onderonsje • gesprek *conversación* v *secreta* • kleine kring *reunión* v *íntima*
onderontwikkeld *subdesarrollado; en vías de desarrollo*
onderop *debajo*
onderpand *garantía* v; *prenda* v ★ op ~ lenen *empeñar*
onderricht *enseñanza* v; *instrucción* v ★ ~ geven *enseñar; instruir*
onderrichten *enseñar; instruir*
onderschatten *subestimar*
onderscheid • verschil *distinción* v; *diferencia* v ★ zonder ~ *sin distinción* • inzicht *discernimiento* m
onderscheiden I BNW verschillend *diferente; distinto* II OV WW • waarnemen *distinguir; discernir* [ie] • als ongelijksoortig bezien *distinguir* • een onderscheiding verlenen *condecorar* III WKD WW [zich ~] *distinguirse; señalarse*
onderscheiding • het onderscheiden *distinción* v • ereteken *condecoración* v
onderscheidingsteken • ereteken *condecoración* v • herkenningsteken *distintivo* m
onderscheidingsvermogen *discernimiento* m
onderscheppen *interceptar*
onderschikkend *subordinado*
onderschikking *subordinación* v
onderschrift *leyenda* v
onderschrijven *suscribir*
ondershands *privado*
ondersneeuwen *cubrirse de nieve*
onderspit v het ~ delven *llevar la peor parte*
onderstaand *abajo mencionado*
ondersteboven • overhoop *patas arriba* ★ ~ gooien *revolver* [ue] • elkaar ~ lopen *atropellarse* • op zijn kop *al revés; boca abajo* • overstuur *trastornado*
ondersteek *silleta* v
onderstel *soporte* m; *armazón* m; *bastidor* m
ondersteunen *sostener* [ie]; *apoyar*
ondersteuning • het steun geven *apoyo* m; *sostén* m • hulp *ayuda* v; *apoyo* m
onderstrepen *subrayar*
onderstroom *corriente* v *de fondo*
onderstuk *parte* v *inferior*
ondertekenen *firmar*
ondertekening *firma* v
ondertitel *subtítulo* m
ondertitelen *subtitular*

ondertiteling *subtítulos* m mv
ondertoon • toon *voz* v *baja*; *sonido* m *suave* • bijbetekenis *matiz* m *latente* ★ met een ~ van ergernis *con un matiz latente de disgusto*
ondertrouw *esponsales* m mv ★ in ~ gaan *tomarse los dichos*
ondertussen *entretanto; mientras tanto*
onderuit v ergens niet ~ kunnen *no poder sustraerse a sus obligaciones*
onderuitgaan • vallen *resbalarse* • falen *fracasar*
onderuithalen • neerhalen *poner la zancadilla* • verbaal verslaan *despotricar*
ondervangen *eliminar* ★ een moeilijkheid ~ *eliminar una dificultad*
onderverdelen *subdividir*
onderverhuren *subalquilar; subarrendar* [ie]
ondervertegenwoordigd *poco representado*
ondervinden *experimentar; sufrir; tropezar /ie/ con* ★ grote moeilijkheden ~ *tropezar con grandes dificultades*
ondervinding *experiencia* v
ondervoed *desnutrido; malnutrido*
ondervoeding *desnutrición* v; *malnutrición* v
ondervragen *interrogar; examinar*
ondervraging *interrogación* v; *examen* m
onderwaarderen *subestimar; infravalorar*
onderwatersport *submarinismo* m
onderweg *de camino; en camino*
onderwereld • misdadigerswereld *hampa* v • dodenrijk *infierno* m
onderwerp • wat behandeld wordt *asunto* m; *tema* m • een ~ aanroeren *abordar un tema* ★ het ~ van gesprek *el tema de conversación* • TAALK. *sujeto* m ★ het ~ van de zin *el sujeto de la oración*
onderwerpen • onder gezag brengen *someter; sujetar* (aan *a*); *sojuzgar* ★ zich aan iem. ~ *sujetarse a u.p.* • ~ aan blootstellen *someter a* ★ iem. aan een test ~ *someter a u.p. a una prueba*
onderwijl *entretanto; mientras; mientras tanto*
onderwijs *enseñanza* v; *educación* v ★ lager ~ *enseñanza primaria* ★ middelbaar/voortgezet ~ *enseñanza secundaria* ★ hoger ~ *enseñanza superior* ★ bijzonder/buitengewoon ~ *enseñanza especial* ★ ~ in het Spaans *clases de español* ★ ~ geven *enseñar; dar clases*
onderwijsbevoegdheid *titulación* v *para la docencia* ★ ~ hebben voor *estar titulado para la enseñanza de*
onderwijsinspectie *inspección* v *en la enseñanza*
onderwijskunde *didáctica* v
onderwijsmethode *método* m *didáctico*
onderwijsvernieuwing *reforma* v *educativa*
onderwijzen *enseñar* ★ ~d personeel *personal docente* m
onderwijzer *maestro* m; *profesor* m *de la enseñanza básica*
onderworpen • ondergeschikt *sometido* • onderdanig *sumiso; dócil* • ~ aan onderhevig *sujeto a; expuesto a*
onderzeeboot *submarino* m
onderzeebootjager *cazatorpedero* m *submarino*
onderzetter ⟨voor glazen⟩ *posavasos* m; ⟨voor

pannen⟩ *salvamanteles* m
onderzoek • het onderzoeken *investigación* v; *examen* m ★ ~ door deskundigen *peritaje* m ★ wetenschappelijk ~ *investigación* v *científica* ★ een ~ instellen naar *investigar* ★ aan een nauwkeurig ~ onderwerpen *someter a un examen detenido* • MED. *reconocimiento* m
onderzoeken • nagaan *examinar; investigar* ★ op juistheid ~ *verificar* ★ nauwkeurig ~ *escudriñar; examinar a fondo* • MED. *reconocer* ★ een zieke ~ *reconocer a un enfermo*
onderzoeker *investigador* m
onderzoeksbureau *oficina* v *de investigación*
onderzoeksresultaat *resultado* m *de la investigación*
ondeugd • slechte eigenschap *vicio* m • ondeugendheid *picardía* v; *malicia* v • deugniet *niño* m *travieso*
ondeugdelijk *defectuoso; inferior; inservible*
ondeugend • stout *travieso* • schalks *pícaro*
ondiep *poco profundo; bajo; somero*
ondiepte *vado* m; *vadera* v
ondier *monstruo* m
onding *trasto* m
ondoelmatig *ineficaz; ineficiente*
ondoenlijk *impracticable; no hacedero*
ondoordacht *irreflexivo*
ondoorgrondelijk *inescrutable*
ondraaglijk *insoportable; inaguantable*
ondubbelzinnig *inequívoco*
onduidelijk *indistinto; vago; confuso; poco claro*; ⟨v. schrift⟩ *ilegible*
onecht • niet echt *falso*; ⟨v. haar⟩ *postizo* • onwettig *ilegítimo; natural* ★ een ~ kind *un hijo natural*
oneens *desconforme; discorde* ★ het ~ zijn *no estar de acuerdo*
oneerbaar *deshonesto*
oneerlijk • niet eerlijk *deshonesto; desleal* ★ ~e concurrentie *competencia* v *desleal* • bedrieglijk *insincero*
oneffen *desigual*
oneffenheid *desigualdad* v
oneigenlijk • onecht *impropio* • figuurlijk *figurado*
oneindig • zonder einde *infinito; ilimitado* • buitengewoon *infinito* ★ ~ veel dingen *la mar de cosas* ★ ~ klein *infinitamente pequeño*; WISK. *infinitesimal*
oneindigheid *eternidad* v
onenigheid • meningsverschil *discordia* v; *desacuerdo* m • ruzie *disputa* v ★ ~ hebben *reñirse* [i]
onervaren *inexperto; sin experiencia*
onervarenheid *inexperiencia* v
onesthetisch *antiestético*
oneven *impar; non*
onevenredig *desproporcionado*
onevenwichtig *desequilibrado*
onfatsoenlijk *indecente; deshonesto*
onfeilbaar *infalible*
onfortuinlijk *desafortunado*
onfris • niet fris *sucio* • dubieus *dudoso*
ongaarne *de mala gana; a regañadientes*
ongans ★ zich ~ eten *comer a más no poder*
ongeacht *sin tener en cuenta*

ongebonden • vrij *libre* ★ de ~ stijl *el estilo libre/prosa* • losbandig *disoluto*
ongeboren *aún no nacido; por nacer; nonato*
ongebreideld *desenfrenado*
ongebruikelijk *inusitado; insólito*
ongecompliceerd *no complicado; sencillo; simple*
ongedaan v ~ maken *deshacer; anular; cancelar*
ongedeerd *indemne; ileso; sano y salvo*
ongedierte *bichos* m mv; *sabandijas* v mv
ongedisciplineerd *indisciplinado; sin disciplina*
ongeduld *impaciencia* v
ongeduldig *impaciente* ★ ~ maken *impacientar* ★ ~ worden *impacientarse* ★ ~ zijn *no tener paciencia; no tener aguante*
ongedurig *inquieto; intranquilo*
ongedwongen • vrijwillig *libre; voluntario* • losjes *natural; desenvuelto*
ongeëvenaard *sin par; inigualado*
ongegeneerd *desenfadado; desvergonzado*
ongegrond *infundado; sin fundamento; gratuito* ★ ~e beschuldigingen *acusaciones gratuitas* ★ het beroep is ~ *el recurso carece de fundamento*
ongehinderd *libre; desembarazado; expedito*
ongehoord • niet gehoord *inaudito* • buitensporig ⟨v. prijzen⟩ *exorbitante*; ⟨v. prijzen⟩ *excesivo* ★ het is ~! *¡qué barbaridad!*
ongehoorzaam *desobediente; indócil*
ongehoorzaamheid *desobediencia* v; *indocilidad* v
ongekend *nunca visto; incomparable; sin par*
ongekunsteld *natural; sencillo*
ongeldig *nulo; inválido* ★ ~ verklaren *declarar nulo* ★ ~ worden *caducar* ★ een ~ paspoort *un pasaporte caducado*
ongelegen *inoportuno* ★ ik kwam op een ~ tijdstip *llegué a deshora* ★ ~ komen *importunar*
ongeletterd *iliterato*
ongelijk I ZN [het] ★ hij heeft ~ gekregen *no le han dado la razón* ★ ~ zijn ~ erkennen *reconocer uno que está equivocado* ★ ~ hebben *no tener razón; estar equivocado* II BNW • verschillend *diferente* • onregelmatig *desigual; irregular*
ongelijkheid *desigualdad* v
ongelijkmatig *irregular; desigual*
ongelijkvloers *a diferentes niveles* ★ een ~e kruising *cruce* m *a niveles diferentes*
ongelikt • → *beer*
ongelimiteerd *ilimitado*
ongelofelijk *increíble* ★ het is ~! *¡parece mentira!*
ongelood *sin plomo*
ongeloof *incredulidad* v
ongeloofwaardig *inverosímil*
ongelovig *incrédulo*
ongeluk I ZN [het] [gmv] *desgracia* v; *mala suerte* v ★ iem. in het ~ storten *arruinar a u.p.* ★ ~ brengen *traer mala suerte* ★ per ~ *por accidente; sin querer* II ZN [het] [mv: +len] • ongeval *accidente* m; *desgracia* v ★ een ~ krijgen *tener un accidente* • → *ongelukje*
v zich een ~ werken *trabajar como un negro*
v zich een ~ lachen *morirse* [ue, u] *de risa*
v een ~ komt zelden alleen *las desgracias no*

vienen nunca solas
ongelukje • klein ongeluk *accidente* m *pequeño* • onvoorzien kind ≈ *niño* m *de penalty*
ongelukkig • niet gelukkig *infeliz*; *desdichado* • jammerlijk *desafortunado*; *desgraciado*; *fatal* ★ een ~e afloop *un desenlace fatal* ★ ~ aflopen *acabar mal* • met lichaamsgebrek *inválido*
ongeluksgetal *número* m *de mala suerte*
ongeluksvogel *desgraciado* m
ongemak • hinder *molestia* v; ⟨ongerief⟩ *incomodidad* v • lichamelijke kwaal *mal* m; *defecto* m
ongemakkelijk • ongeriefelijk *incómodo* • lastig *difícil*
ongemanierd *grosero*; *malcriado*
ongemeen • ongewoon *singular* • buitengewoon *extraordinario*
ongemerkt • niet bemerkt *inadvertido*; *desapercibido* • zonder merk *sin marca*
ongemoeid ★ iem. ~ laten *dejar en paz a alguien*
ongenaakbaar *inaccesible*
ongenade *desgracia* v; *disfavor* m ★ in ~ vallen *caer en desgracia*
ongenadig • duchtig *tremendo* ★ een ~ pak slaag *una paliza tremenda* • onbarmhartig *despiadado*
ongeneeslijk *incurable*
ongenietbaar *insoportable*
ongenoegen • misnoegen *disgusto* m • onenigheid *discordia* v ★ ~ krijgen met elkaar *reñirse* [i]
ongeoorloofd *ilícito*; *prohibido*
ongepast • misplaatst *inconveniente*; *inoportuno*; *impropio* • onbehoorlijk *indecente*
ongepastheid *impropio* m; *inconveniencia* v
ongerechtigheid • onrechtvaardigheid *injusticia* v; *iniquidad* v • onvolkomenheid *imperfección* v
ongerede ▼ in het ~ raken *descomponerse*; *extraviarse* [i]
ongeregeld • niet geregeld *irregular* ★ zij heeft een ~ leven *tiene una vida irregular* • wanordelijk *desordenado* ★ wat een zootje ~! *¡vaya desorden!*
ongeregeldheden • wanordelijkheden *disturbios* m mv • oproer *desórdenes* m mv *callejeros*
ongeremd *desenfrenado*
ongerept • onaangeraakt *intacto* • onbedorven *virgen*; *inmaculado* ★ de ~e natuur *la naturaleza virgen*
ongerief *incomodidad* v; *molestia* v
ongerijmd *absurdo* ★ een bewijs uit het ~e *una reducción al absurdo*
ongerust *inquieto*; *intranquilo*; *preocupado* ★ zich ~ maken *over inquietarse con/por* ★ maak je niet ~! *¡no te preocupes!*
ongerustheid *inquietud* v; *zozobra* v; *preocupación* v
ongeschikt • niet geschikt *inadecuado*; ⟨v. personen⟩ *incompetente*; ⟨v. personen⟩ *inútil*; ⟨v. personen⟩ *incapaz*; ⟨v. moment⟩ *inoportuno* ★ zij is ~ voor dit soort werk *es incapaz para estos trabajos*; *no sirve para estos trabajos* • onaardig ★ een niet ~e kerel *un tío* *simpático/majo*
ongeschonden *intacto*
ongeschoold *no calificado* ★ ~e arbeider *obrero* m *no calificado*
ongeslagen *invicto*
ongesteld ★ ~ zijn *tener la regla*; *estar con la regla*; *tener el mes*
ongesteldheid *regla* v; *menstruación* v; *mes* m
ongestoord *tranquilo*; *ininterrumpido*
ongestraft *impune*
ongetwijfeld *sin duda*; *indudablemente*
ongeval *accidente* m; *desgracia* v
ongevallenverzekering *seguro* m *de accidentes*
ongeveer *más o menos*; *aproximadamente*; *cosa de*; ⟨voor telwoord⟩ *unos* m mv [v mv: *unas*] ★ ~ zes maanden *unos seis meses*
ongeveinsd *no fingido*; *no disimulado*
ongevoelig *insensible*; *impasible* ★ ~ maken *insensibilizar*
ongevraagd *no solicitado*; *espontáneo*; ⟨v. gasten⟩ *no invitado* ★ een ~e opmerking *una observación no solicitada*
ongewapend *sin armas*; *inerme*
ongewenst *indeseable*
ongewild • ongewenst *indeseable* • onbedoeld *sin querer*
ongewisse *incertidumbre* v ★ in het ~ verkeren *estar en la incertidumbre* ★ iem. in het ~ laten *dejar a u.p. en la incertidumbre*
ongewoon *desacostumbrado*; *insólito*; *poco común*
ongezeglijk *indócil*; *díscolo*
ongezellig ⟨v. persoon⟩ *poco sociable*; ⟨v. omgeving⟩ *poco confortable*; ⟨v. omgeving⟩ *poco acogedor*
ongezien I BNW niet gezien *inadvertido* **II** BIJW • ongemerkt *sin ser visto*; *inadvertidamente* • zonder te zien *sin haberlo visto*
ongezond • ziek *enfermizo* • slecht voor de gezondheid *insalubre*; *malsano*
ongezouten • zonder zout *no salado*; *sin sal* • onverbloemd *áspero*; *duro* ★ iem. ~ de waarheid zeggen *decirle* [i] *a u.p. cuántas son cinco*
ongrijpbaar *inasible*; *inaprensible*
ongrondwettig *anticonstitucional*
ongunstig • ongeschikt *desfavorable*; *desaventajado*; *adverso*; *contrario* ★ een ~ jaar *un mal año* ★ een ~e wind *un viento contrario* ★ ~ lot *fortuna adversa* • slechte indruk gevend ★ hij staat ~ bekend *tiene mala reputación*
onguur • ruw *adusto* • ongunstig uitziend *sospechoso*; *siniestro*
onhandelbaar *inmanejable*; *intratable*
onhandig *desmañado*; *torpe*
onhebbelijk *grosero*; *malcriado*; *insolente*
onheil *desastre* m; *catástrofe* v; *calamidad* v; *siniestro* m
onheilspellend *aciago*; *de mal agüero*; *ominoso*
onheilsprofeet *profeta* m *de malos augurios*
onherbergzaam *inhóspito*; *inhospitalario*
onherkenbaar *irreconocible*
onherroepelijk *irrevocable*; *inevitable*; *irremediable*
onherstelbaar *irreparable*

onheuglijk *inmemorial; inmemorable*
onheus *descortés; desatento*
onhoudbaar • niet te verdedigen *insostenible; indefendible* • niet te harden *insoportable; inaguantable*
onjuist *erróneo; inexacto; incorrecto*
onjuistheid • fout *inexactitud* v; *error* m • het onjuist zijn *incorrección* v
onkies *indelicado; desconsiderado*
onklaar *desarreglado* ⋆ ~ maken *desarreglar; inutilizar* ⋆ ~ raken *desarreglarse*
onkosten *gastos* m mv ⋆ ~ maken *hacer gastos* ⋆ de ~ dekken *cubrir los gastos*
onkostendeclaratie *declaración* v *de gastos*
onkostenvergoeding *compensación* v *de gastos*
onkreukbaar • niet kreukend *inarrugable* • integer *íntegro; honrado*
onkruid *mala hierba* v; *cizaña* v; *maleza* v ▼ ~ vergaat niet *hierba mala nunca muere*
onkuis *impúdico; deshonesto*
onkunde *ignorancia* v; *nesciencia* v
onkundig *ignorante; nesciente* ⋆ van iets ~ zijn *ignorar u.c.* ⋆ iem. van iets ~ laten *dejar a alguien en la ignorancia de u.c.* ⋆ ~ van het feit dat *sin conocimiento del hecho de que*
onlangs *el otro día; hace poco; recientemente*
onledig ⋆ zich ~ houden met *ocuparse en; dedicarse a*
onleesbaar *ilegible* ⋆ ~ worden *quedar ilegible*
online *conectado*
onlogisch *ilógico*
onloochenbaar *incontestable; innegable*
onlosmakelijk *indisoluble* ⋆ ~ met iets verbonden zijn *estar unido a algo inseparablemente*
onlusten *revueltas* v mv; *disturbios* m mv
onmacht • machteloosheid *impotencia* v • flauwte *desmayo* m ⋆ in ~ vallen *desmayarse; desvanecerse*
onmachtig *impotente; incapaz*
onmatig I BNW *inmoderado; intemperante* II BIJW *con exceso* ⋆ ~ drinken *beber con exceso*
onmens *monstruo* m
onmenselijk *inhumano; cruel; desalmado*
onmetelijk • niet te meten *inconmensurable* • FIG. oneindig groot/veel *inmenso*
onmiddellijk I BIJW meteen *en seguida; inmediatamente* ⋆ ~ daarna *acto seguido* ⋆ ik kom ~ *ya voy* ⋆ na zijn dood inmediatamente *después de su muerte* II BNW • meteen *inmediato* • direct, rechtstreeks *inmediato; directo* • zonder tussenruimte ⋆ in de ~e nabijheid *en las inmediaciones*
onmin *disensión* v; *desavenencia* v ⋆ met iem. in ~ raken *desavenirse con alguien* ⋆ in ~ met elkaar leven *vivir desavenidos*
onmisbaar *imprescindible; indispensable*
onmiskenbaar *inequívoco; innegable; evidente*
onmogelijk • niet mogelijk *imposible* ⋆ dat is ~! *ies imposible!; ¡no puede ser!* ⋆ iets ~ maken *imposibilitar u.c.* ⋆ ~ blijken *resultar imposible* ⋆ ik kan het ~ doen *me es imposible hacerlo* ⋆ iets ~s willen *pedir* [i] *u.c. imposible* ⋆ het ~e presteren *hacer lo imposible; hacer milagros* ⋆ het ~e eisen *pedir* [i] *la luna*
• onverdraaglijk *imposible; insoportable*
⋆ zich ~ maken *ponerse imposible* • potsierlijk *ridículo; absurdo* ⋆ een ~e hoed *un sombrero absurdo*
onmogelijkheid *imposibilidad* v
onmondig • niet mondig *no emancipado* • minderjarig *menor de edad*
onnadenkend *irreflexivo*
onnatuurlijk *afectado; poco natural*
onnavolgbaar *inimitable*
onneembaar *inexpugnable; inconquistable*
onnodig *innecesario; inútil; superfluo* ⋆ dat is ~ *no hace falta*
onnoemelijk *indecible*
onnozel • argeloos *inocente* • dom *tonto; bobo; simple* ⋆ ~e hals *inocentón* m • onbeduidend *insignificante* ⋆ een paar ~e centen *unos miserables céntimos*
onofficieel *oficioso; extraoficial; sin homologar*
onomatopee *onomatopeya* v
onomkeerbaar *irreversible*
onomstotelijk *irrefutable; incontestable*
onomwonden I BNW *franco; sincero* II BIJW *francamente; sin rodeos*
onontbeerlijk *indispensable*
onontkoombaar *inevitable; ineluctable*
onooglijk *feo; repugnante*
onopgemerkt *inadvertido; desapercibido* ⋆ iets ~ voorbij laten gaan *pasar por alto u.c.*
onophoudelijk I BNW *incesante; continuo* II BIJW *continuamente; sin cesar*
onoplettendheid *falta* v *de atención*
onoprecht *insincero; falso*
onopvallend I BNW *discreto; poco llamativo* II BIJW *sin llamar la atención*
onopzettelijk I BNW *involuntario* ⋆ ~ vergrijp *cuasidelito* m II BIJW *sin intención*
onovergankelijk *intransitivo*
onoverkomelijk *invencible; insuperable; infranqueable*
onovertroffen *insuperado; sin igual*
onoverzichtelijk *poco claro*
onpartijdig *imparcial; neutral*
onpasselijk *mareado; indispuesto* ⋆ ~ worden *marearse* ⋆ ~ zijn *estar indispuesto; estar mareado; tener náuseas*
onpeilbaar *insondable*
onpersoonlijk *impersonal*
onplezierig *desagradable; enfadoso*
onpraktisch *poco práctico*
onraad *peligro* m ⋆ ~ bespeuren *presentir* [ie, i] *el peligro*
onrecht *injusticia* v; *sinrazón* m; *agravio* m ⋆ iem. ~ doen *ser injusto con u.p.* ⋆ ten ~e *injustamente* ⋆ ~ verduren *sufrir agravios*
onrechtmatig *ilegítimo; ilícito*
onrechtvaardig *injusto; inicuo*
onredelijk • irrationeel *irrazonable* • onbillijk *injusto; inicuo*
onregelmatig *anormal; irregular; anómalo*
onregelmatigheid • het onregelmatig zijn *irregularidad* v • fraude *malversación* v
onregelmatigheidstoeslag *suplemento* m *por horas extraordinarias*
onreglementair *no reglamentario*
onrein *impuro*
onrijp *inmaduro; verde* ⋆ ~ zijn *estar verde*

onroerend *inmueble*
onroerendezaakbelasting *contribución* v *territorial urbana*; *contribución* v *territorial rústica*
onroerendgoedbelasting *contribución* v *territorial urbana*
onrust *agitación* v; *inquietud* v
onrustbarend *alarmante*; *inquietante*
onrustig • niet kalm *agitado* ⋆ een ~e zee *un mar agitado* • ongedurig *nervioso*; *inquieto*; *intranquilo*
onruststoker *alarmista* m/v; *alborotador* m
onrustzaaier *alborotador* m; *alarmista* m/v
ons I ZN [het] *cien* m mv *gramos* ⋆ twee ons *doscientos gramos* **II** PERS VNW *nos*; (na voorzetsel) *nosotros* m mv [v mv: *nosotras*] ⋆ zeg het ons! *¡dínoslo!* ⋆ onder ons *entre nosotros* ⋆ onder ons gezegd *dicho entre nosotros* ⋆ een vriend van ons *un amigo nuestro* ⋆ het is van ons *es nuestro* **III** BEZ VNW *nuestro* [m mv: *nuestros*] [v: *nuestra*] [v mv: *nuestras*] ⋆ ons huis *nuestra casa* ⋆ een van de onzen *uno de los nuestros* ⋆ we waren met ons drieën *éramos tres*
onsamenhangend *incoherente*; *inconexo*
onschadelijk *inofensivo*; *inocuo* ⋆ ~ maken *neutralizar*; *desactivar*; *capturar*; *matar*; *eliminar* ⋆ het is ~ *no hace daño*; *es inofensivo*
onschatbaar *inestimable*; *inapreciable* ⋆ van onschatbare waarde *de valor inestimable*
onschendbaar *inviolable*
onschuld • het niet schuldig zijn *inocencia* v • argeloosheid *ingenuidad* v; *inocencia* v; *candor* m ⋆ in alle ~ *con la mayor ingenuidad*; *con todo candor*
onschuldig • niet schuldig *inocente* ⋆ ~ aan de diefstal *inocente del robo* • argeloos *ingenuo*; *inocente*; *cándido* • onschadelijk *inofensivo*
onsmakelijk • niet smakelijk *insípido*; *poco apetitoso* • stuitend *repugnante*
onsportief *antideportivo*
onstandvastig *inconstante*; *inestable*
onsterfelijk • niet sterfelijk *inmortal* • FIG. eeuwigdurend *imperecedero* ⋆ ~e roem *fama imperecedera* ⋆ ~ maken *inmortalizar*
onsterfelijkheid *inmortalidad* v
onstilbaar *insaciable* ⋆ een onstilbare honger naar iets hebben *tener un hambre insaciable de algo*
onstuimig • woest *borrascoso*; *tempestuoso* • hartstochtelijk *impetuoso*; *fogoso*
onstuitbaar *imparable*
onsympathiek *antipático* ⋆ ik vind hem ~ *me es antipático*; *me cae mal*
onszelf [meewerkend] *nosotros mismos*; *nosotras mismas*
ontaard *desnaturalizado*; *degenerado*; *descastado* ⋆ een ~e zoon *un hijo descastado*
ontaarden *degenerar*; *bastardear*
ontberen *carecer de*; *estar privado de*
ontbering *carencia* v; *privación* v
ontbieden *llamar a*
ontbijt *desayuno* m
ontbijten *desayunar*
ontbijtkoek *bizcocho* m *de especias y miel*
ontbijtshow *show* m *matinal*
ontbijtspek *bacon* m
ontbijt-tv *televisión* v / *emisión* v *matinal*
ontbinden • ontleden *descomponer* • opheffen *disolver* [ue]; ⟨v. contract⟩ *rescindir*; ⟨v. contract⟩ *resolver* [ue] ⋆ een huwelijk ~ *disolver un matrimonio*
ontbinding • het opheffen *disolución* v; ⟨v. contract⟩ *resolución* v; ⟨v. contract⟩ *rescisión* v • bederf *descomposición* v
ontbladeringsmiddel *producto* m *de defoliación*
ontbloot • naakt *desnudo* • ~ van *desprovisto de* ⋆ ~ zijn van *estar desprovisto de*; *carecer de*
ontbloten • bloot maken *desnudar* ⋆ het hoofd ~ *descubrirse* ⋆ de degen ~ *desenvainar la espada* • ~ van *privar de*; *despojar de* ⋆ van belang ontbloot *sin ninguna importancia*
ontboezeming *confidencia* v
ontbossen *deforestar*; *desmontar*
ontbossing *deforestación* v; *desmonte* m
ontbranden • beginnen te branden *inflamarse* • ontsteken *estallarse*
ontbreken *faltar* ⋆ het ontbreekt me aan moed *lo que me falta es valor* ⋆ er ~ er twee *faltan dos* ▾ dat ontbrak er nog maar aan! *¡por si fuera poco!* ▾ het zich aan niets laten ~ *vivir en grande*
ontcijferen *descifrar*
ontdaan *desconcertado*; *abatido* ⋆ met een ~ gezicht *con una cara desconcertada*
ontdekken *descubrir*
ontdekker *descubridor* m
ontdekking *descubrimiento* m
ontdekkingsreis *viaje* m *de exploración*
ontdoen van *despojar de* ⋆ zich van iets ~ *despojarse de u.c.*; *deshacerse de u.c.*
ontdooien I OV WW ijsvrij maken *deshelar* [ie]; ⟨v. diepvries⟩ *descongelar* **II** ON WW • smelten *deshelarse* [ie]; *descongelarse* • minder stijf worden *hacerse más comunicativo*
ontduiken • zich onttrekken aan *eludir*; ⟨v. belasting⟩ *defraudar* • bukkend ontgaan *evitar*; *esquivar* ⋆ een slag ~ *esquivar un golpe*
ontegenzeglijk *irrefutable*; *innegable*
onteigenen *expropiar*
onteigening *expropiación* v
onteigeningsprocedure *procedimiento* m *de expropiación*
ontelbaar *innumerable*; *incontable*; *innúmero*
ontembaar *indomable*; *indómito*
onterecht *injusto*
onteren • van eer beroven *deshonrar*; *difamar* • verkrachten *violar*
onterven *desheredar*
ontevreden *descontento*; *insatisfecho*
ontevredenheid *descontento* m; *disgusto* m; *insatisfacción* v
ontfermen [zich ~] • medelijden tonen *apiadarse de* • voor zijn rekening nemen ⋆ zich over het restje ~ HUMOR. *comerse el último trozo*
ontfutselen *escamotear*; *sonsacar*
ontgaan *escapar* ⋆ dat is mij ~ *se me ha escapado* ⋆ het voordeel ontging hem *se le escapó el beneficio* ⋆ zich iets niet laten ~ *aprovecharse de la ocasión*
ontgelden ⋆ het moeten ~ *pagarlas*; *sufrir las*

consecuencias
ontginnen • AGRAR. (v. grond) *roturar*; (v. bos) *desmontar* • (v. mijn) *explotar*
ontginning (v. grond) *roturación* v; (v. mijn) *explotación* v; (v. bos) *desmonte* m
ontglippen • glijden uit *irse*; *escurrirse* • FIG. ongewild ontsnappen *escaparse*
ontgoochelen *desengañar*; *desilusionar*
ontgoocheling *desilusión* v; *desencanto* m
ontgroeien *ser ya viejo para*
ontgroenen *dar novatada*
ontgroening *novatada* v
onthaal *acogida* v; *acogimiento* m
onthaasten *desacelerar*; *relajarse*
onthalen • ontvangen *acoger*; *recibir*; *agasajar* ★ iem. vorstelijk ~ *acoger a alguien a cuerpo de rey* • ~ **op** *obsequiar con* ★ op lekkere hapjes ~ *obsequiar con deliciosos bocados*
onthand *confundido*
ontharder *ablandador* m
ontharen *depilar*
ontharingscrème *depilatorio* m; *crema* v *depilatoria*
ontheemd *expatriado*
ontheffen • vrijstellen *eximir de*; *exentar de* • ontslaan *destituir* ★ iem. uit zijn ambt ~ *destituir a u.p. de su cargo* ★ uit zijn ambt ontheven worden *ser cesado*
ontheffing *exención* v; *dispensación* v
ontheiligen *profanar*
onthoofden *decapitar*; *degollar* [ue]
onthouden I OV WW • niet vergeten *recordar* [ue]; *retener* [ie] ★ onthoud dat wel! *¡que no se le olvide!* ★ iem. iets helpen ~ *recordar u.c. a u.p.* • achterhouden *retener* ★ iem. iets ~ *retener u.c. a u.p.* II WKD WW [zich ~] van abstenerse /ie/ de ★ ik onthoud me van verdere bijzonderheden *me abstengo de más detalles*
onthouding • het zich onthouden *abstinencia* v ★ periodieke ~ *continencia* v *periódica* • POL. blanco stem *abstención* v
onthoudingsverschijnselen *síntomas* m mv *de abstinencia*
onthullen • bekendmaken *descubrir*; *revelar* • inwijden *inaugurar*
onthulling • bekendmaking *revelación* v • inwijding *inauguración* v
onthutst *desconcertado*; *consternado*
ontiegelijk *tremendamente*
ontijdig *intempestivo*; *inoportuno*; (te vroeg) *prematuro*
ontkennen *negar* [ie]; *desmentir* [ie, i]
ontkennend *negativo*
ontkenning *negación* v
ontketenen • doen losbreken *desencadenar* ★ een oorlog ~ *desencadenar una guerra* • van ketens ontdoen *desencadenar*; *desatar*
ontkiemen *germinar*
ontkleden *desvestir* [i] ★ zich ~ *desvestirse*
ontknoping *desenlace* m; *desenredo* m
ontkomen • ontsnappen aan *salvarse*; *escaparse*; *librarse* ★ aan een gevaar ~ *escaparse de un peligro* • zich onttrekken aan ★ daaraan valt niet te ~ *es inevitable*
ontkoppelen • loskoppelen *desacoplar*; *desencajar* • debrayeren *desembragar* • FIG. scheiden *desconectar*; *desvincular*
ontkoppeling • het loskoppelen *desacoplamiento* m; *desencajamiento* m • het debrayeren *desembrague* m • FIG. scheiding *desconexión* v
ontkrachten *debilitar*
ontkroezen *desrizarse*
ontkurken *descorchar*; *destaponar*
ontladen *descargar*
ontlading *descarga* v
ontlasten I OV WW • ontdoen van last *descargar* • verlichten *desahogar* • (v. verkeer) *descongestionar* • ontheffen *eximir de*; *exonerar de* II WKD WW [zich ~] *defecar*
ontlasting • uitwerpselen *defecación* v; *excrementos* m mv • stoelgang *defecación* v • het van een last ontdoen *descarga* v • PSYCH. *desahogo* m
ontleden • SCHEIK. *descomponer* • ANAT. *disecar*; *anatomizar* • TAALK. *analizar* ★ een zin ~ *analizar una frase*
ontleding • ANAT. *disección* v; *anatomía* v • SCHEIK. *descomposición* v • TAALK. *análisis* m
ontlenen • te danken hebben aan *deber a* ★ zijn naam ~ aan *tomar su nombre de*; *deber su nombre a* • overnemen uit *tomar de* ★ een woord aan het Engels ~ *tomar una palabra del inglés*
ontlokken *arrancar* ★ iem. een belofte ~ *arrancarle a alguien una promesa*
ontlopen • mijden *esquivar*; *escapar*; *eludir* ★ het gevaar ~ *escapar al peligro* • verschillen *diferir* [ie] ★ ze ~ elkaar niet veel *no difieren mucho*
ontluiken • uit de knop komen *abrirse* • ontstaan *nacer*
ontluisteren *manchar*; *amancillar*; *deslucir*
ontmaagden *desflorar*
ontmannen *castrar*; *capar*
ontmantelen *desmantelar*; *desguarnecer*
ontmaskeren *desenmascarar*; *quitar la máscara a*
ontmoedigen *desanimar*; *abatir*
ontmoedigingsbeleid *política* v *de disuación*
ontmoeten • tegenkomen *encontrar*; (toevallig) *dar con*; (toevallig) *toparse con*; (toevallig) *encontrarse* [ue] *con* • ondervinden *encontrar* ★ begrip ~ *encontrar comprensión*
ontmoeting *encuentro* m
ontmoetingsplaats *punto* m *de encuentro*
ontnemen *quitar*; *privar de* ★ iem. de hoop ~ *quitarle la esperanza a u.p.*
ontnuchteren • nuchter maken *desembriagar* • ontgoochelen *desengañar*; *desilusionar*
ontnuchtering • het nuchter worden *desembriagamiento* m • ontgoocheling *desilusión* v
ontoegankelijk *inaccesible*
ontoelaatbaar *inadmisible*; *intolerable*
ontoereikend *insuficiente*
ontoerekeningsvatbaar *irresponsable*
ontplofbaar *explosivo* ★ ontplofbare stoffen *explosivos* m mv
ontploffen *explotar*; *estallar*
ontploffing *explosión* v

ontploffingsgevaar *peligro* m *de explosión*
ontplooien • ontvouwen *desplegar* [ie]
  • ontwikkelen *desarrollar; desplegar* [ie]
  ∗ initiatieven ~ *desarrollar/desplegar iniciativas*
ontplooiing • het ontvouwen *despliegue* m
  • ontwikkeling *desarrollo* m
ontpoppen [zich ~] • BIOL. *salir del capullo*
  • blijken te zijn *revelarse*
ontraadselen *descifrar*
ontraden *desaconsejar*
ontrafelen *desenmarañar; deshilachar*
ontredderd *confuso; desconcertado*
ontreddering *confusión* v; *desconcierto* m
ontregelen *alterar; trastornar*
ontrieven *molestar* ∗ als ik u niet ontrief *si no le molesto a usted*
ontroerd *conmovido; emocionado*
ontroeren *conmover* [ue]; *emocionar*
ontroerend *conmovedor; emocionante*
ontroering *emoción* v
ontrollen • zich tonen *desarrollar; salir* ∗ een weids panorama ontrolde zich *se mostró un amplio panorama* • open rollen *extender* [ie]
ontroostbaar *desconsolado; inconsolable*
ontrouw I ZN [de] *infidelidad* v; *deslealtad* v
II BNW • niet trouw *infiel; desleal* ∗ ~ worden *faltar a la lealtad* • overspelig *infiel* ∗ iem. ~ zijn *ser infiel a alguien; ponerle los cuernos a alguien*
ontroven *robar*
ontruimen *desalojar; evacuar; desocupar*
ontruiming *evacuación* v; ⟨v. huis⟩ *desalojamiento* m; ⟨v. huis⟩ *desocupación* v
ontrukken *arrancar; arrebatar* ∗ aan de vergetelheid ~ *salvar del olvido*
ontschepen *desembarcar*
ontschieten • ontglippen *escurrirse* • FIG. ongewild ontsnappen *escaparse* ∗ het is mij ontschoten *se me ha escapado*
ontsieren *afear; desgraciar*
ontslaan • ontslag geven *despedir* [i] ∗ op staande voet ~ *despedir en el acto* • ontheffen *dispensar de; eximir de* ∗ iem. van een verplichting ~ *eximir a alguien de una obligación* • laten gaan ⟨v. gevangene⟩ *excarcelar*; ⟨v. gevangene⟩ *poner en libertad*; ⟨uit ziekenhuis⟩ *dar de alta*; ⟨uit militaire dienst⟩ *licenciar*
ontslag • het ontslaan *despido* m ∗ vrijwillig ~ *dimisión* v ∗ eervol ~ *despido honroso* ∗ zijn ~ krijgen *ser despedido* ∗ zijn ~ indienen *presentar la dimisión* ∗ iem. zijn ~ geven *despedir* [i] *a alguien* • het vrijlaten ⟨uit gevangenis⟩ *excarcelación* v; ⟨uit ziekenhuis⟩ *alta* v; ⟨uit militaire dienst⟩ *licenciamiento* m
ontslagaanvraag *demanda* v *de despido*
ontslagbrief *carta* v *de despido*
ontslagprocedure *(procedimiento* m *de) despido*
ontslagvergoeding *indemnización* v *por despido*
ontslapen *fallecer; expirar*
ontsluieren *revelar; descubrir*
ontsluiten *abrir*
ontsluiting • het toegankelijk maken *apertura* v • MED. bij bevalling *dilatación* v

ontsluitingswee *contracción* v *de dilatación*
ontsmetten *desinfectar*
ontsmetting *desinfección* v
ontsmettingsmiddel *desinfectante* m
ontsnappen • wegkomen *escapar; escaparse; evadirse* ∗ aan een gevaar ~ *escapar de un peligro* • FIG. ontglippen *escaparse* ∗ dat woord is mij ontsnapt *se me escapó esa palabra*
ontsnapping *evasión* v; *fuga* v; *escape* m
ontsnappingsclausule *cláusula* v *escapatoria*
ontsnappingsmogelijkheid *posibilidad* v *de evasión*
ontspannen I BNW *relajado* II OV WW • minder strak maken *aflojar; soltar* [ue] • tot rust laten komen *relajar* III WKD WW [zich ~] *relajarse*
ontspanning • het ontspannen *aflojamiento* m; *relajamiento* m • POL. *distensión* v • verpozing *distracción* v; *diversión* v ∗ ter ~ *para distraerse*
ontspiegelen *no reflejar* ∗ ontspiegeld glas *espejo que no refleja*
ontspinnen [zich ~] *entablarse*
ontsporen • LETT. *descarrilar* • FIG. *descarriarse*
ontsporing • LETT. *descarrilamiento* m • FIG. *descarrío* m
ontspringen • oorsprong hebben *nacer* • ontkomen *escapar*
ontspruiten • uitspruiten *brotar* • afkomstig zijn (uit) *proceder; nacer*
ontstaan I ZN [het] *nacimiento* m; *origen* m II ON WW • beginnen te bestaan *nacer; surgir; originarse; formarse* ∗ doen ~ *causar; ocasionar; producir* • voortkomen *resultar; nacer; derivar* ∗ de daaruit ontstane onkosten *los gastos derivados de ello*
ontstaansgeschiedenis *génesis* v
ontstaanswijze *surgimiento* m
ontsteken I OV WW doen ontbranden *inflamar; encender* [ie] II ON WW • ontbranden ∗ in woede ~ *montar en cólera* • MED. *infectarse; inflamarse*
ontsteking • TECHN. *encendido* m; *ignición* v • MED. *inflamación* v; *infección* v
ontstekingsmechanisme *mecanismo* m *de detonación*
ontsteld *consternado; alarmado; desconcertado*
ontstellend • schokkend *desconcertante; conturbativo* • zeer erg *alarmante*
ontsteltenis *conturbación* v; *consternación* v
ontstemd • MUZ. *destemplado; desafinado* • misnoegd *de mal humor; disgustado*
ontstemmen • MUZ. *desafinar* • ergeren *poner de mal humor; disgustar*
ontstemming *disgusto* m
ontstijgen • uitstijgen boven *superar* • opstijgen uit *elevarse*
ontstoken *infectado*
onttrekken I OV WW ontnemen *sustraer a; quitar de* ∗ aan de waarneming onttrokken *a cubierto de la observación* ∗ aan het oog/gezicht ~ *sustraer a la vista* II WKD WW [zich ~] *sustraerse a; eludir*
onttronen *destronar*
ontucht *impudicia* v ∗ ~ plegen met *abusar deshonestamente de*
ontuchtig *impúdico; deshonesto*

ontvallen • verloren gaan *perder* [ie] ★ zijn vrouw ontviel hem vroeg *se le murió pronto la mujer* ★ de moed ontviel hem *perdió el ánimo* • ongewild gezegd worden *escaparse* ★ dat liet ik me ~ *se me escapó; se me fue la lengua*

ontvangen • krijgen *recibir* ★ zij heeft een brief ~ *ha recibido una carta* • onthalen *acoger; recibir* ★ iets in dank ~ *agradecer el recibo de u.c.* ★ iem. vriendelijk ~ *agasajar a u.p.* ★ het boek is goed ~ *el libro ha tenido una buena acogida* • innen *cobrar; percibir; recaudar* • COMM. *recibir*

ontvanger • iem. die ontvangt *destinatario* m; *consignatario* m • belastingontvanger *recaudador* m • ontvangtoestel *receptor* m

ontvangst • het ontvangen *recepción* v; *recibo* m ★ iets in ~ nemen *recibir u.c.* ★ ~ bevestigen *acusar recibo* ★ tekenen voor ~ *firmar el acuse de recibo* • onthaal *acogida* v; *recibimiento* m ★ een hartelijke ~ *una cordial acogida* ★ goede ~ vinden *hallar buena acogida* • inkomsten *ingresos* m mv; *entradas* v mv ★ ~en en uitgaven *ingresos y salidas* • COMM. *recepción* v

ontvangstbewijs *recibo* m

ontvankelijk • openstaand *susceptible* a; *sensible* a • JUR. *admisible* ★ een eis niet ~ verklaren *no admitir una demanda*

ontvellen *quitar la piel*

ontvetten *desengrasar*

ontvlambaar *inflamable*

ontvlammen • LETT. *inflamarse; encenderse* [ie] • FIG. ★ in woede ~ *montar en cólera*

ontvluchten *huirse; escaparse* ★ iem. ~ *huir de alguien*

ontvoerder *secuestrador* m; *raptor* m

ontvoeren *secuestrar; raptar*

ontvoering *secuestro* m; *rapto* m

ontvolken *despoblar* [ue]

ontvolking *despoblación* v

ontvouwen • uitvouwen *desplegar* [ie] • uiteenzetten *exponer; explicar*

ontvreemden *sustraer; hurtar*

ontwaken • wakker worden *despertar* [ie]; *despertarse* [ie] • tot besef komen *despertarse* [ie]; *despabilarse*

ontwapenen *desarmar*

ontwapening *desarme* m

ontwapeningsconferentie *conferencia* v *de desarme*

ontwaren *divisar; vislumbrar*

ontwarren *desenredar; desembrollar; desenmarañar*

ontwennen *desacostumbrarse; deshabituarse* [ú] ★ ik ben de warmte ontwend *ya no estoy acostumbrado al calor*

ontwenning *desintoxicación* v; *deshabituación* v

ontwenningskliniek *clínica* v *de deshabituación*

ontwenningskuur *cura* v *de deshabituación*

ontwenningsverschijnsel *síntoma* m *de abstinencia*

ontwerp • plan *proyecto* m; *plan* m • schets *diseño* m; *esbozo* m; *croquis* m; ⟨v. gebouw ook⟩ *traza* v

ontwerpbouwtekening *proyecto* m; *plano* m

ontwerpen • schetsen *diseñar* • opstellen *proyectar; planear*

ontwerper *diseñador* m

ontwerpnota *nota* v *de proyecto*

ontwijken *evitar; esquivar; evadir* ★ het antwoord ~ *evadir la respuesta*

ontwikkelaar *revelador* m

ontwikkeld • geestelijk gevormd *ilustrado; culto* • economisch op niveau *desarrollado* ★ de ~e landen *los países desarrollados*

ontwikkelen • geleidelijk vormen *desarrollar* • voortbrengen *desarrollar; realizar; desplegar* [ie] • uitwerken *desarrollar; elaborar* ★ een theorie ~ *desarrollar una teoría* • kennis bijbrengen *cultivar; educar* • A-V *revelar*

ontwikkeling • groei *desarrollo* m; *evolución* v ★ tot volle ~ komen *desarrollarse plenamente* • voortgang *progreso* m ★ het ontwikkeld zijn *cultura* v ★ algemene ~ *cultura general* • A-V *revelado* m

ontwikkelingsgebied *zona* v *de desarrollo*; *zona* v *de fomento industrial*

ontwikkelingshulp *ayuda* v *al desarrollo*

ontwikkelingskosten *gastos* m *de desarrollo*

ontwikkelingsland *país* m *en vías de desarrollo*; *país* m *en desarrollo*

ontwikkelingspsychologie *psicología* v *evolutiva*

ontwikkelingssamenwerking *cooperación* v *al desarrollo*

ontwikkelingswerk *ayuda* v *a los países subdesarrollados*

ontwikkelingswerker *cooperante* m/v *de ayuda a los países subdesarrollados*

ontworstelen *arrancar; arrebatar* ★ zich ~ aan *libertarse de*

ontwortelen *desarraigar*

ontwrichten • MED. *dislocar* • ontregelen *desquiciar*

ontzag *respeto* m; *veneración* v ★ ~ voor iem. hebben *tener respeto a u.p.*

ontzaglijk • ontzagwekkend *imponente* • zeer groot *enorme; inmenso*

ontzagwekkend *imponente*

ontzeggen I OV WW weigeren *negar* [ie]; *denegar* [ie]; *prohibir* ★ iem. de toegang ~ *negarle la entrada a u.p.* II WKD WW [**zich** ~] ★ zich iets ~ *privarse de u.c.*; *renunciar a u.c.*

ontzenuwen *refutar; rebatir; invalidar* ★ een vermoeden ~ *invalidar una sospecha*

ontzet I ZN [het] *liberación* v II BNW • ontsteld *estupefacto* • ontwricht *desajustado; dislocado*

ontzetten • ontheffen ⟨uit ambt⟩ *destituir de*; ⟨uit recht⟩ *privar de* ★ ~ uit de ouderlijke macht *privar de la patria potestad* • bevrijden *liberar; descercar* • verbijsteren *espantar* • ontwrichten *desajustar; dislocar*

ontzettend *terrible*

ontzetting • ontheffing ⟨uit een ambt⟩ *destitución* v; ⟨uit recht⟩ *privación* v • bevrijding *liberación* v • verbijstering *espanto* m • ontwrichting *dislocación* v

ontzien I OV WW sparen *ahorrar* ★ zich ~ *cuidarse* ★ niets ~d *desconsiderado* II WKD WW [**zich** ~] *respetar; acatar* ★ zich niet ~ om *no vacilar en*

onuitputtelijk *inagotable*
onuitroeibaar *inextirpable*
onuitspreekbaar *impronunciable*
onuitsprekelijk *inefable*; *indecible*
onuitstaanbaar *insoportable*; *intolerable*
onvast • niet vast *inestable*; *inseguro*; *vacilante*; ⟨v. slaap⟩ *ligero* ★ een ~e slaap *un sueño ligero* ★ ~ weer *tiempo* m *inestable* • wankel *inconstante* ★ een ~ karakter *un carácter inconstante*
onveilig *poco seguro*; *inseguro*; *peligroso* ★ het sein staat op ~ *hay señal de peligro* ★ ~ maken *hacer peligroso*
onveranderlijk *inalterable*; *invariable*
onverantwoord *injustificable*; *irresponsable*
onverantwoordelijk ⟨v. persoon⟩ *irresponsable*; ⟨v. gedrag⟩ *imperdonable*; ⟨v. gedrag⟩ *injustificable*
onverbeterlijk • niet te verbeteren *inmejorable* • verstokt *incorregible*
onverbiddelijk *inexorable*; *implacable*
onverbloemd *francamente*; *sin rodeos*
onverbrekelijk *inseparable*; *indisoluble*
onverdeeld • niet verdeeld *indiviso* • volledig *entero*; *total*; *completo*
onverdienstelijk ★ niet ~ *bastante bueno*; *nada mal*
onverdraaglijk *insoportable*; *inaguantable*
onverdraagzaam *intolerante*
onverdroten *incansable*; *infatigable*
onverenigbaar *incompatible*; *inconciliable*
onvergankelijk *imperecedero*; *eterno*
onvergeeflijk *imperdonable*; *inexcusable*
onvergelijkbaar *incomparable*
onvergelijkelijk *incomparado*
onvergetelijk *inolvidable*; *imborrable*
onverhoeds *inesperado*; *brusco*; *súbito*
onverholen *abierto*; *manifiesto*
onverhoopt *inesperado*; *inopinado*
onverklaarbaar *inexplicable*
onverkort *íntegro*; *entero*
onverkwikkelijk *desagradable*
onvermijdelijk *inevitable*; *ineluctable* ★ zich in het ~e schikken *aceptar lo inevitable*
onverminderd *sin disminuir*; *igualmente* ★ dat geldt ~ *está igualmente en vigor*
onvermoeibaar *incansable* ★ hij is ~ *no se cansa*
onvermogen • onmacht *impotencia* v • insolventie *insolvencia* v; *falta* v *de medios* ★ in staat van ~ *insolvente*
onvermurwbaar *inexorable*; *implacable*
onverricht v ~er zake terugkeren *volver* [ue] *de vacío*; *volver* [ue] *con las manos vacías*
onversaagd *denodado*; *intrépido*
onverschillig I BNW • geen verschil uitmakend *indiferente* ★ het is me ~ *me es igual* • ongeïnteresseerd *indiferente* ★ ergens ~ voor zijn *ser indiferente a u.c.* II BIJW *indiferentemente* ★ ~ wie *cualquiera*; *sea quien sea* ★ ~ waar *donde sea*; *dondequiera*
onverschilligheid *indiferencia* v
onverschrokken *intrépido*; *atrevido*
onversneden *no adulterado* ★ ~ wijn *vino* m *moro*
onverstaanbaar *ininteligible*
onverstandig *insensato*; *imprudente*

onverstoorbaar *imperturbable*; *impasible*
onvertogen *indecente*; *incorrecto*
onvervaard I BNW *intrépido*; *impávido*; *denodado* II BIJW *sin temor*
onvervalst *puro*; *legítimo*
onvervreemdbaar *inalienable*; *inenajenable*
onverwacht *inesperado*; *inopinado*; *imprevisto*
onverwachts *inesperadamente*; *de repente*; *de sopetón*
onverwoestbaar *indestructible*
onverzadigbaar *insaciable*
onverzadigd • niet voldaan *insaciado* • SCHEIK. *insaturado*
onverzettelijk *firme*; *inflexible*
onverzoenlijk *irreconciliable*; *implacable*
onverzorgd • zonder verzorging *desamparado*; *desasistido*; *desatendido* • slordig *descuidado*; *desaliñado*; *desaseado* ★ een ~ uiterlijk *un aspecto desaliñado*
onvindbaar *imposible de encontrar*
onvoldaan • onbevredigd *insatisfecho* • niet betaald *sin saldar*; *sin pagar*
onvoldoende I BNW *insuficiente* II ZN [de] *insuficiente* m; *suspenso* m ★ een ~ voor Engels hebben *tener un insuficiente en inglés*
onvolkomen • onvolledig *imperfecto* • onvolmaakt *defectuoso*
onvolkomenheid • gebrek *imperfección* v • tekortkoming *deficiencia* v
onvolledig *incompleto*
onvolprezen *insuperable*; *imponderable*
onvoltooid • onaf *inacabado*; *incompleto* • TAALK. ★ ~ verleden tijd *imperfecto* m ★ ~ tegenwoordige tijd *presente* m ★ ~ tegenwoordig toekomende tijd *futuro* m
onvolwaardig *incompleto*
onvoorstelbaar *inimaginable*
onvoorwaardelijk *incondicional* ★ een ~e overgave *una rendición sin condiciones*
onvoorzichtig *imprudente*; *incauto*
onvoorzichtigheid *imprudencia* v
onvoorzien *imprevisto*
onvrede *descontento* m ★ zijn ~ kenbaar maken *manifestar* [ie] *su descontento*
onvriendelijk *poco amable*; *desabrido*
onvruchtbaar *infecundo*; *estéril*
onwaar *falso*; *inexacto*
onwaarachtig • niet echt *falso* • onoprecht *insincero*
onwaardig *indigno*; *bajo*; *vil*
onwaarheid • het onwaar zijn *falsedad* v; *inexactitud* v • leugen *mentira* v
onwaarschijnlijk • te betwijfelen *improbable* ★ het is erg ~ dat *es muy improbable que* [+ subj.] • ongeloofwaardig *inverosímil*
onwankelbaar *inquebrantable*; *firme*
onweer *tormenta* v; *tempestad* v ★ er is ~ op til *habrá tormenta*
onweerlegbaar *irrefutable*
onweersbui *borrasca* v
onweerstaanbaar *irresistible*
onweersvliegje *trip* m
onweerswolk *nube* v *de tormenta*
onwel *indispuesto*
onwelwillend *poco servicial*; *desatento*
onwennig *incómodo* ★ hij voelt zich hier nog ~

aun no se ha acostumbrado aquí
onweren *tronar* [ue] ★ *het onweert truena; hay tormenta*
onwerkelijk *irreal*
onwetend *ignorante; nesciente*
onwetendheid *ignorancia* v ★ *grove ~ ignorancia supina*
onwettig *ilegal; ilegítimo* ★ *een ~ kind un hijo ilegítimo*
onwezenlijk *irreal; imaginario*
onwijs I BNW *dwaas tonto; insensato; imbécil* II BIJW *in hoge mate fenomenal; estupendo;* INFORM. *pistonudo;* INFORM. *cojonudo*
onwil *mala voluntad* v
onwillekeurig I BNW *involuntario; impremeditado* II BIJW *involuntariamente*
onwillig *reacio; indócil; díscolo*
onwrikbaar *inquebrantable; firme*
onyx *ónice* m; *ónix* m
onzacht *duro; rudo*
onzalig *funesto; desafortunado; fatal*
onzedelijk *inmoral*
onzedig *indecente; impúdico*
onzeker ● *niet zeker inseguro; incierto* ★ *in het ~e verkeren omtrent hallarse en duda referente a* ★ *iem. in het ~e laten dejar a alguien a oscuras* ● *onvast vacilante; inseguro* ● *niet zelfverzekerd inseguro*
onzekerheid ● *twijfel incertidumbre* v; *duda* v ★ *in ~ leven/verkeren vivir en la incertidumbre* ★ *iem. in ~ laten dejar a u.p. en la incertidumbre* ● *onzekere zaak incertidumbre* v; *inseguridad* v ● *onvastheid inestabilidad* v
Onze-Lieve-Heer *Nuestro Señor*
Onze-Lieve-Vrouw *Nuestra Señora* v
onzerzijds *de nuestra parte*
Onzevader *padrenuestro* m
onzichtbaar *invisible; imperceptible*
onzijdig ● *neutraal neutral; imparcial* ● TAALK. *neutro*
onzin ● *dwaasheid absurdidad* v ★ *dat zou ~ zijn sería absurdo* ● *dwaze taal disparates* m mv; *tonterías* v mv
onzindelijk ● *vies sucio; deseado* ★ *het kind is nog ~ el niño todavía está en pañales* ● *niet ethisch deshonesto; indecente*
onzinnig *absurdo; disparatado*
onzorgvuldig *descuidado; dejado*
onzuiver ● *gemengd impuro* ● *onoprecht* ★ *~ in de leer heterodoxo* ● MUZ. *vals falso* ● *onnauwkeurig desviado; impreciso* ● *bruto bruto* ★ *~e opbrengst producto bruto*
oog ● *gezichtsorgaan ojo* m ★ *bruine ogen ojos castaños* ★ *blauw oog ojo* m *morado* ★ *met het blote oog a simple vista* ★ *de ogen neerslaan bajar los ojos; bajar la mirada* ★ *geen oog dichtdoen no pegar ojo* ★ *zich de ogen uitwrijven restregarse* [ie] *los ojos* ★ *met de ogen rollen revolver* [ue] *los ojos* ● *blik ojo* m; *mirada* v; *vista* v ★ *het oog op iets laten vallen poner los ojos en u.c.* ★ *ga uit mijn ogen! iquítate de mi vista!* ★ *uit het oog verliezen perder* [ie] *de vista* ★ *zover het oog reikt hasta donde alcance la vista* ● *gat ojo* m; ⟨voor veter⟩ *ojete* m; ⟨v. sluiting⟩ *corcheta* v ● *stip op dobbelsteen punto* m ▼ *in mijn ogen a juicio mío; en mis ojos* ▼ *oog in oog met frente a frente con; cara a cara con* ▼ *iets in het oog houden no perder* [ie] *de vista u.c.; tener* [ie] *presente u.c.* ▼ *recht in de ogen kijken mirar de hito en hito* ▼ *in het oog lopen llamar la atención; saltar a la vista* ▼ *in het oog lopend manifiesto; llamativo* ▼ *met het blote oog a simple vista* ▼ *iets met lede ogen aanzien ver algo con malos ojos* ▼ *iem. met schele ogen aankijken mirar a u.p. con envidia* ▼ *met het oog op; con vistas a; con el propósito de* ▼ *oog om oog, tand om tand ojo por ojo, diente por diente* ▼ *onder het oog van delante de; en presencia de* ▼ *onder vier ogen sin testigos; a solas* ▼ *iem. iets onder vier ogen zeggen hablar sin testigos a u.p.* ▼ *iem. iets onder ogen brengen hacerle observar u.c. a u.p.* ▼ *het gevaar onder ogen zien encarar el peligro* ▼ *op het oog a ojo; a ojo de buen cubero* ▼ *uit het oog, uit het hart tan lejos de ojos, tan lejos de corazón* ▼ *iets uit het oog verliezen perder de vista u.c.* ▼ *voor het oog van de wereld públicamente; en presencia de todos* ▼ *iets helder voor ogen hebben tener una idea clara de u.c.* ▼ *het oog van de meester maakt het paard vet el ojo del amo engorda el caballo* ▼ *zijn ogen de kost geven estar alerta; andar con ojo* ▼ *geen oog hebben voor estar ciego para* ▼ *grote ogen opzetten extrañarse mucho* ▼ *iem. de ogen uitsteken dar envidia a u.p.* ▼ *schele ogen geven causar envidia* ▼ *een oogje dichtdoen hacer la vista gorda* ▼ *een oogje hebben op poner el ojo en* ▼ *hij heeft een oogje op haar ha puesto el ojo en ella* ▼ *een oogje in het zeil houden echar el ojo a; vigilar*
oogappel ● *deel van oog niña* v; *pupila* v ● *lieveling* ★ *zij is mijn ~ es como las niñas de mis ojos*
oogarts *oculista* m/v
oogbal *globo* m *ocular*
oogcontact *contacto* m *visual*
oogdruppels *colirio* m
ooggetuige *testigo* m *ocular; testigo* m *de vista*
ooggetuigenverslag *informe* m *de un testigo ocular/presencial*
oogheelkunde *oftalmología* v
oogheelkundig *oftalmológico*
ooghoek *rabillo* m *del ojo*
oogholte *cuenca* v *del ojo*
ooghoogte ★ *op ~ a la altura del ojo*
oogje ● → **oog**
oogklep *anteojera* v ▼ *~pen voor hebben ser de miras estrechas*
ooglid *párpado* m
oogluikend ▼ *iets ~ toelaten hacer la vista gorda a u.c.*
oogmerk *intención* v; *propósito* m ★ *met het ~ om con la intención de*
oogmeting *examen* m *de la vista*
oogontsteking *oftalmía* v; *inflamación* v *de los ojos*
oogopslag *mirada* v ★ *in één ~ de un solo golpe de vista*
oogpotlood *lápiz* m *de ojos*

oogpunt *punto* m *de vista*
oogschaduw *sombra* v *de ojos*
oogst • het oogsten *cosecha* v; *recolección* v; ⟨v. druiven⟩ *vendimia* v; ⟨v. koren⟩ *siega* v; ⟨v. suiker⟩ *zafra* v • opbrengst *provecho* m; *esquilmo* m; *cosecha* v
oogsten • binnenhalen *cosechar* • verwerven *cosechar* ⋆ succes ~ *cosechar éxito*
oogstmaand *mes* m *de cosecha*
oogstmachine *(máquina) cosechadora* v
oogstrelend *que deleita a los ojos*
oogverblindend *deslumbrante*
oogwenk ⋆ in een ~ *en un abrir y cerrar de ojos; en un santiamén*
ooi *oveja* v
ooievaar *cigüeña* v
ooievaarsnest *nido* m *de cigüeña*
ooit *alguna vez; jamás; nunca* ⋆ belangrijker dan ooit *más importante que nunca* ⋆ ben je ooit bij mij thuis geweest? *¿has estado alguna vez en mi casa?* ⋆ wel heb je ooit! *¡Dios mío!*
ook • eveneens *también; asimismo* • ook niet *tampoco* ⋆ dat kan jou ook gebeuren *a ti te puede pasar lo mismo* • zelfs *aun* ⋆ ook al *aun cuando; aunque* [+ subj.] ⋆ zonder ook maar te vragen *sin preguntar siquiera* ⋆ ook dat nog! *¡lo que faltaba!; ¡no faltaba más!* • misschien *acaso* ⋆ heb je de baas ook gezien? *¿acaso has visto al jefe?* • ⟨als versterking⟩ ⋆ hoe het ook zij *sea como sea* ⋆ wie het ook zij *sea quien sea; cualquiera que sea* ⋆ wat hij ook mag zeggen *diga lo que quiera* ⋆ hoe ... ook *por mucho que* [+ subj.]; *por más que* [+ subj.] ⋆ hoe hard hij ook liep *por mucho que corriera* ⋆ immers *pues; por tanto; es que* ⋆ het is ook al laat *pues es muy tarde ya* ⋆ je bent buiten adem; je hebt dan ook hard gelopen *estás jadeando; es que vienes corriendo* ⋆ waarom zou hij ook schrijven? *¿para qué escribir?* • ⟨zonder betekenis⟩ ⋆ hij kon ook niet anders *además, no le quedaba otra cosa*
oom *tío* m ⋆ een hoge ome *un espadón*
oor • gehoororgaan *oído* m ⋆ een fijn oor hebben *tener el oído fino* ⋆ aan één oor doof *sordo de un oído* • oorschelp *oreja* v ⋆ zich achter het oor krabben *rascarse la oreja/cabeza* ▼ een glimlach van oor tot oor *una sonrisa de oreja a oreja* ▼ de hond spitst zijn oren *el perro aguza las orejas* ⋆ de oren bewegen *orejear* ▼ handvat *asa* v ▼ het is mij ter ore gekomen *he oído decir que; me han dicho que* ▼ een en al oor zijn *ser todo oídos* ▼ op één oor liggen *estar durmiendo* ▼ zijn oren niet kunnen geloven *no creer a sus oídos* ▼ iem. de oren van het hoofd kletsen *comerle el coco a alguien* ▼ de oren spitsen *aguzar el oído; aguzar las orejas* ▼ dat gaat het ene oor in en het andere uit *entra por un oído y sale por el otro* ▼ iets goed in zijn oren knopen *no echar u.c. en saco roto* ▼ geen oren hebben naar *no tener ganas de* ▼ tot over zijn oren in de schulden zitten *estar metido hasta los codos en deudas* ▼ tot over de oren verliefd *perdidamente enamorado* ▼ iem. een oor aannaaien *tomarle el pelo a alguien* ▼ met een half oor luisteren *escuchar a medias* ▼ dat klinkt me vreemd in de oren *me suena raro*
oorarts *otólogo* m
oorbel *pendiente* m
oord *sitio* m; *paraje* m ⋆ een afgelegen oord *andurrial* m
oordeel • mening *parecer* m; *juicio* m; *opinión* v ⋆ naar mijn ~ *a mi juicio* ⋆ op iemands ~ afgaan *basarse en el juicio de u.p.* ⋆ ik ben van ~ dat *opino que* ⋆ een ~ vellen *juzgar; emitir un juicio* • beoordelingsvermogen *criterio* m; *discernimiento* m • vonnis *sentencia* v; *fallo* m; *juicio* m ⋆ REL. het laatste Oordeel *el juicio final*
oordelen *juzgar; formarse un juicio* ⋆ te ~ naar *a juzgar por*
oordopje *tapón* m *del oído*
oordruppels *gotas* v mv *para el oído*
oorkonde *documento* m; *carta* v
oorlel *lóbulo* m
oorlog *guerra* v ⋆ ~ voeren *hacer la guerra; guerrear* ⋆ de periode na de ~ *la posguerra* ⋆ de tachtigjarige ~ *las guerras de Flandes; la guerra de los ochenta años*
oorlogsbodem *buque* m *de guerra*
oorlogscorrespondent *corresponsal* m/v *de guerra*
oorlogseconomie *economía* v *de guerra*
oorlogsfilm *película* v *sobre la guerra*
oorlogsheld *héroe* m *de guerra*
oorlogsindustrie *industria* v *de guerra*
oorlogsinvalide *mutilado* m *de guerra*
oorlogsmisdadiger *criminal* m *de guerra*
oorlogsmonument *monumento* m *a los caídos*
oorlogspad ▼ op het ~ zijn *buscar guerra/bronca*
oorlogsschip *buque* m *de guerra*
oorlogsslachtoffer *víctima* v *de guerra*
oorlogsverklaring *declaración* v *de guerra*
oorlogszuchtig *belicoso; guerrero*
oorlogvoering *beligerancia* v
oormerk *marca* v *en la oreja*
oorontsteking *otitis* v
oorsmeer *cerumen* m
oorsprong • begin *origen* m; *principio* m • afkomst *origen* m; *procedencia* v ⋆ van Spaanse ~ *de procedencia española*
oorspronkelijk • aanvankelijk *original; primitivo; originario* ⋆ de ~e tekst *el texto original* ⋆ hij komt ~ uit Nederland *es originario de Holanda* • origineel *original*
oorverdovend *atronador; ensordecedor*
oorvijg *bofetada* v; *sopapo* m ⋆ een ~ geven *abofetear*
oorwurm *tijereta* v ⋆ een gezicht zetten als een ~ *poner cara de vinagre*
oorzaak *causa* v ⋆ de ~ is onbekend *se ignora la causa* ⋆ kleine oorzaken hebben grote gevolgen *con chica brasa se enciende una casa*
oorzakelijk *causal; causativo* ⋆ TAALK. ~ voorwerp *complemento* m *circunstancial*
oost I BNW *este* **II** ZN [de] *este* m
Oostblok *países* m mv *del Este; bloque* m *oriental*
Oost-Duitsland *Alemania* v *Oriental*
oostelijk I BNW uit/van het oosten *del este* ⋆ ~ van *al este de* ⋆ in ~e richting *hacia el este*

oosten–opdracht

II BIJW naar het oosten *al este*
oosten • windstreek *este* m; *oriente* m ★ ten ~ van *al este de* • gebied ★ het Nabije Oosten *el Cercano Oriente; el Oriente Próximo* ★ het Verre Oosten *el Extremo Oriente*
Oostenrijk *Austria* v
Oostenrijker *austríaco* m; *austriaco* m
Oostenrijks *austríaco; austriaco*
oostenwind *viento* m *del este*
oosterlengte *longitud* v *este*
oosterling *oriental* v
oosters *oriental*
Oost-Europa *Europa* v *del Este*
Oost-Europees *de Europa del Este*
Oost-Indisch *de las Indias orientales* ★ ~e inkt *tinta* v *china* ▼ ~ doof zijn *hacer oídos de mercader*
oostkust *costa* v *este*
oostwaarts *hacia el este*
Oostzee *Mar* m *Báltico*
ootje ▼ iem. in het ~ nemen *tomar el pelo a u.p.; burlarse de u.p.*
ootmoedig *humilde*
op I VZ • boven(op) zijnd *sobre; encima de* ★ op het dak zitten *estar sentado sobre el techo* • in *en* ★ op straat *en la calle* ★ op zijn kamer *en su habitación* • bovenop komend ★ op het dak klimmen *subir sobre el techo* • verwijderd van *a* ★ op drie kilometer afstand *a tres kilómetros de distancia* • tijdens ★ op maandag *el lunes* ★ op zekere dag *cierto día* ★ op 1 augustus *el 1 de agosto* • volgens een bepaalde manier ★ op z'n Frans *a la francesa* • uitgezonderd ★ op twee na de grootste *excepto dos el más grande* • met *a; con* ★ op gas koken *cocinar a gas* ★ op waterstof lopen *funcionar con hidrógeno; ir con hidrógeno* • gericht naar ★ op het noorden *mirando/orientado al Norte* II BIJW • omhoog ★ op en neer *arriba y abajo* • verbruikt *terminado* ★ het water is op *el agua se ha terminado* ★ mijn geduld is op *se me ha acabado la paciencia* ★ op is op *oferta limitada* • uitgeput *agotado* ★ hij was helemaal op *estaba totalmente agotado* • uit bed *levantado* ★ ben je al op? *¿ya te has levantado?*
opa *abuelo* m
opaal *ópalo* m
opart *arte* m *cinético*
opbakken *refreír* [i]; *freír* [i]
opbaren *amortajar* ★ opgebaard zijn *estar de cuerpo presente* ★ waar het lijk werd opgebaard *donde se alzó la capilla ardiente*
opbellen *llamar; llamar por teléfono; telefonear*
opbergen *guardar;* ⟨in archief⟩ *archivar* ★ veilig opgeborgen *a buen recaudo*
opbergsysteem *sistema* m *de archivación*
opbeuren • optillen *levantar* • opvrolijken *animar*
opbiechten *confesar* [ie]
opbieden *pujar contra*
opbinden *sujetar; arremangar;* ⟨v. haar⟩ *recogerse*
opblaasbaar *hinchable*
opblaaspop *muñeco* m *hinchable*
opblazen • doen zwellen *hinchar; inflar* • doen ontploffen *hacer volar* • aandikken *exagerar*
opblijven *velar; no acostarse* [ue] ★ laat ~ *no acostarse hasta tarde*
opbloei *florecimiento* m
opbloeien *florecer; prosperar*
opbod • het opbieden *puja* v ★ bij ~ verkopen *vender al mejor postor* ★ hoger bod *puja* v
opboksen *luchar contra*
opborrelen *borbotar*
opbouw • het opbouwen *construcción* v • samenstelling *estructura* v
opbouwen • bouwen *construir; montar* ★ weer ~ *reconstruir* • tot stand brengen *montar*
opbouwend *constructivo; edificante*
opbouwwerk *asistencia* v *social*
opbranden I OV WW *branden quemar* II ON WW verbranden *consumirse*
opbreken I OV WW • openbreken *abrir;* ⟨v. straat⟩ *desempedrar* [ie] ★ de straat is opgebroken *la calle está en obras* • demonteren *desmontar* • beëindigen *levantar* ★ het beleg ~ *levantar el sitio* • slecht bekomen *costar caro* ★ dat zal hem ~ *eso le va a costar muy caro* II ON WW • vertrekken *marcharse* • oprispen *repetir* [i]
opbrengen • opleveren *rendir* [i]; *rentar* ★ dat brengt me niet veel op *no me renta gran cosa* • betalen *pagar;* ⟨v. belastingen⟩ *contribuir* ★ dat kan ik niet ~ *no puedo pagarlo* • hebben ★ de moed niet meer kunnen ~ om *ya no tener el valor para; ya no tener fuerzas para* • als overtreder meevoeren *detener* [ie]
opbrengst *rendimiento* m; *producción* v ★ netto ~ *producto* m *líquido*
opdagen *aparecer; dejarse ver*
opdat *para que* [+ subj.]; *a fin de que* [+ subj.]
opdienen *servir* [i]
opdiepen *sacar*
opdirken *emperifollar* ★ zich ~ *emperifollarse*
opdissen *contar* [ue] ★ leugens ~ *contar patrañas*
opdoeken I OV WW ophéffen *deshacerse de* II ON WW weggaan *largarse*
opdoemen *surgir; mostrarse* [ue]
opdoen • aanbrengen *poner; aplicar* • opzetten *ponerse* ★ zijn bril ~ *ponerse las gafas* • verkrijgen *adquirir* [ie] ★ ervaring ~ *adquirir experiencia* • oplopen *coger; pescar*
opdoffen *emperifollar* ★ zich ~ *ataviarse* [i]; *emperifollarse*
opdoffer *bofetón* m; *sopapo* m
opdonder • stomp *bofetada* v ★ iem. een ~ geven *soltarle* [ue] *a alguien un sopapo* • tegenslag *golpe* m
opdonderen *largarse* ★ donder op! *¡lárgate!*
opdondertje *renacuajo* m
opdraaien I OV WW opwinden *dar cuerda a* II ON WW • voor *cargar con* ★ voor iets ~ *tirar del carro; cargar con el muerto* ★ iem. voor iets laten ~ *cargar u.c. a u.p.; hacer responsable a u.p. de u.c.*
opdracht • taak *encargo* m; *orden* m/v; *cometido* m • in ~ van *por encargo/orden de* ★ een ~ uitvoeren *cumplir un orden* ★ ~en geven *dar órdenes* • opdracht in boek *dedicatoria* v

opdrachtgever *cliente* m/v; *principal* v; *comitente* m/v
opdragen • opdracht geven tot *encargar*; *ordenar*; *mandar* • offeren ★ de mis ~ *celebrar misa* • ~ **aan** aanbieden *dedicar a*
opdraven • dravend gaan *subir al trote* • op bevel komen *acudir* ★ iem. laten ~ *mandar venir a u.p.*
opdreunen *salmodiar*; *recitar*
opdrijven • voortdrijven *arrear* • doen stijgen *hacer subir*; *aumentar*
opdringen I OV WW ~ **aan** opleggen *imponer a* ★ iem. iets ~ *imponer u.c. a u.p.* ★ zich ~ *imponerse* II WKD WW [zich ~] ⟨v. gedachte⟩ *imponerse*; ⟨v. personen⟩ *imponerse*; ⟨v. personen⟩ *meterse (las narices en)*
opdringerig *importuno*; *pesado*; *entrometido*
opdrinken *beberse*; *apurar*; *vaciar* [i]
opdrogen I OV WW droogmaken *secar* II ON WW droog worden *secarse*
opdruk *estampado* m; *estampación* v; ⟨op postzegel⟩ *sobrecarga* v ★ zegels met ~ *sellos sobrecargados*
opdrukken • omhoog-/voortdrukken *hacer abdominales* • erop drukken *imprimir*; *estampar*; ⟨op postzegel⟩ *sobrecargar*
opduikelen *pescar*
opduiken I OV WW • naar boven halen *sacar buceando* • vinden *pescar* II ON WW • boven water komen *emerger* • tevoorschijn komen *surgir*; *aparecer*
opduvel *bofetada* v; *torta* v
opduvelen *largarse* ★ duvel op, man! *¡pasa tío!*
OPEC *OPEC* v; *Organización* v *de Países Exportadores de Petróleo*
opeen *el uno sobre el otro*; *juntos* mv
opeenhoping *acumulación* v
opeens *de repente*; *de pronto*
opeenstapeling *acumulación* v
opeenvolgend *consecutivo*
opeenvolging *serie* v; *sucesión* v
opeisen *exigir*; *reclamar*
open I BNW • niet afgesloten *abierto* ★ half open *entreabierto* ★ wagenwijd open *abierto de par en par* ★ de deur open laten *dejar abierta la puerta* ★ een open wond *una herida abierta/en carne viva* ★ wijd open *muy abierto*; *(abierto) de par en par* ★ niet bedekt *abierto*; *descubierto* ★ in het open veld *a campo abierto* • niet bezet *libre*; *vacante* ★ open betrekking *empleo* m *vacante* • openhartig *abierto*; *franco* • niet ingevuld ★ een antwoord open laten *dejar en blanco* ★ open en bloot *a la luz del día* II BIJW *abiertamente*; *sin reserva*
openbaar • voor ieder toegankelijk ★ openbare weg *vía pública* v ★ een openbare school *un colegio público* ★ in het ~ *en público* • voor ieder geldend *público* • voor ieder bekend *público*; *notorio* ★ ~ maken *publicar*; *manifestar* [ie]; *dar a conocer* • van de overheid *público* ★ een ~ lichaam *una entidad pública*
openbaarheid *publicidad* v ★ in de ~ brengen *hacer público*
openbaren *revelar*; *manifestar* [ie]

openbaring *revelación* v
openblijven *tener* [ie] *abierto* ★ tot hoe laat blijft u open? *¿hasta qué hora tiene abierto a la tienda?*
openbreken *forzar* [ue]
opendoen *abrir*
openen I OV WW • openmaken *abrir*; *destapar*; ⟨ontkurken⟩ *descorchar* • FIG. beginnen *abrir*; FORM. *inaugurar* ★ de zitting ~ *abrir una sesión* ★ een zaak ~ *abrir un negocio* II ON WW opengaan *abrirse*; *empezar* [ie]
opener *abridor* m
opengaan *abrirse*
openhartig *abierto*; *sincero*; *franco*
openhartoperatie *operación* v *quirúrgica a corazón abierto*
openheid *franqueza* v; *sinceridad* v
openhouden • niet dicht laten gaan *mantener abierto* • vrijhouden *guardar*; *reservar*
opening • het openen *abertura* v; *apertura* v • gat *abertura* v; *agujero* m • begin *apertura* v; ⟨officieel⟩ *inauguración* v • toenadering *apertura* v
openingsbod *primera* v *oferta*
openingskoers *cotización* v *de apertura*
openingsplechtigheid *acto* m *inaugural*; *acto* m *de apertura*
openingstijd *horario* m *de apertura*
openingstijden *horario* m ev *de apertura*; ⟨v. winkels⟩ *horario* m ev *commercial* ★ wat zijn de ~ van de supermarkt? *¿cuándo está abierto el supermercado?*
openingswedstrijd *partido* m *de apertura*
openingszet *primer* m *movimiento* ★ de ~ doen *abrir la jugada*
openlaten • geopend laten *dejar abierto* • FIG. niet invullen *dejar en blanco*
openleggen *abrir*; *descubrir*
openlijk I BNW *abierto*; *manifiesto* II BIJW *abiertamente*; *sin reservas*
openluchtbad *piscina* v *al aire libre*
openluchtconcert *concierto* m *al aire libre*
openmaken *abrir*
op-en-neer *arriba y abajo*; *de arriba abajo*
openslaan *abrir*; *abrir de par en par*
openslaand ★ ~e deuren *puerta* v *de dos hojas*
opensperren *abrir mucho*
openspringen *abrirse bruscamente*; ⟨v. huid⟩ *agrietarse*; ⟨v. huid⟩ *hendirse* [ie]
openstaan • geopend zijn *estar abierto* ★ half ~d *entreabierto* • nog te betalen *estar sin pagar* • vacant zijn *estar vacante* • ~ **voor** welwillend zijn *estar abierto a*
openstellen *abrir* ★ zijn huis ~ *ofrecer su casa*
op-en-top *a fondo*; *enteramente*; *todo*; *de arriba abajo* ★ hij is ~ een heer *es todo un caballero*
openvallen • opengaan *abrirse* • vacant raken *quedar vacante*
openzetten *abrir*
opera *ópera* v
operabel *operable*
operateur *operador* m
operatie *operación* v
operatief *operativo*
operatiekamer *sala* v *de operaciones*
operatiezuster *enfermera* m *de quirófano*

operationaliseren *hacer operable*
operationeel *operacional*
operator • persoon *operador* m • WISK. *operador* m
operazangeres *cantante* v *de ópera*
opereren *operar* ★ geopereerd worden aan *ser operado de*; *operarse de*
operette *opereta* v; ⟨Spaanse⟩ *zarzuela* v
opeten *comerse*
opfleuren I OV WW vrolijker maken *animar* **II** ON WW vrolijker worden *animarse*; *reanimarse*
opflikkeren • helderder flikkeren *centellear* • levendiger worden *reanimarse*; *avivarse* • opduvelen *irse al cuerno* ★ flikker op! *¡vete a la porra!*; *¡vete al cuerno!*
opfokken • grootbrengen *criar* [i] • boos maken *excitar*; *calentar* [ie]
opfrissen • LETT. fris maken *refrescar* ★ zich ~ *refrescarse* • FIG. activeren *refrescar*
opgaan • omhooggaan *ascender* [ie]; *subir*; ⟨v. zon/maan⟩ *salir* ★ de trap ~ *subir las escaleras* • gaan naar *ir a* ★ de straat ~ *salir a la calle* • geheel op raken *acabarse*; *agotarse* ★ juist zijn *valer* ★ dat gaat niet op *esto no vale* • examen doen *presentarse* ★ ~ in *perderse* [ie] en; *absorberse en* ★ in zijn werk ~ *quedarse absorto en el trabajo*; *absorberse en el trabajo*
opgang • het opgaan *subida* v • trap *entrada* v ★ vrije ~ *entrada independiente* v • ~ maken *tener éxito*
opgave, opgaaf • vraagstuk ⟨taal⟩ *ejercicio* m; ⟨rekenen⟩ *problema* m • taak *tarea* v ★ een zware ~ *una tarea difícil* • vermelding *indicación* v; *relación* v ★ ~ doen van iets *indicar u.c.*
opgeblazen • gezwollen *hinchado*; *inflado* • verwaand *engreído*
opgelaten *incómodo* ★ zich ~ voelen *sentirse* [ie, i] *incómodo*
opgeld *agio* m ★ ~ doen *estar en boga*
opgelucht *aliviado* ★ ~ ademhalen *respirar aliviado*
opgeruimd *alegre*; *jovial*
opgeschoten *espigado*; *talludo*; *alto*
opgeschroefd *pomposo*; *aparatoso* ★ ~e verwachtingen *esperanzas exageradas*
opgesmukt *adornado*
opgetogen *encantado*; *muy entusiasta*
opgeven I OV WW • prijsgeven *dejar*; *abandonar*; *renunciar a* ★ ik geef niet op *no me doy por vencido* ★ het drinken ~ *dejar de beber* ★ de hoop ~ *perder* [ie] *la esperanza* • melden *mencionar*; *dar* ★ zijn adres ~ *dar su dirección* • aanmelden *inscribir*; *apuntar* ★ zich ~ *inscribirse*; *apuntarse*; *darse de alta* • opdragen *poner*; ⟨v. taak⟩ *imponer* ★ raadsels ~ *poner adivinanzas* • braken *escupir* **II** ON WW ★ hoog ~ van *ponderar*; *alabar*
opgewassen ★ niet tegen iem. ~ zijn *no poder con u.p.*; *no saber hacer frente a alguien*
opgewekt *alegre*; *vivo*; *animado*
opgewonden *excitado*; *agitado*
opgooien *lanzar al aire*; *echar* ★ een kaart ~ *echar una carta*

opgraven *desenterrar* [ie]; ⟨v. doden ook⟩ *exhumar*
opgraving *excavación* v
opgroeien *crecer*; *criarse* [i]
ophaalbrug *puente* m *levadizo*
ophalen • omhooghalen *levantar*; *subir* • inzamelen *recoger* ★ het examenwerk ~ *recoger los exámenes* • afhalen *recoger*; *buscar* ★ iem. ~ *ir a por alguien*; *ir a buscar a alguien* • verbeteren *mejorar*; *refrescar* • frisser, mooier maken *reavivar*
ophanden *inminente*; *a las puertas* ★ de examens zijn ~ *tenemos los exámenes a las puertas*
ophangen I OV WW • erop/eraan hangen *colgar* [ue]; *suspender*; *tender* [ie] ★ het wasgoed ~ *tender la ropa* • aan de galg hangen *ahorcar* • opdissen *contar* [ue] • ~ **aan** *relacionar con* **II** ON WW telefoongesprek beëindigen *colgar* [ue]
ophanging • straf *colgamiento* m • TECHN. *suspensión* v
ophebben • dragen *tener puesto* [ie]; *llevar* • genuttigd hebben ⟨v. eten⟩ *haber comido*; ⟨v. drinken⟩ *haber bebido* ★ een glaasje te veel ~ *haber bebido una copita de más* ★ ~ **met** *simpatizar con* ★ hij heeft niet veel met zijn schoonmoeder op *su suegra no es santa de su devoción*; *su suegra no le cae bien*
ophef *aparato* m; *ostentación* v ★ met veel ~ *con mucho aparato*; *con mucha ostentación* ★ veel ~ over iets maken *ponderar mucho u.c.*
opheffen • optillen *levantar*; *alzar* ★ het hoofd ~ *alzar la cabeza*; *erguir* [ie, i] *la cabeza* • beëindigen *levantar*; *cancelar*; *suprimir* ★ het beslag ~ *alzar el embargo*; *desembargar* ★ een zaak ~ *cerrar* [ie] *un negocio* ★ de zitting ~ *levantar la sesión* ★ een rekening ~ *cancelar una cuenta* • tenietdoen *neutralizar*
opheffing • sluiting *liquidación* v; *cierre* m ★ wegens ~ van de zaak *por cierre del negocio* • afschaffing *cancelación* v; *supresión* v
opheffingsuitverkoop *venta* v *por liquidación del negocio*
ophelderen I OV WW toelichten *aclarar*; *elucidar*; *explicar* **II** ON WW weer helder worden *aclararse*; *serenarse*
opheldering *aclaración* v; *esclarecimiento* m; *explicación* v ★ iem. ~ geven *dar explicaciones a alguien*; *informar a alguien*
ophemelen *ponderar*; *alabar*; *ensalzar*
ophijsen *izar*; *levantar*
ophitsen *excitar*; *azuzar*; *incitar* ★ ~e woorden *palabras provocadoras*
ophoepelen *largarse*
ophoesten • spuwen *escupir*; *expectorar* ★ slijm ~ *expectorar* • tevoorschijn toveren ★ jaartallen ~ *escupir fechas*
ophogen *levantar*; *elevar*
ophopen *amontonar*; *acumular*
ophouden I OV WW • omhoog houden *levantar*; *sostener* [ie]; ⟨v. hand⟩ *extender* [ie] • hooghouden *mantener* [ie] • op het lichaam houden *no quitarse* • tegenhouden *detener* [ie]; *retrasar* ★ opgehouden worden *retrasarse*; *sufrir contratiempos* **II** ON WW

stoppen *parar*; *dejar*; *cesar* ★ ~ met *dejar de*; *cesar de* ★ het is opgehouden met regenen *ha dejado de llover* ★ zonder ~ *sin cesar*; *sin parar* ★ maar dan houdt alles op *eso sí que es demasiado* ★ dat houdt nooit op *es cosa de nunca acabar* ★ hou nou eindelijk eens op *acaba de una vez* ★ hou toch op! *¡para ya!*; *¡idéjate de cuentos!* III WKD WW [zich ~] • ergens zijn *detenerse* [ie]; *estar* • ~ met zich bezighouden *ocuparse de/en*
opiaat *opiato* m
opinie *opinión* v
opinieblad *revista* v *de opinión*
opinieonderzoek *sondeo* m *de opinión*
opium *opio* m ★ ~ schuiven *fumar opio*
opjagen • voortjagen ⟨v. wild⟩ *batir*; ⟨v. wild⟩ *ojear* • opdrijven *hacer subir* ★ prijzen ~ *hacer subir los precios* • tot haast aanzetten *incitar*; *apresurar*
opjutten *atosigar*; *abrumar*
opkalefateren *arreglar*; *remendar* [ie]
opkijken • omhoogkijken *levantar los ojos*; *alzar la vista* • verbaasd zijn *sorprenderse*; *maravillarse* • ~ tegen ★ tegen iets ~ *sentir* [ie, i] *miedo ante algo* ★ tegen iem. ~ *respetar a u.p.*
opkikkeren *animarse*; *entonarse* ★ daar kikker je van op *eso te animará*
opkikkertje *trago* m
opklapbaar *plegable*
opklapbed *cama* v *plegable*
opklappen *plegar* [ie]
opklaren ⟨v. weer⟩ *despejarse*; ⟨v. weer⟩ *serenarse*; ⟨v. weer⟩ *escamparse*; ⟨v. gezicht⟩ *animarse*
opklaring *claro* m; *escampada* v ★ er komen ~en *se despejará el cielo*
opklimmen • omhoog klimmen *subir*; ⟨v. berg⟩ *escalar* • in rang stijgen *ascender* [ie]; *encumbrarse* • ~ tot generaal *ascender a general*
opkloppen • doen rijzen *batir* • overdrijven *hinchar*
opknapbeurt *limpieza* v *a fondo*
opknappen I OV WW • netjes maken *mejorar*; *arreglar* ~ zich een beetje ~ *arreglarse* • verrichten *arreglar* ★ dat zal hij wel ~ *ya se las arreglará* • straf uitzitten *cumplir* ★ ~ met *cargar con* II ON WW beter worden *mejorarse*; ⟨v. zieke⟩ *recuperarse*; ⟨v. zieke⟩ *restablecerse* ★ daar knap je van op *eso te hará bien*
opknopen *ahorcar*
opkomen • ontstaan *nacer*; *surgir* • omhoogkomen *subir*; ⟨v. zon⟩ *salir*; ⟨v. plant⟩ *brotar*; ⟨v. plant⟩ *salir* ★ de zon komt op *el sol sale* ★ hij kwam de trap op *subió la escalera* • verschijnen *presentarse* ★ slechts 20 leden waren opgekomen *sólo estaban presentes 20 miembros* • in gedachten komen *ocurrirse* ★ ik kan er niet ~ *no me sale*; *no se me ocurre* ★ het kwam niet bij hem op *no se le entraba en la cabeza*; *no se le ocurría* • op toneel komen *salir a la escena* • op raken *acabarse* ★ het eten zal best ~ *bien se acabará la comida* • ~ tegen *oponerse a*; *protestar contra* ★ tegen een bewering ~ *protestar contra una afirmación* • ~ voor *defender* [ie] ★ voor iem. ~ *salir a la defensa de u.p.* ★ voor zijn rechten ~ *defender sus derechos*
opkomst • beweging omhoog *salida* v; ⟨v. zon ook⟩ *orto* m • ontwikkeling *desarrollo* m; *progreso* m; *crecimiento* m ★ in ~ zijn *estar en desarrollo* ★ in ~ en *crecimiento* • TON. entree *salida* v; *aparición* v • komst na oproep *concurrencia* v; ⟨bij verkiezingen⟩ *participación* v
opkomstplicht *obligación* v *de votar*
opkopen *comprar*; ⟨hamsteren⟩ *acaparar*; ⟨hamsteren⟩ *acopiar*
opkoper *acaparador* m; *acopiador* m
opkrabbelen • krabbelend opstaan *levantarse* • zich herstellen *reponerse*; *restablecerse*
opkrassen *largarse*; *tomar el tole*
opkrikken *levantar (con el gato)*
opkroppen *reprimir*; *contener*
oplaadbaar ⟨v. batterij⟩ *recargable*
oplaaien • feller gaan branden *inflamarse*; *llamear* [ie] • vuriger worden *encenderse*
opladen *cargar*
oplader *cargador* m
oplage *tirada* v
oplappen *arreglar*; ⟨v. kleren⟩ *remendar* [ie]
oplaten ⟨v. vlieger⟩ *elevar*; ⟨v. ballon⟩ *lanzar*
oplawaai *bofetada* v
oplazeren *largarse*; *irse a tomar por el culo*
opleggen • op iets leggen *poner sobre*; *poner encima* • belasten met *imponer*; *infligir* ★ een boete ~ *imponer una multa* ★ iem. een straf ~ *infligir un castigo a u.p.* • SCHEEPV. *retirar*
oplegger *semirremolque* m
opleiden *formar*; *educar* ★ iem. ~ voor het examen *preparar a u.p. para el examen*
opleiding *formación* v; *educación* v
opleidingscentrum *centro* m *de formación*
opleidingsinstituut *centro* m *de formación*
oplepelen • opeten *cucharear* • vlot opzeggen *soltar* [ue]
opletten *atender* [ie]; *fijarse*; *prestar atención* ★ opgelet! *¡atención!*
oplettend *atento*
opleuken *darle gracia a algo*
opleven *renacer*; *revivir*
opleveren • opbrengen *producir*; *rendir* [i] ★ winst ~ *producir ganancias* ★ veel ~ *rendir mucho* • afleveren *entregar*
oplevering *entrega* v
opleving *renacimiento* m; *resurgimiento* m
oplichten I OV WW • optillen *levantar* • bedriegen *estafar* II ON WW helder worden *aclararse*
oplichter *estafador* m
oplichterij *estafa* v; *timo* m; *engaño* m
oplichting • het optillen *levantamiento* m • bedrog *estafa* v; *timo* m; *engaño* m
oploeven *orzar*
oploop *algarada* v
oplopen I OV WW ongewild krijgen *incurrir en*; *sufrir*; *coger* ★ een boete ~ *incurrir en una multa* ★ een longontsteking ~ *coger una pulmonía* II ON WW • naar boven lopen *subir*; *ascender* [ie] • gaan ★ met iem. ~ *acompañar a u.p.* • toenemen *aumentar*; *crecer*; *subir*

oplosbaar–oppositieleider

▼ tegen iets ~ *dar con u.c.*
oplosbaar ● in iets op te lossen *disoluble* ● op te helderen *resoluble*
oploskoffie *café* m *instantáneo*
oplosmiddel *disolvente* m
oplossen I ov ww ● SCHEIK. *disolver* [ue] ● de uitkomst vinden *resolver* [ue]; *solucionar* II on ww ● SCHEIK. *disolverse* [ue] ● verdwijnen *desvanecerse*
oplossing ● uitkomst *solución* v ● SCHEIK. *disolución* v
oplossingscoëfficiënt *coeficiente* m *de solubilidad*
opluchten *aliviar*
opluchting *alivio* m; *desahogo* m
opluisteren *amenizar*
opmaak ● lay-out *composición* v; *compaginación* v; *ajuste* m ● cosmetica *maquillaje* m
opmaakredacteur *compaginador* m; *componedor* m; *diagramador* m
opmaat ● MUZ. *nota* v *inacentuada* ● begin *preludio* m
opmaken ● verbruiken *acabar*; *consumir*; *gastar* ● in orde maken *hacer*; *arreglar* ★ zijn bed ~ *hacer la cama* ★ het haar ~ *peinarse* ★ zich ~ om *prepararse para* ● concluderen *deducir de*; *inferir de* [ie, i] ● cosmetica opdoen *maquillar* ★ zich ~ *maquillarse* ● typografisch indelen *compaginar* ● opstellen *hacer*; *redactar* ★ de rekening ~ *hacer la cuenta*
opmars ● het opmarcheren *marcha* v; MIL. *despliegue* m ● vooruitgang *avance* m ★ in ~ zijn *avanzar*
opmerkelijk *notable*
opmerken ● waarnemen *notar*; *darse cuenta de*; *advertir* [ie, i] ● aandacht vestigen op *observar*
opmerking *observación* v; *advertencia* v ★ op- en aanmerkingen *advertencias y reparos*
opmerkingsgave *capacidad* v *de observación*
opmerkzaam *atento* ★ iem. ~ maken op iets *llamar la atención de u.p. hacia u.c.*
opmeten *medir* [i]; ⟨v. land⟩ *apear*
opmonteren *alegrar*; *despabilar*
opnaaien ● vastnaaien *coser* ● opjutten *joder* ★ laat je niet ~ *no le hagas caso*
opname ● het opnemen ⟨in ziekenhuis⟩ *hospitalización* v ● registratie ⟨met fototoestel⟩ *fotografía* v; ⟨v. film⟩ *toma* v; ⟨v. geluid⟩ *grabación* v
opnamestudio *estudio* m *de grabación*
opnemen ● oppakken *levantar*; *coger* ● LETT. opvatten *retomar*; *reanudar* ● telefoon beantwoorden *contestar*; *coger* ● van tegoed halen *recoger*; *retirar* ★ geld ~ *retirar dinero* ● aanvaarden *tomar* ★ iets goed ~ *tomar a bien u.c.* ★ iets kalm ~ *tomar u.c. con calma* ★ iets hoog ~ *tomar muy en serio u.c.* ★ een plaats geven *acoger*; *recoger*; *incorporar*; ⟨in ziekenhuis⟩ *ingresar*; ⟨in ziekenhuis⟩ *hospitalizar*; ⟨in tekst⟩ *insertar*; ⟨in tekst⟩ *incluir* ★ in een ziekenhuis opgenomen worden *ingresar en un hospital* ★ in het leger ~ *incorporar en el ejército* ● tot zich nemen *asimilar* ● absorberen *absorber* ● bekijken *examinar* ★ van top tot teen ~ *examinar de pies a cabeza* ★ iets goed in zich ~ *registrar*

bien u.c. ● A-V vastleggen ⟨v. geluid⟩ *grabar*; ⟨v. beeld⟩ *rodar* [ue] ● noteren *examinar*; *anotar* ★ inventaris ~ *hacer el inventario* ★ de schade ~ *examinar los daños* ★ in de notulen ~ *hacer constar en el acta* ● meten *medir* [i]; *tomar* ★ de temperatuur ~ van *tomar la temperatura a* ● schoonvegen *recoger*; *limpiar* ▼ het opnemen voor iem. ~ *salir en defensa de u.p.*; *defender* [ie] *a u.p.* ▼ het tegen iem. ~ *resistir a u.p.*
opnieuw *otra vez*; *de nuevo*
opnoemen *mencionar*; *enumerar*
opoe *abuelita* v; *nana* v
opofferen *sacrificar*; *inmolar* ★ zich ~ voor *sacrificarse por*; *inmolarse por*
opoffering *sacrificio* m; *abnegación* v
opofferingsgezind *sacrificado*; *abnegado*
oponthoud ● vertraging *demora* v; *detención* v; *retraso* m ● verblijf *estancia* v
oppakken ● optillen *coger*; *alzar* ● arresteren *detener* [ie]; *arrestar*
oppas *canguro* m
oppassen ● opletten *tener* [ie] *cuidado*; *guardarse*; *cuidarse* ★ pas op! *¡cuidado!* ● zorgen voor *cuidar de* ★ zich gedragen *portarse* ★ slecht ~ *portarse mal*
oppasser ● toezichthouder *guarda* m/v ● verzorger *cuidador* m
oppeppen *alentar* [ie]; *espolear*
oppepper *estímulo* m
opperbest *excelente*; *estupendo*
opperbevel *mando* m *supremo*; *alto* m *mando*
opperbevelhebber *comandante* m *en jefe*; *generalísimo* m
opperen *sugerir* [ie, i]; *proponer* ★ een plan ~ *proponer un proyecto*
oppergezag *autoridad* v *suprema*; *máxima autoridad*
opperhoofd *jefe* m; *jefe* m *de tribu*
opperhuid *epidermis* v [mv: *epidermis*]
oppermachtig *soberano*; *todopoderoso*
opperst ● hoogst, grootst, meest *sumo* ● machtigst *supremo* ● belangrijkst *supremo*; *sumo*
oppervlak *superficie* v
oppervlakkig *superficial*
oppervlakte *superficie* v ★ aan de ~ komen *salir a la superficie*
oppervlaktemaat *medida* v *de superficie*
oppervlaktewater *agua* v *superficial*
Opperwezen *ser* m *supremo*
oppeuzelen *paladear*
oppiepen *llamar por localizador*
oppikken ● met snavel pakken *picar* ● meenemen *recoger*
oppoetsen *lustrar*; *bruñir*; *pulir*
oppompen *inflar*
opponent *oponente* m/v
opponeren *oponer*
opporren *oprakelen atizar* ● aansporen *animar*; *pinchar*
opportunisme *oportunismo* m
opportunistisch *oportunista*
opportuun *oportuno*
oppositie *oposición* v
oppositieleider *líder* m *de la oposición*

oppositiepartij *partido* m *de la oposición*
oppotten *entalegar; ahorrar*
oprakelen • vuur opstoken *atizar; hurgar* • ophalen *reanimar; atizar*
oprapen *recoger; alzar* ▼ voor het ~ liggen *abundar; ser abundante*
oprecht *sincero; franco*
oprechtheid *sinceridad* v
oprichten • overeind zetten *alzar; levantar; erguir* [ie, i] ★ zich ~ *enderezarse; erguirse* • bouwen *erigir* ★ een standbeeld ~ *erigir una estatua* • stichten *establecer; fundar; constituir*
oprichter *fundador* m
oprichting • stichting *fundación* v; *establecimiento* m; *constitución* v • bouw *erección* v
oprijden • rijdend opgaan *subir* • ~ **tegen** *chocar con*
oprijlaan *camino* m *de entrada*
oprijzen *surgir*
oprisping *eructo* m; *regüeldo* m
oprit ⟨v. snelweg⟩ *vía* v *de acceso*; ⟨v. garage⟩ *(rampa* v *de) entrada*
oproep *llamamiento* m; *convocatoria* v; *convocación* v ★ een ~ tot het volk richten *dirigir un llamamiento al pueblo*
oproepen • tevoorschijn roepen *evocar* • ontbieden *convocar*; ⟨v. militair⟩ *llamar a filas*
oproepkracht *empleado* m *en disponibilidad*
oproer • opstand *insurrección* v; *sedición* v; *sublevación* v ★ in ~ komen *sublevarse* ★ in ~ brengen *revolucionar*; *sublevar* • heftige beroering *alboroto* m; *revuelta* v; *tumulto* m; *agitación* v
oproerkraaier *alborotador* m
oproerpolitie *policía* v *antidisturbios*
oprollen • in elkaar rollen *enrollar; arrollar* • onschadelijk maken *desarticular*
oprotpremie FORM. *indemnización* v *para los emigrantes que regresan a su país*
oprotten *largarse; pirarse*
opruien *incitar; instigar; sublevar*
opruimen • netjes maken *ordenar; recoger; arreglar* • wegdoen *deshacerse de* ★ hinderpalen ~ *quitar obstáculos* • uitverkopen *liquidar*
opruiming *liquidación* v; *rebajas* v mv ★ ~ houden *liquidar*
opruimingsuitverkoop *saldo* m; *rebajas* v mv; *liquidación* v
oprukken *marchar sobre*
opscharrelen *pescar; hallar; encontrar* [ue]
opschepen met ★ iem. met iets ~ *endosar u.c. a u.p.*
opscheplepel *cucharón* m *(de servir)*
opscheppen I OV WW scheppend opdoen *servir* [i]; ⟨met lepel⟩ *cucharear* ▼ voor het ~ liggen *abundar* II ON WW pochen *presumir; fanfarronear*
opschepper *fanfarrón* m
opschepperig *fanfarrón; presumido*
opschepperij *fanfarronada* v
opschieten • zich haasten *apresurarse; darse prisa* ★ schiet op! *¡date prisa!; ¡apresúrate!* • groeien *crecer* • vorderen *adelantar;*
avanzar ★ daar schiet ik niets mee op *eso no me valdrá para nada* • ~ met omgaan *llevarse con* ★ goed met elkaar kunnen ~ *entenderse* [ie] *bien; llevarse bien*
opschik *adorno* m
opschikken I OV WW versieren *adornar* II ON WW opschuiven *correrse*; INFORM. *estrecharse*
opschonen *limpiar*
opschorten *aplazar; diferir* [ie, i]
opschrift • tekst ergens op *epígrafe* m; ⟨op etiket⟩ *letrero* m; ⟨op munt⟩ *leyenda* v • titel *epígrafe* m
opschrijven *apuntar; anotar*
opschrikken I OV WW doen schrikken *asustar* II ON WW van schrik opspringen *espantarse; asustarse*
opschroeven *subir*
opschudden *sacudir*
opschudding *conmoción* v; *alboroto* m
opschuiven I OV WW • opzij schuiven *correr; mover* [ue] • uitstellen *aplazar* II ON WW opschikken *correrse*; INFORM. *estrecharse* ★ schuif eens wat op! *¡córrete un poco!*
opslaan I OV WW • omhoog slaan *levantar; alzar* • de ogen ~ *alzar los ojos* • openslaan *abrir* • verhogen ⟨v. prijzen⟩ *aumentar*; ⟨v. prijzen⟩ *subir* • bergen *guardar*; ⟨ook van computergegevens⟩ *almacenar* • opzetten *asentar* [ie] ★ een kamp ~ *asentar un campamento* II ON WW duurder worden *aumentar; subir*
opslag • loonsverhoging *aumento* m *de sueldo* ★ iem. ~ geven *dar a u.p. un aumento de sueldo* • berging *almacenamiento* m; *almacenaje* m • SPORT *saque* m; *servicio* m
opslagcapaciteit *capacidad* v *de almacenamiento*
opslagmedium *soporte* m *de datos; soporte* m *informático*
opslagplaats *almacén* m
opslagruimte *almacén* m
opslagtank *tanque* m *de almacenamiento*
opslobberen *sorber; beberse*
opslokken *engullir; tragarse*
opslorpen • in beslag nemen *absorber* ★ door je bezigheden opgeslorpt worden *ser absorbido por las ocupaciones* • slurpend opdrinken *chupar*
opsluiten *encerrar* [ie]; *recluir*; ⟨in gevangenis⟩ *encarcelar*
opsluiting *encierro* m; ⟨in gevangenis⟩ *encarcelamiento* m; ⟨in inrichting⟩ *reclusión* v
opsmuk *adorno* m; *atavío* m
opsnijden *jactarse; fanfarronear*
opsnorren *encontrar* [ue]; *sacar*
opsnuiven *aspirar; inhalar*
opsodemieteren *largarse; irse a la porra*
opsommen *enumerar*
opsomming *enumeración* v
opsparen *ahorrar*
opspelden *prender con alfileres*
opspelen *rabiar; tronar* [ue]
opsporen ⟨zoeken⟩ *buscar*; ⟨zoeken⟩ *averiguar*; ⟨vinden⟩ *localizar*
opsporing ⟨het zoeken⟩ *pesquisa* v; ⟨het zoeken⟩ *búsqueda* v; ⟨het vinden⟩ *localización*

opsporingsambtenaar ≈ *funcionario* m *encargado* m *de la averiguación*
opsporingsbericht *aviso* m *de búsqueda*
opsporingsbevoegdheid *poder* m *para investigar*
opsporingsdienst *departamento* m *de investigación criminal*
opspraak ★ iem. in ~ brengen *comprometer a u.p.* ★ in ~ zijn *andar en coplas* ★ in ~ komen *dar que hablar*
opspringen *saltar*; *brincar*; ⟨v. bal⟩ *rebotar*
opstaan • gaan staan *ponerse de pie* ★ van tafel ~ *dejar la mesa* • uit bed komen *levantarse* • verschijnen *levantarse* • verrijzen *resucitar* • in opstand komen *sublevarse*; *alzarse* • op het vuur staan *estar en el fuego* ★ het eten staat op *la comida está puesta*
opstal *edificio* m
opstalverzekering *seguro* m *de lo edificado*
opstand *insurrección* v; *sublevación* v; *rebeldía* v ★ in ~ komen *sublevarse*; *rebelarse*
opstandeling *rebelde* m/v; *sublevado* m; *insurrecto* m; *amotinado* m
opstandig *rebelde*; *sublevado*; *insurrecto*; *amotinado*
opstanding *resurrección* v
opstapelen *amontonar*; *acumular*
opstapje *peldaño* m; *escalón* m
opstappen • weggaan *marcharse* • op iets stappen *montar*; *subir* ★ op de bus stappen *subir al autobús* ★ hij stapte op zijn fiets *subió a la bicicleta*
opstapplaats *lugar* m *de recogida*
opstarten *poner en marcha*
opstartprocedure *procedimiento* m *de arranque / de inicio*
opsteken I OV WW • omhoogsteken *levantar* ★ een paraplu ~ *abrir un paraguas* ★ een vinger ~ *levantar el dedo* • aansteken *encender* [ie] • te weten komen *aprender* ★ zij heeft er niets opgestoken *no ha aprendido nada* II ON WW gaan waaien *levantarse*
opsteker *golpe* m *de suerte*
opstel *composición* v
opstellen I OV WW • plaatsen *montar*; *colocar* • ontwerpen *redactar* II WKD WW [zich ~] *ponerse* ★ zich afwachtend ~ *adoptar una actitud expectante*
opstelling • plaatsing *colocación* v; *montaje* m; ⟨v. elftal⟩ *alineación* v • houding *actitud* v; *posición* v
opstijgen • omhoogstijgen *subir*; *ascender* [ie]; ⟨v. vliegtuig⟩ *despegar* • te paard klimmen *montar*
opstoken • harder stoken *atizar* • verbranden *quemar* • ophitsen *instigar*
opstootje *algarada* v; *disturbio* m; *motín* m
opstopping *embotellamiento* m; *atasco* m; *congestión* v *de tráfico*
opstrijken • innen *cobrar* • gladstrijken *planchar*
opstropen *arremangar*; *arrezagar*
opsturen *enviar* [i]; *expedir* [i]
optakelen *izar (con polea)*
optater *tortazo* m

optekenen *anotar*; *apuntar*; *consignar*
optellen *sumar*
optelling *suma* v; *adición* v
optelsom *suma* v; *cuenta* v
opteren *optar por*
opticien • persoon *óptico* m • winkel *óptica* v
optie *opción* v
optiebeurs *mercado* m *bursátil de opciones*
optiek *punto* m *de vista*; *perspectiva* v
optillen *levantar*; *alzar*
optimaal *óptimo*
optimaliseren *optimar*; *optimizar*
optimisme *optimismo* m
optimist *optimista* m/v
optimistisch *optimista*
optioneel *opcional*
optisch *óptico*
optocht *desfile* m; ⟨plechtig⟩ *comitiva* v; ⟨te paard⟩ *cabalgata* v
optometrie *optometría* v
optornen tegen *hacer frente*
optreden I ZN [het] • handelwijze *proceder* m; *conducta* v • opvoering *actuación* v II ON WW • handelen *actuar* [ú]; *proceder* ★ voorzichtig ~ *proceder con prudencia* • energiek ~ *actuar enérgicamente* ★ ~ tegen iem. *enfrentarse con u.p.* ★ ~ als *actuar de* • zich voordoen *presentarse*; *producirse* • een rol spelen *actuar* [ú]; *intervenir* ★ voor het eerst ~ *debutar*
optrekje *casita* v
optrekken I OV WW • omhoogtrekken *alzar*; *levantar*; ⟨v. wenkbrauwen⟩ *enarcar* • opbouwen *levantar*; *edificar* II ON WW • opstijgen *desvanecerse*; *disiparse* ★ de mist trok op *la niebla se disipó* • oprukken *marchar sobre* ★ accelereren *arrancar* • omgaan met *estar con* ★ hij trekt veel met zijn zus op *se ve mucho con su hermana*
optrommelen *convocar*; *reunir* [ú]
optuigen • van tuig voorzien *aparejar* • versieren *adornar*
optutten [zich ~] *arreglarse*; *pintarse*
opus *obra* v
opvallen *saltar a la vista*; *llamar la atención*
opvallend *llamativo*; *vistoso*
opvang *acogida* v
opvangcentrum *centro* m *de acogida*; *centro* m *de recepción y ayuda*
opvangen • vangen *coger* • vergaren *recoger* • waarnemen *oír*; *captar* • ondervangen *amortiguar* • helpen *acoger*
opvangkamp *campamento* m *de acogida*
opvarende *tripulante/pasajero* m *de un barco*
opvatten • opnemen *coger* ★ weer ~ *reanudar* • gaan koesteren *coger*; *cobrar*; *concebir* [i] ★ liefde ~ voor iem. *cobrarle cariño a u.p.* • een plan ~ *concebir un plan* • beschouwen *tomar*; *entender* [ie] ★ iets goed ~ *tomar a bien u.c.*
opvatting *concepto* m; *opinión* v; *idea* v ★ ~en huldigen *tener ideas*
opvijzelen • opkrikken *levantar con el gato* • verbeteren *mejorar*
opvissen • uit water halen *pescar*; *recoger del agua* • FIG. opdiepen *sacar*
opvlammen *llamear*

opvliegen • omhoogvliegen *alzar el vuelo* ★ de trap ~ *subir la escalera corriendo* • driftig worden *arrebatarse* ★ waarom vlieg je zo op? *¿qué mosca te ha picado?*

opvliegend *colérico; irritable* ★ ~ zijn *tener mal genio*

opvlieger *acaloramiento* m

opvoeden • grootbrengen *criar* [i] ★ goed opgevoed *bien educado* • vormen *educar*

opvoeding • het grootbrengen *crianza* v • vorming *educación* v ★ een goede ~ geven *dar una buena educación*

opvoedingsgesticht *reformatorio* m; *correccional* m

opvoedkunde *pedagogía* v

opvoedkundig *pedagógico*

opvoeren • vertonen *representar* • aanvoeren *declarar* • groter/krachtiger maken *aumentar; intensificar*; *elevar* ★ de productie ~ *intensificar la producción* ★ een brommer ~ *aumentar la potencia de una motocicleta*

opvoering • vertoning *representación* v ★ eerste ~ *estreno* m • vermeerdering *aumento* m

opvolgen I ov ww gevolg geven aan *seguir* [i]; *obedecer* ★ de raad ~ *seguir el consejo* **II** on ww volgen op *suceder a*

opvolger *sucesor* m

opvouwbaar *plegadizo*

opvouwen *plegar* [ie]

opvragen *pedir* [i]; *reclamar*; ⟨v. geld⟩ *retirar*

opvreten I ov ww opeten *devorar*; *comerse* **II** wkd ww [**zich** ~] ★ zich ~ van woede *concomerse de rabia*

opvrijen *acaramelar*

opvrolijken *alegar; animar; alborozar*

opvullen *rellenar; llenar*

opwaaien I ov ww omhoog brengen *levantar* **II** on ww omhoog gaan *levantarse*

opwaarderen *revalorizar; revaluar* [ú]

opwaarts I bnw *ascendente* **II** bijw *hacia arriba*

opwachten *esperar*

opwachting ★ zijn ~ maken bij *presentar sus respetos a*

opwarmen I ov ww ⟨opnieuw⟩ verwarmen *recalentar* [ie] **II** on ww warm worden *calentarse* [ie] **III** wkd ww [**zich** ~] *entrar en calor*

opwegen *compensar; contrapesar*

opwekken • doen ontstaan *despertar* [ie]; *provocar* ★ de eetlust ~ *despertar el apetito* ★ een bevalling ~ *inducir un parto* • aansporen *incitar a; animar* • doen herleven *resucitar*

opwekkend *estimulante* ★ ~e middelen *estimulantes* m mv; *tónicos* m mv

opwellen *brotar; surgir; salir*

opwelling • impuls m *arranque* m; *arrebato* ★ in een ~ van drift *en un arrebato de cólera* ★ in een ~ handelen *actuar impulsivamente*

opwerken I ov ww bruikbaar maken ⟨v. splijtstof⟩ *enriquecer* **II** wkd ww [**zich** ~] *encumbrarse*

opwerkingsfabriek *planta* v *de enriquecimiento*

opwerpen • omhoog werpen *lanzar* • aanleggen *levantar*; *construir*; *erigir* • opperen *plantear*; *sugerir* [ie, i]

opwinden I ov ww • optrekken *izar*; ⟨v. anker⟩ *guindar* • oprollen *devanar* • draaiend spannen *dar cuerda a* • heftige gevoelens veroorzaken *apasionar*; *irritar*; ⟨ook seksueel⟩ *excitar*; ⟨ook seksueel⟩ *calentar* **II** wkd ww [**zich** ~] ★ zich ~ over *cabrearse por*

opwindend *emocionante; excitante*

opwinding *excitación* v; *agitación* v

opzadelen • zadel opdoen *ensillar* • opschepen *endosar* ★ iem. met iets ~ *endilgarle algo a alguien*

opzeggen • voordragen *recitar* • beëindigen ⟨v. contract⟩ *anular*; ⟨v. contract⟩ *rescindir*; ⟨v. verdrag⟩ *denunciar*; ⟨v. betrekking⟩ *despedir*; [i] ⟨v. huur⟩ *desahuciar*; ⟨v. lidmaatschap⟩ *darse de baja*

opzegtermijn *plazo* m *de preaviso*

opzet I zn [de] plan *planteamiento* m; *organización* v; *plan* m **II** zn [het] bedoeling *intención* v ★ met ~ *intencionadamente* ★ zonder ~ *sin querer*

opzettelijk I bnw *intencional*; *intencionado* **II** bijw *intencionadamente*

opzetten I ov ww • overeind zetten *levantar*; *montar* ★ zijn kraag ~ *levantar el cuello* ★ een tent ~ *montar una tienda* • plaatsen op *poner*; *colocar* ★ zijn hoed ~ *ponerse el sombrero* • beginnen *poner*; *comenzar* [ie]; *emprender* • prepareren *disecar* • opstoken *instigar contra* ▼ zet hem op! *¡ánimo!* **II** on ww • opkomen *acercarse*, ⟨v. mist⟩ *levantarse* • zwellen *hincharse*

opzicht • toezicht *vigilancia* v; *supervisión* v • aspect *aspecto* m; *respecto* m ★ in alle ~en *por todos conceptos* ★ ten ~e van *con respecto a* ★ in dat ~ *en cuanto a eso*; *en ese aspecto* ★ in zeker ~ *en cierto sentido*

opzichter *supervisor* m

opzichtig *llamativo; vistoso*

opzichzelfstaand *aislado*; *aparte*

opzien I zn [het] ★ ~ baren *causar sensación* **II** on ww • opkijken *levantar los ojos* • bewonderen *respetar* ★ tegen iem. ~ *respetar a u.p.* • vrezen *arredrarse ante*

opzienbarend *sensacional*; *ruidoso*

opziener *supervisor* m

opzij • naar de zijkant *a un lado*; *de lado* ★ ~! *¡apártense!; ¡abran paso!* ★ ~ schuiven *echar a un lado*; *dejar de un lado*; *apartar* • terzijde *aparte* ★ van ~ gezien *visto de perfil*

opzitten *estar incorporado* ▼ er zit niets anders op *no hay más remedio* ▼ er zal wat voor je ~ *recibirás tu merecido* ▼ dat zit er weer op! *¡ya está!*

opzoeken • zoeken *buscar* • bezoeken *visitar*; *ir a ver*

opzouten *salar* ▼ dat kun je wel ~ *¡olvídalo!*

opzuigen • absorberen *absorber* • naar boven zuigen *chupar* ★ vuil ~ *limpiar con aspiradora*

opzwellen *hincharse*; *inflarse*

opzwepen *excitar*

OR *consejo* m *de empresa*

oraal I bnw • mondeling *oral* ★ orale geschiedenis *historia oral* • m.b.t. de mond ★ orale fase *fase oral* ★ orale seks *sexo oral* **II** bijw door de mond *oralmente* ★ medicijnen

~ **toedienen** *administrar medicamentos por vía oral*
orakel *oráculo* m
orang-oetang *orangután* m
Oranje • vorstenhuis *Orange* m; *Casa* m *de Orange* • nationale sportploeg *selección* v *holandesa*
oranje I BNW *naranja*; *de color naranja*; *naranjado* **II** ZN [het] kleur *naranja* m; *color* m *naranja*
oranjebitter *licor* m *de naranja*
Oranjehuis *la Casa* v *de Orange*
Oranjeteam *selección* v *holandesa*
oratie *discurso* m
oratorium *oratorio* m
orchidee *orquídea* v
orde • geregelde toestand *orden* m/v ★ niet in orde zijn *no funcionar*; *no encontrarse* [ue] *bien* ★ in orde brengen *poner en orden*; *arreglar* ★ het komt wel in orde *ya se arreglará* ★ in orde zijn *encontrarse* [ue] *bien de salud*; *estar en orden/regla* ★ alles is in orde *todo está arreglado* ★ iem. tot de orde roepen *llamar al orden a u.p.* • klasse *orden* m/v • in de orde van *del orden de* • genootschap *orden* m/v • BIOL. *orden* m/v • volgorde *orden* m/v ▼ aan de orde stellen *plantear* ▼ tot de orde van de dag overgaan *pasar al orden del día* ▼ voor de goede orde *para el debido orden* ▼ in orde zijn ⟨gezond⟩ *encontrarse* [ue] *bien de salud*
ordedienst *servicio* m *del orden*
ordelievend *amante del orden*
ordelijk *ordenado*
ordeloos *desordenado*
ordenen • rangschikken *ordenar* • regelen *arreglar*
ordening • het rangschikken *ordenación* v • het regelen *arreglo* m
ordentelijk • fatsoenlijk *decente* • billijk *razonable*
order • bevel *orden* m/v; *mandato* m ★ tot uw ~s, kapitein *a sus órdenes, mi capitán* ★ wat is er van uw ~s? *¿qué se le ofrece a usted?* ★ tot nader ~ *hasta nueva orden* • bestelling *pedido* m ★ een ~ behandelen *servir* [i] *un pedido* ★ een ~ plaatsen *colocar un pedido*
orderportefeuille *cartera* v *de pedidos*
ordeverstoorder *perturbador* m *del orden*
ordinair • gewoon *ordinario* • onbeschaafd *ordinario*; *vulgar*; *soez*
ordner *archivador* m
ordonnans *ordenanza* m
oregano *orégano* m
oreren *orar*; *perorar*
orgaan *órgano* m
orgaandonatie *donación* v *de órganos*
orgaanhandel *comercio* m *de órganos*
organisatie *organización* v
organisatieadviseur *consejero* m *de organización*
organisatiedeskundige *experto* m *en organización*
organisator *organizador* m
organisatorisch *organizador*
organisch *orgánico*

organiseren *organizar*
organisme *organismo* m
organist *organista* m/v
organizer *agenda* v *electrónica*
organogram *organigrama* m
orgasme *orgasmo* m
orgel • toetsinstrument *órgano* m • draaiorgel *organillo* m
orgelbouwer *constructor* m *de órganos*
orgelconcert *concierto* m *de órganos*
orgelman *organillero* m
orgelpijp *cañón* m *de órgano*
orgie *orgía* v
oriëntaals *oriental*
oriëntalist *orientalista* m
oriëntatie *orientación* v ★ ter ~ *a título de orientación*
oriëntatievermogen *capacidad* v *de orientación*
oriënteren I OV WW positie bepalen *orientar* **II** WKD WW [zich ~] *orientarse*
originaliteit *originalidad* v
origine *origen* m
origineel I BNW oorspronkelijk *original* **II** ZN [het] *original* m
orkaan *huracán* m
orkaankracht *fuerza* v *de huracán*
orkest *orquesta* v
orkestbak *foso* m
orkestraal *orquestal*
orkestratie *orquestación* v
ornaat *ornamentos* m mv ★ in vol ~ *en traje de ceremonia*
ornament *ornamento* m; *ornato* m
ornithologie *ornitología* v
ornitholoog *ornitólogo* m
orthodontie *ortodoncia* v
orthodontist *ortodontista* m
orthodox *ortodoxo*
orthopedagogiek *ortopedagogía* v
orthopedie *ortopedia* v
orthopedisch *ortopédico*
orthopedist *ortopedista* m/v
os *buey* m ▼ slapen als een os *dormir* [ue, u] *como un tronco*
Oslo *Oslo* m
osmose *ósmosis* v
ossenhaas *solomillo* m
ossenstaartsoep *sopa* v *de rabo de buey*
otter *nutria* v
oubollig *soso*; *sin gracia*
oud • van zekere leeftijd ★ hoe oud bent u? *¿qué edad tiene usted?*; *¿cuántos años tiene usted?* ★ hij is 20 jaar oud *tiene 20 años* ★ hij is nog geen 10 jaar oud *no llega a los diez* ★ hoe oud schat u mij? *¿qué edad me echa usted?* ★ hij stierf 30 jaar oud *murió a la edad de 30 años* ★ hij is vijf jaar ouder dan ik *tiene cinco años mayor que yo*; *tiene cinco años más que yo* • allang bestaand *viejo*; *antiguo* ★ een oude jurk *un vestido viejo/usado* ★ oud worden *envejecerse* ★ een oud huis *una casa vieja* ★ oude wijn *vino añejo* ★ oude rommel *trastos viejos* ★ naar oud gebruik *a la antigua* • bejaard *viejo*; *anciano* ★ hij begint oud te worden *se está haciendo viejo* ★ oude mensen *ancianos* m ★ zeer oud *vetusto*; *añejo*; *muy*

oud-–overbruggen

viejo • voormalig *viejo*; *antiguo* ★ een oude bekende *un viejo conocido* • als/van vroeger *viejo*; *antiguo* ★ hij is nog steeds de oude *sigue siendo el mismo* ★ alles blijft bij het oude *todo sigue como antes; no cambia nada* • uit klassieke oudheid *antiguo*; *clásico* ★ oude talen *lenguas clásicas* • oud en nieuw vieren *celebrar la Noche Vieja*
oud- *ex* ★ oud-leerling *exalumno*
oudbakken • niet vers *duro*; *viejo* ★ ~ brood *pan duro* • ouderwets *anticuado*
oudedagsvoorziening *previsiones* v mv *para la vejez*
oudejaarsavond *Noche* v *Vieja*
oudejaarsnacht *Noche* v *Vieja*
ouder ⟨moeder⟩ *madre* v; ⟨vader⟩ *padre* m ★ de ~s *los padres*
ouderavond *reunión* v *de padres*
oudercommissie *asociación* v *de padres*
ouderdom • leeftijd *edad* v ★ in de ~ van *a la edad de* • hoge leeftijd *vejez* v
ouderdomskwaal *achaque* m *de la vejez*
ouderdomsverschijnsel *síntoma* m *de vejez*
oudere *mayor* v
ouderejaars *estudiante* m *de último curso*
ouderlijk *paterno*
ouderling *anciano* m; *consejero* m *parroquial*
ouderraad *consejo* m *de padres*
ouderschap *paternidad* v
ouderschapsverlof *permiso* m *por maternidad/paternidad*
ouderwets *antiguo*; *anticuado*; *pasado de moda*
oudgediende *veterano* m
Oudgrieks I ZN [het] taal *griego* m *antiguo* **II** BNW m.b.t. taal *del griego antiguo*
oudheid *antigüedad* v
oudheidkunde *arqueología* v
oudheidkundig *arqueológico*
oudheidkundige *arqueólogo* m
oudjaar *Noche* v *Vieja*
oudje *viejecito* m
oudoom *tío* m *abuelo*
oudsher ★ van ~ *desde hace mucho tiempo*; *desde siempre*
oudste *mayor* v; ⟨eerstgeborene⟩ *primogénito* m
oudtante *tía* v *abuela*
oudtestamentisch *del viejo testamento*
outcast *paria* m/v
outfit *equipo* m
output *producto* m; *producción* v; ⟨v. computer⟩ *salida* v; ⟨v. computer⟩ *output* m
outsider *advenedizo* m; *profano* m
ouverture • MUZ. eerste deel *obertura* v • FIG. begin *introducción* v
ouvreuse *acomodadora* v
ouwehoer *machacón* m
ouwehoeren *decir* [i] *tonterías*
ouwel *oblea* v
ouwelijk *con aspecto de viejo*; *avejentado*
ovaal I ZN [het] *óvalo* m; *elipse* v **II** BNW *oval*; *ovalado*
ovatie *ovación* v ★ een ~ krijgen *recibir una ovación*
oven *horno* m
ovenschaal *fuente* v *de horno*
ovenschotel *plato* m *al horno*
ovenstand *posición* v *del horno*
ovenvast *resistente al horno*
ovenwant *guante* m *de horno*
over I VZ • bovenlangs ★ over de muur *por encima del muro* • op en erlangs ★ over de brug *pasando el puente* ★ zij liep de gang over *atravesó el pasillo* ★ dwars over *de un lado a otro* ★ een jas over iets heen aantrekken *ponerse un abrigo por encima* • aan de andere kant van ★ over de grens *pasando la frontera* • via *por* ★ ik rijd over Utrecht *voy por Utrecht* ★ over land en zee *por tierra y mar* • na *dentro de* ★ over een week *dentro de una semana* • meer/langer dan ★ hij is over de dertig *tiene más de treinta años* • betreffende *de* ★ iets over zich hebben *tener algo encantador* **II** BIJW • voorbij, afgelopen ★ en nu is het over! *¡y ahora se acabó!* • resterend ★ hoeveel is er nog over? *¿cuánto queda todavía?* ★ over en weer *recíprocamente*; *mutuamente* • bewijzen te over *pruebas de sobra*
overal *por todas partes*; *en todas partes*; *en cualquier parte* ★ ~ waar hij heen gaat *por dondequiera que vaya*
overall *mono* m
overbekend *archiconocido*
overbelasten *sobrecargar*
overbelichten *sobreexponer* ★ een overbelichte foto *una foto sobreexpuesta*
overbemesting *abono* m *excesivo*
overbesteding *exceso* m *en los gastos*
overbevissing *sobrepesca* v
overbevolking *exceso* m *de población*; *superpoblación* v
overbevolkt *superpoblado*
overbezet *superocupado*
overblijflokaal *comedor* m *(para niños en la escuela)*; *cantina* v
overblijfmoeder ≈ *madre* v *que cuida a los niños al quedarse a almorzar en la escuela*
overblijfsel *resto* m; *residuo* m; *restante* m; ⟨v. eten⟩ *sobras* v mv; ⟨v. gebouw⟩ *ruina* v
overblijven • resteren *quedar*; *sobrar* ★ er blijft niets anders over *no queda otro remedio*; *no hay más remedio* • op school blijven *quedarse a comer en la escuela*
overbluffen *aturdir*; *desconcertar* [ie]
overbodig *superfluo*; *innecesario* ★ ~ zijn *estar de más* ★ het is ~ te zeggen *huelga decir*
overboeken *pasar*; *transferir* [ie, i]
overboeken *sobrecontratar*
overboord ★ ~ slaan *caerse al agua* ★ man ~! *¡hombre al agua!* ★ ~ gooien *tirar/echar por la borda*
overbrengen • verplaatsen *trasladar*; *transportar*; *llevar* • overboeken *transferir* [ie, i] • overdragen *transferir (ie, e) a*; ⟨ziekte⟩ *transmitir* • doorgeven *transmitir*; *pasar* ★ de groeten ~ van ... *dar los saludos de ...* • vertalen *trasladar*; *traducir*
overbrenging *transferencia* v; *transporte* m • TECHN. *transmisión* v
overbrieven *ir con el soplo*; *delatar*
overbruggen • met brug overspannen *tender*

[ie] *un puente sobre* ★ FIG. ondervangen *allanar; salvar* ★ moeilijkheden ~ *allanar dificultades*
overbrugging ★ ter ~ *por de pronto*
overbruggingsregeling *regulación* v *de transición*
overbuur *vecino* m *de enfrente*
overcapaciteit *sobrecapacidad* v
overcompleet *excedente*
overdaad *sobreabundancia* v; *opulencia* v
overdadig *desmesurado; excesivo; suntuoso*
overdag *de día*
overdekken *cubrir;* ⟨v. dak⟩ *techar*
overdekt *cubierto* ★ een ~ zwembad *una piscina cubierta*
overdenken *meditar; reflexionar sobre; pensar* [ie]
overdenking *meditación* v; *reflexión* v
overdoen • opnieuw doen *rehacer; hacer de nuevo* • verkopen *vender; traspasar* • overgieten *trasegar* [ie]
overdonderen *aturdir; desconcertar* [ie]
overdosis *sobredosis* v
overdraagbaar *transferible; transmisible*
overdracht *cesión* v; *transmisión* v; *traspaso* m; *transferencia* v
overdrachtelijk *figurado; metafórico*
overdrachtsbelasting *impuesto* m *sobre las transmisiones de inmuebles*
overdrachtskosten *gastos* m mv *de traspaso/de transmisión*
overdragen • overbrengen *transmitir; traspasar* • ~ aan overgeven *ceder a* • overboeken *transferir* [ie, i]
overdreven *exagerado; excesivo* ★ wat doe je toch ~! *¡qué exagerado eres!*
overdrijven *pasar*
overdrijven *exagerar;* FIG. *recargar las tintas* ★ dat is overdreven! *¡ni tanto ni tan calvo!*
overdrive *sobremarcha* v
overdruk • extra afdruk *tirada* v *aparte; separata* v • overgedrukte tekst ⟨postzegel⟩ *sobrecarga* v • NATK. *sobrecarga* v
overdrukken • opnieuw drukken *reimprimir; hacer tirada aparte de* • ergens overheen drukken *imprimir*
overduidelijk *evidente; clarísimo; muy claro*
overdwars *de través; transversal*
overeenkomen I OV WW afspreken *convenir* [ie]; *acordar* [ue] ★ dus dat komen we overeen *pues quedamos en ello* ★ met iem. ~ dat *convenir con alguien en* [+ inf.] II ON WW gelijk zijn *coincidir con; concordar con* [ue]; *corresponder a*
overeenkomst • gelijkheid *igualdad* v • gelijkenis *semejanza* v • afspraak *acuerdo* m; *convenio* m; ⟨contract⟩ *contrato* m ★ een ~ sluiten *firmar un acuerdo*
overeenkomstig I BNW gelijk *análogo; similar* ★ ~e cijfers *cifras análogas* II VZ in overeenstemming met *de acuerdo con; según; conforme a* ★ ~ de feiten *según los hechos* ★ ~ onze afspraak *conforme a lo que hemos convenido*
overeenstemmen • gelijkenis vertonen *concordar* [ue]; *coincidir* • hetzelfde menen *concordar* [ue]; *estar de acuerdo*
overeenstemming • gelijkenis *concordancia* v; *conformidad* v; *coincidencia* v ★ in ~ brengen *conciliar; armonizar* ★ in ~ zijn *concordar* [ue] ★ in ~ met *conforme; de acuerdo con* • eensgezindheid, harmonie *acuerdo* m; *concordancia* v ★ een punt van ~ *un punto de coincidencia* v ★ ~ bereiken *llegar a un acuerdo*
overeind *derecho; enhiesto* ★ ~ houden *sostener* [ie] ★ ~ zetten *enderezar* ★ ~ komen *incorporarse*
overerven *heredar*
overgaan • oversteken *pasar; cruzar; atravesar* [ie] ★ de straat ~ *cruzar la calle* • bevorderd worden *pasar al curso superior* ★ ga jij dit jaar over? *¿pasas este año?* • van bezitter veranderen *pasar* ★ in andere handen ~ *pasar a otras manos* ★ in iemands bezit ~ *pasar a propiedad de* • voorbijgaan *pasar* ★ de pijn gaat over *pasará el dolor* • veranderen *cambiar en; transformar en* ★ de teleurstelling ging over in blijdschap *la decepción cambió en alegría* • beginnen *proceder a; pasar a* ★ tot de orde van de dag ~ *pasar al orden del día* ★ tot een andere godsdienst ~ *mudar de religión* • rinkelen *sonar* [ue] ★ de telefoon gaat over *suena el teléfono* • ~ **op** *cambiar a; pasar a* ★ op een ander onderwerp ~ *cambiar de tema*
overgang • het overgaan *paso* m; *pasaje* m; ⟨bevordering⟩ *paso* m *al curso superior* • tussenfase *cambio* m; *transición* v • menopauze *menopausia* v
overgangsbepaling *disposición* v *transitoria*
overgangsfase *período* m *de transición*
overgangsmaatregel *medida* v *transitoria*
overgangsperiode *periodo* m *de transición*
overgankelijk *transitivo* ★ de ~e werkwoorden *los verbos transitivos*
overgave • capitulatie *rendición* v; *capitulación* v • toewijding *dedicación* v
overgeven I OV WW overhandigen *entregar; dar; pasar* II ON WW braken *vomitar; devolver* [ue] III WKD WW [zich ~] • capituleren *rendirse* [i]; *entregarse* • ~ **aan** zich wijden *entregarse a; dedicarse a* • ~ **aan** verslaafd raken *abandonarse a*
overgevoelig *hipersensible*
overgewicht *exceso* m *de peso; sobrepeso* m
overgieten • in iets anders gieten *trasvasar; trasegar* [ie] • opnieuw gieten *verter* /ie/ *de nuevo*
overgieten • gietend bedekken *rociar* • FIG. geheel bedekken *bañar* ★ met licht ~ *bañar por la luz*
overgooier *pichi* m
overgordijn *cortina* v
overgrootmoeder *bisabuela* v
overgrootvader *bisabuelo* m
overhaast I BNW *precipitado* II BIJW *precipitadamente; con precipitación* ★ ~ spreken *hablar precipitadamente*
overhaasten *precipitar* ★ zich ~ *precipitarse*
overhalen • trekken aan *tirar* ★ de haan ~ *apretar* [ie] *el gatillo* • overreden *persuadir; convencer;* INFORM. *comer el coco* ★ zich laten

~ *dejarse vencer*
overhand ★ de ~ hebben *prevalecer; dominar*
overhandigen *entregar*
overhangen *inclinarse; desplomarse*
overheadkosten *gastos* m mv *generales de una empresa*
overheadprojector *retroproyector* m
overhebben • overhouden *sobrar* ★ hij heeft geen geld meer over *ya no le queda dinero* • willen missen *dar por* ★ ik heb geen geld over voor die onzin *no quiero gastarme el dinero en esos disparates*
overheen • over iets *por encima* ★ hij sprong er ~ *saltó por encima* ★ ergens ~ lezen *pasar por alto u.c.* • voorbij ★ zich ergens ~ zetten *sobreponerse a u.c.* ★ ergens ~ komen *consolarse* [ue] *de u.c.*
overheersen • heersen over *dominar* • domineren *predominar; prevalecer*
overheersing *dominación* v
overheid *administración* v *pública; autoridades* v mv; ⟨regering⟩ *gobierno* m ★ gemeentelijke ~ *administración* v *municipal*
overheidsbedrijf *empresa* v *estatal*
overheidsdienst *servicio* m *público*
overheidswege ★ van ~ *por parte de las autoridades*
overhellen • hellen *inclinar*; ⟨v. schip⟩ *escorar* • neigen *inclinarse; estar inclinado*
overhemd *camisa* v
overhevelen • met hevel *trasvasar* • overbrengen *transferir* [ie, i]
overhoop *en desorden*
overhoophalen • LETT. door de war halen *revolver* [ue] ★ van alles ~ *revolverlo todo* • FIG. verstoren *mezclar*
overhoopliggen • in de war liggen *estar en desorden* • onenigheid hebben ★ ~ met iem. *estar reñido con u.p.*
overhoopschieten *matar a tiros*
overhoren *tomar la lección* ★ iem. de les ~ *tomar la lección a alguien*
overhoring *prueba* v ★ schriftelijke ~ *prueba* v *escrita* ★ mondelinge ~ *prueba* v *oral*
overhouden I OV WW • als overschot hebben *sobrar; quedarse con*; ⟨v. geld⟩ *ahorrar* ★ ik heb drie appels over *me sobran tres manzanas*; *me quedan tres manzanas* • in leven houden *conservar* **II** ON WW ▼ het houdt niet over *podía ser mejor*
overig • overblijvend *restante; demás* • ander *otro; demás* ★ voor het ~e *por lo demás*
overigens • voor het overige *por lo demás* • trouwens *por otra parte; además*
overijld *precipitado; atropellado*
overjarig • meer dan één jaar oud *añejo* • verouderd *anticuado* • achterstallig *atrasado*
overjas *abrigo* m
overkant *otro lado* m ★ aan de ~ *al otro lado*; FORM. *allende* ★ aan de ~ van de rivier *a la otra orilla del río* ★ hij woont aan de ~ *vive enfrente*
overkapping *techo* m; *cubierta* v; *marquesina* v
overkill *capacidad* v *de destrucción superior a la de las fuerzas enemigas*

overkoepelen *englobar; centralizar* ★ het ~d orgaan *el organismo coordinador*
overkoken *salirse*
overkomelijk *superable*
overkomen • bovenlangs komen *pasar por encima* • van elders komen *venir* ★ met kerst komt mijn moeder over *en Navidad me viene a visitar mi madre* ★ mijn tante komt over *mi tía viene de visita* • begrepen worden *entenderse* [ie]; *ser comprendido* • indruk wekken ★ hij komt vriendelijk bij mij over *me cae simpático*
overkomen *pasar; ocurrir* ★ ik wist niet wat mij overkwam *nunca me lo había esperado; me quedé pasmado*
overladen *transbordar*
overladen • te vol laden *sobrecargar* • overstelpen *colmar* (**met** de)
overlangs *longitudinal; a lo largo*
overlappen *solapar; traslapar; sobreponer* ★ elkaar ~ *solaparse; traslaparse; sobreponerse*
overlast *molestia* v; *incomodidad* v ★ ~ bezorgen *causar molestias; incomodar*
overlaten • doen overblijven *dejar; abandonar* ★ aan zijn lot ~ *abandonar* ★ niets te wensen ~ *no dejar nada que desear* • toevertrouwen *dejar; encargar* ★ laat dat ik aan anderen over *lo dejo para los demás; de eso no me encargo yo* ★ laat dat maar aan mij over! *¡de eso me encargo yo!* • erover laten gaan *dejar pasar*
overleden *fallecido; muerto* ★ mijn ~ moeder *mi madre que en paz descanse*
overledene *fallecido* m; *muerto* m; *difunto* m
overleg • beraadslaging *consulta* v; *deliberación* v ★ in onderling ~ *de común acuerdo* ★ in ~ treden met *consultar a/con* • bedachtzaamheid *reflexión* v; *consideración* v ★ zonder ~ *sin reflexión*
overleggen *presentar; exhibir*
overleggen *consultar; deliberar*
overlegorgaan *órgano* m *de consulta*
overleven *sobrevivir*
overlevende *sobreviviente* m/v; *superviviente* m/v
overleveren • doorgeven *transmitir* • FIG. overdragen *entregar*
overlevering • het overdragen *entrega* v • FIG. het doorgeven *tradición* v
overlevingskans *probabilidad* v *de sobrevivencia*
overlevingstocht *caminata* v *o trekking*
overlezen • opnieuw lezen *releer; repasar* ★ lees die zin nog eens over *lee otra vez la oración* • doorlezen *repasar*
overlijden I ON WW *fallecer; morir* [ue, u]; FORM. *expirar* **II** ZN [het] *fallecimiento* m; *muerte* v; *defunción* v
overlijdensadvertentie *esquela* v *mortuoria*
overlijdensakte *acta* v *de defunción*
overlijdensbericht *esquela* v *mortuoria*
overlijdensverzekering *seguro* m *de prestación en caso de muerte*
overloop • het overstromen *desbordamiento* m • bovenportaal *rellano* m
overlopen • overstromen *desbordar* • lopen over *pasar por; atravesar; cruzar* • naar

overloper andere partij gaan *pasarse al otro partido*; *desertar* ★ ~naar *pasarse a* ● ~**van** FIG. (te) veel hebben van *rebosar de* ★ ~van energie *rebosar de energía* ★ zij loopt over van vriendelijkheid *rebosa simpatía*

overloper MIL. *desertor* m; POL. *oportunista* m

overmaat *exceso* m ▼ tot ~van ramp *por colmo de desgracia; para remate*

overmacht ● grotere macht *superioridad* v; *mayoría* v ● JUR. *fuerza* v *mayor*

overmaken ● opnieuw maken *rehacer* ● overschrijven *transferir* [ie, i]; *remitir*

overmannen *vencer; acometer; abrumar* ★ door slaap overmand *vencido por el sueño; acometido de sueño*

overmatig *desmesurado; excesivo*

overmeesteren *apoderarse de*

overmoed *temeridad* v; *osadía* v

overmoedig *temerario*

overmorgen *pasado mañana* ★ morgen of ~ *mañana o pasado*

overnaads *de tingladillo*

overnachten *pernoctar; pasar la noche*

overnachting *alojamiento* m

overname *traspaso* m ★ ter ~aangeboden *se traspasa*

overnamekosten *costes* m mv *de traspaso*

overnemen ● LETT. in handen nemen *encargarse de* ● kopen *comprar*; ⟨v. bedrijf⟩ *absorber* ● navolgen *imitar; adoptar* ● kopiëren *tomar; copiar*

overnieuw *de nuevo; otra vez*

overpad ● → **recht**

overpeinzen *meditar; reflexionar*

overpeinzing *meditación* v; *reflexión* v

overplaatsen *trasladar; transferir* [ie, i]

overplaatsing *traslado* m; *transferencia* v

overproductie *sobreproducción* v

overreden *persuadir*

overredingskracht *poder* m *de persuasión*

overrijden *arrollar; atropellar*

overrompelen *sorprender; coger de sorpresa; coger desprevenido*

overrulen *prevalecer; dominar*

overschaduwen ● LETT. schaduw werpen op *dar sombra a* ● FIG. overtreffen *eclipsar*

overschakelen ● andere verbinding maken *conectar* ● ~**op** overstappen op *cambiar a*

overschatten *sobrevalorar; sobreestimar; supervalorar*

overschieten *quedar; restar*

overschoen *chanclo* m

overschot ● teveel *sobrante* m; *excedente* m; ⟨op rekening⟩ *superávit* m ● restant *resto* m ★ het stoffelijk ~*los restos mortales; los despojos*

overschreeuwen *acallar* ★ iem. ~*gritar más fuerte que otra persona* ★ zich ~*forzar* [ue] *la voz; desgañitarse*

overschrijden ● stappen over *traspasar* ● te buiten gaan *rebasar; exceder* ★ de snelheidslimiet ~*exceder la velocidad autorizada*

overschrijven ● naschrijven *copiar; transcribir* ● op andere naam zetten *transferir*

overschrijving *transferencia* v

oversized *de tamaño exagerado*

overslaan I OV WW ● laten voorbijgaan *dejar; pasar por alto; saltar* ★ een klas ~*saltar un curso* ● overladen *trasbordar* II ON WW ● op iets anders overgaan *propagarse* ● uitschieten *soltar* [ue] *un gallo* ★ zijn stem sloeg over *soltó un gallo*

overslag ● omgeslagen rand *solapa* v ● het overslaan van goederen *transbordo* m

overslagbedrijf *empresa* v *de almacenado*

overslaghaven *puerto* m *de transbordo*

overspannen I BNW ● te gespannen *exagerado; sobreexcitado* ★ ~verwachtingen koesteren *tener esperanzas sobreexitadas; tener demasiadas esperanzas* ● overwerkt *estresado* II OV WW ● te sterk spannen *exagerar* ★ zich ~ *sobreexcitarse* ● overdekken *atravesar* [ie]

overspanning ● spanning *hipertensión* v ● stress *estrés* m

overspel *adulterio* m ★ ~plegen *adulterar*

overspelen ● opnieuw spelen *jugar* [ue] *de nuevo*; MUZ. *tocar de nuevo* ● SPORT afspelen *pasar*

overspelen *dominar*

overspelig *adúltero*

overspoelen *inundar* ★ overspoeld worden met *plagarse de*

overspringen *saltar*

overstaan ▼ ten ~van *ante*

overstag ★ ~gaan *virar de bordo; voltear*

overstappen ● van vervoermiddel wisselen *trasbordar; cambiar* ● FIG. wisselen *pasar (op a)*

overste ● MIL. *teniente* m *coronel* ● REL. *superior* m ★ moeder ~*superiora* v

oversteek *travesía* v

oversteekplaats *paso* m *de peatones*

oversteken I OV WW ruilen *cambiar; trocar* [ue] ★ gelijk ~*cambiar a la vez* II ON WW naar overkant gaan *cruzar* ★ voorzichtig ~ *¡ten cuidado al cruzar la calle!* ★ naar Amerika ~ *hacer la travesía a América*

overstelpen *colmar de*; ⟨met werk⟩ *agobiar con*; ⟨met werk⟩ *abrumar con*

overstemmen *ahogar*

overstromen *rebosar*

overstromen ● onder water zetten *inundar* ● overstelpen *colmar de*

overstroming *inundación* v

overstuur *desquiciado; trastornado; perturbado* ★ ~raken *desquiciarse*

overtekenen ● natekenen *copiar* ● opnieuw tekenen *volver* [ue] *a dibujar*

overtekenen *cubrir con exceso*

overtocht *pasaje* m; *paso* m; ⟨over zee⟩ *travesía* v

overtollig *superfluo; excedente*

overtreden *infringir; traspasar*

overtreder *infractor* m; *transgresor* m

overtreding *infracción* v; *contravención* v

overtreffen *superar; sobrepujar; exceder*

overtrek *funda* v

overtrekken I OV WW ● overtekenen *calcar; copiar* ● oversteken *atravesar; cruzar* II ON WW voorbijgaan *pasar*

overtrekken ● bekleden/bedekken *recubrir; forrar* ● overdrijven *exagerar* ★ dat is sterk

overtrokken *es muy exagerado*
overtrekpapier *papel* m *de calcar*
overtroeven *contrafallar*
overtroeven *sobrepujar*
overtrokken *exagerado*
overtuigen *convencer* (*van de*); *persuadir* (*van de*) ★ zich~ *van... cerciorarse de...; asegurarse de...* ★ *ervan overtuigd zijn dat estar convencido de que*
overtuigend *convincente*
overtuiging *convencimiento* m; *convicción* v
overtuigingskracht *fuerza* v *de convicción*
overtypen *copiar a máquina*
overuur *hora* v *extra* ★ overuren maken *hacer horas extras*
overvaart *travesía* v; *pasaje* m
overval *asalto* m; *atraco* m
overvalcommando *comando* m *de asalto*
overvallen *asaltar; atracar*
 • *verrassen sorprender; saltear*
overvalwagen *coche* m *de asalto; vehículo* m *de asalto*
overvaren • *varend brengen cruzar en barco*
 • *varend oversteken atravesar*
oververhit • *te veel verhit sobrecalentado* • *te fel, gespannen calenturiento*
oververmoeid *cansadísimo; agotado*
oververtegenwoordigd *demasiado representado*
overvleugelen *superar; sobrepujar*
overvliegen *volar* [ue] *sobre; pasar en vuelo*
overvloed *abundancia* v ★ in~ *en abundancia* ★ ten~*e a mayor abundamiento* ★ in~ aanwezig zijn *abundar*
overvloedig *abundante; copioso;* ⟨v. maaltijd⟩ *opíparo*
overvloeien • *overstromen rebosar* • *in elkaar overlopen confundirse* • ~ **van** *rebosar de*
overvoeren *sobrealimentar*
overvol *repleto; relleno*
overwaaien • *overtrekken ser llevado por el viento* • *voorbijgaan pasar* • *van elders komen venir* ★ *die onzin is uit Amerika komen~ esa estupidez viene de los Estados Unidos*
overwaarderen *sobrevalorar; sobreestimar*
overweg *paso* m *a nivel* ★ onbewaakte~ *paso a nivel sin barreras* ★ bewaakte~ *paso a nivel con barreras*
overweg ★ goed~ kunnen met *llevarse bien con; entenderse* [ie] *bien con; saber manejar; entender* [ie] *bien*
overwegbeveiliging *protección* v *de paso a nivel*
overwegen *considerar; reflexionar sobre; pensar* ★ een zaak grondig~ *dar vueltas a un asunto* ★ ~de dat *considerando que*
overwegend *principalmente*
overweging • *overdenking consideración* v ★ in ~ geven *sugerir* [ie, i] ★ in~ nemen *tomar en consideración; considerar* • *beweegreden motivo* m
overweldigen *vencer; dominar*
overweldigend *abrumador*
overwerk *horas* v mv *extraordinarias; horas* v mv *extra*

overwerken *hacer horas extra*
overwerken [zich ~] *agotarse trabajando*
overwerkt *agotado por exceso de trabajo* ★ ~ raken *agotarse trabajando*
overwicht • *overgewicht exceso* m *de peso*
 • *macht preponderancia* v
overwinnaar *vencedor* m; *triunfador* m
overwinnen I OV WW *verslaan vencer* **II** ON WW *triunfar*
overwinning *victoria* v; *triunfo* m
overwinningsroes *euforia* v *de la victoria*
overwinteren *invernar* [ie]
overwoekeren *cubrir completamente*
overzees *de ultramar; ultramarino*
overzetten • *naar overkant brengen cruzar en barco* • *vertalen traducir*
overzicht • *het overzien vista* v *general*
 • *samenvatting resumen* m; *reseña* v; *compendio* m; ⟨lijst⟩ *relación* v
overzichtelijk *claro*
overzichtstentoonstelling *retrospectiva* v
overzien *repasar*
overzien *abarcar con la vista*
ov-jaarkaart *abono* m *por un año para los transportes públicos*
OVSE *OSCE* v; *Organización para la Seguridad y la Cooperación en Europa*
ovulatie *ovulación* v
oxidatie *oxidación* v
oxide *óxido* m
oxideren *oxidarse*
ozon *ozono* m
ozonlaag *capa* v *de ozono*

P

p *p* v ★ de p van Pieter *la p de París*
pa *papá* m
paaien I OV WW voor zich winnen *engatusar* ★ iem. met mooie beloften *~engatusar a u.p. con promesas* **II** ON WW paren *desovar*
paal • lang voorwerp *palo* m; ⟨hoog⟩ *poste* • SPORT doelpaal *poste* m • stijve penis *palo* m; *polla* v ★ paal en perk stellen aan iets *poner coto a algo* ▾ het staat als een paal boven water dat *cae por su peso que* ▾ voor paal staan *hacer el ridículo*
paalsteek *nudo* m *corredizo*
paar • koppel zaken *par* m ★ een paar sokken *un par de calcetines* ★ een paar vormen *ser una pareja* • koppel mensen *pareja* v • klein aantal *par* m; *unos* m; *unos* m mv *cuantos* ★ een paar dagen *un par de días; unos días*
paard • dier *caballo* m ★ een troep ~en *una caballada* ★ een zwart ~ *un caballo hito* ★ te ~ *a caballo* ▾ van het ~ stijgen *descabalgar* • turntoestel *potro* m ▾ het ~ achter de wagen spannen *tomar el rábano por las hojas* ▾ over het ~ getild zijn *ser engreído* ▾ hoog te ~ zitten *ser muy altanero* ▾ werken als een ~ *trabajar como un negro; echar los hígados*
paardenbloem *diente* m *de león*
paardenkracht *caballo* m *de vapor; C.V.* m; *caballo* m *de fuerza* ★ een motor van 60 pk *un motor de 60 caballos*
paardenliefhebber *aficionado* m *a los caballos*
paardenmiddel *purga* v *de caballo; remedio* m *heroico*
paardensport *deporte* m *hípico; hipismo* m
paardensprong ⟨schaken⟩ *movimiento* m *del caballo;* ⟨turnen⟩ *salto* m *de caballo*
paardenstaart *cola* v *de caballo*
paardenstal *cuadra* v; *caballeriza* v
paardenvijg *boñigo* m *(de caballo)*
paardjerijden *jugar* [ue] *a montar a caballito*
paardrijden *montar a caballo; cabalgar*
paardrijkunst *equitación* v
paarlemoer • → **parelmoer**
paars *morado; violeta*
paarsblauw *amoratado; malva*
paarsgewijs *de dos en dos; por parejas*
paarsrood *púrpura*
paartijd *época* v *del apareamiento*
paasbest ▾ op zijn ~ *endomingado; de punta en blanco*
paasbrood *pan* m *con pasas*
paasdag *día* m *de Pascua* ★ eerste ~ *primer día* m *de Pascua* ★ tweede ~ *segundo día* m *de Pascua*
paasei *huevo* m *de pascua*
paasfeest *Pascua* v *de Resurrección*
paashaas *liebre* m *que trae los huevos de pascua*
paasmaandag *lunes* m *de Pascua*
paasvakantie *vacaciones* v mv *de Pascua; Semana* v *Santa*
paaszaterdag *sábado* m *santo*
paaszondag *domingo* m *de Pascua*
pabo *academia* v *pedagógica para la enseñanza básica;* ⟨in Spanje⟩ *escuela* v *universitaria de profesorado de EGB*
pacemaker *marcapasos* m
pacht • huurovereenkomst *arriendo* m; *arrendamiento* m • pachtgeld *arriendo* m; *arrendamiento* m
pachten *arrendar* [ie]
pachter *arrendatario* m; *colono* m
pachtgrond *tierra* v *arrendada*
pachtovereenkomst *acuerdo* m *de arrendamiento*
pacificatie *pacificación* v
pacifisme *pacifismo* m
pacifist *pacifista* m/v
pacifistisch *pacifista*
pact *pacto* m; *convenio* m
pad¹ I ZN [de] dier *sapo* m **II** ZN [het] weg *sendero* m; *senda* v; *vereda* v ★ op pad gaan *ponerse en camino* ▾ op het goede pad brengen *guiar* (i) *por el buen camino* ▾ het pad der deugd bewandelen *ir por la senda de la virtud* ▾ van het rechte pad afdwalen *apartarse del buen camino*
paddenstoel • zwam *seta* v; *hongo* m • wegwijzer *hito* m ▾ als ~en uit de grond schieten *crecer como las setas; crecer como hongos*
paddo *seta* v *alucinógena*
padvinder *explorador* m; *scout* m
padvinderij *escoutismo* m
paella *paella* v
paf ▾ paf staan *quedarse perplejo*
paffen • roken *fumar mucho* • schieten *tirar*
pafferig *fofo; gordinflón*
pagaai *zagual* m; *pagaya* v
page *paje* m
pagina *página* v
paginagroot *de página entera*
pagineren *paginar*
paginering *paginación* v
pagode *pagoda* v
pais ▾ alles is weer pais en vree tussen hen *han hecho las paces*
pak • pakket *paquete* m; *bulto* m; ⟨verpakking⟩ *envase* m ★ een pak appelsap *un cartón de zumo de manzana* • vracht *carga* v; *peso* m ★ een pak sneeuw *una capa de nieve* • kostuum *traje* m ★ een nat pak oplopen *darse un remojón* • → **pakje** ★ een pak rammel / ransel / slaag *una paliza* ▾ dat is een pak dat van mijn hart *se me quita un gran peso de encima* ▾ bij de pakken neerzitten *perder* [ie] *el ánimo; desesperarse*
pakbon *comprobante* m *de paquete*
pakezel *burro* m *de carga*
pakhuis *almacén* m; *depósito* m ★ in een ~ opslaan *almacenar*
pakijs *banquisa* v
Pakistan *Pakistán* m
pakje • verpakking *paquete* m ★ ~ sigaretten *paquete* m *de cigarrillos* • cadeau *regalo* m
pakjesavond *noche* v *de San Nicolás cuando se entregan los regalos*
pakkans *posibilidad* v *de ser pillado*
pakken I OV WW • beetpakken *coger; tomar; agarrar* ★ pak maar! *¡toma!* ★ (iemand) te ~

krijgen *pillar (a alguien)* • tevoorschijn halen *coger* ★ een boek ~ *coger un libro* ★ even mijn pen ~ *espera que coja mi bolígrafo* • betrappen *pillar; coger; detener* [ie] • gebruiken *follar;* Z-A *coger* • inpakken *empaquetar; envolver* [ue] ★ zijn koffer ~ *hacer la maleta* ★ in kisten ~ *encajonar* • boeien *cautivar* ★ het boek pakte hem *el libro le cautivó* ▼ iem. te ~ nemen *tomar el pelo a u.p.* ▼ hij heeft het erg te ~ *está muy constipado; está muy enamorado* ‖ ON WW houvast vinden ★ de sneeuw heeft niet gepakt *la nieve no ha cuajado*
pakkend *cautivador;* ⟨v. leus⟩ *persuasivo;* ⟨v. krantenkop⟩ *llamativo;* ⟨v. reclame⟩ *atrayente*
pakkerd *beso/abrazo m fuerte*
pakket *paquete m; bulto m*
pakketpost • pakket *paquete m postal* • postafdeling *departamento m de paquetes*
pakking *junta v; empaquetadura v*
pakmateriaal *material m de embalaje*
pakpapier *papel m de estraza; papel m de envolver*
pakweg *aproximadamente* ★ ~ duizend euro *unos mil euros*
pal I ZN [de] *trinquete m; fiador m* ‖ BIJW • precies *justo* ★ pal schijnen op *dar de lleno en* ★ pal uit het noorden *derecho del norte* ★ pal naar het zuiden *justo hacia el sur* ★ pal voor mij *justo delante de mi* • onwrikbaar *firme* ★ pal staan *mantenerse* [ie] *firme*
paleis *palacio m*
paleisrevolutie *revolución v palaciega*
paleoceen *Paleoceno m*
paleografie *paleografía v*
paleontologie *paleontología v*
Palestijn *palestino m*
Palestijns *palestino*
Palestina *Palestina v*
palet *paleta v*
palindroom *palíndromo m*
paling *anguila v*
palissade *palizada v; estacada v*
palissander *palisandro m*
pallet *paleta v*
palm • handpalm *palma v de la mano* • boom *palma v; palmera v* ▼ de palm wegdragen *llevarse la palma*
palmboom *palma v; palmera v*
palmenstrand *playa v de palmas*
palmolie *aceite m de palma*
Palmpasen *domingo m de Ramos*
palmtak *palma v*
palmtop *ordenador m de bolsillo; palmtop m*
palmzondag *domingo m de Ramos*
pamflet *panfleto m; octavilla v*
pampa *pampa v*
pampus ▼ voor ~ liggen *estar hecho polvo*
pan • kookpan *olla v; cacerola v;* ⟨om te bakken⟩ *sartén v* • dakpan *teja v* ▼ in de pan hakken *hacer pedazos* ▼ het swingt de pan uit *es muy marchosa*
panacee *panacea v; sanalotodo m*
Panama *Panamá m*
Panamakanaal *canal m de Panamá*
Panamees I ZN [de] *panameño m* ‖ BNW *panameño*
pan-Amerikaans *panamericano*
pancreas *páncreas m*
pand • gebouw *inmueble m; finca v* • onderpand *empeño m; prenda v* ★ een pand inlossen *desempeñar una prenda* ★ in pand geven *empeñar; dejar en prenda* • slip van jas *faldón m*
panda *panda m*
pandbrief *cédula v hipotecaria*
pandemonium *pandemónium m*
pandjesjas *chaqué m*
pandverbeuren *juego m de prendas*
paneel • omlijst vak *panel m;* ⟨in deur/raam⟩ *cuarterón m* • mengpaneel *panel m de mando*
paneermeel *pan m rallado*
panel *foro m; mesa v de debate*
paneldiscussie *discusión v de foro*
panellid *miembro m del foro*
paneren *empanar; rebozar*
panfluit *flauta v de Pan; siringa v*
paniek *pánico m* ★ in ~ raken *sentir pánico*
paniekerig *con pánico*
paniekreactie *reacción v de pánico*
paniekvoetbal *fútbol m con confusión*
paniekzaaier *alarmista m/v*
panikeren *entrarle a uno pánico*
panisch *pánico*
panklaar • gereed voor de pan *listo para cocinar* • direct toepasbaar *instantáneo*
panne *avería v*
pannendak *tejado m de tejas*
pannenkoek *panqueque m;* ⟨dun⟩ *crepe m*
pannenkoekmix *mezcla v para hacer panqueques*
pannenlap *agarrador m*
pannenlikker *paleta v*
pannenset *batería v de cocina*
pannenspons *estropajo m*
panorama *panorama m*
pantalon *pantalón m; pantalones m mv*
panter *pantera v*
pantheïsme *panteísmo m*
pantoffel *pantufla v; pantuflo m; zapatilla v* ★ op zijn ~s *en zapatillas; en chanclas*
pantoffeldiertje *paramecio m; zapatilla v*
pantoffelheld *bragazas m; calzonazos m; Juan m Lanas*
pantomime *pantomima v*
pantser • stalen bescherming *coraza v* • huidlaag *carapacho m*
pantseren *blindar; acorazar*
pantserglas *vidrio m acorazado*
pantsertroepen *tropas v blindadas*
pantservoertuig *vehículo m blindado*
pantserwagen *coche m blindado*
panty *medias v mv*
pap • voedsel *papilla v; papas v mv* • mengsel *cataplasma m* ▼ geen pap meer kunnen zeggen *no poder más*
papa *papá m*
papaja *papaya v*
papaver *amapola v; adormidera v*
papegaai *papagayo m; loro m*
paperassen *papeles m mv*
paperback *libro m en rústica; libro m de bolsillo*

paperclip *sujetapapeles* m; *clip* m
papeterie • **waren** *artículos* m mv *de papelería* • **winkel** *papelería* v
Papiamento *papiamento* m
papier I ZN [het] [gmv] *papel* m ★ **geschept**~ *papel de tina* ★ **houtvrij** ~ *papel sin fibra de madera* ★ **vetvrij** ~ *papel impermeable* ★ **in** ~ **wikkelen** *envolver* [ue] *en papel* ▼ **op** ~ *por escrito* **II** ZN [het] *document documento* m ★ **de officiële** ~ **en** *la documentación; los documentos* ▼ **dat loopt in de** ~ **en** *eso cuesta un dineral*
papieren *de papel*
papiergeld *papel* m *moneda; billetes* m mv
papier-maché *cartón* m *piedra*
papierversnipperaar *triturador* m *de papel*
papierwinkel • **winkel** *papelería* v • FORM. **bureaucratische rompslomp** *papelorio* m
papil *papila* v
papillot *papillote* m
papkind *niño* m *debilucho*
paplepel ▼ **dat is haar met de** ~ **ingegoten** *lo ha mamado con la leche*
Papoea *papú* m/v; *papúa* m/v
Papoeaas *papú*; *papúa*
Papoea-Nieuw-Guinea *Papúa-Nueva Guinea* v
pappa *papá* m
pappen ▼ ~ **en nathouden** *hay que seguir tirando*
pappenheimer ▼ **ik ken mijn** ~ **s** *conozco los bueyes con los que aro*
papperig *pastoso; poco consistente*
paprika *pimiento* m
paprikapoeder *pimentón* m
papyrus *papiro* m
papyrusrol *rollo* m *de papiro*
papzak *gordinflón* m
para *paraca* m
paraaf *rúbrica* v
paraat *listo; dispuesto* ★ **parate kennis** *conocimientos reales*
parabel *parábola* v
parabool *parábola* v
paracetamol *paracetamol* m
parachute *paracaídas* m
parachutespringen *hacer paracaidismo*
parachutist *paracaidista* m/v
parade *parada* v; ⟨v. leger⟩ *desfile* m; ⟨v. leger⟩ *revista* v
paradepaard *orgullo* m; *gala* v
paraderen • **parade houden** *desfilar* • **pronken** *hacer alarde; pavonear*
paradijs *paraíso* m; *edén* m
paradijsvogel *ave* v *del paraíso*
paradox *paradoja* v
paradoxaal *paradójico*
paraferen *rubricar*
parafernalia *parafernalia* v
paraffine *parafina* v ★ **met** ~ **besmeren** *parafinar*
paraffineolie *aceite* m *de parafina; parafina* v *líquida*
parafrase *paráfrasis* v
parafraseren *parafrasear*
paragnost *vidente* m/v
paragraaf *párrafo* m; *apartado* m

Paraguay *Paraguay* m
Paraguayaan *paraguayo* m
Paraguayaans *paraguayo*
parallel I ZN [de] • WISK. *paralela* v • AARDK. *paralelo* m • FIG. **vergelijking** *paralelo* m ★ **een** ~ **trekken tussen** *hacer un paralelo entre* **II** BNW **evenwijdig** *paralelo* ★ **twee lijnen die** ~ **lopen** *dos líneas paralelas; dos líneas que corren paralelamente*
parallellie *paralelismo* m
parallellogram *paralelogramo* m
parallelweg *vía* v *paralela;* ⟨ventweg⟩ *vía* v *de servicio*
Paralympics ⟨*juegos*⟩ *paraolímpicos* m mv
paramedisch *paramédico* ★ ~ **e beroepen** *profesiones paramédicas*
parameter *parámetro* m
paramilitair *paramilitar*
paranimf *paraninfo* m
paranoia *paranoia* v
paranoïde *paranoico*
paranoot *nuez* v *del Brasil*
paranormaal *paranormal* ★ **paranormale gaven** *poderes paranormales*
paraplu *paraguas* m
paraplubak *paragüero* m
parapsychologie *parapsicología* v
parasiet *parásito* m
parasiteren *gorrear*
parasol *parasol* m; *sombrilla* v
paratroepen *tropas* v *paracaidistas*
paratyfus *paratifoidea* v
parcours *recorrido* m
pardon I ZN [het] **vergeving** *perdón* m ★ **geen** ~ **geven** *geen pardon geven* **II** TW *¡dispense!; ¡perdone!*
parel • **kraal** *perla* v • **kostbaar iets, iem.** *joya* v ▼ ~ **s voor de zwijnen werpen** *echar margaritas a los puercos*
parelduiker *pescador* m *de perlas*
parelen ★ **het zweet parelt op zijn voorhoofd** *el sudor le cae como perlas por la frente*
parelhoen *gallina* v *de Guinea; pintada* v
parelmoer *madreperla* v; *nácar* m
parelmoeren *de nácar*
pareloester *ostra* v; *perlera* v
parelsnoer *collar* m *de perlas*
parelwit *blanco perlado*
paren I OV WW **koppelen** *aparear;* *unir* ⟨aan con⟩ **II** ON WW **copuleren** *copularse; aparearse*
pareren *parar*
parfum *perfume* m
parfumeren *perfumar*
parfumerie *perfumería* v
pari I ZN [het] ECON. ★ **a pari** *a la par* ★ **beneden pari** *bajo par* **II** BIJW ECON. ★ **pari staan** *estar a la par*
paria *paria* m/v
parig *pareado*
Parijs *París* m
paring *cópula* v; *apareamiento* m
paringsdrift *celo* m
pariteit • **gelijkheid** *paridad* v • ECON. ⟨v. effecten⟩ *par* v; ⟨v. munten⟩ *paridad* v
park *parque* m
parka *anorak* m

parkeerautomaat *parquímetro* m
parkeerbon *multa* v *por aparcamiento indebido*
parkeergarage *parking* m; *aparcamiento* m
parkeergelegenheid • parkeerplaats *espacio* m *de) aparcamiento* • parkeerterrein *aparcamiento* m
parkeerhaven *estacionamiento* m *autorizado*
parkeerlicht *luz* v *de estacionamiento*
parkeermeter *parquímetro* m
parkeerontheffing *licencia* v *de estacionamiento*
parkeerplaats • vak voor één voertuig *espacio* m *de) aparcamiento* • terrein voor meer voertuigen *aparcamiento* m
parkeerpolitie *policía* v *encargada de vigilar el aparcamiento*
parkeerschijf *disco* m *de aparcamiento*
parkeerstrook *franja* v *para aparcar*
parkeerterrein *aparcamiento* m
parkeerverbod *prohibición* v *de estacionamiento*
parkeervergunning *permiso* m *de estacionamiento*
parkeerwachter *guardacoches* m
parkeerzone *zona* v *de estacionamiento*
parkeren *aparcar; estacionar*
parket • houten vloer *parqué* m • JUR. Openbaar Ministerie *fiscalía* v • rang in theater *platea* v ▾ in een lastig ~ zitten *estar en un apuro* ▾ iem. in een lastig ~ brengen *poner a alguien en un apuro*
parketvloer *suelo* m *de parqué; parquet* m
parketwacht *policía* m *funcionario de la fiscalía* m
parkiet *periquito* m
parkietenzaad *semillas* v mv *para periquitos*
parking *terreno* m / *zona* v *de aparcamiento*
parkinson *enfermedad* v *de Parkinson; Parkinson* m; *parálisis* v *temblorosa*
parkoers *recorrido* m; *circuito* m
parkwachter *guarda* m *de parque*
parlement *parlamento* m; ⟨in Spanje⟩ *Cortes* v mv
parlementair *parlamentario*
parlementariër *parlamentario* m
parlementsgebouw *(edificio* m *del) Parlamento*
parlementslid *parlamentario* m
parlementsverkiezingen *elecciones* v mv *al Parlamento*
parmantig *garboso*
Parmezaans *parmesano* ★ ~e kaas *queso* m *parmesano*
parochiaal *parroquial*
parochiaan *parroquiano* m
parochie *parroquia* v
parodie *parodia* v
parodiëren *parodiar*
parool • wachtwoord *santo* m *y seña* ★ het ~ geven *dar el santo y seña* • leus *lema* m
part *parte* v ▾ ergens part noch deel aan hebben *no tener arte ni parte en u.c.* ▾ voor mijn part *por mi parte* ▾ zijn kwade geweten speelde hem parten *su conciencia le jugaba malas pasadas* ▾ zijn geheugen speelde hem parten *le falló la memoria*
parterre • begane grond *planta* v *baja* • rang in schouwburg *platea* m
participant *participante* m/v

participatie *participación* v
participeren *participar*
particulier I ZN [de] • particular v; *persona* v *privada* II BNW *privado; particular* ★ een ~e school *una escuela privada*
partieel *parcial*
partij • groep *partido* m ★ de politieke ~en *los partidos políticos* ★ zich aansluiten bij een ~ *afiliarse a un partido* ★ ~ kiezen voor iem. *tomar partido por u.p.* • JUR. procesvoerder *parte* v ★ de procederende ~en *las partes litigantes* ★ de eisende ~ *la parte demandante* ★ de aangeklaagde ~ *la parte demandada* • huwelijkspartner *partido* m • hoeveelheid ⟨ontelbaar⟩ *partida* v; ⟨telbaar⟩ *lote* m ★ een ~ koffie *una partida de café* ★ een ~ van 10.000 sinaasappels *un lote de 10.000 naranjas* • afgeronde actie *partido* m • feest *fiesta* v • MUZ. *parte* v ▾ ~ trekken van *sacar provecho de* ▾ van de ~ zijn *participar; estar presente*
partijbijeenkomst *reunión* v *del partido*
partijbons *cabecilla* m *del partido*
partijdig *parcial; partidista*
partijganger *partidario* m
partijgenoot *copartidario* m
partijkader *mandos* m mv *del partido*
partijleider *dirigente/jefe* m *del partido*
partijpolitiek *política* v *del partido*
partijraad *consejo* m *del partido*
partijtop *cúpula* v *del partido*
partikel *partícula* v
partituur *partitura* v
partizaan *partisano* m
partner *compañero* m; *pareja* v; ⟨zakelijk⟩ *socio* m ★ sociale ~s *partes* v *sociales*
partnerruil *intercambio* m *de parejas*
partnerschap *asociación* v
parttime *a tiempo parcial*
parttimebaan *trabajo/empleo* m *a tiempo parcial* ★ een ~ hebben *trabajar por horas*
parttimer *trabajador* m *a tiempo parcial*
partydrug *droga* v *de club; party drug* m
partytent *carpa* v *para fiestas*
pas I ZN [de] • stap *paso* m ★ in de pas lopen *llevar el paso* ★ de pas versnellen *aligerar el paso* ★ met grote passen *a zancadas* ★ iem. de pas afsnijden *cerrarle* [ie] *el paso a alguien* • paspoort *pasaporte* m • ander legitimatiebewijs *pase* m; ⟨pasje⟩ *carnet* m; ⟨pasje⟩ *tarjeta* v • weg door bergegte *paso* m; *puerto* m II [het] ▾ ZN niet van pas *eso no se hace* ▾ goed van pas komen *venir como anillo al dedo; venir muy bien* ▾ de politie kwam eraan te pas *intervino la policía* ▾ te pas en te onpas *sin orden ni concierto* III BNW • passend *ajustado; a la medida* • waterpas *a nivel* IV BIJW • nog maar net *sólo; recién* ★ pas geverfd *recién pintado* ★ ik ben pas aangekomen *acabo de llegar* • niet meer/eerder/verder dan *sólo* ★ hij komt pas woensdag *no viene hasta el miércoles* ★ het is pas 1 uur *es sólo la una* • in hoge mate ★ dat is pas leuk *eso sí que está bueno*
pascontrole *control* m *de pasaportes*
Pasen *Pascua* v *(de Resurrección)* ★ zalig ~! *¡felices Pascuas!* ★ met ~ en Semana Santa

★ Beloken ~ *domingo m de Cuasimodo* ▼ als ~ en Pinksteren op één dag vallen *cuando la rana críe pelos*
pasfoto *foto* v *de carné*
pasgeboren *recién nacido*
pasgeld *cambio* m; *suelto* m
pasgetrouwd *recién casado*
pasje • → **pas**
pasjessysteem *sistema* m *de tarjetas de identidad*
paskamer *probador* m
pasklaar *hecho a la medida* ★ een pasklare oplossing *una solución a la medida*
pasmunt *suelto* m; *cambio* m; *dinero* m *suelto*
paspoort *pasaporte* m
paspoortcontrole *control* m *de pasaportes*
paspoortnummer *número* m *de pasaporte*
paspop *maniquí* m
pass *pase* m
passaat *vientos* m mv *alisios*
passaatwind *vientos* m mv *alisios*
passage • doorgang *paso* m • overtocht *travesía* v • winkelgalerij *galerías* v mv • deel van tekst *pasaje* m
passagier *viajero* m; *pasajero* m ★ een blinde ~ *un polizón* m
passagieren *desembarcar para divertirse*
passagierslijst *lista* v *de pasajeros*
passagiersschip *barco* m *de pasajeros*
passagiersvliegtuig *avión* m *de pasajeros*
passant *transeúnte* m/v
passé *pasado de moda*
passen¹ **I** OV WW • juiste maat proberen *probar* [ue] ★ een jurk ~ *probar un vestido* • afpassen *pagar en suelto* **II** ON WW • op maat zijn *quedar bien*; *sentar* [ie] *bien* ★ die trui past je goed *el jersey te queda bien* • gelegen komen *convenir* • fatsoenlijk zijn *corresponder* ★ dat past u niet *no le corresponde* • beurt overslaan (in kaartspel) *pasar* ★ ik pas *paso* • ~ **bij** *cuadrar con*; *combinar con* • ~ **op** *cuidar de*; *vigilar* ★ op zijn woorden ~ *cuidar sus palabras*; *medir* [i] *sus palabras* ★ op het huis ~ *cuidar de la casa* ▼ daar pas ik voor! *¡paso!*
passend • gepast *conveniente*; *adecuado*; *apropiado* ★ een ~e betrekking *un empleo adecuado* • erbij passend *a juego*; *que hace juego* ★ bij elkaar ~e kleren *ropa que hace juego*
passe-partout • toegangskaart *pase* m • omlijsting *paspartú* m
passer *compás* m
passerdoos *estuche* m *de compases*
passeren **I** OV WW • gaan langs *pasar* ★ mag ik even ~? *¿puedo pasar?*; *¿me deja pasar?* • gaan door/over *pasar por*; *cruzar* ★ we ~ de grens *cruzamos la frontera* ★ hij is de 60 gepasseerd *tiene más de 60 años* • overslaan *postergar*; *pasar* ★ haar collega werd gepasseerd *postergaron/pasaron a su colega* • JUR. bekrachtigen *otorgar* **II** ON WW gebeuren *pasar*; *ocurrir*
passie *pasión* v
passiebloem *pasionaria* v
passief **I** BNW niet actief *pasivo* **II** ZN [het] TAALK. *pasivo* m
passievrucht *fruto* m *de la granadilla*
passiva *pasiva* v
passiviteit *pasividad* v
passpiegel *espejo* m *de cuerpo entero*
password *contraseña* v
pasta [mv: +'s] *pasta* v ★ zaaddodende ~ *pasta espermaticida*
pastei *pastel* m; *empanada* v
pastel *pastel* m
pasteltint *color* m *pastel*
pasteuriseren *pasteurizar*
pastiche *pastiche* m; *imitación* v
pastille *pastilla* v; *gragea* v
pastoor *cura* m; *párroco* m
pastor ⟨zielzorger⟩ *cura* m; ⟨pastoor⟩ *párroco* m; ⟨dominee⟩ *pastor* m
pastoraal • REL. *pastoral* ★ een pastorale brief *una carta pastoral* • herderlijk *pastoral*
pastoraat • pastoorschap *cura* m *de almas* • zielzorg *cura* v *de almas*
pastorale *pastoral* v
pastorie *casa* v *del cura*; *casa* v *del párroco*
pasvorm ⟨v. kleding⟩ *corte* m
pat **I** ZN [de] strookje stof *pata* v **II** BNW ⟨schaakterm⟩ ★ pat zetten *ahogar el rey*
Patagonië *Patagonia* v
patat • soortnaam *patatas* v mv *fritas* • portie ★ ~ met (mayonaise) *patatas fritas con mayonesa*
patatkraam *puesto* m *de patatas fritas*
patchwork *labor* v *hecha con trozos de varios colores*
paté *paté* m
patent **I** ZN [het] *patente* v ★ ~ nemen op iets *patentar u.c.* **II** BNW *excelente*
patentbloem *harina* v *blanca*
patenteren *patentar*
pater *padre* m
paternalisme *paternalismo* m
paternalistisch *paternalista*
paternoster **I** ZN [de] rozenkrans *rosario* m **II** ZN [het] gebed *padrenuestro* m
pathetisch *patético*
pathologie *patología* v
pathologisch *patológico*
patholoog-anatoom *médico* m *forense*; *anatomista* m *patólogo*
pathos *patetismo* m
patience *solitario* m ★ ~ spelen *echar un solitario*
patiënt *paciente* v
patiëntenorganisatie *organización* v *de pacientes*
patiëntenplatform *plataforma* v *para pacientes*
patio *patio* m
patiowoning *vivienda* v *con patio*
patisserie *pastelería* v
patjepeeër FORM. *persona* v *ostentosa*
patriarch *patriarca* m
patriarchaal *patriarcal*
patriarchaat *patriarcado* m
patriciër *patricio* m
patrijs *perdiz* v
patrijspoort *portilla* v; *ojo* m *de buey*
patriot *patriota* m/v

patriottisch *patriótico*
patriottisme *patriotismo* m
patronaat *patronato* m
patroon I ZN [de] • beschermheer *protector* m
• beschermheilige *patrono* m • baas *patrón* m
• huls met lading *cartucho* m **II** ZN [het]
• model *patrón* m; *modelo* m/v • dessin *dibujo* m
patroonheilige *santo* m *patrón*
patroonhuls *casquillo* m
patrouille *patrulla* v
patrouilleauto *coche-patrulla* m
patrouilleboot *barco* m *patrullero*
patrouilledienst *servicio* m *de patrulla*
patrouilleren *patrullar*
pats *izas!*
patser *fanfarrón* m
patstelling • stelling in schaakspel *rey* m *ahogado* • impasse *callejón* m *sin salida*
pauk *timbal* m
paukenist *timbalero* m
paus *papa* m
pauselijk *pontifical*; *pontificio*; *papal*
pausmobiel *papamóvil* m
pauw *pavo* m *real*; *pavón* m
pauwenoog • oog v.e. pauw *ojo* m *de pavo*
• vlek op pauwenstaart *ojo* m • vlinder *pavón* m
pauze *pausa* v; *descanso* m; ⟨in toneelstuk⟩ *entreacto* m; ⟨bij wedstrijd⟩ *intermedio* m; ⟨op school⟩ *recreo* m
pauzefilm *película* v *para el descanso*
pauzeren *hacer (una) pausa*; *hacer un alto*
pauzetoets *botón* m *de pausa*
paviljoen *pabellón* m
pc *PC* m
PCB *policlorobifenilo* m
pecannoot *pecana* v
pech • tegenspoed *mala suerte* v ★ pech hebben *tener mala suerte* ★ pech gehad *mala suerte* • panne *avería* v
pechlamp *lámpara* v *de averías*
pechvogel *gafe* m/v
pectine *pectina* v
pedaal *pedal* m
pedaalemmer *basurero* m *de pedal*
pedagogie *pedagogía* v
pedagogisch *pedagógico*
pedagoog *pedagogo* m
pedant *pedante*; *sabihondo*
pedanterie *pedantería* v; *sabihondez* v
peddel *canalete* m; *pala* v
peddelen • roeien *dar paladas* • fietsen *pedalear*
pedel *bedel* m
pediatrie *pediatría* v
pedicure • persoon *pedicuro* m; *callista* m • behandeling *pedicura* v
pedofiel *pedófilo* m
pedologie *psiquiatría* v *pediátrica*
pee ▼ de pee aan iem. hebben *no poder ver a alguien ni en pintura* ▼ (er) de pee in hebben *estar de mala uva*
peeling *peeling* m; MED. *descamación* v
peen *zanahoria* v
peepshow *peepshow* m

peer • vrucht *pera* v • boom *peral* m • lamp *bombilla* v • vent *tío* m ★ je vader is een geschikte peer *tu padre es un tío muy majo*
peervormig *piriforme*
pees *tendón* m
peeskamertje *habitación* v *de alquiler para prostitutas*
peesontsteking *tendinitis* v
peetoom *padrino* m
peettante *madrina* v
peetvader • peter *padrino* m • geestelijke vader *padre* m
pegel *carámbano* m
peignoir *bata* v; *salto* m *de cama*
peil • LETT. gemeten stand *nivel* m ★ Amsterdams peil *nivel normalizado del agua de Amsterdam* ★ op peil brengen *nivelar* ★ op peil houden *mantener a nivel* ★ hetzelfde peil bereiken als *ponerse al nivel de* • FIG. geestelijk, moreel niveau *nivel* m ★ dat is beneden alle peil *no puede ser peor* ▼ er is geen peil op te trekken *no se sabe a qué atenerse*
peildatum *fecha* v *de referencia*
peilen • bepalen *sondar*; *sondear*; SCHEEPV. *marcar* • FIG. doorgronden *tantear*; *sondear*
peilglas *indicador* m *de nivel*
peiling *sondeo* m; *cala* v ▼ iem. in de ~ hebben *descubrirle el juego a u.p.* ▼ iets in de ~ hebben *caer en la cuenta*
peillood *escandallo* m; *sonda* v
peilloos *insondable*
peilstok *varilla* v *para comprobar el nivel del aceite*
peinzen *meditar*; *cavilar*
pek *pez* v ▼ wie met pek omgaat, wordt ermee besmet *quien maneja aceite, las manos se unta*
pekel • oplossing *salmuera* v; *adobo* m • strooizout *sal* v
pekelen • in pekel inleggen *poner en salmuera* • bestrooien *echar sal*
pekelvlees *carne* v *salada*
pekinees *pequinés* m
Peking *Pekín* m
pekingeend *pato* m *pequinés*
pelgrim *peregrino* m
pelgrimage *peregrinación* v; *romería* v
pelgrimsoord *centro* m *de peregrinaje*
pelikaan *pelícano* m
pellen *pelar*; ⟨v. schil⟩ *mondar*; ⟨v. schaal⟩ *descascarar*
peloton *pelotón* m
pels • vacht *piel* v; *pellejo* m • bont *piel* v
pelsdier *animal* m *de piel*
pelsjager *cazador* m *de pieles*
pen • pin *clavija* v; *espiga* v; ⟨breipen⟩ *aguja* v; ⟨v. egel⟩ *espina* v • schrijfpen *bolígrafo* m; ⟨vulpen⟩ *pluma* v ★ de pen opnemen *coger la pluma* ▼ het zit in de pen *está en preparación* ▼ met geen pen te beschrijven *indescriptible*
penalty *penalty* m
penaltystip *punto* m *de penalty*
penarie ▼ in de ~ zitten *estar metido en un lío*
pendant *pareja* v
pendel • hanglamp *lámpara* v *de techo* • het pendelen *ir* m *y venir* • wichelslinger *péndulo*

m
pendelaar *viajero* m *diario (entre su casa y el trabajo)*
pendelbus *autobús* m *de línea*
pendeldienst *servicio* m *de vaivén*
pendelen *ir y venir*
pendule *péndulo* m
penetrant *penetrante*
penetratie *penetración* v
penetreren *penetrar*
penibel *penoso; difícil*
penicilline *penicilina* v
penis *pene* m
penisnijd *envidia* v *del pene*
penitentiair *penitenciario*
penitentie *penitencia* v
pennen *escribir*
pennenbak *plumero* m
pennenlikker *chupatintas* m
pennenmes *cortaplumas* m
pennenstreek *plumazo* m; *plumada* v
pennenstrijd *polémica* v
pennenvrucht *obra* v
pennenzak *estuche* m
penning • *muntstuk moneda* v • *medaille medalla* v ★ op de ~ *zijn ser tacaño/avaro* ★ tot de laatste ~ *hasta el último céntimo*
penningmeester *tesorero* m
penopauze *andropausia* v
penoze *bajos* m mv *fondos*
pens • *buik barriga* v; *panza* v • *voormaag panza* v; ⟨als etenswaar⟩ *callos* m mv; ⟨als etenswaar⟩ *tripa* v
penseel *pincel* m
penseelstreek *pincelada* v
pensioen *jubilación* v; *pensión* v *de jubilación* ★ met ~ *gaan jubilarse* ★ *vervroegd* ~ *jubilación anticipada* ★ ~ *genieten disfrutar una pensión*
pensioenbreuk *ruptura* v *en la pensión por despido*
pensioenfonds *fondo* m *de pensiones*
pensioengerechtigd ★ ~ *zijn tener derecho a jubilación* ★ *de* ~-*e leeftijd la edad de jubilación*
pensioenopbouw *constitución* v *de la pensión*
pensioenpremie *régimen* m *de pensión*
pension • *kosthuis pensión* v; *casa* v *de huéspedes* • *verzorging pensión* v
pensionaat *pensionado* m
pensioneren *jubilar*
pensionering *jubilación* v
pensionhouder *patrón* m
pentagram *estrella* v *de cinco puntas*
penthouse *sobreático* m; *penthouse* m
penvriend *amigo* m *por carta*
pep • *fut salero* m • *pepmiddel estimulante* m
peper *pimienta* v ★ *Spaanse* ~ *guindilla* v ★ ~ *en zout sal y pimienta*
peperbus *pimentero* m
peperduur *carísimo* ★ ~ *zijn costar* [ue] *un ojo de la cara*
peperen *sazonar con pimienta*
peper-en-zoutkleurig ⟨v. haar⟩ *entrecano*
peper-en-zoutstel *juego* m *de salero y pimentero*
peperkoek *pan* m *de especias y miel*

peperkorrel *grano* m *de pimienta*
pepermolen *molinillo* m *de pimienta*
pepermunt • *plant menta* v; *hierbabuena* v • CUL. *snoepgoed pastilla* v *de menta*
pepernoot *dulce* m *con especias*
pepmiddel *estimulante* m
pepperspray *spray* m *de pimienta*
peppil *comprimido* m *estimulante*
peptalk *arenga* v ★ een ~ *houden arengar*
per • *vanaf desde* ★ *per 1 augustus desde el 1 de agosto* • *door middel van en* ~ *per fiets / boot / trein / vliegtuig en bicicleta / barco / tren / avión* • *bij een hoeveelheid van por* ★ *honderd kilometer per uur cien kilómetros por hora* ★ *per vierkante meter por metro cuadrado* ★ *per stuk por pieza* ★ *per kilo por kilo* ★ *per dag por día*
perceel • *stuk land parcela* v; *lote* m; *terreno* m ★ *in percelen verdelen parcelar* • *pand edificio* m
percent • → **procent**
percentage *porcentaje* m
percentsgewijs *al tanto por ciento*
perceptie *percepción* v
perceptief *perceptivo*
percolator *colador* m
percussie *percusión* v
percussionist *percusionista* m/v
perenboom *peral* m
perensap *zumo* m *de pera*
perfect *perfecto*
perfectie *perfección* v
perfectioneren *perfeccionar*
perfectionist *perfeccionista* m/v
perfide *pérfido*
perforatie *perforación* v
perforator *perforadora* v
perforeren *perforar*
pergola *pérgola* v
perifeer *periférico* ★ *het perifere zenuwstelsel el sistema nervioso periférico* ★ COMP. *perifere apparatuur unidades* v mv *periféricas*
periferie *periferia* v
perikel • *gevaar peligro* m • *lastig voorval problema* m
periode *período* m ★ *bij* ~n *periódicamente*
periodekampioen *campeón* m *de la temporada*
periodiek I ZN [de/het] *tijdschrift revista* v ‖ BNW *periódico*
periodiseren *distribuir en periodos*
periscoop *periscopio* m
peristaltisch *peristáltico*
perk • *bloembed cuadro* m; *macizo* m • FIG. *begrenzing* ★ *binnen de perken houden tener a raya* ★ *de perken te buiten gaan pasar de la raya*
perkament *pergamino* m
perm *Pérmico* m
permafrost *suelo* m *helado eternamente*
permanent I ZN [het] *permanente* v ‖ BNW *permanente*
permanenten *hacer la permanente* ★ *zich laten* ~ *hacerse la permanente*
permeabel *permeable*
permissie *permiso* m; *autorización* v
permissief *permisivo*

permitteren *permitir* ★ zich ~ *permitirse* ★ ik kan het mij ~ *puedo permitirme este lujo*
perpetuum mobile *aparato* m *de movimiento perpetuo*
perplex *perplejo; confuso; desconcertado* ★ ~ staan *quedarse boquiabierto*
perron *andén* m
pers • toestel om te persen *prensa* v • drukpers *prensa* v ★ ter perse *en prensa* • nieuwsbladen en journalisten *prensa* v ★ een goede pers krijgen *tener buena prensa* • tapijt *alfombra* v *persa*
persbericht *comunicado* m *de prensa*
persbureau *agencia* v *de prensa*
perschef *jefe* m *de prensa*
persconferentie *conferencia* v *de prensa*
per se *necesariamente* ★ hij wilde ~ mee *insistió en venir*
persen I OV WW • krachtig drukken *prensar; comprimir* • uitpersen (v. druiven/olijven) *prensar*; (v. citrusvruchten) *exprimir* • gladstrijken *planchar* ★ een broek ~ *planchar un pantalón* II ON WW drukken (bij bevalling) *empujar*
persfotograaf *fotógrafo* m *de prensa*
persiflage *parodia* v
perskaart *carnet* m *de prensa*
persklaar *listo para la prensa*
persmuskiet FORM. *periodista* m *pesado*
personage *personaje* m
personal computer *ordenador* m *personal*
personalia *datos* m mv *personales*
persona non grata *persona* v *non grata*
personeel I ZN [het] *personal* m ★ het lagere ~ *los empleados subalternos* ★ het onderwijzend ~ *el cuerpo docente* ★ gebrek aan ~ *falta de personal* II BNW persoonlijk *personal*
personeelsadvertentie *anuncio* m *de trabajo*
personeelschef *jefe* m *de personal*
personeelslid *miembro* m *del personal*
personeelsstop *stop* m *de personal*
personeelstekort *falta* v *de personal*
personeelszaken *departamento* m *de personal*
personenauto *turismo* m
personenlift *ascensor* m *de personas*
personenregister *registro* m *de personas*
personentrein *(tren) correo* m
personenvervoer *transporte* m *de personas / viajeros*
personificatie *personificación* v
personifiëren *personificar*
persoon • individu *persona* v ★ in eigen ~ *en persona* ★ per ~ *por persona* • TAALK. *persona* v ★ in de eerste ~ enkelvoud *en primera persona singular*
persoonlijk I BNW • m.b.t. individu *personal* ★ om ~e redenen *por motivos personales* ★ strikt ~ *confidencial* ★ te ~ worden *pasarse* • TAALK. ★ ~ voornaamwoord *pronombre* m *personal* II BIJW persoonlijk; *en persona*
persoonlijkheid *personalidad* v
persoonsbewijs *carnet* m *de identidad*
persoonsgebonden *subjetivo*
persoonsregister *registro* m *civil*
persoonsregistratie *tratamiento* m *de datos de carácter personal*

persoonsvorm *forma* v *verbal*
perspectief *perspectiva* v
perspectivisch *perspectivista*
perspex I ZN [het] *plexiglás* m II BNW *de plexiglás*
perssinaasappel *naranja* v *de zumo*
perstribune *tribuna* v *de la prensa*
persvoorlichter *portavoz* m/v *oficial*
persvrijheid *libertad* v *de prensa*
pertinent • beslist *categórico; rotundo* • ter zake dienend *pertinente*
Peru *Perú* m
Peruaan *peruano* m
pervers *perverso*
perversie *perversión* v
Perzië *Persia* v
perzik • vrucht *melocotón* m • boom *melocotonero* m
perzikhuid *piel* v *de melocotón*
pessarium *pesario* m; *diafragma* m
pessimisme *pesimismo* m
pessimist *pesimista* m/v
pessimistisch *pesimista*
pest *peste* v; *pestilencia* v ★ met de pest besmet *apestado* ▼ krijg de pest! *¡que revientes!* ▼ de pest hebben aan iem. *detestar a u.p.; no poder ver ni en pintura a u.p.* ▼ de pest in hebben *estar de mala uva*
pestbui *humor* m *de perros*
pesten *fastidiar; jorobar; vejar*
pestepidemie *epidemia* v *de peste*
pesterij *vejación* v; *fastidio* m
pesthekel ★ een ~ hebben/krijgen aan *detestar / aborrecer / odiar a u.p.*
pesthumeur *humor* m *de perros*
pesticide *pesticida* v
pestkop *chinche* m/v; *fastidioso* m
pet *gorra* v ▼ dat gaat boven mijn pet *no me entra en la cabeza* ▼ hij gooit er met de pet naar *lo hace de mala gana*
petekind *ahijado* m
petemoei *madrina* v
peter *padrino* m
peterselie *perejil* m
petfles *botella* v PET
petieterig *diminuto*; *minúsculo; chiquitín* ★ ~ ventje *enano* m
petitfour *petifurs* m mv
petitie *petición* v
petrochemie *petroquímica* v
petrochemisch *petroquímico*
petroleum *petróleo* m
petroleumlamp *lámpara* v *de petróleo*
petroleumtanker *barco* m *petrolero*
pets *guantazo* m
petticoat *cancán* m
petunia *petunia* v
peuk • stompje sigaret *colilla* v • INFORM. sigaret *pitillo* m
peul • peulvrucht *legumbre* v; (schil) *vaina* v • soort erwt *guisante* m
peulenschil • schil van peul *vaina* v • kleinigheid ★ dat is een ~ voor hem *es cosa de coser y cantar para él* ★ dat is geen ~ *no es moco de pavo*
peulvrucht • erwt, boon *legumbre* v • plant *leguminosa* v

peut • petroleum *petróleo* m • terpentine *aguarrás* m
peuter *párvulo* m; *chiquillo* m
peuteren *escarbar* ★ in zijn oren ~ *escarbar en las orejas* ★ in zijn neus ~ *hurgarse la nariz*
peuterig • pietepeuterig *meticuloso* • klein *diminuto*
peuterleidster *maestra* v *de parvulitos*
peuterspeelzaal *jardín* m *de infancia*
peuzelen *comer con apetito*
pezen • hard werken *afanarse*; *atarearse* • hard rijden *correr*; *trajinar* • tippelen *hacer la calle* • neuken *follar*
pezig *nervudo*
pfeiffer *fiebre* v *glandular de Pfeiffer*; *mononucleosis* v *infecciosa*
pH *pH* m
pi *pi* v
pianissimo *pianíssimo*
pianist *pianista* m/v
piano *piano* m
pianoconcert *concierto* m *para piano*
pianoles *clase* v *de piano*
pianostemmer *afinador* m *de piano*
pias *payaso* m
piccalilly *picalili* m
piccolo • fluit *flautín* m; *pífano* m • bediende *botones* m
picknick *picnic* m; *merienda* v *(al aire libre)*
picknicken *ir de picnic*
picknickmand *cesta* v *de picnic*
pick-up • kleine open vrachtauto *camioneta* v; *furgoneta* v • platenspeler *tocadiscos* m
pico bello *esplendido*; *extraordinario*
pictogram *pictograma* m; *icono*
picture ▾ in de ~ komen *llamar la atención*
pied-à-terre *vivienda* v *de paso*
piëdestal *pedestal* m
pief *tipo* m ★ een hoge pief *un pez gordo*
piek *pico* m
pieken • goed presteren *rendir [i] a tope* • van haar *desgreñarse*
piekeraar *caviloso* m
piekeren *cavilar*; *preocuparse* ★ over iets ~ *preocuparse por u.c.* ★ zich suf ~ *dar vueltas a la cabeza*; *devanarse los sesos* ▾ ik pieker er niet over *ini pensarlo*
piekfijn *primoroso* ★ er ~ uitzien *estar de veinticinco alfileres*
piekhaar *greña* v
piekuur *hora* v *punta*
pielen *trabajar chapuceramente*
piemel *picha* v
pienter *despabilado*; *listo*
piep *¡pío!*
piepen ⟨v. muis⟩ *chillar*; ⟨v. vogels⟩ *piar*; [i] ⟨v. deur/rem⟩ *chirriar*; ⟨v. adem⟩ *resollar* [ue] ▾ hij is 'm gepiept *se escapó*; *se esfumó*
pieper • aardappel *patata* v • apparaatje *localizador* m
piepjong *verde*; *muy jovencito*
piepklein *diminuto*
piepkuiken *polluelo* m
piepschuim *espuma* v *de poliestireno*
pieptoon *señal* v *acústica*
piepzak ▾ in de ~ zitten *estar con el alma en un hilo*

pier • worm *lombriz* v • wandeldam *malecón* m; ⟨golfbreker⟩ *espigón* m • loopbrug *espigón* m ▾ zo dood als een pier *bien muerto* ▾ de kwaaie pier zijn *cargar con el muerto*
piercing *piercing* m
pierenbad *piscina* v *para niños*
pierewaaien *ir de juerga*
pies *meada* v; *pis* m
piesen *mear*
Piet *Pedro* m ▾ voor Piet Snot staan *hacer el ridículo*
piet ★ een hoge piet *un pez gordo* ★ een saaie piet *un tío aburridísimo*; *un muermo de tío* ★ zich een hele piet voelen *ser muy creído*
piëteit *piedad* v
pietepeuterig *meticuloso*; *minucioso*
piëtisme *pietismo* m
pietje-precies *quisquilloso* m
pietlut *persona* v *meticulosa*; *cominero* m
pietluttig *meticuloso*; *cominero*
pigment *pigmento* m
pigmentvlek *lunar* m
pij *hábito* m ▾ de pij aannemen *tomar el hábito*
pijl *flecha* v; *saeta* v ▾ als een pijl uit de boog *como una flecha*
pijler *pilar* m; *columna* v
pijlinktvis *calamar* m
pijlkruid *sagitaria* v
pijlsnel *(rápido) como una flecha*
pijltjestoets *tecla* v *de dirección*
pijlvormig PLANTK. *en forma de flecha*; *sagital*
pijn *dolor* m ★ pijn doen *doler* [ue] ★ je doet me pijn *me haces daño* ★ ik heb pijn in m'n buik *me duele la barriga*
pijnappel *piña* v
pijnappelklier *glándula* v *pituitaria*
pijnbank *caballete* m; *potro* m *de tormento*
pijnbestrijding *control* m *del dolor*; *medidas* v mv *para controlar el dolor*
pijnboom *pino* m
pijnboompit *piñon* m; *semilla* v
pijndrempel *umbral* m *del dolor*
pijngrens *límite* m *del dolor*
pijnigen *torturar*; *atormentar*
pijnlijk • pijn doend *doloroso* • onaangenaam *penoso*; *embarazoso*
pijnloos *indoloro*; *sin dolor*
pijnpunt • pijnlijke plek *punto* m *doloroso* • FIG. discussiepunt *punto* m *controvertido*
pijnscheut *punzada* v
pijnstillend *calmante*; *lenitivo*; *sedativo* ★ een ~ middel *un calmante*; *un lenitivo*; *un sedante*
pijnstiller *analgésico* m
pijp • buis *tubo* m; *conducto* m • schoorsteenpijp *cañón* m *de chimenea* • broekspijp *pierna* v • rookgerei *pipa* v ★ een pijp roken *fumar pipa* ★ aan een pijp trekken *fumar una pipa* • staafje *barra* v → **pijpje** ▾ een zware pijp roken *pasar un mal trago* ▾ de pijp uitgaan *estirar la pata*
pijpen *chuparla* ★ naar iemands ~ dansen *bailar el agua a alguien*; *bailar al son que le tocan*
pijpenkrul *tirabuzón* m
pijpenla *habitación* v *larga y estrecha*
pijpenrager *mondapipas* m

pijpensteel *cañón* m *de pipa* ▼ het regent pijpenstelen *llueve a cántaros*
pijpfitter *instalador* m *de tuberías*
pijpfitting *empalme* m; *racor* m
pijpje *botellín* m
pijpleiding *tubería* v; *cañería* v; ⟨v. olie⟩ *oleoducto* m
pijpsleutel *llave* v *tubular*
pik • penis *polla* v; *picha* v • houweel *pico* m; *piqueta* v ▼ de pik op iem. hebben *no tragar a u.p.* ▼ op zijn pik getrapt zijn *darse por ofendido*
pikant *picante*
pikdonker *oscuro como boca de lobo*
pikeren *picar* ★ gepikeerd zijn *estar picado; sentirse* [ie, i] *ofendido*
piket *piquete* m
pikeur *picador* m
pikhouweel *piqueta* v; *pico* m
pikkedonker I ZN [het] *oscuridad* v *total* **II** BNW *oscuro como boca de lobo*
pikken • stelen *mangar; birlar* • pakken *picar* ★ ik pik wat van jouw bord *pico algo de tu plato* • prikken, steken ⟨v. vogel⟩ *picotear* • dulden *tragar* ★ dat pik ik niet *eso no lo trago*
pikorde *lugar* m *en la jerarquía*
pikzwart *negro como el azabache*
pil • geneesmiddel *píldora* v; *pastilla* v • anticonceptiepil *píldora* v ★ de pil slikken *tomar la píldora* ★ iets diks ⟨boek⟩ *tocho* m ★ dat boek is een dikke pil *es un tocho de libro* ▼ een bittere pil moeten slikken *tragarse la píldora* ▼ de pil vergulden *dorar la píldora*
pilaar *pilar* m; *columna* v
pilav *plato* m *de arroz*
piloot *piloto* m
pilotstudie *estudio* m *piloto/provisional*
pils I ZN [de] *cerveza* v; ⟨v. de tap⟩ *caña* v **II** ZN [het] *cerveza* v
piment *pimentón* m
pimpelaar *beodo* m
pimpelen *pimplar*
pimpelmees *alionín* m
pimpelpaars *morado; violáceo*
pin I ZN [de] • staafje *clavija* v; *tarugo* m • pinnig mens *arpía* v **II** AFK persoonlijk identificatienummer ≈ *código* m *secreto*
pinapparaat *aparato* m *que se emplea con el NIP; lector* m *de tarjeta*
pinautomaat *cajero* m *automático*
pincet *pinzas* v mv
pincode *código* m *personal*
pinda *cacahuete* m; ⟨plant⟩ *maní* m
pindakaas *pasta* v *de cacahuetes*
pindasaus *salsa* v *sate / de cacahuetes*
pineut ▼ de ~ zijn *cargarle a alguien con el muerto; pagar el pato*
pingelaar *regatón* m [v: *regatona*]
pingelen • tingelen *rascar* • afdingen *regatear* • SPORT *acaparar el balón* • tikken van motor *picar*
pingpongbal *pelota* v *de ping-pong*
pingpongen *jugar* [ue] *al ping-pong*
pinguïn *pingüino* m
pink • vinger *dedo* m *meñique; meñique* m • kalf *añal* m ▼ bij de pinken *más listo que el hambre*
pinksterbeweging *movimiento* m *de Pentecostés*
pinksterbloem *berro* m *de prado*
Pinksteren *Pentecostés* m
pinkstermaandag *lunes* m *de Pentecostés*
pinkstervakantie *vacaciones* v mv *de Pentecostés*
pinnen • betalen *pagar con tarjeta de crédito* • geld opnemen *sacar dinero de un cajero automático*
pinnig • vinnig *mordaz; brusco* • gierig *avaro; tacaño*
pinpas *tarjeta* v *personal*
pin-up *foto* v *pin-up*
pioen *peonía* v; *rosa* v *montesa* ▼ een hoofd als een ~ krijgen *ponerse rojo como un tomate*
pioenroos *rosa* v *peonía; albardera* v
pion *peón* m
pionier *pionero* m
pionieren *explorar*
pioniersgeest *espíritu* m *pionero*
pionierswerk *obra* v *de pionero*
pipet *pipeta* v
pips *paliducho*
piraat *pirata* m/v
piramide *pirámide* v
piramidevormig *en forma de pirámide*
piranha *piraña* v
pirateneditie *edición* v *pirata*
piratenschip • zeeroversschip *buque* m *pirata* • illegaal radioschip *emisora* v *pirata*
piratenzender *emisora* v *pirata*
piraterij *piratería* v
pirouette *pirueta* v
pis *pis* m; *meada* v
pisang *plátano* m
pisbak *meadero* m; *urinario* m
pisnijdig *enfurecido*
pispaal *pagano* m
pispot *orinal* m
pissebed *cochinilla* v
pissen *mear*
pissig *enfadado*
pistache *pistacho* m
pistachenoot *pistacho* m
piste *pista* v
pistolet *panecillo* m
piston *pistón* m
pistool *pistola* v
pistoolschot *tiro* m *de pistola; pistoletazo* m
pit • kern van vrucht *hueso* m; ⟨in appel⟩ *pipa* v; ⟨in appel⟩ *pepita* v • elan *brío* m; *empuje* m ★ er zit pit in die vent *ese tío tiene marcha* • lont *mecha* v ▼ iets op een laag pitje zetten *frenar u.c.*
pitabroodje *pan* m *árabe*
pitbull *pitbull* m
pitcher *lanzador* m; *pitcher* m
pitje • → **pit**
pitloos *sin semilla; sin hueso*
pitriet *roten* m
pitten *dormir* [ue, u]
pittig • energiek *vivo; enérgico* • pikant *picante; sabroso*
pittoresk *pintoresco*

pixel *pixel* m; *punto* m
pizza *pizza* v
pizzeria *pizzería* v
plaag • bezoeking *plaga* v • ziekte *plaga* v; *epidemia* v
plaaggeest *burlón* m [v: *burlona*]
plaagstoot *pinchazo* m
plaagziek *malicioso*; *burlón*
plaat • plat, hard stuk *placa* v; *plancha* v; ⟨v. hout⟩ *tabla* v; ⟨v. glas⟩ *luna* v; ⟨v. metaal⟩ *chapa* v • prent *grabado* m
• grammofoonplaat *disco* m ★ een ~ opzetten *poner un disco* • zandbank *banco* m *de arena*
• → **plaatje** ▼ de ~ poetsen *coger las de Villadiego*; *pirárselas*; *salir pitando*
plaatijzer *chapa/plancha* v *de hierro*
plaatje • tandprothese *placa* v • afbeelding *lámina* v; *cromo* m; ⟨foto⟩ *foto* v • iets moois ★ zij ziet er uit als een ~ *está preciosa* ★ het lijkt wel een ~ *parece pintado*
plaatopname *grabación* v
plaats • ruimte waar iemand/iets zich bevindt *lugar* m; *sitio* m ★ de ~ van handeling *el lugar de acción* ★ ter ~e *in el sitio mismo* • ruimte die iemand/iets inneemt *sitio* m; *espacio* m; ⟨zitplaats⟩ *asiento* m; ⟨zit-/staan-/ligplaats⟩ *localidad* v; ⟨zit-/staan-/ligplaats⟩ *plaza* v; ⟨plaatsbewijs⟩ *entrada* v ★ een ~ bespreken *reservar una localidad* ★ zijn er nog ~en? *¿quedan entradas?* ★ ~ hebben voor 100 mensen *tener cabida para 100 personas*
• woonplaats ⟨stad⟩ *ciudad* v; ⟨dorp⟩ *pueblo* m
• functie *puesto* m; *plaza* v ★ een vacante ~ innemen *ocupar una plaza vacante* • positie *posición* v; *lugar* m ★ de ~ van iem. innemen *ocupar el puesto de u.p.* ★ in de eerste ~ *en primer lugar* ▼ in ~ van *en lugar de*; *en vez de* ▼ in ~ daarvan *en lugar de ello* ▼ in de ~ stellen van *substituir por* ▼ op zijn ~ zijn *estar fuera de lugar*; *no estar oportuna*
plaatsbepaling *localización* v
plaatsbespreking *reserva* v *de asiento*
plaatsbewijs *billete* m
plaatselijk *local*
plaatsen I OV WW • een plaats geven *poner*; *colocar* ★ een advertentie ~ *poner un anuncio* ★ een artikel ~ *publicar un artículo*
• beleggen *invertir* [ie, i]; *colocar* • in dienst nemen *destinar*; *colocar* • een opmerking ~ *hacer una observación* ▼ ik kan hem niet ~ *no puedo situarlo*; *no me acuerdo de que le conozco* II WKD WW [zich ~] *colocarse*; *clasificarse* ★ zich ~ voor de finale *clasificarse para la final*
plaatsgebrek *falta* v *de espacio*
plaatshebben *suceder*; *tener* [ie] *lugar*
plaatsing *colocación* v; ⟨v. artikel⟩ *publicación* v; ⟨v. artikel⟩ *inserción* v
plaatsmaken *hacer sitio*
plaatsnaam *nombre* m *de lugar*
plaatsnemen *sentarse* [ie]; *tomar asiento*
★ neemt u plaats! *¡siéntese!*
plaatsruimte *espacio* m
plaatsvervangend *sustituto*; *suplente*; *interino*
plaatsvervanger *sustituto* m; *suplente* v
plaatsvinden *suceder*; *realizarse*; *efectuarse* [ú]

plaatwerk • boek *libro* m *de estampas*
• plaatmetaal *chapistería* v
placebo *placebo* m
placebo-effect *(efecto) placebo* m
placemat *mantelito* m *individual*
placenta *placenta* v
plafond *techo* m; *cielo* m *raso*
plafonnière *plafón* m
plag *césped* m; *terrón* m
plagen *vejar*; *zumbar*; *afligir* ▼ INFORM. mag ik u even ~? *¿me permite?*
plagerij *zumba* v
plaggenhut *choza* v *de céspedes*
plagiaat *plagio* m ★ ~ plegen *plagiar*
plagiëren *plagiar*
plaid *manta* v *de viaje*
plak • schijf *placa* v; ⟨vleeswaren/kaas⟩ *tajada* v; ⟨vleeswaren/kaas⟩ *loncha* v; ⟨vleeswaren/kaas⟩ *lonja* v; ⟨chocola⟩ *tableta* v • medaille *placa* v • tandaanslag *sarro* m ▼ onder de plak zitten *estar bajo la férula*
plakband *cinta* v *adhesiva*
plakboek *álbum* m *de recortes*
plakkaat *cartel* m
plakkaatverf *guache* m
plakken I OV WW lijmen *pegar*; *encolar* II ON WW • kleven *pegar* • lang blijven *pegársele la silla a alguien* ★ zij blijft nooit ergens lang ~ *no se le pega la silla nunca*
plakker • sticker *adhesivo* m; *marbete* m
• aanplakker *cartelero* m • iem. die lang blijft *pegote* m
plakkerig *pegajoso*
plakletter *letra* v *adhesiva*
plakplaatje *pegatina* v; *calcomanía* v
plakplastic *plástico* m *autoadhesivo*
plaksel *pegamento* m
plakstift *lápiz* m *adhesivo*
plaktafel *mesa* v *de encolar*
plamuren *emplastecer*
plamuur *masilla* v
plamuurmes *espátula* v
plan • voornemen, bedoeling *intención* v; *plan* m; *propósito* m ★ iemands plannen verijdelen *frustrar las intenciones de alguien* ★ van plan zijn *tener la intención*; *proponerse* ★ een plan doorkruisen *estorbar un plan* ★ het plan hebben om *tener el propósito de* ★ een plan uitvoeren *realizar un proyecto* ★ zijn eigen plan trekken *arreglárselas*; *apañárselas*
• ontwerp, uitgewerkt idee *proyecto* m; *plan* m ★ plannen maken *planear*; *idear* ★ plannen smeden *tramar planes*
planbureau *oficina* v *de planificación*
planchet *repisa* v
plan de campagne *plan* m *de campaña*
planeconomie *economía* v *dirigida*
planeet *planeta* m
planeetbaan *órbita* v
planetarium *planetario* m
planetenstelsel *sistema* m *planetario*
planetoïde *asteroide* m
plank *tabla* v; ⟨in kast⟩ *balda* v; ⟨in kast⟩ *anaquel* m; ⟨tegen muur⟩ *estante* m ▼ op de ~en *a las tablas*
plankenkast *armario* m *de la ropa blanca*

plankenkoorts *miedo m al público* ★ geen~ hebben *tener tablas*
plankgas *a todo gas* ★ ~ rijden *ir a todo gas*
plankier *tablado m*
plankton *plancton m*
plankzeilen *hacer windsurfing*
planmatig *sistemático; metódico*
plannen *proyectar; planear; planificar*
planning *planificación v*
planologie *planología v*
planologisch *planológico*
planoloog *planólogo m*
plant *planta v*
plantaardig *vegetal*
plantage *plantación v*
planten *plantar*
plantenbak *jardinera v*
planteneter *herbívoro m*
plantengroei *vegetación v*
plantenrijk *reino m vegetal*
planter • iem. die plant *plantador m* • eigenaar van plantage *plantador m*
plantkunde *botánica v*
plantkundig *botánico*
plantsoen *jardín m público*
plantsoenendienst *servicio m de jardinería*
plaque • *placa v (decorativa)* • tandplaque *sarro m*
plaquette *relieve v; placa v*
plas • regenplas *charco m* • watervlakte (meer) *lago m* • urine *meada v* ★ een plas doen *hacer pis*; JEUGDT. *hacer pipí*
plasma *plasma m*
plasmacel *célula v plasmática*
plasmascherm *pantalla v plasma*
plaspauze *pausa v para mear*
plaspil *píldora v diurética*
plassen • spatten *chapotear* • urineren *mear; hacer pis*; JEUGDT. *hacer pipí*
plassengebied *zona v de lagos (pequeños)*
plasser *colita v; pilila v*
plastic *plástico m*
plastiek *plástica v*
plastificeren *plastificar*
plastisch *plástico*
plat I BNW • vlak, ondiep *plano; llano* • plat op de grond vallen *caer boca abajo* ★ plat maken *aplanar* ★ plat slaan *aplastar* • platvloers *vulgar; chabacano* • niet in bedrijf *paralizado* ★ de haven plat leggen *paralizar el puerto* • dialectisch *coloquial* ★ op z'n plat Amsterdams iets zeggen *decir algo en el argot de Amsterdam* II ZN [het] • plat vlak *plano m* ★ continentaal plat *la plataforma continental* • plat dak *azotea v*
plataan *plátano m*
platbodem *chalana v*
platbranden *incendiar; quemar totalmente*
platdrukken *aplastar*
plateau • hoogvlakte *meseta v; altiplanicie v* • presenteerblad *bandeja v*
plateauzool *suela v gruesa*
platenbon *vale m para discos*
platencontract *contrato m discográfico*
platenhoes *funda v de disco*
platenlabel *sello m discográfico*

platenmaatschappij *casa v discográfica*
platenspeler *tocadiscos m*
platenzaak *tienda v de discos*
plateservice *plato m combinado*
platform *plataforma v*
platgaan *pisar la oreja*
platheid • het vlak zijn *forma v plana* • platvloersheid *vulgaridad v*
platina *platino m*
platinablond *rubio platino*
platje *ladilla v*
platleggen • plat neerleggen *extender* [ie] ★ iem. ~ *tumbar a u.p.* • stilleggen *paralizar*
platliggen • ziek op bed liggen *estar enfermo* • stilliggen door staking *estar paralizado* ★ tijdens die staking lag het hele land plat *durante esa huelga se paralizó todo el país*
platonisch *platónico*
platslaan *aplastar*
platspuiten *calmar con inyecciones*
plattegrond *plano m*
plattekaas *cuajada v*
platteland *campo m*
plattelander *campesino m*
plattelandsbevolking *población v rural*
plattelandsgemeente *comunidad v rural*
platvis *pez m plano*
platvloers *vulgar*
platvoet *pie m plano*
platweg *francamente*
platzak *sin un duro* ★ ~ zijn *no tener ni un duro*
plausibel *plausible*
plaveien *pavimentar; empedrar* [ie]
plaveisel *empedrado m; pavimento m*
plavuis *baldosa v*
playback *play-back m*
playbacken *cantar en play-back*
playboy *playboy m; don m Juan*
plecht ⟨achter⟩ *castillo m*
plechtig *solemne; ceremonioso*
plechtigheid • ceremonie *solemnidad v; ceremonia v* • stemmigheid *solemnidad v*
plechtstatig *solemne; majestuoso*
plectrum *púa v*
plee *wáter m; baño m*
pleeggezin *familia v que acoge a un niño para cuidarlo*
pleegkind *hijo m adoptivo*
pleegouders *padres m mv adoptivos*
plegen I OV WW uitvoeren *cometer* ★ een moord ~ *cometer un asesinato* ★ verzet ~ *ofrecer resistencia* II ON WW ~ te *soler* [ue]; *tener* [ie] *la costumbre de* ★ hij pleegt laat op te staan *tiene la costumbre de levantarse tarde; suele levantarse tarde*
pleidooi *alegato m; defensa m/v*
plein *plaza v*
pleinvrees *agorafobia v*
pleister I ZN [de] verband *esparadrapo m; tirita v; parche m*; INFORM. *botana v* II ZN [het] kalkmengsel *estuco m; escayola v*
pleisteren *enlucir; enyesar; estucar*
pleisterplaats *parada v; etapa v*
pleisterwerk *estuco m; estucado m*
pleistoceen *Pleistoceno m*
pleit • geschil *proceso m; pleito m* ★ het ~

winnen *ganar el pleito* • **pleidooi** *alegato* m
pleitbezorger *abogado* m; *defensor* m
pleiten I OV WW **bepleiten** *alegar* II ON WW
• LETT. een pleidooi houden *pronunciar un alegato*; *abogar* ★ voor iem. ~ *abogar en favor de alguien* • FIG. positief getuigen ★ dat pleit voor je *eso dice mucho en tu favor*
pleiter *abogado* m
plek • plaats *lugar* m; *sitio* m ★ blauwe plek *morado* m ★ kale plek *calva* v ★ ter plekke *en el lugar mismo* • vlek *mancha* v
plenair *plenario*; *en pleno*
plens *chorro* m
plensbui *chaparrón* m; *aguacero* m
plensregen *lluvias* v mv *torrenciales*
plenzen I OV WW uitstorten *derramar*; *echar* II ONP WW regenen *llover* [ue] *a cántaros*
pleonasme *pleonasmo* m
pletten *aplanar*; *aplastar*
pletter ▾ ik verveel me te ~ *me aburro como una ostra* ▾ te ~ vallen *estrellarse*
pleuren *arrojar*
pleuris *pleuritis* v; *pleuresía* v ▾ zich de ~ schrikken *pegarse un susto mortal* ▾ krijg de ~! *ivete a la mierda!*
plexiglas *plexiglás* m
plezant *agradable*; *divertido*
plezier *placer* m; *gusto* m; *gozo* m ★ ~ hebben/maken *divertirse* ★ ~ hebben in *complacerse en*; *deleitarse con* ★ dat doet me ~ *me alegro* ★ met (alle) ~ *con (mucho) gusto* ★ iem. een ~ doen *hacerle un favor a alguien*
plezieren *complacer*; *dar un gusto*
plezierig *agradable*; *divertido*
plezierjacht *yate* m *de recreo*
pleziervaartuig *embarcación* v *de placer*
plicht *deber* m; *obligación* v ★ zijn ~ nakomen *cumplir con su deber/obligación* ★ zich onttrekken aan zijn ~ *no cumplir con su deber* ★ het is mijn ~ om te *tengo la obligación de* ▾ ~ gaat boven alles *primero es la obligación que la devoción*
plichtmatig *por obligación*
plichtpleging *cumplidos* m mv ★ ~en maken *hacer cumplidos* ★ ze nam het zonder ~en aan *lo aceptó sin cumplidos*
plichtsbesef *sentido* m *del deber*
plichtsbetrachting *cumplimiento* m *del deber*
plichtsgetrouw *concienzudo*
plichtsverzuim *incumplimiento* m *del deber*
plint *zócalo* m
plissé *plisado* m
plisseren *plisar*
PLO *OLP* v; *Organización* v *para la Liberación de Palestina*
ploeg • landbouwwerktuig *arado* m • groep *cuadrilla* v ★ in ~en werken *trabajar a turnos* • SPORT team *equipo* m
ploegbaas *capataz* m/v
ploegen I OV WW met ploeg omwerken *arar*; *labrar* II ON WW voortzwoegen *avanzar con dificultad*
ploegendienst *trabajo* m *a turnos*
ploegenstelsel *sistema* m *de turnos*
ploegentijdrit *etapa* v *contra reloj por equipos*
ploeggenoot *compañero* m *de equipo*

ploert *canalla* m; *granuja* m/v; *sinvergüenza* m/v; INFORM. *chulo* m
ploertendoder *cachiporra* v
ploertenstreek *vileza* v; *canallada* v
ploeteraar *esclavo* m *del trabajo*; ⟨op school⟩ *empollón* m
ploeteren *afanarse*; ⟨studeren⟩ *empollar*
plof *golpe* m *seco*
ploffen I OV WW doen vallen *dejar caer* II ON WW • vallen *caerse*; *dejarse caer* • geluid geven *hacer ¡paf!* • ontploffen *estallar* ▾ ik plof! *¡estoy empachado!*
plomberen *plomar*; ⟨v. kies⟩ *empastar*
plomp I ZN [de] • water *charca* v • waterplant *nenúfar* m II BNW *pesado*; *grosero*
plompverloren *sin más*
plons *chapotazo* m
plonzen *chapotear*
plooi • vouw *pliegue* m; *doblez* v • rimpel *arruga* v; *pliegue* m ▾ zijn gezicht in de ~ trekken *poner un rostro muy grave*
plooibaar • soepel *plegable*; *flexible* • FIG. meegaand *dócil*; *acomodadizo*; *flexible*
plooien • plooien maken *plegar* [ie]; *doblar*; ⟨in kleine plooien⟩ *alechugar*; ⟨v. het gezicht⟩ *fruncir* • schikken *arreglar* ★ zich ~ naar *acomodarse a* ★ het zo weten te ~ dat ... *saber arreglarlo de tal manera que ...*
plooirok *falda* v *plisada*
plot *intriga* v
plots *de repente*; *de pronto*
plotseling I BNW *repentino*; *súbito* II BIJW *de repente*; *de pronto*; *repentinamente*
plotsklaps *de repente*
plotter *aparato* m *de dibujo electrónico*
plu *paraguas* m
pluche *felpa* v; *peluche* m
plug • stop *tapón* m; ⟨v. hout⟩ *tarugo* m • stekkertje *clavija* v • schroefbout *taco* m
pluggen *promocionar*; *dar a conocer*
plugger *promotor* m *de discos*
pluim • vogelveer *pluma* v • pluimbos *penacho* m ★ iem. een ~ op de hoed steken *elogiar a alguien*
pluimage • → **vogel**
pluimvee *aves* v mv *de corral*
pluimveehouderij *avicultura* v
pluis I ZN [de] *pelusa* v II BNW ▾ dat zaakje is niet ~ *hay gato encerrado en este asunto*
pluishaar *pelo* m *muy rizado / crespo*
pluizen I OV WW uitrafelen *deshilachar* II ON WW gaan rafelen *formar pelusa*
pluizig *con pelusilla*
pluk • oogst *recolección* v • bosje *mechón* m
plukken I OV WW • oogsten *recoger* • van veren ontdoen *desplumar* • bezit afpakken *desplumar*; *pelar* II ON WW peuteren *tirar de*
plumeau *plumero* m
plumpudding *plumpudding* m
plunderaar *saqueador* m
plunderen *pillar*; *saquear*; *desvalijar*
plundering *saqueo* m; *pillaje* m
plunje *ropa* v ★ in zijn beste ~ *en su traje dominguero*
plunjezak *petate* m
pluralis *plural* m ★ ~ majestatis *plural*

pluralisme–politbureau

mayestático
pluralisme *pluralismo* m
pluriform *pluriforme*
plus I ZN [de/het] • **plusteken** *más* m; *signo* m *más* • waardering *ventaja* v II VW *más* ★ twee plus drie is vijf *dos más tres son cinco*
plusminus *más o menos*
pluspool *polo* m *positivo*
pluspunt OOK FIG. *punto* m *a favor*
plusteken *signo* m *más*; ⟨v. positieve pool⟩ *signo* m *positivo*
Pluto *Plutón*
plutonium *plutonio* m
pneumatisch *neumático*
pneumonitis *neumonitis* v; *inflamación* v *pulmonar*
po *orinal* m
pochen *fanfarronear*; *jactarse*
pocheren *escalfar*
pochet *pañuelo* m *para el bolsillo superior de la chaqueta*
pocket *libro* m *de bolsillo*
pocketboek *libro* m *de bolsillo*
pocketcamera *cámara* v *de bolsillo*
podium *podio* m; *tablado* m; *estrado* m; *tarima* v
podoloog *podólogo* m
poedel *caniche* m
poedelen *chapalear*; *chapotear*
poedelnaakt *en cueros*; *en pelotas*; *desnudo*
poedelprijs *premio* m *de consolación*
poeder *polvo* m
poederblusser *extintor* m *mediante polvo*
poederdoos *polvera* v
poederen *empolvar*
poederkoffie *café* m *instantáneo*
poedermelk *leche* v *en polvo*
poedersneeuw *nieve* v *en polvo*
poedersuiker *azúcar* m *en polvo*
poef *puf* m
poeha *fanfarronería* v ★ met veel ~ *a bombo y platillo*
poel • plas *charco* m • broeiplaats *abismo* m; *sima* v; *pozo* m
poelet *carne* v *para caldo*
poelier *pollero* m; ⟨winkel⟩ *pollería* v
poema *puma* m
poen *pasta* v; *pelas* v mv
poenig *cursi*
poep • uitwerpselen *mierda* v; *cagada* v; *caca* v • wind *pedo* m
poepen *cagar*; *hacer caca*
poeperd *culo* m
poes • kat *gato* m; ⟨vrouwtjeskat⟩ *gata* v • mooie meid *tía* v *buena* • vagina *conejo* m ▼ dat is niet voor de poes *no es ninguna broma*
poesiealbum *álbum* m *poético*
poeslief *meloso*; *almibarado* ★ ~ doen *ponerse meloso*
poespas *fárrago* m; *jaleo* m
poesta *estepa* v *húngara*
poet *pasta* v ★ de poet is binnen *ya tenemos la pasta*
poëtica *poética* v
poëtisch *poético*

poets *broma* v; *chanza* v ▼ iem. een ~ bakken *hacer una mala pasada a u.p.*
poetsdoek *trapo* m *de limpiar*; *bayeta* v
poetsen • glimmend wrijven *bruñir*; *pulir*; ⟨v. schoenen⟩ *lustrar*; ⟨v. schoenen⟩ *limpiar* • reinigen *limpiar* ★ zijn tanden ~ *limpiar los dientes*
poetskatoen *estopa* v
poezenluik *gatera* v
poëzie *poesía* v
poëziealbum *álbum* m *de poesías*
poëziebundel *colección* v *de poesía*
pof ▼ op de pof kopen *comprar al fiado*
pofbroek *calzones* m mv *bombachos*; *pantalón* m *bombacho*
poffen • in schil gaar stoven *asar* ★ gepofte kastanje *castaña* v *asada* • op de pof kopen *comprar al fiado* • op de pof verkopen *fiar* [í]
poffertje ≈ *buñuelo* m
poffertjeskraam *puesto* m *de venta de 'poffertjes'*
pofmouw *manga* v *de fuelle*
pogen *tratar de*; *intentar*
poging *intento* m; *tentativa* v; *esfuerzo* m ★ ~en doen om *hacer esfuerzos para* ★ alle ~en in het werk stellen *hacer todo lo posible*; *esforzarse* [ue] *al máximo* ★ ~ tot moord *intento de asesinato* ★ geen ~ nalaten om *no escatimar esfuerzo por*
pogrom *pogromo* m
pointe *quid* m
pointer *perro* m *rastrero*; *perdiguero* m
pok *viruela* v
pokdalig *picado de viruelas*
poken *atizar*; *hurgar*
poker *póquer* m
pokeren *jugar* [ue] *al póquer*
pokken *viruela* v
pokkenprik *vacunación* v *contra la viruela*
pokkenweer *tiempo* m *de perros*
pol *mata* v *(de hierba)*
polair *polar*
polarisatie *polarización* v
polariseren *polarizar*
polariteit *polaridad* v
polder *pólder* m
polderlandschap *paisaje* m *de pólder*
polemiek *polémica* v
polemisch *polémico*
polemiseren *polemizar*
polemologie *polemología* v
Polen *Polonia* v
polenta *polenta* v
poliep • dier *pólipo* m • MED. *pólipo* m
polijsten • glad maken *pulir*; ⟨v. metaal⟩ *acicalar*; ⟨v. metaal⟩ *bruñir* • verfijnen *perfeccionar*
polijstwerk *trabajo* m *pulido* / *bruñido*
polikliniek *policlínica* v
poliklinisch *policlínico*
polio *polio* m; *poliomielitis* v
poliovaccin *vacuna* v *antipolio* / *contra la polio*
polis *póliza* v ★ een ~ sluiten *concluir una póliza*
polisvoorwaarden *condiciones* v mv *de la póliza*
politbureau *politburó* m

po

politicologie *politicología* v
politicoloog *politicólogo* m
politicus *político* m
politie *policía* m/v
politieagent *policía* m/v; *agente* m/v *de policía*
politieauto *coche* m *de policía*; *coche* m *patrulla*
politiebericht *aviso* m *de policía*
politiebureau *comisaría* v
politiek I ZN [de] officieel beleid *política* v ★ in de~ gaan *dedicarse a la política* II BNW met betrekking tot overheidsbeleid *político*
politiemacht *fuerza* v *policiaca/policíaca*
politieman *policía* m/v; *agente* m/v *de policía*
politieoptreden *acción / conducta* v *de la policía*
politiepenning *placa* v *de policía*
politierechter *juez* m/v *correccional*
politiestaat *estado* m *policial*
politieverordening *ordenanza* v *de la policía*
politiseren *politizar*
polka *polca* v ★ de~ dansen *bailar la polca*
pollen *polen* m
pollepel *cucharón* m; *cazo* m
polo I ZN [het] balspel voor ruiters *polo* m; *juego* m *de polo* II ZN [de] shirt *polo* m
polohemd *polo* m
poloshirt *polo* m; *niki* m
pols • polsgewricht *muñeca* v • polsslag *pulso* m ★ iem. de pols voelen *tomar el pulso a alguien; pulsar a alguien*
polsen *pulsar* ★ iem. ~ *pulsar a alguien*
polsgewricht *articulación* v *de la muñeca*
polshorloge *reloj* m *de pulsera*
polsslag *pulso* m; *pulsación* v
polsstok *pértiga* v
polsstokhoogspringen *saltar con pértiga*
polsstokhoogspringer *saltador* m *de pértiga*
polyamide *poliamida* v
polyester *poliéster* m
polyetheen *politeno* m
polyether *poliéter* m
polyfoon *polífono*
polygaam *polígamo*
polygamie *poligamia* v
polygoon *polígono* m
polymeer I ZN [het] *polímero* m II BNW *polímero*
Polynesië *Polinesia* v
polytheïsme *politeísmo* m
polyvalent *polivalente*
pomp *bomba* v; ⟨voor fiets⟩ *inflador* m ▼ loop naar de pomp! *¡vete a paseo!*
pompbediende *empleado* m *de una gasolinera*
pompelmoes *pomelo* m; *toronja* v
pompen *bombear; inflar; achicar*
pompeus *aparatoso; ostentoso*
pomphouder *dueño* m *de una gasolinera*
pompoen *calabaza* v
pompon *borla* v
pompstation • tankstation *gasolinera* v • gebouw voor oppompen van water *estación* v *de bombeo*
poncho *poncho* m
pond • munteenheid *libra* v ★ pond sterling *libra* v *esterlina* • gewichtseenheid *medio kilo* m; *libra* v ★ een half pond tomaten *un cuarto de kilo de tomates* ★ per pond verkopen *vender por libras* ▼ iem. het volle pond geven *dárselo todo sin regatear*
ponem *jeta* v
poneren *poner; plantear; postular*
ponsen *perforar*
ponskaart *tarjeta* v *perforada*
pont *trasbordador* m; *barca* v *de pasaje*
pontificaal *pontifical* ★ pontificale mis *misa pontifical*
pontificaat *pontificado* m
ponton *pontón* m
pony • dier *poney* m • haardracht *flequillo* m
pooier *chulo* m
pook • vuurpook *atizador* m; *hurgón* m; *badil* m • versnellingshendel *palanca* v *de cambios*
Pool • bewoner *polaco* m • AARDK. *polo* m
pool[1] • uiteinde *polo* m ★ de positieve pool *el polo positivo* • vezeluiteinde *pelo* m
pool[2] ⟨zeg: poel⟩ • wedspel *quiniela* v • samenwerkingsvorm *consorcio* m
poolbeer *oso* m *polar / blanco*
poolcirkel *círculo* m *polar*
poolen I OV WW • in één pot doen *aunar* [ú]; *unir* • carpoolen *emplear una flota de automóviles* II ON WW carpoolen *ir al trabajo con un compañero en su coche*
poolexpeditie *expedición* v *polar*
poolgebied *zona* v */ región* v *polar*
poolhond *perro* m *esquimal*
poolkap *capa* v *polar*
poolklimaat *clima* m *polar*
poolreiziger *explorador* m *polar*
Pools I ZN [het] taal *polaco* m II BNW m.b.t. Polen *polaco; polonés*
poolshoogte ▼ ~ nemen *enterarse; informarse*
Poolster *estrella* v *polar*
poolstreek *zona* v */ región* v *polar*
poolzee *mar* m *polar*
poon *rubio* m
poort *puerta* v
poorter *ciudadano* m
poortwachter *portero* m
poos *rato* m; *tiempo* m ★ een hele poos *un buen rato*
poot • ledemaat van dier *pata* v; *pierna* v; ⟨lange vogelpoot⟩ *zanca* v • INFORM. been *pata* v • steunsel *pata* v; ⟨v. bril⟩ *patilla* v • PLAT homo *marica* m; *maricón* m ▼ zijn poot stijf houden *no dar el brazo por torcer* ▼ op hoge poten *muy indignado* ▼ iets op poten zetten *organizar u.c.; montar u.c.*
pootaardappel *patata* v *de siembra*
pootgoed *renuevo* m
pootjebaden *mojarse los pies*
pootmachine *máquina* v *para plantar patatas*
pop [mv: +pen] • speelgoed *muñeca* v • larve *crisálida* v; *ninfa* v ▼ toen had je de poppen aan het dansen *se armó la de San Quintín*
popart *arte* m *pop*
popartiest *artista* m/v *pop*
popblad *revista* v *pop*
popconcert *concierto* m *de música pop*
popcorn *palomitas* v mv *de maíz*
popcultuur *cultura* v *pop*
popelen *estar ansioso*
popfestival *festival* m *pop*
popgroep *grupo* m *pop*

popidool *ídolo* m *pop*
popmuziek *música* v *pop*
poppenhuis *casa* v *de muñecas*
poppenkast • poppenspel *guiñol* m; *títeres* m mv • overdreven gedoe *farsa* v; *comedia* v
poppenkleren *ropa* v *de muñeca*
poppenspel *teatro* m *de títeres*
poppenspeler *titiritero* m
poppentheater *teatro* m *de marionetas*
poppenwagen *carrito* m *de muñecas*
popperig *amuñecado*; (klein) *diminuto*
popprogramma *programa* m *pop*
popsong *canción* v *pop*
popster *estrella* v *de pop*
populair *popular* ★ ~ worden *popularizarse*
populairwetenschappelijk *de vulgarización científica*
populariseren *popularizar*; *vulgarizar*
populariteit *popularidad* v ★ goedkope ~ *la populachería*
populariteitspoll *encuesta* v *de popularidad*
populatie *población* v
populier *álamo* m ★ een zwarte ~ *un chopo*
populist *demagogo* m/v; *populista* m/v
populistisch *populista*
pop-upvenster *ventana* v *popup*; *ventana* v *emergente*
popzender *emisora* v *de música pop*
por *empujón* m; *empellón* m
poreus *poroso*
porie *poro* m
porno *pornografía* v
pornoblad *revista* v *pornográfica*
pornografie *pornografía* v
pornografisch *pornográfico*
porren I OV WW aanzetten *aguijonear* ‖ ON WW poken *empujar*
porselein *porcelana* v
porseleinen *de porcelana*
porseleinkast *chinero* m
port I ZN [de] drank *vino* m *de oporto*; *oporto* m ‖ ZN [het] *porto* m *porte* m; *franqueo* m ★ port betaald *porte pagado*
portaal • hal *zaguán* m; *portal* m • overloop *rellano* m *(de la escalera)*
portable *portátil*
portee *alcance* m
portefeuille • portemonnee *cartera* v • opbergmap *portafolios* m • taak *cartera* v ★ de ~ van Defensie *la cartera de defensa* ★ zijn ~ neerleggen *renunciar a su cartera*
portemonnee *portamonedas* m; *monedero* m; *cartera* v
portfolio *carpeta* v *de trabajos*; ECON. *cartera* v *de acciones*
portie *ración* v; *porción* v ▾ geef mijn ~ maar aan Fikkie *no cuentes conmigo*
portiek *pórtico* m; *soportal* m
portier I ZN [de] persoon *portero* m; *conserje* m/v ‖ ZN [het] deur *portezuela* v
portiersloge *portería* v
porto *franqueo* m
portofoon ≈ *walkie-talkie* m
Porto Ricaans *puertorriqueño*
Porto Rico *Puerto Rico* m
portret *retrato* m

portretfotografie *(foto* v *de) retrato*
portretschilder *retratista* m/v
portrettengalerij *galería* v *de retratos*
portretteren *retratar*
Portugal *Portugal* m
Portugees I ZN [de] bewoner *portugués* m ‖ ZN [het] taal *portugués* m ‖‖ BNW m.b.t. Portugal *portugués*
portvrij *libre de franqueo*; *franco de porte*
pose *pose* v; *actitud* v *afectada*
poseren *posar*
positie • houding *postura* v ★ ~ kiezen/nemen tegen *tomar posición contra* • ligging *posición* v • toestand *situación* v • betrekking *puesto* m
positief • niet negatief *positivo* ★ positieve pool *polo positivo* • bevestigend *positivo*; *afirmativo* ★ een ~ antwoord *una respuesta afirmativa* • opbouwend *positivo*; *constructivo* ★ positieve kritiek *crítica constructiva/positiva*
positiejurk *vestido* m *de premamá*
positiekleding *ropa* v *premamá*
positiespel *juego* m *posicional / estratégico*
positieven ▾ weer bij zijn ~ komen *recobrar el conocimiento* ▾ niet bij zijn ~ zijn *estar chiflado*
positioneren *posicionar*
positionering *posicionamiento* m
positivisme *positivismo* m
positivist *positivista* m/v
post I ZN [de] [gmv] • poststukken *correo* m • postdienst *correos* m mv ★ op de post doen *echar al correo* ★ per post *por vía postal*; *por correo* ★ per kerende post *a vuelta de correo* ‖ ZN [de] [mv: +en] • deur-/raamstijl *jamba* v • standplaats *puesto* m • bedrag *asiento* m; *partida* v ★ de post 'onvoorzien' *el asiento 'imprevisto'* ★ enige posten schrappen *cancelar unos asientos* • betrekking *puesto* m; *cargo* m ★ een hoge post innemen *ocupar un alto cargo*
postacademisch *postacadémico*
postadres *dirección* v *postal*
postagentschap *sucursal* v *de correos*
postbeambte *empleado* m *de correos*
postbedrijf *Correos*, m mv *Telégrafos y Teléfonos*
postbestelling *reparto* m *de correo*
postbode *cartero* m
postbus *apartado* m *de correos*
postbusnummer *número* m *de apartado de correo*
postcheque *cheque* m *del giro postal*
postcode *código* m *postal*
postdoc *posgraduado*
postdoctoraal *postdoctoral* ★ een postdoctorale opleiding *una formación postdoctoral*
postduif *paloma* v *mensajera*
postelein *verdolaga* v
posten I OV WW op de post doen *echar al correo*; *echar al buzón* ‖ ON WW • op wacht staan *estar de guardia* • als staker actief zijn *estar de piquete*
poster[1] *miembro* m *de un piquete*
poster[2] (zeg: pooster) *póster* m; *cartel* m
posteren *apostar* [ue]; *poner de guardia*
poste restante *lista de correos*
posterformaat *tamaño* m *póster*

posterijen *correos* m mv; *servicio* m *postal*
postgiro *giro* m *postal*
postindustrieel *postindustrial*
postkamer *sala* v *de correo*
postkantoor *oficina* v *de correos*
postkoets *diligencia* v
postkoloniaal *postcolonial*
postmerk *matasellos* m
postmodern *postmoderno*
postmodernisme *postmodernismo* m
postorderbedrijf *empresa* v *de venta por correo*
postpakket *paquete* m *postal*
postpapier *papel* m *de cartas*
postscriptum *posdata* v
poststempel *fechador* m; ⟨afdruk⟩ *matasellos* m
poststuk *pieza* v *postal*
posttraumatisch *postraumático*
posttrein *tren* m *correo*
postuum *póstumo*
postuur *postura* v; *estatura* v
postvak *casilla* v *para el correo*
postvatten *apostarse*; *establecerse*
postvliegtuig *avión* m *correo*
postwissel *giro* m *postal*
postzegel *sello* m
postzegelautomaat *máquina* v *de sellos*
postzegelverzamelaar *filatelista* m/v
pot • *bak, kan tarro* m; *pote* m; ⟨v. aardewerk⟩ *cacharro* m; ⟨bloempot⟩ *maceta* v; ⟨bloempot⟩ *tiesto* m • *po orinal* m; *bacín* m • *kookpot puchero* m • *spelinzet banca* v; *puesta* v • *lesbienne lesbiana* v; *tortillera* v • → **potje** ▼ *het is één pot nat olivo y aceituno, todo es uno* ▼ *de pot verwijt de ketel dat hij zwart ziet le dijo el grajo al cuervo: 'quítate allá que tiznas'*; *dijo la sartén a la caldera: 'quítate allá culinegra'*
potaarde *tierra* v *vegetal*
potdicht *herméticamente cerrado*
poten *plantar*; ⟨v. aardappelen⟩ *sembrar* [ie]
potenrammer *agresor* m *de homosexuales*
potent *potente*
potentaat *potentado* m
potentie *potencia* v
potentieel *potencial*
potgrond *tierra* v
potig *robusto*
potje *juego* m ▼ *op ieder ~ past wel een deksel no hay olla tan fea que no encuentre su cobertura*
potjeslatijn *latinajo* m
potkachel *estufa* v *redonda de hierro*
potlood *lápiz* m
potloodventer *exhibicionista* m
potplant *planta* v *de maceta*
potpourri *popurrí* m
potsierlijk *bufón*; *cómico*
potten • *sparen achocar* • *in potten doen plantar en tiesto*
pottenbakker *ceramista* m/v; *alfarero* m
pottenbakkerij *alfarería* v
pottenbakkersschijf *torno* m
pottenkijker *fisgón* m [v: *fisgona*]
potverteren *gastarse todo el dinero*
potvis *cachalote* m
poule *liga* v

pousseren • *vooruithelpen hacer avanzar* • *onder de aandacht brengen lanzar*
pover *pobre*; *mísero*
povertjes *miserablemente*
poweryoga *poweryoga* m
p.p.p.d. *por día y persona*
Praag *Praga* v
praaien • SCHEEPV. *comunicarse por radio* • *aanklampen abordar*
praal *pompa* v; *fausto* m; *aparato* m ★ *met veel pracht en ~ con mucho aparato*
praalwagen *carroza* v
praam *chalana* v
praat • *wat gezegd wordt charla* v; *parloteo* m • *het spreken conversación* v ★ iem. *aan de ~ houden entretener* [ie] *a u.p.* ★ *aan de ~ raken met iem. entablar conversación con u.p.* • → **praatje** ▼ *veel ~s hebben tener mucho cuento*
praatgraag *locuaz*; *hablador*
praatgroep *grupo* m *de debate*
praatje • *gesprekje plática* v; *conversación* v • *voordracht charla* v • *gerucht hablillas* v mv; *pamplinas* v mv; *habladurías* v mv ★ *het ~ van de dag la comidilla* ▼ *~s voor de vaak pamplinas*
praatjesmaker *charlatán* m [v: *charlatana*]; *bravucón* m [v: *bravucona*]
praatpaal *teléfono* m *de emergencia*
praatprogramma *programa* m *de charla*
praatstoel ★ *op zijn ~ zitten hablar por los codos*
praatziek *locuaz*
pracht *magnificencia* v; *esplendor* m
prachtexemplaar *ejemplar* m *magnífico*
prachtig *magnífico*
practical joke *pega* v
practicum *prácticas* v mv
pragmaticus *pragmático* m; *pragmatista* m/v
pragmatisch *pragmático*
prairie *pradera* v; *llanura* v
prairiehond *perrito* m *de las praderas*
prak *mezcla* v *de patatas y verduras* ▼ *in de prak destrozado*; *hecho pedazos*
prakken *mezclar y triturar la comida*
prakkiseren *pensar* [ie] ▼ *ik prakkiseer er niet over ni por sueño*
praktijk • *toepassing práctica* v ★ *in ~ brengen poner en práctica*; *llevar a la práctica* ★ *in de ~ en la práctica* • *beroepswerkzaamheid* ⟨als arts⟩ *consulta* v; ⟨als advocaat⟩ *bufete* m • *manier van doen* ★ *kwade ~en malas prácticas* v mv
praktijkervaring *experiencia* v *práctica*
praktijkgericht *orientado hacia la práctica*
praktijkjaar *año* m *de prácticas*
praktijkvoorbeeld *ejemplo* m *de la práctica*
praktisch • ⟨als⟩ *in de praktijk práctico* • *doelmatig práctico*
praktiseren *practicar*; *ejercer*
pralen *hacer ostentación de*
praline *bombón* m
prat ▼ *prat gaan op iets jactarse de u.c.*; *gloriarse de u.c.*
praten *hablar* ★ *~ over hablar de*; *charlar de*; *conversar de* ★ *binnensmonds ~ hablar entre dientes* ★ *praat me er niet van! no me digas*

★ zich hees ~ *volverse* [ue] *afónico* ★ praat er niet omheen *déjate de historias* ▼ langs elkaar heen ~ *mantener* [ie] *una conversación de sordos* ▼ uit het hoofd ~ *quitar de la cabeza*
prater *hablador* m; *conversador* m
prauw *piragua*
precair *precario*; *delicado*
precedent *precedente* m ★ een ~ scheppen *sentar* [ie] *un precedente*
precederen *preceder (a)*; *venir antes*
precies I BNW • juist *exacto*; *preciso*; *justo* • nauwgezet *minucioso*; *concienzudo* II BIJW nauwgezet *exactamente*; *precisamente*; *justamente* ★ ~ om vijf uur *a las cinco en punto* ★ ~ opgeven *precisar* ★ iets niet ~ weten *no saber algo exactamente*
preciseren *precisar*; *especificar*
precisie *precisión* v
precisiebom *bomba* v *de precisión*
precisie-instrument *instrumento* m *de precisión*
predestinatie *predestinación* v
predicaat • TAALK. *predicado* m • benaming *título* m
predikant *pastor* m
prediken *predicar*
prediker *predicador* m
prednison *prednisona* v
preek *sermón* m; HUMOR. *sermón* m; HUMOR. *reprimenda* v
preekstoel *púlpito* m
prefab *prefabricado*
prefect *prefecto* m
preferent *preferente* ★ ~e aandelen *acciones preferentes*
preferentie *preferencia* v
prefereren *preferir a* [ie, i]
preglaciaal *preglacial*
pregnant *conciso*; *escueto*
prehistorie *prehistoria* v
prehistorisch *prehistórico*
prei *puerro* m
preken • REL. *predicar* • FIG. *sermonear*
prelaat *prelado* m
prelude *preludio* m
prematuur *prematuro*
premie • beloning *premio* m; *prima* v • verzekeringspremie *prima* v; *cotización* v
premiejager *cazador* m *de primas*
premiekoopwoning *vivienda* v *de protección oficial*
premier *primer* m *ministro*; *jefe* m *del gobierno*
première *estreno* m ★ de film gaat morgen in ~ *mañana se estrena la película*
premierschap *presidencia* v
premiestelsel *sistema* m *de primas*
premiewoning *vivienda* v *subvencionada*
prenataal *prenatal*
prent *cromo* m; *estampa* v; *grabado* m
prentbriefkaart *tarjeta* v *postal*; *postal* v
prenten *grabar*
prentenboek *libro* m *de estampas*; *libro* m *ilustrado*
preoccupatie *preocupación* v
prepaid *prepagado*; *de prepago* ★ ~ kaart *tarjeta de prepago*
preparaat *preparado* m

prepareren *preparar* ★ zich ~ voor/op *prepararse para*
prepay • → **prepaid**
prepensioen *prejubilación* v
prepositie *preposición* v
prescriptie *prescripción* v
present I ZN [het] *regalo* m II BNW *presente*
presentabel *presentable*
presentatie *presentación* v
presentator *presentador* m
presenteerblad *bandeja* v
presenteren *presentar*; *ofrecer*
presentexemplaar *ejemplar* m *gratuito*
presentie *presencia* v
presentielijst *lista* v *de asistencia* ★ de ~ laten rondgaan *pasar la lista*
preses *presidente* m/v
president *presidente* m/v
president-commissaris *presidente* m/v *del Consejo de Vigilancia*
president-directeur *director* m *general*
presidentieel *presidencial*
presidentschap *presidencia* v
presidentskandidaat *candidato* m *a la presidencia*
presidentsverkiezing *elecciones* v mv *presidenciales*
presideren *presidir*
presidium *presidencia* v
pressen *obligar*; *forzar* [ue]; *presionar*
presse-papier *pisapapeles* m
pressie *presión* v
pressiegroep *grupo* m *de presión*
pressiemiddel *medio* m / *instrumento* m *de presión*
prestatie *trabajo* m *realizado*; *rendimiento* m ★ een ~ leveren *realizar un buen trabajo*
prestatiedwang *presión* v *para conseguir resultado*
prestatievermogen *capacidad* v *de rendir*
presteren *rendir* [i]; *realizar*
prestige *prestigio* m
prestigekwestie *cuestión* v *de honor*
prestigeobject *objeto* m *de prestigio*
prestigieus *prestigioso*
presumptief *presunto*
pret • *alegría* v; *holgorio* m; *juerga* v ★ pret maken *divertirse* [ie]; *pasarlo bien* • → **pretje**
prêt-à-porter *listo* m *para usar*
pretendent *pretendiente* m
pretenderen *pretender*
pretentie *pretensión* v
pretentieloos *sin pretensiones*
pretentieus *pretencioso*; *presuntuoso*
pretje *diversión* v ▼ dat is (bepaald) geen ~ *no tiene ninguna gracia*
pretogen *ojos* m mv *alegres*
pretpakket ≈ *conjunto de asignaturas consideradas fáciles en la enseñanza secundaria*
pretpark *parque* m *de atracciones*
prettig *agradable* ★ ik vind het ~ *me gusta* ★ ~ om aan terug te denken *de grato recuerdo*
preuts *remilgado*; *melindroso*; *pudoroso*
prevaleren *prevalecer*
prevelen *barbotar*; *mascullar*; *hablar entre*

dientes
preventie *prevención* v
preventief *preventivo* ★ preventieve hechtenis *detención preventiva*
preview *avance* m
prieel *glorieta* v; *emparrado* m
priegelen *hacer filigranas*
priegelwerk *trabajo* m *meticuloso*
priem *punzón* m
priemen *punzar*; *pinchar*
priemgetal *número* m *primo*
priester *sacerdote* m ★ ~ worden *tomar el hábito*
priesterschap *sacerdocio* m
priesterwijding *ordenación* v *sacerdotal*
prietpraat *chisme* m
prijken *aparecer*; *figurar*; *lucir* ★ ~ met *hacer alarde de*
prijs ● *koopsom precio* m ★ vaste ~ *precio* m *fijo* ★ onder de ~ *a precio (muy) bajo*; *a precio más barato* ★ tot elke ~ *a cualquier precio* ★ voor de halve ~ *a mitad de precio* ★ voor de volle ~ *por el precio completo* ★ voor een zacht ~je *barato* ● *beloning premio* m ★ de ~ in de wacht slepen *salir vencedor/premiado*; *llevarse la palma* ★ de eerste ~ winnen in de loterij *sacar el gordo* ★ een ~ toekennen *adjudicar un premio* ● *buit presa* v ★ ~ maken *apresar* ▼ tot elke ~ *a cualquier precio*; *cueste lo que cueste* ▼ een ~ op iemands hoofd stellen *poner precio a la cabeza de alguien* ▼ ~ stellen op *apreciar* ▼ een ~ op iemands hoofd zetten *poner precio a la cabeza de alguien*
prijsbewust *consciente de los precios* ★ ~ zijn *tener buena noción de los precios*
prijscompensatie *compensación* v *de precios*
prijsgeven *abandonar*; *sacrificar*
prijskaartje *etiqueta* v *del precio*
prijsklasse *categoría* v *de precios*
prijslijst *lista* v *de precios*
prijsmaatregel *medida* v *de contención del precio*
prijsopdrijving *alza* v *de los precios*
prijsopgave *indicación* v *de precio*
prijspeil *nivel* m *de los precios*
prijsstop *congelación* v *de precios*
prijsvraag *certamen* m; *concurso* m
prijzen I ov ww [o.v.t.: prees, volt. deelw.: geprezen] *loar*; *alabar*; *elogiar* ★ zich gelukkig ~ *considerarse feliz*; *alegrarse* II ov ww [o.v.t.: prijsde; volt. deelw.: geprijsd] *poner precio*
prijzengeld *total* m *de premios*
prijzenoorlog *guerra* v *de precios*
prijzenslag *guerra* v *de precios*
prijzenswaardig *digno de elogio*
prijzig *caro*; *costoso*
prik ● *steek punzada* v; ⟨v. insect⟩ *picadura* v; ⟨v. insect⟩ *picada* v ● *injectie inyección* v
● *limonade gaseosa* v ▼ dat is elke dag vaste prik *todos los días la misma canción*
prikactie *huelga* v *intermitente*
prikbord *tablón* m *de anuncios*
prikkel ● *stekel aguijón* m ● *aansporing estímulo* m ● *prikkeling excitación* v
prikkelbaar *irritable*; *irascible*
prikkeldraad *alambrada* v; *alambre* m *de púas*

prikkelen ● *prikkelend gevoel geven picar*
● *stimuleren estimular*; *excitar* ● *ergeren irritar*
prikkeling ● *stimulans estímulo* m; *excitación* v
● *irritatie irritación* v
prikken ● *steken pinchar*; *punzar* ● *injectie geven inyectar* ● *vaststellen fijar* ★ een datum ~ *fijar la fecha*
prikkertje *pinchito* m
prikklok *reloj* m *para fichar*
prikpil *inyección* v *anticonceptiva*
pril *tierno* ★ sinds zijn prille jeugd *desde su más tierna infancia*
prima *excelente* ★ het loopt ~ *marcha como una seda* ★ van ~ kwaliteit *de primera calidad*
primaat I ZN [de] ● *geestelijke primado* m
● *zoogdier primate* m II ZN [het] *oppergezag primado* m; *primacía* v
prima ballerina *primera solista* v
prima donna *protagonista* m/v; *prima-donna* v
primair *primario*
primetime *hora* v *de mayor audiencia*
primeur *primicia* v
primitief *primitivo*
primula *prímula* v; *primavera* v
primus *cocinilla* v *de petróleo* ▼ ~ inter pares *primero entre sus iguales*
principe *principio* m ★ uit ~ *por principio* ★ in ~ *en principio* ★ als ~ aannemen *adoptar como norma*
principeakkoord *acuerdo* m *sobre principios*
principebesluit *decisión* v *de principio*
principieel *fundamental*; *esencial* ★ principiële kwesties *cuestiones de principios*
prins *príncipe* m ▼ leven als een ~ *vivir como un rey*
prinselijk *principesco*
prinses *princesa* v
prins-gemaal *príncipe* m *consorte*
prinsheerlijk *con toda tranquilidad*; *como un rey*
Prinsjesdag *apertura* v *oficial del año parlamentario*
print ● *computeruitdraai copia* v ● *afdruk copia* v
printen *imprimir*
printer *impresora* v
prior *prior* m
prioriteit *prioridad* v
prisma *prisma* m
privaat *privado*
privaatrecht *derecho* m *privado*
privacy *intimidad* v
privatiseren *privatizar*
privé *particular*; *privado*
privéaangelegenheid *asunto* m *privado*
privérekening *cuenta* v *privada*
privésfeer *esfera* v *privada*
privéstrand *playa* v *privada*
privilege *privilegio* m; *prerrogativa* v
pro *pro* m ★ de pro's en contra's *los pros y los contras*
pro- *en pro*; *a favor*
proactief *proactivo*
probaat *probado*; *eficaz*
probeersel *ensayo* m; *intento* m
proberen *probar* [ue]; *ensayar*; *intentar*; *tratar*

de **probleem** *problema* m
probleemgeval *caso* m *problemático*
probleemgezin *familia* v *problemática*
probleemkind *niño* m *difícil/problemático*
probleemloos *sin problemas*
probleemstelling *planteamiento* m *del problema*
problematiek *problemática* v
problematisch *problemático*
procedé *procedimiento* m; *método* m
procederen *litigar*; *proceder*
procedure • *werkwijze procedimiento* m • JUR. *proces* ★ *gerechtelijke* ~ *procedimiento judicial* ★ *een* ~ *aanspannen tegen proceder contra*
procedurefout *defecto* m *de forma*
procent *por ciento* m ★ *zoveel* ~ *betalen pagar un tanto por ciento*
procentueel *porcentual*
proces • *wijze waarop iets verloopt proceso* m • *rechtszaak proceso* m; *causa* v; *juicio* m ★ *een* ~ *aanspannen promover* [ue] *un juicio* ★ *een* ~ *beginnen tegen incoar un proceso contra* ★ *het* ~ *winnen ganar el pleito* ★ *een* ~ *voeren proceder*
procesgang *marcha* v *del proceso*
procesoperator *operador* m *de procesos*
processie *procesión* v
processor *procesador* m
proces-verbaal *atestado* m ★ ~ *opmaken instruir un atestado*
procesvoering *procedimiento* m
proclamatie *proclamación* v
proclameren *proclamar*
procuratiehouder *apoderado* m
procureur *procurador* m
procureur-generaal *fiscal* m/v *general*
pro Deo *de oficio*
pro-Deoadvocaat *abogado* m *de oficio*
producent *productor* m
producer *productor* m
produceren *producir*
product *producto* m
productaansprakelijkheid *responsabilidad* v *del producto*
productie *producción* v ★ *de jaarlijkse* ~ *van een bedrijf la producción anual de una empresa* ★ *de* ~ *opvoeren aumentar la producción*
productiecapaciteit *capacidad* v *productiva*
productief *productivo*
productiekosten *gastos* m mv *de producción*
productielijn *línea* v *de producción*
productiemiddel *medio* m *de producción*
productieproces *proceso* m *de producción*
productiviteit *productividad* v
productmanager *director* m *de producto*
productschap *corporación* v
proef • *onderzoek prueba* v; *ensayo* m ★ *op de* ~ *stellen poner a prueba* ★ *de* ~ *doorstaan pasar la prueba* ★ *bij wijze van* ~ *a modo de prueba* ★ *experiment experimento* m ★ *een* ~ *nemen hacer un experimento*; *experimentar*
proefabonnement *suscripción* v *a prueba*
proefballon • AARDK. *ballon globo* m *sonda*
• FIG. *stemmingspeiling tentativa* v
proefboring *perforación* v *de prueba*; *sondeo* m
proefdier *animal* m *de laboratorio*
proefdraaien *probar* [ue]
proefdruk *prueba* v
proefkonijn • LETT. *proefdier cobayo* m • FIG. ★ *als* ~ *dienen servir/hacer de cobayo*
proefneming *ensayo* m; *experimento* m
proefnummer *número* m *de muestra*
proefondervindelijk • *empirisch empírico*
• *experimenteel experimental*
proefperiode *período* m *de prueba*
proefpersoon *sujeto* m *de experimentación*
proefrit *prueba* v; *prueba* v *de carretera*
proefschrift *tesis* v *doctoral*
proefterrein *terreno* m *de pruebas*
proeftijd *período* m *de prueba*
proefverlof *permiso* m *de prueba*
proefvertaling • *prueba* v *de traducción* • ⟨voor opdrachtgever⟩ *traducción* v *de prueba*
proefvlucht *vuelo* m *de prueba*
proefwerk *prueba* v *escrita*
proesten • *niezen estornudar* • *lachen desternillarse de risa*
proeve • → **proef**
proeven *probar* [ue]; *degustar*; *saborear*; *catar*
prof • *hoogleraar profe* m • *professional profesional* m
profaan *profano*
profclub *club* m *profesional*
profeet *profeta* m/v ▼ *geen* ~ *is in zijn land geëerd nadie es profeta en su tierra*
professie *profesión* v
professional *profesional* v
professionalisering *profesionalización* v
professioneel *profesional*
professor *profesor* m; *catedrático* m
profetie *profecía* v
profetisch *profético*
proficiat *¡enhorabuena!*; *¡muchas felicidades!*
profiel • *zijaanzicht perfil* m ★ *in* ~ *de perfil*
• *typering perfil* m • *diepteverschil* ⟨op band, zool⟩ *relieve* m
profielband *rueda* v *de relieve*
profielschets *perfil* m
profieltekening *perfil* m
profielzool *suela* v *con relieve*
profijt *ventaja* v; *provecho* m
profijtbeginsel *principio que los servicios públicos sean pagados por los usuarios*
profijtelijk *provechoso*; *ventajoso*
profileren *perfilar*
profiteren *aprovecharse de*; *sacar provecho de*
profiteur *aprovechado* m
profspeler *jugador* m *profesional*
profvoetballer *futbolista* m/v *profesional*
prognose *pronóstico* m
program *programa* m
programma *programa* m
programmablad *guía* v *de radio y televisión*
programmaboekje *libro* m *con la programación*
programmamaker *realizador* m
programmatuur *programación* v
programmeertaal *lenguaje* m *de programación*
programmeren *programar*
programmering *programación* v

programmeur *programador* m
progressie • vooruitgang *progreso* m • toename *progresión* v
progressief *progresivo*
prohibitie *prohibición* v
project *proyecto* m
projectbureau *promotor* m *imobiliario*
projecteren *proyectar*
projectie *proyección* v
projectiel *proyectil* m
projectiescherm *pantalla* v *de proyección*
projectmanager *director* m *de proyecto*
projectmatig *por proyectos*
projectonderwijs *enseñanza* v *temática interdisciplinaria*
projectontwikkelaar *promotor* m *inmobiliario*
projector *proyector* m
proleet *proleta* m/v
proletariaat *proletariado* m
proletariër *proletario* m
proletarisch *proletario*
prolifebeweging *movimiento* m *pro vida*
proliferatie *proliferación* v
prolongatie *prolongación* v; *prórroga* v
prolongeren *prolongar*
proloog *prólogo* m
promenade *paseo* m; *alameda* v
promenadedek *cubierta* v *de paseo*
promesse *pagaré* m; *vale* m
promillage *tanto* m *por mil*
promille *por* m *mil*
prominent *prominente*
promiscue *promiscuo*
promiscuïteit *promiscuidad* v
promoten *promocionar*; *promover* [ue]
promotie • bevordering *ascenso* m; *promoción* v ★ ~ maken *ascender* [ie] • verkoopbevordering *promoción* v • behalen van doctorsgraad *investidura* v *doctoral* • SPORT *promoción* v
promotiekans *posibilidades* v mv *de ascenso*
promotiewedstrijd *partido* m *de ascenso*; *encuentro* m *de promoción*
promotor *promotor* m
promovendus *doctorando* m
promoveren I OV WW doctorstitel verlenen *doctorar* II ON WW doctorstitel verwerven *doctorarse*
prompt • vlot *inmediato*; *pronto* • stipt *puntual*
pronken *lucir*; *ostentar* ★ met iets ~ *hacer alarde de u.c.*
pronkjuweel *joya* v
pronkstuk *joya* v; *orgullo* m
prooi *presa* v ★ ten ~ vallen aan *caer presa de* ★ zijn ~ laten schieten *soltar* [ue] *la presa*
proost *¡salud!*
proosten *brindar*
prop • samengedrukte bol *rebujo* m; ⟨v. watten⟩ *tapón* m; ⟨v. wol/haar⟩ *pelotón* m; ⟨in de mond⟩ *tapón* m ▾ persoon *tapón* m ▾ een prop in de keel krijgen *hacerse un nudo en la garganta* ▾ met iets op de proppen komen *poner algo sobre el tapete*
propaan *propano* m
propaangas *propano* m
propaganda *propaganda* v

propagandafilm *película* v *propagandística*
propagandamateriaal *material* m *de propaganda*
propagandistisch *propagandístico*
propageren *propagar*
propedeuse *propedéutica* v
propeller *hélice* v
propellervliegtuig *avión* m *de hélices*
proper *limpio*; *pulcro*
proportie *proporción* v ★ in ~ *en proporción* ★ buiten ~ *desproporcionado*
proportioneel *proporcional*
propositie • voorstel *propuesta* v • stelling *proposición* v
proppen *atestar*; *embutir* ★ zijn eten naar binnen ~ *tragarse la comida*
propvol *atestado*; *repleto*; *de bote en bote*
prosecutie *persecución* v
prosodie *prosodia* v
prospectus *prospecto* m
prostaat *próstata* v
prostituee *prostituta* v
prostitueren *prostituir*
prostitutie *prostitución* v
protagonist *protagonista* m/v
protectie *protección* v
protectionisme *proteccionismo* m
protectoraat *protectorado* m
protegé *protegido* m
proteïne *proteína* v
protest *protesta* v ★ het regende ~en *hubo una lluvia de protestas* ★ ~ aantekenen *protestar*
protestactie *acción* v *de protesta*
protestant I ZN [de] *protestante* m II BNW *protestante*
protestantisme *protestantismo* m
protestants *protestante*
protestbeweging *movimiento* m *de protesta*
protesteren *protestar* ★ ~ tegen *protestar contra*
protestmars *marcha* v *de protesta*
protestsong *canción* v *de protesta*
proteststaking *huelga* v *de protesta*
protestzanger *cantante* m/v *de canción protesta*
prothese *prótesis* v
protocol *protocolo* m
protocollair *protocolario*
proton *protón* m
protoplasma *protoplasma* m
prototype *prototipo* m
protserig *bambollero*; *fardón*
Provençaals *provenzal*
Provence *Provenza* v
proviand *provisiones* v mv; *víveres* m mv
provider *proveedor* m
provinciaal I BNW • van de provincie *provincial* • kleinsteeds *provinciano* II ZN [de] *provinciano* m
provincialisme *provincialismo* m
provincie *provincia* v
provinciebestuur *gobierno* m *de provincia*
provinciehuis *diputación* v *provincial*
provisie • commissieloon *comisión* v; ⟨v. makelaar⟩ *corretaje* m • voorraad *provisiones* v mv
provisiekast *despensa* v
provisorisch *provisional*

provitamine *provitamina* v
provo ≈ *progre* m
provocateur *provocador* m
provocatie *provocación* v
provoceren *provocar*
provoost *preboste* m
prowesters *pro-occidental*
proza *prosa* v
prozaïsch *prosaico*
pruik *peluca* v
pruikentijd *época* v *de las pelucas*
pruilen *enfurruñarse; poner hocico*
pruillip *hocico* m ★ een ~ trekken *poner hocico*
pruim • vrucht *ciruela* v • boom *ciruelo* m
pruimen • tabak kauwen *mascar tabaco*
 • verdragen *tragar* ★ iem. niet kunnen ~ *no poder ver a u.p. ni en pintura*
pruimenboom *ciruelo* m
pruimenmond ★ een ~je trekken *fruncir el morrito*
pruimenpit *hueso* m *de la ciruela*
pruimtabak *tabaco* m *para mascar*
Pruis *prusiano* m
Pruisen *Prusia* v
Pruisisch *prusiano*
prul • ding *chuchería* v; *chisme* m; *trasto* m
 • mens *guiñapo* m; *cero* m
prulding *trasto* m; *bagatela* v
prullaria *cachivaches* m mv; *chismes* m mv
prullenbak *papelera* v
prullenmand *papelera* v
prulschrijver *escritorzuelo* m
prut • drab *lodo* m • bezinksel *poso* m
 • knoeiboel *embrollo* m ▼ in de prut zitten *estar en la miseria*
prutje *estofado* m; *guiso* m
prutsding *cachivache* m; *chisme* m
prutsen • knutselen *bricolar* • klungelen *chapucear*
prutser *chapucero* m
prutswerk *chapucería* v
pruttelen • koken *borbollar* • mopperen *refunfuñar*
psalm *salmo* m
psalmboek *libro* m *de salmos*
psalmbundel *colección* v *de salmos*
pseudo- *pseudo; seudo*
 ★ pseudowetenschappelijk *(p)seudo científico*
pseudoniem *seudónimo* m; *pseudónimo* m
psoriasis *psoriasis* v; *soriasis* v
pst *¡pse!*
p.st. *c/u (cada uno); p/u (por unidad)*
psyche *psique* v; *psiquis* v
psychedelisch *(p)sicodélico*
psychiater *(p)siquiatra* m/v
psychiatrie *(p)siquiatría* v
psychiatrisch *(p)siquiátrico*
psychisch *(p)síquico; mental*
psychoanalyse *(p)sicoanálisis* m
psycholinguïstiek *psicolingüística* v
psychologie *(p)sicología* v
psychologisch *(p)sicológico*
psycholoog *(p)sicólogo* m
psychoot *(p)sicópata* m/v
psychopaat *(p)sicópata* m/v
psychose *(p)sicosis* v
psychosociaal *(p)sicosocial*
psychosomatisch *(p)sicosomático*
psychotherapie *(p)sicoterapia* v
psychotisch *(p)sicótico*
PTT • → **postbedrijf**
pub *pub* m
puber *adolescente* m/v; *púber* m/v
puberaal *adolescente*
puberen *estar en la pubertad*
puberteit *pubertad* v
publicatie *publicación* v
publicatieverbod *prohibición* v *de la publicación; supresión* v *de una publicación*
publiceren *publicar*
publicist *publicista* m
publicitair *publicitario*
publiciteit *publicidad* v ★ ~ geven aan *dar publicidad a*
publiciteitscampagne *campaña* v *publicitaria*
publiciteitsgeil *ávido de publicidad*
publiciteitsstunt *truco* m *publicitario*
public relations *relaciones* v *públicas*
publiek I ZN [het] *público* m; ⟨luisterend⟩ *audiencia* v ★ het grote ~ *el gran público; la masa* **II** BNW openbaar *público* **III** BIJW *públicamente; en público*
publiekelijk *públicamente*
publieksfilm *película* v *para el gran público*
publieksgericht *orientado al público*
publiekstrekker *atractor* m *del público*
puck *puck* m
pudding *flan* m; *pudín* m
puddingbroodje *panecillo* m *relleno de crema*
puddingvorm *budinera* m; *molde* m *(para pudín)*
Puerto Ricaan • → **Porto Ricaan**
Puerto Ricaans • → **Porto Ricaans**
Puerto Rico • → **Porto Rico**
puf *ganas* v mv ★ ik heb er de puf niet meer voor *ya no tengo ganas*
puffen *resoplar* ★ het is om te ~ *hace mucho calor*
pui *fachada* v
puik *excelente; exquisito*
puikje *flor* v y *nata; crema* v; *(lo) mejorcito*
puilen *abultar*
puin *escombros* m mv; *derribos* m mv; *despojos* m mv ★ in puin vallen *desmoronarse* ★ puin ruimen *desescombrar*
puinhoop • hoop puin *ruina* v; *escombrera* v
 • warboel *desastre* m
puist *grano* m; *pústula* v; *pupa* v
puistenkop *espinilloso* m
puk *renacuajo* m
pukkel *grano* m; *pupa* v
pul *jarra* v
pulken *hurgar; escarbar*
pulli *jersey* m *de cuello de cisne*
pullover *pulóver* m; *jersey* m; *suéter* m
pulp • brij *pulpa* v • slecht product *porquería* v; *basura* v
pulseren *pulsar*
pulver *polvo* m
pummel *palurdo* m; *paleto* m; *patán* m
pump *zapato* m *de señora de vestir*
punaise *chincheta* v; *chinche* m/v

punch *ponche* m
punctie *punción* v
punctueel *puntual*
punk • subcultuur *movimiento* m *punk* • punker *punki* m
punker *punkero* m; *punki* m
punkkapsel *peinado* m *punk*
punniken • frunniken *manosear* • breien *tejer con un carrete de tejer*
punt I ZN [de] • uiteinde *punta* v • stip *punto* m ★ dubbele punt *dos puntos* m mv ★ punt, nieuwe alinea *punto y aparte* • → **puntje II** ZN [het] • onderdeel, kwestie *punto* m; *asunto* m; *particular* m ★ we komen nog op het punt terug *volveremos sobre el particular* • moment *punto* m ★ op het punt staan om te vertrekken *estar a punto de salir; estar para salir* • waarderingseenheid *nota* v; SPORT *tanto* m ★ op punten winnen *vencer por puntos*
puntbaard *barbas* v mv *de chivo*
puntbroodje *bollo* m *alargado*
puntdicht *epigrama* m
punten • een punt maken aan *sacar punta a* • bijpunten *cortar las puntas de*
puntenschaal *escala* v *de puntuación*
puntenslijper *sacapuntas* m
punter • boot *batea* v • SPORT *puntapié* m
puntgaaf *perfecto; en perfecta condición*
punthoofd ▼ er een ~ van krijgen *volverse* [ue] *loco*
puntig • spits *puntiagudo; agudo* • kernachtig *conciso*
puntje ⟨broodje⟩ *panecillo* m ▼ als ~ bij paaltje komt *cuando llega el caso; a la hora de la verdad* ▼ de ~s op de i zetten *poner los puntos sobre las íes*
puntkomma *punto* m *y coma*
puntmuts *caperuza* v
puntschoen *zapato* m *de punta*
puntsgewijs *punto por punto*
puntzak *cucurucho* m
pupil • oogpupil *pupila* v • leerling *alumno* m • kind *pupilo* m
puppy *cachorro* m
puree *puré* m ▼ in de ~ zitten *estar metido en un lío*
pureren *triturar; machacar*
purgeermiddel *purgante* m
purisme *purismo* m
purist *purista* m/v
puritein *puritano* m
puriteins *puritano*
purperrood *de color rojo púrpura*
purser *sobrecargo* m/v
pus *pus* m
pushen • aanzetten *animar; estimular* • promoten *promocionar*
put *pozo* m; *hoyo* m ▼ in de put zitten *estar desanimado/deprimido*
putsch *golpe* m *de Estado*
putten *sacar*
puur *puro;* ⟨v. alcoholische dranken⟩ *sin agua*
puzzel • legpuzzel *puzzle* m; *rompecabezas* m • probleem *puzzle* m; *rompecabezas* m
puzzelaar *aficionado* m *a hacer crucigramas*

puzzelen • puzzels oplossen *hacer un puzzle* • diep nadenken *romperse la cabeza por*
puzzelwoordenboek *diccionario* m *de puzzles*
pvc *pvc* m; *policloruro* m *de vinilo*
pygmee *pigmeo* m
pyjama *pijama* m
pyjamabroek *pantalones* m mv *del pijama*
pylon *cono* m
pyromaan *pirómano* m
pyrrusoverwinning *victoria* v *pírrica*
python *pitón* m

Q

q *q* v ★ de q van Québec *la q de querido*
Qatar *Qatar* m
qua *en cuanto a* ★ qua grootte valt het mee *en cuanto al tamaño no está mal*
quarantaine *cuarentena* v ★ in ~ plaatsen *poner en cuarentena*
quartair I BNW ★ ~ gesteente *roca* v *cuaternaria* ★ de ~e sector *el sector de la asistencia social* **II** ZN [het] periode *Cuaternario* m
quasi- ★ quasiwetenschappelijk *(p)seudo científico* ★ ~enthousiasme *con un entusiasmo fingido*
quatre-mains I ZN [het] *pieza a cuatro manos* **II** BNW ★ (à) ~ *a cuatro manos*
querulant *camorrista* m/v; *quejón* m [v: *quejona*]
questionnaire *cuestionario* m
quiche *quiche* v
quickstep *quick-step* m
quitte *en paz* ★ ~ staan *estar en paz*
qui-vive ▼ op zijn ~ zijn *estar alerta*
quiz *programa de preguntas*; *concurso* m
quizmaster *animador* m; *presentador* m
quota *cuota* m; *cupo* m
quote • *quota* *cuota* m; *cupo* v • citaat *cita* v
quoteren *fijar un cupo*
quotiënt *cociente* m
quotum *cuota* v

R

r *r* v ★ de r van Rudolf *la r de Ramón*
ra *verga* v
raad • advies *consejo* m ★ op raad van *por consejo de* ★ iemands raad opvolgen *seguir* [i] *el consejo de alguien* ★ bij iem. te rade gaan *consultar a u.p.* ★ bij zichzelf te rade gaan *entrar en cuentas consigo mismo* ★ met raad en daad bijstaan *ayudar con consejos y apoyo* • uitweg *remedio* m ★ op alles raad weten *tener remedio para todo* ★ geen raad meer weten *no saber qué hacer* • adviserend college *consejo* m; *junta* v ★ de Hoge Raad *el Tribunal Supremo* ★ raad van toezicht *consejo de vigilancia* ★ de Raad van State *el Consejo de Estado* ★ raad van commissarissen *consejo m de vigilancia* ★ raad voor de scheepvaart *tribunal* m *marítimo* ▼ goede raad was duur *el consejo salió caro* ▼ met voorbedachten rade *premeditado; con premeditación*
raadgever *consejero* m
raadgeving *consejo* m
raadhuis *ayuntamiento* m; *casa* v *consistorial*
raadpensionaris *gran* m *pensionista*
raadplegen *consultar*
raadsbesluit *acuerdo* m *del concejo*
raadscommissie *comisión* v *del concejo municipal*
raadsel • iets onbegrijpelijks *misterio* m; *enigma* m ★ een ~ oplossen *resolver* [ue] *un problema* • opgave *adivinanza* v
raadselachtig *enigmático*; *misterioso*
raadsheer • rechter *juez* m *de tribunal superior* • schaakstuk *alfil* m
raadslid *concejal* m/v [v: *concejala*]
raadsman • raadgever *consejero* m • advocaat *abogado* m
raadszitting *sesión* v *del consejo municipal*
raadzaal *sala* v *del concejo*
raadzaam *conveniente; aconsejable*
raaf *cuervo* m ▼ een witte raaf *un mirlo blanco*
raak I BNW • doel treffend *acertado* ★ het schot is raak *el tiro da en el blanco* • FIG. gevat *acertado; atinado* ★ een rake opmerking *una observación atinada* **II** BIJW ▼ maar wat raak praten *hablar sin orden ni concierto*
raaklijn *tangente* v
raakpunt WISK. *punto* m *tangente*
raakvlak *plano* m *tangente*
raam • venster *ventana* v ★ voor het raam gaan staan *asomarse a la ventana* ★ het raam kijkt uit op de straat *la ventana da a la calle* • lijst *marco* m • kader *cuadro* m
raamadvertentie *anuncio* m *en la ventana*
raamkozijn *marco* m *de ventana*
raamprostitutie *prostitución* v *en (los) escaparates*
raamvertelling *narración* v *enmarcada*
raamwerk • houtwerk *marco* m • FIG. globale opzet *estructura* v
raamwet *ley* v *marco*
raap *nabo* m ▼ recht voor zijn raap *francamente; sin rodeos*

raapstelen *nabizas* v mv
raar *raro*; *extraño*
raaskallen *disparatar*; *delirar*
raat *panal* m
rabarber *ruibarbo* m
rabat *rebaja* v; *descuento* m
rabbijn *rabí* m; *rabino* m
rabiës *rabia* v
race *carrera* v
racebaan *pista* v
racefiets *bicicleta* v *de carreras*
racen *correr*
racewagen *coche* m *de carreras*
raciaal *racial* ★ raciale onlusten *disturbios raciales*
racisme *racismo* m
racist *racista* m
racistisch *racista*
racket *raqueta* v
rad I ZN [het] *rueda* v ▼ iem. een rad voor ogen draaien *darla con queso a u.p.* II BNW *rápido*
radar *radar* m
radarantenne *antena* v *de radar*
radarapparatuur *instrumentos* m mv *de radar*
radarinstallatie *instalación* v *de radar*
radarscherm *pantalla* v *de radar*
radarsignaal *señal* v *de radar*
radarvliegtuig *avión* m *de radar*
radbraken • *martelen enrodar* [ue] • *verhaspelen chapurrear* ▼ ik ben geradbraakt *estoy molido*
raddraaier *instigador* m
radeermesje *raspador* m
radeloos *desesperado*
radeloosheid *desesperación* v
raden • *gissen adivinar* ★ goed ~ *acertar* [ie] • raad geven *aconsejar*
raderboot *barco* m *de ruedas*
raderen • *graveren grabar* • *afkrabben raspar*
raderwerk *engranaje* m
radiaalband *neumático* m *radial*
radiateur *radiador* m
radiator *radiador* m
radicaal I ZN [de] *radical* v II BNW *radical*
radicalisme *radicalismo* m
radijs *rábano* m
radio *radio* v ★ de ~ aanzetten *poner la radio* ★ de ~ afzetten *apagar la radio*
radioactief *radiactivo*
radioactiviteit *radiactividad* v
radiobesturing *dirección* m *por radio*
radiocassetterecorder *radiocassette* m
radiografie *radiografía* v
radiografisch *radiográfico*
radiologie *radiología* v
radioloog *radiólogo* m
radionieuwsdienst *servicios* m mv *informativos de la radio*
radio-omroep *radiodifusión* v
radioprogramma *programa* m *de radio*
radioscopie *radioscopia* v
radiostation *radioemisora* v
radiotherapie *radioterapia* v
radiotoespraak *discurso* m *difundido por radio*
radiotoestel *radio* v; *receptor* m *de radio*
radio-uitzending *emisión* v *radiofónica*
radioverslaggever *comentarista* m/v *radiofónico*
radiowekker *radiodespertador* m
radiozender *radioemisora* v
radium *radio* m
radius WISK. *radio* m
radslag *voltereta* v *lateral*
rafel *hilacha* v
rafelen I OV WW *losmaken deshilachar* II ON WW *losraken deshilacharse; destejerse*
rafelig *deshilachado*
raffia *rafia* v
raffinaderij *refinería* v
raffinement *refinamiento* m
raffineren *refinar*
raften *rafting* m
rag *tela* v *de araña*; *telaraña* v
rage *moda* v; *manía* v
ragebol • *borstel escobón* m • *haardos greña* v
ragfijn *muy fino*
ragout *ragú* m
ragtime *ragtime* m
rail *riel* m ★ per rail *en ferrocarril*
railvervoer *transporte* m *por ferrocarril*
rakelings *rozando* ★ ~ langs iets gaan *rozar u.c.*
raken I OV WW • *aanraken tocar* ★ even ~ *rozar* • *treffen dar*; *alcanzar* ★ precies ~ *dar en el blanco* • *ontroeren conmover* [ue]; *afectar* ★ het raakt me niet *no me afecta* • *betreffen atañer a* II ON WW *geraken venir a*; *llegar a*; *caer* ★ aan de drank ~ *darse a la bebida* ★ zoek ~ *perderse* [ie] ★ verliefd ~ op *enamorarse de* ★ aan de praat ~ *entablar una conversación*
raket • *projectiel cohete* m • BELG. *racket raqueta* v
raketbasis *base* v *de lanzamiento de cohetes*
raketinstallatie *instalación* v *de misiles*
raketsla *oruga* v; *ruqueta* v; *rucola* v
rakker *pícaro* m; *bribón* m; *pillo* m
rally *rally* m
RAM *memoria* v *RAM*
Ram *Aries* m
ram • *mannetjesschaap carnero* m • *stormram ariete* m
ramadan *ramadán* m
rambam ★ krijg de ~! *¡vete a freír espárragos!* ★ zich het ~ werken *matarse a trabajar*
ramen *calcular*; *estimar* ★ ~ op *calcular en*; *estimar en*
raming *estimación* v
rammel • → **pak**
rammelaar • *speelgoed sonajero* m • *mannetjeskonijn conejo* m *macho*
rammelen I OV WW *door elkaar schudden sacudir*; *zarandear* ★ iem. door elkaar ~ *zarandear a u.p.* II ON WW • *geluid maken traquetear* • *gebrekkig in elkaar zitten ser defectuoso* ★ het rammelt aan alle kanten *es muy defectuoso* ▼ ~ van de honger *tener un hambre canina*
rammelkast *cacharro* m; *carricoche* m
rammen *embestir* [i]; *golpear*; ⟨v. auto⟩ *chocar*
rammenas *rábano* m
ramp *desastre* m; *catástrofe* v; *calamidad* v
rampenplan *plan* m *en caso de catástrofe*
rampgebied *región* v *siniestrada*

rampjaar año m desastroso
rampspoed adversidad v
ramptoerisme turismo m que visita las catástrofes
ramptoerist turista m/v morboso
rampzalig desastroso; desgraciado
ramsj baratillo m
ranch rancho m
rancune rencor m ★ ~ koesteren tegen guardar rencor a
rancuneus rencoroso
rand • grensvlak borde m; ⟨v. hoed⟩ ala v; ⟨v. bladzijde⟩ margen m/v • LETT. grenslijn borde m ★ tot de rand toe vullen llenar hasta el borde • FIG. grenslijn ★ aan de rand van de afgrond staan estar al borde del abismo
randapparatuur aparatos m mv periféricos
randfiguur persona v marginada
randgebied periferia v
randgemeente municipio m periférico; suburbio m
randgroep grupo m marginal
randgroepjongere joven m marginado
randschrift leyenda v
Randstad Randstad m; región en el oeste de los Países Bajos
randstad conurbación v; aglomeración v urbana
randstoring depresión v periférica
randverschijnsel fenómeno m marginal
randvoorwaarde condición v accesoria
rang • plaats in hiërarchie categoría v; rango m; orden m/v; ⟨v. militair⟩ grado m ★ de rang van generaal el grado de general • maatschappelijke stand clase v; posición v social • plaats in schouwburg gradería v ★ eerste rang butaca v ★ derde rang galería v
rangeerder guardagujas m
rangeerterrein estación v de maniobras
rangeren hacer maniobras
ranglijst escalafón m; clasificación v
rangnummer número m de orden
rangorde orden m/v
rangschikken clasificar; ordenar ★ ~ naar grootte ordenar por estatura
rangschikking clasificación v; orden m/v
rangtelwoord número m ordinal
rank I ZN [de] vástago m; brote m; ⟨v. wijnstok⟩ tijereta v **II** BNW esbelto; grácil
ranonkel ranúnculo m
ransel mochila v
ranselen pegar; dar una paliza
ransuil cárabo m
rantsoen ración v
rantsoeneren racionar
ranzig rancio
rap¹ rápido; ligero; ágil
rap² ⟨zeg: rep⟩ música v rap
rapen recoger
rapgroep grupo m rap
rapmuziek música v rap
rappen rapear
rapper rapper m
rapport • verslag informe m; memoria v ★ een ~ uitbrengen over presentar un informe sobre • cijferlijst lista v de calificaciones/notas ★ een slecht ~ hebben sacar malas notas

rapportage informe m
rapportcijfer calificación v; nota v
rapporteren • melden informar; reportar • verslag uitbrengen informar; presentar un informe
rapsodie rapsodia v
rariteit curiosidad v
rariteitenkabinet colección v de curiosidades
ras I ZN [het] raza v **II** BNW snel rápido; veloz
rasartiest artista m/v nato
rasecht • raszuiver de pura raza • echt auténtico; ⟨v. persoon⟩ de pura cepa ★ een ~e schrijver un escritor de pura cepa
rasegoïst egoísta m/v por excelencia; egoísta m nato
rashond perro m de casta
rasp rallador m
raspen rallar
rassendiscriminatie discriminación v racial
rassenhaat odio m racial
rassenintegratie integración v racial
rassenkwestie problema m racial
rassenonlusten disturbios m mv raciales
rassenscheiding segregación v racial
rasta rasta m/v
raster I ZN [het] netwerk retículo m **II** ZN [de] hekwerk enrejado m
rasterwerk cerca v; reja v
raszuiver de pura raza
rat rata v ▼ sterven als ratten caer como chinches
rataplan trastos m mv; chismes m mv
ratatouille pisto m
ratel carraca v
ratelaar temblón m
ratelen • geluid maken tabletear • druk praten parlar
ratelslang serpiente m de cascabel; crótalo m
ratificatie ratificación v
ratificeren ratificar
ratio • rede razón v • verhouding proporción v
rationaliseren racionalizar
rationalisme racionalismo m
rationalistisch racionalista
rationeel racional
ratjetoe • stamppot comistrajo m; guisote m • allegaartje mezcolanza v
rato naar rato a prorrata
rats ▼ in de rats zitten estar/verse en apuros
rattengif matarratas m
rauw • CUL. ongekookt crudo • schor ronco; bronco
rauwkost verduras v crudas
ravage estragos m mv; destrozo m ★ een ~ aanrichten hacer estragos
ravigotesaus salsa v ravigote
ravijn quebrada v; hoz v; garganta v; barranco m
ravioli ravioles m mv
ravotten juguetear; retozar; triscar
rayon I ZN [het] werkgebied distrito m **II** ZN [het] kunstzijde rayón m
rayonchef jefe m de departamento
razen • tekeergaan rabiar ★ ~ en tieren echar pestes • snel bewegen pasar zumbando
razend rabioso; furioso ★ iem. ~ maken sacar a

alguien de sus casillas ★ ~ worden *enfurecerse*
razendsnel *rapidísimo*
razernij *rabia* v; *furia* v; *furor* m
razzia *redada* v; *razzia* v ★ een ~ houden *hacer una redada*
re *re* m
reactie • tegenactie *reacción* v • SCHEIK. *reacción* v
reactiesnelheid *velocidad* v *de reacción*
reactievermogen *capacidad* v *de reacción*
reactionair *reaccionario*
reactor *reactor* m
reactorvat *recipiente* m *del reactor*
reader *antología* v
reageerbuis *probeta* v; *tubo* m *de ensayo*
reageerbuisbaby *bebé* m *probeta*
reageerbuisbevruchting *fecundación* v *in vitro*
reageren *reaccionar*
realisatie *realización* v
realiseerbaar *realizable*
realiseren I OV WW *realizar* II WKD WW [zich ~] *darse cuenta*
realisering • verwezenlijking *realización* v • besef *conciencia* v
realisme *realismo* m
realist *realista* v
realistisch *realista*
realiteit *realidad* v
realiteitszin *sentido* m *de la realidad*
reanimatie *reanimación* v
reanimeren *reanimar*
rebel *rebelde* m/v
rebellenleger *ejército* m *de rebeldes*
rebelleren *rebelarse*
rebellie *rebelión* v
rebels *rebelde*
rebound *rebote* m
rebus *jeroglífico* m
recalcitrant *recalcitrante*
recapituleren *recapitular*
recensent *recensor* m; *reseñador* m; *crítico* m
recenseren *reseñar*
recensie *reseña* v; *recensión* v; *crítica* v
recensie-exemplaar *ejemplar* m *para reseñar*
recent *reciente*
recentelijk *recientemente*
recept • keukenrecept *receta* v • doktersrecept *receta* v ★ een ~ uitschrijven *recetar*
receptie *recepción* v
receptief *receptivo*
receptionist *recepcionista* m/v
reces *vacaciones* v mv *parlamentarias*; *receso* m
recessie *recesión* v
recette *recaudación* v
rechaud *calientaplatos* m
recherche *policía* v *judicial*
rechercheur *funcionario* m *de la policía judicial*
recht I ZN [het] • overheidsvoorschriften *derecho* m ★ publiek ~ *derecho público* m ★ naar het geldende ~ *según el derecho vigente* • rechtsgeleerdheid *derecho* m ★ ~en studeren *estudiar derecho* • rechtspleging *administración* v *de justicia* ★ ~ doen *administrar justicia* ★ in ~e aanspreken *poner pleito a* • gerechtigheid *justicia* v ★ naar ~ en billijkheid *con justicia y derecho* ★ het ~ aan zijn zijde hebben *tener el derecho de su parte*; *estar en su derecho* ★ met het volste ~ *con pleno derecho* • bevoegdheid, aanspraak *derecho* m ★ ~ hebben op *tener derecho a* ★ alle ~en voorbehouden *reservados todos los derechos* ★ op zijn ~ staan *defender* [ie] *sus propios derechos* ★ ~ van overpad *derecho m de paso* ★ zich het ~ voorbehouden om *reservarse el derecho de* • belasting *derechos* m mv ▾ met ~ *con razón* II BNW niet gebogen *derecho*; *recto* ★ ~ maken *enderezar* III BIJW precies *directamente*; *justo* ★ ~ tegenover *justo enfrente*
rechtbank • college van rechters *tribunal* m ★ voor de ~ *ante el tribunal* • gerechtsgebouw *juzgado* m
rechtdoor *todo recto* ★ ~ lopen *ir todo recto*
rechtdoorzee *franco*
rechteloos *sin derechos*
rechten *enderezar*
rechtens *por derecho*
rechtenstudie *carrera* v *de derecho*; *derecho* m
rechter I ZN [de] *juez* m/v II BNW *derecho*
rechter-commissaris *juez* m/v *instructor* [v: *jueza instructora*]
rechterhand *mano* v *derecha*; *derecha* v
rechterkant *lado* m *derecho*
rechterlijk *judicial*
rechtervleugel *ala* v *derecha*
rechtgeaard *honesto*; *íntegro*
rechthebbende *titular* m/v; *derechohabiente* m/v; (uitkering) *beneficiario*
rechthoek *rectángulo* m
rechthoekig • WISK. met rechte hoeken *rectangular* • met rechthoekige vorm *rectangular*
rechtlijnig • WISK. *rectilíneo* • consequent *lógico*
rechtmatig *legítimo*
rechtop *derecho*; *erguido* ★ ~ gaan zitten *erguirse*; *enderezarse*
rechtopstaand *derecho*; *erguido*
rechts I BNW • aan de rechterkant *derecho* ★ houd ~! *¡circule por su derecha!* • rechtshandig *diestro* • POL. *derechista* II ZN [het] POL. *derecha* v ★ op ~ stemmen *votar a la derecha*
rechtsaf *a mano derecha*; *a la derecha*
rechtsback *zaguero* m *derecho*
rechtsbeginsel *principio* m *de derecho*
rechtsbevoegdheid *capacidad* v *jurídica*
rechtsbijstand *asistencia* v *jurídica*
rechtsbuiten *extremo* m *derecha*
rechtschapen *íntegro*; *probo*
rechtsdraaiend ★ ~ melkzuur *ácido láctico dextrógiro*
rechtsgang *procedimiento* m *judicial*
rechtsgebied • rechterlijke macht *jurisdicción* • arrondissement *distrito* m *de jurisdicción*
rechtsgeding *proceso* m
rechtsgeldig *válido*; *legal*
rechtsgeleerde *jurisconsulto* m
rechtsgeleerdheid *derecho* m
rechtsgelijkheid *igualdad* v *ante la ley*
rechtsgevoel *sentido* m *del justicia*
rechtsgrond *fundamento* m *de derecho*
rechtshandeling *acto* m *jurídico*

rechtshandig *diestro*
rechtshulp *asistencia* v *jurídica*
rechtskracht *fuerza* v *de ley*
rechtskundig *jurídico*
rechtsom *a la derecha*
rechtsomkeert ★ ~ maken MIL. *dar media vuelta a la derecha*
rechtsorde *orden* m *jurídico*
rechtspersoon *persona* v *jurídica*
rechtspleging *administración* v *de justicia*
rechtspositie *situación* v *jurídica*
rechtspraak *justicia* v
rechtspreken *administrar justicia*
rechtsstaat *estado* m *de derecho*
rechtsstelsel *sistema* m *jurídico*
rechtstaan *ponerse de pie*
rechtstandig *perpendicular*
rechtstreeks *directo*; *derecho*
rechtsvervolging *persecución* v *judicial*
rechtsvordering *acción* v; *acción* v *judicial*
rechtswege ▼ van ~ *de derecho*
rechtswetenschap *ciencia* v *del derecho*
rechtswinkel *oficina* v *de consulta jurídica gratuita*
rechtszaak *proceso* m; *causa* v
rechtszaal *sala* v *de audiencia*
rechtszekerheid *seguridad* v *jurídica*
rechtszitting *audiencia* v
rechttoe *derecho*
rechtuit • *rechtdoor* todo recto ★ steeds maar ~ lopen *seguir todo recto* • *ronduit sin rodeos*
rechtvaardig *justo*
rechtvaardigen *justificar*
rechtvaardigheid *justicia* v
rechtzetten • overeind zetten *enderezar* • corrigeren *rectificar*
rechtzinnig *ortodoxo*
recidive • ⟨bij misdaad⟩ *reincidencia* v • ⟨bij ziekte⟩ *recidiva* v; *recaída* v
recidivist *reincidente* m/v
recipiëren *recibir*
recital *recital* m
reciteren *recitar*
reclamant *reclamante* m/v
reclame • publiciteit *propaganda* v; *publicidad* v; *reclamo* m ★ ~ maken *anunciar*; *hacer publicidad* • aanbieding ★ in de ~ zijn *estar de oferta* • middel, voorwerp ⟨advertentie⟩ *anuncio* m • bezwaar *reclamación* v
reclameblok *pausa* v *publicitaria*
reclameboodschap *anuncio* m; *mensaje* m *publicitario*
reclamebureau *agencia* v *publicitaria*; *agencia* v *de publicidad*
reclamecampagne *campaña* v *publicitaria*
reclameren I OV WW terugvorderen *reclamar* II ON WW bezwaar indienen *reclamar*
reclamespot *spot* m *publicitario*; *anuncio* m *publicitario*
reclamestunt *truco* m *publicitario*
reclamevliegtuig *avioneta* v *de publicidad*
reclamezuil *valla* v *publicitaria*
reclasseren *rehabilitar socialmente*
reclassering *rehabilitación* v *social*
reconstructie *reconstrucción* v
reconstrueren *reconstruir*

record[1] (zeg: rekòr) *marca* v; *récord* m [mv: *récords*] ★ een ~ breken *mejorar una marca*; *batir un récord*
recordaantal *número* m *de récords*
recorder *grabador* m; *registrador* m
recordhouder *plusmarquista* m/v
recordpoging *intento* m *de batir un récord*
recordtijd *tiempo* m *récord*
recreant *persona* v *que se recrea*
recreatie *recreación* v; *recreo* m
recreatief *recreativo*
recreatiegebied *zona* v *de recreo*
recreatiepark *parque* m *de atracciones*
recreatiesport *deporte* m *por recreo*
recreatiezaal *sala* v *de recreo*
recreëren • zich vermaken *recrearse* • herscheppen *recrear*
rectificatie *rectificación* v
rectificeren *rectificar*
rector • voorzitter *rector* m ★ ~ magnificus *rector* m *magnífico* • hoofd van school *director* m
rectum *recto* m
reçu *resguardo* m; *recibo* m
recupereren I OV WW terugwinnen *recuperar* II ON WW zich herstellen *recuperarse*
recyclen, BELG. **recycleren** *reciclar*
recycling *reciclaje* m
redacteur *redactor* m
redactie *redacción* v
redactiebureau *oficina* v *de redacción*
redactioneel *editorial*
reddeloos I BNW *perdido* II BIJW *irremediablemente*
redden I OV WW in veiligheid brengen *salvar* II WKD WW [zich ~] ★ zich kunnen ~ *arreglárselas* • zich ~ met Spaans *defenderse [ie] en español*
redder *salvador* m
redderen *arreglar*; *ordenar*
redding *salvación* v; ⟨v. schipbreukeling⟩ *salvamento* m
reddingsactie *campaña* v *de salvamento*
reddingsboot *bote* m *salvavidas*
reddingsbrigade *equipo* m *de salvamento*
reddingsvest *chaleco* m *salvavidas*
reddingswerk *operaciones* v mv *de salvamento*
reddingswerker *socorrista* m/v
reddingswezen *cuerpo* m *de salvamento*
rede • het spreken *habla* v ★ de directe rede *el estilo directo* ★ in de rede vallen *interrumpir* • toespraak *discurso* m • verstand *razón* v ★ voor rede vatbaar zijn *atender [ie] a razones* ★ iem. tot rede brengen *hacer entrar en razón a alguien* • ankerplaats *rada* v
redekundig ★ ~e ontleding *análisis sintáctico*
redelijk I BNW • met verstand *racional* • billijk *razonable* II BIJW tamelijk *bastante*
redelijkerwijs • logisch beschouwd *lógicamente* • volgens billijkheid *razonablemente*
redelijkheid • verstandigheid *razón* v • billijkheid *justicia* v; *equidad* v
redeloos *irracional*; *irrazonable*
reden • beweegreden *razón* v; *motivo* m ★ met ~en omkleden *motivar* ★ om die ~ *por ese motivo* • aanleiding *motivo* m ★ geen ~ tot

klagen hebben *no tener motivo para quejarse* ★ om ~en van gezondheid *por razones de salud*
redenaar *orador* m
redenatie *razonamiento* m
redeneren *razonar*
redenering *razonamiento* m
reder *naviero* m
rederij *compañía* v *naviera*
redetwist *disputa* v; *discusión* v
redetwisten *disputar*; *discutir*
redevoering *discurso* m ★ een ~ houden *pronunciar un discurso*
redigeren *redactar*
redmiddel *recurso* m; *remedio* m
reduceren *reducir a*
reductie *rebaja* v; *descuento* m
reductieprijs *descuento* m
redundant *redundante*
ree *corzo* m
reebruin *color avellana*; *castaña*
reeds *ya*
reëel • werkelijk *real* • realistisch *realista*
reeks • serie *serie* v ★ een ~ oefeningen *una serie de ejercicios* • WISK. *progresión* v
reep • strook *tira* v • lekkernij *barra* v
reet • spleet *hendidura* v; *rendija* v; *resquicio* m • achterwerk *culo* m ▼ lik mijn reet! *¡vete al cuerno!*
referaat • voordracht *ponencia* v • verslag *informe* m
referendaris *alto* m *funcionario*
referendum *referéndum* m
referent *relator* m
referentie • verwijzing *referencia* v ★ onder ~ aan onze brief van *haciendo referencia a nuestra carta del*; *con referencia a nuestra carta del* • opgave van personen *referencias* v mv; *informes* m mv ★ iem. als ~ opgeven *dar u.p. como referencia* ★ goede ~s hebben *tener buenas referencias*
referentiekader *marco* m *de referencia*
referentiepunt *punto* m *de referencia*
refereren • ~ aan verwijzen (naar) *referirse* [ie, i] *a* • verslag uitbrengen *referir* [ie, i]
referte *referencia* v ★ onder ~ aan *haciendo referencia a*
reflectant *interesado* m; *aspirante* m/v
reflecteren I OV WW weerkaatsen *reflejar*; *reflectar* II ON WW ~ **op** reageren *responder a*
reflectie *reflexión* v; *reflejo* m
reflector *reflector* m
reflex *reflejo* m
reflexbeweging *movimiento* m *reflejo*
reflexief *reflexivo*
reformatie • hervorming *reforma* v • REL. hervorming *Reforma* v
reformatorisch *reformatorio*
reformeren *reformar*
reformisme *reformismo* m
reformvoeding *alimento* m *naturista*
reformwinkel *tienda* v *de productos naturales*
refrein *estribillo* m
refter *refectorio* m
regatta *regata* v
regeerakkoord *acuerdo* m *de gobierno*
regeerperiode *periodo* m *gubernamental*
regel • tekstregel *línea* v; *renglón* m; ⟨bij gedicht⟩ *verso* m • voorschrift *precepto* m; *regla* v ★ de ~s van de wet *los preceptos de la ley* ★ zich aan de ~s houden *atenerse* [ie] *a los preceptos*; *observar las reglas* • gewoonte *regla* v; *norma* v ★ in de ~ *por lo general* ▼ volgens de ~en der kunst *como es debido* ▼ tussen de ~s door lezen *leer entre líneas*
regelaar *organizador* m
regelafstand *distancia* v *entre líneas*
regelbaar *regulable*
regelen *arreglar*; *ordenar*; *organizar* ★ het verkeer ~ *regular el tráfico* ★ zich ~ naar *ajustarse a*
regelgeving *regulación* v
regeling • het regelen *regulación* v • geheel van regels *reglamentación* m; *régimen* m • schikking *arreglo* m ★ een ~ treffen *hacer un arreglo*
regelkamer *sala* v *de control*
regelmaat *regularidad* v
regelmatig *regular*
regelneef *mangoneador* m
regelrecht I BNW • rechtstreeks *directo* • ronduit *verdadero* ★ een ~e ramp *un verdadero desastre* II BIJW *directamente* ★ ~ afgaan op *ir directamente a*
regen • neerslag *lluvia* v ★ plaatselijk ~ *lluvias aisladas* ★ zure ~ *lluvia ácida* • grote hoeveelheid *lluvia* v ★ een ~ van kogels *una lluvia de balas* ▼ van de ~ in de drup komen *ir de mal en peor*; *salir del lodo y caer en el arroyo* ▼ na ~ komt zonneschijn *después de la tempestad viene la calma*
regenachtig *lluvioso*
regenboog *arco* m *iris*
regenboogtrui *camiseta* v *del campeón mundial*
regenboogvlies *iris* m
regenbroek *pantalón* m *impermeable*
regenbui *chaparrón* m; *chubasco* m
regendruppel *gota* v ⟨de *lluvia*⟩
regenen • vallen van regen *llover* [ue] ★ het regent dat het giet *llueve a cántaros* • veel voorkomen ★ het regent klachten *llueven quejas*
regeneratie *regeneración* v
regenereren *regenerar*; *recuperarse*
regenfront *frente* m *de lluvia*
regenjas *impermeable* m
regenkleding *ropa* v *de lluvia*
regenmeter *pluviómetro* m
regenpak *traje* m *impermeable*
regenpijp *canalón* m
regenseizoen *época* v *de lluvias*
regent *regente* m/v
regentijd *época* v *de lluvias*; *temporada* v *de lluvia*
regenton *cisterna* v
regenval *lluvia* v
regenverzekering *seguro* m *contra la lluvia*
regenvlaag *chaparrón* m
regenwater *agua* v *de lluvia*
regenworm *lombriz* v
regenwoud *bosque* m *tropical húmedo*
regenzone *zona* v *lluviosa*

regeren • besturen *gobernar* [ie] • beheersen *regir* [i]

regering • het regeren ★ onder de ~ van *bajo el gobierno de* • landsbestuur *gobierno* m; ⟨v. vorst⟩ *reinado* m ★ een ~ ten val brengen *hacer caer el gobierno*

regeringsbesluit *decisión* v *gubernamental*

regeringscoalitie *coalición* v *gubernamental*

regeringsdelegatie *delegación* v *gubernamental*

regeringsfunctionaris *funcionario* m *del gobierno*

regeringskringen *círculos* m mv *gubernamentales*

regeringsverklaring *declaración* v *del Gobierno*

regeringsvorm *forma* v *de gobierno*

regeringswege ★ van ~ *de parte del gobierno*

reggae *música* v *reggae*

regie *dirección* v *de escena*

regiekamer *cabina* v *de control*

regime *régimen* m [mv: *regímenes*]

regiment *regimiento* m

regio • gebied *región* v; *zona* v ★ in de ~ *en la zona* • klasse ★ in de hogere ~nen *en las altas esferas*

regionaal *regional*

regisseren *dirigir*

regisseur *director* m *de escena*; *director* m

register • lijst *registro* m ★ een ~ houden *llevar un registro* • inhoudsopgave *índice* m

registeraccountant *auditor* m *de cuentas*

registratie *registro* m

registratienummer *número* m *de registro*

registratieplicht *obligación* v *de registro*

registratierecht *derechos* m mv *de registro*; *derechos* m mv *de inscripción*

registratiewet *ley* v *de registro*

registreren *registrar*

reglement *reglamento* m

reglementair *reglamentario*

reglementeren *reglamentar*

regressie *regresión* v

regressief *regresivo*

reguleren *regular*

regulering *regularización* v

regulier *regular*

rehabilitatie *rehabilitación* v

rehabiliteren *rehabilitar*

rei *coro* m

reiger *garza* v

reiken I ov ww aanreiken *tender* [ie] ★ iem. de hand ~ *tender la mano a alguien* **II** on ww • zover komen *llegar a*; *llegar hasta*; *extenderse* [ie] ★ het water reikt hem tot zijn middel *el agua le llega a la cintura* • hand uitstrekken *alcanzar*

reikhalzen ★ ~ naar iets *ansiar u.c.*; *suspirar por u.c.*

reikwijdte *alcance* m; *envergadura* v

reilen ▾ het ~ en zeilen *las aventuras y desventuras* ▾ zoals het reilt en zeilt *tal como es*

rein • schoon *limpio* • zuiver *puro* ★ je reinste onzin *puras tontadas* ▾ een zaak in het reine brengen *arreglar un asunto*

reïncarnatie *reencarnación* v

reinigen *limpiar*; *asear*

reiniging *limpieza* v

reinigingscrème *crema* v *limpiadora*

reinigingsdienst *servicio* m *de limpieza*

reinigingsrecht *impuesto* m *sobre la recogida de basuras*

re-integratie *reintegración* v

reis *viaje* m ★ op reis zijn *estar de viaje* ★ op reis gaan *ir de viaje* ★ reis om de wereld *vuelta* v *al mundo* ▾ enkele reis *billete* m *de ida*

reisapotheek *botiquín* m

reisbeschrijving *descripción* v *de viajes*

reisbeurs *beca* v *de viaje*

reisbureau *agencia* v *de viajes*

reischeque *cheque* m *de viaje*

reisdocument *documento* m *de viaje*; *documentación* v

reis- en kredietbrief *carta* v *de crédito*

reisgenoot *compañero* m *de viaje*

reisgezelschap *grupo* m *de viaje*

reisgids • boek *guía* v *de viaje* • persoon *guía* m/v

reiskosten *gastos* m mv *de viaje*

reiskostenvergoeding *bonificación* v *por los gastos de viaje*

reisleider *guía* m/v

reislustig *viajero*

reisorganisatie *operador* m *turístico*

reistijd *duración* v *del viaje*

reisvaardig *dispuesto para partir* ★ ~ zijn *estar dispuesto para partir*

reisverslag *crónica* v *de viaje*

reisverzekering *seguro* m *de viaje*

reiswekker *despertador* m *de viaje*

reiswieg *cuna* v *de viaje*; *capazo* m

reizen *viajar* ★ heen en weer ~ *ir y venir* ★ via Madrid ~ *pasar por Madrid*

reiziger *viajero* m

rek I ZN [de] elasticiteit *elasticidad* v **II** ZN [het] • opbergrek *estantería* v; *estante* m; ⟨voor natte kleren⟩ *secador* m; ⟨voor handdoeken⟩ *toallero* m; ⟨voor vaatwerk⟩ *escurreplatos* m • gymrek *barra* v *fija*

rekbaar *elástico* ★ een ~ begrip *un concepto elástico*

rekbaarheid *elasticidad* v

rekel • deugniet *pillo* m • mannetjesdier ⟨hond⟩ *perro* m *macho*; ⟨wolf⟩ *lobo* m *macho*

rekenaar *calculador* m

rekencentrum *centro* m *de cálculo*

rekenen I ov ww • tellen *calcular*; *contar* [ue] • als betaling vragen *cobrar*; *cargar en cuenta*; *pedir* [i] ★ wat rekent hij daarvoor? *¿cuánto pide por eso?* • in aanmerking nemen *considerar*; *tomar en cuenta* ★ je moet ~ dat ... *hay que tomar en cuenta que ...*; *hay que considerar que ...* • achten *considerar* ★ ik reken het mij tot een plicht *lo considero un deber* • ~ **onder** meetellen *contar* [ue] *entre* **II** ON ww • cijferen *calcular* ★ verkeerd ~ *equivocarse en la cuenta* ★ te ~ vanaf 1 april *a contar desde el 1º de abril* • ~ **op** *contar* [ue] *con* ★ ik reken er op dat je komt *cuento con que vengas* ★ op hem kun je niet ~ *no se puede contar con él*

rekening • ECON. *nota* v; *factura* v; *cuenta* v ★ in ~ brengen *cargar en cuenta* ★ voor ~ van de

cuenta de ★ de kosten zijn voor zijn ~ *los gastos corren de su cuenta* • bankrekening *cuenta* v ★ lopende ~ *cuenta* v *corriente* • FIG. verantwoording ★ voor zijn ~ nemen *tomar por su cuenta* • FIG. geschil ★ een ~ vereffenen *saldar una cuenta* ▼ • ~ houden met *tener en cuenta*
rekening-courant *cuenta* v *corriente*
rekeninghouder *titular* m/v
rekeningnummer *número* m *de cuenta*
Rekenkamer ≈ *Tribunal* m *de Cuentas*
rekenkunde *aritmética* v
rekenkundig *aritmético*
rekenles *clase* v *de aritmética*
rekenliniaal *regla* v *de cálculo*
rekenmachine *calculadora* v
rekenschap *cuenta* v ★ ~ vragen *pedir* [i] *cuentas* ★ ~ afleggen *rendir* [i] *cuentas* ★ zich ~ geven van *darse cuenta de*
rekensom *problema* m *de aritmética*
rekest *petición* v
rekken I OV WW • langer maken *estirar* • lang aanhouden *prolongar; alargar* II ON WW langer worden *dar de sí*
rekruteren *reclutar; alistar*
rekruut *recluta* m; *bisoño* m; *quinto* m
rekstok *barra* v *fija*
rekverband *venda* v *elástica*
rekwireren *requerir* [ie, i]; *requisar*
rekwisiet *accesorio* m
rel *algarada* v; *alboroto* m ★ relletje *algarada* v; *alboroto* m
relaas *relato* m; *relación* v
relais *relevador* m
relateren *relacionar con*
relatie • onderlinge betrekking *relación* v ★ ~s aanknopen *entablar relaciones* ★ de ~ verbreken *romper la relación* • liefdesverhouding *relaciones* v mv *amorosas* • bekend persoon *relaciones* v mv; *contactos* m mv
relatief *relativo*
relatiegeschenk *regalo* m *de empresa*
relatietherapie *terapia* v *de pareja*
relationeel *susceptible de relacionarse*
relativeren *relativizar*
relativeringsvermogen *capacidad* v *de relativización*
relativiteit *relatividad* v
relativiteitstheorie *teoría* v *de la relatividad*
relaxed *relajado*
relaxen *relajarse*
relevant *relevante; importante* ★ dat is niet ~ *no tiene importancia*
reliëf *relieve* m
reliek *reliquia* v
religie *religión* v
religieus *religioso*
relikwie *reliquia* v
reling *borda* v; *barandilla* v
relschopper *alborotador* m
rem *freno* m ▼ • alle remmen losgooien *soltarse* [ue] *el pelo*
remafstand *distancia* v *de frenado*
rembekrachtiging *freno* m *asistido; servofreno* m
remblok *zapata* v *de freno*
rembours *reembolso* m ★ onder ~ *contra reembolso*
remedial teacher *profesor* m *de recuperación*
remedie *remedio* m
remigrant *emigrante* m/v *que retorna a su país*
remigratie *regreso* m *al país de procedencia; remigración* v
remigreren *retornar al país de procedencia*
remilitariseren *remilitarizar*
remise • loods *cochera* v • onbesliste partij *empate* m; ⟨bij schaken⟩ *tablas* v mv ★ in ~ eindigen *estar/quedar en tablas*
remissie • gratie *remisión* v • korting *remisión* v; *disminución* v
remixen *remezclar*
remkabel *cable* m *del freno*
remleiding *conducción* v *del freno*
remlicht *luz* v *de frenado*
remmen I OV WW belemmeren *frenar* II ON WW afremmen *frenar* ★ plotseling ~ *frenar en seco*
remmer *guardafrenos* m
remming *inhibición* v
remonstrants *remonstrante*
rempedaal *pedal* m *del freno*
remproef *prueba* v *de frenos*
remschijf *disco* m *de freno*
remslaap *sueño* m *R.E.M.*
remspoor *huella* v *de frenado*
remvloeistof *líquido* m *de frenos*
remvoering *ferodo* m; *revestimiento* m *de freno*
remweg *distancia* v *de frenado*
ren • wedren *carrera* v • kippenren *gallinero* m
renaissance *renacimiento* m
renbaan *pista* v *de carreras*; ⟨voor paarden⟩ *hipódromo* m
rendabel *rentable*
rendement • nuttig effect *rendimiento* m • opbrengst *rendimiento* m
renderen *rendir* [i]
rendez-vous *cita* v
rendier *reno* m
rennen *correr*
renner *corredor* m
rennersveld *corredores* m mv
renovatie *renovación* v
renoveren *renovar* [ue]
renpaard *caballo* m *de carreras*
rensport *carreras* v mv
renstal *cuadra* v *de caballos de carrera*
rentabiliteit *rentabilidad* v
rente *interés* m; *intereses* m mv ★ ~ en kapitaal *capital e intereses* ★ op ~ zetten *colocar a interés* ★ tegen 8% ~ *al interés del 8%; al 8% de interés* ★ ~ opleveren *devengar intereses*
renteaftrek *intereses* m mv *deducibles*
rentedragend *que produce intereses*
rentegevend *con interés*
renteloos • rentevrij *sin interés* • geen rente opleverend *improductivo*
rentenier *rentista* m/v
rentenieren *vivir de sus rentas*
rentepercentage *porcentaje* m *de interés*
rentevoet *tipo* m *de interés; tasa* v *de interés*
rentmeester *administrador* m
rentree *reaparición* v ★ zijn ~ maken *hacer la*

reaparición
renvooieren • doorzenden *reenviar* [i]; *reexpedir* [i] • JUR. *remitir*
reorganisatie *reorganización* v
reorganiseren *reorganizar*
rep ▼ in rep en roer *alborotado* ▼ alles is in rep en roer *anda el diablo suelto*
reparateur *reparador* m
reparatie *reparación* v
reparatiekosten *gastos* m mv *de reparación*
repareren *reparar; arreglar; componer*
repatriant *repatriado* m
repatriëren *repatriar*
repatriëring *repatriación* v
repercussie *repercusión* v
repertoire *repertorio* m
repeteergeweer *fusil* m *de repetición*
repeteerwekker *despertador* m *que suena repetidas veces*
repeteren I OV WW • herhalen *repetir* [i]; ⟨v. schoolwerk⟩ *repasar* • instuderen *ensayar* **II** ON WW zich herhalen *repetirse* [i]
repetitie • herhaling *repetición* v • proefwerk *prueba* v • proefuitvoering *ensayo* m ★ generale ~ *ensayo* m *general*
repetitor *repetidor* m
replica *réplica* v
repliceren *replicar*
repliek *réplica* v
reply COMP. *respuesta* v
replyen *contestar; responder*
reportage *reportaje* m
reportagewagen *unidad* v *móvil*
reporter *reportero* m
reppen I ON WW spreken *mencionar* **II** WKD WW [zich ~] *darse prisa; apresurarse*
represaille *represalia* v
represaillemaatregel *medida* v *de represalia*
representant *representante* m/v
representatie *representación* v
representatief *representativo*
representatiekosten *gastos* m mv *de representación*
representeren *representar*
repressie *represión* v
repressief *represivo*
repressiepolitiek *política* v *de represión*
reprimande *reprimenda* v
reprise *reposición* v
repro *reproducción* v
reproduceren *reproducir*
reproductie *reproducción* v
reproductievermogen *capacidad* v *de reproducción*
reprorecht *derecho* m *de reproducción*
reptiel *reptil* m
republiek *república* v
republikein *republicano* m
republikeins *republicano*
reputatie *reputación* v; *fama* v ★ een goede ~ genieten *gozar de buena fama*
requiem *réquiem* m
requisitoir *petición* v *fiscal*
research *investigación* v
reservaat *reserva* v
reserve • voorbehoud *reserva* v ★ in ~ houden *tener en reserva* ★ onder ~ aanvaarden *aceptar con reservas* ★ zonder ~ *sin reservas* • noodvoorraad *reserva* v • plaatsvervanger *substituto* m
reserveband *rueda* v *de recambio*
reservebank *banquillo* m *de los suplentes*
reserveren *reservar*
reservering *reserva* v
reservespeler *reserva* m/v
reservewiel *rueda* v *de repuesto*
reservist *reservista* m
reservoir *receptáculo* m; *recipiente* m; *depósito* m
resident *ministro* m *residente*
residentie ⟨v. regering⟩ *residencia* v; ⟨v. vorst⟩ *corte* v
residentieel *residencial*
resideren *residir*
residu *residuo* m
resigneren I ON WW ambt neerleggen *resignar* **II** WKD WW [zich ~] *resignarse*
resistent *resistente*
resistentie *resistencia* v
resolutie *resolución* v?
resoluut *resuelto*
resonantie *resonancia* v
resoneren *resonar* [ue]
resort *resort* m
respect *respeto* m ★ met alle ~ *con todo respeto*
respectabel *respetable*
respecteren • achten *respetar* • naleven *respetar; observar* ★ wetten ~ *observar las leyes*
respectievelijk *respectivamente*
respectvol *respetuoso*
respijt *respiro* m ★ zonder ~ *sin respiro*
respondent *persona* v *que responde*
respons *respuesta* v
ressentiment *resentimiento* m
ressort *jurisdicción* v
ressorteren onder *depender de*; JUR. *ser de la competencia de*
rest • *resto* m ★ voor de rest *por lo demás* • → **restje**
restant *resto* m; ⟨v. stof⟩ *retazo* m
restaurant *restaurante* m
restaurateur • hersteller *restaurador* m • restauranthouder *dueño* m *de un restaurante*
restauratie • het herstellen *restauración* v • eetgelegenheid *restaurante* m
restauratiekosten *gastos* m mv *de restauración*
restauratiewagen *coche* m *restaurante*
restaureren *restaurar*
resten *restar; quedar*
resteren *restar; quedar*
restitueren *restituir*
restitutie *restitución* v; *devolución* v
restje *sobras* v mv
restrictie *restricción* v
restrictief *restrictivo*
restwaarde *valor* m *residual*
restzetel *escaño* m *restante*
resultaat *resultado* m ★ geen ~ opleveren *no dar resultado*
resultante *resultante* v
resulteren • ~ uit *resultar de; deducirse de* • ~ in

resultar en; tener [ie] por resultado
resumé resumen m; epítome m
resumeren resumir
resusaap macaco m rhesus
resusfactor factor m Rhesus; factor m Rh
resusnegatief Rh negativo
resuspositief Rh positivo
retina retina v
retirade retirada v
retorica retórica v
retoriek retórica v
retorisch retórico
Reto-Romaans I ZN [het] TAALK. retorromano **II** BNW retorromano
retort retorta v; matraz v
retoucheren retocar
retour I BIJW ★ ~ afzender devolver al remitente **II** ZN [de/het] kaartje billete m de ida y vuelta; ida v y vuelta ▾ op zijn ~ zijn estar en decadencia
retourbiljet billete m de ida y vuelta
retourenvelop sobre m de reenvío
retourneren devolver [ue]
retourticket billete m de ida y vuelta
retourtje • → retour
retourvlucht vuelo m de ida y vuelta
retourvracht carga v de reenvío
retraite retiro m
retributie retribución v
retriever perro m cobrador
retrogressie retrogresión v
retrospectie retrospectiva v
retrospectief I ZN [het] retrospectiva v **II** BNW retrospectivo
return • SPORT tennisslag resto m • wedstrijd partido m de vuelta • COMP. tecla v de return ★ een ~ geven pulsar la tecla de return
returnwedstrijd partido m de vuelta
reu perro m macho
reuk • geur olor m • zintuig olfato m ▾ in een kwade reuk staan tener mala fama
reukloos inodoro
reukorgaan órgano m olfativo
reukwater perfume m
reukzin olfato m; sentido m del olfato
reukzintuig sentido m del olfato
reumatiek reuma m; reumatismo m
reumatisch reumático
reumatologie reumatología v
reumatoloog reumatólogo m
reünie reunión v
reünist participante m/v de una reunión
reus gigante m
reusachtig colosal; gigantesco; enorme ★ ~e afmetingen aannemen ir agigantándose
reut ★ de hele reut todo el follón
reutelen respirar con estertor
reuze grandioso; bárbaro
reuzel manteca v de cerdo
reuzen- enorme ★ reuzenhonger hambre v feroz
reuzenrad noria v
revalidatie rehabilitación v; reeducación v
revalidatiearts médico m de rehabilitación
revalidatiecentrum centro m de rehabilitación
revalideren rehabilitar; reeducar
revaluatie revalorización v; revaluación v

revalueren revaluar [ú]
revanche desquite m; revancha v ★ ~ nemen desquitarse; tomar revancha
revancheren [zich ~] desquitar
reveil renacimiento m ★ een religieus ~ un renacimiento religioso
reven arrizar
reverence reverencia v
revers solapa v
reviseren revisar
revisie revisión v
revitalisatie revitalización v
revival resucitación v
revolte revuelta v; insurrección v
revolutie revolución v
revolutionair I BNW • van/als een revolutie revolucionario • opzienbarend sensacional **II** ZN [de] persoon revolucionario m
revolver revólver m
revolverheld héroe m del revólver
revolvertang alicates m mv sacabocados
revue revista v ★ iets de ~ laten passeren revistar u.c.; pasar revista a u.c.
revueartiest artista m/v de revista
Reykjavik Reykjavik m
Riagg instituto m regional de asistencia sanitaria mental ambulatoria
riant magnífico; grandioso ★ een ~ uitzicht un panorama grandioso
rib • bot costilla v ★ een por tussen de ribben un codazo en las costillas • balk listón m ▾ dat is een rib uit mijn lijf eso me cuesta un ojo de la cara ▾ je kunt haar ribben tellen está transparente
ribbel bordón m
ribbenkast costillar m
ribbroek pantalón m de pana
ribes planta v del género Ribes
ribfluweel pana v
ribkarbonade chuleta v de cerdo
riblap chuleta v
ribstof pana v
richel • rand repisa v • lat listón m
richten I OV WW • in richting doen gaan dirigir; ⟨v. vuurwapens⟩ apuntar ★ de blik ~ op dirigir la vista hacia • sturen dirigir ★ het woord tot iem. ~ dirigir la palabra a alguien **II** WKD WW [zich ~] • ~ tot zich wenden dirigirse a • ~ naar afstemmen conformarse con; ajustarse a
richtgetal índice m
richting • bepaalde kant dirección v; sentido m ★ in de ~ van en dirección a; hacia ★ een andere ~ inslaan cambiar de dirección • gezindheid tendencia v
richtingaanwijzer intermitente m; indicador m de dirección
richtingbord señal v de dirección
richtinggevoel sentido m del orientación
richtlijn • voorschrift directiva v; directriz v ★ ~en geven dar directivas • WISK. directriz v
richtprijs precio m recomendado; precio m indicativo
richtpunt punto m de mira
richtsnoer pauta v; norma v ★ tot ~ dienen servir [i] de pauta

ridder *caballero* m ★ iem. tot ~ slaan *armar caballero a u.p.*
ridderen • tot ridder slaan *armar caballero* • decoreren *condecorar*
ridderepos *cantar* m *de gesta*
ridderlijk *caballeresco; caballeroso*
ridderorde • onderscheiding *condecoración* v • groep ridders *caballería* v
ridderroman *novela* v *de caballerías*
ridderslag *espaldarazo* m
ridderspoor *espuela* v *de caballero*
ridderstand *orden* v *de caballería*
riddertijd *época* v *de la caballería*
ridderzaal *sala* v *de honor*
ridicuul *ridículo*
riedel *cantinela* v
riek *horca* v
rieken • geur afgeven *oler* [ue] • ~ naar *oler* [ue] *a*
riem • band *correa* v; ⟨ceintuur⟩ *cinturón* m • veiligheidsgordel *cinturón* m *de seguridad* • drijfriem *correa* v • roeispaan *remo* m • hoeveelheid papier *resma* v ▼ men moet roeien met de riemen die men heeft *hay que arreglárselas por las buenas o por las malas* ▼ het is goed riemen snijden uit andermans leer *de cuero ajeno buenas correas*
riet • grassoort *caña* v ★ Spaans riet *rota* v; *caña* v *de Indias* • stengel *caña* v; *junco* m ★ beven als een riet *temblar* [ie] *como azogue* • MUZ. *lengüeta* v
rietdekker *cañista* m/v
rieten ⟨v. dak⟩ *de paja*; ⟨v. stoel⟩ *de mimbre*; ⟨v. stoel⟩ *de junco*
rietje *paja* v
rietkraag *borde* m *de paja*
rietstengel ⟨v. riet⟩ *tallo* m *de carrizo*; ⟨v. suikerriet⟩ *caña*
rietsuiker *azúcar* m *de caña*
rif *arrecife* m
Riga *Riga* v
rigide *rígido*
rigoureus *riguroso*
rij • reeks *serie* v ★ een rij van successen *una serie de éxitos* • volgorde *orden* m/v ★ op de rij afgaan *ir por orden* • reeks in rechte lijn *fila* v; ⟨v. wachtende mensen⟩ *cola* v ★ rij aan rij *en fila* ★ de rijen sluiten *cerrar filas* ★ in de rij zetten *alinear* ★ in de rij staan *hacer cola*
rijbaan *carril* m; *vía* v
rijbevoegdheid *autorización* v *para conducir*
rijbewijs *permiso* m *de conducir*; *carnet* m *de conducir*
rijbroek *pantalón* m *de montar*
rijden I OV WW • besturen *conducir* ★ ik rijd weinig *conduzco muy poco* ★ het is drie uur ~ *son tres horas en coche* • vervoeren *llevar; conducir* ★ kunt u mij naar het station ~? *¿me puede llevar a la estación?* II ON WW zich voortbewegen *ir; circular* ★ op de fiets ~ *ir en bicicleta* ★ paard ~ *montar a caballo* ★ de auto rijdt door de straat *el coche circula por la calle*
rijdier *cabalgadura* v
rijervaring *experiencia* v *de conducir*
rijexamen *examen* m *de conducción*
rijgedrag *hábito* m *de conducir*

rijgen • aan een snoer doen *ensartar; enhebrar* • dichtmaken *enlazar; atar* • naaien *hilvanar*
rijglaars *borceguí* m
rijgnaald *aguja* v *para hilvanar*
rijgsnoer *cordón* m; *hilo* m
rijinstructeur *instructor* m *de autoescuela*
rijk I ZN [het] • staat ⟨als soevereine staat⟩ *stato* m ★ het Derde Rijk *el Tercer Reich* • FIG. gebied *reino* m ★ het rijk der verbeelding *el reino de la imaginación* II [bnw] • financieel vermogend *rico; adinerado* ★ rijk maken *enriquecer* ★ rijk worden *enriquecerse* ★ rijk en arm *ricos y pobres* • overvloedig *rico; abundante* ★ een rijke oogst *una cosecha abundante* ★ een rijke maaltijd *una comida rica/opípara* ★ rijk aan vitaminen *rico en vitaminas*
rijkaard *ricacho* m; *creso* m
rijkdom [gmv] *riqueza* v
rijkelijk • overvloedig *abundantemente; profusamente* ★ ~ geïllustreerd *profusamente ilustrado* • in ruime mate *bastante* ★ het is ~ laat om ... *es bastante tarde para ...*
rijkelui *gente* v *pudiente; ricos* m mv
rijkeluiskind *hijo* m *de papá*
rijksacademie *academia* v *estatal*
rijksadvocaat *abogado* m *estatal*
rijksambtenaar *funcionario* m *público; funcionario* m *del Estado*
rijksarchief *archivo* m *del Estado*
rijksbegroting *presupuesto* m *del Estado*
rijksbijdrage *contribución* v *del Estado*
rijksbouwmeester *arquitecto* m *estatal*
rijksdeel *parte* v *estatal*
rijksdienst *servicio* v *estatal*
rijksgenoot *compatriota* m/v
rijksinstituut *instituto* m *estatal*
rijksluchtvaartdienst *servicio* m *estatal de aviación civil*
rijksmunt *Casa* v *de la Moneda*
rijksmuseum *museo* m *nacional*
rijksoverheid *Administración* v *Pública*
rijkspolitie *policía* v *nacional*
rijksuniversiteit *universidad* v *estatal*
rijksvoorlichtingsdienst *Servicio* m *de Información* m *estatal*
rijkswachter ≈ *guardia* m *civil*
Rijkswaterstaat *servicio* m *estatal de vías y obras fluviales*
rijksweg *carretera* v *nacional*
rijkswege ★ van ~ *por parte del estado*
rijkunst *equitación* v
rijlaars *bota* v *de montar*
rijles ⟨in auto⟩ *clase* v *de conducir*; ⟨te paard⟩ *clase* v *de equitación*
rijm • het rijmen *rima* v ★ gepaard rijm *rima pareada* • versregel *verso* m
rijmelaar *poetastro* m
rijmelarij *coplas* v mv *de ciego*
rijmen • rijmen maken *rimar* • overeenstemmen (met) *compaginar (con)*
rijmpje *versito* m
rijmschema *esquema* m *de rimas*
rijmwoordenboek *diccionario* m *de la rima*
Rijn *Rin* m
rijnaak *chalana* v *del Rin*

rijnwijn *vino* m *del Rin*
rijp I BNW • volwassen *maduro* ★ op rijpere leeftijd *en una edad madura* • eetbaar *maduro; sazonado* ★ rijp worden *madurar* • goed overdacht *maduro* • ~ **voor** ★ de tijd is rijp voor actie *es el momento oportuno para acción* **II** ZN [de] *escarcha* v
rijpaard *caballo* m *de montar*
rijpen I ON WW rijp worden *madurar* **II** ONP WW rijp vertonen *escarchar*
rijpheid *madurez* v
rijping *maduración* v
rijpingsproces *proceso* m *de maduración*
rijproef *examen* m *de conducción*
rijrichting *sentido* m *de la marcha*
rijs *pimpollo* m; *vástago* m; ⟨v. wilg⟩ *mimbre* m
rijschool • autorijschool *autoescuela* v • manege *escuela* v *de equitación*
rijshout *mimbre* m
rijst *arroz* m ★ ongepelde ~ *arroz con cascarilla* ★ gepelde ~ *arroz sin cascarilla*
rijstbouw *cultivo* m *de arroz*
rijstebrij *arroz* m *con leche*
rijstepap *papilla* v *de arroz*
rijstevlaai *pastel* m *de arroz*
rijstijl *estilo* m *de conducir; forma* v *de conducir*
rijstpapier *papel* m *de arroz*
rijstrook *carril* m; *vía* v
rijsttafel *arroz* m *a la indonesia*
rijstveld *campo* m *de arroz*
rijten *desgarrar; rasgar*
rijtijd *duración* v *del viaje*
rijtijdenbesluit *ley* m *regulador sobre las horas de conducción*
rijtjeshuis *casa* v *adosada*
rijtoer *paseo* m
rijtuig • koets *carruaje* m; *coche* m • treinstel *coche* m
rijvaardigheid *aptitudes* v mv *para conducir; capacidad* v *de conducir*
rijverbod *prohibición* v *de conducción*
rijvlak *banda* v *de rodaje; banda* v *de rodamiento*
rijweg *carretera* v; *calzada* v
rijwiel *bicicleta* v
rijwielhandel *tienda* v *de bicicletas*
rijwielpad *pista* v *para ciclistas*
rijwielstalling *garaje* m *para bicicletas*
rijwielverzekering *seguro* m *para bicicleta*
rijzen • omhoogkomen *subir; alzarse;* ⟨v. deeg⟩ *leudarse* • ontstaan *surgir; nacer*
rijzig *esbelto*
rijzweep *fusta* v
riksja *carro* m *de mano chino tirado por un hombre*
rillen *temblar* [ie]; *estremecerse*
rillerig *escalofriado; trémulo*
rilling *escalofrío* m; *estremecimiento* m ★ koude ~en *escalofríos*
rimboe *jungla* v
rimpel • plooi *arruga* v; ⟨frons⟩ *frunce* m • golving op water *onda* v
rimpelen I OV WW • rimpels doen krijgen *fruncir; arrugar* • doen golven *ondular* **II** ON WW • rimpels krijgen *arrugarse* • licht golven *ondular*
rimpelig *arrugado*

rimpeling ⟨in water⟩ *ondulación* v
rimpelloos *sin arrugas*
ring • voorwerp ⟨v. ijzer⟩ *argolla* v; ⟨voor gymoefening⟩ *anillas* v mv • sieraad *anillo* m; *sortija* v • ringweg *(carretera* v *de) circunvalación* v; *cinturón* m • boksring *cuadrilátero* m
ringbaard *sotabarba* v
ringband *cuaderno* m *de anillas*
ringdijk *dique* m *cinturón*
ringeloren *intimidar; atormentar*
ringen *anillar*
ringlijn *línea* v *circular*
ringslang *culebra* v *nátrix*
ringsleutel *llave* v *de tuercas*
ringsteken *juego* m *de arremeter anillos con la lanza*
ringtoon *tono* m *(de llamada)*
ringvaart *canal* m *circular*
ringvinger *anular* m
ringweg *carretera* v *de circunvalación; cinturón* m
ringwerpen *jugar* [ue] *a los anillos*
ringworm • BIOL. *anélido* m • MED. *tiña* v
rinkelen *tintinear;* ⟨v. telefoon⟩ *sonar* [ue]
rins *acídulo; agrete*
Rio de Janeiro *Río* m *de Janeiro*
riolering *alcantarillado* m
rioleringssysteem *sistema* m *de alcantarillado*
riool *alcantarilla* v; *cloaca* v; *albañal* m
riooljournalistiek *periodismo* m *falaz*
ris *serie* v
risee *hazmerreír* m/v
risico *riesgo* m; *contingencia* v ★ het ~ lopen om *correr el riesgo de*
risicodekking *cobertura* v *del riesgo*
risicodragend *con riesgo*
risicofactor *factor* m *riesgo*
risicogroep *grupo* m *de alto riesgo*
risicowedstrijd *partido* m *de riesgo*
riskant *arriesgado*
riskeren *arriesgar*
rit • tocht *recorrido* m; ⟨te paard⟩ *paseo* m *a caballo* • SPORT etappe *trayecto* m
rite *rito* m; *ritual* m
ritme *ritmo* m
ritmebox *caja* v *de ritmos*
ritmeester *capitán* m *de caballería*
ritmesectie *sección* v *de ritmo*
ritmisch *rítmico*
rits *cremallera* v
ritselaar *buscavidas* m/v
ritselen I OV WW regelen *manejárselas* **II** ON WW geluid maken *susurrar; crujir*
ritsen I OV WW • inkepen *acanalar* • grissen *arrebatar* **II** ON WW wegglippen *escabullirse*
ritssluiting *cierre* m *de cremallera; cremallera* v
ritueel I ZN [het] *rito* m; *ritual* m **II** BNW *ritual*
ritus *rito* m; *ritual* m
ritzege *victoria* v *de etapa*
rivaal *rival* m
rivaliseren *rivalizar*
rivaliteit *rivalidad* v; *competencia* v
rivier *río* m
Rivièra *Riviera* v
rivierafzetting *sedimento* m

rivierdelta *delta* m *de río*
rivierklei *arcilla* v *fluvial*
rivierkreeft *cangrejo* m *de río*
riviermond *desembocadura* v
rivierpolitie *policía* v *fluvial*
rivierslib *lodo* m *de río*
rob *foca* v
robbedoes *niño* m *bullanguero*; *fierabrás* m
robijn *rubí* m
robot *robot* m
robuust *robusto*
rochel *gargajo* m
rochelen *gargajear*
rock *rock* m
rockband *grupo* m *rock*
rockgroep *grupo* m *rock*
rockmuziek *música* v *rock*
rock-'n-roll *rock* m *and roll*
rockopera *ópera* v *rock*
rococo *rococó* m
rococostijl *estilo* m *rococó*
roddel *chismorreo* m; *habladurías* v mv ★ ~ en achterklap *cotilleo* m
roddelaar *chismoso* m; *comadrero* m
roddelblad *revista* v *del corazón*
roddelen *chismear*; *murmurar*
roddelpers *prensa* v *sensacionalista*
roddelpraat *habladurías* v mv
roddelrubriek *mentidero* m
rodehond *rubéola* v
rodelen *ir en trineo*
rodeo *rodeo* m
rododendron *rododendro* m
roebel *rublo* m
roede • gard *férula* v • staaf *varilla* v; *vara* v
roedel *manada* v
roeiboot *bote* m *de remos*
roeien *remar*
roeier *remero* m
roeiriem *remo* m
roeivereniging *club* m *de remo*
roeiwedstrijd *regata* v *a remo*
roek *grajo* m
roekeloos *temerario*; *inconsiderado* ★ ~ te werk gaan *actuar inconsideradamente*
roekoeën *arrullar*
roem *gloria* v; *fama* v
Roemeen *rumano* m
Roemeens I ZN [het] taal *rumano* m II BNW m.b.t. Roemenië *rumano*
roemen I OV WW prijzen *elogiar*; *alabar* II ON WW ~ **op** *jactarse de*
Roemenië *Rumania* v
roemer *copa* v
roemloos *sin gloria*
roemrijk *glorioso*
roemrucht *renombrado*
roep • het roepen *grito* m • dringend verzoek *clamor* m; *llamada* v
roepen I OV WW • ⟨iets⟩ schreeuwen *gritar* ★ hij riep haar naam *gritó su nombre* ★ iem. wakker ~ *despertar* [ie] *a u.p.* • ⟨iemand⟩ ontbieden *llamar a* ▾ als ge~ komen *llegar en el momento oportuno* ▾ zich ge~ voelen om *sentirse* [ie, i] *llamado a* II ON WW • schreeuwen *gritar*; *vocear* • ~ **om** *pedir* [i]; *clamar por* ★ om hulp ~ *pedir auxilio* ★ om wraak ~ *clamar por venganza*
roepia *rupia* v
roeping *vocación* v
roepnaam *nombre* m; *nombre* m *de pila*
roepstem *voz* v *interior*
roer *timón* m; *gobernalle* m ★ aan het roer staan *timonear*; *llevar el timón* ▾ het roer omgooien *cambiarse de chaqueta*
roerdomp *avetoro* m
roerei *huevo* m *revuelto*
roeren I OV WW • mengen *remover* [ue] • in beweging brengen *mover* [ue] • ontroeren *conmover* [ue] II ON WW draaiend bewegen *remover* [ue] ★ in de soep ~ *remover la sopa* III WKD WW [zich ~] • in beweging komen *moverse* [ue]; *menearse* • FIG. in verzet komen *alborotarse*
roerend • niet vast *mueble* ★ ~e feestdagen *fiestas movibles* ★ ~e goederen *bienes muebles* • ontroerend *conmovedor*
roerganger *timonel* m
roerig • beweeglijk *agitado* • oproerig *turbulento*
roerloos *inmóvil*
roersel • drijfveer *motivo* m • emotie *emoción* v
roerstaafje *paleta* v
roes • bedwelming *embriaguez* v; ⟨informeel⟩ *mona* v; ⟨informeel⟩ *zorra* v ★ zijn roes uitslapen *dormir* [ue, u] *la mona* • opgewondenheid *embriaguez* v
roest *herrumbre* v; *orín* m
roestbruin *marrón rojizo*
roesten *oxidarse*; *herrumbrarse*
roestig *herrumbroso*
roestkleurig *color de óxido*
roestvrij *inoxidable*
roestwerend *anticorrosivo*
roet *hollín* m; *tizne* m ▾ roet in het eten gooien *aguar la fiesta*
roetsjbaan *montaña* v *rusa*
roetsjen *deslizarse*
roetzwart *negro como el carbón*
roffel *redoble* m
roffelen *redoblar*
rog *raya* v
rogge *centeno* m
roggebrood *pan* m *de centeno*
rok • dameskleding *falda* v • herenkostuum *frac* m ★ in rok *de frac*
rokade *enroque* m ★ lange ~ *enroque largo* ★ korte ~ *enroque corto*
roken I OV + ON WW tabak gebruiken *fumar* II OV WW CUL. in de rook hangen *ahumar*
roker *fumador* m
rokeren *enrocar*
rokerig *humoso*
rokershoest *tos* v *de fumador*
rokkenjager *mujeriego* m
rokkostuum *frac* m
rol • opgerold iets *rollo* m • cilindervormig voorwerp *rodillo* m • register *registro* m; *rol* m; *lista* v • toneelrol *papel* m • FIG. eigen aandeel *rol* m; *papel* m ★ de rol vervullen van *desempeñar el papel de* ★ een belangrijke rol vervullen *desempeñar un papel importante*

▼ aan de rol zijn *correrla; estar de juega*
rolberoerte *apoplejía* v ★ we lachten ons een ~ *nos mondamos de risa*
rolbevestigend *confirmante de los papeles sociales tradicionales*
rolbezetting *reparto* m
rolconflict *conflicto* m *de papeles sociales*
roldoorbrekend *que rompe con la norma respecto a los papeles sociales tradicionales*
rolgordijn *persiana* v
rollade *redondo* m
rollator *andador* m
rollebollen • *dar volteretas* • seks hebben *pegarse un revolcón*
rollen I OV WW • voortbewegen *rodar* [ue] • met een rol pletten *aplanar* • oprollen *enrollar* ★ een sjekkie ~ *liar (l) un cigarrillo* • bestelen *robar* **II** ON WW • zich voortbewegen *rodar* [ue] • vallen *caer*; ⟨v. tranen⟩ *correr* • roffelend geluid maken *retumbar*
rollenspel *juego* m *de imitación de papeles sociales*
roller • golf *ola* v *grande* • rollend geluid *trino* m; *gorjeo* m
rolluik *telón* m *metálico*; ⟨tegen de zon⟩ *persiana* v
rolmops *arenque* m *escabechado en rollo*
rolpatroon *modelo* m *de conducta social*
rolprent *película* v
rolschaats *patín* m *de ruedas*
rolschaatsen *patinar*
rolstoel *silla* v *de ruedas*
roltrap *escalera* v *rodante*
rolverdeling *reparto* m
rolwisseling *cambio* m *de papeles*
ROM *memoria* v *ROM*
Romaans *románico; romance* ★ ~e talen *lenguas* v mv *románicas; lenguas* v mv *romances*
romaans *románico; romance*
roman *novela* v
romance *romance* m
romancier *novelista* m/v
romanist *romanista* m/v
romanpersonage *personaje* m *de novela*
romanschrijver *novelista* m/v
romanticus *romántico* m
romantiek *romanticismo* m
romantisch • m.b.t. stroming *romántico* • m.b.t. gevoel *romántico*
romantiseren • romantisch voorstellen *romantizar* • tot een roman verwerken *novelar*
Rome *Roma* v
Romein *romano* m
Romeins *romano*
römertopf *cazuela* v *de barro*
romig *cremoso*
rommel • wanorde *desorden* m • waardeloze prullen *cachivaches* m mv; *baratijas* v mv
rommelen • dof rollend klinken *retumbar* • ordeloos zoeken *revolver* [ue] • sjacheren *chalanear*
rommelig *desordenado; farragoso*
rommelkamer *trastera* v
rommelmarkt *baratillo* m; *mercadillo* m *de objetos usados;* ⟨in Madrid⟩ *Rastro* m
rommelzolder *desván* m *para guardar trastos*
romp • lijf *tronco* m; *busto* m • casco ⟨v. schip⟩ *casco* m; ⟨v. vliegtuig⟩ *fuselaje* m
rompkabinet *consejo* m *de ministros que asume el gobierno cuando los demás ministros han dimitido*
rompslomp *fárrago* m ★ ambtelijke ~ *trámites* m mv
rond I BNW • bol-/cirkelvormig *redondo; esférico* ★ ronde vormen *formas redondas* • voltooid ★ de zaak is rond *el trato está hecho* **II** VZ • om(heen) *alrededor de* ★ rond het huis *alrededor de la casa* ★ de wereld rond *por todo el mundo* • ongeveer op de tijd/plaats van ★ rond zes uur *sobre las seis* ★ rond het jaar 2000 *hacia el año 2000* ★ rond Utrecht *alrededor de Utrecht* **III** BIJW ongeveer *aproximadamente; cosa de;* ⟨voor telwoord⟩ *unos* m mv [v mv: *unas*] ★ rond de twintig mensen *unas veinte personas* ★ hij is rond de veertig *tendrá unos cuarenta años* ▼ hij kwam er rond voor uit *habló claramente* **IV** ZN [het] • *globo* m; *esfera* v ★ in het rond draaien *darse la vuelta* ★ in het rond kijken *mirar a su alrededor* • → **rondje**
rondbazuinen *pregonar*
rondborstig *franco; sincero*
rondbrengen *repartir*
rondcirkelen *dar vueltas*
ronddelen *distribuir*
ronddolen *errar; vagabundear*
ronddraaien I OV WW draaien *dar vueltas a; voltear* **II** ON WW • draaiend rondgaan *dar vueltas* • zich bewegen rondom *girar*
ronddwalen *errar; vagabundear*
ronde • rondgang *ronda* v ★ de ~ doen *patrullar; rondar* • wedstrijdtraject *circuito* m • deel van wedstrijd *vuelta* v; ⟨bij vechtsport⟩ *asalto* m • wielerwedstrijd *vuelta* v *ciclista* ▼ het gerucht doet de ~ dat *corre la voz de que* ▼ de ~ doen *correr*
rondedans *baile* m *en círculo* ★ een ~ maken van blijdschap *saltar de alegría*
ronden *doblar*
rondetafelconferentie *mesa* v *redonda*
rondgaan I ON WW bewegen *dar la vuelta* ★ het gerucht ging rond *corrió el rumor* ★ met koffie ~ *servir [i] café* **II** OV WW langsgaan *circular* ★ zij ging de kring rond *recorrió el círculo*
rondgang *ronda* v; *vuelta* v
rondhangen *gandulear; haraganear*
rondhout *rollizo* m
ronding *curva* v; ⟨v. gewelf⟩ *cimbra* v; ⟨v. gewelf⟩ *bombeo* m
rondje *ronda* v ★ een ~ geven *pagar una ronda*
rondkijken *mirar a su alrededor*
rondkomen ★ hij kan nauwelijks ~ *no le alcanza el sueldo*
rondleiden *guiar* [i]; *enseñar*
rondleiding *visita* v *con guía; visita* v *comentada*
rondlopen *callejear; andar por ahí* ★ de misdadiger loopt vrij rond *el criminal anda suelto*
rondneuzen *curiosear; fisgonear; huronear* ★ ~

in *curiosear por*
rondo *rondó* m
rondom I VZ ★ om ... heen *alrededor de* ★ ~ het vuur *alrededor del fuego* • in de buurt van *en torno a* ★ ~ het centrum van de stad *en torno al centro de la ciudad* **II** BIJW eromheen *rodeado*; alrededor ★ een tafel met stoelen ~ *una mesa rodeada de sillas*
rondpunt *glorieta* v
rondreis *viaje* m; *gira* v
rondreizen *recorrer*
rondrijden *pasearse en coche*
rondrit *paseo* m *en coche*
rondscharrelen • rondlopen *vagar* • rondneuzen *fisgar; husmear* • rommelen *trastear*
rondschrijven *circular* v
rondslingeren ★ laten ~ *dejar tirado*
rondsnuffelen *huronear; curiosear*
rondstrooien • om zich heen strooien *derramar* • verspreiden *propagar* ★ een gerucht ~ *extender* [ie] *un rumor*
rondte *redondez* v ★ in de ~ *en círculo*
rondtrekken *recorrer*
ronduit *abiertamente; francamente*
rondvaart *paseo* m *en barco*
rondvaartboot *barco* m *de paseo*
rondvertellen *propalar; divulgar*
rondvliegen • in kring vliegen *circular* ★ het vliegtuig vloog twee keer rond *el avión describió dos círculos en el aire* • alle kanten opvliegen *volar* [ue] *por los aires* ★ de stukken vlogen in het rond *los pedazos volaban por los aires*
rondvlucht *paseo* m *en avión*
rondvraag *ruegos* m y *preguntas*
rondwandelen *dar una vuelta; pasear; pasearse*
rondweg *circunvalación* v; *cinturón* m
rondzingen *realimentar sonidos acústicos*
rondzwerven *vagabundear; errar*
ronken • ronkend geluid maken *zumbar* • snurken *roncar*
ronselaar *reclutador* m
ronselen *reclutar; alistar; enganchar*
röntgenfoto *radiografía* v
röntgenstralen *rayos* m mv *X*
rood • kleur (v. wijn) *tinto; rojo; colorado* ★ rood worden *enrojecer; ponerse rojo* • POL. *rojo* ▼ rood staan bij de bank *tener la cuenta en rojo*
roodbaars *gallineta* v *nórdica*
roodbont *berrendo en rojo*
roodborstje *petirrojo* m
roodbruin *pardo rojo; castaño*
roodgloeiend *incandescente*
roodharig *pelirrojo*
roodhuid *piel* m *roja*
Roodkapje *Caperucita* v *Roja*
roodvonk *escarlatina* v
roof I ZN [de] [gmv] *robo* m; *rapiña* v **II** ZN [de] [mv: roven] *costra* v; *escara* v
roofbouw *cultivo* m *exhaustivo*
roofdier *fiera* v
roofmoord *robo* m *con homicidio*
roofoverval *atraco* m; *asalto* m
rooftocht *correría* v
roofvis *pez* m *carnívoro*
roofvogel *ave* v *rapaz*
roofzucht *rapacidad* v
rooien • uitgraven *arrancar* • klaarspelen ★ hij kan het wel ~ *ya se las arreglará*
rook *humo* m ▼ in rook opgaan *convertirse* [ie, i] *en humo* ▼ onder de rook van de stad *cerca de la ciudad*
rookbom *bomba* v *de humo*
rookcoupé *coche/departamento* m *de fumadores*
rookdetector *detector* m *de humo*
rookglas *cristal* m *ahumado*
rookgordijn *cortina* v *de humo*
rookhol *local* m *con mucho humo*
rookmelder *detector* m *de humo*
rookpluim *penacho* m *de humo*
rooksignaal *señal* v *de humo*
rookverbod *prohibición* v *de fumar*
rookverslaving *adicción* v *de fumar*
rookvlees *cecina* v
rookvrij *sin humo*
rookwolk *nube* v *de humo*
rookworst *salchicha* v *ahumada*
room *nata* v; *crema* v
roomboter *mantequilla* v
roomijs *mantecado* m
roomkaas *queso* m *cremoso*
roomkleurig *de color crema*
roomklopper *batidor* m *para la nata*
roomkwark *requesón* m *con nata*
rooms *católico romano*
roomservice *servicio* m *de habitación*
rooms-katholiek *católico romano*
roomsoes *pastel* m *de nata; petisú* m
roomstel *bandejita* v *con la jarrita para la nata y el azucarero*
roomwit *color crema claro*
roos I ZN [de] [mv: rozen] • bloem *rosa* v • SPORT middelpunt van schietschijf *blanco* m • deel van kompas *rosa* v *náutica* ▼ het leven gaat niet over rozen *la vida no es un camino de rosas* ▼ slapen als een roos *dormir a pierna suelta* **II** ZN [de] [gmv] *caspa* v
rooskleurig *de color de rosa; rosado* ★ de zaak ~ voorstellen *pintarlo todo de color de rosa*
rooster • raster *rejilla* v • braadrooster *parrilla* v • broodrooster *tostador* m • schema ⟨lesrooster⟩ *horario* m; ⟨werkrooster⟩ *esquema* m *de turnos* ★ een ~ opstellen *hacer un esquema de turnos*
roosteren *emparrillar*; ⟨v. brood⟩ *tostar* [ue]
roquefort *roquefort* m
ros *caballo* m; *corcel* m
rosarium *rosaleda* v
rosbief *rosbif* m
rosé *rosado* m; *clarete* m
roskammen *almohazar*
rossen ★ over de straat ~ *desempedrar la calle*
rossig *rojizo*
rot I BNW • aangetast *podrido; putrefacto* • ellendig *malo; horrible*; ⟨v. persoon⟩ *antipático* ★ doe niet zo rot *no seas tan pendejo* ★ zich rot voelen *sentirse malísimo* **II** BIJW ★ zich rot schrikken *pegarse un susto de muerte* **III** ZN [de] ★ een oude rot *un perro viejo* **IV** ZN [het] troep *tropa* v

rotan *rota* v; *roten* m
rotatie *rotación* v
rotatiepers *rotativa* v
rotding *mierda* v
roteren *rodar* [ue]
rotgang ★ met een ~ *a toda velocidad*
rotgans *barnacla* v
rothumeur *humor* m *de perros*
roti *plato del Surinam que se compone de pan sin levadura en combinación con verduras y carne*
rotisserie *restaurante* m *de carne asada*
rotje *buscapiés* m; *petardo* m
rotjoch *canalla* m
rotonde • verkeersplein *glorieta* v • rond gebouw *rotonda* v
rotor *rotor* m
rots *roca* v; *peña* v
rotsachtig *rocoso*; *peñascoso*
rotsblok *bloque* m *de roca*
rotspartij *macizo* m
rotstreek *putada* v
rotstuin *jardín* m *de rocas*
rotsvast *inquebrantable*
rotswand *pared* v *de roca*; ⟨heel steil⟩ *escarpa* v
rotten *pudrirse*; *corromperse*
Rotterdam *Rotterdam* m
rottig • ietwat rot *podrido* • ellendig *miserable*
rottigheid *miseria* v; *desgracia* v
rotting • bederf *putrefacción* v • stok *roten* m
rottweiler *Rottweiler* m
rotweer *tiempo* m *de perros*
rotzooi • waardeloze rommel *porquería* v; *basura* v ★ waar komt die ~ toch vandaan *de dónde sale toda esa porquería* ★ iem. ~ aansmeren *vender basura a u.p.* ★ de hele ~ *todo la puta mierda* • wanorde *desorden* m; *cajón* m *de sastre* ★ het is hier een ~ *esto es un desastre* ★ zijn kantoor is een ~ *su despacho es un cajón de sastre*
rotzooien • knoeien *chapucear* • scharrelen *dársela*
rouge *colorete* m
roulatie *circulación* v ★ in ~ brengen *poner en circulación*
rouleren • in omloop zijn *circular* • afwisselen *turnarse*
roulette *ruleta* v
route *ruta* v; *itinerario* m
routebeschrijving *descripción* v *de la ruta*
routekaart *mapa* m *de ruta*
routeplanner *navegador* m
router *enrutador* m
routine *rutina* v
routinematig *rutinario*
routineonderzoek *investigación* v *rutinaria*
routineus *rutinario*
routinier • ervaren persoon *persona* v *experimentada* • gewoontemens *rutinario* m
rouw *luto* m; *duelo* m ★ in de rouw gaan *vestirse* [i] *de luto* ★ in de rouw zijn *estar de luto*
rouwadvertentie *necrología* v
rouwband *crespón* m *de luto*
rouwbeklag *pésame* m; *condolencia* v
rouwbrief *esquela* v *de defunción*
rouwcentrum *mortuorio* m

rouwdienst *funeral* m; ⟨rooms-katholiek⟩ *misa* v *de cuerpo presente*; ⟨protestants⟩ *servicio* m *fúnebre*
rouwen *guardar luto* ▼ dat zal je ~ *te arrepentirás de ello*
rouwig *afligido* ★ ik ben er niet ~ om *no lo siento en absoluto*
rouwkamer *capilla* v *ardiente*
rouwmis *misa* v *de cuerpo presente*; *funeral* m
rouwproces *proceso* m *de luto*
rouwrand *orla* v *negra*
rouwstoet *comitiva* v *fúnebre*
roux *salsa* v *rubia*
roven *robar*; *saltear*
rover *ladrón* m; ⟨struikrover⟩ *salteador* m; ⟨struikrover⟩ *bandolero* m; ⟨zeerover⟩ *pirata* m/v
roversbende *cuadrilla* v *de ladrones*
rovershol *guarida* v *de ladrones*
royaal • gul *generoso*; *liberal* ★ een royale bui hebben *mostrarse* [ue] *rumboso* ★ een ~ onthaal *un agasajo fastuoso* • ruim *amplio*
royalist *monárquico* m
royalty *derechos* m mv *de autor/de inventor*
royeren *dar de baja*
roze I BNW *rosado*; *de color de rosa* II ZN [het] *color* m *de rosa*
rozemarijn *romero* m
rozenbed *rosaleda* v; *rosalera* v
rozenblad *hoja* v *de rosa*
rozenbottel *escaramujo* m
rozengeur *perfume* m *de rosas* ▼ voor hem is alles ~ en maneschijn *para él todo es un jardín de rosas*
rozenkrans *rosario* m
Rozenkruiser *Rosacruz* m
rozenstruik *rosal* m
rozet • versiering *rosetón* m • PLANTK. *roseta* v
rozig *rosado*
rozijn *pasa* v
RSI *RSI* m
rubber I ZN [de/het] [gmv] *caucho* m II ZN [de/het] [mv: +s] *condón* m; *preservativo* m
rubberboom *árbol* m *de caucho*
rubberboot *bote* m *neumático*
rubberlaars *bota* v *de goma*
rubberzool *suela* v *de goma*
rubriceren *clasificar*
rubriek • categorie *categoría* v; *apartado* m • opschrift *rúbrica* v • vast stuk in krant *crónica* v
ruche *ruche* m
ruchtbaar *notorio* ★ ~ worden *divulgarse*
ruchtbaarheid *publicidad* v ★ ~ geven aan *divulgar*; *propalar*
rücksichtslos *despiadado*; *desconsiderado*
rucola *oruga* v; *ruqueta* v; *rucola* v
rudimentair *rudimentario*
rug • lichaamsdeel *espalda* v; ⟨v. dier⟩ *lomo* m ★ op de rug van een ezel *a lomo de burro* ★ met de rug leunen tegen *respaldarse contra* ★ op zijn rug liggen *estar de espaldas*; *estar boca arriba* ★ op zijn rug dragen *llevar a cuestas* ★ in de rug aanvallen *atacar por la espalda* • achterzijde *dorso* m; ⟨v. boek⟩ *lomo* m; ⟨v. hand⟩ *dorso* m; ⟨v. mes⟩ *canto* m; ⟨v.

stoel⟩ *respaldo* m ▼ een hoge rug hebben *ser cargado de espaldas* ▼ een brede rug hebben *tener espaldas muy anchas* ▼ achter de rug hebben *haber pasado/superado* ▼ achter iemands rug (om) *a espaldas de u.p.* ▼ iem. de rug toekeren *volver [ue] las espaldas a u.p.*
rugby *rugby* m
rugbyen *jugar [ue] al rugby*
rugdekking *respaldo* m
ruggelings *hacia atrás*
ruggengraat *espina* v *dorsal*
ruggenmerg *médula* v *espinal*
ruggenprik *velicación* v *lumbar*
ruggensteun • steun in de rug *respaldo* m • hulp *respaldo* m
ruggenwervel *vértebra* v *dorsal*
ruggespraak *consulta* v ⋆ ~ met iem. houden over iets *consultar u.c. con u.p.*
rugleuning *respaldo* m
rugnummer *dorsal* m
rugpijn *dolor* m *de espalda*
rugslag *braza* v *de espalda*
rugsluiting *cierre* m *en la espalda*
rugtitel *título* m *en el lomo*
rugvin *aleta* v *dorsal*
rugzak *mochila* v
rugzijde *dorso* m
rui *muda* v ⋆ in de rui zijn *mudar*
ruien *mudar*
ruif *pesebre* m
ruig • wild begroeid *áspero; agreste* • borstelig *híspido; áspero* • ongemanierd *rudo; tosco*
ruiken I OV WW met reukzin waarnemen *oler [ue]* II ON WW • geuren *oler [ue]* • ~ naar *oler [ue] a* ⋆ het ruikt aangebrand *huele a quemado*
ruiker *ramillete* m; *ramo* m *de flores*
ruil *cambio* m; *permutación* v; *trueque* m ⋆ in ruil voor *a cambio de; a trueque de*
ruilbeurs *bolsa* v *de intercambios*
ruilen *cambiar; permutar; trocar*
ruilhandel *comercio* m *de trueque*
ruilhart *corazón* m *de transplante*
ruilmiddel *medio* m *de cambio/de canje*
ruilverkaveling *concentración* v *parcelaria; redistribución* v *de terrenos*
ruilvoet *tipo* m *de cambio*
ruilwaarde *valor* m *de cambio*
ruim I BNW • wijd *ancho* ⋆ deze jas zit me te ruim *este abrigo me queda ancho* • veel ruimte biedend *amplio; espacioso* ⋆ een ruime kamer *una habitación espaciosa* • open *amplio* ⋆ een ruim uitzicht *una vista amplia* • veelomvattend *amplio* ⋆ een ruim assortiment *un surtido amplio* • onbekrompen *amplio* ⋆ ruim van opvatting *amplio de criterio; de miras amplias; tolerante* • rijkelijk *amplio; abundante* ⋆ een ruime beloning *una recompensa amplia* II BIJW • op ruime wijze *largamente* ⋆ ruim meten *medir [i] largamente* • meer dan *más que;* ⟨met telwoord⟩ *más de* ⋆ ruim een jaar *más de un año* ⋆ het is ruim voldoende *es más que suficiente* III ZN [het] SCHEEPV. *bodega* v
ruimdenkend *liberal*
ruimen I OV WW • opruimen *quitar*
• leegmaken *vaciar [í]* II ON WW draaien van de wind *cambiar*
ruimhartig *indulgente*
ruimschoots *abundantemente; ampliamente*
ruimte • plaats *espacio* m; *sitio* m ⋆ ~ maken *hacer sitio* ⋆ er is ~ genoeg *sobra espacio* • heelal *espacio* m
ruimtecapsule *cápsula* v *espacial*
ruimtegebrek *falta* v *de espacio*
ruimtelaboratorium *laboratorio* m *espacial*
ruimtelijk *espacial*
ruimtereis *viaje* m *espacial*
ruimteschip *nave* v *espacial; astronave* v
ruimtestation *estación* v *espacial*
ruimtevaarder *astronauta* m/v
ruimtevaart *navegación* v *espacial*
ruimtevaarttechniek *técnica* v *de navegación espacial*
ruimtevaartuig *nave* v *espacial; astronave* v
ruimteveer *transbordador* m *espacial*
ruimtevlucht *vuelo* m *espacial*
ruimtevrees *agorafobia* v
ruimtewagen *monovolumen* m
ruin *caballo* m *castrado*
ruïne *ruina* v
ruïneren *arruinar*
ruisen *murmurar; susurrar*
ruisonderdrukking *supresión* v *de ruido de fondo*
ruit • vensterglas *vidrio* m; *cristal* m; ⟨v. auto⟩ *luneta* v • motief ⟨in stof⟩ *cuadro* m; ⟨op wapen⟩ *losange* m • WISK. *rombo* m
ruiten *diamantes* m mv; ⟨in Spaans kaartspel⟩ *oros* m mv ⋆ de boer van ~ *la sota de diamantes/oros*
ruitenboer *sota* v *de oros*
ruitensproeier *lavaparabrisas* m
ruitenwisser *limpiaparabrisas* m
ruiter *jinete* m [v: *jineta*]
ruiterij *caballería* v
ruiterlijk *franco; sincero*
ruiterpad *camino* m *de herradura*
ruitijd *muda* v
ruitjespapier *papel* m *cuadriculado*
ruitjesstof *tejido* m *a cuadritos*
ruk *estirón* m; *tirón* m
rukken *arrancar*
rukwind *ráfaga* v
rul *suelto*
rum *ron* m
rumba *rumba* v
rumboon *bombón* m *de chocolate con ron*
rum-cola *cubalibre* m
rumoer *ruido* m; *estrépito* m; *bullicio* m
rumoerig *ruidoso; bullicioso*
run *corrida* v ⋆ de run op een artikel *la gran demanda de un artículo*
rund • dier *res* v; *bovino* m • stommeling *imbécil* m
rundergehakt *carne* v *de ternera picada*
runderlapje *filete* m *de ternera*
rundvee *ganado* m *vacuno*
rundvet *manteca* v *de vaca*
rundvlees *carne* v *de vaca*
rune *runa* v
runenteken *runa* v

runnen *dirigir; administrar*
rups *oruga* v
rupsband *oruga* v
rupsvoertuig *vehículo* m *oruga*
Rus *ruso* m
rush • stormloop *afluencia* v • film *trozo* m *de película que no ha sido montado*
Rusland *Rusia* v
Russisch I ZN [het] *ruso* m **II** BNW *ruso*
rust • ontspanning *descanso* m ★ zichzelf geen rust gunnen *no darse tregua* • kalmte *calma* v; *tranquilidad* v; *paz* v ★ in alle rust *con calma* ★ laat me met rust! *idéjame en paz!* ★ tot rust komen *tranquilizarse* ★ de rust herstellen *restablecer el orden* • nachtrust *descanso* m; *reposo* m ★ zich ter ruste begeven *acostarse* [ue] • MUZ. *pausa* v • SPORT *descanso* m; *entretiempo* m
rustdag *día* m *de descanso*
rusteloos • ongedurig *inquieto; intranquilo* • steeds bezig *continuo*
rusten • uitrusten *descansar* • begraven liggen *yacer* ★ rust zacht *idescanse en paz!* ★ hier rust ... *aquí yace...* • ongemoeid blijven ★ iets laten ~ *dar por terminada u.c.* • steunen *descansar en/sobre* • gericht zijn ★ zijn ogen laten ~ op *fijar la mirada en*
rustgevend *tranquilizador*
rusthuis *casa* v *de reposo*
rustiek *rústico*
rustig I BNW • bedaard *plácido* • zonder beweging *tranquilo* ★ ~ worden *tranquilizarse* • ongestoord *calmoso* **II** BIJW ★ ~ aan ⟨geleidelijk⟩ *(con) calma/tranquilidad*
rustoord *retiro* m
rustplaats • pleisterplaats *lugar* m *de descanso* • graf *tumba* v
rustpunt • moment van rust *descanso* m • steunpunt *punto* m *de apoyo*
ruststand *posición* v *de reposo*
rustverstoorder *perturbador* m
ruw • oneffen *rugoso; áspero* • grof *basto* ★ ruwe stof *tela basta* • onbewerkt *en bruto; en rama; crudo* ★ ruwe katoen *algodón en rama* ★ ruwe zij *seda cruda* ★ ruwe suiker *azúcar no refinado* • onbeschaafd *bruto; rudo; grosero* ★ ruwe grap *burla grosera* ★ ruw behandelen *tratar con rudeza* ★ ruw werk *trabajo rudo* ★ ruw gedrag *grosería* v • wild *salvaje* ★ een ruw klimaat *un clima inclemente* ★ een ruwe zee *un mar grueso/encrespado* • globaal *aproximado* ★ een ruwe schatting *una estimación aproximada*
ruwharig *hirsuto*
ruwweg *aproximadamente*
ruzie *altercado* m; *riña* v; *disputa* v ★ ~ hebben *reñir* [i]
ruzieachtig *pendenciero; camorrista*
ruziemaken *pelearse;* INFORM. *armar camorra*
ruziemaker *pendenciero* m; *camorrista* v
ruziën *reñir* [i]; *discutir*
ruziezoeken, ruzieschoppen *buscar camorra*
ruziezoeker, ruzieschopper *pendenciero* m; *camorrista* v
RVD *servicios* m mv *de información del estado*
Rwanda *Ruanda* v

Rwandees *ruandés*

S

s *s* v ★ de s van Simon *la s de Sábado*
saai *soso; aburrido*
saamhorigheid *unión* v; *solidaridad* v
saampjes *los dos juntitos*
sabbat *sábado* m ★ de ~ houden *celebrar el sábado*
sabbatsjaar *año* m *sabático*
sabbelen *chupetear*
sabel I ZN [de] slagwapen *sable* m ★ de ~ trekken *desenvainar el sable* **II** ZN [het] bont *cebellina* v
sabelbont *piel* m *de marta cebellina*
sabeldier *marta* v *cebellina*
sabotage *sabotaje* m
saboteren *sabotear*
saboteur *saboteador* m
sacharine *sacarina* v
sacraal *sagrado; consagrado*
sacrament *sacramento* m ★ het ~ des altaars *el sacramento eucarístico* ★ de laatste ~en *los últimos sacramentos; el viático* ★ de ~en toedienen *administrar los sacramentos*
Sacramentsdag *día* m *del Señor*
sacristie *sacristía* v
sacrosanct *sacrosanto*
sadisme *sadismo* m
sadist *sádico* m
sadistisch *sádico*
sadomasochisme *sadomasoquismo* m
safari *safari* m
safaripark *safari* m
safe I ZN [de] *caja* v *de caudales; caja* v *fuerte* **II** BNW *seguro*
safe sex *sexo* m *seguro*
saffier *zafiro* m
saffierblauw *de color zafiro; de azul zafiro*
saffraan *azafrán* m
saffraangeel *azafrán*
sage *saga* v
sago *sagú* m
Sahara *Sáhara* m; *Sahara* m
saillant *destacado; saliente*
Saksen *Sajonia* v
salade *ensalada* v
salamander *salamandra* v
salami *salami* m
salamitactiek *táctica* v *del salami*
salariëren *asalariar*
salariëring *salario* m; *remuneración* v
salaris *sueldo* m; *salario* m ★ een ~ ontvangen *recibir un sueldo*
salarisschaal *escalafón* m
saldo *saldo* m ★ batig ~ *saldo* m *positivo; superávit* m ★ nadelig ~ *saldo* m *negativo; déficit* m ★ per ~ *a/por saldo*
saldotekort *déficit* m; *saldo* m *deudor*
salesmanager *jefe* m *de ventas; director* m *de ventas*
salespromotion *promoción* v *de ventas*
salie *salvia* v
salmiak *sal* v *amoniacal*
salmiakdrop *regaliz* m *negro*
salmonella *salmonela* v
salomonsoordeel *juicio* m *salomónico*
salon • kamer *salón* m • Z-N bankstel *tresillo* m
salonboot *barco* m *salón*
salonmuziek *música* v *de salón*
salonsocialist *socialista* m/v *de salón*
salontafel *mesita* v *de salón*
saloondeuren *puertas* v mv *de salón*
salpeter *salitre* m; *nitro* m
salpeterzuur *ácido* m *nítrico*
salsa *salsa* v
SALT *SALT* v mv; *Conversaciones* v mv *para la Limitación de Armas Estratégicas*
salto *salto* m ★ ~ mortale *salto mortal*
salueren *saludar*
saluut *saludo* m
saluutschot *salva* v
Salvadoriaan *salvadoreño*
Salvadoriaans *salvadoreño*
salvo • serie schoten *salva* v • FIG. stortvloed *salva* v
Samaritaan ★ de barmhartige ~ *el buen samaritano*
samba *samba* v
sambabal *maraca* v
sambal *mezcla* v *de guindillas muy picadas*
samen • met elkaar *juntos* ★ ~ met *junto con* • bij elkaar gerekend *en total*
samendrukken *comprimir*
samengaan • gepaard gaan *ir aparejada* • fuseren *fusionar; combinar con; pegar con*
samengesteld *compuesto*
samenhang *coherencia* v
samenhangen *estar relacionado con; guardar relación con*
samenkomst *encuentro* m; *reunión* v
samenleven *convivir*
samenleving • maatschappij *sociedad* v • het samenleven *convivencia* v
samenlevingscontract *contrato* m *de convivencia*
samenloop • plaats van vereniging ⟨v. rivieren⟩ *confluencia* v; ⟨v. wegen⟩ *cruce* m • gelijktijdigheid *coincidencia* v
samenpakken [zich ~] *cernerse* [ie]
samenraapsel *revoltijo* m
samenscholen *agruparse*
samenscholing *agrupación* v; *concentración* v
samensmelten I ON WW *versmelten fundirse* • fuseren *fusionarse* **II** OV WW doen samengaan *fundir*
samenspannen *conspirar; confabularse*
samenspel • SPORT *juego* m *en equipo* • FIG. samenwerking *combinación* v
samenspraak *coloquio* m; *diálogo* m
samenstel • geheel *conjunto* m • bouw *composición* v
samenstellen *componer*
samensteller • maker *autor* m • redacteur *redactor* m
samenstelling • het samenstellen *composición* v; ⟨v. teksten⟩ *redacción* v; ⟨v. teksten⟩ *compilación* v • TAALK. meerledig woord *palabra* v *compuesta*
samenstromen • samenkomen *concentrarse; agruparse* • samenvloeien *confluir*

samentrekken I OV WW • samenvoegen *reunir* [ú] • TAALK. *contraer* II ON WW ineenkrimpen *contraer*
samentrekking *contracción* v
samenvallen • tegelijk gebeuren *coincidir* • één worden *juntarse*
samenvatten *resumir; compendiar; sintetizar*
samenvatting *resumen* m; *síntesis* v; *compendio* m
samenvloeien *confluir*
samenvoegen *juntar*; ⟨v. onderdelen⟩ *ensamblar*
samenwerken *colaborar; cooperar*
samenwerking *colaboración* v; *cooperación* v
samenwerkingsverband *acuerdos* m mv *de cooperación*
samenwonen *convivir; vivir juntos*
samenzang *canto* m *a coro*
samenzijn *reunión* v
samenzweerder *conjurado* m; *conspirador* m
samenzweren *conjurar; conspirar*
samenzwering *conjuración* v; *conspiración* v
Samoa *Samoa* v
samoerai *samurai* m [mv: onv]
sample *muestra* v
samplen *probar* [ue]; *tomar una muestra*
sampler *sampler* m; *sampleador* m
samsam ▾ ~ doen *ir a medias*
sanatorium *sanatorio* m
sanctie *sanción* v ★ ~s toepassen *aplicar sanciones*
sanctioneren *sancionar*
sandaal *sandalia* v
sandelhout *sándalo* m
sandinist *sandinista* m/v
sandwich *sandwich* m; *emparedado* m
saneren *sanear*
sanering *saneamiento* m
San Francisco *San Francisco* m
sanguinisch *sanguíneo*
sanitair I ZN [het] *instalación* v *sanitaria* II BNW *sanitario*
San Marino *San Marino* m
San Salvador *San Salvador* m
sanseveria *sansevieria* v
Sanskriet *sánscrito* m; *sanscrito* m
santé *isalud!; ia tu/su salud!*
santenkraam ▾ de hele ~ *todo el rollo/tinglado*
Santiago *Santiago*
Saoedi-Arabië *Arabia* v *Saudita*; *Arabia* v *Saudí*
Saoedisch *saudí* ★ de ~e economie *la economía saudí*
sap • PLANTK., CUL. *jugo* m; ⟨v. fruit⟩ *zumo* m ★ vruchten op sap *fruta en almíbar* • PLANTK. ondrinkbaar vocht van planten *savia* v
sapcentrifuge *licuadora* v
sapje *zumo* m
sappelen *trajinar; currar*
sappig *jugoso*
Saraceen *sarraceno* m
sarcasme *sarcasmo* m
sarcast *sarcástico* m
sarcastisch *sarcástico*
sarcofaag *sarcófago* m
sardine *sardina* v
Sardinië *Cerdeña* v
sardonisch *sardónico*
sarong *sarong* m
sarren *irritar; hacer rabiar*
SARS *SRAS* m; *Síndrome Respiratorio Agudo Severo*
sas ▾ in zijn sas zijn *estar como unas pascuas*
Satan *Satán* m; *Satanás* m
satanisch *satánico*
saté ≈ *pincho* m *moruno*
satelliet • hemellichaam *satélite* m • kunstmaan *satélite* m
satellietfoto *fotografía* v *de satélite*
satellietstaat *estado* m *satélite*
satellietstad *ciudad* v *satélite*
satellietverbinding *comunicación* v *por satélite*
sater *sátiro* m
satéstokje *brocheta* v
satijn *raso* m; *satén* m
satire *sátira* v
satirisch *satírico*
Saturnus *Saturno* m
saucijs *salchicha* v
saucijzenbroodje ≈ *bocadillo* m *de salchicha caliente*
sauna *sauna* v
saus *salsa* v
sausen I OV WW verven *mojar en salsa; encalar* II ONP WW hard regenen *llover* [ue] *a cántaros*
sauteren *saltear; rehogar*
savanne *sabana* v
savooiekool *col* v *rizada*
sawa *arrozal* m *irrigado*
saxofonist *saxofonista* m/v
saxofoon, INFORM. **sax** *saxófono* m; *saxofón* m
scala *escala* v
scalp *escalpo* m; *cuero* m *cabelludo*
scalpel *escalpelo* m
scalperen *escalpar*
scampi *langostino* m
scan *escán* m
Scandinavië *Escandinavia* v
Scandinavisch *escandinavo*
scannen *explorar*
scanner *escáner* m; *scanner* m
scarabee *escarabajo* m
scenario ⟨theater⟩ *argumento* m; ⟨film⟩ *guión* m
scenarioschrijver *guionista* m
scene *mundillo* m
scène ▾ TON. tafereel *escena* v; *suceso* m • ophef *escena* v
scepsis *escepticismo* m
scepter *cetro* m
scepticisme *escepticismo* m
scepticus *escéptico* m
sceptisch *escéptico*
schaaf • gereedschap *cepillo* m • keukengerei *rallador* m; *rodajera* v
schaafsel *serraduras* v mv
schaafwond *rozadura* v
schaak I ZN [het] *ajedrez* m ★ ~ spelen *jugar* [ue] *al ajedrez* II BIJW *jaque* ★ ~ geven *dar jaque al rey* III TW *ijaque!*
schaakbord *tablero* m *de ajedrez*
schaakcomputer *ordenador* m *de ajedrez*
schaakklok *reloj* m *de ajedrez*
schaakmat *jaque mate* ★ iem. ~ zetten *poner en*

jaque a alguien; jaquear; dar jaque mate a u.p.
schaakmeester *maestro m del ajedrez*
schaakspel • spel *ajedrez m* • bord met stukken *juego m de ajedrez*
schaakstuk *pieza v de ajedrez*
schaaktoernooi *competición v de ajedrez*
schaal • schotel *fuente v; plato m* • omhulsel ⟨v. ei⟩ *cáscara v;* ⟨v. weekdier⟩ *concha v;* ⟨v. schaaldier⟩ *caparazón m* • weegschaal *balanza v* • grootteverhouding *escala v* ▾veel gewicht in de ~leggen *tener peso*
schaaldier *crustáceo m*
schaalmodel *modelo m a escala*
schaalverdeling *graduación v*
schaalvergroting *ampliación v a escala*
schaalverkleining *reducción v a escala*
schaambeen *pubis m* [mv: *pubis*]
schaamdeel *órgano m genital*
schaamhaar *pendejo m; vello m púbico*
schaamlip *labio m (de la vulva)* ★ grote ~pen *labios v mv mayores* ★ kleine ~pen *labios v mv menores*
schaamluis *ladilla v*
schaamrood *rubor m; bochorno m; sonrojo m* ★ iem. het ~op de kaken jagen *sacarle a alguien los colores a la cara*
schaamstreek *pubis m*
schaamte *vergüenza v; rubor m* ★ uit valse ~ *por la negra honrilla*
schaamtegevoel *vergüenza v*
schaamteloos *sin vergüenza; desvergonzado; impertinente*
schaap • dier *oveja v* • FIG. persoon *borrego m; pazguato m* ★ arm ~! *ipobrecito!*
schaapachtig I BNW *borreguil; tonto* II BIJW *con cara de borrego; estúpidamente*
schaapherder *pastor m de ovejas; ovejero m*
schaapskooi *aprisco m; redil m*
schaar • knipwerktuig *tijeras v mv* • ploegschaar *reja v del arado* • grijporgaan schaaldier *pinzas v mv*
schaars *escaso; raro* ★ ~ zijn *escasear*
schaarste *escasez v; insuficiencia v*
schaats *patín m* ▾een scheve ~ rijden *dar un patinazo*
schaatsbaan *pista v de patinaje*
schaatsen *patinar*
schaatser *patinador m*
schacht • steel ⟨v. veer⟩ *caña v;* ⟨v. pijl⟩ *astil m* • koker ⟨v. mijn⟩ *pozo m;* ⟨v. lift⟩ *caja v*
schade • beschadiging *daño m; avería v* ★ ~ toebrengen *averiar* [i]; *dañar* ★ ~ de vergoeden *indemnizar los daños sufridos* ★ ~ lijden *sufrir daños* • nadeel *perjuicio m; detrimento m* ▾zijn ~ inhalen *desquitarse; recuperar el tiempo perdido* ▾door ~ en schande wijs worden *escarmentar*
schadeclaim *reclamación v por daños y perjuicios*
schadeformulier *formulario m/impreso m de daños*
schadelijk *nocivo; pernicioso; dañoso; perjudicial* ★ ~ zijn voor *perjudicar a*
schadeloos *sin daños*
schadeloosstellen *resarcir; indemnizar de/por; compensar*

schadeloosstelling *indemnización v*
schaden *dañar; perjudicar; causar daño*
schadeplichtig *obligado a pagar daños y perjuicios*
schadepost *pérdida v*
schadevergoeding *indemnización v* ★ ~ eisen *reclamar daños y perjuicios*
schadeverzekering *seguro m de daños*
schadevrij *sin daños* ★ ~ autorijden *conducir sin haber tenido un accidente*
schaduw *sombra v* ▾hij kan niet in zijn ~ staan *no le llega ni a la suela del zapato* ▾in de ~ stellen *eclipsar v*
schaduwbeeld • silhouet *silueta v; sombra v* • schaduw *sombra v*
schaduwen • volgen *vigilar de cerca* • schaduw aanbrengen *sombrear*
schaduwkabinet *gabinete m en la sombra*
schaduwrijk *umbroso; umbrío* ★ ~ plekje *umbría v*
schaduwspel *juego m de sombras*
schaduwverkiezing *elección v no oficial*
schaduwzijde • zijde zonder licht *lado m de la sombra* • FIG. nadeel *aspecto m negativo*
schaften *hacer una pausa para comer* ▾ INFORM. niets met iem. te ~willen hebben *no querer* [ie] *tener nada que ver con u.p.*
schafttijd *hora v de comer*
schakel *eslabón m*
schakelaar *interruptor m; llave v*
schakelarmband *brazalete m de eslabones*
schakelbord *cuadro m de distribución; cuadro m de mandos; cuadro m de control*
schakelen I OV WW tot keten maken *eslabonar; encadenar;* ⟨v. elektriciteit⟩ *conectar* II ON WW in versnelling zetten *cambiar de marcha*
schakeling *eslabonamiento m; conexión v*
schakelkast *caja v de conexiones*
schakelklas *curso m puente entre dos tipos de enseñanza*
schakelklok *reloj m interruptor*
schakelschema *esquema m de conexiones*
schakelwoning *casa v adosada*
schaken I ON WW schaak spelen *jugar* [ue] *al ajedrez* II OV WW ontvoeren *raptar*
schaker • schaakspeler *jugador m de ajedrez* • ontvoerder *raptor m*
schakeren • kleuren schikken *matizar* • afwisselen *alternar*
schakering *matiz m* [mv: *matices*]
schaking *rapto m*
schalks *pícaro; tunante*
schallen *resonar* [ue]
schamel *pobre*
schamen [zich ~] *avergonzarse de* [ue]; *tener vergüenza de* ★ ik schaam me voor je *me das vergüenza* ★ schaam je je niet? *¿no te da vergüenza?*
schampen *rozar; raspar*
schamper *sarcástico; desdeñoso*
schamperen *mostrar* [ue] *desdén; hablar con desprecio*
schampschot *rozadura v; arañazo m*
schandaal *escándalo m* ★ het is een ~ dat *es una vergüenza que; es un escándalo que* ★ ~ maken *armar escándalo*

schandaalblad revista v sensacionalista
schandaalpers prensa v sensacionalista
schandalig escandaloso
schanddaad infamia v
schande infamia v; vergüenza v; escándalo m; deshonor m ★ iem. te ~ maken avergonzar [ue] a u.p.; deshonrar a u.p.; desacreditar a u.p. ★ ~! ¡qué vergüenza! ★ ~ van iets spreken tener a deshonra u.c.
schandelijk vergonzoso; infame; escandaloso
schandknaap bardaje m
schandpaal picota v
schandvlek oprobio m; borrón m; deshonor m
schans • MIL. bolwerk fortificación v; fuerte m • SPORT skischans trampolín m
schansspringen practicar el salto de trampolín
schap anaquel m
schapenbout pierna v de cordero
schapendoes mastín m holandés
schapenfokkerij • het fokken cría v de ovejas • bedrijf criadero m de ovejas
schapenkaas queso m de oveja
schapenscheerder esquilador m de ovejas
schapenvacht vellón m; zalea v
schapenvlees carne v de cordero
schappelijk razonable; (v. prijs) módico ★ een ~e prijs un precio módico
schar especie v de platija
schare multitud v; muchedumbre m
scharen I ov ww groeperen ★ zich aan iemands zijde ~ tomar partido por alguien II ON ww bewegen als een schaar (v. voertuig) atravesarse [ie]
scharminkel esqueleto m ★ het is een mager ~ está en los huesos
scharnier bisagra v; charnela v; gozne m; pernio m
scharnieren girar sobre una bisagra
scharniergewricht tróclea v
scharrel • het scharrelen flirteo m; coqueteo m ★ aan de ~ zijn ir de ligoteo • persoon ligue m
scharrelaar • iem. zonder vast beroep mercachifle m; chalán m • versierder tenorio m
scharrelei huevo m de corral
scharrelen • ongeregeld werkjes doen hacer chapuzas • rommelen trastear; revolver [ue]; (v. kippen) escarbar • flirten flirtear ★ hij scharrelt wat met zijn buurvrouw anda de ligue con la vecina
scharrelkip pollo m de corral; pollo m de granja
schat • kostbaar bezit tesoro m • lief persoon vida v; cielo m; cariño m; amor m; tesoro m ★ een ~ van een meisje una monada de chica
schateren reír [i] a carcajadas
schaterlach carcajada v
schatgraver buscador m de tesoros
schatkamer tesoro m
schatkist tesoro m público
schatkistpromesse pagaré m del tesoro
schatplichtig tributario
schatrijk opulento; riquísimo ★ hij is ~ le rebosa el dinero; es riquísimo
schattebout pichona v
schatten • taxeren estimar en; valorar en; calcular en; valuar en [ú] ★ hoe oud schat u mij? ¿cuántos años me echa usted? • achten estimar; apreciar ★ naar waarde ~ apreciar en su justo valor
schattig mono; lindo; precioso
schatting • taxatie estimación v; cálculo m ★ naar ruwe ~ según cálculo aproximado • belasting tributo m
schaven • glad maken (a)cepillar • verfijnen pulir • verwonden desollar; rozar ★ zijn huid ~ desollarse; rozarse
schavot cadalso m; patíbulo m
schavuit bribón m; tunante m
schede • omhulsel vaina v ★ in de ~ steken envainar ★ uit de ~ halen desenvainar • vagina vagina v
schedel • hersenpan cráneo m • doodshoofd calavera v
schedelbasisfractuur fractura v de la base del cráneo
schedelbeen hueso m craneal
scheef • niet recht sesgado; oblicuo; torcido • verkeerd falso ★ een scheve voorstelling van iets geven dar una imagen falsa de u.c.
scheefgroeien crecer torcido
scheefhangen estar torcido
scheeftrekken torcer [ue]
scheel bisojo; bizco ★ aan het linkeroog ~ zijn ser bizco del ojo izquierdo
scheelzien I ZN [het] bizquera v; estrabismo m II ON ww bizcar; bizquear ▼ ~ van de honger estar muerto de hambre
scheen espinilla v; (bot) tibia v; (bot) canilla v ▼ iem. tegen de schenen schoppen ofender deliberadamente a alguien
scheenbeen tibia v; canilla v
scheenbeschermer espinillera v
scheep ★ ~ gaan ir a bordo
scheepsarts médico m de a bordo
scheepsbeschuit galleta v; bizcocho m
scheepsbouw construcción v naval
scheepshelling grada v
scheepshuid tablazón m
scheepshut camarote m
scheepsjongen grumete m
scheepsjournaal diario m de navegación
scheepslading carga v; cargamento m
scheepsramp siniestro m marítimo
scheepsrecht derecho m marítimo ▼ driemaal is ~ a la tercera va la vencida
scheepsruim bodega v
scheepswerf astillero m
scheepvaart navegación v
scheepvaartroute ruta v marítima
scheepvaartverkeer tráfico m marítimo
scheerapparaat máquina v de afeitar
scheercrème crema v de afeitar
scheerkop cabezal m
scheerkwast brocha v de afeitar
scheerlijn viento m
scheermes navaja v de afeitar
scheermesje hoja v de afeitar
scheerspiegel espejo m de afeitar
scheerwol vellón m; lana v virgen
scheerzeep jabón m de afeitar
scheet • wind pedo m ★ een ~ laten echar/tirarse/soltar un pedo • koosnaam amor

m *mío*
scheidbaar *separable*
scheiden I OV WW • eenheid verbreken *separar* • onderscheiden *dividir* II ON WW • uiteengaan *separarse* • weggaan *salir* ⋆ de ~de voorzitter *el presidente cesante* ⋆ het ~de jaar *el año que se va* • huwelijk ontbinden *divorciarse; separarse*
scheiding • splitsing *separación* v; *división* v ⋆ een scherpe ~ *una división tajante* • grens *límite* m • lijn in haar *raya* v • tussenschot *tabique* m • echtscheiding *divorcio* m ⋆ ~ van tafel en bed *separación* v *de cuerpo y bienes*
scheidslijn *línea* v *divisoria*
scheidsmuur *pared* v *divisoria; tabique* m
scheidsrechter *árbitro* m
scheikunde *química* v
scheikundig *químico*
schel I ZN [de] ▼ de ~len vielen hem van de ogen *se le abrieron los ojos* II BNW • scherp ⟨v. geluid⟩ *agudo;* ⟨v. kleur⟩ *chillón* • helder *cegador; deslumbrante*
Schelde *Escalda* m
schelden *echar pestes; insultar a* ⋆ iem. verrot ~ *poner a parir a u.p.* ⋆ ~ op iem. *insultar a alguien*
scheldkanonnade *sarta* v *de injurios* ⋆ een ~ over zich heen krijgen *recibir una sarta de injurios*
scheldnaam *mote* m
scheldpartij *jaleo* m; *riña* v
scheldwoord *insulto* m
schelen • onderling verschillen *diferir* [ie, i]; *variar* [í] • uitmaken *importar* ⋆ het kan me niet ~ *no me importa; me es igual; me tiene sin cuidado* ⋆ wat kan mij dat ~? *¿qué más me da?* ⋆ het kan hem geen bal/zak ~ *no le interesa un huevo; le importa tres cojones* • ontbreken *faltar* ⋆ het scheelde weinig of ik had de bus gemist *faltó poco para que perdiera el bus* ⋆ het scheelde weinig, of ik viel *por poco me caí* • mankeren *pasar* ⋆ wat scheelt je? *¿qué tienes?; ¿qué te pasa?*
schelm *pícaro* m; *bribón* m
schelmenroman *novela* v *picaresca*
schelmenstreek *picardía* v; *travesura* v
schelp *concha* v
schelpdier *marisco* m
schelvis *eglefino* m
schema • model *esquema* m; *plan* m • tijdsplanning *plan* m • tekening *esquema* m
schematisch *esquemático*
schemer *crepúsculo* m; *penumbra* v ⋆ tijdens de ~ *entre dos luces*
schemerdonker *media luz* v; *penumbra* v ⋆ in het ~ *a media luz*
schemerduister *crepúsculo* m
schemeren I ON WW • in de schemer zitten *pasar la hora del crepúsculo* • vaag te zien zijn ⋆ het schemert me voor de ogen *tengo chiribitas; se me va la vista* ⋆ er schemert mij zoiets voor de geest *tengo una vaga idea de ello* II ONP WW schemerig zijn *amanecer; anochecer*
schemerig *crepuscular; en penumbras*
schemering *crepúsculo* m ⋆ in de ~ *entre dos luces; a media luz*
schemerlamp ⟨staand⟩ *lámpara* v *de pie;* ⟨klein⟩ *lámpara* v *de mesa*
schemertoestand *estado* m *semiconsciente*
schenden • beschadigen ⟨v. zaken⟩ *dañar;* ⟨v. personen⟩ *herir;* [ie, i] ⟨v. personen⟩ *mutilar* ⋆ geschonden exemplaar *ejemplar deteriorado* • onteren ⟨v. vrouw/eer⟩ *deshonrar;* ⟨v. graf⟩ *profanar* • overtreden *violar; no cumplir* ⋆ de wet ~ *transgredir la ley* ⋆ iemands vertrouwen ~ *abusar de la confianza de u.p.*
schending *violación* v ⋆ de ~ van de mensenrechten *la violación de los derechos humanos*
schenkel *lacón* m
schenken • geven *dar; regalar; donar* • verlenen *conceder; prestar* ⋆ de vrijheid ~ *conceder la libertad* ⋆ het leven ~ aan *dar vida a* ⋆ iem. vertrouwen ~ *dar confianza a u.p.* • kwijtschelden *hacer gracia de; perdonar* • gieten *echar; verter* ⋆ zij schonk de kopjes vol met koffie *llenó las tazas de café* • serveren *servir* [i]
schenking *donación* v; *dádiva* v
schenkingsakte *escritura* v *de donación*
schenkingsrecht *impuesto* m *sobre las donaciones*
schennis • schending *violación* v • REL. *profanación* v
schep • gereedschap *pala* v • een schep vol *paletada* v ⋆ een ~je suiker *una cucharadita de azúcar* • grote hoeveelheid *montón* m ⋆ een ~ geld *un dineral; un montón de dinero*
schepen *concejal* m
schepijs *helado* m *de bola*
schepnet *red* m; *manga* v
scheppen • opscheppen *servir* [i] • putten *sacar* ⋆ behagen ~ in *complacerse en* ⋆ moed ~ *sacar animo de* • creëren *crear* ⋆ orde ~ *poner orden; poner en orden; arreglar* ⋆ een sfeer ~ *crear ambiente*
schepper *creador* m ⋆ de Schepper *el Creador*
schepping *creación* v
scheppingsverhaal *historia* v *de la creación*
scheprad *rueda* v *de paletas*
schepsel *criatura* v
scheren I OV WW kort afsnijden ⟨v. baard⟩ *afeitar;* ⟨v. baard⟩ *rasurar;* ⟨v. hoofd⟩ *rapar;* ⟨v. schapen⟩ *esquilar;* ⟨v. stoffen⟩ *tundir* ⋆ het hoofd kaal ~ *cortar el pelo al rape* ⋆ zich ~ *afeitarse* II ON WW • rakelings gaan langs *rozar* • snel bewegen *pasar rozando* ⋆ door de lucht ~ *cruzar por el cielo*
scherf *pedazo* m; ⟨v. pot⟩ *tiesto* m; ⟨v. pot⟩ *casco* m ⋆ in scherven vallen *hacerse pedazos*
schering *urdimbre* v ⋆ ~ en inslag *la urdimbre y la trama* ⋆ dat is ~ en inslag *es el pan nuestro de cada día*
scherm • afscheiding ⟨voor vuur⟩ *pantalla* v; ⟨voor vuur⟩ *guardafuego* m; ⟨windscherm⟩ *paraviento* m; ⟨kamerscherm⟩ *mampara* v; ⟨kamerscherm⟩ *biombo* m • toneelgordijn *telón* m • beeldscherm *pantalla* v PLANTK. *umbela* v ▼ achter de ~en *entre bastidores* ▼ de man achter de ~en *el organizador invisible*

▼ een kijkje achter de ~en nemen *echar una mirada entre bastidores*
schermen I ZN [het] *esgrima* v II ON WW • SPORT *esgrimir* ★ ~op de degen *esgrimir la espada* • druk zwaaien *agitar* • ophef maken *esgrimir* ★ ~met woorden *esgrimir palabras*
schermsport *esgrima* v
schermutseling *escaramuza* v
scherp I BNW • puntig *agudo; puntiagudo* • goed snijdend *cortante; afilado* ★ een ~e bijl *un hacha afilada* • hoekig *agudo* ★ ~e hoek *ángulo m agudo* ★ ~e bocht *curva v cerrada* • vinnig *áspero; mordaz* ★ op ~e toon *con aspereza* • scherpzinnig *agudo; sutil* ★ een ~ antwoord *una respuesta aguda* ★ een ~e denker *un espíritu sutil* ★ met fijn onderscheidingsvermogen *agudo* ★ een ~ gehoor *un oído fino* • streng *severo* • duidelijk uitkomend *claro; nítido; marcado* ★ een ~beeld *una imagen nítida* ★ een ~ contrast *un contraste marcado* • pijnlijk *punzante*; ⟨v. wind⟩ *penetrante*; ⟨v. wind⟩ *cortante*; ⟨v. geluid⟩ *agudo* • heet *picante* ★ een ~e geur/smaak *un olor/sabor picante* • weinig marge latend *ajustado; fuerte* ★ ~e prijzen *precios bajos* ★ een ~e prijsdaling *un fuerte descenso de precios* II ZN [het] • scherpe kant *tajo m*; *corte m* • munitie *balas* v ★ met ~schieten *tirar con bala* ▼ op ~staan *tener los nervios de punta*
scherpen *afilar; aguzar*
scherpomlijnd *con contornos muy claros*
scherprechter *verdugo* m
scherpschutter *buen tirador* m
scherpslijper *puntilloso* m; *meticuloso* m
scherpte • puntigheid *corte m*; ⟨v. een punt⟩ *agudeza* v; ⟨v. een mes⟩ *filo* m • duidelijkheid *nitidez* v • fijn onderscheidingsvermogen *agudeza* v • bitsheid *acritud* v; *aspereza* v
scherptediepte *profundidad* v *de campo*
scherpzinnig *ingenioso; agudo*
scherts *broma* v; *chanza* v ★ geen ~verstaan *no estar para bromas* ★ half in ~, half in ernst *entre burlas y veras*; *medio en broma, medio en serio*
schertsen *chancearse; bromearse; chacotearse*
schertsend *de broma; chancero* ★ ~woord *chiste* m
schertsfiguur *payaso* m; *mamarracho* m
schertsvertoning *farsa* v
schets • tekening *bosquejo* m; *esbozo* m ★ een ruwe ~geven *van bosquejar a grandes rasgos* • korte beschrijving *esbozo* m; *esquema* v
schetsblok *bloc* m *para bocetos*
schetsboek *álbum* m *de dibujo*
schetsen • tekenen *bocetar*; *bosquejar*; *esbozar* • beschrijven *describir*
schetsmatig *esquemático*
schetteren *resonar* [ue]
scheur ⟨in papier/stof⟩ *rasgón* m; ⟨in muur/hout⟩ *hendidura* v; ⟨in muur/hout⟩ *quebraja* v; ⟨in muur/hout⟩ *raja* v; ⟨in grond⟩ *abertura* v; ⟨in grond⟩ *hendidura* v
scheurbuik *escorbuto* m
scheuren I OV WW scheuren maken *rasgar*; *desgarrar*; *romper* ★ zijn broek ~ *desgarrarse los pantalones* ★ papier ~ *romper papel* II ON WW • een scheur krijgen *romperse*; *desgarrarse*; ⟨v. muren⟩ *henderse* [ie] • hard rijden *conducir a todo trapo*; *conducir a toda hostia*
scheuring • het scheuren ⟨in grond⟩ *hendidura* v • splitsing *ruptura* v; *cisma* m; *escisión* v
scheurkalender *calendario* m *de taco*
scheut • hoeveelheid vloeistof *chorro* m • steek *punzada* v; *pinchazo* m • loot *retoño* m
scheutig *liberal; generoso; desprendido*
schicht *rayo* m; *relámpago* m
schichtig *huraño*; ⟨v. dier⟩ *espantadizo*
schielijk *rápido; pronto*
schiereiland *península* v
schietbaan *tiro* m
schieten I OV WW • ⟨een projectiel⟩ afvuren *tirar; disparar* • treffen *herir* [ie, i] ★ zich voor het hoofd ~ *pegarse un tiro* ★ iem. in de arm ~ *herir a u.p. en el brazo* • PLANTK. uitlopen ★ wortel ~ *echar raíces; arraigar* ▼ zijn ogen schoten vuur *echaba fuego por los ojos* II ON WW • vuren *disparar* ★ op de vijand ~ *disparar contra el enemigo* • snel bewegen *dispararse*; *lanzarse* ★ in de kleren ~ *vestirse* [i] *de prisa* • snel groeien *brotar* ★ het onkruid schiet omhoog *la malahierba crece rápidamente* • SPORT *tirar*; ⟨voetbal⟩ *chutar*; ⟨voetbal⟩ *lanzar un chut* ★ om op te ~ *horripilante* ★ te binnen ~ *venir a la memoria* ▼ het schiet me weer te binnen *se me ocurre* ▼ iets laten ~ *soltar u.c.*; *dejar caer u.c.*; *desistir de u.c.* ▼ iem. laten ~ *dejar caer a u.p.*
schietgat *tronera* v; *barbacana* v; *matacán* m
schietgebed *jaculatoria* v; *fervorín* m
schietlood *plomada* v; *sonda* v
schietpartij *tiroteo* m
schietschijf *blanco* m
schietstoel *asiento* m *catapulta*
schiettent *barraca* v *de tiro*
schiften I OV WW sorteren *separar*; *aislar* II ON WW klonteren *cortarse*
schifting *selección* v
schijf • platrond voorwerp *disco* m • draaibord *roldana* v • plak *rueda* v; *rodaja* v • schietschijf *blanco* m • damschijf *peón* m • COMP. ★ de harde ~ *el disco duro*
schijfrem *freno* m *de discos*
schijn • (valse) indruk *apariencia* v ★ schone ~ *relumbrón* m ★ voor de ~ *por aparentar* ★ de ~ bewaren *salvar las apariencias* ★ onder de ~ van *bajo capa de* ★ ~bedriegt *las apariencias engañan*; *el hábito no hace al monje* • waarschijnlijkheid *apariencia* v ★ het heeft er alle ~ van dat *parece que* • schijnsel *fulgor* m; *resplandor* m ▼ geen ~ van kans hebben *no tener ni la más mínima posibilidad*
schijnaanval *ataque* m *simulado*
schijnbaar I BNW niet werkelijk *aparente* II BIJW blijkbaar *según parece*; *a lo que parece*; *aparentemente*
schijnbeweging *maniobra* v *fingida*; SPORT *finta* v
schijndood I ZN [de] *muerte* v *aparente* II BNW *muerto en apariencia*
schijnen • stralen *resplandecer*; *lucir*; *brillar*

★ de zon schijnt *hace sol* ★ de maan schijnt *la luna brilla* ★ de zon schijnt op hem *le da el sol* • lijken *parecer* ★ naar het schijnt *al parecer; según parece* ★ hij schijnt ziek te zijn *dicen que está enfermo*
schijngestalte *fase* v
schijnheilig *hipócrita; mojigato*
schijnhuwelijk *matrimonio* m *ficticio*
schijnproces *proceso* m *simulado*
schijnsel *resplandor* m; *brillo* m
schijntje ★ voor een ~ *por un pedazo de pan;* casi regalado ★ geen ~ eergevoel *ni una sombra de orgullo*
schijnvertoning *farsa* v
schijnwerper *foco* m; *faro* m; *proyector* m
schijnzwanger *con embarazo fantasma*
schijt *mierda* v ★ aan de ~ zijn *tener la cagalera* ▼ INFORM. ik heb er ~ aan *me importa un huevo*
schijten *cagar* ★ in zijn broek ~ *cagarse de miedo*
schijterig *cagón*
schijthuis • toiletgebouw *cagadero* m • lafaard *cagón* m
schijtluis *cobarde* m/v
schik • tevredenheid *gusto* m; *placer* m ★ in zijn ~ zijn *estar a gusto; estar contento* • plezier *diversión* v; *divertimiento* v ★ veel ~ hebben *divertirse* [ie, i] *mucho; pasarlo bien*
schikgodin *parca* v
schikken I OV WW • goed plaatsen *arreglar; ordenar; clasificar* • regelen *arreglar* **II** ON WW • gelegen komen *convenir* ★ als het u schikt *si le conviene* **III** WKD WW [**zich ~**] • berusten *resignarse a; conformarse con* • voegen naar *acomodarse a*
schikking • ordening *orden* m/v • overeenkomst *arreglo* m; *ajuste* m ★ een ~ treffen *llegar a un acuerdo*
schil ⟨dik⟩ *cáscara* v; ⟨dun⟩ *piel* v
schild • MIL. beschermingsplaat *escudo* m • DIERK. dekschild *coraza* v ▼ iets in zijn ~ voeren *tramar u.c.* ▼ wat zou hij in zijn ~ voeren? *¿qué estará tramando?*
schilder *pintor* m
schilderachtig *pintoresco*
schilderen • verven *pintar* ★ wit geschilderd *pintado en blanco* • afbeelden *pintar* • beschrijven *pintar; describir*
schilderij *pintura* v; *cuadro* m
schildering • schilderij *pintura* v • beschrijving *descripción* v
schilderkunst *pintura* v
schildersezel *caballete* m
schildertechniek *técnicas* v mv *pictóricas*
schilderwerk *pintura* v
schildklier *glándula* v *tiroides*
schildknaap *escudero* m
schildpad *tortuga* v
schildwacht *centinela* m/v
schilfer *pedacito* m; ⟨v. huid⟩ *escama* v
schilferen *desconcharse*; ⟨v. huid⟩ *descamarse*
schillen *pelar*; ⟨v. aardappel⟩ *mondar*
schilmesje *cuchillo* m
schim • schaduwbeeld *sombra* v • geest *espíritu* m; *sombra* v; *espectro* m
schimmel • paard *caballo* m *blanco* • zwam *hongo* m • uitslag *moho* m
schimmelen *enmohecerse*
schimmelig • beschimmeld *enmohecido* • schimmelachtig *mohoso*
schimmelkaas *queso* m *azul*
schimmenrijk *reino* m *de los espíritus*
schimmenspel *sombras* v mv *chinescas*
schimmig *borroso*
schimp *ultraje* m; *afrenta* v
schimpen *ultrajar; insultar; baldonar*
schimpscheut *remoquete* m; *indirecta* v
schip • vaartuig *embarcación* v; *barco* m; *buque* m; *nave* v ★ per ~ verzenden *expedir por barco* • beuk van kerk *nave* v ▼ zijn schepen achter zich verbranden *quemar las naves* ▼ schoon ~ maken *hacer tabla rasa*
schipbreuk *naufragio* m; *zozobra* v ★ ~ lijden *naufragar; fracasar; malograrse*
schipbreukeling *náufrago* m
schipper *patrón* m
schipperen *hacer compromisos; transigir*
schipperstrui *jersey* m *marinero*
schisma *cisma* m
schitteren • fel schijnen *brillar; resplandecer* • uitblinken *brillar; resplandecer*
schitterend • glinsterend *brillante* • prachtig *espléndido; lucido*
schittering • het schitteren *brillo* m • pracht *lucidez* v
schizofreen *esquizofrénico*
schizofrenie *esquizofrenia* v
schlager *canción* v *de moda*
schlemiel *pelagatos* m/v [m mv: *pelagatos*]
schmink *afeite* m; *maquillaje* m
schminken *maquillar* ★ zich ~ *maquillarse*
schnabbel *trabajillo* m *incidental*
schnabbelen *hacer chapuzas*
schnitzel *escalope* m
schoeien • van schoeisel voorzien *calzar* • beschoeien *revestir* [i] ▼ op oude leest geschoeid *chapado a la antigua*
schoeiing *revestimiento* m
schoeisel *calzado* m
schoen *zapato* m; ⟨hoog⟩ *bota* v ★ zonder ~en *descalzo* ▼ iem. anders de schuld in de ~en schuiven *imputarle la culpa a otra persona* ▼ de stoute ~en aantrekken *armarse de valor* ▼ de moed zonk hem in de ~en *se le cayó el alma a los pies*; *se le cayeron las alas del corazón* ▼ ik zou niet graag in zijn ~en staan *no me gustaría estar en su pellejo* ▼ weten waar hem de ~ wringt *saber alguien dónde le aprieta el zapato* ▼ wie de ~ past, trekke hem aan *quien se pica ajos come* ▼ naast zijn ~en lopen *darse aires* ▼ iem. iets in de ~en schuiven *culpar a u.p. de u.c.; imputar u.c. a u.p.* ▼ met loden ~en gaan *andar con pies de plomo*
schoenborstel *cepillo* m *para el calzado*
schoenendoos *caja* v *de zapatos*
schoenenwinkel *zapatería* v
schoener *goleta* v
schoenlepel *calzador* m
schoenmaat *número* m *de zapato* ★ wat voor ~ heeft u? *¿qué número calza?*

schoenmaker *zapatero* m ▼ ~, blijf bij je leest *zapatero, a tus zapatos*
schoenpoetser *limpiabotas* m [mv: *limpiabotas*]
schoensmeer *betún* m; *crema* v *para el calzado*
schoenveter *cordón* m *del zapato*
schoenzool *suela* v *(del zapato)*
schoep *paleta* v; *álabe* m
schoffel *escardillo* m; *sacho* m
schoffelen *escardar*; *sachar*
schoffie *pillo* m
schoft • schurk *bribón* m; *bellaco* m • schouder van dier *cruz* v
schoftenstreek *mala pasada* v
schofterig *bribón*; *bellaco*
schofthoogte *altura* v *(hasta la cruz)*
schok • stoot *golpe* m; *choque* m; *encontrón* m
• stroomstoot *descarga* v *eléctrica*
• emotionele gebeurtenis *golpe* m; *conmoción* v ★ dat was een ~ voor zijn vertrouwen *le ha hecho perder la confianza*
schokabsorberend *amortiguador*
schokbestendig *a prueba de choques*
schokbeton *hormigón* m *vibrado*
schokbreker *amortiguador* m
schokdemper *amortiguador* m
schokeffect *impacto* m
schokgolf *onda* v *expansiva*
schokken I ov ww • heftig beroeren *conmover* [ue]; *quebrantar* ★ ~d nieuws *una noticia conmovedora* • diep geschokt *escandalizado*
• betalen *soltar* [ue] *la mosca* II on ww schudden *dar sacudidas*
schokkend *conmovedor*
schokschouderen *encogerse de hombros*
schoksgewijs *a golpes/sacudidas*
schol • vis *platija* v • ijsschots *témpano* m
scholastiek *escolástica* v
scholekster *(pájaro) ostrero* m
scholen I ov ww opleiden *enseñar*; *formar* II on ww samenscholen *agruparse*
scholengemeenschap *centro/grupo* m *escolar*; *instituto* m *de segunda enseñanza*
scholier *colegial* m; *escolar* m/v; *alumno* m
scholing *instrucción* v; *formación* v
schommel • speeltuig *columpio* m; *mecedor* m
• dik mens *foca* v
schommelen • heen en weer bewegen *balancearse*; ⟨in stoel⟩ *mecerse*; ⟨op schommel⟩ *columpiarse* • waggelen *bambolearse*; *contonearse* • fluctueren *oscilar*; *fluctuar* [ú]
schommeling *balanceo* m; ⟨v. koers/prijs⟩ *fluctuación* v
schommelstoel *mecedora* v
schonkig *huesudo*
schoof *haz* m; *gavilla* v ★ in schoven binden *engavillar*
schooien *mendigar*; *pedir* [i]; *pordiosear*
schooier • zwerver *pordiosero* m; *gallofero* m
• schoft *bellaco* m; *bribón* m
school • onderwijsinstelling *escuela* v; *colegio* m ★ gemengde ~ *escuela mixta* ★ lagere ~ *escuela primaria*; *escuela de EGB* ★ middelbare ~ *escuela secundaria*; *instituto* ★ openbare ~ *escuela pública* ★ particuliere ~ *colegio privado* ★ technische ~ *escuela de formación profesional* ★ naar ~ gaan *ir al colegio*; *ir a la escuela* • lessen *clase* v ★ er is vandaag geen ~ *hoy no hay clase* • schoolgebouw *colegio* m; *escuela* v ★ richting *escuela* v ★ hij is een schilder van de Vlaamse ~ *es un pintor de la escuela flamenca* ★ ~ maken *hacer escuela*
• groep vissen *banco* m; *cardumen* m ★ een ~ haringen *un banco de harenques* ▼ uit de ~ klappen *vaciarse*; [i] *no poder callar la boca*; *divulgar un secreto*; *ir con el cuento*
schoolagenda *agenda* v *escolar*
schoolarts *médico* m *escolar*
schoolbank *banco* m *de escuela*
schoolbezoek *asistencia* v *a clase*
schoolblijven ★ iem. laten ~ *retenerle* [ie] *a alguien en la escuela*
schoolboek *libro* m *de texto*
schoolbord *pizarra* v; *encerado* m
schoolbus *autobús* m *escolar*
schooldag *día* m *de clase*
schoolfeest *fiesta* v *del colegio*; *fiesta* v *de la escuela*
schoolgaand *de edad escolar* ★ ~e kinderen *escolares* m mv; *niños* m mv *de edad escolar*
schoolgeld *matrícula* v *escolar*; *cuota* v *de enseñanza*
schoolhoofd *director* m *de escuela*
schooljaar *año* m *escolar*; *curso* m *escolar* ★ begin van het ~ *reapertura* v *de los cursos*
schooljeugd *juventud* v *escolar*
schooljuffrouw *maestra* v; *maestra* v *de escuela*
schoolklas *clase* v *de escuela*
schoolkrant *revista* v *escolar*
schoolkrijt *tiza* v
schoollokaal *clase* v; *aula* v
schoolmeester • leerkracht *maestro* m; *maestro* m *de escuela* • schoolmeesterachtig type *pedante* m
schoolonderzoek *evaluación* v
schoolplein *patio* m *de recreo*
schoolreis *excursión* v *escolar*
schools • zoals op school *escolar* • FIG. niet zelfstandig *metódico*; *convencional*
schoolslag *braza* v *de pecho*
schooltas *cartera* v
schooltelevisie *televisión* v *educativa*
schooltijd • lestijd *horas* v mv *de clase* ★ onder ~ *durante la clase* • schooljaren *años* m mv *escolares*
schoolvakantie *vacaciones* v mv *escolares*
schoolvereniging *asociación* v *escolar*
schoolverlater *joven* m/v *que acaba sus estudios*; *demandante* m/v *de primer empleo*
schoolverzuim *deserción* v *escolar*
schoolvoorbeeld *ejemplo* m *clásico*
schoolziek ★ ~ zijn *fingirse enfermo para no ir a clase*
schoolzwemmen *natación* v *escolar*
schoon I BNW • niet vuil *limpio* • mooi *hermoso*; *bello* • netto *limpio* II BIJW helemaal *completamente* ★ het is ~ op *no queda nada* III ZN [het] *lo* m *hermoso*
schoonbroer *cuñado* m
schoondochter *nuera* v; *hija* v *política*
schoonfamilie *familia* v *política*
schoonheid *hermosura* v; *belleza* v
schoonheidsfout *imperfección* v; *tacha* v

schoonheidsideaal *ideal* m *de belleza*
schoonheidskoningin *reina* v *de belleza*
schoonheidssalon *salón* m *de belleza*
schoonheidsslaapje *siestecita* v
schoonheidsspecialiste *esteticista* m/v
schoonheidsvlekje *lunar* m
schoonheidswedstrijd *concurso* m *de belleza*
schoonhouden *mantener* [ie] *limpio* ★ het huis ~ *mantener* [ie] *limpia la casa*
schoonmaak *limpieza* v
schoonmaakbedrijf *empresa* v *de limpieza*
schoonmaakbeurt • keer dat schoongemaakt wordt *limpieza* v ★ beurt om schoon te maken *turno* m *de hacer la limpieza*
schoonmaakwoede *furor* m *por la limpieza*
schoonmaken *limpiar*
schoonmaker *limpiador* m
schoonmoeder *suegra* v; *madre* v *política*
schoonouders *suegros* m mv
schoonrijden *patinaje* m *artístico*
schoonschrift *escritura* v *caligráfica*; *caligrafía* v
schoonschrijven *hacer caligrafía*
schoonspringen *salto* m *artístico*
schoonvader *suegro* m; *padre* m *político*
schoonzoon *yerno* m; *hijo* m *político*
schoonzuster *cuñada* v
schoorsteen *chimenea* v
schoorsteenmantel *repisa* v *de la chimenea*
schoorsteenveger *deshollinador* m; *limpiachimeneas* m [mv: *limpiachimeneas*]
schoorvoetend *de mala gana*; *vacilando* ★ ~ iets doen *vacilar en hacer u.c.*
schoot • bovendijen *seno* m; *regazo* m; ⟨v. vrouw⟩ *falda* v ★ zij heeft een kind op ~ *tiene un niño en la falda* • deel kledingstuk *falda* v; *halda* v • SCHEEPV. *escota* v • FIG. binnenste *seno* m ★ in de ~ van het gezin *en el seno de la familia* ▼ het geluk viel hem in de ~ *la suerte le cayó del cielo*
schoothondje *perro* m *faldero*
schootsafstand *alcance* m
schootsveld *alcance* m
schop • trap *patada* v; *puntapié* m; ⟨v. een dier⟩ *coz* v ★ iem. een ~ geven *dar un puntapié a u.p.*; *dar una patada a u.p.* • spade *pala* v
schoppen I OV WW schop geven *dar patadas*; *dar con el pie (a)*; *dar una patada (a)*; ⟨v. dieren⟩ *cocear* ▼ hij zal het ver ~ *llegará lejos* **II** ZN [de] *picos* m mv; ⟨in Spaans kaartspel⟩ *espadas* v mv
schopstoel ▼ op de ~ zitten *estar con un pie en el aire*
schor *ronco*; *afónico* ★ ~ worden *enronquecer*; *ponerse afónico* ★ met ~re stem spreken *carraspear*; *ronquear*
schorem *populacho* m; *gentuza* v; *plebe* v
schoren *apuntalar*; ⟨v. schepen⟩ *escorar*
Schorpioen *Escorpio* m
schorpioen *escorpión* m
schors *corteza* v
schorsen *suspender*
schorseneer *escorzonera* v; *salsifí* m *de España*
schorsing *suspensión* v
schort *delantal* m; *mandil* m
schorten I OV WW opschorten *aplazar*; *suspender*; *dilatar* ★ betalingen ~ *aplazar los pagos* **II** ON WW *haperen faltar* ★ het schort hem aan beleefdheid *le falta cortesía* ★ wat schort er aan? *¿qué te pasa?*
Schot *escocés* m ★ ~se (vrouw) *escocesa* v
schot • het schieten *tiro* m; *disparo* m ★ een ~ lossen *disparar* ★ er vielen ~en *hubo disparos* • SPORT *tiro* m; *disparo* m; *chut* m • vaart *progreso* m ★ er zit geen ~ in het werk *el trabajo no avanza* • tussenschot *tabique* m ▼ buiten ~ blijven *mantenerse a salvo*
schotel • schaal *plato* m; *fuente* v • CUL. gerecht *plato* m
schotelantenne *antena* v *parabólica*
Schotland *Escocia* v
Schots *escocés*
schots I ZN [de] *témpano* m **II** BIJW ▼ ~ en scheef door elkaar *en un desorden completo*
schotschrift *libelo* m; *panfleto* m
schotwond *balazo* m
schouder *hombro* m • de ~s ophalen *encogerse de hombros* ★ met de tas over de ~ *el bolso al hombro* ★ ~ aan ~ *lado a lado*; *hombro a hombro*; *unánime* ★ iets op de ~s dragen *traer u.c. a hombros* ★ iem. op de ~s nemen *llevar a cuestas a u.p.* ▼ brede ~s hebben *tener buenas espaldas* ▼ de ~s eronder zetten *arrimar el hombro a u.c.*
schouderband *hombrera* v
schouderblad *omoplato* m
schoudergewricht *articulación* v *del hombro*
schouderhoogte *altura* v *de los hombros*
schouderkarbonade *chuleta* v *de cerdo*
schouderklopje *palmadita* v *en la espalda* ★ iem. een ~ geven *dar a alguien palmaditas en la espalda*
schouderophalen *encogimiento* m *de hombros*
schoudertas *bolso* m *de bandolera*
schoudervulling *hombrera* v
schout *regente* m/v
schout-bij-nacht *contralmirante* m
schouw • stookplaats *(campana* v *de) chimenea* • inspectie *inspección* v
schouwburg *teatro* m
schouwen *examinar*; *inspeccionar* ★ een lijk ~ *hacer la autopsia*
schouwspel *espectáculo* m
schraag *caballete* m
schraal • mager *magro*; *flaco* • karig *pobre*; *frugal*; *escaso*; *exiguo* ★ schrale oogst *cosecha* v *exigua* • een schrale troost *un pobre consuelo* • uitgedroogd *seco* • guur *frío y seco*
schraalhans ▼ ~ is er keukenmeester *allí se come con el dómine Cabra*
schraapzucht *avaricia* v
schragen *sostener*; *apoyar* ★ zijn mening ~ *mantener su opinión*
schram *arañozo* m; *rasguño* m
schrammen *arañar*; *rasguñar* ★ zich ~ *arañarse*; *rasguñarse*
schrander *inteligente*; *listo*; *ingenioso*
schranderheid *inteligencia* v; *ingeniosidad* v
schransen *atracarse*; *hartarse*
schrap I ZN [de] • kras *raya* v • doorhaling *tachadura* v **II** BIJW ★ zich ~ zetten *mantenerse* [ie] *firme*
schrapen • afkrabben *raspar* ★ zijn keel ~

schraper • schraapijzer *rascador* m • persoon *avaro* m
schrappen • schrapen *raspar* • doorhalen *tachar; borrar*
schrede *paso* m ★ met rasse ~n *a buen paso* ★ zijn ~n richten naar *encaminar sus pasos a* ★ met rasse ~n zijn verderf tegemoet gaan *correr hacia su ruina* ▼ op zijn ~n terugkeren *volver [ue] sobre sus pasos*
schreef ▼ dat gaat over de ~ *eso pasa de raya; eso pasa de castaño oscuro* ▼ hij gaat over de ~ *se pasa de la raya*
schreeuw *grito* m; *alarido* m
schreeuwen I OV WW iets hard roepen *gritar; vocear* [ue] **II** ON WW • hard roepen *gritar; vocear; vociferar; llamar a gritos* ★ zich schor ~ *desgañitarse* • huilen *llorar* • ~ **om** *clamar; clamar por; pedir* [i] *a gritos* ▼ dit schreeuwt om wraak *esto clama venganza*
schreeuwend I BNW *llamativo;* ⟨v. kleur⟩ *chillón* **II** BIJW ★ ~ hoge prijzen *precios exorbitantes*
schreeuwerig • schreeuwend *gritón; vocinglero* • opzichtig *llamativo;* ⟨v. kleur⟩ *chillón*
schreeuwlelijk *gritón* m
schreien *llorar;* verter [ie] *lágrimas*
schriel • mager *flaco; delgado* • gierig *mezquino*
schrielhannes *esqueleto* m; *palillo* m
Schrift ★ de Heilige ~ *la Sagrada Escritura*
schrift • cahier *cuaderno* m • het schrijven *escritura* v • iets op ~ stellen *poner u.c. por escrito* • handschrift *letra* v • alfabet ★ cyrillisch ~ *letra cirílica*
schriftelijk I BNW *escrito; por escrito* ★ ~e cursus *curso por correspondencia* ★ ~ onderwijs *enseñanza v a distancia* ★ ~ examen *examen escrito* **II** BIJW *por escrito*
Schriftgeleerde ⟨christelijk⟩ *exégeta* m; ⟨joods⟩ *escriba* m
schrijden *marchar con solemnidad; andar con paso solemne*
schrijfbehoeften *objetos* m *necesarios para escribir*
schrijfbenodigdheden *objetos* m mv *de escritorio*
schrijfblok *bloc* m *de apuntes*
schrijfmachine *máquina* v *de escribir*
schrijfmap *carpeta* v
schrijfpapier *papel* m *para escribir*
schrijfster *autora* v; *escritora* v
schrijfstijl *estilo* m *de escritura*
schrijftaal *lengua* v *escrita*
schrijfvaardigheid *redacción* v
schrijfwerk *trabajo* m *escrito*
schrijfwijze *ortografía* v
schrijlings *a horcajadas*
schrijnen *escocer* [ue]; *irritar*
schrijnend *sangrante* ★ een ~ leed *un agudo dolor* ★ een ~ onrecht *una injusticia sangrante*
schrijnwerker *ebanista* m/v
schrijven I OV WW • tekst noteren *escribir* ★ iem. een brief ~ *escribir una carta a u.p.* ★ een opstel ~ *hacer una composición* ★ het adres ~ *poner la dirección* ★ het stond zo geschreven *estaba escrito* ★ iets in het klad ~ *hacer un borrador de u.c.* • spellen *escribir* ★ hoe schrijf je dat? *¿cómo se escribe?* **II** ON WW tekst noteren *escribir* ★ met de hand ~ *escribir a mano* ★ op een advertentie ~ *contestar un anuncio* ★ hij schrijft dat hij maandag komt *escribe que viene el lunes* **III** ZN [het] brief *carta* v
schrijver *autor* m; *escritor* m
schrijverschap *calidad* v *de escritor*
schrik • plotseling angstgevoel *terror* m; *miedo* m; *susto* m ★ tot mijn ~ *con gran asombro* ★ iem. ~ aanjagen *asustar a u.p.; espantar a u.p.; dar un susto a u.p.* ★ vergaan van ~ *estar medio muerto de horror; estar muerto de miedo* • angstaanjagend iets/iemand *espanto* m
schrikaanjagend *aterrador; amedrentador; pavoroso*
schrikachtig *medroso; asustadizo;* ⟨v. dier⟩ *espantadizo*
schrikbarend *terrible; horrible*
schrikbeeld *fantasma* m; *quimera* v; *pesadilla* v
schrikbewind *régimen* m *de terror*
schrikdraad *alambre* m *electrizado (de cercados)*
schrikkeldag *día* m *intercalado*
schrikkeljaar *año* m *bisiesto*
schrikkelmaand *mes* m *de febrero*
schrikken *asustarse; espantarse; alarmarse; sobrecogerse* ★ wakker ~ *despertar* [ie] *sobresaltado* ★ iem. doen ~ *asustar a u.p.* ★ om van te ~ *espantoso; alarmante; horrible* ★ hij zag eruit om van te ~ *daba miedo verle*
schrikreactie *sobresalto* m
schril • schel *agudo; estridente;* ⟨v. kleur⟩ *chillón* • scherp afstekend ★ een ~ contrast *un contraste violento*
schrobben *fregar* [ie]; ⟨aan boord⟩ *lampacear*
schrobber *escoba* v; *cepillo* m *para fregar*
schrobbering *reprimenda* v ★ een ~ geven *reprender* ★ een ~ krijgen *sufrir una reprimenda*
schroef • pin met schroefdraad *tornillo* m ★ de ~ losdraaien *aflojar el tornillo* • propeller *hélice* v • bankschroef *tornillo* m *de banco* ▼ er zit een ~ bij hem los *le falta un tornillo* ▼ op losse schroeven staan *ser incierto* ▼ alles is op losse schroeven komen te staan *todo se ha hecho inseguro*
schroefas *eje* m *de la hélice*
schroefdeksel *tapadera* v *de rosca*
schroefdop *tapa* v *de rosca*
schroefdraad *rosca* v *de tornillo; filete* m *de tornillo*
schroeien I OV WW oppervlak verbranden *chamuscar;* ⟨v. wond⟩ *cauterizar* **II** ON WW aan oppervlakte branden *chamuscarse*
schroeiplek *quemadura* v
schroeven *atornillar* ★ uit elkaar ~ *destornillar*
schroevendraaier *destornillador* m
schrokken *engullir*
schrokop *glotón* m; *comilón* m
schromelijk I BNW *terrible; enorme* **II** BIJW *terriblemente; enormemente* ★ zich ~ vergissen *estar muy equivocado* ★ ~ overdreven *enormemente exagerado*
schromen • aarzelen *recatarse de; empacharse de* ★ hij schroomt niet te zeggen dat *no se*

recata de decir que; no tiene empacho en decir que ★ zonder ~ *sin recato* • duchten *temer*
schrompelen *encogerse; resecarse*
schroom • verlegenheid *timidez* v ★ zijn ~ overwinnen *sobreponerse a su timidez* • vrees *recato* m; *empacho* m
schroot • metaalafval *chatarra* v • schietlading *metralla* v
schroothandel *empresa* v *de chatarra*
schroothoop *depósito* m *de chatarra*
schub *escama* v
schubdier *pangolín* m
schuchter *tímido*
schuddebuiken *reírse a carcajadas*
schudden I OV WW bewegen *remover* [ue]; *agitar; sacudir* ★ elkaar de hand ~ *darse la mano* ★ de kaarten ~ *barajar los naipes* ★ de fles ~ *bazucar la botella* ★ nee ~ *negar* [ie] *con la cabeza* ★ ~ voor het gebruik *agítese antes de usar* II ON WW bewogen worden *sacudirse* ★ doen ~ *estremecer* ★ ~ van het lachen *desternillarse de risa*
schuier *cepillo* m
schuif • grendel *cerrojo* m • klep *corredera* v • flinke hoeveelheid *montón* m
schuifdak ⟨v. auto⟩ *capota* v; ⟨v. huis⟩ *techo* m *corredizo*
schuifdeur *puerta* v *corrediza*
schuifelen *ir arrastrando los pies*
schuifladder *escalera* v *de empalme; escalera* v *extensible*
schuifmaat *regla* v *con corredera*
schuifpui *puerta* v *corredera*
schuifraam ⟨horizontaal⟩ *ventana* v *de corredera;* ⟨verticaal⟩ *ventana* v *de guillotina*
schuiftrombone *trombón* m *de varas*
schuiftrompet *trombón* m/v; *sacabuche* m
schuifwand *pared* v *corredera*
schuilen • beschutting zoeken *ponerse a cubierto; guarecerse* • zich verbergen *esconderse; ocultarse* • te vinden zijn *residir en; radicar en* • daar schuilt geen enkele overdrijving in *no tiene nada de exagerado* ★ daar schuilt wat achter *hay gato encerrado*
schuilgaan *esconderse; ocultarse*
schuilhouden [zich ~] *ocultarse; esconderse*
schuilkelder *refugio* m *antiaéreo; abrigo* m *antiaéreo*
schuilnaam *seudónimo* m
schuilplaats *escondrijo* m; *escondite* m; *refugio* m; *abrigo* m
schuim • blaasjes *espuma* v ★ ~ maken *levantar espuma; espumar* ★ eiwit tot ~ kloppen *batir la clara del huevo* ★ speeksel *espumajo* m • gespuis *canalla* v; *escoria* v ▼ het ~ op de mond hebben *espumajear*
schuimbad *baño* m *de espuma*
schuimbekken *espumajear* ★ ~ van woede *echar espumarajos de ira*
schuimblusser *extintor* m *de espuma*
schuimen I OV WW afschuimen *espumar* II ON WW • schuim vormen *espumar* • schuimbekken *espumajear*
schuimgebakje *merengue* m
schuimig *espumoso*
schuimkop *cresta* v ★ golven met ~pen *palomas* v mv
schuimlaag *capa* v *de espuma*
schuimpje *merengue* m
schuimplastic *espuma* v *de plástico*
schuimrubber *espuma* v *de caucho; espuma* v *de látex*
schuimspaan *espumadera* v
schuin I BNW • scheef *pendiente; inclinado* ★ ~e kant *chaflán* m ★ met ~e blik *de soslayo/reojo* • dubbelzinnig *indecente; verde* ★ een ~e mop *un chiste verde* II BIJW scheef *al sesgo; oblicuamente* ★ ~ oversteken *cruzar oblicuamente* ★ zij hebben hier ~ tegenover gewoond *han vivido aquí casi enfrente* ★ ~ afsnijden *cortar en bisel*
schuins I BNW schuin *oblicuo; inclinado* II BIJW FIG. ★ iem. ~ aankijken *mirar de reojo/de soslayo u.p.*
schuinschrift *letra* v *cursiva*
schuinsmarcheerder *burlador* m; *calavera* m
schuinte • schuine richting *oblicuidad* v • helling *pendiente* v
schuit *góndola* v
schuitje • in hetzelfde ~ zitten *encontrarse* [ue] *en la misma situación*
schuiven I OV WW duwen *empujar* ★ in de oven ~ *meter en el horno* II ON WW • schuivend bewegen *arrastrar* • dokken *soltar* [ue] *la mosca* ★ wat schuift het? *¿cuánto se paga?* ▼ laat hem maar ~ *ya se las compondrá*
schuiver ★ een ~ maken *resbalar* ★ ik heb een ~ gemaakt *dí un resbalón*
schuld • fout *culpa* v ★ het is mijn ~ *es culpa mía* ★ iem. ergens de ~ van geven *echar la culpa a u.c. a u.p.* • verantwoordelijkheid *culpa* v; *culpabilidad* v ★ de ~ op iem. schuiven *achacar la culpa a u.p.; echar la culpa a u.p.* • verplichting *deuda* v ★ zich in de ~en steken *endeudarse; contraer deudas*
schuldbekentenis • bekennen van schuld *confesión* v • promesse *pagaré* m; *vale* m; *obligación* v
schuldbesef *noción* v *de culpabilidad*
schuldbewust *consciente de culpa*
schuldcomplex *complejo* m *de culpabilidad*
schuldeiser *acreedor* m
schuldeloos *inocente*
schuldenaar *deudor* m
schuldenlast *deudas* v mv
schuldgevoel *sentimiento* m *de culpabilidad*
schuldig • schuld hebbend *culpable* ★ zich aan iets ~ maken *pecar de u.c.* ★ ~ zijn aan *ser culpable de* ★ ~ bevonden aan moord *convicto de homicidio* • verschuldigd ★ hoeveel ben ik u ~? *¿cuánto le debo?* ★ ~ zijn *deber; adeudar* ★ het antwoord ~ moeten blijven *no poder contestar*
schuldige *reo* m; *culpable* m/v
schuldvraag *problema* m *de la responsabilidad/culpabilidad*
schulp ▼ in zijn ~ kruipen *acoquinarse* ▼ uit zijn ~ kruipen *salir del cascarón*
schunnig • armzalig *pobre; rapado* • gemeen *vil; bajo* • obsceen *obsceno*
schuren I OV WW glad maken *pulir; estregar* [ie]; *frotar;* ⟨met schuurpapier⟩ *lijar* II ON WW

schuiven *rozar; restregar* [ie]
schurft ⟨bij mens⟩ *sarna* v; ⟨bij vee⟩ *roña* v
schurftig ⟨bij mens⟩ *sarnoso*; ⟨bij vee⟩ *roñoso*
schurk *bribón* m; *granuja* m/v
schurkachtig *vil; bajo*
schurkenstreek *bribonada* v; *bellaquería* v
schut ▼ voor ~ lopen *hacer el ridículo* ▼ iem. voor ~ zetten *poner en evidencia a u.p.*
schutblad • PLANTK. *bráctea* v • blad in boek *guarda* m/v
schutkleur *mimetismo* m
schutsluis *esclusa* v
schutspatroon *patrono* m; *santo* m *titular*
schutten • tegenhouden *detener* [ie] • sluizen *hacer pasar por la esclusa*
schutter • iem. die schiet *tirador* m • snoeshaan *estrafalario* m
schutteren *comportarse torpemente*
schutterig *torpe*
schutterij *club* m *de tiro*
schuttersput *hoyo* m *protector*
schutting *valla* v; *cerca* v; *empalizada* v
schuttingtaal *lenguaje* m *obsceno; obscenidades* v mv
schuttingwoord *palabrota* v; *taco* m
schuur *cobertizo* m; ⟨voor graan⟩ *granero* m; ⟨voor graan⟩ *hórreo* m
schuurpapier *papel* m *de lija; papel* m *esmerilado*
schuurspons *estropajo* m
schuw *huraño; tímido; espantadizo* ★ ~ maken *espantar* ★ ~ worden *espantarse*
schuwen *evitar; esquivar*
schuwheid *timidez* v
schwalbe *piscinazo* m
schwung *brío* m; *ímpetu* m ★ zij heeft veel ~ *es una mujer de bríos*
sciencefiction *ciencia* v *ficción*
scoliose *escoliosis* v
scoop *noticia* v *sensacional en exclusiva*
scooter *escúter* m; *scooter* m; *vespa* v
scootmobiel *scootmobile* m
score *tanteo* m; *tantos* m mv
scorebord *marcador* m
scoren *marcar puntos; marcar un tanto*
scouting *padvinderij scouting* v • zoeken naar talenten *cazatalentos* m
scrabbelen *jugar al scrabble*
scrabble *juego* m *del scrabble*
screenen *investigar los antecedentes de*
screensaver *protector* m *de pantalla*
screentest *prueba* v *cinematográfica*
script *guión* m
scriptie *tesina* v
scrollbar *barra* v *de desplazamiento*
scrollen *desplazarse*
scrotum *escroto* m
scrupule *escrúpulo* m
scrupuleus *escrupuloso; meticuloso*
sculptuur *escultura* v
seance *sesión* v
sec *seco*
secondair • → **secundair**
secondant *padrino* m
seconde *segundo* m
seconderen *secundar*

secondewijzer *segundero* m
secreet *bruja* v
secretaire *secreter* m
secretaresse *secretaria* v
secretariaat *secretaría* v; *secretariado* m
secretarie *secretaría* v
secretaris *secretario* m
secretaris-generaal *secretario* m *general*
sectie • afdeling *sección* v • autopsie *autopsia* v
sector *sector* m ★ vrije ~ *sector* m *libre*
secularisatie *secularización* v
seculier *secular*
secundair *secundario* ★ dat is van ~ belang *es de importancia secundaria; es de menor importancia* ★ de ~e geslachtskenmerken *los carácteres sexuales secundarias*
secuur • zorgvuldig *escrupuloso; meticuloso* • veilig *seguro*
sedert *desde* ★ ~ een week *desde una semana*
sedertdien *desde entonces*
sediment *sedimento* m
sedimentatie *sedimentación* v
segment *segmento* m
segmentatie *segmentación* v
segregatie • afzondering *segregación* v • rassenscheiding *segregación* v *racial*
sein *señal* v
seinen I ov ww bekend maken *dar señales* II ON ww een sein geven *dar señales*
seinhuis *garita* v *de cambio de agujas*
seinpaal *semáforo* m
seinsleutel *manipulador* m
seismisch *sísmico*
seismograaf *sismógrafo* m
seismografisch *sismógrafo*
seismoloog *sismólogo* m
seizoen • jaargetijde *estación* v • deel van het jaar *temporada* v ★ laat in het ~ *a fines de la temporada*
seizoenarbeid *trabajo* m *de temporada*
seizoenopruiming *liquidación* v *de fin de temporada*
seizoenswerk *trabajo* m *de temporada*
seizoenwerkloosheid *desempleo* m *de temporada*
seks *sexo* m
seksbioscoop *sala* v *x*
sekse *sexo* m
seksist *sexista* m/v
seksistisch *sexista*
seksleven *vida* v *sexual*
sekslijn *línea* v *erótica*
seksualiteit *sexualidad* v
seksueel *sexual*
seksuoloog *sexólogo* m; *sexuólogo* m
sektarisch *sectario*
sekte *secta* v
selderie, selderij *apio* m
select *selecto*
selecteren *seleccionar*
selectie *selección* v
selectiecriterium *criterio* m *de selección*
selectief *selectivo*
selectiewedstrijd *partido* m *para la selección*
semafoon *buscapersonas* m [mv: id.]
semantiek *semántica* v

semester *semestre* m
semiautomatisch *semiautomático*
Semiet *semita* m/v
seminarie *seminario* m
semioverheidsbedrijf *empresa* v *semiestatal*
semipermeabel *semipermeable*
semiprof *semiprofesional* m
senaat *senado* m; ⟨v. universiteit⟩ *claustro* m
senator *senador* m
Senegal *Senegal* m
seniel *senil*
senior *sénior*; *padre* ★ de heer García ~ *el señor García padre*
sensatie *sensación* v ★ ~ verwekken *dar sensación*
sensatieblad *publicación* v *sensacionalista*
sensatiepers *prensa* v *sensacionalista*
sensatiezucht *afán* m *de sensación*
sensationeel *sensacional*
sensibel *sensible*
sensitief *sensible*
sensor *sensor* m
sensualiteit *sensualidad* v
sensueel *sensual*
sentiment *sentimiento* m
sentimentaliteit *sentimentalismo* m
sentimenteel *sentimental*
separaat I BNW *separado* II BIJW *por separado*
separatistisch *separatista*
sepia *color* m *sepia*
seponeren *sobreseer*
september *septiembre* m
septet *septeto* m
septic tank *fosa* v *séptica*
septisch *séptico*
sequentie *secuencia* v
SER *Consejo* m *Económico y Social*
sereen *sereno*
serenade *serenata* v
sergeant *sargento* m
sergeant-majoor *sargento* m *mayor*
serie *serie* v ★ in ~ *en serie*; *por serie*
serieel *serial*
serienummer *número* m *de serie*
serieproductie *producción* v *en serie*
serieus *formal*; *serio*
sering ⟨plant⟩ *lilo* m; ⟨bloem⟩ *lila* v
seropositief *seropositivo*
serotonine *serotonina* v
serpent • MIN. persoon *víbora* v • slang *serpiente* v
serpentine *serpentina* v
serre • broeikas *invernadero* m • glazen veranda *veranda* v
serum *suero* m
SERV *Consejo* m *Económico y Social de Flandes*
serveerster *camarera* v
server *servidor* m; *server* m
serveren • opdienen *servir* [i] • SPORT *servir* [i]; *sacar*
servet *servilleta* v
servetring *servilletero* m
service *servicio* m
servicebeurt *revisión* v
servicedienst *departamento* m *de servicios*
serviceflat *apartamento* m *para jubilados*

servicekosten *gastos* m *de comunidad*
servicestation *estación* v *de servicio*
Servië *Serbia* v
serviel *servil*
Serviër *servio* m; *serbio* m
servies *servicio* m *de mesa*; *vajilla* v
Servisch *serbio*; *servio*
Servo-Kroatisch *serbocroata*
sesam *sésamo* m
sessie *sesión* v
sessiemuzikant *músico* m *de estudio*
set • stel *juego* m • SPORT *set* m [mv: *sets*] • filmdecor *plató* m
setpoint *punto* m *de ventaja*
settelen [zich ~] *establecerse*
setter *setter* m
setting *marco* m
sexappeal *sex appeal* m
sextant *sextante* m
sextet *sexteto* m
sexy *erótico*; *excitante*
Seychellen *las Seycheles* v mv
SF *ciencia* v *ficción*
sfeer • stemming *atmósfera* v; *ambiente* m; *clima* m ★ de ~ bepalen van *dar el tono a* ★ er heerst hier een goede ~ *hay buen ambiente aquí* • domein *esfera* v; *ámbito* m ▼ in hoger sferen zijn *estar en esferas más elevadas*
sfeervol *de mucho ambiente*; *muy ambientado*
sfinx *esfinge* v
shag *tabaco* m *picado*; *picadura* v
shampoo *champú* m
shampooën *lavar con champú*
shareware *programas* v mv *compartidos*
shawl • → sjaal
sheriff *sheriff* m
sherpa *sherpa* m
sherry *jerez* m
Shetlandeilanden *Islas* v mv *Shetland*
shiitake *shii-take* m
shirt *camiseta* v
shit *mierda*
shoarma *shoarma* m
shock *choque* m
shockproof *a prueba de choques*
shocktherapie *terapia* v *de choque*
shocktoestand *estado* m *de choque*
shorts *shorts* m; *pantalones* m mv *cortos*
shot • filmopname *toma* v • injectie *pico* m; *pinchazo* m
shotten *jugar al fútbol*
shovel *excavadora* v *de pala alta*
show • voorstelling *espectáculo* m; *show* m • vertoning *exposición* v ▼ voor de show *para presumir*
showbink *farandulero* m; *petulante* m
showbusiness *negocio* m *del espectáculo*
showen *mostrar* [ue]; *enseñar*
showroom *sala* v *de exposición*
shuttle *volante* m
Siamees *siamés*
siamees *siamés* m
Siberië *Siberia* v
Siberisch *siberiano*
sic *sic*
Sicilië *Sicilia* v

sidderaal *gimnoto* m
sidderen *temblar* [ie]; *estremecerse*
siddering *estremecimiento* m
sidderrog *torpedo* m
SI-eenheid *unidad* v *del SI*
sier ▾ goede sier maken *vivir a todo tren*
sieraad • juweel *joya* v; *alhaja* v • opschik *adorno* m
sieren • tooien *adornar* • tot eer strekken *honrar*
siergewas *planta* v *ornamental*
sierlijk *elegante*; *gracioso*
sierplant *planta* v *ornamental*
Sierra Leone *Sierra* v *Leona*
Sierra Leoons *sierra-leonés*
sierstrip *tira* v *ornamental*
siësta *siesta* v ★ ~ houden *dormir* [ue, u] *la siesta*
sigaar *puro* m; *cigarro* m ▾ we zijn de ~ *nos hemos cargado con el muerto*; *nos toca bailar con la más fea*
sigarenroker *fumador* m *de puros*
sigarenwinkel *estanco* m
sigaret *cigarrillo* m; *pitillo* m
sigarettenautomaat *distribuidor* m *automático de cigarrillos*
sigarettenpijpje *boquilla* v
signaal *señal* v
signalement *reseña* v; *descripción* v
signaleren • attenderen op *señalar* • opmerken *observar*
signatuur • handtekening *signatura* v; *firma* v • kenmerk *inclinación* v
signeren *firmar*
significant *significante*; *significativo*
sijpelen *rezumar*; *resudar*; *filtrar*
sijs *lugano* m
sik • baard *perilla* v • geit *cabra* v
sikkel • mes *hoz* v; *segur* m • maangestalte *la media luna* v
sikkeneurig *malhumorado*; *disgustado*
Silezië *Silesia* v
silhouet *silueta* v
silicon *silicona* v
siliconenkit *silicona* v
silo *pósito* m; *silo* m
sim *SIM* v
simkaart *tarjeta* v *SIM*
simlock *código* m *Simlock*
simpel • eenvoudig *sencillo*; *simple* • onnozel *imbécil*; *simplón*
simpelweg *simplemente*; *sencillamente*
simplificeren *simplificar*
simplistisch *simplista*
simsalabim *¡abracadabra!*
simulant *simulador* m
simulatie *simulación* v
simulator *simulador* m
simuleren *simular*; *fingir*
simultaan *simultáneo*
simultaanpartij *partido* m *simultáneo*
sinaasappel *naranja* v
sinaasappelkistje *caja* v *de naranjas*
sinaasappelsap *zumo* m *de naranja*; *jugo* m *de naranja*
sinaasappelschil *piel* v *de naranja*
Sinaï *Sinaí*

sinas *naranjada* v
sinds I vz. *desde* ★ ~ een week *desde una semana* II vw *desde que* ★ ~ zij weg is... *desde que se ha ido...*
sindsdien *desde entonces*
Singapore *Singapur* m
singel *canal* m *circular*
single • MUZ. geluidsdrager met korte speeltijd *single* m • alleenstaande *solo* • SPORT enkelspel *simple* m
singlet *camiseta* v *sin mangas*
sinister *siniestro*
sinoloog *sinólogo* m
sint *santo* m ★ Sint-Nicolaas *San Nicolás*
sint-bernardshond, sint-bernard *perro* m *de San Bernardo*
sintel ⟨steenkool⟩ *carbonilla* v; ⟨erts⟩ *escoria* v
sintelbaan *pista* v *de ceniza*
sint-elmsvuur *Fuego* m *de San Elmo*
Sinterklaas *San Nicolás*
sinterklaas *fiesta* v *de San Nicolás*
sinterklaasavond *víspera* v *de San Nicolás*
sinterklaasfeest *fiesta* v *de San Nicolás*
sinterklaasgedicht *poema* m *que se escribe para San Nicolás*
sint-janskruid *hierba* v *de San Juan*
sint-juttemis ▾ met ~ *cuando la rana críe pelos*
Sint-Maarten *San Martín*
sinus *seno* m
sinusitis *sinusitis* v
sip I BNW *abatido*; *desanimado* II BIJW *con cara larga* ★ sip kijken *poner cara larga*
sire *Su Majestad*
sirene *sirena* v
Sirius *Sirio* m
sirocco *siroco* m
siroop *jarabe* m; *jarope* m; ⟨uit most⟩ *arrope* m
sirtaki *sirtaki* m
sisal *sisal* m; *henequén* m
sissen *silbar*
sisser *petardo* m ▾ met een ~ aflopen *pasar sin mayores consecuencias*
sitar *sitar* m
site *sitio* m
situatie *situación* v
situatieschets *esbozo* m *de la situación*
situeren *indicar la situación*; *situar* [ú] ★ de beter gesitueerden *los que pertenecen a las clases acomodadas*
sixtijns *sixtino* ★ Sixtijnse Kapel *la capilla sixtina*
sjaal ⟨omslagdoek⟩ *mantón* m; ⟨omslagdoek⟩ *chal* m; ⟨das⟩ *bufanda* v
sjabloon • *patrón* m; *molde* m; *troquel* m • mal *patrón* m • cliché *cliché* m; *estereotipo* m
sjacheraar *cambalachero* m; *chalán* m; *mercachifle* m
sjacheren *chalanear*; *cambalachear*
sjah *shah* m
sjalot *chalote* m; *cebolleta* v
sjamaan *chamán* m
sjans *ligue* m ▾ ~ hebben *tener un ligue*
sjasliek ≈ *pincho* m *moruno*
sjees *carruaje* m
sjeik *jeque* m
sjekkie *cigarrillo* m *liado*

sjerp ⟨schuin over borst⟩ *banda* v; ⟨om middel⟩ *faja* v; ⟨om middel⟩ *fajín* m
sjezen • hard gaan *ir a todo trapo* • niet slagen *llevar calabazas; catear* ★ een gesjeesde student *un estudiante suspendido*
sjiiet *shiita* m/v
sjilpen *piar* [i]; *pipiar* [i]
sjirpen *cantar*
sjoege ▼ ergens geen ~ van hebben *no tener ni idea de* ▼ geen ~ geven *no dar ninguna respuesta*
sjoelbak *juego* m *con tablero y fichas de madera*
sjoelen *jugar* [ue] *a los discos*
sjoemelen *embrollar; embarullar*
sjofel *miserable; astroso; andrajoso*; ⟨v. kleding⟩ *raído* ★ er ~ uitzien *ir raído*
sjokken *arrastrar los pies*
sjorren • vastbinden *amarrar; trincar* • trekken *estirar; tirar*
sjouw ▼ op ~ *patear*
sjouwen I ov ww dragen *cargar* II on ww • zwoegen *trabajar duro; trajinar; ajetrear* • rondlopen *patear*
ska *música* v *ska*
skai *skai* m
skateboard *monopatín* m
skateboarden *practicar el monopatín*
skeeler *patín* m *de tres ruedas*
skelet *esqueleto* m; ⟨beendergestel⟩ *osamenta* v; ⟨v. gebouw⟩ *armazón* m
skeletbouw *construcción* v *en armazón*
skelter *cart* m
sketch *sketch* m
ski *esquí* m
skibox *caja* v *de esquís*
skiën *esquiar* [i]
skiër *esquiador* m
skiff *esquife* m
skileraar *instructor* m *de esquí*
skiles *clases* v mv *de esquí*
skilift *telesquí* m
skinhead *cabeza* m/v *rapada; skinhead* m/v
skipas *bono* m *de esquí*
skippybal *pelota* v *canguro*
skischans *pista* v *de salto; trampolín* m
skischoen *bota* v *de esquiar*
skispringen *practicar el salto de trampolín con esquís*
skivakantie *vacaciones* v mv *de invierno*
skyline *perfil* m; *contorno* m
sla • groente *lechuga* v • CUL. gerecht *ensalada* v
slaaf *esclavo* m
slaafs *servil*
slaag ★ ~ geven *pegar; dar una paliza* ★ ~ krijgen *recibir una paliza* • een pak ~ *una paliza; una zurra*
slaags ★ ~ raken *venir a las manos*
slaan I ov ww • slagen geven *pegar; golpear* ★ iem. om de oren ~ *abofetear a u.p.; cascar una paliza a u.p.* ★ sla er maar op los! *¡dale duro!* ★ iets kort en klein ~ *hacer pedazos de u.c.* ★ iem. bont en blauw ~ *poner a uno como un pulpo* • verslaan *batir* ★ een record ~ *batir un récord* • van het speelbord nemen *comer* ★ een pion ~ *comer un peón* • vervaardigen ★ een put ~ *cavar un pozo* ▼ zich erdoorheen ~ *superar las dificultades* ▼ hij is er niet weg te ~ *no hay manera de sacarlo de ahí* ▼ dat slaat alles *esto es el colmo* ▼ naar binnen ~ *echarse al cuerpo; tragarse* II ON WW • een slaande beweging maken *golpear* • met de vleugels ~ *batir las alas* • kloppen *palpitar; latir* • geluid maken *dar la hora* ★ het heeft 3 uur geslagen *acaban de dar las tres* • in een toestand komen ★ op de vlucht ~ *darse a la fuga* ★ over de kop ~ *volcar* [ue] • ~ **op** *referirse* [ie] *a* ★ dat slaat nergens op *eso no tiene sentido*
slaand ★ een ~e klok *un reloj que da las horas* ▼ met vliegende vaandels en ~e trom *a tambor batiente y banderas desplegadas*
slaap • rust *sueño* m ★ vaste ~ *sueño* m *profundo* ★ in zijn ~ *durmiendo* ★ iem. in ~ sussen *adormecer a u.p.* ★ in ~ vallen *dormirse* [ue, u] ★ half in ~ *medio dormido; entre sueños* ★ in zijn ~ spreken *ser somnílocuo* ★ in ~ zingen *arrullar* ★ de ~ niet kunnen vatten *no poder conciliar el sueño* ★ veel ~ te kort gekomen zijn *tener mucho sueño atrasado* • neiging tot slapen *sueño* m ★ ik krijg ~ *me está entrando sueño* ★ op van de ~ *muerto de sueño* • oogvuil *legaña* v • zijkant van hoofd *sien* v
slaapbank *sofá* m *cama*
slaapcoupé *coche* m *cama*
slaapdrank *narcótico* m
slaapdronken *medio dormido; soñoliento*
slaapgebrek *falta* v *de sueño*
slaapgelegenheid *sitio* m *para dormir*
slaapkamer *dormitorio* m
slaapkleed *camisón* m
slaapkop *dormilón* m [v: *dormilona*]
slaapliedje *nana* v; *canción* v *de cuna*
slaapmatje *estera* v *para dormir*
slaapmiddel *somnífero* m; *soporífero* m
slaapmutsje *copita* v *antes de irse a dormir*
slaappil *píldora* v *para dormir; somnífero* m
slaapplaats *cama* v; *lugar* m *para dormir*; ⟨v. trein/boot⟩ *litera* v
slaapstad *ciudad* v *dormitorio*
slaapstoornis *perturbación* v *del sueño*
slaaptrein *tren* m *con coches cama*
slaapverwekkend *que produce sueño; soporífero*
slaapwandelaar *sonámbulo* m
slaapwandelen *sonambulismo* m
slaapzaal *dormitorio* m
slaapzak *saco* m *de dormir*
slaatje *ensaladilla* v ▼ ergens een ~ uit slaan *sacar buena tajada de u.c.*
slabbetje *babero* m
slablad *hoja* v *de lechuga*
slaboon *judía* v *verde*
slacht *matanza* v
slachtbank *matadero* m
slachten *matar; sacrificar*
slachter *jifero* m
slachthuis *matadero* m
slachting • het slachten *matanza* v • bloedbad *matanza* v; *degüello* m
slachtoffer *víctima* v
slachtpartij *matanza* v; *masacre* v
slachtvee *reses* v mv *de matanza*

slag I ZN [de] • klap *golpe* m; ⟨met de hand⟩ *bofetada* v; ⟨met zweep⟩ *chasquido* m; ⟨met sabel⟩ *sablazo* m; ⟨met hamer⟩ *martillazo* m; ⟨met stok⟩ *paliza* v ★ met één slag *de un golpe* • geluid *descarga* v; ⟨v. donder⟩ *trueno* • keer dat iets slaat ⟨klokslag⟩ *campanada* v; ⟨klokslag⟩ *toque* m; ⟨v. hart⟩ *palpitación* v; ⟨v. pols⟩ *pulso* m ★ op slag van twaalven *al dar las doce* • tegenslag *golpe* m ★ een harde slag *un duro golpe* • veldslag *batalla* v • golving ⟨v. haar⟩ *ondulación* v; ⟨v. water⟩ *ondeo* m • handigheid *destreza* v ★ de slag van iets te pakken krijgen *coger el tranquillo de algo* • ronde van kaartspel *baza* v • haal, streek *palada* v • roeier *espalder* m ★ aan de slag gaan *empezar* [ie] *a trabajar* ▼ op slag dood zijn *morir* [ue, u] *en el acto* ▼ iets met de Franse slag doen *hacer algo atropelladamente; hacer algo a la francesa* ▼ zijn slag slaan *dar el golpe* **II** ZN [het] soort *clase* v; *calaña* v ★ van hetzelfde slag *de la misma calaña*
slagader *arteria* v
slagbal ≈ *juego* m *parecido al béisbol*
slagboom *barrera* v
slagen • succes hebben *acertar* [ie]; *salir bien* ★ erin ~ om *conseguir* [i]; *lograr* ★ hij kon er niet in ~ *no lo ha conseguido* ★ in die winkel ben ik geslaagd *en esa tienda he encontrado algo de mi agrado* • goede uitslag behalen *aprobar* [ue] ★ geslaagd zijn *estar aprobado* ★ hij is geslaagd *le han aprobado* ★ geslaagd voor Engels, gezakt voor Frans *aprobado en inglés, suspendido en francés* ★ in alle vakken ~ *aprobar todas las asignaturas*
slager *carnicero* m
slagerij *carnicería* v
slaggitaar *guitarra* v *de seguimiento*
slaghoedje *pistón* m
slaghout *pala* v; *bate* m
slaginstrument *instrumento* m *de percusión*
slagkracht *fuerza* v *del golpe*
slaglinie *línea* v *de batalla*
slagorde *orden* m *de batalla*
slagpen *pena* v; *remera* v
slagpin *percusor* m
slagregen *chubasco* m; *aguacero* m
slagroom *nata* v *batida*
slagroompunt *trozo* m *de pastel de nata*
slagroomtaart *pastel* m *de nata*
slagschip *navío* m *de combate*; *acorazado* m
slagtand *colmillo* m
slagvaardig • strijdvaardig *combativo* • gevat *pronto a replicar; ocurrente; despierto*
slagveld *campo* m *de batalla*
slagwerk • MUZ. *batería* v • deel uurwerk *sonería* v
slagwerker *percusionista* m/v
slagzij ★ ~ maken *dar un bandazo; irse a la banda*
slagzin *eslogan* m; *consigna* v
slak • weekdier *caracol* m ★ naakte slak *babosa* v • sintel ⟨erts⟩ *escoria* v; ⟨steenkool⟩ *carbonilla* v
slaken ★ een kreet ~ *dar un grito; soltar* [ue] *un grito*
slakkengang ★ met een ~ *a paso de tortuga*

slakkenhuis • huis van slak *casa* v *del caracol* • gehoorgang *caracol* m
slalom *slalom* m
slampamper *holgazán* m; *gandul* m
slang¹ • dier *serpiente* v; *sierpe* v • buis *tubo* m; *manga* v; ⟨brand-/tuinslang⟩ *manguera* v
slang² (zeg: sleng) *jerga* v
slangenbeet *mordedura* v *de serpiente*
slangenbezweerder *encantador* m *de serpientes*
slangengif *veneno* m *de serpiente*
slangenleer *piel* v *de serpiente*
slangenmens *contorsionista* m/v
slank *esbelto; delgado*
slaolie *aceite* m
slap • niet stijf *blando*; ⟨v. band⟩ *desinflado* • niet strak *flojo* ★ slap maken *aflojar* ★ slap worden *relajarse* • zwak, niet sterk *débil; blando*; ⟨v. haar⟩ *lacio* • niet pittig *flojo* ★ ik hou niet van slappe koffie *no me gusta el café flojo* • niet doortastend *débil; blando* ★ je bent een slappe vent *eres un baldragas* • inhoudsloos ★ hij had een slap excuus *su excusa era poco convincente* ★ slap geklets *cháchara* v; *parloteo* m ★ niet druk *flojo*; ⟨v. markt⟩ *desanimado* • een slappe tijd *un periodo flojo* ▼ zich slap lachen *desternillarse de risa*
slapeloos *insomne*
slapeloosheid *insomnio* m
slapen • in slaap zijn *dormir* [ue, u] ★ diep ~ *dormir a pierna suelta* • gaan ~ *acostarse* [ue] ★ hoe heeft hij ge~? *¿cómo ha pasado la noche?* • FIG. suffen *soñar* [ue] *despierto* • tintelen van ledematen *adormecerse* ★ mijn been slaapt *se me duerme la pierna; tengo la pierna dormida* • ~ met iem. naar bed gaan *acostarse /ue/ con; dormir /ue, u/ con* ▼ ik zal er een nachtje over ~ *lo consultaré con la almohada*
slaper • iem. die slaapt *durmiente* m/v • gast *invitado* m
slaperig • slaap hebbend *soñoliento; adormilado* ★ ik ben ~ *tengo sueño* • suf *indolente; lánguido*
slapie *compañero* m *de dormitorio*
slapjanus *calzonazos* m; *blandengue* m
slapjes *debilitado; débil; flaco*; ⟨v. markt⟩ *flojo*
slappeling *bragazas* m [mv: *bragazas*]; *baldragas* m [mv: *baldragas*]
slapstick *payasadas* v mv
slapte *flojedad* v
slasaus *salsa* v *para ensalada*
slash *diagonal* v; *barra* v *oblicua*; *barra* v *de división*
slavenarbeid • werk van slaven *trabajo* m *de esclavos* • zwaar werk *trabajo* m *de chinos*; *trabajo* m *de negros*
slavenarmband *esclava* v
slavendrijver *negrero* m
slavenhandel *tráfico* m *de esclavos*
slavenhandelaar *negrero* m
slavernij *servidumbre* v; *esclavitud* v
slavin *esclava* v ★ handel in blanke ~nen *trata* v *de blancas*
slavink *carne* v *picada envuelta con tocino*
Slavisch *eslavo*

slavist *eslavista* m
slavistiek *eslavística* v
slecht I BNW • van geringe kwaliteit ⟨vóór mannelijk zelfstandig naamwoord⟩ *mal*; *malo* ★ ~er *peor* • heel ~ *malísimo*; *pésimo* ★ ~er zijn dan *ser inferior a* ★ een ~e uitspraak hebben *tener mala pronunciación* ★ een ~ geheugen hebben *tener mala memoria* ★ ~ weer *mal tiempo* • ongunstig *malo*; ⟨vóór mannelijk zelfstandig naamwoord⟩ *mal* ★ ~e tijden *tiempos difíciles* • moreel slecht *malo*; ⟨vóór mannelijk zelfstandig naamwoord⟩ *mal* **II** BIJW • van geringe kwaliteit ★ ~er *peor* ★ ~er maken *empeorar* ★ ~er worden *ir de mal en peor* • ongunstig *mal* ★ het gaat ~ met hem *le va mal; lo está pasando mal* ★ de zaken gaan ~ *los negocios van mal* • weinig ★ ~ bezocht *poco concurrido/frecuentado*
slechten • slopen *demoler* [ue]; *abatir* • effen maken *allanar*
slechterik *malvado* m
slechtheid *maldad* v
slechthorend *duro de oído*; *tardo de oído*
slechts *sólo*; *solamente*
slechtvalk *halcón* m *común*
slechtziend *mal de la vista*; *corto de vista*
slede • → **slee**
sledehond *perro* m *de trineo*
slee • glijdend voertuig *trineo* m • grote auto *haiga* m
sleedoorn *endrino* m
sleeën *ir en trineo*
sleep • deel van gewaad *cola* v • gevolg *séquito* m; *tren* m • vaar-/voertuig *flotilla* v *en remolque*
sleepboot *remolcador* m
sleepdienst *servicio* m *de remolque*
sleepkabel *remolque* m; *cable* m *de remolque*
sleeplift *telesquí* m
sleepnet *red* v *de arrastre*
sleeptouw *remolque* m; *cabo* m *de remolque* ▼ iem. op ~ nemen *cargar con u.p.*; *llevar a remolque a u.p.*
sleepvaart *navegación* v *remolcadora*
sleepwagen *grúa* v
sleets • versleten *gastado* • slordig *raído*
slempen *atizarse*; *zampar*
slemppartij *francachela* v; *bacanal* v
slenk *surco* m
slenteren *pasear lentamente*; *callejear*
slentergang *paseo* m; *vuelta* v
slepen I OV WW voortslepen *arrastrar*; ⟨v. boot⟩ *remolcar* ★ achter zich aan ~ *llevar a rastras* **II** ON WW • over de grond gaan *arrastrarse* • traag verlopen *eternizarse* ★ een ~de ziekte *una enfermedad crónica*
sleper *remolcador* m
slet *zorra* v; *pelandusca* v
sleuf *ranura* v
sleur *rutina* v ★ aan de oude ~ vasthouden *no salir del camino trillado*
sleuren *arrastrar*
sleutel • werktuig dat slot opent *llave* v ★ valse ~ *llave falsa* • gereedschap *llave* v ★ Engelse ~ *llave inglesa* • FIG. middel tot oplossing *clave* v • MUZ. *clave* v ★ de f-~ *la clave de fa*
sleutelbeen *clavícula* v
sleutelbloem *prímula* v; *primavera* v
sleutelbos *manojo* m *de llaves*
sleutelen • LETT. repareren *arreglar*; *reparar* • FIG. klooien *apañar*
sleutelfiguur *figura* v *clave*
sleutelfunctie *puesto* m *clave*
sleutelgat *bocallave* v
sleutelgeld *traspaso* m; *prima* v *de entrada*
sleutelhanger *llavero* m
sleutelpositie *posición* v *clave*
sleutelring *llavero* m
sleutelrol *papel* m *clave*
sleutelwoord *palabra* v *clave*
slib *limo* m; *barro* m; *fango* m
slibberig *resbaladizo*; *deslizante*
sliding *deslizamiento* m
sliert • lange rij *fila* v; *hilera* v; *ristra* v; *sarta* v • heleboel *tira* v ★ een ~ kinderen *una tira de niños* • neerhangend iets *ristra* v • lange slungel *larguirucho* m
slijk *fango* m; *lodo* m; *cieno* m ▼ iem. door het ~ halen *vilipendiar a u.p.* ▼ het ~ der aarde *el vil metal*
slijm • mondvocht *moco* m; *flema* v; ⟨in luchtwegen/mond⟩ *esputo* m • huidvocht ⟨v. slak⟩ *baba* v
slijmafscheiding *secreción* v *mucosa*
slijmbal *pelota* m/v
slijmbeurs *cápsula* v *sinovial*
slijmen • aanpappen *hacer la pelota* • slijm opgeven *echar moco*
slijmerig • slijmachtig *baboso*; MED. *mucoso* • vleierig *lisonjero*; *empalagoso*; *adulador*
slijmvlies *mucosa* v
slijpen • scherp maken *afilar* ★ een potlood ~ *sacar punta a un lápiz* • polijsten *pulir*; ⟨v. diamant⟩ *tallar* • graveren *grabar*
slijper • persoon *afilador* m; ⟨v. diamant⟩ *tallador* m • toestel *afiladora* v
slijpsteen *muela* v; *piedra* v *de afilar*
slijtage *desgaste* m
slijtageslag *guerra* v *de desgaste*
slijten I OV WW • verslijten *gastar*; *usar* • tijd doorbrengen *pasar* • verkopen *vender* **II** ON WW achteruitgaan *gastarse*; *desgastarse*
slijter *bodeguero* m
slijterij *bodega* v
slijtplek *trozo* m *desgastado*
slijtvast *resistente al deterioro*
slik • slijk *lodo* m; *barro* m; *fango* m • aangeslibde grond *limo* m; *cieno* m
slikken • doorslikken *tragar*; ⟨v. medicijnen⟩ *tomar* • aanvaarden *tragarse* ★ hij heeft veel moeten ~ *ha tragado mucho* ★ dat slik ik niet! *¡eso no me lo trago!* ★ hij slikt alles wat ze hem vertelden *tenía buenas tragaderas*; *se creyó todo lo que le contaron* ★ dat was even ~ voor hem *tuvo que tragar saliva*
slim *astuto*; *listo*; *vivo*; *despierto* ★ een slimme vent *un tío listo*
slimheid *astucia* v; *listeza* v
slimmerd *buen pájaro* m
slimmerik *lince* m
slimmigheid *listeza* v

slinger • het slingeren *vaivén* m • zwengel *manubrio* m • deel van klok *péndulo* m • versiering *guirnalda* v • werptuig *honda* v
slingeraap *mono* m *araña*
slingeren I OV WW • werpen *echar*; *arrojar* ★ honing ~ *extraer miel* • winden om *enroscar(se)*; ⟨v. plant⟩ *enredar(se)* v iem. iets naar het hoofd ~ *echarle en cara u.c. a u.p.* **II** ON WW • zwaaien *oscilar*; *balancearse* • waggelen *bambolear* • kronkelen *serpentear* • ordeloos liggen ★ iets laten ~ *dejar tirada u.c.*
slingerplant *enredadera* v
slingerweg *camino* m *tortuoso*
slinken *disminuir*; *mermar*; *menguar*; ⟨v. gezwel⟩ *deshincharse*
slinks *taimado*; *astuto*; *furtivo* ★ langs ~e wegen *con manejos clandestinos*
slip • afhangend deel *punta* v; ⟨pand⟩ *faldón* m • onderbroek ⟨v. man⟩ *calzoncillos* m mv; ⟨v. vrouw⟩ *bragas* v mv
slipcursus *curso* m *antiderrapante*
slipgevaar ⟨op verkeersbord⟩ *carretera* v *resbaladiza*
slip-over *chaleco* m
slippen • doorschieten *deslizar*; *resbalar* • uitglijden ⟨v. auto⟩ *patinar* ▼ naar binnen ~ *colarse* [ue]
slipper ⟨slof⟩ *zapatilla* v *en chancla*; ⟨schoen⟩ *zapato* m *en chancla*
slippertje *escapada* v; *desliz* m ★ een ~ maken *tener un lío*
slipstream *tiro* m
slissen *cecear*
slobberen I OV WW slurpen *sorber* **II** ON WW • flodderig zitten *venir* [ie, i] *ancho*
slobbertrui *jersey* m *ancho*
sloddervos *persona* v *desordenada*
sloeber ★ een arme ~ *un pobre diablo*
sloep • kleine boot *chalupa* v; *bote* m • reddingsboot *lancha* v *de socorro*; *bote* m *salvavidas*
sloerie *golfa* v
slof • pantoffel *chancleta* v; *zapatilla* v • pak sigaretten *cartón* m ▼ op zijn sloffen *con tranquilidad* ▼ het vuur uit zijn sloffen lopen *desvivirse por*
sloffen *arrastrar los pies* ▼ iets laten ~ *desatender u.c.*
slogan *consigna* v; *eslogan* m
slok *sorbo* m; *trago* m ★ een slok wijn nemen *echar un trago de vino*
slokdarm *esófago* m
slokken *engullir*
slokop *glotón* m
slome *muermo* m
slons *puerca* v
slonzig *descuidado*; *desaliñado*
sloof *esclava* v; *burra* v
sloom *lento*
sloop I ZN [de] • het slopen *derribo* m; *demolición* v • sloperij *desguace* m **II** ZN [het] *funda* v *de almohada*
sloopauto *coche* m *para el desguace*
sloopkogel *bala* v *de demolición*
slooppand *inmueble* m *para el derribo*

sloot *zanja* v; *gavia* v ▼ met de hakken over de ~ geslaagd zijn *haber salido aprobado por los pelos*
slootjespringen *saltar zanjas*
slootwater • water in sloot *agua* v *de zanja* • slap drankje *aguachirle* m
slop • impasse ★ in het slop raken *abarrancarse* • steegje *callejón* m *(sin salida)*
slopen • afbreken *demoler* [ue]; *tirar* • uitputten *minar*; *agotar*
sloper *empresario* m *de derribos*
sloperij *desguace* m
slopersbedrijf *empresa* v *de derribos*
sloppenwijk *barrio* m *de chabolas*
slordig • onverzorgd *desordenado*; *desaliñado* • onnauwkeurig *descuidado* • ruim ★ een ~e 1000 euro *unas mil euros*
slordigheid • het slordig-zijn *negligencia* v • iets slordigs *descuido* m
slot • sluiting *cerradura* v; *cierre* m ★ op slot doen *cerrar* [ie] *con llave* ★ een fiets op slot zetten *poner el candado a la bici* • einde *fin* m ★ ten slotte *por último*; *por fin*; *al fin y al cabo*; finalmente *castillo* m ▼ achter slot en grendel zitten *estar en la cárcel* ▼ per slot van rekening *a fin de cuentas*; *en resumidas cuentas*
slotakkoord *acuerdo* m *final*
slotakte • TON. laatste akte *último* m *acto* • resultaat van conferentie *acta* v *final*
slotbijeenkomst *reunión* v *final*
slotenmaker *cerrajero* m
slotgracht *foso* m
slotkoers *cambio* m *de cierre*; *precios* m mv *de cierre*
slotopmerking *observación* v *final*
slotsom *conclusión* v ★ tot de ~ komen dat *llegar a la conclusión de que*
slotwoord • afsluitende woorden *palabras* v mv *finales* • epiloog *epílogo* m
slotzin *frase* v *final*
Sloveen *esloveno* m
Sloveens *esloveno*
sloven *reventarse* [ie]; *trajinar*
Slovenië *Eslovenia* v
Slowaak *eslovaco* m
Slowaaks I ZN [het] taal *eslovaco* m **II** BNW m.b.t. Slowakije *eslovaco*
Slowakije *Eslovaquia* v
slow motion *cámara* v *lenta* ★ een filmscène in ~ *escena de una película a cámara lenta*
sluier *velo* m ▼ de ~ aannemen *tomar el velo*
sluieren *velar*
sluik *lacio*; *laso*
sluikhandel *contrabando* m; *matute* m
sluikreclame *publicidad* v *clandestina*
sluimer *sueño* m *ligero*
sluimeren • licht slapen *dormitar* ★ ~d entre *sueños* • FIG. (nog) niet actief zijn *esconderse*
sluimering *sueño* m *ligero*
sluipen • stil lopen *deslizarse* • FIG. ongemerkt opkomen *colarse* [ue]
sluipmoord *asesinato* m *a traición*; *asesinato* m *alevoso*
sluipmoordenaar *asesino* m *alevoso*
sluiproute *atajo* m

sluipschutter *tirador* m *parapetado*
sluipverkeer *tráfico* m *de atajo*
sluipweg *atajo* m
sluis *esclusa* v
sluisdeur *compuerta* v
sluisgeld *peaje* m *de esclusa*
sluiswachter *esclusero* m
sluiten I ov ww • dichtdoen *cerrar* [ie] ★ de deur ~ *cerrar la puerta* • opbergen *encerrar* [ie] ★ iem. in de armen ~ *abrazar a u.p.* • beëindigen *dar fin a*; *clausurar* ★ de zitting ~ *levantar la sesión* • aangaan *cerrar* [ie]; *celebrar* ★ een koop ~ *ajustar una compra* ★ vrede ~ *hacer la paz* ★ een contract ~ *celebrar un contrato* ★ een verbond ~ *cerrar un pacto* ★ een huwelijk ~ *contraer matrimonio* ★ vriendschap ~ *trabar amistad* II on ww • dichtgaan *cerrar* [ie] ★ zich ~ *cerrarse*; *astringirse* ★ bij het ~ van de beurs *al cierre de la bolsa* • aansluiten *encajar* ★ ten einde lopen *cerrar* [ie]; *terminar* ★ de school is gesloten *no hay clase* • kloppen *cuadrar*
sluiter *obturador* m
sluitertijd *tiempo* m *de obturación*
sluiting • het dichtdoen *cierre* m; *clausura* v • iets dat afsluit *cerradura* v; *cierre* m
sluitingsdatum *fecha* v *de clausura*
sluitingstijd *hora* v *de cierre*
sluitpost *asiento* m *de cierre*
sluitspier *esfínter* m
sluitstuk *pieza* v *final*
sluizen *canalizar*
slungel *larguirucho* m; *zangón* m
slungelig *larguirucho*; *desgarbado*
slurf *trompa* v
slurpen • hoorbaar drinken *sorber* • opnemen *chupar* ★ deze auto slurpt benzine *este coche chupa gasolina*
sluw *mañoso*; *astuto*; *taimado*
sluwheid *astucia* v
SM *SM* m
smaad *afrenta* v
smaak • wat men proeft *gusto* m; *sabor* m ★ vieze ~ in de mond *mal sabor*; *resabio* m ★ deze koffie heeft een vieze ~ *este café sabe mal* • zintuig *gusto* m • schoonheidszin *gusto* m; *estilo* m ★ naar de laatste ~ *según el último estilo* ★ ~ hebben *tener buen gusto* ★ zich met ~ kleden *tener gusto para vestirse* • voorkeur *gusto* m ★ in de ~ vallen *gustar* ★ het is niet naar mijn ~ *no es de mi gusto* ★ over ~ valt niet te twisten *de gustos no hay nada escrito* • graagte, genoegen *gusto* m ★ met ~ eten *comer con gusto* ★ de ~ van iets te pakken krijgen *tomar afición a u.c.*
smaakje • bijsmaak *resabio* m • smaakstof *sabor* m
smaakmaker • smaakstof *aromatizante* m • trendsetter *innovador* m
smaakpapil *papila* v *gustativa*
smaakstof *sustancia* v *aromatizante*
smaakvol *de buen gusto*; *elegante*
smaakzin *sentido* m *del gusto*
smachten • verlangen *suspirar* ★ zij smachtte naar haar liefde *suspiraba por su amor* • kwijnen *morirse* [ue, u] ★ ~ van de dorst *morirse de sed*
smachtend *ansioso*; *ardiente*
smadelijk *ultrajoso*; *vituperoso*
smak • val *golpe* m • smakkend geluid *claqueo* m • grote hoeveelheid *montón* m ★ een smak geld *un montón de dinero*
smakelijk I BNW lekker *rico*; *sabroso*; *bueno*; *suculento* II BIJW lekker ★ ~ eten *comer con apetito* ★ ~ eten! *¡que aproveche!*; *¡buen provecho!*
smakeloos • LETT. *insípido*; *desaborido* • FIG. *de mal gusto*
smaken I ov ww genieten *gozar* ★ het genoegen ~ *tener el placer de* II on ww • smaak hebben *saber* ★ dát smaakt goed! *¡qué rico está!* ★ goed ~ *saber bien* ★ hoe smaakt die soep? *¿qué tal sabe la sopa?* ★ aangebrand ~ *saber a quemado* ★ bitter ~ *tener un sabor amargo* ★ zoet ~ *tener sabor dulce* • naar de zin zijn *gustar* ★ ~ naar *saber a* ★ naar niets ~ *no saber a nada* ★ dat smaakt naar meer *sabe a más*
smakken I ov ww smijten *arrojar*; *tirar* II on ww • vallen *darse un batacazo* • hoorbaar eten *hacer ruido al comer*
smal *estrecho*; *angosto*
smaldeel *escuadra* v
smalen *mofarse*
smalend I BNW *despectivo* II BIJW *despectivamente*; *con desdén*
smaragd *esmeralda* v
smart • leed *dolor* m; *pena* v • verlangen *ansia* v ★ met ~ verwachten *esperar con ansia* ▾ gedeelde ~ is halve ~ *mal de muchos, consuelo de todos*
smartelijk *doloroso*; *penoso*; *afligido*
smartengeld *indemnización* v *por daños inmateriales*
smartlap *canción* v *sentimental*
smash *smash* m
smeden • bewerken *forjar*; *fraguar* • uitdenken *tramar*; *urdir* ★ een complot ~ *tramar un complot*
smederij *forja* v
smeedijzer *hierro* m *forjado*
smeedwerk *forjadura* v
smeekbede *súplica* v; (tot god) *plegaria* v
smeer • smeersel *unto* m; *sebo* m; *pomada* v • vuil *grasa* v
smeerbaar *fácil de untar*; *untable*
smeerboel *porquería* v
smeergeld *dinero* m *de soborno*
smeerkaas *queso* m *fundido*
smeerlap *puerco* m
smeerlapperij *porquería* v
smeerolie *aceite* m *lubricante*
smeerpijp *cochino* m; *guarro* m
smeerpoets *marrano* m; *cochino* m
smeersel • zalf *ungüento* m • beleg *unto* m
smeken *suplicar*; *rogar* [ue]; *implorar* ★ tot God ~ dat *suplicar a Dios que* [+ subj.] ★ om hulp ~ *pedir* [i] *auxilio*
smelten I ov ww vloeibaar maken ⟨v. hard materiaal⟩ *fundir*; ⟨v. zacht materiaal⟩ *derretir* [i] ★ het goud ~ *fundir el oro* ★ de boter ~ *derretir la mantequilla* II on ww vloeibaar

worden *deshacerse*; ⟨v. hard materiaal⟩ *fundirse*; ⟨v. zacht materiaal⟩ *derretirse* ★ het smelt in de mond *se deshace en la boca* ★ de sneeuw smelt *la nieve se deshace*
smeltkroes • kroes *crisol* m; *copela* v • FIG. divers geheel *amalgama* v
smeltpunt *punto* m *de fusión*
smeltwater *agua* v *del deshielo*
smeren • uitstrijken *untar* ★ boter op een boterham ~ *untar mantequilla en el pan* • invetten *engrasar*; *lubrificar*; *ensebar*; ⟨met olie⟩ *aceitar* ▼ 'm ~ *pirarse*; *tomar las de Villadiego* ▼ het gaat/loopt gesmeerd *va como por encanto*; *marcha como la seda*
smerig • vuil *sórdido*; *mugriento*; *cochino* • schunnig *obsceno* • gemeen *vil*
smeris *guindilla* m; *poli* m
smet ▼ vlek *mancha* v; *mácula* v • schandvlek *tacha* v
smetteloos • LETT. *inmaculado* • FIG. *intachable*; *impecable*
smetvrees *fobia* v *al contagio*
smeuïg • zacht *pastoso* • smakelijk *sabroso*
smeulen • gloeien *arder bajo la ceniza*; *quemar lentamente* • FIG. broeien *estar latente* ★ een ~d conflict *un conflicto latente*
smid *herrero* m
smidse *forja* v; *fragua* v; *herrería* v
smiecht *infame* m; *miserable* m
smiezen ▼ in de ~ hebben *percatarse de*
smijten *arrojar*; *tirar* ★ in het water ~ *tirar al agua* ▼ met geld ~ *echar la casa por la ventana*
smikkelen *paladear*; *saborear*
smoel • gezicht *morro* m; *jeta* v • mond *morro* m; *jeta* v
smoes *pretexto* m; *triquiñuela* v
smoezelig *roñoso*; *mugriento*
smoezen *cuchichear*
smog *smog* m; *niebla* v *tóxica*
smoking *smoking* m; *esmoquin* m
smokkel *contrabando* m; *matute* m
smokkelaar *contrabandista* m/v
smokkelarij *matute* m; *contrabando* m
smokkelen • heimelijk vervoeren *contrabandear*; *matutear* • regels ontduiken *hacer fullerías*; *hacer trampas*
smokkelhandel *contrabando* m
smokkelwaar *alijo* m; *contrabando* m
smoor ▼ de ~ hebben aan iem. *no tragar a u.p.*; *tener a alguien entre ceja y ceja*
smoorheet *sofocante*; *abochornado* ★ het is ~ *hace un calor sofocante*
smoorverliefd I BNW *enamorado hasta la médula* II BIJW *muy enamorado*
smoren • verstikken *sofocar*; *asfixiar*; ⟨v. geluid⟩ *amortiguar* ★ een opstand in bloed ~ *sofocar una rebelión con sangre* • gaar laten worden *estofar*
smoushond *grifón* m
sms-bericht *mensaje* m; *SMS* m
sms'en *enviar (mensajes) SMS*
sms'je *SMS* m
smullen *saborear*; *comer con gusto*
smulpaap *gastrónomo* m; *goloso* m
smulpartij *francachela* v; *comilona* v
smurf *pitufo* m

smurrie *suciedad* v
snaaien *mangar*
snaak • guit *bromista* m/v; *guasón* m • vent *tipo* m ★ een vreemde ~ *un tipo extravagante/raro*
snaaks *pícaro*; *cómico*
snaar *cuerda* v ★ de snaren op de viool zetten *poner las cuerdas al violín* ▼ een gevoelige ~ raken *tocar un asunto delicado*
snaarinstrument *instrumento* m *de cuerda*
snack *tentempié* m; ⟨bij borrel⟩ *tapa* v
snackbar *cafetería* v
snakken *morirse por* [ue, u]; *anhelar*; *suspirar por*
snappen • begrijpen *entender* [ie]; *comprender* ★ ik snap het al *ya caigo*; *ya lo entiendo* • betrappen *coger*; *atrapar*
snars ▼ hij weet er geen ~ van *no sabe ni pizca de ello*; *no tiene ni idea*
snater *pico* m; *boca* v ★ hou je ~! *¡cállate la boca!*; *¡cierra el pico!*
snateren • kwaken *graznar* • kwebbelen *parlotear*; *parlar*
snauw *sofión* m ★ iem. een ~ geven *dar un sofión a u.p.*
snauwen *ladrar*
snauwerig *en tono brusco*
snavel *pico* m
snede • → **snee**
snedig *oportuno*; *agudo*
snee • het snijden *corte* m • insnijding *incisión* v • snijwond *cortadura* v • plak *tajada* v; ⟨v. brood⟩ *rebanada* v • scherpe kant *filo* m; *tajo* m • snijvlak *corte* m; *canto* m ★ goud op snee *canto dorado*
sneer *pulla* v; *comentario* m *malicioso*
sneeren *hablar con menosprecio/con altivez*
sneeuw *nieve* v ★ er ligt veel ~ *ha caído mucha nieve* ▼ verdwijnen als ~ voor de zon *deshacerse como la sal en el agua*
sneeuwbal *bola* v *de nieve*
sneeuwbaleffect *efecto* m *de bola de nieve*
sneeuwblind *deslumbrado por la nieve*
sneeuwbril *gafas* v mv *para la nieve*
sneeuwbui *nevada* v
sneeuwen *nevar* [ie] ★ het sneeuwt *nieva*; *está nevando* ★ het gaat ~ *empieza a nevar*
sneeuwgrens *límite* m *de las nieves perpetuas*
sneeuwjacht *ventisca* v; *nevasca* v
sneeuwketting *cadena* v *antideslizante*
sneeuwklokje *campanilla* v *blanca*
sneeuwlandschap *paisaje* m *nevado*
sneeuwman *muñeco* m *de nieve* ★ de verschrikkelijke ~ *el abominable hombre de las nieves*
sneeuwploeg • sneeuwruimers *equipo* m *quitanieves* • machine *máquina* v *quitanieves*
sneeuwpop *muñeco* m *de nieve*
sneeuwschuiver • schop *pala* v *para quitar la nieve* • auto *quitanieves* m
sneeuwstorm *ventisca* v; *tormenta* v *de nieve*
sneeuwuil *lechuza* v *blanca (del Ártico)*
sneeuwval *caída* v *de nieve*
sneeuwvlok *copo* m *de nieve*
sneeuwvrij *sin nieve*
sneeuwwit *blanco como la nieve*
Sneeuwwitje *Blancanieves* v

snel I BNW vlug *veloz*; *rápido* ★ met snelle pas wandelen *caminar con paso rápido* II BIJW • vlug *de prisa* ★ niet zo snel *no tan de prisa*; *más despacio* ★ sneller gaan *ir más rápido* ★ sneller worden *acelerarse* • spoedig *pronto* ★ zo snel mogelijk *lo más pronto posible*
snelbinder *elástico* m *(tensor) del portaequipajes*
snelbuffet *bufete* m *rápido*
snelfiltermaling *café* m *molido*
snelheid • het snel gaan *rapidez* v • vaart *velocidad* v ★ op volle ~ *a toda velocidad; a toda marcha; a todo correr* ★ met een ~ van 50 km/u *a una velocidad de 50 kilómetros por hora* ★ met duizelingwekkende ~ *con rapidez vertiginosa* ★ de ~ verhogen *acelerar la marcha* ★ de ~ matigen *moderar la marcha*
snelheidsbegrenzer *limitador* m *de velocidad*
snelheidsduivel *maniaco* m *del volante; automovilista* m *que corre a gran velocidad*
snelheidslimiet *límite* m *de velocidad*
snelkookpan *olla* v *de presión; olla* v *exprés*
snelkookrijst *arroz* m *de cocción rápida*
snelkoppeling *acceso* m *directo*
snellekweekreactor *reactor* m *reproductor rápido*
snellen *correr; apresurarse* ★ te hulp ~ *acudir; acudir en ayuda*
snelrecht *procedimiento* m *de urgencia*
snelschaken *jugar* [ue] *rápidamente al ajedrez*
sneltram *tranvía* m *directo*
sneltrein *rápido* m; *tren* m *expreso; expreso* m
sneltreinvaart *gran velocidad* v ★ in ~ *a gran velocidad*
snelverband *vendaje* m *rápido*
snelverkeer *tráfico* m *rápido*
snelvuur *fuego* m *rápido*
snelvuurwapen *arma* v *de fuego rápida*
snelwandelen *marcha* v *rápida; andar a paso atlético*
snelweg *autopista* v
snerpen • schril klinken *hacer un ruido estridente* • striemen *penetrar* ★ ~de kou *un frío penetrante*
snert • erwtensoep *crema* v *de guisantes* • troep *basura* v
snert- *de mierda; de trasto* ★ snertweer *tempo* m *di mierda*
sneu *decepcionante* ★ wat sneu *¡qué lástima!* ★ wat sneu voor hem *me da lástima*
sneuvelen • omkomen *caer; quedar en el campo; morir* [ue, u] • stukgaan *romperse*
snibbig *áspero*
snijbloem *flor* v *cortada*
snijboon • groente *habichuela* v • INFORM. persoon ★ een rare ~ *un estrafalario*
snijbrander *soplete* m *oxiacetilénico*
snijdbaar *cortable*
snijden I OV WW • af-/uitsnijden *cortar*; ⟨v. vlees⟩ *trinchar* ★ vlees in stukken ~ *trinchar la carne* ★ cake in plakken ~ *cortar un bizcocho en trozos* ★ zich in de vinger ~ *cortarse el dedo* • een snijpunt hebben *intersectar; cortar* • opzijdringen *cortar el paso* II ON WW • kerven *cortar* • pijn veroorzaken *cortar* ★ de wind snijdt in het gezicht *el viento corta la cara*

snijdend *áspero*; *mordaz*; *cortante; agudo; penetrante* ★ een ~e kou *un frío penetrante*
snijmachine *máquina* v *de cortar; guillotina* v
snijplank *tablero* m; *tajo* m
snijpunt *punto* m *de intersección*
snijtafel *mesa* v *de disección*
snijtand *diente* m *incisivo*
snijvlak • snijdend deel *corte* m • doorsnede *sección* v
snijwerk *escultura* v
snijwond *corte* m; *cuchillada* v
snik I ZN [de] *sollozo* m; *hipo* m ★ in snikken uitbarsten *romper en sollozos* ▼ de laatste snik *el último suspiro* ▼ de laatste snik geven *dar el último suspiro* ▼ tot de laatste snik *hasta el último suspiro* II BNW ▼ hij is niet goed snik *es un chiflado; le falta un tornillo*
snikheet *sofocante* ★ het is ~ *hace muchísimo calor*
snikken *sollozar*
snip • vogel *chocha* v; *becada* v • briefje van honderd *billete* m *de cien florines*
snipper *pedazo* m
snipperdag *día* m *libre*
snipperen *hacer pedazos*
snipverkouden ★ ~ zijn *estar acatarrado; estar resfriado*
snit *corte* m
snob *presumido* m; *cursi* m
snobisme *esnobismo* m; *cursilería* v
snobistisch *esnob; snob; cursi*
snoeien • afknippen ⟨takken⟩ *recortar*; ⟨struiken/bomen⟩ *podar* • inkorten *recortar* ★ uitgaven ~ *recortar los gastos*
snoeimes *podadera* v
snoeischaar *tijeras* v mv *de podar*
snoek *lucio* m
snoekbaars *lucioperca* v
snoekduik *salto* m *de cabeza*
snoep • *golosinas* v mv; *dulces* m mv • → **snoepje**
snoepautomaat *máquina* v *automática de golosinas*
snoepen *comer golosinas*
snoeper • iem. die snoept *goloso* m • flirt ★ ouwe ~ *viejo verde*
snoepgoed *golosinas* v mv; *dulces* m mv
snoepje *golosina* v; *caramelo* m
snoeplust *ganas* v mv *de comer golosinas*
snoepreisje *viajecito* m
snoer • koord *cordón* m ★ elektrisch ~ *cable* m • streng *collar* m
snoerloos *inalámbrico*
snoes *angelito* m
snoeshaan ★ een vreemde ~ *un tipo raro*
snoet *hocico* m; *morro* m; INFORM. *jeta* v
snoeven *darse importancia; fanfarronear* ★ ~ op *jactarse de*
snoever *fanfarrón* m
snoezig *mono; precioso*
snol *zorra* v; *puta* v
snood *infame; vil*
snoodaard *malvado* m
snooker *(e)snooker* m
snookeren *jugar al snooker*
snor *bigote* m ▼ dat zit wel snor *no te preocupes*

snorder *taxista* m *ilegal*
snorfiets *bicicleta* v *de acumuladores*
snorhaar • haar van snor *pelo* m *del bigote* • tasthaar bij zoogdieren *bigote* m
snorkel ⟨v. zwemmer⟩ *tubo* m *de respiración*; ⟨v. onderzeeër⟩ *esnórquel* m
snorkelen *bucear llevando un tubo para respirar*
snorren *zumbar*; ⟨v. kat⟩ *ronronear*
snot *moco* m; *mocos* m mv
snotaap *mocoso* m
snotneus • loopneus *nariz* v *mocosa* • snotaap *mocoso* m
snottebel *velas* v mv
snotteren • neus ophalen *sorberse los mocos* • huilen *lloriquear*
snotverkouden *muy resfriado*
snowboard *snowboard* m
snowboarden *hacer snowboarding* m
snuffelaar *fisgón* m [v: *fisgona*]
snuffelen • ruiken *olfatear*; *husmear*; *oler* [ue] • speuren *husmear*; *fisgar*; *curiosear*
snuffelpaal *toxicómetro* m
snuffen *resollar* [ue]; *resoplar*
snufferd *narices* v mv ★ het staat vlak voor je ~! *¡está delante de tus narices!*
snufje • klein beetje *pizca* v ★ een ~ zout *una pizca de sal* ★ nieuwigheidje *novedad* v ★ het nieuwste ~ *lo último*
snugger *listo*; *espabilado*
snuifje *pizca* v
snuisterij *baratija* v; *chuchería* v
snuit • deel van kop *hocico* m; *morro* m; ⟨v. olifant⟩ *trompa* v • gezicht *jeta* v
snuiten ★ zijn neus ~ *sonarse* [ue]
snuiter ★ een rare ~ *un tipo raro*
snuiven I ov ww tabak/cocaïne gebruiken *esnifar* II on ww ademen *resoplar*; ⟨v. dier⟩ *bufar*
snurken *roncar*
so • → **sol**
soa *enfermedad* v *de transmisión sexual*
soap *telenovela* v
sober *sobrio*; *austero* ★ een ~e maaltijd *una cena frugal*
sociaal *social* ★ ~ werker *asistente social*; *trabajador social*
sociaalcultureel *sociocultural*
sociaaldemocraat *socialdemócrata* m/v
sociaaleconomisch *socioeconómico*
socialisatie *socialización* v
socialiseren *socializar*
socialisme *socialismo* m
socialist *socialista* m/v
socialistisch *socialista*
sociëteit *sociedad* v; *club* m
society *alta* v *sociedad*
sociolinguïstiek *sociolingüística* v
sociologie *sociología* v
socioloog *sociólogo* m
soda • natriumcarbonaat *sosa* v • sodawater *soda* v
sodawater *soda* v; *sifón* m
sodemieter ▾ als de ~ *volando* ▾ ergens geen ~ van begrijpen *no entender* [ie] *ni jota* ▾ iem. op zijn ~ geven *machacar las liendres a alguien*

sodomie *sodomía* v
soebatten *suplicar*
Soedan *Sudán* m
Soedanees I zn [de] *sudanés* m II bnw *sudanés*
soelaas *consuelo* m ★ ~ bieden *dar alivio*
soep ⟨maaltijdsoep⟩ *potaje* m; *sopa* v ▾ dat is linke soep *eso es muy arriesgado* ▾ de soep wordt niet zo heet gegeten als ze wordt opgediend *no es tan fiero el león como lo pintan* ▾ dat is niet veel soeps *no es nada del otro mundo*
soepballetje *albóndiga* v
soepbord *plato* m *hondo*; *plato* m *sopero*
soepel • niet stroef bewegend *flexible* • FIG. niet koppig *flexible*
soepgroente *verduras* v *para la sopa*
soepjurk *vestido* m *muy ancho*
soepkom *cuenco* m *para la sopa*
soeplepel • opscheplepel *cucharón* m • eetlepel *cuchara* v *para la sopa*
soeps • → **soep**
soepstengel *palito* m
soes *pastel* m *relleno*
soesa *alboroto* m; *jaleo* m; *lío* m
soeverein I zn [de] *soberano* m II bnw *soberano*
soevereiniteit *soberanía* v
soezen *dormitar*
soezerig *soñoliento*
sof *fracaso* m
sofa *sofá* m
Sofia *Sofía* v
sofinummer ⟨N.I.F.⟩ ≈ *Número* m *de Identificación Fiscal*; *número* m *socio-fiscal*
softbal *softball* m; *variedad* v *de béisbol*
softdrug *droga* v *blanda*
softijs *crema* v *de helado*
software *software* m
soja *soja* v
sojaboon *haba* v *de soja*
sojamelk *leche* v *de soja*
sojaplant *planta* v *de soja*
sojasaus *salsa* v *de soja*
sok *calcetín* m ★ een paar sokken *un par de calcetines* ▾ iem. van de sokken rijden *tirar a u.p.* ▾ de sokken erin zetten *tomar soleta* ▾ ouwe sok *carca* m
sokkel *pedestal* m
sol *sol* m
solarium *solario* m; *solarium* m
soldaat *soldado* m ★ ~je spelen *jugar* [ue] *a los soldaditos* ▾ een fles ~ maken *beberse una botella*
soldatenuniform *uniforme* m *militar*
soldeer *soldadura* v
soldeerbout *soldador* m
soldeerdraad *varilla* v *de soldadura*
soldeersel *soldadura* v
solden *rebajas* v mv; *liquidación* v
solderen *soldar* [ue]
soldij *paga* v; *soldada* v
soleren *actuar* (ú) *como solista*
solidair *solidario* ★ zich ~ verklaren *solidarizarse*
solidariteit *solidaridad* v ★ uit ~ met *por solidaridad con*
solidariteitsbeginsel *principio* m *de solidaridad*
solidariteitsgevoel *sensación* v *de solidaridad*

solide • vast *sólido*; *firme* • FIG. betrouwbaar *sólido*; *seguro*
solist • MUZ. *solista* m/v • FIG. individualist *individualista* v
solitair I ZN [de] persoon *solitario* m II BNW *solitario*
sollen met *jugar* [ue] *con*; *tratar con poca seriedad* ★ ik laat niet met me ~ *no acepto que jueguen conmigo*; *no dejo que me traten con poca seriedad*
sollicitant *candidato* m; *solicitante* m/v; ⟨naar overheidsfunctie⟩ *opositor* m
sollicitatie *solicitud* m *de empleo*
sollicitatiebrief *carta* v *de solicitud*
sollicitatiecommissie *comisión* v *de selección de candidatos*
sollicitatiegesprek *entrevista* v
sollicitatieplicht *obligación* v *de solicitar trabajo*
solliciteren *solicitar*; ⟨naar overheidsfunctie⟩ *hacer oposiciones*
solo I ZN [de] *solo* m II BIJW *a solas* ★ solo zingen *cantar como solista*
solocarrière *carrera* v *en solitario*
Solomoneilanden *Islas* v mv *de Solomón*
solopartij *solo* m
solotoer ★ op de ~ gaan *seguir* [i] *en solitario*
solovlucht *vuelo* m *en solitario*
solozanger *solista* m/v
solutie • contactlijm *disolución* v *de goma* • SCHEIK. oplossing *solución* v; *disolución* v
solvabel *solvente*
solventie *solvencia* v
som • uitkomst *suma* v • bedrag *suma* v • WISK. *problema* m
Somalië *Somalia* v
somatisch *somático*
somber • donker *oscuro*; *sombrío* • bedrukt *sombrío*; *melancólico*; *pesimista*; *negro*
somma *suma* v; *total* m
sommeren • bevelen *mandar*; *ordenar*; *conminar* • WISK. *sumar*
sommige *algunos* m mv [v mv: *algunas*]
soms • nu en dan *algunas veces*; *a veces*; *de vez en cuando* • misschien *acaso* ★ heb jij haar soms gezien? ¿*la has visto tú?*
sonar *sonar* m
sonarapparatuur *instrumentos* m mv *de sónar*
sonate *sonata* v
sonde • peilstift *sonda* v • meettoestel *sonda* v • katheter *sonda* v; *catéter* m
songfestival *festival* m *de la canción*
songtekst *letra* v *de una canción*
sonnet *soneto* m
sonoor *sonoro*
soort • groep *clase* v; *especie* v ★ enig in zijn ~ *único en su género* ★ ons ~ mensen *gente como nosotros* ★ allerlei ~en ... *toda clase de ...*; *todo tipo de ...* • BIOL. *especie* v ★ iets dat lijkt op het genoemde *especie* v ★ een ~ (van) mes *una especie de cuchillo* ▼ ~ zoekt ~ *cada oveja con su pareja*
soortelijk *específico* ★ het ~ gewicht *peso específico*
soortement *especie* v
soortgelijk *semejante*; *parecido*; *similar*
soortgenoot *congénere* m

soortnaam *nombre* m *común*; *nombre* m *genérico*
soos *club* m
sop *agua* v *de jabón*; *espuma* v; *espuma* v *de jabón* ★ in het sop zetten *echar a la colada* ▼ het ruime sop kiezen *hacerse a la mar*; *zarpar* ▼ het sop is de kool niet waard *no vale la pena*
soppen *mojar*
sopraan *soprano* m
sorbet *sorbete* m
sores ★ ik heb al genoeg ~ aan mijn hoofd *ya tengo bastantes quebraderos de cabeza*
sorry ¡*perdón!*
sorteermachine *máquina* v *clasificadora*
sorteren *clasificar*; *ordenar*; *seleccionar* ★ ruim gesorteerd *bien surtido* ▼ effect ~ *surtir efecto*
sortering *surtido* m
SOS *S.O.S.* m
soufflé *soufflé* m
souffleren *soplar*; *apuntar*
souffleur *apuntador* m
soul ⟨música v⟩ *soul* m
soundtrack *banda* v *sonora*
souper *cena* v
souperen *cenar*
souplesse *flexibilidad* v
sousafoon *bombardón* m
souschef *subjefe* m
souteneur *proxeneta* m; *chulo* m; INFORM. *macarra* m
souterrain *sótano* m
souvenir *recuerdo* m
souvenirwinkel *tienda* v *de recuerdos*
sovjet *soviet* m
Sovjetrepubliek *república* v *soviética*
Sovjet-Unie *Unión* v *Soviética*
sowieso *en cualquier caso*; *de todos modos*
spa • ° mineraalwater *agua* v *mineral* ★ spa° rood *agua mineral con gas* ★ spa° blauw *agua mineral sin gas* • spade *azada* v; *pala* v
spaak I ZN [de] *rayo* m; *radio* m ▼ een ~ in het wiel steken *poner trabas* II BIJW ▼ ~ lopen *frustrarse*; *fracasar*
spaakbeen *radio* m
spaan • spaander *astilla* v • schuimspaan *espumadera* v ▼ geen ~ heel laten van *hacer trizas de*; *acabar con*
spaander *astilla* v ▼ waar gehakt wordt, vallen ~s *donde hay fiestas hay gastos*
spaanplaat *aglomerado* m
Spaans I ZN [het] taal ⟨in het algemeen⟩ *español* m; ⟨in Spanje⟩ *castellano* m II BNW m.b.t. Spanje *español*
Spaanstalig *hispanohablante*
spaarbank *caja* v *de ahorros*
spaarbankboekje *libreta* v *de ahorros*
spaarbekken *embalse* m
spaarbrander *mechero* m *económico*; *quemador* m
spaarbrief *bono* m *de ahorro*
spaarcenten *ahorros* m mv; *dinero* m *ahorrado*
spaardeposito *depósito* m *de ahorros*
spaarder *ahorrador* m
spaargeld *ahorros* m mv
spaarlamp *lámpara* v *para ahorrar energía*

spaarpot *alcancía* v; *hucha* v
spaarrekening *cuenta* v *de ahorros*
spaarvarken *hucha* v *con forma de cerdito*
spaarzaam *ahorrador*; *económico* ★ hij is ~ met woorden *lacónico*
spaarzegel *cupón* m
spaceshuttle *lanzadera* v *espacial*
spade *azada* v; *pala* v
spagaat *despatarrada* v ★ een ~ maken *hacer una despatarrada*
spaghetti *tallarines* m mv; *espaguetis* m mv
spaghettiwestern *spaghettiwestern* m
spalk *tablilla* v
spalken *entablillar*
spam *correo* m *basura*; *spam* m
span *yunta* v
spandoek *pancarta* v
spandraad *hilo* m *tensor*
spaniël *spaniel* m
Spanjaard *español* m
Spanje *España* v
spanjolet *falleba* v
spankracht • veerkracht *elasticidad* v • kracht *tensión* v
spannen I ov ww • strak trekken *tensar*; ⟨v. draad⟩ *tender* [ie] • aanspannen *enganchar*; *uncir* • uitrekken *tensar* ★ de boog ~ *tensar la cuerda del arco* II onp ww kritiek zijn ★ het zal erom ~ *será difícil* ★ het spande erom *era sumamente inseguro*
spannend *emocionante*; ⟨v. film/boek⟩ *lleno de suspense*
spanning • het strak getrokken zijn *tensión* v • ELEK. potentiaalverschil *tensión* v; *voltaje* m ★ onder hoge ~ staan *estar bajo gran tensión* • PSYCH. onrust *tensión* v ★ in ~ zitten *estar en/sobre ascuas* ★ de ~ stijgt ten top *la tensión sube al máximo* ★ de ~ is te snijden *la tensión es palpable*
spanningscoëfficiënt *coeficiente* m *de tensión*
spanningsveld • ELEK. *campo* m *eléctrico* • FIG. *zona* v *de tensión*
spanningzoeker *detector* m *de corriente*
spant *armadura* v; *armazón* m
spanwijdte • afstand tussen twee steunpunten *ojo* • vleugelbreedte *envergadura* v
spar *abeto* m
sparappel *piña* v
sparen • besparen *ahorrar* ★ spaar me die verhalen maar *no me vengas con tus cuentos* • verzamelen *coleccionar* ★ postzegels ~ *coleccionar sellos* • ontzien *no molestar*
Spartaans *espartano*
spartelen *sacudirse*
spasme *espasmo* m
spastisch *espástico* ★ ~e beweging *espasmo* m
spat *pizca* v; *salpicadura* v ▼ geen spat *ni pizca*; *nada* ▼ ze is geen spat veranderd *no ha cambiado nada* ▼ spatjes hebben *ponerse chulo*; *ponerse impertinente*
spatader *variz* v; *varice* v; *várice* v
spatbord *guardabarros* m
spatel *espátula* v
spatie *espacio* m
spatiebalk *espaciador* m
spatlap *guardabarros* m

spatten I ov ww bespatten *salpicar* ★ met water ~ *salpicar con agua* II on ww spetteren *salpicar* ★ de modder spatte op mijn jas *el barro me salpicó en el abrigo* ★ uit elkaar ~ *estallar*
spawater *agua* v *mineral*
speaker • luidspreker *altavoz* m; *bafle* m • commentator *speaker* m
specerij *especia* v
specht *pico* m; *picamaderos* m
speciaal *especial*; *particular*
speciaalzaak *comercio* m *especializado*
special ⟨reportaje⟩ m *especial*
specialisatie *especialización* v
specialiseren [zich ~] *especializarse*; *especializar*
specialisme *especialidad* v
specialist • deskundige *especialista* m/v; *perito* m • MED. arts *especialista* m/v ★ iem. doorverwijzen naar een medisch ~ *enviar (l) a u.p. a un especialista*
specialistisch *especializado*
specialiteit *especialidad* v
specie *argamasa* v; *mortero* m
specificatie *especificación* v
specificeren *especificar*
specifiek *específico*
specimen *espécimen* m [mv: *especímenes*]
spectaculair *espectacular*
spectrum • NATK. *espectro* m • gevarieerde reeks *gama* v
speculaas ≈ *pastel* m *de canela*
speculaaspop *muñeco* m *de pan de jengibre*
speculant *especulador* m
speculatie *especulación* v
speculatief *especulativo*
speculeren • gissingen doen *hacer conjeturas acerca de* • ECON. *especular en/con* • ~ **op** *especular en*
speech *discurso* m; ⟨bij heffen van glas⟩ *brindis* m ★ een ~ afsteken *brindar*
speed *anfetamina* v
speedboot *lancha* v *motora*
speeksel *saliva* v
speekselklier *glándula* v *salivar*
speelautomaat *máquina* v *tragaperras*
speelbal • bal *pelota* v • slachtoffer *juguete* m ★ een ~ van de golven *un juguete de las olas* ★ een ~ van het lot *un juguete de la fortuna*
speelbank *caja* v *de juego*
speelbord *tablero* m *de juego*
speeldoos *caja* v *de música*
speelfilm *largometraje* m; *película* v
speelgoed *juguetes* m mv ★ een stuk ~ *un juguete*
speelgoedafdeling *sección* v *de juguetes*
speelgoedautootje *coche* m *de juguete*
speelgoedbeer *osito* m *de peluche*
speelgoedwinkel *juguetería* v
speelhal *sala* v *de juego*
speelhelft • helft van veld *lado* m • helft speelduur *tiempo* m
speelhol *garito* m; *casa* v *de juego*
speelkaart *naipe* m; *carta* v
speelkameraad *compañero* m *de juego*
speelkwartier *recreo* m
speelplaats *patio* m

speelruimte *libertad* v *de acción*; *margen* m/v
speels • dartel *juguetón* ★ ~ als jonge honden *revoltoso* • luchtig *alegre*
speelschuld *deuda* v *de juego*
speeltafel *mesa* v *de juego*
speelterrein *campo* m *de deportes*; ⟨op school⟩ *campo* m *de recreo*
speeltijd *recreo* m
speeltje *juguete* m
speeltuin *parque* m *infantil*
speelzaal *sala* v *de juegos*
speen • fopspeen *chupete* m • tepel *pezón* m
speenkruid *celidonia* v *menor*
speenvarken *lechón* m
speer • lans *lanza* v • SPORT *jabalina* v
speerpunt • punt van speer *punta* v *de lanza* • belangrijke zaak *vanguardia* v
speerwerpen *lanzamiento* m *de jabalina*
speerwerper *lanzador* m *de jabalina*
spek *tocino* m ▼ er voor spek en bonen bijzitten *no abrir la boca*; *no decir [i] esta boca es mía*
spekglad *muy resbaladizo* ★ het is ~ op de weg *la carretera está muy resbaladiza*
spekken ★ de beurs/pot ~ van *enriquecer*
speklap *loncha* v *gorda de tocino*
spektakel • schouwspel *espectáculo* m • drukte *alboroto* m • lawaai *escándalo* m; *ruido* m ★ ~ maken *armar escándalo/ruido*
spektakelstuk *obra* v *espectacular*
spekvet *grasa* v *(de tocino)*
spekzool *suela* v *de goma*
spel • bezigheid ter ontspanning *juego* m • speelbenodigdheden *juego* m ★ een spel kaarten *una baraja* v • toneelstuk *obra* v *de teatro* • handelswijze ★ vals spel *trampa* v; *engaño* m • TON. speelwijze *actuación* v • MUZ. speelwijze *interpretación* v • → **spelletje** ▼ alles op het spel zetten *jugarse* [ue] *el todo por el todo* ▼ zijn leven op het spel zetten *jugarse* [ue] *la vida* ▼ op het spel staan *estar en juego* ▼ het spel is uit *se acabó* ▼ een vuil spelletje spelen *jugar sucio* ▼ vrij spel hebben *tener libertad de acción*
spelbederf *comportamiento* m *poco deportivo durante el juego*
spelbreker *aguafiestas* m/v
speld • naaigerei *alfiler* m • → **speldje** ▼ je kon een ~ horen vallen *se podía oír el vuelo de una mosca* ▼ er is geen ~ tussen te krijgen *es irrefutable* ▼ een ~ in een hooiberg zoeken *buscar una aguja en un pajar*
spelden *sujetar con un alfiler*; *sujetar con alfileres*
speldenknop *cabeza* v *de alfiler*
speldenkussen *acerico* m
speldenprik • prik met speld *alfilerazo* m • hatelijkheid *alfilerazo* m; *indirecta* v
speldje *distintivo* m
spelen I OV WW • zich vermaken (met) *jugar* ★ buiten ~ *jugar fuera (de casa)* • wedstrijd aangaan ★ een wedstrijd ~ *jugar un partido* • MUZ. *tocar* ★ vals ~ *desafinar* ★ viool ~ *tocar el violín* • verplaatsen ★ de bal ~ *jugar la pelota* ★ een kaart ~ *jugar una carta* • TON. als acteur uitvoeren *actuar* ★ de rol ~ van ... *hacer el papel de ...* • TON. opvoeren *representar* • zich voordoen als *darse aires de* II ON WW • zich afspelen *desarrollarse* ★ de film speelt in een grote stad *la película se desarrolla en una gran ciudad* • ~ **om** kansspel spelen met als inzet ★ om geld ~ *jugar por dinero* • ~ **met** luchtig behandelen *jugar con* • ~ **op** *especular en* ★ op safe ~ *no tomar ningún riesgo*
spelenderwijs *sin esfuerzo*
speleoloog *espeleólogo* m
speler ⟨sport/spel⟩ *jugador* m; ⟨toneel⟩ *actor* m [v: *actriz*]
spelevaren *pasearse en lancha*
spelfout *falta* v *de ortografía*
speling • tussenruimte *movimiento* m *libre* • marge *margen* m/v • gril *capricho* m ★ een ~ van het lot *un capricho de la fortuna* ★ een ~ van de natuur *un capricho de la naturaleza*
spelleider *árbitro* m; COMM. *presentador* m
spellen • correct schrijven *deletrear* ★ kun je dat voor me ~? *¿me lo deletrea?* ★ hoe spel je dat woord? *¿cómo se escribe esa palabra?* • aandachtig lezen *leer con mucha atención*; *estudiar*
spelletje *partida* v
spelling *ortografía* v
spellingchecker *corrector* m *ortográfico*
spellinggids *guía* v *de ortografía*
spellingshervorming *reforma* v *ortográfica*
spelonk *cueva* v; *gruta* v
spelregel *regla* v *de juego*
spencer *chaleco* m
spenderen *gastar en*
spenen *destetar* ▼ gespeend van *privado de*; *falto de*
sperma *esperma* m; *semen* m
spermabank *banco* m *de semen*
spermadonor *donante* m *de semen*
spermatozoïde *espermatozoide* m
spertijd *toque* m *de queda*
spervuur *cortina* v *de fuego*
sperwer *gavilán* m
sperzieboon *judía* v *verde*
spetter • spat *salpicadura* v • INF. mooi persoon *bombón* m
spetteren *salpicar*; ⟨v. hete olie⟩ *saltar*
speurder *investigador* m; *detective* m/v
speuren • opsporen *rastrear*; *seguir [i] la pista de* • onderzoeken *investigar*; *indagar*
speurhond *perro* m *sabueso*; *sabueso* m
speurneus *sabueso* m
speurtocht *búsqueda* v
speurwerk *investigaciones* v mv; *indagaciones* v mv ★ ~ verrichten *hacer investigaciones/indagaciones*
speurzin *olfato* m
spichtig *flaco*
spie • wig *cuña* v • pen *chaveta* v
spieden *espiar* [i]; *acechar*
spiegel *espejo* m; ⟨in kast⟩ *luna* v; ⟨in auto⟩ *retrovisor* m ★ in de ~ kijken *mirarse en el espejo*
spiegelbeeld • weerkaatsing *reflejo* m • omgekeerd beeld *imagen* v *inversa*
spiegelei *huevo* m *frito*

spiegelen [zich ~] • weerkaatst worden *reflejarse* • ~ **aan** *tomar como ejemplo*
spiegelglad *espejado*
spiegeling • het spiegelen *reflejo* m • spiegelbeeld *imagen* v *inversa*
spiegelreflexcamera *cámara* v *réflex*
spiegelruit *cristal* m *de espejo*
spiegelschrift ★ in ~ *escrito al revés*
spiekbriefje *chuleta* v
spieken *copiar* ▼ even ~ *un momento*
spier *músculo* m ★ zonder een ~ te vertrekken *sin pestañear* ★ een ~ scheuren *hacerse un esguince*
spieratrofie *atrofia* v *muscular*
spierbal *músculo* m ★ zijn ~len laten zien *tensar los músculos*
spierbundel *fascia* v *(muscular)*
spiercontractie *contracción* v *muscular*
spierdystrofie *distrofia* v *muscular*
spiering *eperlano* m ▼ wat een magere ~ *está hecho un fideo* ▼ een ~ uitgooien om een kabeljauw te vangen *meter aguja y sacar reja*
spierkracht *fuerza* v *física*; *músculos* m mv
spiernaakt *en cueros*
spierpijn *agujetas* v mv
spierverrekking *guince* m *muscular*
spierweefsel *tejido* m *muscular*
spierwit *pálido*
spies • speer *lanza* v; ⟨stierenvechten⟩ *pica* v • grillpen *broqueta* v
spietsen *espetar*; *atravesar* [ie]
spijbelaar *novillero* m
spijbelen *hacer novillos*
spijker *clavo* m ▼ ~s met koppen slaan *ir al grano* ▼ de ~ op de kop slaan *dar en el clavo* ▼ ~s op laag water zoeken *buscar cinco/tres pies al gato*
spijkerbroek *(pantalones)* m mv *vaqueros*; *tejanos* m mv
spijkeren *clavar*
spijkerhard *muy duro*
spijkerjasje *cazadora* v *vaquera*
spijkerschrift *escritura* v *cuneiforme*
spijkerstof *tela* v *vaquera*
spijl *barra* v
spijs *manjar* m; *alimento* m
spijskaart *menú* m
spijsvertering *digestión* v ★ slechte ~ *indigestión* v
spijsverteringskanaal *aparato* m *digestivo*
spijsverteringsorganen *órganos* m mv *digestivos*
spijsverteringssysteem *aparato* m *digestivo*
spijt *arrepentimiento* m; *remordimiento* m ★ ~ hebben van *arrepentirse* [ie] *de* ★ tot onze ~ *con gran pesar nuestro* ★ tot mijn ~ kan ik u morgen niet komen bezoeken *siento no poder ir a verle mañana* ★ dat alles ten ~ *a pesar de todo*
spijtbetuiging *expresión* v *de su arrepentimiento*
spijten ★ het spijt me *lo siento* ★ het spijt ons *lo sentimos* ★ het spijt ons dat u niet kunt komen *sentimos que no pueda venir* ★ het spijt me dat ik hem beledigd heb *siento haberle ofendido*
spijtig *triste* ★ wat ~! *¡qué pena!*

spijtoptant *optante* m *arrepentido*
spikes *zapatillas* v mv *de clavos*
spikkel *punto* m; *mancha* v
spiksplinternieuw *flamante*; *nuevo*; ⟨v. kledingstuk⟩ *sin estrenar*
spil • TECHN. *as eje* m • middelpunt *eje* m; SPORT *medio* m *centro*
spilkoers *curso* m *medio*
spillebeen *zanquilargo* m
spiltrap *escalera* v *de caracol*
spilziek *despilfarrador*
spin • dier *araña* v • snelbinder *sujetador* m *de goma de portaequipajes*
spinazie *espinacas* v mv
spindle *spindle* m
spinet *espineta* v
spinnaker *spinnaker* m
spinnen • tot garen maken *hilar* • snorren *ronronear*
spinnenweb *telaraña* v
spinnerij *hilandería* m
spinnewiel *rueca* v; *torno* m *de hilar*
spinnijdig *furioso*
spin-off *externalidades*
spinrag *telarañas* v mv
spint I ZN [de] mijt *albura* II ZN [het] spinsel *alburno* m
spion *espía* m/v
spionage *espionaje* m
spionagesatelliet *satélite* m *espía*
spioneren *espiar* [í]
spiraal • schroeflijn *espiral* v • voorwerp *muelle* m • FIG. escalatie *espiral* v
spiraalmatras *colchón* m *de muelles*
spiraaltje *diu* m; MED. *espiral* v
spiraalvormig *espiral*
spirit *ánimo* m; *espíritu* m; *mentalidad* v
spiritisme *espiritismo* m
spiritualiën *bebidas* v mv *alcohólicas*
spiritueel *espiritual*
spiritus *alcohol* m
spiritusbrander *infiernillo* m
spiritusstel *infiernillo* m
spit • braadpen *asador* m; *espetón* m ★ aan het spit (gebraden) *asado* • MED. *lumbago* m
spits I ZN [de] • top *punta* v; *pico* m; ⟨v. berg⟩ *cima* v • SPORT *delantero* m; *interior* m • voorhoede *cabeza* v • spitsuur *hora* v *punta* ▼ op de ~ drijven *exagerar* II ZN [het] ▼ het ~ afbijten *dar el primer paso* III BNW • puntig *puntiagudo*; *agudo* • slim *listo*
Spitsbergen *Spitsberg* m
spitsheid *agudeza* v
spitskool *col* v *alargada*
spitsmuis *musaraña* v
spitsuur *hora* v *punta* [v mv: *horas punta*]
spitsvondig *ingenioso*; *sofisticado*
spitten *cavar*
spitzen *zapatillas* v mv *de ballet*
spleet *grieta* v; *hendidura* v; *hendedura* v; *raja* v
spleetoog I ZN [de] MIN. persoon *chino* m II ZN [het] oog *ojo* m *rasgado*
splijten I OV WW *klieven hender* [ie]; *hendir* [ie] II ON WW *een scheur krijgen rajarse*; *henderse* [ie]; *hendirse* [ie]
splijting *hendimiento* m

splijtstof *sustancia* v *nuclear*
splijtzwam *cizaña* v
splinter *astilla* v; ⟨v. bot⟩ *esquirla* v ▾ de ~ in andermans oog, en niet de balk in eigen oog zien *ver la paja en el ojo ajeno y no ver la tranca/viga en el propio*
splinteren *astillarse*
splintergroep *grupo* m *disidente*
splinternieuw *flamante*; *inédito*
splinterpartij *grupo* m *disidente*; *facción* v
split *corte* m
spliterwt *guisante* m *seco partido*
splitpen *pasador* m
splitrok *falda* v *con abertura*
splitsen *partir*; *dividir*; ⟨touw⟩ *empalmar* ★ zich ~ *dividirse*; *bifurcarse*
splitsing • scheuring *división* v; *separación* v • plaats van splitsing *división* v; ⟨v. wegen⟩ *bifurcación* v
spoed *urgencia* v; *prisa* v ★ met ~ *urgente* ★ ~ maken *apresurarse*; *darse prisa* ★ ~ zetten achter *apresurar*; *acelerar*
spoedbehandeling *tratamiento* m *de urgencia*
spoedbestelling *envío* m *urgente*
spoedcursus *curso* m *intensivo*
spoedeisend *urgente*
spoeden [zich ~] *apresurarse*
spoedgeval *caso* m *urgente*
spoedig I BNW *rápido* II BIJW *pronto*; *dentro de poco* ★ zo ~ mogelijk *cuanto antes* ★ hij komt ~ *no tardará en venir*
spoedoperatie *operación* v *de urgencia*
spoedopname *hospitalización* v *urgente*
spoedoverleg *reunión* v *de emergencia*
spoel *bobina* v; *carrete* m
spoelbak *barreño* m; *barreña* v
spoelen I OV WW • reinigen *enjuagar*; ⟨wasgoed⟩ *aclarar* ★ zijn mond ~ *limpiar la boca* • opwinden *devanar* II ON WW meegevoerd worden *ser llevado*; *ser arrastrado*
spoeling *lavado* m
spoelworm *ascáride* m; *nematodo* m
spoiler *spoiler* m
spoken I ON WW *andar como un fantasma* II ONP WW door spoken bezocht worden ★ in dat huis spookt het *aquella casa está embrujada*
sponde *lecho* m
sponning *ranura* v
spons *esponja* v
sponsen *limpiar con una esponja*
sponsor *patrocinador* m; *espónsor* m
sponsorcontract *contrato* m *de patrocinio*
sponsoren *patrocinar*
sponsoring *patrocinio* m
sponszwam *seta* v *coliflor*
spontaan *espontáneo*
spontaniteit *espontaneidad* v
sponzig *esponjoso*
spook • geest *espectro* m; *aparición* v; *fantasma* m • FIG. schrikbeeld *fantasma* m; *pesadilla* v • akelig mens *bruja* v
spookachtig *espectral*; *lúgubre*
spookbeeld *fantasma* m; *pesadilla* v
spookhuis • huis *casa* v *embrujada* • kermisattractie *túnel* m *del miedo*

spookrijder *conductor* m *suicida*; INFORM. *camicace* m/v
spookschip *buque* m *fantasma*
spookstad *ciudad* v *fantasma*
spookverhaal *cuento* m *de fantasmas*
spoor I ZN [het] • zintuiglijk waarneembaar overblijfsel *huella* v ★ geen ~ achterlaten *no dejar huella* ★ op het ~ komen *enterarse de* ★ het ~ volgen *seguir* [i] *la pista* ★ het ~ bijster raken *perderse* [ie]; *confundirse* • overblijfsel *huella* v; *rastro* m; *traza* v; *vestigio* m • FIG. teken *huella* v; *señal* v; *indicio* m • spoorweg *ferrocarril* m; *vía* v • spoorbedrijf *ferrocarriles* m mv • per ~ *en ferrocarril*; *en tren* • geluidsstrook *banda* v; *canal* m II ZN [de] • uitsteeksel rijlaars *espuela* v ★ de sporen geven *espolear* • PLANTK. *espora* v • hoornige uitwas *espolón* m
spoorbaan *vía* v; *ferrocarril* m
spoorbiels *traviesas* v mv
spoorboekje *guía* v *de ferrocarriles*
spoorboom *barrera* v
spoorbrug *puente* m *de ferrocarril*
spoorlijn *línea* v *de tren*; *línea* v *ferroviaria*
spoorloos *desaparecido* ★ ~ verdwijnen *desaparecer*; *no dejar huella* ★ hij is ~ verdwenen *se lo tragó la tierra*
spoorslags *a toda prisa*; *volando*
spoortrein *tren* m
spoorweg *ferrocarril* m
spoorwegmaatschappij *compañía* v *ferroviaria*
spoorwegnet *red* v *ferroviaria*
spoorwegovergang *paso* m *a nivel*
spoorwegpersoneel *personal* m *ferroviario*
spoorwegpolitie *policía* v *de ferrocarriles*
spoorwegstaking *huelga* v *ferroviaria*
spoorwegverbinding *línea* v *de ferrocarril*
spoorzoeken *buscar una pista*
sporadisch *esporádico*; *aislado*
spore *espora* v
sporen • met de trein reizen *viajar en tren* ★ twee uur ~ *dos horas de tren* • overeenkomen *cuadrar con*; *corresponder con*
sporenplant *planta* v *de esporas*
sport • lichaamsoefening *deporte* m ★ aan ~ doen *hacer deporte* • trede *escalón* m; *peldaño* m • stoelspaak *barrote* m
sportauto *coche* m *deportivo*
sportblessure *lesión* v
sportbond *organización* v *de deportes*
sportbril *gafas* v mv *de deporte*
sportclub *club* m *deportivo*
sportdag *día* m *deportivo*
sporten *hacer deporte*
sporter *deportista* m/v
sportevenement *acontecimiento* m *deportivo*
sportfiets *bicicleta* v *de carreras*
sportfondsenbad *piscina* v *financiada por un club deportivo*
sporthal *sala* v *de deportes*
sportief • SPORT sport betreffend *deportivo* • sportlievend *deportista*
sportieveling *fanático* m *del deporte*
sportiviteit *deportividad* v
sportjournalist *periodista* m/v *deportivo*

sportkeuring reconocimiento m médico para practicar deporte
sportkleding ropa v de deporte
sportman deportista m
sportnieuws noticias v mv deportivas
sportpagina página v de deportes
sportpark parque m deportivo
sportschool escuela v de deportes; gimnasio m
sportuitzending programa m de deportes
sportvissen practicar la pesca deportiva
sportvisser pescador m por deporte
sportvlieger aviador m deportivo
sportvliegtuig avión m deportivo
sportvrouw deportista v
sportwagen coche m deportivo
sportzaak tienda v de artículos de deporte
spot • het spotten burla v ★ de spot drijven met burlarse de ★ milde spot ironía v ★ bittere spot sarcasmo m • reclame anuncio m; spot m • lamp foco m
spotgoedkoop baratísimo
spotlight foco m
spotnaam nombre m de guasa
spotprent caricatura v
spotprijs precio m ridículo ★ voor spotprijzen baratísimo
spotten burlarse ★ hij laat niet met zich ~ con él no se juega; no está para bromas ★ daarmee valt niet te ~ no es cosa de risa
spotter burlón m
spotvogel zarcero m icterino
spouwmuur pared v doble
spraak • vermogen om te spreken habla v • manier van spreken lenguaje m ★ iets ter sprake brengen sacar a relucir u.c. ★ ter sprake brengen abordar; llamar la atención sobre; traer a cuento; plantear ★ ter sprake komen salir a relucir ★ er is sprake van dat se dice que ★ hier is sprake van een vergissing se trata de un error ★ geen sprake van! ¡ni hablar!; ¡de eso ni hablar!
spraakcentrum centro m del lenguaje
spraakgebrek defecto m del habla
spraakgebruik lenguaje m
spraakherkenning reconocimiento m de voz
spraakkunst gramática v
spraakles clase v de dicción
spraakmakend • de ~e gemeente la comunidad lingüística
spraakstoornis trastorno m del habla
spraakvermogen habla v
spraakverwarring confusión v; babel m/v ▾ een Babylonische ~ un Babel m
spraakwaterval avalancha v de palabras
spraakzaam locuaz
sprake • → spraak
sprakeloos perplejo; sin saber qué decir
sprankelen chispear
sprankje pizca v; chispa v ★ geen ~ licht/hoop ni una pizca de luz/esperanza
spray espray m; pulverizador m
spreadsheet hoja v de cálculo
spreekbeurt charla v; FORM. conferencia v ★ een ~ houden dar una charla/conferencia
spreekbuis portavoz m/v
spreekgestoelte cátedra v

spreekkamer consulta v
spreekkoor grupo m que corea eslóganes
spreekstalmeester director m de pista
spreektaal lenguaje m hablado
spreekuur (hora v de) consulta
spreekvaardigheid elocución v
spreekverbod prohibición v de hablar en público
spreekwoord proverbio m; refrán m
spreekwoordelijk proverbial
spreeuw estornino m
sprei colcha v; sobrecama m; cubrecama m
spreiden • uitspreiden extender [ie]; desplegar [ie] • verdelen over distribuir
spreiding • het spreiden distribución v • verdeling distribución v
spreidlicht foco m
spreidsprong salto m de piernas abiertas
spreidstand posición v de piernas abiertas
spreidzit espatarrada v
spreken I OV WW • zeggen decir [i] ★ de waarheid ~ decir la verdad • gesprek hebben met hablar ★ wij ~ elkaar nog ya nos hablaremos ★ voor niemand te ~ zijn no estar para nadie • taal beheersen ★ Spaans ~ hablar español ▾ niet te ~ zijn over no estar muy contento con II ON WW praten hablar ★ dat spreekt vanzelf es obvio • duidelijk ~ articular bien ★ met iem. ~ hablar con u.p. ★ in zichzelf ~ hablar solo ★ we ~ niet met elkaar no nos hablamos ★ over iets ~ hablar de u.c. ★ hard ~ hablar en voz alta ★ harder ~ levantar la voz ▾ de goeden niet te na gesproken a excepción de los buenos
sprekend I BNW • met spraak parlante; que habla • veelzeggend elocuente ★ ~e bewijzen pruebas elocuentes • treffend vivo; exacto ★ een ~e gelijkenis una semejanza exacta II BIJW ★ ze lijkt ~ op haar moeder es el vivo retrato de su madre
spreker • woordvoerder portavoz m/v • redenaar orador m ★ hij is een goed ~ sabe hablar
sprenkelen rociar [i] ★ water over de planten ~ rociar las plantas con agua
spreuk máxima v; aforismo m; refrán m
spriet • halm brizna v • voelhoorn antena v
springbak foso m de llegada
springconcours concurso m hípico de salto
springen • zich in de lucht verheffen saltar; brincar ★ over een sloot ~ saltar una zanja ★ in het water ~ tirarse/arrojarse al agua • zich plotseling bewegen saltar ★ het licht sprong op rood el semáforo saltó a rojo • barsten reventar [ie]; romperse; ⟨v. fietsband⟩ pincharse ★ op ~ staan estar a punto de reventarse • ontploffen saltar; estallar ▾ staan te ~ om te ... tener muchas ganas de ...
springerig saltarín ★ ~ haar pelo rebelde
spring-in-'t-veld niño m bullicioso
springlading carga v explosiva
springlevend vivo; vivito y coleando
springmatras colchón m de muelles
springnet red v para saltar
springpaard caballo m de salto

springplank *trampolín* m
springschans *trampolín* m *(de salto)*
springstof *explosivo* m
springstok *pértiga* v
springtij *marea* v *viva*
springtouw *comba* v; *cuerda* v *de saltar*
springveer *muelle* m
springvloed *marea* v *viva*
sprinkhaan *langosta* v; *saltamontes* m
sprinkler *extintor* m
sprinklerinstallatie *instalación* v *de riego*
sprint *carrera* v; *sprint* m ★ een ~je trekken *acelerar; arrancar; correr*
sprinten *esprintar; acelerar; hacer un sprint*
sprinter *corredor* m *de cortas distancias*
sproeiapparaat *aparato* m *de aspersión*
sproeien *regar* [ie] ★ water over de planten ~ *regar las plantas con agua*
sproeier *alcachofa*
sproeikop *boca* v *de aspersor*
sproeimiddel *pesticida* m
sproeivliegtuig *avioneta* v *para pulverizaciones*
sproet *peca* v
sprokkelen *recoger leña*
sprokkelhout *leña* v
sprong *salto* m; *brinco* m ★ een ~ maken *dar un salto; pegar un salto* ▾ een ~ in 't duister doen *lanzarse*
sprongsgewijs *a saltos*
sprookje • vertelling *cuento* m *de hadas* • FIG. verzinsel *cuento* m
sprookjesachtig *fantástico*
sprookjesboek *libro* m *de cuentos de hada*
sprookjesfiguur *personaje* m *fantástico*
sprookjesprins *príncipe* m *azul*
sprookjesprinses *princesa* v *de cuento de hadas*
sprookjeswereld *mundo* m *de ensueño; país* m *de fantasía*
sprot *espadín* m
spruit • groente *col* v *de Bruselas* ★ ~jes *coles* v mv *de Bruselas* • uitloper *retoño* m; *vástago* m
spruiten *brotar de*
spruitstuk *empalme* m
spruw *aftas* v mv
spugen • speeksel uitspugen *escupir* • braken *vomitar*
spuien *desaguar; verter* [ie, i]
spuigat ▾ de ~en uitlopen *pasar de castaño oscuro*
spuit • werktuig *manguera* v • brandspuit *bomba* v *de incendios* • injectiespuit *jeringuilla* v; *jeringa* v • injectie *inyección* v ★ een ~je geven *poner una inyección*
spuitbus *pulverizador* m; ⟨voor lak⟩ *pistola* v
spuiten I OV WW • naar buiten persen *echar; arrojar; hacer salir a chorro* • injecteren *inyectar* II ON WW • tevoorschijn komen *salir a chorro* • drugs gebruiken *inyectarse; pincharse;* INFORM. *picarse*
spuiter • spuitende opening of bron *surtidor* m • druggebruiker *drogadicto* m/v
spuitfles *sifón* m
spuitgast *bombero* m
spul • goedje *sustancia* v ★ dit is goed spul *está buenísimo* • benodigdheden *cosas* v mv ★ zijn spullen pakken *coger los bártulos*

spurt *aceleración* v; *carrera* v; *esfuerzo* m *supremo*
spurten *hacer un esfuerzo supremo; acelerar; correr*
sputteren *protestar*
sputum *expectoración* v
spuug *saliva* v
spuuglelijk *horripilante*
spuugzat ▾ iets ~ zijn *estar hasta las narices de algo*
spuwen • spugen *escupir* ★ iem. in zijn gezicht ~ *escupir a la cara a alguien* • uitbraken *vomitar; devolver* [ue] ▾ daar spuw ik op *me da asco*
squadron *escuadrón* m
squash *squash* m
squashbaan *pista* v *de squash*
squashen *jugar al squash*
Sri Lanka *Sri* v *Lanka*
sst *ss*
staaf *barra* v
staafdiagram *diagrama* m *de barras*
staafmixer *batidora* v
staak *palo* m; *estaca* v
staakt-het-vuren *alto* m *el fuego*
staal I ZN [het] [gmv] *acero* m ★ roestvrij ~ *acero inoxidable* II ZN [het] [mv: stalen] *muestra* v
staalblauw *azul* ★ ~e hemel *cielo azul*
staalborstel *cepillo* m *de acero*
staalconstructie *construcción* v *de acero*
staaldraad *hilo* m *de acero*
staalindustrie *industria* v *del acero*
staalkaart • kaart met stalen *muestrario* m • FIG. divers geheel *muestra* v
staalkabel *cable* m *de acero*
staalpil *píldora* v *antianémica*
staalwol *lana* v *de acero;* ⟨sponsje⟩ *esponjita* m *de acero*
staan • rechtop staan *estar de pie;* ⟨bepaald onderwerp⟩ *estar;* ⟨onbepaald onderwerp⟩ *haber* ★ de tv staat in de slaapkamer *la tele está en el dormitorio* ★ er ~ drie glazen op tafel *hay tres vasos en la mesa* ★ hoeveel bedden kunnen hier ~? *¿cuántas camas caben aquí?* ★ het bijvoeglijk naamwoord staat voor/achter het zelfstandig naamwoord *el adjetivo precede/sigue al sustantivo* ★ geld op de bank hebben ~ *tener dinero en el banco* ★ blijven ~ *quedarse de pie* ★ gaan ~ *levantarse* ★ laten ~ *dejar; dejar en su sitio; olvidar* ★ zijn eten laten ~ *no tocar la comida* ★ stilstaan *estar* ★ blijven ~ *detenerse* ★ tot ~ brengen *detener* • opgetekend zijn *venir; estar* ★ dat staat in de Bijbel *está en la biblia* ★ het staat in de krant *viene en el periódico* ★ in de krant staat dat ... *dicen los periódicos que ...* ★ een bordje waarop staat ... *un letrero que dice ...* ★ op een lijst ~ *figurar en una lista* • passen *venir* ★ het staat je goed *te viene muy bien* ★ goed ~ bij *hacer juego con* • aanwijzen *marcar* ★ de teller staat op honderd *el contador marca cien* • zijn *estar* ★ hoe staat het ermee? *¿qué hay?; ¿qué pasa?* ★ hoe ~ de zaken? *¿cómo van las cosas?* • verdedigen *defender* [ie] • betekenen *representar; indicar* • steunen *respaldar* • ~ tot *estar* ★ een staat

staand *de pie* ▼ iem. ~e houden *detener a alguien; detener a alguien* ▼ zich ~e houden *no caer; mantenerse*
staande *durante* ★ ~ de vergadering *durante la reunión*
staander *viga* v *de apoyo (vertical); soporte* m
staanplaats • plaats waar men moet staan ⟨in bus⟩ *plaza* v *de pie;* ⟨in stadion⟩ *plaza* v *sin asiento* ★ 30 ~en *treinta plazas de pie* ★ geen ~en *se prohíbe estar de pie* • standplaats *puesto* m
staar ★ grauwe ~ *catarata* v ★ groene ~ *glaucoma* m
staart • BIOL. *rabo* m; *cola* v • haarstreng *cola* v *de caballo;* ⟨vlecht⟩ *trenza* v • uiteinde *cola* v ★ de ~ van een komeet *la cola de un cometa* • nasleep *secuelas* v mv; *consecuencias* v mv • restantje *resto* m ★ met de ~ tussen de poten *con el rabo entre las piernas*
staartbeen *cóccix* m
staartdeling *división* m
staartklok *reloj* m *de pesas*
staartstuk *parte* v *de atrás*
staartvin *aleta* v *caudal*
staat • toestand *estado* m ★ burgerlijke ~ *estado civil* ★ echtelijke ~ *estado* m *matrimonial* ★ in goede ~ zijn *estar en buen estado* ★ in goede ~ en buen estado; en buenas condiciones* ★ rijk *estado* m ★ Gedeputeerde Staten *Estados* m mv *Diputados* ★ Kerkelijke Staat *Estados* m mv *Pontificios* ★ de Verenigde Staten van Amerika *los Estados* m mv *Unidos de América* • gelegenheid ★ in ~ zijn om *ser capaz de* ★ in ~ stellen om *permitir* ★ lijst *lista* v; ⟨tabel⟩ *cuadro* m ★ ~ van dienst *hoja de servicios* ▼ ~ maken op *contar* [ue] *con*
staathuishoudkunde *economía* v *política*
staatkunde *política* v
staatkundig *político*
staatsbedrijf *empresa* v *estatal/pública*
staatsbelang *interés* m *nacional*
staatsbestel *régimen* m *político*
staatsbezoek *visita* v *oficial*
Staatsblad ≈ *Boletín* m *Oficial del Estado*
Staatsbosbeheer *Administración* v *Forestal*
staatsburger *ciudadano* m
staatsburgerschap *ciudadanía* v
Staatscourant ≈ *Boletín* m *Oficial del Estado*
staatsdienst *servicio* m *estatal*
staatsdrukkerij *imprenta* v *nacional*
staatseigendom *patrimonio* m *nacional*
staatsexamen ≈ *oposiciones* v mv
staatsgeheim *secreto* m *de Estado*

staatsgreep *golpe* m *de estado*
staatshoofd *jefe* m *de estado*
staatsie *pompa* v; *esplendor* m
staatsieportret *retrato* m *con todo boato*
staatsinrichting *organización* v *política*
staatskas *tesoro* m *público*
staatslening *empréstito* m
staatsloterij *lotería* v
staatsman *político* m
staatsorgaan *órgano* m *estatal*
staatspapier *papel* m *del Estado*
staatsprijs *precio* m *estatal*
staatsrecht *derecho* m *político*
staatsrechtelijk *del derecho político*
staatsschuld *deuda* v *pública*
staatssecretaris *secretario* m *de Estado*
staatsvorm *régimen* m *político*
staatswege ★ van ~ *de parte del Estado*
stabiel *sólido; estable; duradero*
stabilisatie *estabilización* v
stabilisator *estabilizador* m
stabiliseren *estabilizar*
stabiliteit *estabilidad* v
stacaravan *caravana* v *para acampar que está en un sitio fijo*
stad *ciudad* v ★ de stad in gaan *ir al centro* ▼ stad en land aflopen om *recorrer medio mundo para*
stadgenoot *conciudadano* m
stadhouder *estatúder* m
stadhuis *ayuntamiento* m
stadion *estadio* m
stadium *fase* v; *estadio* m
stads *urbano*
stadsbeeld *aspecto* m *de la ciudad; aspecto* m *urbano*
stadsbestuur *ayuntamiento* m
stadsbus *autobús* m *urbano*
stadsgezicht *vista* v *de la ciudad*
stadskern *núcleo* m *de la ciudad; centro* m *urbano*
stadskind *niño* m *criado en la ciudad*
stadslicht ★ ~en *luces* v mv *de posición*
stadsmens *ciudadano* m
stadsplattegrond *plano* m *de la ciudad*
stadsreiniging *servicio* m *de limpieza pública*
stadsschouwburg *teatro* m *municipal*
stadsvernieuwing *renovación* v *urbana*
stadsverwarming *calefacción* v *urbana*
staf • stok *bastón* m; ⟨teken van waardigheid⟩ *vara* v; ⟨v. bisschop⟩ *báculo* m *pastoral;* ⟨v. herder⟩ *cayado* m; ⟨v. tovenaar⟩ *varita* v *mágica* • leiding *dirección* v ★ generale staf *Estado* m *Mayor*
stafchef *jefe* m *del Estado Mayor*
staffunctie *cargo* m *de dirección*
stafkaart *mapa* m *topográfico del Estado Mayor*
staflid *directivo* m; *ejecutivo* m
stafylokok *estafilococo* m
stag *estay* m
stage *prácticas* v mv; *aprendizaje* m ★ ~ lopen *practicar*
stagebegeleider *supervisor* m *de prácticas*
stagediven *tirarse al público desde el escenario*
stageld *tasa* v *de emplazamiento*
stageplaats *plaza* v *de prácticas*

stagiair *estudiante* m/v *que está haciendo las prácticas*
stagnatie *estancamiento* m; *paralización* v
stagneren *paralizarse*; *estancarse*
stahoogte *altura* v *que permite estar de pie*
sta-in-de-weg *obstáculo* m
staken I OV WW ophouden met *dejar* ★ de betalingen ~ *suspender los pagos* II ON WW • werk neerleggen *declarar la huelga*; *estar en huelga* • gelijkstaan ★ de stemmen ~ *hay empate de votos*
staker *huelguista* m/v
staking *huelga* v; *paro* m ★ in ~ gaan *declarar huelga* ★ algemene ~ *paro general*
stakingsbreker *esquirol* m/v
stakingsgolf *ola* v *de huelgas*
stakingsleider *líder* m *de la huelga*
stakingsrecht *derecho* m *a la huelga*
stakingsverbod *prohibición* v *de huelga(s)*
stakker *desgraciado* m
stal • hok voor vee *establo* m; ⟨v. paarden⟩ *caballeriza* v; ⟨v. paarden⟩ *cuadra* v ★ de stal van Bethlehem *el portal de Belén* • → **stalletje** ▼ iets van stal halen *desenterrar* [ie] *algo*
stalactiet *estalactita* v
stalagmiet *estalagmita* v
stalen • van staal *de acero* • zeer sterk ★ ~ zenuwen hebben *no tener miedo*
stalinisme *estalinismo* m
staljongen *mozo* m *de cuadras*
stalken *acosar*
stalker *acoso* m
stalknecht *mozo* m *de establo*
stallen *dejar*
stalles *butacas* v mv
stalletje *puesto* m; *puesto* m *de venta*
stalling *aparcamiento* m; ⟨voor auto's⟩ *garaje* m
stam • boomstam *tronco* m • volksstam *tribu* v • TAALK. *radical* m
stamboek ⟨v. mensen⟩ *genealogía* v; ⟨v. dieren⟩ *pedigree* m; ⟨v. dieren⟩ *pedigrí* m
stamboekvee *ganado* m *con registro genealógico*
stamboom *árbol* m *genealógico*; *genealogía* v; ⟨v. dier⟩ *pedigrí* m; ⟨adel⟩ *linaje* m; ⟨v. dier⟩ *pedigree* m
stamboomonderzoek *investigación* v *genealógica*
stamcafé *bar* m *frecuentado por clientes asiduos*
stamcel *célula* v *troncal*
stamelen I OV WW hakkelend zeggen *tartamudear* II ON WW gebrekkig spreken *balbucear*
stamgast *parroquiano* m ★ de ~en *la peña*
stamhoofd *jefe* m *de la tribu*
stamhouder *hijo* m *primogénito*; *primogénito* m
stamkaart *ficha* v *con datos personales*
stamkroeg *bar* m *preferido* ★ dit is hun ~ *éste es el bar donde suelen reunirse*
stammen *remontarse a* ★ dit stamt uit de dertiende eeuw *se remonta al siglo XIII*
stammenoorlog *guerra* v *de tribus*
stampei, stampij *jaleo* m; ⟨met lawaai⟩ *bronca* v ★ ~ over iets maken *armar jaleo por algo*
stampen I OV WW fijnmaken *machacar* II ON WW • dreunend stoten *golpear* • stampvoeten *patear*; *patalear*; *dar patadas*; ⟨met schoenen⟩ *zapatear*; ⟨met hakken⟩ *dar taconazos*
stamper • TECHN. *werktuig* ⟨v. vijzel⟩ *majadero* m • BIOL. *pistilo* m
stamppot *puré* m *de patatas y verduras*
stampvoeten *patear*
stampvol *atestado*; *repleto*
stamtafel *peña* v
stamvader *patriarca* m
stamverwant I ZN [de] *congénere* m II BNW *congénere* ★ ~e woorden ⟨vocablos⟩ *parónimos*
stand² ⟨zeg: stend⟩ *puesto* m
stand • houding *postura* v; *posición* v • maatschappelijke rang *clase* v ★ de hogere ~en *la clase alta* ★ de derde ~ *la burguesía* ★ boven zijn ~ leven *vivir por encima de sus posibilidades* • bestaan ★ tot ~ brengen *realizar*; *llevar a cabo*; *efectuar* [ú] ★ tot ~ komen *realizarse* • toestand *estado* m ★ ~ van zaken *situación* v • uitkomst *tanteo* m • → **standje** ▼ burgerlijke ~ *Registro* m *Civil*
standaard I ZN [de] • houder *sostén* m; *soporte* m; *apoyo* m • vaandel *estandarte* m • vastgestelde eenheid *estándar* m; *norma* v • muntstandaard *patrón* m *monetario* ★ de gouden ~ *el patrón oro* II BNW *estándar*
standaardafwijking *desviación* v *normal*; *desviación* v *estándar*
standaardformaat *formato* m *estandarizado*
standaardisatie *estandarización* v; *normalización* v
standaardiseren *estandarizar*
standaardtaal *lenguaje* m *correcto*
standaardwerk *obra* v *fundamental*
standbeeld *estatua* v
stand-by *de reserva*
standenmaatschappij *sociedad* v *de clases*
standhouden • niet wijken *no ceder* • blijven bestaan *sobrevivir*
stand-in *suplente* m/v; ⟨film⟩ *doble* m/v
standing ⟨buena⟩ v *reputación*; *prestigio* m ★ een man van ~ *un hombre de categoría*; *un hombre distinguido*
standje • berisping *reprimenda* v ★ een ~ geven *reprender*; *corregir* [i] • houding *posición* v; *postura* v
standplaats • vaste plaats *puesto* m; *sitio* m • vestigingsplaats *residencia* v; *sede* v
standpunt • gezichtspunt *punto* m *de vista*; *perspectiva* v • opvatting *punto* m *de vista*; *opinión* v ★ een ~ innemen *tener una opinión*
standrecht *justicia* v *sumaria* ⟨militar⟩
stand-upcomedian *cómico* m
standvastig *firme*
standwerker *vendedor* m *ambulante*
stang *barra* v ▼ op ~ jagen *fastidiar*; *provocar*; *joder*
stangen *cabrear*
stank *mal olor* m; *olor* m; *pestilencia* v; *hedor* m ▼ ~ voor dank *cría cuervos y te sacarán los ojos*
stanleymes *cuchillo* m *Stanley*
stansen *estampar*
stap • pas *paso* m ★ stap voor stap *paso a paso* ★ een stap in de goede richting *un buen comienzo* • maatregel *medida* v ★ stappen

ondernemen *tomar medidas; adoptar medidas* ▼ op stap gaan *ponerse en camino; ir*
stapel I ZN [de] • hoop *pila* v; *montón* m ★ een schip van ~ laten lopen *botar un barco* ★ een ~ boeken *una pila de libros* • SCHEEPV. stellage *gradas* v mv ▼ op ~ staan *prepararse* ▼ iets op ~ zetten *empezar* [ie] *algo* ▼ niet te hard van ~ lopen *ir por partes* **II** BNW *loco por*
stapelbed *litera* v
stapelen • *apilar; amontonar* • FIG. *acumular*
stapelgek *completamente loco; loco de remate* ★ het is om ~ van te worden *es para volverse loco*
stapelwolk *cúmulo* m
stappen • lopen *caminar; andar* • uitgaan *salir; ir de copas* ▼ ergens overheen ~ *pasar por alto u.c.*
stappenteller *podómetro* m
stapsgewijs *paso a paso*
stapvoets *a paso lento* ★ ~ rijden *ir a paso lento*
star • stijf *fijo* ★ FIG. rigide *rígido*
staren *mirar con los ojos fijos;* ⟨verbaasd⟩ *mirar boquiabierto* ★ ~ naar *clavar la vista en; mirar fijamente* ▼ zich blind ~ op *empeñarse en*
start • moment van aanvang *comienzo* m ★ van ~ gaan *comenzar* [ie]; *empezar* [ie] • plaats van vertrek *salida* v; *punto* m *de salida*
startbaan *pista* v *de aterrizaje*
startblok *taco* m *de salida* ★ in de ~ken staan *estar listo*
starten I OV WW in gang zetten *poner en marcha* ★ de motor ~ *arrancar el motor* **II** ON WW • op gang komen *comenzar* [ie] • vertrekken *arrancar; salir*
starter *estárter* m
startgeld *gratificación* v *por participar en una competición*
startkabel *cable* m *para arranque*
startkapitaal *capital* m *inicial*
startklaar *listo*
startmotor *motor* m *de arranque*
startnummer *número* m *de participante*
startonderbreker *inmovilizador* m *electrónico del motor*
startpagina *página* v *inicial; página* v *principal*
startschot *señal* v *de la partida;* OOK FIG. *pistolezo* m *de salida*
startsein *señal* v *de salida* ▼ het ~ geven tot iets *dar la señal de comienzo para algo*
Star Wars MIL. *Guerra* v *de las Galaxias*
Statenbijbel ≈ *versión* v *protestante de la Biblia*
statenbond *confederación* v *de estados*
Staten-Generaal *parlamento* m *holandés*
statie *estación* v
statief *trípode* m
statiegeld ★ een euro ~ *un euro por el envase* ★ geen ~ *envase no retornable*
statig *ceremonioso; majestuoso; solemne*
station • spoorweghalte *estación* v • zender *emisora* v
stationair *estacionario*
stationcar *furgoneta* v
stationeren *estacionar*
stationschef *jefe* m *de la estación*

stationshal *vestíbulo* m *de la estación*
stationsplein *plaza* v *de la estación*
stationsrestauratie *restaurante* m *de estación*
statisch *estático*
statisticus *estadístico* m
statistiek • wetenschap *estadística* v • tabel *estadística* v
statistisch *estadístico*
status *posición* v *social; status* m; *estatus* m; ⟨prestige⟩ *prestigio* m
status aparte *status* m *especial*
status-quo *statu* m *quo*
statussymbool *símbolo* m *de categoría social*
statutair *estatutario*
statuut *estatuto* m
stavast ▼ een man van ~ *un hombre resuelto*
staven • bewijzen *probar* [ue] • bekrachtigen *afirmar; corroborar*
stayer *corredor* m *de fondo*
steak *filete* m
stedelijk • van de stad *municipal* • stads *urbano*
stedeling *habitante* m/v *de una ciudad*
stedenbouw *urbanismo* m
stedenbouwkunde *urbanismo* m
steeds • telkens *cada vez; cada día* ★ ~ als *cada vez que* ★ ~ beter *cada vez mejor* ★ het wordt ~ erger *va de mal en peor* • altijd *siempre* • bij voortduring • nog ~ *todavía; aún* ★ het regent nog ~ *sigue lloviendo; no ha dejado de llover* ★ ze heeft nog ~ heel hoge koorts *sigue con fiebre muy alta*
steeg *callejuela* v; *callejón* m
steek • stoot met iets scherps ⟨met mes⟩ *cuchillada* v; ⟨met dolk⟩ *puñalada* v; ⟨door insect⟩ *picadura* v • hatelijkheid ★ ~ onder water *indirecta* v • pijnscheut *punzada* v; *dolor* m • lus, maas *malla* v; ⟨bij breien⟩ *punto* m • hoed ★ driekante ~ *sombrero de tres picos* ▼ geen ~ uitvoeren *no hacer nada* ▼ in de ~ laten *abandonar; dejar; dejar plantado* ▼ mijn geheugen laat me in de ~ *me falla la memoria* ▼ er is een ~je aan hem los *le falta un tornillo*
steekhoudend *convincente; irrefutable*
steekpartij *riña* v *a cuchilladas*
steekpenningen *dinero* m *de soborno* ★ ~ aannemen *dejarse sobornar*
steekproef *prueba* v *aleatoria*
steeksleutel *llave* v
steekspel • riddertoernooi *torneo* m • FIG. strijd *juego* m *dialéctico*
steekvlam *llamarada* v; *llama* v
steekwagen *carretilla* v *de mano*
steekwapen *arma* v *blanca*
steekwond *cuchillada* v
steekwoord *palabra* v *clave*
steekzak *bolsillo* m
steel • stengel *tallo* m • handvat *mango* m
steelband ⟨zeg: stielbend⟩ *banda* v *de percusión*
steelpan *sartén* v
steels *furtivo* ★ een ~e blik werpen *mirar de soslayo* ★ ~e blikken *miradas furtivas*
steen I ZN [de] • stuk steen *piedra* v; ⟨kiezelsteen⟩ *guijarro* m ★ met stenen gooien naar *apedrear; tirar piedras a* • bouwsteen *ladrillo* m; ⟨mozaïeksteen⟩ *tesela* v • speelstuk

pieza v; ⟨dammen⟩ *dama* v; ⟨domino⟩ *ficha* v ▾ de ~ der wijzen *la piedra filosofal* ▾ de ~ des aanstoots *la piedra de escándalo* ▾ ~ en been klagen *quejarse mucho* ‖ ZN [het] gesteente *piedra* v; *roca* v
steenarend *águila* v *real*
Steenbok *Capricornio* m
steenbok *íbice* m; *cabra* v *montés*; *cabra* v *ibérica*
Steenbokskeerkring *trópico* m *de Capricornio*
steenboor *broca* v *para piedra*
steendruk *litografía* v
steengoed I ZN [het] *gres* m ‖ BNW *de aúpa*; INFORM. *de buten*; INFORM. *de puta madre*
steengroeve *cantera* v
steenhard • niet week *duro como la piedra* • ongevoelig *insensible*
steenhouwer *cantero* m
steenkool *carbón* m; *hulla* v
steenkoolengels *inglés* m *de barco*
steenkoolmijn *mina* v *de carbón mineral*
steenkoud *helado*; *gélido*
steenoven *ladrillar* m
steenpuist *furúnculo* m; *divieso* m
steenrijk *riquísimo*; INFORM. *forrado*
steenslag *guijo* m; *grava* v; *cascajo* m
steentijd *edad* v *de piedra*
steenuil *mochuelo* m
steenweg *calzada* v
steenworp ▾ op een ~ afstand van *a un tiro de piedra de*
steeplechase *carrera* v *de obstáculos*
steevast *invariablemente*; *siempre*
steg • → **heg**
steiger • werkstellage *andamio* m • aanlegplaats *embarcadero* m
steigeren • op achterste benen gaan staan *encabritarse* • FIG. protesteren *armar una bronca*; *protestar*
steil • sterk hellend *empinado*; *escarpado* • star *rígido*
steilschrift *escritura* v *vertical*
steilte • het steil zijn *inclinación* v • helling *escarpa* v
stek • plantendeel *esqueje* m • vaste plek *sitio* m *preferido*; *rinconcito* m
stekeblind *más ciego que un topo*
stekel *espina* v
stekelbaars *espinoso* m; *gasteróstea* m
stekelhaar *pelo* m *de punta*; INFORM. *cepillo* m
stekelig • met stekels *espinoso* • bits *seco*
stekelvarken *puerco* m *espín*
steken I OV WW • treffen ⟨met mes⟩ *apuñalar*; ⟨met mes⟩ *herir*; [ie, i] ⟨door insect⟩ *picar* • grieven *molestar* ▾ dat steekt me *me molesta mucho* • in bepaalde plaats/toestand brengen *meter* ▾ zich in de schulden ~ *endeudarse* ★ het hoofd uit het raam ~ *asomar la cabeza* ★ in het zwart gestoken *vestido de negro* ★ ~ in *meter en*; *introducir en* ★ in zijn zak ~ *meterse en el bolsillo* ★ geld ~ in *invertir* [ie, i] *dinero en* • uitspitten *cavar* ★ turf ~ *extraer turba* ‖ OV WW • pijnlijk zijn *doler* [ue] • vastzitten *estar atrancado* ★ blijven ~ *atrancarse*; *no poder moverse* ▾ daar steekt iets achter *hay gato encerrado*

stekken *acodar*
stekker *enchufe* m ★ de ~ in het stopcontact steken *enchufar*
stekkerdoos *enchufe* m
stel I ZN [het] • aantal *par* m *de* ★ een stel ... *un par de ...* ★ een stelletje idioten *un par de gilipollas* ★ set *juego* m ★ stel kaarten *baraja* • paar geliefden *pareja* v ‖ ZN [de] ▾ op stel en sprong *de golpe y porrazo*; *en el acto*; *inmediatamente*
stelen *robar*; *hurtar* ▾ om te ~ *¡para comérselo!*; *muy mono* ▾ hij kan me gestolen worden! *¡que se vaya al diablo!*
stellage *andamio(s)* m (mv)
stellen • zetten, plaatsen *poner*; *meter*; *colocar* • doen *arreglárselas* ★ het moeten ~ zonder *no tener* • veronderstellen *suponer* ★ stel dat ... *supongamos que ...* • formuleren *plantear* ★ een probleem ~ *plantear un problema* ★ een vraag ~ *hacer una pregunta* ▾ ik heb veel met haar te ~ *me da muchos quebraderos de cabeza*; *no es fácil de tratar*
stellig *categórico*; *contundente*
stelligheid *firmeza* v; *contundencia* v
stelling • positie *posición* v • steiger *andamio* m • stellage *construcción* v • bewering *tesis* v; *suposición* v ▾ ~ nemen tegen *oponerse a*; *declararse en contra de*
stellingname *toma* v *de posición*
stelpen ★ bloed ~ *restañar la sangre*
stelpost *partida* v *provisional*
stelregel *línea* v *de conducta*; *principio* m
stelschroef *tornillo* m *de ajuste*
stelsel *sistema* m
stelselmatig *sistemático*
stelt • lang nepbeen *zanco* m • lang echt been *zanca* v
steltlopen *andar con zancos*
stem • stemgeluid *voz* v ★ met luide/zachte stem *en voz alta/baja* ★ goed bij stem zijn *estar bien de voz* ★ geen stem hebben *estar afónico* ★ zijn stem verheffen *levantar/alzar la voz* ★ keuze bij stemming *voto* m ★ zijn stem uitbrengen *votar* ★ met algemene stemmen *por unanimidad* ★ MUZ. *voz* v ▾ een stem in het kapittel hebben *tener voz y voto en algo*
stemadvies *consejo* m *electoral*
stemband *cuerda* v *vocal*
stembiljet *papeleta* v *(para votar)*
stembuiging *inflexión* v *(de la voz)*
stembureau *centro* m *electoral*
stembus *urna* v ▾ naar de ~ gaan *votar*
stemgedrag *comportamiento* m *electoral*
stemgeluid *sonido* m *de la voz*
stemgerechtigd ★ ~ zijn *tener derecho a votar*
stemhebbend *sonoro*
stemhokje *cabina* v *de votación*
stemlokaal *centro* m *electoral*
stemmen I OV WW • in zekere stemming brengen ★ iem. gunstig ~ *ganarse la simpatía de u.p.* ★ dat stemt tot nadenken *es preocupante*; *me preocupa* ★ het stemt tot tevredenheid dat ... *es una gran satisfacción que ...* • MUZ. *afinar* ‖ OV WW • stem uitbrengen *votar* ★ ~ voor *votar en pro de* ★ ~ tegen *votar en contra de* ★ op iem. ~ *votar a*

alguien ★ over iets laten ~ *someter u.c. a votación*
stemmenwinst *triunfo m de votos*
stemmer *votante* m/v
stemmig *sobrio; discreto*
stemming • het stemmen *votación* v ★ in ~ brengen *someter a votación* • gemoedstoestand *estado* m *de ánimo; humor* m ★ niet in de ~ zijn om *no tener ánimo de; no tener ganas de* • sfeer *ambiente* m
stemmingmakerij *provocar* m *un sentimiento público determinado* ▼ zich schuldig maken aan ~ *manipular la opinión*
stempel • afdruk *sello* m; ⟨op postzegel⟩ *matasellos* m • voorwerp met afdruk *sello* m • FIG. invloed *estigma* m • PLANTK. *estigma* m ▼ van de oude ~ *chapado a la antigua* ▼ iem. een ~ opdrukken *estigmatizar a alguien*
stempelautomaat *máquina* v *automática*
stempelen *sellar*
stempelkussen *tampón* m; *almohadilla* v
stemplicht *sufragio* m *obligatorio*
stemrecht *derecho* m *de voto*
stemvee *masa* v *de los electores (sin opinión propia); rebaño* m *electoral*
stemverheffing *elevación* v *de la voz*
stemvork *diapasón* m
stencil *copia* v *a ciclostil*
stencilen *copiar con un ciclostil*
stencilmachine *ciclostil* m
stenen *de piedra* ▼ het ~ tijdperk *la edad de piedra*
stengel *tallo* m
stengun *pistola* v *ametralladora*
stenigen *apedrear*
stennis *follón* m ▼ ~ schoppen *armar follón*
steno *taquigrafía* v; *estenografía* v
stenograferen *taquigrafiar* [í]; *estenografiar* [í]
stenografie *taquigrafía* v; *estenografía* v
stenografisch *taquigráfico; estenográfico*
step *patinete* m
step-in *faja* v
steppe *estepa* v
steppehond *perro* m *de las praderas*
steppen *andar en patinete*
STER ≈ *Fundación* v *para la Publicidad en Radio y Televisión*
ster • hemellichaam *estrella* v ★ met sterren bezaaid *estrellado* ★ vallende ster *estrella fugaz; meteorito* • figuur *estrella* v • beroemdheid *estrella* v • → **sterretje**
sterallures *aires* m mv *de gran estrella*
stereo I ZN [de] ruimtelijke weergave *estéreo* m II BNW *estéreo*
stereoapparatuur *equipo* m *estereofónico*
stereofonisch *estereofónico*
stereo-installatie *instalación* v *estereofónica*
stereometrie *estereometría* v
stereotiep *estereotipado*
stereotoren *cadena* v *estereofónica*; INFORM. *torre* v
stereotype • vastgeroeste opvatting *tópico* m; *estereotipo* m • afdruk *impresión* v *estereotípica*
sterfbed *lecho* m *de muerte*

sterfdag *aniversario* m *de la muerte de*
sterfelijk *mortal*
sterfgeval *fallecimiento* m ★ gesloten wegens ~ *cerrado por defunción*
sterfhuis *casa* v *mortuoria*
sterfhuisconstructie *construcción* v *cementerio*
sterfte *mortalidad* v
sterftecijfer *índice* m *de mortalidad; mortalidad* v
sterfteoverschot *crecimiento* m *negativo*
steriel • BIOL. onvruchtbaar *estéril* • MED. vrij van ziektekiemen *aséptico; estéril* • FIG. doods *estéril*
sterilisatie *esterilización* v
steriliseren *esterilizar*
sterk I BNW • krachtig *poderoso; fuerte; potente* ★ zo ~ als een beer *fuerte como un oso* • stevig *sólido* • hevig *intenso* • bekwaam *fuerte en* ★ ze is ~ in wiskunde *le van bien las matemáticas; está fuerte en matemáticas* • geconcentreerd *concentrado*, ⟨v. koffie⟩ *cargado* • moeilijk te geloven *inverosímil* ★ een ~ verhaal *una historia increíble* • talrijk ★ tien man ~ *eran diez* • alcoholisch ★ ~e drank *alcohol* m; *licor* m; *bebidas* v mv *alcohólicas* ▼ zich ~ maken voor *luchar por* ▼ ik maak me ~ dat ... *me imagino que ...* II BIJW *mucho; muchísimo* ★ ~ lijken op *parecerse mucho a*
sterkedrank *bebidas* v mv *alcohólicas*
sterken • LETT. sterker maken *fortalecer* • FIG. bevestigen *dar vigor; tonificar*
sterkers *mastuerzo* m
sterkte I ZN [de] • kracht *fuerza* v; *potencia* v; *vigor* m; *poder* m • stevigheid *solidez* v • van lens *graduación* v ★ op ~ *graduado* II TW *¡ánimo!; ¡suerte!*
steroïden *esteroide* m ★ anabole ~ *esteroide anabólico*
sterrenbeeld • groep sterren *constelación* v • astrologisch teken *signo*
sterrenhemel *cielo* m
sterrenkijker *telescopio* m
sterrenkunde *astronomía* v
sterrenregen *lluvia* v *de estrellas*
sterrenstelsel *sistema* m *solar*
sterrenwacht *observatorio* m
sterrenwichelaar *astrólogo* m
sterrenwichelarij *astrología* v
sterretje • klein hemellichaam *estrellita* v • teken * *asterisco* m ▼ ~s zien *ver las estrellas*
sterveling *mortal* m; *ser* m *humano* ★ geen ~ te zien *no se ve ni un alma* ★ geen ~ die er wat van snapt *no hay diablo que lo entienda*
sterven I ON WW • doodgaan *morir* [ue, u]; *morirse; fallecer* ★ op ~ liggen *agonizar* ★ ~ aan *morir de* • creperen *morirse* [ue, u] ★ ~ van de kou *morirse de frío* II ONP WW wemelen ★ het sterft van de toeristen *está lleno de turistas*
stervensbegeleiding *asistencia* v *a los moribundos*
stervenskoud *frío de muerte*
stethoscoop *estetoscopio* m
steun • stut *apoyo* m; *sostén* m • hulp *apoyo* m; *ayuda* v ★ ~ zoeken *buscar apoyo; buscar*

steunbalk viga v maestra
steunbeer contrafuerte m
steunen I ov ww • ondersteunen apoyar • helpen apoyar; ayudar II on ww • leunen descansar; apoyarse • zich verlaten op apoyarse en • kreunen gemir [i]
steunfonds fondo m de auxilio
steunfraude fraude m a la seguridad social
steunkous media v elástica
steunpilaar • pilaar columna v • persoon soporte m
steunpunt • punt waarop iets steunt punto m de apoyo • plaats waar men hulp verleent base v
steuntrekker beneficiario m de la seguridad social ★ hij is een ~ cobra el paro
steunzender radioenlace m
steunzool plantilla v ortopédica
steur esturión m
steven ⟨voor⟩ proa v; ⟨achter⟩ popa v ▼ de ~ wenden naar ir rumbo a
stevenen • koers zetten poner rumbo a • stappen naar dirigirse a
stevig • solide sólido; robusto • krachtig fuerte
steward ⟨op schip⟩ camarero m; ⟨in vliegtuig⟩ sobrecargo m/v
stewardess azafata v
stichtelijk • verheffend edificante • vroom piadoso
stichten • oprichten fundar ★ een gezin ~ fundar una familia • verheffen edificar • aanrichten causar ★ vrede ~ hacer la paz
stichter fundador m
stichting fundación v
stichtingsbestuur consejo m de la fundación
stick • staaf palo m • hockeystick palo m de hockey
sticker pegatina v; marbete m engomado
stickie porro m
stiefbroer hermanastro m
stiefdochter hijastra v
stiefkind hijastro m
stiefmoeder madrastra v
stiefouder padrastro m
stiefvader padrastro m
stiefzoon hijastro m
stiekem • heimelijk en secreto; a escondidas • achterbaks solapado; hipócrita
stiekemerd hipócrita v; mosca v muerta
Stier Tauro m
stier toro m
stierengevecht corrida v
stierennek cuello m ancho
stierenvechter torero m
stierlijk ★ zich ~ vervelen aburrirse como una ostra
stift • staafje aguja v; punzón m; ⟨voor graveren⟩ buril m • viltstift rotulador m
stifttand diente m de espiga
stigma estigma m
stigmatiseren estigmatizar
stijf • niet soepel tieso; duro; rígido; ⟨v. ledemaat⟩ entorpecido ★ stijve nek tortícolis m ★ ik krijg een stijve se me levanta ★ zo ~ als een plank muy rígido • niet spontaan formal • houterig torpe ★ een stijve hark un tío torpe ▼ ~ staan van de leugens tener más mentiras que pelos en la cabeza
stijfjes rígido ★ ~ groeten saludar formalmente
stijfkop cabeza v dura
stijfkoppig cabezota
stijfsel almidón m
stijgbeugel estribo m
stijgen • omhooggaan subir; ascender [ie] • toenemen subir; aumentar ★ in achting ~ ganar prestigio
stijging • het omhooggaan subida v; ascenso m; ⟨v. rivier⟩ crecida v • toename subida v; aumento m
stijl • vormgeving estilo m • schrijfstijl estilo m • handelwijze estilo m • deur-/raampost poste m
stijlbreuk rotura v del estilo
stijldansen bailar bailes de salón
stijlfiguur figura v retórica
stijlloos ⟨zonder (goede) stijl⟩ sin estilo; de mal gusto • ongepast impropio; ridículo
stijlperiode período m estilístico
stijlvol de estilo; de buen gusto
stijven • sterken reafirmar ★ iem. in zijn opvattingen ~ hacerle persistir en sus opiniones a alguien • met stijfsel behandelen almidonar ★ een gesteven tafelkleed un mantel almidonado
stikdonker oscuro como boca de lobo
stikheet sofocante ★ het is ~ hace un calor sofocante
stikken I ov ww naaien pespuntear; coser II on ww • het benauwd krijgen sofocarse; morirse [ue, u] de ★ ~ van het lachen morirse de risa ★ ik stik van de hitte me muero de calor; hace un calor sofocante • sterven ahogarse • FIG. doodvallen irse al diablo; irse a la mierda ★ stik! ¡vete al diablo!; ¡vete a la mierda!; ¡vete al carajo! • iem. laten ~ dejar tirado a alguien • in overvloed hebben ahogarse de ★ ik stik in het werk estoy ocupadísimo III ONP ww wemelen estar plagado de; haber a punta pala ★ het stikt hier van de toeristen esto está plagado de turistas; hay turista a punta pala
stiksel pespunte m
stikstof nitrógeno m
stil • zonder geluid silencioso; ⟨v. persoon⟩ callado ★ stil zijn callarse ★ stil! ¡quieto!; ¡silencio! • zonder beweging inmóvil • verborgen secreto ★ een stille hoop hebben tener un poco de esperanza
stilaan poco a poco
stileren estilizar
stiletto navaja v automática
stilhouden I ov ww • verzwijgen callar • rustig houden tranquilizar ★ zich ~ estarse quieto II on ww stoppen detenerse [ie]; parar
stilist estilista m/v
stilistisch estilístico
stille • zwijgzaam persoon persona v callada • rechercheur agente m secreto
stilleggen paralizar ★ het verkeer ~ paralizar el tráfico
stillen ★ zijn honger ~ matar el hambre ★ de

Stille Oceaan–stokoud

pijn ~ *mitigar el dolor* ★ zijn dorst ~ *apagar la sed*
Stille Oceaan *el Pacífico* m; *el Océano* m *Pacífico*
stilletjes *a escondidas*; *en secreto*
stilleven *bodegón* m
stilliggen • niet bewegen *no moverse* [ue]; *estar inmóvil* • buiten werking zijn *estar paralizado*
stilstaan • niet bewegen *parar*; *detenerse* [ie] • stagneren *paralizarse* • niet functioneren *pararse* • mijn horloge staat stil *se me paró el reloj* ▪ ~ **bij** *prestar atención a* ★ daar sta je niet bij stil *no te das cuenta*
stilstand *paralización* v ★ tot ~ brengen *detener* [ie] ★ tot ~ komen *detenerse* [ie]
stilte • geluidloosheid *silencio* m ★ in ~ *en silencio*; *en secreto* ★ de ~ verbreken *romper el silencio* • rust *calma* v; *tranquilidad* v ▪ de ~ voor de storm *la calma que viene antes de la tormenta*
stilzetten *parar*
stilzitten • rustig zitten *no moverse* [ue]; *estar quieto* • niet bedrijvig zijn ★ niet ~ *hacer muchas cosas*
stilzwijgen I ZN [het] *silencio* m ★ het ~ verbreken *romper el silencio* II ON WW *callar*; *no hablar de*
stilzwijgend • zwijgend *callado*; *silencioso* • FIG. *implíciet implícito*
stimulans *estímulo* m ★ stimulantia *estimulantes*
stimuleren *estimular*
stimulus *estímulo* m
stinkbom *bomba* v *fétida*
stinkdier *mofeta* v
stinken *oler* [ue] *mal*; *apestar* ★ het stinkt hier *aquí huele mal* ★ het stinkt als de pest *huele a tigre* ▪ erin ~ *picar*; *caer en la trampa*
stip • punt *punto* m • vlekje *mancha* v
stipendium • toelage *estipendio* m • beurs *beca* v
stippel *punto* m
stippelen *dibujar puntos*; *motear*
stippellijn *línea* v *de puntos*
stipt *puntual*
stiptheidsactie *huelga* v *de celo*
stipuleren *estipular*
stockcarrace *carrera* v *de stock-cars*
Stockholm *Estocolmo* m
stoeien • ravotten *retozar*; *juguetear* • speels omgaan *juguetear*
stoeipartij *jugueteo* m
stoeipoes *golfilla* v
stoel *silla* v ★ luie ~ *sillón* m; *butaca* v; *poltrona* v ★ neem een ~ *siéntate* ★ op een ~ zitten *estar sentado en una silla* ★ elektrische ~ *silla* v *eléctrica* ▪ de Heilige Stoel *la Santa Sede* ▪ iets niet onder ~en of banken steken *no disimular u.c.*; *no tener reparo en decir u.c.*
stoelen op *fundarse en*
stoelendans *juego* m *de las sillas*
stoelgang *evacuación* v; *defecación* v
stoelleuning *respaldo* m
stoelpoot *pata* v *de la silla*
stoeltjeslift *telesilla* v
stoemp *puré* m *de patatas y verduras*
stoep *acera* v

stoeprand *bordillo* m *de la acera*
stoeptegel *losa* v *de la acera*; *baldosa* v *de la acera*
stoer • flink *macho*; *machista* • fors *robusto*
stoet *comitiva* v; *séquito* m
stoeterij *acaballadero* m; MIL. *remonta* v
stoethaspel *bodoque* m
stof I ZN [de] • materie *materia* v; *sustancia* v • weefsel *tela* v; *tejido* m • onderwerp *materia* v; *tema* m II ZN [het] *polvo* m ★ stof afnemen *quitar el polvo* ▪ dat heeft nogal wat stof doen opwaaien *ha levantado una polvareda*
stofbril *gafas* v mv *de protección*
stofdoek *paño* m
stoffeerder *tapicero* m
stoffelijk *material* ★ het ~overschot *restos* m mv *mortales*
stoffen I BNW *de tela* II OV WW stof afnemen *quitar el polvo a*
stoffer *escobilla* v ★ ~ en blik *escobilla y recogedor*
stofferen • bekleden *tapizar* • inrichten *amueblar*
stoffering *muebles* m mv
stoffig • vol stof *cubierto de polvo*; *polvoriento* • saai *aburrido* ★ een ~ figuur *un tipo aburrido*
stofgoud *oro* m *en polvo*
stofjas *guardapolvo* m
stoflong *silicosis* v
stofmasker *máscara* v *antipolvo*
stofnaam *nombre* m *de una su(b)stancia*
stofnest *nido* m *de polvo*
stofregen *lluvia* v *de polvo*
stofvrij *sin polvo*
stofwisseling *metabolismo* m
stofwisselingsziekte *enfermedad* v *del metabolismo*
stofwolk *polvareda* v
stofzuigen *pasar el aspirador*; *limpiar con el aspirador*
stofzuiger *aspirador* m
stoïcijns *estoico*
stok • stuk hout *palo* m; ⟨met punt⟩ *estaca* v • stel kaarten *baraja* v ▪ het met iem. aan de stok krijgen *pelearse con u.p.* ▪ hij is met geen stok naar binnen te krijgen *no entrará ni a tiros*
stokbrood *barra* v
stokdoof *más sordo que una tapia*
stoken I OV WW • doen branden ⟨v. brandstof⟩ *quemar*; ⟨v. kachel⟩ *encender* [ie] • distilleren *destilar* • aanwakkeren ★ ruzie ~ *sembrar* [ie] *cizaña* • reinigen ★ zijn tanden ~ *limpiar los dientes con un palillo* II ON WW opruien *meter cizaña*; *intrigar*; *incitar* ★ ~ in een goed huwelijk *meter cizaña en un matrimonio*
stoker • machinestoker *fogonero* m • distilleerder *destilador* m • opruier *intrigante* m/v
stokerij *destilería* v
stokken ⟨v. gesprek⟩ *interrumpirse*; ⟨v. stem⟩ *atragantarse*; ⟨v. stem⟩ *anudarse*; ⟨v. adem⟩ *cortarse*
stokoud *vetusto*; *decrépito*; *viejo como el mundo* ★ een ~e man *vejete* m ★ ~ zijn *tener más*

espolones que un gallo
stokpaard *caballo* m *de batalla*; ⟨hobby⟩ *comidilla* v
stokroos • *plant malvarrosa* v • *stamroos rosa* v *de tallo largo*
stokstijf *rígido como un palo*
stokvis *bacalao* m
stola *estola* v
stollen *coagularse; cuajarse* ★ *doen* ~ *coagular*
stollingsgesteente *roca* v *magmática*
stollingspunt *punto* m *de solidificación*
stolp *campana* v *de cristal; fanal* m
stolsel *cuajarón* m; *coágulo* m
stom • *zonder spraakvermogen mudo* ★ *stom worden enmudecer* ★ *stom van verbazing zijn quedarse sin respiración* • *zonder geluid mudo* ★ *een stomme film una película muda* • *dom estúpido; tonto* ★ *wat een stom verhaal vaya historia más estúpida* ▾ *geen stom woord ni una sola palabra* ▾ *geen stom woord zeggen no decir [i] chus ni mus*
stoma *ano* m *contra natura*
stomdronken *muy borracho* ★ ~ *zijn estar como una cuba*
stomen I OV WW • *gaar maken cocer* [ue] *al vapor* • *reinigen limpiar en seco* II ON WW • *dampen humear* • *varen navegar*
stomerij *tintorería* v
stomheid • *het stom zijn mudez* v; *mutismo* m ★ *met* ~ *geslagen estupefacto* • *stommiteit estupidez* v
stomkop *idiota* m; *imbécil* m; *tonto* m
stommelen *hacer ruido*
stommeling *tonto* m *de capirote; cretino* m; *imbécil* m
stommetje ▾ ~ *spelen jugar* [ue] *a no decir nada*
stommiteit • *het stom-zijn estupidez* v • *stomme daad tontería* v
stomp I ZN [de] • *vuistslag puñetazo* m • *overblijfsel tronco* m; *cabo* m; ⟨v. boom⟩ *tocón* m; ⟨v. boom⟩ *tueco* m; ⟨v. lichaamsdeel⟩ *tocón* m; ⟨v. lichaamsdeel⟩ *muñón* m • *een* ~*je kaars un cabo de vela* II BNW *niet scherp boto; romo; obtuso* ★ ~ *maken embotar* ★ ~ *worden embotarse*
stompen *dar puñetazos*
stompzinnig *torpe; estúpido*
stomverbaasd *pasmado; estupefacto; perplejo* ★ ~ *zijn quedarse perplejo*
stomvervelend *muy aburrido* ★ *de wiskundeles was vandaag* ~ *menudo latazo la clase de matemáticas de hoy*
stomweg *simplemente*
stoned *ciego; colocado*
stoof *calientapiés* m [mv: *calientapiés*]; *brasero* m
stoofpeer *pera* v *para cocer*
stoofpot *estofado* m
stoofschotel *plato* m *estofado*
stookolie *aceite* m *combustible*
stoom *vapor* m
stoombad *baño* m *de vapor*
stoomboot *vapor* m; *barco* m *de vapor*
stoomcursus *curso* m *intensivo*
stoomketel *caldera* v *de vapor*
stoomlocomotief *locomotora* v *de vapor*

stoommachine *máquina* v *de vapor*
stoompan *olla* v *a presión*
stoomschip *vapor* m; *buque* m *de vapor*
stoomstrijkijzer *plancha* v *de vapor*
stoornis • *verstoring impedimento* m; *estorbo* m; *traba* v • MED. *gebrek trastorno* m; *perturbación* v
stoorzender *emisora* v *interferente*
stoot • *plotse beweging sacudida* v • *duw empujón* m; *golpe* m; ⟨met elleboog⟩ *codazo* m • ⟨biljart⟩ *tacada* v • *flinke hoeveelheid montón* m • *een* ~ *boeken un montón de libros* • *knappe meid tía* v *buena* ▾ *wel tegen een* ~*je kunnen tener aguante* ▾ *de* ~ *tot iets geven dar impulso a u.c.; tomar la iniciativa a u.c.*
stootblok *tope* m
stootkussen • *buffer tope* m • SCHEEPV. *defensa* m/v
stoottroepen *tropas* v mv *de asalto*
stop I ZN [de] • *oponthoud parada* v ★ *sanitaire stop parada de urgencia* • *iets dat afsluit tapón* m; ⟨kurk⟩ *corcho* m • *zekering plomo* m; *fusible* m ★ *de stoppen slaan door se funden los plomos; cruzársele los cables a u.p.* • *verstelde plek remiendo* m; *zurcido* m II TW • *houd op ¡basta!; ¡stop!* • *sta stil ¡alto!; ¡stop!*
stopbord *señal* v *de parada; stop* m
stopcontact *enchufe* m ★ *in het* ~ *steken enchufar*
stopfles *frasco* m *con tapón*
stoplap • *lap trozo* m *de tela para aprender a zurcir* • *loos woord ripio* m
stoplicht *semáforo* m ★ *het* ~ *staat op groen el semáforo está en verde*
stopnaald *aguja* v *para zurcir*
stoppel • *baardhaar cañón* m • *halm rastrojo* m
stoppelbaard *barba* v *de varios días*
stoppen I OV WW • *tot stilstand brengen detener* [ie]; *parar* • *dichtmaken tapar; ⟨v. kousen⟩ remendar; [ie] ⟨v. kousen⟩ zurcir* ★ *een pijp* ~ *cargar una pipa* • *induwen meter* ★ *iets in zijn mond* ~ *meter algo en la boca* ★ *iets in zijn zak* ~ *meter algo en el bolsillo* ★ *in bed* ~ *meter en la cama* II ON WW • *ophouden acabar; dejar de* ★ ~ *met roken dejar de fumar* ★ *stop eens even! ¡acaba de una vez!; ¡párate de una vez!* • *halt houden parar; detenerse* [ie]
stopplaats *parada* v
stopstreep *raya* v *de parada*
stopteken *señal* v *de stop*
stoptrein *tren* m *ómnibus*
stopverbod *prohibición* v *de pararse*
stopverf *masilla* v
stopwatch *cronómetro* m
stopwoord *muletilla* v; *bordón* m
stopzetten *parar; detener* [ie]
storen I OV WW *hinderen estorbar; molestar; perturbar;* ⟨v. telefoonlijn⟩ *interferir* [ie, i] ★ *ik stoor toch niet? ¿molesto?* ★ *geestelijk gestoord perturbado* II WKD WW [*zich* ~] *hacer caso a* ★ *stoort u zich niet aan hem no le haga usted caso*
storend *perturbador; molesto*
storing • *ongewenste onderbreking*

perturbación v; *interrupción* v; ⟨v. radio⟩ *interferencia* v • meteorologische depressie *depresión* v ★ atmosferische ~ *interferencia* v *atmosférica*
storingsdienst *servicio* m *técnico*
storm • harde wind *tempestad* v; *borrasca* v; *tormenta* v ★ de ~ gaat liggen *está amainando la tormenta* ★ de ~ komt opzetten *se está acercando una tormenta* ★ de ~ brak los *se desató la tormenta* • FIG. opwinding *tormenta* v; *tempestad* v ★ een ~ van kritiek veroorzaken *desencadenar una tormenta de críticas*
stormachtig • met storm *borrascoso; tempestuoso; tormentoso* • FIG. onstuimig *tempestuoso; tormentoso* ★ een ~ applaus *una tempestad de aplausos*
stormbaan *trayecto* m *de combate*
stormbal *bola* v *de tempestad*
stormen I ON WW voorwaarts snellen *precipitarse* II ONP WW zeer hard waaien *haber tempestad; haber tormenta* ★ het stormt *hay tormenta*
stormenderhand *por asalto*
stormlamp *lámpara* a *prueba de viento*
stormloop • aanval *asalto* m • FIG. run *gran* v *demanda*
stormlopen I ON WW aanval doen *irrumpir* II ONP WW toestromen ★ het liep er storm *la gente acudió en masa*
stormram *ariete* m
stormvloed *marea* v *viva*
stormvloedkering *barrera* v *para contener el nivel de aguas muy alto*
stormvogel *petrel* m
stortbad *ducha* v
stortbak *cisterna* v
stortbui *chaparrón* m; *aguacero* m; *lluvia* v *torrencial*
storten I OV WW • doen vallen *arrojar; echar; lanzar* ★ iem. in het ongeluk ~ *hundir a alguien; arruinar a alguien* ★ tranen ~ *derramar lágrimas* ★ nucleair afval ~ *verter [ie] residuos nucleares* ★ de kritiek heeft zich op hem gestort *la crítica se le echó encima* ★ zich in het werk ~ *sumergirse en el trabajo* ★ zich in het gevaar ~ *abalanzarse al peligro* • geld overmaken *pagar; ingresar* ★ geld bij een bank ~ *ingresar dinero en un banco* ★ geld op de rekening ~ *ingresar dinero en la cuenta* ★ gestort kapitaal *capital* m *ingresado* II ON WW vallen *precipitarse* ★ in elkaar ~ *hundirse; desplomarse* III WKD WW [zich ~] ★ zich op zijn werk ~ *sumergirse en el trabajo*
storting *pago* m; *entrega* v; *depósito* m
stortingsbewijs *resguardo* m *de entrega*
stortkoker *vertedero* m
stortplaats *basurero* m; *vertedero* m
stortregen *chubasco* m; *aguacero* m; *lluvia* v *torrencial*
stortregenen *llover* [ue] *a cántaros*
stortvloed • vloedstroom *torrente* m; *diluvio* m • FIG. overstelpend aantal ★ een ~ van woorden *un torrente de palabras* ★ ~ van scheldwoorden *una avalancha de injurias*
stortzee *embatada* v

stoten I OV WW krachtig duwen *empujar* ★ zijn hoofd ~ *darse un golpe en la cabeza* ★ zich ~ aan *tropezar* [ie] *con* II ON WW botsen *chocar con; topar con; dar con; tropezar con* [ie] ★ ~ tegen iets *chocar con u.c.* ★ met de elleboog ~ *dar codazos*
stotteraar *tartamudo* m
stotteren I ZN [het] *tartamudez* v II ON WW hortend spreken *tartamudear*
stout • ondeugend *malo; travieso* • stoutmoedig *temerario; audaz*
stouterd *niño* m *travieso*
stoutmoedig *temerario; audaz*
stouwen • bergen *estibar*; SCHEEPV. *arrumar* • verorberen *zampar; devorar*
stoven *estofar; guisar*
straal I ZN [de] • stroom vloeistof *chorro* m • lichtbundel *rayo* m ★ een ~ licht *un rayo de luz* ★ WISK. *radio* m ★ in een ~ van 2 km *en un radio de 2 km* II BIJW volkomen *completamente* ★ iem. ~ negeren *pasar ampliamente de u.p.*
straalaandrijving *propulsión* v *a chorro*
straalbezopen *como una cuba* ★ hij is ~ *está como una cuba*
straaljager *avión* m *de combate; avión* m *a reacción*
straalkachel *estufa* v *eléctrica*
straalmotor *motor* m *a reacción*
straalverbinding *conexión* v *por ondas hertz*
straalvliegtuig *avión* m *a reacción*
straat • weg *calle* v ★ op ~ *en la calle* ★ altijd op ~ zijn *estar siempre en la calle* ★ midden op de ~ *en plena calle* ★ een ~ inslaan *doblar una esquina* ★ door de straten slenteren *callejear* ★ ~je *callejuela* v; *calleja* v ★ een ~je omlopen *dar una vuelta* • zee-engte *estrecho* m ★ de Straat van Gibraltar *el estrecho de Gibraltar* ▼ op ~ staan *quedarse en la calle* ▼ op ~ zetten *echar a la calle*; *plantar de patitas en la calle*; *poner en la calle* ▼ dat past (precies) in mijn ~je *concuerda con mis ideas*
straatarm *más pobre que las ratas*
straatartiest *artista* m/v *callejero*
straatbeeld *imagen* v *callejera*
straatgevecht *lucha* v *callejera*
straatgeweld *violencia* v *callejera*
straathandel *comercio* m *callejero*
straathond *perro* m *callejero*
straatjongen *golfo* m; *pillo* m
straatlantaarn *farol* m; *farola* v
straatmuzikant *músico* m *callejero*
straatnaam *nombre* m *de la calle*
straatprostitutie *prostitución* v *callejera*
Straatsburg *Estrasburgo* m
straatsteen *adoquín* m
straattoneel *teatro* m *en la calle*
straatveger *barrendero* m
straatventer *vendedor* m *ambulante; buhonero* m
straatverlichting *alumbrado* m *público*
straatvoetbal *fútbol* m *callejero*
straatvrees *agorafobia* v
straatvuil *basura* v
straatweg *carretera* v
straf I ZN [de] *castigo* m; *pena* v ★ op ~fe van *a*

pena de ★ ~ krijgen *ser castigado* ★ een ~ opleggen *imponer una pena* **II** BNW • sterk *fuerte* • streng *riguroso; severo* ★ op ~fe toon *en tono severo*
strafbaar *delictivo; penable; sancionable* ★ een ~ feit *un hecho delictivo* ★ ~ zijn *incurrir en una pena*
strafbal *penalty* m
strafbepaling *disposición* v *penal*
strafblad *antecedentes* m mv *penales*
strafexpeditie *expedición* v *punitiva*
straffeloos *impune; sin castigo*
straffen *castigar*
strafgevangenis *prisión* v; *penal* m
strafinrichting *institución* v *penitenciaria; establecimiento* m *penal*
strafkamer *sala* v *de lo penal*
strafkamp *campo* m *de castigo*
strafkolonie *colonia* v *penitenciaria*
strafkorting *recorte* m *disciplinario de la prestación*
strafmaat *grado* m *de la pena*
strafmaatregel *sanción* v; *medida* v *disciplinaria*
strafpleiter *abogado* m *criminalista*
strafport *sobretasa* v
strafproces *causa* v *criminal; proceso* m *penal*
strafpunt *penalización* v
strafrecht *derecho* m *penal* ★ het wetboek van ~ *el código penal*
strafrechtelijk *penal; criminal*
strafrechter *juez* m *de lo criminal*
strafregel *línea* v *para copiar como castigo*
strafregister *registro* m *penal* ★ uittreksel uit ~ *certificación* v *de antecedentes penales*
strafschop *penalty* m
strafschopgebied *área* v *de penalty*
straftijd *condena* v
strafvervolging *persecución* v *criminal; persecución* v *penal*
strafwerk *trabajo* m *de castigo*
strafwet *ley* v *penal*
strafworp *lanzamiento* m *de penalización*
strafzaak *causa* v *criminal*
strak • gespannen *tenso*; ⟨v. kleding⟩ *ajustado* ★ een ~ke broek *un pantalón ajustado* ★ ~ trekken *tensar* • star, stug *impasible*; ⟨v. blik⟩ *fijo* ★ iem. ~ aankijken *mirar fijamente a u.p.* • sober *sobrio; austero*
strakblauw *azul puro*
straks • dadelijk *luego; dentro de poco* ★ tot ~ *hasta luego* • zo-even *hace poco; hace un rato* ★ ik heb hem daar ~ nog gezien *lo vi hace un rato*
stralen • stralen uitzenden *radiar; brillar* • er blij uitzien *resplandecer de* ★ ~ van vreugde *resplandecer de alegría*
stralend *radiante; brillante; resplandeciente*
stralenkrans *nimbo* m; *aureola* v
straling *radiación* v
stralingsdosis *dosis* v *de radiación*
stralingsgevaar *peligro* m *de radiación*
stralingswarmte *calor* m *radiante*
stralingsziekte *enfermedad* v *por exposición a radiaciones radiactivas*
stram *tieso; entorpecido; rígido*
stramien • FIG. sjabloon *patrón* m • LETT. weefsel *cañamazo* m
strand *playa* v ★ op het ~ *en la playa*
strandbal *balón* m *de playa*
stranden *encallar*
strandhuisje *casita* v *en la playa*
strandjutter *raquero* m
strandpaal *poste* m *de playa*
strandstoel *tumbona* v
strandwandeling *paseo* m *por la playa*
strandweer *tiempo* m *de playa*
strapless *sin tirantes*
strateeg *estratega* m
strategie *estrategia* v
strategisch *estratégico*
stratengids *guía* v *de calles*
stratenmaker *pavimentador* m
stratenplan *plano* m *de las calles*
stratosfeer *estratosfera* v
streber *arribista* m/v
streefcijfer *número* m *previsto*
streefdatum *fecha* v *tope*
streefgetal *cifra* v *prevista*
streefgewicht *peso* m *ideal*
streek • daad *treta* v; *travesura* v; *pasada* v ★ domme ~ *disparate* m; *tontería* v ★ achterbakse ~ *mala pasada* v ★ iem. een ~ leveren *hacerle una mala pasada a alguien* ★ streken uithalen *hacer locuras* • beweging ⟨met pen⟩ *plumada* v; ⟨met penseel⟩ *pincelada* v; ⟨met penseel⟩ *toque* m; ⟨met kwast⟩ *pasada* v; ⟨met pen⟩ *rasgo* m • MUZ. beweging met strijkstok *arqueada* v • gebied *región* v; ⟨klein⟩ *comarca* v • kompasrichting *rumbo* m ▾ op ~ zijn *marchar bien; ir viento en popa* ▾ van ~ (gebracht) zijn *estar confuso; estar atolondrado; estar aturdido* ▾ mijn maag is van ~ *tengo el estómago trastornado* ▾ van ~ brengen *desconcertar* [ie] ▾ van ~ raken *desconcertarse* [ie]
streekbus *autobús* m *de cercanías*
streekgebonden *regional*
streekroman *novela* v *regional*
streektaal *dialecto* m
streekvervoer *transporte* m *de cercanías*
streekziekenhuis *hospital* m *regional*
streep • lijn *raya* v; *línea* v ★ ergens een ~ onder zetten *subrayar u.c.* ★ een ~ halen door iets *tachar u.c.; rayar u.c.* • onderscheidingsteken *galón* m ▾ dat was een ~ door de rekening *se echaron por tierra los planes* ▾ een ~ halen door iets *echar tierra a algo* ▾ ergens een ~ onder zetten *hacer borrón y cuenta nueva*
streepjescode *código* m *de barras*
streepjespak *traje* m *a rayas*
strekken I OV WW uitrekken *estirar; tender* [ie] ★ de benen ~ *estirar las piernas* **II** ON WW • reiken *alcanzar* • ~ **tot** *servir* [i] *de*
strekkend ★ per ~e meter *por metro corrido*
strekking *objeto* m; *fin* m; ⟨v. verhaal⟩ *tenor* m
strekspier *músculo* m *extensor*
strelen • aaien *acariciar* • aangenaam aandoen *halagar; deleitar* ★ dat streelt het oog *es un halago para la vista* ★ ~ met de gedachte dat *complacerse con la idea de que* ★ dat streelt de tong *es una delicia para el paladar*

★ dat streelt het oor *es un halago para el oído*
streling • aai *caricia* v • FIG. iets aangenaams *halago* m
stremmen I OV WW • stijf maken *coagular; cuajar* • belemmeren *obstruir; estorbar* II ON WW stijf worden *coagularse; cuajarse*
stremming • het stremmen *coagulación* v • stagnatie *obstrucción* v; *interrupción* v
stremsel *cuajo* m; *coagulante* m
streng I BNW • strikt *rígido; estricto; riguroso* • onverbiddelijk *severo; duro; riguroso* ★ een ~e regel *una regla rigurosa* ★ op ~ dieet *a dieta rigurosa* • koud *riguroso* ★ een ~ klimaat *un clima áspero* II BIJW • strikt *rigurosamente; estrictamente* ★ ten ~ste verboden *terminantemente prohibido* • onverbiddelijk *severamente; rigurosamente* ★ ~ optreden *proceder con rigor* III ZN [de] • bundel *ristra* v; ⟨v. haar⟩ *mechón* m; ⟨v. garen⟩ *madeja* v ★ een ~ knoflook *una ristra de ajos* • koord, snoer *cordón* m; *ramal* m
strepen *rayar*
streptokok *estreptococo* m
stress *tensión* v; *estrés* m
stressbestendig *a prueba de estrés*
stresssituatie *situación* v *estresante*
stretch *elástico*
stretcher *catre* m
streven I ZN [het] • doel *aspiración* v; *objeto* m; *anhelo* m ★ een loffelijk ~ *una aspiración digna de alabanza* • inspanning *afán* m; *empeño* m; *esfuerzo* m II ON WW • **naar** *aspirar a*; *empeñarse en*; *afanarse por*
striem *marca* v
striemen *azotar*
strijd • gevecht *combate* m; *lucha* v; *pelea* v ★ een innerlijke ~ *una lucha interior* ★ een ~ op leven en dood *una lucha a muerte* ★ ten ~e trekken tegen *luchar contra* ★ ten ~e trekken *partir a la guerra* ★ de ~ opgeven *arrojar la toalla* ★ de ~ aanbinden met *entablar la lucha con* • wedstrijd *concurso* m • tegenspraak ★ in ~ met *contrario a* ★ hun verklaringen zijn met elkaar in ~ *sus declaraciones se contradicen* ▼ in het heetst van de ~ *en lo más reñido de la batalla*; *en lo más duro de la lucha*
strijdbaar *combativo*
strijdbijl *hacha* v *de guerra*
strijden • vechten *luchar; combatir; pelear* ★ met elkaar ~ *batirse; pelearse* ★ ~ voor *luchar por* • wedijveren *concursar* • twisten *disputar*
strijder • krijgsman *luchador* m; *combatiente* m/v; *guerrero* m • voorvechter *luchador* m
strijdgewoel *pelea* v; *tumulto* m
strijdig *contrario (a)*
strijdkrachten *fuerzas* v mv *armadas*
strijdkreet *grito* m *de guerra*
strijdlust *combatividad* v; *espíritu* m *de lucha*
strijdlustig *combativo*
strijdmacht *fuerzas* v mv *armadas*
strijdperk • arena *liza* v ★ in het ~ treden *entrar en liza* • slagveld *campo* m *de batalla*
strijdtoneel *teatro* m *de operaciones*
strijdvaardig • paraat *preparado para luchar*
• strijdlustig *combativo*; *guerrero*
strijkbout *plancha* v
strijken I OV WW • aanraken *rozar por*; *pasar por*; ⟨aaien⟩ *acariciar* ★ met de hand ergens over ~ *pasarse la mano por u.c.* • uitsmeren *untar* • gladmaken *alisar*; ⟨met strijkbout⟩ *planchar* • in bepaalde toestand brengen ★ de haren uit het gezicht ~ *apartarse el pelo de la cara* • neerhalen *arriar* [i] ★ de zeilen ~ *amainar* ★ de vlag ~ *arriar la bandera* • MUZ. *tocar* II ON WW • gaan langs *rozar* • ervandoor gaan ★ met de eer gaan ~ *llevarse el mérito* ★ met de prijs gaan ~ *ganar el premio*
strijker *músico* m *de un instrumento de cuerda*
strijkijzer *plancha* v
strijkinstrument *instrumento* m *de cuerda*
strijkje *orquestina* v
strijkkwartet *cuarteto* m *de cuerdas*
strijklicht *luz* v *oblicua*
strijkorkest *orquesta* v *de cuerdas*
strijkplank *tabla* v *de planchar*
strijkstok *arco* m ▼ er blijft wat aan de ~ hangen *llevarse la mejor parte de algo*
strijktrio *trío* m *de cuerdas*
strik • knoop *nudo* m *corredizo* • gestrikt lint *lazo* m; *lazada* v • valstrik *lazo* m; *trampa* v
strikje *pajarita* v
strikken • knopen *anudar*; *hacer un nudo* ★ zijn das ~ *hacerse el nudo de la corbata*
• overhalen *persuadir a*
strikt I BNW *estricto*; *riguroso* ★ in ~ vertrouwen *bajo absoluta discreción* II BIJW ★ ~ genomen *a decir verdad*; *bien mirado*; *bien considerado*
strikvraag *pregunta* v *insidiosa*
stringent *estricto*; *riguroso*
strip • strook *cinta* v; *banda* v • stripverhaal *tebeo* m
stripblad *tebeo* m
stripboek *tebeo* m; *comic* m
stripfiguur *personaje* m *de tebeo*; *personaje* m *de comic*
stripheld *héroe* m/*heroína* v *de tebeo*
strippen I ON WW een striptease uitvoeren *hacer strip-tease* II OV WW ontdoen van het overtollige *quitar las partes sobrantes a una cosa*
strippenkaart *tarjeta* v *multiviaje*
stripper *persona* v *que hace strip-tease*
striptease *strip-tease* m; *estriptís* m
stripteasedanseres *bailarina* v *de strip-tease*
striptekenaar *dibujante* m *de tebeos*
stripverhaal *tebeo* m; *comic* m
stro *paja* v
strobloem *siempreviva* v
strobreed ▼ iem. geen ~ in de weg leggen *no ponerle trabas a alguien*
stroef • niet glad *áspero* • niet soepel *rígido*
• stug *adusto* • moeizaam *difícil* ★ het gesprek verliep nogal ~ *la conversación se desarrolló tensa*
strofe *estrofa* v; *copla* v
strohalm *brizna* v *de paja* ▼ zich aan een ~ vastklampen *agarrarse a un clavo ardiendo*
strohoed *sombrero* m *de paja*
strokarton *cartón* m *de paja*

stroken *cuadrar; concordar con* [ue]
stroman *testaferro* m
stromen *fluir; correr;* ⟨v. bloed⟩ *circular* ★ ~ over *desbordar*
stroming • stroom *corriente* v • denkwijze *tendencia* v
strompelen *cojear*
stronk ⟨v. boom⟩ *tronco* m; ⟨v. kool⟩ *troncho* m
stront *mierda* v
stronteigenwijs *terco como una mula; cabezón*
strontium *estroncio* m
strontje *orzuelo* m
strontvervelend *molesto;* ⟨v. personen⟩ *plomazo;* ⟨v. personen⟩ VULG. *coñazo*
strooibiljet *hoja* v *volante*
strooien I BNW *de paja;* II OV WW *esparcir*
strooisel *capa* v *de hojarasca*
strooiwagen ≈ *camión* m *quitahielos*
strooizout *sal* v *para carreteras heladas; sal* v *de deshielo*
strook *tira* v; *franja* v; *cinta* v; ⟨aan jurk⟩ *volante* m
stroom • rivier *río* m • FIG. bewegende massa *multitud* v ★ een ~ van mensen *un gentío* • elektriciteit *corriente* v ★ de ~ valt uit *se ha cortado la corriente* ★ er staat ~ op de draad *el cable tiene corriente* ★ de ~ uitschakelen *cortar el circuito* ★ de ~ inschakelen *cerrar* [ie] *el circuito* ▼ met de ~ meegaan *seguir* [i] *la corriente* ▼ tegen de ~ ingaan *ir contra la corriente*
stroomafwaarts *río abajo* ★ ~ varen *navegar río abajo*
stroomdraad *hilo* m *conductor*
stroomgebied *cuenca* v
stroomlijn *línea* v *aerodinámica*
stroomlijnen *dar línea aerodinámica (a)*
stroomnet *red* v *eléctrica*
stroomopwaarts *río arriba*
stroomsterkte *intensidad* v *de corriente*
stroomstoot *pulsación* v *eléctrica*
stroomstoring *corte* m *de energía*
stroomverbruik *consumo* m *de corriente* ★ lampen met groot ~ *lámparas de alto consumo*
stroomversnelling • versnelling van stroom *rápido* m • versnelling van ontwikkeling *aceleración* v ★ in een ~ komen *acelerar*
stroomvoorziening *suministro* m *de electricidad*
stroop *jarabe* m; *almíbar* m ▼ iem. ~ om de mond smeren *almibarar a alguien; hacer la pelotilla a alguien*
strooplikken *hacer la pelota*
strooplikker *pelotillero* m; INFORM. *lameculos* m
strooptocht *correría* v
stroopwafel ≈ *barquillo* m *de almíbar*
strop • lus *lazo* m; *gaza* v; *soga* v • tegenvaller *chasco* m; *contratiempo* m; *desdicha* v ★ een ~ eraan hebben *llevarse un chasco*
stropdas *corbata* v
stropen • jagen *cazar furtivamente* • villen *desollar* [ue]
stroper *cazador* m *furtivo*
stroperig • als stroop *viscoso* ★ ~e vloeistof *líquido* m *viscoso* • kruiperig *meloso* ★ ~e woorden *palabras* v mv *melosas*

stroperij *caza* v *furtiva*
stropop *pelele* m
strot • keel *garganta* v; *gaznate* m ★ iem. de ~ afsnijden *cortarle el pescuezo a u.p.* • strottenhoofd *laringe* m ▼ ik krijg die spruitjes niet door mijn ~ *esas coles de bruselas no me entran* ▼ ik krijg dat woord niet door mijn ~ *me cuesta decir esa palabra* ▼ dat komt me de ~ uit *estoy hasta las narices*
strottenhoofd *laringe* v
strubbeling *dificultad* v
structureel *estructural*
structureren *estructurar*
structuur *estructura* v
structuurverf *pintura* v *de relieve*
struik • plant *arbusto* m; *mata* v • krop *manojo* m
struikelblok *obstáculo* m; *traba* v
struikelen • bijna vallen *tropezar con* [ie] • misstap doen *dar un paso falso* ▼ over zijn eigen woorden ~ *titubear* ▼ je struikelt over de toeristen! *¡qué mogollón de turistas!*
struikgewas *matorral* m
struikrover *salteador* m *de caminos*
struis *fornido; robusto*
struisvogel *avestruz* m
struisvogelpolitiek *política* v *con un velo en los ojos*
struma *bocio* m
strychnine *estricnina* v
stuc *estuco* m; *estuca* v
stucwerk *estuquería* v
studeerkamer *estudio* m; *despacho* m
student *estudiante* m/v ★ eeuwige ~ *estudiante vitalicio* ★ ~ in de letteren *estudiante de filología*
studentencorps *asociación* v *estudiantil*
studentendecaan *consejero* m *de estudiantes*
studentenflat *piso* m *de estudiantes*
studentenhaver *mezcla* v *de frutas secas y pasas*
studentenhuis *casa* v *de estudiantes*
studentenstad *ciudad* v *de estudiantes*
studentenstop *numerus* m *clausus*
studententijd *época* v *de estudiante*
studentenvereniging *asociación* v *de estudiantes*
studentikoos *estudiantil*
studeren I OV WW • studie volgen *estudiar* • z. oefenen in *estudiar* ★ piano ~ *estudiar piano* II ON WW • leren *estudiar; seguir* [i] *la carrera de* ★ in de letteren ~ *estudiar filología y letras* ★ voor advocaat ~ *estudiar para abogado* ★ voor een examen ~ *preparar un examen* ★ in Madrid gaan ~ *ir a estudiar a Madrid* ★ hij heeft gestudeerd *tiene carrera/estudios* ★ hij moet nog 4 jaar ~ *le quedan 4 años para acabar la carrera* • ~ op *estudiar*
studie • bestudering *estudio* m ★ een ~ van iets maken *hacer un estudio sobre* ★ een toneelstuk in ~ nemen *estar una obra de teatro en estudio* • onderzoeksverslag *estudio* m • opleiding *estudios* m mv; ⟨op universiteit⟩ *carrera* v ★ een ~ volgen *seguir* [i] *una carrera* ★ iemands ~ betalen *dar estudios a alguien* • KUNST. schets *esbozo* m
studieachterstand *atraso* m *en el estudio*

studieadviseur *consejero* m *estudiantil*
studiebeurs *beca* v
studieboek *libro* m *de texto*
studiefinanciering *asignación* v *de la beca*
studiegenoot *compañero* m *de estudios*
studiegids *guía* v *de estudios*
studiejaar *curso* m
studiereis *viaje* m *de estudios*
studierichting *especialidad* v
studieschuld *deuda* v *de estudiante*
studietijd *tiempo* m *de estudio*
studietoelage *beca* v
studieverlof *permiso* m *por razones de estudio*
studiezaal *sala* v *de estudios*
studio *estudio* m
stuff *mandanga* v; FORM. *droga* v
stug • onbuigzaam *rígido*; *duro*; ⟨v. haar⟩ *híspido* • stuurs *adusto*; *hosco* • volhardend *perseverante* • ongeloofwaardig *difícil de creer* ★ dat is stug! *¡qué fuerte!*
stuifmeel *polen* m
stuifsneeuw *nieve* v *en polvo*
stuifzand *arena* v *finísima*
stuip *convulsión* v; *espasmo* m ▼ iem. de ~en op het lijf jagen *atemorizar a u.p.*; *dar un susto de muerte a alguien*
stuiptrekken *tener* [ie] *convulsiones*
stuiptrekking *convulsión* v; ⟨bij stervenden⟩ *agonía* v
stuit • staartbeen *rabadilla* v • het terugstuiten *rebote* m
stuitbeen *cóccix* m
stuiten I OV WW tegenhouden *detener* [ie]; *contener* [ie] **II** ON WW • kaatsen *botar* ★ ~ **op** *tropezarse* [ie] *con*; *encontrarse* [ue] *con* ★ ~ op verzet *encontrar oposición* ▼ tegen de borst ~ *repugnar*
stuitend *repugnante*; *chocante*
stuiter *canica* v
stuiteren *jugar* [ue] *a las canicas*
stuitje • → **stuit**
stuitligging *presentación* v *de nalgas*
stuiven I ON WW snel gaan • uit elkaar ~ *dispersarse* ★ zij stoof de vergadering uit *salió pitando de la reunión* **II** ONP WW *hacer polvo* ★ het stuift *hay polvo*
stuiver ≈ *duro* m
stuivertje-wisselen • kinderspel *jugar* [ue] *a las cuatro esquinas* • elkaars plaats innemen *alternarse*
stuk I ZN [het] • gedeelte *pedazo* m; *trozo* m ★ een stuk brood *un pedazo de pan* ★ stuk zeep *pastilla* v *de jabón* ★ stuk grond *parcela* v ★ in stukken snijden *cortar en trocitos/trozos* ★ stukje *pedazo* m; *pedacito* m • hoeveelheid ★ een stuk groter *mucho más grande*; *mucho mayor* ★ stukken groter *bastante más grande*; *bastante mayor* ★ ik loop een stukje met je mee *te acompaño un poco* • exemplaar *pieza* v; *unidad* v ★ 12 stuks *una docena* ★ 100 stuks *un centenar* ★ een stuk of wat *algunos*; *unos* ★ een stuk of twee *dos o tres* ★ 100 euro per stuk *a 100 euros la pieza* ★ prijs per stuk *precio* m *por unidad* ★ stuk voor stuk *uno por uno*; *pieza por pieza* • geschrift *artículo* m; *ensayo* m; ⟨document⟩ *documento* m; ⟨document⟩ *acta* v ★ ingezonden stuk *carta al director* • kunstwerk *obra* v; MUZ. *pieza* v • schaakstuk *figura* v • postuur ★ klein van stuk *bajo de talla* • standpunt ★ op zijn stuk blijven staan *persistir en su opinión* ★ iem. van zijn stuk brengen *confundir a u.p.* ★ van zijn stuk raken *confundirse*; *desconcertarse* [ie] ▼ lekker stuk *tío* m *bueno*; *tía* v *buena* ▼ aan één stuk door *de un tirón* ★ de stukken vlogen eraf *hemos sudado la gota gorda* ▼ een stuk in zijn kraag hebben *estar como una cuba* ▼ op geen stukken na *ni de lejos* ▼ stukje bij beetje *poco a poco* **II** BNW *roto*; *estropeado* ★ iets stuk maken *romper u.c.*; *estropear u.c.* ▼ zij is niet stuk te krijgen *esa tía tiene mucha marcha*
stukadoor *estucador* m; *estuquista* m
stukadoren *estucar*
stuken *estucar*
stukgoed *bultos* m mv *sueltos*
stukje • → **stuk**
stukjesschrijver *columnista* m
stukloon *sueldo* m *a destajo*
stuklopen I OV WW slijten *desgastarse* **II** ON WW mislukken *frustrarse* ★ daarop is hun huwelijk stukgelopen *en eso se malogró su matrimonio*
stukslaan *destrozar*
stukwerk *obra* v *a destajo* ★ ~ verrichten *trabajar a destajo*
stulp *casucha* v; *cabaña* v
stumper *pobrecito* m
stumperen *chafallar*; *chapucear*
stunt • spectaculaire actie *acrobacia* v; *proeza* v *sensacional*; ⟨met vliegtuig⟩ *vuelo* m *acrobático* ★ ~s uitvoeren *hacer acrobacias aéreas* • publiciteitsstunt *ardid* m *publicitario*
stuntel *torpe* v
stuntelen *actuar* (ú) *con torpeza*
stuntelig *torpe*
stunten • kunstvliegen *hacer acrobacias aéreas* • stunts uithalen *realizar una proeza*
stuntman *doble* m *temerario*
stuntprijs *precio* m *de oferta*
stuntvliegen *acrobacia* v *aérea*
stupide *estúpido*
sturen • zenden *enviar* [í]; *mandar* ★ iem. om een boodschap ~ *mandar a alguien a un recado* ★ iem. een brief ~ *mandar/enviar a u.p. una carta* ★ geld ~ *remitir dinero* ★ een fax ~ *mandar un fax* • besturen ⟨v. auto⟩ *conducir*; ⟨v. schip⟩ *gobernar* [ie] • bedienen *manejar*
stut *puntal* m; *soporte* m
stutten *apuntalar*
stuur *volante* m; ⟨v. fiets⟩ *manillar* m; ⟨v. schip⟩ *timón* m ★ aan het ~ zitten *estar al volante* ★ de macht over het ~ verliezen *perder* [ie] *el dominio del volante*
stuurbekrachtiging *dirección* v *asistida*; *servodirección* v
stuurboord *estribor* m ★ aan ~ *a estribor*
stuurgroep *grupo* m *de dirección*
stuurhuis *caseta* v *de control*
stuurhut *timonera* v
stuurknuppel *palanca* v *de mando*
stuurloos *sin gobierno*
stuurman *timonel* m

stuurmanskunst • SCHEEPV. *arte m de la navegación* • omzichtig beleid *habilidad v*
stuurs *desabrido; ceñudo*
stuurslot *antirrobo m*
stuurstang (V. fiets) *palanca v de mando*
stuurwiel *volante m*; SCHEEPV. *rueda v del timón*
stuw *presa v*
stuwdam *presa v*
stuwen • voortduwen *propulsar* • stouwen *estibar*
stuwing *estiba v*
stuwkracht • TECHN. *fuerza v motriz* • FIG. *pujanza v*
stuwmeer *embalse m; pantano m*
stuwraket *cohete m de arranque*
stylen *estilizar*
sub *bajo* ⋆ sub artikel 3 *en el artículo 3*
subatomair *subatómico*
subcommissie *subcomisión v*
subcultuur *subcultura v*
subcutaan *subcutáneo*
subdirectory *subdirectorio m*
subgroep *subgrupo m*
subiet • dadelijk *en seguida; inmediatamente* • plots *de repente; repentinamente* • beslist *sin duda; seguramente*
subject *sujeto m*
subjectief *subjetivo*
subjectiviteit *subjetividad v*
subliem *sublime*
sublimeren *sublimar*
subsidie *subvención v* ⋆ een ~ aanvragen *pedir [i] una subvención* ⋆ een ~ verlenen *subvencionar*
subsidiëren *subvencionar*
substantie *sustancia v; materia v*
substantieel • wezenlijk *sustancial; fundamental* • voedzaam *substancioso*
substantief *sustantivo m*
substitueren *sustituir; subrogar* [ue]
substitutie *substitución v*
substituut I ZN [de] plaatsvervanger *sustituto m* II ZN [het] vervangmiddel *sucedáneo m*
subtiel *sutil*
subtropisch *subtropical*
subversief *subversivo*
succes *éxito m* ⋆ ~ hebben *tener éxito; cuajar* ⋆ een doorslaand ~ *un éxito total* ⋆ het ~ steeg hem naar het hoofd *el éxito se le subió a la cabeza* ⋆ met ~ *con éxito* ⋆ ~! *¡suerte!; ¡que tengas suerte!*
succesnummer *éxito m*
successie *sucesión v*
successierecht *impuesto m sobre sucesiones*
successievelijk *sucesivamente*
succesvol *coronado de éxito*
sudden death *muerte v súbita*
sudderen *hervir (ie,i) a fuego lento*
sudderlap *carne v de guisado*
suède I ZN [het] *ante m* II BNW *de ante*
suf • duf *atontado* • onnadenkend *estúpido* ⋆ wat suf van me om daar niet aan te denken *que estúpido he sido por no pensar en eso* ▾ zich suf piekeren *devanarse los sesos*
suffen *estar soñoliento; cabecear*
sufferd *tonto m* ⋆ wat een ~ ben ik! *¡qué tonto soy!*
suffig *soñoliento; atontado*
suffix *sufijo m*
sufkop *tonto m*
suggereren *sugerir* [ie, i]
suggestie • voorstel *sugerencia v* ⋆ een ~ doen *sugerir [ie, i] algo* ⋆ openstaan voor ~s *aceptar cualquier sugerencia* • gewekte indruk *sugestión v* ⋆ de ~ wekken dat *dar la sensación de que*
suggestief *sugestivo* ⋆ een suggestieve vraag *una pregunta sugestiva*
suïcidaal *suicida*
suïcide *suicidio m*
suiker *azúcar m* ⋆ wil je ~ in je koffie? *¿te echas azúcar en el café?* ⋆ bruine ~ *azúcar moreno/negro*
suikerbiet *remolacha v azucarera*
suikerbrood *pan m de azúcar*
suikergoed *confites m mv; caramelos m mv; dulces m mv*
suikerklontje *azucarillo m; terrón m de azúcar*
suikermeloen *melón m (dulce)*
suikeroom *tío m de América*
suikerpatiënt *diabético m*
suikerpot *azucarero m*
suikerraffinaderij *refinería v de azúcar*
suikerriet *caña v de azúcar*
suikerspin *algodón m de azúcar*
suikertante *tía v de América*
suikervrij *sin azúcar*
suikerzakje *sobrecito m de azúcar*
suikerziekte *diabetes v* ⋆ hij lijdt aan ~ *es un diabético*
suikerzoet *azucarado; melifluo*
suite • kamers *habitaciones v mv comunicadas*; (in hotel) *suite v* ⋆ een ~ in het Ritz huren *alquilar una suite en el Ritz* • MUZ. *suite v*
suizebollen *estar aturdido* ⋆ doen ~ *aturdir*
suizen *murmurar* ⋆ mijn oren ~ *me zumban los oídos*
sujet *sujeto m; individuo m* ⋆ een onbetrouwbaar ~ *un individuo sospechoso*
sukade *acitrón m*
sukkel *papanatas m/v; Juan m Lanas*
sukkeldrafje *trote m ligero*
sukkelen • sjokken *ir lentamente* • ziekelijk zijn *estar enfermizo* ⋆ met zijn gezondheid ~ *flaquearle la salud* ▾ in slaap ~ *quedarse dormido*
sukkelgangetje *paso m lento; paso m de tortuga*
sul • sukkel *Juan m Lanas* • goedzak *bonachón m*
sulfaat *sulfato m*
sulfiet *sulfito m*
sullig *bonachón; bonazo*
sultan *sultán m*
summier *sumario; somero; breve*
summum *súmmum m* ⋆ het ~ *el colmo; lo máximo*
sumoworstelaar *luchador m de sumo*
super I ZN [de] *súper v* II BNW *extraordinario*; INFORM. *a tope* ⋆ ~ de luxe *de súper lujo*
superbenzine *gasolina v súper*
supercup *supercopa v*
supergeleider *superconductor m*
superheffing *sobretasa v de producción*

superieur I BNW hoger geplaatst, meerwaardig
 superior **II** ZN [de] *superior* m
superioriteit *superioridad* v
superlatief *superlativo* m
supermacht *superpotencia* v
supermarkt *supermercado* m
supermens *superhombre* m
supersonisch *supersónico*
supertanker *superpetrolero* m
supervisie *supervisión* v
supervisor *supervisor* m
supplement *suplemento* m
suppoost *conservador* m
supporter *hincha* m/v
supporterslegioen *legión* v *de hinchas*
supranationaal *supranacional*
suprematie *supremacía* v
surfen I ON WW • SPORT windsurfen *practicar el
 surfing* • COMP. sites bezoeken *surfear*;
 navegar ★ ~ op internet *navegar por
 Internet/la Red* **II** ZN [het] *surfing* m
surfpak *traje* m *de surfing*
surfplank *tabla* v *de surf*
Surinaamse *surinamesa* v
Suriname *Surinam* m
Surinamer *surinamés* m
surplus *excedente* m
surprise *sorpresa* v
surpriseparty *fiesta* v *sorpresa*
surrealisme *surrealismo* m
surrealistisch *surrealista*
surrogaat *sucedáneo* m
surseance ★ ~ van betaling *suspensión de pagos*
surveillance *vigilancia* v
surveillancewagen *coche* m *patrulla*
surveillant *celador* m
surveilleren *vigilar*
survival *excursión* v *de supervivencia*
sushi *sushi* m
suspense *suspense* m
sussen *calmar*; *sosegar* ★ zijn geweten ~ *sosegar
 la conciencia*
s.v.p. *por favor*
Swahili *suajili*
swastika *svástica* v
Swaziland *Suazilandia* v
sweater *suéter* m
sweatshirt *sudadera* v
swingen • dansen *bailar* • FIG. bruisend zijn
 tener marcha
switchen • van plaats wisselen *cambiar de
 posición* • overgaan op iets anders *cambiar a*
syfilis *sífilis* v
syllabe *sílaba* v ▼ geen ~ *ni jota*
syllabus *syllabus* m
syllogisme *silogismo* m
symbiose *simbiosis* v
symboliek *simbolismo* m
symbolisch *simbólico*
symboliseren *simbolizar*
symbool *símbolo* m
symfonie *sinfonía* v
symfonieorkest *orquesta* v *sinfónica*
symmetrie *simetría* v
symmetrisch *simétrico* ★ ~ getal *capicúa* m
sympathie *simpatía* v ★ de ~ winnen van
 ganarse la simpatía de
sympathiek *simpático*
sympathisant *simpatizante* v
sympathiseren *simpatizar con*
symposium *simposio* m
symptomatisch *sintomático*
symptoom *síntoma* m
symptoombestrijding *tratamiento* m *de los
 síntomas*
synagoge *sinagoga* v
synchroniseren *sincronizar*; A-V *doblar*
synchroon *sincrónico*
syndicaat *sindicato* m
syndroom *síndrome* m
synergie *sinergia* v
synode *sínodo* m
synoniem I ZN [het] *sinónimo* m **II** BNW
 sinónimo
synopsis *sinopsis* v
syntaxis *sintaxis* v
synthese *síntesis* v
synthesizer *sintetizador* m
synthetisch *sintético*
Syrië *Siria* v
systeem *sistema* m ★ een ~ toepassen *adoptar
 un sistema*
systeemanalist *analista* m/v *de sistemas*
systeembeheerder *administrador* m *de sistema*
systeembouw *construcción* v *prefabricada*
systeemeisen *requisitos* m mv *del sistema*
systeemkaart *ficha* v
systeemontwerper *diseñador* m *de sistemas*
systematiek *sistemática* v
systematisch *sistemático*
systematiseren *sistematizar*

T

t *t* v ★ de t van Theodoor *la t de Tarragona*
Taag *Tajo* m
taai • stevig en buigzaam *correoso*; *duro* ★ taai vlees *carne dura* • dikvloeibaar *viscoso*; *espeso* • volhardend *tenaz*; *resistente*; *fuerte* ★ een taai mens *u.p. fuerte* • vervelend, moeilijk *pesado*; *tedioso* ▼ een ouwe taaie *un viejo fuerte y resistente* ▼ houd je taai! *¡ánimo!*
taaie ★ een ~ zijn *ser duro de pelar*
taaiheid • stevigheid *dureza* v • stroperigheid *viscosidad* v • volharding *tenacidad* v; *resistencia* v; *fuerza* v
taaislijmziekte *fibrosis* v *quística*
taaitaai *especie* v *de bizcocho duro*
taak *tarea* v; *faena* v; ⟨huiswerk⟩ *deberes* m mv ★ zich tot taak stellen *imponerse la tarea de* ★ voor zijn taak berekend zijn *estar a la altura de su tarea* ★ zijn taak vervullen *cumplir su tarea*
taakbalk *barra* v *de tareas*; *barra* v *de aplicación*
taakomschrijving *perfil* m *de una función*
taakverdeling *división* v *de tareas*
taal • communicatiesysteem *idioma* m; *lengua* v ★ vreemde taal *lengua* v *extranjera* ★ een taal beheersen *dominar una lengua* • taalgebruik *lenguaje* m ★ de gesproken taal *el lenguaje hablado* ▼ hij zwijgt in alle talen *es un sepulcro* ▼ taal noch teken geven *no dar señales de vida* ▼ duidelijke taal spreken *hablar con claridad*
taalachterstand *retraso* m *lingüístico*
taalbarrière *barrera* v *lingüística*
taalbeheersing *dominio* m *del idioma*
taaleigen *usos* m mv *idiomáticos*
taalfamilie *familia* v *lingüística*
taalfout *error* m *gramatical*
taalgebied • regio *región* v *lingüística* • onderwerp *dominio* m *lingüístico*
taalgebruik *lenguaje* m
taalgeschiedenis *historia* v *lingüística*
taalgevoel *capacidad* v *lingüística*
taalgrens *frontera* v *lingüística*
taalkunde *lingüística* v
taalkundig *lingüístico*
taalkundige *lingüista* m/v
taalles *clase* v *de idioma*
taalonderwijs *enseñanza* v *de la lengua*
taalstrijd *conflicto* m *lingüístico*
taalvaardigheid *dominio* m *del idioma*
taalverwerving *adquisición* v *lingüística*
taalwetenschap *lingüística* v; *filología* v
taart • CUL. gebak *pastel* m; *tarta* v • MIN. vrouw *bruja* v
taartbodem *fondo* m *para tarta*
taartje *pastelito* m
taartpunt • stuk gebak *trozo* m *de pastel* • deel uit cirkel *trozo* m; *sector* m
taartschep *pala* v *de repostería*
taartvorkje *tenedor* m *de postre*
taartvorm *molde* m *para tartas*
tab *tabulador* m
tabak *tabaco* m ▼ ik heb er ~ van *estoy harto*; *estoy hasta las narices*
tabaksdoos *tabaquera* v
tabaksindustrie *industria* v *de tabaco*
tabaksplant *planta* v *de tabaco*
tabasco *tabasco* m
tabbaard *tabardo* m
tabee *¡ciao!*
tabel *tabla* v; *cuadro* m
tabernakel *tabernáculo* m; *sagrario* m
tableau • schilderij *cuadro* m ★ ~ vivant *cuadro vivo* • schaal *bandeja* v
tablet • plak *tableta* v ★ ~ chocola *tableta de chocolate* • pil *pastilla* v; *comprimido* m
taboe I ZN [het] *tabú* m II BNW *tabú* ★ iets ~ verklaren *declarar tabú u.c.*
taboesfeer *tabú* m
tabouleh *tabouleh* m
tabulator *tabuladora* v
tachograaf *tacógrafo* m
tachtig • *ochenta* • → **acht**
tachtiger I ZN [de] *octogenario* m; *ochentón* m ▼ de Tachtigers *autores pertenecientes a la generación de los ochenta* II BNW *octogenario* ★ in de ~ jaren *en la década de los ochenta*; *en los años ochenta*
tachtigjarig • tachtig jaar oud *octogenario* • tachtig jaar durend ★ de Tachtigjarige Oorlog *las Guerras de Flandes*; *la Guerra de los Ochenta Años*
tachtigste • *octogésimo*; *ochentavo* • → **achtste**
tachymeter *taquímetro* m
tackelen *poner la zancadilla*
taco *taco* m
tact *tacto* m ★ met tact te werk gaan *obrar con tacto*
tacticus *táctico* m
tactiek *táctica* v
tactisch *táctico*
tactloos *indiscreto*; *poco delicado*
tactvol *discreto*; *delicado*
Tadzjikistan *Tayikistán* m
taekwondo *taekwondo* m
tafel • meubel *mesa* v • de ~ dekken *poner la mesa* ★ het avondeten staat op ~ *la cena está servida* ★ aan ~ gaan *sentarse* [ie] *a la mesa* ★ aan ~ zitten *estar sentado a la mesa* ★ de ~ afruimen *recoger la mesa* ★ de Ronde Tafel *la Mesa Redonda* • WISK. tabel *tabla* v ★ de ~ van vijf *la tabla de cinco* ▼ ter ~ brengen *poner sobre el tapete*; *plantear*
tafelblad *tablero* m
tafeldame *compañera* v *de mesa*
tafelen *estar a la mesa*; *comer*
tafelheer *compañero* m *de mesa*
tafelkleed *tapete* m
tafelklem *sujetamanteles* m
tafellaken *mantel* m
tafellinnen *mantelería* v
tafelmanieren *buenos modales* m mv
tafelpoot *pata* v *de mesa*
tafelrede *discurso* m *de sobremesa*
tafelschikking *distribución* v *de los invitados a la mesa*
tafeltennis *tenis* m *de mesa* ★ ~ spelen *jugar* [ue] *al tenis* m *de mesa*
tafeltennissen *jugar* [ue] *al tenis* m *de mesa*

tafeltje-dekje *servicio* m *de reparto de comidas a domicilio*
tafelvoetbal *futbolín* m
tafelwijn *vino* m *de mesa*
tafelzilver *cubertería* v *de plata*
tafereel *cuadro* m; *escena* v
tagliatelle *tallarines* m
Tahiti *Tahití; Taití*
Tahitiaans *ta(h)itiano*
tahoe *queso* m *de soja*
taille *talle* m; *cintura* v
tailleren *entallar*
Taiwan *Taiwan* m
Taiwanees I ZN [de] *taiwanés* m II BNW *taiwanés*
tak • loot *rama* v • vertakking *rama* v; *ramo* m; ⟨v. rivier⟩ *brazo* m • afdeling *ramo* m; *sector* m ★ tak van industrie *ramo de la industria* ★ tak van dienst *ramo del servicio*
takel *aparejo* m; *polea* v
takelen • ophijsen *izar* • optuigen *aparejar*
takelwagen *grúa* v
takkenbos *haz* m *de leña*
takkeweer *tiempo* m *de perros*
takkewijf *puta* v
taks • hoeveelheid *porción* v ★ boven zijn taks *más de la cuenta* • dashond *perro* m *pachón* • BELG. belasting *impuesto* m; *tasa* v
tal ★ tal van *gran número de*; *un sinfín de*
talen *preocuparse* ★ ik taal er niet naar *no me interesa nada*; *no me atrae en absoluto*
talenkennis *conocimiento* m *de idiomas*
talenknobbel *don* m *de lenguas* ★ hij heeft een ~ *tiene mucha capacidad para los idiomas*
talenpracticum *laboratorio* m *de idiomas*
talenstudie *carrera* v *de idiomas*
talent *talento* m ★ ~ voor muziek hebben *tener talento para la música* ★ met zijn ~en woekeren *explotar su talento* ★ een jong ~ *un joven muy dotado*
talentenjacht *cazatalentos* m; *caza* v *de talentos*
talentvol *talentoso; talentado*
talg *sebo* m
talgklier *glándula* v *sebácea*
talisman *talismán* m; *amuleto* m
talk • delfstof *talco* m • vet *sebo* m
talkpoeder *polvos* m mv *de talco*
talkshow *programa* m *de entrevistas*
Tallinn *Tallin* m
talloos *sin número; innumerable* ★ ~ veel boeken *muchísimos libros* ★ talloze malen *muchísimas veces*
talmen *tardar*
Talmoed *talmud* m
talrijk *numeroso; abundante*
talud *talud* m
tam • niet wild *domesticado; amansado* ★ tam maken *domesticar; amansar* • gekweekt *cultivado* • saai *aburrido* ★ wat een tamme bedoening! *¡vaya muermo!; ¡qué cosa más aburrida!*
tamarinde *tamarindo* m
tamboer *tambor* m
tamboerijn *pandereta* v; *pandero* m
tamelijk *bastante* ★ ~ goed *bastante bien/bueno* ★ het was ~ vervelend *fue más bien aburrido*
tampon *tampón* m

tamtam • getrommel *tantán* m • FIG. ophef ★ met veel ~ *a bombo y platillo*
tand • gebitselement *diente* m ★ een valse tand *diente falso/postizo* • puntig uitsteeksel *púa* v ▼ de tand des tijds *los estragos del tiempo* ▼ iem. aan de tand voelen *tantear/sondear a u.p.* ▼ tanden krijgen *echar dientes; dentar* ▼ zijn tanden zetten in iets *hincarle el diente a u.c.* ▼ met lange tanden eten *comer con desgana* ▼ zijn tanden laten zien *enseñar los dientes*
tandarts *dentista* m/v
tandartsassistente *ayudante* v *del dentista*
tandbederf *caries* v
tandem *tándem* m
tandenborstel *cepillo* m *de dientes*
tandenknarsen *crujir los dientes*
tandenstoker *palillo* m *mondadientes; palillo* m
tandglazuur *esmalte* m *dental*
tandheelkunde *odontología* v
tandpasta *pasta* v *de dientes*
tandplaque *sarro* m
tandrad *rueda* v *dentada*
tandsteen *sarro* m
tandtechnicus *mecánico* m *dental*
tandvlees *encías* v mv
tandvleesontsteking *gingivitis* v; *inflamación* v *de las encías*
tandwiel *rueda* v *dentada*
tanen I ov ww vaalgeel kleuren *curtir* ★ getaande huid *piel* v *curtida* II ON WW afnemen *declinar; decaer* ★ ~de roem *fama* v *en declinación*
tang • gereedschap *tenazas* v mv; *alicates* m mv • vrouw ★ een ouwe tang *una arpía* ▼ dat slaat als een tang op een varken *eso no tiene ni pies ni cabeza*
tanga *braguita* v *tanga*
tangens *tangente* v
tango *tango* m
tanig *curtido*
tank • reservoir ⟨water⟩ *cisterna* v; ⟨gas⟩ *depósito* m ★ een volle tank *depósito completo* • pantservoertuig *tanque* m; *carro* m *de combate*
tankauto *camión* m *cisterna*
tankbataljon *batallón* m *de tanques*
tanken *echar gasolina*
tanker *barco* m *cisterna; petrolero* m
tankstation *gasolinera* v; *estación* v *de servicio*
tankwagen *camión* m *cisterna*
tantaluskwelling *suplicio* m *de Tántalo*
tante • familielid *tía* v • vrouw *tía* v ★ een lastige ~ *una tía pesada* ▼ maak dat je ~ wijs *cuéntaselo a tu tía*
tantième *participación* v *en los beneficios; cuota* v *del beneficio*
Tanzania *Tanzania* v
tap • pin, bout *espiga* v • kraan *espita* v; *grifo* m • bar *barra* v; *mostrador* m
tapas *tapas* v mv
tapbier *cerveza* v *de barril*
tapdansen *bailar claqué*
tape • plakband *cinta* v *adhesiva* • magneetband *cinta* v *magnética*
tapenade *tapenade* v

tapijt • vloerkleed *alfombra* v • wandkleed *tapiz* m
tapioca *tapioca* v
tapkast *mostrador* m; *barra* v
tappen[1] ⟨bier⟩ *servir* [i] *una caña*; ⟨wijn⟩ *sacar del tonel* ★ zal ik een biertje voor je ~? ¿*te sirvo una caña?* ▼ moppen ~ *contar chistes*
tapperij *taberna* v; *bodega* v
taps *cónico*
taptoe • signaal *retreta* v • parade *desfile* m *militar*
tapverbod *prohibición* v *de despachar bebidas alcohólicas*
tapvergunning *licencia* v *para vender bebidas alcohólicas*
tarantula *tarántula* v
tarbot *rodaballo* m
tarief • prijs *tarifa* v ★ tegen gereduceerd ~ *a tarifa reducida* • invoerrechten *arancel* m
tariefgroep *grupo* m *impositivo*
tariefsverlaging *reducción* v *de tarifa*
tarievenoorlog *guerra* v *arancelaria*
tarra *tara* v
tartaar *bistec* m *estilo tártaro*
tarten • uitdagen *retar*; *provocar* • trotseren *desafiar* [í] • overtreffen *superar* ★ dat tart elke beschrijving *supera toda descripción*
tarwe *trigo* m
tarwebloem *harina* v *de trigo*
tarwebrood *pan* m *de trigo*
tarwemeel *harina* v *de trigo*
tas • draagzak met hengsels ⟨handtas⟩ *bolso* m; ⟨boodschappentas⟩ *bolsa* v; ⟨boekentas⟩ *cartera* v • BELG. drinkkop *taza* v
tasjesdief *ladrón* m *de bolsos*; INFORM. *carterista* m/v
tast ★ op de tast *a tientas*
tastbaar *palpable*; *tangible*
tasten *palpar*; *tantear* ★ ~ naar *buscar a tientas*
tastzin *tacto* m; *sentido* m *del tacto*
tatoeage *tatuaje* m
tatoeëren *tatuar* [ú]
taugé *brotes* m mv *de soja*
tautologie *tautología* v
t.a.v. • ten aanzien van *con respecto a* • ter attentie van *a la atención de*
taveerne *taberna* v; *tasca* v
taxateur *tasador* m
taxatie *tasación* v; *valoración* v
taxeren • waarde bepalen *tasar*; *valorar* ★ te hoog ~ *sobrevalorar* • inschatten *estimar*
taxfree *libre de impuestos*
taxfreewinkel *tienda libre de impuestos*
taxi *taxi* m
taxichauffeur *taxista* m/v
taxiën *rodar*
taximeter *taxímetro* m
taxistandplaats *parada* v *de taxis*
taxonomie *taxonomía* v
taxus *tejo* m
T-biljet ≈ *impreso* m *para pedir la devolución de impuestos*
tbr • → **terbeschikkingstelling**
tbs • → **terbeschikkingstelling**
t.b.v. • ten bate van *a beneficio de* • ten behoeve van *en beneficio de*

te I VZ • in, op *en* ★ te Utrecht *en Utrecht* • [+ inf.] ★ iets te zeggen hebben *tener u.c. que decir* ★ het is moeilijk te verstaan *es difícil de entender* ★ zonder iets te zeggen *sin decir nada* ★ ik ben blij je te zien *estoy contento de verte*; *me alegra verte* **II** BIJW meer ... dan wenselijk enz. *demasiado* ★ te veel *demasiado* ★ te groot *demasiado grande*
teak *madera* v *de teca*
teakhout *madera* v *de teca*
teakolie *aceite* m *para muebles*
team *equipo* m
teamgeest *espíritu* m *de equipo*; *espíritu* m *de cooperación*
teamspeler *jugador* m *del equipo*
teamsport *deporte* m *de equipo*
teamverband *equipo* m ★ in ~ werken *trabajar en equipo*
teamwork *trabajo* m *en equipo*
techneut *técnico* m
technicus *técnico* m
techniek • vaardigheid, methode *técnica* v • werktuigkundige bewerking of inrichting *tecnología* v
technisch *técnico* ★ hts *Escuela* v *Técnica Superior* ★ ~e hogeschool *Escuela* v *Superior de Ingeniería*
techno *música* v *tecno*
technocratie *tecnocracia* v
technologie *tecnología* v
technologisch *tecnológico*
tectyl *pasta* v *antioxidante*
tectyleren *tratar con antioxidante*
teddybeer *osito* m *de peluche*
teder *tierno*; *cariñoso*; *afectivo*
tederheid *ternura* v; *cariño* m
teef • dier *perra* v • MIN. vrouw *zorra* v
teek *garrapata* v
teelaarde *tierra* v *vegetal*
teelbal *testículo* m
teelt ⟨v. dieren⟩ *cría* v; ⟨v. planten⟩ *cultivo* m
teen • deel van voet *dedo* m *del pie* ★ grote teen *dedo gordo* • twijg *mimbre* m • stukje knoflook ★ een teentje knoflook *un diente de ajo* ▼ op zijn tenen lopen *andar de puntillas* ▼ gauw op zijn tenen getrapt zijn *ser muy irascible*
teenager *adolescente* m/v
teenslipper *chancla* v *de dedo*
teer I ZN [de/het] *brea* v; *alquitrán* m **II** BNW • broos *delicado* ★ een teer poppetje *u.p. delicada* • FIG. gevoelig *tierno*; *delicado*; *sensible* ★ een teer punt *un asunto sensible/delicado*
teergevoelig *sensible*; *blando*
teerling ▼ de ~ is geworpen *está echada la suerte*
teflon *teflón* m
tegel ⟨vloertegel⟩ *baldosa* v; ⟨vloertegel⟩ *losa* v; ⟨wandtegel⟩ *azulejo* v
tegelijk • op hetzelfde moment *a la vez*; *simultáneamente*; *al mismo tiempo* • samen met iets/iemand ★ met twee ~ *de dos en dos* ▼ tevens *a la vez*
tegelijkertijd *al mismo tiempo*; *a la vez*
tegelvloer *suelo* m *de baldosas*; *embaldosado* m
tegelzetter *enlosador* m

tegemoet *al encuentro de* ★ iem. ~ gaan *ir al encuentro de u.p.*
tegemoetkoming *compensación* v ★ ~ in de reiskosten *compensación (parcial) en los gastos de viaje* ★ ~ in de studiekosten *ayuda en los gastos de estudios*
tegemoettreden • iem. tegemoet lopen *salir al encuentro de u.p.* • aan iemands wensen tegemoet komen *satisfacer los deseos de u.p.*
tegen I vz • in aanraking met *contra* ★ het staat ~ de muur *está contra la pared* • in tegengestelde richting *contra* • ter bestrijding van *contra* ★ een vaccin ~ aids *una vacuna contra el SIDA* • ongunstig gezind jegens *contra* ★ niets hebben ~... *no tener inconveniente en...* • fel ~ iets zijn *oponerse rotundamente a u.c.* • in strijd met *contrario a*; en contra de ★ ~ de regels *contrario a las normas* ★ ~ mijn principes *en contra de mis principios* • gericht aan *a* ★ dat moet je niet ~ hem zeggen! *¡no debes decírselo (a él)!* • ten opzichte van ★ hij doet altijd erg aardig ~ mij *siempre es muy amable conmigo* • bijna *hacia* ★ ~ middernacht *hacia medianoche* ★ hij is ~ de vijftig *está rozando los cincuenta* ▼ ergens ~ kunnen *poder soportar u.c.* ★ tien ~ één dat... *diez contra uno (que) ...* **II** BIJW anti en contra ★ ~ zijn *estar en contra* **III** ZN [het] *contra*
tegenaan ★ hij liep tegen de muur aan *tropezó con la pared* ▼ ergens toevallig ~ lopen *encontrar* [ue] *u.c. por casualidad* ▼ toevallig tegen iem. aanlopen *toparse con u.p.* ▼ er ~ gaan *arrimar el hombro*
tegenaanval *contraataque* m
tegenactie *acción* v *de respuesta*
tegenargument *argumento* m *opuesto*
tegenbeeld • tegenstelling *contraste* m • tegenhanger *complemento* m
tegenbericht *aviso* m *contrario* ★ behoudens ~ *salvo aviso contrario*
tegenbeweging *movimiento* m *contrario*; ⟨v. ideeën⟩ *movimiento* m *opuesto*
tegenbezoek *visita* v *de correspondencia* ▼ iem. een ~ brengen *devolverle* [ue] *la visita a u.p.*
tegencultuur *contracultura* v
tegendeel ★ het ~ *lo contrario*; *lo opuesto* ★ het ~ is waar *todo lo contrario*; *al contrario*
tegendraads *en contra*
tegendruk *presión* v *contraria*
tegengaan *combatir*
tegengas ▼ ~ geven *quitar hierro*
tegengesteld *opuesto*; *contrapuesto*; *contrario* ★ in ~e richting *en sentido inverso*; *en dirección contraria*
tegengestelde *lo contrario*; *lo opuesto*
tegengif *antídoto* m
tegenhanger *complemento* m ★ elkaars ~ zijn *complementarse*
tegenhebben *tener* [ie] *en contra* ★ ze heeft haar leeftijd tegen *tiene la edad en contra*
tegenhouden • beletten voort te gaan *detener* [ie]; *retener* [ie] • verhinderen *impedir* [i]
tegenin *en contra de* ★ er dwars ~ gaan *ir en contra de algo radicalmente*
tegenkandidaat *candidato* m *contrario*

tegenkomen *encontrar* [ue]; *encontrarse* [ue] *con*
tegenlicht *contraluz* v ★ met ~ *a contraluz*
tegenligger *vehículo* m *que viene en dirección contraria*
tegenlopen *salir mal* ★ alles loopt me tegen *todo me sale mal*
tegennatuurlijk *contranatural*; *antinatural*
tegenoffensief *contraofensiva* v
tegenop *arriba*
tegenover • aan de overkant van *enfrente de* ★ ~ het station *enfrente de la estación* • in tegenstelling tot ★ licht ~ donker *claro frente a oscuro* ★ daar staat ~, dat ... *en cambio ...* • ten opzichte van *frente a* ★ FIG. zij staan lijnrecht ~ elkaar *son diametralmente opuestos* • als compensatie ▼ wat staat er ~? *¿qué hay a cambio?*
tegenovergesteld *contrario*; *opuesto* ★ precies het ~e *todo lo contrario*
tegenoverstellen • vergelijken *contraponer a* • compenseren *compensar*
tegenpartij *parte* v *contraria*; *adversario* m
tegenpool *polo* m *opuesto*
tegenprestatie *contraprestación* v ★ als ~ *como contraprestación*
tegenslag *contratiempo* m
tegenspartelen *respingar*; *oponerse*
tegenspel *réplica* v; *respuesta* v ★ ~ bieden *ofrecer resistencia*
tegenspeler • acteur *antagonista* m/v • adversario m
tegenspoed *desgracia* v; *infortunio* m ★ in voor- en ~ *en la prosperidad y en la desgracia* ★ ~ hebben *tener mala suerte*
tegenspraak • ontkenning *contradicción* v ★ ik duld geen ~ *no admito contradicción* ★ dat duldt geen ~ *sin contradicción* • tegenstrijdigheid *contradicción* v ★ lijnrecht in ~ met *totalmente opuesto a* ★ in innerlijke ~ zijn *contradecirse*
tegenspreken • ontkennen *desmentir* [ie, i] ★ een bericht ~ *desmentir un rumor* ★ iets categorisch ~ *negar* [ie] *algo categóricamente* • betwisten *contradecir* ★ iem. ~ *llevar la contraria a u.p.* • tegenstrijdig zijn *contradecirse* [i]
tegensputteren *rezongar*; *respingar*
tegenstaan *repugnar*; *desagradar* ★ dat staat me tegen *me desagrada*
tegenstand *resistencia* v; *oposición* v ★ ~ bieden aan *oponerse a* ★ op ~ stuiten *encontrar* [ue] *oposición*
tegenstander *adversario* m; *contrincante* m/v
tegenstelling *contraste* m; *contraposición* v ★ in ~ tot *a diferencia de*; *en contraste con*
tegenstemmen *votar en contra*
tegenstribbelen *respingar*
tegenstrijdig *contradictorio*; *opuesto*; *incompatible* ★ ~e belangen *intereses incompatibles*
tegenstrijdigheid *contradicción* v
tegenvallen *defraudar*; *decepcionar* ★ het valt me erg van je tegen dat je niet komt *me decepciona que no vengas* ★ dat valt tegen! *¡qué desilusión!*

tegenvaller contratiempo m; decepción v; revés m ★ een bittere ~ un revés de la fortuna
tegenvoeter antípoda m/v
tegenvoorbeeld contraejemplo m
tegenvoorstel contraproposición v
tegenwaarde contravalor m
tegenwerken contrariar [i]; obstaculizar
tegenwerking oposición v; resistencia v
tegenwerpen objetar
tegenwerping objeción v; reparo m ★ ~-en maken poner reparos
tegenwicht contrapeso m ★ een ~ vormen tegen servir [i] de contrapeso a
tegenwind viento m contrario
tegenwoordig I BNW • huidig de hoy; actual ★ de ~e tijd el presente • aanwezig presente ★ ~ zijn bij asistir a; presenciar II BIJW actualmente; hoy por hoy; hoy día ★ er is ~ veel ellende hoy por hoy hay mucha miseria
tegenwoordigheid presencia v ★ in ~ van en presencia de ★ ~ van geest presencia v de ánimo
tegenzet respuesta v; réplica v
tegenzin desgana v; disgusto m ★ met ~ de mala gana; a regañadientes
tegenzitten tener [ie] en contra ★ het zit ons tegen tenemos todo en contra
tegoed saldo m a favor; crédito m; saldo m acreedor
tegoedbon vale m ★ een ~ laten uitschrijven pedir [i] un vale
Teheran Teherán v
tehuis hogar m; residencia v ★ ~ voor ouden van dagen residencia v de ancianos
teil tina v; barreño m
teint tez v
teisteren azotar
tekeergaan vociferar ★ vreselijk tegen iem. ~ poner verde a u.p.
teken • signaal señal v; signo m ★ het ~ van de dierenriem el signo del Zodíaco ★ dit jaar staat in het ~ van de vrede la paz es el signo de este año ★ ten ~ van en señal de ★ iem. een ~ geven hacer una seña a u.p. • kenmerk señal v; signo m ★ de ~en des tijds los indicios del tiempo ★ ~-en van vermoeidheid tonen mostrar [ue] señales de cansancio ★ geen ~ van leven geven no dar señales de vida • voorteken presagio m; señal v; signo m ★ het is een veeg ~ es una mala señal
tekenaar dibujante m/v ★ technisch ~ delineante m/v
tekenbevoegdheid poder m signatario
tekendoos caja v de dibujo
tekenen • afbeelden dibujar ★ naar het leven ~ copiar del natural • ondertekenen firmar; suscribir ★ voor ontvangst ~ firmar la recepción ★ voor gezien ~ poner el visto bueno • kenschetsen caracterizar ★ dat tekent de ware kenner eso caracteriza al buen conocedor ▾ daar teken ik voor! ¡trato hecho!
tekenend característico ★ dat is ~ voor hem es característico para él; es muy propio de él
tekenfilm dibujos m mv animados
tekening • afbeelding dibujo m ★ technische ~ plano m ★ perspectivische ~ dibujo en perspectiva ★ een ~ maken hacer un dibujo; dibujar • ondertekening firma v ★ ter ~ para firmar • patroon dibujo m ★ er begint ~ in te komen se va aclarando la cosa
tekenkunst dibujo m
tekenpapier papel m de dibujo
tekentafel tablero m de dibujo
tekort falta v; déficit m [mv: déficits]; escasez v ★ er is een groot ~ aan woningen hay una falta enorme de viviendas; el déficit de viviendas es enorme ★ het ~ op de begroting el déficit presupuestario ★ een ~ aan arbeidskrachten una falta de mano de obra
tekortdoen ▾ zonder tekort te doen aan sin menoscabo de
tekortkomen ★ ik kom geld tekort me falta dinero
tekst texto m; ⟨v. lied⟩ letra v ★ bij de ~ blijven seguir [i] el texto; no dejarse despistar ▾ ~ en uitleg geven explicar detalladamente
tekstanalyse análisis m del texto
tekstballon globo m con texto
teksthaak paréntesis m rectangular
tekstschrijver autor m de textos publicitarios
tekstuitgave edición v de un texto
tekstverklaring explicación v de textos
tekstverwerker procesador m de textos
tel • het tellen cuenta v ★ de tel kwijtraken perder [ie] la cuenta • moment instante m ★ ik ben in een tel terug vuelvo en un santiamén • aanzien estima v ★ erg in tel zijn tener mucho prestigio ▾ goed op zijn tellen passen andar con cien ojos
Tel Aviv Tel m Aviv
telebankieren realizar operaciones bancarias por telebanco
telecommunicatie telecomunicación v
telefax telefax m
telefoneren telefonear; llamar por teléfono
telefonie telefonía v
telefonisch telefónico; por teléfono
telefoniste telefonista m/v
telefoon • toestel teléfono m ★ mobiele ~ teléfono m móvil ★ de ~ gaat suena el teléfono ★ de ~ aannemen coger el teléfono; contestar el teléfono • gesprek llamada v telefónica; teléfono m ★ er is ~ voor je te llaman por teléfono • → **telefoontje**
telefoonboek guía v telefónica
telefoonbotje nervio m del codo
telefooncel cabina v telefónica
telefooncentrale central v de teléfonos; ⟨v. bedrijf⟩ centralita v
telefoondistrict distrito m telefónico
telefoongesprek llamada v telefónica; ⟨buiten de stad⟩ conferencia v interurbana
telefoonkaart tarjeta v telefónica
telefoonklapper listín m telefónico
telefoonnet red v telefónica
telefoonnummer número m de teléfono ★ een ~ draaien marcar un número
telefoontik unidad v de llamada
telefoontje llamada v; telefonazo m
telefoontoestel teléfono m
telefoonverkeer comunicaciones v mv telefónicas

telegraaf *telégrafo* m
telegraferen *telegrafiar* [í]
telegrafie *telegrafía* v
telegrafisch *telegráfico*
telegram *telegrama* m ★ een ~ sturen *enviar un telegrama*
telegramstijl *estilo* m *telegrama*
telekinese *telekinesia* v
telelens *teleobjetivo* m
telen *cultivar*
telepathie *telepatía* v
telepathisch *telepático*
telescoop *telescopio* m
teletekst *teletexto* m
teleurstellen *decepcionar*; *desengañar* ★ iemands verwachtingen ~ *defraudar las esperanzas de u.p.* ★ teleurgesteld zijn *estar decepcionado*; *llevarse un chasco*
teleurstellend *decepcionante*
teleurstelling *decepción* v; *desengaño* m; *desilusión* v ★ het was een grote ~ voor me *me llevó un gran chasco*
televisie • toestel *televisor* m ★ (naar de) ~ kijken *ver la tele* ★ wat is er vanavond op de ~? *¿qué echan en la tele esta noche?* • het uitzenden per televisie *televisión* v; *tele* v ★ uitzenden met ~ *televisar*
televisiebewerking *adaptación* v *para la televisión*
televisiecircuit *circuito* m *de televisión*
televisiedominee *telepredicador* m
televisiejournaal *telediario* m
televisieomroep *asociación* v *que se encarga de emitir programas de televisión*
televisieprogramma *programa* m *de televisión*
televisiereportage *reportaje* m *por televisión*
televisiescherm *pantalla* v *de televisión*
televisieserie *serie* v *de televisión/televisiva*
televisiespel *juego* m *de televisión*
televisiestation *estación* v *de televisión*
televisietoestel *televisor* m; *aparato* m *de televisión*
televisie-uitzending *emisión* v *de televisión*
telewerken *teletrabajar*
telexbericht *télex* m
telfout *error* m *de cálculo*
telg *descendiente* m/v; *vástago* m
telgang ★ in ~ lopen *amblar*
telkens *siempre* ★ ~ als ... *cada vez que ...*; *siempre que ...*
tellen I OV WW • aantal bepalen *contar* ★ de stemmen ~ *contar los votos* ★ aantal hebben *tener* ★ het land telt 40 miljoen inwoners *el país tiene 40 millones de habitantes* II ON WW • getallen noemen *contar* ★ tot tien ~ *contar hasta diez* • van belang zijn ★ dat telt niet *eso no cuenta*
teller • apparaat *contador* m • WISK. *numerador* m
telling *cuenta* v; *recuento* m; ⟨v. stemmen⟩ *escrutinio* m
teloorgang *pérdida* v
telraam *ábaco* m
telwoord *numeral* m
temeer *tanto más* ★ ~ omdat *tanto más porque*; *todavía más porque*

temen • lijzig spreken *arrastrar las palabras* • talmen *demorarse*
temmen *domar*
tempel *templo* m
temperament *temperamento* m
temperamentvol *temperamental*
temperaturen *tomar la temperatura*
temperatuur *temperatura* v ★ ~ opnemen *tomar la temperatura*
temperatuurdaling *descenso* m *de temperatura*
temperatuurschommeling *variación* v *de temperatura*
temperatuurstijging *ascenso* m *de temperatura*
temperatuurverschil *diferencia* v *de temperatura*
temperen *moderar*; *mitigar* ★ iemands enthousiasme ~ *moderar el entusiasmo de u.p.*
tempo • MUZ. snelheid *tempo* m • FIG. vaart *ritmo* m ★ het ~ aangeven *marcar el ritmo* ★ het ~ opvoeren *aumentar el ritmo* ★ in hoog ~ doorwerken *trabajar a toda pastilla*
ten • → **te**
tendens *tendencia* v
tendentieus *tendencioso*
teneinde *a fin de que*; *con objeto de*; *para*
teneur *tenor* m
tengel • vinger *dedazo* m ★ blijf met je ~s van die bloemen af *quita los dátiles de las flores* • lat *listón* m
tenger *esbelto*
tengevolge ★ ~ van *a consecuencia de*; *a resultas de*
tenhemelschreiend ★ ~ zijn *clamar al cielo*
tenietdoen *anular*; *invalidar*
tenlastelegging *acusación* v; *imputación* v
tenminste ⟨althans⟩ *al menos*; *por lo menos*
ten minste ⟨minimaal⟩ • → **minst**
tennis *tenis* m ★ ~ spelen *jugar* [ue] *al tenis*
tennisarm *codo* m *de tenista*
tennisbaan *pista* v *de tenis*
tennisracket *raqueta* v *de tenis*
tennisschoen *zapatilla* v *de tenis*
tennissen *jugar* [ue] *al tenis*
tennisser *jugador* m *de tenis*; *tenista* m/v
tennisspeelster *jugadora* v *de tenis*; *tenista* v
tennisspeler *jugador* m *de tenis*; *tenista* m/v
tenor *tenor* m
tenorsaxofoon *saxofón* m *tenor*; *saxófono* m *tenor*
tensiemeter *tensiómetro* m
tenslotte ⟨welbeschouwd⟩ *al fin y al cabo*
ten slotte ⟨uiteindelijk⟩ • → **slot**
tent • onderdak van doek *tienda* v; *tienda* v *de campaña*; ⟨grote tent⟩ *pabellón* m; ⟨danstent⟩ *entoldado* m; ⟨kermistent⟩ *barraca* v *de feria* ★ een tent opzetten *montar una tienda* • openbare gelegenheid *bar* m ▼ zijn tenten opslaan *asentar* [ie] *sus reales* ▼ iem. uit zijn tent lokken *tirar a alguien de la lengua*
tentakel *tentáculo* m
tentamen *examen* m *parcial*
tentamineren *hacer un examen parcial*
tentdoek *lona* v
tentenkamp *campamento* m
tentharing *estaquilla* v *de la tienda*
tentoonspreiden *mostrar* [ue]; *exhibir*; ⟨met

tentoonstellen–terugfluiten

trots) *ostentar*; ⟨met trots⟩ *hacer alarde de*
tentoonstellen *exponer*; *exhibir*
tentoonstelling *exposición* v
tentstok *palo* m *de tienda de campaña*
tentzeil *lona* v
tenue *uniforme* m ★ in groot ~ *en uniforme de gala* ★ in klein ~ *en uniforme diario*
tenuitvoerlegging *ejecución* v
tenzij *a menos que* [+ subj.]; *a no ser que* [+ subj.]
tepel *pezón* m
tequila *tequila* v
ter • → **te**
teraardebestelling *entierro* m
terbeschikkingstelling *puesta* v *a disposición*
terdege *a fondo*
terecht I BNW *justo* **II** BIJW • met recht *con razón* • teruggevonden ★ is het ~? *¿ha aparecido?* • op de juiste plaats ★ je kunt niet bij hem ~ *no tiene tiempo/sitio para tí* ★ zouden we nog ergens ~ kunnen? *¿encontraremos alojamiento en alguna parte?*
terechtbrengen *arreglar*; *conseguir* [i] ★ er niets van ~ *no conseguir nada*
terechtkomen • belanden *ir a parar* ★ vallen en lelijk ~ *caer malamente* • teruggevonden worden *aparecer* ★ mijn bril is terechtgekomen *han aparecido mis gafas* • in orde komen *arreglarse* ★ er kwam niets van terecht *no se arregló nada* ★ hij is toch nog goed terechtgekomen *sin embargo le ha ido bien* ★ er komt niets van hem terecht *no conseguirá nada* ★ wat moet er van hem ~? *¿qué será de él?*
terechtstaan *comparecer ante el juez*
terechtstellen *ejecutar*
terechtstelling *ejecución* v
terechtwijzen *reprender*
terechtwijzing *reprensión* v; *reprimenda* v
terechtzitting *audiencia* v ★ ter ~ verschijnen *comparecer durante la audiencia*
teren I OV WW met teer insmeren *embrear*; *alquitranar* **II** ON WW ~ **op** *nutrirse de*; *vivir de*
tergen *provocar*
tergend ★ ~ langzaam *desesperadamente lento*
tering ▼ de ~ naar de nering zetten *ajustar los gastos a los medios*
terloops *de paso*; *casual*
term • begrip, woord *término* m • reden *motivo* m ★ daar zijn geen termen voor *no hay motivo para tal cosa* • WISK. *término* m ▼ niet in de termen vallen *no responder a las exigencias*
termiet *comején* m; *termite* m; *termita* v
termijn *término* m; *plazo* m ★ binnen de ~ *dentro del plazo* ★ op korte ~ *a corto/breve plazo* ★ een ~ stellen *fijar un plazo* ★ de ~ loopt af *expira el plazo*
termijnbetaling *pago* m *en plazos*
termijnhandel *operaciones* v mv *a plazo*
termijnmarkt *mercado* m *de operaciones a plazo*
terminaal *terminal* v ★ terminale fase *fase terminal* ★ terminale patiënt *paciente terminal*
terminal *terminal* v
terminologie *terminología* v
ternauwernood *apenas*

terneergeslagen *abatido*; *alicaído*
terp ≈ *cerro* m
terpentijn *aguarrás* m; *trementina* v
terpentine *trementina* v
terracotta *terracota* v
terrarium *terrario* m
terras *terraza* v
terrein • grond *terreno* m • gebied, sfeer *terreno* m; *campo* m ★ zich op het ~ van de wiskunde bewegen *moverse* [ue] *en el campo de las matemáticas*
terreinwagen *todo* m *terreno*
terreinwinst *ganar* m *terreno* ★ ~ boeken *ganar terreno*
terreur *terror* m
terreurdaad *acción* v *terrorista*
terriër *terrier* m
terrine *terrina* v
territoriaal *territorial*
territorium *territorio* m
territoriumdrift *instinto* m *por conservar el territorio*
terroriseren *aterrorizar*
terrorisme *terrorismo* m
terrorist *terrorista* m/v
terroristisch *terrorista*
tersluiks *a hurtadillas*; *furtivamente*
terstond *ahora mismo*; *enseguida*; *inmediatamente*
tertiair *terciario*
terts *tercera* v ★ kleine ~ *tercera menor* ★ grote ~ *tercera mayor*
terug • naar vorige plaats *de vuelta* ★ ik ben dadelijk ~ *ahora vuelvo* ★ ~ zijn *estar de vuelta* • achteruit *atrás* • weer *de vuelta* ★ ik wil mijn pen ~ *devuélveme el bolígrafo* ★ daar had hij niet van ~ *no tuvo cambio*; *no supo qué replicar* • geleden *hace* ★ drie jaar ~ *hace tres años* ★ hij kon niet meer ~ *ya no podía volver atrás* ▼ daar had hij niet van ~ *no supo qué responder*
terugbellen *volver* [ue] *a llamar*; *llamar después*
terugbetalen *reembolsar*; *devolver* [ue]
terugblik *retrospección* v
terugblikken *mirar atrás*
terugbrengen • weer op zijn plaats brengen *devolver* [ue] • weer in toestand brengen *devolver* a [ue] ★ iets in de oude staat ~ *devolver su estado original a u.c.* • reduceren *reducir* (**tot** a)
terugdeinzen *retroceder* ★ voor niets ~ *no retrodecerse ante nada*
terugdoen • doen als reactie ★ je mag er wel eens iets voor ~ *deberías hacer algo en cambio* ★ als je hem slaat, doet hij niets terug *si le pegas, no te hace nada* ★ doe je de groeten terug? *¿le(s) devuelves los saludos?* • terugzetten *devolver* [ue] *algo a su sitio*
terugdraaien • achteruitdraaien *dar marcha atrás a* • ongedaan maken *anular*
terugdringen • achteruitduwen *hacer retroceder* • FIG. verminderen *reducir*
terugfluiten • FIG. tot de orde roepen *llamar al orden* ★ de directie heeft de medewerkers teruggefloten *la dirección ha llamado al orden a sus empleados* • SPORT *pitar*

teruggaan • terugkeren *volver* [ue]; *regresar* • achteruitgaan *retroceder*; *volver* [ue] *atrás* • zijn oorsprong vinden *remontar a*
teruggang *retroceso* m; *declinación* v
teruggave *devolución* v
teruggetrokken *retirado*; *solitario*
teruggeven *devolver* [ue] ★ ik kan niet ~ *no tengo suelto*
teruggooien *tirar*
teruggrijpen *basarse en*; *remontarse a*
terughalen • terugnemen *llevarse* • terugtrekken *retirar* ★ hij haalde zijn troepen terug *retiró sus tropas* • herinneren *recordar* [ue] ★ kun je dat ~? *¿puedes recordarlo?*
terughoudend *reservado*
terugkeer *regreso* m; *vuelta* v
terugkeren • teruggaan *volver* [ue]; *regresar* ★ ~ naar zijn vaderland *volver a su patria* ★ van zijn dwalingen ~ *reconocer su error* • gebeuren *volver* [ue]
terugkomen • terugkeren *volver* [ue]; *regresar* • ~ **op** *volver* [ue] ★ op een zaak ~ *volver* [ue] *sobre el particular* • ~ **van** *desistir de*; *abandonar*
terugkomst *vuelta* v; *regreso* m ★ bij ~ *a la vuelta*
terugkoppelen *someter a*
terugkoppeling *retroalimentación* v
terugkrabbelen *desistir*
terugkrijgen *recobrar*; *recuperar* ★ ik krijg nog 10 euro van je terug *me debes diez euros*
terugleggen • op oude plaats leggen *volver* [ue] *a dejar* • SPORT ★ de bal op iem. ~ *devolverle a alguien la pelota*
terugloop *retroceso* m
teruglopen • lopen *volver* [ue] • verminderen *decrecer*; *disminuir*
terugnemen • weer nemen *retirar* • intrekken *revocar*; *retirar* ★ ik neem mijn woorden terug *retiro mis palabras* ★ zijn woorden ~ *retractarse*
terugreis *vuelta* v ★ op de ~ *naar a la vuelta a*; *de retorno a*
terugroepen • terug laten komen *llamar*; *hacer volver* • antwoorden *contestar gritando*
terugschrikken ★ nergens voor ~ *no arredrarse ante nada*
terugschroeven • reduceren *reducir* ★ de salarissen ~ *reducir los salarios* • ongedaan maken *anular* ★ een maatregel ~ *anular una medida*
terugslaan I OV WW naar zender slaan *devolver* [ue] II ON WW • ~ **op** *referirse* [ie, i] *a*
terugslag • terugstoot *rechazo* m • nadelig gevolg *repercusión* v
terugspelen • SPORT *volver* [ue] *a pasar*; *devolver* [ue] • retourneren *devolver* [ue] ★ zij speelde de vraag terug *le devolvió la pregunta* • nog eens afspelen ★ kun je die band nog eens ~? *¿puedes poner esa cinta una vez más?*
terugtocht • aftocht *retirada* v • reis terug *vuelta* v
terugtraprem *freno* m *de contrapedal*
terugtreden • zich terugtrekken *retroceder* • aftreden *renunciar*

terugtrekken I OV WW • achteruit doen gaan *retirar* ★ zijn hand ~ *retirar la mano* • intrekken *retirar* II ON WW achteruitgaan *retroceder* ★ zich geordend ~ *replegarse* [ie] III WKD WW [**zich** ~] • zich afzonderen *retirarse* ★ zich in een klooster ~ *retirarse a un convento* ★ zich in zichzelf ~ *ensimismarse* • zijn positie opgeven *retirarse*; *renunciar*
terugval *recaída* v
terugvallen • ~ **in** weer vervallen *recaer en* • ~ **op** *recurrir a*
terugverdienen *recuperar*
terugverlangen I OV WW terugvragen *reclamar*; *reivindicar* II ON WW verlangen *añorar*
terugvinden • vinden *volver* [ue] *a encontrar* • tegenkomen *encontrar* [ue] ★ in zijn werk vind je invloeden van Goya terug *en su obra encuentras la influencia de Goya*
terugvoeren *atribuir* (**tot** *a*); *imputar* (**tot** *a*)
terugvorderen *reclamar*; *reivindicar*
terugweg *vuelta* v; *regreso* m ★ op de ~ *a la vuelta*; *de regreso*
terugwerkend *retroactivo* ★ met ~e kracht *con efectos retroactivos*
terugwinnen • weer in bezit krijgen *recuperar* • recyclen *recuperar*
terugzakken • naar beneden zakken *bajar* • dalen in niveau *descender* [ie]; ⟨v. prestatie⟩ *decaer*
terugzien I OV WW weerzien *volver* [ue] *a ver* II ON WW terugblikken *mirar hacia atrás*
terwijl • gedurende *mientras* ★ ik las, ~ ik at *leía mientras comía* • waarbij ook *mientras que* ★ en dat ~ *y eso que*
terzijde • opzij *al lado* ★ ~ leggen *dejar aparte* ★ geld ~ leggen *ahorrar*; *hacer ahorros* • terloops *de paso* ▼ iem. ~ nemen *hacer un aparte con u.p.* ▼ iem. ~ staan *asistir a u.p.*; *ayudar a u.p.*
test *prueba* v; *test* m [mv: *tests*]
Testament *testamento* m ★ het Oude ~ *el Antiguo Testamento* ★ het Nieuwe ~ *el Nuevo Testamento*
testament • laatste wil *testamento* m ★ een ~ opmaken *hacer testamento*; *testar*; *otorgar testamento* • bijbeldeel *testamento* m
testamentair *testamentario* ★ ~ als erfgenaam aanwijzen *nombrar heredero* ★ ~ vermaken *legar*
testauto *coche* m *de pruebas*
testbaan *pista* v *de prueba*
testbeeld *carta* v *de ajuste*
testcase *prueba* v *piloto*
testen *probar* [ue]; *ensayar*
testikel *testículo* m
testosteron *testosterona* v
testpiloot *conductor* m *de pruebas*
testrijder *conductor* m *de pruebas*
testvlucht *vuelo* m *de prueba*
tetanus *tétano* m
tête-à-tête *entrevista* v *a solas*
tetteren • toeteren *trompetear* • kwebbelen *parlotear* • zuipen *empinar el codo*
teug *sorbo* m; *trago* m ★ in één teug *de un trago* ▼ met volle teugen genieten *disfrutar*

como un enano
teugel *brida* v; *rienda* v ★ een paard bij de ~ nemen *llevar un caballo por la rienda* ▼ de ~s in handen hebben *llevar las riendas* ▼ de ~s laten vieren *aflojar las riendas* ▼ zijn verbeelding de vrije ~ laten *dar rienda suelta a su fantasía*
teut I ZN [de] zeurkous *renegón* m **II** BNW *trompa* ★ teut zijn *estar trompa*
teuten • treuzelen *remolonear* • zeuren *dar la lata*
Teutoons *teutónico*
teveel • *exceso* m • → **veel**
tevens • ook *también*; *además* ★ lang en ~ vervelend *largo y a la vez aburrido* • tegelijkertijd *al mismo tiempo*; *a la vez*
tevergeefs *en vano*; *en balde*
tevoorschijn ★ ~ halen *sacar* ★ ~ komen *aparecer*
tevoren *antes* ★ van ~ *de antemano*; *antes*; *con anticipación* ★ lang ~ *mucho antes* ★ kort ~ *poco antes* ★ een jaar van ~ bestellen *pedir* [i] *con un año de anticipación*
tevreden *contento de/con*; *satisfecho de/con*
tevredenheid *satisfacción* v ★ tot volle ~ van *a la entera satisfacción de*
tevredenstellen *contentar*; *satisfacer*
tewaterlating *botadura* v
teweegbrengen *causar*; *ocasionar*
tewerkstellen *colocar*; *contratar*
textiel I ZN [de/het] • stof *tejido* m • textielwaren *géneros* m mv *textiles* • industrie *industria* v *textil* **II** BNW *textil* ★ ~e handwerken *trabajos manuales en textil*
textielarbeider *obrero* m *textil*
textielindustrie *industria* v *textil*
textuur *textura* v
tezamen *juntamente*; *a la vez*
tft-scherm *pantalla* v *TFT*
TGV *T.G.V.* m; *tren* m *de alta velocidad*
t.g.v. *a consecuencia de*
Thai *tailandés* m
Thailand *Tailandia* v
Thais *tailandés*
thans *ahora*; *en estos momentos*
theater *teatro* m
theatervoorstelling *obra* v *teatral*
theatraal *teatral*
thee *té* m ★ groene thee *té* m *verde* ★ thee drinken *tomar té* ★ thee zetten *hacer té* ★ iem. op de thee vragen *invitar a u.p. a tomar el té*
theeblad • theeblaadje *hoja* v *de té* • dienblad *bandeja* v
theedoek *paño* m *de cocina*
thee-ei *huevo* m *del té*
theeglas *vaso* m *de té*
theelepel *cucharilla* v *de café*
theelichtje *velita* m *para el calentador de la tetera*
theemuts *cubretetera* m
theepauze *pausa* v *para tomar el té*
theepot *tetera* v
theeservies *servicio* m *de té*
theevisite *visita* v *donde se sirve té*
theewater *agua* v *para el té* ▼ boven zijn ~ zijn *estar colocado*
theezakje *bolsita* v *de té*
theezeefje *colador* m *de té*
theïne *teína* v
thema *tema* m; *motivo* m
themanummer *edición* v *especial*
themapark *parque* m *o museo*
thematiek *temática* v
thematisch *temático*
theologie *teología* v
theologisch *teológico*
theoloog *teólogo* m
theoreticus *teorizante* m/v; *teórico* m
theoretisch *teórico*
theoretiseren *teorizar*
theorie *teoría* v
theorie-examen *examen* m *teórico*
theorievorming *formación* v *de la teoría*
theosofie *teosofía* v
therapeut *terapeuta* m/v
therapeutisch *terapéutico*
therapie *terapia* v
thermiek *corriente* v *térmica*
thermodynamica *termodinámica* v
thermometer *termómetro* m
thermosfles *termo* m
thermoskan *termo* m
thermostaat *termostato* m
thesaurus *tesauro* m
these *tesis* v
thinner *disolvente* m
thriller ⟨film⟩ *película* v *de suspense*; ⟨boek⟩ *novela* v *de suspense*
thuis I BIJW • in huis *en casa* ★ zich ~ voelen *sentirse* [ie, i] *como en su casa* ★ is X ~? *¿está X?* ★ altijd ~ zitten *ser muy casero* ★ op de hoogte ★ goed ~ zijn in iets *estar muy versado en u.c.* **II** ZN [het] *hogar* m; *casa* v
thuisadres *domicilio* m
thuisbankieren *realizar operaciones bancarias por ordenador en casa*
thuisbasis *base* v
thuisbezorgen *hacer entrega en casa*
thuisblijven *quedarse en casa*
thuisbrengen • naar huis brengen ⟨iemand⟩ *acompañar a casa*; ⟨boodschappen⟩ *entregar a domicilio* • plaatsen *situar* [ú]
thuisclub *club* m *de casa*
thuisfront *frente* m *doméstico*
thuishaven *puerto* m *de matrícula*
thuishoren *estar en su sitio* ★ dat hoort hier niet thuis *este no es su sitio* ★ hij hoort in Spanje thuis *su sitio está en España*
thuiskomen *volver* [ue] *a casa*; *llegar a casa*
thuiskomst *regreso* m ★ bij ~ *al regresar a casa*
thuisland *bantustán* m
thuisloos *sin casa*
thuismarkt *mercado* m *interno*
thuisreis *viaje* m *de regreso*
thuiswedstrijd *partido* m *en casa*
thuiswerker *trabajador* m *a domicilio*
thuiswonend *viviendo en casa de sus padres*
thuiszorg *asistencia* v *domiciliaria*
ti *si* v
tiara *tiara* v
Tibet *Tibet* m

Tibetaan *tibetano* m
Tibetaans *tibetano*
tic • zenuwtrek *tic* m [mv: *tiques*] • aanwensel *manía* v • scheutje sterke drank *cubata* m
ticket *billete* m; *ticket* m
tiebreak *desempate* m
tien I TELW • *diez* • → **acht II** ZN [de] getal *diez* m
tiende • *décimo* • → **achtste**
tienduizend *diez mil*
tiener *quinceañero* m; *adolescente* m
tieneridool *ídolo* m *de la juventud*
tienrittenkaart *abono* m *de diez viajes*
tiental *decena* v
tieren • tekeergaan *rabiar*; ⟨v. wind⟩ *rugir* • gedijen *prosperar*
tierig *vigoroso*
tiet *teta* v
tig ★ tig keer *tantísimas veces*
tij *marea* v ★ afgaand tij *reflujo* m ★ hoog tij *marea alta*; *pleamar* v ★ laag tij *marea baja*; *bajamar* v ★ opkomend tij *flujo* m
tijd ★ op tijd *a la hora exacta* • tijdsduur *tiempo* m ★ tijd hebben *tener tiempo* ★ tijd ervoor vrijmaken *hacer tiempo para algo* ★ hij heeft tijd te over *tiene tiempo de sobra* ★ er is nog tijd genoeg om *aún hay tiempo para* ★ binnen afzienbare tijd *en un futuro no muy lejano* ★ in minder dan geen tijd *en un dos por tres* ★ lange tijd *mucho tiempo* ★ in de loop van de tijd *andando el tiempo*; *con el tiempo* ★ de tijd is om *ya es hora* ★ de tijd valt hem lang *el tiempo se le hace largo* ★ de tijd dringt *urge el tiempo* ★ de tijd vliegt *el tiempo pasa volando* ★ zonder tijd te verliezen *sin perder tiempo* ★ de tijd opnemen *cronometrar* • tijdvak, periode *tiempo* m; *época* v; *período* m ★ uit de tijd *pasado de moda* ★ zijn tijd ver vooruit zijn *adelantarse a su tiempo* ★ in die tijd *en aquel entonces* ★ in die goeie ouwe tijd *en los buenos tiempos* ★ in vroegere tijden *en tiempos pasados* ★ vrije tijd *ocio* m; *tiempo* m *libre* ★ zijn tijd uitzitten *cumplir la pena* ★ voor onbepaalde tijd *por tiempo indefinido* • tijdstip *momento* m; *hora* v; *tiempo* m ★ op gezette tijden *a tiempos fijos* ★ te allen tijde *en todo momento*; *a todas horas* ★ op tijd komen *llegar a tiempo* ★ het is hoog tijd dat... *ya es hora de que...* ★ heeft u de (juiste) tijd? *¿tiene Usted la hora (exacta)?* ★ morgen om deze tijd *mañana a la misma hora* ★ op de afgesproken tijd *a la hora fijada* ★ het wordt zo langzamerhand tijd *ya va siendo hora*; *ya se va haciendo tiempo* • TAALK. *tiempo* m ★ de voltooid verleden tijd *el pluscuamperfecto* ★ de verleden tijd *el pretérito* ★ de voltooid tegenwoordige tijd *el perfecto* ★ de tegenwoordige tijd *el presente* ★ de toekomende tijd *el futuro* ▼ alles op zijn tijd *cada cosa a su tiempo* ▼ komt tijd, komt raad *con el tiempo maduran las uvas* ▼ ten tijde van en la época de ▼ bij tijd en wijle *de vez en cuando*; *de tiempo en tiempo* ▼ terzelfder tijd *al mismo tiempo* ▼ te allen tijde *en todo momento* ▼ te zijner tijd *a su debido tiempo* ▼ met zijn tijd meegaan *seguir* [i] *los tiempos*
tijdbom *bomba* v *de retardado*

tijdelijk • aan tijd gebonden *temporal*; *transitorio* • voorlopig *temporal*; *provisional*; *temporero* ★ ~ personeel *personal* m *temporero*
tijdens *durante*
tijdgebonden *sujeto a una época*
tijdgebrek *falta* v *de tiempo*
tijdgeest *espíritu* m *de la época*
tijdgenoot *contemporáneo* m
tijdig I BNW *oportuno* **II** BIJW *a tiempo*
tijding *noticia* v; *nueva* v
tijdloos *eterno*
tijdmechanisme *mecanismo* m *de tiempo*
tijdmelding *indicación* v *horaria*
tijdnood *falta* v *de tiempo*
tijdperk *época* v
tijdrekening *calendario* m
tijdrit *carrera* v *contrareloj*
tijdrovend *entretenido* ★ ~ zijn *llevar mucho tiempo*
tijdsbeeld *imagen* v *de la época*
tijdsbestek *espacio* m *de tiempo*
tijdschakelaar *temporizador* m
tijdschema *horario* m
tijdschrift *revista* v
tijdsduur *duración* v
tijdsein *señal* v *horaria*
tijdslimiet *límite* m *de tiempo* ★ een ~ verbinden aan iets *vincular una fecha límite a u.c.*
tijdslot *cerradura* v *de tiempo*
tijdstip *momento* m
tijdsverloop *transcurso* m *del tiempo* ★ na een ~ van twee jaar *después de dos años de duración*
tijdvak *período* m; *época* v
tijdverdrijf *pasatiempo* m
tijdverlies *pérdida* v *de tiempo*
tijdverspilling *pérdida* v *de tiempo*
tijdzone *huso* m *horario*
tijger *tigre* m
tijgeren *arrastrarse (con las manos y los pies)*
tijgerhaai *tiburón* m *tigre*
tijgerin *tigresa* v
tijgervel *piel* v *de tigre*
tijm *tomillo* m
tik • lichte klap *golpe* m • → **tikje, tikkeltje**
tikfout *error* m *de mecanografía*
tikje *poco* m; *poquito* m
tikkeltje *poco* m; *poquito* m
tikken I OV WW • kloppen *golpear* • aantikken *tocar* • typen *escribir a máquina* **II** ON WW geluid geven *hacer tictac*
til *palomar* m ▼ er is iets op til *se está avecinando algo*
tilde *tilde* m
tillen • omhoog heffen *levantar* • afzetten *estafar* ▼ ergens zwaar aan ~ *dar mucha importancia a u.c.*
tilt ▼ op tilt slaan *ponerse furioso*
timbre *timbre* m
timen *cronometrar*; *medir* [i] *el tiempo*
time-out *tiempo* m *muerto*
timer *temporizador* m
timesharing *utilización* v *compartida*
timide *tímido*
timing *cronometración* v; *medición* v *del tiempo*
timmeren *carpintear* ★ hij kan goed ~ *sabe*

carpintear; es buen carpintero
timmerhout *madera* v *de construcción*
timmerman *carpintero* m
timmerwerk *carpintería* v
tin *estaño* m
tinctuur *tintura* v
tingelen *tintinear*
tinkelen *tintinar; tintinear*
tinnen *de estaño*
tint *matiz* m; *tinte* m; *tono* m
tintelen • prikkelen *hormiguear; picar* ★ *mijn vingers ~ me pican los dedos* • twinkelen *centellear; brillar*
tinteling • prikkelend gevoel *hormigueo* m; *picazón* m • fonkeling *centelleo* m; *brillo* m
tinten • kleuren *matizar; teñir* [i] • FIG. een sfeer geven *matizar; teñir*
tip • uiterste punt *punta* v • hint *indicación* v; *sugerencia* v • fooi *propina* v
tipgeld *recompensa* m
tipgever *informante* m/v; *confidente* m/v
tippelaarster *prostituta* v *callejera*
tippelen • lopen *trotar; caminar* • prostitutie bedrijven *hacer la calle*
tippelverbod *prohibición* v *de ejercer la prostitución en la calle*
tippelzone *zona* v *donde se puede ejercer la prostitución*
tippen • hint geven *informar* • aanduiden *nominar para* • fooi geven *propinar*
tipsy *achispado* ★ ~ *zijn estar piripi*
tiptoets *tecla* v *sensible*
tirade *perorata* v; *sermón* m
tiran *tirano* m
tirannie *tiranía* v
tiranniek *despótico; tiránico*
tiranniseren *tiranizar*
Tirol *Tirol* m
tissue *pañuelo* m *de papel; kleenex* m
titan *titán* m
titanenstrijd *lucha* v *de titanes*
titanium *titanio* m
titel • benaming *título* m • waardigheid ★ *een ~ voeren llevar un título*
titelblad *portada* v
titelgevecht *combate* m *por el título*
titelhouder *poseedor* m *del título*
titelkandidaat *candidato* m *al título*
titelrol *papel* m *principal*
titelsong *canción* v *del título*
titelverdediger *defensor* m *del título*
titulatuur *titulación* v
tja *pse*
tjalk *velero* m *de madera*
tjaptjoi ≈ *plato* m *de verduras chino*
tjilpen *piar* [i]; *trinar*
tjokvol *repleto; atestado* ★ ~ *zijn estar de bote en bote* ★ ~ *mensen atestado de gente*
t.k.a. *se vende*
T-kruising *cruce* m *en forma de T*
tl-buis *tubo* m *fluorescente*
t.n.v. *a nombre de*
toast *pan* m *tostado; tostada* v
toaster *tostadora* v
toastje *tostada* v; *canapé* m ★ *een ~ met zalm un canapé de salmón*

tobbe *tina* v
tobben • piekeren *cavilar sobre; preocuparse de* ★ *loop niet zo te ~ ¡no te comas el coco!* • zwoegen *trabajar mucho*
tobberig *caviloso; preocupado*
toch • desondanks *sin embargo; no obstante* ★ *hij heeft alles en toch is hij niet gelukkig tiene de todo, sin embargo no es feliz* ★ *dat was toch te veel eso sí que fue demasiado* • bij vraag om bevestiging ★ *je hebt het hem toch gezegd? se lo habrás dicho, ¿no?* ★ *hij heeft je toch geschreven? te habrá escrito ¿no?* ★ *u weet toch dat...? ya sabe usted que ... ¿no?* • als nadruk ★ *doet u het toch! ¡hágalo por favor!* ★ *houd toch op! ¡para ya!* • als wens ★ *had ik het toch maar gedaan ¡ojalá lo hubiera hecho!*
tocht • luchtstroom *corriente* v *de aire* ★ *op de ~ zitten estar en una corriente de aire* • reis *viaje* m; *excursión* v; *recorrido* m
tochtband *burlete* m
tochtdeur *contrapuerta* v
tochten *haber corriente* ★ *het tocht hier hay una corriente de aire*
tochtgat • *gat ventosa* v; *respiradero* m • plaats, ruimte *lugar* m *expuesto a las corrientes de aire*
tochtig • met veel tocht *ventoso* ★ *het is hier ~ hay corrientes de aire* • bronstig *en celo*
tochtlat *burlete* m
tochtstrip *burlete* m
tochtwerend *que evita la corriente*
toe I BIJW • heen *a; hacia; en dirección de* ★ *naar huis toe gaan ir a casa* ★ *wij gaan naar Madrid toe vamos a Madrid* ★ *tot hier toe hasta aquí* • erbij encima; extra ★ *geld toe krijgen recibir dinero extra* ★ *er is fruit toe de postre hay fruta* • dicht *cerrado* ▼ *er slecht aan toe zijn estar muy mal* ▼ *aan iets toe zijn estar listo para algo; necesitar algo* ▼ *ergens niet aan toe komen no tener tiempo para hacer u.c.* ▼ *ermee toe kunnen tener suficiente para* II TW ⟨ongelovig⟩ *venga;* ⟨ongelovig⟩ *vaya;* ⟨aanmoedigend⟩ *anda*
toebedelen *asignar; adjudicar*
toebehoren I ZN [het] *accesorios* m mv II ON WW *pertenecer a*
toebereiden *preparar*
toebrengen ⟨v. schade/wond⟩ *inferir;* [ie, i] ⟨v. nederlaag/straf⟩ *infligir;* ⟨v. schade/wond⟩ *causar*
toeclip *brida* v
toedekken *cubrir; tapar*
toedeloe *chau; chao*
toedichten *atribuir; imputar*
toedienen *administrar; asestar* ★ *iem. een pak slaag ~ asestar una paliza a u.p.*
toedoen I ZN [het] *intervención* v ★ *door uw ~ gracias a usted; por su culpa* ★ *zonder mijn ~ sin mi intervención* II ON WW • dichtdoen *cerrar* [ie] • bijdragen *importar* ★ *wat doet dat ertoe? ¿qué importa?; ¿qué más da?* ★ *dat doet er niet toe no importa*
toedracht *circunstancias* v mv
toedragen I OV WW *tener* [ie]; *sentir* [ie, i] ★ *iem. een warm hart ~ tener mucho afecto a*

u.p. ★ iem. haat ~ *guardar rencores a u.p.* **II** WKD WW [**zich** ~] *suceder; pasar*
toe-eigenen [**zich** ~] *apoderarse de* ★ zich iets ~ *apoderarse de u.c.*
toef *mata* v • een toef haar *una mata de pelo* ★ een toefje slagroom *un poquito de nata*; *un adorno de nata*
toegaan ★ het ging er vreemd aan toe *pasaron cosas extrañas*
toegang • mogelijkheid tot toegang *acceso* m ★ ⟨opschrift⟩ verboden ~ *se prohibe la entrada* ★ vrije ~ *entrada* v *libre* ★ ~ hebben tot *tener acceso a* ★ ~ verlenen aan *admitir* • ingang *entrada* v
toegangsbewijs *entrada* v
toegangsprijs *precio* m *de entrada*
toegangsweg *vía* v *de acceso*
toegankelijk • te bereiken *accesible* • FIG. open *accesible*
toegedaan ★ een mening ~ zijn *adherirse* [ie, i] *a ciertas ideas*
toegeeflijk *indulgente*; ⟨negatief⟩ *blando*
toegenegen • iem. ~ zijn *mostrar* [ue] *simpatía por alguien*
toegepast *aplicado*
toegeven I OV WW • extra geven *perder* [ie] • erkennen *admitir*; *reconocer*; *conceder* **II** ON WW • inschikkelijk zijn *acceder* • geen weerstand bieden *ceder ante*; *entregarse a* ★ hij gaf toe aan haar grillen *cedió a sus caprichos*
toegevend *indulgente*; *tolerante*
toegevendheid *indulgencia* v; *tolerancia* v
toegewijd *leal*
toegift *bis* m; *propina* v
toehappen • happen *morder* [ue] • FIG. ingaan op *picar*
toehoorder *oyente* m/v • de ~s *el auditorio*
toejuichen *aplaudir*
toekennen *adjudicar*; *conceder*; *otorgar*
toekijken *mirar*
toeknikken *saludar (con la cabeza)*
toekomen • naderen *venir a*; *acercarse a*; *llegar a*; *ir a* • toezenden ★ doen ~ *enviar*; *mandar* • ~ aan toebehoren *corresponder a* ★ ~ aan llegar a ★ ~ met *poder vivir con* ★ daar kom ik niet mee toe *no me llega*
toekomst *futuro* m; *porvenir* m ★ de naaste ~ *el futuro inmediato* ★ in de ~ *en el futuro* ★ in de nabije ~ *en un futuro próximo*; *en el futuro inmediato* ★ de ~ voorspellen *decir/echar la buenaventura*
toekomstig *futuro*
toekomstmuziek *ilusiones* v mv *para el futuro*
toekomstperspectief *perspectivas* v mv *de futuro*
toekomstvisie *visión* v *de futuro*
toelaatbaar *admisible*; *tolerable*
toelachen • lachen tegen *sonreír* • FIG. gunstig gezind zijn *sonreír* ★ het geluk lacht hem toe *la fortuna le sonríe*
toelage • toeslag *sobresueldo* m; *suplemento* m • geldelijke uitkering *subvención* v; *subsidio* m; ⟨studie⟩ *beca* v; ⟨sociale zekerheid⟩ *pensión* v
toelaten • binnenlaten *dejar entrar*
 • accepteren *admitir*; *aceptar* • goedvinden *permitir*; *dejar*; *consentir* [ie, i]
toelating *admisión* v
toelatingseis *exigencia* v *de admisión*
toelatingsexamen *examen* m *de ingreso*; ⟨voor de universiteit⟩ *pruebas* v mv *de selectividad*
toelatingsnorm *condición* v *de ingreso*
toeleggen I OV WW bijbetalen *añadir* ★ geld ~ op *perder dinero con* **II** WKD WW [**zich** ~] op ⟨taak⟩ *concentrarse en*; ⟨vak⟩ *especializarse en*
toeleveren *suministrar*
toelichten *aclarar*; *explicar*; *comentar*
toelichting *aclaración* v; *explicación* v; *explicaciones* v mv; *comentario* m ★ een ~ geven *dar explicaciones*
toeloop *concurrencia* v
toelopen • komen aanlopen *acudir a* • uitlopen *terminar en* ★ spits ~ *terminar en una punta*
toen I BIJW • vervolgens *entonces* • in die tijd *en aquel entonces* **II** VW *cuando*
toenadering *aproximación* v
toenaderingspoging *intento* m *de acercamiento*; *intento* m *de aproximación*
toename *aumento* m
toendra *tundra* v
toenemen *crecer*; *aumentar*
toenmaals *en aquel entonces*
toenmalig *de entonces*; *de aquella época*
toepasbaar *aplicable*
toepasselijk *apropiado*
toepassen *aplicar a*; *usar para*
toepassing *aplicación* v; *uso* m ★ van ~ zijn op *ser aplicable a*
toer • omwenteling *giro* m ★ op volle toeren *a toda marcha* • reis *excursión* v • Z-N beurt ★ het is jouw toer *te toca a ti*; *es tu turno* • reeks breisteken *vuelta* v ▼ dat is een hele toer *es muy difícil* ▼ over zijn toeren zijn *tener los nervios de punta*
toerbeurt ★ bij ~ *por turno*
toereikend *suficiente* ★ ~ zijn *alcanzar*
toerekeningsvatbaar *en pleno goce de sus facultades mentales*
toeren *viajar*; ⟨tournee⟩ *dar una gira*
toerental *número* m *de revoluciones* ★ wat is het ~? *¿cuántas revoluciones por minuto?*
toerenteller *cuentarrevoluciones* m
toerfiets ≈ *bicicleta* v *de carreras*
toerisme *turismo* m
toerist *turista* m/v
toeristenbelasting *impuesto* m *turístico*
toeristenkaart *tarjeta* v *de turista*
toeristenklasse *clase* v *turista*
toeristenmenu *menú* m *turístico*
toeristisch *turístico*
toermalijn *turmalina* v
toernooi *torneo* m
toeroepen *gritar*
toertocht *viaje* m *de placer*
toerusten *equipar con*; *proveer de*; *suministrar*
toeschietelijk *complaciente*; *abierto*
toeschieten *acudir*
toeschijnen *parecer*
toeschouwer *espectador* m ★ de ~s *el público*
toeschrijven *atribuir a*

toeslaan I OV WW • slaan naar *dar un golpe*; ⟨raak slaan⟩ *dar en el blanco* • dichtslaan *cerrar* [ie] *de golpe* ★ een deur ~ *dar un portazo* II ON WW zijn slag slaan *atacar*
toeslag *suplemento* m
toesnellen *acudir*
toespelen *pasar*
toespeling *alusión* v; ⟨negatief⟩ *insinuación* v; ⟨negatief⟩ *indirecta* v
toespitsen • concentreren op ★ zich ~ op *(con)centrarse en* • op de spits drijven *agudizar*
toespraak *discurso* m
toespreken *dirigirse a; dirigir la palabra a*
toestaan *permitir*
toestand • situatie *situación* v; *estado* m; *condición* v; *circunstancias* m mv ★ hoe is de ~ nu? *¿cómo es la situación ahora?* ★ in goede ~ *en buen estado* • gedoe *rollo* m ★ wat een ~! *¡qué cosas!; ¡qué rollo!*
toesteken I OV WW aanreiken *dar; regalar* II ON WW steken *dar un navajazo*
toestel • apparaat *aparato* m • vliegtuig *avión* m
toestemmen in *consentir en* [ie, i]
toestemming *permiso* m; ⟨officieel⟩ *autorización* v ★ zonder mijn ~ *sin mi consentimiento* ★ ~ geven *dar permiso; autorizar* ★ ~ geven voor *autorizar*
toestoppen • geven *dar a escondidas* • toedekken *tapar*
toestromen *afluir*; ⟨v. massa⟩ *acudir en masa*
toet *jeta* v; *pico* m
toetakelen • ruw aanpakken *maltratar* • opdirken ★ zich ~ *ataviarse*
toetasten *servirse* [i] ★ tast toe! *¡sírvate!; ¡sírvase!*
toeten v hij weet van ~ noch blazen *no sabe nada de nada*; VULG. *no tiene puta idea*
toeter • blaasinstrument *bocina* v; *trompeta* v • claxon *bocina* v
toeteren I OV WW hard zeggen *gritar* II ON WW • op een toeter blazen *tocar la bocina; tocar la trompeta* • claxonneren *dar bocinazos*
toetje *postre* m
toetreden tot *afiliarse a; incorporarse a*
toetreding *ingreso* m ★ ~ tot *ingreso en*
toets • test *prueba* v • druktoets *tecla* v
toetsen *ensayar; poner a prueba*
toetsenbord *teclado* m
toetsenist *teclista* m/v
toetsing *prueba* v; *ensayo* m
toetssteen *piedra* v *de toque*
toeval • omstandigheid *casualidad* v; *azar* m; ⟨samenloop van omstandigheden⟩ *coincidencia* v ★ bij ~ *por casualidad* ★ het ~ wil dat *da la casualidad de que* • MED. *ataque* m *de epilepsia; ataque m convulsivo; ataque* m
toevallen • dichtvallen *cerrarse* [ie] *de golpe* • ten deel vallen *tocar; corresponder*
toevallig I BNW *casual; ocasional; imprevisto; inesperado* II BIJW • bij toeval *por casualidad* ★ ~ gebeurde het dat *dio la casualidad de que* • misschien *acaso* ★ heb jij dat boek ~ gezien? *¿por acaso has visto ese libro?*
toevalstreffer *golpe* m *de suerte*
toeven *estar* ★ het is hier goed ~ *se está bien aquí*
toeverlaat *seguro* m ★ zij is mijn steun en ~ *es mi apoyo y refugio*
toevertrouwen • in vertrouwen overlaten aan *confiar* [i]; *encargar; encomendar* [ie] • in vertrouwen zeggen *confiar* [i]; *decir* [i] *en confianza*
toevloed *afluencia* v
toevlucht *refugio* m ★ (je) ~ nemen tot *recurrir a*
toevluchtsoord *refugio* m
toevoegen • erbij doen *añadir; incorporar* • zeggen tegen *decir* [i]; *lanzar* ★ iem. beledigingen ~ *lanzar insultos a alguien*
toevoeging *adición* v; *incorporación* v
toevoer *suministro* m; ECON. *oferta* v
toewensen *desear*
toewijding • zorg *dedicación* v; *entrega* v; *esmero* m • vroomheid *devoción* v
toewijzen *adjudicar; asignar*
toezeggen *prometer*
toezegging *promesa* v
toezenden *enviar* [i]; *mandar*
toezicht *vigilancia* v; *control* m; *inspección* v ★ ~ houden op *vigilar; controlar; inspeccionar* ★ onder ~ van *vigilado por; bajo la inspección de*
toezien • toekijken *mirar* ★ ik kon alleen maar ~ *no podía hacer nada* • toezicht houden *vigilar*
tof ⟨v. iem.⟩ *majo*; ⟨v. iets⟩ *de puta madre*
toffee *caramelo* m
tofoe *queso* m *de soja; tofu* m
toga *toga* v
Togo *Togo* m
toilet • wc *servicio* m; *lavabo* m; INFORM. *baño* m ★ chemisch ~ *lavabo* m *químico* • kleding *vestido* m *de señora* • het zich optutten *aseo* m ★ ~ maken *arreglarse*
toiletartikelen *artículos* m mv *de aseo*
toiletjuffrouw *señora* v *de los lavabos*
toiletpapier *papel* m *higiénico*
toiletpot *taza* v *del wáter*
toiletrol *rollo* m *de papel higiénico*
toilettafel *(mesa)* v *de tocador*
toilettas *bolsa* v *de aseo; neceser* m
toiletverfrisser *ambientador* m *para inodoros*
toiletzeep *jabón* m *de tocador*
toitoitoi *(buena) suerte*
tok ⟨v. kippen⟩ *pío*
Tokio *Tokio* m
tokkelen *tañer; tocar*
toko *tienda* v *de productos chinos*
tol • speelgoed *trompa* v; ⟨met metalen punt⟩ *peón* m; ⟨zonder metalen punt⟩ *peonza* v • tolgeld *peaje* m • tolhokje *peaje* m
tolerant *tolerante*
tolerantie • verdraagzaamheid *tolerancia* v • toegestane afwijking *tolerancia* v
tolereren *tolerar*
tolgeld *peaje* m
tolhuis *peaje* m
tolk *intérprete* m/v
tolken *hacer de intérprete; trabajar como intérprete*
tolk-vertaler *traductor-intérprete* m

tollen • met een tol spelen *jugar* [ue] *a la peonza* • ronddraaien *girar*; *dar vueltas*
tolvrij *exento de peaje*
tolweg *autovía* v *de peaje*; ⟨autoroute⟩ *autopista* v *de peaje*
tomaat • vrucht *tomate* m • plant *tomate* m; *tomatera* v
tomahawk *tomahawk* m
tomatenketchup *ketchup* m
tomatenpuree *tomate* m *concentrado*
tomatensap *zumo* m *de tomate*
tomatensoep *sopa* v *de tomate*
tombe *tumba* v; *sepulcro* m
tomeloos *desenfrenado*
tompoes *milhojas* m
ton • vat *barril* m; *tonel* m • boei *boya* v • inhoudsmaat *tonelada* v • gewicht *tonelada* v • hoeveelheid geld *cien* m mv *mil euros* ▼ zo rond als een tonnetje *redondo como un tonel*
tondeuse *maquinilla* v *para afeitarse el pelo*; ⟨voor dier⟩ *esquiladora* v
toneel • dramatische kunst *teatro* m ★ aan het ~ gaan *hacerse actor/actriz* • deel van bedrijf *escena* v • podium *escenario* m • plaats van handeling *escenario* m ▼ ten tonele voeren *poner en escena; representar*
toneelgezelschap *compañía* v
toneelgroep *grupo* m *de teatro*
toneelkijker *anteojos* m mv; *gemelos* m mv
toneelknecht *tramoyista* m/v
toneelmeester *jefe* m *de escenografía*
toneelschool *academia* v *de teatro*
toneelschrijver *dramaturgo* m
toneelspel • het spelen *actuación* v; *interpretación* v; *trabajo* m • stuk *obra* v *de teatro* • aanstellerij ★ dat is ~ *es puro teatro*
toneelspelen • acteren *hacer teatro*; *actuar* [ú] • zich aanstellen *hacer teatro*
toneelspeler *actor* m [v: *actriz*] [v mv: *actrices*]
toneelstuk *obra* v *de teatro*
tonen I ov ww laten zien *mostrar* [ue]; *enseñar* II on ww eruitzien *parecer*
toner COMP. *tóner* m
tong • ANAT. *lengua* v ★ zijn tong uitsteken tegen iem. *sacar la lengua a alguien* • CUL. orgaan als vleesgerecht *lengua* v *de ternera* • vis *lenguado* m ▼ een losse tong hebben *ser ligero de lengua* ▼ een scherpe tong hebben *no tener pelos en la lengua* ▼ een vlotte tong hebben *hablar con soltura* ▼ zich op de tong bijten *morderse* [ue] *la lengua* ▼ hij gaat over de tong *hablan de él* ▼ de tongen kwamen los *de repente empezaron a hablar*
tongen *cambiar babas* ★ ~ met iem. *dar la lengua a u.p.*
tongfilet *filete* m *de lenguado*
tongriem *frenillo m de la lengua* ▼ goed van de ~ gesneden zijn *saber hablar*
tongval • accent *acento* m; *dejo* m; *deje* m • dialect *dialecto* m
tongzoen *beso* m *de tornillo* ★ iem. een ~ geven *dar la lengua a u.p.*
tonic *tónica* v
tonicum *tónico* m
tonijn *atún* m; *bonito* m
tonisch *tonificante; reconstituyente*

tonnage *tonelaje* m
tonnetjerond *regordete; rollizo*
tonsuur *tonsura* v; *corona* v; *coronilla* v
tonus *tonus* m; *tono* m
toog • priestertoga *sotana* v • tapkast *barra* v
tooien ⟨v. iets⟩ *adornar de/con*; ⟨v. iem.⟩ *ataviar con* [í]
toom ▼ in toom houden *refrenar*
toon • klank *sonido* m; MUZ. *tono* m ★ hoge toon *tono* m *agudo* • stembuiging *tono* m ★ op vriendelijke toon *en tono amable* • kleurschakering *tono* m; *matiz* m ▼ uit de toon vallen *desentonar* ▼ een andere toon aanslaan *cambiar el tono*
toonaangevend *destacado; principal*
toonaard *tonalidad* v
toonbaar *presentable*
toonbank *mostrador* m
toonbeeld *ejemplo* m
toonder *portador* m ★ aan ~ *al portador*
toonhoogte *tono* m; *altura* v
toonkunst *música* v
toonladder *escala* v
toonloos • TAALK. *átono* • zonder veel klank *sordo*
toonsoort *tonalidad* v
toonvast *que permanece afinado*
toonzaal *sala* v *de exposición*
toorn *ira* v; *cólera* v
toorts *antorcha* v
toost *brindis* m [mv: *brindis*]
toosten *brindar por*
top • LETT. (hoogste) punt *cumbre* v; ⟨v. berg⟩ *cumbre* v; ⟨v. berg⟩ *cima* v; ⟨v. berg⟩ *pico* m; ⟨v. vinger⟩ *punta* v; ⟨v. driehoek⟩ *vértice* m • FIG. hoogtepunt ★ ten top stijgen *culminar* • de besten *los mejores* m mv • hoogste leiding *dirección* v • topconferentie *cumbre* v • → *topje* ▼ op en top Engelsman *inglés por los cuatro costados* ▼ van top tot teen *de pies a cabeza*
topaas *topacio* m
topambtenaar *alto funcionario* m
topconditie *plena forma* v
topconferentie *cumbre* v
topdrukte ⟨v. gewoel⟩ *máximo* m *ajetreo*; ⟨v. toeloop⟩ *máxima* v *afluencia*
topfunctie *cargo* m *alto*
tophit *tophit* m
topjaar *año* m *récord*
topje *bustier* m
topklasse *clase* v *superior*
topless ★ ~ zijn *hacer toplés*
topman *directivo* m
topografie *topografía* v
topografisch *topográfico*
topoverleg *consulta* v *de alto nivel*
topper • groot succes *punto* m *máximo* ★ een ~ in de atletiek *una máxima figura del atletismo* • hoogtepunt *punto* m *máximo*
topprestatie *trabajo* m *excelente*
toppunt *colmo* m ★ dat is het ~! *ies el colmo!*
topscorer *máximo goleador* m
topsnelheid *velocidad* v *máxima*
topspin *corte* m ★ ~ geven aan een bal *cortar una pelota*

topsport *deporte* m *de alta competición*
top tien *los diez* m mv *más vendidos*
topvorm ▾ in ~ zijn *estar en forma*
topzwaar *muy pesado*
tor *escarabajo* m
toren • bouwwerk *torre* v • schaakstuk *torre* v ▾ een ~ van Babel bouwen *emprender un trabajo titánico*
torenflat *torre* v *de apartamentos*
torenhaan *giralda* v
torenhoog *muy alto*
torenklok *reloj* m *de torre*
torenspits *aguja* v
torenvalk *cernícalo* m
tornado *tornado* m; *huracán* m
tornen I ov ww losmaken *descoser* II on ww ~ **aan** ★ daar valt niet aan te ~ *ya no se puede cambiar*
torpederen *torpedear*
torpedo *torpedo* m
torpedoboot *torpedero* m
torpedojager *destructor* m
torsen *llevar; cargar con*
torsie *torsión* v
torso *torso* m
tortelduif *tórtola* v
tortilla *tortilla* v
tossen *echar a cara o cruz*
tosti *bikini* m; *mixto* m
tosti-ijzer *molde* m *de hierro para bikinis; sandwichera* v
tot I vz • zo lang als ⟨tijd⟩ *hasta* ★ tot 1 mei *hasta el 1 de mayo* • zo ver als ⟨plaats⟩ *hasta* ★ de bus gaat tot Utrecht *el autobús llega hasta Utrecht* • met als maximum ★ tot tien tellen *contar hasta diez* ★ tot driemaal toe *hasta tres veces* • gericht naar *a* ★ hij sprak tot de menigte *habló a la multitud* • als/voor *para; de* ★ een opleiding tot arts *una formación para médico* ★ hij werd tot chef benoemd *le nombraron jefe* • met als doel ★ tot beter begrip *para mayor entendimiento* ▾ dat is (nog) tot daar aan toe *eso (todavía) es lo de menos* II vw totdat *hasta que*
totaal I bnw *total; entero; absoluto* II bijw *totalmente; absolutamente* III zn [het] • geheel *totalidad* v • som *total* m ★ in ~ *en total*
totaalbedrag *cantidad* v *total*
totaalbeeld *imagen* v *total*
totaalweigeraar *objetor* m *que rechaza prestar cualquier tipo de servicio*
totalisator *totalizador* m
totalitair *totalitario*
totaliteit *totalidad* v
total loss *pérdida total* ★ een auto ~ rijden *destrozar un coche*
totdat *hasta que* [+ subj.]
totempaal *tótem* m
toto *quiniela* v *futbolística*
totstandkoming *realización* v
touché *tocado*
toucheren • (aan)raken *tocar* • inform. ontvangen *cobrar* • med. inwendig onderzoeken *hacer un examen vaginal/rectal*
touperen *peinar formando un bisoñé*
toupet *bisoñé* m

tour de force *proeza* v; *hazaña* v
touringcar *autocar* m
tournedos *filete* m *de vaca grueso; tournedós* m
tournee *gira* v ★ op ~ zijn (in) *hacer una gira (por)*
tourniquet *torniquete* m
touroperator *operador* m *turístico*
touw ⟨dik⟩ *soga* v; *cuerda* v; ⟨bindtouw⟩ *bramante* m ▾ ik kan er geen touw aan vastknopen *no entiendo nada* ▾ zij is altijd in touw *siempre está ocupada; siempre está trabajando* ▾ op touw zetten *organizar* ▾ de touwtjes in handen hebben *mandar*
touwklimmen *trepar por una cuerda*
touwladder *escala* v *de cuerda*
touwtje • → touw
touwtjespringen *saltar a la comba*
touwtrekken • sport *deporte* m *de tirar de la cuerda* • fig. *tira* m *y afloja*
touwtrekkerij *tira* m *y afloja*
touwwerk *cordaje* m
t.o.v. • ten opzichte van *en relación a* • ten overstaan van *en presencia de*
tovenaar *brujo* m; *hechicero* m; *mago* m
toverdrank *elixir* m
toveren *hacer brujerías* ▾ ik kan niet ~! *no puedo hacer lo imposible*
toverformule *fórmula* v *mágica*
toverheks *bruja* v
toverij *brujería* v; *hechicería* v; *magia* v
toverkracht *poder* m *mágico*
toverkunst *magia* v
toverslag • als bij ~ *como por arte de magia*
toverspreuk *fórmula* v *mágica*
toverstaf *varita* v *mágica*
toxicologie *toxicología* v
toxicoloog *toxicólogo* m
toxisch *tóxico*
traag • langzaam *lento* • natk. *inerte* ★ een trage massa *una masa inerte* • luiig *perezoso* • dommig *lerdo; torpe*
traagheid • het langzaam zijn *lentitud* v • natk. *inercia* v • luiigheid *pereza* v; *inercia* v
traan • oogvocht *lágrima* v ★ in tranen uitbarsten *romper a llorar* ★ in tranen zijn *estar llorando* ★ met tranen in de ogen *con los ojos llenos de lágrimas* ★ de tranen sprongen in haar ogen *se le llenaron los ojos de lágrimas* ★ een ~ wegpinken *secar una lágrima* • olie *aceite* m *de ballena* ▾ tranen met tuiten huilen *anegarse en lágrimas; deshacerse en lágrimas; llorar a lágrima viva* ▾ hete tranen schreien *llorar a lágrima viva*
traanbuis *conducto* m *lagrimal*
traangas *gas* m *lacrimógeno*
traanklier *glándula* v *lagrimal*
traanvocht *lágrimas* v mv
tracé *tramo* m; *trazado* m
traceren • nasporen *rastrear* • aftekenen *trazar*
trachten *intentar de; tratar de; procurar; esforzarse para* [ue]
tractie *tracción* v
tractor *tractor* m
traditie *tradición* v
traditiegetrouw *fiel a la tradición*
traditioneel *tradicional*

trafo *transformador* m
tragedie • treurspel *tragedia* v • gebeurtenis *tragedia* v
tragiek *tragedia* v ★ dat is haar ~ *eso es su tragedia*
tragikomedie *tragicomedia* v
tragikomisch *tragicómico*
tragisch *trágico*
trailer • aanhangwagen *tráiler* m • A-V reclame voor film *tráiler* m
trainen I OV WW coachen *entrenar*; ⟨v. dieren⟩ *amaestrar* II ON WW zich oefenen *entrenarse*
trainer *entrenador* m; ⟨v. dieren⟩ *amaestrador* m
traineren *dilatar*; *retrasar*
training *entrenamiento* m
trainingsbroek *pantalón* m *de entrenamiento*
trainingspak *chándal* m
traiteur *cocinero* m *que hace comidas de encargo*
traject *recorrido* m; *tramo* m; *trayecto* m
traktaat *tratado* m
traktatie *obsequio* m
trakteren I OV WW onthalen op *invitar* ★ iem. op iets ~ *invitar a alguien a u.c.* II ON WW rondje geven ★ ik trakteer *te invito*
tralie *barrote* m ▾ achter de ~s zitten *estar entre rejas*; *estar en la cárcel*
traliehek *rejas* v mv
tram *tranvía* m ★ in de tram stappen *subir al tranvía* ★ uit de tram stappen *bajar del tranvía*
trambestuurder *conductor* m *de tranvía*
tramhalte *parada* v *del tranvía*
tramkaartje *billete* m *de tranvía*
trammelant *dificultades* v mv; *bronca* v ★ ~ maken/schoppen *armar bronca* ★ ~ krijgen *tener* [ie] *dificultades*
trampoline *trampolín* m
trampolinespringen *saltar del trampolín*
tramrail *raíl* m *de tranvía*
trance[1] (zeg: traNs) *trance* m ★ in ~ zijn *estar en trance*
trance[2] (zeg: trèns) *trance* m
tranen *lagrimear*
tranendal *valle* m *de lágrimas*
tranquillizer *tranquilizante* m
trans *galería* v; *almena* v
transactie *transacción* v
trans-Atlantisch *transatlántico*
transcendent *transcendental*; *trascendental*
transcendentaal *tra(n)scendental*
transcontinentaal *transcontinental* ★ een transcontinentale vlucht *un vuelo transcontinental*
transcriberen *tra(n)scribir*
transcriptie *transcripción* v
transfer • overdracht *transferencia* v • SPORT *traspaso* m
transformatie *transformación* v
transformator *transformador* m
transformatorhuisje *puesto* m *de transformación*
transformeren *transformar en*
transfusie *transfusión* v
transistor *transistor*
transit *tránsito* m
transitief *transitivo*

transito *tránsito* m
transitohaven *puerto* m *de tránsito*
transitvisum *visado* m *de tránsito*
transmissie *transmisión* v
transparant I ZN [het] *transparente* m II BNW *transparente*; *diáfano*
transpiratie • het zweten *transpiración* v • zweet *sudor* m
transpireren *transpirar*
transplantatie *trasplante* m; *transplante* m
transplanteren *trasplantar*
transponder *transpondedor* m
transport • vervoer *transporte* m ★ op ~ stellen *trasladar* • overdracht *entrega* v *jurídica*
transportband *cinta* v *transportadora*
transporteren *transportar*
transportonderneming *empresa* v *de transportes*
transseksueel I ZN [de] *transexual* v II BNW *transexual*
Transsylvanië *Transilvania* v
trant *manera* v; *estilo* m ★ in de ~ van *a la manera de*; *al estilo de*
trap • beweging met been *patada* v; *puntapié* m; ⟨v. paard⟩ *coz* v; ⟨v. paard⟩ SPORT *saque* m ★ iem. een trap geven *dar una patada a u.p.* • constructie met treden *escalera* v ★ de trap opgaan/afgaan *subir/bajar la escalera* • graad *grado* m; *nivel* m ★ trappen van vergelijking *grados de comparación*
trapboot *patín* m
trapeze *trapecio* m
trapezewerker *trapecista* m/v
trapezium *trapecio* m
trapezoïde *trapezoide* m
trapgat *hueco* m *de la escalera*
trapgevel *frontón* m *escalonado*
trapleuning *barandilla* v *(de escalera)*; *pasamanos* m
traploper *alfombra* v *de escalera*
trappelen *patalear*; *patear*; ⟨v. paard⟩ *piafar* ▾ ze trappelt van ongeduld *le devora la impaciencia* ▾ niet staan te ~ om *no tener muchas ganas de*; *estar impaciente*
trappelzak *saco* m *de dormir para bebés*
trappen I OV WW schoppen *dar una patada*; *dar patadas*; *pegar un puntapié*; ⟨v. paard⟩ *dar coces* ▾ lol ~ *pasarlo bien* ▾ herrie ~ *armar jaleo* II ON WW • voet neerzetten *pisar* • fietsen *pedalear* ▾ erin ~ *caer en la trampa*
trappenhuis *(caja* v *de) escalera*
trapper • pedaal *pedal* m • schoen *zapato* m
trappist *trapense* m
trapportaal *rellano* m
trapsgewijs *escalonado*
traptrede *peldaño* m; *escalón* m
trauma *trauma* m; ⟨lichamelijk⟩ *traumatismo* m
traumahelikopter *helicóptero* m *sanitario*
traumatisch *traumático*
traumatologie *traumatología* v
traumatoloog *traumatólogo* m
travellercheque *cheque* m *de viaje*
traverse • dwarsverbinding *travesera* v • zijwaartse sprong *salto* m *transversal*
travestie *travestismo* m
travestiet *travestí* m/v

trawant • handlanger *secuaz* m/v • bijplaneet *satélite* m
trawler *trainera* v
trechter *embudo* m
tred *paso* m ★ zijn tred versnellen *aligerar el paso* ★ met lichte tred *a paso ligero* ★ met forse tred *a paso firme* ▼ gelijke tred houden *correr parejas*
trede *peldaño* m; *escalón* m; ⟨v. rijtuig⟩ *estribo* m
treden *pisar* ★ in onderhandeling ~ *abrir/entablar negociaciones* ★ in een kloosterorde ~ *entrar en una orden religiosa* ★ in details ~ *mencionar los detalles* ★ in dienst ~ *entrar en funciones* ★ in het huwelijk ~ *contraer matrimonio*
tredmolen *rutina* v; *rutina* v *diaria*; *monotonía* v ★ in de ~ lopen *caer en la rutina diaria*
tree • → **trede**
treeplank *estribo* m
treffen I OV WW • raken *acertar* [ie]; ⟨verwonden⟩ *herir* [ie, i] ★ doel ~ *dar en el blanco* ★ dodelijk getroffen *herido mortalmente* • overkómen *afectar* ★ zwaar getroffen door de ramp *afectado gravemente por el desastre* ★ ze werd door een ongeluk getroffen *fue víctima de un accidente* • ontroeren *conmover* [ue] ★ diep getroffen *conmovido* • aantreffen *encontrarse* [ue] *con*; *encontrar* [ue]; *hallar* [ue] ★ ik trof haar op het vliegveld *la encontré en el aeropuerto* • opvallen *llamar la atención*; *chocar* ★ het trof mij dat hij kaal aan het worden was *me chocó que se estaba quedando calvo* ★ tot stand brengen ★ een vergelijk ~ *llegar a un acuerdo* ★ maatregelen ~ *tomar medidas* ★ boffen *tener suerte* ★ je treft het *tienes suerte* **II** ONP WW gelegen komen ★ dat treft slecht *en mala hora has llegado* **III** ZN [het] • confrontatie *encuentro* m; *confrontación* v • gevecht *combate* m; *enfrentamiento* m
treffend *acertado*; *convincente*
treffer *golpe* m *certero*; *tiro* m *fijo*
trefpunt *punto* m *de encuentro*
trefwoord *entrada* v; *voz* v
trefzeker *certero*
trein *tren* m ★ met de ~ gaan *ir en tren* ★ de ~ missen *perder* [ie] *el tren*
treinkaartje *billete* m *de tren*
treinreis *viaje* m *en tren*
treinreiziger *viajero* m *en tren*
treinstation *estación* v *ferroviaria*
treinstel *convoy* m
treinverbinding *comunicación* v *ferroviaria*
treinverkeer *tráfico* m *de ferrocarriles*
treiteren *fastidiar*; *molestar*; VULG. *cabrear*; VULG. *joder*
trek • het trekken ⟨aan sigaret⟩ *chupada* v ★ een trekje nemen van *dar una chupada a* • verhuizing ⟨v. dieren⟩ *migración* v; ⟨v. mensen⟩ *emigración* v • eigenschap *rasgo* m ★ dat is een saillant trekje van hem *es una característica prominente de él* • lijn in het gezicht *rasgo* m ★ scherp getekende trekken *rasgos muy pronunciados* • eetlust *apetito* m; *hambre* m ★ ik heb trek in iets lekkers *tengo ganas de comer algo dulce* ★ trek hebben *tener hambre* • zin *inclinación* v ★ daar heb ik geen trek in *no me interesa*; *no me gusta* ▼ aan zijn trekken komen *conseguir lo que busca*; [i] *pasarlo bien* ▼ in trek zijn *estar en boga*; *estar de moda*
trekdier *animal* m *de tiro*
trekhaak *gancho* m *de tiro*
trekharmonica *acordeón* m; Z-A *bandoneón* m
trekken I OV WW • naar zich toehalen *tirar de* ★ iem. aan de oren ~ *tirar a u.p. de las orejas* • uittrekken *sacar* ★ een kies ~ *sacar/extraer una muela* • slepen *remolcar*; *arrastrar* ★ een auto ~ *remolcar un coche* • aantrekken *atraer* ★ de aandacht ~ *llamar la atención* ★ publiek ~ *atraer a la gente* • afleiden *sacar* ★ een conclusie ~ *sacar una conclusión* • krijgen ★ rente ~ *cobrar intereses* • aftreksel maken *reposar* ▼ iets niet ~ *no poder con u.c.* **II** ON WW • naar zich toehalen *tirar de* ★ aan de bel ~ *tocar el timbre*; *llamar* ★ iem. aan zijn haar ~ *tirar del pelo a u.p.* • gaan *viajar*; *trasladarse*; *ir*; ⟨v. vogels⟩ *emigrar* ★ naar het buitenland ~ *marcharse al extranjero* ★ door de wereld ~ *recorrer el mundo* • gaan wonen *entrar en*; *penetrar en* ★ in een huis ~ *instalarse en una casa* • beweging maken ★ met zijn been ~ *renquear*; *cojear* • luchtstroom doorlaten *tirar* ★ de schoorsteen trekt niet *la chimenea no tira* ★ tot aftreksel worden ★ de thee laten ~ *dejar reposar el té*
trekker • tractor *tractor* m • onderdeel van vuurwapen *gatillo* m ★ de ~ overhalen *apretar* [ie] *el gatillo* • reiziger *viajero* m; *excursionista* m/v
trekking *sorteo* m
trekkingslijst *lista* v *de sorteo*
trekkracht *fuerza* v *de tracción*
trekpleister • MED. *vejigatorio* m • attractie *atracción* v
trektocht *excursión* v ★ op ~ gaan *salir de excursión*
trekvogel *ave* v *migratoria*; *ave* v *de paso*
trekzalf *basilicón* m
trema *diéresis* v; *crema* v
trend • ontwikkeling *tendencia* v • mode *moda* v ★ een ~ worden *ponerse de moda*
trendgevoelig *sensible a las tendencias de la moda*
trendsetter *impulsor* m *de la moda*
trendvolger • iem. met een bepaald loon *funcionario* m *que sigue el nivel salarial industrial* • iem. die de mode volgt *persona* v *que sigue la moda*
trendwatcher *persona* v *que sigue una moda*
trendy *a la moda*
treuren *estar triste*; *afligirse*
treurig • verdrietig *triste* • erbarmelijk *lamentable*
treurmars *marcha* v *fúnebre*
treurmuziek *música* v *fúnebre*
treurspel *tragedia* v
treurwilg *sauce* m *llorón*
treuzelaar *gandul* m; *remolón* m [v: *remolona*]
treuzelen *perder* [ie] *el tiempo*; *esperar demasiado*

triangel *triángulo* m
triatleet *triatleta* m/v
triatlon *triatlón* m
tribunaal *tribunal* m
tribune *tribuna* v
triceps *tríceps* m
tricot • materiaal *tricot* m • kleding *mallas* v mv
triest *triste*
trigonometrie *trigonometría* v
triktrak *chaquete* m; *tablas* v mv *reales*
triljoen *trillón* m
trillen • NAT. heen en weer gaand bewegen *temblar* [ie]; (v. snaren) *vibrar* • beven *temblar* [ie]; (v. de kou) *tiritar*
triller *trémolo* m
trilling • het beven *temblor* m; *vibración* v • NAT. heen- en weergaande beweging *oscilación* v
trilogie *trilogía* v
trimaran *trimarán* m
trimbaan *circuito* m *de footing*
trimester *trimestre* m
trimmen I OV WW haar knippen *esquilar* II ON WW zich fit houden (allerlei oefeningen) *hacer footing/ejercicios*; (alleen hardlopen) *correr*
trimsalon ≈ *peluquería* v *canina*
trimschoen *zapato* m *de deporte*
trio *trío* m
triomf *triunfo* m
triomfantelijk *triunfal*
triomfboog *arco* m *triunfal*
triomferen *triunfar*
triomfkreet *grito* m *de triunfo*
triomfpoort *arco* m *de triunfo*
triomftocht *entrada* v *triunfal*
trip • uitstapje *excursión* v • effect van drugs *trip* m; *viaje* m
tripartiet *tripartito*
triplex *contrachapado* m
triplo ★ in ~ *por triplicado*
Tripoli *Trípoli* v
trippelen *corretear*; *correr*
trippen • trippelen *dar pasitos cortos* • onder invloed van drugs zijn *hacer un trip*; *tripear*
triviaal • platvloers *trivial*; *banal* • alledaags *corriente*
troebel *turbio*
troef • kaart *triunfo* m ★ schoppen is ~ *pinta espadas* • FIG. sterk argument ★ een ~ uitspelen *jugar* [ue] *sus cartas* ★ zijn laatste ~ *el último recurso*
troefkaart *triunfo* m
troela *cursi* v
troep • rommel (waardeloos) INFORM. *mierda* v; (verward) *desorden* m; (waardeloos) *basura* v • groep *grupo* m; *banda* v • → **troepen**
troepen *tropas* v mv
troepenmacht *tropas* v mv
troetelkind *niño* m *mimado*
troetelnaam *nombre* m *cariñoso*
troeven *fallar*
trofee *trofeo* m
troffel *llana* v; *trulla* v
trog • bak *artesa* v • AARDK. *fosa* v

Trojaans *de Troya*; *troyano*
Troje *Troya* m
trol *gnomo* m
trolleybus *trolebús* m
trom *tambor* m; (klein) *tamboril* m; (groot) *bombo* m ▼ met stille trom vertrekken *marcharse silenciosamente*
trombocyt *trombocito* m
trombone *trombón* m/v
trombonist *trombón* m/v
trombose *trombosis* v
tromgeroffel *redoble* m
trommel • trom *tambor* m; *tamboril* m • cilinder *tambor* m
trommelaar *tambor* m
trommelen I OV WW optrommelen *convocar* II ON WW • op de trom slaan *tocar el tambor*; (op kleine trom) *tocar el tamboril* • geluid maken *tamborilear*
trommelrem *freno* m *de tambor*
trommelvlies *tímpano* m
trommelwasmachine *lavadora* v *de tambor*
trompet *trompeta* v
trompetgeschal *sonido* m *de las trompetas*
trompetten *tocar la trompeta*; (v. olifant) *barritar*
trompettist *trompetista* m/v
tronen I OV WW meetronen *llevar* II ON WW heersen *ocupar el trono*; *reinar*
tronie *jeta* v; *morro* m
troon *trono* m ▼ van de ~ stoten *destronar*
troonopvolger *sucesor* m ★ ~ zijn *heredar el trono*
troonopvolging *sucesión* v *al trono*
troonrede *discurso* m *de la reina/del rey*
troonsafstand *abdicación* v
troonsbestijging *subida* v *al trono*
troonzaal *sala* v *del trono*
troost *consuelo* m ★ een schrale ~ zijn *ser de poco consuelo* ★ ~ vinden in *consolarse* [ue] *con*
troosteloos *desolado*
troosten *consolar* [ue]
troostprijs *premio* m *de consolación*
tropen *zona* v *tropical*; *trópicos* m mv
tropenhelm *salacot* m
tropenjaren *años* m *pasados en el trópico*
tropenkolder *enfermedad* v *psicológica por permanecer largo tiempo en el trópico*
tropenpak *traje* m *para el trópico*
tropenrooster *horario* m *de verano*
tropisch *tropical*
tros • SCHEEPV. kabel *amarra* v • de trossen losgooien *desamarrar*; *soltar* [ue] *las amarras* • bloeiwijze *racimo* m
trots I ZN [de] • tevredenheid *orgullo* m • hoogmoed *orgullo* m; *presunción* v; *soberbia* v • dat waarover men tevreden is *orgullo* m ★ hij is onze ~ *es nuestro orgullo* II BNW • tevreden *orgulloso* ★ ~ zijn op iets *estar orgulloso de u.c.*; *enorgullecerse de u.c.* ★ ~ maken *enorgullecer* • hoogmoedig *orgulloso*; *presumido*; *arrogante*; *ufano* • indrukwekkend, statig *impresionante*
trotseren *hacer frente a*; *desafiar* [i]
trottoir *acera* v

trottoirband *bordillo* m
troubadour *trovador* m
trouw I ZN [de] het trouw zijn *fidelidad* v; *lealtad* v ★ ~ zweren *jurar fidelidad* ▼ te goeder ~ *de buena fe* ▼ te kwader ~ *de mala fe* **II** BNW getrouw *fiel*; *leal* ★ zijn vrienden ~ blijven *ser fiel con/para los amigos* ★ ~ blijven aan zichzelf *ser consecuente*
trouwakte *partida* v *de casamiento*
trouwboekje *libro* m *de familia*
trouwdag *día* m *de (la) boda*
trouweloos *infiel*; *desleal*
trouwen I OV WW ~ tot echtgenoot nemen *casar* ● in de echt verbinden *casar* **II** ON WW huwen *casarse con*
trouwens *además*; *por otro lado*
trouwerij *boda* v
trouwfoto *foto* v *de la boda*
trouwhartig *sincero*
trouwjurk *vestido* m *de novia*
trouwkaart *tarjeta* v *de boda*
trouwpartij *boda* v
trouwplannen ★ ~ hebben *tener el propósito de casarse*
trouwplechtigheid *ceremonia* v *nupcial*
trouwring *anillo* m *de boda*; *alianza* v
truc *truco* m
trucage *trucaje* m
trucfilm *película* v *trucada*
truck *camión* m ★ ~ met oplegger *camión de remolque*
trucker *camionero* m
truffel ● zwam *trufa* v ● bonbon *trufa* v
trui *jersey* m ★ gebreide trui *jersey de lana*
trukendoos *caja* v *de trucos* ▼ zijn ~ opentrekken *utilizar sus trucos*
trust *trust* m
trut *pava* v; *tontaina* v
truttig *cursi*
try-out *ensayo* m *ante el público*
tsaar *zar* m
tsarina *zarina* v
tseetseevlieg *mosca* v *tse-tsé*
T-shirt *camiseta* v
Tsjaad *Chad* m
Tsjech *checo* m
Tsjechisch I ZN [het] taal *checo* m **II** BNW m.b.t. Tsjechië *checo*
Tsjecho-Slowaaks *checoslovaco*
Tsjecho-Slowakije *Checoslovaquia* v
tsjilpen *piar* [i]; *pipiar* [i]
tsjirpen *cantar*
tuba *tuba* v
tube¹ *tubo* m ★ een tube verf *un tubo de pintura*
tuberculeus *tuberculoso*
tuberculose *tuberculosis* v
tucht *disciplina* v; *orden* m/v
tuchtcollege *órgano* m *disciplinario*
tuchtcommissie *consejo* m *disciplinario*
tuchthuis *correccional* m
tuchtigen *castigar*
tuchtraad *consejo* m *disciplinario*
tuchtrecht *derecho* m *disciplinario*
tuchtschool *correccional* m *de menores*
tuffen *ronronear* ★ een eindje ~ *dar un paseo en coche*
tuig ● touwwerk ⟨v. schip⟩ *aparejo* m; ⟨v. trekdier⟩ *aparejo* m; ⟨v. paard⟩ *arreos* m mv ● gespuis *gamberros* m mv; *gentuza* v; *chusma* v ▼ tuig van de richel *piojosos* m [mv]
tuigage *aparejo* m
tuigje *andadores* m mv
tuil *ramillete* m; *ramo* m *de flores*
tuimelaar *dominguillo* m; *tentemozo* m
tuimelen *volcar* [ue]; *voltear*
tuimeling *voltereta* v
tuimelraam *ventana* v *abatible*
tuin *jardín* m ▼ iem. om de tuin leiden *engañar a u.p.*
tuinaarde *mantillo* m; *tierra* v *vegetal*
tuinarchitect *arquitecto* m *paisajista*
tuinboon *haba* v
tuinbouw *horticultura* v
tuinbouwgebied *zona* v *de horticultivos*
tuinbouwschool *escuela* v *de horticultura*
tuinbroek *pantalón* m *con peto*
tuincentrum *centro* m *de jardinería*
tuinder *hortelano* m
tuinderij *huerta* v
tuindorp *ciudad* v *jardín* [v mv: *ciudades jardín*]
tuinfeest *fiesta* v *en el jardín*
tuingereedschap *herramientas* v mv *de jardinería*
tuinhek ⟨v. ijzer⟩ *verja* v *del jardín*; ⟨v. ander materiaal⟩ *valla* v *del jardín*
tuinhuis *pabellón* m; *glorieta* v
tuinier *jardinero* m
tuinieren *trabajar en el jardín*
tuinkabouter *gnomo* m *de jardín*
tuinkers *mastuerzo* m
tuinkruid *hierba* v *aromática*
tuinman *jardinero* m
tuinmeubel *mueble* m *de jardín*
tuinpad *camino* m *del jardín*
tuinslang *manga* v *de riego*; *manguera* v
tuinstoel *silla* v *de jardín*
tuit *pico* m
tuiten I OV WW tot tuit maken *fruncir* ★ de lippen ~ *fruncir los labios* **II** ON WW suizen *zumbar* ★ mijn oren ~ ervan *me zumban los oídos*
tuk I BNW ~ op *loco por* ★ daar is hij tuk op *se muere por ello*; *eso le encanta* **II** ZN [de] ▼ iem. tuk hebben *tomar el pelo a alguien*
tukje *sueñecito* m ★ een ~ doen *descabezar un sueñecito*
tulband ● hoofddeksel *turbante* m ● cake *rosca* v
tule *tul* m
tulp *tulipán* m
tulpenbol *bulbo* m *de tulipán*
tumor *tumor* m
tumult *alboroto* m; *tumulto* m
tumultueus *tumultuoso*
tune *sintonía* v
tuner *sintonizador* m
tuner-versterker *sintonizador* m *amplificador*
Tunesië *Tunicia* v; *Túnez* m
tuniek ● bloes *túnica* v ● uniformjas *guerrera* v
Tunis *Túnez* v
tunnel *túnel* m ★ een ~ graven *cavar un túnel*

tunneltent *tienda* v *en forma de túnel*
turbine *turbina* v
turbo • krachtversterker *turbo* m • auto *coche* m *turbo*; *turbo* m
turbo- ★ turbostofzuiger *aspirador* m *turbo*
turbulent *turbulento*
turbulentie • luchtwerveling *turbulencia* v; *turbulencias* v mv ★ het vliegtuig had last van ~ *el avión fue afectado por las turbulencias* • FIG. onrust *agitación* v
tureluurs ★ het is om ~ van te worden *es para volverse loco*
turen *mirar fijamente* ★ in de verte ~ *mirar fijamente a lo lejos* ★ hij tuurde naar de horizon *escrutó el horizonte*
turf *turba* v ★ turf steken *extraer turba*
turfaarde *turbera* v
turfmolm *serrín* m *de turba*
Turk *turco* m
Turkije *Turquía* v
Turkmenistan *Turkmenistán* m
turkoois *turquesa* v
Turks I ZN [het] taal *turco* m II BNW m.b.t. Turkije *turco*
turnen *hacer gimnasia*
turner *gimnasta* m/v
turquoise *turquesa*
turven *apuntar los tantos*
tussen • begrensd door *entre* ★ ~ de auto's door *entre los coches* ★ ~ nu en 6 uur *entre ahora y las 6* ★ te midden van *entre* ★ ~ de omstanders *entre los espectadores* • beperkt tot *entre* ★ een contract ~ twee partijen *un contrato entre dos partes* ★ ~ ons *entre nosotros* ▼ er van ~ gaan *largarse* ▼ hij werd er ~ genomen *le tomaron el pelo*
tussenbalans *balance* m *provisional*
tussenbeide ★ ~ komen *intervenir*
tussendeur *puerta* v *intermedia*
tussendoor *entretanto*; *entre horas* ★ ~ een appel schillen *pelar una manzana entretanto* ▼ er ~ glippen *salir inadvertidamente*
tussendoortje *refrigerio* m
tussengelegen *intermedio*
tussengerecht *entremés* m
tussenhandel *comercio* m *intermediario*
tussenin *en medio* ★ ~ liggen *estar en el medio*
tussenkomst *intervención* v; *mediación* v ★ door ~ van *por intervención/mediación de*
tussenlanding *escala* v ★ een ~ maken in Nederland *hacer escala en Holanda*
tussenmuur *tabique* m *divisorio*
tussenpersoon *intermediario* m
tussenpoos *intervalo* m ★ bij tussenpozen *a intervalos*
tussenruimte *intervalo* m
tussenschot *tabique* m; SCHEEPV. *mamparo* m
tussensprint *sprint* m *de bonificación*
tussenstand *tanteo* m *provisional*
tussenstation *estación* v *intermedia*
tussentijd *intervalo* m ★ in de ~ *en el ínterin*; *entretanto*
tussentijds I BNW *entre horas*; (vervroegd) *anticipado* II BIJW *entretanto*; *entre horas*
tussenuit ★ er steekt een papiertje ~ *está saliendo un pedazo de papel* ▼ er ~ gaan *tomarse un descanso*
tussenuur *hora* v *intermedia*
tussenvoegen *intercalar*
tussenwand *pared* v *separatoria*
tussenweg *término* m *medio* ▼ er is geen ~ *no hay solución intermedia*
tussenwerpsel *interjección* v
tutoyeren *tutear*; *tratar de tú*
tutten *hacer algo con lentitud*
tuttifrutti *frutos* m mv *secos variados*; *tutti frutti* m
tuttig *latoso*; *tabarrero*
tuttut *tate*
tuurlijk *claro*
tv-gids *guía* v *de televisión*
tv-uitzending *emisión* v *de la tele*
twaalf • *doce* ★ om ~ uur 's middags *a mediodía* ★ om ~ uur 's nachts *a medianoche* • → **acht**
twaalfde • *duodécimo*; *doceavo* • → **achtste**
twaalftal *docena* v ★ een ~ dagen *unos doce días*
twaalfuurtje *almuerzo* m
twee I TELW • *dos* ★ twee aan twee *de dos en dos* ★ in tweeën *en dos* • → **acht** II ZN [de] getal *dos* m
tweebaansweg *autovía* v
tweecomponentenlijm *pegamento* m *de dos componentes*
tweed *tweed* m
tweede • *segundo* ★ Filips de Tweede *Felipe Segundo* ★ in de ~ klas zitten *estar en el segundo curso* • → **achtste**
tweedegraads *de segundo grado*
tweedehands *de segunda mano*; *de ocasión*; *usado*
tweedejaars I ZN [de] *estudiante* m/v *de segundo año* II BNW *de segundo año*
Tweede Kamerlid *diputado* m; *miembro* m *de la Cámara de los Diputados*
tweedelig *de dos piezas*
tweederangs *de segunda categoría*
tweedeursauto *coche* m *de dos puertas*
tweedracht *discordia* v ★ ~ zaaien *sembrar* [ie] *la discordia*
tweedrank *combinado* m *de zumos de fruta*
twee-eiig *mellizo*
tweeërlei *doble*; *de dos clases*
tweegevecht *duelo* m
tweehoog *segundo piso*
tweekamerflat *piso con dos habitaciones* m
tweeklank *diptongo* m
tweekwartsmaat *compás* m *de dos por cuatro*
tweeledig *doble*; *bimembre* ★ ~e grootheid *binomio* m
tweeling • twee kinderen *gemelos* m mv; *mellizos* m mv • één van tweeling *gemelo* m; *mellizo* m
tweelingbroer ⟨eeneiig⟩ *hermano* m *gemelo*; ⟨twee-eiig⟩ *hermano* m *mellizo*
Tweelingen *Géminis* m mv
tweemaal *dos veces*
tweemaster *velero* m *de dos palos*
tweepersoonsbed *cama* v *de matrimonio*
tweepits *de dos fuegos* ★ een ~ gastoestel *una cocina a gas con dos quemadores*
tweerichtingsverkeer *tráfico* m *en dos*

tweeslachtig • hermafrodiet *andrógino; hermafrodita* • amfibisch *anfibio* • ambivalent *ambiguo*
tweespalt *discordia* v
tweespraak *diálogo* m
tweesprong *bifurcación* v
tweestemmig *a dos voces*
tweestrijd *lucha* v *interior; dilema* m ★ in ~ verkeren *encontrarse* [ue] *en un dilema*
tweetal ‹v. personen› *pareja* v; ‹v. zaken› *par* m ★ een ~ dagen *un par de días*
tweetalig *bilingüe*
tweeverdieners *unidad* v *familiar de dos perceptores de ingresos*
tweevoud *duplo* m ★ in ~ *por duplicado*
tweewieler *biciclo* m
tweezijdig *bilateral* ★ ~ kopiëren *hacer fotocopias por las dos caras*
tweezitsbank *sofá* m *de dos asientos*
twijfel *duda* v ★ niet aan ~ onderhevig *fuera de toda duda* ★ iets in ~ trekken *poner en duda u.c.* ★ geen spoor van ~ laten bestaan *no dejar lugar a duda* ★ zonder ~ *sin duda alguna* ★ het lijdt geen ~ dat *no cabe duda de que* ★ ~s zaaien *sembrar* [ie] *dudas*
twijfelaar • iem. die twijfelt *indeciso* m • scepticus *escéptico* m • bed *cama* v *camera*
twijfelachtig • onzeker *dudoso; indeciso* • verdacht *dudoso; sospechoso*
twijfelen • onzeker zijn *dudar* ★ ik twijfel eraan of hij zal komen *dudo si vendrá o no* • ~ **aan** *dudar de; desconfiar de* [í] ★ ik twijfel aan zijn talent *desconfío de su talento* ★ er valt niet aan te ~ *no cabe duda* ★ ik twijfel eraan *lo dudo*
twijfelgeval *caso* m *dudoso*
twijg *ramita* v
twinkelen *cintilar; titilar*
twinkeling • van sterren *titileo* m • van ogen *chispas* v mv
twintig • *veinte* ★ zij is nog geen ~ *no llega a los veinte años* ★ ver in de ~ zijn *estar llegando a los treinta años* ★ in de jaren ~ *en los años veinte; en la década de los veinte* • → **acht**
twintiger *veinteañero* m
twintigje • briefje van twintig *billete* m *de veinte euros* • muntje van twintig (cent) *moneda* v *de veinte centavos*
twintigste • *vigésimo; veinteavo* • → **achtste**
twist • onenigheid *controversia* v; *disputa* v ★ ~ zaaien *sembrar* [ie] *discordia* • ruzie *riña* v • dans *twist* m
twistappel *manzana* v *de la discordia*
twisten • ruziën *reñir* [i] ★ daarover valt te ~ *es un caso discutible* • dansen *bailar el twist*
twistgesprek *disputa* v
twistpunt *punto* m *de discusión*
twistziek *altercador; rencilloso*
t.w.v. *por valor de*
tycoon *magnate* m/v
tyfoon *tifón* m
tyfus *tifus* m [mv: *tifus*]; *fiebre* v *tifoidea*
type • soort *tipo* m ★ een auto van het type ... *un coche tipo ...* • persoon *tipo* m; *tío* m ★ wat een type! *¡qué tío!* ★ jij bent mijn type niet *no eres mi tipo*
typecasting *asignación* v *de papeles*
typediploma *diploma* m *de mecanografía*
typefout *error* m *de mecanografía*
typemachine *máquina* v *de escribir*
typen *escribir a máquina; mecanografiar* [í]
typeren *caracterizar; tipificar* ★ raak getypeerd *bien caracterizado*
typerend *característico; típico*
typesnelheid *velocidad* v *de mecanografía*
typevaardigheid *mecanografía* v
typisch *característico; típico*
typist *mecanógrafo* m; *dactilógrafo* m
typografie *tipografía* v
typologie *tipología* v
Tyrreense Zee *mar* m *tirreno*
t.z.t. *a su tiempo*

U

u I ZN [de] *u* v [mv: *ues*] ★ de u van Utrecht *la u de Ulises* II PERS VNW FORMEEL/Z-N *usted* ★ als ik u was *si yo fuera usted* ▼ een honger waar je u tegen zegt *un hambre de aúpa*
überhaupt ● al met al *en general* ● eigenlijk *a decir verdad*; ⟨met ontkenning⟩ *en absoluto*
ufo ⟨objeto m volante no identificado⟩ ovni m
ui *cebolla* v
uiensoep *sopa* v *de cebolla*
uier *ubre* v; *teta* v; *mama* v
uil ● nachtvogel *lechuza* v; *búho* m ● sukkel *bobo* m; *gaznápiro* m
uilenbal *bolo* m *alimenticio*
uilskuiken *estúpido* m; *gilipollas* m/v
uiltje ▼ een ~ knappen *descabezar un sueñecito*; *echarse un sueño*
uit I VZ ● naar buiten ★ iets uit het raam gooien *tirar algo por la ventana* ● buiten ★ het hotel ligt een kilometer uit het centrum *el hotel está a un kilómetro del centro* ● van(daan) *de* ★ ik kom uit Nederland *soy de los Países Bajos* ★ uit welk boek heb je dat? *¿de qué libro lo has sacado?* ● vanwege *por* II BIJW ● beëindigd *terminado* ★ het verhaal is uit *el cuento se ha terminado* ★ het is uit tussen hen *han terminado* ★ de school is uit *la escuela ha terminado* ★ ik heb mijn boek uit *he terminado el libro* ● niet populair meer ★ hoge hakken zijn uit *los tacones altos están pasados de moda* ● niet brandend *apagado* ★ de kaars is uit *la vela/ está apagada* ● SPORT buiten de lijnen ★ de bal is uit *la pelota está fuera*
uitademen *espirar*
uitbaggeren *dragar*; *excavar con draga*
uitbakken *sacar la grasa* ★ spek ~ *freír* [i] *el tocino*
uitbalanceren *equilibrar*
uitbannen ● verbannen *desterrar* [ie] ● uitdrijven *exorcizar* ★ een duivel ~ *exorcizar un demonio*
uitbarsten ● exploderen *estallar*; ⟨v. vulkaan⟩ *hacer erupción* ● FIG. zich fel uiten *estallarse de* ★ in tranen ~ *echarse a llorar*; *romper en lágrimas* ★ in lachen ~ *soltar* [ue] *la risa*; *echarse a reír*
uitbarsting ● het uitbarsten *explosión* v; ⟨v. vulkaan⟩ *erupción* v ● uiting *arrebato* m; *arranque* m
uitbater *explotador* m
uitbeelden *representar*
uitbeelding ● afbeelding, beschrijving, enz. *representación* v ● vertolking in een rol *interpretación*; *expresión*
uitbenen *desosar* [ue]; *deshuesar*
uitbesteden ● aan anderen overdragen ⟨v. werk⟩ *encargar* ● in de kost doen ⟨v. kind⟩ *alojar*
uitbetalen *pagar*
uitbetaling *pago* m
uitbijten *corroer*
uitblazen I OV WW ● uitademen *soplar* ● doven *apagar soplando* ★ een kaars ~ *apagar una vela* II ON WW op adem komen *tomar aliento*
uitblijven *tardar en venir*; *hacerse esperar*; *no venir* ★ het kan niet ~ *es inevitable*
uitblinken *brillar*; *sobresalir*
uitblinker *as* m
uitbloeien *desflorecer*
uitbotten *retoñar*; *brotar*
uitbouw ● het uitbreiden *ampliación* v ● aangebouwd deel *anexo* m; *anejo* m
uitbouwen ● uitbreiden *ensanchar* ● verder ontwikkelen *desarrollar*
uitbraak *evasión* v
uitbraakpoging *intento* m *de evasión*
uitbraken *vomitar*; *devolver* [ue]
uitbranden I ON WW door vuur verwoest worden *quedar reducido a cenizas* II OV WW een wond reinigen *cauterizar*
uitbrander *reprimenda* v ★ iem. een ~ geven *echar un rapapolvo a alguien* ★ een ~ krijgen *sufrir una reprimenda*
uitbreiden I OV WW vergroten *ensanchar*; *ampliar* [i] II WKD WW [zich ~] *extenderse* [ie]
uitbreiding ● het uitbreiden *expansión* v; *ampliación* v ● toegevoegd deel *ampliación* v; ⟨v. een stad⟩ *ensanche* m
uitbreidingsplan *plan* m *de desarrollo*; ⟨v. een stad⟩ *proyecto* m *de urbanización*
uitbreken I OV WW losmaken *arrancar*; ⟨slopen⟩ *demoler* [ue] II ON WW ● ontsnappen *escaparse* ● uitbarsten *estallar*; ⟨v. epidemie/brand⟩ *declararse* ★ er brak brand uit *se declaró un incendio* ★ het zweet brak hem uit *sintió un sudor frío*
uitbrengen ● uiten *emitir*; ⟨v. woord⟩ *proferir* [ie, i] ★ geen woord kunnen ~ *no poder proferir ni una palabra*; *tragarse la lengua* ● kenbaar maken *emitir* ● op de markt brengen *lanzar al mercado*; ⟨v. boek⟩ *publicar* ● toekennen ● een toost ~ *brindar* ★ zijn stem ~ op ... *dar su voto a* ★ de uitgebrachte stemmen *los votos emitidos*
uitbroeden ● eieren doen uitkomen *empollar* ● beramen *incubar*; *tramar*
uitbuiten *explotar*
uitbundig *exuberante*; *efusivo*; *revoltoso*
uitbundigheid *efusión* v; *alborozo* m
uitdagen *desafiar* [i]
uitdagend *provocativo*; *desafiante*
uitdager *desafiador* m
uitdaging *desafío* m ★ de ~ aannemen *aceptar el desafío*
uitdelen *repartir* ★ orders ~ *impartir órdenes*
uitdenken *idear*; *inventar* ★ dat heeft hij zelf maar uitgedacht *son fantasías suyas*
uitdeuken *desabollar*
uitdienen *cumplir con* ★ zijn militaire dienstplicht ~ *cumplir con su año de servicio*
uitdiepen ● dieper maken *profundizar* ● FIG. grondig uitwerken *ahondar en* ★ een kwestie ~ *ahondar en un tema*
uitdijen *hincharse*
uitdoen ● uittrekken *quitarse* ★ zijn kleren ~ *quitarse la ropa* ● uitschakelen *apagar* ★ het licht ~ *apagar la luz*
uitdokteren *sacar*

uitdossen *adornar*
uitdraai *impreso* m *de ordenador*
uitdraaien I ov ww • uitdoen *apagar*; ⟨v. gas⟩ *cerrar* [ie] • printen *imprimir* II on ww ~ **op** *acabar en*; *ir a parar en* ★ op hetzelfde ~ *venir a ser lo mismo* ★ op niets ~ *acabar en nada* ★ op een mislukking ~ *acabar en un fracaso*
uitdragen *propagar*
uitdrager *ropavejero* m
uitdragerij *ropavejería* v
uitdrijven *expeler*; *expulsar*; ⟨v. duivel⟩ *exorcizar*
uitdrogen *secarse*
uitdroging *desecación* v; *deshidratación* v
uitdrukkelijk *expreso*; *explícito*
uitdrukken • uiten *expresar* ★ zich duidelijk ~ *explicarse bien* ★ zacht uitgedrukt *por decir poco* ★ in getallen ~ *traducir en cifras* • doven *apagar*
uitdrukking • uiting *expresión* v • gelaatsuitdrukking *expresión* v; *gesto* m • zegswijze *expresión* v; *frase* v ★ vaste ~ *frase* v *hecha*
uitduiden *explicar*
uitdunnen *entresacar*; ⟨v. bos⟩ *entresacar*; ⟨v. bos⟩ *aclarar*
uiteen *separadamente*
uiteendrijven *dispersar(se)*; ⟨v. mensen⟩ *disolver(se)* [ue]
uiteengaan *separarse*
uiteenlopen *divergir*
uiteenvallen *desintegrarse*; *deshacerse*
uiteenzetten *exponer*; *explicar*
uiteenzetting • uitleg *explicación* v • beschrijving *exposición* v
uiteinde • uiterste einde *extremo* m • afloop *fin* m ▼ een zalig ~ en een goed begin *felices pascuas* v mv
uiteindelijk I bnw *final* II bijw *finalmente*; *al fin y al cabo*
uiten I ov ww • uitdrukken *expresar* • fig. tot uitdrukking komen *manifestar* [ie] II wkd ww [zich ~] • uitdrukken *expresarse* • fig. tot uitdrukking komen *manifestarse* [ie] *con*
uitentreuren *hasta la saciedad*
uiteraard *desde luego*; *por supuesto*; *naturalmente*
uiterlijk I bnw van buiten *exterior* II bijw op zijn laatst *a más tardar* III zn [het] voorkomen *aspecto* m; *apariencia* v
uitermate *extremadamente*
uiterst I bnw • het meest verwijderd *extremo* ★ het ~e puntje *el extremo* • grootst *extremo*; *supremo* ★ met ~e inspanning *con supremo esfuerzo* ★ zijn ~e best doen *extremar los esfuerzos*; *extremarse* • laagst ★ ~e prijs *precio último* ▼ in 't ~e geval *en último extremo* II bijw *en extremo* ★ ~ belangrijk *de suma importancia*
uiterste *extremo* m ★ de ~n raken elkaar *los extremos se tocan* ★ in ~n vervallen *llegar a extremos* ★ van het ene ~ in het andere vallen *pasar de un extremo a otro* ★ tot het ~ *al extremo* ★ tot het ~ drijven *extremar*; *llevar al extremo*
uiterwaard *lecho* m *alto del río*
uitfluiten *abuchear*; *silbar*

uitgaan • weggaan *salir* • gaan stappen *salir de casa*; *ir de marcha* • op weg gaan ★ op avontuur ~ *buscar aventuras* • leegstromen ★ de school gaat uit *es la salida de la escuela* • doven *apagarse* • ~ **op** eindigen *terminar en* ★ werkwoorden die ~ op -ar *verbos que terminan en -ar* • ~ **van** komen van *emanar* ★ er gaat een goede invloed van hem uit *su persona emana una buena influencia* • ~ **van** rekenen op *partir de* ★ ~ van verkeerde veronderstellingen *partir de un supuesto falso*
uitgaanskleding *ropa* v *para salir*
uitgaansleven *vida* v *nocturna*
uitgaansverbod *toque* m *de queda*; mil. *acuartelamiento* m
uitgang • doorgang *salida* v • taalk. *terminación* v
uitgangspositie *posición* v *de partida*
uitgangspunt *punto* m *de partida*
uitgave • econ. ⟨v. aandelen⟩ *emisión* v • besteding *gasto* m ★ kleine ~n *gastos* m mv *menores* • publicatie *publicación* v; ⟨druk⟩ *edición* v
uitgebreid • veelomvattend *extenso* ★ ~e kennis *conocimientos* m mv *amplios* • uitvoerig *detallado*
uitgehongerd *muerto de hambre*
uitgekiend *bien calculado*
uitgekookt *astuto*
uitgelaten *eufórico*
uitgeleefd *decrépito*
uitgeleide ★ iem. ~ doen *despedir* [i] *a alguien*
uitgelezen *selecto*
uitgemaakt *decidido* ★ dat is een ~e zaak *son habas contadas*
uitgemergeld *demacrado*
uitgeput *rendido*; inform. *hecho polvo*
uitgerekend I bnw berekenend *calculador* II bijw juist (nu) *precisamente*
uitgeslapen *astuto*
uitgesloten *descartado*
uitgesproken *marcado*; *acusado*
uitgestorven • niet meer bestaand *extinguido* • fig. verlaten *desierto* ★ ~ straten *las calles desiertas*
uitgestreken ★ met een ~ gezicht *sin pestañear*
uitgestrekt *extenso*
uitgestrektheid *extensión* v
uitgeteerd *demacrado*; *macilento*
uitgeteld • uitgeput *agotado*; *rendido* • uitgerekend *fuera de cuentas* ★ zij is begin juni ~ *a principios de junio estará fuera de cuentas*
uitgeven I ov ww • besteden *gastar* • publiceren *editar*; *publicar* • in omloop brengen *emitir* II wkd ww [zich ~] **voor** *hacerse pasar por*
uitgever *editor* m
uitgeverij *casa* v *editorial*; *editorial* v
uitgewerkt • niet langer actief *dejado de trabajar* • niet langer effectief *sin efecto* ★ de verdoving is ~ *la anestesia ya no tiene efecto* • vervolledigd *realizado*; *elaborado* ★ een ~ plan *un plan detallado*
uitgewoond *destartalado por el uso*
uitgezakt *deformado*

uitgezocht *selecto*
uitgezonderd *excepto*; *con excepción de*
uitgifte *emisión* v
uitgiftekoers *tipo* m *de emisión*
uitglijden *resbalar*
uitglijder *metedura* v *de pata*
uitgooien *echar*
uitgraven *desenterrar* [ie]
uitgroeien • uitkomen boven *crecer* • ~ **tot** *extenderse a* [ie]
uitgummen *borrar*
uithaal • beweging ⟨met arm⟩ *brazada* v; ⟨met been⟩ *patada* v • langgerekte toon *tono* m *sostenido*
uithalen I OV WW • baten ★ dat zal niets ~ *eso no sirve para nada* • besparen *economizar* ★ de kosten er ~ *cubrir los gastos* • uitspoken *hacer* ★ streken ~ *hacer travesuras* • los-/uithalen *sacar*; ⟨v. breiwerk⟩ *deshacer* **II** ON WW • arm/been uitslaan *estirar* • uitvaren *reprochar* ★ tegen iem. ~ *cantarle las cuarenta a u.p.*
uithangbord *enseña* v; *muestra* v
uithangen I OV WW • buiten ophangen *colgar* [ue] *fuera*; ⟨v. vlag⟩ *enarbolar*; ⟨v. wasgoed⟩ *tender* [ie] • zich gedragen als *echárselas de* ★ de held ~ *echárselas de valiente* **II** ON WW • breeduit hangen *colgar* [ue] • verblijven *estar* ★ waar zou hij ~? *¿dónde se habrá metido?*
uitheems *exótico*; *extranjero*
uithoek *lugar* m *aislado*
uithollen *vaciar* [i]
uithongeren *matar de hambre*
uithoren *sonsacar* ★ iem. ~ over iets *tirar a alguien de la lengua*
uithouden *resistir*; *aguantar* ★ hij houdt het niet meer uit *está que no se tiene* ★ het niet meer ~ van de honger *morirse* [ue, u] *de hambre* ★ niet om uit te houden *insoportable*
uithoudingsvermogen *aguante* m; *resistencia* v
uithuilen *desahogarse*
uithuizig *andorrero* ★ ~ zijn *no estar nunca en casa*
uithuwelijken *casar*
uiting • het uiten *expresión* v ★ ~ geven aan zijn gevoelens *expresar sus sentimientos* ★ tot ~ komen *manifestarse* [ie] • wat geuit wordt *expresión* v; *manifestación* v ★ ~ van medeleven *manifestación de compasión*
uitje • zilveruitje *cebollita* v • uitstapje *excursión* v; ⟨verzetje⟩ *distracción* v
uitjouwen *abuchear*
uitkafferen *darle una felpa*; *poner verde a alguien*
uitkammen • uit de knoop kammen *peinar*; *carmenar* • FIG. doorzoeken *peinar*; *rastrear*
uitkeren *pagar*; ⟨v. dividend⟩ *repartir*
uitkering • het uitkeren *prestación* v • geldsom ter ondersteuning *prestación* v ★ eenmalige ~ *prestación única*
uitkeringsgerechtigd *beneficiario de prestaciones*
uitkeringsgerechtigde *persona* v *con derecho a una prestación*
uitkeringstrekker *persona* v *que cobra una prestación*
uitkienen *elaborar* ★ het zo ~ dat *arreglárselas para*; *ingeniárselas para*
uitkiezen *elegir* [i]
uitkijk *vigía* v ★ op de ~ staan *estar de vigía*
uitkijken • uitzicht geven op *tener vistas a* ★ wij kijken op de zee uit *tenemos vistas al mar* ★ deze kamer kijkt uit op de tuin *esta habitación da al jardín* • oppassen *tener cuidado* ★ kijk uit! *¡cuidado!* ★ je moet goed ~ *hay que andar con ojo* ★ niet goed ~ *descuidarse* • zoeken *buscar* ★ naar een betrekking ~ *buscar empleo* • verlangen naar *esperar con ilusión* v ★ ik keek mijn ogen uit *se me iban los ojos*
uitkijkpost *puesto* m *de vigilancia*
uitkijktoren *atalaya* v
uitklapbaar *plegable*
uitklaren *despachar*
uitkleden • ontkleden *desvestir* [i] ★ zich ~ *desvestirse* [i] • arm maken *dejar sin camisa*
uitkloppen *sacudir*
uitknijpen *estrujar*
uitknippen *recortar*
uitkomen • tevoorschijn komen *salir* • uitbotten *brotar*; ⟨v. bloemen⟩ *abrirse* • uit ei komen *salir* • aan het licht komen *divulgarse* ★ het geheim kwam uit *se hizo público el secreto* • in druk verschijnen *aparecer*; *salir* • aftekenen tegen *destacarse*; *sobresalir* • toegang geven tot *dar a*; ⟨v. straat⟩ *desembocar en* • verwezenlijkt worden *resultar* ★ dat komt goedkoper uit *eso resulta más barato* • kloppen *salir*; *ser exacto*; *cuadrar* ★ dat komt niet uit *eso no cuadra* • rondkomen *tener suficiente* ★ hij komt niet uit met zijn salaris *no le llega el sueldo* • gelegen komen *convenir* ★ het komt goed uit dat ... *es una feliz coincidencia que ...* [+ subj.] ★ het kwam juist zo uit dat ... *sucedió que ...* [+ subj.]; *dió la casualidad que ...* [+ subj.] ★ dat komt me niet goed uit *no me conviene* • SPORT spelen *jugar* [ue] • ⟨bij kaartspel⟩ als eerste spelen *salir* ★ wie moet er ~? *¿quién sale?* • ~ **voor** openbaren *confesar* [ie] ★ ik kom er openlijk voor uit *lo reconozco*
uitkomst • resultaat *resultado* m; ⟨v. een som⟩ *suma* v • oplossing *solución* v
uitkopen *comprar la parte de*
uitkotsen *vomitar*
uitkramen ★ onzin ~ *decir* [i] *chorradas*
uitkristalliseren *cristalizarse*
uitlaat *escape* m
uitlaatgas *gas* m *de escape*
uitlaatklep • TECHN. *válvula* v *de escape* • FIG. *oportunidad* v *de expresarse*
uitlachen *reírse* [i] *de*
uitladen *descargar*; ⟨v. boot⟩ *desembarcar*
uitlaten I OV WW • dier naar buiten laten *pasear* • naar buiten geleiden *dejar salir* **II** WKD WW [zich ~] *pronunciarse sobre* ★ zich zeer gunstig over iem. ~ *poner bien a u.p.* ★ zich prijzend ~ over *hacer elogios de* ★ zich er niet verder over ~ *no hablar más del asunto*
uitlating *opinión* v

uitleentermijn *plazo* m *de préstamo*
uitleg *explicación* v
uitleggen • verklaren *explicar* • uitspreiden *desplegar* [ie] • vergroten *ensanchar*; *alargar*
uitlekken • bekend worden *transcender* [ie] • uitdruipen *escurrir*; *gotear*
uitlenen *prestar*; *dar prestado*
uitleven [zich ~] *desmadrarse*; *desenfrenarse*
uitleveren *entregar*
uitlevering *extradición* v
uitleveringsverdrag *tratado* m *de extradición*
uitleveringsverzoek *solicitud* v *de extradición*
uitlezen *terminar de leer* ★ een boek ~ *terminar un libro*
uitlichten • A-V *iluminar* ★ een filmset ~ *iluminar un juego de película* • optillen uit *suprimir*; *sacar*
uitlijnen *alinear*
uitlokken *provocar*
uitloop • marge *prórroga* v ★ een ~ van drie weken *una prórroga de tres semanas* • monding *desembocadura* v
uitlopen I ov ww • lopend uitgaan *andar hasta el final* ★ u loopt deze straat uit *siga esta calle hasta el final* ★ zij liep de straat uit *salió a la calle* • ruimer maken *ensanchar* II ON ww • naar buiten lopen *salir* • uitkomen *desembocar* ★ in een punt ~ *acabar en punta* • PLANTK. uitgroeien *acogollar* • voorsprong nemen *destacarse* • langer duren *prolongarse*; *durar más* ★ het feest liep uit *la fiesta se prolongó más de lo esperado* ★ ~ **op** leiden tot *resultar en* ★ het liep op niets uit *fracasó*
uitloper • uitgroeisel *brote* m • randgebergte *estribación* v
uitloten • lotnummer trekken *sortear* • uitsluiten door loting *no admitir*
uitloven *ofrecer*
uitluiden *despedir* [i]
uitmaken • beslissen *decidir* ★ we hebben uitgemaakt dat ... *quedamos en que* ... • vormen *formar* ★ deel ~ van *formar parte de* ★ zij maken het bestuur uit *constituyen la junta directiva* • betekenen *importar* ★ dat maakt hem niets uit *no le importa nada* • doen ophouden *romper* ★ een relatie ~ *romper la relación* ★ ~ **voor** *calificar de* ★ iem. ~ voor alles wat lelijk is *ponerle verde a u.p.* ★ iem. voor huichelaar ~ *calificar de hipócrita a u.p.*
uitmelken *exprimir*; *explotar*
uitmesten (v. mest) *quitar el estiércol*; (v. rommel) *quitar la basura*
uitmeten • afmeten *medir* [i] • uitvoerig noemen *ponderar*; *explicar con pelos y señales*
uitmonden *desembocar en*
uitmonsteren *equipar*
uitmoorden *masacrar*
uitmunten *sobresalir*
uitmuntend *sobresaliente*
uitneembaar *desmontable*; *desarmable*
uitnemend *excelente*
uitnodigen *invitar*; *convidar*
uitnodiging *invitación* v
uitoefenen • bedrijven *ejercer*; *practicar* ★ een beroep ~ *desempeñar una profesión* • doen gelden *ejercer* ★ gezag ~ *ejercer autoridad*
uitpakken I ov ww uit verpakking halen *desembalar* II ON ww • aflopen *salir* ★ verkeerd ~ *salir mal* • gul zijn *echar la casa por la ventana* • tekeergaan *poner verde a*
uitpersen • leegpersen *estrujar* • uitbuiten *explotar*
uitpluizen *desenmarañar*; *desenredar*
uitpraten I ov ww oplossen *solucionar hablando* II ON ww ten einde praten *terminar*; *terminar de hablar* ★ iem. niet laten ~ *no dejar terminar a u.p.*
uitprinten *imprimir*
uitproberen *probar* [ue]; *experimentar*
uitpuffen *respirar*
uitpuilen *abultar*; (v. ogen) *desorbitarse*; (v. ogen) *salirse* ★ zijn ogen puilden uit van verbazing *los ojos se le desorbitaron de asombro* ★ mijn zakken puilen uit *se me abultan los bolsillos*
uitputten *agotar* ★ zich ~ *agotarse* ★ zich ~ in *deshacerse en*
uitputting *agotamiento* m
uitputtingsslag *batalla* v *de desgaste*
uitpuzzelen *descifrar*
uitrangeren *eliminar*
uitrazen *desahogarse*; *desfogarse* ★ laat hem maar even ~ *déjalo que se desfogue*
uitreiken *entregar*; *distribuir* ★ een prijs ~ *entregar un premio*
uitreiking *entrega* v; *distribución* v
uitreisvisum *visado* m *de salida*
uitrekenen *calcular*
uitrekken *estirar* ★ zich ~ *desperezarse*
uitrichten *hacer* ★ ik kon niets ~ *no pude hacer nada*
uitrijden I ov ww tot het eind rijden ★ de rit ~ *terminar la carrera* II ON ww tot het eind rijden *continuar hasta el final*
uitrijstrook *carril* m *de salida*
uitrijzen *elevarse sobre*
uitrit *salida* v
uitroeien *exterminar*; *extirpar*; (v. ongedierte) *descastar*
uitroep *exclamación* v
uitroepen • roepend zeggen *exclamar* • afkondigen *proclamar*; *declarar* ★ tot koning ~ *proclamar rey*
uitroepteken *signo* m *de admiración*
uitroken *fumigar*
uitruimen *vaciar*; *recoger*
uitrukken I ov ww los trekken *arrancar* II ON ww erop uitgaan *salir*
uitrusten I ov ww toerusten *equipar de* II ON ww rusten *descansar*
uitrusting *equipo* m
uitschakelen • buiten werking stellen *desconectar*; *desenchufar* • elimineren *eliminar*
uitscheiden I ov ww afscheiden *excretar* II ON ww ophouden *terminar* ★ schei uit! *¡basta!*; *¡para ya!*; *¡deja!* ★ ~ met praten *dejar de* [+ inf.] ★ ~ met praten *dejar de hablar* ★ schei nou toch eens uit met dat gezanik *¡para ya de hablar tanto!*; *¿quieres callarte?*

uitscheidingsorgaan *órgano* m *excretorio*
uitschelden *insultar* ★ iem. voor leugenaar ~ *calificar de mentiroso a alguien*
uitschieten I OV WW haastig uittrekken *quitarse* **II** ON WW • onbeheerst bewegen *resbalarse*; *irse* ★ zijn mes schoot uit *se le fue el cuchillo*; *se le resbaló el cuchillo* • uitspruiten *brotar*
uitschieter *algo* m *extraordinario*
uitschrijven • uitwerken *transcribir* • invullen *extender* [ie] • afkondigen *convocar*; ⟨v. lening⟩ *emitir* ★ verkiezingen ~ *convocar elecciones* • schrappen *dar de baja* ★ zich laten ~ *darse de baja*
uitschudden • schoonschudden *sacudir* • plukken *despojar*
uitschuifbaar *extensible*
uitschuifladder *escalera* v *extensible*
uitschuiven *abrir*
uitserveren *servir* [i]
uitslaan I OV WW • naar buiten bewegen ★ de armen ~ *abrir los brazos* • uitkramen *hablar* ★ onzin ~ *decir* [i] *disparates* **II** ON WW • naar buiten komen *salir* ★ de vlammen sloegen al uit *las llamas ya salían fuera* • uitslag krijgen *rezumar*
uitslaapkamer *sala* v *de recuperación*
uitslag • plek ⟨op huid⟩ *erupción* v; ⟨op muur⟩ *moho* m • afloop *resultado* m • uitwijking *desviación* v
uitslapen *dormir* [ue, u] *hasta tarde* ★ ~ tot *dormir hasta*
uitsloven [zich ~] *afanarse* ★ zich ~ voor *afanarse por*
uitslover • iem. die zich uitslooft *jactancioso* m • vleier *pelota* m/v
uitsluiten • buitensluiten *excluir*; *descartar* ★ het een sluit het ander niet uit *u.c. no quita la otra* ★ dat is uitgesloten! *eso queda descartado* ★ iem. van een gemeenschap ~ *dar de baja a uno* • uitzonderen *excluir*
uitsluitend *exclusivo*
uitsluiting *exclusión* v ★ met ~ van *con exclusión de*
uitsluitsel *respuesta* v *definitiva*
uitsmeren • smerend uitspreiden *untar* • verdelen *repartir* ★ over 2 jaar ~ *repartir en dos años*
uitsmijter • persoon *vigilante* m/v; *portero* m • gerecht OMSCHR. *huevos* m *estrellados en rebanadas de pan con jamón o queso*
uitsnijden *cortar*
uitspannen • uitstrekken *extender* [ie] • uit gareel losmaken *desenganchar*
uitspanning *posada* v
uitspansel *firmamento* m
uitsparen • open laten *dejar vacío* • besparen *economizar*; *ahorrar*
uitsparing • besparing *ahorro* m; *economía* v • opengelaten plek *hueco* m
uitspatting *desenfreno* m
uitspelen • tot het eind spelen *terminar* • in het spel brengen ★ een kaart ~ *jugar* [ue] *una carta* • manipuleren ★ tegen elkaar ~ *jugar* [ue] *con dos barajas*
uitsplitsen *separar* ★ naar leeftijd ~ *distribuir por edad*

uitspoelen *enjuagar*; *aclarar*
uitspoken *tramar*
uitspraak • wijze van uitspreken *pronunciación* v • bewering *frase* v • JUR. *sentencia* v
uitspreiden *extender* [ie]
uitspreken I OV WW • sprekend uiten *expresar* • articuleren *pronunciar* • bekendmaken ★ zijn veto over iets ~ *poner el veto a u.c.* **II** ON WW ten einde spreken *terminar de hablar* ★ iem. laten ~ *no interrumpir a u.p.* **III** WKD WW [zich ~] *declararse*; *pronunciarse* ★ zich ~ tegen iets *declararse en contra de u.c.*
uitspringen • uitsteken *sobresalir* • opvallen *resaltar*
uitspugen *escupir*
uitstaan I OV WW dulden *aguantar* ★ angsten ~ *pasar mal rato* ★ iem. niet kunnen ~ *no poder ver a u.p. ni en pintura*; *ni me va ni me viene* **II** ON WW uitgeleend zijn *tener colocado*; *tener invertido* ▾ iets uit te staan hebben met *tener que ver algo con* ▾ daarmee heb ik niets uit te staan *no me va ni me viene*
uitstalkast *escaparate* m
uitstallen *exponer*
uitstalling *exposición* v
uitstalraam *escaparate* m
uitstapje *excursión* v
uitstappen *bajar*; *apearse* ★ uit de auto stappen *bajar del coche* ★ ik stap eruit *no cuentes conmigo*; *paso ampliamente*
uitsteeksel *saliente* m
uitstek ★ bij ~ *por excelencia*
uitsteken I OV WW • naar buiten steken *sacar*; ⟨v. vlag⟩ *enarbolar* • eruit steken *sacar* • naar voren steken *tender* [ie] ★ zijn hand ~ *extender* [ie] *la mano* **II** ON WW zichtbaar zijn *sobresalir* ★ FIG. ~ boven *sobrepujar*
uitstekend *excelente*
uitstel *aplazamiento* m; *demora* v; *prórroga* v ★ ~ van betaling *moratoria* v; *prórroga* m ★ ~ van executie *tregua* v ★ om ~ vragen *solicitar una prórroga* ★ ~ verlenen *conceder un plazo*
uitstellen *aplazar*; *diferir* [ie, i] ★ tot nader orde ~ *aplazar hasta nueva orden* ★ uitgestelde schuld *deuda* v *diferida*
uitsterven *extinguirse*
uitstijgen boven *superar*
uitstippelen *trazar*
uitstoot *desechos* m mv; ⟨v. gas⟩ *emisiones* v mv
uitstorten *vaciar* [i] ▾ zijn hart ~ *desahogarse*
uitstoten • uiten ★ kreten ~ *dar voces* • verstoten *expulsar*
uitstralen *irradiar*
uitstraling • NATK. *irradiación* v • FIG. *carisma* m
uitstrekken I OV WW • voluit strekken *extender* [ie] • doen gelden *extender* [ie] **II** WKD WW [zich ~] *tenderse* ★ zich op de grond ~ *tenderse* [ie] *en el suelo*
uitstrijken • uitsmeren *extender* [ie]; *untar* • verdelen *repartir* ★ de betaling over 2 maanden ~ *repartir el pago en dos meses*
uitstrijkje *frotis* m
uitstrooien • strooien *esparcir* • overal vertellen *difundir*
uitstulping *bulto* m; MED. *hernia* v

uitsturen enviar [í] ★ iem. de klas ~ echar de clase a u.p.
uittekenen dibujar ▼ ik kan hem wel ~ lo conozco palmo a palmo
uittesten probar [ue]
uittikken pasar a máquina
uittocht éxodo m
uittrap saque m
uittreden salir; ⟨uit functie⟩ retirarse; ⟨uit vereniging/orde⟩ darse de baja
uittreding dimisión v; cese m ★ vervroegde ~ jubilación anticipada
uittrekken I OV WW • uitdoen quitarse ★ zijn schoenen ~ descalzarse • verwijderen arrancar; extraer • bestemmen destinar; asignar ★ tijd ~ voor dejar tiempo para **II** ON WW weggaan salir
uittreksel • certificaat ★ ~ uit het geboorteregister certificado m de inscripción de nacimiento; extracto m de inscripción en el padrón municipal • samenvatting resumen m; extracto m ★ een ~ maken van compendiar
uittypen escribir a máquina
uitvaagsel escoria v
uitvaardigen decretar; ⟨v. wet⟩ promulgar
uitvaart exequias v mv; funerales m mv
uitvaartcentrum funeraria v
uitvaartdienst funerales m mv
uitvaartstoet cortejo m fúnebre
uitval • boze uiting sofión m • SPORT ataque m • MIL. salida v
uitvallen • wegvallen abandonar ★ de Spaanse les valt uit no hay clases de español • loslaten caerse ★ mijn haar valt uit se me cae el pelo • boos spreken desatarse (tegen contra) • als resultaat hebben resultar; salir ★ goed ~ salir bien; resultar bien
uitvalsbasis • uitgangspunt punto m de partida • MIL. base v de operaciones
uitvalsweg vía v de salida
uitvaren • naar buiten varen zarpar • boos uitvallen desatarse contra
uitvechten decidir por las armas ★ iets ~ voor de rechtbank llevar u.c. ante los tribunales
uitvegen • schoonvegen barrer • uitwissen borrar
uitvergroten ampliar [í]
uitverkocht • niet meer te koop agotado • vol agotado ★ de voorstelling is ~ la representación de hoy está agotada
uitverkoop rebajas v mv; liquidación v
uitverkoren elegido
uitverkorene • persoon die uitverkoren is elegido m • gunsteling/geliefde preferido m; favorito m
uitvinden • uitdenken inventar • te weten komen descubrir
uitvinder inventor m
uitvinding invención v; invento m
uitvissen averiguar
uitvlakken borrar ▼ dat moet je niet ~ no deberías quitarle importancia
uitvliegen abandonar el nido
uitvloeisel consecuencia v; resultado m
uitvlooien escoger con mucha exactitud
uitvlucht excusa v; subterfugio m

uitvoegen salir de la autopista
uitvoegstrook carril m de salida
uitvoer • uitvoering ★ ten ~ brengen ejecutar • export exportación v • COMP. output m
uitvoerbaar realizable; factible; viable
uitvoerder ejecutor m; ⟨in de bouw⟩ aparejador m
uitvoerdocumenten documentos m mv de exportación
uitvoeren • exporteren exportar • volbrengen ejecutar; realizar ★ opdrachten ~ cumplir órdenes • vertonen representar ★ goed uitgevoerd de buena presentación • verrichten hacer ★ wat zou hij nu weer ~? ¿qué estará tramando ahora?
uitvoerig detallado ★ te ~ zijn pecar de prolijo
uitvoering • het uitvoeren ejecución v; realización v • vervaardigingsvorm versión v; presentación v • voordracht ⟨v. toneel⟩ representación v; ⟨v. muziek⟩ interpretación v
uitvoeroverschot excedente m de exportación
uitvoerrecht derecho m de exportación
uitvoervergunning licencia v de exportación
uitvogelen averiguar
uitvouwbaar desplegable
uitvouwen desplegar [ie]
uitvragen interrogar
uitvreten salir con las suyas ★ iets uitgevreten hebben haber cometido una travesura
uitvreter gorrón m
uitwaaien • doven apagarse • frisse neus halen tomar el aire
uitwas • uitgroeisel protuberancia v; excrecencia v • exces exceso m
uitwasemen exhalar
uitwassen lavar; ⟨v. vlek⟩ quitar
uitwatering • het uitwateren desagüe m • plaats desagüe m
uitwedstrijd partido m fuera de casa
uitweg • uitkomst escapatoria v; salida v • uitgang salida v
uitweiden extenderse sobre [ie]; alargarse en
uitweiding digresión v
uitwendig exterior; externo
uitwerken I OV WW • vervolledigen elaborar • oplossen resolver [ue] **II** ON WW effect verliezen surtir efecto ★ de verdoving is uitgewerkt la anestesia ya no tiene efecto
uitwerking • het vervolledigen desarrollo m; elaboración v • effect efecto m ★ deze woorden misten hun ~ niet estas palabras no dejaron de hacer impresión
uitwerpselen excrementos m mv; heces v mv
uitwijken • opzij gaan ⟨v. voetganger⟩ apartarse; ⟨v. voetganger⟩ hacerse a un lado; ⟨v. auto⟩ desviarse [í] • de wijk nemen huir
uitwijkmogelijkheid • mogelijkheid om iets te voorkomen posibilidad v de evitar • alternatief alternativa v
uitwijzen • aantonen demostrar [ue] ★ de praktijk wijst uit dat la práctica demuestra que • verdrijven expulsar
uitwijzing expulsión v
uitwisbaar borrable
uitwisselen intercambiar; ⟨op formele wijze⟩ canjear

uitwisseling *intercambio* m ★ intellectuele ~ *intercambio intelectual* ★ ~ van studenten *intercambio de estudiantes* ★ ~ van gevangenen *canje de prisioneros*
uitwisselingsproject *proyecto* m *de intercambio*
uitwisselingsverdrag *tratado* m *de intercambio*
uitwissen *borrar*
uitwonend *externo*
uitworp *expulsión* v
uitwrijven • schoonwissen *limpiar* • door wrijven verspreiden *untar; extender* [ie] ▼ zich de ogen ~ *sorprenderse mucho*
uitwringen *retorcer* [ue]
uitwuiven *despedirse* [i] *agitando la mano*
uitzaaien I OV WW verspreiden *sembrar* [ie] II WKD WW [zich ~] *diseminarse*
uitzaaiing *metástasis* v; *reproducción* v
uitzakken *repanchigarse*
uitzendarbeid *trabajo* m *a través de una agencia de colocación temporal*
uitzendbureau *agencia* v *de colocaciones*; *oficina* v *de colocación*
uitzenden • MEDIA ⟨via radio⟩ *radiar*; [i] ⟨via radio⟩ *emitir*; ⟨via televisie⟩ *televisar* • met opdracht wegsturen *enviar* [i]
uitzending *emisión* v; *programa* m
uitzendkracht *empleado* m *eventual*; *trabajador* m *eventual*
uitzet *ajuar* m
uitzetten I OV WW • buiten iets plaatsen *echar*; *echar fuera* ★ een sloep ~ *lanzar una lancha al agua* • wegsturen *echar*; ⟨uit gebouw⟩ *desalojar*; ⟨uit land⟩ *expulsar* • verspreiden ⟨v. wachtposten⟩ *apostar* [ue] • buiten werking stellen *desconectar*; *apagar* • ECON. beleggen *colocar* II ON WW toenemen in omvang *hincharse*
uitzetting • lengte-/volumetoename *expansión* v • verwijdering ⟨v. krakers⟩ *desahucio* m; ⟨v. vreemdelingen⟩ *expulsión* v
uitzicht • vergezicht *vista* v; *panorama* m ★ met ~ op de zee *con vistas al mar* • vooruitzicht *perspectiva* v
uitzichtloos *sin perspectiva*
uitzichtloosheid *situación* v *sin perspectiva*
uitzichtspunt *vista* v *panorámica*
uitzieken *recuperarse*
uitzien • ~ **op** zicht geven op *dar a* ★ de vensters zien uit op de tuin *las ventanas dan al jardín* • ~ **naar** verlangen *desear* ★ naar de vakantie ~ *desear que lleguen las vacaciones*
uitzingen *aguantar* ★ ik kan het nog wel een tijdje ~ *tengo de que vivir*
uitzinnig *frenético*
uitzinnigheid *locura* v
uitzitten *aguantar hasta el final* ★ zijn tijd ~ *cumplir su pena*
uitzoeken • kiezen *elegir* [i] • sorteren *ordenar* • te weten komen *averiguar*
uitzonderen *exceptuar* [ú]
uitzondering *excepción* v ★ met ~ van *a excepción de* ★ op enkele ~en na *salvo algunas excepciones* ★ een ~ vormen *salirse de la regla* ▼ ~en bevestigen de regel *la excepción hace la regla*
uitzonderingsgeval *caso* m *excepcional*

uitzonderingspositie *posición* v *excepcional* ★ een ~ innemen *adoptar una posición excepcional*
uitzonderlijk *excepcional*
uitzuigen • leegzuigen *chupar* • uitbuiten *explotar*
uitzuiger *explotador* m
uitzwaaien *decir* [i] *adiós agitando la mano*
uitzwermen ⟨v. personen⟩ *dispersarse*; ⟨v. bijen⟩ *enjambrar*
uitzweten *trasudar*
uk *peque* m; *enanito* m
ukelele *ukulele* m
ultiem *final*; *último*
ultimatum *ultimátum* m ★ een ~ stellen *dirigir un ultimátum*
ultra- ★ ultramodern *ultramoderno* ★ ultrarechts *de ultraderecha*; *de extrema derecha*
ultracentrifuge *centrifugadora* v *superrápida*
ultraviolet *ultravioleta* ★ ~te stralen *rayos ultravioleta*
umlaut *diéresis* v
unaniem I BNW *unánime* II BIJW *por unanimidad*
underdog *perdedor* m
understatement *declaración* v *exageradamente modesta*
Unesco *ONUECC* v; *Organización* v *de las Naciones Unidas para la Educación, la Ciencia y la Cultura*
unfair *injusto*
UNHCR *ACNUR* m; *(Oficina* v *del) Alto Comisionado* m *de las Naciones Unidas para los Refugiados*
Unicef *Fondo* m *Internacional de las Naciones Unidas para la Infancia*; *FNUI* m
unicum *cosa* v *única*
unie *unión* v
uniek *único*
unificatie *unificación* v
uniform I ZN [het] *uniforme* m II BNW *uniforme*
uniformeren *uniformar*
uniformiteit *uniformidad* v
unilateraal *unilateral*
uniseks *unisex*
unisono *unísono*
unit • (maat)eenheid *unidad* v • afdeling ★ kantoorunit *oficina individual*
universeel *universal*
universitair *universitario* ★ een ~e opleiding volgen *hacer una carrera universitaria*
universiteit *universidad* v
universiteitsbibliotheek *biblioteca* v *universitaria*
universiteitsgebouw *edificio* m *universitario*
universiteitsraad *consejo* m *de universidades*
universiteitsstad *ciudad* v *universitaria*
universum *universo* m
unzippen *descomprimir*
update *actualización* v
updaten *poner al día*; *actualizar*
upgrade *actualización* v
upgraden *actualizar*
uppercut *uppercut* m; *gancho* m
uppie ▼ in mijn ~ *muy solito*
ups en downs *altos y bajos* m mv; *altibajos* m

mv
up-to-date *al día* ⋆ ~ brengen *poner al día*
uranium *uranio* m
Uranus *Urano* m
urbanisatie *urbanización* v
urbaniseren *urbanizar*
ure • → **uur**
urenlang *horas y horas*
urgent *urgente*
urgentie *urgencia* v
urgentieverklaring *declaración* v *de urgencia*
urine *orina* v; *orines* m mv
urineleider *uréter* m
urineren *orinar*
urinewegen *vías* v mv *urinarias*
urinoir *urinario* m; INFORM. *meadero* m
URL *URL* m
urn *urna* v
urologie *urología* v
uroloog *urólogo* m
Uruguay *Uruguay* m
Uruguayaan *uruguayo* m
Uruguayaans *uruguayo*
USA • → **VS, VSA**
user *usuario* m
USSR *URSS* v ⟨Unión v de Repúblicas Socialistas Soviéticas⟩
Utopia *Utopia*; *Utopía* v
utopie *utopia* v; *utopía*
utopisch *utópico*
uur *hora* v ⋆ over een uur *dentro de una hora* ⋆ om één uur *a la una* ⋆ om twaalf uur 's nachts *a las doce de la noche* ⋆ het is tien uur *son las diez* ⋆ na een uur *al cabo de una hora* ⋆ anderhalf uur *hora y media* ⋆ een half uur *media hora* ⋆ een uur en een kwartier *hora y cuarto* ⋆ te elfder ure *a última hora* ▼ zijn uur heeft geslagen *ha llegado su hora* ▼ zijn uren zijn geteld *tiene sus horas contadas*
uurloon *salario* m *por hora*
uurrooster *horario* m
uurwerk • klok *reloj* m • mechaniek *mecanismo* m
uurwijzer *manecilla* v *de las horas*
uv-licht *luz* v *ultravioleta*
U-vormig *en forma de U*
uw *su* ⋆ uw zoon *su hijo* ⋆ uw zonen *sus hijos* ⋆ de uwen *los suyos*
uzi *uzi* v

V

v v v ⋆ de v van Victor *la v de Valencia*
vaag I BNW • niet scherp omlijnd *vago*; *confuso*; *indeterminado* • FIG. onduidelijk *vago* ⋆ een vaag voorgevoel *un vago presentimiento* II BIJW ⋆ zich iets vaag herinneren *recordar* [ue] *algo vagamente*
vaak *a menudo*; *muchas veces*
vaal ⟨v. kleur⟩ *descolorido*; ⟨v. kleur⟩ *deslucido*; ⟨v. huid⟩ *lívido*; ⟨v. huid⟩ *pálido*
vaalbleek *grisáceo*
vaandel *bandera* v; ⟨v. vereniging⟩ *pendón* m
vaandeldrager *abanderado* m
vaandrig *alférez* m
vaantje • vlaggetje *banderita* v • windwijzer *veleta* v
vaarbewijs *permiso* m *de navegación*
vaarboom *pértiga* v
vaardiepte *profundidad* v *de navegación*
vaardig *hábil*; *diestro* ⋆ ~ zijn met de pen *ser diestro con la pluma* ⋆ ~ spreken *hablar con facilidad/con soltura*
vaardigheid *destreza* v; *soltura* v; *habilidad* v ⋆ ~ krijgen *adquirir* [ie] *destreza/soltura*
vaargeul *canal* m *navegable*
vaarroute *ruta* v *de navegación*; *itinerario* m
vaars *becerra* v; *ternera* v; *vaquilla* v
vaart • snelheid *velocidad* v ⋆ in volle ~ *en plena marcha* ⋆ FIG. ~ achter iets zetten *activar u.c.* • het varen *navegación* v ⋆ de grote ~ *la navegación de altura* ⋆ de wilde ~ *la navegación libre* ⋆ behouden ~! ¡*buen viaje*! • kanaal *canal* m ▼ het zal zo'n ~ niet lopen *no será para tanto*
vaartuig *embarcación* v
vaarverbod *prohibición* v *de navegar*
vaarwater *vía* v *fluvial*; *ruta* v *de navegación* ▼ in iemands ~ zitten *contrariar* (í) *a u.p.*
vaarwel I TW *adiós* II ZN [het] *adiós* m ⋆ ⟨personen⟩ ~ zeggen *despedirse* [i] ▼ FIG. iets ~ zeggen *abandonar u.c.*
vaas *florero* m; *jarrón* m
vaat *platos* m mv *sucios* ⋆ de vaat doen *fregar* [ie] *los platos*
vaatbundel *hebra* v *vascular*
vaatdoek *trapo* m *de cocina*
vaatje • → **vat**
vaatwasmachine *lavavajillas* m; *lavaplatos* m
vaatwerk *vajilla* v; *cacharros* m mv
vaatziekte *enfermedad* v *vascular*
vacant *vacante* ⋆ ~ zijn *quedar vacante*
vacature *vacante* v ⋆ in een ~ voorzien *proveer una vacante*
vacaturebank *bolsa* v *de empleo*
vacaturestop *alto* m *en la contratación* ⋆ een ~ instellen *fijar un alto en la contratación*
vaccin *vacuna* v
vaccinatie *vacunación* v
vaccineren *vacunar* ⋆ zich laten ~ *vacunarse*
vacht *pelaje* m; ⟨v. een schaap⟩ *vellón* m; ⟨v. een schaap⟩ *lana* v
vacuüm • luchtledige ruimte *vacío* m ⋆ ~ verpakt *envasado al vacío* • FIG. leemte *vacío*

m ★ in een ~ terechtkomen *caer en un vacío*
vacuümpomp *bomba* v *de vacío*
vacuümverpakking *envase* m *al vacío*
vadem *braza* v
vademecum *vademécum* m
vader • ouder *papá* m; *padre* m ★ van ~ op zoon *de padre a hijo* ★ zo ~, zo zoon *de tal palo, tal astilla* • vaderfiguur ★ de Heilige Vader *el Santo Padre* • grondlegger ★ geestelijk ~ *inspirador* m
vaderbinding *fijación* v *paterna*
Vaderdag *día* m *del padre*
vaderfiguur *figura* v *del padre*
vaderland *patria* v
vaderlands *patrio* ★ de ~e geschiedenis *la historia patria/nacional* ★ de ~e bodem *el suelo patrio*
vaderlandsliefde *amor* m *a la patria*
vaderlandslievend *patriótico*
vaderlijk *paternal*
vaderloos *huérfano de padre*
vaderschap *paternidad* v
vadsig *indolente*
vagant *vagante* m/v
vagebond *vagabundo* m
vagelijk *vagamente*; *débilmente*
vagevuur *purgatorio* m
vagina *vagina* v
vaginaal *vaginal*
vak ★ hokje *casilla* v • beroep *profesión* v; *oficio* m ★ een vak leren *aprender un oficio* • leervak *asignatura* v; *materia* v ★ een verplicht vak *una materia obligatoria*
vakantie *vacaciones* v mv ★ de grote ~ *las vacaciones de verano* ★ met/op ~ gaan *irse de vacaciones* ★ met/op ~ zijn *estar de vacaciones* ★ ~ hebben *tener vacaciones*
vakantieadres *dirección* v *durante las vacaciones*
vakantiebestemming *destino* m *de vacaciones*
vakantieboerderij *granja* v *de vacaciones*
vakantiedag *día* m *libre*
vakantiedrukte *aglomeración* v *de las vacaciones*
vakantieganger *turista* m/v; ⟨in de zomer⟩ *veraneante* m/v
vakantiegeld *prima* v *de vacaciones*
vakantiehuis *casa* v *de veraneo*
vakantiekolonie *colonia* v *veraniega para niños*
vakantieland *país* m *de vacaciones*
vakantieoord *centro* m *vacacional*
vakantiespreiding *escalonamiento* m *de vacaciones*
vakantietijd *época* v *de vacaciones*
vakantiewerk *trabajo* m *durante las vacaciones*
vakbekwaam *competente*; *cualificado*; *capaz*
vakbeurs *feria* v *de muestras*
vakbeweging *movimiento* m *sindical*; *sindicalismo* m
vakblad *revista* v *profesional*
vakbond *sindicato* m
vakbondsleider *líder* m *sindical*
vakbroeder *compañero* m *de especialidad*
vakcentrale *central* v *sindical*
vakdiploma *certificado* m *de aptitudes profesionales*
vakdocent *profesor* m *especializado*
vakgebied *especialidad* v
vakgenoot *colega* m/v
vakgroep *sección* v; *especialidad* v
vakidioot *maniático* m *de su profesión*
vakjargon *jerga* v *especializada*
vakjury *jurado* m *profesional*
vakkennis *conocimientos* m mv *profesionales*
vakkenpakket *paquete* m *de asignaturas*; ≈ *programa* m *de estudios*
vakkring *círculo* m *profesional*
vakkundig *profesional*; *experto*
vakliteratuur *literatura* v *especializada*
vakman *profesional* m; *experto* m
vakmanschap *pericia* v
vakonderwijs *formación* v *profesional*
vakopleiding *formación* v *profesional*
vakorganisatie ⟨v. werknemers⟩ *sindicato* m; ⟨v. werkgevers⟩ *asociación* v *profesional*
vakpers *prensa* v *especializada*
vaktaal *lenguaje* m *especializado*
vaktechnisch *técnico*
vakterm *término* m *técnico*; *tecnicismo* m
vakvereniging ⟨v. werknemers⟩ *sindicato* m *de trabajadores*; ⟨v. werkgevers⟩ *organización* v *patronal*
vakvrouw *profesional* v; *especialista* v
vakwerk • werk van een vakman *trabajo* m *de especialista* • wandconstructie *entramado* m
vakwerkbouw *construcción* v *con entramado*
val • het vallen *caída* v ★ ten val komen *caer* ★ een lelijke val maken *sufrir una mala caída* • FIG. daling *caída* v ★ de val van de euro *la caída de la euro* • ondergang *caída* v ★ de val van de regering *la caída del gobierno* ★ ten val brengen *derribar a* • vangtoestel, hinderlaag *trampa* v ★ in de val lopen *caer en la trampa* ★ een val opzetten *tender* [ie] *una trampa*; *poner una trampa* • SCHEEPV. *caída* v
valbijl *guillotina* v
Valentijnsdag ⟨*día* m *de*⟩ *San Valentín*
valeriaan *valeriana* v
valhelm *casco* m *protector*
valide • geldig *válido* • gezond *sano*
validiteit *validez* v
valies *valija* v; *maleta* v
valium *valium* m
valk *halcón* m
valkenier *halconero* m
valkenjacht *halconería* v
valkuil *trampa* v
vallei *valle* m
vallen • neervallen *caer* ★ als de bladeren ~ *al caer las hojas* ★ op de grond ~ *caer al suelo* ★ hij viel over een steen *tropezó con una piedra y cayó* ★ iets laten ~ *dejar caer u.c.* • neerhangen *caer* ★ de jurk valt in plooien *el vestido cae en pliegues* • FIG. ten val komen *caer* ★ het kabinet is ge~ *ha caído el gabinete* • sneuvelen *caer* ★ ge~ voor het vaderland *caído por la Patria* • plaatsvinden *haber* ★ er vielen klappen *hubo golpes* ★ er viel een stilte *hubo un silencio* ★ de beslissing is ge~ *se ha tomado la decisión* ★ tegen het ~ van de nacht *al anochecer*; *al caer la noche* ★ Pasen valt op zondag *Pascua cae en un domingo* • FIG. in

vallicht ● toestand raken, terechtkomen ★ de keuze viel op haar *la elección recayó en ella* ● gewaardeerd worden ★ het valt me zwaar dat te zeggen *me resulta difícil decirlo* ★ het viel me lang *se me hizo largo* ★ de opmerking viel verkeerd *la observación cayó mal* ● mogelijk zijn ★ dat valt nog te bezien *está por ver* ★ het valt niet te ontkennen *no se puede negar* ★ er valt niets meer te doen *no queda nada por hacer* ● behoren *pertenecer* ⟨onder a⟩; *caer* ⟨onder bajo⟩ ★ dat valt onder de garantie *eso cae bajo la garantía* ★ dit valt buiten de bevoegdheid *esto cae fuera de la competencia* ● ~ **op** leuk vinden *gustar*; *chiflarse por* ★ zij valt op Spanjaarden *le gustan los españoles*; *se chifla por los españoles* ● ~ **over** FIG. moeilijk doen *tropezar* [ie] *con*; *molestarse por*; *ofenderse por* ▼ met ~ en opstaan *a trancas y barrancas*

vallicht *tragaluz* m; *claraboya* v
valluik *escotillón* m
valpartij *caída* v
valreep ▼ op de ~ *al último momento* ▼ een glas op de ~ *tomar la espuela*
vals I BNW ● onzuiver van toon *desafinado* ● onecht *falso*; *falsificado*; (v. gebit/haar) *postizo* ★ valse tanden *dientes postizos* ● bedrieglijk *falso* ★ valse getuigenis geven *levantar falso testimonio* ★ valse handtekening *firma falsificada* ● een valse handtekening zetten *firmar en falso* ● boosaardig *falso* II BIJW ● onzuiver van toon *fuera de tono* ★ vals zingen *desafinar* ● bedrieglijk *con falsedad*; *falsamente* ★ vals spelen *jugar* [ue] *sucio*; *hacer trampas*; *hacer trampas*
valsaard *persona* v *falsa*; *traidor* m
valscherm *paracaídas* m
valselijk *falsamente*
valsemunter *falsificador* m *de monedas*
valserik *falso* m
valsheid *falsedad* v ★ ~ in geschrifte *falsedad en documento público*
valstrik *lazo* m; *armadijo* m
valuta *moneda* v ★ vreemde ~ *divisas extranjeras*
valutahandel *comercio* m *de divisas*
valutakoers *tipo* m *de cambio*
valutamarkt *mercado* m *de divisas*
valwind *viento* m *descendente*
vamp *vampiresa* v; *mujer* v *fatal*
vampier *vampiro* m
van ● vanaf, uit ⟨plaats⟩ ★ de appel valt van de boom *la manzana cae del árbol* ★ van boven ⟨enz.⟩ ● → **boven** ⟨enz.⟩ ● begonnen op/in ⟨vroeger⟩ ★ van 1914 tot 1918 *de 1914 hasta 1918* ★ van uur tot uur *de hora en hora* ● in bezit van, behorend bij ● een vriend van mij *un amigo mío* ● gemaakt door ★ een opera van Mozart *una opera de Mozart* ● afkomstig van *de* ★ ik heb een brief van hem gekregen *recibí una carta suya* ● bestaande uit *de* ★ van goud *de oro* ● als gevolg van ★ beven van schrik *temblar* [ie] *del susto* ● door, middels, via ★ hij werd er rijk van *se hizo rico* ★ daar word je sterk van *con eso te haces fuerte* ★ leven van de visvangst *vivir de la pesca* ● gebeurend met/aan ★ het dorsen van graan *la trilla del trigo* ● uit het geheel ★ zij nam er wat van *cogió un poco* ● wat betreft ★ dokter van beroep *médico de profesión* ★ klein van postuur *pequeño de estatura* ● een briefje van 100 *un billete de cien* ▼ dat is lief van je *es amable de tu parte* ▼ hij zegt van niet *dice que no*

vanaf ● daarvandaan ★ ~ het dak *desde el tejado* ● met ingang van *desde* ★ ~ vandaag *a partir de hoy* ★ ~ daar wordt het moeilijk *a partir de allí se pone difícil*
vanavond ⟨laat⟩ *esta noche*; ⟨vroeg⟩ *esta tarde* ★ tot ~ *hasta la noche*
vanbinnen *por dentro*
vanboven *de arriba*
vanbuiten ● van de buitenzijde af *por fuera*; *de fuera* ● uit het hoofd geleerd ★ iets ~ kennen *saber algo de memoria* ★ iets ~ leren *aprender u.c. de memoria*
vandaag *hoy* ★ ~ nog *hoy mismo* ▼ ~ de dag *hoy en día*
vandaal *vándalo* m
vandaan ● van weg ★ hoe kom ik hier ~? *¿cómo salgo de aquí?* ★ is Amsterdam hier ver ~? *¿Amsterdam queda lejos de aquí?* ★ blijf daar ~ *no lo toques* ● van uit ★ de kat kroop van onder de kast ~ *el gato salió por debajo de la estantería* ● van afkomstig ★ daar kom ik juist ~ *pero si yo vengo de allí* ★ waar ~? *¿de dónde?* ▼ waar haalt hij het ~? *¿cómo se le ocurre?*
vandaar ● daarvandaan *de allí* ● daarom *por eso* ★ ~ dat *de ahí que* [+ subj.]
vandalisme *vandalismo* m
vangarm *tentáculo* m
vangbal *pelota* v *atrapada*
vangen ● opvangen *coger* ● grijpen *capturar*; ⟨v. vis⟩ *pescar* ● verdienen *ganar* ● vervatten ★ twee zaken onder één noemer ~ *reducir dos cosas al mismo denominador* ▼ iem. met zijn eigen woorden ~ *captar a alguien con sus propias palabras*
vangnet *red* v
vangrail *valla* v *protectora*
vangst ● het vangen *captura* v ● het gevangene *presa* v ★ een goede ~ doen *sacar una buena redada* ● FIG. opbrengst *redada* v
vangzeil *tela* v *salvavidas*
vanille *vainilla* v
vanille-ijs *helado* m *de vainilla*
vanillesmaak *sabor* m *a vainilla*
vanillestokje *tallo* m *de vainilla*
vanillesuiker *azúcar* m *de vainilla*
vanillevla ≈ *natillas* v mv *con sabor a vainilla*
vanjewelste *que no veas* ▼ een herrie ~ *un escándalo que no veas*
vanmiddag *esta tarde*
vanmorgen *esta mañana*
vannacht *esta noche*
vanochtend *esta mañana*
vanouds *tradicionalmente*; *desde siempre*
vanuit ● uit n naar b ★ ~ het raam keek ze naar beneden *miró hacia abajo desde la ventana* ● op grond van ★ dat doet hij ~ zijn

overtuiging *lo hace por su convencimiento*
vanwaar • waarvandaan *de dónde* • waarom *por qué; ¿de dónde?*
vanwege *a causa de*
vanzelf • uit eigen beweging *de por sí* ★ dat gaat ~ over *eso pasa solo* ★ als ~ *de un modo espontáneo* ★ ~ dichtgaan *cerrarse* [ie] *automáticamente* • vanzelfsprekend *natural* ★ dat spreekt ~ *ya se sabe* ★ het spreekt ~ dat ... *huelga decir que ...*
vanzelfsprekend *evidente; natural* ★ iets als ~ beschouwen *dar algo por descontado* ★ het is ~ dat ... *queda entendido que ...*
vanzelfsprekendheid *naturalidad* v
varaan *varano* m
varen I ON WW • per vaartuig gaan *navegar* ★ stroomopwaarts ~ *navegar río arriba* • langs de kust ~ *navegar por la costa* • in zekere staat zijn ★ er wel bij ~ *prosperar* ▼ laten ~ *abandonar; dejar* **II** ZN [de] *helecho* m
varia *varios* m mv; *miscelánea* v
variabel *variable*
variabele *variable* v
variant *variante* v
variatie • afwisseling *variación* v • verscheidenheid *variedad* v
variëren *variar* [i]
variëteit *variedad* v
varken • dier *cochino* m; *cerdo* m; *puerco* m • MIN. persoon ★ wat ben jij een vies ~! *¡qué cochino eres!* ▼ dat ~tje zullen we wel even wassen *ya lo arreglaremos nosotros*
varkensmesterij *porqueriza* v
varkenspest *peste* v *porcina*
varkensvlees *carne* v *de cerdo*
varkensvoer *bazofia* v; *bodrio* m
varsity *regata* v *interuniversitaria*
vasectomie *vasectomía* v
vaseline *vaselina* v
vast I BNW • niet beweegbaar *fijo* • stevig *sólido; consistente; firme;* ⟨niet vloeibaar⟩ *espeso* ★ vast worden *coagularse; volverse* [ue] *sólido* • onveranderlijk *fijo* ★ vaste afnemer *comprador constante; cliente* • stabiel *estable; fijo* ★ een vast vertrouwen *una confianza inquebrantable* • concreet *concreto* • stellig *cierto* ★ er vast van overtuigd zijn dat ... *tener la íntima convicción de que ...* **II** BIJW alvast *mientras; entretanto*
vastberaden *decidido; firme; resuelto*
vastberadenheid, vastbeslotenheid *determinación* v; *decisión* v; *firmeza* v
vastbesloten *decidido*
vastbijten [zich ~] *aferrarse a*
vastbinden *atar*
vasteland • vaste wal *tierra* v *firme* • continent *continente* m
vasten I ON WW *ayunar* **II** ZN [de] vastentijd *ayuno* m; ⟨rooms-katholiek⟩ *cuaresma* v
Vastenavond *martes* m *de carnaval*
vastenmaand *mes* m *de ayuno*
vastentijd *cuaresma* v
vastgoed *bienes* m mv *raíces; bienes* m mv *inmuebles*
vastgrijpen *agarrar; asir* ★ zich ~ aan *asirse a*
vastgroeien *pegarse*

vasthechten *fijar; unir* ★ zich ~ *pegarse*
vastheid *solidez* v; *firmeza* v
vasthouden I OV WW • niet loslaten *sujetar; sostener* [ie]; ⟨v. arrestant⟩ *detener* [ie] • bewaren *retener* [ie] **II** ON WW ~ **aan** *agarrarse a; aferrarse a*
vasthoudend *perseverante; tenaz*
vastigheid *seguridad* v
vastklampen [zich ~] **aan** *aferrarse a; agarrarse a*
vastklemmen *sujetar*
vastknopen *anudar*
vastleggen • vastmaken ⟨v. hond⟩ *atar;* ⟨v. schip⟩ *amarrar* • bepalen *consignar por escrito* • registreren *registrar* • ECON. beleggen *inmovilizar*
vastliggen • vastgebonden zijn *estar atado;* ⟨v. schip⟩ *estar amarrado* • vastgesteld zijn *estar fijado*
vastlopen • vastraken *atrancarse;* SCHEEPV. *encallar;* SCHEEPV. dar en un bajío • in impasse raken *atascarse*
vastmaken *atar; sujetar; fijar;* ⟨v. zeilen⟩ *aferrar*
vastomlijnd *preciso; bien definido*
vastpakken *coger*
vastpinnen *enclavijar* ▼ iem. op iets ~ *hacer que alguien se atenga a lo que ha dicho*
vastpraten [zich ~] *enredarse*
vastrecht *tarifa* v *base*
vastroesten • LETT. *enmohecerse; oxidarse* • FIG. ★ een vastgeroeste mening *una opinión enmohecida*
vastschroeven *atornillar*
vaststaan • zeker zijn *constar; ser un hecho* ★ het staat vast dat ... *consta que ...* • onveranderlijk zijn ★ de prijs staat vast *el precio está fijo*
vaststaand *fijo; seguro* ★ een ~ feit *un hecho fijo/probado*
vaststellen • bepalen *fijar* ★ op het vastgestelde uur *a la hora indicada* • constateren *comprobar* [ue] ★ er werd vastgesteld dat ... *quedó comprobado que ...*
vastzetten • doen vastzitten *fijar;* ⟨om te borgen⟩ *asegurar* • gevangenzetten *encarcelar* • beleggen *inmovilizar*
vastzitten • bevestigd zijn *estar firme* • gebonden zijn ★ daar zit heel wat meer aan vast *la cosa tiene mucha cola* ★ daar zit veel werk aan vast *implica mucho trabajo* • klem zitten *quedarse atascado* • gevangenzitten *estar en la cárcel*
vat I ZN [de] greep ★ niets heeft vat op hem *nada le hace mella* ★ men heeft geen vat op hem *no hay por dónde cogerle* **II** ZN [het] • ton *tonel* m; *barril* m; *cuba* v; *vajilla* v ★ communicerende vaten *vasos comunicantes* • ANAT. bloedvat *vaso* m ▼ een bodemloos vat *un saco roto*
vatbaar • ontvankelijk *susceptible; realizable;* ⟨voor indrukken⟩ *impresionable* ★ niet voor rede ~ zijn *no avenirse a razones* ★ voor uitbreiding ~ *susceptible de extensión* • zwak van gestel *predispuesto; propenso* ★ ~ voor een ziekte *predispuesto/propenso a una enfermedad*
Vaticaan *Vaticano* m

Vaticaanstad *Ciudad* v *del Vaticano*
vatten • grijpen *coger* • in iets zetten *engastar* • begrijpen *comprender; captar*
vazal *vasallo* m
vazalstaat *estado* m *tributario*
vechten *luchar; pelear* ★ tegen de vijand ~ *combatir al enemigo* ★ ~ als een leeuw *batirse como un león* ★ om iets ~ *disputarse u.c.*
vechter *luchador* m
vechtersbaas *matón* m; *valentón* m
vechtjas *matón* m; *bravucón* m
vechtlust *combatividad* v; *afán* m *combativo*
vechtpartij *combate* m; *pelea* v; *lucha* v
vechtsport *deporte* m *de lucha*
vector *vector* m
vedergewicht *peso* m *pluma*
vederlicht *ligero como una pluma*
vedette *vedette* v; *estrella* v
vee *ganado* m ★ 100 stuks vee *cien reses; cien cabezas de ganado*
veearts *veterinario* m
veeartsenijkunde *veterinaria* v
veedrijver *vaquero* m
veefokker *criador* m *de ganado; ganadero* m
veeg I ZN [de] • het vegen *barredura* v; ⟨met bezem⟩ *escobazo* m • vlek *mancha* v • oorveeg *bofetada* v ▼ iem. een veeg uit de pan geven *dar un jabón a alguien* ▼ een veeg uit de pan geven *echar un rapapolvo* II BNW • → **lijf, teken**
veegwagen *camión* m *escoba*
veehouder *ganadero* m
veehouderij *ganadería* v
veel I BIJW • in ruime mate *mucho* ★ veel mooier *mucho más bonito* ★ veel van elkaar houden *quererse* [ie] *mucho* • vaak *a menudo; frecuentemente* ★ dat komt veel voor *ocurre frecuentemente* II ONB VNW *mucho* ★ zo veel, dat ... *tanto que ...* ★ veel regen *mucha lluvia* ★ door veel te studeren *a fuerza de estudiar;* de tanto estudiar ★ tamelijk veel *bastante* ★ een beetje te veel *un poco demasiado* ★ zonder veel te begrijpen *sin comprender gran cosa* ★ het scheelde niet veel of ... *poco faltaba para que ...* [+ subj.] ★ te veel *demasiado* III TELW *mucho* ★ en vele anderen *y muchos más* ★ heel veel *muchísimo* ★ veel voorwerpen *muchos/numerosos objetos* ★ vele duizenden ... *millares de ...*
veelal *generalmente*
veelbeduidend *significativo*
veelbelovend *prometedor* ★ een ~e jongen *un chico prometedor*
veelbesproken *muy traído y llevado*
veelbetekenend *significativo*
veelbewogen *movido; agitado*
veeleer *más bien; antes*
veeleisend *exigente*
veelheid *multiplicidad* v
veelhoek *polígono* m
veelkleurig *multicolor*
veelomvattend *vasto; amplio*
veelpleger *delincuente* m *habitual; reincidente* m
veelsoortig *múltiple*
veelstemmig *polifónico*

veeltalig • veel talen kennend *políglota* • veel talen omvattend *plurilingüe*
veelvlak *poliedro* m
veelvormig *multiforme*
veelvoud *múltiplo* m ★ het kleinste gemene ~ *el mínimo común múltiplo*
veelvoudig • meermaals voorkomend *frecuente* • meerledig *múltiple*
veelvraat *glotón* m
veelvuldig *frecuente*
veelwijverij *poligamía* v
veelzeggend *significativo*
veelzijdig • met veel zijden *polifacético* • FIG. gevarieerd *polifacético; universal*
veemarkt *mercado* m *de ganado*
veen *turba* v
veenaarde *turba* v; *turbera* v
veenbes *arándano* m *agrio*
veengrond *turbera* v
veer I ZN [de] • DIERK. vleugelpen *pluma* v • TECHN. spiraalvormig voorwerp *muelle* m; *resorte* m ▼ met andermans veren pronken *engalanarse con plumas ajenas* ▼ vroeg uit de veren zijn *levantarse temprano* ▼ een veer moeten laten *hacer concesiones* II ZN [het] • veerboot *transbordador* m; ⟨klein⟩ *balsa* v • overzetplaats *embarcadero* m; *balsadera* v
veerboot *transbordador* m
veerdienst *servicio* m *de transbordador*
veerkracht • elasticiteit *elasticidad* v • wilskracht *energía* v
veerkrachtig • elastisch *elástico* • wilskrachtig *enérgico*
veerman *balsero* m
veerpont *pontón* m
veertien • *catorce* ★ over ~ dagen *en quince días* • → **acht**
veertiende • *decimocuarto; catorceavo* • → **achtste**
veertig • *cuarenta* • → **acht**
veertiger *cuarentón* m
veertigste • *cuadragésimo; cuarentavo* • → **achtste**
veestapel *ganado* m; *censo* m *ganadero*
veeteelt *ganadería* v; *industria* v *ganadera*
veevoeder *pienso* m
veewagen *camión* m *para ganado*
veganisme *vegetarianismo* m *sin huevos ni leche*
vegen ⟨met bezem⟩ *barrer;* ⟨met borstel⟩ *cepillar;* ⟨v. schoorsteen⟩ *deshollinar* ★ zijn voeten ~ *limpiarse los pies*
veger • borstel *escoba* v • persoon ⟨v. straten⟩ *barrendero* m; ⟨v. schoorstenen⟩ *deshollinador* m
vegetariër *vegetariano* m
vegetarisch *vegetariano*
vegetarisme *vegetarianismo* m
vegetatie *vegetación* v
vegetatief *vegetativo*
vegeteren *vegetar*
vehikel *armatoste* m
veilen *subastar; vender en subasta*
veilig *seguro* ★ ~ zijn voor *estar a/bajo cubierto de* ★ ~ voor *a salvo de*
veiligheid *seguridad* v ★ zich in ~ stellen *ponerse a salvo* ★ voor de ~ *para mayor*

seguridad ★ in ~ brengen *salvar*
veiligheidsbril *gafas* v mv *de seguridad*
veiligheidsdienst *servicio* m *de seguridad*
veiligheidseis *requisito* m *de seguridad*
veiligheidsglas *vidrio* m *de seguridad*
veiligheidsgordel *cinturón* m *de seguridad*
veiligheidshalve *para mayor seguridad*
veiligheidsklep *válvula* v *de seguridad*
veiligheidskooi *armazón* m *de seguridad*
veiligheidsoverweging *razones* v mv *de seguridad*
Veiligheidsraad *Consejo* m *de Seguridad*
veiligheidsriem *cinturón* m *de seguridad*
veiligheidsslot *cerradura* v *de seguridad*
veiligheidsspeld *imperdible* m
veiligstellen *asegurar*
veiling *subasta* v ★ in ~ brengen *sacar a subasta*
veilinggebouw *martillo* m
veilingklok *aparato* m *de adjudicación*
veilingmeester *subastador* m
veinzen *fingir; disimular* ★ zich ziek ~ *fingirse enfermo*
vel • huid *piel* v; *pellejo* m ★ het vel afstropen *desollar* [ue]; *quitar el pellejo* • vlies *tela* v • blad papier *hoja* v ▼ ik zou niet in zijn vel willen steken *no me gustaría estar en su pellejo* ▼ vel over been zijn *estar en los huesos* ▼ uit zijn vel springen *estar fuera de sí; reventar* [ie] *de rabia* ▼ iem. het vel over de oren halen *desollarle* [ue] *a alguien*
veld • vlakte *campo* m; *campaña* v ★ het vrije veld *el descampado* ★ in het vrije veld overnachten *dormir* [ue, u] *a campo raso* ★ dwars door het veld *a campo travieso* ★ in het vrije veld *a campo raso* ★ slagveld *campo* m *de batalla* ★ veld winnen *ganar terreno* • speelterrein *campo* m *de deportes* • vakje *casilla* v • vakgebied *campo* m • krachtveld *campo* m *de fuerza*; ⟨magnetisch⟩ *campo* m *magnético* ▼ het veld ruimen *dejar el campo libre* ▼ uit het veld geslagen *desconcertado*
veldbed *catre* m
veldbloem *flor* v *silvestre*
veldboeket *ramo* m *de flores silvestres*
veldfles *cantimplora* v
veldheer *general* m
veldhospitaal *hospital* m *de campaña*
veldloop *carrera* v *a campo traviesa; cross-country* m
veldmaarschalk *mariscal* m *de campo*
veldmuis *ratón* m *de campo*
veldrijden *ciclocrós*
veldsla *hierba* v *de canónigos; lechuga* v *silvestre*
veldslag *batalla* v
veldsport *deporte* m *al aire libre*
veldtocht *campaña* v
veldwachter *guarda* m *rural; guardabosque(s)* m
veldwerk *trabajo* m *de campo*
velen *aguantar; soportar*
velerlei *de toda clase* ★ een kenner op ~ gebied *un conocedor en muchos terrenos*
velg *llanta* v; *calce* m
velgrem *freno* m *sobre la llanta*
vellen • doen vallen *derribar*; ⟨v. bomen⟩ *talar* • doden *matar* • uitspreken *pronunciar* ★ een vonnis ~ *pronunciar una sentencia*

velours *terciopelo* m
ven *pantano* m
vendetta *vendetta* v
venduhouder *subastador* m
Venetië *Venecia* v
Venezolaan *venezolano* m
Venezolaans *venezolano*
Venezuela *Venezuela* v
venijn *veneno* m
venijnig I BNW • gemeen *venenoso; mordaz* • hatelijk ★ ~e tong *lengua de víbora* II BIJW in hoge mate ★ het is ~ koud *hace un frío penetrante; hace un frío que pela*
venkel *hinojo* m
vennoot *asociado* m; *socio* m ★ stille ~ *socio* m *comanditario*
vennootschap *sociedad* v ★ commanditaire ~ *sociedad comanditaria* ★ naamloze ~ *sociedad* v *anónima*
vennootschapsbelasting *impuesto* m *sobre sociedades*
venster *ventana* v
vensterbank *alféizar* m; *repisa* v *de la ventana*
vensterenvelop *sobre* m *con ventana*
vensterglas *cristal* m
vent *tipo* m; *tío* m ★ een goeie vent *un bonachón*; *un pedazo de pan* ★ arme vent *pobre diablo* ★ een sterke vent *un hombre fuerte* ★ eerlijke vent *hombre de bien* ★ ellendige vent *miserable*
venten *vender por las calles*
venter *vendedor* m *ambulante*; MIN. *mercachifle* m
ventiel *válvula* v
ventieldop *disco* m *de válvula*
ventielklep *escape* m
ventielslang *tubo* m *de válvula*
ventilatie *ventilación* v
ventilator *ventilador* m
ventileren *ventilar; airear*
ventweg *vía* v *de servicio*
Venus • planeet *Venus* m • godin *Venus* v
venusheuvel *monte* m *de Venus*
ver I BNW *distante; remoto; lejano* ★ een ver familielid *un pariente lejano* ★ in een verre toekomst *en un futuro lejano* II BIJW • afgelegen *lejos* ★ zeer ver weg *muy lejos* ★ is het nog ver? *¿falta mucho?* ★ tamelijk ver van hier *a cierta distancia de aquí* • gevorderd, in hoge mate ★ hoe ver bent u? *¿cuánto le falta?* ★ tot ver in de 10e eeuw *hasta muy entrado en el siglo X* ★ hij is ver over de tachtig *está muy entrado en los ochenta* ★ ver boven iem. staan *ser superior a alguien* ▼ het ver brengen/schoppen *llegar lejos* ▼ te ver gaan *pasarse; pasar los límites* ▼ dat gaat te ver! *¡eso es demasiado!; ¡eso pasa de castaño oscuro!* ▼ hij is verre van intelligent *no es nada inteligente* ▼ zich verre houden van *mantenerse* [ie] *apartado de*
veraangenamen *amenizar*
verabsoluteren *universalizar*
verachtelijk • verachting verdienend *despreciable* • verachting tonend *despectivo*
verachten • minachten *despreciar* • versmaden *desdeñar*

verachting *desprecio* m
verademing *alivio* v
veraf *lejos*
verafgelegen *lejano*
verafgoden *idolatrar*
verafschuwen *detestar*
veralgemenen *generalizar*
veralgemeniseren *generalizar*
veramerikanisering *americanización* v
veranda *veranda* v; *galería* v
veranderen I ov ww wijzigen *cambiar*; *modificar*; *transformar* ★ veranderd kunnen worden *ser modificable* ★ dat verandert de zaak *eso ya es otra cosa* ★ dat verandert niets aan de zaak *eso no cambia nada* II on ww anders worden *cambiar* ★ ~ in *cambiarse en*; *convertirse* [ie, i] en ★ ten goede ~ *cambiar para mucho* ★ hij is erg veranderd *está muy cambiado* ★ van mening ~ *cambiar de opinión*
verandering • het anders worden *cambio* m ★ daar moet ~ in komen *la cosa debe cambiar*; *esto no puede seguir así* • wijziging *modificación* v; *muda* v ★ ~en aanbrengen *introducir modificaciones* v ★ ~ van spijs doet eten *entre col y col, lechuga*
veranderlijk *variable*; *inconstante*
verankeren *fijar*; ⟨v. schip⟩ *anclar*
verantwoord *verdedigbaar justificable*; *justificado* • weloverwogen *prudente*
verantwoordelijk *responsable* ★ ~ stellen voor *hacer responsable de* ★ daarvoor ben jij ~ *de eso respondes tú*
verantwoordelijkheid *responsabilidad* v
verantwoordelijkheidsgevoel *sentido* m *del responsabilidad*
verantwoorden I ov ww *dar cuenta de* II wkd ww [zich ~] *justificarse* ★ zich ~ tegenover iem. *justificarse ante u.p.*
verantwoording • rechtvaardiging *justificación* v ★ ter ~ roepen *pedir* [i] *cuentas* • verantwoordelijkheid *responsabilidad* v ★ op eigen ~ *a propio riesgo* ★ op mijn ~ *bajo mi responsabilidad* ★ ik neem de ~ op me *me hago responsable* ★ iets voor zijn ~ nemen *responsabilizarse de u.c.*
verarmen *empobrecerse*
verarming *empobrecimiento* m
verassen *incinerar*
verbaal I zn [het] bekeuring *acta* v; *atestado* m II bnw *verbal*; *oral* ★ ~ geweld *violencia verbal* ★ ~ begaafd zijn *tener el don de la palabra*
verbaasd *asombrado*; *sorprendido* ★ ~ zijn over iets *quedarse asombrado de u.c.* ★ ~ staan van iets *quedarse asombrado/sorprendido de u.c.*
verbaliseren *instruir atestado*
verband • het verbonden zijn *estar unido* • samenhang *relación* v ★ oorzakelijk ~ *la causalidad* ★ in ~ met *en relación con* ★ in ~ met de regen *en relación con la lluvia* ★ in ~ met zijn gezondheid *en relación con su salud* ★ in ~ brengen met *relacionar u.c. con* ★ de zaken met elkaar in ~ brengen *relacionar entre sí*; *correlacionar* ★ in ~ staan met *estar en relación con* ★ in dit ~ *en este contexto*; *a este propósito* ★ iets uit zijn ~ rukken *sacar u.c. de/del contexto* ★ ~ houden met *guardar relación con u.c.* ★ een ~ leggen tussen *establecer la relación entre* • zwachtel *venda* v; *vendaje* m ★ een ~ aanleggen *aplicar un vendaje* ★ het ~ vernieuwen *cambiar el vendaje* • maandverband *compresa* v *higiénica*
verbanddoos *botiquín* m
verbandgaas *gasa* v *hidrófila*
verbannen *exiliar*
verbanning *exilio* m
verbasteren *bastardear*
verbastering *deformación* v
verbazen *asombrar*; *sorprender* ★ zich ~ over *extrañarse de*
verbazend *asombroso*; *sorprendente*
verbazing *sorpresa* v; *asombro* m ★ tot mijn stomme ~ *con gran sorpresa de mi parte* ★ vol ~ *admirado* ★ grote ~ wekken *asombrar mucho*
verbazingwekkend *asombroso*
verbeelden I ov ww uitbeelden *representar* II wkd ww [zich ~] *figurarse*; *imaginarse* ★ verbeeld je! *¡figúrate!* ★ zich veel ~ *presumir* ★ wat verbeeld je je wel! *¡qué te has creído tú*
verbeelding • inbeelding *presunción* v • fantasie *imaginación* v
verbeeldingskracht *poder* m *imaginativo*; *imaginación* v
verbergen *esconder*; *disimular*; *ocultar*
verbeten • vertrokken *ensañado* • ingehouden *reprimido*
verbeteren I ov ww • beter maken *mejorar* ★ niemand kan het me ~ *nadie lo hubiera hecho mejor* • herstellen *corregir* [i]; *enmendar* [ie] ★ verbeterde uitgave *edición enmendada* • overtreffen *perfeccionar* II on ww beter worden *mejorar*
verbetering • het beter maken *mejora* v; *mejoramiento* m • correctie *corrección* v; *enmienda* v
verbeurd ★ ~ verklaren *confiscar*
verbeurdverklaring *confiscación* v
verbeuren *perder* [ie]
verbieden *prohibir* ★ verboden te roken *se prohibe fumar*; *prohibido fumar* ★ de toegang ~ *prohibir el paso*; *vedar la entrada* ★ op straffe ~ *prohibir bajo pena*
verbijsterd *aturdido*; *perplejo*; *desconcertado*
verbijsteren *desconcertar* [ie]; *conturbar*
verbijsterend *desconcertante*
verbijstering *desconcierto* m
verbijten I ov ww *contener* [ie] II wkd ww [zich ~] *morderse* [ue] *los labios*; *contenerse*
verbijzonderen *individualizar*
verbinden • koppelen *unir* • telefonisch aansluiten *poner (en comunicación)* ★ ik ben verkeerd verbonden *me he equivocado de número* • verplichten *obligar* • omzwachtelen *vendar* • SCHEIK. *mezclar*
verbinding • samenvoeging *unión* v; *conexión* v • aansluiting *enlace* m • contact *comunicación* v ★ zich in ~ stellen met *ponerse en contacto con* ★ de ~ verbreken *cortar la comunicación* ★ in ~ tot stand brengen *establecer la comunicación* • SCHEIK. *combinación* v; *compuesto* m
verbindingsdienst *servicio* m *de transmisiones*

verbindingsstreepje *guión* m
verbindingsstuk *pieza* v *de unión*
verbindingsteken *guión* m
verbindingstroepen *tropas* v mv *de transmisiones*
verbintenis • contract *contrato* m • verplichting *obligación* v; *compromiso* m • huwelijk *enlace* m
verbitterd • vol wrok *amargado*; *resentido* • grimmig *encarnizado*
verbitteren *amargar*
verbittering *exasperación* v; *amargura* v
verbleken ⟨v. kleur⟩ *desteñirse*; [i] ⟨v. persoon⟩ *palidecer*
verblijden *alegrar*; *hacer feliz* ★ zich ~ over *alegrarse de*
verblijf • het verblijven *permanencia* v; *estancia* v • verblijfplaats *residencia* v ★ ~ houden in *residir en* • onderkomen *alojamiento* m
verblijfkosten *gastos* m mv *de residencia*
verblijfplaats *paradero* m ★ ~ onbekend *de paradero desconocido*
verblijfsduur *(duración* v *de) estancia* v
verblijfsvergunning *permiso* m *de residencia*
verblijven *permanecer*; *estar*; *residir*
verblinden • blind maken *cegar* [ie]; *deslumbrar* • FIG. begoochelen *cegar* [ie]; *ofuscar*
verbloemen *disimular*
verbluffend *sorprendente*; *asombroso*
verbluft *estupefacto*; *pasmado*
verbod *prohibición* v ★ een ~ opleggen *imponer una prohibición*
verboden *prohibido* ★ ~ te kamperen *prohibido acampar*
verbodsbepaling *prohibición* v
verbodsbord *señal* v *de prohibición*
verbolgen *enojado*; *enfadado*
verbond • verenigde groep *unión* v; *liga* v • verdrag *pacto* m; *tratado* m
verbondenheid *unión* v
verborgen • aan het gezicht onttrokken *escondido* • niet openbaar, niet algemeen bekend *oculto*
verbouwen • veranderen *reformar* ★ we zijn aan het ~ *estamos en/de obras* • telen *cultivar*
verbouwereerd *aturdido*; *pasmado*; *desconcertado*
verbouwing *reformas* v mv ★ gesloten wegens ~ *cerrado por reformas/obras*
verbranden I OV WW aantasten *quemar*; ⟨v. lijk⟩ *incinerar* ★ levend ~ *quemar vivo* II ON WW • aangetast worden *quemarse*; *abrasarse* • rood worden *quemarse*; *tostarse*
verbranding • het verbranden *quema* v; ⟨v. lijk⟩ *cremación* v; ⟨v. vuilnis⟩ *incineración* v • SCHEIK. *combustión* v • voedselvertering *combustión* v
verbrandingsmotor *motor* m *de combustión*
verbrassen *malgastar*
verbreden *ensanchar*
verbreiden *extender* [ie]; *divulgar*; *propagar*
verbreken • niet nakomen *rescindir* ★ een contract ~ *rescindir un contrato* • af-/stukbreken *romper* ★ de relatie ~ *romper la relación* ★ de verbinding ~ *cortar la comunicación* ★ de ⟨telefonische⟩ verbinding is verbroken *se ha cortado la comunicación*
verbrijzelen *destrozar*; *machacar*
verbroederen *hermanar*
verbroedering *hermanamiento* m
verbrokkelen I OV WW in stukjes splitsen *desmenuzar* II ON WW in stukjes uiteenvallen *deshacerse*
verbrokkeling *desmenuzamiento* m; *fragmentación* v
verbruien *estropear*; *echar a perder* ★ hij heeft het bij mij verbruid *ha perdido mi simpatía*; *he terminado con él*
verbruik *consumo* m
verbruiken *consumir*
verbruiksbelasting *impuesto* m *sobre el consumo*
verbruikscoöperatie *cooperativa* v *de consumo*
verbruiksgoederen *bienes* m mv *de consumo*
verbuigen • ombuigen *torcer* [ue] • TAALK. *declinar*
verbuiging *declinación* v
verchromen *cromar*
vercommercialiseren I OV WW commercieel maken *comercializar* II ON WW commercieel worden *comercializarse*
verdacht • verdenking wekkend *sospechoso* ★ die man komt me ~ voor *el individuo me parece sospechoso* • ~ **op** ★ ~ zijn op *estar preparado a* ★ ergens niet op ~ zijn *no esperar u.c.*
verdachte *sospechoso* m; *acusado* m
verdachtmaking *difamación* v
verdagen *aplazar*; *suspender*
verdampen *evaporarse*
verdamping *evaporación* v
verdedigbaar • te verdedigen *defendible* • te rechtvaardigen *sostenible*
verdedigen • verweren *defender* [ie] ★ zich tot het uiterste ~ *defenderse a ultranza* • pleiten voor *defender* [ie]; ⟨v. stelling⟩ *sostener* [ie] ★ een zaak ~ *defender una causa* • rechtvaardigen *justificar*
verdediger • beschermer *defensor* m • SPORT *defensa* m/v
verdediging *defensa* m/v ★ ter ~ van *en defensa de*
verdeeld *dividido* ★ de meningen zijn ~ *las opiniones están divididas*
verdeeldheid *discordia* v; *desunión* v ★ ~ zaaien *sembrar* [ie] *desunión*
verdeel-en-heerspolitiek *política* v *de dividir y vencer*
verdeelsleutel *clave* v *de división*
verdekt ★ zich ~ opstellen *emboscarse*; *esconderse*
verdelen • splitsen *partir*; *dividir* • uitdelen *repartir*; *distribuir* • tweedracht zaaien *dividir* ★ verdeel en heers *divide y vencerás*
verdelgen *exterminar*
verdeling • splitsing *división* v • het uitdelen *reparto* m; *distribución* v
verdenken *sospechar*; *recelar* ★ iem. ~ *sospechar de u.p.*
verdenking *sospecha* v ★ op ~ van diefstal *por sospechas de robo* ★ reden tot ~ *motivo de*

sospecha
verder I BNW • voor de rest ★ zijn ~e leven *el resto de su vida* ★ nader *más*; *otro* ★ de ~e gegevens *los demás datos* ★ ~e berichten *noticias adicionales* ★ ~e inlichtingen zijn te verkrijgen bij ... *para mayor información diríjase a ...* ★ zonder ~e uitleg *sin más explicaciones* **II** BIJW • verderop *más lejos* ★ ~ weg *más allá* ★ ~ terug *más atrás* ★ 2 regels ~ *2 líneas más abajo/adelante* • vervolgens *luego*; *después* ★ ~ zei hij ... *luego dijo ...* ★ en wat ~? *y después, ¿qué?* • overigens ★ ~ niets? *¿nada más?* ★ daar er ~ niets te bespreken is *... no habiendo más asuntos que tratar* ★ ~ wilde ik niets *no deseaba otra cosa* ★ voorts ★ niet ~ kunnen *no poder [ue] más*; *no poder [ue] seguir adelante* ★ ~ willen *querer [ie] seguir* ★ ~ werken *seguir [i] trabajando* ★ gaat u ~ *siga usted*
verderf *ruina* v; *perdición* v ★ zich in het ~ storten *arruinarse*
verderfelijk *pernicioso*; *ruinoso*
verderop *más lejos* ★ een stukje ~ *un poco más lejos*
verdichten • condenseren *condensar* • verzinnen *inventar*
verdichting *condensación* v
verdichtsel *fantasía* v; *invención* v; *ficción* v
verdienen • waard zijn *merecer* ★ de aandacht ~ *merecer la atención* ★ hij verdient niet beter *no merece otro trato*; *es lo que merece* • als loon/winst krijgen *ganar* ★ zijn brood ~ *ganarse la vida*
verdienste • loon *sueldo* m • winst *ganancia* v • verdienstelijkheid *mérito* m ★ dat is geen ~ *no es ningún mérito*
verdienstelijk *meritorio*; ⟨v. persoon⟩ *benemérito* ★ zich ~ maken *hacer méritos* ★ een ~ man *un hombre de mérito*
verdiepen I OV WW dieper maken *ahondar*; *profundizar* **II** WKD WW [zich ~] ★ zich ~ in *profundizar en*
verdieping *piso* m; *planta* v ★ eerste ~ *el primer piso*
verdikken ★ van chocolade en ijs verdik je *el chocolate y el helado te engordan*
verdikking *hinchazón* v
verdikkingsmiddel *espesante* m
verdisconteren *descontar* [ue]
verdoemen *condenar*
verdoemenis *condenación* v
verdoen *desperdiciar*; *malgastar* ★ zijn tijd ~ *perder [ie] el tiempo*
verdoezelen *disimular*; *desdibujar*
verdomd I BNW *maldito* **II** TW *¡joder!*; *¡caray!*
verdomhoekje ▾ hij zit in het ~ *le tienen manía* ▾ ik zit bij hem in het ~ *me tiene tirria/manía*
verdomme *¡mierda!*; *¡joder!*; *¡coño!*
verdommen • vertikken *negarse* [ie] *rotundamente* ★ ik verdom het *me niego de plano*; *¡ni hablar!* • schelen ★ het kan me niets ~ *me importa un bledo*
verdonkeremanen *escamotear*
verdorie *¡pucha!*; *¡caramba!*; *¡demonio!*; *¡diablo!*
verdorren *secarse*
verdorven *perverso*

verdoven *aturdir*; MED. *anestesiar*; ⟨door lawaai⟩ *ensordecer* ★ ~de middelen *estupefacientes* m mv
verdoving • gevoelloosheid *aturdimiento* m • MED. *narcosis* v; *anestesia* v
verdovingsmiddel *anestésico* m
verdraagzaam *tolerante*
verdraaid I BNW vervelend *torcido* **II** BIJW ★ ~ leuk *muy gracioso* **III** TW *¡caramba!*
verdraaien • anders draaien *torcer* [ue] • fout weergeven *torcer*; *tergiversar*; *desfigurar* ★ iemands woorden ~ *tergiversar las palabras de u.p.* ★ de feiten ~ *falsear los hechos*
verdraaiing • het verdraaien *torcimiento* m • foute weergave *distorsión* v; *tergiversación* v
verdrag *tratado* m ★ een ~ sluiten *firmar/concluir un tratado* ★ vast ~ *tratado en firme*
verdragen • dulden/doorstaan *tolerar*; *soportar* ★ elkaar goed kunnen ~ *entenderse* [ie] *bien* • gebruiken zonder er last van te hebben *aguantar*; ⟨v. voedsel⟩ *tolerar*; ⟨v. voedsel⟩ *digerir* [ie, i] ★ mijn maag verdraagt het niet *no lo digiero bien* ★ hij kan geen wijn ~ *no le sienta bien el vino*
verdriet *pena* v; *tristeza* v ★ iem. ~ doen *afligir a alguien* ★ ~ hebben *sufrir pena*
verdrietig *triste*; *afligido*
verdrijven • verjagen *echar*; *expulsar*; *ahuyentar*; ⟨uit het vaderland⟩ *desterrar* [ie] • doen voorbijgaan ⟨v. tijd⟩ *matar*; ⟨v. slaap/honger⟩ *engañar* ★ de tijd ~ *matar el tiempo* ★ de slaap ~ *engañar el sueño* ★ de honger ~ *engañar el hambre*
verdringen • wegduwen *empujar* ★ zich ~ *apretujarse*; *agolparse*; *apretarse* [ie] • plaats innemen *suplantar* • onderdrukken *reprimir*
verdringing • het wegdringen *desplazamiento* m • uitsluiting *suplantación* v • het onderdrukken PSYCH. *represión* v
verdrinken I OV WW • doen omkomen *ahogar* ★ iem. ~ *ahogar a u.p.*; *anegar a u.p.* ★ verdronken land *tierra inundada* • wegdrinken *ahogar* ★ zijn leed ~ *ahogar sus penas* **II** ON WW • omkomen *ahogarse* • ~ **in** ★ ik verdrink in deze jurk *estoy nadando en este vestido*
verdrinkingsdood *muerte* v *por asfixia* ★ de ~ sterven *morir* [ue, u] *ahogado*
verdrogen *secarse*
verdrukken *oprimir*
verdrukking *represión* v ★ tegen de ~ in *contra viento y marea*; *a pesar de todo*
verdubbelen I OV WW tweemaal zo groot maken *duplicar*; *doblar* **II** ON WW tweemaal zo groot worden *duplicarse*; *doblarse*
verdubbeling *duplicación* v
verduidelijken *aclarar*; *explicar*
verduidelijking *aclaración* v; *explicación* v
verduisteren I OV WW • donker maken *oscurecer* • stelen *malversar* **II** ON WW donker worden *oscurecerse*; ⟨v. hemellichamen⟩ *eclipsar*
verduistering • het donker maken *oscurecimiento* m • eclips *eclipse* m • het stelen *desfalco* m
verdunnen ⟨met water⟩ *aguar*; ⟨v. gas⟩

enrarecer; ⟨v. vloeistof⟩ *diluir;* ⟨v. vloeistof⟩ *aclarar;* ⟨met water⟩ *bautizar*
verdunner *disolvente* m
verdunning ⟨v. gas⟩ *rarefacción* v; ⟨v. vloeistof⟩ *dilución* v
verduren *tolerar; aguantar*
verduurzamen *conservar*
verdwaasd *aturdido; enloquecido*
verdwalen *extraviarse* [i]; *perderse* [ie]; *perder el camino*
verdwijnen *desaparecer*
verdwijnpunt *punto* m *de fuga*
veredelen *ennoblecer; mejorar;* ⟨v. metaal⟩ *refinar*
vereenvoudigen *simplificar*
vereenvoudiging *simplificación* v
vereenzamen *quedar aislado/arrinconado*
vereenzelvigen *identificar* ★ *zich ~ met identificarse con*
vereeuwigen *inmortalizar*
vereffenen *betalen liquidar; saldar* • *bijleggen arreglar*
vereisen *exigir; requerir* [ie, i]
vereiste *requisito* m; *condición* v; *exigencia* v
veren I ON WW *ser elástico; dar de sí* II BNW *de pluma*
verend *elástico*
verenigbaar *compatible; conciliable*
verenigd *unido*
verenigen • *samenvoegen unir; juntar* ★ *zich ~ unirse; juntarse* ★ *in de echt ~ unir en matrimonio* • *overeenbrengen compaginar; conciliar* ★ *zich ~ met estar de acuerdo con; conformarse con* ▼ *daarmee kan ik me ~ estoy conforme en este punto*
vereniging • *samenvoeging unión* v • *club asociación* v
verenigingsleven *vida* v *social*
vereren • *eer bewijzen rendir* [i] *honor; honrar* • *aanbidden adorar*
verergeren I OV WW *erger maken agravar; empeorar* II ON WW *erger worden agravarse; empeorarse*
verering *adoración* v ★ *uit ~ voor por adoración de*
verf • *pintura* v; ⟨voor stof/haar⟩ *tinte* m • → **verfje**
verfbad *baño* m *de pintura*
verfbom *bolsita* v *de pintura*
verfdoos *caja* v *de pinturas*
verfijnen *refinar*
verfijning *refinamiento* m; ⟨v. vaardigheid⟩ *perfeccionamiento* m
verfilmen *filmar*
verfilming • *het verfilmen filmación* v; *realización* v *cinematográfica* • *verfilmde versie versión* v *cinematográfica; adaptación* v
verfje ★ *een ~ geven dar una mano de pintura*
verfkwast *brocha* v
verflauwen *aflojar* ★ *niet in zijn ijver ~ no cejar en su empeño*
verfoeien *aborrecer; detestar*
verfoeilijk *abominable; detestable*
verfomfaaien *estrujar; estropear*
verfraaien *hermosear*
verfrissen *refrescar* ★ *zich ~ refrescarse*

verfrissend *refrescante*
verfrissing *refresco* m
verfroller *rodillo* m
verfrommelen *arrugar*
verfspuit *pistola* v *de pintor*
verfstof • *verf pintura* v • *grondstof pigmento* m
verfverdunner *diluyente* m
vergaan • *creperen morirse* [ue, u] ★ *~ van de dorst morirse de sed* • *ten onder gaan naufragar; hundirse* • *verteren pudrirse; deshacerse* ★ *tot stof ~ acabar en polvo* • *eindigen pasar* ★ *hoe is het hem ~? ¿cómo le ha ido?*
vergaand *transcendental* ★ *~e maatregelen medidas de gran alcance*
vergaarbak *mezcolanza* v
vergaderen *reunirse* [ú]; *celebrar una reunión*
vergadering *reunión* v; *junta* v; *asamblea* v ★ *een ~ houden celebrar una reunión* ★ *een ~ beleggen convocar una reunión* ★ *de ~ openen abrir la sesión* ★ *de ~ sluiten levantar la reunión/sesión*
vergaderzaal *sala* v *de reuniones*
vergallen *estropear; amargar* ★ *iemands genoegen ~ aguarle a alguien la fiesta*
vergalopperen [zich ~] *extralimitarse; pasearse*
vergankelijk *pasajero*
vergapen [zich ~] ★ *zich ~ aan embobarse ante*
vergaren *recoger; amontonar*
vergassen • *in gas omzetten gasificar* • *met gas doden gasear*
vergasten *agasajar con* ★ *zich ~ aan regalarse con*
vergeeflijk *perdonable*
vergeefs I BNW *vano; inútil* ★ *~e moeite esfuerzo inútil* II BIJW *en vano; en balde*
vergeeld *amarillento*
vergeetachtig *olvidadizo*
vergeetboek ▼ *in het ~ raken caer en el olvido*
vergeet-mij-niet *miosotis* v; *nomeolvides* v
vergelden *vengar*
vergeldingsmaatregel *represalia* v
vergelen *amarillear; ponerse amarillo*
vergelijk *arreglo* m ★ *tot een ~ komen llegar a un arreglo*
vergelijkbaar *comparable*
vergelijken *comparar* ★ *vergelijk blz. 12 compárese/véase pág. 12* ★ *het is niet te ~ no se puede comparar* ★ *te ~ met comparable con* ★ *vergeleken met comparado con*
vergelijkenderwijs *comparativamente*
vergelijking • *het vergelijken comparación* v ★ *in ~ met en comparación con* ★ *een ~ trekken establecer una comparación* • WISK. *ecuación* v
vergemakkelijken *facilitar*
vergen *exigir; requerir* [ie, i]; *pedir* [i] ★ *veel tijd ~ requerir mucho tiempo*
vergenoegd *contento*
vergenoegen *contentar* ★ *zich ~ met contentarse con*
vergetelheid *olvido* m ★ *in ~ raken caer en el olvido* ★ *aan de ~ prijsgeven relegar al olvido*
vergeten *olvidar* ★ *ik ben ~ wat ik zeggen wilde se me ha ido el santo al cielo* ★ *zijn*

plicht ~ *faltar a su deber* ★ hij deed alsof hij het ~ was *se hizo el olvidadizo* ★ ik heb ~ te *se me olvidó* [+ inf.] ★ ik heb mijn horloge ~ *se me olvidó el reloj*
vergeven • vergiffenis schenken *perdonar* • weggeven *dar* ★ er is een baantje te ~ *hay una plaza vacante* ▼ ~ zijn van *estar plagado*
vergevensgezind *indulgente; clemente*
vergeving *perdón* m; REL. *absolución* v ★ om ~ vragen *pedir* [i] *perdón*
vergevorderd *avanzado*
vergewissen [zich ~] *cerciorarse de; averiguar*
vergezellen *acompañar* ★ vergezeld gaan van *ir acompañado de*
vergezicht *vista* v; *panorama* m
vergezocht *rebuscado*
vergiet *colador* m
vergif *veneno* m
vergiffenis *perdón* m; REL. *absolución* v ★ ~ schenken *perdonar*
vergiftig *venenoso*
vergiftigen *envenenar; emponzoñar*
vergiftiging *envenenamiento* m; ⟨door voedsel⟩ *intoxicación* v
vergissen [zich ~] *equivocarse; estar equivocado* ★ u vergist zich heel erg *está usted muy equivocado* ★ zich in de tijd ~ *equivocarse en la hora* ▼ ~ is menselijk *quien errar boca se equivoca*
vergissing *error* m; *equivocación* v ★ bij ~ *por equivocación*
vergoeden • goedmaken *abonar; indemnizar; compensar* ★ de schade ~ *indemnizar/reparar los daños* ★ uw reiskosten worden vergoed *le abonamos los gastos de viaje* • terugbetalen *remunerar; pagar*
vergoeding • het vergoeden *abono* m • schadeloosstelling *indemnización* v ★ tegen een ~ van ... *por una remuneración de ...* • beloning *pago* m; *remuneración* v
vergoelijken *excusar; disculpar*
vergokken *perder* [ie] *jugando*
vergooien I OV WW *malgastar; echar a perder;* ⟨v. kans⟩ *desperdiciar* ★ zijn reputatie ~ *echar a perder su reputación* II WKD WW [zich ~] *envilecerse; degradarse*
vergrendelen *bloquear;* ⟨v. deur⟩ *echar el cerrojo a*
vergrijp *delito* m ★ een licht ~ *una falta*
vergrijpen [zich ~] *atentar contra; violar*
vergrijzen ★ de bevolking vergrijst *la población envejece*
vergrijzing *envejecimiento* m
vergroeien • krom groeien *deformarse* • aaneengroeien *cerrarse;* ⟨v. beenderen⟩ *soldarse* • FIG. nauw verbonden raken ★ zij zijn volledig met elkaar vergroeid *están compenetrados por completo*
vergrootglas *lente* v *de aumento; lupa* v
vergroten • groter maken *ampliar* [i]; *agrandar* ★ een foto ~ *ampliar una foto* • vermeerderen *extender* [ie]; *ensanchar; aumentar* ★ haar kennis ~ *ampliar sus conocimientos*
vergroting • het groter maken *ampliación* v; *agrandamiento* m • vermeerdering *aumento* m; *incremento* m • foto *ampliación* v *fotográfica*
vergruizen *pulverizar; desmenuzar; machacar*
verguizen *denostar* [ue]
verguld • bedekt met bladgoud *dorado* • blij *muy contento*
vergulden • bedekken met bladgoud *dorar* • blij maken *alegrar*
vergunnen *permitir*
vergunning *permiso* m; *autorización* v; ⟨voor drankverkoop⟩ *licencia* v
verhaal • vertelling *historia* v; *narración* v; *relato* m ★ het ~ gaat dat ... *dicen que ...* • vergoeding *derecho* m *de indemnización* ▼ weer op ~ komen *recuperar las fuerzas*
verhalen • vertellen *contar* [ue]; *narrar* • verhaal halen *cargar* (op *a); recobrar* (op *de)*
verhandelen *negociar*
verhandeling *tratado* m; *disertación* v; *discurso* m
verhangen I OV WW *cambiar de sitio* II WKD WW [zich ~] *ahorcarse*
verhapstukken *arreglar* ★ aan iets veel te ~ hebben *tener mucho que hacer en u.c.* ★ iets met iem. te ~ hebben *tener que solucionar una cuenta con alguien*
verhard *endurecido*
verharden I OV WW hard maken *endurecer* II ON WW hard worden *endurecerse*
verharen *pelechar*
verhaspelen • verkeerd uitspreken *chapurrear* • verknoeien *chapucear*
verheerlijken *glorificar*
verheerlijking *glorificación* v
verheffen I OV WW • bevorderen *alzar; levantar; elevar* ★ in de adelstand ~ *ennoblecer* • WISK. *elevar* ★ tot de derde macht ~ *elevar al cubo* II WKD WW [zich ~] *elevarse; levantarse*
verhelderen *aclarar*
verhelen *esconder; ocultar*
verhelpen *remediar* ★ dat is gemakkelijk te ~ *es fácil remediarlo* ★ dat is niet meer te ~ *ya no tiene arreglo; es irremediable*
verhemelte *paladar* m
verheugd *contento; alegre* ★ zeer ~ zijn te ... *estar muy contento de ...* ★ ik ben ~ u te zien *me alegro verle*
verheugen I OV WW blij maken *alegrar* ★ het verheugt mij *me alegro; lo celebro* II WKD WW [zich ~] *alegrarse* ★ zich in een goede gezondheid ~ *gozar de buena salud* ★ ik verheug me op mijn reis naar Spanje *me hace ilusión mi viaje a España* ★ zich ~ over *alegrarse de; regocijarse con*
verheugend *grato*
verheven *elevado* ★ ~ zijn boven *ser elevado a* ★ hij voelt zich boven iedereen ~ *se considera superior a todos; se considera por encima de todos*
verhevigen I OV WW heviger maken *intensificar* II ON WW heviger worden *intensificarse*
verhinderen *impedir* [i] ★ hij was verhinderd te komen *no pudo asistir*
verhindering *impedimento* m ★ bericht van ~ *comunicado de ausencia*
verhit *acalorado*
verhitten *calentar* [ie]

verhitting *calentamiento* m; *acaloramiento* m
verhoeden *precaver*
verhogen • hoger maken *alzar*; *elevar*; *aumentar* • versterken *ensalzar* ★ het verhoogt het effect *intensifica el efecto* • vermeerderen *mejorar* ★ de prijs ~ *elevar/subir el precio* ★ de kwaliteit ~ *mejorar la calidad*
verhoging • het ophogen *elevación* v • vermeerdering *aumento* m ★ ~ van salaris *aumento de sueldo* • verhoogde plaats *elevación* v; ⟨in een zaal⟩ *tarima* v • lichte koorts *recargo* m ★ ~ hebben *tener décimas*
verholen *encubierto* ★ nauw ~ *mal disimulado*
verhongeren *morirse* [ue, u] *de hambre*
verhoor ⟨v. verdachte⟩ *interrogatorio* m; ⟨v. getuige⟩ *examen* m ★ een ~ afnemen *tomar declaración*
verhoren • ondervragen ⟨v. getuige⟩ *examinar*; ⟨v. verdachte⟩ *interrogar* • inwilligen *acceder a* ★ een smeekbede ~ *acceder a una súplica*
verhouden [zich ~] ★ X verhoudt zich tot Y als 1 tot 2 *X es a Y como 1 a 2*
verhouding • relatie *relación* v ★ in vriendschappelijke ~ staan tot *guardar relaciones amistosas con* ★ de ~ tussen Frankrijk en Spanje *las relaciones entre Francia y España* • liefdesrelatie *relación* v; *relaciones* v mv ★ een ~ hebben met *mantener* [ie] *relaciones con* • evenredigheid *proporción* v ★ in ~ tot *en proporción con* ★ naar ~ *proporcionalmente* ★ naar ~ verdelen *repartir a prorrata*
verhoudingsgewijs *proporcionalmente*
verhuiskaart *aviso* m *de cambio de domicilio*
verhuiskosten *gastos* m mv *de mudanza*
verhuisonderneming *empresa* v *de mudanzas*
verhuiswagen *camión* m *de mudanzas*
verhuizen *mudarse*; *mudar de casa* ★ ze zijn verhuisd *se han mudado de casa* ★ aan het ~ zijn *estar de mudanza*
verhuizer *empresario* m *de mudanzas*
verhuizing *mudanza* v
verhullen *ocultar*
verhuren *arrendar*; *alquilar*
verhuur *alquiler* m; *arrendamiento* m
verhuurbedrijf *empresa* v *de alquiler*
verhuurder *alquilador* m; *arrendador* m
verificatie *verificación* v
verifiëren *comprobar* [ue]; *verificar*
verijdelen *frustrar*
vering • het veren *suspensión* v • verend gestel *muelles* m mv; ⟨v. auto⟩ *suspensión* v
verjaardag ⟨v. persoon⟩ *cumpleaños* m; ⟨v. gebeurtenis⟩ *aniversario* m ★ zijn ~ vieren *celebrar su cumpleaños*
verjaardagkalender *calendario* m *para escribir las fechas de los cumpleaños*
verjaardagscadeau *regalo* m *de cumpleaños*
verjaardagsfeest *fiesta* v *de cumpleaños*
verjaardagskaart *postal* v *de cumpleaños*
verjagen *ahuyentar*
verjaren • JUR. ongeldig worden *prescribir* • jarig zijn *celebrar su cumpleaños*
verjaringstermijn *plazo* m *prescriptivo*
verjongen *rejuvenecer*

verjonging *rejuvenecimiento* m
verkalken *calcificar*
verkalking *calcificación* v
verkapt *encubierto*; *disimulado*
verkassen *irse a vivir a otro sitio*
verkavelen *parcelar*; *dividir en lotes*
verkaveling *parcelación* v
verkeer • voertuigen, personen *circulación* v; *tráfico* m ★ het ~ regelen *regular el tráfico* • sociale omgang *trato* m ★ seksueel ~ *trato sexual*
verkeerd I BNW • niet goed *equivocado*; *erróneo* ★ de ~e weg nemen *equivocarse de camino* ★ ~e berekeningen *cálculos erróneos* ★ dat is ~ *es incorrecto* ★ de ~e gevolgtrekking *la conclusión equivocada* • omgekeerd *al revés* ★ de ~e kant *el revés* ▼ van de ~e kant zijn *ser de la otra acera* II BIJW • niet juist *mal* ★ ~ begrijpen *comprender mal* ★ alles ~ doen *hacerlo todo al revés* ★ hij doet er ~ aan te blijven *hace mal en quedarse* ★ dat gaat ~ *eso acabará mal* • verkeerd om *al revés* ★ een trui ~ om aandoen *ponerse el jersey al revés*
verkeersader *arteria* v *de tráfico*
verkeersagent *policía* m/v *de tráfico*
verkeersbord *señal* v *de tráfico*
verkeerscentrale *centro* m *de tráfico*
verkeersdiploma *diploma* m *escolar sobre las reglas de tráfico*
verkeersdrempel *espigón* m; INFORM. *clavo* m
verkeersheuvel *isla* v
verkeersinformatie *información* v *tráfico*
verkeersknooppunt *punto* m *de enlace del tráfico*
verkeersleider *controlador* m *aéreo*
verkeerslicht *luz* v *de tráfico*
verkeersongeval *accidente* m *de tráfico*
verkeersopstopping *embotellamiento* m; *congestión* v; *atasco* m
verkeersovertreder *infractor* m
verkeersovertreding *infracción* v *de las normas del tráfico*
verkeersplein *intersección* v *de sentido giratorio obligatorio*
verkeerspolitie *policía* v *de tráfico*
verkeersregel *norma* v *de circulación*
verkeersslachtoffer *víctima* v *del tráfico*
verkeerstoren *torre* v *de control*
verkeersvlieger *piloto* m *civil*
verkeersvliegtuig *avión* m *de pasajeros*
verkeersweg *carretera* v
verkeerszuil ≈ *señal* v *de tráfico*
verkennen *explorar* ★ het terrein ~ *explorar el terreno*
verkenner *explorador* m
verkenning *exploración* v; *reconocimiento* m ★ op ~ uitgaan *hacer un reconocimiento*
verkenningstocht *viaje* m *de exploración*
verkenningsvliegtuig *avión* m *de reconocimiento*
verkeren • zich bevinden *encontrarse* [ue]; *hallarse*; *frecuentar* ★ in gevaar ~ *correr peligro* ★ in de mening ~ *opinar* ★ veel in cafés ~ *frecuentar los bares* ★ aan het hof ~ *frecuentar la corte* • ~ met *tratar con* ▼ het kan ~ *las cosas pueden cambiar*

verkering *relación* v ★ ~ hebben met iem. *tener relaciones íntimas con u.p.*
verkiesbaar *elegible*
verkieslijk *preferible*
verkiezen • prefereren *preferir* [ie, i] ★ X boven Y ~ *preferir X a Y* • kiezen *elegir* [i] • willen *querer* [ie] ★ ik verkies niet gestoord te worden *no quiero que me molesten*
verkiezing • het stemmen *elección* v ★ ~en houden *celebrar elecciones* ★ vervroegde ~en *elecciones anticipadas* • keuze ★ naar ~ *a discreción*
verkiezingscampagne *campaña* v *electoral*
verkiezingsstrijd *batalla* v *electoral*
verkiezingsuitslag *resultado* m *electoral*
verkijken I OV WW voorbij laten gaan ★ de kans is verkeken *se ha perdido la ocasión* **II** WKD WW [zich ~] ★ zich ~ op *equivocarse*
verkikkerd ★ ~ zijn op *chiflarse por; chochear por*
verklaarbaar *explicable*
verklappen *irse de la lengua*
verklaren I OV WW • kenbaar maken *declarar; certificar; calificar de* ★ onomwonden ~ *declarar sin rodeos* ★ zijn liefde ~ aan iem. *declararse a alguien* ★ nietig ~ *declarar nulo* ★ tot oplichter ~ *calificar de impostor* ★ vogelvrij ~ *declarar fuera de la ley* • uitleggen *explicar* **II** WKD WW [zich ~] *declararse* ★ zich akkoord ~ met iets *declararse conforme con u.c.; aprobar* [ue] *u.c.* ★ zich bereid ~ tot *declararse dispuesto a* ★ verklaar je nader *explícate*
verklaring • uitleg *explicación* v; *aclaración* v ★ een ~ eisen van *pedir* [i] *explicaciones de* • mededeling *declaración* v; *certificación* v; *certificado* m ★ een ~ afleggen *hacer una declaración* • JUR. getuigenis ★ beëdigde ~ *declaración* v *bajo juramento* • MED. attest ★ medische ~ *certificado* m *médico*
verkleden • omkleden *cambiar de ropa* ★ zich ~ *cambiarse* • vermommen *disfrazar* ★ zich ~ als clown *disfrazarse de payaso*
verkleinen • kleiner maken *reducir* • verminderen *disminuir*
verkleining • *reducción* v • TAALK. *diminutivo* m
verkleinvorm *forma* v *diminutiva*
verkleinwoord *diminutivo* m
verkleumd *aterido*
verkleumen *aterirse*
verkleuren *descolorarse; desteñirse* [i]
verklikken *soplar*
verklikker • toestel *detector* m • verrader *soplón* m
verkloten *cagar; joder*
verknallen *echar a perder*
verkneuteren [zich ~] *regocijarse; regodearse*
verknippen *tijeretear; cortar mal*
verknipt *chiflado*
verknocht *afecto a*
verknoeien • verspillen *malgastar* • bederven *estropear; echar a perder*
verkoelen I OV WW koel maken *refrescar; enfriar* [í] **II** ON WW koel worden *enfriarse* [í]
verkoeling *enfriamiento* m
verkoeverkamer *sala* v *de recuperación*

verkolen *carbonizar*
verkommeren *languidecer; desmejorar*
verkondigen • aankondigen *anunciar; publicar* • REL. ★ het evangelie ~ *proclamar el Evangelio*
verkondiging *publicación* v; *proclamación* v
verkoop *venta* v ★ ~ bij afslag *venta a la rebaja* ★ ~ bij opbod *venta al mejor postor* ★ afdeling ~ *promoción* v *de ventas*
verkoopbaar *vendible*
verkoopcijfer *cifra* v *de venta*
verkoopleider *jefe* m *de ventas*
verkooppraatje *cháchara* v *publicitaria*
verkoopprijs *precio* m *de venta*
verkooppunt *punto* m *de venta*
verkoopster *vendedora* v
verkooptruc *truco* m *de venta*
verkopen • tegen betaling leveren *vender* ★ iets voor 50 euro ~ *vender algu.c. por 50 euros* ★ moeilijk te ~ zijn *no tener buena salida* • aannemelijk maken ★ zichzelf goed weten te ~ *saber venderse bien* • opdissen ★ leugens ~ *mentir; decir* [i] *mentiras* ★ onzin ~ *decir* [i] *disparates* ★ flauwe grappen ~ *gastar bromas pesadas* ★ toedienen ★ een dreun ~ *dar una bofetada*
verkoper *vendedor* m; ⟨in winkel⟩ *dependiente* m
verkoping *venta* v; *subasta* v ★ openbare ~ *subasta* v *pública*
verkorten *acortar; abreviar*
verkouden *resfriado; constipado; acatarrado* ★ ~ worden *resfriarse; acatarrarse; constiparse*
verkoudheid *resfriado* m; *catarro* m; *constipado* m ★ een ~ oplopen *pescar un catarro; coger un catarro*
verkrachten *violar*
verkrachter *violador* m
verkrachting *violación* v
verkrampen *contraerse;* ⟨v. gezicht⟩ *convulsionar*
verkrampt *retorcido*
verkreukelen *arrugar; chafar*
verkrijgbaar *obtenible;* ⟨in winkels⟩ *de venta* ★ het is niet meer ~ *está agotado* ★ moeilijk ~ *difícil de obtener*
verkrijgen *obtener; adquirir* [ie] ★ hier te ~ *de venta aquí* ★ het is niet meer te ~ *está agotado*
verkroppen *digerir* [ie, i] ★ ik kan het niet ~ *no puedo digerirlo* ★ zijn leed ~ *beberse las lágrimas*
verkruimelen *desmigajar*
verkwanselen *malvender; malbaratar*
verkwikken *reconfortar; reanimar*
verkwikkend *reconfortante; refrescante*
verkwisten *derrochar; malgastar; despilfarrar*
verkwistend *derrochador; pródigo; manirroto*
verlagen • lager maken *rebajar;* ⟨in rang⟩ *degradar* • vernederen *humillar* ★ zich ~ (tot) *envilecerse* (a)
verlaging *rebaja* v; *disminución* v
verlakken • lakken *barnizar* • bedriegen *timar; embaucar; engañar*
verlamd *paralítico* ★ ~ raken *paralizarse*
verlammen *paralizar*
verlamming • het verlammen *paralización* v

• lamheid *parálisis* v
verlangen I ZN [het] *deseo* m; ⟨vurig⟩ *anhelo* m; ⟨vurig⟩ *ansia* v ★ iemands ~s bevredigen *satisfacer los deseos de u.p.* ★ op ~ van *por el deseo de* **II** OV WW • willen *desear; querer* [ie] ★ wat verlangt u van mij? *¿qué desea usted de mí?* • eisen *exigir* **III** ON WW ~ **naar** *desear (a)* ★ naar iem. ~ *desear a u.p.* ★ hevig naar iets ~ *anhelar u.c.; suspirar por u.c.*
verlanglijst *desiderata* v
verlaten I BNW • in de steek gelaten *abandonado* • afgelegen *aislado; solitario; desierto* **II** OV WW • weggaan *dejar* • in de steek laten *abandonar; desamparar* ★ hij wordt door iedereen ~ *todo el mundo le abandona; todos le hacen el vacío* **III** WKD WW [**zich** ~] • te laat komen *atrasarse* ★ ik heb me wat verlaat *se me ha hecho tarde* • ~ **op** vertrouwen op *confiar en* [í]
verlatenheid *abandono* m; *soledad* v
verleden I ZN [het] tijd van vroeger *pasado* m ★ ons roemrijk ~ *nuestro glorioso pasado* **II** BNW • vorig *pasado* ★ ~ maand *el mes pasado* ★ TAALK. • de onvoltooid ~ tijd *el pretérito imperfecto*
verlegen • schuchter *tímido; cohibido* ★ ~ tegenover de vrouwen zijn *ser corto con las mujeres* ★ ~ maken *desconcertar* [ie]; *turbar* ★ ~ worden *desconcertarse; turbarse* • geen raad wetend *confundido* ★ ergens mee ~ zitten *no saber qué hacer con algo* • ~ **om** necesitar ★ nooit om een antwoord ~ zitten *tener la respuesta siempre a punto*
verlegenheid • het verlegen zijn *timidez* v • moeilijkheid *apuro* m ★ iem. in de grootste ~ brengen *poner en gran apuro a u.p.*
verleggen *desplazar*
verleidelijk *seductor*
verleiden • verlokken *tentar* [ie]; *inducir a* ★ ik heb me ertoe laten ~ *no pude resistir* • tot geslachtsgemeenschap brengen *seducir*
verleider *tentador* m; *seductor* m
verleiding *seducción* v; *tentación* v ★ voor de ~ bezwijken *caer en la tentación*
verlekkerd *engolosinado*
verlekkeren I OV WW lekker maken *engolosinar* ★ verlekkerd zijn op iets *estar engolosinado con algo* **II** ON WW lekker worden *engolosinar* **III** WKD WW [**zich** ~] *engolosinarse* • zich ~ aan de vele mooie vrouwen *encandilarse con todas las mujeres bonitas*
verlenen *dar; conceder;* ⟨v. volmacht, titels⟩ *otorgar* ★ toestemming ~ *dar permiso* ★ hulp ~ *prestar ayuda*
verlengde *prolongación* v
verlengen • langer maken *alargar* • langer laten duren *prolongar;* ⟨v. paspoort⟩ *renovar* [ue]
verlenging • het verlengen ⟨v. tijdsduur⟩ *prolongación* v; ⟨v. lengte⟩ *alargamiento* m; ⟨v. geldigheidsduur⟩ *renovación* v • SPORT extra speeltijd *prolongación* v
verlengsnoer *alargador* m
verlengstuk *prolongación* v
verleppen *marchitarse*
verlept *marchito*

verleren *desaprender*
verlet *impedimento* m ★ regen~ *impedimento por la lluvia*
verlevendigen *avivar*
verlichten • beschijnen *iluminar; alumbrar* • minder zwaar maken *aliviar;* ⟨v. dorst, pijn⟩ *mitigar* • kennis bijbrengen *ilustrar*
verlichting • dat wat licht brengt *iluminación* v; *alumbrado* m • leniging *aligeramiento* m • opluchting *alivio* m • GESCH., O&W *Ilustración* v
verliefd *enamorado* ★ ~ worden op *enamorarse de* ★ ~ op *enamorado de*
verliefdheid *enamoramiento* m
verlies • het verliezen *pérdida* v ★ niet tegen zijn ~ kunnen *ser mal perdedor* • het verlorene *pérdida* v; ⟨in oorlog⟩ *baja* v ★ een ~ van duizend man *un millar de bajas* ★ ~ en winst *pérdidas y ganancias*
verliesgevend *que produce pérdidas*
verliespost *partida* v *que ocasiona pérdidas*
verliezen I OV WW • niet winnen *perder* [ie] ★ de wedstrijd ~ *perder el partido* • kwijtraken *perder* [ie] ★ zijn geduld ~ *perder la paciencia* ★ niets te ~ hebben *no tener nada que perder* **II** WKD WW [**zich** ~] *perderse en* [ie]; *sumirse en* ★ zich in details ~ *perderse en detalles*
verliezer *perdedor* m
verlinken *soplar;* FORM. *delatar*
verloederen *venir a menos; degradarse*
verloedering *degradación* v; *decadencia* v
verlof • vrijstelling *permiso* m; *licencia* v ★ groot ~ *licencia absoluta* ★ op ~ zijn *estar de permiso* ★ met ~ sturen *licenciar* • vergunning *licencia* v; *autorización* v
verlofdag *día* m *de licencia*
verlofganger *licenciado* m
verlofpas *licencia* v
verlokken *seducir*
verloochenen *renegar de* [ie] ★ zich ~ *renegar de sí mismo*
verloochening *negación* v
verloofd *prometido*
verloofde *novio* m; *prometido* m
verloop • ontwikkeling *curso* m; *proceso* m • het verstrijken *transcurso* m; *marcha* v ★ na ~ van tijd *al cabo de un tiempo* • het komen en gaan ★ natuurlijk ~ *cambio* m *natural*
verloopstekker *enchufe* m *de empalme*
verloopstuk *pieza* v *de empalme*
verlopen I BNW ongeldig *acabado* **II** ON WW • voorbijgaan *transcurrir; pasar* ★ er zijn al enige maanden ~ *han transcurrido varios meses ya* ★ zich ontwikkelen *desarollarse; ir* ★ hoe is het feest ~? *¿qué tal estuvo la fiesta?* ★ het is goed ~ *ha ido bien* • ongeldig worden *expirar; caducar* ★ mijn paspoort is ~ *ha caducado mi pasaporte* ★ de termijn laten ~ *dejar expirar el plazo* • ⟨v. getij⟩ ★ het getij verloopt *baja la marea* • FIG. achteruitgaan *decaer*
verloren • kwijt *perdido* ★ ~ gaan *perderse* [ie] • reddeloos *perdido* • nutteloos *perdido* ★ in een ~ uurtje *en un rato perdido*
verloskamer *habitación* v *para el parto*
verloskunde *obstetricia* v

verloskundige *tocólogo* m; INFORM. *partero* m
verlossen • bevrijden *liberar; librar* • helpen bevallen *asistir en el parto*
Verlosser *Redentor* m; *Salvador* m
verlosser *libertador* m
verlossing • bevrijding *liberación* v; REL. *salvación* v • bevalling *parto* m
verloten *sortear; rifar*
verloting *rifa* v; *sorteo* m
verloven [**zich ~**] *prometerse; formalizar el noviazgo*
verloving *noviazgo* m
verlovingsring *anillo* m *de compromiso*
verluiden ★ naar verluidt *según dice*
verlustigen [**zich ~**] **aan/in** *regocijarse de/por; regodearse en/con*
vermaak *diversión* v; *entretenimiento* m ★ ~ scheppen in *complacerse en*
vermaard *célebre*
vermaatschappelijking *sociabilización* v
vermageren *enflaquecer; adelgazar*
vermagering *adelgazamiento* m
vermageringskuur *régimen* v *de adelgazamiento*
vermakelijk *divertido*
vermaken • amuseren *divertir* [ie, i]; *entretener* [ie] ★ zich ~ *divertirse* [ie, i] • nalaten *legar* • veranderen *cambiar*
vermalen *moler* [ue]; *triturar*
vermanen *amonestar; reprender*
vermaning *amonestación* v; *reprimenda* v
vermannen [**zich ~**] *envalentonarse*
vermeend *supuesto; presunto*
vermeerderen *aumentar; incrementar; ampliar* [i]
vermeerdering *aumento* m
vermelden *mencionar; nombrar*
vermelding *mención* v ★ met ~ van *mencionando*
vermengen *mezclar*
vermenging *mezcla* v
vermenigvuldigen • verveelvoudigen *multiplicar* • WISK. *multiplicar*
vermenigvuldiging *multiplicación* v
vermetel *temerario; audaz*
vermicelli *fideos* m mv
vermijden *evitar; eludir*
vermiljoen *bermellón*
verminderen I OV WW minder maken *disminuir; reducir; bajar* II ON WW minder worden *disminuir; reducirse* ★ in waarde ~ *disminuir en valor*
vermindering *disminución* v; *reducción* v
verminken • lichamelijk schenden *mutilar* ★ hij raakte voor het leven verminkt *quedó mutilado para toda la vida* • beschadigen *estropear; inutilizar* ★ een tekst/kunstwerk ~ *estropear un texto/una obra de arte*
verminking *mutilación* v; *desfiguración* v; *laceración* v
vermissen ★ het schip wordt vermist *la nave se da por desaparecida* ★ als vermist opgeven *dar por desaparecido* ★ vermist raken *desaparecer*
vermissing *desaparición* v
vermiste *desaparecido* m
vermoedelijk *probable; presunto* ★ de ~e dader *el presunto autor*
vermoeden I ZN [het] • veronderstelling *presunción* v; *suposición* v • voorgevoel *presentimiento* m ★ een flauw ~ *una vaga idea* ★ ik heb zo'n ~ dat ... *presiento que ...* ★ geen flauw ~ hebben *no tener ni la menor idea* • verdenking *sospecha* v II OV WW • veronderstellen *suponer; presumir* • bedacht zijn op *presentir* [ie, i]
vermoeid *cansado*
vermoeidheid *cansancio* m; *fatiga* v
vermoeidheidsverschijnsel *síntoma* m *de cansancio*
vermoeien *cansar* ★ zich ~ *cansarse*
vermogen I ZN [het] • capaciteit van zaken ⟨v. zaken⟩ *potencia* v • capaciteit van mensen *facultad* v; *talento* m ★ verstandelijke ~s *facultades intelectuales* ★ hem *poder* m ★ dat ligt niet binnen mijn ~ *no está en mi poder* • bezit *capital* m; *fortuna* v ★ geen ~ bezitten *no tener fortuna* ★ dat kost me een ~ *me cuesta un dineral* II OV WW in staat zijn *poder* [ue]; *ser capaz de* ★ ik zal doen wat ik vermag *haré lo posible*
vermogend • rijk *acaudalado; rico* • invloedrijk *pudiente*
vermogensaanwas *incremento* m *de capital* ★ belasting op de ~ *impuesto sobre el incremento de capital*
vermogensaanwasdeling *reparto* m *del incremento de capital*
vermogensbelasting *impuesto* m *sobre el patrimonio*
vermolmd *carcomido; podrido*
vermommen *disfrazar* ★ zich ~ als *disfrazarse de*
vermomming *disfraz* m
vermoorden *asesinar; matar*
vermorzelen *destrozar; triturar; aplastar*
vermout *vermut* m
vermurwen *ablandar* ★ zij laat zich niet ~ *no se deja ablandar*
vernauwen *estrechar*
vernauwing *constricción* v; MED. *estenosis* v
vernederen *humillar; rebajar* ★ zich ~ *humillarse; rebajarse*
vernederend *humillante*
vernedering *humillación* v
vernederlandsen *adaptarse a las costumbres y a la vida en Holanda*
vernemen *enterarse de; saber; aprender* ★ ik heb nog steeds niets van hem vernomen *aún no tengo noticias de él* ★ ik heb vernomen dat ... *estoy enterado de que; he oído decir que; me dijeron que*
vernielen *destrozar; destruir*
vernieling *destrucción* v; *destrozo* m ▼ in de ~ geraakt *destrozado*
vernielzucht *vandalismo* m
vernietigen • verwoesten *destruir; destrozar* • nietig verklaren *anular*
vernietigend *destructivo; aniquilador*
vernietiging *destrucción*
vernietigingskamp *campo* m *de concentración*
vernieuwen *renovar* [ue]
vernieuwend *innovador; renovador*
vernikkelen I OV WW met nikkel bedekken

niquelar II ON WW verkleumen ★ ~ van de kou *aterirse de frío*
vernis *barniz* m
vernissen *barnizar*
vernoemen *poner el nombre de* ★ er is een kind naar hem vernoemd *al niño le han puesto el nombre de él*
vernuft *genio* m; *ingenio* m
vernuftig • scherpzinnig *ingenioso* • ingenieus *ingenioso*
veronachtzamen *desatender* [ie]; *descuidar*
veronderstellen *suponer*; *presumir* ★ verondersteld dat ... *suponiendo que* ...
veronderstelling *suposición* v; *presunción* v
verongelijkt ★ ~ kijken *mirar ofendido*
verongelukken ⟨v. persoon⟩ *morir* [ue, u] *en un accidente*; ⟨v. persoon⟩ *perecer*; ⟨v. voertuig⟩ *accidentarse*; ⟨v. schip⟩ *naufragar*
verontreinigen *contaminar*
verontreiniging *contaminación* v
verontrusten *inquietar*; *preocupar*
verontrustend *inquietante*
verontrusting *inquietud* v; *preocupación* v
verontschuldigen I OV WW *disculpar*; *perdonar* ★ zich laten ~ *excusarse* II WKD WW [zich ~] *excusarse*; *disculparse* ★ zich ~ voor *disculparse por*
verontschuldiging *disculpa* v; *excusa* v ★ zijn ~en aanbieden *presentar disculpas*; *presentar sus excusas* ★ ter ~ *como disculpa/excusa*
verontwaardigd *indignado* ★ diep ~ *muy indignado por*
verontwaardigen *indignar*
verontwaardiging *indignación* v ★ de ~ wekken *indignar*; *provocar indignación*
veroordeelde *condenado* m
veroordelen • afkeuren *desaprobar* [ue]; *condenar* • vonnissen *condenar*; *sentenciar* ★ iem. ~ tot een jaar gevangenisstraf *condenar a alguien a un año* ★ tot een geldboete ~ *imponer una multa*; *multar*
veroordeling • afkeuring *condenación* v; *desaprobación* v • vonnis *condena* v
veroorloven *permitir* ★ dat kan ik me financieel niet ~ *mis medios no me lo permiten*
veroorzaken *causar*; *originar*; *ocasionar*; *provocar*
verorberen *comerse*
verordenen *ordenar*; *decretar*
verordening *ordenanza* v; *decreto* m
verouderen • ouder worden *envejecer* • in onbruik raken *pasar de moda*; *anticuar*; ⟨v. uitdrukking⟩ *caer en desuso*
veroudering • ⟨v. mensen⟩ het ouder worden *envejecimiento* m • ⟨v. dingen⟩ het in onbruik raken *antiguamiento* m
veroveraar *conquistador* m
veroveren *conquistar* ★ niet te ~ *inconquistable* ★ stormenderhand ~ *tomar por asalto*
verovering *conquista* v ★ ~en maken *hacer conquistas*
verpachten *arrendar* [ie]; *dar en arriendo*
verpakken *embalar*; *empaquetar*; ⟨in blik, glas⟩ *envasar*
verpakking *envase* m; *embalaje* m
verpakkingsmateriaal *material* m *de embalaje*

verpanden *empeñar*
verpatsen *malbaratar*; *malvender*
verpauperen *empobrecerse*
verpersoonlijken *personificar*
verpersoonlijking *personificación* v
verpesten *apestar*; *emponzoñar*; *arruinar* ★ de sfeer ~ *echar a perder el ambiente*; *joder la fiesta*
verpieteren *cocer* [ue] *demasiado* ★ verpieterde groente *verduras demasiado hervidas*
verplaatsen I OV WW elders plaatsen *trasladar*; *desplazar*; *cambiar de sitio* II WKD WW [zich ~] • zich voortbewegen *moverse* [ue]; *desplazarse* • ~ in ★ zich in iem. ~ *ponerse en el lugar de u.p.*
verplaatsing *traslado* m; *desplazamiento* m
verplanten *trasplantar*
verpleegdag *día* m *de asistencia*
verpleeghuis *residencia* v *sanitaria*; *casa* v *de convalecencia*
verpleeghulp *asistente* m *de enfermero*
verpleegkundige *enfermero* m
verpleegster *enfermera* v
verplegen *atender* [ie]; *cuidar*; *asistir*
verpleger *enfermero* m
verpleging *asistencia* v; *cuidado* m ★ in de ~ werken *trabajar de enfermero*
verpletteren *aplastar*
verplicht • voorgeschreven *obligatorio* • genoodzaakt *obligado* ★ ~ zijn om *estar obligado a* • verschuldigd *obligado* ★ iem. zeer ~ zijn *estar muy obligado a u.p.* ★ ik ben u zeer ~ *se lo agradezco mucho* ★ zich aan iem. ~ voelen *sentirse* [ie, i] *obligado con u.p.*
verplichten *obligar* ★ zich ~ tot *comprometerse a*; *obligarse a*
verplichting *obligación* v; *compromiso* m ★ haar ~en nakomen *cumplir con sus obligaciones* ★ haar ~en niet nakomen *faltar a sus obligaciones*
verpoppen [zich ~] *crisalidar*
verpoten *trasplantar*
verpotten *trasplantar*; *cambiar de tiesto*
verpozen [zich ~] *reposar*
verprutsen *estropear*; *echar a perder*
verpulveren I OV WW tot pulver maken *pulverizar* II ON WW tot pulver worden *pulverizarse*
verraad *traición* v ★ ~ plegen jegens *hacer traición a*
verraden • openbaar maken *revelar* • niet trouw zijn aan *traicionar*; *delatar* • FIG. kenbaar maken *revelar* ★ talent ~ *revelar talento*
verrader *traidor* m
verraderlijk *traicionero*; *traidor*
verramsjen *vender a precios ruinosos*
verrassen • verbazen *sorprender*; *asombrar* • verblijden *dar una sorpresa* • betrappen *sorprender*; *coger de sorpresa*
verrassend *sorprendente*; *inesperado*
verrassing • het verbazen *sorpresa* v ★ iets dat verbaast *sorpresa* v
verrassingsaanval *ataque* m *por sorpresa*
verre • → **ver**
verregaand *extremo*; *excesivo*; *radical* ★ ~e

veranderingen *cambios radicales*
verregenen *echarse a perder por la lluvia*
verreikend *de gran alcance*
verreisd *cansado* • er~ uitzien *tener aspecto de haber viajado mucho*
verrek *mecachis; mecagüen*
verrekenen I OV WW *ajustar; compensar* ★ ~ met descontar [ue] *de* **II** WKD WW [**zich** ~] • LETT. *calcular mal* • FIG. *llevarse un chasco; tirarse una plancha*
verrekening • het verrekenen *compensación* m • misrekening *error* m *de cálculo*
verrekijker *prismáticos* m mv; ⟨telescoop⟩ *telescopio* m
verrekken I OV WW te ver rekken *distender* [ie]; *torcer* [ue] ★ een spier ~ *hacerse un esguince* ★ zijn arm ~ *dislocar el brazo* **II** ON WW creperen *reventarse* [ie] ★ ~ van de honger *morirse* [ue, u] *de hambre* ★ verrek toch! *¡vete al cuerno!* ▼ het kan me niet ~ *me importa un bledo / pepino*
verrekking *esguince* m
verreweg *con mucho* ★ hij is ~ de beste *es con mucho el mejor*
verrichten *realizar; hacer; efectuar* [ú]
verrichting • handeling *acción* v • uitvoering *realización* v; *ejecución* v
verrijden • rijdend verplaatsen *mover* [ue] • aan rijden besteden *gastar en transporte*
verrijken *enriquecer* ★ zich ~ *enriquecerse*
verrijking *enriquecimiento* m
verrijzen • oprijzen *levantarse; surgir* • opstaan ⟨uit de dood⟩ *resucitar*
verrijzenis *resurrección* v
verroeren *mover* [ue] ★ zich ~ *moverse*
verroest I BNW *herrumbroso; oxidado* **II** TW INFORM. *¡hostias!; ¡caramba!*
verroesten *oxidarse*
verrot • rot geworden *podrido* • vervloekt *maldito*
verrotten *podrirse; pudrirse* ▼ je kunt ~! *¡vete a la mierda!*
verrotting *putrefacción* v
verruilen *trocar* [ue]; *cambiar* ★ ~ voor iets anders *cambiar por otra cosa*
verruimen *ensanchar; ampliar* [í]
verruiming *ampliación* v
verrukkelijk *buenísimo; maravilloso*
verrukken *embelesar; extasiar*
verrukking *éxtasis* m; *arrobo* m
vers I BNW • nieuw, fris *fresco* ★ vers brood *pan fresco* ★ melk, vers van de koe *leche recién ordeñada* • FIG. net ontstaan *fresco* **II** BIJW ▼ het ligt mij nog vers in het geheugen *lo recuerdo como si fuera hoy* **III** ZN [het] • dichtregel *verso* m • strofe *estrofa* v • gedicht *poesía* v • passage in Bijbel *versículo* m ▼ dat is vers twee *eso ya es otra cosa*
versagen *desalentarse* [ie]
verschaffen *proporcionar; procurar; facilitar*
verschalen ⟨v. bier⟩ *quedar sin sabor*; ⟨v. wijn⟩ *picarse*
verschalken • verorberen *comerse* ★ een glaasje ~ *tomarse una copita* ★ een visje ~ *comerse un pescadito* • te slim af zijn *atrapar; engañar*

verschansen [**zich** ~] *atrincherarse*
verschansing • bolwerk *fortificación* v • reling *barandilla* v
verscheiden I BNW verschillend *vario* mv [v mv: *varias*] **II** ONB VNW meer *varios* ★ ~e gevallen *varios casos*
verscheidenheid *variedad* v; *diversidad* v
verschepen • per schip verzenden *embarcar* • overladen *transbordar; embarcar*
verscheping *embarque* m; *transporte* m
verscherpen • aanscherpen *agudizar; exacerbar; intensificar* ★ intensificar ~ *intensificar la vigilancia* • verergeren *agudizar* ★ dat verscherpte het conflict *esto agudizó el conflicto*
verscherping *recrudecimiento* m
verscheuren • scheuren *rasgar; romper* ★ ik verscheurde je foto *rompí tu foto a pedazos* • in verdeeldheid brengen *dividir* • verslinden *desgarrar*
verschiet • verte *distancia* v • toekomst *perspectiva* v ★ in het ~ liggen *esperar* ★ in een ver ~ *en un futuro lejano*
verschieten I OV WW verbruiken *gastar* **II** ON WW • verbleken ⟨v. kleur⟩ *desteñirse*; [i] ⟨v. persoon⟩ *mudar de color*; ⟨v. persoon⟩ *demudarse*; ⟨v. persoon⟩ *palidecer* ★ rood worden *ruborizarse* • wegschieten ⟨v. ster⟩ *caer*
verschijnen • zich vertonen *aparecer* • komen opdagen *presentarse*; ⟨voor het gerecht⟩ *comparecer* ★ voor de rechter ~ *comparecer ante el juez* ★ gepubliceerd worden *publicarse*; *salir* ★ verschijnt 's maandags *sale los lunes*
verschijning • het verschijnen *aparición* v; ⟨voor rechter⟩ *comparecencia* v; ⟨v. publicatie⟩ *publicación* v • persoon *persona* v; *tipo* m ★ een knappe ~ *u.p. guapa* • geestverschijning *aparición* v
verschijnsel • fenomeen *fenómeno* m • symptoom *síntoma* m
verschikken *disponer de otro modo*
verschil • onderscheid *diferencia* v; *distinción* v; ⟨v. mening⟩ *discrepancia* v ★ geen ~ maken tussen *no diferenciar entre* • WISK. *diferencia* v
verschillen *diferir* [ie, i]; *ser distinto*; *diferenciarse* ★ ~ van iem. *diferir de alguien*
verschillend I BNW *distinto; diferente* ★ dat is ~ *eso es diferente* **II** TELW *verscheiden diversos* m mv [v mv: *diversas*]; *varios* m mv [v mv: *varias*] ★ ~e mensen gingen weg *varias personas se fueron*
verschimmelen *enmohecerse*
verscholen *escondido; oculto*
verschonen • schoon goed aandoen *cambiar* ★ zich ~ *cambiarse*; *mudarse de ropa* ★ de luier ~ *cambiar los pañales* ★ het bed ~ *cambiar las sábanas* • verontschuldigen *disculpar* • vrijwaren *liberar de* ★ verschoond blijven van *quedar liberado de*
verschoning • schone (onder)kleding *muda* v • schoon beddengoed *sábanas* v mv *limpias* • verontschuldiging *disculpa* v ★ (om) ~ vragen *disculparse*
verschoppeling *paria* m/v
verschralen *resecarse*; *volverse* [ue] *árido*

verschrijven [zich ~] *equivocarse al escribir*
verschrikkelijk *horrible; terrible; espantoso* • een ~leuke meid *una chica bárbara* ★ hij ziet er ~uit *da miedo verle* ★ een ~e honger *un hambre que no veas* ★ ~schandaal *escándalo padre* ★ wat ~! *¡qué horror!; ¡qué barbaridad!* ★ hij heeft ~e dingen meegemaakt *ha pasado cosas horribles* ★ een ~karwei *un trabajo ímprobo*
verschrikking *horror* m
verschroeien I OV WW *schroeien quemar; chamuscar; abrasar* II ON WW *verschroeid worden quemarse; chamuscarse*
verschrompelen *encogerse*
verschuilen [zich ~] *esconderse* ★ zich ~achter *estar escondido detrás de; acogerse a*
verschuiven I OV WW • *verplaatsen mover* [ue]; *correr* • *uitstellen aplazar; postergar* II ON WW *zich verplaatsen correrse*
verschuiving • *verplaatsing desplazamiento* m; *cambio de sitio* • *uitstel aplazamiento* m
verschuldigd • *te betalen debido* ★ het ~e (bedrag) *el débito* • *verplicht debido* ★ iem. veel ~zijn *deber mucho a u.p.* ★ ~zijn *deber; adeudar*
versheid *frescura* v
versie *versión* v
versierder *ligón* m
versieren • *verfraaien adornar; decorar* • *voor elkaar krijgen agenciárselas* • *verleiden ligar* ★ iem. ~ *ligar a u.p.*
versiering *adorno* m; *decoración* v
versiertoer • op de ~gaan *ir a ligar*
versimpelen *simplificar*
versjacheren *malvender*
versjouwen *trasladar*
verslaafd *dado a; adicto a* ★ ~zijn aan *drugs estar enganchado; ser un drogadicto* ★ ~zijn aan de televisie *estar enviciado con la tele*
verslaafde *adicto* m
verslaafdheid *adicción* v
verslaan • *overwinnen vencer; batir* • *verslag geven comentar; informar sobre* ★ een wedstrijd ~ *hacer un reportaje de un match*
verslag • *rapport informe* m; *memoria* v • *journalistiek bericht, reportage reportaje* m ★ ~doen van *informar sobre*
verslagen • *overwonnen vencido* • *terneergeslagen abatido*
verslaggever *corresponsal* m/v; *reportero* m; *periodista* m/v
verslaggeving *información* v
verslagjaar *año* m *del informe*
verslapen I OV WW *slapend doorbrengen pasar el día durmiendo* II WKD WW [zich ~] *dormir* [ue, u] *más de la cuenta* ★ ik heb mij ~ *dormí más de la cuenta*
verslappen *aflojarse*
verslapping *aflojamiento* m; *relajamiento* m
verslavend *que crea dependencia*
verslaving *adicción* v
verslechteren *empeorarse; deteriorarse*
verslechtering *deterioro* m; *empeoramiento* m
verslepen *arrastrar*
versleten • *afgeleefd caduco; agotado* • *afgesleten raído; gastado*

verslijten I OV WW • *doen slijten desgastar; gastar* ★ ik heb er heel wat versleten *ya han pasado bastantes por mis manos* • ~ **voor** *tomar por* ★ iem. voor een ander ~*tomar a alguien por otro; confundirse con u.p.* II ON WW *slijten gastarse; desgastarse*
verslikken [zich ~] *atragantarse*
verslinden *devorar* ▾ een boek ~*devorar un libro*
verslingerd ★ ~zijn aan *estar loco por; morirse* [ue, u] *por*
verslingeren [zich ~] *volverse* [ue] *loco por*
versloffen ★ hij heeft zijn werk laten ~*ha descuidado su trabajo*
verslonzen *descuidar; echar a perder*
versmachten *morirse* [ue, u] ★ van liefde ~ *consumirse de amor* ★ ~van de dorst *morirse de sed*
versmaden *desdeñar; despreciar* ★ dat is niet te ~*no es para desdeñar*
versmallen *estrechar*
versmalling *estrechamiento* m
versmelten I OV WW INDUS. *omsmelten fundir* II ON WW • NATK. *wegsmelten fundirse* • FIG. *samensmelten unirse a/con*
versmelting *fusión* v
versnapering ⟨zoet⟩ *golosina* v; ⟨hartig hapje⟩ *tapa* v
versnellen *acelerar*
versnelling • *het versnellen aceleración* v • *mechanisme marcha* v; *velocidad* v ★ in de tweede ~ *en segunda marcha* ★ naar een andere ~ *overschakelen cambiar de marcha*
versnellingsbak *caja* v *de velocidades; caja* v *de cambios*
versnijden • *aanlengen adulterar*; INFORM. *bautizar; mezclar* • *kapotsnijden cortar*
versnipperen • *in snippers snijden hacer añicos* • *te klein verdelen dispersar; desparramar*
versnippering *desintegración* v; *fragmentación* v
versoberen *vivir con moderación*
versoepelen I OV WW *soepeler maken suavizar* II ON WW *soepeler worden suavizar* ★ de regels zijn versoepeld *las normas se han suavizado*
versomberen *ensombrecerse*
verspelen *perder* [ie]
verspenen *transplantar*
versperren *obstruir; cortar; cerrar* [ie] ★ de weg ~*cortar el paso*
versperring • *het versperren obstrucción* v • *barricade obstáculo* m; *barrera* v; *barricada* v
versperringsvuur *barrera* v *de fuego*
verspillen *derrochar; desperdiciar; despilfarrar*
verspilling *derroche* m; *desperdicio* m; *despilfarro* m
versplinteren *astillar*
versplintering *desintegración* v; *fragmentación* v
verspreid *disperso; esparcido*
verspreiden • *uiteen doen gaan esparcir; diseminar; desparramar; dispersar* ★ zich ~ *dispersarse* • FIG. *verbreiden difundir; divulgar; propagar; despedir* [i] ★ warmte ~ *despedir calor*

verspreiding • het uiteen doen gaan *dispersión* v • FIG. het verbreiden *divulgación* v
verspreken [zich ~] *trabucarse*
verspreking *equivocación* v; *lapsus* m *linguae*
verspringen *desplazarse*
versregel *verso* m
verstaan • horen *entender* [ie]; *oír* ★ het is bijna niet te ~ *se oye muy mal* • begrijpen *entender* [ie]; *comprender* ★ te ~ geven *dar a entender* ★ zich ~ met *entenderse* [ie] *con* ★ elkaar goed ~ *vivir en perfecta armonía* • beheersen *dominar* • — **onder** ★ daar verstaat men onder *por eso se entiende*
verstaanbaar ▼ zich ~ maken *hacerse comprender*
verstaander ▼ een goede ~ heeft maar een half woord nodig *a buen entendedor pocas palabras bastan*
verstand • intellect, begrip *inteligencia* v; *razón* v ★ gezond ~ *sentido común* ★ bij zijn volle ~ zijn *estar en sus cabales* ★ daar kan ik met mijn ~ niet bij *no lo puedo comprender* ★ dat gaat mijn ~ te boven *eso no me entra en la cabeza*; *no lo comprendo* ★ een goed ~ hebben *ser muy inteligente*; *tener mucho coco* ★ het ~ komt met de jaren *con los años viene la razón* ★ daar staat je ~ bij stil! *¡uno se queda parado!* • kennis van zaken *entendimiento* ★ ~ hebben van *entender* [ie] *de* ▼ met dien ~e, dat ... *con tal que ...* [+ subj.]; *siempre que ...* [+ subj.]
verstandelijk *intelectual*; *racional* ★ ~e vermogens *facultades* v mv *intelectuales*
verstandhouding *relación* v ★ een goede ~ hebben met *estar en buenas relaciones con*; *entenderse* [ie] *bien*
verstandig • met verstand *inteligente* • doordacht *sensato*; *prudente*; *cuerdo*; ⟨wijs⟩ *sabio* ★ ~ handelen *obrar con sensatez*
verstandshuwelijk *matrimonio* m *por conveniencia*
verstandskies *muela* v *del juicio*
verstandsverbijstering *enajenación* v *mental*
verstappen [zich ~] *tropezar* [ie]
verstarren *inmovilizarse*; *fosilizarse*; *anquilosarse*
verstedelijken *urbanizar* ★ verstedelijkt gebied *zona urbanizada*
verstedelijking *urbanización* v
verstek • JUR. *rebeldía* v ★ bij ~ veroordelen *juzgar en rebeldía* • TECHN. *inglete* m ▼ ~ laten gaan *no aparecer*
verstekbak *caja* v *de ingletes*; *ensamblador* m *de ingletes*
verstekeling *polizón* m
verstelbaar *graduable*; *ajustable*; *regulable*
versteld *perplejo*; *atónito*; *sorprendido* ★ ~ staan *aturdirse* ★ ~ doen staan *dejar perplejo*
verstellen • anders stellen *ajustar* • herstellen *remendar* [ie]; *zurcir*
verstelwerk *remiendo* m; *zurcido* m
verstenen *petrificarse*
versterf • afsterving *muerte* v • overgang van goed door erfenis *herencia* v
versterken • sterker maken *fortalecer*; *potenciar*; ⟨v. indruk, mening⟩ *intensificar*; ⟨v. indruk, mening⟩ *reafirmar*; ⟨v. geluid⟩ *amplificar* • aanvullen *reforzar* [ue]
versterker *amplificador* m
versterking *refuerzo* m
verstevigen *fortalecer*; *consolidar*
versteviging *fortalecimiento* m
verstijven I ov ww stijf maken *entumecer* II ON ww stijf worden *entumecerse*; ⟨door kou⟩ *aterirse*; ⟨door kou⟩ *pasmarse*
verstikken *ahogar*; *asfixiar*; *sofocar*
verstikking *asfixia* v
verstikkingsdood *muerte* v *por asfixia*
verstild *silenciado*; *tranquilizado*
verstillen *enmudecer*; *callarse*; *apagarse*
verstoken I BNW ★ ~ zijn van *carecer de* II OV ww • opbranden *gastar combustibles* • verbruiken aan brandstof *consumir*
verstokt *empedernido*; *obstinado* ★ hij is een ~ drinker *es un alcohólico inveterado* ★ ~e vrijgezel *un soltero empedernido*
verstommen *enmudecer*; *callarse*
verstoord *enfadado*; *irritado*; *enojado*
verstoppen • verbergen *esconder*; *ocultar* • dichtstoppen *tapar*; *obstruir* ★ verstopte neus *nariz* v *tapada*
verstoppertje *escondite* m ★ ~ spelen *jugar* [ue] *al escondite*
verstopping • het verstopt zijn *obstrucción* v; *atasco* m • constipatie *estreñimiento* m • verkeersopstopping *embotellamiento* m
verstoren *perturbar*; *turbar*
verstoring *perturbación* v; *alteración* v
verstoten *rechazar*; ⟨v. echtgenote⟩ *repudiar*
verstouwen *aguantar*
verstrakken *endurecerse*
verstrekken *facilitar*; *suministrar*
verstrekkend *de gran alcance* ★ ~e gevolgen *consecuencias trascendentales*
verstrekking *distribución* v; *suministro* m
verstrijken *pasar*; *vencer*; *expirar* ★ na het ~ van de termijn *después de vencido el plazo*
verstrikken *atrapar* ★ in zijn eigen woorden verstrikt raken *contradecirse* [i]
verstrooid *despistado*; *distraído* ★ ~ zijn *estar en Babia*; *estar distraído*
verstrooien • verspreiden *dispersar* • afleiding bezorgen *distraer*
verstrooiing • verspreiding *dispersión* v; ⟨diaspora⟩ *diáspora* v • divergentie van licht *difusión* v • geestelijke afleiding *distracción* v; *diversión* v
verstuiken *dislocarse*; *torcerse* [ue] ★ zijn voet ~ *torcerse el pie*
verstuiking *dislocación* v
verstuiven I ov ww doen vervliegen *pulverizar*; *vaporizar* II ON WW vervliegen *pulverizarse*; *vaporizarse*
verstuiver *pulverizador* m; *vaporizador* m
verstuiving *pulverización* v
versturen *enviar* [i]
versuffen *atontar(se)*; *aturdir(se)*
versuft *aturdido*; *atontado*
versukkeling ▼ in de ~ raken *venir a menos*
versus *versus* ★ de staat ~ X *el estado versus X*
versvoet *pie* m
vertaalbureau *agencia* v *de traducciones*

vertaalcomputer *traductor* m *electrónico*
vertaalwoordenboek *diccionario* m *de traducción*
vertakken [zich ~] *ramificarse*
vertakking • het vertakken *ramificación* v • zijtak *rama* v
vertalen • in andere taal weergeven *traducir* ★ uit het Spaans ~ *traducir del español* ★ in het Nederlands ~ *traducir/trasladar al holandés* • anders weergeven ★ iets naar de praktijk ~ *traducir algo a la práctica*
vertaler *traductor* m ★ beëdigd ~ *traductor jurado*
vertaling *traducción* v
verte *lejanía* v ★ in de ~ *a lo lejos* ★ uit de ~ / desde lejos ▼ in de verste ~ niet *ni por sueños*
vertederen *enternecer; conmover* [ue]
vertederend *enternecedor*
vertedering *enternecimiento* m
verteerbaar *digerible* ★ licht ~ *de fácil digestión*
vertegenwoordigen *representar*
vertegenwoordiger • afgevaardigde *representante* m/v; *delegado* m/v • handelsagent *representante/agente* m/v *comercial*
vertegenwoordiging *representación* v
vertekenen *desfigurar; deformar* ★ een vertekend beeld *una imagen desfigurada*
vertellen I OV WW verhalen *contar* [ue]; *decir* [i]; ⟨v. verhaal⟩ *narrar* ★ niet verder ~! *¡no se lo digas a otra persona!* ★ ik heb me laten ~ dat *me contaron que* ★ zal ik je eens wat ~? *¿sabes u.c.?* te ~ hebben *no pintar nada* ▼ daar heb ik niets over te ~ *en eso no pincho ni corto* ▼ je kunt me nog meer ~ *cuéntaselo a tu abuela* **II** WKD WW [zich ~] *equivocarse al contar*
verteller *narrador* m
vertelling *cuento* m; *narración* v
verteren I OV WW • doen vergaan *corroer* • voedsel afbreken *digerir* [ie, i] • verbruiken *gastar* ★ geld ~ *gastar dinero* • verkroppen *digerir* [ie, i] ★ zijn gedrag is niet te ~ *su comportamiento es inaceptable* ▼ door smart verteerd worden *estar corroído por el dolor* **II** ON WW afgebroken worden *digerirse* [ie, i]; *descomponerse*
vertering • spijsvertering *digestión* v • consumptie *consumición* v
verticaal I BNW *vertical* **II** ZN [de] *vertical* v
vertier • afleiding *distracción* v • bedrijvigheid *movimiento* m
vertikken *negarse* [ie]; *plantarse* ★ ik vertik het om dat te doen *me niego a hacerlo*
vertillen [zich ~] • te zwaar tillen *derrengarse* • FIG. te hoog grijpen ★ zich aan iets ~ *derrengarse por algo*
vertoeven *permanecer*
vertolken *interpretar*
vertolking *interpretación* v
vertonen • laten zien/blijken *mostrar* [ue]; ⟨op tentoonstelling⟩ *exhibir*; ⟨v. documenten⟩ *presentar*; ⟨v. documenten⟩ *exhibir*; ⟨v. film⟩ *rodar*; [ue] ⟨v. film⟩ *proyectar*; ⟨v. film⟩ *poner*; ⟨op tentoonstelling⟩ *exponer* ★ voor het eerst ~ *estrenar* ★ zich ~ *presentarse* ★ dat is nog nooit vertoond *eso no se ha visto nunca* • opvoeren *representar*
vertoning • het vertonen *presentación* v • voorstelling *representación* v; ⟨v. film⟩ *proyección* v • schouwspel *espectáculo* m ★ een malle ~ *un espectáculo tonto*
vertoon • het vertonen *presentación* v ★ op ~ van *contra presentación de* • tentoonspreiding *ostentación* v; *alarde* m ★ met veel ~ van geleerdheid *con mucho alarde de sabiduría*
vertoornd *furioso con*
vertragen • trager maken *retrasar* • uitstellen *retardar*
vertraging *retraso* m; *tardanza* v; *demora* v ★ ~ ondervinden *sufrir retraso* ★ ~ hebben *llevar retraso*
vertrappen *pisotear; aplastar*
vertrek • het vertrekken *salida* v; *partida* v • kamer *cuarto* m; *pieza* v
vertrekhal *vestíbulo* m *de partida*
vertrekken I ON WW • weggaan *salir; irse; marcharse*; ⟨v. schip⟩ *zarpar* • anders trekken ★ zijn gezicht vertrok *hizo una mueca* ★ met een vertrokken gezicht *con la cara desencajada* **II** OV WW anders trekken *torcer* [ue]; *desencajarse*
vertrekpunt *salida* v; *punto* m *de partida*
vertreksein *señal* v *de salida*
vertrektijd *hora* v *de salida*
vertroebelen *enturbiar*
vertroetelen *mimar*
vertroosting *consuelo* m
vertrouwd • op de hoogte *familiar* ★ ~ met *familiarizado con*; *versado en* ★ zich ~ maken met *familiarizarse con* ★ met iets ~ zijn *conocer a fondo u.c.* • bekend *de confianza*; *íntimo* ★ ~ met iem. worden *intimar con u.p.* ★ een ~e omgeving *un ambiente familiar* • betrouwbaar *seguro* ★ een ~e vriend *un amigo íntimo/de confianza*
vertrouwelijk • familiair *íntimo*; *familiar* ★ ~ worden *permitirse intimidades* ★ in de ~e omgang *en la intimidad* ★ op ~e voet met iem. staan *mantener* [ie] *una relación de confianza con u.p.* ★ in geheim *confidencial* ★ ~e mededeling *informe* m *confidencial*; *confidencia* v ★ strikt ~ *estrictamente confidencial*
vertrouweling *confidente* m/v
vertrouwen I ZN [het] *confianza* v ★ in ~ en confianza ★ in het volste ~ *en la más plena confianza* ★ in het ~ dat ... *en la confianza de que ...* ★ in ~ op God *confiando en Dios* ★ iem. in ~ nemen *confiarse* (i) *a u.p.* ★ in ~ gezegd *dicho en confianza* ★ iemands ~ genieten *gozar de la confianza de u.p.* ★ ~ hebben in *tener* [ie] *confianza en* ★ ~ inboezemen *inspirar confianza* ★ het ~ waardig blijken *resultar ser digno de la confianza* **II** OV WW betrouwbaar achten *fiar* [i]; *fiarse* [i] ★ niet geheel te ~ *de poca confianza* ★ men kan geen sterveling ~ *no se puede fiar en nadie* **III** ON WW ~ **op** *contar con*; *confiar* (i) *en*; *fiarse* (i) *de* ★ ~ op God ~ *confiarse en Deos*
vertrouwensarts *médico* m *de confianza*
vertrouwenskwestie *cuestión* v *de confianza*

vertrouwensman *confidente* m/v
vertrouwenspositie *puesto/cargo* m *de confianza*
vertwijfeld *desesperado*
vertwijfeling *desesperación* v
veruit *de lejos*; *con mucho* ★ ~ de slechtste *de lejos el peor*
vervaard *temeroso*
vervaardigen *hacer*; *fabricar*
vervaarlijk *terrible*; *formidable*; *tremendo*
vervagen *esfumarse*; *desvanecerse*
verval • achteruitgang *declinación* m; *decadencia* v; *declive* m ★ ~ van krachten *declive de fuerzas* ★ in~ raken *decaer*; *declinar* • ongeldigheid *vencimiento* m • hoogteverschil *desnivel* m
vervaldatum *fecha* v *de caducidad*
vervallen I BNW • bouwvallig *ruinoso*; *destartalado* • een ~ kasteel *un castillo en ruinas* • niet meer geldig *vencido* ★ ~ verklaren van *desapoderar* II ON WW • achteruitgaan *decaer*; *declinar* • bouwvallig worden *desmoronarse* • niet meer gelden *vencer*; *expirar* • in eigendom overgaan *pasar a* ★ dat landgoed zal aan mij ~ *esta finca pasará a ser mía* • geraken, komen *caer*; *recaer* ★ in een fout~ *incurrir en un error* ★ in de oude fout~ *volver* [ue] *a las andadas* ★ tot armoede ~ *caer en la pobreza* ★ van kwaad tot erger ~ *ir de mal en peor*
vervalsen • namaken *falsificar*; *falsear* ★ een handtekening ~ *falsificar una firma* • snijden van dranken ★ wijn ~ *adulterar el vino*
vervalser *falsificador* m
vervalsing *falsificación* v
vervangen • in plaats komen van *hacer las veces de*; *su(b)stituir*; *reemplazar* ★ hij vervangt zijn zieke collega *sustituye a su compañero enfermo* • in plaats stellen van ★ het ene woord door het andere ~ *sustituir una palabra por la otra*
vervanger *substituto* m
vervanging *substitución* v; *reemplazo* m
vervatten *abarcar*; *incluir*; *englobar* ★ in de volgende woorden vervat *englobado en los siguientes términos* ★ daarin is alles vervat *eso lo contiene todo*
verve v met~ *con brío*; *con entusiasmo*
verveeld *aburrido*
vervelen I OV WW • niet boeien *aburrir*; *hastiar* [i] ★ tot ~s toe *hasta la saciedad* • hinderen *fastidiar*; *molestar* ★ verveel me niet *no me des la lata* ★ haar kinderlijk gedrag verveelt mij *su comportamiento infantil me fastidia* II WKD WW [zich ~] *fastidiarse*; *aburrirse* ★ zich stierlijk ~ *aburrirse como una ostra*; *aburrirse soberanamente*
vervelend • onaangenaam *fastidioso* ★ ~ zijn *ser una lata* ★ wat een ~e vent! *¡qué tío más fastidioso!* ★ ik vind het ~ dat ik niet kan komen *me fastidia que no pueda venir* ★ doe niet zo ~ *no me fastidies*; *no me des la lata* ★ wat ~! *¡vaya una lata!*; *¡qué lata!* • saai *aburrido*; *pesado* ★ wat een ~ boek! *¡qué libro más pesado!*
verveling *aburrimiento* m; *fastidio* m

vervellen *despellejarse*; ⟨v. dier⟩ *mudarse la piel*
verveloos *sin pintar*
verven • schilderen *pintar* ★ pas geverfd! *¡pintura fresca!*; *¡ojo, mancha!* ★ groen ~ *pintar de verde* • kleuren *teñir* [i] ★ hij heeft zijn haar geverfd *se ha teñido el pelo*
verversen *renovar* [ue]; *cambiar* ★ olie ~ *cambiar el aceite*
verversing • het verversen *renovación* v; *cambio* m • eten of drinken *refresco* m
vervilten *convertir* [ie] *en fieltro*
vervlaamsen *hacerse flamenco*
vervlakken • vlak maken *nivelar*; *igualar* • verflauwen *esfumar*; *debilitar*
vervliegen • vervluchtigen *evaporarse*; *volatilizarse* • verdwijnen *disiparse*; *desvanecerse*
vervloeken *maldecir* [i]; *llenar de maldiciones*
vervloeking *maldición* v
vervlogen ★ in lang ~ tijden *hace mucho tiempo* ★ ~ hoop *esperanza desvanecida*
vervluchtigen *volatilizarse*; *evaporarse*
vervoegen I OV WW TAALK. *conjugar* II WKD WW [zich ~] *presentarse ante*; *dirigirse a* ★ men vervoege zich op het bureau *diríjase a la oficina*
vervoeging *conjugación* v
vervoer *transporte* m ★ ~ over land *transporte por tierra* ★ ~ door de lucht *transporte aéreo* ★ ~ te water *transporte por mar* ★ openbaar ~ *transporte* m *público*
vervoerbewijs *ticket* m; *billete* m
vervoerder *transportista* m/v
vervoeren • transporteren *transportar*; *trasladar* • FIG. meeslepen *arrastrar*; *extasiar* [i]
vervoering *arrebato* m; *éxtasis* m ★ in ~ raken *extasiarse*; *arrebatarse*
vervoermiddel *medio* m *de transporte*
vervolg • voortzetting *continuación* v ★ in ~ op *en continuación a* • komende tijd ★ in het ~ *de ahora en adelante*
vervolgblad *página* v *siguiente*
vervolgen • voortzetten *proseguir* [i]; *continuar* [ú] ★ wordt vervolgd *continuará* • achtervolgen *perseguir* [i] • JUR. *perseguir* [i] *judicialmente*
vervolgens *después*; *luego*
vervolging • het voortzetten *continuación* v • het opgejaagd worden *persecución* v • rechtsvervolging *persecución* v
vervolgonderwijs *enseñanza* v *postescolar*
vervolgverhaal *novela* v *por entregas*; ⟨op tv/radio⟩ *serial* m
vervolmaken *perfeccionar*
vervolmaking *perfeccionamiento* m
vervormen *deformar*
vervorming *transformación* v
vervreemden I OV WW vreemd maken *alienar*; *enajenar* II ON WW geestelijk verwijderen *distanciarse de*; *enajenarse de*
vervreemding *enajenación* v
vervroegen *anticipar*; *adelantar*
vervuilen *contaminar*
vervuiler *contaminador* m
vervuiling *contaminación* v; *polución* v

vervullen • doordringen *cumplir*; *llenar*; *colmar* ★ met trots vervuld *colmado de orgullo* ★ vervuld van de Heilige Geest *lleno del Espíritu Santo* • verwezenlijken *realizar*; *cumplir*; *satisfacer* • bezetten *desempeñar* ★ een ambt ~ *desempeñar un cargo*

vervulling *realización* v ★ in ~ gaan *realizarse*

verwaand *presumido*; *presuntuoso*

verwaardigen *dignar* ★ iem. met geen blik ~ *no dignarse saludar a u.p.* ★ zich ~ *dignarse*

verwaarlozen *descuidar*; *abandonar* ★ zich ~ *abandonarse*

verwaarlozing *descuido* m; *abandono* m

verwachten • rekenen op *esperar*; *aguardar* ★ ik verwacht hem vol ongeduld *estoy ansioso de verle* ★ dat wordt algemeen verwacht *todos lo esperan* ★ het valt te ~ dat *es de esperar que* ★ toen men het het minst verwachtte *el día menos pensado* ★ van hem valt nog veel te ~ *es un hombre que promete* • zwanger zijn van ★ een baby ~ *esperar un niño*

verwachting *esperanza* v; *previsión* v; *expectación* v ★ aan de ~en beantwoorden *confirmar las esperanzas* ★ tegen alle ~ in *contra todo lo que podía esperarse*; *contra toda previsión* ★ vol ~ *lleno de esperanza* ★ iedereen is vol ~ *reina gran expectación* ▼ in (blijde) ~ zijn *estar embarazada*; *estar en estado*

verwachtingspatroon *expectación* v; *expectativa* v

verwant I ZN [de] *pariente* m/v II BNW • familie zijnd *emparentado* ★ ~ worden met *emparentarse con* ★ met elkaar ~ zijn *estar emparentados*; *ser parientes* ★ hij is met hem ~ *es pariente suyo* ★ we zijn verre ~en *somos parientes lejanos* • overeenkomend *afín*

verwantschap • het verwant zijn *parentesco* m • overeenkomst *afinidad* v

verward • onordelijk *revuelto* ★ ~ haar *pelo* m *revuelto* • onduidelijk *confuso* • van streek *turbado*

verwarmen *calentar* [ie]

verwarming *calefacción* v ★ centrale ~ *calefacción central*

verwarmingsbron *fuente* v *de calefacción*

verwarmingsbuis *tubería* v *de calefacción*

verwarmingselement *unidad* v *de calefacción*

verwarmingsketel *caldera* v *de calefacción*

verwarren • LETT. ⟨iets⟩ in de war brengen *revolver* [ue]; *enredar* [ie] • FIG. ⟨iemand⟩ in verlegenheid brengen *confundir*; *desorientar*; *desconcertar* [ie] • ~ **met** *confundir* ★ hij verwarde het een met het ander *confundió las dos cosas*

verwarring *confusión* v; *turbación* v ★ iem. in ~ brengen *desconcertar* [ie] *a u.p.* ★ in ~ raken *desconcertarse* [ie] ★ ~ stichten *crear confusión*

verwateren • waterig worden *aguarse* • verflauwen *enfriarse* [i]

verwedden *apostar* [ue]; *jugar* [ue] ★ ik verwed er een euro om dat *apuesto un euro a que* ★ ik verwed er mijn hoofd om dat *apuesto la cabeza a que*

verweer *defensa* m/v; *resistencia* v ★ de vijand bood geen ~ *el enemigo no ofreció ninguna resistencia* ★ hij had geen ~ tegen haar charmes *no podía resistir sus encantos*

verweerd *corroído*; *desgastado*; ⟨v. gezicht⟩ *curtido*

verweerschrift *apología* v

verwekken • door bevruchting doen ontstaan *engendrar*; *procrear* • veroorzaken *engendrar*; *causar*; *generar*

verwekker • vader *procreador* m • veroorzaker *causante* m/v

verwelken *marchitarse*

verwelkomen *dar la bienvenida*

verwelkoming *bienvenida* v

verwend *mal acostumbrado* ★ ~nest! *imalcriado!*

verwennen • bederven *consentir* [ie, i]; *mimar*; *malcriar* [i] ★ een verwend kind *un niño malcriado* • vertroetelen *mimar*

verwennerij *consentimiento* m; *mimos* m mv

verwensen *maldecir* [i]

verweren I ON WW aangetast worden *erosionar*; ⟨v. huid⟩ *curtirse* II WKD WW [**zich** ~] *defenderse* [ie]

verwerkelijken *realizar*; *efectuar* [ú]; *llevar a cabo*

verwerken • maken tot iets *elaborar*; *transformar*; *convertir* [ie, i]; COMP. *tratar* ★ de orders niet kunnen ~ *no dar abasto a los pedidos* • bij bewerken opnemen *incorporar* ★ die thema's moet je nog in het hoofdstuk ~ *tienes que incorporar estos temas en el capítulo* • PSYCH. omgaan met *aceptar* ★ iets niet kunnen ~ *no poder* [ue] *digerir u.c.*

verwerkingseenheid *unidad* v *de procesado* ★ centrale ~ *unidad central de procesado*

verwerpelijk *rechazable*; *inadmisible*; *condenable*

verwerpen • afwijzen *rechazar*; *descartar* ★ de mogelijkheid ~ dat *descartar la posibilidad de que* [+ subj.] • afkeuren *desaprobar* [ue]; *rechazar* ★ een wetsontwerp ~ *rechazar un proyecto de ley*

verwerven *adquirir* [ie]

verwesteren *occidentalizar*

verweven • FIG. doen samenhangen ★ de feiten zijn nauw met elkaar ~ *los hechos están muy vinculados entre sí* • wevend verwerken *entretejer*

verwezenlijken *realizar*; *efectuar* [ú]; *llevar a cabo*

verwijden *ensanchar*; *dilatar*

verwijderd *distante*; *alejado* ★ ver ~ *apartado*; *lejano* ★ de stad is 5 kilometer ~ van mijn huis *la ciudad dista 5 kilómetros de mi casa*

verwijderen I OV WW • wegnemen *quitar*; *remover* [ue] • wegsturen *expulsar* ★ een leerling ~ *expulsar a un alumno* II WKD WW [**zich** ~] *alejarse*

verwijdering • het verwijderen *alejamiento* m; *expulsión* v • afstand *distancia* v • bekoeling *alejamiento* m; *distanciamiento* m

verwijfd *afeminado*

verwijsbriefje *volante* m *(del médico)*

verwijskaart *volante* m

verwijt *reproche* m ★ iem. een ~ maken over iets *reprochar u.c. a u.p.*

verwijten reprochar; echar en cara ★ wij hebben elkaar niets te ~ *no tenemos nada que reprocharnos* ★ ik heb me niets te ~ *tengo la conciencia limpia*; *no tengo nada que reprocharme*
verwijzen ⟨naar stuk in tekst⟩ referir; [ie, i] ⟨naar stuk in tekst⟩ remitir; ⟨naar persoon⟩ enviar [í]
verwijzing referencia v ★ onder ~ naar *con referencia a*
verwikkelen • implicar; enredar
verwikkeling • moeilijkheid complicación v; embrollo m; enredo m • plot enredo m
verwilderd • wild geworden ⟨v. dier⟩ salvaje; ⟨v. plant⟩ silvestre • woest extraviado
verwilderen • wild worden ⟨v. plant⟩ volverse [ue] silvestre; ⟨v. dier⟩ volverse [ue] salvaje • bandeloos worden embrutecerse; pervertirse [ie, i]
verwisselbaar permutable; cambiable
verwisselen • verruilen cambiar; mudar ★ van kleren ~ *mudarse de ropa* ★ van plaats ~ *cambiar de sitio* • verwarren confundir
verwittigen • op de hoogte brengen informar; avisar • BELG. waarschuwen ★ ik verwittig je maar één keer! *te lo digo una y no más!*
verwoed • hevig furioso • gepassioneerd enconado; encarnizado
verwoesten destruir; desolar [ue]; arruinar
verwoesting destrucción v; desolación v
verwonden herir [ie, i]; lesionar
verwonderen I OV WW sorprender; extrañar ★ het verwondert me dat *me sorprende que* [+ subj.] ★ het is niet te ~ dat *no es de extrañar que* **II** WKD WW [**zich ~**] extrañarse; sorprenderse ★ zich ~ over *sorprenderse de* ★ ik verwonder mij over zijn gedrag *me sorprende su conducta*
verwondering sorpresa v; asombro m ★ ~ veroorzaken *causar sorpresa*
verwonderlijk extraño; asombroso ★ het is ~ dat *es curioso que* ★ het is niet ~ dat *no es extraño que*; *se comprende que*
verwonding herida v; lesión v
verwoorden expresar; formular
verworden • anders worden transformarse en; cambiarse en • ontaarden degenerar en
verworvenheid consecución v; obtención v
verwringen retorcer [ue]
verzachten ablandar; suavizar; atenuar [ú]; ⟨v. pijn⟩ mitigar; ⟨v. pijn⟩ aliviar
verzadigen • volop bevredigen saciar; saturar ★ niet te ~ *insaciable* ★ de markt is verzadigd *el mercado está saturado* • SCHEIK. saturar
verzadiging • bevrediging saciedad v • SCHEIK. saturación v
verzadigingspunt punto m de saturación
verzaken faltar a; renegar [ie] ★ zijn plicht ~ *faltar a su deber*
verzakken hundirse
verzamelaar coleccionador m; coleccionista m/v
verzamelband cinta v de compilación
verzamel-cd cd m con selección de melodías
verzamelen • bijeenbrengen reunir [ú] ★ zich ~ reunirse [ú] • verzameling aanleggen coleccionar ★ postzegels ~ *hacer una colección de sellos*
verzameling • het verzamelen recolección v; recogida v • collectie colección v; ⟨v. teksten⟩ recompilación v; ⟨v. teksten⟩ compilación v • WISK. conjunto m
verzamelnaam nombre m colectivo
verzamelplaats lugar m de reunión
verzamelpunt punto m de reunión
verzamelstaat cuadro m sinóptico
verzanden • vol zand raken arenarse • FIG. vastlopen estancarse ★ ~ in degenerarse en
verzegelen sellar; ⟨met loodje⟩ marchamar
verzeilen ir a parar ★ in Amerika verzeild raken *ir a parar en América* ★ hoe komt hij daar verzeild? *¿qué vientos le han llevado allí?*
verzekeraar asegurador m
verzekerd • overtuigd seguro; cierto; convencido ★ ~ van *seguro de* ★ ik ben ~ van zijn onschuld *estoy convencido de su inocencia* • gedekt asegurado
verzekerde asegurado m
verzekeren • veilig stellen ★ zich ~ van iets *asegurarse de u.c.* • overtuiging geven asegurar; garantizar ★ ik verzeker je dat ik je zal betalen *te aseguro que te pagaré* ★ van iets verzekerd zijn *estar seguro de u.c.* ★ zich ~ van iets *asegurarse de u.c.* ★ zich ervan ~ dat... *cerciorarse de que...*; *asegurarse de que...* • assureren asegurar ★ verplicht verzekerd zijn *tener un seguro obligatorio*
verzekering • garantie seguridad v; garantía v ★ ik geef u de ~ dat ... *le aseguro que ...* • assurantie seguro m
verzekeringsagent agente m/v de seguros; corredor m de seguros
verzekeringsinspecteur inspector m de seguros
verzekeringsmaatschappij compañía v de seguros ★ onderlinge ~ *compañía v mutua de seguros*
verzekeringspapieren papeles m mv de seguro
verzekeringsplichtig sujeto a un seguro
verzekeringspolis póliza v de seguro
verzekeringspremie prima v de seguro
verzelfstandiging independización v
verzenden enviar [í]; expedir [i]; cursar
verzendhuis casa v de venta por correo
verzending envío m; expedición v ★ bericht van ~ *aviso m de envío*
verzendkosten gastos m mv de envío
verzengen abrasar ★ een ~de hitte *un calor abrasador*
verzet • tegenstand resistencia v; protesta v ★ in ~ komen tegen *rebelarse contra* ★ ~ aantekenen tegen *oponerse a* ★ ~ plegen *oponer resistencia* • verzetsbeweging resistencia v • fietsversnelling mecanismo m de transmisión de movimiento
verzetje recreación v; distracción v; diversión v
verzetsbeweging resistencia v
verzetshaard foco m de la resistencia
verzetsstrijder miembro m/v de la resistencia
verzetten I OV WW • van plaats veranderen remover [ue]; trasladar • uitstellen aplazar ★ een afspraak ~ *aplazar una cita* • verrichten realizar ★ veel werk ~ *trabajar mucho* • afleiding geven distraer **II** WKD WW [**zich ~**]

resistirse ★ zich ~ tegen *oponerse a*
verzieken *estropear*
verziend *présbita*; *présbite*
verzilveren • met zilver bedekken *platear*; *argentar*, innen *cobrar* ★ een cheque ~ *cobrar un cheque*
verzinken I OV WW • diep inslaan *hundir* • galvaniseren *galvanizar* **II** ON WW verdiept raken *sumirse en*; *sumergirse en* ★ in gepeins ~ *ensimismarse*
verzinnen • fantaseren ★ dat heeft ze er zelf bij verzonnen *es algo de su propia cosecha* ★ leugens ~ *fabricar mentiras* • als oplossing bedenken *inventar*; *imaginar*; *idear*
verzinsel *invención* v; *fábula* v
verzitten ★ gaan ~ *sentarse* [ie] *en otro sitio*
verzoek • vraag *ruego* m; *solicitud* v; *petición* v; *súplica* v ★ op ~ van *a petición de*; *a instancias de* ★ ik zou u een ~ willen doen *quisiera pedirle un favor* ★ aan een ~ voldoen *acceder a un ruego* • een ~ inwilligen *otorgar una petición* ★ ~ om gratie *recurso* m *de gracia*; *solicitud* v *de indulto* • verzoekschrift *solicitud* v; *instancia* v; *petición* v ★ een ~ indienen *presentar una solicitud*
verzoeken • vragen *rogar* [ue]; *suplicar*; *pedir* [i] ★ dringend ~ *instar* ★ ik verzoek u mij te zeggen *le ruego que me diga* • uitnodigen *invitar* ★ mag ik u ~ om ...? *hágame el favor de ...* • beproeven *tentar* [ie]
verzoeking *tentación* v
verzoeknummer *pieza* v *musical a petición del público*
verzoekprogramma *programa* m *de música a petición del público*
verzoekschrift *solicitud* v; *petición* v; *instancia* v ★ een ~ indienen *presentar una solicitud/instancia*
verzoendag ▼ Grote Verzoendag *Día de la Expiación*
verzoenen • goedmaken *reconciliar* • vrede doen hebben *resignar*; *conformar* ★ zich met de werkelijkheid ~ *aceptar la realidad*; *conformarse con la realidad*
verzoening *reconciliación* v
verzolen *solar* [ue]; *poner suelas a*
verzorgd *cuidado*; *pulcro* ★ er ~ uitzien *tener un aspecto pulcro*
verzorgen *cuidar*; *atender* [ie] ★ een zieke ~ *cuidar a un enfermo* ★ kinderen te ~ hebben *tener hijos a su cargo*
verzorger • helper *cuidador* m • verpleger *enfermero* m
verzorging *cuidado* m; *asistencia* v
verzorgingsflat *apartamento* m *para ancianos con servicios*
verzorgingsstaat *estado* m *del bienestar*
verzorgingstehuis *residencia* v *de la tercera edad*
verzot ★ ~ zijn op *estar loco por*; *morirse* [ue, u] *por* ★ ~ op *aficionado a*; *loco por*
verzuchten *suspirar*
verzuchting *suspiro* m
verzuiling *fragmentación de la sociedad en grupos ideológicos diferentes*
verzuim • nalatigheid *negligencia* v; *descuido* m ★ zonder ~ *sin demora* • het wegblijven *ausencia* v ★ het ~ in dat bedrijf is erg hoog *hay muchas ausencias en esa empresa*
verzuimen • nalaten *dejar de* [+ inf.]; *faltar a* [+ inf.] • niet opdagen *faltar*; *perder* [ie] ★ school ~ *faltar a la escuela*
verzuipen I OV WW • doen verdrinken *ahogar* ★ zich ~ *ahogarse* • TECHN. *ahogar el motor* • uitgeven aan drank *gastar en bebidas* **II** ON WW verdrinken *ahogarse*
verzuren I OV WW • SCHEIK. zuur maken *agriar* • FIG. vergallen *acibarar*; *amargar* ★ iemands leven ~ *amargarle la vida a alguien* **II** ON WW SCHEIK. zuur worden *agriarse* ★ de wijn is verzuurd *el vino se agrió*
verzuring *acidificación* v
verzwakken I OV WW zwakker maken *debilitar* **II** ON WW zwakker worden *debilitarse*
verzwakking *debilitación* v
verzwaren • zwaarder maken *recargar* • vergroten *agravar*; *incrementar* ★ een straf ~ *agravar la pena*
verzwelgen *devorar*; INFORM. *zampar*
verzwijgen *callar*; *silenciar*; *ocultar* ★ niets te ~ hebben *no tener nada que ocultar*
verzwikken *dislocar* ★ zijn voet ~ *dislocarse el pie*
vesper • gebed *vísperas* mv • avonddienst *vísperas* mv
vest ⟨zonder mouwen⟩ *chaleco* m; ⟨met mouwen⟩ *chaqueta* v; ⟨met mouwen⟩ *rebeca* v
vestibule *vestíbulo* m
vestigen • richten *fijar*; *dirigir* ★ de aandacht op iets ~ *fijar la atención en u.c.* ★ zijn ogen gevestigd op het kruis *los ojos clavados en la cruz* • tot stand brengen *establecer*; *fundar* ★ een record ~ *establecer un récord* • vastleggen *establecer* ★ zijn naam ~ *adquirir* [ie] *renombre* • nederzetten *domiciliar*; *establecer*
vestiging • het vestigen *institución* v; *fundación* v • nederzetting *establecimiento* m; *asentamiento* m • filiaal *sede* v; ⟨als filiaal⟩ *sucursal* v
vestigingsvergunning *permiso* m *de residencia*
vesting *fortificación* v; *fortaleza* v
vestingstad *ciudadela* v
vestingwerk *fortificación* v
vet I ZN [het] *grasa* v • dierlijk vet *grasa animal* ★ plantaardig vet *grasa vegetal* ▼ iem. zijn vet geven *cantar las cuarenta a alguien* **II** BNW • met veel vet *graso*; *grasiento* ★ vet vlees *carne* v *grasa* • dik *gordo*; *grueso* ★ vet worden *engordar*; *echar carnes* • vruchtbaar *fértil* ★ vette grond *tierra* v *fértil* • DRUKK. ★ vet gedrukt *negrilla* • INFORM. geweldig *flipante*; *cojonudo* **III** BIJW *extremadamente* **IV** TW geweldig *flipa*; *mola*; *guay*
vetarm *con poca grasa* ★ een ~ dieet *una dieta con poca grasa*
vete *odio* v *ancestral*
veter *cordón* m
veteraan *veterano* m
veteranenziekte *enfermedad* v *del legionario*
veterinair I ZN [de] DIERK. *veterinario* m **II** BNW DIERK. *veterinario*

vetgehalte *porcentaje* m *de grasa*; *contenido* m *de grasa*
vetkuif *tupé* m *engominado*
vetkussen *michelín* m
vetmesten *cebar*
veto *veto* m ★ zijn veto uitspreken over *poner el veto a*
vetoogje *gota* v *de grasa en un líquido*
vetorecht *derecho* m *de veto*
vetplant *crasulácea* v
vetpot ▼ het is daar geen ~ *allí van malviviendo*; *allí apenas tienen para comer*
vetpuistje *espinilla* v
vetrand *borde* m *de grasa*
vetrijk *rico en grasas*
vettig *grasiento*; *seboso*
vettigheid *grasa* v
vetvlek *pringón* m
vetvrij • geen vet opnemend *a prueba de grasa* • geen vet bevattend *sin grasa*
vetzak *gordo* m; *barrigón* m
vetzucht *obesidad* v; MED. *adiposis* v
vetzuur *ácido* m *graso*
veulen *potro* m
vezel *fibra* v; *hebra* v
V-hals *cuello* m *de pico*
via • over, langs *a través de* • door bemiddeling van *a través de*; *por* ★ via mijn oom *a través de mi tío* ▼ via via *a través de unos y de otros*
viaduct *viaducto* m
vibrafoon *vibráfono* m
vibratie *vibración* v
vibrato *vibrato* m
vibrator *vibrador* m
vibreren *vibrar*
vicaris *vicario* m
vice versa *viceversa*
vicieus *vicioso*
victorie *victoria* v ★ ~ kraaien *cantar victoria*
video • videoband *película* v *de vídeo* • videorecorder *vídeo* m
videoband *vídeo* m; *cinta* v *de vídeo*
videocamera *cámara* v *de vídeo*
videocassette *videocasete* m; *cinta* v *de vídeo*
videoclip *videoclip* m
video-opname *grabación* v *de vídeo*
videorecorder *vídeo* m; *videograbadora* v
videospel *juego* m *de vídeo*
videotheek *videoclub* m
vief *vivo*; *despierto*
vier I TELW • *cuatro* ★ bij vieren *hacia las cuatro* • → **acht II** ZN [de] getal *cuatro* m
vierbaansweg *carretera* v *de cuatro vías*
vierde • *cuarto* ★ in de ~ klas zitten *estar en el cuarto curso* • → **achtste**
vierdelig *en cuatro partes*
vierdeursauto *coche* m *de cuatro puertas*
vieren • gedenken *celebrar* ★ ik vier mijn verjaardag nooit *nunca celebro mis cumpleaños* ★ de overwinning ~ *celebrar la victoria* • vereren *honrar* ★ een gevierd acteur *un actor célebre* • laten schieten *aflojar*
vierendelen *descuartizar*
vierhoek *cuadrado* m
viering *celebración* v
vierkant I ZN [het] figuur *cuadrado* m **II** BNW • met vier kanten *cuadrado* • in het kwadraat ★ één ~e meter *un metro cuadrado* • hoekig ★ een ~e kerel *un tipo cuadrado* **III** BIJW volkomen, faliekant *rotundamente* ★ iem. ~ uitlachen *reírse* [i] *de u.p. en la cara* ★ iem. ~ de waarheid zeggen *cantar las cuarenta a alguien*
vierkantsvergelijking *ecuación* v *de segundo grado*; *ecuación* v *cuadrática*
vierkantswortel *raíz* v *cuadrada*
vierkwartsmaat *compás* m *menor*; *compasillo* m
vierling • vier kinderen samen *cuatrillizos* m mv • één kind *cuatrillizo* m
viertal *cuatro* m
viervoeter *cuadrúpedo* m
viervoud *cuádruple* m ★ in ~ *en cuadruplicado*
vierwielaandrijving *tracción* v *integral*
vies • vuil *sucio* ★ vies worden *ensuciarse* • onsmakelijk *asqueroso*; *repugnante* ★ een vieze smaak hebben *saber mal* ★ afkeer wekkend *repugnante* • afkerig ★ ik ben daar niet vies van *no me desagrada* ★ een vies gezicht trekken *poner cara de asco* • onfatsoenlijk *obsceno*; *grosero* ★ een vieze mop *un chiste verde* • slecht ★ vies weer *tiempo asqueroso*
viespeuk *cochino* m; *guarro* m
Vietnam *Vietnam* m
Vietnamees I ZN [de] bewoner *vietnamita* m/v **II** BNW m.b.t. Vietnam *vietnamita*
viezerik, viezerd *cochino* m; *guarro* m
viezigheid *porquería* v
vignet *viñeta* v
vijand *enemigo* m ★ gezworen ~en *enemigos jurados* ★ ~en worden *enemistarse*
vijandelijk *enemigo*; *hostil* ★ ~ tegen iem. optreden *actuar (ú) de forma hostil hacia u.p.*
vijandelijkheid *hostilidad* v
vijandig *enemigo*; *hostil* ★ iem. ~ gezind zijn *querer* [ie] *mal a u.p.*; *tener una actitud hostil hacia u.p.*
vijandigheid • het vijandig zijn *hostilidad* v • vijandige daad *hostilidad* v
vijandschap *enemistad* v; *hostilidad* v
vijf I TELW *cinco* ★ na veel vijven en zessen *después de muchas consideraciones* ▼ hij heeft ze niet alle vijf op een rijtje *le falta un tornillo* • → **acht II** ZN [de] getal *cinco* m ▼ geef me de vijf! *¡choca la mano!*
vijfde • *quinto* ★ in de ~ klas zitten *estar en el quinto curso* • → **achtste**
vijfenzestig • → **acht**
vijfenzestigpluskaart *tarjeta* v *para la tercera edad*
vijfenzestigplusser *persona* v *de la tercera edad*
vijfhoek *pentágono* m
vijfjarenplan *plan* m *quinquenal*
vijfje *billete* m *de cinco euros*
vijfkamp *pentatlón* m
vijfling • vijf kinderen samen *quintillizos* m mv • één kind *quintillizo* m
vijftien • *quince* • → **acht**
vijftiende • *decimoquinto*; *quinceavo* • → **achtste**
vijftig • *cincuenta* • → **acht**

vijftiger *persona* v *de cincuenta años*
vijftigje • briefje van vijftig *billete* m *de cincuenta euros* • muntje van vijftig (cent) *moneda* v *de cincuenta centavos*
vijftigste • *quincuagésimo*; *cincuentavo* • → **achtste**
vijfvlak *pentaedro* m
vijg *higo* m ★ gedroogde vijgen *higos secos*
vijgenblad • blad van vijgenboom *hoja* v *de higuera* • bedekking *hoja* v *de parra*
vijgenboom *higuera* v
vijl *lima* v ★ vierkante vijl *lima cuadrada*
vijlen *limar* ★ aan iets ~ *limar/pulir u.c.*
vijlsel *limalla* v; *limaduras* v mv
vijs *tornillo* m
vijver *estanque* m
vijzel • vat *almirez* m; *mortero* m • krik *gato* m; *cric* m
vijzelen *levantar*
Viking *vikingo* m
vilder *despellejador* m
villa *villa* v; *chalet* m
villadorp *pueblo* m *residencial*
villapark *ciudad* v *jardín*
villawijk *barrio* m *residencial*
villen *desollar*; *despellejar*
vilt *fieltro* m
vilten *de fieltro*
viltje *posavasos* m [mv: *posavasos*]
viltstift *rotulador* m
vin *aleta* v ▼ geen vin verroeren *no mover* [ue] *un dedo*
vinaigrette *vinagreta* v
vinden • aantreffen *encontrar* [ue]; *hallar*; ⟨toevallig⟩ *dar con* ★ de tijd ervoor ~ om *encontrar el tiempo para* • bedenken *encontrar* [ue]; *inventar* ★ er iets op ~ *encontrar* [ue] *una solución* • van mening zijn *encontrar* [ue]; *creer*; *opinar* ★ goed ~ *tener a bien*; *aprobar* [ue] ▼ wat vind je ervan? *¿qué te parece?* ★ vindt u niet? *¿no le parece?* ★ ik vind het niet raadzaam *no me parece conveniente* ★ hoe vind je het? *¿qué le parece?* ★ hoe vindt u ...? *¿qué opina de ...?*; *¿cuál es su opinión sobre ...?* ▼ het eens worden ★ zij kunnen het samen heel goed ~ *se llevan muy bien* ▼ zich ergens in kunnen ~ *estar de acuerdo con u.c.* ▼ daar is hij niet voor te ~ *no se prestará para esto*
vindersloon *recompensa* v *para el que encuentra algo*
vinding • het vinden *descubrimiento* m • uitvinding *invento* m; *descubrimiento* m ★ van zijn eigen ~ *de su propia cosecha*
vindingrijk *ingenioso*; *inventivo*
vindplaats *lugar* m *de descubrimiento* ★ ~ van mineralen *yacimiento* m
vinger *dedo* m ★ overal met zijn ~s aanzitten *tocarlo todo con los dedos* ★ zijn ~ opsteken *levantar el dedo* ▼ iets door de ~s zien *hacer la vista gorda* ▼ zich in de ~s snijden *perjudicarse a sí mismo* ▼ hij snijdt zich in zijn eigen ~s *obra contra sus propios intereses* ▼ iem. met de ~ nawijzen *señalar a u.p. con el dedo* ▼ iem. om zijn ~s winden *metérsele a u.p. en el bolsillo* ▼ je kunt hem om je ~ winden *es como una cera* ▼ dat kun je op je ~s natellen *son habas contadas* ▼ iem. op de ~s kijken *controlar a u.p.* ▼ iem. een tik op zijn ~s geven *darle un toque de atención a u.p.* ▼ als je hem een ~ geeft, neemt hij de hele hand *entra por la manga y sale por el cabezón* ▼ lange ~s hebben *ser largo de uñas*; *tener los cinco muy listos* ▼ de ~ op de zere plek leggen *poner el dedo en la llaga*
vingerafdruk *impresión* v *digital*
vingerdoekje *servilleta* v *de té*
vingeren *meter el dedo*
vingerhoed *dedal* m
vingerhoedskruid *digital* v
vingerkootje *falange* v
vingeroefening • training *ejercicio* m *de pulsación* • FIG. vaardigheidsoefening *práctica* v
vingertop *yema* v *del dedo*
vingervlug • handig *habilidoso con las manos* ★ ~ zijn *ser un manitas de oro/plata* • diefachtig *rapaz*
vingerwijzing *indicación* v
vingerzetting *digitación* v
vink *pinzón* m
vinkentouw ▼ op het ~ zitten *estar al acecho*
vinnig *mordaz*; *hiriente*
vinyl *vinilo* m
violet *violeta*
violist *violinista* m
viool • MUZ. *violín* m • → **viooltje** ▼ de eerste ~ spelen *llevar la voz cantante*; *llevar la batuta*
vioolconcert *concierto* m *de violín*
vioolkist *estuche* m *de violín*
vioolsleutel *clave* v *de sol*
viooltje *violeta* v; *viola* v ★ driekleurig ~ *pensamiento* m
vip *vip* m; *persona* v *muy importante*
viriel *viril*
virtual reality *realidad* v *virtual*
virtueel *virtual*
virtuoos **I** ZN [de] *virtuoso* m **II** BNW *virtuoso*
virtuositeit *virtuosidad* v
virus *virus* m [mv: *virus*]
vis *pez* m [mv: *peces*]; ⟨als voedsel⟩ *pescado* m ▼ zo gezond zijn als een vis *estar sano como una manzana* ▼ zich als een vis in het water voelen *estar como el pez en el agua*
visafslag *mercado* m *de pescado*
visagist *esteticista* m/v
visakte *licencia* v *de pesca*
visboer • persoon *pescadero* m • winkel *pescadería* v
visburger *pescado* m *empanado*
viscose ⟨tejido v de⟩ *viscosa* v
visgraat *espina* v *de pescado*
vishaak *anzuelo* m
visie • zienswijze *visión* v; *punto* m *de vista* ★ wat is jouw ~ daarop? *¿cuál es tu punto de vista?* • inzage *visión* v ★ ter ~ *para su examen* ★ iem. iets ter ~ leggen *presentar u.c. al examen de u.p.*
visioen *visión* v; *aparición* v ★ ~en hebben *tener apariciones*
visionair *visionario*
visitatie ⟨douane⟩ *registro* m; ⟨kerkelijk⟩

visitación v
visite • bezoek *visita* v ★ op ~ *de visita* ★ op ~ gaan bij *visitar a* • bezoekers *visita* v ★ ~ hebben *tener visita*; *tener invitados*
visitekaartje *tarjeta* v *de visita*
visiteren *examinar*; *registrar*
vismarkt *mercado* m *de pescado*
visrestaurant *restaurante* m *de pescado*
visrijk *abundante en pesca*
visschotel • CUL. gerecht *plato* m *de pescado* • schaal *fuente* v *para pescado*
visseizoen *temporada* v *de pesca* ★ gesloten ~ *veda de pesca* ★ open ~ *temporada de pesca*
Vissen *Piscis* m mv
vissen • vis vangen *pescar* ★ uit ~ gaan *ir de pesca* ★ trachten te krijgen *buscar* ★ naar een complimentje ~ *buscar las alabanzas de los demás* ★ bij iem. naar iets ~ *tratar de averiguar u.c. de u.p.*
vissenkom *pecera* v
visser *pescador* m
visserij *pesca* v
vissersboot *barca* v *pesquera*
visserslatijn *fanfarronada* v *de pescadores*
vissersvloot *flota* v *pesquera*
vissnoer *hilo* m *de pescar*
visstand *población* v *piscícola*
visstick *palito* m *de pescado*
visstoeltje *silla* v *plegable de pescadores*
vistuig *equipo* m *de pesca*
visualisatie *visualización* v
visualiseren *visualizar*
visueel *visual*
visum *visado* m ★ ~ verlenen *extender* [ie] *un visado*
visumplicht *obligatoriedad* v *de visado*
visvangst *pesca* v ★ de wonderbaarlijke ~ *la pesca prodigiosa*
visvijver *vivero* m
viswater *aguas* v mv *de pesca*
viswijf *verdulera* v
vitaal • wezenlijk *vital*; *esencial* ★ van ~ belang *de vital importancia* • levenskrachtig *vital*; *vivo*
vitaliteit *vitalidad* v
vitamine *vitamina* v
vitaminegebrek *carencia* v *vitamínica*
vitaminepreparaat *preparado* m *vitamínico*
vitaminerijk *rico en vitaminas*
vitrage *visillo* m
vitrine *vitrina* v
vitten *criticar*
vivisectie *vivisección* v
vizier • kijkspleet in helm *visera* v • richtmiddel *mira* v ▼ iem. in het ~ krijgen *divisar a u.p.* ▼ met open ~ strijden *luchar a cara descubierta*
vizierkijker *visor* m *telescópico*
vizierlijn *línea* v *de mira*
vla • CUL. nagerecht *natillas* v mv • CUL. vlaai *pastel* m *de frutas*
vlaag • windstoot *racha* v; *ráfaga* v • uitbarsting *acceso* m; *ramalazo* m; *racha* v ★ bij vlagen *a rachas* ★ in een ~ van woede *en un ataque de rabia*
vlaai *pastel* m *de frutas*

Vlaams I ZN [het] taal *flamenco* m **II** BNW m.b.t. Vlaanderen *flamenco*
Vlaanderen *Flandes* v
vlag *bandera* v ★ de witte vlag *la bandera blanca*; *la bandera de paz* ★ de vlag hijsen *izar la bandera* ★ de vlag strijken *arriar (í) la bandera* ★ de Nederlandse vlag voeren *ostentar la bandera holandesa* ▼ met vlag en wimpel *airoso*
vlaggen • SPORT *levantar el banderín* • de vlag uithangen *enarbolar la bandera*
vlaggenmast *asta* v
vlaggenschip *buque* m *gallardete*
vlaggenstok *asta* v *de bandera*
vlagvertoon *ostentación* v; *pompa* v ▼ met veel ~ *a bombo y platillos*
vlak I ZN [het] • platte zijde *lado* m; *cara* v ★ vlak van een hand *palma* v • WISK. *plano* m; *superficie* v • gebied *plano* m; *campo* m ★ dat ligt op een ander vlak *eso es otra cosa* ▼ zich op een hellend vlak begeven *ir de mal en peor* **II** BNW • plat *plano*; *llano*; *raso* ★ vlak maken *aplanar*; *allanar* ★ met de vlakke hand *con la palma de la mano* ★ zonder nuance *apagado* ★ vlak van toon *de tono apagado* **III** BIJW recht ★ vlak achter *inmediatamente detrás de* ★ vlak erbij *cerca de*; *a dos pasos de* ★ vlak tegenover *justo enfrente de*
vlakgom *goma* v *de borrar*
vlakte *llanura* v ▼ zich op de ~ houden *callar su opinión* ▼ iem. tegen de ~ slaan *tirar a u.p. al suelo*
vlaktemaat *medida* v *de superficie*
vlakverdeling *división* v *de la superficie*
vlam • vuur *llama* v ★ in vlammen opgaan *arderse*; *incendiarse* ★ vlam vatten *inflamarse*; *incendiarse*; *prender fuego* • geliefde *ardor* m; *pasión* v ★ een oude vlam *un viejo amor* • tekening in hout *veta* v
Vlaming *flamenco* m
vlammen • vlammen vertonen *llamear*; *arder* • fonkelen *arder*
vlammenwerper *lanzallamas* m
vlammenzee *mar* m *de llamas*
vlamverdeler *estabilizador* m *de llama*
vlas *lino* m
vlasblond *muy rubio*
vlashaar ≈ *pelo* m *muy rubio*
vlassen I BNW van vlas *de lino* **II** ON WW ~ **op** ★ ~ op iets *anhelar algo*; *ansiar (í) algo*
vlecht *trenza* v
vlechten • door elkaar winden *trenzar* ★ haar ~ *trenzar el pelo* • vlechtend vervaardigen ★ manden ~ *hacer cestas* • FIG. verwerken *mezclar*; *entrelazar* ★ citaten in zijn rede ~ *entrelazar citas en el discurso*
vlechtwerk *trenzado* m
vleermuis *murciélago* m
vlees *carne* v; INFORM. *chichas* v mv ★ wild ~ *carnosidad* v; *excrecencia* v ▼ mijn eigen ~ en bloed *carne de mi carne* ▼ ~ noch vis zijn *no ser ni carne ni pescado*; INFORM. *no ser ni chicha ni limoná* ▼ het gaat hem naar den vleze *todo le sale bien* ▼ iem. van ~ en bloed *un hombre de carne y hueso* ▼ weten wat voor

~ je in de kuip hebt *conocer el paño* ▼ het ~ is zwak *la carne es débil*
vleesboom *mioma* m
vleesetend *carnívoro*
vleeseter *carnívoro* m
vleesgerecht *plato* m *de carne*
vleeshaak *gancho* m *para colgar la carne*
vleeskleurig *de color carne; encarnado*
vleesmes *trinchante* m
vleesmolen *picadora* v *de carne*
vleestomaat *tomate* m *para ensalada*
vleesvork *trinchante* m
vleeswaren *fiambres* m mv; *embutidos* m mv
vleeswond *herida* v *superficial*
vleet ▼ bij de ~ *en abundancia*
vlegel • lomperd *palurdo* m • kwajongen *pillo* m; *pícaro* m
vleien • overdreven prijzen *adular; lisonjear* ★ iem. ~ *bailarle el agua a u.p.* • ~ met hoopvol stemmen ★ zich ~ met *alimentarse de*
vleiend *halagador; lisonjero*
vleier *adulador* m
vleierij *lisonja* v; *adulación* v
vlek *mancha* v ★ vlekken krijgen *mancharse* ★ vlekken verwijderen *quitar manchas*
vlekkeloos • zonder vlek *inmaculado* • foutloos *irreprochable; impecable*
vlekken *manchar*
vlekkenwater *quitamanchas* m
vlekkerig I BNW (v. stof) *moteado* II BIJW *a manchas*
vlektyfus *tifus* m *exantemático*
vlerk • vleugel *ala* v • vlegel *palurdo* m
vleselijk • lichamelijk *carnal* • FIG. zinnelijk *carnal*
vleug • *inclinación* v *natural del pelo* ★ tegen de ~ in *a contrapelo* • →**vleugje**
vleugel • vliegorgaan *ala* v ★ met zijn ~s slaan *batir las alas; aletear* • deel van vliegtuig *ala* v • deel van gebouw *ala* v • zijlinie *ala* v ★ de linker~ van de partij *el ala izquierda de un partido* • piano *piano* m *de cola* ▼ zijn ~s laten hangen *arrastrar el ala; andar con el ala caída* ▼ zij sloeg al vroeg haar ~s uit *se emancipó a una edad muy joven*
vleugellam *aliquebrado; alicaído*
vleugelmoer *tuerca* v *mariposa*
vleugelspeler *alero* m
vleugelverdediger *defensor* m *de línea*
vleugje *asomo* m; *dejo* m; *sombra* v ★ het laatste ~ hoop *el último asomo de esperanza* ★ een ~ ironie *un dejo de ironía*
vlezig *carnoso;* de carnes abundantes; (v. vrucht) *pulposo;* (v. vrucht) *carnoso*
vlieg *mosca* v; *cántárida* v ▼ twee ~en in één klap slaan *matar dos pájaros de un tiro* ▼ hij doet geen ~ kwaad *es más bueno que el pan* ▼ iem. ~en afvangen *ganar por la mano a u.p.*
vliegangst *miedo* m *a volar*
vliegas *pavesa* v
vliegbasis *base* v *aérea*
vliegbrevet *certificado* m *de piloto*
vliegdekschip *portaaviones* m [mv: *portaaviones*]
vliegen I OV WW • besturen *pilotar* • vervoeren *transportar en avión* II ON WW • door de lucht bewegen *volar* [ue]; (met vliegtuig) *ir en avión* • met het vliegtuig gaan ★ blind ~ *volar* [ue] *a ciegas* • snellen *volar* [ue]; *ir/pasar volando;* ir volando ★ naar alle richtingen ~ *volar en todas las direcciones* • snel voorbijgaan ★ de tijd vliegt *el tiempo pasa volando* ▼ in brand ~ *prender fuego* ▼ er een laten ~ *soltar* [ue] *un pedo* • erin ~ *caer en la trampa* ▼ eruit ~ *salir despedido* ▼ er eentje laten ~ *echar un pedo; tirar un cuesco*
vliegengaas *mosquitero* m
vliegengordijn *cortina* v *contra insectos*
vliegenier *aviador* m
vliegenmepper *mosqueador* m; *matamoscas* m [mv: *matamoscas*]
vliegensvlug *a escape; como una bala*
vliegenzwam *amanita* v *muscaria*
vlieger • speelgoed *cometa* v • piloot *aviador* m ▼ die ~ gaat niet op *no puede ser; eso no cuela*
vliegeren *echar a volar una cometa*
vliegramp *catástrofe* v *aérea*
vliegtuig *avión* m ★ per ~ *en avión*
vliegtuigbouw *construcción* v *de aviones*
vliegtuigkaping *secuestro* m *de avión*
vliegtuigmoederschip *buque* m *nodriza*
vlieguur *hora* v *de vuelo*
vliegvakantie *vacaciones* v mv *por avión*
vliegveld *aeropuerto* m
vliegverbinding *conexión* v *aérea*
vliegverkeer *tráfico* m *aéreo*
vliegwiel *volante* m
vlier *saúco* m
vliering *buhardilla* v; *desván* m
vlies • dun laagje *película* v • BIOL. *membrana* v
vlijen *tender* [ie] ★ hij vlijde zich op de grond *se tendió en el suelo*
vlijmscherp • goed snijdend *muy cortante; muy afilado; affilatíssimo* • FIG. *mordaz; incisivo*
vlijt *celo* m; *aplicación* v; *diligencia* v
vlijtig *aplicado; diligente*
vlinder *mariposa* v
vlinderdas *pajarita* v
vlindernet *cazamariposas* m
vlinderslag *estilo* m *mariposa*
vlo *pulga* v
vloed • hoogtij *flujo* m; *marea* v *alta; pleamar* v • overweldigende massa *marea* v; *torrente* m; *rociada* v ★ een ~ van woorden *un torrente de palabras* • MED. *flujo* m ★ witte ~ *leucorrea* v
vloedgolf • grote golf (door getij) *marejada* v; (door zeebeving) *maremoto* m • grote hoeveelheid *oleada* v
vloedlijn *línea* v *de altura de la marea*
vloei • sigarettenpapier *papel* m *de fumar* ★ shag met ~ *tabaco liado con papel de fumar* • absorberend papier *papel* m *secante* • →**vloeitje**
vloeibaar *líquido; fluido* ★ ~ maken *liquidar; licuar*
vloeiblad *secante* m
vloeien *fluir; correr*
vloeiend I BNW *fluido; suelto* II BIJW *vlot* ★ ~ een taal spreken *hablar una lengua con soltura*
vloeipapier • absorberend papier *papel* m *secante* • dun papier *papel* m *de seda*

vloeistof *líquido* m
vloeitje *papel* m *de fumar*
vloek • verwensing *maldición* v • iets rampzaligs *plaga* v ★ het is een ~ voor de mensheid *es una plaga para el género humano* • krachtterm *palabrota* v; *taco* m ▾ in een ~ en een zucht *en un santiamén*
vloeken • krachttermen uiten *blasfemar*; *renegar* [ie]; *maldecir* [i]; *jurar* ★ ~ als een ketter *jurar como un carretero* • schril afsteken *desentonar con* ★ dit jasje vloekt met de kleur van je haar *esta chaqueta desentona con el color de tu pelo*
vloekwoord *palabrota* v
vloer *piso* m; *suelo* m; *pavimento* m ▾ veel bij iem. over de ~ komen *frecuentar la casa de u.p.*
vloerbedekking *alfombrado* m; *moqueta* v
vloeren *echar al suelo* ★ gevloerd worden *besar el suelo*
vloerkleed *alfombra* v
vlok *copo* m; ⟨v. haar/wol⟩ *mechón* m
vlokkig *lleno de copos*
vlonder • slootplank *pasarela* v; *pasadera* v • plankier *entablado* m
vlooien *espulgar*
vlooienband *collar* m *antipulgas*
vlooienmarkt *mercado* m *de objetos usados*; *rastro* m
vlooienspel *juego* m *de las pulgas*
vlooientheater *teatro* m *de pulgas*
vloot • oorlogsvloot *armada* v; *marina* v *de guerra* • groep schepen *flota* v; *marina* v • luchtvloot *flota* v *aérea*
vlootbasis *base* v *naval*
vlootschouw *revista* v *naval*
vlot I ZN [het] *armadía* v; *balsa* v II BNW • snel *rápido*; *fluido* ★ vlotte afwikkeling *liquidación* v *rápida* • gemakkelijk *suelto*; *fluido*; *corriente* ★ hij is een vlotte spreker *habla con fluidez*; *habla con soltura* • ongedwongen *desenvuelto*; *natural*; *espontáneo* ★ een vlotte jongen *un chico espontáneo* • drijvend *a flote* ★ vlot trekken *sacar a flote* III BIJW • snel *con fluidez*; *pronto*; *rápidamente* ★ liquideren *liquidar con fluidez* ★ alles is vlot gegaan *todo ha ido a pedir de boca* • gemakkelijk *con fluidez*; *con soltura* ★ vlot Nederlands spreken *hablar neerlandés con soltura*
vlotten *avanzar* ★ het gesprek wilde niet ~ *la conversación se bloqueaba*
vlotter *flotador* m
vlotweg *fluidamente*; *con facilidad*
vlucht • het ontvluchten *huida* v; *fuga* v; *escapada* v; *escape* m ★ een wilde ~ *una fuga desbaratada* ★ op de ~ slaan *darse a la fuga* ★ ~ uit de werkelijkheid *evasión* v *de la realidad* ★ ~ van kapitaal *evasión de capital* • het vliegen *vuelo* m • vliegtocht *vuelo* m ★ een binnenlandse ~ *un vuelo nacional* • troep vogels *bandada* v ▾ een hoge ~ nemen *tomar vuelo*
vluchteling *fugitivo* m; ⟨politiek⟩ *refugiado* m *(político)*
vluchtelingenkamp *campo* m *de refugiados*
vluchten *darse a la fuga*; *huir*; *fugarse*; *refugiarse* ★ de kerk in ~ *refugiarse en una iglesia*
vluchthaven *puerto* m *de refugio*; *refugio* m
vluchtheuvel *refugio* m
vluchtig I BNW • NATK. snel vervliegend *volátil* • oppervlakkig *superficial* ★ een ~e blik op iets slaan *dar un vistazo a u.c.*; *echar una ojeada a u.c.* ★ een ~e controle *una inspección superficial* • voorbijgaand *pasajero*; *transitorio*; *fugaz* II BIJW oppervlakkig *superficialmente* ★ iets ~ doorzien *repasar u.c.*
vluchtleider *controlador* m *de vuelo*
vluchtleiding *dirección* v *de vuelo*
vluchtleidingscentrum *centro* m *de dirección de vuelo*
vluchtnummer *número* m *de vuelo*
vluchtschema *plan* m *de vuelo*
vluchtstrook *arcén* m
vluchtweg *camino* m *de escape*
vlug I BNW • snel gaand *rápido*; *pronto*; *veloz* • bijdehand *listo*; *despierto* ★ vlug van begrip *listo*; *despierto* II BIJW • snel *rápidamente*; *deprisa* ★ vlugger gaan *avivar el paso* ★ niet zo vlug! *¡no tan de prisa!* • spoedig *pronto*; *presto* ★ zo vlug mogelijk *cuanto antes*
vluggertje • vrijpartij *polvo* m • dam- of schaakpartij *partida* v *rápida*
vlugschrift *folleto* m
vlugzout *sal* v *volátil*; *sales* m mv *aromáticas*
vmbo ≈ *FPI* v; ≈ *Formación* v *Profesional Inicial*
VN *ONU* v; *Organización* v *de las Naciones Unidas*
vocaal I ZN [de] *vocal* v II BNW *vocal*
vocabulaire *vocabulario* m
vocalisatie *vocalización* v
vocaliseren *vocalizar*
vocalist *vocalista* m/v
vocht • vloeistof *líquido* m • vochtigheid *humedad* v
vochtgehalte *grado* m *higrométrico*
vochtig *húmedo* ★ ~ maken *humedecer*; *mojar*
vochtigheid *humedad* v
vochtigheidsgraad *grado* m *de humedad*
vochtigheidsmeter *higrómetro* m
vochtvrij *sin humedad*
vod *trapo* m; *andrajo* m; ⟨v. papier⟩ *papelucho* m ▾ iem. achter de vodden zitten *atosigar a u.p.*; *estar encima de u.p.*
voddenboer *trapero* m
voeden I OV WW • voedsel geven *alimentar*; *nutrir* ★ zich ~ met *alimentarse de* • zogen *dar de mamar* • van toevoer voorzien *alimentar*; *cebar* • aanwakkeren *alimentar* ★ haat ~ *alimentar el odio* II ON WW voedzaam zijn *alimentar* ★ pasta voedt meer dan rijst *la pasta alimenta más que el arroz*
voeder *forraje* m; *pasto* m; *pienso* m; *alimento* m
voederbak *pesebre* m
voederen *dar de comer*; *alimentar*
voeding • het voeden *alimentación* v; ⟨v. baby⟩ *mamada* v ★ kunstmatige ~ *alimentación artificial* • voedsel *alimento* m; *comida* v • TECHN. *alimentación* v ▾ ~ geven aan geruchten *dar pábulo a rumores*; *nutrir los*

rumores

voedingsbodem • LETT. *caldo* m *de cultivo*; *placa* v *de cultivo* • FIG. *semillero* m
voedingskabel *cable* m *alimentador*
voedingsleer *bromatología* v; *dietética* v
voedingsmiddel *producto* m *alimenticio*
voedingspatroon *costumbres* v mv *alimentarias*
voedingsstof *sustancia* v *nutritiva*
voedingswaarde *valor* m *nutritivo*
voedsel *alimento* m
voedselhulp *ayuda* v *alimenticia*
voedselpakket *paquete* m *con alimentos*
voedselrijk *alimenticio*
voedselvergiftiging *intoxicación* v *alimenticia*
voedselvoorziening *provisión* v *de víveres*; *provisión* v *de alimentos*
voedster *nodriza* v
voedzaam *nutritivo*; *alimenticio*; *sustancioso*
voeg *junta* v ★ uit zijn voegen raken *desvencijarse*
voegen I OV WW • verbinden *juntar* • met specie opvullen *mampostear* • **~ bij** *añadir a*; *adjuntar con* ★ zich bij iem. ~*unirse a u.p.* II WKD WW [**zich ~**] *amoldarse a*; *adaptarse a* ★ zich ~naar iemands wil *adaptarse a la voluntad de u.p.*
voegijzer *juntera* v
voegwoord *conjunción* v ★ nevenschikkend ~ *conjunción coordinante/copulativa* ★ onderschikkend ~ *conjunción subordinante*
voelbaar • merkbaar *perceptible* ★ de spanning was ~*la tensión era palpable* • tastbaar *palpable*
voelen I OV WW • gewaarworden *sentir* [ie, i]; *experimentar*; *percibir* ★ kou ~*sentir* [ie] *frío* ★ pijn ~*sentir dolor* ★ steken in zijn zij ~*sentir punzadas en el costado* ★ hij liet het je ~*te lo hizo sentir* • aanvoelen *entender* [ie]; *intuir* ★ ik voel wat hij wil zeggen *entiendo lo que quiere decir* • bevoelen *tocar*; *palpar* ★ iemands pols ~*tomar el pulso a u.p.* • **~ voor** *apetecer*; *tener ganas de*; *interesarse por* ★ voel je er iets voor om met ons mee te gaan? *¿te apetece acompañarnos?* ★ ik voel niets voor sport *no me interesa nada el deporte* II ON WW aanvoelen ★ het voelt zacht *está suave* ★ het voelt koud *está frío* ★ dat voelt vreemd *da una sensación extraña* III WKD WW [**zich ~**] *sentirse* [ie, i] ★ zich niet goed ~ *sentirse mal* ★ zich beledigd ~*sentirse ofendido* ▼ zich heel wat ~*creerse mucho*
voelhoorn *antena* v; *cuerno* m ★ zijn ~s uitsteken *pulsar*
voeling *contacto* m ★ ~hebben met *estar en contacto con* ★ ~houden met *mantenerse* [ie] *en contacto con* ★ ~krijgen met *ponerse en contacto con*
voelspriet *antena* v; *tentáculo* m
voer *forraje* m; *pasto* m; *pienso* m ★ gemengd voer *pasto mixto*
voeren • voeden *alimentar*; *dar forraje*; *dar de comer* • leiden *conducir*; *llevar*; ⟨naar spreker toe⟩ *traer* ★ wat voert je hierheen? *¿qué te trae por aquí?* ★ dat zou ons te ver ~ *esto nos llevaría demasiado lejos* • van voering voorzien *forrar* ★ met watten ~*algodonar*

voering *forro* m
voerman *carretero* m
voertaal *lengua* v *oficial*
voertuig *vehículo* m
voet • lichaamsdeel *pie* m ★ voetje voor voetje *paso a paso* ★ met zijn voeten aan de grond komen *hacer pie* ★ op blote voeten *descalzo* ★ te voet *a pie* ★ voet aan wal zetten *echar pie a tierra* ★ ik zet geen voet meer bij hem in huis *no volveré a pisar su casa* ★ geen voet buiten de deur zetten *no salir de casa* • basis, onderste deel *pie* m; *base* v ★ belastingvrije voet *mínimo* m *exento* ★ de voet van een glas *el pie de un vaso* ★ aan de voet van de Alpen *al pie de los Alpes* • wijze, grondslag ★ op goede voet komen met *hacer buenas migas con* ★ op goede voet staan met iem. *estar en buenos términos con u.p.* ★ op gespannen voet met iem. staan *estar tirante con u.p.* ★ op vertrouwde voet met elkaar staan *ser íntimos amigos* ★ op voet van gelijkheid *en pie de igualdad* ★ op voet van oorlog *en pie de guerra* ★ op grote voet leven *vivir a todo tren*; *vivir a lo grande* ▼ zich aan iemands voeten werpen *echarse a los pies de u.p.* ▼ hij staat met één voet in het graf *está con un pie en el hoyo* ▼ de wet met voeten treden *pisotear la ley* ▼ met voeten treden *violar* ▼ op vrije voeten stellen *poner en libertad* ▼ op staande voet *en el acto* ▼ iem. op de voet volgen *seguir* [i] *a u.p. muy de cerca* ▼ de instructies op de voet volgen *seguir las instrucciones al pie de la letra* ▼ zich uit de voeten maken *esquivarse* ▼ iem. voor de voeten lopen *estorbar a u.p.* ▼ iem. iets voor de voeten werpen *echar algo en cara a u.p.* ▼ voet bij stuk houden *seguir* [i] *en sus trece* ▼ vaste voet krijgen in *echar raíces en* ▼ een voet tussen de deur *un pie entre la puerta*
voetangel *cepo* m ▼ ~s en klemmen *trampas* v mv
voetbad *baño* m *de pies*; MED. *pediluvio* m
voetbal I ZN [de] bal *pelota* v; *balón* m II ZN [het] spel *fútbol* m
voetbalclub *club* m *de fútbol*
voetbalelftal *equipo* m *de fútbol*; *once* m
voetbalknie *menisco* m
voetballen *jugar* [ue] *al fútbol*
voetballer *futbolista* m/v
voetbalschoen *bota* v *de fútbol*
voetbalveld *campo* m *de fútbol*
voetbalwedstrijd *partido* m *de fútbol*
voetenbank *banqueta* v *para los pies*
voeteneinde *pie* m *de la cama*
voetganger *peatón* m
voetgangersbrug *puente* m *peatonal*
voetgangersgebied *zona* v *peatonal*
voetgangerslicht *semáforo* m *para peatones*
voetgangersoversteekplaats *paso* m *de peatones*
voetgangerstunnel *túnel* m *peatonal*
voetlicht *candilejas* v mv ▼ voor het ~ brengen *poner en escena*; *llamar la atención*; *sacar a la luz*
voetnoot *nota* v
voetpad • paadje *senda* v • trottoir *vía* v

peatonal
voetreis *viaje* m *a pie*
voetspoor *huella* v; *vestigio* m ▼ in iemands voetsporen treden *seguir* [i] *las huellas de u.p.*
voetstap • stap *paso* m • spoor *huella* v
voetsteun *apoyo* m *para los pies*
voetstoots ★ iets ~ aannemen *aceptar algo a pies juntillas*
voetstuk *pedestal* m ▼ iem. op een ~ plaatsen *poner a alguien en un pedestal*
voettocht *excursión* v *a pie*
voetveeg ★ iemands ~ zijn *servir* [i] *a alguien de estropajo*
voetvolk • MIL. *infantería* v • FIG. gewone volk *vulgo* m; *masa* v
voetzoeker *buscapiés* m [mv: id.]; *petardo* m
voetzool *planta* v *del pie*
vogel • dier *pájaro* m; *ave* v ★ ~s vangen *cazar pájaros* • persoon *tipo* m; *tío* m ★ een slimme ~ *un tipo/tío listo* ▼ beter één ~ in de hand dan tien in de lucht *más vale un toma que dos te daré* ▼ ~s van diverse pluimage *todo tipo de gente*
vogelaar *pajarero* m
vogelgriep *gripe* v *avícola*
vogelkooi *jaula* v; *pajarera* v
vogelnest *nido* m *de pájaro*
vogelpik *juego* m *de dardos*
vogelspin *araña* v *jarera*
vogelstand *población* v *ornitológica*
vogeltrek *migración* v
vogelverschrikker *espantapájaros* m [mv: id.] ★ hij ziet eruit als een ~ *está hecho una birria*
vogelvlucht • in ~ *a vista de pájaro*
vogelvrij *fuera de la ley*; *proscrito* ★ ~ verklaren *poner/declarar fuera de la ley*; *proscribir*
Vogezen *Vosgos* m mv
voicemail *fonobuzón* m
voile *velo* m
vol • geheel gevuld *lleno* ★ vol worden *llenarse* ★ het was er vol *estaba de bote en bote*; *estaba así de gente* • vervuld *lleno de* ★ vol zijn van *estar lleno de*; *estar obsesionado por* • intens [v: franche] ⟨v. kleur⟩ *intenso*; ⟨v. geluid⟩ *lleno* • bedekt *lleno de*; *cubierto de* ★ je gezicht zit vol puistjes *tu cara está cubierta por granos* • volledig *todo*; *entero*; *íntegro*; *completo*; *pleno* ★ een vol uur *una hora entera* ▼ ten volle *completamente* ▼ iem. niet voor vol aanzien *no tomar en serio a u.p.*
volautomatisch *completamente automático*
volbloed I ZN [de] *purasangre* m **II** BNW *raszuiver de pura sangre*
volbouwen *llenar de construcciones*
volbrengen *llevar a cabo*; *realizar*; *ejecutar*; *cumplir*
voldaan • tevreden *satisfecho*; *contento* • betaald *pagado*
voldoen I OV WW betalen *pagar*; *abonar*; *satisfacer* **II** ON WW • bevredigen *satisfacer*; *cumplir* ★ dat voldoet mij niet *no me satisface* • ~ **aan** *cumplir con*; *satisfacer*; ⟨aan verzoek⟩ *atender a* [ie] ★ hij voldeed niet aan zijn verzoek *no atendió a su petición* ★ aan de eisen ~ *cumplir (con) las exigencias*; *reunir (ú) las exigencias*

voldoende I BNW • bevredigend *satisfactorio* • genoeg *bastante*; *suficiente* **II** ZN [de] schoolcijfer *nota* v *suficiente*
voldoening • betaling *pago* m ★ ter ~ van *en pago de* • tevredenheid *satisfacción* v ★ ~ in iets vinden *satisfacerse con algo*
voldongen • → *feit*
voldragen *maduro* ★ een ~ kind *un bebé nacido a tiempo*
volgauto *coche* m *de escolta*
volgboot *barco* m *que sigue*
volgeboekt *completo*
volgeling *seguidor* m; *secuaz* m/v [m mv: *secuaces*]
volgen I OV WW • achternagaan *seguir* [i] • nabootsen *seguir* [i]; *imitar* ★ iem. blindelings ~ *seguir a ciegas a u.p.* • handelen naar *seguir* [i] ★ een advies ~ *seguir un consejo* ★ de mode ~ *seguir la moda* ★ je moet je geweten ~ *hay que seguir la conciencia* • bijwonen *seguir*; *frecuentar* ★ een cursus ~ *seguir un curso* • begrijpen, bijhouden *seguir*; *entender* [ie] ★ ik kan je niet ~ *no te entiendo*; *no te sigo* ★ volg jij de Tour de France? *¿estás siguiendo el Tour?* **II** ON WW • erna komen *seguir* ★ het antwoord is als volgt *la respuesta es la siguiente* ★ wie volgt? *¿a quién le toca?* ★ de nacht volgt op de dag *al día sigue la noche* • ~ **uit** *inferirse* [ie, i]; *resultar* ★ daaruit volgt de ello se infiere ★ waaruit volgt *de lo que resulta*
volgend *siguiente*; *próximo*
volgens • naar mening van *según* ★ ~ mij *según yo* • overeenkomstig *de acuerdo con*; *según*
volgnummer *número* m *de orden*
volgooien *llenar*
volgorde *orden* m/v ★ op ~ leggen *poner por orden* ★ in ~ van belangrijkheid *por orden de importancia*
volgroeid *completamente desarrollado*; ⟨v. personen⟩ *adulto*; ⟨v. personen⟩ *maduro*
volgwagen *coche* m *de escolta*
volgzaam *dócil*
volharden *perseverar en*; *insistir en*; *hacer hincapié en*; *empeñarse en*
volhardend *perseverante*; *tenaz*
volharding *perseverancia* v
volheid *plenitud* v
volhouden I OV WW • niet opgeven *mantener* [ie]; *continuar (ú) con*; *perseverar en*; *aguantar* ★ de strijd ~ *perseverar en la lucha* ★ hij kan een aardig tijdje kunnen ~ *tener mucha cuerda* ★ ik houd het niet langer vol *no lo aguanto más* ★ iets koppig ~ *empeñarse en u.c.* • blijven beweren *sostener*; *insistir en*; *afirmarse en* ★ hij houdt vol dat hij het niet heeft gedaan *insiste en que no lo ha hecho* **II** ON WW doorgaan *perseverar*; *persistir*
volière *pajarera* v
volk • natie *pueblo* m; *nación* v ★ het uitverkoren volk *el pueblo elegido* • bevolking *pueblo* m ★ hij begaf zich onder het volk *iba entre el pueblo* • lagere klassen *vulgo* m; *pueblo* m; *plebe* v • menigte *gente* v ★ er was veel volk op de been *había mucha gente* • soort mensen *gente* v ★ slecht volk *mala*

gente
Volkenbond *sociedad* v *de las naciones*
volkenkunde *etnología* v
volkenmoord *genocidio* m
volkenrecht *derecho* m *de gentes; derecho* m *internacional público*
volkomen I BNW • *volledig completo; total* • *volmaakt perfecto* **II** BIJW *por completo; completamente*
volkorenbrood *pan* m *integral*
volks *popular*
volksaard *carácter* m *popular*
volksboek *libro* m *popular*
volksbuurt *barrio* m *popular*
volksdans *baile* m *popular*
volksdansen *bailar bailes regionales*
volksetymologie *etimología* v *popular*
volksfeest *fiesta* v *popular*
volksgeloof *creencia* v *popular*
volksgezondheid *sanidad* v *pública*
volkshuisvesting *vivienda* v
volksjongen *chico* m *trabajador*
volkslied • *officieel nationaal lied himno* m *nacional* • *overgeleverd lied canción* v *popular*
volksmond ★ *in de* ~ *en el habla popular*
volksmuziek *música* v *folk*
volkspartij *partido* m *popular*
volksrepubliek *república* v *popular*
volksstam • *volk tribu* v • *menigte gentío* m; *multitud* v
volksstemming *plebiscito* m; *referéndum* m
volkstaal • *landstaal idioma* m *nacional* • *informele taal lenguaje* m *popular*
volkstelling *censo* m
volkstoneel *teatro* m *popular*
volkstuin *huerta* v *pequeña para la gente de la ciudad*
volksuniversiteit *universidad* v *popular*
volksverhuizing • *het trekken van een volk migración* v *de un pueblo* ★ GESCH. *de grote* ~ *Invasión de los Bárbaros* • FIG. *caravana* v
volksverlakkerij *engaño* m *(demagógico) del pueblo*
volksvermaak *diversión* v *popular*
volksvertegenwoordiger *diputado* m
volksvertegenwoordiging *parlamento* m; *Cortes* m mv
volksverzekering *seguro* m *social general*
volksvrouw *mujer* v *trabajadora*
volkswijsheid *sabiduría* v *popular*
volledig *completo; entero; íntegro* ★ ~ *maken completar*
volledigheidshalve *para ser completo*
volleerd (ervaren) *versado;* (ervaren) *experimentado;* (ervaren) *consumado;* (doortrapt) *astuto* ★ *een* ~*e pianist un pianista consumado*
volleybal I ZN [de] *bal balón* m **II** ZN [het] *spel balonvolea* m; *voleibol* m
volleyballen *jugar* [ue] *a balonvolea*
vollopen *llenarse*
volmaakt *perfecto*
volmacht *poder* m ★ *blanco* ~ *poder* m *en blanco; plenos poderes* m mv ★ *bij* ~ *por poder* ★ ~ *verlenen autorizar*

volmaken *perfeccionar*
volmondig *sincero; franco*
volop *en abundancia* ★ *ik heb* ~ *tijd me sobra tiempo* ★ ~ *werk hebben estar muy ocupado; tener mucho trabajo*
volpension *pensión* v *completa*
volpompen *llenar*
volproppen *atiborrar* ★ *zich* ~ *met atiborrarse de*
volslagen *completo; total* ★ ~ *gek loco de remate*
volslank *regordete*
volstaan • *voldoende zijn bastar* ★ *dat volstaat con eso basta* • ~ *met limitarse a*
volstoppen *abarrotar de*
volstrekt *absoluto* ★ ~ *niet de ningún modo; en absoluto*
volt *voltio* m; *volt* m
voltage *voltaje* m
voltallig *completo* ★ ~ *maken completar*
voltigeren *hacer volteretas;* (op paard) *hacer acrobacias ecuestres*
voltijdbaan *trabajo* m *full time*
voltooien *acabar; terminar; dar fin a*
voltooiing *terminación* v
voltreffer *impacto* m *directo*
voltrekken I OV WW *cumplir; ejecutar* ★ *een vonnis* ~ *ejecutar una sentencia* ★ *een huwelijk* ~ *celebrar un matrimonio* **II** WKD WW [zich ~] *tener lugar*
voltrekking *ejecución* v; *cumplimiento* m; (v. huwelijk) *celebración* v
voluit *totalmente; completamente*
volume • *inhoud volumen* m • *geluidssterkte volumen* m
volumeknop *tecla* v *del volumen; botón* m *del volumen*
volumineus *voluminoso; abultado*
voluptueus *voluptuoso*
volvet *con toda su crema*
volvoeren *efectuar* [ú]; *cumplir; ejecutar*
volwaardig *completo; pleno*
volwassen *adulto*
volwassene *adulto* m
volwasseneneducatie *educación* v *para adultos*
volwassenheid *madurez* v
volzet ★ *de camping was* ~ *el camping estaba completo*
volzin *oración* v; *frase* v
vondeling *expósito* m ★ *te* ~ *leggen abandonar*
vondst • *het vinden descubrimiento* m • *bedenksel hallazgo* m
vonk • *gloeiend deeltje chispa* v • FIG. *gevoelsflits pizca* v; *chispa* v ★ *geen vonkje hoop ni una chispa de esperanza*
vonken *soltar chispas*
vonnis *sentencia* v; *fallo* m ★ *een* ~ *vellen pronunciar/dictar sentencia* ★ *een* ~ *voltrekken ejecutar una sentencia*
vonnissen *sentenciar; fallar; dictar sentencia*
voodoo *vudú* m
voogd *tutor* m ★ *toeziend* ~ *protutor* m
voogdij *tutela* v
voogdijraad *consejo* m *de protección de menores*
voor I VZ • *aan de voorkant van delante de* ★ *voor het huis delante de la casa* • *naar voren* ★ *voor zich uit kijken mirar hacia*

delante • eerder dan *antes de* ★ voor 1992 *antes de 1992* ★ wat deed je hiervoor? *¿qué hacías antes?* • gedurende *por* ★ hij gaat voor een jaar weg *se marcha por la duración de un año* • in tegenwoordigheid van *ante* • jegens *por* ★ achting hebben voor iem. *tener respeto por alguien* • in ruil voor *por* ★ voor 5 euro *por cinco euros* ★ wat ... betreft *por* ★ niet slecht voor een beginner *no está mal para un principiante* ★ nogal groot voor een auto *más bien grande para un coche* ★ een 7 voor Engels *un 7 en inglés* ★ dat is net iets voor hem ⟨typisch⟩ *es algo apropiado para él* • ten bate/behoeve van ★ een buiging maken voor *hacer una reverencia ante* ★ voor het goede doel *por la buena causa* ★ ik deed het voor jou *lo hice por ti* **II** vw *antes de (que)* ★ ik zie je nog wel voor ik vertrek *todavía te veré antes de que me marche* **III** bijw ★ van de voorkant *delante* ★ hij woont voor *vive delante* ★ van voor naar achter *de delante hacia detrás* ★ voor in het boek *delante en el libro* ★ met voorsprong *delante* ★ hij is voor bij de anderen *va adelantado respecto a los otros* • gunstig gestemd *por*; *a favor de* **IV** zn [de] *surco* m ★ voren trekken *surcar* **V** zn [het] *pro* m ★ de voors en tegens *los pros y los contras*
vooraan *delante* ★ ~ staan *estar delante/al frente*
vooraanstaand *destacado*; *prominente*; *conspicuo*
vooraanzicht *vista* v *frontal*
vooraf *antes*; *de antemano* ★ waarom heb je dat niet ~ gezegd? *¿porqué no lo has dicho de antemano?*
voorafgaan aan *preceder a*
voorafje *entremés* m
vooral *sobre todo*; *más que nada*; *particularmente* ★ ~ niet *de ninguna manera*
vooralsnog *por el momento*; *de momento*; *por ahora*
voorarrest *prisión* v *preventiva*
vooravond • begin van de avond *tarde* v • avond voor iets *víspera* v ★ aan de ~ staan van *estar en vísperas de*
voorbaat ★ bij ~ *de antemano* ★ u bij ~ dankend *anticipándole las gracias*; *con mis gracias anticipadas*
voorbarig *prematuro*; *precipitado*
voorbeeld • iets ter navolging *ejemplo* m; *modelo* m/v ★ tot ~ dienen *servir* [i] *de ejemplo* ★ naar het ~ *siguiendo el ejemplo de* ★ het ~ volgen van *seguir* [i] *el ejemplo de* • iets ter illustratie *ejemplo* m ★ laten we als ~ nemen *pongamos por caso*
voorbeeldig *ejemplar*
voorbehoedmiddel *anticonceptivo* m
voorbehoud *condición* v; *salvedad* v; *reserva* v ★ onder ~ dat *a condición de que* ★ aannemen zonder enig ~ *aceptar sin reserva alguna*; *aceptar incondicionalmente* ★ een ~ maken *hacer una salvedad*
voorbehouden *reservar* ★ wijzigingen ~ *sujeto a modificaciones*
voorbereiden *preparar* ★ zich ~ op *prepararse a/para*
voorbereiding *preparación* v

voorbeschikken *predestinar*
voorbeschikking *predestinación* v
voorbeschouwing *predicción* v; *pronóstico* m
voorbespreking *charla* v *preliminar*
voorbestemmen *predestinar*
voorbij **I** bnw afgelopen *terminado* ★ de vakantie is ~ *las vacaciones han terminado* **II** vz • langs ★ ~ de kerk en dan rechts *pasando la iglesia a la derecha* • verder dan ★ het kruispunt ~ *pasando el cruce*
voorbijgaan • passeren *pasar* ★ in het ~ *al pasar*; *de paso* • verstrijken *pasar* ★ een kans voorbij laten gaan *perder* [ie] *una oportunidad* • ~ aan ★ aan iets ~ *prescindir de u.c.*; *pasar por alto u.c.* ★ aan iem. ~ *no hacer caso a u.p.*
voorbijgaand *pasajero*; *transitorio*
voorbijganger *transeúnte* m/v
voorbijkomen ★ hij kwam voorbij *pasó por allí*
voorbijlopen ★ hij liep me voorbij zonder te groeten *me pasó sin saludarme*
voorbijpraten • → **mond**
voorbijstreven *superar*; *dejar atrás*
voorbijzien *pasar por alto*
voorbode *signo* m *precursor*; *mensajero* m
voordat *antes de que* [+ subj.]
voordeel • wat gunstig is *ventaja* v ★ het heeft voor- en nadelen *tiene ventajas y desventajas* • winst *provecho* m; *beneficio* m ★ ~ hebben van *beneficiarse de* ★ tot ~ strekken van *redundar en beneficio de* ★ zijn ~ doen met *sacar ventaja de*; *aprovecharse de* ★ in het ~ zijn *llevar la ventaja* • sport *ventaja* v ★ iem. het ~ van de twijfel gunnen *dejarle a u.p. el beneficio de la duda* ★ het ~ van de twijfel *el beneficio de la duda*
voordek *cubierta* v *de proa*
voordelig *ventajoso*; *económico*
voordeur *puerta* v *de la calle*
voordeurdeler *persona* v *que comparte una casa*
voordien *antes*
voordoen **I** ov ww • als voorbeeld doen *enseñar*; *mostrar* [ue] ★ iem. iets ~ *mostrar u.c. a u.p.* • aandoen *ponerse* ★ een schort ~ *ponerse un delantal* **II** wkd ww [zich ~] • zich gedragen *mostrarse* ★ zich ~ als geleerde *hacerse pasar por sabio* • plaatsvinden *surgir*; *producirse* ★ het probleem doet zich voor dat ... *surge el problema de que ...*
voordracht • het voordragen *declamación* v • nominatie *lista* v *de candidatos* ★ als eerste op de ~ staan *ser el número uno en la lista* ★ op ~ van *a propuesta de* • lezing *conferencia* v; *charla* v ★ een ~ houden *dar una conferencia/charla*
voordragen • ten gehore brengen *recitar*; *declamar* • aanbevelen *proponer*; *recomendar* [ie]
voordringen *colarse* [ue]
vooreerst *por el momento*
voorfilm *tráiler* m; *avance* m
voorgaan • voor iem. gaan *preceder*; *ir delante* ★ gaat u voor, meneer *usted primero, señor*; *¡pase usted!* • voorrang hebben *tener prioridad* • het voorbeeld geven *dar el ejemplo* • rel. ★ ~ in gebed *dirigir el rezo*
voorgaand *anterior*; *precedente*

voorganger • iem. die men opvolgt *antecesor* m; *predecesor* m ★ zijn ~ opvolgen *suceder a su antecesor* • REL. *pastor* m; *predicador* m
voorgeleiden *presentar ante el juez*
voorgenomen *proyectado*
voorgerecht *entrada* v ★ wat hebben we als ~? *¿qué hay de entrada?*
voorgeschiedenis *antecedentes* m mv
voorgeschreven *prescrito*
voorgeslacht *antepasados* m mv
voorgevel • gevel *fachada* v • boezem *delantera* v
voorgevoel *presentimiento* m ★ een ~ hebben van *tener un presentimiento de*
voorgoed *para siempre*
voorgrond *primer* m *plano*; ⟨v. toneel⟩ *proscenio* m ★ op de ~ treden *destacarse* ★ op de ~ stellen *hacer resaltar* ★ op de ~ staan *ocupar el primer plano* ★ zich op de ~ dringen *darse importancia*
voorhamer *maza* v
voorhand *cuarto* m *delantero* ▾ op ~ *de antemano*
voorhanden *disponible*; *en existencia*
voorhebben • voor zich hebben *tener delante* ★ wie denk je wel dat je voorhebt? *¿a quién tienes delante, crees tú?* • beogen *proponer* ★ het goed met iem. ~ *desear lo mejor para u.p.* • als voordeel hebben *tener ventaja* ★ iets op iem. ~ *tener ventaja sobre u.p.* • dragen *llevar*; *tener puesto* ★ een schort ~ *llevar un delantal*
voorheen *antes*
voorhistorisch *prehistórico*
voorhoede *vanguardia* v; SPORT *delantera* v
voorhoedespeler *delantero* m
voorhoofd *frente* v ★ het ~ fronsen *fruncir el ceño* ▾ het staat op zijn ~ geschreven *se le nota en la cara*
voorhoofdsholte *seno* m *frontal*
voorhoofdsholteontsteking *sinusitis* v; *sinusitis* v *frontal*
voorhouden • voor iem. houden *tener delante*; *mostrar* [ue] ★ iem. een spiegel ~ *poner un espejo delante de u.p.* • wijzen op *indicar*; *hacer ver* ★ iem. ~ dat *indicar a u.p. que*
voorhuid *prepucio* m
voorhuis *zaguán* m; *entrada* v
voorin *delante*; *en la parte delantera*; ⟨in boek⟩ *al principio*
vooringenomen *prevenido*; *predispuesto*
voorjaar *primavera* v
voorjaarsmoeheid *fatiga* v *primaveral*
voorkamer *cuarto* m *que da a la calle*
voorkant *frente* m; *parte* v *delantera* ★ aan de ~ *en la parte delantera*
voorkauwen *mascar*
voorkennis *conocimiento* m *previo* ★ buiten mijn ~ *sin conocimiento previo por mi parte*
voorkeur *preferencia* v ★ bij ~ *de preferencia*; *preferentemente* ★ de ~ geven aan *preferir* [ie, i] ★ ik geef aan dit boek de ~ boven dat *prefiero este libro a ése* ★ de ~ genieten *ser preferible*
voorkeursbehandeling *trato* m *preferente*
voorkeursspelling *ortografía* v *recomendada*
voorkeurstem *voto* m *preferencial*
voorkoken • voorbereiden *preparar de antemano* ★ de antwoorden werden hem voorgekookt *le prepararon las respuestas de antemano* • vooraf koken *precocinar*
voorkomen I ZN [het] uiterlijk *apariencia* v; *aspecto* m **II** ON WW • gebeuren *ocurrir*; *pasar* ★ het komt nog regelmatig voor dat ... *todavía sucede con bastante regularidad que ...* • te vinden zijn *encontrarse* [ue]; ⟨op lijst⟩ *figurar* ★ rugklachten komen in zijn familie veel voor *en su familia se dan mucho las molestias en la espalda* • JUR. *comparecer* ★ zij moet morgen ~ *tiene que comparecer mañana* • toeschijnen *resultar* ★ het komt ons onwaarschijnlijk voor *a nosotros nos parece poco probable*
voorkomen ▾ ~ is beter dan genezen *más vale prevenir que curar*
voorkomend *atento*; *amable*
voorlaatst *penúltimo*
voorland *destino* m ★ dat is mijn ~ *es mi destino*
voorlangs *por delante*
voorleggen *presentar*; *someter a la aprobación* ★ iem. een plan ~ *presentar un proyecto a u.p.*
voorleiden *presentar ante*
voorletter *inicial* v
voorlezen *leer en voz alta*
voorlichten *informar de*; *orientar en*
voorlichting *información* v; *instrucción* v
voorlichtingscampagne *campaña* v *de información*
voorlichtingsdienst *servicio* m *de información*
voorlichtingsfilm *película* v *informativa*
voorliefde *predilección* v
voorliegen *mentir* [ie, i]
voorliggen • aan de voorkant liggen *estar delante* • verder zijn *ir delante* ★ hij ligt ver voor *va muy por delante*
voorlijk *precoz*
voorlopen • voorop lopen *ir delante* • te snel gaan *adelantar* ★ de klok loopt voor *el reloj está adelantado*
voorloper *precursor* m
voorlopig I BNW *provisional* ★ ~e maatregelen *medidas provisionales* **II** BIJW *por el momento*; *provisionalmente*
voormalig *antiguo*; *ex* ★ mijn ~e man *mi ex marido*
voorman • ploegbaas *capataz* m/v • leider *líder* m
voormiddag *mañana* v
voorn *cacho* m
voornaam *nombre* m *(de pila)*
voornaam *ilustre*
voornaamwoord *pronombre* m ★ wederkerend ~ *pronombre reflexivo*; *forma reflexiva del pronombre personal*
voornamelijk *principalmente*; *sobre todo*
voornemen I ZN [het] *intención* v; *propósito* m **II** WKD WW [*zich* ~] *proponerse*
voornemens *con el propósito*; *con la intención* ★ ~ zijn om ... *tener el propósito de ...*
voornoemd *antedicho*; *precitado*
vooronder *castillo* m
vooronderstellen *presuponer*

vooronderstelling *suposición* v
vooronderzoek *investigación* v *preliminar*
vooroordeel *prejuicio* m
vooroorlogs *de la anteguerra* ★ ~e tijd *anteguerra* v ★ ~e prijzen *precios de antes de la guerra*
voorop *delante*; *a la cabeza*; *al frente*
vooropgezet *de antemano*
vooropleiding *formación* v *(preparatoria)* ★ wat is uw ~? ¿*qué tipo de formación ha recibido Usted?*
vooroplopen ● aan het hoofd lopen *ir delante* ★ hij liep voorop in de demonstratie *en la manifestación iba delante* ● voorbeeld geven *ir a la cabeza* ★ zij liepen voorop in de hervormingen *se adelantaron a las reformas*
vooropstellen *dar por sentado* ★ vooropgesteld dat … *suponiendo que …*
voorouder ★ ~s *antepasados* m mv; *mayores* m mv
voorover *hacia adelante*; *boca abajo* ★ ~ vallen *caer boca abajo*
voorpagina *portada* v; ⟨v. krant⟩ *primera* v *plana*
voorpaginanieuws *noticia* v *de primera página*
voorplecht *castillo* m *de proa*
voorpoot *pata* v *delantera*
voorportaal *portal* m
voorpost *puesto* m *avanzado*
voorpret *alegría* v *anticipada*
voorproef *prueba* v *(preliminar)* ★ een ~je erop nemen *tomar una prueba de algo*
voorprogramma *programa* m *introductor*
voorpublicatie *publicación* v *preliminar*
voorraad *existencias* v mv; *provisión* v; *stock* m ★ in ~ hebben *tener en existencia/stock* ★ uit ~ leverbaar *de entrega inmediata* ★ zolang de ~ strekt *mientras esté en existencias*
voorraadkast *despensa* v
voorraadschuur *granero* m
voorradig *en existencia* ★ niet meer ~ *agotado*
voorrang *prioridad* v; *preferencia* v; ⟨in verkeer⟩ *prioridad* v *de paso* ★ ~ hebben *tener prioridad* ★ ~ verlenen *conceder el paso* ★ een auto ~ geven *ceder el paso a un coche*
voorrangsbord *señal* v *de preferencia*; INFORM. *un ceda* m *el paso*
voorrangskruising *cruce* m *con preferencia*
voorrangsweg *carretera* v *de prioridad*
voorrecht *privilegio* m; *prerrogativa* v
voorrijden ● voorop rijden *ir delante* ● naar voren rijden *llegar hasta la puerta*
voorrijkosten *gastos* m mv *de desplazamiento*
voorronde *ronda* v *preliminar*; *eliminatoria* v
voorruit *parabrisas* v
voorschieten *adelantar*; *anticipar*
voorschoot *mandil* m
voorschot *adelanto* m; *anticipo* m ★ renteloos ~ *anticipo sin intereses* ★ als ~ *en concepto de anticipo* ★ een ~ geven op *dar un adelanto sobre*
voorschotelen ● opdienen *poner delante* ★ de kok schotelde ons iets lekkers voor *el cocinero nos sirvió algo bueno* ● vertellen ★ hij schotelde ons zijn plannen voor *nos presentó sus planes*

voorschrift ● het voorschrijven *prescripción* v; *instrucción* v ★ op medisch ~ *por prescripción médica* ★ de ~en opvolgen *atenerse* [ie] *a las instrucciones* ● regel *precepto* m; *disposición* v ★ overeenkomstig de wettelijke ~en *según los preceptos legales*
voorschrijven *prescribir*; ⟨v. recept⟩ *recetar*; ⟨v. recept⟩ *prescribir*; ⟨v. norm⟩ *dictar*
voorseizoen *principio* m *de temporada*
voorselectie *preselección* v
voorsorteren *colocarse en el carril correspondiente*
voorspannen *enganchar*; *pretensar*
voorspel ● inleiding MUZ. *preludio* m; ⟨in theater⟩ *prólogo* m ● liefdesspel *jugueteo* m *amoroso*
voorspelen *tocar*
voorspellen ● voorspelling doen *predecir* [i]; *presagiar*; *pronosticar* ★ de toekomst ~ *predecir el futuro* ★ het weer ~ *pronosticar el tiempo* ● beloven *prometer* ★ dat voorspelt weinig goeds *no promete nada bueno*
voorspelling *predicción* v; *presagio* m; *pronóstico* m ★ ~en doen *pronosticar*
voorspiegelen *hacer creer*
voorspoed *prosperidad* v ★ in voor- en tegenspoed *en próspera y adversa fortuna*
voorspoedig *próspero*
voorspraak *intercesión* v; *mediación* v; *intervención* v ★ op ~ van *por la mediación de*
voorsprong *delantera* v; *ventaja* v ★ een ~ hebben op *tener la delantera sobre*
voorst I BNW *primero* ★ de ~e rij *la primera fila* **II** BIJW *primeramente*
voorstaan ● voorstander zijn *estar en pro de*; *ser partidario de* ● voorsprong hebben *llevar la ventaja* ★ het team staat voor *el equipo está ganando* ● voor iets staan *estar delante de* ★ de taxi staat voor *ha llegado el taxi* ▼ zich laten ~ op *presumir de*
voorstad *suburbio* m
voorstadium *estadio* m *preliminar*
voorstander *partidario* m
voorstel *propuesta* v; *proposición* v ★ op ~ van *a propuesta de* ★ het ~ doen om *hacer la propuesta de* [+ inf.]
voorstellen I OV WW ● presenteren *presentar* ★ mag ik me even ~? *permita que me presente* ● als plan opperen *proponer* ● betekenen *significar* ★ dat stelt niet veel voor *no significa mucho* ● verbeelden *representar* ★ wat stelt die tekening voor? ¿*qué representa ese dibujo?* ● de rol spelen *representar* **II** WKD WW [zich ~] ● zich indenken *figurarse*; *imaginarse* ★ stel je voor! ¡*imagínate!*, ¡*figúrate!* ★ dat kan ik me niet ~ *no lo concibo* ● van plan zijn *proponerse*
voorstelling ● vertoning *función* v; *representación* v; ⟨v. film⟩ *sesión* v ★ doorlopende ~ *sesión continua* ★ ~en geven *dar representaciones* ● afbeelding *representación* v ● denkbeeld *concepto* m; *idea* v; *imagen* v ★ een ~ geven van *dar una idea de* ★ zich een verkeerde ~ maken *formarse una idea falsa*
voorstellingsvermogen *imaginación* v
voorstemmen ★ hij stemde voor de

wetswijziging *votó a favor de la reforma de ley*
voorsteven *proa* v
voorstudie *estudio* m *preliminar*
voorstuk *parte* v *delantera*
voort *adelante*
voortaan *en lo sucesivo; de hoy en adelante*
voortand *diente* m *incisivo*
voortbestaan *subsistencia* v
voortbewegen *mover* [ue]; *desplazar* ★ zich ~ *moverse; avanzar*
voortborduren op *trabajar sobre*
voortbrengen *producir; originar; generar*
voortbrengsel *producto* m
voortduren *durar; continuar* [ú]
voortdurend *continuo; constante*
voorteken *presagio* m; *signo* m ★ een goed ~ *un buen presagio*
voortent *avance* m
voortgaan *seguir* [i]; *proseguir* [i]; *continuar* [ú] ★ ~ met werken *seguir trabajando*
voortgang • *voortzetting continuación* v ★ de ~ van het werk *la continuación del trabajo* • vooruitgang *progreso* m ★ ~ maken *progresar; hacer progresos*
voortgezet *continuado*
voorthelpen *ayudar*
voortijdig *prematuro*
voortjagen I OV WW opjagen *apresurar* **II** ON WW rusteloos zijn *no parar*
voortkomen *provenir* [ie, i] *de; proceder de*
voortleven *pervivir*
voortmaken *apresurarse; darse prisa* ★ maak een beetje voort! *idate prisa!*
voortouw ▼ het ~ nemen *tomar la iniciativa*
voortplanten I OV WW • verder verspreiden *propagar* • vermenigvuldigen *reproducir* **II** WKD WW [zich ~] *reproducirse*
voortplanting • BIOL. vermenigvuldiging *procreación* v; *reproducción* v • NATK. verbreiding *propagación* v
voortreffelijk *excelente; magnífico*
voortrekken *favorecer*
voortrekker *pionero* m
voorts *además*
voortschrijden *avanzar*
voortslepen *arrastrar* ★ zich ~ *arrastrarse*
voortspruiten *brotar de; nacer de*
voortstuwen *propulsar*
voortstuwing *propulsión* v
voortuin *jardín* m *delante de la casa*
voortvarend *enérgico*
voortvloeien *resultar*
voortvluchtig *fugitivo*
voortwoekeren *proliferar*
voortzetten *continuar* [ú]; *seguir* [i]; *proseguir* [i] ★ de reis ~ *proseguir el viaje*
voortzetting *continuación* v
vooruit I BIJW • verder *hacia adelante* ★ zijn tijd ~ zijn *adelantarse a su tiempo* • van tevoren *de antemano; por adelantado* **II** TW *¡adelante!* ★ ~, we gaan! *¡anda, vamos!*
vooruitbetalen *pagar por adelantado*
vooruitbetaling *pago* m *adelantado*
vooruitblik *visión* v *del futuro*
vooruitgaan • voorop gaan *ir delante* • vorderingen maken *avanzar; progresar* ⟨v.

zieke⟩ *mejorar* ★ de zieke gaat flink vooruit *el enfermo va mejorando mucho* ★ hij zal er alleen maar op ~ *saldrá ganando*
vooruitgang *progreso* m; *avance* m ★ een grote ~ betekenen *ser un gran avance*
vooruithelpen *ayudar a continuar su camino*
vooruitkijken *prever; mirar adelante*
vooruitkomen *avanzar; progresar* ★ ~ in het leven *abrirse paso en la vida*
vooruitlopen • voorop lopen *adelantarse* • anticiperen *adelantarse a*
vooruitsteken *salir*
vooruitstrevend *progresista*
vooruitzicht *perspectiva* v; *expectativa* v ★ er zijn goede ~en *hay buenas perspectivas* ★ in het ~ stellen *prometer*
vooruitzien *prever*
vooruitziend *previsor*
voorvader *antepasado* m
voorval *suceso* m; *acontecimiento* m; *incidente* m
voorvallen *pasar; suceder; ocurrir*
voorvechter *defensor* m
voorverkiezing *elección* v *primaria*
voorverkoop *venta* v *anticipada*
voorverpakt *empaquetado anticipadamente*
voorverwarmen *precalentar* [ie]
voorvoegsel *prefijo* m
voorvoelen *presentir* [ie, i]
voorwaarde *condición* v; *requisito* m ★ voldoen aan de ~n *reunir* (ú) *los requisitos* ★ ~n stellen *poner condiciones* ★ op ~ dat *a condición de que* [+ subj.]
voorwaardelijk *condicional*
voorwaarts *adelante* ★ in ~e richting *en dirección hacia adelante*
voorwas *prelavado* m
voorwenden *simular; fingir*
voorwendsel *pretexto* m ★ onder ~ van *bajo el pretexto de*
voorwereldlijk *prehistórico*
voorwerk • voorafgaand werk *trabajo* m *preliminar* ★ ~ verrichten voor een vergadering *preparar una reunión* • deel van boek *preliminares* m mv
voorwerp • ding *objeto* m ★ gevonden ~en *objetos* m mv *perdidos* • FIG. onderwerp ★ ~ van discussie *el objeto de la discusión* • TAALK. *complemento* m ★ lijdend ~ *complemento directo* ★ meewerkend ~ *complemento indirecto*
voorwiel *rueda* v *delantera*
voorwielaandrijving *tracción* v *delantera*
voorwoord *prefacio* m
voorzanger *sochantre* m
voorzeggen *soplar*
voorzet *centro* m
voorzetsel *preposición* v
voorzetten I OV WW plaatsen voor *poner delante* ★ hij zette haar het eten voor *le sirvió la comida* **II** ON WW SPORT *centrar*
voorzichtig I BNW *prudente; cauteloso; cuidadoso* ★ heel ~ zijn *andar con cien ojos* ★ ~ zijn met *tener cuidado con* ★ je kunt niet ~ genoeg zijn *toda prudencia es poca* **II** BIJW *prudentemente; con tiento* ★ ~ met iets

omgaan *manejar u.c. con cuidado* ★ ~ te werk gaan *andar con pies de plomo*
voorzichtigheid *cautela* v; *prudencia* v; *cuidado* m ★ hier is de grootste ~ geboden *eso requiere la mayor prudencia*
voorzichtigheidshalve *por precaución*; *por prudencia*
voorzien • zien aankomen *prever*; *anticipar* ★ dat had ik wel ~ *lo había previsto* • ~ in zorgen voor *atender* [ie] a; *cubrir*; *satisfacer* ★ in een behoefte ~ *atender a una necesidad* ★ in de vacature is ~ *se ha cubierto la vacante* • ~ van verschaffen *abastecer de*; *proveer de* ★ we zijn ~ *estamos provistos* ★ zich ~ van *abastecerse de* ▼ het niet op iem. ~ hebben *no fiarse de u.p.*; *no fiarse (í) de u.p.*
voorzienigheid *providencia* v
voorziening • het voorzien *aprovisionamiento* m; *abastecimiento* m • faciliteit ★ sociale ~en *la previsión social*; *la seguridad social* • maatregel *medida* v; *previsión* v ★ ~en treffen *tomar medidas de previsión*
voorzijde *parte* v *delantera*; ⟨v. huis⟩ *fachada* v
voorzingen *cantar*
voorzitten *presidir*
voorzitter *presidente* m/v
voorzitterschap *presidencia* v
voorzorg *precaución* v; *previsión* v ★ uit ~ *por precaución*
voorzorgsmaatregel *medida* v *de precaución*
voos • saploos *fofo* • niet deugend *inmoral*; *podrido*
vorderen I ov ww eisen *exigir*; *reclamar*; ⟨in oorlog⟩ *requisar* ★ fietsen ~ *requisar bicicletas* II on ww vorderingen maken *avanzar*; *progresar*; *adelantar* ★ het werk vordert gestaag *el trabajo progresa continuamente*
vordering • vooruitgang *progreso* m; *adelanto* m; *avance* m ★ ~en maken *hacer progresos* • eis *reclamación* v; *demanda* v ★ een ~ op iem. hebben *tener un crédito a u.p.* • te vorderen bedrag *crédito* m
voren ★ naar ~ *hacia adelante*; *adelante* ★ van ~ *por delante* ▼ van ~ af aan *desde el comienzo*
vorig *precedente*; *anterior*; *pasado* ★ ~ jaar *el año pasado* ★ de ~e dag *el día anterior*
vork • deel van bestek *tenedor* m • vorkvormig deel *horquilla* v ▼ hij weet hoe de vork in de steel zit *sabe de qué va la cosa*
vorkheftruck *carretilla* v *elevadora*
vorm • gedaante *forma* v ★ vaste vorm aannemen *tomar forma* • gietvorm *molde* m • conditie *forma* v ★ in vorm zijn *estar en plena forma* • omgangsvormen *modales* m mv ★ de goede vormen in acht nemen *observar los buenos modales* ★ het is voor de vorm *es pura formalidad* • TAALK. *voz* v ★ de lijdende vorm *la voz pasiva* ★ de bedrijvende vorm *la voz activa*
vormelijk *formal*
vormen • vorm geven *formar*; ⟨met gietvorm⟩ *moldear* ★ de kinderen vormden een kring *los niños formaron un círculo* • doen ontstaan *formar*; *crear* ★ een comité ~ *formar un comité* • zijn *constituir*; *formar* ★ het zwaartepunt ~ *formar la esencia* • opvoeden *formar* ★ zijn geest ~ *formar su mente*
vormfout *defecto* m *de forma*
vormgever *diseñador* m; *estilista* m/v
vormgeving *diseño* m
vorming *formación* v
vormingscentrum *centro* m *de formación sociocultural*
vormingswerk *trabajo* m *de formación*
vormingswerker *monitor* m *de formación sociocultural*
vormleer *morfología* v
vormloos *amorfo*; *informe*
vormsel *confirmación* v
vormvast *indeformable*
vorsen *investigar*; *escudriñar*
vorst • staatshoofd *monarca* m; *soberano* m • het vriezen *helada* v ★ bij ~ *cuando hiela*
vorstelijk I BNW • (als) van een vorst *de príncipe*; *principesco* ★ een ~ leventje leiden *llevar una vida regalada* • FIG. groot *regio* ★ een ~ salaris *un sueldo regio* ★ een ~e beloning *una regia recompensa* II BIJW ★ we werden ~ onthaald *nos recibieron a cuerpo de rey*
vorstendom *principado* m
vorstenhuis *dinastía* v; *casa* v *real*
vorstgrens *límite* m *de las heladas*
vorstperiode *periodo* m *de las heladas*
vorstverlet *paralización* v *del trabajo debido a las heladas*
vorstvrij *a prueba de heladas*
vos • roofdier *zorro* m; *raposo* m • paard *alazán* m • sluwe vent *zorro* m ★ slimme vos *zorro* m *viejo* ▼ de vos verliest wel zijn haren, maar niet zijn streken *la zorra mudará los dientes, mas no las mientes*
vossenjacht • jacht *caza* v *del zorro* • spel *búsqueda* v *del tesoro*
voucher *bono* m
vouw *pliegue* m; *doblez* m; ⟨in broek⟩ *raya* v
vouwbeen *abrecartas* m
vouwblad *folleto* m
vouwboot *barco* m *plegable*
vouwcaravan *caravana* v *plegable*
vouwdeur *puerta* v *plegable*
vouwen *plegar* [ie]; *doblar*; ⟨de handen⟩ *cruzar*
vouwfiets *bicicleta* v *plegable*
vouwstoel *silla* v *plegable*
voyeur *voyeur* m; *mirón* m
vozen *follar*
vraag • onopgeloste kwestie *pregunta* v ★ een ~ stellen *hacer una pregunta*; *preguntar* • problematische kwestie ★ dat is nog maar de ~ *todavía no se sabe* ★ het is de ~ of *está por ver si* • koopplust *demanda* v ★ ~ en aanbod *oferta y demanda* ★ er is veel ~ naar dat artikel *ese artículo tiene gran demanda*
vraagbaak • boek *vademécum* m • persoon *enciclopedia* v *viviente*
vraaggesprek *entrevista* v; *interviú* m ★ iem. een ~ afnemen *entrevistar a u.p.*
vraagprijs *precio* m *de demanda*
vraagstelling *formulación* v *de una pregunta*
vraagstuk *problema* m
vraagteken *signo* m *de interrogación*; *interrogación* v

vraatzucht *glotonería* v; *gula* v
vraatzuchtig *glotón*; *voraz*
vracht • lading *carga* v; *cargamento* m; ⟨v. schip⟩ *flete* m • grote massa *montón* m ★ een ~ boodschappen *un montón de compras*
vrachtauto *camión* m
vrachtbrief *carta* v *de porte*; ⟨te water⟩ *conocimiento* m *de embarque*
vrachtgoed *mercancías* v mv; *carga* v
vrachtprijs ⟨per boot/vliegtuig⟩ *flete* m; ⟨over land⟩ *porte* m; ⟨over land⟩ *precio* m *de transporte*
vrachtrijder *camionero* m
vrachtruimte *espacio* m *para la carga*
vrachtschip *buque* m *de carga*; *carguero* m
vrachtvaart *transporte* m *marítimo*
vrachtverkeer • verkeer *tráfico* m *de camiones* • vervoer *transporte* m *de mercancías*
vrachtvervoer *transporte* m *de carga*
vrachtwagen *camión* m
vrachtwagencombinatie *camión* m *articulado*
vragen • vraag stellen *preguntar* ★ kan ik iets ~? *¿puedo preguntar u.c.?* ★ er wordt naar je gevraagd *preguntan por ti* • verzoeken *pedir* [i]; *solicitar* ★ iem. ten huwelijk ~ *pedir la mano de u.p.* ★ ~ om *preguntar por* ★ iem. om raad ~ *pedir consejo de u.p.* ★ hoeveel vraag je ervoor? *¿cuánto pides por eso?* • verlangen *pedir* [i]; *exigir* ★ dat is te veel gevraagd *es mucho pedir* ★ dat vraagt veel van mij *exige mucho de mí* ★ dat kan ik niet van je ~ *no puedo pedírtelo* • uitnodigen *invitar* ★ iem. ten dans ~ *invitar a bailar a u.p.*
vragenderwijs *preguntando*
vragenlijst *cuestionario* m
vragenuurtje *tiempo* m *para preguntas*
vrede • tijd zonder oorlog *paz* v ★ ~ sluiten *firmar la paz* • rust *paz* v; *calma* v ★ zij ruste in ~ *que en paz descanse* ★ ~ hebben met iets *conformarse con u.c.* ▼ om de lieve ~ *por amor a la paz*
vredelievend *pacífico*
vredesactivist *antibelicista* m/v
vredesakkoord *tratado* m *de paz*
vredesbeweging *movimiento* m *por la paz*
vredesdemonstratie *manifestación* v *pacifista*
vredesnaam ▼ in ~ *por Dios*
vredespijp *pipa* v *de la paz*
vredestichter *pacificador* m
vredestijd *tiempo* m *de paz* ★ in ~ *en tiempos de paz*
vredesverdrag *tratado* m *de paz*
vredig *apacible*; *pacífico*
vreedzaam *pacífico*
vreemd • niet-eigen *ajeno* ★ een ~ lichaam *un cuerpo ajeno* • uitheems ⟨uit buitenland⟩ *extranjero*; ⟨uit andere streek⟩ *forastero* ★ ik ben hier ~ *no soy de aquí* • niet bekend *desconocido*; *extraño* ★ alle kwaad is hem ~ *todo mal le es desconocido* • ongewoon *raro*; *extraño* ★ dat is een ~e geschiedenis *es una historia extraña/rara* ★ het komt me ~ voor *me parece extraño* ★ het ~e is *lo raro es*
vreemde *extraño* m ▼ in den ~ *en el extranjero*
vreemdeling • onbekende *extraño* m; *desconocido* m • buitenlander *extranjero* m; *forastero* m
vreemdelingendienst *servicio* m *de extranjería*
vreemdelingenhaat *xenofobia* v
vreemdelingenlegioen *legión* v *extranjera*
vreemdelingenpolitie *servicio* m *policial de extranjería*
vreemdelingenverkeer *turismo* m
vreemdgaan *poner los cuernos (a)*; *tener una relación extramatrimonial*; INFORM. *tener un lío*
vreemdsoortig *extraño*; *raro*
vrees *temor* m; *miedo* m ★ ~ voor straf *por temor al castigo* ★ uit ~ dat *por miedo de que* ★ zonder ~ *sin temor* ★ zonder ~ of blaam *sin miedo ni tacha* ★ ~ aanjagen *intimidar*; *atemorizar*
vreesachtig *temeroso*
vreetzak *glotón* m [v: *glotona*]; *zampabollos* m/v
vrek *tacaño* m; *avaro* m
vrekkig *avaro*
vreselijk *terrible*; *horrible*
vreten I OV WW • gulzig eten ⟨v. mensen⟩ *engullir*; ⟨v. dieren⟩ *comer* ★ zich vol ~ *hartarse* • verbruiken *tragar* ★ dat apparaat vreet stroom *el aparato traga corriente* • accepteren *tragar* ★ dat vreet ik niet van je *no me lo trago de ti* II ON WW knagen *devorar* ★ het verdriet vreet aan hem *el dolor le está devorando* III ZN [het] *bazofia* v
vreugde *alegría* v ★ met ~ delen wij u mee *tenemos el placer de comunicarle(s)* ★ dansen van ~ *bailar de alegría* ★ de ~ verstoren *aguar la fiesta*
vreugdekreet *grito* m *de alegría*
vreugdeloos *sin alegría*
vreugdevuur *hoguera* v
vrezen I OV WW bang zijn voor *temer* ★ ik vrees dat ik weg moet *temo que tengo que irme* ★ ik vrees van wel *me temo que sí* II ON WW ~ **voor** *temer por* ★ voor zijn leven wordt gevreesd *se teme por su vida*
vriend • kameraad *amigo* m ★ ~en voor het leven *amigos de siempre/de toda la vida* ★ goede ~en worden met *hacerse buenos amigos con* ★ hij is een goede ~ van mij *es muy amigo mío* • geliefde *novio* m; *amante* m; *amigo* m ▼ even goeie ~en *tan amigos como antes*
vriendelijk *amable*; *simpático*
vriendelijkheid *amabilidad* v; *gentileza* v
vriendendienst *favor* m *de amigo*
vriendenkring *círculo* m *de amigos*
vriendenprijsje *precio* m *de amigos*
vriendin • kameraad *amiga* v • geliefde *novia* v; *amante* v
vriendjespolitiek *amiguismo* m
vriendschap *amistad* v ★ ~ sluiten met *hacer amistad con*
vriendschappelijk *amistoso*
vriendschapsband *lazo* m *de amistad*
vriesdrogen *deshidratar por congelación*
vrieskist *congelador* m
vrieskou *frío* m *glacial*
vriespunt *punto* m *de congelación*
vriesvak *congelador* m
vriesweer *tiempo* m *de heladas*

vriezen *helar* [ie] ⋆ het vriest tien graden *hace diez grados bajo cero*; *estamos a diez grados bajo cero* ▼ het vriest dat het kraakt *se hielan las piedras*
vriezer *congelador* m
vrij I BNW • onafhankelijk *libre* • ongebonden, onbeperkt *libre* ⋆ vrij zijn *estar libre* • vrijaf *libre* ⋆ een dag vrij nemen *coger un día libre* ⋆ vrije tijd hebben *tener tiempo libre* ⋆ in mijn vrije tijd *en mis ratos libres* • onbezet *libre*; *vacante* ⋆ die stoel is vrij *ese asiento está libre* • stoutmoedig *libre*; *franco* ⋆ mag ik zo vrij zijn? ¿*me permite*? ⋆ zo vrij zijn om *tomarse/permitirse la libertad de* • gratis *libre*; *gratis* ⋆ vrij reizen *viajar gratis* ⋆ vrije toegang *entrada libre* • niet getrouw *libre* ⋆ een vrije vertaling *una traducción libre* • ~ **van** *libre de*; *sin* ⋆ vrij van belasting *libre de impuestos* **II** BIJW tamelijk *bastante* ⋆ het is vrij duur *es bastante caro*
vrijaf ⋆ ~ hebben *estar libre*
vrijage *amorío* m
vrijblijvend *sin compromiso*
vrijbrief *salvoconducto* m
vrijbuiter • zeerover *pirata* m/v • FIG. avonturier *aventurero* m
vrijdag *viernes* m ⋆ 's ~s *los viernes* ⋆ Goede Vrijdag *Viernes Santo*
vrijdagavond *viernes* m *tarde*
vrijdagmiddag *viernes* m *por la tarde*
vrijdagmorgen, vrijdagochtend *viernes* m *por la mañana*
vrijdagnacht *viernes* m *noche*
vrijdags *los viernes*
vrijdenker *librepensador* m
vrijelijk *libremente*; *sin trabas*
vrijen • liefkozen *acariciarse* • geslachtsgemeenschap hebben *acostarse* [ue] *con*; *hacer el amor* ⋆ veilig ~ *praticar seqo seguro* • verkering hebben *salir con*
vrijer *amante* m
vrijetijdsbesteding *pasatiempo* m
vrijetijdskleding *informal*
vrijgeleide • escorte *escolta* v • vrije doorgang *salvoconducto* m
vrijgeven I OV WW niet meer blokkeren *desbloquear*; ⟨v. handel⟩ *liberalizar* **II** ON WW vrijaf geven *dar libre*
vrijgevig *generoso*; *liberal*
vrijgevochten *indisciplinado*
vrijgezel *soltero* m
vrijhandel *librecambio* m
vrijhandelszone *zona* v *de librecambio*
vrijhaven *puerto* m *franco*
vrijheid • niet gevangen zijn *libertad* v ⋆ iem. in ~ stellen *poner en libertad a u.p.* • onafhankelijkheid *libertad* v ⋆ ~ van drukpers *libertad de imprenta/prensa* ⋆ ~ van meningsuiting *libertad de expresión* • privilege *libertad* v; *privilegio* m • burgerlijke vrijheden *libertades civiles* • vrijmoedigheid *libertad* v ⋆ de ~ nemen om *tomarse la libertad de* ⋆ zich vrijheden veroorloven *tomarse libertades*
vrijheidlievend *amante de la libertad*
vrijheidsberoving *privación* v *de libertad*
vrijheidsbeweging *movimiento* m *de liberación*
vrijheidsstrijder *defensor* m *de la libertad*
vrijhouden • onbezet houden *mantener libre* [ie]; ⟨v. tijd⟩ *reservar* ⋆ je moet zondag ~ *tienes que reservar el domingo* ⋆ de uitgang ~ *mantener libre la salida*; *vado permanente* • betalen voor *invitar*; *pagar* ⋆ ik houd je vanavond vrij *esta noche te invito*; *esta noche pago yo*
vrijkaart *entrada* v *de favor*; *entrada* v *gratuita*
vrijkomen • vrijgelaten worden *quedar en libertad* • beschikbaar komen *quedar libre*; *desocuparse*; ⟨v. functie⟩ *quedar vacante* ⋆ er kwam een plaats vrij *quedó libre un sitio* • zich afscheiden *ser liberado* ⋆ er kwam een giftige stof vrij *se liberó una sustancia tóxica*
vrijlaten • de vrijheid geven *excarcelar*; *poner en libertad* • onbezet houden *dejar libre* • niet verplichten *dejar libre* v iem. ~ om te kiezen *dejar libre a alguien para elegir*
vrijlating *liberación* v
vrijloop *punto* m *muerto* ⋆ de motor staat in de ~ *el motor está en punto muerto*
vrijmaken • bevrijden *liberar* • leegmaken ⟨v. ruimte⟩ *desocupar*; ⟨v. ruimte⟩ *despejar* • beschikbaar maken *reservar* ⋆ een uurtje voor iem. ~ *reservar una hora para u.p.*
vrijmetselaar *francmasón* m; *masón* m
vrijmetselarij *francmasonería* v; *masonería* v
vrijmoedig *franco*; *desenvuelto*
vrijpartij *caricias* v mv
vrijplaats *refugio* m
vrijpleiten *disculpar*; *exonerar*; *exculpar*
vrijpostig *impertinente*; *descarado*
vrijspraak *absolución* v ⋆ ~ krijgen *ser absuelto*
vrijspreken *absolver* [ue]
vrijstaan • geoorloofd zijn *ser permitido* ⋆ het staat u vrij om weg te gaan *es usted libre de irse* • los staan *estar aislado*
vrijstaand *independiente*; *aislado* ⋆ een ~ huis *una casa aislada*
vrijstaat *estado* m *libre*
vrijstellen *eximir de*
vrijstelling *exención* v
vrijuit *francamente*; *libremente* ⋆ ~ gezegd *dicho sea con franqueza* ▼ hij gaat ~ *no tiene culpa*
vrijwaren *preservar contra/de*; *proteger contra/de*
vrijwel *casi*
vrijwillig *voluntario*
vrijwilliger *voluntario* m
vrijwilligerswerk *trabajo* m *hecho voluntariamente*
vrijzinnig *liberal*
vroedvrouw *partera* v
vroeg I BNW aan het begin *temprano*; *pronto* ⋆ te ~ *antes de la hora*; *temprano* ⋆ in de ~e morgen *a la mañana temprana* ⋆ vanaf mijn ~ste jeugd *desde mi más tierna infancia* ⋆ zo ~ mogelijk *lo más pronto posible* ⋆ wij vertrekken ~ in de morgen *salimos por la mañana muy temprano*; *salimos de madrugada* ⋆ het is nog ~ *aún es pronto* **II** BIJW • op vroeg tijdstip *temprano*; *pronto* ⋆ ~ opstaan *madrugar* ⋆ ~ of laat *tarde o temprano* • eerder dan normaal *temprano*;

pronto ★ *Pasen valt ~ Pascua cae temprano*
vroeger I BIJW • voorheen *anterior; pasado* • voormalig *antiguo; ex* ★ haar ~e echtgenoot *su ex marido* ★ een ~e vriendin *una antigua amiga* • van eertijds ★ in ~ tijden *en tiempos pasados; en épocas anteriores* **II** BIJW • eerder *antes* ★ ~ dan ik verwachtte *antes de lo que esperaba* ★ ~ komen dan iem. anders *anticiparse a u.p.* ★ hoe ~, hoe beter *cuanto antes, mejor* ★ eertijds *antes* ★ dat ken ik nog van ~ *lo conozco de antes*
vroegmis *misa* v *del alba*
vroegrijp *precoz; adelantado*
vroegte ★ in de ~ *muy de mañana; muy temprano; de madrugada*
vroegtijdig • vroeg *temprano; pronto* • voortijdig *prematuro*
vrolijk • blij *risueño; alegre* • aangenaam stemmend ★ een ~e sfeer *un ambiente animado*
vrolijkheid *alegría* v
vroom *piadoso; pío; devoto*
vrouw • vrouwelijk persoon *mujer* v ★ de ~ des huizes *la ama de casa* • publieke ~ *mujer pública* • echtgenote *esposa* v; *mujer* v ★ een ~ hebben *estar casado* ★ uw ~ *su señora* ★ iem. tot ~ nemen *tomar a alguien como esposa* • speelkaart *reina* v • → **vrouwtje**
vrouwelijk *femenino*
vrouwenarts *ginecólogo* m
vrouwenbesnijdenis *ablación* v *del clítoris*
vrouwenbeweging *movimiento* m *feminista*
vrouwenblad *revista* v *femenina*
vrouwencondoom *condón* m *femenino*
vrouwenemancipatie *emancipación* v *de la mujer*
vrouwenhandel *trata* v *de blancas*
vrouwenhater *misógino* m
vrouwenhuis *residencia* v *para señoras*
vrouwenkiesrecht *sufragio* m *femenino*
vrouwmens *mujer* v
vrouwonvriendelijk *machista*
vrouwtje • (kleine) vrouw *mujercita* v • vrouwelijk dier *hembra* v
vrouwvriendelijk *favorable a la mujer*
vrucht • PLANTK. *fruto* m ★ ~ dragen *dar fruto; fructificar* • fruit *fruta* v ★ verse ~en *fruta del tiempo* • ongeboren kind/jong *feto* m • FIG. resultaat *fruto* m ★ de ~en van zijn werk plukken *recoger el fruto de su trabajo* ★ zij plukt de ~en van haar inspanningen *saca fruto de sus esfuerzos* ▼ ~(en) afwerpen *producir frutos*
vruchtafdrijving *aborto* m *provocado*
vruchtbaar • in staat tot voortplanting *fértil; fecundo* • vruchten voortbrengend *fértil; fecundo* ★ ~ maken *fertilizar; fecundar* • FIG. productief *fecundo* ★ een ~ schrijver *un autor fecundo* • lonend *fructífero; fecundo* ★ een ~ onderzoek *una investigación fructífera*
vruchtbaarheid *fertilidad* v; *fecundidad* v
vruchtbeginsel *ovario* m
vruchtboom *frutal* m
vruchtdragend *fructífero; fructuoso*
vruchteloos I BIJW *inútil; infructuoso* ★ een vruchteloze poging *un esfuerzo inútil* **II** BIJW

en balde
vruchtensalade *ensalada* v *de fruta*
vruchtensap *zumo* m *de fruta*
vruchtenwijn *vino* m *dulce*
vruchtgebruik *usufructo* m
vruchtvlees *pulpa* v
vruchtwater *líquido* m *amniótico*
vruchtwaterpunctie *punción* v *del líquido amniótico*
VS (Estados m mv Unidos) EE.UU. m mv
V-snaar *correa* v *en forma de V*
V-teken *señal* v *de V*
vuil I ZN [het] • viezigheid *suciedad* v; *mugre* m; *porquería* v • afval *basura* v ★ vuil storten *echar basura* **II** BIJW • niet schoon *sucio* ★ vuil maken *ensuciar* ★ vuil worden *ensuciarse* ★ alles ziet er ontzettend vuil uit *todo está hecho un asco* • vulgair *sucio; obsceno* ★ vuile taal uitslaan *proferir* [ie, i] *lenguaje obsceno* • gemeen *vil; sucio; ruin* ★ een vuile streek *una mala jugada*
vuilak *puerco* m
vuilbekken *decir* [i] *porquerías*
vuiligheid • gemeenheid *cochinería* v • vuil *suciedad* v
vuilnis *basura* v
vuilnisbak *cubo* m *de basura*
vuilnisbakkenras *perro* m *callejero*
vuilnisbelt *vertedero* m
vuilnisemmer *cubo* m *de la basura*
vuilnisman *basurero* m
vuilniswagen *camión* m *de la basura*
vuilniszak *bolsa* v *de basura*
vuiltje *mota* v ★ alsof er geen ~ aan de lucht was *como si no pasase nada*
vuilverbranding *incineración* v *de basuras*
vuist *puño* m ★ met de ~ op tafel slaan *dar un puñetazo en la mesa* ★ op de ~ gaan *apuñear* ★ de ~en ballen *apretar* [ie] *los puños* ▼ voor de ~ weg vertalen *traducir de buenas a primeras* ▼ in zijn ~je lachen *reírse* (í) *a socapa; reírse* (í) *para su capote*
vuistregel *regla* v *de tres*
vuistslag *puñetazo* m
vulgair *vulgar*
vulkaan *volcán* m
vulkanisch *volcánico*
vullen *llenar*; 〈v. worst〉 *embutir*; 〈v. kussen〉 *acolchar*; 〈v. voedsel〉 *rellenar*; 〈v. een kies〉 *empastar* • gevulde olijven *aceitunas rellenas* ★ tot de rand ~ met water *llenar con agua hasta el borde*
vulling • vulsel *relleno* m • vulling in kies *empaste* m • penpatroon *carga* v
vulpen *estilográfica* v
vulpotlood *portaminas* m
vulsel *relleno* m
vulva *vulva* v
vunzig *obsceno; soez*
vuren I BIJW *de pino* **II** ON WW schieten *tirar; disparar*
vurenhout *madera* v *de pino*
vurig • gloeiend *ardiente* • hartstochtelijk *ardiente; ferviente; fervoroso; fogoso* ★ ~e hartstocht *una pasión fogosa* ★ een ~ aanhanger *un fervoroso seguidor* ★ ~

verlangen naar *ansiar*
VUT ≈ *(régimen* m *de) retiro anticipado del trabajo* ★ met de VUT gaan *jubilarse anticipadamente*
vuur • brand *fuego* m ★ op een zacht vuur *a fuego lento* ★ het vuur aansteken *encender* [ie] *el fuego* ★ om vuur vragen *pedir* [i] *fuego* ★ het schieten *fuego* m ★ het vijandelijk vuur *el fuego enemigo* • hevigheid *ardor* m; *fuego* m; *fervor* v ★ in het vuur van het gesprek *en el calor de la discusión* ★ vol vuur verdedigen *defender* [ie] *con fervor/ardor* • → **vuurtje** ▾ tussen twee vuren *entre la espada y la pared* ▾ zich het vuur uit de sloffen lopen voor *desvivirse por* ▾ vuur spuwen *echar fuego* ▾ te vuur en te zwaard *a sangre y fuego*
vuurbol *bola* v *de fuego*
vuurdoop *bautismo* m *de fuego*
vuurdoorn *espino* m *de fuego*
vuurgevecht *tiroteo* m
vuurhaard *foco* m *del incendio*
vuurlinie *línea* v *de fuego*
vuurmond *boca* v *de fuego*
vuurpeloton *pelotón* m *de fusilamiento*
vuurpijl *cohete* m
vuurproef • LETT. *prueba* v *del fuego* • FIG. ★ de ~ doorstaan *pasar por las horcas caudinas*
vuurrood *rojo encendido; encarnado* ★ ~ worden *ponerse rojo como la grana*
vuurspuwend *que vomita fuego* ★ ~e berg *volcán* m
vuursteen *pedernal* m
vuurtje *fuego* m; *lumbre* v ★ hebt u een ~? *¿tiene fuego/lumbre?* ▾ zich als een lopend ~ verspreiden *cundir con la rapidez de un rayo* ▾ als een lopend ~ *como un reguero de pólvora*
vuurtoren *faro* m
vuurvast *refractario* ★ ~e schaal *fuente de barro refractario*
vuurvreter • circusartiest *tragafuegos* m • vechtjas *matón* m; *espadachín* m
vuurwapen *arma* v *de fuego*
vuurwerk *fuegos* m mv *artificiales*
vuurzee *mar* m *de fuego*
VVV *oficina* v *de turismo*
vwo *enseñanza* v *secundaria preuniversitaria*

W

w *w* v ★ de w van Willem *la w de Washington*
W *W*
WA *responsabilidad* v *civil* ★ WA verzekerd zijn *tener un seguro de responsabilidad civil*
waadvogel *ave* v *zancuda*
waag *peso* m *público*
waaghals *atrevido* m; *temerario* m
waaghalzerij *temeridad* v
waagschaal ▾ in de ~ stellen *poner en juego*
waagstuk *hazaña* v; *proeza* v
waaien • wapperen *agitarse*; *ondear* ★ zijn haren waaiden in de wind *su pelo fue agitado por el viento* • blazen *soplar* ★ de wind waait uit het oosten *el viento sopla del este* ▾ laat maar ~! *¡deja que ruede la bola!* II ONP WW *hacer viento* ★ het waait *hace viento* ★ het waait hard *hace mucho viento*
waaier *abanico* m
waakhond *perro* m *guardián*
waaks *alerta* ★ ~ zijn *estar (ojo) alerta*
waaktoestand *vigilia* v
waakvlam *llama* v *piloto*
waakzaam *vigilante*; *alerta*; *atento*
waakzaamheid *vigilancia* v
Waal • rivier *el río Waal* • bewoner *valón* m ★ een Waalse *una valona* v
Waals *valón*
waan *ilusión* v; *quimera* v ★ in de waan brengen *hacer creer* ★ in de waan verkeren *imaginarse*
waanidee *ilusión* v
waanvoorstelling *alucinación* v
waanzin • krankzinnigheid *locura* v; *demencia* v • onzin *locura* v
waanzinnig I BNW • krankzinnig *loco* • onzinnig *increíble* II BIJW verschrikkelijk *terriblemente*
waar I BNW • niet gelogen *de verdad; verdadero* ★ dat is waar *es verdad; es cierto* ★ dat is niet waar *es mentira; no es verdad; no es cierto* ★ er is geen woord van waar *es todo mentira* ★ iets voor waar houden *dar por cierta u.c.* ★ echt, groot *auténtico* ★ een ware liefhebber *un aficionado auténtico* ▾ niet waar? *¿verdad?*; *¿no?* ▾ het is te mooi om waar te zijn *parece mentira* II BIJW • vragend *¿dónde?* • betrekkelijk *donde* ▾ overal waar *dondequiera* III ZN [de] *mercancía* v; *mercancías* v mv; *artículos* m mv ★ waren *artículos* m mv; *mercancías* v mv
waaraan • vragend *¿a qué?* • betrekkelijk *a que; al cual*
waarachter • vragend *¿detrás de qué?* • betrekkelijk *detrás de que; detrás del cual*
waarachtig I BNW waar *verdadero; auténtico* II BIJW ★ dat is ~ geen pretje *no es nada divertido*
waarbij • vragend ⟨vlakbij⟩ *¿cerca de qué?*; ⟨naast⟩ *¿al lado de qué?* • betrekkelijk ⟨naast⟩ *al lado de que*; ⟨naast⟩ *al lado del cual*; ⟨vlakbij⟩ *cerca de que*; ⟨vlakbij⟩ *cerca del cual*
waarborg *garantía* v

waarborgen *garantizar*
waarborgfonds *fondo* m *de garantía*
waarborgsom *fianza* v
waard I ZN [de] *herbergier* dueño m ▾ *buiten de ~ rekenen* no contar con los huéspedes ▾ *zoals de ~ is vertrouwt hij zijn gasten* piensa el ladrón que todos son de la misma condición **II** BNW • *genoemde waarde hebbend* ★ *~ zijn* valer ★ *dit is duizend euro ~ vale* mil euros ★ *veel ~ zijn* ser valioso • *waardig* ★ *het is niet de moeite ~* no vale la pena • *dierbaar* ★ *~e vriend* estimado amigo
waarde • *bezitswaarde* valor m • *belang* importancia v; valor m ★ *van grote ~ zijn voor iem.* ser muy valioso para u.p. ★ *~ hechten aan* dar/atribuir (mucha) importancia a
waardebon *vale* m
waardedaling *depreciación* v
waardeloos • *zonder waarde* sin valor; inútil • *slecht* malísimo • *die film is ~* esa película es una birria; INFORM. esa película es una mierda
waardeoordeel *juicio* m *de valor*
waardepapier *valores* m mv *bancarios*
waarderen *apreciar*; *estimar*
waardering *aprecio* m; *estima* v
waardestijging *incremento* m *de valor*
waardevast *de valor fijo*; *estable*
waardeverlies *pérdida* v *de valor*
waardevermeerdering *revalorización* v
waardevermindering *desvalorización* v; *pérdida* v *de valor*
waardevol *valioso*
waardig *digno* ★ *met een ijver een betere zaak ~* con un celo digno de mejor causa ★ *zich iets ~ betonen* hacerse digno de u.c.
waardigheid • *eigenwaarde* dignidad v ★ *beneden mijn ~* inferior a mi dignidad • *ambt* dignidad v; *cargo* m
waardoor • *vragend* ⟨plaats⟩ *¿por dónde?*; ⟨reden⟩ *¿a causa de qué?* • *betrekkelijk* ⟨reden⟩ *a causa de que*; ⟨reden⟩ *a causa del cual*; ⟨plaats⟩ *por el cual*
waarheen • *vragend* *¿adónde?* • *betrekkelijk* *adonde*
waarheid *verdad* v ★ *de volle ~* toda la verdad ★ *bezijden de ~* no está conforme a la verdad ★ *naar ~* conforme a la verdad ★ *om je de ~ te zeggen...* la verdad es que...; *a decir verdad...* ★ *op ~ berusten* ser verdadero ★ *de ~ spreken* decir [i] la verdad ★ *~ als een koe* una perogrullada; *una verdad de Perogrullo* ▾ *iem. flink de ~ zeggen* decirle unas cuantas verdades a u.p.
waarheidsgehalte *autenticidad* v
waarheidsgetrouw *fiel a la verdad* ★ *een ~e weergave* una reproducción fiel
waarin • *vragend* *¿en qué?* • *betrekkelijk* *en que*; *en el cual*
waarlangs • *vragend* *¿a lo largo de qué?*; *¿por dónde?* • *betrekkelijk* *a lo largo del cual*; *por donde*
waarlijk *realmente* ★ *zo ~ helpe mij God Almachtig!* ¡lo juro por Dios! ★ *~, ik zeg u* por cierto, os digo
waarmaken *probar* [ue]; ⟨v. belofte⟩ *cumplir*

waarmee • *vragend* *¿con qué?* • *betrekkelijk* *con que*
waarmerk *marca* v; *sello* m
waarmerken *autenticar*; *legalizar*
waarna • *vragend* *¿después de qué?* • *betrekkelijk* *después del cual*; *después de que*
waarnaar • *vragend* *¿hacia qué?*; *¿adónde?*; *¿a qué?*; *¿hacia dónde?* • *betrekkelijk* *a que*; *hacia donde*; *hacia que*; *adonde*
waarnaast *al lado de*
waarneembaar *perceptible*
waarnemen • *opmerken* *advertir* [ie]; *percibir* • *vervangen* *encargarse de*; *atender* [ie]
waarnemend *interino*; *suplente*
waarnemer • *iem. die waarneemt* observador m • *vervanger* interino m; *suplente* v
waarneming • *perceptie* percepción v; *observación* v • *vervanging* *sustitución* v
waarnemingspost *observatorio* m
waarnemingsvermogen *facultad* v *perceptiva*
waarom I BIJW • ⟨vragend⟩ *¿por qué* ★ *~ niet?* *¿cómo que no?* • ⟨betrekkelijk⟩ ★ *de reden ~ hij ging* la razón por la que fue **II** ZN [het] *porqué* m
waaronder • *vragend* *¿debajo de qué?* • *betrekkelijk* *debajo de que*; *debajo del cual*
waarop • *betrekkelijk* *en el cual*; *sobre que*; *sobre el cual*; *en que* • *vragend* *¿sobre qué?*; *¿en qué?*
waarover • *betrekkelijk* ⟨onderwerp⟩ *de que*; ⟨plaats⟩ *encima de que*; ⟨plaats⟩ *encima del cual*; ⟨plaats⟩ *sobre que*; ⟨plaats⟩ *sobre el cual* • *vragend* ⟨onderwerp⟩ *¿de qué?*; ⟨plaats⟩ *¿sobre qué?*
waarschijnlijk I BNW *probable* ★ *het is ~ dat* es probable que [+ subj.] **II** BIJW *probablemente*
waarschijnlijkheid *probabilidad* v ★ *naar alle ~* muy probablemente
waarschuwen • *verwittigen* *advertir* [ie, i]; *avisar*; *prevenir* [ie] • *vermanen* *advertir* [ie]; *reprender*
waarschuwing • *het waarschuwen* advertencia v; *aviso* m ★ *zonder voorafgaande ~* sin previa advertencia • *vermaning* amonestación v; *advertencia* v ★ *laat dat een ~ voor je zijn* que te sirva de escarmiento
waarschuwingsbord *señal* v *de peligro*
waarschuwingsschot *tiro* m *de aviso*
waarschuwingsteken *señal* m *de aviso*
waartegen • *vragend* *¿contra qué?* • *betrekkelijk* *contra que*; *contra el cual*
waartoe • *vragend* *¿para qué?* • *betrekkelijk* *para que*; *para el cual*
waartussen *entre que*
waaruit • *vragend* *¿de dónde?* • *betrekkelijk* *de donde*
waarvan • *vragend* *¿de qué?*; *¿de dónde?* • *betrekkelijk* *de que*; *de quien*; *cuyo*
waarvandaan *de dónde*
waarvoor • *vragend* ⟨reden⟩ *¿por qué?*; ⟨doel⟩ *¿para qué?* • *betrekkelijk* *para que*; *para el cual*
waarzeggen *leer el porvenir*
waarzegger *adivino* m
waarzeggerij *adivinación* m
waarzegster *profeta* m/v; *adivina* v

waas • nevelige sluier *niebla* v • FIG. ★ in een waas van geheimzinnigheid gehuld *envuelto en misterio*
wacht • het waken *guardia* m/v ★ de ~ betrekken *montar la guardia* ★ op ~ staan *estar de guardia* ★ één persoon *guarda* m/v; MIL. *centinela* m/v • geheel van wachters ★ de ~ aflossen *relevar la guardia* ▼ in de ~ slepen *apoderarse de*
wachtdag *día* m *de espera*
wachtdienst *servicio* m *de guardia*
wachten • in afwachting zijn *esperar* ★ iem. lang laten ~ *dar un plantón a alguien* ★ die zaak wacht op een oplossing *el asunto está por resolver* ★ hij liet lang op zich ~ *tardó mucho en venir* ★ ~ op *esperar a* ★ het ~ *espera* v • in het vooruitzicht staan *esperar* ★ te ~ staan *esperar* • nog niet beginnen *esperar* ★ met iets ~ *aplazar u.c.* ★ laten we daar nog even mee ~ *dejémoslo para más tarde* ★ wacht eens even *espera un momento* • ongedaan blijven ★ dat kan (wel) ~ *puede esperar*
wachter *guarda* m/v; *guardián* m
wachtgeld *cesantía* v ★ iem. op ~ stellen *dejar cesante a u.p.*
wachthuisje • schildwachthuisje *garita* v *de centinela* • bus-/tramhokje *parada* v *cubierta*
wachtkamer *sala* v *de espera*
wachtlijst *lista* v *de espera*
wachtmeester *sargento* m
wachtpost *centinela* m/v
wachttijd *tiempo* m *de espera*
wachtwoord *santo* m *y seña*; *contraseña* v ★ het ~ geven *dar la contraseña*
wad *marisma* v
Waddeneiland *isla* v *del mar de los Wadden*
Waddenzee *mar* m *de los Wadden*
waden *vadear* ★ door de rivier ~ *vadear el río*
wadjan, wadjang *fuente* v *ancha*
waf *guau*
wafel *gofre* m; ⟨bij ijs⟩ *barquillo* m
wafelijzer *molde* m *para gofres*
wagen I ZN [de] • kar *carro* m; ⟨op twee wielen⟩ *carreta* v • auto *coche* m; Z-A *carro* m; ⟨vrachtwagen⟩ *camión* m • wagon *vagón* m; *coche* m **II** OV WW • durven *atreverse a* ★ waag het niet! *¡guárdate!* • riskeren *arriesgar* ★ zijn leven ~ *jugarse* [ue] *la vida* ★ zich ~ aan iets *atreverse a hacer u.c.* ▼ wie niet waagt, die niet wint *quien no se atreve no gana la mar*
wagenpark *parque* m *móvil*
wagenwijd ★ ~ open *muy abierto*; *(abierto) de par en par*
wagenziek *mareado* ★ ~ worden *marearse*
waggelen • wankelend lopen *bambolearse*; *tambalearse* • wiebelen *contonearse*
wagon *vagón* m; *coche* m
wajangpop *muñeca* v *javanesa*
wak *agujero* m *(en el hielo)*
wake *vela* v; *vigilia* v
waken • wakker blijven *velar* ★ ~ bij een zieke/dode *velar a un enfermo/muerto* • beschermend toezien *vigilar* ★ ~ over *velar por* ★ ~ voor *velar por*
wakker *despierto* ★ ~ worden *despertarse* [ie] ★ ~ maken *despertar* [ie] ★ (de hele nacht) ~ liggen *no pegar el ojo (en toda la noche)*
wal • dam *terraplén* v; ⟨vestingmuur⟩ *muralla* v • kade *muelle* m • vasteland *tierra* v; *costa* v; *orilla* v ★ vaste wal *tierra firme* ★ aan wal gaan *desembarcar* • huiduitzakking onder ogen *ojera* v ★ wallen onder de ogen hebben *tener ojeras* ▼ van wal steken *empezar* [ie] *(a hablar)* ▼ de Amsterdamse walletjes *el barrio rojo de Amsterdam*
waldhoorn *trompa* v *de caza*
Wales *Gales* m
walgelijk *asqueroso*; *repugnante*
walgen *sentir* [ie, i] *asco* ★ ik walg ervan *me da asco*
walging *asco* m; *repugnancia* v; *náuseas* v mv
Walhalla *Walhalla* m
walhalla *Walhalla* m; *paraíso* m
walkietalkie *walkie-talkie* m
walkman *walkman* m
Wallonië *Valonia* v
walm *humo* m; ⟨dicht⟩ *humareda* v
walmen *humear*
walnoot • vrucht *nuez* v • boom *nogal* m
walrus *morsa* v
wals • dans *vals* m • pletrol *cilindro* m • toestel ⟨v. plaveisel⟩ *apisonadora* v; ⟨v. metaal⟩ *laminadora* v
walsen I OV WW pletten ⟨v. metaal⟩ *laminar*; ⟨v. plaveisel⟩ *apisonar* **II** ON WW dansen *valsar*
walserij *apisonamiento* m; ⟨v. metaal⟩ *laminado* m
walsmuziek *música* v *vals*
walvis *ballena* v • jonge ~ *ballenato* m
walvisvaarder *ballenero* m
wambuis *jubón* m
wanbegrip *idea* v *falsa*; *equivocación* v
wanbeheer *mala administración* v
wanbeleid *mala política* v
wanbetaler *moroso* m; *mal pagador* m
wand *pared* v; ⟨tussenschot⟩ *tabique* m
wandaad *barbaridad* v; *fechoría* v; *exceso* m; *abuso* m; *atrocidad* v
wandbetimmering *chapado* m *de madera*
wandel • het wandelen ★ aan de ~ zijn *estar paseando* • gedrag ★ de handel en ~ van *la conducta de*
wandelaar *paseante* m/v
wandelen *pasear*
wandelgang *pasillo* m ▼ in de ~en wordt gezegd *se dice en círculos bien informados*
wandeling *paseo* m; ⟨over grote afstand⟩ *caminata* v ▼ in de ~ heet dat *en el lenguaje popular se llama*
wandelkaart *mapa* m *topográfico*
wandelpad *senda* v
wandelroute *ruta* v *de paseo*
wandelschoen *zapato* m *para caminar*
wandelsport *deporte* m *de marcha*
wandelstok *bastón* m
wandeltocht *caminata* v
wandelwagen *carrito* m *para niños*
wandkleed *tapiz* m
wandluis *chinche* m/v
wandmeubel *librería* v; *aparador* m
wandrek *barras* v mv *fijas*
wandschildering *mural* m; *pintura* v *mural*

wanen ★ zich ~ *creerse* ★ ze waant zich rijk *se cree rica*
wang *mejilla* v
wangedrag *mala conducta* v
wangedrocht *monstruo* m
wanhoop *desesperación* v ★ tot ~ drijven *exasperar*
wanhoopsdaad *acto* m *de desesperación*
wanhoopskreet *grito* m *de desesperación*
wanhopen *desesperar de*
wanhopig *desesperado* ★ ~ maken *desesperar* ★ ~ worden *desesperarse*
wankel • onvast *vacilante; inestable* ★ ~ op de benen staan *vacilar* • ongewis *débil; inestable; precario*
wankelen • onvast gaan/staan *vacilar; bambolearse* • onvast zijn *vacilar*
wankelmoedig *irresoluto*
wanklank *disonancia* v
wanneer I VR VNW *cuándo* II VW • op het moment dat *cuando* ★ ~ hij komt *cuando viene; cuando venga* ★ telkens ~ hij komt *cada vez que viene* • in het geval dat *si* ★ ~ hij komt *si viene* ★ ~ dat zo is *si es así* ★ ~ dat zo was/zou zijn *si fuera así* ★ ~ dat zo geweest was *si hubiera sido así* ★ ~ dat niet zo is *de no ser así* ★ ~ dat niet zo was *si no fuera así* ★ het is niet goed ~ men *no está bien* [+ inf.] ★ pas ~ *el día que* [+ subj.] ★ zelfs ~ ik het wist *aun sabiéndolo* ★ ~ hij ook maar even *por poco que* [+ subj.]
wanorde *desorden* m; *confusión* v; ⟨materieel⟩ *desbarajuste* m
wanordelijk *desordenado*
wanprestatie *incumplimiento* m
wanproduct *mal producto* m
wansmaak *mal gusto* m
wanstaltig *deforme; monstruoso*
want I ZN [de] handschoen *manopla* v II ZN [het] tuigage *jarcia* v; *jarcias* v mv ▼ van wanten weten *conocer el paño; saber qué terreno se pisa* III VW *porque; pues;* ⟨begin van een zin⟩ *es que*
wantoestand *abuso* m; *exceso* m
wantrouwen I ZN [het] *desconfianza* v II OV WW *desconfiar de* [i]
wantrouwig *desconfiado*
wanverhouding *desproporción* v
WAO *ley* v *de incapacidad laboral* ★ in de WAO zitten *estar en el seguro de incapacidad laboral*
wapen • strijdmiddel *arma* v ★ de ~s opnemen *tomar las armas* • wapenschild *escudo* m; *blasón* m
wapenarsenaal *arsenal* m; *depósito* m *de armas*
wapenbeheersing *control* m *de armamento*
wapenbezit *tenencia* v *de armas*
wapenbroeder *compañero* m *de armas*
wapenembargo *embargo* m *de armas*
wapenen *armar* ★ gewapend *a mano armada*
wapenfeit *proeza* v; *hazaña* v
wapengeweld *violencia* v ★ met ~ *a mano armada; con armas*
wapenhandel *comercio* m *de armas*
wapenleverantie *suministro* m *de armas*
wapenrusting *armamento* m
wapenschild *escudo* m
wapenspreuk *divisa* v; *lema* m
wapenstilstand *armisticio* m
wapenstok *porra* v
wapentuig *arma* v
wapenvergunning *licencia* v *de armas; permiso* m *de armas*
wapenwedloop *carrera* v *armamentista*
wapperen *flamear; ondear*
war ★ in de war *en desorden; confuso* ★ in de war brengen *confundir* ★ in de war raken *enredarse; confundirse; turbarse; trastornarse*
warboel *confusión* v; ⟨materieel⟩ *revoltijo* m
warempel *en efecto*
waren • → **waar**
warenhuis *almacén* m
warenwet *código* m *alimentario*
warhoofd *despistado* m
warm • met hoge temperatuur *caliente;* ⟨v. klimaat⟩ *cálido* ★ een warm klimaat *un clima cálido* ★ een warme trui *un jersey que abriga mucho* ★ zich warm kleden *abrigarse bien* ★ het is warm *hace calor* ★ het is heel warm *hache mucho calor* ★ ik heb het warm *tengo calor* ★ warm maken *calentar* ★ warm worden *calentarse* ★ warme dagen *días de calor* • hartelijk *calurosa; cálido* ★ een warm onthaal *una acogida calurosa*
warmbloedig • BIOL. *de sangre caliente* • vurig *apasionado*
warmdraaien • op juiste temperatuur komen *calentar* [ie] • FIG. zich op iets voorbereiden ★ voor iets ~ *prepararse para algo*
warmen ★ zich ~ *calentarse*
warming-up *calentamiento* m
warmlopen • SPORT *hacer ejercicios de calentamiento* • te heet worden *calentarse* [ie] • enthousiast worden *entusiasmarse por*
warmte *calor* m
warmtebron *fuente* v *de calor*
warmtegeleider *conductor* m *térmico*
warmwaterkraan *grifo* m *del agua caliente*
warrelen *arremolinarse*
warrig *confuso* ★ een ~ mens u.p. *despistada* ★ een ~ verhaal *una historia incoherente*
wars ★ wars zijn van *tener aversión a* ★ ze is wars van vleierij *no le gusta la adulación*
Warschau *Varsovia* v
wartaal *disparates* m mv
wartel *eslabón* m *giratorio*
warwinkel *revoltijo* m; *confusión* v
was I ZN [de] • het wassen *lavado* m ★ de was doen *lavar* • wasgoed *ropa* v; *ropa* v *sucia* ★ de was ophangen *tender la ropa* II ZN [de/het] vettige stof *cera* v ★ met was bestrijken *encerar*
wasautomaat *lavadora* v *automática*
wasbak *lavabo* m
wasbeer *mapache* m
wasbenzine *bencina* v
wasbeurt *lavado* m
wasdag *día* m *de colada*
wasdom ▼ in volle ~ *en plena madurez*
wasdroger *secadora* v
wasecht ⟨v. stof⟩ *lavable;* ⟨v. kleur⟩ *inalterable*
wasem *vaho* m; *aliento* m
wasemen *humear*

wasemkap *campana* v
wasgelegenheid *facilidades* m mv *de baño*
wasgoed *ropa* v *sucia*; *ropa* v
washandje *manopla* v *de baño*
wasinrichting *lavandería* m
wasknijper *pinza* v
waskrijt *pastel* m
waslijn *tendedero* m
waslijst *lista* v *muy larga*
wasmachine *lavadora* v
wasmand *cesto* m *para la ropa sucia*
wasmiddel *detergente* m
waspeen *zanahoria* v *lavada*
waspoeder *detergente* m
wasprogramma *programa* m *de lavado*
wassen I OV WW *reinigen lavar* ★ zich ~ *lavarse*
★ borden ~ *fregar platos* II BNW *van was de cera*
wassenbeeldenmuseum *museo* m *de cera*
wasserette *lavandería* v
wasserij *lavandería* v
wasstraat *túnel* m *de lavado*
wastafel *lavabo* m
wastobbe *tina* v
wasverzachter *suavizante* m *para la colada*
wasvoorschrift *prescripción* v *para el lavado*
wat I BIJW ● erg *qué* ★ waarom *porqué* ★ wat lach je? *¿porqué te ríes?* ● een beetje *algo; un poco* ★ wel wat laat *un poco tarde* II VR VNW ● bijvoeglijk *qué* ★ wat voor boek is dat? *¿qué (tipo de) libro es?* ★ wat voor een? *¿cuál?* ★ wat voor mensen: *¿qué tipo de gente?* ● welk(e) ding(en) *qué* ★ wat zeg je? *¿qué dices?; ¿qué?; ¿cómo?* ★ wat doe je? *¿qué haces?* ★ wát dan? *¿qué exactamente?* ★ wat dán? *¿y luego?* ★ wat is dat? *¿qué es eso?* ★ wat zou dat? *¿qué más da?; ¿qué importa?* ★ en wat al niet *y qué sé yo* ★ wat is er erger dan ...? *¿hay algo más terrible que ...?* ★ wat kost dat? *¿cuánto cuesta?; ¿cuánto es?* ★ wat doet haar vader? *¿qué hace su padre?* ● indirect vragend *lo que* ★ ik weet niet wat ik zeggen moet *no sé qué decir* ★ hij vraagt wat ze zegt *pregunta lo que dice* ● uitroep *qué!* ★ wat een mensen! *cuánta gente!* III BETR VNW *lo que; lo cual* ★ wat mij ertoe brengt het u te zeggen *la razón por la cual se lo digo* ★ wat hij ook doet *por mucho que haga* ★ alles wat *cuanto; todo lo que* ★ dat(gene) wat *lo que* ★ hij liep wat hij lopen kon *corrió a más no poder* ★ wat mij betreft *en cuanto a mí* IV ONB VNW ● een beetje *algo; un poco* ★ wat zout *un poco de sal* ★ wat schriften *algunos cuadernos* ● enkele *alguno* ★ ik heb wat aardbeien genomen *he cogido algunas fresas* ● iets *algo; una cosa* ★ dat is wat anders *es algo diferente* ★ weet je wat nieuws? *¿hay noticias?* ▾ voor wat hoort wat *nadie hace nada por nada* V UITR VNW ★ wat interessant! *¡qué interesante!* ★ wat leuk voor je! *¡qué bien!* ★ wat een mooi meisje! *¡qué chica más guapa!; ¡qué chica tan guapa!* ★ wat is ze veranderd! *¡cómo ha cambiado!* ★ wat is dat moeilijk! *¡eso sí que es difícil!* VI TW *¡qué!; ¡cómo!*
water ● vloeistof *agua* v ★ hard ~ *agua dura* ★ kokend ~ *agua hirviente/hirviendo* ★ met ~ vermengen *aguar* ★ onder ~ *debajo del agua* ★ onder ~ staan *estar inundado* ★ onder ~ zetten *inundar* ★ op ~ en brood *a pan y agua* ★ ~ innemen *hacer agua* ● natuurlijke bedding met water ★ stilstaand ~ *aguas* v mv *muertas* ★ te ~ en el agua ★ te ~ laten *botar* ▾ stille ~s hebben diepe gronden *del agua mansa me libre Dios (que de la brava me guardaré yo)* ▾ in het ~ vallen *aguarse;* *frustrarse* ▾ in troebel ~ vissen *pescar en agua turbia; pescar en río revuelto* ▾ ~ bij de wijn doen *moderar sus pretensiones*
waterachtig *acuoso*
waterafstotend *hidrófugo*
waterballet *ballet* m *acuático*
waterbed *cama* v *de agua*
waterbekken *depósito* m
waterbestendig *resistente al agua*
waterbloem *flor* v *acuática*
waterbouwkunde *hidráulica* v
waterdamp *vapor* m *de agua*
waterdicht *impermeable*
waterdier *animal* m *acuático*
waterdoorlatend *permeable*
waterdruk *presión* v *del agua*
waterdruppel *gota* v *de agua*
wateren *orinar*
waterfiets *bicicleta* v *acuática*
waterfietsen *ir en patín acuático*
watergekoeld *refrigerado por agua*
waterglas *vaso* m
watergolf *marca* v
watergolven *marcar* ★ zijn haar laten ~ *hacerse marcar el pelo*
waterhoen *polla* v *de agua*
waterhoofd *hidrocefalia* v ★ een ~ hebben *padecer de hidrocefalia*
waterhuishouding ⟨v. organisme⟩ *metabolismo* m *hídrico*; ⟨v. gebied⟩ *sistema* m *de aguas subterráneas*
waterig ● als water *acuoso* ● met veel water *aguado*
waterijsje *polo* m
waterjuffer *libélula* v; *caballito* m *del diablo*
waterkanon *cañón* m *de agua*
waterkant *orilla* v; *ribera* v
waterkering *presa* v
waterkers *berro* m
waterkoeling *refrigeración* v *por agua*
waterkraan *grifo* m
waterkracht *fuerza* v *hidráulica*
waterkrachtcentrale *central* v *hidroeléctrica*
waterlanders *lágrimas* v mv
waterleiding *cañería* v
waterleidingbedrijf *empresa* m *del suministro de agua*
waterlelie *nenúfar* m
waterlijn *línea* v *hasta donde llega la superficie del agua*
waterlinie *línea* v *de defensa*
Waterman *Acuario* m
watermeloen *sandía* v
watermerk *filigrana* v
watermolen *aceña* v; *molino* m
wateroverlast *molestia* v *por el agua*
waterpas I ZN [het] *nivel* m II BNW *horizontal;*

nivelado ★ ~ maken *nivelar*
waterpeil *nivel* m *del agua*
waterpistool *pistola* v *acuática*
waterplaats *urinario* m
waterplant *planta* v *acuática*
waterpokken *viruelas* v mv *locas*
waterpolitie *policía* v *de agua*
waterpolo *water-polo* m
waterpomptang *alicates* m mv *de boca graduable*
waterproof *impermeable*
waterput *pozo* m *(de agua)*
waterrad *rueda* v *hidráulica*
waterrat • dier *rata* v *de agua* • persoon *lobo* m *de mar*
waterreservoir *depósito* m *de agua*
waterrijk *con mucha agua*
waterschade *daño* m *causado por el agua*
waterschap *distrito* m *de la administración de las aguas*
waterschuw *hidrófobo*
waterscooter *scooter* m *acuático*
waterskiën *practicar el esquí acuático*; *practicar el esquí náutico*
waterslang • dier *culebra* v *de agua* • gereedschap *manguera* v
watersnip *agachadiza* v
watersnood *inundación* v
waterspiegel • oppervlakte *superficie* v *del agua* • peil *nivel* m *del agua*
watersport *deporte* m *náutico*
waterstaat ≈ *Obras* v mv *Públicas*
waterstaatkundig *relativo a las aguas*
waterstand *nivel* m *del agua*
waterstof *hidrógeno* m
waterstofperoxide *peróxido* m *de hidrógeno*; *agua* v *oxigenada*
waterstraal *chorro* m *de agua*
watertanden ★ ik begon te ~ *se me hizo agua la boca* ★ om van te ~ *que es un delicia*
watertaxi *taxi* m *acuático*
watertoerisme *turismo* m *acuático*
watertoren *arca* v *de agua*; *depósito* m *de agua*
watertrappen, watertrappelen *moverse* [ue] *en el agua para mantenerse a flote*
waterval *cascada* v; (groot) *catarata* v
waterverf *acuarelas* v mv
waterverontreiniging *contaminación* v *del agua*
watervlak *superficie* v *del agua*
watervliegtuig *hidroavión* m
watervlug *como un rayo*
watervogel *ave* v *acuática*
watervoorziening *abastecimiento* m *de agua*
watervrees *hidrofobia* v
waterweg *vía* v *fluvial*
waterwerk • geheel van fonteinen *fuentes* mv • bouwwerk in het water *obras* v mv *hidráulicas*
waterwingebied *zona* v *de abastecimiento de agua*
waterzuiveringsinstallatie *instalación* v *depuradora del agua*
watje • propje watten *bolita* v *de algodón* • persoon *llorón* m [v: *llorona*]
watt *vatio* m

wattage *fuerza* v *en vatios*
watten *algodón* m ▼ iem. in de ~ leggen *criar (í) entre algodones* u.p.
wattenstaafje *bastoncillo* m *de algodón*
watteren *rellenar con guata*
wauwelen *decir chorradas/tonterías*
wave *ola* v
WA-verzekering *seguro* m *de responsabilidad civil*
waxinelichtje *mariposa* v
wazig *borroso*
wc *wáter* m ★ naar de wc moeten *tener que ir al wáter*
wc-bril *tapa* v *del wáter*
wc-papier *papel* m *higiénico*
wc-pot *taza* v *del wáter*
wc-rol *rollo* m *de papel higiénico*
we • → **wij**
web • spinnenweb *telaraña* v • netwerk *tejido* m
webadres *dirección* v *(de) internet*; *dirección* v *en la red*
weblog *weblog* m
webmaster • COMP. *webmaster* m • *administrador* m *de web*
webpagina *página* v *web*
website *sitio* m *web*; *web* v
wecken *poner en conserva*
weckfles *bote* m *de conserva*
weckpot *tarro* m *hermético*
wedde *sueldo* m
wedden *apostar* [ue]; *hacer una apuesta* ★ op een paard ~ *apostar a un caballo* ★ ~ dat *apostar a que* ★ ~ dat het vanmiddag gaat regenen! *¡a que llueve esta tarde!* ★ om een tientje ~ *apostar diez euros*
weddenschap *apuesta* v ★ een ~ aangaan *hacer una apuesta*; *apostar*
wederdienst • INFORM. een ~ bewijzen *devolver* [ue] *un servicio* ★ bij wijze van ~ *para mostrar mi agradecimiento*
wedergeboorte • reïncarnatie *reencarnación* v • FIG. herleving *renacimiento* m
wederhelft *media* v *naranja*
wederhoor • → **hoor**
wederkerend *reflexivo*
wederkerig *recíproco*; *mutuo*
wederom *otra vez*; *de nuevo*
wederopbouw *reconstrucción* v
wederopstanding *resurrección* v
wederrechtelijk *ilegítimo*
wedervaren I ZN [het] *aventuras* v mv II ON WW ★ (aan) iem. recht doen ~ *hacer justicia a* u.p.
wederverkoper *revendedor* m
wedervraag ★ een ~ stellen *responder una pregunta con otra*
wederzien • → **weerzien**
wederzijds *recíproco*; *mutuo* ★ ~ begrip *mutua comprensión*
wedijver *rivalidad* v
wedijveren *competir* [i]; *rivalizar*
wedje *apuesta* v
wedloop *carrera* v
wedren *carrera* v
wedstrijd *concurso* m; *competición* v; ⟨twee partijen/tegenstanders tegen elkaar⟩ *partido*

m; ⟨hardlopen/wielrennen⟩ *carrera* v
wedstrijdleider *árbitro* m
wedstrijdleiding *arbitraje*
wedstrijdsport *deporte* m *de competición*
weduwe *viuda* v ★ ~ worden *quedarse viuda*
weduwepensioen *viudedad* v
weduwnaar *viudo* m ★ ~ worden *quedarse viudo*
weduwschap *viudez* v
wee I ZN [de/het] barenswee *dolor* m *del parto* II BNW *nauseabundo*
weefgetouw *telar* m
weefsel • stof *tejido* m • BIOL. *tejido* m
weegbrug *báscula* v *puente*
weegs ▼ zijns ~ gaan *seguir* [i] *su camino*
Weegschaal *Libra* v
weegschaal *balanza* v
weeig *nauseabundo*; *insípido*
week I ZN [de] • zeven dagen *semana* v ★ de Goede/Stille Week *la Semana Santa* ★ volgende week *la semana que viene*; *la próxima semana* ★ twee weken *dos semanas*; *quince días* ★ door de week *entre semana* • het weken *remojo* m ★ in de week zetten *poner a/en remojo* II BNW • zacht *blando* ★ week worden *ponerse blando* ★ week maken *ablandar* ★ week aanvoelen *ser blando (al tacto)* • teerhartig *blando* ★ week worden *ablandarse* ★ week maken *ablandar*
weekblad *semanario* m; *revista* v *semanal*
weekdier *molusco* m
weekeinde, weekend *fin* m *de semana*
weekenddienst *servicio* m *de fin de semana*
weekendretour *billete* m *de ida y vuelta válido para todo el fin de semana*
weekendtas *bolso* m *de fin de semana*
weekhartig *blando*; *de corazón blando*
weeklagen *lamentarse de*; *quejarse de*
weekloon *sueldo* m *semanal*; *salario* m *semanal*
weekoverzicht *relación* v *semanal*
weelde • overvloed *abundancia* v; *opulencia* v; *riqueza* v • luxe *lujo* m; *riqueza* v
weelderig • overvloedig *abundante* ★ haar ~e vormen *sus formas voluptuosas* • luxueus *lujoso*; *suntuoso*
weemoed *melancolía* v
weemoedig *melancólico*
weer I ZN [het] weersgesteldheid *tiempo* m; ⟨klimaat⟩ *clima* m ★ het is mooi weer *hace buen tiempo* ★ het is slecht weer *hace mal tiempo* ★ aan weer en wind blootgesteld *expuesto a la intemperie* ★ bij gunstig weer *si el tiempo lo permite* ★ wat is het voor weer? *¿qué tiempo hace?* ★ bij weer en wind *por mal tiempo que haga* II BIJW opnieuw *de nuevo*; *otra vez* ★ het begint weer te regenen *vuelve a llover* ★ hij is er weer *ha vuelto* ★ daar ben ik weer *aquí estoy* ★ hij heeft weer koorts *le ha vuelto la fiebre* ★ nooit weer *nunca más* ★ weer bijkomen *recuperarse* III ZN [de] ▼ druk in de weer zijn *estar muy ocupado* ▼ zich te weer stellen *defenderse*
weerbaar *capaz de defenderse*
weerbarstig • koppig *terco*; *testarudo*; *porfiado* • stijf en stug *difícil*
weerbericht *pronóstico* m *del tiempo*; *boletín* m *meteorológico*
weerga ▼ zonder ~ *sin par*; *incomparable*
weergalmen *resonar* [ue]
weergaloos *sin par*; *incomparable*
weergave • representatie *reproducción* v • vertolking *representación* v; ⟨versie⟩ *versión* v
weergeven • reproduceren *reproducir* • vertolken *representar*
weerhaak *gancho* m
weerhaan *veleta* v
weerhouden *impedir* [i] ★ iem. ergens van ~ *impedir que u.p. haga u.c.*
weerhuisje *higroscopio* m
weerkaart *mapa* m *del tiempo*
weerkaatsen I OV WW terugkaatsen *reflejar* II ON WW teruggekaatst worden *reflejarse*; ⟨v. geluid⟩ *resonar* [ue]
weerklank • echo *resonancia* v • instemming ★ ~ vinden *encontrar aprobación* ★ geen ~ vinden *no recibir ninguna respuesta*
weerklinken *resonar* [ue]
weerkunde *meteorología* v
weerkundige *meteorólogo* m
weerleggen *refutar*
weerlegging *refutación* v
weerlicht *relámpagos* m mv ▼ als de ~ *volando*; *disparado*
weerlichten *relampaguear*
weerloos *indefenso*
weermacht *fuerzas* v mv *armadas*
weerman *hombre* m *del tiempo*
weerom *de nuevo* ★ nooit ~ *nunca más*
weeromstuit ▼ van de ~ *de rebote*
weeroverzicht *boletín* m *meteorológico*
weersatelliet *satélite* m *meteorológico*
weerschijn *reflejo* m; ⟨op stof⟩ *visos* m mv
weerschijnen *reflejar*
weersgesteldheid *condiciones* v mv *atmosféricas*
weerskanten ★ aan ~ *por ambos lados* ★ van ~ *de ambos lados*; *recíprocamente*
weerslag *repercusión* v ★ zijn ~ hebben op *repercutir en*
weersomstandigheden *condiciones* v *climatológicas*
weerspannig *rebelde*
weerspiegelen *reflejar*
weerspiegeling *reflejo* m
weerspreken *contradecir* [i]; *desmentir* [ie, i]
weerspreuk *dicho* m *sobre el tiempo*
weerstaan *resistir*
weerstand • tegenstand *resistencia* v ★ ~ bieden *resistirse* ★ ~ bieden aan *resistir* • deel van stroomkring *resistencia* v
weerstandsvermogen *capacidad* v *de resistencia*
weerstation *observatorio* m *meteorológico*
weersverandering *cambio* m *de tiempo*
weersverbetering *mejoramiento* m *de tiempo*
weersverschijnsel *fenómeno* m *de tiempo*
weersverwachting *pronóstico* m *del tiempo*
weerwil ★ in ~ van *a pesar de*; *no obstante*
weerwolf *hombre-lobo* m
weerwoord *respuesta* v; *réplica* v
weerzien I ZN [het] *reencuentro* m ★ tot ~s *hasta*

la vista ‖ OV WW *volver* [ue] *a ver*
weerzin *repugnancia* v; *repulsión* v; *asco* m ★ haar ~ tegen *su aversión a*
weerzinwekkend *repugnante*
wees *huérfano* m; *huérfana* v
Weesgegroet *avemaría* v
weeshuis *asilo* m *de huérfanos*
weeskind *huérfano* m
weet v aan de weet komen *enterarse de* v geen weet hebben van *no tener idea de*; *no saber nada de*
weetal *sabelotodo* m/v
weetgierig *curioso*
weetje *detalle* m *interesante*
weg I ZN [de] • straat *camino* m ★ op de openbare weg *en la vía pública* ★ de weg afsnijden *tomar un atajo* • LETT. traject *camino* m ★ de weg vinden *encontrar el camino* ★ op weg zijn naar *dirigirse a* ★ op weg naar Valencia *camino de Valencia* ★ zich op weg begeven naar *dirigirse a* ★ van de weg afgaan *apartarse del camino* • FIG. (levens)loop ★ ieder zijn eigen weg gaan *ir cada uno por su lado* ★ iem. op weg helpen *ayudar u.p.* ★ op de goede weg zijn *estar en buen camino* ★ op de verkeerde weg zijn *estar en mal camino* • LETT., FIG. doortocht *paso* m ★ zich een weg banen *abrirse paso* ★ iem. iets in de weg leggen *contrariar a u.p.* ★ in de weg staan *estorbar* ★ uit de weg! *fuera*; *¡abran paso!* ★ uit de weg gaan voor *evitar*; *evitar el encuentro con* ★ uit de weg ruimen *suprimir*; *eliminar*; *eliminar*; *suprimir* • manier, middel *camino* m; *vía* v ★ langs de gebruikelijke weg *por la vía acostumbrada* ★ langs chemische weg *químicamente* v aan de weg timmeren *llamar la atención* ★ alle wegen leiden naar Rome *por todas partes se va a Roma* v de weg van alle vlees gaan *ir el camino de toda carne* ‖ BIJW • afwezig ★ ga weg! *¡lárgatei*; *¡fuera!* ★ hij is weg *se ha ido* ★ ver weg (van) *lejos (de)* ★ weg met X! *¡abajo X!*; *¡muera X!* • zoek *desaparecido* ★ het is weg *no está*; *ha desaparecido* • ~ *van* loco por ★ helemaal weg zijn van *estar loco por*
wegaanduiding • wegbewijzering *señalización* v • routebeschrijving *itinerario* m
wegbereider *pionero* m; *precursor* m
wegbergen *guardar*
wegblazen *quitar soplando*
wegblijven • niet komen *no venir* [ie, i] ★ ~ van *no venir a*; *no asistir a* ★ van school ~ *faltar a clase* • niet terugkomen *no volver* [ue] ★ lang ~ *tardar en volver*
wegbonjouren *mandar a pasar (a u.p.)*
wegbranden I OV WW verbranden *quemar* ★ weefsel ~ *quemar tejido* ‖ ON WW verbrand worden *quemarse*; (met verwijdering) *carbonizarse* v ze is er niet weg te branden *no hay quien se la quite de encima*
wegbrengen • elders brengen *llevar* • vergezellen *acompañar*
wegcijferen I OV WW wegredeneren ★ dat is niet weg te cijferen *no se puede negar* ‖ II WDK op de achtergrond stellen ★ zichzelf ~ *sacrificarse*

wegcircuit *circuito* m *en carretera*
wegdek *pavimento* m; (v. asfalt) *asfalto* m
wegdenken *prescindir de*
wegdoen • niet langer houden *deshacerse de*; (weggooien) *tirar* • opbergen *guardar*
wegdoezelen *amodorrarse*; *adormecerse*
wegdommelen *amodorrarse*
wegdraaien *retirar*; *apartar*
wegdragen • naar elders dragen *llevarse* • verwerven ★ kan dat je goedkeuring ~? *¿lo apruebas?*
wegdrijven I OV WW verdrijven *ahuyentar*; *espantar* ‖ II ON WW zich drijvend verwijderen *ser llevado por la corriente*
wegdrukken *eliminar*
wegduiken *agacharse*; *agazaparse*
wegduwen *empujar*; *dar un empujón a*
wegebben *disminuir lentamente*
wegen I OV WW gewicht bepalen *pesar* ‖ II ON WW genoemde gewicht hebben *pesar*
wegenaanleg *construcción* v *de carreteras*
wegenatlas *mapa* m *de carreteras*
wegenbelasting *impuesto* m *de circulación*
wegenbouw *construcción* v *de carreteras*
wegenkaart *mapa* m *de carreteras*
wegennet *red* v *de carreteras*
wegens *por*; *a causa de* ★ gesloten ~ vakantie *cerrado por vacaciones*
wegenwacht • dienst *auxilio* m *en carretera* • persoon *empleado* m *del servicio de auxilio en carretera*
weggaan *irse*; *marcharse* ★ van iem. ~ *dejar a u.p.*
weggebruiker *usuario* m *de la vía pública*
weggeven *dar*; *regalar*
weggevertje *detallito* m
wegglippen *escabullirse*; *zafarse*; *escurrirse*
weggooiartikel *artículo* m *de un solo uso*
weggooien *tirar*
weggooiverpakking *envase* m *desechable*
weggrissen *robar*; *agarrar*
weghalen *quitar*
weghelft *carril* m ★ de linker ~ *el carril contrario*
wegjagen *ahuyentar*
wegkapen *robar*; *mangar*
wegkomen *escaparse* ★ we moeten maken dat we ~ *¡vámonos!* ★ maak dat je wegkomt! *¡fuera!*; *¡lárgate!* v goed ~ *salir bien*; *tener suerte*
wegkruipen • weggaan (v. mens) *alejarse a gatas*; (v. slang/worm) *arrastrarse*; (v. slang/worm) *reptar* • zich verstoppen *esconderse*
wegkwijnen *languidecer*; *consumirse*
weglaten *omitir*; *suprimir*
weglatingsteken *signo* m *de elisión*
wegleggen • terzijde leggen *guardar* • sparen *ahorrar* v dat was niet voor haar weggelegd *no estaba a su alcance*
wegleiden *llevarse*
wegligging *estabilidad* v
weglopen • naar elders lopen *irse*; (en niet meer terugkomen) *escaparse* • wegvluchten *derramarse* ★ laten ~ *derramar* • ~ *met* estar loco por

wegmaken • zoekmaken *extraviar* [i]; *perder* [ie] • onder narcose brengen *anestesiar*
wegmarkering *señalización* v *(vial)*
wegmoffelen *escamotear*
wegnemen • weghalen *quitar; llevarse*; MED. *extirpar*; ⟨diefstal⟩ *robar* • doen verdwijnen *eliminar* ▾ dat neemt niet weg dat *no obstante; sin embargo*
wegomlegging *desvío* m
wegpesten *amargar la vida a*
wegpiraat *pirata* m *de la carretera*
wegpromoveren *ascender* [ie] *a alguien para deshacerse de él*
wegraken *perderse* [ie]; *extraviarse* [í]
wegrestaurant *restaurante* m *de carretera*
wegrijden *salir; partir; irse*
wegroepen *llamar*
wegrotten *podrirse* [u]
wegrukken *arrancar*
wegscheren [zich ~] ⋆ scheer je weg! *¡fuera!; ¡lárgate!; ¡largo de aquí!*
wegschrijven *transferir* [ie, i]
wegslaan I OV WW verwijderen *separar a golpes* ⋆ hij is niet bij zijn vriendin weg te slaan *no hay quien lo separe de su amiga* II ON WW verwijderd worden *llevarse* ⋆ de dijk werd weggeslagen *el dique fue arrastrado*
wegslepen *arrastrar*
wegslikken • doorslikken *tragar* • FIG. verwerken *sobreponerse a* ⋆ even iets moeten ~ *tener que tragar saliva*
wegsluipen *escabullirse*
wegsmelten *derretirse* [i]; *fundirse*
wegsmijten *tirar con rabia*
wegspoelen I OV WW • spoelend verwijderen *quitar (lavando)* ⋆ de vieze smaak ~ *quitarse el mal sabor* ⋆ het eten ~ (met wijn) *regar la cena con vino* • meevoeren *arrastrar; llevarse* II ON WW meegevoerd worden *ser llevado/arrastrado*
wegstemmen *rechazar votando*
wegsterven *apagarse*
wegstoppen *ocultar; esconder*
wegstrepen *tachar* ⋆ twee dingen tegen elkaar ~ *tachar dos cosas comparándolas*
wegsturen • wegzenden *despedir* [i] • verzenden *enviar* [í]; *mandar*
wegteren *consumirse*
wegtransport *transporte* m *por carretera*
wegtrekken I OV WW van zijn plaats trekken *tirar; retirar* ▾ zijn hand ~ *retirar la mano* II ON WW • weggaan *irse; marcharse* • verdwijnen *desaparecer*
wegvagen *arrasar; aniquilar*
wegvallen • weggelaten worden *ser suprimido* • vervallen *desaparecer* ⋆ tegen elkaar ~ *compensarse* • uitvallen *cortarse; interrumpirse*
wegverkeer *tráfico* m
wegversmalling *estrechamiento* m *de la carretera*
wegversperring *barricada* v
wegvervoer *transporte* m *por carretera*
wegvliegen • vliegend weggaan *irse volando* • snel heengaan *desaparecer* • goed verkocht worden *venderse bien*
wegvoeren *llevar; llevarse*

wegwaaien I OV WW *wegvoeren llevarse el viento* II ON WW weggevoerd worden *volarse* [ue]
wegwerker *peón* m *caminero*
wegwerp- ⋆ wegwerpverpakking *embalaje* m *desechable*
wegwerpen *tirar*
wegwezen *largarse* ⋆ ~ jullie! *¡largaros!* ▾ terug van weggeweest *estar de vuelta después de estar un tiempo fuera*
wegwijs ⋆ ~ maken *orientar; demostrar* [ue] *cómo funciona*
wegwijzer *poste* m *indicador; poste* m
wegwuiven *dar de lado* ⋆ bezwaren ~ *restar importancia a los inconvenientes*
wegzakken *hundirse*
wegzetten • terzijde zetten *quitar* • wegbergen *guardar*
wei • weiland *prado* m; ⟨uitgestrekt⟩ *pradera* v • melkwei *suero* m
weide *prado* m
weidebloem *flor* v *de los prados*
weidegrond *terreno* m *de pastos*
weiden I OV WW laten grazen *llevar a pastar* II ON WW grazen *pastar* ▾ zijn blik laten ~ over *dejar vagar la mirada por*
weidevogel *pájaro* m *de pradera*
weids *magnífico; espléndido*
weifelaar *indeciso* m
weifelachtig *irresoluto*
weifelen *vacilar*
weifeling *vacilación* v
weigeraar *rebelde* m/v
weigeren I OV WW • niet toestaan *negar* [ie]; *rehusar* • niet willen doen *negarse* ⋆ ~ om iets te doen *negarse a hacer u.c.* • niet aannemen *rechazar; no aceptar* II ON WW het niet doen ⟨v. machine⟩ *no funcionar*; ⟨v. dier⟩ *no obedecer*
weigering *negativa* v
weiland *prado* m
weinig I BIJW • in geringe mate *poco* ⋆ hoe ~ ook *por poco que* [+ subj.] ⋆ hij is maar ~ ouder *solo es un poco mayor* ⋆ ~ zin hebben om *no tener muchas ganas de; tener pocas ganas de* • zelden *poco; raramente; apenas* ⋆ zij is ~ thuis *no está mucho en casa* II ONB VNW ⋆ ~ verdienen *ganar poco* ⋆ het ~e dat ik bezit *lo poco que tengo* • er is er een te ~ *falta uno* ⋆ ~ geld *poco dinero* III TELW *poco* ⋆ ~ mensen *poca gente; pocas personas* ⋆ slechts ~en weten ... *pocos saben ...; poca gente sabe ...*
wekdienst *servicio* m *despertador*
wekelijks *semanal*
weken *poner a/en remojo*
wekenlang *(durante) semanas y semanas*
wekken • wakker maken *despertar* [ie] ⋆ hoe laat wilt u gewekt worden? *¿a qué hora le despertamos/le llamamos?* • opwekken *suscitar; despertar* [ie] ⋆ argwaan ~ *suscitar/despertar sospechas* ⋆ de belangstelling ~ van *despertar/suscitar el interés de*
wekker *despertador* m ⋆ de ~ zetten *poner el despertador*
wekkerradio *radio* v *despertador*

wel I BIJW • goed *bien* ★ ik voel me niet wel *no me siento bien* ★ als ik het wel heb *si no me equivoco* • tegenover niet *sí* ★ sommigen wel, anderen niet *algunos sí, otros no* • tamelijk *bastante* ★ wel leuk *bastante divertido*; *la verdad es que;* (meestal onvertaald) • waarschijnlijk • ze zal wel ziek zijn *estará enferma* ★ het zal wel niet *probablemente no* • vragend • zou ze wel komen? *¿vendrá?* II TW *¡vaya!* III ZN [het] voorspoed *prosperidad* v ★ in wel en wee *en lo bueno y en lo malo* ★ het wel en wee *la suerte*

welbehagen *bienestar* m; *placer* m; *satisfacción* v

welbekend *muy conocido*

welbemind *estimado*

welbeschouwd *bien mirado; mirándolo bien*

welbespraakt *elocuente*

welbesteed *bien empleado; fructuoso*

welbevinden *bienestar* m

welbewust *deliberado*

weldaad • goede daad *beneficio* m • genot *placer* m

weldadig • heilzaam *beneficioso* • aangenaam *agradable; grato*

weldenkend *sensato*

weldoen *hacer bien* ▼ doe wel en zie niet om *cobra buena fama y échate a dormir*

weldoener *benefactor* m; *bienhechor* m

weldoordacht *bien razonado*

weldoorvoed *bien alimentado*

weldra *pronto; dentro de poco*

weledel ★ ~ heer *estimado señor don; Señor Don* ★ ~e mevrouw *estimada señora doña; Señora Doña*

weledelgeboren ★ ~ heer *Ilustrísimo Señor Don; Señor Don* ★ ~ mevrouw *Ilustrísima Señora Doña; Señora Doña*

weledelgeleerd ★ ~e heer *estimado señor don; Señor Don* ★ ~e mevrouw *Señora Doña; estimada señora doña*

weledelgestreng ★ ~e heer *estimado señor don; Señor Don* ★ ~e mevrouw *estimada señora doña; Señora Doña*

weledelzeergeleerd ★ ~e heer *estimado señor don; Señor Don* ★ ~e mevrouw *estimada señora doña; Señora Doña*

weleens *de vez en cuando*

weleer *antaño; en otros tiempos* ★ de tijden van ~ *los tiempos de antaño*

weleerwaard *reverendo (Rdo.)* ★ de ~e heer *el Reverendo Padre (Rdo.P.)*

welgemanierd *bien educado; cortés*

welgemeend *sincero; espontáneo*

welgemoed *de buen humor*

welgesteld *acomodado*

welgeteld *exactamente*

welgevallen I ZN [het] *placer* m; *satisfacción* v ★ naar ~ *como le plazca* II ONV WW ▼ zich laten ~ *aguantar; tragar*

welgevallig *agradable*

welgezind *favorable; bien dispuesto*

welig I BNW *abundante; exuberante* II BIJW ★ ~ tieren *abundar*

welingelicht *bien informado*

weliswaar *es verdad que; es cierto que; si bien*

welk I VR VNW ⟨zelfstandig gebruikt⟩ *¿cuál?;* ⟨bijvoeglijk⟩ *¿qué?* ★ welke vind je het leukst? *¿cuál te gusta más?* ★ welk boek vind je het leukst? *¿qué libro te gusta más?* II BETR VNW *que* ★ de stoel welke *la silla que* III ONB VNW ★ welk boek (dan) ook *cualquier libro* ★ welk boek je ook kiest *cualquier libro que elijas*

welkom I TW *bienvenido* ★ ~ in Madrid *bienvenido a Madrid* II BNW • gewenst *bienvenido; agradable* ★ iem. ~ heten *dar la bienvenida a u.p.* • gelegen komend *grato* III ZN [het] *bienvenida* v

welkomstwoord *palabras* v mv *de bienvenida*

wellen I OV WW • weken *poner a/en remojo* • lassen *soldar* [ue] II ON WW opborrelen *brotar*

welles *¡que sí!*

welletjes ▼ zo/nu is het ~ *basta (ya)*

wellevend *cortés; bien educado*

wellicht *acaso; a lo mejor; quizás; quizá*

welluidend *sonoro;* ⟨v. akkoord⟩ *armonioso*

wellust *deseo* m; ⟨negatief⟩ *lujuria* v

wellustig *voluptuoso*

welnee ⟨tegen man⟩ *¡no, hombre!;* ⟨tegen vrouw⟩ *¡no, mujer!*

welnemen ★ met uw ~ *con permiso*

welnu *pues bien*

welopgevoed *bien educado*

weloverwogen • opzettelijk *deliberado* • doordacht *deliberado; bien meditado*

welp • dier *cachorro* m • padvinder *niño* m *explorador*

welriekend *fragante; aromático*

welslagen *buen éxito* m

welsprekend *elocuente*

welsprekendheid *elocuencia* v

welstand • welvaart *prosperidad* v • gezondheid *buena salud* v

welstandsgrens *límite* m *de ingresos*

weltergewicht *peso* m *medio*

welterusten *buenas noches; qué duermas bien*

welteverstaan *bien entendido*

welvaart *prosperidad* v

welvaartsmaatschappij *sociedad* v *del bienestar*

welvaartspeil *nivel* m *de bienestar*

welvaartsstaat *estado* m *del bienestar*

welvaren *bienestar* m; *prosperidad* v

welvarend *próspero*

welven [zich ~] *arquearse*

welverdiend *merecido; bien merecido* ★ zijn ~e straf krijgen *llevar/recibir su merecido*

welverzorgd *esmerado*

welving *curva* v

welvoeglijk *correcto; bien educado*

welwillend *benévolo; benigno*

welzijn • welbevinden *bienestar* m • gezondheid *buena salud* v

welzijnssector *sector* m *del bienestar social*

welzijnswerk *(obra* v *de) asistencia social*

welzijnswerker *asistente* m/v *social*

welzijnszorg *servicios* m mv *públicos de asistencia social*

wemelen van *estar lleno*

wendbaar *manejable; maniobrable*

wenden I OV WW keren *volver* [ue]; *girar* ★ de steven ~ naar *virar la proa hacia* ★ het hoofd

~ naar *girar la cabeza hacia* **II** WKD WW [**zich ~**] **tot** *dirigirse a* ★ *zich met een verzoek tot iem. ~ dirigir una solicitud a u.p.* ★ *u kunt zich ~ tot X dirigase a X*
wending *cambio* m; *giro* m ★ *het gesprek een andere ~ geven cambiar de tema* ★ *een (andere) ~ nemen cambiar de rumbo; cambiar de aspecto* ★ *een ongunstige ~ nemen tomar un giro poco favorable*
Wenen *Viena* v
wenen *llorar*
wenk • *gebaar seña* v; *señal* v ★ *iem. een wenk geven hacer una señal a u.p.* • *aanwijzing consejo* m; *advertencia* v; *aviso* m ▼ *iem. op zijn wenken bedienen servir* [i] *incondicionalmente a u.p.*
wenkbrauw *ceja* v ★ *met zware ~en de cejas espesas* ★ *de ~en optrekken arquear las cejas*
wenkbrauwpotlood *lápiz* m *de cejas*
wenken *hacer señas; llamar; avisar*
wennen **I** OV WW *vertrouwd maken* (met) *acostumbrar* **II** ON WW *vertrouwd raken* (met) *acostumbrarse* ★ *aan het idee ~ hacerse a la idea*
wens • *verlangen deseo* m ★ *met de wens om deseoso de* ★ *alles gaat naar wens todo va bien* ★ *naar wens a gusto* ★ *een wens vervullen cumplir un deseo* ★ *uw wens is mijn gebod usted manda* • *gelukwens* ★ *met de beste wensen felicidades; enhorabuena*
wensdroom *ideal* m; *ilusión* v
wenselijk *deseable; conveniente*
wensen • *verlangen desear* ★ *wat wenst u? ¿qué desea?* ★ *zoals u wenst como quiera* ★ *veel te ~ overlaten dejar mucho que desear* • *toewensen desear* ★ *ik wens je veel geluk! ¡suerte!*
wenskaart *tarjeta* v
wentelen **I** OV WW *laten draaien hacer girar* ★ *zich ~ revolcarse* [ue] **II** ON WW *draaien rodar* [ue]*; girar*
wentelteefje *torrija* v
wenteltrap *escalera* v *de caracol*
wereld • *planeet aarde mundo* m • *samenleving, mensen* ★ *de derde ~ el Tercer Mundo* • → **wereldje** ▼ *ter ~ brengen dar a luz a* ▼ *ter ~ komen venir al mundo* ▼ *uit de ~ helpen poner término a* ▼ *niet van deze ~ fenomenal*
wereldatlas *mapamundi* m
Wereldbank *banco* m *mundial*
wereldbeeld *imagen* v *mundial; cosmovisión* v
wereldbeker *copa* v *del mundo*
wereldberoemd *de fama mundial*
wereldbeschouwing *concepto* m *del mundo*
wereldbevolking *población* v *mundial*
wereldbol *globo* m
wereldburger *cosmopolita* v
wereldcup *copa* v *del mundo*
werelddeel *continente* m
wereldeconomie *economía* v *mundial*
wereldgeschiedenis *historia* v *universal*
wereldje *mundillo* m ★ *zij leeft in een klein ~ vive en su propio mundo*
wereldkaart *mapamundi* m
wereldkampioen *campeón* m *mundial*

wereldkampioenschap *campeonato* m *del mundo*
wereldklok *reloj* m *del horario mundial*
wereldkundig ★ *~ maken divulgar*
wereldlijk *secular; profano* ★ *~e macht poder* m *secular*
wereldliteratuur *literatura* v *mundial*
wereldmacht *potencia* v *mundial*
wereldnaam *fama* v *mundial*
Wereld Natuur Fonds *Fondo* m *Mundial para la Defensa de la Naturaleza*
wereldnieuws *noticia* v *mundial*
Wereldomroep *emisiones* v mv *internacionales*
wereldontvanger *radio* v *de alcance mundial*
wereldoorlog *guerra* v *mundial* ★ *de Eerste/Tweede Wereldoorlog la Primera/Segunda Guerra Mundial*
wereldorganisatie *organización* v *mundial*
wereldpremière *estreno* m *mundial*
wereldranglijst *clasificación* v *mundial*
wereldrecord *récord* m *mundial*
wereldrecordhouder *poseedor* m *del récord mundial*
wereldreis *viaje* m *alrededor del mundo*
wereldreiziger *trotamundos* m/v
werelds • *aards terrenal; terrestre* • *mondain mundano*
wereldschokkend *sensacional; de repercusión mundial* ★ *het is niet echt ~ no es nada del otro mundo*
wereldstad *metrópoli* v
wereldtaal *lengua* v *universal*
wereldtentoonstelling *exposición* v *universal*
wereldtitel *título* m *mundial*
wereldverbeteraar *reformador* m *del mundo*
wereldvrede *paz* v *universal*
wereldvreemd *ajeno al mundo*
wereldwijd **I** BNW *mundial* **II** BIJW *mundialmente; en todo el mundo*
wereldwijs *con mucho mundo*
wereldwinkel *centro* m *con información y productos del Tercer Mundo*
wereldwonder *maravilla* v *del mundo* ★ *de zeven ~en las siete maravillas del mundo*
wereldzee *océano* m
weren **I** OV WW *weghouden no admitir; negar* [ie] *la entrada a* ★ *we kunnen hem niet ~ no podemos prohibirle la entrada* **II** WKD WW [**zich ~**] *defenderse de* [ie]
werf *astillero* m
werk • *arbeid trabajo* m ★ *aangenomen werk trabajo contratado* ★ *aan het werk gaan poner manos a la obra; ponerse a trabajar* ★ *aan het werk zetten poner a trabajar* ★ *alles in het werk stellen om hacer todo lo posible para* ★ *onder het werk durante el trabajo* • *baan trabajo* m; *empleo* m; *curro* m; INFORM. *curre* m ★ *naar zijn werk gaan ir al trabajo* ★ *zonder werk zitten estar sin trabajo; estar sin empleo* ★ *werk geven aan dar trabajo/empleo a* ★ *werk vinden encontrar* [ue] *trabajo* • *product obra* v ★ *het werk van Picasso la obra de Picasso* ★ *de verzamelde werken van X obras completas de X* • → **werkje** ▼ *voorzichtig te werk gaan proceder con precaución* ▼ *werk maken van iets*

ocuparse de u.c. ▼ werk maken van iem. *tratar de ligar a u.p.* ▼ er is werk aan de winkel *hay mucho que hacer*
werkbalk *barra* v *de herramientas*
werkbank *banco* m
werkbezoek *visita* v *de trabajo*
werkbij *abeja* v *obrera*
werkboek *libro* m *de trabajo*
werkbriefje *formulario* m *de control del paro*
werkcollege *clase* v *práctica*
werkcoupé *coche* m *de trabajo*
werkdag *día* m *de trabajo*; *día* m *laboral*; ⟨werktijd⟩ *jornada* v ★ achturige ~ *jornada* v *de ocho horas* ★ op ~en *en días laborales*
werkdruk *estrés* m *laboral*
werkelijk BNW • bestaand *real* • effectief *efectivo* II BIJW *realmente*; ⟨vaak onvertaald⟩ ★ ~ niet *en absoluto* ★ het is ~ niet te geloven *parece mentira*
werkelijkheid *realidad* v ★ in ~ *en realidad*
werkelijkheidszin *realismo* m
werkeloze • → **werkloze**
werken • werk doen *trabajar*; INFORM. *currar* • functioneren *funcionar* • uitwerking hebben *actuar* [ú] • vervormen *alabearse*; *viciarse* ▼ wie niet werkt, die zal niet eten *el que no trabaja, no come*
werkend • arbeidend *trabajador* • bewegend *activo*
werker *trabajador* m; *obrero* m ★ een harde ~ u.p. *muy trabajadora*
werkervaring *experiencia* v *laboral*
werkezel *esclavo* m *del trabajo*; *burro* m *de carga*
werkgeheugen *memoria* v *operativa*
werkgelegenheid *empleo* m ★ volledige ~ *pleno empleo* ★ ~ scheppen *crear trabajo*
werkgemeenschap *comunidad* v *de trabajo*
werkgemeente *municipio* m *donde trabaja una persona*
werkgever *patrono* m; *empresario* m
werkgeversbijdrage *cuota* v *patronal*
werkgeversorganisatie *organización* v *patronal*
werkgroep *comisión* v; ⟨op universiteit⟩ *seminario* m
werkhanden *manos* v mv *de trabajador*
werkhandschoen *guante* v *de trabajo*
werkhouding *actitud* v *laboral*
werking • het functioneren *funcionamiento* m ★ in ~ stellen *poner en funcionamiento* • uitwerking *efecto* m ★ in ~ treden *entrar en vigor*
werkje • klusje *trabajo* m; *curro* m; INFORM. *curre* m • dessin in textiel *motivo* m
werkkamer *despacho* m
werkkamp *campo* m *de trabajos forzados*
werkkapitaal *capital* m *circulante*; *capital* m *de trabajo*
werkkleding *ropa* v *de trabajo*
werkklimaat *clima* m *laboral*
werkkracht • werknemer *obrero* m ★ ~en *obreros*; *mano de obra* • arbeidsvermogen *capacidad* v *de trabajo*
werkkring *trabajo* m; ⟨collega's⟩ *compañeros* m mv *de trabajo*; ⟨collega's⟩ *colegas* m mv
werkloos • zonder baan *sin empleo*; *desocupado*; *parado*; *desempleado*; *sin trabajo* ★ ~ worden *quedar sin trabajo* ★ ~ zijn *estar sin trabajo* • inactief *inactivo*; *pasivo*
werkloosheid *desempleo* m; INFORM. *paro* m
werkloosheidscijfer *cifra* v *de desempleo*
werkloosheidsuitkering *prestación* v *por desempleo*
werkloosheidswet *ley* v *de desempleo*
werkloze *desempleado* m; INFORM. *parado* m
werklunch *almuerzo* m *de trabajo*
werklust *energía* v
werkmaatschappij *compañía* v *sucursal*
werkman *obrero* m
werknemer *obrero* m; *empleado* m
werknemersbijdrage ≈ *cotización* v *del empleado a la seguridad social*
werknemersorganisatie *organización* v *obrera*
werkomstandigheden *condiciones* v mv *laborales*
werkonderbreking *interrupción* v *laboral*; *paro* m *laboral*
werkoverleg *deliberación* v *sobre el trabajo*
werkplaats *taller* m
werkplan *plan* m *de trabajo*; *plan* m *de campaña*
werkplek *lugar* m *de trabajo*
werkschuw *vago*; *holgazán*
werksfeer *ambiente* m *laboral*
werkstaking *huelga* v *(laboral)*
werkster *asistenta* v
werkstudent *estudiante* m/v *que trabaja*
werkstuk • vervaardigd stuk werk *trabajo* m; *obra* v • scriptie *trabajo* m; ⟨om op af te studeren⟩ *tesina* v
werktafel ⟨werkbank⟩ *banco* m; ⟨werkbank⟩ *mesa* v *de trabajo*; ⟨bureau⟩ *escritorio* m
werktekening *dibujo* m *detallado*
werkterrein *campo* m *de trabajo*
werktijd ★ ~en *horario* m *(de trabajo)*
werktijdverkorting *reducción* v *de la jornada laboral*
werktuig *instrumento* m; *utensilio* m; *herramienta* v
werktuigbouwkunde *ingeniería* v *mecánica*
werktuigbouwkundig *mecánico*
werktuigkunde *mecánica* v
werktuigkundige *mecánico* m
werktuiglijk *mecánico*; *maquinal*
werkvergunning *permiso* m *de trabajo*
werkverschaffing *obras* v mv *públicas de alivio al paro* ★ dat is pure ~ *es un trabajo inútil*
werkvloer *lugar* m *de trabajo*
werkweek • deel van de week *semana* v *laboral* ★ een driedaagse ~ *una semana laboral de tres días* • werkkamp voor scholieren *semana* v *de trabajo* ★ de klas ging met ~ *el curso salió para la semana de trabajo*
werkwijze *método* m *de trabajo*; *manera* v *de trabajar*; *método* m
werkwillige *esquirol* m/v
werkwoord *verbo* m ★ overgankelijk ~ *verbo transitivo* ★ onovergankelijk ~ *verbo intransitivo* ★ wederkerend ~ *verbo reflexivo*; *reflexivo* ★ onpersoonlijk ~ *verbo impersonal*
werkwoordsvorm *forma* v *verbal*
werkzaam *activo* ★ ~ zijn als/in *trabajar de/en*

werkzaamheden • werk *actividades* v • verplichtingen ★ hij heeft ~ elders *tiene ocupaciones en otro sitio*
werkzoekende *demandante* m *de trabajo*
werpanker *anclote* m
werpen • gooien *tirar; echar; lanzar; arrojar* ★ op de grond ~ *derribar* • baren *parir*
werper *lanzador* m
werphengel *caña* v *de pescar*
wervel *vértebra* v; INFORM. *hueso* m
wervelen *girar; arremolinarse*
wervelend *efervescente* ★ een ~e show *un espectáculo trepidante*
wervelkolom *columna* v *vertebral*
wervelstorm *huracán* m; *ciclón* m
wervelwind *torbellino* m
werven • in dienst nemen *contratar* • trachten te winnen *alistar; reclutar* ★ stemmen ~ *ganar votos*
werving *reclutamiento* m
wesp *avispa* v
wespennest *avispero* m ▼ zich in een ~ steken *meterse en un lío*
wespentaille *talle* m *de avispa*
west I BNW *oeste* **II** ZN [de] *oeste* m
West-Duitsland *Alemania* v *occidental*
westelijk *occidental*
Westelijke Sahara *Sáhara* v *Occidental*
westen *oeste* m; ⟨politiek/cultureel⟩ *occidente* m ★ ten ~ van *al oeste de* ▼ buiten ~ raken *desmayarse* ▼ buiten ~ *desmayado* ▼ buiten ~ zijn *estar inconsciente*
westenwind *viento* m *del oeste*
westerbuur *vecino* m *del oeste*
westerlengte *longitud* v *oeste*
westerling *occidental* v
western *película* v *del oeste; western* m; *película* v *de indios;* INFORM. *película* v *de vaqueros*
westers *occidental*
westerstorm *tempestad* v *del oeste*
West-Europa *Europa* v *Occidental*
West-Europees *europeo occidental*
westkant *lado* m *oeste*
westkust *costa* v *oeste*
westwaarts *hacia el oeste*
wet • strikte regel *ley* v ★ bij de wet verboden *la ley lo prohíbe; prohibido por la ley* ★ in overeenstemming met de wet *de acuerdo con la ley; legalmente* ★ niet volgens de wet *en desacuerdo con la ley* ★ huwelijk voor de wet *casamiento civil* • wetmatigheid *ley* v ★ de wet van de zwaartekracht *la ley de la gravedad* ▼ iem. de wet voorschrijven *dictar la ley a u.p.*
wetboek *código* m ★ burgerlijk ~ *Código Civil* ★ ~ van strafrecht *código penal*
weten I OV WW • kennis/besef hebben van *saber* ★ niet ~ *ignorar* ★ alles ~ *saberlo todo* ★ te ~... *a saber...* ★ iets te ~ komen *enterarse de algo* ★ te ~ komen *enterarse (de)* ★ voor zover ik weet *que yo sepa* ★ laten ~ *dar a conocer; comunicar; avisar* ★ dat weet ik ook wel *lo sé perfectamente* ★ het is maar dat je het weet *para que lo sepas* ★ wie weet of ... *vaya a saber si ...* • ~ **te** *saber; poder* [ue]; *conseguir* [i] • ~ **van** *tener conocimiento de*
★ iets ~ van computers *tener conocimiento de ordinadores* ▼ wat niet weet, wat niet deert *ojos que no ven, corazón que no siente* ▼ weet je wat? *¿sabes u.c.?; oye* ▼ weet ik veel! *¡qué sé yo!; ¡yo qué sé!* **II** ZN [het] ★ buiten mijn ~ *sin yo saberlo* ★ buiten ~ van *sin que lo sepa* ★ tegen beter ~ in *a pesar de todo*
wetens • → **willens**
wetenschap • het weten *conocimiento* m ★ in de ~ dat *a sabiendas de que* • kennis en onderzoek van werkelijkheid *ciencia* v
wetenschappelijk *científico*
wetenschapper *científico* m
wetenschapsfilosofie *epistemología* v
wetenschapswinkel *centro* m *de información científica*
wetenswaardig *interesante*
wetenswaardigheid *detalle* m *interesante; curiosidad* v
wetering *acequia* v; *canal* m
wetgevend *legislativo*
wetgever *legislador* m
wetgeving *legislación* v
wethouder *concejal* m/v; *concejala* v
wetmatig *sistemático; regular*
wetmatigheid *regularidad* v; *lógica* v; *orden* m/v
wetsartikel *artículo* m
wetsbepaling *disposición* v *legal*
wetsbesluit *decreto-ley* m
wetsherziening *reforma* v *de la ley*
wetsontwerp *proyecto* m *de ley*
wetsovertreding *infracción* v *de la ley*
wetsvoorstel *proposición* v *de ley*
wetswinkel *centro* m *de asesoramiento jurídico gratuito*
wettekst *texto* m *de la ley*
wettelijk • volgens de wet *legítimo* ★ ~e aansprakelijkheid *responsabilidad civil* ★ het ~ erfdeel *la legítima* • wetgevend *legal*
wetten *afilar*
wettig *legítimo; legal*
wettigen • wettig maken *legalizar* • rechtvaardigen *justificar*
WEU *UEO* v; *Unión* v *Europea Occidental*
weven *tejer*
wever *tejedor* m
weverij *fábrica* v *de tejidos; tejeduría* v
wezel *comadreja* v
wezen I ZN [het] • schepsel *ser* m; *criatura* v • essentie *esencia* v; ⟨aard⟩ *naturaleza* v ★ in ~ *en realidad* ★ het behoort tot het ~ van de mens *es propio del ser humano* **II** ON WW *ser* ★ wie zou dat ~? *¿quién sería?; ¿quién puede ser?* ★ bij wie moet u ~? *¿a quién busca usted?* ★ hij is ~ zwemmen *ha ido a nadar*
wezenlijk *esencial*
wezenloos *inexpresivo*
whiplash *traumatismo* m *cervical*
whisky *whisky* m; *güisqui* m
wichelroede *varilla* v *mágica; vara* v *divinatoria*
wicht • meisje *tía* v ★ wat een dom ~ *qué tía más tonta* • kind *criatura* v
wie I VR VNW *¿quién?* ★ wie van beiden? *¿cuál de los dos?* **II** BETR VNW *quien; el que* [m mv: *los que*] [v: *la que*] [v mv: *las que*] **III** ONB VNW

wiebelen–wijsheid

★ wie (dan) ook *cualquiera*; *cualquier persona*; *sea quien sea* ★ wie er ook komt *cualquier persona que venga*
wiebelen • schommelen *balancearse*; *menearse* • onvast staan *vacilar*; *moverse* [ue]
wieden *escardar* ★ onkruid ~ *quitar/arrancar las malas hierbas*
wiedes ▾ nogal ~! *¡claro (que sí/no)!*
wiedeweerga ▾ als de ~ *pitando*
wieg *cuna* v ▾ in de wieg gelegd voor *nacido para*
wiegelied *canción* v *de cuna*; *nana* v
wiegen I OV WW schommelen *mecer* ★ in slaap ~ *mecer*; *acunar* II ON WW deinen *mecerse*; *balancearse* ★ met zijn heupen ~ *contonearse*
wiek • vleugel *ala* v • molenwiek *aspa* v ▾ hij is in zijn wiek geschoten *está ofendido* ▾ op eigen wieken drijven *ser independiente*
wiel *rueda* v ▾ iem. in de wielen rijden *contrariar a alguien*
wieldop *tapacubos* m
wieldruk *presión* v *de aire*
wielerbaan *velódromo* m
wielerkoers *carrera* v *ciclista*
wielerploeg *equipo* m *de ciclistas*
wielersport *ciclismo* m
wielewaal *oriol* m; *oropéndola* v
wielklem *cepo* m; ⟨voor fiets⟩ *gancho* m
wielophanging *suspensión* v *de ruedas*
wielrennen *ciclismo* m
wielrenner *ciclista* m/v
wielrijder *ciclista* m/v
wier *alga* v
wierook *incienso* m
wiet *hierba* v
wig *cuña* v ▾ een wig drijven tussen twee mensen *meter/sembrar cizaña entre dos personas*
wigwam *wigwam* m
wij *nosotros* m mv [v mv: *nosotras*] [meestal onvertaald] ★ we gaan eten *vamos a comer* ★ wij willen ... *nosotros queremos ...* ★ wij Nederlanders zijn ... *los neerlandeses somos ...*
wijd *ancho*; *amplio* ★ wijde broek *pantalones anchos* ★ deze hoed is te wijd (voor mij) *este sombrero me viene ancho* ▾ wijd en zijd *en/por todas partes* ▾ de wijde wereld intrekken *ir a correr mundo*
wijdbeens *despatarrado*
wijden • inzegenen *consagrar*; ⟨v. priester⟩ *ordenar* ★ zich tot priester laten ~ *ordenarse*; *recibir las órdenes sagradas* • ~ **aan** *dedicar a* ★ zich ~ aan *dedicarse a*
wijdlopig *circunstanciado*; *prolijo*
wijdte *anchura* v
wijdverbreid *difundido*; *generalizado*
wijdvertakt *muy extenso*
wijf *mujer* v; *tía* v ★ lelijk wijf *bruja* ★ een oud wijfje *una vieja*
wijfje *hembra* v
wijk *barrio* m; *zona* v ▾ de wijk nemen naar *huir a*; *escaparse a*
wijkagent *agente* m/v *de barrio*
wijkcentrum *centro* m *cultural de barrio*
wijken *ceder* ★ ~ voor *ceder a/ante*
wijkgebouw *casa* v *del barrio*

448

wijkkrant *periódico* m *de barrio*
wijkplaats *refugio* m
wijkraad *consejo* m *asesor de barrio*
wijkvereniging *asociación* v *de vecinos*
wijkverpleegkundige *enfermero* m *de barrio*
wijkverpleegster *enfermera* v *de barrio*
wijkverpleging *asistencia* v *sanitaria a domicilio*
wijkwinkel *tienda* v *de barrio*
wijlen ★ ~ X *X que en paz descanse*
wijn • CUL. *vino* m ★ rode wijn *vino tinto* ★ witte wijn *vino blanco* ★ droge wijn *vino seco* ★ zoete wijn *vino dulce* ★ wijn drinken *tomar vino* ★ een glas wijn drinken *tomar un vino* • → **wijntje** ▾ goede wijn behoeft geen krans *el buen paño en el arca se vende* ▾ klare wijn schenken *decir* [i] *la verdad*
wijnazijn *vinagre* m *de vino*
wijnbes *frambueso* m
wijnboer *viñador* m; *viticultor* m
wijnbouw *viticultura* v
wijnbouwer *viticultor* m
wijnfeest *fiesta* v *de la vendimia*
wijnfles *botella* v *de vino*
wijngaard *viña* v
wijnglas *copa* v
wijnhandel • winkel *bodega* v; *vinatería* v • bedrijfstak *comercio* m *de vinos*
wijnhuis *casa* v *de vinos*
wijnjaar *año* m *de cosecha de un vino* ★ 1966 was een goed ~ *1966 fue un año de buena cosecha*
wijnkaart *carta* v *de vinos*
wijnkelder *bodega* v
wijnkenner *conocedor* m *de vinos*; *catador* m *de vino*
wijnkoeler *cubo* m *de hielo*
wijnoogst *vendimia* v
wijnpers *prensa* v *de uvas*
wijnproeverij *degustación* v *de vinos*
wijnrank *parra* v
wijnrek *botellero* m
wijnrood *de color de vino*
wijnstok *vid* v
wijnstreek *región* v *vinícola*
wijntje ▾ hij houdt van ~ en trijntje *le gustan el vino y las mujeres*
wijnvat *cuba* v *de vino*; *tonel* m *de vino*
wijnvlek • vlek door wijn *mancha* v *de vino* • huidvlek *lunar* m; *antojo* m
wijs I BNW • verstandig *sensato*; *razonable* • wetend *sabio* ▾ ik kan er niet uit wijs worden *no lo entiendo*; *no puedo descifrarlo*; *no tiene pies ni cabeza* II ZN [de] • melodie *melodía* v ★ op de wijs van *con la melodía de* • manier *manera* v • TAALK. *modo* m ★ aantonende wijs *(modo* m*) indicativo* ★ aanvoegende wijs *(modo* m*) subjuntivo* ★ gebiedende wijs *imperativo* ★ onbepaalde wijs *infinitivo* m ★ voorwaardelijke wijs *condicional* m ▾ van de wijs raken *confundirse*; *desconcertarse*
wijsbegeerte *filosofía* v
wijselijk *prudentemente*
wijsgeer *filósofo* m
wijsgerig *filosófico*
wijsheid *sabiduría* v ▾ zij denkt dat ze de ~ in

pacht heeft *se cree muy sabia*
wijsmaken *hacer creer; engañar* ★ iem. iets ~ *tomarle el pelo a alguien* ▼ maak dat een ander maar wijs! *ino me vengas con cuentos!*
wijsneus *pedante* v; *sabelotodo* m/v
wijsvinger *índice* m
wijten *atribuir; imputar* ★ dat is te ~ aan *se debe a* ★ dat heb je aan jezelf te ~ *la culpa la tienes tú* ★ dat is aan haar te ~ *ella tiene la culpa*
wijting *pescadilla* v
wijwater *agua* v *bendita*
wijze • manier *forma* v; *manera* v; *modo* m ★ ~ van betaling *modo de pago* ★ op deze ~ *de esta manera* ★ op geen enkele ~ *de ningún modo*; *de ninguna manera* ★ men kan het op geen enkele ~ verhinderen *no hay manera de impedirlo* • persoon *sabio* m ★ de Wijzen uit het Oosten *los Reyes Magos* ▼ bij ~ van *como*; *a manera de*; *a modo de* ▼ bij ~ van spreken *como quien dice*; *por así decirlo*
wijzen I ov ww • aanduiden *indicar; enseñar*; *mostrar* [ue] ★ iem. de deur ~ *echar a u.p.* • attenderen *advertir* [ie, i] • uitspreken ★ een vonnis ~ *dictar una sentencia* II ON WW • aanwijzen *indicar*; *señalar* • doen vermoeden *indicar*; *sugerir* [ie, i]; *suponer*
wijzer *aguja* v; *minutera* v; *minutero* m; ⟨v. klok⟩ *manecilla* v; ⟨v. klok⟩ *aguja* v ★ ⟨grote/kleine wijzer⟩ kleine ~ *aguja* v *pequeña* ★ grote ~ *aguja* v *grande*
wijzerplaat *esfera* v
wijzigen *cambiar*; *modificar*
wijziging *cambio* m; *modificación* v ★ een ~ ondergaan *sufrir una modificación*; *sufrir un cambio* ★ een ~ aanbrengen in *cambiar*; *modificar*
wikkel *envoltura* v
wikkelen *envolver* [ue]
wikkelrok *falda* v *cruzada*
wikken ★ na lang ~ en wegen *después de mucha deliberación* ★ zijn woorden ~ *pesar las palabras*
wil *voluntad* v ★ vrije wil *libre albedrío* ★ ik kon het met de beste wil van de wereld niet doen *me fue imposible* ★ naar zijn wil *a su antojo/voluntad*; tegen mijn wil *contra mi voluntad*; *a pesar mío* ★ tegen wil en dank *de mala gana*; *sin quererlo* ★ uit vrije wil *voluntariamente* ★ van goede wil *de buena voluntad* ★ zijn goede wil tonen *mostrar* [ue] *su buena voluntad/disposición* ★ laatste wil *última voluntad* ★ iem. ter wille zijn *ayudar a u.p.* ▼ er is voor elk wat wils *hay para todos los gustos* ▼ waar een wil is, is een weg *querer es poder*; *a buena voluntad nunca falta facultad*
wild I ZN [het] • natuurstaat ★ in het wild *en estado salvaje* • dieren *caza* v ★ groot wild *caza mayor* ★ klein wild *caza menor* II BNW • ongetemd ⟨v. mens⟩ *salvaje*; ⟨v. dier⟩ *salvaje* ★ een wilde stam *una tribu salvaje* ★ wilde stieren *toros bravos* ★ wilde kat *gato montés* ★ wild zwijn *jabalí* m • ongecultiveerd ⟨v. planten⟩ *silvestre*; ⟨v. terrein⟩ *salvaje* ★ een wild stukje grond *un terreno salvaje* • onbeheerst *salvaje*; *furioso* • dol, uitbundig *loco* ★ een wild meisje *una tía muy loca*; *una tía muy marchosa* ★ ik ben wild op ... *me encanta(n)* ... ★ wild worden *enfurecerse*; *embravecerse* ★ wild maken *enfurecer* ★ wilde taferelen *escenas turbulentas* ▼ wild vlees *carnosidad* ▼ wilde staking *huelga espontánea*
wildbaan *coto* m
wildbraad *caza* v
wilde *salvaje* v; ⟨barbaar⟩ *bárbaro* m
wildebras *niño* m *turbulento*
wildernis • wilde natuur *zona* v *salvaje*; ⟨oerwoud⟩ *selva* v • FIG. woestenij *desierto* m
wildgroei *crecimiento* m *salvaje*
wildpark *reserva* v *salvaje*
wildplassen *orinar en la vía pública*
wildreservaat *parque* m *nacional*
wildstand *población* v *de animales salvajes*
wildvreemd *totalmente desconocido*
wildwaterbaan *recorrido* m *en aguas bravas*
wildwaterkanoën *hacer piragüismo en aguas bravas*
wildwatervaren *practicar el piragüismo en aguas bravas*
wildwestfilm *película* v *del oeste*
wilg *sauce* m
wilgenkatje *amento* m *de sauce*; *candelilla* v *de sauce*
Wilhelmus OMSCHR. *himno* m *nacional de Holanda*
willekeur *capricho* m; *arbitrariedad* v ★ naar ~ *arbitrariamente*
willekeurig • naar willekeur *arbitrario* • onverschillig welk *cualquier*; *cualquiera* ★ een ~ boek *cualquier libro*; *un libro cualquiera*
willen I ov ww • wensen *querer* [ie]; FORM. *desear* ★ zonder het te ~ *sin querer* ★ wat wil je nog meer! *iqué más quieres!* ★ ik zou haar graag ~ zien *me gustaría verla* ★ dat wil er bij mij niet in *no lo comprendo* ★ ik zou graag ~ *quisiera* ★ ik wil het doen *estoy decidido a hacerlo*; *lo haré* ★ ik wilde u iets zeggen *voy a decirle u.c.*; *permítame que le diga u.c.* ★ ik wil toch eens zien of ... *voy a ver si* ... ★ ik wil liever *prefiero* • bereid zijn *querer* [ie] ★ of ze wil of niet *quiera o no quiera* ★ wilt u even wachten? *haga el favor de esperar un momento* • lukken ★ het wil niet *no sale* • beweren *decir* [i] ★ dat wil men beweren *no dice nada* ★ het gerucht wil dat *corre el rumor de que* ★ dat wil zeggen *quiere decir*; *significa* II HWW ▼ dat wil er bij mij niet in *eso no me cabe en la cabeza*
willens ★ ~ en wetens *a sabiendas*; *intencionadamente*; *deliberadamente*; *a propósito*
willig • bereid *de buena voluntad* • volgzaam *dócil*
willoos *sin voluntad*
wilsbeschikking *voluntad* v ★ uiterste ~ *última voluntad*
wilsgebrek *falta* v *de voluntad*
wilskracht *fuerza* v *de voluntad*
wilsuiting *manifestación* v *de la voluntad*
wimpel *gallardete*; *flámula* v
wimper *pestaña* v
wind • luchtstroom *viento* m; *vendaval* m

★ harde/krachtige wind *ventarrón* m ★ tegen de wind in *a contraviento*; *contra el viento* ★ tegen de wind varen *ir a orza*; *orzar* ★ voor de wind zeilen *navegar viento en popa* ★ de wind mee hebben *ir viento en popa* ★ de wind tegen hebben *tener viento en cara* ★ wind tegen *viento en contra* ★ er staat een felle wind *hace mucho aire*; *hace mucho viento* • scheet *pedo* m; *cuesco* m ★ een wind laten *echar/soltar un pedo* ▼ met alle winden meedraaien *bailar a cualquier son* ▼ iemands raad in de wind slaan *despreciar los consejos de u.p.* ▼ een raad in de wind slaan *desatender* [ie] *un consejo* ▼ weten uit welke hoek de wind waait *oler* [ue] *el poste* ▼ wie wind zaait, zal storm oogsten *quien siembra vientos, recoge tempestades* ▼ zoals de wind waait, waait zijn jasje *baila al son que tocan*; *es un veleta* ▼ van de wind kan men niet leven *no se puede vivir del aire*
windbestuiving *anemofilia* v
windbuil *fanfarrón* m
windbuks *escopeta* v *de viento*
windei ▼ dat zal hem geen ~eren leggen *con eso va a hacer su agosto*
winden *enrollar*
windenergie *energía* v *eólica*
winderig • met veel wind *ventoso* ★ het is ~ *hace viento* • winden latend *flatulento*
windhandel *agiotaje* m
windhoek *lado* m *del viento*
windhond *lebrel* m; *galgo* m
windhoos *tornado* m
windjack *anorak* m
windkracht *fuerza* v *del viento*
windmolen *molino* m *de viento*
windrichting *dirección* v *del viento*
windroos *rosa* v *de los vientos*
windscherm *biombo* m
windsnelheid *velocidad* v *del viento*
windstil *sin viento*; *en calma* ★ het is ~ *no hace viento*
windstilte *calma* v
windstoot *ráfaga* v
windstreek *dirección* v
windsurfen *hacer windsurf*
windtunnel *túnel* m *aerodinámico*; *túnel* m *de pruebas aerodinámicas*
windvaan *veleta* v
windvlaag *ráfaga* v
windwijzer *veleta* v
windzak *manga* v *de viento*
wingebied *zona* v *de extracción*
wingerd *vid* v; ⟨als sierplant⟩ *parra* v
wingewest *tierra* v *conquistada*; *colonia* v
winkel *tienda* v
winkelbediende *dependiente* m [v: *dependienta*]; *empleado* m
winkelbedrijf *empresa* v *que explota tiendas*
winkelcentrum *centro* m *comercial*
winkeldief *ladrón* m [v: *ladrona*]; *ratero* m
winkeldiefstal *hurto* m *en los comercios*
winkelen *hacer la compra*; *ir de compras* ★ aan het ~ zijn *estar de compras*
winkelgalerij *galería* v *comercial*; *pasaje* m *comercial*

winkelhaak • scheur *siete* m • gereedschap *escuadra* v
winkelier *comerciante* m/v; *tendero* m
winkeljuffrouw *dependienta* v; *empleada* v
winkelkarretje *carrito* m *de las compras*
winkelketen *cadena* v *comercial*
winkelpersoneel *personal* m *comercial*
winkelprijs *precio* m *de tienda*
winkelpromenade *paseo* m *comercial*
winkelsluitingswet *ley* v *de cierre de los comercios*
winkelstraat *calle* v *comercial*
winkelwaarde *valor* m *comercial*; *precio* m *de venta*
winkelwagen • rijdende winkel *tienda* v *ambulante* • boodschappenwagentje *carrito* m *de la compra*; *carro* m
winnaar *ganador* m ★ winnares *ganadora* v
winnen • zegevieren *ganar* ★ zich gewonnen geven *darse por vencido* ★ ~ met 3-2 *ganar con 3 a 2* • behalen *ganar* ★ een prijs ~ *ganar un precio* • verwerven *ganar*; *obtener* [ie]; ⟨v. ertsen⟩ *extraer* ★ zout ~ *producir sal* ★ leden ~ *conseguir* [i] *miembros* ★ land ~ *ganar tierra* ★ stemmen ~ *ganar votos* ★ tijd ~ *ganar tiempo* • vorderen *ganar* ★ aanzien ~ *ganar en importancia* ▼ iem. voor zich ~ *ganarse la simpatía de alguien*
winning *extracción* v; *producción* v
winst *ganancias* v mv; *beneficios* m mv; *provecho* m; FORM. *lucro* m ★ ~ opleveren *ser lucrativo* ★ ~ maken *obtener* [ie] *beneficios/ganancias*
winstaandeel *dividendo* m
winstbejag ★ uit ~ *con fines lucrativos*
winstbewijs *cupón* m *de dividendo*
winstdaling *descenso* m *de las ganancias*
winstdeling *participación* v *en los beneficios*
winstderving *privación* v *de ganancias*
winst-en-verliesrekening *cuenta* v *de pérdidas y beneficios*
winstgevend *lucrativo*
winstmarge *margen* m *de beneficio/ganancia*
winstoogmerk *fines* m mv *lucrativos* ★ zonder ~ *sin fines lucrativos*; *sin ánimo de lucro*
winstpunt *punto* m *ganado*
winststijging *aumento* m *de las ganancias*
winstuitkering *participación* v *en los beneficios*
winter *invierno* m ★ 's ~s *en invierno*
winteravond *noche* v *de invierno*
wintercollectie *colección* v *de invierno*
winterdag *día* m *invernal*
winterdijk *dique* m *de invierno*
winteren ★ het wintert *ha entrado el invierno*
wintergast *ave* m *de invierno*
wintergroente *verdura* v *de invierno*
winterhanden *sabañones* m mv *en las manos*
winterhard *resistente al frío*
winterjas *abrigo* m *de invierno*
winterkleding *ropa* v *de invierno*
winterkoninkje *troglodita* m/v
winterlandschap *paisaje* m *de invierno*
wintermaand *mes* m *de invierno*
winterpeen *zanahoria* v
winters *invernal*
winterslaap *hibernación* v ★ een ~ houden

hibernar
winterspelen • Olympische Winterspelen *juegos* m mv *olímpicos de invierno*
wintersport *deporte* m *de invierno*; ⟨vakantie⟩ *vacaciones* v mv *de invierno* ★ op ~ gaan *ir a esquiar*
wintersportcentrum *centro* m *para el deporte de invierno*
wintersportvakantie *vacaciones* v mv *de deporte de invierno*
wintertenen *sabañones* m mv
wintertijd • periode *temporada* v *de invierno* • tijdrekening *hora* v *de invierno*
wintervoeten *sabañones* m mv
winterwortel *zanahoria* v *larga*
wip • speeltuig *balancín* m; *subibaja* m • INFORM. vrijpartij *polvo* m ★ een wip maken *echar un polvo*; *follar* ▼ in een wip *en un abrir y cerrar de ojos*; *en un santiamén* ▼ op de wip zitten *estar con un pie en el aire*
wipkip *caballito* m *balancín*
wipneus *nariz* v *respingada*
wippen I OV WW ontslaan, afzetten *echar la zancadilla a* II ON WW • met sprongetjes bewegen *dar un saltito*; *dar saltitos* • spelen op de wip *jugar* [ue] *en el balancín* • vrijen *follar*
wipstaart *aguzanieves* m
wipstoel *mecedora* v
wipwap *balancín* m
wirwar *laberinto* m; *confusión* v
wis ▼ wis en waarachtig *seguro que sí*
wisent *uro* m
wishful thinking *ilusiones* v mv
wiskunde *matemáticas* v mv
wiskundeknobbel *talento* m *para las matemáticas*
wiskundeleraar *profesor* m *de matemática*
wiskundig *matemático*
wispelturig *caprichoso*
wissel • spoorwissel *aguja* v • ECON. *letra* v *de cambio* ▼ een ~ trekken op de toekomst *hipotecar el porvenir*
wisselautomaat *máquina* v *para cambiar monedas*
wisselbad *baño* m *caliente y frío*
wisselbeker *copa* v *de turno*
wisselbouw *roturación* v *de cultivos*
wisselen • veranderen *cambiar*; *variar* [í] • uitwisselen *intercambiar* ★ brieven ~ met *mantener una correspondencia con*; *cartearse con* ★ tanden ~ *cambiar los dientes* • geld ruilen *cambiar* ★ kun je ~? ¿*tienes suelto/cambio?* ▼ van gedachten ~ *cambiar impresiones*
wisselgeld *cambio* m; *suelto* m
wisselgesprek *llamada* v *en espera*
wisseling *cambio* m
wisselkantoor *oficina* v *de cambio*
wisselkoers *cambio* m; *tipo* m *de cambio*
wissellijst *marco* m *cambiable*
wisselmarkt *mercado* m *de divisas*
wisselslag *cuatro* m mv *estilos*
wisselspeler *remplazante* m/v
wisselstroom *corriente* v *alterna*
wisseltruc *truco* m *de cambio*

wisselvallig *inestable*
wisselwerking *interacción* v; *influencia* v *mutua*
wisselwoning *vivienda* v *sustituta*
wissen *borrar*
wisser *borrador* m
wissewasje *bagatela* v
wit I BNW niet zwart *blanco* II ZN [het] kleur *blanco* m ★ in het wit gekleed *vestido de blanco*
witboek *libro* m *blanco*
witbrood *pan* m *blanco*
witgoud *platina* v; *oro* m *blanco*
witheet • witgloeiend *al rojo vivo* • FIG. woedend *enfurecido*; *encolerizado*
witjes *pálido*
witkalk *cal* v
witlof *endibia* v
Wit-Rusland *Bielorrusia* v
witsel *cal* v
witteboordencriminaliteit *delincuencia* v *de cuello blanco*
wittebrood *pan* m *francés*
wittebroodsweken *luna* v *de miel*
witten *encalar*; *enjalbegar*
witvis *pez* m *blanca*
witwassen *blanquear*
WK *campeonato* m *mundial*
WO *enseñanza* v *universitaria*
wodka *vodka* m
woede *rabia* v; *furia* v; *cólera* v ★ in ~ ontsteken *encolerizarse* ★ van ~ *de rabia* ★ buiten zichzelf van ~ *furioso* ★ blind van ~ zijn *cegarse* [ie] *de ira* ★ zijn ~ koelen op *desahogar su furia en*
woedeaanval *ataque* m *de cólera*
woeden *azotar* ★ er woedt een brand in dat huis *un fuego está devorando la casa*
woedend *furioso* ★ ~ maken *poner furioso*; *enfurecer*; *exasperar* ★ ~ worden *enfurecerse*; INFORM. *cabrearse*
woede-uitbarsting *explosión* v *de cólera*
woef *iguau!*
woekeraar *usurero* m
woekeren • woeker drijven *prestar con usura* • wild groeien *proliferar*; *multiplicarse* • ~ met *sacar todo el provecho posible de*; *aprovechar*
woekering *proliferación* v
woekerprijs *precio* m *abusivo*
woekerrente *usura* v
woelen • onrustig bewegen *dar vueltas*; *revolverse* [ue] • wroeten *escarbar*
woelig *turbulento*
woensdag *miércoles* m ★ 's ~s *el miércoles*; *los miércoles*
woensdagavond *miércoles* m *tarde*
woensdagmiddag *miércoles* m *por la tarde*
woensdagmorgen, woensdagochtend *miércoles* m *por la mañana*
woensdagnacht *miércoles* m *noche*
woerd *pato* m
woest • woedend *furioso* ★ ~ worden *ponerse furioso*; INFORM. *cabrearse* ★ ~ maken *exasperar* • wild *salvaje* • ongecultiveerd *salvaje*; *baldío*

woesteling *bruto* m; *energúmeno* m
woestenij *páramo* m
woestijn *desierto* m
woestijnklimaat *clima* m *desértico*
woestijnrat *jerbo* m
woestijnwind *viento* m *del desierto*
wok ≈ *cazuela* v
wol *lana* v ▾ door de wol geverfd *muy experimentado* ▾ onder de wol kruipen *acostarse* [ue]
wolf *lobo* m
wolfraam *volframio* m
wolfshond *perro* m *lobo*
wolfskers *belladona* v
wolfsklauw *licopodio* m
wolk *nube* v ★ met wolken bedekt *nublado* ▾ in de wolken zijn *estar en sus glorias*
wolkbreuk *lluvia torrencial; chubasco* m
wolkeloos *despejado*
wolkendek *capa* v *de nubes*
wolkenhemel *cielo* m *nublado*
wolkenkrabber *rascacielos* m
wolkenlucht *cielo* m *nublado*
wolkenveld *frente* m *nuboso*
wollen *de lana*
wollig • als/van wol *lanudo; lanoso; de lana* • FIG. vaag *vago; confuso; obscuro*
wolvin *loba* v
wond *herida* v ★ een gapende wond *una herida abierta*
wonder I ZN [het] • iets buitengewoons *maravilla* v; *prodigio* m; *milagro* m ★ dat is geen ~ *no es de extrañar; es lógico* ★ een ~ van techniek *una maravilla técnica* • REL. mirakel *milagro* m II BNW *maravilloso* ▾ de ~e wereld van ... *el mundo maravilloso/asombroso de ...*
wonderbaarlijk *milagroso*
wonderdokter *curandero* m
wonderkind *niño* m *prodigio* [v: *niña prodigio*]
wonderlamp *lámpara* v *mágica*
wonderland *país* m *de las maravillas*
wonderlijk • wonderbaar *milagroso* • merkwaardig *asombroso*
wondermiddel *panacea* v
wonderolie *aceite* m *ricino*
wonderschoon *hermosísimo*
wonderwel *maravillosamente*
wondkoorts *fiebre* v *traumática*
wondzalf *crema* v *antiséptica*
wonen *vivir*; FORM. *habitar* ★ buiten ~ *viver en el campo*
woning *vivienda* v; *casa* v
woningbouw *construcción* v *de viviendas*
woningbouwvereniging *asociación* v *para la construcción de viviendas*
woningcorporatie *cooperación* v *de la construcción de casas*
woninginrichting *decoración* v *interior*
woningnood *falta* v *de viviendas*
woningruil *permuta* v *de viviendas*
woningwet *ley* m *de la vivienda*
woningzoekende *demandante* m *de una vivienda*
woonachtig *residente de*; *con domicilio en*
woonblok *bloque* m *de viviendas*
woonboot *barco* m *vivienda*

wooneenheid • appartement *unidad* v *habitacional (no independiente)* • geheel van woningen en winkels *unidad* v *de viviendas*
woonerf *zona* v *residencial con limitaciones para la circulación*
woongemeenschap *comunidad* v *de habitantes*
woongemeente *municipio* m *de residencia*
woongroep *grupo* m *que vive en comunidad*
woonhuis *casa* v *particular*; *vivienda* v
woonkamer *cuarto* m *de estar*; *salón* m
woonkazerne *colmena* v
woonkern *núcleo* m *residencial*
woonkeuken *cocina* v *comedor*
woonlaag *piso* m
woonlasten *gastos* m mv *de vivienda*
woonplaats *residencia* v; *domicilio* m
woonruimte *habitación* v
woonvergunning *permiso* m *de vivienda*
woonvorm *forma* v *de vida*
woonwagen *caravana* v
woonwagenbewoner *habitante* m/v *de caravana*
woonwagenkamp *campamento* m *de caravanas*
woon-werkverkeer *traslado* m *laboral diario*
woonwijk *barrio* m *residencial*
woord • taaleenheid *palabra* v ★ vies ~ *palabra sucia* ★ mooie ~en *palabras vanas; palabrería* ★ ~ voor ~ *palabra por palabra; al pie de la letra* ★ met andere ~en *es decir; o sea* ★ zonder een ~ te zeggen *sin decir nada; callado* ★ geen ~ durven zeggen *no atreverse a hablar* ★ in één ~ *total, que; en una palabra* • erewoord *palabra* v ★ op mijn ~ (van eer) *palabra de honor; bajo mi palabra* ★ op zijn ~ geloven *creer a pies juntillas* ★ zijn ~ breken *faltar a su palabra; no cumplir* ★ zijn ~ houden *cumplir* • het spreken ★ niet aan het ~ komen *no poder* [ue] *hablar* ★ iem. niet aan het ~ laten komen *no dejar hablar a u.p.* ★ het ~ vragen *pedir* [i] *la palabra* ★ iem. het ~ geven *ceder la palabra a u.p.* ★ het ~ nemen *tomar la palabra* ★ het ~ voeren *tener / llevar la palabra*; *hablar* ★ iem. te ~ staan *atender* [ie] *a alguien*; *hablar con alguien* ★ moeilijk uit zijn ~en komen *no encontrar palabras* ★ in zijn ~en blijven steken *no encontrar* [ue] *palabras* ★ een man van weinig ~en *un hombre de pocas palabras* ▾ het Woord Gods *la Palabra de Dios* ▾ gevleugeld ~ *proverbio* m; *aforismo* m ▾ iets in ~en vatten *expresar con palabras u.c.* ▾ zonder er veel ~en aan vuil te maken *sin gastar muchas palabras; sin perder el tiempo* ▾ geen ~en maar daden *obras son amores que no buenas razones* ▾ het hoogste ~ hebben *llevar la voz cantante* ▾ je haalt me de ~en uit de mond *me lo quitas de la boca* ▾ zijn ~en op een goudschaaltje wegen *medir* [i] *sus palabras*
woordbeeld *representación* v *de la palabra*
woordblind *disléxico*
woordbreuk *incumplimiento* m
woordelijk *literal*
woordenboek *diccionario* m
woordenlijst *vocabulario* m
woordenschat *vocabulario* m; *léxico* m

woordenstrijd discusión m; disputa v
woordenvloed, woordenstroom caudal m de palabras; effluvio m verbal
woordenwisseling disputa v; altercado m
woordgebruik uso m verbal
woordgroep grupo m de palabras; sintagma m
woordkeus lenguaje m
woordsoort parte v de la oración
woordspeling juego m de palabras
woordvoerder portavoz m/v
woordvolgorde orden m de sucesión de las palabras
worden I HWW ser ★ hij werd tot directeur benoemd fue nombrado director; le nombraron director ★ het voorstel werd verworpen la moción quedó rechazada ★ er wordt gezegd dat se dice que; dicen que **II** KWW volverse [ue]; convertirse (ie,i) en; ponerse; volverse; hacerse; llegar a ser ★ ziek ~ ponerse enfermo ★ hij wil advocaat ~ quiere ser abogado ★ vervelend ~ ponerse pesado ★ gek ~ volverse loco ★ blind ~ quedarse ciego ★ het wordt zomer llega el verano ★ wat is er van haar ge~? ¿qué ha sido de ella? ★ het wordt laat se hace tarde ★ hij werd bang le entró miedo
wording nacimiento m; gestación v; formación v ★ in ~ naciente; en gestación; en desarrollo
wordingsgeschiedenis formación v
workaholic trabajador m obsesivo
workshop taller m
worm • pier lombriz v • made gusano m
wormstekig (v. fruit) agusanado; (v. hout) carcomido
wormvirus gusano m de correo electrónico
worp • gooi tiro m • nest jongen camada v
worst salchicha v; (koud) embutido m
worstelaar luchador m
worstelen I ON WW SPORT luchar **II** ZN [het] SPORT lucha v
worsteling lucha v
worstenbroodje bocadillo m con salchicha
wortel • plantenorgaan raíz v ★ ~ schieten arraigar; echar raíces; arraigarse ★ met ~ en al uittrekken desarraigar; arrancar de raíz • groente zanahoria v • tandwortel raíz v; (v. kies) raigón m • oorsprong raíz v ★ de ~ van het kwaad la raíz del mal • WISK. raíz v cuadrada; raíz v ★ de ~ van 100 is 10 la raíz (cuadrada) de 100 es 10 ★ de ~ trekken uit extraer la raíz de
wortelen • wortel schieten echar raíces • oorsprong vinden radicar en
wortelkanaal canal m radicular
wortelteken símbolo m de la raíz cuadrada
worteltrekken extraer la raíz ★ het ~ extracción v de raíces
woud bosque m; (tropisch) selva v
woudloper cazador m
woudreus árbol m gigante
wouw milano m
wouwaapje avetoro m enano
wow iguau!
wraak venganza v ★ ~ nemen (op) vengarse (de/en) ★ uit ~ para vengarse
wraakactie represalias v mv

wraakgevoel sentimiento m de venganza
wraakgodin diosa v de la venganza; furia v
wraaklust sed v de venganza
wraakneming venganza v
wraakoefening venganza v
wraakzuchtig vengativo
wrak I ZN [het] • resten (v. auto) restos m mv de un coche; (v. schip) restos m mv de un buque naufragado • persoon ruina v ★ hij is een wrak está hecho polvo; es una ruina **II** BNW ruinoso; caduco; desvencijado
wraken recusar
wrakhout pecio m; restos m mv de un buque naufragado
wrakkig destartalado; descoyuntado
wrakstuk restos m mv
wrang • zuur agrio • bitter amargo; desagradable
wrat verruga v
wrattenzwijn facoquero m
wreed cruel
wreedaard verdugo m
wreedheid I ZN [de] [gmv] crueldad v **II** ZN [de] [mv: -heden] atrocidad v ★ wreedheden begaan cometer atrocidades
wreef empeine m
wreken I OV WW vengar **II** WKD WW [zich ~] ★ zich ~ op vengarse de
wreker vengador m
wrevel irritación v
wrevelig irritado
wriemelen • peuteren manosear ★ ~ aan manosear; sobar • krioelen hormiguear
wrijfpaal estregadero m
wrijven frotar; restregar [ie] ★ zich in de handen ~ frotarse las manos; restregarse las manos
wrijving • het wrijven fricción v • onenigheid irritación v; fricciones v mv
wrikken sacudir
wringen I OV WW draaiend persen torcer [ue] **II** ON WW knellen apretar [ie]; torcer
wringer secador m a rodillos
wroeging remordimiento m
wroeten • graven hurgar; escarbar • snuffelen hurgar en; escarbar en
wrok rencor m; resentimiento m ★ wrok tegen iem. koesteren guardar rencor a u.p.
wrokkig rencoroso
wrong moño m
wrongel cuajada v; requesón m
wuft frívolo
wuiven • heen en weer bewegen agitar • groeten saludar
wulp zarapito m
wulps voluptuoso
wurgen estrangular
wurggreep llave v de estrangulamiento
wurgslang boa v constrictor
wurm • worm gusano m • kind criatura v
wurmen torcer [ue]
WW ≈ ley v de desempleo ★ in de WW zitten estar en el paro
www www m
wysiwyg WYSIWYG

x *x* v ⋆ de x van Xantippe *la x de Xiquena*
xantippe *arpía* v; *bruja* v
x-as *eje* m *de las x*
X-benen *piernas* v *torcidas* ⋆ met ~ *zambo; patizambo*
X-chromosoom *cromosoma* m *X*
xenofobie *xenofobia* v
xenofoob *xenófobo*
XL *XL*
x-stralen *rayos* m mv *equis*
xtc *XTC* m
xylofoon *xilófono* m

y *y* v ⋆ de y van Ypsilon *la y de yegua*
yahtzee *yahtzee* m
yahtzeeën *jugar [ue] yahtzee*
yang *yang* m
yankee *yanqui* m
y-as *eje* m *de las y; ordenada* v
Y-chromosoom *cromosoma* m *Y*
yell *grito* m *(distintivo); alarido* m
yen *yen* m
yin *yin* m
yoga *yoga* m
yoghurt *yogur* m
yogi *yogui* m
ypsilon *i* v *griega*
yucca *yuca* v
yuppie *yuppie* m

Z

z z v ★ de z van Zacharias *la z de Zaragoza*
zaad • kiem *semilla* v; *germen* m • sperma *esperma* v; *semen* m ▼ op zwart zaad zitten *no tener blanca*
zaadbal *testículo* m
zaadbank *banco* m *de semen*
zaadcel *espermatozoide* m; *espermatozoo* m
zaaddodend *espermaticida*
zaaddonor *donante* m *de esperma*
zaaddoos *cápsula* v
zaadlob *cotiledón* m
zaadlozing *eyaculación* v
zaag • gereedschap *sierra* v • Z-N zeur *pesado* m; *pelmazo* m
zaagblad *hoja* v *de sierra*
zaagmachine *sierra* v *mecánica*
zaagmolen *serrería* v
zaagsel *serrín* m; *serraduras* v mv
zaagsnede *corte* m *de sierra*
zaagvis *priste* m
zaaibak *estufa* v
zaaibed *semillero* m
zaaien *sembrar* [ie]
zaaier *sembrador* m
zaaigoed *semillas* v mv
zaaimachine *sembradora* v
zaak • ding *cosa* v • aangelegenheid *asunto* m; *caso* m ★ moeilijke zaak *caso delicado* ★ gewichtige zaak *asunto de importancia* ★ dat is uw zaak *allá usted* ★ dat is mijn zaak niet *no es asunto de mi incumbencia* ★ de zaak is deze *lo que pasa es esto* ★ zoals de zaken nu staan *en estas circunstancias* ★ zeker van zijn zaak zijn *ir seguro*; *estar en lo firme* ★ dat is een andere zaak *es cosa diferente* ★ ter zake! *¡al grano!*; *¡vamos al asunto!* ★ dat doet niets ter zake *no viene al caso* ★ ter zake komen *ir al caso*; *ir al grano*; *entrar en materia* • handel *negocio* m; bedrijf ★ een zaak opzetten *poner un negocio* • winkel *comercio* m; *tienda* v • rechtszaak *causa* v ★ de zaak Thomas versus De Haan *el caso Thomas contra De Haan* ▼ gemene zaak met iem. maken *hacer causa común con u.p.*; *unirse con u.p.* ▼ het is niet veel zaaks *no es gran cosa* ▼ het is zaak dat *hay que*; *es preciso que*
zaakgelastigde *mandatario* m
zaakje • obscure kwestie *asunto* m *poco claro* • mannelijk geslachtsdeel *cosas* v mv
zaakwaarnemer *encargado* m *de negocios*; *gestor* m *de negocios*
zaal *sala* v
zaalsport *deporte* m *a cubierto*
zaalvoetbal *fútbol-sala* m
zaalwachter *vigilante* v
zacht I BNW • week *blando*; *suave* ★ ~e eieren *huevos blandos* ★ ~ brood *pan tierno* • niet ruw *suave* • niet luid *bajo* ★ ~ gefluister *susurro sumiso* • ⟨v. kleur, licht⟩ niet fel *suave*; *tenue* • gematigd ⟨v. weer⟩ *templado* ★ ~e straf *castigo ligero* ★ op een ~ vuurtje *a fuego lento* ★ ~e wind *viento tibio* ★ ~e helling *cuesta ligera* • zachtmoedig *tierno* ▼ een halve ~e *un Juan Lanas* II BIJW • niet ruw/hevig *ligeramente*; *suavemente* ★ ~er optreden *bajar la mano* ★ ~ aanvoelen *ser blando al tacto* ★ ~ aanraken *tocar ligeramente* • week ★ ~er maken *ablandar* • niet luid *bajo* ★ ~ praten *hablar bajo* ★ ~er praten *bajar la voz*; *hablar en voz más baja* ★ ~ lachen *reír bajito* • niet snel *despacio* ★ ~jes! *¡despacito!* • gematigd ★ het weer wordt ~er *el tiempo se pone más templado* ▼ op zijn ~st gezegd *por no decir más*
zachtaardig *bondadoso*; *tierno*; *dulce*; *manso*
zachtgroen *verde claro*
zachtheid *suavidad* v
zachtjes • → **zacht**
zachtmoedig *manso*; *apacible*
zachtzinnig *bondadoso*; *dulce*; *tierno*; *manso*
zadel • zitting van rijtuig ⟨v. fiets⟩ *sillín* m; *silla* v • zitting van rijder ⟨v. fiets⟩ *sillín* m; *silla* v ★ zonder ~ rijden *montar en pelo* ★ iem. in het ~ helpen *ayudar a u.p. a montar a caballo*; *enchufar a u.p.* ★ het ~ van een paard afnemen *desensillar el caballo* ▼ vast in het ~ zitten *estar firme en su puesto* ▼ iem. uit het ~ lichten *expulsar a u.p.*
zadeldek *cobertura* v *de la silla*
zadelen *ensillar*
zadelpijn *dolor* m *en el trasero por montar a caballo/ir en bicicleta*
zagen I OV WW het zaag maken *serrar* [ie] II ON WW Z-N zeuren *dar la lata / tabarra / murga*
zager *serrador* m
zagerij *serrería* v; *aserradero* m
Zaïre *Zaire* m
zak • verpakking *saco* m; *bolsa* v; ⟨puntzak van papier⟩ *cucurucho* m ★ in een zak stoppen *ensacar* • bergplek in kleding *bolsillo* m ★ op zak hebben *llevar consigo* ★ diep in zijn zak tasten *alargar la bolsa*; *aflojar la mosca* • balzak *bolsa* v • MIN. persoon *cabrón* m; *gilipollas* m/v ▼ het kan me geen zak schelen *me importa tres cojones* ▼ iem. in zijn zak hebben *tener a u.p. en el bolsillo u.p.*
zakagenda *agenda* v *de bolsillo*
zakboekje *carnet* m; *librito* m *de notas*
zakcentje *dinero* m *de bolsillo*
zakdoek *pañuelo* m
zakelijk • ter zake zijnd *objetivo* ★ ~ zijn *tener sentido práctico*; *ser objetivo/práctico* • bondig *conciso* • commercieel *comercial*; *de negocios*
zakelijkheid *objetividad* v; *sentido* m *práctico*
zakenadres *dirección* v *comercial*
zakenbespreking *reunión* v *de negocios*
zakencentrum *centro* m *de negocios*
zakendiner *cena* v *de negocios*
zakendoen *hacer negocios*
zakenleven *mundo* m *de los negocios*
zakenlunch *almuerzo* m *de negocios*
zakenman *hombre* m *de negocios*
zakenreis *viaje* m *de negocios*
zakenrelatie *relación* v *comercial*
zakenvrouw *mujer* v *de negocios*
zakenwereld *mundo* m *de los negocios*
zakformaat *tamaño* m *de bolsillo*
zakgeld *dinero* m *para gastos personales*

zakken • dalen *bajar*; *descender* [ie] • lager/minder worden *bajar*; *disminuir* ★ de barometer zakt *baja el barómetro* ★ de moed laten ~ *perder* [ie] *el ánimo* • niet slagen *ser suspendido*; *ser cateado* ★ iem. laten ~ voor een examen *suspender a u.p.*
zakkenrollen *robar carteras*
zakkenroller *ratero* m; *carterista* m/v ★ pas op voor ~s! *¡cuidado con los rateros!*
zakkenvuller *sacacuartos* m
zaklamp *linterna* v
zaklantaarn *linterna* v *de bolsillo*
zaklopen *hacer una carrera de sacos*
zakmes *navaja* v
zalf *ungüento* m
zalig • heerlijk *delicioso* ★ o ~e kindertijd *¡dichosa infancia!* • REL. gelukzalig *bienaventurado*; *beato* ★ ~ maken *salvar* ★ ~ worden *ganar el cielo*
zaliger *que en paz descanse* ★ mijn oom ~ *mi tío que en paz descanse*
zaligheid • hoogste geluk *felicidad* v; REL. *beatitud* v; REL. *salvación* v ★ de eeuwige ~ genieten *gozar de Dios* ★ de eeuwige ~ *la gloria/salvación eterna* ★ de eeuwige ~ verwerven *ganar el cielo* • iets heerlijks *delicia* v
zaligmakend *beatífico*
zaligverklaring *beatificación* v
zalm *salmón* m
zalmforel *trucha* v *asalmonada*
zalmkleurig *de color salmón*; *salmonado*
zalmsalade *ensalada* v *de salmón*
zalven • met zalf bestrijken *untar* • wijden *ungir*
zalvend *lleno de unción*
Zambia *Zambia* v
zand *arena* v ★ los zand *arena movediza* ▼ zand erover! *¡borrón y cuenta nueva!* ▼ iem. zand in de ogen strooien *embaucar a u.p.* ★ in het zand bijten *morder* [ue] *el polvo*
zandafgraving *excavación* v *de arena*
zandbak *cajón* m *de arena*
zandbank *banco* m *de arena*
zandbodem *suelo* m *arenoso*
zanderig *arenoso*
zandgebak *polvorón* m
zandgeel *de color arena*
zandgrond *suelo* m *arenoso* ★ (gebied) ~en *terreno* m *arenoso*
zandkasteel *castillo* m *de arena*
zandkleurig *color arena*
zandkoekje *polvorón* m
zandloper *reloj* m *de arena*
zandpad *sendero* m *de arena*
zandplaat *bajío* m
zandsteen *arenisca* v; *gres* m
zandstorm *tempestad* v *de arena*
zandstralen *limpiar a chorro de arena*
zandstrand *playa* v *de arena*
zandverstuiving *arenal* m
zandvlakte *arenal* m
zandweg *camino* m *arenoso*
zandzak *saco* m *para arena*
zang *canto* m
zangbundel *libro* m *de canto*

zanger *cantante* m/v; ⟨v. flamenco⟩ *cantaor* m
zangerig *melodioso*; *cantarín*
zangkoor *coro* m; ⟨zonder begeleiding⟩ *orfeón* m
zangles *clase* v *de canto*
zanglijster *tordo* m
zangstem *voz* v *musical*
zangvereniging *orfeón* m
zangvogel *pájaro* m *cantor*
zanik *machacón* m; *chinche* m/v; *pelmazo* m
zaniken *importunar*; *machacar*; *chinchar* ★ hij zanikt voortdurend *importuna sin ceso*
zappen *zapear*
zat I BNW • verzadigd *harto* ★ beu *harto* ★ ik ben het zat *estoy harto* • dronken *borracho* II BIJW in overvloed *de sobra*; *en abundancia* ★ hij heeft geld zat *tiene dinero de sobra* ★ er is tijd zat *hay tiempo suficiente*
zaterdag *sábado* m ★ 's ~s *los sábados*
zaterdagavond *sábado* m *tarde*
zaterdagmiddag *sábado* m *por la tarde*
zaterdagmorgen, zaterdagochtend *sábado* m *por la mañana*
zaterdagnacht *sábado* m *noche*
zaterdags *los sábados*
zatlap *borracho* m
ze • onderwerp ⟨enkelvoud⟩ *ella*; ⟨mannelijk meervoud⟩ *ellos*; ⟨vrouwelijk meervoud⟩ *ellas* • onbepaald voornaamwoord ★ ze zeggen *se dice*; *dicen* • lijdend voorwerp ⟨enkelvoud⟩ *la*; ⟨mannelijk meervoud⟩ *los*; ⟨vrouwelijk meervoud⟩ *las*; ⟨meervoud, bij personen⟩ *les*
zebra *cebra* v
zebrapad *paso* m *de cebra*
zede • zedelijk gedrag *moral* v ★ een vrouw van lichte zeden *una prostituta* ★ strijdig met de goede zeden *contrario a las buenas costumbres*; *una ofensa a la moral* • gewoonte *costumbre* v; *uso* m ★ zeden en gewoonten *usos y costumbres*
zedelijk *moral*
zedelijkheid *moralidad* v
zedeloos *inmoral*
zedendelict *delito* m *contra la honestidad*
zedendelinquent *delincuente* m *de delitos contra la honestidad*
zedenleer *ética* v; *moral* v
zedenmeester *moralista* m/v
zedenmisdrijf *delito* m *contra la moral*; *delito* m *sexual*
zedenpolitie *brigada* v *contra el vicio*
zedenpreek *sermón* m *moralista*; *sermón* m *moralista*
zedenwet *ley* v *moral*
zedig *pudoroso*; *casto*
zee • zoutwatermassa *mar* m/v ★ zware zee *la mar gruesa* ★ stormachtige zee *la mar picada* ★ aan zee *en la costa*; *a orillas del mar* ★ in open/volle zee *en alta mar* • grote hoeveelheid *mar* m/v; *derroche* m; *torrente* m ★ een zee van tranen *un mar de lágrimas* ★ een zee van licht *un torrente de luz* ▼ zee kiezen *hacerse a la mar*; *zarpar* ▼ met iem. in zee gaan *entablar relaciones con u.p.*
zeeaal *anguila* v *de mar*
zeeanemoon *actinia* v; *anémone* v *de mar*

zeearend *águila* v *pescadora*
zeearm *brazo* m *de mar*
zeebaars *róbalo* m
zeebanket *pescado* m; *marisco* m
zeebeving *maremoto* m
zeebodem *fondo* m *del mar*
zeebonk *lobo* m *de mar*
zeeduivel *rape* m
zee-egel *erizo* m *marino*
zee-engte *estrecho* m *de mar*
zeef ⟨voor huishoudelijk gebruik⟩ *colador* m; ⟨plat⟩ *criba* v; ⟨fijn⟩ *tamiz* m
zeefdruk *serigrafía* v
zeegang *oleaje* m; ⟨hevig⟩ *marejada* v
zeegat ★ het ~ uitgaan *hacerse a la mar*
zeegevecht *combate* m *naval*
zeegezicht • uitzicht *vista* v *al mar* • schilderij *marina* v
zeegras *hierba* v *de mar*
zeegroen *verde mar*
zeehaven *puerto* m *marítimo*
zeehond *foca* v
zeehoofd *muelle* m
zeekaart *carta* v *marina*
zeeklimaat *clima* m *marítimo*
zeekoe *manatí* m; *vaca* v *marina*
zeekreeft *bogavante* v; *langosta* v *(de mar)*
zeeleeuw *león* m *marino*
zeelucht *aire* m *de mar*
zeem I ZN [de] *gamuza* v **II** ZN [het] *piel* v *de gamuza*
zeemacht *fuerzas* v mv *navales*
zeeman *marinero* m; *marino* m ★ zeelieden *marinos* m mv; *marineros* m mv
zeemeermin *sirena* v
zeemeeuw *gaviota* v
zeemijl *milla* v *marina*
zeemlap *gamuza* v
zeemleer *piel* v *de gamuza*
zeemleren *de piel de gamuza*
zeemogendheid *potencia* v *marítima*
zeen *nervio* m; *tendón* m
zeeniveau *nivel* m *del mar*
zeeolifant *elefante* m *marino*
zeeoorlog *guerra* v *marítima*
zeep *jabón* m ★ groene zeep *jabón blando* ★ stuk zeep *pastilla de jabón* ▾ om zeep gaan *irse a pique*; *estirar la pata* ▾ iem. om zeep helpen *dejar seco a u.p.*
zeepaardje *caballito* m *de mar*; *hipocampo* m
zeepbakje *jabonera* v
zeepbel *pompa* v *de jabón*
zeepdoos *jabonera* v
zeepkist *carrito* m *hecho por los niños para jugar*
zeeppoeder *jabón* m *en polvo*
zeepsop *jabonadura* v
zeer I BIJW ⟨met bijvoeglijk naamwoord en bijwoord⟩ *muy*; ⟨met werkwoord⟩ *mucho* ★ zeer groot *muy grande* ★ zeer verbaasd *muy asombrado* ★ we verheugen ons zeer op jouw komst *nos alegramos mucho de tu llegada* ★ hij heeft zeer veel voor ons gedaan *ha hecho muchísimo para nosotros* **II** BNW *doloroso*; *dolorido* ★ zere vinger *dedo dolorido* ★ zeer doen *doler* [ue]; *hacer daño* **III** ZN [het] pijn *dolor* m; *mal* m; *daño* m
zeeramp *catástrofe* v *marítima*
zeerecht *derecho* m *marítimo*
zeereis *viaje* m *por mar*
zeerob • dier *foca* v • persoon *lobo* m *de mar*
zeerover *pirata* m/v; GESCH. *corsario* m
zeerst ★ ten ~e *sumamente*; *enormemente*; *profundamente*
zeeschip *barco* m *de alta mar*
zeeschuimer *pirata* m/v; GESCH. *corsario* m
zeeslag *batalla* v *naval*
zeeslang *hidra* v
zeesleper *barco* m *remolcador*
zeespiegel *nivel* m *del mar*
zeester *estrellamar* v
zeestraat *estrecho* m
zeestroming *corriente* v *marina*
zeevaarder *navegante* m
zeevaart *navegación* v
zeevaartschool *escuela* v *de náutica*
zeevarend *navegante*
zeeverkenner *scout* m *del mar*
zeevis *pez* m *de mar*; ⟨voor consumptie⟩ *pescado* m *de mar*
zeevisserij *pesca* v *marítima*; ⟨kustvisserij⟩ *pesca* v *de bajura*; ⟨diepzeevissen⟩ *pesca* v *de altura*
zeevruchten *marisco* m; *pescado* m
zeewaardig *navegable* ★ ~ maken *poner en condiciones de navegar*
zeewaarts *hacia el mar*; *mar adentro*
zeewater *agua* v *de mar*
zeeweg *vía* v *marítima*; *ruta* v *marina* ★ de ~ naar Indië *la ruta marina de las Indias*
zeewering *dique* m *marítimo*
zeewezen *marina* v
zeewier *alga* v
zeewind *viento* m *del mar*
zeezeilen *navegar a vela*
zeeziek *mareado* ★ ~ worden *marearse* ★ bent u ~? *¿se marea?* ★ ~ maken *marear*
zeeziekte *mareo* m
zeezout *sal* v *marina*
zege *victoria* v ▾ de zege behalen *llevarse la palma*
zegekrans *corona* v *triunfal*
zegel I ZN [de] plakzegel *sello* m; ⟨postzegel⟩ *timbre* m; ⟨spaarzegel⟩ *cupón* m **II** ZN [het] zegelafdruk *sello* m
zegelring *anillo* m *de sello*
zegen • REL. *bendición* v ★ de ~ geven *echar la bendición* ★ tot ~ van *a beneficio de* • weldaad *bienestar* m
zegenen *bendecir* [i] ★ gezegend *bendito*
zegening *bendición* v
zegenrijk *beneficioso*
zegepalm *palma* v *de la victoria*
zegepraal *triunfo* m
zegeteken *trofeo* m
zegetocht *marcha* v *triunfal*
zegevieren *triunfar*
zeggen I OV WW • meedelen *decir* [i] ★ onder ons gezegd *hablando entre nosotros*; *dicho sea en confianza* ★ naar men zegt *según se dice* ★ zoals gezegd: ik blijf hier! *lo dicho: aquí me quedo* ★ zoals gezegd *queda dicho* ★ bij zichzelf ~ *decir para sí* ★ hij was om het zo

maar te ~ geen held *no fue ningún héroe, que digamos* ✱ om zo te ~ *por decirlo así* ✱ wat zei u? *¿cómo decía usted?* ✱ zeg dat wel! *idesde luego!* ✱ heb ik het niet gezegd! *¡ya lo decía yo!*; *¡lo que te digo!* ✱ mag ik ook iets ~?; *¿digo algo?* ✱ hij zegt het zomaar *dice por decirlo* ✱ men kan niet anders ~ dan dat ... *hay que decir que ...* ✱ wie zal het ~? *¿quién lo dirá?* ✱ wat ik ~ wilde ... *lo que iba a decir ...* ✱ zal ik je eens wat ~? *¿sabes u.c.?* ✱ hoe zal ik het ~?; *¿cómo lo voy a decir?* ✱ u kunt ~ wat u wilt *diga usted lo que quiera* ✱ dat liet hij zich geen twee keer ~ *no se lo hizo repetir* ✱ wat men ook zegt *por más que se diga* • beduiden *decir* [i]; *significar* ✱ dat wil ~ *es decir*; *quiere decir* ✱ wat wilt u daarmee ~? *haga el favor de explicarse*; *¿qué significa eso?* ✱ daarmee is niet gezegd dat ... *eso no implica que* [+ subj.] • oordelen *decir* [i]; *opinar* ✱ wat zegt u van ...? *¿qué opina usted de ...?* ✱ wat zegt u daarvan? *¿qué le parece?* • aanmerken ✱ daar valt niets tegen te ~ *no hay nada que objetar* • bevelen *decir* [i] ✱ houdt u dat voor gezegd! *idése por advertido!*; *iténgaselo por dicho!* ✱ u zegt het maar *usted dirá* ▼ zeg (eens) *oye*; *díme* ▼ ~ en doen is twee *del dicho al hecho hay gran trecho* ▼ zo gezegd, zo gedaan *dicho y hecho* ‖ ZN [het] bevel ✱ wie heeft het hier voor het ~, u of ik? *aquí ¿quién manda, usted o yo?*

zeggenschap *poder* m *de decisión*
zeggingskracht *expresividad* v
zegje ▼ zijn ~ zeggen/doen *decir* [i] *lo que se tiene que decir*; *decir lo que hay que decir*
zegsman *portavoz* m/v; *informador* m
zegswijze *frase* v *hecha*; *locución* v; *giro* m; *dicho* m
zeiken • plassen *mear* • zeuren *pegar la paliza* ✱ zeik niet zo! *icorta el rollo!*
zeikerd, zeikstraal *criticón* m; *plasta* m/v
zeiknat *chopado*; *empapado*; *hecho una sopa*
zeil ‖ ZN [het] [mv: +en] *vela* v ✱ met volle zeilen *a toda vela* ✱ onder zeil gaan *hacerse a la vela* ✱ de zeilen hijsen *izar las velas*; ✱ de zeilen strijken *arriar (i) las velas*; *amainar las velas* ▼ onder zeil gaan *dormirse* ‖ ZN [het] [gmv] • dekzeil *lona* v • vloerbedekking *linóleo* m
zeilboot *barco* m *de vela*; *velero* m
zeildoek *lona* v; ⟨v. zitting⟩ *hule* m
zeilen *navegar a vela* ✱ aan de wind ~ *navegar de bolina* ✱ voor de wind ~ *navegar con el viento en popa* ✱ door de lucht ~ *surcar el aire*
zeiler *practicante* m *de vela*
zeiljacht *yate* m *de vela*
zeilkamp *campamento* m *de vela*
zeilplank *tabla* v *a vela*
zeilschip *barco* m *de vela*; *velero* m
zeilschool *escuela* v *de vela*
zeilsport *vela* v; *deporte* m *de vela*
zeilvliegen *volar con ala delta*
zeilwagen *tabla* v *para hacer windsurf con ruedas*
zeilwedstrijd *regata* v
zeis *guadaña* v
zeker ‖ BNW • veilig *seguro* • vaststaand *cierto*; *seguro* ✱ zoveel is ~ dat *lo cierto es que* ✱ dat is lang niet ~ *está por ver* • overtuigd *seguro* ✱ er ~ van zijn dat *estar seguro/cierto de que* ✱ met ~e pas *con paso firme* ✱ ~ van zijn overwinning *seguro de su triunfo* ✱ ik ben er ~ van *estoy seguro de ello*; *lo tengo seguro* ▼ zo ~ als twee maal twee vier is *tan cierto como dos y dos son cuatro* ▼ het ~e voor het on~e nemen *actuar sobre seguro* ‖ BIJW stellig *por cierto*; sin duda; *seguramente* ▼ wel sí, *por cierto* ✱ iets niet ~ weten *no saber u.c. a punto fijo* ✱ ~ weten *saber a ciencia cierta* ✱ hij komt ~ *vendrá seguro* ▼ ik weet het ~ *estoy en lo seguro* ‖‖ ONB VNW niet nader genoemd *cierto* ✱ tot op ~e hoogte *hasta cierto punto* ✱ een ~e De Vries *un tal De Vries*
zekeren *asegurar*; ⟨bergsport⟩ *amarrar*
zekerheid • het zeker zijn *certeza* v • veiligheid *seguridad* v ✱ voor alle ~ *para mayor seguridad*; *por si acaso* ✱ de sociale ~ *la seguridad social* • waarborg *garantía* v
zekerheidshalve *para mayor seguridad*
zekering *fusible* m
zelden *muy pocas veces*; *raras veces* ✱ niet ~ *con cierta frecuencia* ✱ ~ of nooit *casi nunca*
zeldzaam ‖ BNW • schaars *raro*; *escaso* ✱ ~ zijn *ser raro* ✱ buitengewoon ~ zijn *ser de una extraordinaria rareza* ✱ in zeldzame gevallen *en contados casos* • uitzonderlijk *extraordinario* • vreemd *extraño*; *raro* ‖ BIJW uitzonderlijk *excepcionalmente*; *extraordinariamente*
zeldzaamheid I ZN [de] [gmv] *escasez* v ‖ ZN [de] [mv: -heden] *rareza* v; *curiosidad* v
zelf *mismo* [m mv: *mismos*] [v: *misma*] [v mv: *mismas*] *propio* [m mv: *propios*] [v: *propia*] [v mv: *propias*] *en sí* ✱ mijn eigen zelf *mi propio yo* ✱ de schrijver zelf *el autor mismo*; *el propio autor* ✱ de brief zelf *la carta en sí* ✱ hij is de slechtheid zelve *es la maldad en carne y hueso* ✱ hij is de goedheid zelve *es la bondad en persona* ✱ zelf komen *venir uno mismo* ✱ iets zelf willen zien *querer* [ie] *ver u.c. uno mismo/personalmente*
zelfanalyse *autoanálisis* m
zelfbediening *autoservicio* m
zelfbedrog *engaño* m *de sí mismo*; *autoengaño* m
zelfbeeld *imagen* v *de sí mismo*
zelfbeheersing *autodominio* m; *dominio* m *de sí mismo*
zelfbehoud *autoconservación* v
zelfbeklag *autocompasión* v
zelfbeschikking *autodeterminación* v
zelfbeschikkingsrecht *derecho* m *a la autodeterminación*
zelfbestuiving *autopolinización* v
zelfbestuur *autonomía* v
zelfbevrediging *masturbación* v
zelfbewust • bewust van zichzelf *consciente de sí mismo* • zelfverzekerd *seguro de sí mismo*
zelfbewustzijn *conciencia* v *de uno mismo*; *autoconcienciación* v
zelfde *mismo*; *igual*; *idéntico* ✱ een ~ reactie zien we *una reacción igual la vemos* ✱ dat komt op het~ neer *da lo mismo* ✱ het is mij het~ *a mí me da lo mismo* ✱ dat is de~

zelfdiscipline *autodisciplina* v
zelfdoding *suicidio* m
zelfgekozen *escogido por uno mismo*
zelfgenoegzaam *autosuficiente*
zelfhulp *autoayuda* v
zelfhulpgroep *grupo* m *de autoayuda*
zelfingenomen *creído; pagado de sí mismo*
zelfkant • buitenkant van stof *orilla* v
• dubieus grensgebied *margen* m/v ★ leven aan de ~ van de samenleving *vivir marginado*
zelfkastijding *maceración* v
zelfkennis *conocimiento* m *de sí mismo*
zelfklevend *autoadhesivo*
zelfkritiek *autocrítica* v
zelfmedelijden *autocompasión* v
zelfmoord *suicidio* m
zelfmoordenaar *suicida* m/v
zelfmoordneiging *tendencia* v *suicida*
zelfmoordpoging *intento* m *de suicidio*
zelfontbranding *autoinflamación* v
zelfontplooiing *desarrollo* m *de uno mismo*
zelfontspanner *autodisparador* m
zelfontsteking *autoencendido* m
zelfopoffering *abnegación* v; *sacrificio* m *de sí mismo*
zelfoverschatting *sobrestimación* v *de sí mismo*
zelfoverwinning *victoria* v *sobre sí mismo*
zelfportret *autorretrato* m
zelfreinigend • met het vermogen zichzelf te reinigen *autolimpiable* • weinig schoonmaak eisend *de fácil limpieza*
zelfrespect *respeto* m *de sí mismo*
zelfrijzend ★ ~ bakmeel *harina* m *leudante*
zelfs *hasta; aun; incluso* ★ ~ als *aun así* ★ ~ mijnheer Gómez *el mismo Sr. Gómez* ★ men kan ~ spreken van *podría hablarse incluso de; es más: podría hablarse de* ★ ~ wanneer *incluso cuando; aun cuando* ★ ~ niet *ni; ni siquiera*
zelfspot *burla* v *de sí mismo*
zelfstandig *autónomo; independiente*
zelfstandigheid *autonomía* v; *independencia* v
zelfstudie *autodidáctica* v
zelfverdediging *autodefensa* v
zelfverloochening *abnegación* v
zelfvertrouwen *confianza* v *en sí mismo; autoconfianza* v
zelfverwijt *autorreproche* m
zelfverzekerd *seguro de sí mismo*
zelfvoldaan *satisfecho de sí mismo; orondo*
zelfwerkzaamheid *actividad* v *individual*
zelfzucht *egoísmo* m
zelfzuchtig *egoísta*
zelve • → **zelf**
zemel *afrecho* m; *salvado* m
zemelaar *pelmazo* m
zemelen *machacar*
zemen *limpiar con gamuza*
zen *zen* m
zenboeddhisme *budismo* m *zen*
zendamateur *radioaficionado* m
zendapparatuur *aparatos* m mv *de emisión*
zendeling *misionero* m
zenden *remitir; enviar* [i]; *mandar*
zender • persoon ⟨v. brief⟩ *remitente* m/v; ⟨v. goederen⟩ *expedidor* m • apparaat *emisor* m
• zendstation *emisora* v
zendgemachtigde *titular* m/v *de una licencia de emisión*
zending • het zenden *envío* m • REL. missie *misión* v
zendingswerk *trabajo* m *de las misiones*
zendingswerk *equipo* m *emisor*
zendmast *antena* v *de emisión;* ⟨groter⟩ *torre* v *de emisión*
zendpiraat *emisora* v *pirata*
zendstation *estación* v *emisora; emisora* v
zendtijd *tiempo* m *de emisión*
zendvergunning *licencia* v *de emisión*
zengen *abrasar; chamuscar*
zenuw • zenuwvezel *nervio* m • gesteldheid *nervios* m mv ★ stalen ~en *nervios de acero*
★ die vent werkt op mijn ~en *ese tío me pone nervioso* ★ het op zijn ~en krijgen *tener los nervios a flor de piel*
zenuwaandoening *afección* v *nerviosa*
zenuwachtig *nervioso*
zenuwarts *neurólogo* m
zenuwcel *neurona* v
zenuwcentrum *centro* m *nervioso*
zenuwenoorlog *guerra* v *de nervios*
zenuwgas *gas* m *venenoso perjudicial para el sistema nervioso*
zenuwgestel *nervios* m mv
zenuwinrichting *centro* m *psiquiátrico*
zenuwinzinking *depresión* v *nerviosa*
zenuwlijder • zenuwpatiënt *enfermo* m *de los nervios; neurótico* m • zenuwachtig persoon *manojo* m *de nervios*
zenuwontsteking *neuritis* v
zenuwpees *manojo* m *de nervios*
zenuwpijn *neuralgia* v
zenuwslopend *exasperante*
zenuwstelsel *sistema* m *nervioso*
zenuwtoeval *ataque* m *de nervios*
zenuwtrekje *tic* m *nervioso*
zenuwziek *neurótico* ★ ~ zijn *estar enfermo de los nervios*
zenuwziekte *neurosis* v
zepen *enjabonar*
zeperd *chasco* m; *corte* m
zeppelin *zepelín* m; *globo* m *dirigible*
zerk *losa* v *sepulcral*
zes I TELW • *seis* ★ → **acht II** ZN [de] *getal seis* v *van zessen klaar zijn ser un estuche*
zesdaags *de seis días*
zesde • *sexto* ★ in de ~ klas zitten *estar en el sexto curso* • → **achtste**
zeshoek *hexágono* m
zestien • *dieciséis* ★ → **acht**
zestiende • *decimosexto; dieciseisavo* • → **achtste**
zestig • *sesenta* ★ → **acht**
zestiger *persona* v *de sesenta años*
zestigste • *sexagésimo; sesentavo* • → **achtste**
zet • duw *empujón* m • zet in spel *jugada* v
★ hij is aan zet *le toca mover* • de eerste zet doen *salir* • daad *jugada* v ★ een geniale zet *una jugada genial* ★ een domme zet *una jugada estúpida* ★ een gemene zet *una mala jugada*
zetbaas *gerente* m/v; *encargado* m

zetel • zitplaats *asiento* m • vestigingsplaats *sede* v; *residencia* v ★ zijn ~ hebben in *tener su sede en* • POL. *escaño* m ★ ~s behalen *ganar escaños* ★ ~s verliezen *perder* [ie] *escaños*
zetelen *residir en*; *tener* [ie] *su sede en*
zetelverdeling *distribución* v *de escaños*
zetelwinst *ganancia* v *de un escaño*
zetfout *error* m *tipográfico*
zetmachine *máquina* v *de componer*; *linotipia* v
zetmeel *fécula* v
zetpil *supositorio* m
zetsel *composición* v
zetten I OV WW • plaatsen *poner*; ⟨in lijst⟩ *encuadrar*; ⟨v. juweel⟩ *engastar* ★ in elkaar ~ *ensamblar* ★ aan de mond ~ *llevar a la boca* ★ zijn handtekening ~ *firmar*; *poner su firma* ★ het geluid zachter ~ *disminuir el volumen* • bereiden *preparar*; *hacer* ★ thee ~ *hacer/preparar el té* • arrangeren ★ op muziek ~ *poner en música* • gereedmaken voor druk *componer* • MED. *reducir* ★ een arm ~ *reducir un brazo* • doen staan ★ iem. voor aap ~ *poner a u.p. en ridículo* **II** WKD WW [**zich** ~] • doen zitten *sentar* [ie] ★ zich aan tafel ~ *sentarse a la mesa* • doen beginnen *ponerse* ★ zich aan het werk ~ *ponerse a trabajar* ▼ zich met moeite tot iets ~ *hacer de tripas corazón*
zetter *cajista* m/v; ⟨v. juwelen⟩ *engastador* m
zetterij *taller* m *de composición*
zetwerk *composición* v
zeug *cerda* v; *puerca* v; *cochina* v
zeulen *arrastrar*
zeur *pelma* m/v; *latoso* m
zeurderig *latoso*; *pesado*
zeuren *machacar*; *dar la tabarra*; INFORM. *dar la lata*
zeurkous, zeurpiet *protestón* m [v: *protestona*]; *gruñón* m [v: *gruñona*]; *machacón* m [v: *machacona*]
zeven I TELW • *siete* • → **acht II** ZN [de] getal *siete* m **III** OV WW *tamizar*; *cribar*; ⟨v. vloeistof⟩ *colar* [ue]
zevende • *séptimo* • → **achtste**
zevenklapper *petardo* m
zeventien • *diecisiete* • → **acht**
zeventiende • *decimoséptimo*; *diecisieteavo* • → **achtste**
zeventig *setenta* • → **acht**
zeventigste • *septuagésimo*; *setentavo* • → **achtste**
zich *se*; ⟨na voorzetsel⟩ *sí* ★ bij zich hebben *llevar consigo* ★ voor zich houden *guardar para sí* ▼ op zich *en sí*; *de por sí*
zicht • gezichtsveld *vista* v ★ in ~ komen *aparecer* ★ met het ~ op *en vista de* • zichtbaarheid *visibilidad* v • inzicht *entendimiento* m • beoordeling ★ op ~ *a la vista*; *a prueba*
zichtbaar I BNW • te zien *visible* ★ ~ worden *hacerse visible* • merkbaar *evidente* **II** BIJW *visiblemente* ★ ~ dragen *llevar de una manera visible* ★ het deed hem ~ leed *se sintió visiblemente molestado*
zichtzending *envío* m *a condición*
zichzelf *sí*; *sí mismo* ★ aan ~ denken *pensar* [ie] *en sí* ★ zeggen *decir* [i] *para sí* ★ hij dacht bij ~ *pensó para sí* ★ hij mompelde bij ~ *murmuró entre dientes* ★ op ~ beschouwd *en sí*; *de por sí* ★ tot ~ komen *volver* [ue] *en/sobre sí*; *recobrarse* ★ uit ~ *espontáneamente*
ziedaar *he allí*; *allí está*
zieden I OV WW laten koken ⟨v. zeep, zout⟩ *fabricar*; *hacer hervir* **II** ON WW koken *hervir* [ie, i]; *bullir*
ziedend • kolkend *hirviendo*; *hirviente* • FIG. woedend *furioso*; *rabiando* ★ ~ zijn *estar que arde*; *estar furioso*
ziehier *he aquí*
ziek *enfermo*; *malo* ★ ziek worden *enfermar*; *caer enfermo* ★ ernstig ziek zijn *estar enfermo de gravedad*; *estar gravemente enfermo* ▼ zich ziek lachen *morirse* [ue, u] *de risa*
ziekbed *cama* v *de enfermo*
zieke *enfermo* m
ziekelijk • telkens ziek *enfermizo*; *achacoso* ★ een ~ persoon *u.p. enfermiza* • abnormaal *morboso*
zieken *dar la lata* ★ zit niet zo te ~! *ideja de dar la lata!*
ziekenauto *ambulancia* v
ziekenbezoek *visita* v *a un enfermo* ★ op ~ gaan *visitar a un enfermo*
ziekenboeg *enfermería* v
ziekenfonds *caja* v *de la enfermedad*; *seguro* m *de enfermedad*; ⟨in Spanje⟩ *seguridad* v *social*
ziekenfondsbril *gafas* v mv *del seguro de enfermedad*
ziekenfondskaart *tarjeta* v *del seguro de enfermedad*
ziekenfondspatiënt *paciente* m *del seguro de enfermedad*
ziekenfondspremie *prima* v *del seguro de enfermedad*
ziekengeld *prestación* v *por enfermedad*
ziekenhuis *hospital* m ★ in het ~ opnemen *hospitalizar*
ziekenhuisopname *hospitalización* v
ziekenomroep *programa* m *de radio para enfermos*
ziekenverpleger *enfermero* m
ziekenverzorger *cuidador* m *de enfermos*
ziekenwagen *ambulancia* v
ziekenzaal *sala* v *de hospital*
ziekenzorg *asistencia* v *médica*
ziekjes *malito*
ziekmelding *baja* v *por enfermedad*
ziekte *enfermedad* v ★ besmettelijke ~ *enfermedad contagiosa* ★ ~ van Creutzfeldt-Jakob *enfermedad* v *de Creutzfeld-Jakob* ★ ~ van Lyme *enfermedad* v *de Lyme* ★ ~ van Pfeiffer *fiebre* v *glandular de Pfeiffer*; *mononucleosis* v *infecciosa* ★ een ~ oplopen *coger una enfermedad*; *enfermarse*
ziektebeeld *cuadro* m *clínico*; *síndrome* m
ziektekiem *germen* m *patógeno*
ziektekosten *gastos* m mv *de enfermedad*
ziektekostenverzekering *seguro* m *médico*
ziekteleer *patología* v
ziekteverlof *permiso* v *por enfermedad*
ziekteverschijnsel *síntoma* m *de enfermedad*
ziekteverzuim *bajas* v mv *por enfermedad*

ziektewet *ley* v *sobre el seguro de enfermedad*
ziel • geest *alma* v • persoon *alma* v ⋆ een bevolking van honderd zielen *una población de cien almas/habitantes* ⋆ er is geen levende ziel op straat *no hay ni un alma viviente en la calle* ▼ met zijn ziel onder de arm lopen *ir como alma en pena* ▼ iem. op zijn ziel geven *poner de vuelta y media a u.p.; zurrarle a u.p.* ▼ ter ziele gaan *expirarse*
zielenheil *salvación* v *del alma*
zielenpiet *pobrecillo* m
zielenpoot *pobrecito* m; *desgraciado* m
zielenroerselen *sentimientos* m *del alma*
zielenrust *paz* v *del alma* ⋆ de eeuwige ∼ *el descanso eterno*
zielig *lastimoso; triste* ⋆ wat ∼! *¡qué lástima!*
zielloos • zonder innerlijke waarde *sin alma* • levenloos *sin vida*
zielsbedroefd *profundamente afligido/apenado*
zielsblij *alegre en el alma*
zielsgelukkig *profundamente feliz*
zielsgraag *con muchísimo gusto*
zielsveel *entrañablemente* ⋆ ∼ van iem. houden *querer [ie] muchísimo a u.p.*
zieltogen *agonizar*
zielzorg *cuidado* m *de almas*
zien I OV WW • waarnemen *percibir; observar; ver; notar* ⋆ iets graag zien *mirar algo con buenos ojos* ⋆ het is aan je gezicht te zien dat *se te nota en la cara que* ⋆ duidelijk zien *ver claro*; *distinguir bien* ⋆ ik kan hem niet zien *no lo puedo ver*; *no lo aguanto* ⋆ je ziet zo dat *se ve a simple vista que* ⋆ te zien zijn *ser visible/perceptible* ⋆ nu is er niets te zien *ahora no se ve nada* ⋆ laten zien *mostrar* [ue]; *enseñar; exhibir* ⋆ laat eens zien! *¡a ver!* ⋆ zoals je ziet *como puedes observar* ⋆ zo te zien *por lo visto* ⋆ we zullen wel zien *ya veremos* ⋆ zoals ik hier zie *por lo que veo aquí* ⋆ heb je ooit zoiets gezien! *¡habrás visto!* ⋆ heb je niet gezien dat...? *¿no te has fijado en que...?* • inzien *ver*; *comprender* ⋆ zie je nu wel ya *ves*; *ya te lo decía yo* • proberen *tratar de*; *intentar* ⋆ zie dat je vlug terugkomt *trata de volver pronto* ⋆ ik zal zien dat ik het klaarspeel *trataré de conseguirlo* • mogen ⋆ iem. graag zien *querer mucho a u.p.* ▼ tot ziens *hasta la vista* ▼ dit werk mag gezien worden *esta obra merece su atención* ▼ mij niet gezien! *¡yo paso!* II ON WW • kunnen zien *ver* ⋆ zie boven *véase más arriba* • eruitzien *estar* ⋆ hij ziet bleek *está pálido*; *se le ve pálido* • uitzicht geven *dar a* ⋆ de kamer ziet uit op de tuin *la habitación da al jardín*
zienderogen *a ojos vistas; visiblemente*
ziener *vidente* m/v; *profeta* m/v
ziens ⋆ tot ∼ *hasta la vista*; *adiós*
zienswijze *modo* m *de ver*
zier ⋆ het kan me geen zier schelen *no me importa un bledo/pepino/comino* ⋆ geen zier ni pizca
ziezo *ya está*; *¡por fin!*
ziften *cribar*
zigeuner *gitano* m
zigeunerbestaan *vida* v *bohemia*; *vida* v *de gitano*

zigeunerkamp *campamento* m *de gitanos*; *asentamiento* m *gitano*
zigeunerkoning *rey* m *de los gitanos*
zigeunermuziek *música* v *gitana*
zigeunerorkest *orquesta* v *gitana*
zigzag *zigzag* m
zigzaggen *zigzaguear*
zigzagsteek *punto* m *de zigzag*
zij I ZN [de] • kant *lado* m; ⟨v. dier⟩ *flanco* m; ⟨v. dier⟩ *ijar* m, ⟨v. lichaam⟩ *costado* m ⋆ zij aan zij *lado a lado* ⋆ met de handen in de zij *en jarras*; ⟨jong⟩ *chica* v; ⟨dier⟩ *hembra* v ⋆ is het een hij of een zij? *¿es macho o hembra?* II PERS VNW • enkelvoud *ella* • meervoud *ellos* [v mv: *ellas*] ⋆ zij die *los/las que*
zijaanzicht *vista* v *lateral*
zijbeuk *nave* v *lateral*
zijde I ZN [de] [mv: +s, +n] • zijkant *lado* m ⋆ zich op zijn ∼ keren *ponerse de costado* ⋆ aan beide ∼n *a ambos lados* • groep ⋆ iemands ∼ kiezen *tomar partido por u.p.* ⋆ van betrouwbare ∼ vernemen *saber de buena tinta* ▼ het gelijk aan zijn ∼ hebben *tener la razón de su parte* ▼ ter ene/andere ∼ *por un/otro lado* II ZN [de] [gmv] *seda* v
zijdeachtig *sedoso*
zijdeglans *brillo* m *sedoso*
zijdelings • van de zijkant *oblicuo* • FIG. indirect *indirecto*
zijden *de seda* ⋆ ∼ stoffen *telas de seda*
zijderups *gusano* m *de seda*
zijdeur *puerta* v *lateral*
zijdevlinder *mariposa* v *(del gusano) de seda*
zijgang *pasillo* m *lateral*
zijingang *entrada* v *lateral*
zijkamer *cuarto* m *contiguo*
zijkant *parte* v *lateral*
zijlijn • vertakking *ramal* m • SPORT *línea* v *de banda*
zijlinie *línea* v *lateral*
zijn I ON WW • bestaan *ser* ⋆ wat is er? *¿qué hay?*; *¿qué pasa?* ⋆ er was eens ... *érase una vez ...* ⋆ er is/er zijn *hay* ⋆ ik ben het *soy yo* ⋆ er zijn van die dingen *hay cosas* • zich bevinden *estar* ⋆ hij is aan het lezen *está leyendo* ⋆ daar is ze *ahí está* ⋆ waar zou ze toch zijn? *¿dónde estará?*; *¿dónde se habrá metido?* ⋆ ze zijn nog altijd op dezelfde plaats *siguen en el mismo lugar* ⋆ ∼ van *ser de* ⋆ het is van Rosa *es de Rosa* II HWW *haber* ⋆ ik ben weggegaan *me he ido*; *he salido* ⋆ hij is naar Madrid gegaan *se ha ido a Madrid* ⋆ ze zijn verslagen *han sido derrotados*; *los han derrotado* III KWW in hoedanigheid/toestand zijn ⟨eigenschap⟩ *ser*; ⟨toestand⟩ *estar* ⋆ ik ben Nederlandse *soy holandesa* ⋆ dat is niet waar *no es verdad* ⋆ dat is geen leven *eso no es vivir* ⋆ hoe is het met u? *¿cómo está usted?* ⋆ ziek zijn *estar enfermo* ⋆ hij is terneergeslagen *está/anda abatido* ⋆ ze is nog steeds verkouden *sigue constipada* ⋆ het is koud *hace frío* IV BEZ VNW (meervoud) *sus*; ⟨enkelvoud⟩ *su* v [m mv: *sus*] ⟨met nadruk⟩ *suyo* [v: *suya*] ⟨met nadruk⟩ *de él* ⋆ het is zijn leven *es su vida de él* ⋆ dit is zijn ticket niet

este billete no es el suyo ★ jouw broer en de zijne *tu hermano y el suyo* ★ hij gaat met zijn vrienden *va con sus amigos* ▼ ieder het zijne *cada cual con lo suyo*
zijpad *sendero* m *transversal*
zijrivier *afluente* m
zijspan *sidecar* m
zijspiegel *espejo* m *retrovisor lateral*
zijspoor *ramal* m; *apartadero* m ★ iem. op een ~ brengen *poner en vía muerta* u.p.
zijsprong *salto* m *lateral*
zijstraat *bocacalle* v; *calle* v *transversal*
zijtak *rama* m; ⟨v. rivier⟩ *brazo* m
zijvleugel *ala* v *lateral*
zijwaarts *oblicuo*; *lateral*
zijweg *camino* m *lateral*
zijwind *viento* m *lateral*
zilt *salino*; *salobre*
zilver *plata* v ▼ spreken is ~, zwijgen is goud *en boca cerrada no entran moscas*
zilverachtig *plateado*; *argentino*
zilverberk *abedul* m
zilveren *de plata*
zilvergeld *plata* v; *monedas* v *mv de plata*
zilverkleurig *plateado*
zilvermeeuw *gaviota* v *plateada*
zilverpapier *papel* m *de plata*; *papel* m *de aluminio*
zilverpopulier *álamo* m *blanco*
zilverreiger *airón* m
zilversmid *platero* m
zilverspar *abeto* m *blanco*
zilveruitje *cebollita* v *encurtida*
zilververf *pintura* v *plateada*
zilvervliesrijst *arroz* m *integral*
zilvervos *zorro* m *plateado*
zilverwerk *platería* v; *objetos* m *mv de plata*
Zimbabwe *Zimbabue* m; *Zimbabwe* m
zin • TAALK. *volzin frase* v ● wil *gana* v; *ganas* v mv ★ ik heb er geen zin in *no tengo ganas*; *no me gusta* ★ ik doe waar ik zin in heb *hago lo que me dé la gana* ★ ik krijg zin om te *me entran ganas de* ★ het iem. naar de zin maken *contentar a alguien* ▼ dat is niet naar mijn zin *no es de mi gusto*; *no me agrada* ★ tegen zijn zin *de mala gana* ★ zijn zin doordrijven *ir a lo suyo* ★ zijn zin krijgen *salirse con la suya* ★ bij zinnen zijn *estar en su juicio* ★ niet bij zinnen zijn *estar fuera de juicio* ● betekenis *sentido* m ★ in de ruimste zin van het woord *en el sentido más amplio de la palabra* ● nut *sentido* m ★ het heeft geen zin *no tiene sentido* ● zintuig *sentido* m ● kwaad in de zin hebben *tener malas intenciones* ▼ van zins zijn om *tener la intención de* ▼ zijn zinnen verzetten *distraerse* ▼ zijn zinnen op iets zetten *meterse u.c. en la cabeza*
zindelijk *limpio*
zinderen *relucir*; *brillar*
zingen *cantar*
zink *cinc* m
zinken I ON WW • *hundirse*; ⟨v. schip⟩ *hundirse*; ⟨v. schip⟩ *irse a pique* ● laten ~ *hundir* ★ in een diepe slaap ~ *caer en un sueño profundo* ● FIG. zich verlagen ★ diep ~ *caer muy bajo* II BNW van zink *de cinc*
zinklood *plomo* m
zinkput *sumidero* m
zinkstuk *fajinada* v
zinloos *vano*; *sin sentido*; *inútil*
zinnebeeld *símbolo* m; *emblema* m
zinnebeeldig *simbólico*
zinnelijk *sensual*
zinnen ● bevallen *agradar* ● ~ op *rumiar*
zinnenprikkelend *estimulador de los sentidos*
zinnig *sensato* ★ ik kan er niets ~s over zeggen *me es imposible decir algo sensato sobre ello* ★ het is ~ om het zo te doen *tiene sentido hacerlo así*
zinsbegoocheling *alucinación* v
zinsbouw *estructura* v *de la frase*
zinsconstructie *construcción* v *de la frase*
zinsdeel *elemento* m *oracional*
zinsnede *cláusula* v
zinsontleding *análisis* m *gramatical*
zinspelen *aludir a*; *referirse* [ie, i] *a*
zinspreuk *máxima* v; *lema* m
zinsverband *contexto* m
zinsverbijstering *alucinación* v
zinswending *giro* m
zintuig *sentido* m
zintuiglijk *sensorial*
zinverwant *sinónimo*
zinvol *significativo*
zionisme *sionismo* m
zippen *comprimir*; *zipear*
zirkonium *zirconio* m; *circonio* m
zirkoon *zircón* m; *circón* m
zit *sentada* v ★ een hele zit *es toda una sentada*
zitbad *baño* m *de asiento*
zitbank *sofá* m
zitelement *asiento* m
zithoek *salita* v
zitje ● zitplek ★ een gezellig ~ *un rincón agradable* ● (kinder)stoeltje ⟨op fiets⟩ *asiento* m
zitkamer *sala* v *de estar*; *salón* m
zitplaats ⟨zetel⟩ *asiento* m; ⟨plaats⟩ *plaza* v
zitten ● gezeten zijn *estar sentado*; *estar* ★ gaat u ~! *¡siéntese!* ★ aan tafel ~ *estar sentado en la mesa* ★ te paard ~ *estar montado a caballo* ● zich bevinden *estar* ★ in de gevangenis ~ *estar en la cárcel* ★ vol vliegen ~ *estar lleno de moscas* ★ het schip zit aan de grond *está varado el barco* ★ thuis ~ *estar metido en casa* ★ diep in de schulden ~ *tener muchas deudas* ★ als je eens in moeilijkheden zit *si algún día te ves en apuros* ★ waar zit hij? *¿dónde se habrá metido?* ★ de sleutel in het slot laten ~ *dejar metida la llave en la cerradura* ★ hoe zit dat? *¿cómo es eso?* ● passen ⟨v. kleding⟩ *estar*; ⟨v. kleding⟩ *quedar*; ⟨v. kleding⟩ *sentar* [ie] ★ de jurk zit je goed *el vestido te sienta/queda bien* ● bevestigd zijn *estar* ★ los ~ *estar suelto* ★ het blijft niet ~ *no queda pegado* ★ bedekt zijn met ~ vol vlekken ~ *estar todo manchado* ● functie bekleden ★ in de raad ~ *ser miembro del consejo* ● bezig zijn met *estar* [+ ger.] ★ ik zit te lezen *estoy leyendo* ● ~ op beoefenen ★ op ballet ~ *ir a clases de ballet* ▼ blijven ~ *perder* [ie] *el curso*; *tener que repetir*

el curso ▼ het zit erop *se ha terminado* ▼ we ~ aan de grond *estamos a dos velas* ▼ daar zit wat achter *allí hay gato encerrado* ▼ die bal zit! *¡han marcado un gol!*; *¡gol!* ▼ hoe lang heeft hij hierop gezeten? *¿cuánto tiempo ha invertido en esto?* ▼ wat zou daarachter ~? *¿qué significa todo esto?* ▼ iem. laten ~ *abandonar a u.p.*; *dejar plantado a alguien* ▼ ik zie het niet meer ~ *ya no le veo solución* ▼ het zit in de familie *es cosa de familia* ▼ het zit me tot hier! *¡estoy hasta las narices!*; *¡estoy harto!* ▼ achter iem. aan ~ *estar/ir detrás de u.p.* ▼ er warmpjes bij ~ *vivir con desahogo*; *tener dinero*; *estar acomodado*
zittenblijver *repetidor m de curso*
zittend ★ een ~ leven *una vida sedentaria*
zitting • deel van stoel *asiento m* • vergadering *sesión v*; JUR. *audiencia v* ★ ~ houden *celebrar una sesión*
zitvlak *asentaderas v mv*; *trasero m*
zitvlees ★ hij heeft geen ~ *es culo de mal asiento*
zitzak *puf m*
zo I BIJW • op deze wijze *así* ★ dat is niet zo *no es así* ★ zo'n man *un hombre así*; *tal hombre* ★ bij zo'n ongeluk *con semejante desgracia* ★ in zo'n geval *en semejante caso* ★ met zo'n jurk! *¡con el vestido que tiene!* ★ terwijl ik dat zo zeg ... *diciendo esto ...* ★ zo goed mogelijk *lo mejor que pueda* ★ zo maar *porque sí* ★ zo zonder meer *así no más*; *sin más ni más* ★ ik zei het zo maar *no lo decía en serio* ★ nog zo een *otro igual* • in deze mate *tan*; *tanto* ★ ik heb zo'n dorst *tengo tanta sed* ★ hij is zó groot *es así de grande* ★ weest u zo goed *tenga la bondad* ★ zo goed als zeker *casi seguro*; *poco menos que seguro* ★ zo goed als niets *casi nada* ★ het is zo goed als onmogelijk *es punto menos que imposible* ★ zo vlug mogelijk *cuanto antes* ★ direct *ahora mismo*; *en seguida* ★ ik kom zo *voy en seguida* ▼ de ene zegt zus, de andere zo *uno dice tal, otro cual* ▼ zo waar als ik hier voor u sta *así como me ve aquí* ▼ het gaat maar zo zo *vamos tirando* II VW • zoals *como* • indien *si* ★ zo nodig *en caso necesario* III TW • zo? *¿verdad?*; *¡no me digas!* ★ zo! *¡por fin!*
zoal *entre otras cosas* ▼ wat zoal? *¿qué cosas?*
zoals *como* ▼ precies ~ *tal cual* ★ doe ~ wij *haz como nosotros*
zodanig I BIJW *de tal forma/manera/modo* II AANW VNW *tal* ▼ als ~ *como tal*
zodat *de modo que*
zode *césped v* ▼ dat zet geen zoden aan de dijk *con eso no se gana nada*
zodiak *zodíaco m*
zodoende *así*; *así es que*; *por eso*
zodra *tan pronto como*; *en cuanto*; *nada más verle* ★ ~ het bedrag ontvangen is *una vez recibido el importe*; *después de recibir el importe* ★ ~ hij hem zag *apenas le vió* ★ ~ hij kon *en cuanto pudo*; *tan pronto como pudo*
zoef *¡zum!*
zoek ★ op zoek naar *en busca de* ★ zoek raken *extraviarse* [i] ★ zoek zijn *haberse perdido*
zoekactie *búsqueda v*

zoekbrengen ★ de tijd ~ *pasar el rato*; *ocupar el tiempo*
zoeken I OV WW • trachten te vinden *buscar* ★ werk ~ *buscar empleo* • uit zijn op *buscar* • ~ achter FIG. *aantreffen* ★ ergens iets achter ~ *buscar tres pies al gato* ▼ wat heb je hier te ~? *¿qué te trae por aquí?*; *¿qué se te ha perdido por aquí?* ▼ we hebben hier niets te ~ *aquí sobramos* II ON WW ~ naar trachten te vinden ★ ~ naar woorden *buscar palabras*
zoeker • persoon *buscador m* • venster van camera *visor m*
zoeklicht *foco m*
zoekmachine, zoekengine *buscador m*
zoekmaken *perder* [ie]
zoekopdracht • COMP. in database *consulta v* • COMP. in programma/op internet *consulta v*
zoekplaatje *pasatiempo m*
Zoeloe *zulú m/v* [m mv: *zulúes*]
zoemen *zumbar*
zoemer *zumbador m*; *timbre m*
zoemtoon *zumbido m*
zoen *beso m* ★ een zoen geven *dar un beso*
zoenen *besar*
zoenlippen *labios m mv sensuales*
zoenoffer *sacrificio m expiatorio*; *víctima v propiciatoria*
zoet • zoet smakend *dulce* • braaf *bueno* ★ een zoet kind *un niño bueno* ▼ zoet houden *mantener* [ie] *entretenido*
zoetekauw *goloso m*
zoetelijk *empalagoso*; *meloso*
zoeten *azucarar*
zoethoudertje *dádiva v para entretener a alguien*; *regalo m*
zoethout *paloduz m*
zoetig *dulzón*
zoetigheid *dulces m mv*; *golosinas v mv*
zoetje *sacarina v*
zoetmiddel *sustancia v edulcorante*
zoetsappig *zalamero*; *meloso*
zoetstof *sustancia v dulce*
zoetwaren *dulces m mv*
zoetzuur *agridulce*
zoeven *zumbar* ★ voorbij ~ *pasar volando*
zo-even *hace poco*; *hace un momento*
zog • kielzog *estela v* • moedermelk *leche v materna*
zogeheten *llamado*
zogen *amamantar*; *criar* [i]
zogenaamd • zogeheten *llamado* • quasi *supuesto*; *pretendido*
zogezegd *por decirlo así*
zoiets *algo así*
zojuist *hace poco*; *acabar de* [+ inf.] ★ hij is ~ weggegaan *ha salido hace poco*; *acaba de salir*
zolang I BIJW *entre tanto* II VW *mientras* [+ subj.]; *todo el tiempo que* ★ ~ hij leeft *mientras viva*
zolder *ático m*; *buhardilla v*; *desván m*
zolderetage *ático m*
zoldering *cielo m raso*
zolderkamer *guardilla v*
zolderluik *trampa v del desván*
zoldertrap *escalera v del desván*
zolderverdieping *ático m*
zomaar • zonder aanleiding *así como así*

• zonder beperkingen *sin restricciones* ★ **mag dat ~?** *¿está permitido?*
zombie *zombi* m
zomen *dobladillar; hacer un dobladillo*
zomer *verano* m; FORM. *estío* m ★ **in de ~** *en verano* ★ **in de ~ van** *en el verano de*
zomerachtig *estival*
zomeravond *noche* v *de verano*
zomerbed *cama* v *de verano*
zomerdienstregeling *horario* m *de verano*
zomerdijk *dique* m *de verano*
zomeren *hacer calor* ★ **het wil maar niet ~** *sigue haciendo frío*
zomergast *veraneante* m/v
zomerhuis *casa* v *de veraneo*
zomerjas *gabán de verano*
zomerjurk *vestido* m *de verano*
zomerkleding *ropa* v *de verano*
zomermaand *mes* m *de verano*
zomerreces *vacaciones* v mv *parlamentarias*
zomers *veraniego*
zomerseizoen *temporada* v *de verano*
zomersproet *peca* v *del sol*
zomertijd *horario* m *de verano*
zomervakantie *vacaciones* v mv *de verano* ★ **~ houden** *veranear; estar de veraneo*
zomerzon *sol* m *de verano*
zomin *tampoco* ★ **(net) ~ als** *no más que* ★ **ik zou dat net ~ vragen** *yo tampoco lo preguntaría*
zompig *pantanoso*
zon • *sol* m ★ **opgaande zon** *sol naciente* ★ **ondergaande zon** *sol poniente* ★ **in de zon liggen bakken** *tostarse* [ue] *al sol* ★ **in de zon zitten** *tomar el sol* ★ **de zon gaat op/onder** *el sol sale/se pone* ★ **de zon schijnt** *hace sol* • → **zonnetje** ▾ **er is niets nieuws onder de zon** *no hay nada nuevo debajo del sol*
zo'n • **zo één** *tal; tanto; tan* ★ **zo'n man** *tal hombre* ★ **ik heb zo'n slaap** *tengo tanto sueño* ★ **het is zo'n interessant boek** *es un libro tan interesante* ★ **op zo'n manier** *de tal modo; así* • **ongeveer** *unos* m mv [v mv: *unas*]; *alrededor de* ★ **zo'n beetje** *más o menos* ★ **zo'n vijf dagen geleden** *hace unos cinco días*
zonaanbidder *adorador* m *del sol*
zondaar *pecador* m
zondag *domingo* m ★ **'s ~s** *los domingos*
zondagavond *domingo* m *tarde*
zondagmiddag *domingo* m *por la tarde*
zondagmorgen, zondagochtend *domingo* m *por la mañana*
zondagnacht *domingo* m *noche*
zondags I BNW *dominical; dominguero* ★ **de ~e kleren** *la ropa de los domingos* ★ **op zijn ~ gekleed** *endomingado* **II** BIJW *los domingos*
zondagsdienst *servicio* m *dominical*
zondagskind ★ **het is een ~** *ha nacido de pie*
zondagskrant *periódico* m *dominical*
zondagsrijder *(conductor* m*) dominguero*
zondagsrust *descanso* m *dominical*
zondagsschilder *pintor* m *aficionado*
zondagsschool *escuela* v *de los domingos*
zonde • **slechte daad** *pecado* m ★ **dagelijkse ~** *pecado venial* ★ **een ~ begaan** *cometer un pecado* • **betreurenswaardigheid** *lástima* v ★ **het is ~ van het geld** *lástima del dinero*

★ **wat ~** *qué lástima*
zondebok *chivo* m *expiatorio; cabeza* v *de turco*
zonder • **niet met** *sin* • ★ **~ te** ★ **~ te kijken** *sin mirar* • ★ **~ dat** ★ **~ dat hij het wist** *sin que él lo supiera*
zonderling I BNW *singular; extravagante* **II** ZN [de] *excéntrico* m; *extravagante* m
zondeval *caída* v
zondig *pecaminoso*
zondigen *pecar contra*
zondvloed *diluvio* m
zone *zona* v ★ **vrije zone** *zona franca*
zoneclips *eclipse* m *solar*
zonet *acabar de* [+ inf.] ★ **ik ben ~ aangekomen** *acabo de llegar*
zonkant *lado* m *del sol*
zonlicht *luz* v *solar*
zonnebad *baño* m *de sol*
zonnebaden *tomar el sol*
zonnebank *solario* m
zonnebloem *girasol* m
zonnebloemolie *aceite* m *de girasol*
zonnebrand *eritema* m *solar*
zonnebrandcrème *crema* v *solar*
zonnebrandolie *aceite* m *de protección solar*
zonnebril *gafas* v mv *de sol*
zonnecel *célula* v *solar*
zonnecollector *placa* v *solar*
zonne-energie *energía* v *solar*
zonnehoed *sombrero* m *de playa*
zonneklaar *evidente; obvio; manifiesto*
zonneklep • **klep van pet** *visera* v • **klep in auto** *visera* v
Zonnekoning *Rey* m *Sol*
zonnen *tomar el sol*
zonnepaneel *placa* v *solar*
zonnescherm *toldo* m
zonneschijn *sol* m
zonnesteek *insolación* v
zonnestelsel *sistema* m *solar*
zonnestraal *rayo* m *del sol*
zonnetje *sol* m ★ **een waterig ~** *un sol pálido* ▾ **zij is het ~ in huis** *es el sol/la alegría de la casa*
zonnevlek *mancha* v *solar*
zonnewijzer *reloj* m *de sol*
zonnig *soleado*
zonovergoten *soleado*
zonsondergang *puesta* v *del sol;* FORM. *ocaso* m ★ **tegen ~** *al anochecer*
zonsopgang *salida* v *del sol; amanecer* m ★ **van ~ tot ~** *de sol a sol*
zonsverduistering *eclipse* m *solar*
zonvakantie *vacaciones* v mv *del sol*
zonwering *persiana* v
zonzijde *lado* m *del sol*
zoo *parque* m *zoológico*
zoogdier *mamífero* m
zooi • **flinke hoeveelheid** *mogollón* m; *montón* m ★ **een hele zooi kranten** *un montón de periódicos* • **troep** *desbarajuste* m; *desorden* m
zool • **ondervlak van voet** *planta* v • **ondervlak van schoen** *suela* v; *piso* m ▾ **halve zool** *medio imbécil*
zoölogie *zoología* v
zoöloog *zoólogo* m

zoom • omgenaaide rand *dobladillo* m • buitenrand *borde* m; *orilla* v
zoomen • beeld dichterbij halen *aproximar una imagen* • fotograferen met zoomlens *fotografiar con un zoom*
zoomlens *objetivo* m *zoom*
zoon *hijo* m ★ van vader op zoon *de padres a hijos* ★ tweede (later geboren) zoon *segundogénito* m ▼ de Verloren Zoon *el hijo pródigo*
zootje ★ het hele ~ *toda la pesca*
zopas *hace un momento*
zorg • verzorging *cuidado* m ★ zorg dragen voor *cuidar de*; *atender* [ie] *a* ★ ik laat het aan uw zorgen over *lo dejo de su cuidado* ★ met de grootste zorg *con el mayor cuidado* • bezorgdheid *preocupación* v ★ zorgen baren *preocupar* ★ ik maak me zorgen over je toekomst *me preocupa tu porvenir* ★ maakt u zich geen zorgen *no se preocupe usted* ★ zich zorgen maken *inquietarse; estar preocupado* ▼ het zal mij een zorg zijn *eso me tiene/trae sin cuidado*
zorgelijk *preocupante*
zorgeloos *descuidado*
zorgen • ~ voor verzorgen *cuidar de; ocuparse de* ★ ik zorg wel voor de katten *yo cuidaré de los gatos* • het nodige doen *ocuparse de*; *encargarse de* ★ daar zal ik wel voor~ *ya me encargaré yo* ★ regelen *procurar; hacer que* ★ zorgt u voor een paar stoelen *encárguese usted de conseguir un par de sillas* ★ zorg ervoor dat het geregeld wordt *procura arreglarlo* ★ hij zorgde ervoor dat ik kon gaan *hizo que pudiera ir* ★ daarvoor is gezorgd *eso ya está arreglado*
zorgenkind • kind *niño* m *problema* • kwestie *continua preocupación* v
zorgsector *asistencia* m *médica*
zorgverzekeraar *asegurador* m *de sanidad*
zorgvuldig • met zorg *cuidadoso* • nauwkeurig *concienzudo*
zorgwekkend *alarmante*
zorgzaam *solícito; cuidadoso*
zot I ZN [de] *tonto* m; *bobo* m **II** BNW *tonto; bobo*
zotternij *locura* v; *tontería* v
zout I BNW *salado* **II** ZN [het] *sal* v ★ peper en zout zijn y pimienta ★ met peper en zout bestrooien *salpimentar*
zoutarm *con poca sal* ★ een~ dieet *un régimen de bajo contenido en sal*
zouteloos *insípido*
zouten • zout maken *salar* • inzouten *salar*
zoutig *salado; salino*
zoutje *saladito* m
zoutkoepel *domo* m *de sal subterráneo*
zoutkorrel *grano* m *de sal*
zoutloos *sin sal*
zoutoplossing *solución* v *salina*
zoutpan *salina* v
zoutvaatje *salero* m
zoutzak *saco* m *de sal* ▼ als een~ erbij zitten *estar como un saco*
zoutzuur *ácido* m *clorhídrico*
zoveel I BIJW *tanto* ★ ~ te beter *tanto mejor* ★ ~ te meer, omdat *tanto más cuanto que* **II** ONB VNW *tanto* ★ ~ als *tanto cuanto/como* ★ ~ weten als *saber tanto como* ★ ~ u maar wilt *todo lo que usted quiera* ★ ~ als mogelijk *todo lo posible* ★ hij mag zich nog~ inspannen *por más que haga* **III** TELW *tanto* ★ nog eens~ *otro tanto* ★ tweemaal~ *dos veces tanto*
zoveelste ★ voor de~ keer *por enésima/tantísima vez* ★ het is de~ juni *estamos a tantos de junio*
zover *hasta allí; tan lejos* ★ voor~ ik weet *que yo sepa* ★ we zijn~ *estamos listos* ★ het kwam ~ dat *el asunto llegó a tal extremo que* ★ ~ ben ik nog niet *aun no he llegado allí* ★ tot~ voor vandaag *basta por hoy* ★ voor~ hij er deel aan heeft *por cuanto esté interesado* ★ voor ~ mogelijk *en lo posible* ★ ~ is het nog niet *falta mucho todavía* ★ in ~re dat, ... *en la medida en que ...*
zoverre • →**zover**
zowaar *en efecto; efectivamente*
zowat *casi; más o menos*
zowel ★ ~ X als Y *tanto X como Y*
z.o.z. *véase al dorso*
zozeer *tanto; tan* ★ ~ zelfs dat *hasta tal extremo que; hasta el extremo de que*
zozo *así así* ★ ik vind het maar zozo *no me convence del todo*
zucht • uitademing *suspiro* m ★ een~ slaken *dar un suspiro* • drang *manía* v; *afán* m; *ansia* v ★ ~ naar avontuur *ansia de aventura* ★ de~ tot zelfbehoud *el instinto de conservación*
zuchten • uitademen *suspirar* • ~ naar *suspirar por; anhelar*
zuid I BNW *sur* **II** ZN [de] *sur* m
Zuid-Afrika *Sudáfrica* v; *África* v *del Sur*
Zuid-Amerika *Sudamérica* v; *América* v *del Sur*
Zuid-Amerikaans *sudamericano; suramericano*
zuidelijk *del sur; meridional* ★ ~ van *al sur de*
zuiden *sur* m ★ ten~ van *al sur de*
zuiderbreedte *latitud* v *sur*
zuiderkeerkring *trópico* m *de Capricornio*
zuiderlicht *aurora* v *austral*
zuiderling *habitante* m *del sur*
Zuid-Korea *Corea* v *del Sur*
zuidkust *costa* v *sur*
Zuidpool *polo* m *sur*
zuidpool *polo* m *sur*
zuidpoolcirkel *círculo* m *polar antártico*
zuidpoolgebied *regiones* v mv *antárticas*
zuidvrucht *fruta* v *subtropical*
zuidwaarts *hacia el sur*
zuidwester • wind *viento* m *del sudoeste* • hoed *sueste* m
zuigeling *lactante* m/v; *niño* m *de pecho*
zuigelingenzorg *institución* m *que controla a los recién nacidos*
zuigen • opzuigen *chupar*; ⟨aan borst⟩ *mamar* • stofzuigen *pasar la aspiradora*
zuiger • deel van motor *pistón* m; *émbolo* m • baggermolen *draga* v
zuigfles *biberón* m
zuigkracht *poder* m *de aspiración*
zuignap *ventosa* v
zuigtablet *pastilla* v *para chupar*
zuigzoen *chupón* m
zuil *columna* v

zuilengalerij *columnata* v ★ een overdekte ~ *pórtico* m
zuinig *económico; ahorrador* ★ ~ in het gebruik *de consumo económico* ★ ~ met woorden *parco de palabras* ★ ~ zijn met iets *economizar u.c.; ahorrar u.c.* ▼ en niet zo ~ ook *y no poco*
zuinigheid *economía* v
zuipen *empinarla*
zuiperij *borrachera* v
zuiplap *borrachín* m
zuippartij *mamada* v
zuipschuit *borracho* m; *borrachín* m; *pellejo* m
zuivel *productos* m mv *lácteos*
zuivelfabriek *fábrica* v *de productos lácteos*
zuivelindustrie *industria* v *láctea*
zuivelproduct *producto* m *lácteo*
zuiver I BNW • ongemengd *puro* ★ ~ Nederlands *holandés correcto* ★ ~ goud *oro de ley*; *oro puro* ★ van ~ wol *de pura lana* • oprecht *claro; limpio* ★ een ~ geweten hebben *tener la conciencia limpia* ★ louter ★ de ~e waarheid *la pura verdad* • netto *neto* ★ de ~e winst *el beneficio neto* • nauwkeurig *correcto* II BIJW • ongemengd *puramente* ★ een ~ Spaanse aangelegenheid *un asunto puramente español* • louter ★ ~ door toeval *por mera/pura casualidad*
zuiveren • reinigen *purificar; limpiar; depurar* ★ water ~ *depurar el agua* • vrijpleiten *limpiar; purgar* ★ zich van zonden ~ *purgarse de pecados* ★ zijn geweten ~ *limpiar la conciencia*
zuivering • het reinigen *purificación* v • EUF. eliminatie van tegenstanders *depuración* v
zuiveringsactie *campaña* v *de purificación*
zuiveringsinstallatie *planta* v *depuradora*
zuiveringszout *bicarbonato* m *de sosa*
zulk *tal; semejante* ★ zulk een man *tal hombre*
zullen • toekomst uitdrukkend *futuro-vorm*; *ir a* [+ inf.] • modaliteit uitdrukkend *futuro-vorm* ★ hij zal zich wel vergist hebben *se habrá equivocado* ★ ik zou het doen als ik jou was *yo que tú, lo haría* ★ het zal wel waar zijn *será cierto* ★ hoe laat zou het zijn? *¿qué hora será?* ★ hij zal wel kwaad zijn *estará enfadado* ★ wat zou dat? *bueno ¿y qué?* • mogen/moeten ★ gij zult niet doden *¡no matarás!*
zult *queso* m *de cerdo*
zurig *acídulo*
zuring *acedera* v
zus I ZN [de] *zuster hermana* v II BIJW *así*
zuster • zus *hermana* v • verpleegster *enfermera* v • REL. non *monja* v; *hermana* v
zusterhuis • woonhuis voor verpleegsters *pabellón* m *de enfermeras* • klooster *convento* m *de religiosas*
zusterliefde *afecto* m *de hermana*
zusterlijk I BNW *de hermana* II BIJW *como una hermana*
zustermaatschappij *sociedad* v *hermana*
zusterorganisatie *organización* v *hermana*
zusterstad *ciudad* v *hermanada*
zustervereniging *asociación* v *hermana*
zuur I BNW • zurig van smaak *agrio; ácido* ★ zuur worden *agriarse; ponerse ácido*; *cortarse* • onaangenaam ★ een zuur gezicht trekken *poner cara de vinagre* II BIJW *agriamente* ★ zijn zuur verdiende centen *su dinero ganado a duras penas* III ZN [het] • SCHEIK. *ácido* m • CUL. *vinagre* m ★ in het zuur leggen *poner en vinagre*; *escabechar* ★ mosselen in het zuur *mejillones en escabeche* • maagzuur *ardor* m *de estómago*
zuurdesem *levadura* v
zuurgraad *grado* m *de acidez*
zuurkool *chucrut* m
zuurpruim *vinagre* m; *gruñón* m
zuurstof *oxígeno* m
zuurstofapparaat *aparato* m *de oxígeno*
zuurstofcilinder *tubo* m *de oxígeno*
zuurstoffles *botella* v *de oxígeno*
zuurstofgebrek *falta* v *de oxígeno*
zuurstofmasker *máscara* v *de oxígeno*
zuurstok *pirulí* m
zuurtje *caramelo* m
zuurverdiend *ganado a duras penas* ★ ~ geld *dinero ganado a duras penas*
zuurwaren *productos* m mv *en vinagre*
zuurzoet *agridulce*
zwaai *movimiento* m; *giro* m
zwaaien I OV WW heen en weer bewegen *agitar*; ⟨dreigend⟩ *blandir*; ⟨dreigend⟩ *blandear* ★ met een wapen ~ *blandear un arma* II ON WW • groeten ★ hij zwaaide naar me *me saludó con la mano* • heen en weer bewogen worden *agitarse* • slingeren *tambalearse; moverse* [ue]
zwaailicht *luz* v *giratoria*
zwaan *cisne* m
zwaar I BNW • veel wegend *pesado* ★ hoe ~ is dat? *¿cuánto pesa?* ★ een zware last *una carga pesada* • omvangrijk *grueso; masivo* • moeilijk *difícil; duro; pesado* ★ ~ werk *trabajo duro/pesado* ★ het valt mij ~ *se me hace duro; me cuesta mucho* ★ een zware strijd *una lucha dura* • ernstig *grave* ★ een zware straf *un castigo severo* ★ een zware ziekte *una grave enfermedad* • hevig ★ ~ weer *tiempo duro* • krachtig van smaak of substantie ⟨v. tabak⟩ *negro*; ⟨v. drank⟩ *fuerte*; ⟨v. voedsel⟩ *indigesto*; ⟨v. weer⟩ *duro* ★ zware tabak *tabaco negro/fuerte* ★ zware sigaar *puro* m *fuerte* ★ ~ bier *cerveza fuerte* ★ zware kost *alimentos indigestos* • laag klinkend *grave* ★ een zware stem *una voz grave* II BIJW hevig *gravemente* ★ ~ gewond *gravemente herido* ★ zich ~ ergeren *enojarse mucho* ★ ~ straffen *castigar severamente* ★ ~ op de maag liggen *pesar en el estómago*; *indigestarse* ★ ~ beledigd *muy ofendido* ★ ~ boeten voor iets *pagar caro u.c.*
zwaarbeladen *muy cargado*
zwaarbewapend *muy armado*
zwaarbewolkt *muy nublado*
zwaard *espada* v
zwaardvechter *gladiador* m
zwaardvis *pez* m *espada*; *espadarte* m
zwaargebouwd *robusto; fornido*
zwaargeschapen • van man *bien dotado* • van vrouw *con buena pechera*
zwaargewapend *muy armado*

zwaargewicht *peso* m *pesado*
zwaargewond *herido de gravedad*; *malherido*
zwaargewonde *herido* m *grave*
zwaarlijvig *corpulento*; *obeso*
zwaarmoedig *sombrío*; *melancólico*
zwaarte • gewicht *peso* m; *pesadez* v • ernst *gravedad* v
zwaartekracht *gravitación* v; *gravedad* v
zwaartelijn *línea* v *mediana*
zwaartepunt *centro* m *de gravedad*
zwaartillend *pesimista*
zwaarwegend *de peso*
zwaarwichtig *muy grave*
zwabber *escoba* v *blanda*; *escobón* m
zwabberen *barrer*
zwachtel *venda* v
zwachtelen *vendar*
zwager *cuñado* m
zwak I BNW • niet krachtig *débil* ★ een zwakke pols *un pulso débil* ★ een zwakke gezondheid *una salud delicada* ★ zwak worden *debilitarse* ★ een zwak geheugen hebben *ser flaco de memoria*; *tener poca memoria* • bijna niet waarneembaar *débil*; ⟨v. licht⟩ *tenue* • zonder geestelijke weerstand *débil* ★ een zwak karakter *un carácter débil* ★ zich van zijn zwakke zijde laten kennen *mostrar* [ue] *su lado flaco* • niet kundig *débil*; *flojo* ★ zwakke leerling *alumno flojo* II ZN [het] voorliefde *debilidad* v ★ een zwak hebben voor *tener debilidad por*
zwakbegaafd *débil mental*
zwakheid *debilidad* v
zwakjes *flojo*; *débil*
zwakkeling *persona* v *débil*; *persona* v *sin carácter*
zwakstroom *corriente* v *de baja tensión*
zwakte *debilidad* v
zwaktebod *signo* m *de debilidad*
zwakzinnig *deficiente mental*; *imbécil*
zwakzinnigenzorg *cuidado* m *a los deficientes mentales*
zwalken *ir sin rumbo*; *vagar*
zwaluw *golondrina* v
zwaluwstaart *cola* v *de milano*
zwam *hongo* m
zwammen *hablar por hablar*
zwanenhals *sifón* m
zwanenzang *canto* m *de cisne*
zwang ▾ in ~ zijn *estar de moda*; *estar en boga* ▾ in ~ komen *ponerse de moda*
zwanger *embarazada*; *encinta*; *preñada* ★ ~ worden *quedar embarazada/encinta* ★ ze is ~ van hem *está embarazada de él*
zwangerschap *embarazo* m
zwangerschapsafbreking *aborto* m *(provocado)*
zwangerschapsstriemen *estrías* v mv *(de embarazo)*
zwangerschapstest *prueba* v *del embarazo*
zwangerschapsverlof *baja* v *por maternidad*
zwart I BNW • niet wit *negro* ★ ~ worden *ponerse negro*; *ennegrecerse* • clandestien *negro*; *clandestino* ★ rampzalig *negro*; *sombrío* ★ een ~e dag *un día fatal* ★ alles ~ inzien *verlo todo negro* ▾ ik geef het je ~ op wit *te lo doy por escrito* II ZN [het] *negro* m ★ zich in het ~ kleden *vestirse de negro*; *estar de luto*
zwartboek *libro* m *negro*
zwarte *negro* m
zwartekousenkerk *iglesia* v *protestante muy ortodoxa*
zwartepiet ▾ iem. de ~ toespelen *cargarle a alguien con el muerto*
zwartepieten *jugar* [ue] *a sota* v *de picas*
zwartgallig *sombrío*; *melancólico*
zwarthandelaar *estraperlista* m/v
zwartkijker • pessimist *pesimista* m • MEDIA *telespectador* m *clandestino*
zwartmaken *desacreditar*; *difamar* ★ iem. ~ *poner verde a u.p.*
zwartrijden ⟨in openbaar vervoer⟩ *viajar sin billete en el transporte público*; ⟨in auto⟩ *conducir sin pagar los impuestos de circulación*
zwartrijder ⟨in openbaar vervoer⟩ *persona* v *que viaja en transporte público sin billete*; ⟨in auto⟩ *conductor* m *que no paga los impuestos de circulación*
zwartwerken *trabajar clandestinamente*
zwartwerker *trabajador* m *clandestino*
zwart-wit I BNW *ongenuanceerd sin sutilezas* II BIJW • met beeld in zwart en wit *en blanco y negro* • ongenuanceerd ★ ~ denken *ser maniqueo*; *ser de opiniones rígidas*
zwart-witafdruk *impresión* v *(en) blanco y negro*
zwart-witfilm *película* v *blanco y negro*
zwart-witfoto *foto* v *en blanco y negro*
zwavel *azufre* m
zwaveldioxide *dióxido* m *de azufre*
zwavelstokje *alguaquida* v; *pajuela* v
zwavelzuur *ácido* m *sulfúrico*
Zweden *Suecia* v
Zweed *sueco* m
Zweeds I ZN [het] taal *sueco* m II BNW m.b.t. Zweden *sueco*
zweefbrug *puente* m *colgante*
zweefduik *salto* m *de ángel*
zweefmolen *tiovivo* m *volador*
zweefsport *planeo* m
zweeftrein *tren* m *flotante*
zweefvliegen *planear*; *volar* [ue] *sin motor*
zweefvliegtuig *planeador* m; *avión* m *sin motor*
zweefvlucht *planeo* m
zweem *asomo* m; *sombra* v; *pizca* v ★ zonder een ~ van berouw *sin asomo de contrición*
zweep *látigo* m ★ het klappen van de ~ kennen *conocer el paño*
zweepslag *latigazo* m
zweer *úlcera* m
zweet *sudor* m; *transpiración* v ★ badend in het ~ *bañado en sudor*; INFORM. *hecho una sopa*
zweetband *cinta* v
zweetdruppel *gota* v *de sudor*
zweethanden *manos* v mv *sudorosas*
zweetklier *glándula* v *sudorípara*
zweetlucht *olor* m *a sudor*
zweetvlek *mancha* v *de sudor*
zweetvoeten *pies* m mv *sudorosos*
zwelgen I OV WW *gulzig eten/drinken engullir*; *tragar* II ON WW ~ in *deleitarse en/con*
zwellen *hincharse*; ⟨v. rivier⟩ *crecer* ▾ ~ van trots *inflarse de orgullo*

zwellichaam *cuerpo* m *cavernoso*
zwelling • het zwellen *hinchamiento* m • gezwollen plek *hinchazón* v
zwemabonnement *abono* m *para la piscina*
zwembad *piscina* v
zwembandje *michelín* m
zwembroek *bañador* m
zwemdiploma *diploma* m *de natación*
zwemen *parecerse* a; *tirar a*
zwemleraar *profesor* m *de natación*
zwemmen *nadar*
zwemmer *nadador* m
zwemmerseczeem *epidermofitia* v
zwempak *traje* m *de baño*; *bañador* m
zwemsport *natación* v
zwemvest *chaleco* m *salvavidas*
zwemvlies • vlies *membrana* v *interdigital* • schoeisel *aleta* v
zwemvogel *ave* v *palmípeda*
zwendel *estafa* v; *chanchullo* m
zwendelaar *estafador* m; *chanchullero* m
zwendelarij *estafas* v mv *y otros engaños*
zwendelen *estafar*
zwengel *manivela* v; ⟨v. pomp⟩ *balancín* m
zwenken *girar*; *virar*
zwenkwiel *rueda* v *orientable*
zweren I OV WW *eed doen jurar* ★ ik zweer het *te lo juro* II ON WW ontstoken zijn *ulcerarse*
zwerfhond *perro* m *vagabundo*
zwerfkat *gato* m *callejero*
zwerfkei *canto* m *errático*
zwerftocht *peregrinación* v
zwerm *bandada* v ★ ~ bijen *enjambre* m
zwermen • rondvliegen *revolotear* • FIG. hinderlijk rondhangen ★ om iem. heen ~ *revolotear alrededor de u.p.*
zwerven *errar* [ie]; *vagar*; *vagabundear*
zwerver *vagabundo* m
zweten • transpireren *sudar*; *transpirar* • vocht uitslaan *rezumar*
zweterig *sudoroso*
zwetsen *fanfarronear*; *hablar por hablar*
zweven • vrij hangen *flotar*; *planear* • zich onzeker bevinden *oscilar entre* ★ ~ tussen hoop en vrees *oscilar entre el recelo y la esperanza* • vagelijk voordoen *flotar* ★ er zweeft een glimlach op zijn lippen *le flota una sonrisa en los labios*
zweverig • vaag *vago* ★ een ~ boek *un libro vago* • duizelig *mareado*
zwezerik *molleja* v; *lechecillas* v mv
zwichten *ceder ante*
zwiepen *cimbrearse*
zwier • zwaai *giro* m • gratie *gracia* v; *garbo* m ▼ aan de ~ gaan *ir de juerga*
zwieren *balancearse*; ⟨bij dansen⟩ *dar vueltas*
zwierig *garboso*; *airoso*; ⟨v. kleding⟩ *elegante*
zwijgen I ON WW • niet spreken *callar*; *callarse* ★ om maar te ~ van... *por no decir nada de...* ★ iem. tot ~ brengen *acallar a u.p.* ★ blijven ~ *guardar silencio* • FIG. niet weerklinken *callar*; *callarse* ▼ wie zwijgt, stemt toe *quien calla otorga* II ZN [het] ★ iem. het ~ opleggen *imponer el silencio alguien*
zwijggeld *dinero* m *para comprar el silencio* ★ iem. ~ betalen *comprar el silencio de alguien*

zwijgplicht *sigilo* m *profesional*; *obligación* v *de silencio*
zwijgzaam *callado*
zwijm ▼ in ~ vallen *desmayarse*
zwijmelen *sentir* [ie, i] *vértigos*; *extasiarse*; *entusiasmarse*
zwijn • dier *cerdo* m; *puerco* m; *cochino* m ★ wild ~ *jabalí* m • persoon *puerco* m; *marrano* m
zwijnen *tener leche*
zwijnenstal *pocilga* v
zwijnerij *porquería* v
zwik ★ de hele zwik *todo el follón*
zwikken *torcer* [ue]
Zwitser *suizo* m
Zwitserland *Suiza* v
Zwitsers I ZN [het] taal *suizo* m II BNW m.b.t. Zwitserland *suizo*
zwoegen *afanarse*; *trajinar*
zwoel • drukkend warm *sofocante*; *bochornoso* • sensueel *sensual*
zwoerd *corteza* v *de tocino*

Beknopte grammatica

WOORDSOORTEN

1 *Het werkwoord*

De gebruikte afkortingen en vertalingen in deze grammatica zijn als volgt:

cond.	condicional	onvoltooid verleden toekomende tijd
fut.	futuro	onvoltooid tegenwoordige toekomende tijd
ger.	gerundio	gerundium
imp.	imperfecto	onvoltooid verleden tijd
imp.sub.	imperfecto de subjuntivo	aanvoegende verleden tijd
	imperativo	gebiedende wijs
ind.	indicativo	aantonende wijs
inf.	infinitivo	onbepaalde wijs
part.pas.	participio pasado	voltooid deelwoord
pres.	presente	onvoltooid tegenwoordige tijd
pres.sub.	presente de subjuntivo	aanvoegende tegenwoordige tijd
pret.indef.	pretérito indefinido	verleden tijd

1.1 De vervoeging van regelmatige werkwoorden.

* Werkwoorden die eindigen op *-ar*, bijv. *bajar* (= dalen).

inf.:	ger.:	part.pas.:
baj-ar	baj-ando	baj-ado

indicativo:

presente	imperfecto	pret.indef.
baj-o	baj-aba	baj-é
baj-as	baj-abas	baj-aste
baj-a	baj-aba	baj-ó
baj-amos	baj-ábamos	baj-amos
baj-áis	baj-abais	baj-asteis
baj-an	baj-aban	baj-aron

futuro	condicional
bajar-é	bajar-ía
bajar-ás	bajar-ías
bajar-á	bajar-ía
bajar-emos	bajar-íamos
bajar-éis	bajar-íais
bajar-án	bajar-ían

subjuntivo:

presente	imp.sub.
baj-e	baj-ara / baj-ase
baj-es	baj-aras / baj-ases
baj-e	baj-ara / baj-ase
baj-emos	baj-áramos / baj-ásemos
baj-éis	baj-arais / baj-aseis
baj-en	baj-aran / baj-asen

imperativo:

bevestigend	ontkennend
baj-a (jij)	no baj-es
baj-ad (jullie)	no baj-éis
baj-e (u)	no baj-e
baj-en (u mv)	no baj-en
baj-emos (wij)	no baj-emos

* Werkwoorden die eindigen op *-er*, bijv. *comer* (= eten).

inf.:	ger.:	part.pas.:
com-er	com-iendo	com-ido

indicativo:

presente	imperfecto	pret.indef.
com-o	com-ía	com-í
com-es	com-ías	com-iste
com-e	com-ía	com-ió
com-emos	com-íamos	com-imos
com-éis	com-íais	com-isteis
com-en	com-ían	com-ieron

futuro	condicional
comer-é	comer-ía
comer-ás	comer-ías
comer-á	comer-ía
comer-emos	comer-íamos
comer-éis	comer-íais
comer-án	comer-ían

subjuntivo:

presente	imp.sub.
com-a	com-iera / com-iese
com-as	com-ieras / com-ieses
com-a	com-iera / com-iese
com-amos	com-iéramos / com-iésemos
com-áis	com-ierais / com-ieseis
com-an	com-ieran / com-iesen

imperativo:

bevestigend	ontkennend
com-e (jij)	no com-as
com-ed (jullie)	no com-áis
com-a (u)	no com-a
com-an (u mv)	no com-an
com-amos (wij)	no com-amos

* Werkwoorden die eindigen op *-ir*, bijv. *permitir* (= toestaan).

inf.:	ger.:	part.pas.:
permit-ir	permit-iendo	permit-ido

indicativo:

presente	imperfecto	pret.indef.
permit-o	permit-ía	permit-í
permit-es	permit-ías	permit-iste
permit-e	permit-ía	permit-ió
permit-imos	permit-íamos	permit-imos
permit-ís	permit-íais	permit-isteis
permit-en	permit-ían	permit-ieron

futuro	condicional
permitir-é	permitir-ía
permitir-ás	permitir-ías
permitir-á	permitir-ía
permitir-emos	permitir-íamos
permitir-éis	permitir-íais
permitir-án	permitir-ían

subjuntivo:

presente	imp.sub.
permit-a	permit-iera / permit-iese
permit-as	permit-ieras / permit-ieses
permit-a	permit-iera / permit-iese
permit-amos	permit-iéramos / permit-iésemos
permit-áis	permit-ierais / permit-ieseis
permit-an	permit-ieran / permit-iesen

imperativo:

bevestigend	ontkennend
permit-e (jij)	no permit-as
permit-id (jullie)	no permit-áis
permit-a (u)	no permit-a
permit-an (u mv)	no permit-an
permit-amos (wij)	no permit-amos

1.2 De hulpwerkwoorden en hun vervoegingen.

* haber = (hebben) ger.: part.pas.:
  habiendo habido

indicativo:

presente	imperfecto	pret.indef.
he	había	hube
has	habías	hubiste
ha	había	hubo
hemos	habíamos	hubimos
habéis	habíais	hubisteis
han	habían	hubieron

futuro	condicional
habré	habría
habrás	habrías
habrá	habría
habremos	habríamos
habréis	habríais
habrán	habrían

subjuntivo:

presente	imp.sub.
haya	hubiera / hubiese
hayas	hubieras / hubieses
haya	hubiera / hubiese
hayamos	hubiéramos / hubiésemos
hayáis	hubierais / hubieseis
hayan	hubieran / hubiesen

* estar = (zijn) ger.: part.pas.:
  estando estado

presente	imperfecto	pret.indef.
estoy	estaba	estuve
estás	estabas	estuviste
está	estaba	estuvo
estamos	estábamos	estuvimos
estáis	estabais	estuvisteis
están	estaban	estuvieron

futuro	condicional	imperativo
estaré	estaría	está (jij)
estarás	estarías	estad (jullie)
estará	estaría	
estaremos	estaríamos	
estaréis	estaríais	
estarán	estarían	

subjuntivo:

presente	imp.sub.
esté	estuviera / estuviese
estés	estuvieras / estuvieses
esté	estuviera / estuviese
estemos	stuviéramos / estuviésemos
estéis	estuvierais / estuvieseis
estén	estuvieran / estuviesen

* ser = (zijn)   ger.: siendo   part.pas.: sido

presente	imperfecto	pret.indef.
soy	era	fui
eres	eras	fuiste
es	era	fue
somos	éramos	fuimos
sois	erais	fuisteis
son	eran	fueron

futuro	condicional	imperativo
seré	sería	sé (jij)
serás	serías	sed (jullie)
será	sería	
seremos	seríamos	
seréis	seríais	
serán	serían	

subjuntivo:

presente	imp.sub.
sea	fuera / fuese
seas	fueras / fueses
sea	fuera / fuese
seamos	fuéramos / fuésemos
seáis	fuerais / fueseis
sean	fueran / fuesen

1.3 De vervoeging van de diftongerende werkwoorden en werkwoorden met een stamklinkerwisseling.

* Bij diftongerende werkwoorden verandert de stamklinker, als daar de klemtoon op valt, van *o* in *ue* of *e* in *ie*. Als voorbeelden worden *torcer* en *perder* genomen.

pres.ind.		pres.sub		imperativo
tuerzo	pierdo	tuerza	pierda	
tuerces	pierdes	tuerzas	pierdas	tuerce pierde
tuerce	pierde	tuerza	pierda	
torcemos	perdemos	torzamos	perdamos	
torcéis	perdéis	torzáis	perdáis	torced perded
tuercen	pierden	tuerzan	pierdan	

Deze werkwoorden worden in dit woordenboek met [ue] resp. [ie] achter het werkwoord aangegeven.

* Bij werkwoorden op *-ir* met een stamklinkerwisseling verandert de stam-*e* in *-i* als in de uitgang van dat werkwoord geen *-i* of een onbeklemtoonde *-i* staat. Als voorbeeld wordt *vestir* gegeven:

ger.:	part.pas.:		
vistiendo	vestido		

pres.ind.	pret.indef.		
visto	vestí	imp.	vestía
vistes	vestiste	fut.	vestiré
viste	vistió	cond.	vestiría
vestimos	vestimos	imperativo	viste, vestid
vestís	vestisteis	pres.sub.	vista
visten	vistieron	imp.sub.	vistiese/ra

Deze werkwoorden worden in dit woordenboek met [i] achter het werkwoord aangegeven.

* Er zijn ook werkwoorden met diftongering en stamklinkerwisseling. Dit gebeurt o.a. bij alle werkwoorden met uitgangen op *-ferir*, *-gerir* en *-vertir*. Als voorbeeld worden *mentir* en *morir* gegeven:

ger.:	part.pas.:		
mintiendo	mentido		

pres.ind.	pret.indef.		
miento	mentí	imp.	mentía
mientes	mentiste	fut.	mentiré
miente	mintió	cond.	mentiría
mentimos	mentimos	imperativo	miente, mentid
mentís	mentisteis	pres.sub.	mienta
mienten	mintieron	imp.sub.	mintiera/se

inf.:	ger.:	part.pas.:	
morir	muriendo	muerto	

presente

muero	morí	imp.	moría
mueres	moriste	fut.	moriré
muere	murió	cond.	moriría
morimos	morimos	imperativo	muere, morid
morís	moristeis	pres.sub.	muera
mueren	murieron	imp.sub.	muriera/se

Deze werkwoorden worden in dit woordenboek met [ie, i] resp. [ue, u] achter het werkwoord aangegeven.

* Bij werkwoorden op *-iar* en *-uar* wordt in een aantal gevallen in de tegenwoordige tijd de *-i* of de *-u* beklemtoond. De voorbeelden betreffen *variar* en *continuar*.

pres.ind.		pres.sub.		imperativo	
varío	continúo	varíe	continúe	varía	continúa
varías	continúas	varíes	continúes		
varía	continúa	varíe	continúe		
variamos	continuamos	variemos	continuemos		
variáis	continuáis	variéis	continuéis	variad	continuad
varían	continúan	varíen	continúen		

Deze werkwoorden worden in dit woordenboek met [í] resp. [ú] achter het werkwoord aangegeven.

1.4 Enkele onregelmatige werkwoorden.

abrir	part.pas.	abierto
andar	pret.indef.	anduve, anduviste, anduvo, enz.
caber	pres.ind.	quepo, cabes, cabe, enz.
	pres.sub.	quepa, quepas, quepa, enz.
	pret.indef.	cupe, cupiste, cupo, enz.
	futuro	cabré, cabrás, cabrá, enz.
caer	pres.ind.	caigo, caes, cae, caemos, caéis, caen
	pres.sub.	caiga, caigas, caiga, enz.
conducir	pres.ind.	conduzco, conduces, enz.
	pres.sub.	conduzca, conduzcas, enz.
	pret.indef.	conduje, condujiste, condujo, enz.
cubrir	part.pas.	cubierto
dar	pres.ind.	doy, das, da, damos, enz.
	imp.	daba, dabas, daba, enz.
	pret.indef.	di, diste, dio, enz.
	pres.sub.	dé, des, dé, demos, enz.
decir	pres.ind.	digo, dices, dice, decimos, decís, dicen
	pret.indef.	dije, dijiste, dijo, dijimos, dijisteis, dijeron
	pres.sub.	diga, digas, diga, digamos, digáis, digan
	futuro	diré, dirás, dirá, enz.
	imperativo	di, decid
escribir	part.pas.	escrito
hacer	part.pas.	hecho
	pres.ind.	hago, haces, hace, hacemos, hacéis, hacen
	pret.indef.	hice, hiciste, hizo, hicimos, hicisteis, hicieron
	pres.sub.	haga, hagas, haga, enz.
	futuro	haré, harás, hará, enz.
	imperativo	haz, haced

ir	gerundio	yendo
	part.pas.	ido
	pres.ind.	voy, va, vas, vamos, enz.
	imp.	iba, ibas, iba, íbamos, ibais, iban
	pret.indef.	fui, fuiste, fue, fuimos, fuisteis, fueron
	pres.sub.	vaya, vayas, vaya, enz.
	futuro	iré, irás, irá, enz.
	imperativo	ve, id
oír	pres.ind.	oigo, oyes, oye, oímos, oís, oyen
	pres.sub.	oiga, oigas, oiga, enz.
	imperativo	oye, oíd
poder	ger.	pudiendo
	pres.ind.	puedo, puedes, puede, podemos, podéis, pueden
	pret.indef.	pude, pudiste, pudo, enz.
	futuro	podré, podrás, podrá, enz.
poner	part.pas.	puesto
	pres.ind.	pongo, pones, pone, enz.
	pret.indef.	puse, pusiste, puso, enz.
	pres.sub.	ponga, pongas, enz.
	futuro	pondré, enz.
	imperativo	pon, poned
querer	pret.indef.	quise, quisiste, quiso, quisimos, quisisteis, quisieron
	futuro	querré, querrás, enz.
resolver	part.pas.	resuelto
romper	part.pas.	roto
saber	pres.ind.	sé, sabes, sabe, enz.
	pres.sub.	sepa, sepas, sepa, enz.
	pret.indef.	supe, supiste, supo, enz.
	futuro	sabré, enz.
salir	pres.ind.	salgo, sales, sale, enz.
	pres.sub.	salga, salgas, enz.
	futuro	saldré, enz.
	imperativo	sal, salid
satisfacer	part.pas.	satisfecho
	pres.ind.	satisfago, satisfaces, enz.
	pret.indef.	satisfice, satisficiste, satisfizo, satisficimos, enz.
	pres.sub.	satisfaga, enz.
	futuro	satisfaré, enz.
tener	pres.ind.	tengo, tienes, tiene, tenemos, tenéis, tienen
	pret.indef.	tuve, tuviste, tuvo, enz.
	pres.sub.	tenga, tengas, enz.
	futuro	tendré, enz.
traer	pres.ind.	traigo, traes, trae, enz.
	pres.sub.	traiga, enz.
	pret.indef.	traje, trajiste, trajo, trajimos, enz.

valer	pres.ind.	valgo, vales, vale, enz.
	pres.sub.	valga, enz.
	futuro	valdré
venir	pres.ind.	vengo, vienes, viene, venimos, venís, vienen
	pret.indef.	vine, viniste, vino, enz.
	pres.sub.	venga, enz.
	futuro	vendré, enz.
	imperativo	ven, venid
ver	gerundio	viendo
	part.pas.	visto
	pres.ind.	veo, ves, ve, vemos, veis, ven
	imp.	veía, veías, enz.
	pret.indef.	vi, viste, vio, vimos, visteis, vieron
	pres.sub.	vea, veas, enz.
	futuro	veré, enz.
	imperativo	ve, ved
volver	part.pas.	vuelto

2. *Het lidwoord*

Het bepaalde (de, het) en het onbepaalde lidwoord (een) voegt zich in het Spaans naar geslacht en enkel- of meervoud van het zelfstandig naamwoord.

		mannelijk	vrouwelijk	onzijdig
bepaald	ev	el	la	lo
	mv	los	las	-
onbepaald	ev	uno	una	-
	mv	unos	unas	-

Voor een zelfstandig naamwoord dat met een beklemtoonde -*a* begint wordt *la-el* en *una-un*, zoals in *el agua* en in *un hacha*. Dit gebeurt niet bij een eigennaam (*la Ana*, *la Haya*) of de naam van een letter (*la a*).

3. *Het zelfstandig naamwoord*

3.1 Meervoudsvorming van zelfstandige naamwoorden.

Door toevoeging van een -*s* wordt in het Spaans de meervoudsvorm van een zelfstandig naamwoord gevormd dat op een onbeklemtoonde klinker eindigt: *el cine-los cines*, *la película-las películas*.

Zelfstandige naamwoorden die op -*í* of -*y* eindigen krijgen -*es*; *el marroquí-los marroquíes*, *la ley-las leyes*, behalve: *el esquí-los esquís*.

Zelfstandige naamwoorden die eindigen op een medeklinker krijgen als meervoudsvorm ook -*es* toegevoegd: *el mes-los meses*, behalve als het familienamen betreft of woorden die uit meer lettergrepen bestaan en met een onbeklemtoonde lettergreep op -*s* eindigen, zoals in *la crisis-las crisis* en *el atlas-los atlas*.

Bij vorming van het meervoud van een aantal zelfstandige naamwoorden verandert de eind -*z* in een -*c*, zoals in *el juez-los jueces*, en soms verandert de klemtoon van plaats: *el joven-los jóvenes* of *el carácter-los caracteres*.

3.2 Het geslacht van zelfstandige naamwoorden.

Het geslacht kan vrouwelijk of mannelijk zijn. Echter bij een aantal zelfstandige naamwoorden bestaat zowel een vrouwelijke als mannelijke vorm (*la artista* en *el artista*, *la testigo* en *el testigo* en *la ministra* (of *la ministro*) en *el ministro*). Een uitzondering hierop vormen *la víctima* en *la persona*.

Het geslacht van een gemengde groep is in het Spaans altijd mannelijk: *los hijos* kan zowel de zonen als de kinderen betekenen. Bij substantivering van andere woordsoorten wordt het geslacht ook mannelijk: *el pero* en *el porqué*, maar als uitzondering *la nada*.

Het onderscheid in geslacht bij dieren en planten gebeurt vaak door de toevoeging *hembra* voor vrouwelijk of *macho* voor mannelijk.

4. Het bijvoeglijk naamwoord

Het bijvoeglijk naamwoord komt in geslacht en getal overeen met het zelfstandig naamwoord waar het voor of achter staat.

4.1 Meervoudsvorming en geslacht.

De meervoudsvorming bij bijvoeglijke naamwoorden geschiedt op dezelfde wijze als bij de zelfstandige naamwoorden. Er wordt aan de uitgang een -*s* toegevoegd (*triste-tristes*) of -*es* als ze op een beklemtoonde -*í* of een medeklinker eindigen: *mayor-mayores* of *marroquí-marroquíes*. Er zijn enkele uitzonderingen met z/c wisseling of accentverplaatsing: zo wordt *capaz-capaces* en *joven-jóvenes*.

De uitgang van de meeste bijvoeglijke naamwoorden vormt zich naar het geslacht: *una paloma blanca*, *un perro agresivo*. Een aantal blijft onveranderd: *una solución probable*, *un número improbable*. Dit geldt ook voor een aantal bijvoeglijke naamwoorden dat op -*a* of -*ista* eindigt: *belga* kan zowel vrouwelijk als mannelijk zijn, evenals *comunista* of *socialista*.

Eindigt de mannelijke vorm van het bijvoeglijk naamwoord op -*o*, -*ete* of -*ote*, dan wordt, om de vrouwelijke vorm te verkrijgen, de slotklinker in -*a* veranderd: *grandote-grandota*. Eindigt deze op -*án*, -*ín*, -*ón*, of -*és*, dan wordt er een -*a* toegevoegd: *charlatán-charlatana* of *francés-francesa*.

4.2 De plaats van het bijvoeglijk naamwoord.

De meest neutrale en normale plaats van het bijvoeglijk naamwoord is achter het zelfstandig naamwoord waar het de meeste nadruk en informatieve waarde heeft: *un pueblo pequeño*. Voorplaatsing kan, maar heeft stilistische gevolgen. Bij voorplaatsing in bijvoorbeeld *un pequeño pueblo* is *pequeño* in verhouding minder belangrijk geworden. Op betekenisniveau levert voor- of achterplaatsing voor een aantal bijvoeglijke naamwoorden ook verschil op: *un buen profesor* betekent iets anders (namelijk een goede, in de professionele zin des woords, leraar) dan *un profesor bueno* (goed als mens). Zo betekent *una vieja amiga* een vriendin die men al lang kent en *una amiga vieja* een vriendin die al oud is. Ook de betekenis van het bijvoeglijk naamwoord zelf kan veranderen: *el chico pobre* betekent de arme jongen (zonder geld) en *el pobre chico* betekent de arme, beklagenswaardige jongen.

Bijvoeglijke naamwoorden die een zware emotionele lading hebben kunnen én voor én achter geplaatst worden: *una trágica historia*/*una historia trágica*. In het algemeen geldt dat voorplaatsing op informeel niveau overdreven klinkt, behalve voor *bueno*, *malo*, *mejor* en *peor*.

Bij combinaties van twee bijvoeglijke naamwoorden en een zelfstandig naamwoord geldt dat ze onafhankelijk vóór of achter geplaatst kunnen worden: *el rico queso holandés* of *el queso holandés rico* (de lekkere Hollandse kaas). Betreft het bijvoeglijke naamwoorden die beide in dezelfde mate betrekking hebben op het zelfstandig naamwoord, dan komt er een komma of *y* tussen te staan: *la única y última posibilidad*.

5. De trappen van vergelijking

De vergrotende en overtreffende trap van bijvoeglijke naamwoorden en bijwoorden worden gevormd met behulp van het woordje *más*: *un hombre bajo, un hombre más bajo, el hombre más bajo* (een kleine man, een kleinere man, de kleinste man).
Er zijn uitzonderingen die een onregelmatige vergrotende of overtreffende trap hebben, naast soms ook een regelmatige:

bueno	mejor (más bueno)
malo	peor
grande	mayor (más grande)
pequeño	menor (más pequeño)
poco	menos
bien	mejor
mal	peor
mucho	más
muy	más

De stellende trap, *zo .... als* en *even .... als* wordt gevormd door de combinatie *tan .... como* bij een bijvoeglijk naamwoord of bijwoord: *es tan rubia como su tía, no se ha expresado tan mal como otras veces*.
De combinatie *tanto .... como* wordt gebruikt bij de vergrotende trap van het bijvoeglijk naamwoord of bijwoord en voor een zelfstandig naamwoord: *hemos comido tanto como tú, han construido tantos edificios como el año pasado*.

6. Het bijwoord

Door achter de vrouwelijke vorm van het bijvoeglijk naamwoord de uitgang *-mente* te plaatsen verkrijgt men het bijwoord: *obvio-obviamente*, het accent blijft op dezelfde lettergreep: *fácil-fácilmente*.
Is er sprake van een combinatie van twee bijwoorden met hetzelfde woord of van een bijwoord dat betrekking heeft op een ander bijwoord, dan verliest de eerste de uitgang *-mente* maar blijft het vrouwelijk: *escribe espontánea pero inteligentemente*.
In een aantal gevallen wordt het bijvoeglijk naamwoord bijwoordelijk gebruikt; het verandert dan niet: *hablar alto, hablar bajo*. Dit geldt ook voor *claro, duro, fuerte, primero, rápido* en *temprano*.

7. Het voornaamwoord

7.1 Persoonlijke voornaamwoorden.

Het volgende staatje geeft een overzicht van alle persoonlijke voornaamwoorden in het Spaans. Ze verschillen al naar gelang hun functie.

onderwerp	na voorzetsel	meewerkend voorwerp	lijdend voorwerp
yo	mí	me	me
tú	ti	te	te
ella	ella	le	la
él	él	le	lo/le
usted (v)	usted	le	la
usted (m)	usted	le	lo/le
ello (het)	ello	le	lo
nosotras	nosotras	nos	nos
nosotros	nosotros	nos	nos
vosotras	vosotras	os	os
vosotros	vosotros	os	os
ellas	ellas	les	las
ellos	ellos	les	los/les
ustedes (v)	ustedes	les	las
ustedes (m)	ustedes	les	los/les

7.2 Wederkerende en wederkerige voornaamwoorden.

Als voorbeeld van een wederkerend werkwoord met bijbehorende voornaamwoorden wordt *lavarse* (zich wassen) genomen:

me lavo, te lavas, se lava (zij, hij, het, u), nos lavamos, os laváis, se lavan.

Voor de wederkerige voornaamwoorden geldt hetzelfde, behalve voor de derde persoon enkel- en meervoud; daar wordt na een voorzetsel *se-sí*: *se hablan* (ze praten met elkaar) en *piensan en sí* (ze denken aan elkaar).

7.3 Bezittelijke voornaamwoorden.

Het Spaanse bezittelijk voornaamwoord heeft twee vormen, vóór het zelfstandig naamwoord óf op een andere plaats. De uitgang wordt bepaald door geslacht en getal.

vóór znw.	andere plaats	
mi	mío	mijn
tu	tuyo	je, jouw
su	suyo	haar, zijn, uw
nuestro	nuestro	ons, onze
vuestro	vuestro	jullie
su	suyo	haar, zijn, hun, uw

7.4 Aanwijzende voornaamwoorden.

		deze	die	die (daarginds)
enkelvoud	vrouwelijk	esta	esa	aquella
	mannelijk	este	ese	aquel
	onzijdig	esto	eso	aquello
meervoud	vrouwelijk	estas	esas	aquellas
	mannelijk	estos	esos	aquellos

7.5 Betrekkelijke voornaamwoorden.

*que: die/dat. Deze vorm wordt voor personen en zaken gebruikt: *el libro que leo*.

*el que, el cual: die, dat, die welke, dat wat, degene die, datgene dat, wie, wat. Deze vormen hebben ook een vrouwelijke, een onzijdige en een meervoudsvorm en komen vooral na een voorzetsel voor.

*quien: die, degene die, wie. Deze vorm wordt gebruikt als het om personen gaat en in combinatie met een voorzetsel: *el amigo a quien quería llamar*.

*cuyo: van wie, waarvan, wiens, wier. Deze vorm komt overeen in geslacht en getal met het zelfstandig naamwoord waar het voor staat: *el amigo cuya casa he visitado*.

Verder bestaan er nog twee relatieve bijwoorden:

*como: zoals, de manier waarop: *la manera como lo hizo*.

*donde: waar, op de plaats waar: *la casa donde nací*.

8. *Vraagteken en uitroepteken*

In het Spaans worden vragende zinnen en uitgeroepen zinnen aan het begin voorzien van een omgekeerd vraagteken resp. uitroepteken:

¿Dónde esta la estación?	Waar is het station?
¿Quién?	Wie?
¡Qué calor!	Wat een hitte!
¡Ay!	Ai!

Praktische tips

AFBREEKREGELS

* In het algemeen komt een alleenstaande medeklinker bij de volgende lettergreep: *To-le-do*.

* Bij twee medeklinkers wordt er als volgt afgebroken: *im-por-tan-te, es-cue-la*.

* Bij drie medeklinkers komt de laatste bij de volgende lettergreep: *obs-ta-cu-lo*. Er is een uitzondering: wordt een medeklinker gevolgd door een *l* of een *r*, dan wordt er vóór die combinatie afgebroken: *san-gre, em-ple-a-do*.

* De combinaties *ch*, *ll* en *rr* zijn onscheidbaar: *mu-cha-cha, to-a-lla, pe-rro*.

* Twee of drie opeenvolgende klinkers die respectievelijk een tweeklank of drieklank vormen, blijven bij elkaar: *cua-tro, te-níais*.

* Bij samenstellingen wordt bij voorkeur afgebroken volgens bovenstaande regels maar het is toegestaan om tussen de samenstellende delen af te breken: *no-sotros* of *nos-otros*.

GEBRUIKELIJKE FORMULES VOOR BRIEVEN

Aanhef

De meest gebruikelijke aanhef is *Señor, (Muy) Señor mío* of *Distinguido Señor*. Dit zijn de equivalenten van het Nederlandse *Mijnheer* of *Geachte heer*. De vrouwelijke varianten hierop zijn: *Señora, (Muy) Señora mía* en *Distinguida Señora*. De meervoudsvormen, overeenkomend met het Nederlandse *Mijne Heren* en *Geachte Dames* zijn *(Muy) Señores míos* en *(Muy) Señoras mías*.
De aanhef *Distinguida Señorita* en *Distinguidas Señoritas* wordt gebruikt voor respectievelijk *(Geachte) Mejuffrouw* en *Geachte Dames*.
Een brief, gericht aan een advocaat, een doctor of een arts kan beginnen met *Doctor*, respectievelijk *Doctora*. Voor een hoogleraar gebruikt men *Profesor/Profesora*.

Slotformule

De slotformule hangt af van de relatie die men met de geadresseerde heeft. Is deze gelijkwaardig dan kan men het volgende schrijven voor *Met vriendelijke groeten*: *Reciba un cordial saludo, Le saluda (muy) atentamente, Se despide atentamente* of *Reciba (Ud.) mis más atentos saludos*. Het equivalent van *Met de meeste Hoogachting* is *Le saluda con toda consideración*.
De combinatie slotzin-slotformule, *Ik dank u bij voorbaat voor ... Hoogachtend*, of *U bij voorbaat dankend voor ... , teken ik, Hoogachtend* wordt in het Spaans: *Agradeciéndole de antemano ..., saludo a Ud. con toda consideración*.